2022
상속세 및 증여세법

쟁점과 해석

2022

상속세 및 증여세법

쟁점과 해석

국세청 강정호 • 세무사 남성건, 하연준 지음

글의온도

일러두기

○ 법령 명칭 등은 편의상 아래와 같이 약어로 표시하였습니다.

상속세 및 증여세법	⇨	상증법
상속세 및 증여세법 시행령	⇨	상증령
상속세 및 증여세법 시행규칙	⇨	상증규칙
상속세 및 증여세법 기본통칙	⇨	상증통칙
상속세 및 증여세 집행기준	⇨	상증집행기준
상속세 및 증여세 사무처리규정	⇨	상증사무처리규정
조세특례제한법	⇨	조특법
조세특례제한법 시행령	⇨	조특령
조세특례제한법 시행규칙	⇨	조특규칙
국세기본법	⇨	국기법
국세기본법 시행령	⇨	국기령
국세기본법 시행규칙	⇨	국기규칙
국세징수법	⇨	국징법
국세징수법 시행령	⇨	국징령
소득세법	⇨	소득법
소득세법 시행령	⇨	소득령
소득세법 시행규칙	⇨	소득규칙
법인세법	⇨	법인법
법인세법 시행령	⇨	법인령
부가가치세법	⇨	부가법
부가가치세법 시행령	⇨	부가령

○ 이 책자에 실린 내용을 적용할 때는 반드시 관련 세법령 규정 및 질의회신 판례 등의 원본을 찾아 충분히 검토하시기 바랍니다.
저자와 출판사는 적용 결과와 관련하여 책임이 없음을 밝힙니다.

차례

쟁점

가나다 순

머리말

상속세는 일생의 세금이고, 증여세는 대가 없이 재산이 이전되다 보니 사람들의 관심이 많다. 그래서 상속세 및 증여세법을 설명하는 서적은 많다. 책의 저자들도 대부분 알고 있고, 굳이 다른 책이 필요할까 싶을 정도로 좋은 책들이다. 저자 역시 근무하면서 그분들의 책을 통해 많은 도움을 받았음을 이 자리를 빌려 감사함을 전한다.

그러면 나는 이 책을 왜 시작했을까?

어쩌다 보니 저자는 국세청에 들어와 상속세 · 증여세 관련 업무(조사, 행정, 상담, 질의회신, 교육 등)를 14년간 하고 있다. 국세청 직원교육용 책자를 만들어 직원들을 교육하면서 느낀 점이 있다. 직원들에게 많은 해석과 불복사례를 소개하는 것도 중요하지만, 본질적으로 왜 이 조문이 그렇게 해석될까를 설명하기가 쉽지 않았다.

그 의문을 풀어주기 위해 먼저는 숲을 보여주고 싶었다. 대부분의 상증법 책자는 제1장에서 민법의 상속을 설명하는데, 이 책에서는 상증법을 이해를 돕고자 '제0편'을 만들었다. 본칙과 부칙, 본문 · 단서, 전단 · 후단 등의 용어를 설명하고 세법 해석의 기준, 해석 적용 시기, 상증법 체계와 특징을 설명하였다.

질의회신과 판례에 대해서는 왜 그러한 쟁점들이 생기는지를 본편에서 설명하고, 부록에서는 상담사례를 추가하였다. 또, 국세청, 심판원, 법원 등의 입장이 다른 경우를 구분해 보여주고, 판례 등으로 해석이 변경된 세법해석정비 명세를 보여주었다. 세법해석 정비내역은 법령의 개정 내역만큼 의미가 있다.

이 책의 시작을 같이해준 남성건 세무사님과 하연준 세무사님에게 감사하다. 남세무사님과의 10년 전 약속을 드디어 지킬 수 있게 되었다. 또 성과에는 결과물이 필요하다고 조언해주신 국세공무원교육원 최병익 교수과장님에게 감사하고, 이 자리를 빌려 공직생활의 등불이 되어준 홍순택 서기관님, 염귀남 사무관님, 김영곤 전 교수님에게 고마움을 전한다.

마지막으로 사랑하는 아내와, 컴퓨터 앞에 매일 앉아 있는 아빠를 보면서 책이 언제 끝날지를 궁금해하던 사랑하는 민성, 민주에게 이 책을 바친다.

강정호(국세공무원교육원, 상증팀장)

과거에는 각자 삶의 터전은 스스로 힘으로 일궈내고, 상속이나 증여는 추가적인 재산 이전 행위로 여겨졌다. 하지만 근래에 와서 상속·증여는 가족들이 자립하고 남은 생을 안정적으로 영위해 가게 하는 토대가 되고 있다. 상속과 증여에는 한 사람이 평생 소중히 일궈온 삶과 그 전부가 담겨 있기 때문이다. 이렇게 축적해온 재산을 가족에게 이전하는 과정에서 막대한 세금이 발생하다 보니 많은 사람이 관심을 두고 있는 것이 현실이다.

상속세법과 증여세법에 대해 설명하는 서적은 더 이상 새 책이 필요할까 생각할 정도로 넘쳐난다. 그럼에도 저자는 세무사 업무를 하면서 좀 더 보완할 부분이 있음을 느껴 만들어보고자 하였다.

법을 해석하면서 그 내용을 어떻게 이해하고 해석·적용하는지 아는 것은 중요하다. 그래서 법조문의 설립 취지와 해석 원리가 필요하다. 그런 이유로 상증법의 이해를 돕고자 제0편을 통해 세법 해석의 기준, 해석 적용시기, 상증법의 체계와 특징을 설명하고자 하였다.

또한, 실무에서 많이 발생하는 상담사례를 부록으로 추가하였다.

이 책은 많은 분의 도움으로 완성될 수 있었다. 시작부터 끝까지 함께해주신 강정호 교수님과 하연준 세무사님에게 감사하다. 또한, 집필과정에서 도움을 준 최현의 세무사님과 김은지 세무사님께도 감사의 말씀을 드린다. 마지막으로 늘 곁에서 함께하는 소중하고 사랑하는 아내와 도은, 채리 그리고 채린이에게 이 책을 바친다.

남성건(세무법인 지오, 대표세무사)

최근, 고령화 사회가 점점 심화해 가고 부동산 가격 급등으로 보유세 증가 등이 나타남에 따라 세대 간 부의 이전 문제를 두고 상속세 및 증여세 관련 상담사례가 무척 늘었다.

이에 따라 실무자분들과 세법연구를 하다 보면 하나의 상증세 상담사례에 대해서도 다양한 해석과 다른 결론이 나오는 경우가 많다. 법조문 문리해석 오류와 적용 시기 혼동, 각 조문의 연계를 확인하지 못한 경우와 평가방법 등의 잘못된 적용으로 이런 일이 생긴다.

이 책은 "제0편. 상증법의 이해"를 통해 세법의 구성 및 세법해석의 기준 등을 상세히 서술하여 상증세법 및 다른 세법의 해석 및 적용에 꼭 필요한 기본적인 내용을 제시하고 있다. 따라서 아직 세법 해석을 어렵게 여기는 독자들이 꼭 읽어보는 것을 추천한다.

또한, 이 책은 상증세의 상담 및 실무적용에 도움이 될 수 있도록 상증세법 조문의 기본이론을 먼저 제시하고 조문별로 국세청, 기재부, 법원의 해석을 담았으며 다양한 실제 불복사례를 소개하고 있다. 다른 훌륭한 상증세법 서적과 더불어 이 책을 통해 여러 실무자분이 상증세법의 올바른 해석과 적용에서 많은 도움을 얻길 바란다.

이 책의 공저 기회를 주신 강정호 교수님과 남성건 세무사님에게 감사의 말씀을 드린다. 또한, 이 책을 준비하는 과정에서 항상 응원해준 가족에게 감사의 마음을 전한다.

하연준(세무법인 백두, 파트너세무사)

상증법 주요 개정내용 및 쟁점

2022년

- ○ 세무공무원의 질문 · 조사에 대하여 거짓 진술 또는 직무집행을 거부 · 방해한 경우 등 과태료 부과기준 신설
- ○ 창업자금 및 가업승계 증여세 과세특례 사후관리 위반시 이자율: 22 / 100,000
- ○ 재산취득자금등의 증여추정시 연대납부의무 배제 및 합산배제증여재산 추가
- ○ 가업상속공제 가업 인정요건 완화: 한국표준산업분류에 따른 대분류 내에서 변경되어도 계속하여 가업[1]이 영위되는 것으로 인정
- ○ 가업상속공제 대상 업종에 유아교육기관[2] 포함
- ○ 저가양수 · 고가양도 과세범위 합리화
  - • 개인과 개인간 대가가 법인법상 시가에 해당하여 소득법상 부당행위계산부인규정을 적용하지 아니한 경우 상증법 제35조를 적용하지 아니함
- ○ 특정법인과의 거래를 통한 이익의 증여의제에서 증여세 한도액 산정시 계산방법 정비: 법인세 상당액을 차감하지 않은 증여재산가액을 기준으로 증여세를 계산하고 해당 증여세에서 법인세 상당액을 차감하는 방식으로 산정
- ○ 가상자산 평가규정: 국세청장이 고시하는 사업자(2021.12.28. 고시)의 사업장에서 거래: 평가기준일 전 · 이후 1개월 일평균가액의 평균액 등
- ○ 선박 등 내용연수가 단기인 유형재산에 대하여 평가 기준일로부터 수익시기까지의 연수를 반영하여 재산가치 평가
- ○ 국외주식 감정기관의 범위 확대: 보충적 평가를 사용할 수 없는 경우의 국외 비상장주식 평가기관 범위에 신용평가전문기관, 회계법인, 세무법인 등 추가
- ○ 일반재산에 대한 상속세 연부연납기간 확대: 5년 ⇒ 10년 이내
- ○ (2023.1.1. 이후 상속부터) 문화재 등의 물납 가능
- ○ 공익법인등 관련
  - • 의무지출 관련 출연재산가액 산정시 3년 이상 보유한 상장주식의 경우 최근 3개년도 자산가액의 평균을 기준으로 산정
  - • 출연재산보고서, 외부전문가 세무확인, 외부회계 감사보고서의 제출 · 보고기한 3개월 ⇒ 4개월 이내
  - • 주기적 감사인 지정제도 시행: 지정과세연도의 전전연도 기준 자산규모가 1,000억원 이상인 공익법인등을 대상으로 함

---

1. 사후관리 요건이 개정된 것은 아니다.
2. 유아 교육기관은 유치원을 말한다. 보육원 및 탁아기관은 포함되지 않는다.

1. 저가양수 · 고가양도 과세범위 합리화

개정 전 상증법 제35조제3항에서 개인과 법인 사이의 재산 양도에서 "그 대가가 법인령 제89조에서 정한 시가에 해당하여 해당 법인의 거래에 대하여 부당행위계산 부인에 관한 법인법 제52조가 적용되지 않는 경우 상증법 제35조를 적용하지 않는다"라고 규정하였다.

이 규정을 보면 개인과 모든 법인과의 거래에 대해 규정하고 있는 것 같지만, '개인과 법인'은 법인법상 부당행위계산의 적용대상이어야 하므로 법인법상 특수관계인에 해당하여야 한다. 따라서 특수관계 없는 법인은 상증법 제35조제3항의 적용대상이 아니다.

2022년 개정된 부분은 상증법 제35조제3항으로, 개인과 개인을 포함한 거래로 개정하였다.

개정 전	개정 후
③ 개인과 법인 간에 재산을 양수하거나 양도하는 경우로서 그 대가가 「법인세법」 제52조제2항에 따른 시가에 해당하여 그 법인의 거래에 대하여 같은 법 제52조제1항이 적용되지 아니하는 경우에는 제1항 및 제2항을 적용하지 아니한다. (생략)	③ 재산을 양수하거나 양도하는 경우로서 그 대가가 「법인세법」 제52조제2항에 따른 시가에 해당하여 그 거래에 대하여 같은 법 제52조제1항 및 「소득세법」 제101조제1항(같은 법 제87조의27에 따라 준용되는 경우를 포함한다)이 적용되지 아니하는 경우에는 제1항 및 제2항을 적용하지 아니한다. (생략)

2021.2.17. 이후 상장주식을 개인과 특수관계 개인이 거래한 경우 그 시가는 소득령 제167조제7항에 따라 종가(법인령에 따른 시가)로 평가한다. 즉 종가로 평가하면 증여세가, 상증법상 평균액으로 평가하면 소득세가 부과될 수 있다. 개인과 법인의 거래에 대해 법인세법상 시가로 거래한 경우 과세하지 않는데 개인과 개인 거래에 대해 과세하는 것은 공평하지 않아 이번에 개정한 것이다. 이 경우에도 개인과 개인은 소득세법상 부당행위계산 부인 규정이 적용되지 아니한 경우이므로 소득세법상 특수관계가 있어야 한다.

그러면 특수관계 없는 법인, 특수관계 없는 개인과 거래한 경우에 대해 증여세를 부과할 수 있을까? 법인세법상 특수관계 없는 법인에 대해서는 해석으로 제외하고 있다. 개인과 법인간에 재산을 양수 또는 양도하는 경우로 그 대가가 법인령 제89조에 따른 가액에 해당하는 경우에는 상증령 제26조제9항에 따라, 같은 조 제1항 내지 제8항의 규정을 적용하지 않는다(기획재정부 재산세제과-83, 2015.2.3.). 소득세법상 특수관계 없는 개인에 대해서는 현재 해석이 없다.

2. 재산취득자금등의 증여추정에 대해 증여자 연대납부 배제 및 합산배제증여재산에 추가

재산취득자금등의 증여추정은 2003.12.31. 이전에는 "다른 자로부터 취득자금을 증여받은 것으로 추정한다"라고 규정하였다가 2004.1.1. 이후에는 "다른 자로부터"를 삭제하였다.

하지만 법원은 개정 전, 개정 후 모두 증여자를 특정하여야 한다고 보았다. 2004.1.1. 이후에 대해서도 법원은 다른 자를 특정하여야 한다고 보았는데 그 이유는 "개정 후 상증법 제2조제1항은 개정 전 법과 마찬가지로 '타인의 증여로 인하여 증여재산이 있는 경우에는 그 증여재산에 대하여 증여세를 부과한다'라고 규정하고 있을 뿐만 아니라 개정 후 상증법 제4조제4항 단서도 개정 전 법과 마찬가지로 증여자의 연대납세의무 제외 대상에 개정 후 규정을 포함시키지 아니함으로써 개정 후 규정이 적용되는 경우에도 여전히 증여자의 존재를 전제로 하고 있는 점 등을 고려하면, 위와 같은 개정이 있었다고 하여 재산취득자의 직계존속이나 배우자 등에게 재산을 증여할 만한 재력이 있다는 점에 관한 과세관청의 증명책임이 소멸되었다고 볼 것은 아니다"라고 보았기 때문이다(대법원2008두20598, 2010.7.22.).

2021년 기재부는 증여자를 특정하지 않아도 증여추정을 적용할 수 있다고 해석하고, 2021.12.21. 상증법을 개정하면서 재산취득자금의 증여 추정 규정에 대해 연대납세의무 적용 제외 및 증여재산 합산배제 추가하였다.

개정규정은 적용 시기가 쟁점이 될 수 있다. 개정규정을 창설적 규정으로 본다면 별다른 부칙이 없으므로 일반적 적용례에 따라 2022.1.1. 이후 증여분부터 적용할 것이고, 확인적 규정으로 본다면 2004년 이후부터 적용된다.

당초 기재부 세법개정 보도자료(2021.7.26.)에서 개정안의 적용 시기를 2022.1.1. 이후 증여받는 분부터 적용한다고 하였으므로 해당 개정규정은 창설적 규정으로 보인다. 그런데 창설적 규정으로 보면 기획재정부 재산세제과-200(2021.3.5.) 해석이 2021년에 적용될 수 없는 모순이 발생한다. 기재부 회신을 감안해보면 확인적 규정으로 보이므로 기재부의 간추린 개정세법이나 국세청의 개정세법해설 책자를 확인[3]해보아야 한다. 확인적 규정으로 보면, 2004년 이후 동일 쟁점에 국세청에서 과세하지 않은 건에 대해 과세할 여지가 있다. 아래와 같이 해설할 수도 있다.

2021.12.31. 이전	2022.1.1. 이후
증여자 특정(○) 또는 증여자 특정(×) ⇒ 합산배제, 연대납부 배제	증여자 특정(×) ⇒ 합산배제, 연대납부 배제

이 책의 원고를 작성하는 시점에는 기재부의 입법 의도를 명확히 알지 못하므로 반드시 확인하기를 바란다.

3. 문화재등의 물납

문화재 등에 물납제도가 상증법에 신설되었고, 2023.1.1. 이후 상속부터 적용된다. 개정된 규

3. 확인적 규정의 경우 적용 시기를 기재하지 않는다.

정에서 살펴볼 부분은 3가지이다.

1. 강행규정

절차적으로 보면, 납세지 관할세무서장은 문화체육관광부장관에게 통보하여야 하며, 문화체육관광부장관은 관할 세무서장에게 물납을 요청하여야 한다고 규정하고 있다. 여기서 '하여야 한다'를 강행규정으로 볼지의 여부가 관건이다. 세법에서의 '하여야 한다'는 임의규정으로 보는 경우가 있지만, 여기서는 강행규정으로 보인다. 세무서장이 판단할 수 있다면 문화체육관광부장관에게 보낼 이유가 없다.

2. 문화체육관광부장관의 판단기준

역사적 · 학술적 · 예술적 가치가 있는 등 물납이 필요하다고 인정하는 경우를 어떻게 볼지의 여부가 관건이다. 예를 들면 100년 전의 문화재는 물납이 안 되고, 200년 전의 문화재는 물납이 가능하다는 식으로 기준을 만들 수 있는지 여부이다. 물론 이러한 판단은 국세청의 업무는 아니다.

기사에 따르면 문화체육관광부는 물납심의위원회를 신설하여 판단할 것으로 보인다.

3. 관할세무서장의 판단

문화체육관광부장관이 물납을 요청하더라도 허가여부는 관할세무서장이 판단한다. 이때 판단기준은 국고 손실의 위험이 크지 아니하다고 인정되는 경우이다.

국고손실이 발생하는 경우를 생각해보면 다른 물납과 마찬가지로 '수납가액'과 '국고 귀속 후 처분가액의 차이'에서 발생한다. 그런데 문화재 등을 처분시 손실이 발생할지, 수익이 발생할지를 관할세무서장이 어떻게 판단할 수 있을까?

관할세무서장이 국고 손실여부를 판단할 수 없으므로 국유재산법을 개정하여 국립박물관이 문화재등을 구입할 수 있도록 입법적으로 보완하는 것이 타당해 보인다.

2021년

○ 납부지연 가산세 면제사유에 신고기한까지 신고 · 납부한 자가 재산평가심의위원회를 거쳐 재산평가하여 세액이 부과되는 경우를 추가

○ 신탁 관련 개정

- 상속정의에 신탁법에 따른 유언대용신탁, 수익자연속신탁 추가(증여에서 제외)
- 수유자에 유언대용신탁 · 수익자연속신탁에 의하여 신탁의 수익권을 취득한 자 추가
- 상속재산으로 보는 신탁재산에 수익자연속신탁 추가
- 상증법 제33조(신탁이익의 증여)의 증여재산가액은 상속재산으로 보지 아니함

○ 배우자상속공제 분할기한: 신고기한의 다음날부터 6개월 ⇒ 9개월

○ 초과배당에 따른 이익의 증여

- Max(초과배당에 대한 소득세 상당액, 초과배당에 대한 증여세 산출세액) 과세(증여세 계산시 소득세 차감) ⇒ 증여세 & 소득세 과세(증여재산 계산시 소득세 차감)
- 초과배당시 증여세 산출세액에서 소득세 상당액을 차감하여 증여세 과세 후 초과배당금액에 대한 소득세 납부할 때 증여세 정산(환급 가능)
- 정산 증여세 신고기한: 초과배당금액이 발생한 연도의 다음연도 5.1.~ 5.31.

○ (신용보증계정에 출연으로 한정) 서민금융진흥원이 증여받는 경우 증여세 비과세

○ 최대주주등 할증평가의 제외범위에 "최대주주등이 보유한 주식을 발행한 법인이 보유한 다른 법인 주식"을 추가

○ 상속세 연부연납 특례 대상자산의 사업용 자산에서 타인에게 임대하고 있는 부동산 등은 제외

○ 의무보유 또는 보호예수된 주식을 기간만료 후 2개월 이내에 주식을 매각한 경우로 그 매각가액이 상속세 과세가액보다 하락한 경우 상속세 경정 등의 청구 특례 적용

○ 공익법인등 관련

- 일반공익법인등과 성실공익법인등을 공익법인등으로 통합(성실공익법인등 요건 중 외부회계감사의무, 전용계좌 개설 · 사용, 결산서류 공시, 장부 작성 · 비치는 사후관리 의무로 바뀜)
- 공익법인 사후관리 확인제도(주식 5% 출연 또는 취득한 공익법인등이 매년 신고)
- 의무지출제도의 적용대상을 모든 공익법인으로 확대

1. 상속 정의에 유언대용신탁등을 포함

신탁업 활성화를 위해 부가세법, 소득세법, 법인세법, 상증법 등을 개정하였다.

상증법에서 신탁과 관련된 개정내용은 크게 ① 상속 정의에 유언대용신탁등 추가, ② 수유자 범위 변경, ③ 상속재산으로 보는 신탁재산, ④ 신탁의 평가 부분으로 볼 수 있다.

① 상증법상 상속 정의에 유언대용신탁, 수익자연속신탁 추가

상속세는 피상속인의 상속재산이 상증법상 상속을 원인으로 재산이 이전된 것에 대한 세금이다. 상증법 상속은 민법에 따른 상속, 특별연고자 상속재산 분여, 유증, 사인증여를 말하고, 민법에 따른 상속과 특별연고자를 상속인이라 하고, 유증 또는 사인증여로 재산을 취득한 자를 수유

자라고 한다. 여기에 신탁법에 따른 유언대용신탁과 수익자연속신탁을 추가하였다.

유언대용신탁은 수익자가 될 자로 지정된 자가 위탁자의 사망시에 수익권을 취득하는 신탁등을 말하고(신탁법 제59조), 수익자연속신탁은 신탁행위로 수익자가 사망한 경우 그 수익자가 갖는 수익권이 소멸하고 타인이 새로 수익권을 취득할 수 있는 신탁(신탁법 제60조)을 말한다.

② 수유자의 범위에 유언대용신탁과 수익자연속신탁으로 신탁 수익권을 취득한 자를 추가

사실 신탁법에 유언대용신탁과 수익자연속신탁이 포함된 지는 몇 년의 세월이 흘렀지만, 상속세와 증여세 과세문제가 정리되어 있지는 않았다. 예를 들면 피상속인이 유언대용신탁으로 자를 수익자로 지정하고 사망한 경우, 상증령 제25조에 따라 위탁자 사망일이 증여시기가 되어 증여세, 상속세가 과세되었다.

하지만 이번에 상증법 상속 정의에 유언대용신탁과 수익자연속신탁을 추가하였고, 증여 정의에서는 유언대용신탁과 수익자연속신탁을 제외함으로써 상속세만 과세되는 것을 명확히 개정하였다.

즉, 상속재산으로 보는 신탁재산에 수익자연속신탁을 추가함으로써 상속세만 과세되는 것을 명확히 한 것이다. 유언대용신탁은 그 경제적 실질이 유증과 비슷해서 상증법 제9조(상속재산을 보는 신탁재산)를 개정할 필요는 없다.

개정규정의 쟁점은 크게 2가지이다.

가. 상속공제 한도

예를 들면, 피상속인이 상속인 아닌 손자에게 유언대용신탁한 경우 상속공제가 적용되는지를 살펴보면, 문언상은 상속공제가 적용 가능해 보인다.

나. 재산평가

예를 들어 부동산을 수익자연속신탁하면서, 부동산 임대수익에 대해 위탁자 생전에는 위탁자가 가져가고 위탁자 사망시 제1수익자는 배우자로, 제1수익자 사망시에는 제2수익자는 장남, 제2수익자 사망시에는 제3수익자는 장남의 자에게 수익자연속신탁계약 한 경우, 배우자 사망시 수익을 받을 권리인 각 연도에 받을 수익의 이익으로 평가한다. 이는 부동산 원본을 상속받는 것이 아니기 때문에 권리로 평가하는 것이나, 부동산 가액과 차이가 있을 것이며, 또 임대차계약시기(부동산 가치상승에 따른 임대료 상승등)에 따라 평가금액이 달라질 수 있어 보인다.

2. 초과배당 이익의 증여

법인의 최대주주가 자신이 받아야 할 배당을 포기함으로써 최대주주의 특수관계인이 원래 받아야 할 배당보다 초과하여 받은 배당을 초과배당 또는 차등배당이라고 부른다.

초과배당에 대해 2015년 이전에는 소득세와 증여세 이중과세 문제가 있으므로 기재부는 증여세를 과세할 수 없다고 해석한 바 있고, 2016년부터 2015년까지는 소득세와 증여세를 계산하여 둘 중 큰 세액을 과세하였다. 초과배당금액에 대해 소득세와 증여세를 계산하여, 증여세가 소득세보다 큰 경우에만 증여세를 부과할 수 있는데, 증여세 계산시 소득세를 차감해 계산하였다.

2021년부터는 초과배당금액에서 소득세 상당액을 차감한 금액을 증여재산가액으로 보아 증여세를 계산한다. 소득세와 증여세를 둘 다 과세하는 방식이다.

한편, 소득세 상당액은 상증법 시행규칙 율에 따라 계산하는데, 이 금액은 실제 소득세 납부시 금액과 다를 수 있다. 소득세 세율 변동이나 금융소득 종합과세 여부에 따라 소득세 납부금액과 다를 수 있으므로 증여세 납부 후 소득세를 실제 납부할 때 증여세를 정산한다.

배당할 때 증여 시기가 있고, 소득세 납부할 때 증여세를 정산한다. 상증법에서는 정산시 금액을 정산증여재산가액으로 구분하고 정산 시기는 그 다음연도 5월 31일 또는 6월 30일(성실신고확인대상자)이다.

정산개념이 들어왔고, 초과배당에 따른 이익의 증여가 합산배제 증여재산이 아니기 때문에 이러한 문제들이 발생할 수 있다.

① 국세부과제척기간의 기산일은 초과배당시점일까? 정산시점 각각일까?

② 초과배당과 정산 사이에 일반증여가 있는 경우에, 일반증여시 초과배당을 증여재산가산액으로 신고하였는데 정산하여 그 가액이 달라진 경우 일반증여에 대해서 증여세를 경정해야 할까? 경정한다면 가산세를 부과하여야 할까?

③ 초과배당하고 정산 후 일반증여가 있는 경우, 증여재산 가산하기 위한 10년의 기준은 초과배당일까? 정산시점일까?

④ "초과배당하고 증여자가 사망한 경우"와 "정산 후 증여자가 사망한 경우"에 상속세 과세가액에 가산하는 증여재산가액은 같아야 할까? 달라야 할까?

이러한 쟁점들은 과세방식 변경으로 초과배당 자체가 감소하여 다툼이 생길 여지가 적어 보인다.

3. 최대주주등 할증평가 개선

최대주주가 보유한 주식을 상속하거나 증여한 경우에는 경영권등이 수반되어 있어 원래 평가하여야 할 가액보다 할증하여 평가한다. 하지만 결손법인의 주식 등을 평가하는 경우에는 제외하고 있다.

이러한 제외사유 중 하나로 평가법인이 다른 법인의 주식을 보유한 경우가 있다. 즉 평가법인이 다른 법인(1차 출자법인)의 주식을 보유하고, 다른 법인이 또 다른 법인(2차 출자법인)의 주식을 보유한 경우에는 평가법인의 주식과 1차 출자법인의 주식까지만 할증한다는 뜻이다. 이러한 규정을 개정하여 다른 법인의 주식을 보유하고 있어도 할증하지 않는 것으로 개정하였다.

관련 규정의 부칙은 "이 영 시행 이후 상속세과세표준신고 또는 증여세과세표준신고를 하는 경우부터 적용한다"이다.

상속세과세표준신고 또는 증여세과세표준신고에는 기한후신고가 포함될 수 있을까?

현재 문언상으로는 기한후신고가 포함되지 않는 것으로 보인다. 상증령 제15조제21항에서 상증법 제18조제2항제1호에 따라 공제받으려는 자는 가업상속재산명세서 및 기획재정부령으로 정하는 가업상속 사실을 입증할 수 있는 서류를 제64조에 따른 상속세과세표준신고(이하 '상속세과세표준신고'라 한다)와 함께 납세지 관할 세무서장에게 제출하여야 한다고 규정하는데, '제64조에 따른 상속세과세표준신고'는 법정신고기한 내 상속세 신고를 의미하고, 상증령 제47조에서 제20조 규정은 증여세에 관하여 이를 준용한다. 이 경우 제20조제2항중 '상속세과세가액'은 '증여세과세가액'으로, '상속재산'은 '증여재산'으로 하고, 동조제3항중 '상속세과세표준신고'는 '제65조의 규정에 의한 신고'(이하 '증여세과세표준신고'라고 한다)로 본다고 규정하는데, '제65조에 따른 증여세과세표준신고'가 법정신고기한 내 증여세 신고를 의미하므로 문언상은 기한후신고가 포함되지 않는다.

4. 납부지연가산세 면제

국기법의 가산세 면제를 규정한 방법은 2가지이다. 해당 가산세 조문에서 규정하거나 아니면 가산세 면제 조문에서 규정한다. 이번에 납부지연가산세 면제와 관련해서는 첫 번째 방식으로 개정하였다. 예를 들면, 재산을 10억원으로 신고하였지만, 과세관청이 12억원으로 재산을 평가하여 상속세 또는 증여세를 과세한 경우 발생하는 가산세는 과소신고가산세와 납부지연가산세가 있다.

과소신고가산세는 국기법 제47조의3제4항제1호에 따라 과소신고가산세를 부과하지 않는다.

그렇다면 납부지연가산세를 부과할 수 있을까? 재산평가 차이에 대해, 원칙적으로 기재부는 납부지연가산세를 부과한다고 보았다. 국기법 제48조제1항에 따른 가산세 감면 등의 정당한 사유에는 상증법 제60조제2항, 제3항 및 제66조에 따라 평가한 가액으로 증여세 과세표준을 과소신고한 경우는 해당하지 아니하므로 납부불성실가산세는 감면되지 아니하는 것이다(기획재정부 조세정책과-1084, 2012.12.17.).

하지만 납세자가 신고 후 재산평가심의위원회 심의를 거쳐 과세하는 경우에도 납부지연가산세를 부과하는 것은 불합리해 보인다. 그래서 이번에 납부지연가산세 면제하도록 개정하였다.

2020년

○ 국세부과제척기간 특례(안 날로부터 1년)에 명의신탁재산 증여의제에 해당하는 경우 추가

○ 가업상속공제 사후관리

- 사후관리 기간단축: 10년 ⇒ 7년
- 고용유지: 정규직 근로자 인원기준외 총급여액 기준을 선택 적용

– 통계청 경제활동인구조사의 정규직근로자에서 "근로기준법에 따라 계약을 체결한 근로자"(제외 범위 있음) 변경

- 자산처분의 정당한 사유 확대(주된 업종 변경 관련하여 대체 취득하여 가업에 계속 사용하거나, 처분금액을 조특법 연구인력개발비로 사용한 경우)
- 가업의 주된 업종을 중분류 내에서 업종변경하거나 평가심의위원회를 통해 변경 가능
- 조세포탈 또는 회계부정시 가업상속공제 배제 또는 추징

○ 영농상속공제 및 영농자녀 증여세 감면 대상에 염전 추가

○ 동거주택 상속공제

- (상속주택가액 – 담보채무)×80%(5억원 한도) ⇒ (상속주택가액 – 담보채무)×100%(6억원 한도)

○ 증여세 과세가액 불산입하는 장애인 신탁에 타익신탁을 추가하고, 원본 인출 허용 사유에 중증장애인의 기초생활비 용도 인출을 추가

○ 증여추정 배제기준에 세대주 삭제(2020.7.20. 증여추정 배제기준 변경)

○ 주주명부가 없는 경우 명의신탁재산 증여의제 증여일을 양도세 신고서에 기재된 소유권이전일, 주식등 변동상황명세서에 기재된 거래일로 증여시기 명확화

○ 특정법인: 결손법인 등 ⇒ 지배주주와 그 친족이 직접 또는 간접으로 보유하는 주식보유비율이 30% 이상 법인

○ 특수관계인 공매 취득가액 시가 불인정

- 최대주주 등의 비상장주식을 경매 · 공매로 최대주주 등의 특수관계인 또는 상속인이 취득한 경우

○ 조합원입주권 평가방법 명확화

- 평가기준일까지 납입한 금액은 조합원의 권리가액과 불입한 계약금 · 중도금을 합한 금액

○ 최대주주등의 할증평가

- 조특법 §101 삭제 ⇒ 상증법 §63에서 규정
- 중소기업 할증평가를 배제하고, 지분율에 관계없이 20% 할증률 적용

○ 연부연납

- 가업상속 연부연납 특례 대상 확대 및 요건 완화
- 분할납부 세액 계산시 납부일 현재 국기령 이자율 적용(종전 신청일 현재 이자율)

1. 연부연납 가산금 적용시 적용하는 가산율

연부연납 제도는 상속세와 증여세액이 거액인 경우가 많아 징수편의만을 내세워 일시납부 원칙을 고수하게 되면 납세의무자에게 과중한 부담을 주게 되므로 년 단위로 납부하게 하는 제도를 말한다.

각 회 분할 납부세액에 대하여 연부연납 가산율로 계산한 가산금을 본세에 합산하여 부과한다.

이 경우 연부연납 가산금을 계산하기 위한 가산율은 2020.2.11. 연부연납 신청부터 각 회분의 분할납부세액의 납부일 현재 이자율을 적용한다. 2020.2.11. 전에는 신청일 현재 이자율이었는데 납부일 현재 이자율로 개정된 것이다.

이자율은 국세기본법의 국세환급금 이자율을 적용하는데 최근 이자율은 1.8% - 1.6% - 1.8% - 2.1% -1.8%이었다.

그렇다면 2020.2.10. 이전에 연부연납 허가를 받고 2020.2.11. 이후 납부할 세액이 도래한 경우에는 어떤 이자율을 적용할까?

여기에 대해 상증령 부칙에서는 개정규정을 적용할 수 있으며, 적용한 이후의 기간에 대해서는 개정규정을 계속 적용해야 한다고 보았다. 즉 신청일 현재 이자율로 계속 납부할 수도 있고, 납부일 현재 이자율로 납부할 수도 있다(선택할 수 있다). 대신 납부일 현재 이자율로 바꾸면, 계속 납부일 현재 이자율로 적용한다.

납부일 현재 이자율을 적용하기 위해서는 납세자는 과세관청에 신청해야 한다. 현재 시행규칙 부칙에서는 분할납부세액의 납부기한이 속하는 달의 전전월 말일까지 신청해야 하며, 2020.4.30. 이전에 납부기한이 도래하는 분에 대하여 신청하는 경우에는 납부기한까지 신청해야 한다.

2. 가업상속공제 사후관리

이번 가업상속공제 사후관리 개정사항의 가장 큰 특징은 부칙의 다양성, 즉 종전 상속인에게 적용할 수 있는지이다. 종전의 가업상속을 받은 상속인에게 개정내용을 적용할 수 있는지에 대해 별도의 부칙 조문이 있으니 해당 사후관리 업무시 반드시 부칙을 확인해야 한다.

가. 사후관리 기간이 10년에서 7년으로 단축되었다.

2019.12.31. 이전에 상속된 경우에는 종전 규정(10년)을 적용한다. 예전 조특법 제30조의6(가업의 승계에 대한 증여세 과세특례)의 사후관리 기간을 10년에서 7년 단축 때 종전 적용받은 경우에도 적용하였지만, 가업상속은 10년 그대로 적용한다.

나. 가업종사의 업종변경과, 자산유지의 처분사유가 확대되었다.

이 경우는 2019.12.31. 이전에 상속된 경우에도 적용한다.

다. 조세포탈 또는 회계부정시 가업상속공제를 배제하거나 추징하는데, 조세포탈 또는 회계부정의 기간은 상속개시일 전 10년 이내 또는 상속개시일부터 7년 이내이다. 개정규정은 2020.1.1. 이후 조세포탈 또는 회계부정행위를 한 경우로 2020.1.1. 이후 상속개시부터이다.

라. 고용유지(매년, 평균) 관련해서 정규직근로자 개념이 통계법 경제활동인구조사 정규직 근

로자에서 상증법령에서 규정하는 정규직 근로자로 바뀌었다. 이 규정은 2020.1.1. 이후 과세기간(사업연도)부터 적용할 수 있으며, 연부연납처럼 선택할 수 있다.

마. 고용유지(매년, 평균) 관련해 기준고용인원 외에 총급여액 기준이 신설되었고, 이 규정(매년)은 2019.12.31. 이전에 상속받은 경우에도 2020.1.1. 이후 과세기간(또는 사업연도)부터 적용한다.

3. 재산평가

가. 최대주주등 할증평가 규정은 상증법 제63조에서 규정하고 있는데, 중소기업에 대해 적용하지 않는 것은 조특법 제101조에서 규정하고 있었다. 그것을 이번에 개정하면서 조특법 제101조를 삭제하고, 상증법에서 중소기업을 제외하는 것과 할증률을 간략히 개정하였다. 이 규정은 2020.1.1. 이후 상속증여부터 적용한다.

구 분	2019.12.31. 이전		2020.1.1. 이후부터
	중소기업	비중소기업	비중소기업
지분율 50% 이하	10%	20%	20%
지분율 50% 초과	15%	30%	

나. 최대주주 등의 비상장주식등이 경매(공매)로 최대주주 등의 상속인 또는 특수관계인이 취득한 경우에는 시가 범위에서 제외한다. 이 규정은 2020.2.11. 이후 상속증여분을 평가하는 분부터 적용한다.

다. 조합원입주권 평가방법이 명확하게 개정되었다. "도시 및 주거환경정비법의 조합원권리가액+평가기준일까지 납입한 계약금, 중도금 등을 합한 금액"으로 평가하는데, 조합원 권리가액은 "분양대상자의 종전 토지 및 건축물 가격×〔(정비사업완료 후의 대지 및 건축물의 총 수입수산액−총 소요사업비) ÷ 종전의 토지 및 건축물의 총 가액〕"으로 계산한다.

라. 순자산가치와 순손익가치 가중평균으로 비상장주식을 평가할 때, 순손익액 계산시 징벌적 목적의 손해배상금 및 업무용승용차 관련 손금불산입액 차감한다. 이 규정은 2020.2.11. 이후 상속증여받는 분을 평가하는 분부터 적용한다.

2019년

○ 특수관계인에 해당하는 퇴직임원 범위를 퇴직 후 3년으로 조정(공시대상기업집단 5년 유지)

○ 가업 · 영농상속공제

- 중견기업 경우 가업이외재산가액이 상속세 납부금액의 200% 초과시 가업상속공제 배제
- 가업용 자산 처분시 상속세 추징액을 자산처분비율과 기간별 추징율을 곱하여 계산
- 영농상속공제시 피상속인 및 상속인 질병 요양 등의 경우 직접 영농 종사기간 포함

○ 명의신탁재산의 증여의제의 납세의무자를 명의자에서 실제소유자로 변경

- 합산배제 증여재산에 추가
- 실제소유자의 다른 재산으로 증여세등을 모두 징수하지 못할 경우 명의신탁재산으로 징수 가능

○ 특정법인과의 거래를 통한 이익의 증여의제시 시가기준 합리화

- 재산 · 용역 시가를 법인령 §89에 따른 가액으로 적용

○ 증여재산의 시가 평가기간을 증여일 전 6개월부터 증여일 후 3개월까지로 확대

○ 평가기간 외로 평가기준일 전 2년 이내와 평가기간 후 법정결정기한까지의 매매사례가액등을 평가심의원회의 심의를 거쳐 시가로 인정

○ 신탁의 이익 및 정기금을 받을 권리의 평가방법 합리화

- 계약 철회 등으로 일시금을 수령할 수 있는 권리를 보유하는 경우로 그 일시금이 현행 평가방법에 따른 가액보다 큰 경우에는 그 일시금 금액을 평가가액으로 함

○ 비상장주식을 보충적 평가시 순손익액에 외화평가손익 반영

○ 담보신탁이 설정된 재산평가 합리화

- 위탁자의 채무이행을 담보하기 위하여 신탁계약이 설정된 재산을 저당권등 평가특례 대상에 추가

○ 신고세액공제율 인하(5% ⇒ 3%)

○ 질문조사권 남용 금지

- 질문 · 조사하거나 장부 등의 제출을 요구함에 직무상 필요한 범위 외에 다른 목적 등을 위하여 권한 남용 금지 신설

○ 공익법인등 관련

- 공시대상기업집단 소속 공익법인이 출연재산 매각대금으로 계열회사 주식 취득시 실적 제외
- 공익법인 해산시 주무부장관이 해당 공익법인과 유사한 것으로 인정하는 공익법인에 잔여재산 귀속시키는 경우 증여세 과세하지 않음

2018년

○ 가업영위기간별 공제한도 조정
  - 200억원(10년 이상), 300억원(15년 이상 ⇒ 20년 이상), 500억원(20년 이상 ⇒ 30년 이상)

○ 가업 · 영농상속공제 및 가업승계 증여특례 사후관리 위반시 신고 · 납부 근거 마련
  - (가업 · 영농상속공제) 사유발생일이 속하는 달의 말일부터 6개월 이내 신고 · 납부
  - (가업승계 증여특례) 사유발생일이 속하는 달의 말일부터 3개월 이내 신고 · 납부

○ 일감몰아주기 과세대상 확대 등
  - 대기업의 특수관계법인과의 거래비율이 20%를 초과하고 거래금액이 1천억원을 초과하는 경우 등을 과세대상에 추가
  - 공시대상기업집단 간의 담합에 의하여 제3자를 통한 간접적인 방법이나 둘 이상의 거래를 통해 발생한 수혜법인의 매출액 포함
  - 증여의제이익 계산방법 변경
    - (대기업) 세후 영업이익×(특수관계인거래비율-5%)×주식보유비율
    - (중견기업) 세후 영업이익×(특수관계인거래비율-20%)×(주식보유비율-5%)

○ 하나의 감정기관 감정가액도 시가로 인정
  - 기준시가 10억원 이하 부동산(소득법 §99①1)의 감정가액만 적용

○ 순자산가액으로 평가하는 법인의 범위 보완
  - 순자산가액으로 평가하는 법인의 범위를 업종 관계없이 자산총액 중 부동산이 80% 이상인 법인으로 확대(골프장업, 부동산업, 부동산개발업 등 ⇒ 전체 업종)

○ 신고세액공제율 인하(7% ⇒ 5%)

○ 상속세 및 증여세 결정기한 연장(상속: 6개월 ⇒ 9개월, 증여: 3개월 ⇒ 6개월)

○ 상속세 물납요건 강화
  - 금융재산 등으로 상속세 납부가 가능한 경우에는 물납이 적용되지 않음
  - 납부할 상속세가 비상장주식 등을 제외한 상속재산 가액을 초과하는 부분만 비상장주식물납 가능

○ 어업용토지 등에 대한 증여세 감면 특례
  - 영어까지 적용대상을 확대하고 증여재산도 어업용토지(40,000㎡ 이내), 어선(20t 이하), 어업권(100,000㎡ 이내) 확대

○ 공익법인등 주식 보유한도 개선
  - 상호출자제한기업집단과 특수관계가 없고 의결권을 행사하지 않음을 정관에 명시한 자선, 장학, 사회복지 목적의 성실공익법인등의 주식보유한도를 20%까지 상향조정

2017년

○ 가업상속공제 관련
- 업종을 상증령 별표에서 규정(종전 조특법 시행령)
- 개인 가업상속재산가액: 사업용 자산 가액 ⇒ (사업용 자산가액 – 해당 재산에 담보된 채무 가액)
- 가업상속공제의 피상속인 요건 명확화: 피상속인이 10년 이상 계속 보유한 주식등

○ 가업상속공제 · 영농상속공제 사후관리 위반시 이자상당액 부과
- 추징하는 상속세액×(신고기한의 다음 날~추징사유 발생일)×이자율

○ 동거주택상속공제와 상속공제한도
- 동거주택상속공제: 상속주택가액×80% ⇒ (상속주택가액 – 해당 자산에 담보된 채무)×80%
- 상속공제한도 계산방법 보완: 후순위 상속인이 피상속인으로부터 직접 유증받은 재산가액 배제

○ 증여예시규정
- 종류주식 증자시 증자에 따른 이익에 대한 증여세 과세방법 보완
- 상장에 따른 이익의 증여 과세대상에서 코넥스 상장주식 제외
- 주식전환에 다른 이익 증여 과세시 인수인에 실질적으로 인수행위를 하는 자를 포함

○ 비상장주식 평가
- 비상장주식 평가액의 하한 설정: 가중평균 ⇒ Max(가중평균, 순자산가치의 80%)
  2017.4.1.~2018.3.31. 순자산가치의 70%
- 순자산가치 평가 유형 확대
  - 주식가액이 자산총액에서 차지하는 비율이 80% 이상 법인
  - 설립시부터 정관에 존속기한이 확정된 법인으로서 평가기준일 현재 잔여 존속기한이 3년 이내인 법인
- 재산평가심의위원회 심의대상 확대
  - 유사상장법인이 있는 중소기업의 비상장주식 ⇒ 현금흐름할인법 적용 등 합리적 평가액 및 평가방법이 있는 비상장주식(2017.7.1. 이후 상속 또는 증여부터)
  - 시가불인정 감정기관 지정(2017.7.1. 이후 원감정기관이 아닌 감정기관에 시가의 감정을 의뢰한 분부터 적용)

○ 유사재산의 범위 구체화
- 동일 주택단지 내의 주택으로 전용면적과 기준시가 차이가 5% 이내인 주택 등

○ 신고세액공제율 인하(10% ⇒ 7%)

상속세 증여세 주요 자료

〈상속세 계산흐름도〉

총상속재산가액

○ 상속재산가액(본래의 상속재산+간주상속재산)+추정상속재산

* 상속재산가액은 국내외 모든 재산임

-

비과세 및 과세가액 불산입액

○ 비과세: 금양임야, 문화재 등

○ 과세가액 불산입재산: 공익법인등에 출연한 재산 등

-

공과금 · 채무

+

사전증여재산

○ 합산대상 사전증여재산(상속인 10년, 기타 5년, 단 10%(20%) 특례세율 적용 증여재산인 창업자금, 가업승계주식등은 기한없이 합산)

⇩

상속세과세가액

-

상속공제

○ (기초공제+그 밖의 인적공제)와 일괄공제(5억) 중 큰 금액

○ 가업 · 영농상속공제 ○ 배우자공제 ○ 금융재산 상속공제

○ 재해손실공제 ○ 동거주택 상속공제

* 단, 위 합계 중 공제적용 종합한도 내 금액만 공제가능

-

감정평가 수수료

○ 부동산 감정평가업자의 수수료는 5백만원 한도 등

⇩

상속세 과세표준

×

세율

과세표준	1억원 이하	5억원 이하	10억원 이하	30억원 이하	30억원 초과
세율	10%	20%	30%	40%	50%
누진 공제액	없음	1천만원	6천만원	1억 6천만원	4억 6천만원

⇩

산출세액

○ (상속세 과세표준×세율) - 누진공제액

+

세대생략할증세액

○ 상속인이나 수유자가 피상속인의 자녀가 아닌 직계비속이면 할증함.단, 직계비속의 사망으로 최근친 직계비속에 상속하는 경우에는 제외

-

세액공제

○ 문화재자료 징수유예, 증여세액공제, 외국납부세액공제, 단기재상속세액공제, 신고세액공제

-

분납 · 연부연납 · 물납

⇩

자진납부 할 세액

○ 피상속인이 비거주자인 경우 국내재산을 과세대상으로 한다.

○ 피상속인이 비거주자인 경우 상속공제 중 기초공제 2억원외 공제를 적용받을 수 없다.

○ 피상속인이 비거주자인 경우 장례비를 공제받지 못한다.

〈기본세율 적용 증여세 계산 흐름도〉

증여재산가액

○ 수증자 거주자인 경우 국내외 증여재산가액
○ 수증자 비거주자인 경우 국내 증여재산가액

\-

비과세 및 과세가액 불산입액

○ 비과세: 사회통념상 인정되는 피부양자의 생활비, 교육비 등
○ 과세가액 불산입재산: 공익법인등에 출연한 재산 등

\-

채무부담액

○ 증여재산에 담보된 채무인수액(증여재산 관련 임대보증금 포함)

\+

증여재산가산액

○ 합산대상 사전증여재산(상속인 10년, 기타 5년, 단 10%(20%) 특례세율 적용 증여재산인 창업자금, 가업승계주식등은 기한없이 합산)

⇩

증여세과세가액

\-

증여공제
- 증여재산공제
- 재해손실공제

증여자	배우자	직계존속	직계비속	기타친족	기타
공제 한도액	6억원	5천만원(수증자가 미성년자인 경우 2천만원)	5천만원	1천만원	없음

• 위 증여재산공제 한도는 10년간의 누계한도액임
○ 비거주자는 증여재산공제 없음
○ 증여세 신고기한 이내에 재난으로 멸실 · 훼손된 경우 그 손실가액 공제

\-

감정평가 수수료

○ 부동산 감정평가업자의 수수료는 5백만원 한도 등

⇩

증여세 과세표준

① 일반: 증여재산 - 증여재산공제 · 재해손실공제 - 감정평가수수료
② 합산배제(명의신탁): 명의신탁금액 - 감정평가수수료
③ 합산배제(상증법 §45의3, §45의4): 증여의제이익 - 감정평가수수료
④ 합산배제(②와 ③를 제외)): 증여재산가액 - 3천만원 - 감정평가수수료

×

세율

과세표준	1억원 이하	5억원 이하	10억원 이하	30억원 이하	30억원 초과
세율	10%	20%	30%	40%	50%
누진 공제액	없음	1천만원	6천만원	1억 6천만원	4억 6천만원

⇩

산출세액

○ (증여세 과세표준×세율) - 누진공제액

\+

세대생략할증세액

○ 수증자가 증여자의 자녀가 아닌 직계비속이면 할증(30% 또는 40%)함. 단, 직계비속의 사망으로 최근친 직계비속에 증여하는 경우에는 제외

\-

세액공제 + 감면세액

○ 문화재자료 징수유예, 납부세액공제, 외국납부세액공제, 그 밖의 공제 · 감면세액, 신고세액공제

\-

분납 · 연부연납 · 물납

○ 물납불가

⇩

자진납부 할 세액

> ○ 수증자가 비거주자인 경우 국내의 모든 증여재산을 증여재산가액으로 한다.
> ○ 수증자가 비거주자인 경우 증여재산공제를 적용받을 수 없다.
> ○ 수증자가 비거주자인 경우 조특법 감면(조특법 §71) 및 과세특례(조특법 §30의5, §30의6)를 적용받을 수 없다.

〈공제가능한 상속공제액=Min(①~⑦합계액, ⑧ 공제적용 종합한도액)〉

구분	상속공제
① 기초공제(상증법 §18) (2억원) + (가업 · 영농상속공제액)	○ 기초공제액: 2억원 ○ 가업상속공제액: 가업상속재산가액(200억~500억원 한도) ○ 영농상속공제액: 영농상속재산가액(공제한도: 15억원)
② 그 밖의 인적공제(상증법 §20) ○ 자녀공제 ○ 미성년자공제 ○ 연로자공제 ○ 장애인공제	○ 자녀수×1인당 5천만원 -자녀 · 미성년자 · 연로자 · 배우자공제와 중복공제가능 ○ 미성년자수×1천만원×19세까지의 잔여연수(자녀공제와 중복공제 가능) -상속인(배우자제외) 및 동거가족 중 미성년자에 한함 ○ 연로자수×1인당 5천만원 -상속인(배우자제외) 및 동거가족 중 65세 이상자에 한함 ○ 장애인수×1인당 1천만원×기대여명 연수 -상속인(배우자포함) 및 동거가족 중 장애인
③ 일괄공제(상증법 §21)	○ Max [5억원, (기초공제 2억원+그 밖의 인적공제)] -상속인이 배우자 단독인 경우 일괄공제 적용 안 됨 -2020년부터 기한후 신고시에도 일괄공제 선택 허용 -신고기한 내 무신고한 경우: 일괄공제(5억원) 적용
④ 배우자공제(상증법 §19) * 신고기한 익일부터 9월까지 배우자상속재산을분할등기 등을 해야 공제 가능 * 최소 5억원 공제됨	○ 배우자공제액=Max [Min (①, ②), 5억원)] ① 배우자가 실제 상속받은 가액 -배우자 해당분(=본래 · 간주재산 - 비과세 - 채무 · 공과금) ② 공제한도액: Min(ⓐ, ⓑ) ⓐ (상속재산가액×배우자 법정상속분) - (합산대상 증여재산 중 배우자가 증여받은재산의 과세표준) ⓑ 30억원 상속재산가액 = (본래 · 간주 · 추정상속재산) - (상속인이아닌 수유자에게 유증 · 사인증여한 재산) + (상속인이 증여받은 합산대상 증여재산) - (비과세 · 과세가액 불산입 재산 + 공과금 · 채무)
⑤ 금융재산상속공제(상증법 §22) * 신고기한내 미신고한 차명 금융재산은 공제 배제	○ 순금융재산가액(금융재산 - 금융채무)이 • 2천만원 초과시: Min [Max(2천만원, 순금융재산가액×20%), 2억원] • 2천만원 이하시: 순금융재산가액 전액
⑥ 재해손실공제(상증법 §23)	○ 신고기한 내 화재 · 자연재해 등으로 멸실 · 훼손시 그 손실가액
⑦ 동거주택상속공제(상증법 §23의2)	○ 주택가액(부수토지 포함)의 100% (6억원 한도)
⑧ 공제적용 종합한도액(상증법 §24) =상속세 과세가액 - [상속인이 아닌 자에게 유증 · 사인증여한 재산+상속인의 상속포기로 후순위 상속인이 받은 상속재산+상속재산에 가산된 증여재산가액(과세가액 5억원 초과시 적용, 증여재산공제 · 재해손실공제 차감)]	

〈상속세 · 증여세 세율표〉

과세표준	세율	누진공제액
1억원 이하	10%	-
1억원 초과 5억원 이하	20%	1,000만원
5억원 초과 10억원 이하	30%	6,000만원
10억원 초과 30억원 이하	40%	1억 6천만원
30억원 초과	50%	4억 6천만원

〈증여추정 배제기준[4]〉

2020.7.20. 현재

구분	취득재산		구분	구분
	주택	기타재산		
30세 미만	5천만원	5천만원	5천만원	1억원
30세 이상	1억 5천만원	5천만원	5천만원	2억원
40세 이상	3억원	1억원	5천만원	4억원

〈증여추정 배제기준[5]〉

증여자	2003~2007	2008~2013	2014~2015	2016.1.1. 이후
직계존속 ⇒ 직계비속 (수증자가 미성년자인 경우)	3천만원 (15백만원)	3천만원 (15백만원)	5천만원 (2천만원)	5천만원 (2천만원)
직계비속 ⇒ 직계존속			3천만원	5천만원
배우자	3억원	6억원	6억원	6억원
기타친족	5백만원	5백만원	5백만원	1천만원

〈증여세 과세표준〉

구분		증여세 과세표준
① 일반증여		증여세과세가액 - 증여재산공제(비거주자는 공제 배제) - 재해손실공제 - 감정평가수수료
합산배제증여재산	② 명의신탁 증여의제	명의신탁 재산가액 - 감정평가수수료
	③ 특수관계법인과의 거래이익,특수관계법인으로부터 제공받은 사업기회로 발생한 이익	증여의제이익 - 감정평가수수료(2012.1.1. 이후)
	④ '② 및 ③'을 제외한 합산배제증여재산	합산배제증여재산 - 3천만원 - 감정평가수수료

---

4. 상증사무처리규정 제38조
5. 수증자가 비거주자인 경우 증여재산공제 적용하지 아니함. 2006년 이후 증여분으로 증여재산이 창업자금(조특법 제30조의5)이거나 2008년 이후 증여분으로 증여재산이 가업승계 주식(조특법 제30조의6)이면 5억원을 공제한다.

〈가상자산 평가를 위한 가상자산사업자[6]〉

상호	서비스명
두나무 주식회사	업비트
주식회사 빗썸코리아	빗썸
주식회사 코빗	코빗
주식회사 코인원	코인원

〈상속세 · 증여세의 국세부과제척기간〉

○ 일반적인 경우(신고분): 법정신고기한 다음 날부터 10년

○ 무신고, 가공채무 공제신고, 금융재산(예금, 주식, 채권, 보험금 등)의 신고누락, 등기 · 등록 · 명의개서 요하는 재산을 상속인(수증자) 명의로 신고일까지 등기 등 없이 신고누락, 사기 기타 부정한 행위로 포탈하거나 환급 · 공제 ⇒ 법정신고기한 다음 날부터 15년

○ 사기 기타 부정한 행위로 포탈한 경우로써 다음 유형의 은닉재산 가액의 합계액이 50억원을 초과하는 경우(1999.12.31. 신설) ⇒ 당해 재산의 상속 · 증여가 있음을 안 날부터 1년. 단, 상속인(수유자) 사망, 증여자 및 수증자가 사망시는 적용 제외한다.

① 제3자 명의로 된 피상속인 · 증여자의 재산을 상속인 · 수증자가 취득한 경우

② 계약이행기간 중 상속이 개시되어 피상속인이 생략되고 상속인이 직접 취득

③ 국외 소재 상속 · 증여재산을 상속인(수증자)가 취득

④ 등기 · 등록 · 명의개서가 필요하지 아니한 유가증권, 서화, 골동품 등을 상속인 · 수증자가 취득

⑤ (2013.1.1. 이후) 수증자의 명의로 되어 있는 증여자의 「금융실명거래 및 비밀보장에 관한 법률」 제2조제2호에 따른 금융자산을 수증자가 보유하고 있거나 사용 · 수익한 경우

⑥ 2017.1.1. 이후) 비거주자인 피상속인의 국내재산을 상속인이 취득한 경우

⑦ (2020.1.1. 이후) 상증법 제45조의2에 따른 명의신탁재산 증여의제에 해당하는 경우

6. 국세청 고시 제2021-58호, 2021.12.28.

〈상증법상 이자율[7]〉

○ 비상장주식 1주당 순손익가치 평가시 적용할 이자율(상증령 제54조제1항)

일자	이자율(연)	적용시기	비고
2010.11.5.	10%	2010.11.5. 이후 상속 또는 증여받는 분부터	기획재정부고시 제2010-19호
2016.3.21.	10%	2016.3.21. 이후 상속 또는 증여받는 분부터	상증규칙 §17

○ 전환사채 등의 상속 · 증여재산 평가시 적용할 이자율(상증규칙 제18조의3)

일자	이자율(연)	적용시기	비고
2010.11.5.	8%	2010.11.5. 이후 상속 또는 증여받는 분부터	기획재정부고시 제2010-20호
2016.3.21.	8%	2016.3.21. 이후 상속 또는 증여받는 분부터	상증규칙 §18의3

○ 장기채권 평가시 적용할 이자율[8](상증규칙 제18조의3)

일자	이자율(연)	적용시기	비고
2009.7.31.	6.5%	2009.7.31. 이후 상속 또는 증여받는 분부터	국세청고시 제2009-29호
2011.7.26.	8%	2011.7.26. 이후 상속 또는 증여받는 분부터	상증규칙 §18의2
2016.3.21.	8%	2016.3.21. 이후 상속 또는 증여받는 분부터	상증규칙 §18의3

○ 금전대출에 따른 증여이익 계산시 적용하는 이자율[9](상증령 제31조의4)

일자	이자율(연)	적용시기	비고
2009.7.31.	9%	2009.1.1. 이후 이자발생 분부터 적용	국세청고시 제2009-27호
2010.11.5.	8.5%	2010.11.5. 이후 이자발생 분부터 적용	기획재정부고시 제2010-18호
2016.3.21.	4.6%	2016.3.21. 이후 증여받는 분부터 적용	상증규칙 §10의5

7. 이자율 근거규정은 국세청 고시에서 기재부 고시로 이전(2010.2.18.)하였고, 기재부 고시에서 상증규칙으로 이전(2016.3.21.)하였다. 이자율을 산정하는 근거, 방식에 대해 국세청 또는 기재부에서 공개한 적은 없다. 상증령에서는 "3년 만기 회사채의 유통수익률을 고려하여 기획재정부령으로 정하는 이자율"이라고 되어 있는데 이자율 개정여부에 대해 납세자등이 예측하기가 어렵다.
8. 장기채권 및 전환사채 등의 상속증여재산 평가시 적용할 이자율은 같이 고시하였다.
9. 2014.2.21. 이후 개인이 법인으로부터 대출받는 경우에는 법인령 제89조제3항의 이자율(가중평균 차입이자율, 당좌대출이자율)을 적정이자율로 보아 적용한다. 2016.3.21. 상증규칙 §10의5는 법인규칙 §43②에 따른 이자율을 적용.

○ 임대차계약 등이 체결된 부동산 등 평가시 적용하는 이자율(상증규칙 제15조의2)

– 선박 · 항공기, 차량 및 기계장비 평가시 적용하는 이자율(상증규칙 제16조의2)

일자	이자율(연)	적용시기	비고
2022.2.15.	3%	2022.2.15. 이후 상속 또는 증여받은 분부터	상증규칙 §16의2

– 부동산 등(상증규칙 제15조의2)

일자	이자율(연)	적용시기	비고
2009.4.23.	12%	2009.4.23. 이후 상속 또는 증여받은 분부터	상증규칙 §15의2

○ 정기금을 받을 권리를 평가하는 경우에 적용할 이자율(상증규칙 제19조의2)

일자	이자율(연)	적용시기	비고
2010.11.5.	6.5%	2010.11.5. 이후 상속 또는 증여받는 분부터	기획재정부고시 제2010-21호
2016.3.21.	3.5%	2016.3.21. 이후 상속 또는 증여받는 분부터	상증규칙 §19의2
2017.3.10.	3.0%	2017.3.10. 이후 상속 또는 증여받는 분부터	상증규칙 §19의2

○ 신탁의 이익 평가하는 경우에 적용할 이자율(상증규칙 제19조의2)

일자	이자율(연)	적용시기	비고
2017.3.9. 이전	10%	2017.3.9. 이전 상속 또는 증여받는 분부터	상증규칙 §16②
2017.3.10. 이후	3%	2017.3.10. 이후 상속 또는 증여받는 분부터	상증규칙 §19의2

○ 연부연납가산금의 가산율 고시(상증령 제69조)

적용시기	일자	이자율(연)	비고
2018.3.19. 이후 신청일 현재 이자율 적용	2018.3.19.	연 1.8%	국기규칙 §19의3
	2019.3.20.	연 2.1%	
2020.2.11. 이후 납부일 현재 이자율 적용	2019.3.20.	연 2.1%	국기규칙 §19의3
	2020.3.13.	연 1.8%	
	2021.3.16.	연 1.2%[10]	

○ 일반건물 기준시가 건물신축가격 기준액

(단위: 원)

2018년	2019년	2020년	2021년	2022년
690,000	710,000	730,000	740,000	780,000

10. 2022년 국기규칙 개정이 없으므로 2022년에도 1.2%를 적용한다.

〈상속시 기관별 업무〉

기관별	취급사무
각 세무관서	○ 상속세 신고납부(상속개시일이 속하는 달의 말일부터 6월) ○ 소득세 신고납부(상속개시일이 속하는 달의 말일부터 6월)
가정법원 (총무과)	○ 재산분할 청구 ○ 한정승인 · 상속포기 청구
등기소	○ 상속으로 인한 소유권 이전등기 -등기원인: 협의분할, 조정분할, 심판분할, 유증, 상속(상속인이면 신청할 수 있고, 법정상속지분으로 등기)
시 · 군 · 구	○ 취득세 신고납부(상속개시일이 속하는 달의 말일부터 6월) ○ 자동차이전등록
시구, 읍면동	○ 상속재산 조회: 안심상속 원스톱서비스 시행(사망자 등 재산조회 통합처리 신청) -정부24(www.gov.kr) 또는 시, 구, 읍면동에서 신청 -통합조회 대상: 금융재산(상조회사가입 유무 포함), 토지내역, 자동차내역, 국민연금 가입유무, 국세(체납 · 고지세액 · 환급세액), 지방세(체납 · 결손 · 고지세액 · 환급세액)
국민연금공단	○ 유족연금 지급청구 ○ 미지급 급여청구 ○ 반환일시금 지급청구 ○ 사망일시금 지급청구
국민건강보험공단	○ 건강보험 해지신청
카드 등 해지	○ 예금, 보험, 카드 해지 ○ 인터넷, 휴대폰 해지

제0편 상증법의 이해[1]

대부분의 상증법 책자[2] 첫 부분은 민법규정부터 설명한다. 민법은 상증법을 볼 때 제외할 수 없는 중요한 부분이지만, 반드시 우선해서 보아야 할 부분은 아니다. 상증법을 이해하기 위해 '세법전에서 사용하는 용어'와 '세법해석'에 대해 간략히 살펴본 다음, 민법보다 먼저 상증법 전체적인 구조와 특징을 살펴보도록 하자.

1. 세법의 구성

개별 세법의 법률, 시행령, 시행규칙은 본문(본칙)과 부칙으로 구성되어 있다. 본문(본칙)은 상증법 제1조부터 시작하며 우리가 흔히 보는 부분이고, 부칙은 본문에 부수하는 필요한 사항을 기재하는 부분이다. 세법 부칙은 아래의 상증법 부칙처럼 개정 조문의 적용시기를 규정하고 있다. 적용시기는 일반적 적용례와 개별조문 적용시기, 개별조문 경과조치로 구성되어 있다.

○ 상증법 부칙(법률 제18591호, 2021.12.21.)

제1조(시행일) 이 법은 2022년 1월 1일부터 시행한다. 다만, 제35조제3항 (「소득세법」 제87조의27에 따라 준용되는 경우에 관한 부분에 한정한다) 및 제73조의2의 개정규정은 2023년 1월 1일부터 시행한다.

제2조(일반적 적용례) 이 법은 이 법 시행 이후 상속이 개시되거나 증여를 받는 분부터 적용한다.

제3조(동거주택 상속공제 대상에 관한 적용례) 제23조의2제1항제1호의 개정규정은 이 법 시행 전에 상속이 개시되어 이 법 시행 이후에 상속세의 과세표준과 세액을 결정 또는 경정하는 경우에도 적용한다.

제4조(저가 양수 또는 고가 양도에 따른 이익의 증여에 관한 적용례) 제35조제3항의 개정규정은 2021년 2월 17일 이후 이 법 시행 전까지 재산을 양수하거나 양도한 경우에도 적용한다.

제5조(문화재 등에 대한 물납에 관한 적용례) 제73조의2의 개정규정은 같은 개정규정 시행 이후 상속이 개시되는 경우부터 적용한다.

제6조(공익법인등의 전용계좌 미개설 · 미신고 가산세 부과기준에 관한 적용례) 제78조제10항제2호가목의 개정규정은 이 법 시행 전에 제50조의2제3항에 따른 전용계좌의 개설 · 신고를 하지 아니한 공익법인등에 대하여 이 법 시행 이후에 가산세를 부과하는 경우에도 적용한다.

---

1. 제목을 "상증법의 이해"로 하였지만, 내용 대부분은 세법의 전반적인 이해에 대한 설명이다.
2. 이 책은 편, 장, 절로 구성되어 있다. 절에서는 해당 상증법령의 내용, 연혁, 예시, 해석 순으로 수록했고, 상증법의 주요 쟁점에 대해 본문과 구별하여 수록하고 있다.

제7조(금융투자업자의 자료제출에 관한 적용례) 제82조제7항의 개정규정은 이 법 시행 이후 증권계좌를 통하여 주식등이 이체된 경우부터 적용한다.

쟁점

부칙의 "평가하는 분부터"의 의미

부칙에서 개정조문의 적용시기를 규정하고 있지만, 어떤 부칙은 언제 적용하는지가 다툼이 된다.

상증법령 개정시 부칙을 보면 "평가하는 분부터 적용한다"고 규정한 경우가 있다. 평가하는 분부터 적용한다고 하면, 개정 전 상속 · 증여재산 평가시에 종전 규정을 적용하는지 아니면 개정규정을 적용하는지가 혼란을 준다. 이와 관련된 사례는 2가지가 있다.

1. 2009년 상증령 부칙

○ 상증령 부칙 〈제21292호, 2009.2.4〉
제3조(비상장주식 평가에 관한 적용례) 제54조제3항 및 제55조제1항의 개정규정은 이 영 시행 후 최초로 비상장주식을 평가하는 분부터 적용한다.

이 부칙에 대해 대법원은 "평가기준일이 개정된 시행령 시행 후인 경우"로 해석한다고 보았다(대법원 2014두44847, 2017.12.22.). 상속개시일 또는 증여일이 시행령 시행일 이후여야 개정 조문을 적용한다고 본 것이다. 위 조항은 "최초로 평가하는 분부터"이니까 평가기준일이 시행령이 이후여야 한다고 보는 것이 타당하다.

2. 2016년 상증령 부칙

○ 상증령 부칙 〈제26960호, 2016.2.5〉
제7조(최대주주등에 대한 할증평가의 적용이 배제되는 주식 등에 관한 적용례) 제53조제6항제8호의 개정규정은 이 영 시행 이후 평가하는 분부터 적용한다.

이 부칙에 대해 대법원은 최대주주 할증평가 관련 규정의 입법취지와 체계 및 개정 연혁 등을 종합적으로 고려하면, 명의신탁재산 증여 의제의 경우 그 제재로서의 성격을 감안하더라도 2016.2.5. 개정된 구 상증령 시행 전에 해당 주식의 가액을 평가하였다면, 그전 법령에 따라 최대주주 할증가액이 가산된다고 보아야 한다고 했다(대법원2017두48451, 2018.2.8.). 개정하기 전에 이미 평가하여 결정하였다면 개정 후 부칙을 근거로 다시 경정할 수 없다는 뜻이다.

그렇지만 이 판례만으로는 종전 대법원 판례(대법원2014두44847)처럼 평가기준일이 시행령 이후여야 하는지는 명확하지 않다. 1.의 부칙은 "최초로 평가하는 분부터"이고, 2.의 부칙은 '최초로'가 없기 때문에 같은 의미의 판례로 볼 수는 없다. 나의 개정내용은 납세자에게 유리한 내용이라 납세자에게 유리하게 해석한 것일 수도 있다.

기획재정부는 2016.2.5. 대통령령 제26960호로 개정된 상증령 제53조제6항제8호 규정은 2016.2.5. 이후 최초로 평가하여 결정 · 경정하는 분부터 적용(기획재정부 재산세제과-8, 2017.1.6.)한다고 보았다. 최초로 평가하여 결정한다는 뜻은 상속개시일, 증여일이 시행령 시행일 이후라는 것이고, 최초로 평가하여 경정한다는 뜻은 경정일이 시행령 시행일 이후라는 뜻이다. 여기서의 경정 적용시기가 명확하지 않았다.[3] 이와 관련된 쟁점은 아래에 소개하는 "부칙. 경정하는 분부터의 의미"와 연결된다.

쟁점

부칙의 "경정하는 분부터"의 의미

헌법이 아니더라도, 국세기본법 제18조(세법 해석의 기준 및 소급과세의 금지)에서는 그 세법의 효력발생 전에 완성된 과세요건사실에 대하여 새로운 세법에 따라 적용할 수 없다고 규정하고 있다.

그런데 부칙을 살펴보면, 시행일 이후 결정 · 경정하는 분부터 적용한다는 규정을 종종 볼 수 있다. 그러면 여기서 "경정하는 분"부터는 무엇을 의미할까? 경정하는 분부터 적용한다는 부칙은 상증법뿐만 아니라 다른 세법에서도 많이 사용하고 있다.

> ○ 부가법 부칙 〈제11944호, 2013.7.26〉
> 제2조(수정수입세금계산서 발급에 관한 적용례) 제35조의 개정규정은 이 법 시행 후 최초로 수정신고하거나 결정 · 경정하는 분부터 적용한다.
> ○ 상증법 시행령 부칙 〈제18177호, 2003.12.30〉
> 제6조(특정법인과의 거래를 통한 이익의 계산방법에 관한 적용례) 제31조제6항의 개정규정(동항중 1억원의 금액기준에 관한 사항을 제외한다)은 이 영 시행후 증여세를 결정하거나 경정하는 분부터 적용한다.

소급입법은 진정소급입법과 부진정소급입법으로 구분한다. 진정소급입법은 신법이 이미 종료된 사실관계에 작용하는 것이고, 부진정소급입법은 현재 진행중인 사실관계에 작용하는 것이다(헌재2014헌바372, 2016.7.28. 참고).

그러면 "경정하는 분부터"는 소급효가 있다고 보아야 할까?

여기에 대해 대구지방법원과 서울고등법원은 소급과세입법에 해당한다고 본 판례(대구지법2008구합336, 2008.8.13., 서울고법2007누8401, 2007.10.10.)가 있다. 대법원의 명시적인 판례는 없으나, 앞의 상증령 부칙 제6조가 조세법령 불소급 원칙에 위배되어 효력이 없다고 본 것은 잘못이라는 판결문(대법원2006두19693, 2009.3.19.) 내용으로 볼 때 소급효가 있는 것으로 추정된다.

한편, 헌재는 앞의 부가가치세법 부칙과 관련하여 이 사건 법률조항은 완료된 사실관계에 적용되는 것이 아니라, 과세관청의 경정에 의하여 새로이 확정된 사실관계에 적용되므로 이미 종료된 과거의 사실관계 또는 법률관계에 대하여 새로운 법률을 소급적으로 적용함으로써 과거를 법적으로 새로이 평가하는 것이 아니므로 진정소급입법에 해당하지 않는다고 보았다(헌재2014헌바372, 2016.7.28.).

부칙의 '경정하는 분부터'에 대해 대법원과 헌재는 소급입법으로 보지 않지만, 부칙을 근거로 납세자가 경정청구할 수 있는지는 모호해 보인다. 저자 의견으로는 결정뿐 아니라 경정을 포함한 입법취지와 경정시기에 따른 형평성[4]을 감안하면 경정청구가 가능한 것이 합리적으로 보인다.[5]

---

3. 기재부는 "상증령 제54조제4항(2018.12.13. 개정된 것) 부칙 제8조 이 영 시행 이후 평가하는 경우"부터가 이 영 시행 이후 평가기준일이 도래하는 경우(기획재정부 재산세제과-955, 2021.11.2.)라고 회신하였다.
4. 계좌 입금액에 대해 증여추정을 적용할 수 있는지에 대해 국세청은 상증법 부칙(제11609호, 2013.1.1.) 제4조에서 2013.1.1. 이후 신고하거나 결정 또는 경정하는 분부터 적용한다는 조문을 근거로 2012년 전의 계좌 거래에 대해서도 증여추정을 적용하였다. 증액 경정이 가능하다면 감액 경정도 가능해야 한다. 확정된 조세채무에 대해서는 감액 경정을 할 수 없다는 입장도 있다.
5. 감사원은 경정 대상이 아니라는 입장이다(국세 경정청구 처리실태 Ⅱ, 2021.11.9.). 영농상속공제와 관련 경정청구기간 경과 후 청구에 대해 경정한 것에 대해 지적하였다. '영농상속공제 관련 경정청구기간 경과 후 청구'를 경정한 것에 대해 지적하였다.

가. '본문 또는 단서'와 '전단 또는 후단'

세법 조문을 읽다 보면, '본문 또는 단서'와 '전단 또는 후단'에 따른다는 규정이 나온다.

> ○ 상증법 제44조(배우자 등에게 양도한 재산의 증여 추정)
> ② 특수관계인에게 양도한 재산을 그 특수관계인(이하 이 항 및 제4항에서 "양수자"라 한다)이 양수일부터 3년 이내에 당초 양도자의 배우자등에게 다시 양도한 경우에는 양수자가 그 재산을 양도한 당시의 재산가액을 그 배우자등이 증여받은 것으로 추정하여 이를 배우자등의 증여재산가액으로 한다. 다만, 당초 양도자 및 양수자가 부담한 「소득세법」에 따른 결정세액을 합친 금액이 양수자가 그 재산을 양도한 당시의 재산가액을 당초 그 배우자등이 증여받은 것으로 추정할 경우의 증여세액보다 큰 경우에는 그러하지 아니하다.
> ④ 제2항 본문에 따라 해당 배우자등에게 증여세가 부과된 경우에는 「소득세법」의 규정에도 불구하고 당초 양도자 및 양수자에게 그 재산 양도에 따른 소득세를 부과하지 아니한다.

상증법 제44조제2항은 "특수관계인에게 ~증여재산가액으로 한다"와 "다만, ~그러하지 아니하다" 2개의 문장으로 구성되어 있다. 제4항에서는 "제2항 본문에 따라"라고 되어 있다. 그렇다면 본문은 어디를 말하는 것일까? 제2항 전체일까? 첫 번째 문장 또는 두 번째 문장을 말하는 것일까? 본문은 '다만' 앞의 문장을 이야기한다.

법률, 시행령, 시행규칙은 1개에서 2개 문장으로 구성되어 있다. 2개 문장으로 되어 있으면 뒤 문장은 '다만' 또는 '이 경우'로 시작한다. 이때 두 번째 문장이 '다만'으로 시작하면 앞의 문장을 본문이라고 하고 '다만'으로 시작하는 문장을 단서라고 부른다. 두 번째 문장이 '이 경우'로 시작하면 앞의 문장을 전단, '이 경우'로 시작하는 문장을 후단이라고 부른다.

> ○ 상증법 제71조(연부연납)
> ① 납세지 관할세무서장은 상속세 납부세액이나 증여세 납부세액이 2천만원을 초과하는 경우에는 대통령령으로 정하는 방법에 따라 납세의무자의 신청을 받아 연부연납을 허가할 수 있다. 이 경우 납세의무자는 담보를 제공하여야 하며, 「국세징수법」 제18조제1호부터 제4호까지의 규정에 따른 납세담보를 제공하여 연부연납 허가를 신청하는 경우에는 그 신청일에 연부연납을 허가받은 것으로 본다.
> ④ 납세지 관할세무서장은 제1항에 따라 연부연납을 허가받은 납세의무자가 다음 각 호의 어느 하나에 해당하게 된 경우에는 대통령령으로 정하는 바에 따라 그 연부연납 허가를 취소하거나 변경하고, 그에 따라 연부연납과 관계되는 세액의 전액 또는 일부를 징수할 수 있다.
> 1. 연부연납 세액을 지정된 납부기한(제1항 후단에 따라 허가받은 것으로 보는 경우에는 연부연납 세액의 납부 예정일을 말한다)까지 납부하지 아니한 경우

'다만'은 법령에서 주된 내용에 대한 예외나 일부를 달리 정할 필요가 있을 때 사용하고, '이 경우'는 전단 내용에 대한 부수적인 사항 또는 유의사항, 요건 등을 충족하거나 보완하여 설명할 때

사용한다.[6]

나. '등' 의미

'등'에는 여러 뜻이 있는데, 보통은 그 밖에도 같은 종류의 것이 더 있음을 나타내는 말로 사용된다. 다른 뜻도 있다. 두 개 이상의 대상을 열거한 다음에 쓰여, 대상을 그것만으로 한정함을 나타내는 말로 쓰이기도 한다.[7] 예를 들어 예시적 표현으로 '울산, 구미, 창원 등과 같은 공업 도시'로, 한정적 표현으로 '전남, 전북, 경남등 3도 유격대의 씨름 선수를 초빙하여 씨름 대회를 열었다'라고 사용한다.

상증법령에서는 예시적 표현일 때에는 '등'을 띄어 쓰고, 한정적 표현일 때에는 붙여 쓴다. 예를 들면 한정적 표현으로 '주주등, 공익법인등, 등기등, 최대주주등[8]'이 있다. 하지만 반드시 그러한 것은 아니니 띄어쓰기만으로 구분해서는 안 된다.

> ○ 상증법 제4조(증여세 과세대상)
>
> ③ 상속개시 후 상속재산에 대하여 등기 · 등록 · 명의개서 등(이하 "등기등"이라 한다)으로 각 상속인의 상속분이 확정된 후, 그 상속재산에 대하여 공동상속인이 협의하여 분할한 결과 특정 상속인이 당초 상속분을 초과하여 취득하게 되는 재산은 그 분할에 의하여 상속분이 감소한 상속인으로부터 증여받은 것으로 보아 증여세를 부과한다.
>
> ○ 상증법 제16조(공익법인등에 출연한 재산에 대한 상속세 과세가액 불산입)
>
> ① 상속재산 중 피상속인이나 상속인이 종교 · 자선 · 학술 관련 사업 등 공익성을 고려하여 대통령령으로 정하는 사업을 하는 자(이하 "공익법인등"이라 한다)에게 출연한 재산의 가액으로서 제67조에 따른 신고기한(법령상 또는 행정상의 사유로 공익법인등의 설립이 지연되는 등 대통령령으로 정하는 부득이한 사유가 있는 경우에는 그 사유가 없어진 날이 속하는 달의 말일부터 6개월까지를 말한다)까지 출연한 재산의 가액은 상속세 과세가액에 산입하지 아니한다.
>
> ○ 상증법 제41조의2(초과배당에 따른 이익의 증여)
>
> ① 법인이 이익이나 잉여금을 배당 또는 분배(이하 이 항에서 "배당등"이라 한다)하는 경우로서 그 법인의 대통령령으로 정하는 최대주주 또는 최대출자자(이하 이 조에서 "최대주주등"이라 한다)가 본인이 지급받을 배당등의 금액의 전부 또는 일부를 포기하거나 본인이 보유한 주식등에 비례하여 균등하지 아니한 조건으로 배당등을 받음에 따라 그 최대주주등의 특수관계인이 본인이 보유한 주식등에 비하여 높은 금액의 배당등을 받은 경우에는 제4조의2제3항에도 불구하고 법인이 배당등을 한 날을 증여일로 하여 그 최대주주등의 특수관계인이 본인이 보유한 주식등에 비례하여 균등하지 아니한 조건으로 배당등을 받은 금액(이하 이 조에서 "초과배당금액"이라 한다)에서 해당 초과배당금액에 대한 소득세 상당액을 공제한 금액을 그 최대주주등의 특수관계인의 증여재산가액으로 한다.

---

6. 법제처의 '찾기 쉬운 생활법령정보'를 기초로 하였다.
7. 국립국어원 표준국어대사전
8. 다른 책에서는 편의상 '최대주주 등', '등기 등'으로 띄어 쓰는 경우도 있다. 하지만 원문은 붙여 쓴다. 이 책에서도 일부 오류가 있을 수 있다.

쟁점

가운뎃점의 의미

"A · B"와 "A, B"는 같은 뜻일까? 다른 뜻일까? " · "는 가운뎃점이다. 상증법 등 세법에서는 가운뎃점을 많이 사용하고 있다. 가운뎃점을 '또는'으로 보아야 할까? '그리고'로 보아야 할까?

한글 맞춤법(문화체육관광부 고시 제2017-12호(2017.3.28.)) 부록에서 찾아보면, 쉼표(,)는 같은 자격의 어구를 열거할 때 사용하고, 가운뎃점(·)은 짝을 이루는 어구들 사이에 쓴다고 규정하고 있다. 짝을 이룬다는 것은 각각의 어구가 서로 긴밀한 관계를 맺으면서 전체 집합의 필수적인 요소가 된다는 뜻이다.

그렇다면 법령에서 사용하는 가운뎃점은 어떤 의미를 가질까?

여기에 대해 법원[9]은 가운뎃점은 서로 대등하거나 쉼표로 연결된 단어들 사이보다 더 밀접한 관계인 경우에 사용하는 것이며(대법원2005다56131, 2008.8.11.), 단어 사이에 사용할 때 일반적으로 와/과의 의미를 가지는 문장부호라고 보았다(대법원2017도18230, 2018.1.24.).

헌재는 가운뎃점은 주로 대등한 사항을 나열하는 의미로 사용된 것으로, 그 의미가 '또는'인지 아니면 '그리고'인지 한글맞춤법상으로 명확하지 않고 법령상으로도 양자의 의미가 혼용되고 있다고 보았다(헌재2013헌바102, 2015.9.24.). 이러한 판례등을 감안해서 보면, 가운뎃점은 일반적으로 '그리고'의 의미지만, 반드시 그런 것은 아니고 '또는'과 혼용해 사용하고 있다고 보아야 한다.

참고로 '및'[10]의 사전적 의미 또한 가운뎃점과 유사하다. '그리고', '그 밖에', '또'의 뜻으로, 문장에서 같은 종류의 성분을 연결할 때 쓰는 말이다.[11]

다. 예시규정 · 열거규정

예시규정인지, 열거규정인지에 따라 해석이 달라진다. 열거규정은 한정의 의미가 있기 때문에 예시규정인지, 열거규정인지는 해석상 매우 중요하다. 보통의 경우 예시규정 또는 열거규정인지는 조문의 구성으로 알 수 있다. 예를 들면, 상증령 제32조의3(재산 취득 후 재산가치 증가에 따른 이익의 계산방법 등)에서는 아래와 같이 규정하고 있다.

> ① 법 제42조의3제1항 각 호 외의 부분 본문에서 "대통령령으로 정하는 사유"란 다음 각 호의 어느 하나에 해당하는 사유를 말한다.
> 1. 개발사업의 시행, 형질변경, 공유물(共有物) 분할, 지하수개발 · 이용권 등의 인가 · 허가 및 그 밖에 사업의 인가 · 허가
> 2. 비상장주식의 「자본시장과 금융투자업에 관한 법률」 제283조에 따라 설립된 한국금융투자협회에의 등록
> 3. 그 밖에 제1호 및 제2호의 사유와 유사한 것으로서 재산가치를 증가시키는 사유

9. 세법과 관련된 판례는 아니다.
10. 법문상 "주식 및 출자지분의 상장 및 합병"으로 되어 있고 '합병'은 '주식 및 출자지분의'와 연결된 것으로 볼 수 있어, 이 경우 주식 등의 합병은 적절한 표현이 아니므로 결국 "주식 및 출자지분의 합병에 따른 상장"으로 읽는 것이 자연스럽다(서울고법2016누50503, 2017.2.10.).
11. 표준국어대사전 참고.

즉, 제1호, 제2호의 사유만 되는 것이 아니라, 유사한 것도 될 수 있다고 예시규정으로 이해할 수 있다. 열거규정의 예를 살펴보면, 상증령 제15조(가업상속)에서는 아래와 같이 규정하고 있다.

> ⑤ 법 제18조제2항제1호에서 "가업상속 재산가액"이란 다음 각 호의 구분에 따라 제3항제2호의 요건을 모두 갖춘 상속인(이하 이 조에서 "가업상속인"이라 한다)이 받거나 받을 상속재산의 가액을 말한다.
> 1. (생략)
> 2. 「법인세법」을 적용받는 가업: 가업에 해당하는 법인의 주식등의 가액[해당 주식등의 가액에 그 법인의 총자산가액(상속개시일 현재 법 제4장에 따라 평가한 가액을 말한다) 중 상속개시일 현재 다음 각 목의 어느 하나에 해당하는 자산(상속개시일 현재를 기준으로 법 제4장에 따라 평가한 가액을 말한다. 이 조 및 제68조에서 "사업무관자산"이라 한다)을 제외한 자산가액이 차지하는 비율을 곱하여 계산한 금액에 해당하는 것을 말한다]
> 가. 「법인세법」 제55조의2에 해당하는 자산
> 나. 「법인세법 시행령」 제49조에 해당하는 자산 및 타인에게 임대하고 있는 부동산(지상권 및 부동산임차권 등 부동산에 관한 권리를 포함한다)
> 다. 「법인세법 시행령」 제61조제1항제2호에 해당하는 자산
> 라. 과다보유현금[상속개시일 직전 5개 사업연도 말 평균 현금(요구불예금 및 취득일부터 만기가 3개월 이내인 금융상품을 포함한다) 보유액의 100분의 150을 초과하는 것을 말한다]
> 마. 법인의 영업활동과 직접 관련이 없이 보유하고 있는 주식등, 채권 및 금융상품(라목에 해당하는 것은 제외한다)

즉, 사업무관자산은 가목에서 마목까지에 해당하는 자산에 대해서만 적용하는 것이지 다른 자산은 포함되지 않는다. 예시규정인지 열거규정인지는 명확한 것처럼 보이지만, 실제 조문 적용 시는 모호할 때가 있다. 열거규정과 예시규정은 단순히 문언으로 판단하기보다 입법취지 등을 고려하여 해석하여야 한다.

1) 비상장주식의 순손익가치

시가를 산정하기 어려운 비상장주식은 ① 순자산가치와 순손익가치의 가중평균, ② 순자산가치의 80%를 비교하여 큰 가액으로 평가한다.

① 가중평균에서 순손익가치는 그 주식이 갖는 미래 기대수익을 추정한 다음 그 현재가치를 평가하는 방법으로 산정하는 것이 바람직하지만, 미래 기대수익을 정확히 예측하는 것은 매우 어려우므로 과거 실적으로 1주당 순손익가치를 산정하도록 규정하고 있다(대법원2011두9140, 2012.5.24.). 이는 과거의 실적이 미래에도 계속되리라는 것을 전제로 한다.

순손익가치는 상증령 제56조제4항에서 법인세법에 따른 각 사업연도 소득에서 제1호의 금액을 더하고, 제2호의 금액을 차감하여 계산한다.

그렇다면 제1호와 제2호의 법령은 예시규정일까? 열거규정일까?

○ 상증령 제56조(1주당 최근 3년간의 순손익액의 계산방법)

④ 제1항에 따른 순손익액은 「법인세법」 제14조에 따른 각 사업연도소득(이하 이 조에서 "각 사업연도소득"이라 한다)에 제1호의 금액을 더한 금액에서 제2호의 금액을 뺀 금액으로 한다. 이 경우 각 사업연도소득을 계산할 때 손금에 산입된 충당금 또는 준비금이 세법의 규정에 따라 일시 환입되는 경우에는 해당 금액이 환입될 연도를 기준으로 안분한 금액을 환입될 각 사업연도소득에 가산한다.

1. 다음 각 목에 따른 금액

가. 「법인세법」 제18조제4호에 따른 금액

나. 「법인세법」 제18조의2 및 제18조의3에 따른 수입배당금액 중 익금불산입액

다. 「법인세법」 제24조제5항, 제27조의2제3항 및 제4항, 「조세특례제한법」(법률 제10406호로 개정되기 전의 것을 말한다) 제73조제4항에 따라 해당 사업연도의 손금에 산입한 금액

라. 각 사업연도소득을 계산할 때 「법인세법 시행령」 제76조에 따른 화폐성외화자산 · 부채 또는 통화선도등(이하 이 조에서 "화폐성외화자산등"이라 한다)에 대하여 해당 사업연도 종료일 현재의 같은 조 제1항에 따른 매매기준율등(이하 이 조에서 "매매기준율등"이라 한다)으로 평가하지 않은 경우 해당 화폐성외화자산등에 대하여 해당 사업연도 종료일 현재의 매매기준율등으로 평가하여 발생한 이익

마. 그 밖에 기획재정부령으로 정하는 금액

2. 다음 각 목에 따른 금액

가. 당해 사업연도의 법인세액(「법인세법」 제57조에 따른 외국법인세액으로서 손금에 산입되지 아니하는 세액을 포함한다), 법인세액의 감면액 또는 과세표준에 부과되는 농어촌특별세액 및 지방소득세액

나. 「법인세법」 제21조제3호 · 제4호, 제21조의2 및 제27조에 따라 손금에 산입되지 않은 금액과 각 세법에서 규정하는 징수불이행으로 인하여 납부하였거나 납부할 세액

다. 「법인세법」 제24조부터 제26조까지, 제27조의2 및 제28조에 따라 손금에 산입되지 않은 금액과 「조세특례제한법」(법률 제10406호 조세특례제한법 일부개정법률로 개정되기 전의 것을 말한다) 제73조 제3항에 따라 기부금 손금산입 한도를 넘어 손금에 산입하지 아니한 금액, 같은 법 제136조의 금액, 그 밖에 기획재정부령으로 정하는 금액

라. 「법인세법 시행령」 제32조제1항에 따른 시인부족액에서 같은 조에 따른 상각부인액을 손금으로 추인한 금액을 뺀 금액

마. 각 사업연도소득을 계산할 때 화폐성외화자산등에 대하여 해당 사업연도 종료일 현재의 매매기준율등으로 평가하지 않은 경우 해당 화폐성외화자산등에 대해 해당 사업연도 종료일 현재의 매매기준율등으로 평가하여 발생한 손실

법령만 읽어보면 열거규정으로 보인다. 그래서 질의회신 등을 살펴보면 아래 사례가 있다.

합병 후 3년이 경과되지 않은 비상장법인인 합병법인의 주식을 평가하는 경우로서 1주당 순손익가치를 상증령 제56조제1항에 따라 계산한 가액으로 하는 경우 합병일이 속하는 사업연도의 「법인세법」 제14조에 따른 각사업연도소득에 포함되어 있는 합병법인의 영업권손상차손 금액과 피합병법인의 합병양도차익 금액은 상증령 제56조제4항에 따라 각사업연도소득에서 차감하지 아니하는 것입니다(서면2015법령해석재산-1758, 2016.1.14.).

이 해석의 요지를 보면, "영업권손상차손 및 합병양도차익은 순손익가치 계산시 가산하거나 차감하는 항목이 아니므로 법인세법상 각사업연도소득에 이미 반영되었다면 별도로 차감할 금액은 없음"이라고 되어 있다.

순손익액 개정사항을 보면, 2019년에 외화환산손실을 열거했고, 2020년에는 징벌적 목적의 손해배상금, 업무용승용차 관련 손금을 열거하였다. 이러한 개정사항으로 보면, 열거가 맞아 보이지만, 법원에서는 입법의도를 "각 사업연도의 소득에서 제1호의 금액을 더하고, 제2호의 금액을 차감하는 이유는 당해 법인의 순자산을 증가시키는 수익의 성질을 가졌지만 조세정책상의 이유 등으로 각 사업연도 소득금액 계산시 익금불산입된 금액 등(제1호)을 가산하고, 그와 반대로 당해 법인의 순자산을 감소시키는 손비의 성질을 가졌지만 역시 조세정책상의 이유 등으로 각 사업연도 소득금액 계산시 손금에 손금불산입된 금액 등(제2호)을 차감하여 '순손익액'을 산정함으로써 평가기준일 현재의 주식가치를 보다 정확히 파악하기 위한 것"으로 보고 있다(대법원2011두22280, 2013.11.14.).

따라서 위의 판례인 준비금 또는 충당금 환입에 따른 순손익가치는 "이러한 준비금은 일정한 정책적 목적을 달성하기 위하여 먼저 설정 사업연도의 소득금액 계산시 이를 가공의 손금으로 산입하였다가 나중에 환입되는 사업연도에 그 환입액을 가공의 익금으로 산입하는 방법으로 일정기간 동안 조세부과를 유예해 주기 위한 것에 불과하므로, 그 설정과 환입에 따른 손금이나 익금은 당해 법인의 손익이나 그 주식의 가치에 아무런 영향을 미칠 수 없음이 분명하다. 따라서 이처럼 가공의 익금에 불과한 조세특례제한법 제4조 및 제9조의 준비금 환입액을 각 사업연도 소득에 가산하여 1주당 순손익가치 산정의 기초가 되는 '순손익액'을 산정하는 것은 허용되지 않는다"고 할 것이다. 상증령 제56조제3항 후문은 각 사업연도 소득 계산시 손금에 산입된 충당금 또는 준비금이 세법 규정에 따라 일시 환입되는 경우에는 당해 금액이 환입될 연도를 기준으로 안분한 금액을 환입될 각 사업연도 소득에 가산하도록 규정하고 있으나, 이는 이 사건에서 문제 되는 조세특례제한법 제4조 및 제9조의 준비금 환입액과는 달리 그 성질이 가공의 익금에 해당하지 아니하는 충당금 또는 준비금이 일시 환입되는 경우의 특례를 정한 것으로 본다. 즉, 법원은 예시규정으로 보는 것이다.

2) 일감몰아주기 세무조정 후 영업손익

특수관계법인과의 거래를 통한 증여이익(일감몰아주기)은 세후영업이익에 거래비율과 주식보유비율을 곱하여 계산하는데, 세후영업이익은 세무조정 후 영업손익에서 법인세 상당액을 차감한 후 과세매출비율을 곱하여 계산한다. 세후영업이익은 상증령 제34조의3제10항에 따라 계산한다.

> ○ 상증령 제34조의3(특수관계법인과의 거래를 통한 이익의 증여의제)
> ⑩ 법 제45조의3제1항제2호 각 목의 계산식에서 "수혜법인의 세후영업이익"은 제1호의 가액에서 제2호

> 의 금액을 뺀 금액에 제3호의 과세매출비율을 곱하여 계산한 금액으로 한다.
> 1. 수혜법인의 영업손익(「법인세법」 제43조의 기업회계기준에 따라 계산한 매출액에서 매출원가 및 판매비와 관리비를 차감한 영업손익을 말한다. 이하 이 항에서 같다)에 「법인세법」 제23조 · 제33조 · 제34조 · 제40조 · 제41조 및 같은 법 시행령 제44조의2 · 제74조에 따른 세무조정사항을 반영한 가액

그러면 위의 밑줄친 세무조정사항은 예시규정일까 열거규정일까? 이 규정은 열거규정으로 해석해야 한다. 이 조항은 2013.2.15. 개정되었는데, 종전의 조문에서는 아래와 같이 규정하였다.

> ⑧ 법 제45조의3제1항의 계산식에서 "수혜법인의 세후영업이익"은 제1호의 가액에서 제2호의 가액을 뺀 금액으로 한다.
> 1. 수혜법인의 영업손익(「법인세법」 제43조의 기업회계기준에 따라 계산한 매출액에서 매출원가 및 판매비와 관리비를 차감한 영업손익을 말한다. 이하 이 항에서 같다)에 대해 해당 영업손익과 관련한 「법인세법」에 따른 세무조정사항을 반영한 가액(이하 이 항에서 "세법상 영업손익"이라 한다)

"영업손익과 관련된 세무조정사항을 반영한 가액"에서 "영업손익에서 제한된 세무조정사항을 반영한 가액"으로 개정된 것이다. 이는 세후영업이익 계산의 편의를 위한 것이다.[12] 즉, 영업손익에서 해당 영업손익과 관련한 세무조정사항을 반영한 세법상 영업손익을 계산하는 것이었지만, 이렇게 계산하면 너무 복잡하니까 세무조정사항을 몇 개만 반영하겠다는 뜻이다.

그래서 해석에서도 "수혜법인의 세후영업이익 계산시 '세법상 영업손익'은 수혜법인의 영업손익에 대해 해당 영업손익과 관련한 법인세법(6가지) 관련 세무조정사항을 반영하여 산정하는 것"(상속증여세과-494, 2013.8.21. 요지)이라고 해석한다.

라. 조문의 구성

법률, 시행령, 시행규칙의 구성은 장, 절, 조, 항, 호, 목으로 구성되어 있다. 기본은 '조'이다. 조의 묶음이 절이고, 절의 묶음이 장이며, 장의 묶음의 편이다. 세법의 구성 체계는 본문과 부칙으로 되어 있고, 본문 구성은 '(편) – 장 – 절 – 조 – 항 – 호 – 목'으로 구성되어 있다. 세법에서는 편을 사용하지 않는다. 민법은 조문이 1,000개 이상으로 총칙편, 친족편 등 편을 구분하고 있지만, 세법은 장부터 사용하고 있다. 상증법은 7개의 장으로 구성되어 있다.

쓰는 방법과 읽는 방법은 아래와 같다.

읽는 방법은 제1조, 제1항, 제1호, 가목으로 읽으면 된다. 목만 '제'자를 붙이지 않는다.

---

12. 『2013 개정세법 해설』, 국세청, p.224.

제1조	제1조
①	제1항
1.	제1호
가.	가목

쓸 때는 붙여 쓸까? 띄어 쓸까? 예를 들면 '제39조 제1항 제1호 바목'에 대해 원칙은 '제39조제1항제1호바목'처럼 붙여 쓰는 것이다. 국가법령정보센터나 전자관보등에서 원문을 확인해보면, 붙여 쓴 것을 확인할 수 있다. 하지만 법원 판결문이나 심판원 결정문에서는 띄어 쓸 수 있으니 띄어 썼다고 지적할 필요는 없다. 이 책에서는 되도록 붙여 쓰고 있다.

보통 쓸 때는 기호를 많이 사용한다. 예를 들면 상증법 제19조제2항은 상증법 §19②[13]으로 사용한다.

2. 세법해석의 기준

가. 세법해석 기준

세법해석은 각 기관의 세법에 대한 입장을 보여준다. 최종 법령해석기관은 법원이지만, 행정부 안에서도 해석할 수 있으며, 국세청, 기재부, 감사원, 심판원, 법제처는 입장이 다를 수 있다.[14] 세법해석은 크게 질의회신[15]과 불복으로 구분할 수 있지만 아래의 세법해석은 불복을 제외한 국세청 · 기재부의 질의회신 등으로 한정한다.

국세청의 세법해석에 대해 어떤 사람들은 국고주의, 놀부심리라는 표현을 쓴다. 세법해석의 기준은 없는 걸까? 세법해석의 기준은 국기법에서 규정한다. 국기법 제18조(세법 해석의 기준 및 소급과세의 금지)제1항에서 세법을 해석 · 적용할 때에는 과세의 형평(衡平)과 해당 조항의 합목적성에 비추어 납세자의 재산권이 부당하게 침해되지 아니하도록 하여야 한다고 규정한다.

과세의 형평은 공평을 의미한다. 하지만 국세청과 납세자는 입장이 다르다. 국세청은 a가 과세대상이라면 a-1도 과세대상이어야 형평에 맞는다고 주장하며, 반대로 납세자는 a와 a-1이 달라 과세대상으로 보는 것이 형평이 맞지 않다고 주장한다.

해당 조항의 합목적성은 그 조문의 입법취지, 입법의도를 말한다. 이러한 입법의도를 알려면 개정연혁을 살펴보아야 한다.

---

13. 하지만 '§19조'는 틀린 표현이다. '1항'이라고 하지 말고 '제1항' 또는 '①'으로 사용하면 된다.
14. 행정부와 사법부는 입장이 다를 수 있다. 예를 들면 법원은 소급감정한 경우라도 시가로 볼 수 있다고 보지만, 국세청과 기재부는 인정하지 않는다. 소급감정에 대해서는 "〈쟁점〉 소급감정과 시가"를 참고하라.
15. 질의회신등을 예규로 부르는 게 실무상 관행이지만, 질의회신과 예규는 정의가 다르다. 예규는 상급기관이 하급기관에 내린 명령이나 지시로 지침 성격이다. 국세법령정보시스템에서는 '질의' 탭에 예규라는 단어를 사용하지 않는다.

그러면 '문언 해석'과 '입법취지에 따른 해석'은 어떤 걸 우선 적용해야 할까? 세법이 모든 경제적 · 사회적 현상을 포괄하여 입법할 수 없기 때문에 문언으로만 해석할 수 없고, 입법취지에 따른 해석은 반드시 필요하다. 여기에 대해 법원은 조세법률주의의 원칙상 조세법규의 해석은 특별한 사정이 없는 한 법문대로 해석하여야 하고 합리적 이유 없이 확장해석하거나 유추해석하는 것은 허용되지 않지만, 법규 상호 간의 해석을 통하여 그 의미를 명백히 할 필요가 있는 경우에는 조세법률주의가 지향하는 법적 안정성 및 예측가능성을 해치지 않는 범위 내에서 입법 취지 및 목적 등을 고려한 합목적적 해석을 할 수 있다(대법원2007두4438, 2008.2.15.)고 보았다.

나. 새로운 해석의 적용시기

새로운 해석은 새로운 해석이 있는 날 이후에 납세의무가 성립하는 분부터 새로운 해석을 적용한다(국기집행기준 18-0-2). 새로운 해석이 항상 납세의무가 성립하는 분부터 적용하는 것은 아니다. 2가지 예외가 있다.

1) 납세자에 유리하게 해석이 변경되는 경우에는 소급과세 금지의 원칙이 적용되지 않는다고 본다. 종전 해석에 의하면 추징대상이 되나, 새로운 해석에 의하면 추징대상이 되지 않는 경우에는 새로운 해석이 있는 날 이후에 추징여부를 결정하는 분부터 새로운 해석을 적용한다(재정책46070-32(1998.4.15.)).
2) 종전 해석이 명백히 법령위반으로 판단하는 경우에는 종전 해석은 없다고 본다.[16]

해석의 적용시기가 쟁점이 되는 경우에는 해석 회신을 할 때 적용시기를 명시하기도 한다.

* 기획재정부 재산세제과-739, 2014.11.14.
상증법 제45조의2의 규정을 적용함에 있어서 의제배당 과세대상인 자본잉여금 또는 이익잉여금의 자본전입으로 기존 명의신탁된 주식에 배정된 무상주에 대하여는 같은 조의 규정이 적용되지 아니하는 것입니다.
※ 적용시기: 예규변경일 이후 결정 · 경정하는 분부터 적용함
* 기획재정부 재산세제과-741, 2014.11.14.
피상속인이 건강상의 이유로 상속개시일 현재 불가피하게 가업에 종사하지 못한 경우 가업상속공제의

16. 결과적으로는 소급적용한다. 2004.1.1. 이후 흑자영리법인의 주주에게 증여세 과세할 수 있는지에 대해 국세청은 "특정법인에 해당되지 않는 법인으로서 특수관계자로부터 증여받은 재산에 대하여 법인세법에 의한 법인세가 과세되는 경우에는 그러하지 아니한다"라고 해석(서면4팀-885, 2004.6.17.)하였다가, 기재부가 상증법 제2조 · 제42조 등의 규정이 적용될 수 있는지 여부는 당해 증여의 경위, 내용 등 구체적인 사실에 따라 판단할 사항(기획재정부 재산세제과-1270, 2007.10.18.)이라고 해석을 변경하자 국세청은 2004.1.1. 이후 거래부터 증여세를 과세하였다. 하지만 대법원 판결(대법원2013두13266, 2015.10.15.) 이후 기재부는 증여세를 과세할 수 없다고 종전 해석(기획재정부 재산세제과-1270, 2007.10.18.)을 다시 변경하고, 국세청은 해석정비하였다(현재 유지사례는 기획재정부 재산세제과-273, 2016.4.20.이다).

요건 등을 충족한 경우에는 가업상속공제를 적용받을 수 있음
※ 적용시기: 예규변경일 이후 결정 · 경정하는 분부터 적용함

쟁점

창설적 규정과 확인적 규정

개별조문이 개정되면 그 조문의 성격은 창설적 규정이거나 확인적(또는 선언적) 규정이다. 창설적 규정은 새롭게 법률관계를 만드는 것을 의미하고, 확인적 규정은 현재 해당 법령으로 집행이 가능하지만 명확하게 하기 위해서 개정한 것을 말한다.

해당 조문과 부칙을 읽더라도 그 조문이 창설적 규정인지, 확인적 규정인지 판단하는 것은 어렵다. 예를 들면, 2018.12.31. 개정된 소득법 제88조제6호의 개정규정은 부칙으로 보면 창설적 규정으로 보이지만, 개정세법 책자로 보면 확인적 규정으로 보인다. 부칙만으로 판단하기 어렵다. 확인적 규정으로 보는 이유는 『2019 개정세법 해설』(국세청)에서 제목이 1세대 범위 명확화로 되어 있으며, 적용시기에 소득세법 기본통칙을 상향입법으로 되어 있기 때문이다. 물론 법령해석의 최종 판단은 법원이 한다. 소득세법의 개정규정의 입법의도는 확인적 규정이다.

1. 1세대 1주택 양도소득세 비과세 시 1세대 범위 명확화(소득세법 제88조)

가. 개정취지
○ 사실혼 관계를 유지하고 있는 배우자도 동일세대의 구성원으로 보아 조세회피 방지

나. 개정내용

종전	개정
ㅁ 1세대가 보유한 1주택을 양도시 양도소득세 비과세 ○ 1세대: 거주자 및 "배우자"가 그들과 같은 주소 또는 거소에서 생계를 같이 하는 자와 함께 구성하는 가족단위 ○ 1주택 보유: 1세대가 국내에 1주택을 2년 이상 보유(조정지역의 경우 2년 거주)	ㅁ 1세대 범위 명확화 ○ 배우자→배우자(법률상 이혼을 하였으나 생계를 같이 하는 등 사실상 이혼한 것으로 보기 어려운 경우 포함) ○ (좌 동)

다. 적용시기 및 적용례
○ 소득세법 기본통칙을 상향입법

○ 소득세법 제88조(정의)
6. ~ 배우자(법률상 이혼을 하였으나 생계를 같이 하는 등 사실상 이혼한 것으로 보기 어려운 관계에 있는 사람을 포함한다. 이하 이 호에서 같다)가 ~ (생략)
○ 소득세법 부칙 제2조(일반적 적용례)
② 이 법 중 양도소득세에 관한 개정규정은 이 법 시행 후 양도하는 분부터 적용한다.

창설적 규정과 확인적 규정에 대한 판례를 살펴보도록 하자.

2. 창설적 규정

(상증) 2018.12.31. 법률 제16102호로 개정된 현행 상증법은 제45조의2에 따른 명의신탁 증여의제의 경우 증여세 납세의무자를 명의자에서 실제 소유자로 변경하면서(제4조의2제2항), 제45조의2의 규정에 따른 명의신탁재산을 수증자의 증여세과세가액에서 제외되는 합산배제증여재산으로 규정하고 있다(제47조제1항). 그러나 이는 증여로 의제되는 명의신탁재산에 대한 증여세 납세의무자가 변경됨에 따른 창설적 규정에 해당하여 이와 같은 명시적인 규정이 없었던 개정 상증법의 해석에 고려할 수는 없다(대법원2018두47974, 2019.6.13.).

(양도) 증권거래세법 제2조 제1항은 그 법에 있어서의 주권의 의미를 정의하면서 제2호에서 외국법인이 발행한 '주권 또는 증권예탁증권'으로서 증권시장에 상장된 것이라고 규정하여 주권과 증권예탁증권을 구별하고 있는 점 등을 고려할 때, 증권예탁증권을 주주로서의 권리를 표창하는 주식과 동일한 것으로 보기 어렵고, 개정 후 소득세법 제94조제1항제3호, 제118조의2제3호에서 '대통령령으로 정하는 증권예탁증권'을 과세대상에 포함한 것은 조세법률주의의 원칙에 비추어 주식과 별도로 증권예탁증권에 대하여도 양도소득세를 부과하기 위한 창설적 규정이라고 보아야 할 것이다(서울행법2014구합51272, 2015.11.5.).

3. 확인적 규정

(부가) 특례규정의 취지를 고려할 때, 위 신설 규정의 취지는 매입자납부특례에 따라 구리 스크랩등을 공급받은 자가 입금한 부가가치세액 중 잘못 납부하거나 초과하여 납부한 금액은 공급받은 자에게 환급하도록 명확하게 규정한 것으로서, 매입자납부특례에 따라 매입자가 납부한 과오납세액에 대한 환급청구권은 매입자에게 귀속됨을 명확히 한 확인적 규정으로 보인다(수원지법2017구합66511, 2018.3.29.).

(법인) 원고들은 외국환업무취급기관으로 등록한 이후 자금조달 방법의 하나로 외화차입을 하고 이를 신고하여 왔으나, 과세관청은 이에 대하여 과세한 바 없었다가, 이 사건 각 처분의 과세기간 동안 관련 법령의 변경이 없었음에도 2014.2.4.부터 과세하기로 하여 이 사건 처분을 하였다. 이후 2016.3.22. 개정된 외국환거래규정 제2-22조에서 "여신전문금융회사는 일부 업무를 제외하고 여신전문금융업법에 따른 여신전문금융회사의 업무와 직접 관련된 외국환업무를 영위할 수 있다"라고 규정하여 비거주자로부터의 외화차입을 취급업무로 명시하였다. 이러한 외국환거래규정의 개정은 과세관청이 취해온 태도에 비추어 법령 해석상 논란의 여지를 없애기 위한 확인적 규정이라고 해석된다(서울고법2016누38190, 2017.1.1.).

3. 국세법령정보시스템[17]

세법과 관련된 사이트는 국세청, 기재부, 법제처, 조세심판원, 대법원 등 산재되어 있다. 그중 국세청에서 운영하는 국세법령정보시스템(txsi.hometax.go.kr)은 국세청의 해석(질의회신, 고시 서면질의, 과세기준, 사전답변)과 불복(과적, 심사청구, 심판청구, 소송) 등의 자료[18]가 수록되어 있다.

17. 국세법령정보시스템의 법령정보는 국가법령정보센터와 연계되어 있지만, 현재 시행되고 있는 세법이 링크되어 있다. 예를 들어 2023.1.1. 시행되는 세법은 2022년에 국세법령정보시스템 클릭시 바로 나오지 않는다.
18. 국세법령정보시스템의 현재 결정문은 2012년까지 수록되어 있고, 업데이트되지 않고 있다.

가. 세법해석의 유형

국세청의 세법해석 유형은 질의회신[19], 과세기준자문, 사전답변이 있다. 이 중 납세자(또는 세무대리인)가 할 수 있는 것이 질의회신과 사전답변이다. 질의회신과 사전답변은 아래와 같이 차이가 있다(국세청 누리집-세법해석 질의안내).

구분	서면질의	세법해석 사전답변
신청자	본인 또는 위임받은 대리인	본인 또는 위임받은 세무대리인
신청기한	신청기한 제한 없음	법정신고기한 전
신청대상	세법해석 관련 일반적 사항	해당 납세자의 특정거래(실제 발생한 거래)
효력	외부 구속력은 없으나 사실상 세법적용 판단기준이 됨(일반론적 견해표명)	공적견해 표명으로 당해 질의에 대해 과세관청 구속함(신뢰보호원칙 적용)

이러한 해석의 효력은 국기법의 신의칙과 연계해서 검토해야 한다. 국기법 제18조제3항은 "세법의 해석이나 국세행정의 관행이 일반적으로 납세자에게 받아들여진 후에는 그 해석이나 관행에 의한 행위 또는 계산은 정당한 것으로 보며, 새로운 해석이나 관행에 의하여 소급하여 과세되지 아니한다"라고 규정하고 있다.

위 규정의 '일반적으로 납세자에게 받아들여진 세법의 해석 또는 국세행정의 관행'이란 비록 잘못된 해석 또는 관행이라도 특정납세자가 아닌 불특정한 일반납세자에게 정당한 것으로 이의 없이 받아들여져 납세자가 그와 같은 해석 또는 관행을 신뢰하는 것이 무리가 아니라고 인정될 정도에 이른 것을 말하고, 그와 같은 비과세관행이 성립하려면, 상당한 기간에 걸쳐 과세하지 아니한 객관적 사실이 존재할 뿐만 아니라, 과세관청 자신이 그 사항에 관하여 과세할 수 있음을 알면서도 어떤 특별한 사정 때문에 과세하지 않는다는 의사가 있어야 하므로, 위와 같은 공적 견해의 표시는 비과세 사실상태가 장기간에 걸쳐 계속되는 경우에 그것이 그 사항에 대하여 과세 대상으로 삼지 아니한다는 뜻으로 과세관청의 묵시적인 의향 표시로 볼 수 있는 경우 등에도 이를 인정할 수 있다(대법원 2009. 12. 24. 선고 2008두15350 판결 등 참조). 그리고 일단 성립한 비과세관행이 더 이상 유효하지 아니하다고 하려면 종전의 비과세관행을 시정하여 앞으로 당해 과세물건에 대하여 과세하겠다는 과세관청의 확정적인 의사가 표시되어야 하며, 그러한 의사표시는 반드시 전체 과세관청에 의하여 이루어지거나 처분 또는 결정과 같이 구체적인 행정작용을 통하여 이루어질 필요는 없지만, 적어도 공적 견해의 표명으로서 그로 인하여 납세자가 더 이상 종전의 비과세관행을 신뢰하는 것이 무리라고 여겨질 정도에 이르러야 한다(대법원 2011.5.13. 선고 2008두18250판결 등 참조)라고 보았다(서울고법2014누63079, 2015.5.27.).

---

19. 고시에 대한 해석인 고시서면질의가 2021년에 추가되었다.

과세관청의 공적인 견해표명은 원칙적으로 일정한 책임을 지닌 위에 있는 세무공무원에 의하여 명시적 또는 묵시적으로 이루어짐을 요하나, 신의성실의 원칙이나 금반언의 원칙은 합법성을 희생하여서라도 납세자의 신뢰를 보호함이 정의, 형평에 부합하는 것으로 인정되는 특별한 사정이 있는 경우에 적용되는 것으로 납세자의 신뢰보호라는 점에 그 법리의 핵심적 요소가 있는 것이므로, 위 요건의 하나인 과세관청의 공적 견해표명이 있었는지 여부를 판단하는 데 있어 반드시 행정조직상의 형식적인 권한분장에 구애될 것은 아니고 담당자의 조직상 지위와 임무, 당해 언동을 하게 된 구체적인 경위 및 그에 대한 납세자의 신뢰가능성에 비추어 실질에 의하여 판단하여야 한다(대법원2018두42559, 2019.1.17.).[20]

세무서와 지방국세청 등은 국세의 부과 · 징수과정에서 납세자와 이견이 있거나 단독으로 판단하기 곤란한 세법해석 사항에 대해 국세청 법령해석과에 과세기준자문을 신청할 수 있다. 국세청에서는 과세기준자문을 일부만 공개하고 있다.

나. 세법해석의 절차

서면질의의 경우 납세자(세무대리인 포함)가 국세청(세목과) 또는 기재부에 질의할 수 있고, 국세청의 회신[21]을 받아 기재부에 질의할 수도 있다.

국세청 세목[22]과(상증세과, 자본거래관리과 등)는 새로운 해석이 필요한 경우 등에는 법령해석과에 이송할 수 있고, 법령해석과는 직접 회신하거나, 기재부에 이송하여 기재부에 회신을 받아 답변할 수 있다.

서면질의에 대해 국세청은 민원인 본인과 관련이 없으면 신청대상에서 제외하고, 과세예고통지 중이거나 고지와 관련된 질의는 반려[23](법령사무처리규정 제14조의2, 제14조의9)하지만 기재

---

20. 청구 세목은 재산세등이다.

21. 처리기한은 오래 걸리는 것으로 보인다. "세법해석 요청에 답없는 국세청… 접수 1년 넘은 서면질의 20%", 연합뉴스, 2020.8.17.

22. 담당 업무별로 서면질의회신 담당과가 다르다.

구분	본청 해당과
상증(주식, 공익법인등 제외)	상속증여세과
주식관련 증여	자본거래관리과
공익법인등 관련	공익법인중소지원팀

23.

○ 법령사무처리규정 제14조의2(신청대상) 서면질의는 세법 또는 국세청 고시의 해석과 관련된 일반적 사항을 신청대상으로 한다. 다만, 다음 각 호의 어느 하나에 해당하면 신청대상에서 제외한다.

1. 민원인 본인과 관련 없는 질의
2. 세법해석과 무관한 사실판단 사항에 관한 질의
3. 조세 탈루 또는 회피 목적의 질의
4. 사실관계를 왜곡하거나 중요한 사항을 고의로 누락한 질의

부는 불복 중인 경우라도 그 밖에 세법의 입법 취지에 따른 해석이 필요한 경우로서 납세자의 권리보호를 위하여 필요하다고 기재부장관이 인정하는 경우에는 세법을 해석[24]할 수 있다(국기령 제10조제5항).

다. 번호의 구성

국세법령정보시스템에서 "서면-2019-법령해석재산-4453〔법령해석과-316〕, 2021.1.28."를 보았다고 하자.

'서면'은 국세청 해석의 종류를 나타낸다. 서면 · 고시 · 사전 · 기준으로 분류되는데, '서면'은 서면질의, '고시'는 고시서면질의, '사전'은 사전답변, '기준'은 과세기준을 나타낸다.

'2019'는 접수연도를 나타낸다.

'법령해석재산-4453'은 접수번호를 나타낸다.

'법령해석과-316'은 이 해석을 공문회신한 담당과와 공문번호를 나타낸다. 본청 담당과(재산3과[25], 재산세과, 상속증여세과, 자본거래관리과, 공익중소법인지원팀 등), 법규과(종전 법령해석과[26]), 법무과[27], 국세상담센터, 기재부등이다. 국세상담센터에 나간 회신은 서면인터넷방문상담3팀[28]-○○○ 등이고, 지금은 국세상담센터에서 서면질의에 답변하지 않는다. 기재부의 회신은 기획재정부 세제실[29]에서 답변하며, 상증의 경우에는 '기획재정부 재산세제과-○○'로 되어있다. 일

---

5. 세원관리 또는 조사관리 등과 관련된 업무처리절차나 기준을 규정한 훈령·지침 등과 관련된 질의
6. 국세청 업무와 무관한 질의
7. 「국제조세조정에 관한 법률」제22조에 따른 상호합의절차가 개시된 사항을 질의한 경우(민원인에 관한 개별적이고 구체적인 사안에 한정)
8. 신청에 관련된 거래 등이 법령 등에 저촉되거나 저촉될 우려가 있는 질의

○ 법령사무처리규정 제14조의9(신청서의 반려) 주무국장은 신청내용이 다음 각 호의 어느 하나에 해당하는 경우에는 그 이유를 명시하여 민원인에게 신청서를 반려할 수 있으며, 이 경우 민원인에게 그 이유를 기재하여 서면 통지하여야 한다.
1. 제14조의2 각 호에 해당하여 신청대상에서 제외되는 경우
2. 제14조의6에 따른 보완요구에 대해 보완하지 아니한 경우
3. 신청하는 자가 제14조제1항 각 호에 해당하여 민원인에 해당하지 않는 경우
4. 과세예고 통지, 세무조사결과 통지, 경정청구결과 통지 및 납세고지서와 관련된 사항을 질의하는 경우
5. 「국세기본법」 제55조에 따른 불복이 진행 중이거나 같은 법 제81조의15에 따른 과세전적부심사가 진행 중인 사항을 질의하는 경우
6. 민원인이 소송당사자로서 진행 중인 소송에 관한 사항을 질의하는 경우
7. 세법해석 사전답변 신청을 한 사항을 질의한 경우

24. 2019년 기재부 국정감사에서는 해석 일원화에 대한 질의가 있었다("행정해석 주체 국세청 일원화 필요", 세정일보, 2019.10.24.). 문언상 불복 중이라도 기재부에서 회신할 수 있고, 회신한 사례가 있다.
25. 보통 '재삼-○○'으로 되어 있다. 국세청 본청 조직 변경으로 과명칭이 재산3과-재산세과-상증세과로 변경되었다
26. 과 명칭이 법규과-법령해석과-법규과로 변경되었다.
27. 종전에는 법령해석과에서 과세기준자문 회신 업무를 담당하였으나 법무과가 과세기준자문 회신 업무를 담당한다(국세청과 그 소속기관 직제 시행규칙, 2022.1.14.).
28. 이 책에서는 '서면3팀'으로 줄여서 표시하였다.

부 회신은 재재산으로도 표기되어 있다. 공문번호는 연도별 일련번호이므로 국세법령정보시스템에서 번호로 검색하면 여러 건이 검색[30]된다.

번호만으로도 알 수 있는 것도 있다. 같은 연도에 회신이라도 사실관계 연도는 다를 수 있다. 위 번호를 보면 접수년도는 2019년이지만, 회신연도는 2021년이다. 따라서 이 회신은 적어도 2019년 이전의 사실관계에 대해 질의한 것을 알 수 있다. 2021년에 회신하였다고 2021년 법률에 대한 해석은 아닌 것이다.

라. 회신문의 구성

국세법령정보시스템에서 질의회신, 사전답변, 과세기준 등은 "제목, 요지, 회신"과 "관련 참고자료 – 사실관계 및 질의내용, 관련 법령, 종전 사례 등"으로 구성되어 있다.

○ 기준-2021-법령해석재산-0067 [법령해석과-2201], 2021.6.23.

[제 목]

가업승계 증여세 과세특례 사후관리 위반 여부 판정방법

[요 지]

「조세특례제한법」 제30조의6제3항제2호에 따른 증여받은 주식등의 지분이 줄어드는 경우에는 사후관리 위반 사항으로 증여세를 부과함

[회 신]

과세기준자문 신청의 사실관계의 경우, 「조세특례제한법」 제30조의6제3항제2호에 따른 증여받은 주식등의 지분이 줄어드는 경우에 해당하는지는 귀 질의의 '을설' 입장이 타당합니다.

이 책에서는 '회신'을 기재하였으나, 회신 내용이 불분명하거나 설명이 필요한 경우에는 요지

---

29. 해당 ○○세제과에서 회신하지만 기획재정부 조세법령운용과에서도 회신할 수 있다.

○ 국세 및 관세 관계법규 해석에 관한 업무처리지침 제5조(접수 및 배분)

① 제4조에 따른 세법 등의 해석에 관한 질의는 조세법령운용과장이 접수한다.

③ 조세법령운용과장은 제1항에 따라 질의를 접수한 경우에는 해석의 대상이 되는 세법 등의 조항(이하 "대상 규정"이라 한다)을 소관하는 과장(이하 "법령 소관과장"라 한다)에게 이를 송부한다. 다만, 제1항에 따라 접수한 질의가 다음 각 호의 어느 하나에 해당하는 경우에는 법령 소관과장과 협의하여 조세법령운용과장이 직접 이를 처리할 수 있다.

1. 다음 각 목의 어느 하나에 해당하는 경우로서 과 간의 이견을 조정해야 할 필요성이 높을 것으로 판단되는 경우
   가. 2개 이상의 대상 규정이 각각 다른 과 소관인 경우
   나. 2개 이상의 관련 해석사례 등이 각각 다른 과 소관으로서 상충되는 경우
2. 제7조제1항제1호 또는 제4호에 해당하는 경우로서 법령 소관과에 계류 중인 세법 등 해석 질의의 건수 및 증감 추세 등을 고려하여 조세법령운용과를 담당과로 지정할 필요가 있는 경우

30. 예를 들면 국세법령정보시스템에서 '46'으로 검색하면 재산세과-46(2013.2.12.), 재산세과-46(2011.1.24.), 재산세과-46(2010.1.26.) 등이 검색된다. 국세법령정보시스템에서는 '46', '046', '0046'을 다르게 인식한다. 이 책에서는 되도록 국세법령정보시스템에서 검색되는 기준으로 표시하였다.

를 별도로 표시하였고, 이는 판례 등에서도 마찬가지로 표시하였다. 국세법령정보시스템에서 통합검색시 나오는 부분은 회신이 아닌 '요지'다.

번호	종류	세목	제목 및 "요지"	문서번호
4	사전답변	상증	「아동수당법」에 따라 수령한 아동수당이 증여세 과세대상... 「아동수당법」에 따라 지급받은 아동수당은 「상속세 및 증여세법」 제46조제1호에 따라 증여세가 비과세 되는 것임	사전-2021-법령해석재산-0001 [법령해석과-2092] (2021.6.16).
3	사전답변	상증	종교단체가 다른 종교단체로부터 종교용지를 출연받은 재산... 공익법인에 해당하는 종교단체가 재산을 출연받아 그 출연받은 날부터 3년 이내에 직접공익목적사업에 사용하는 경우에는 「상속세 및 증여세법」 제48조의 규정에 의하여 증여세가 과세되지 아니하...	사전-2020-법령해석재산-0355 [법령해석과-3267] (2021.9.17).
2	사전답변	상증	사고에 의한 사망으로 그 유족이 받는 배상금이 상속재산... 사고에 의한 사망으로 그 유족에 대한 위로금 성격으로 지급되는 보상금 또는 배상금은 유족 고유재산으로서 「상속세 및 증여세법」 제2조제3호에 따른 상속재산에 해당하지 않는 것임	사전-2021-법령해석재산-3011 [법령해석과-3267] (2021.8.30).
1	사전답변	상증	즉시연금보험의 보험계약자가 사망한 경우 상속재산가액의... 즉시연금보험의 보험계약자가 사망한 경우 해당 보험계약은 상속재산으로서 상속개시 당시의 해지환급금 상당액으로 평가함	사전-2019-법령해석재산-0378 [법령해석과-183] (2021.1.19).

마. 세법해석정비

국세법령정보시스템에서는 세법해석정비[31] 명세를 보여주고 있다. 세법해석정비는 세법해석에 대한 신뢰도 제고 및 납세자 혼란 해소를 위해 국세청에서 자체적으로 변경했거나 국세청 해석을 기획재정부가 변경 또는 기획재정부 해석을 대법원 판례 등을 수용하여 자체적으로 변경, 법령개정으로 해석유지가 곤란한 사례 등을 국세법령정보시스템에서 정비한 것을 말한다. 이 책에서는 세법해석정비 주요정비 내용을 아래 형식의 주석으로 수록하고 있다.

요지	유지사례	삭제사례
상속받은 명의신탁 주식에 대한 명의개서해태 증여의제 적용 가능 여부	기획재정부 재산세제과-880, 2019.12.27.	법규과-969, 2011.7.22. 법규과-1562, 2011.11.28.

바. 사이트

국세청의 국세법령정보시스템, 조세심판원, 대법원의 종합법률정보[32], 헌법재판소, 기획재정부, 국회의 의안정보시스템 외에도 업무시 유용한 사이트들이 있다.

1) 케이스노트(casenote.kr)

판례 검색 사이트이다. 업무를 하면서 민법이나 상법 등의 판례를 찾아야 할 때 사용한다. 케이스노트 프로[33]도 있다.

2) 지방세법령정보시스템(www.olta.re.kr)

취득세, 재산세 등의 자료를 찾아볼 수 있다. 지방자치단체별 조례, 판례, 해석 등을 찾아볼 수 있다.

3) U-LEX(www.ulex.co.kr)[34]

지능형 법률추론 검색엔진으로 인공지능 기술을 이용하여 문장으로도 법령, 판례, 해석에 대한 검색을 수행한다.

4) 세계법제정보센터(world.moleg.go.kr)

법제처에서 운영하는 세계각국의 주요 법령과 제도에 대한 정보를 제공하고 있다.

쟁점

법원 판결의 이해

1. 3심제

흔히 '3심 제도'라면 하면, 한 사건에 대해 세 번 재판을 받을 수 있다고 생각할 수 있다. 그런데 어떤 사건을 보면, 예를 들어 서울행정법원2007구합6717 ▶ 서울고등법원2010누13410 ▶ 대법원2010두20430 ▶ 서울고등법원2011누9371 ▶ 대법원2012두13283으로 재판이 여러 번 있었다는 것을 볼 수 있다.

재판은 3번만 하지 않는다. 이를 이해하기 위해서는 사실심과 법률심을 알아야 한다. 사실심은 사실관계에 따른 법리적용을 하는 것을 말하고, 행정법원, 고등법원등의 판결을 말한다. 법률심은 사실관계는 이미 확정되어 있고, 고등법원이 적용한 법리가 맞는지 틀린지를 살펴보는 대법원의 판결을 말한다. 그래서 고등법원이 적용한 법리가 틀리다면 대법원에서 다시 고등법원에서 재판하라고 내려주는데, 이를 파기환송이라고 부른다. 그러면 고등법원에서는 다시 재판해야 하며, 이때 과세관청[35]은 소송을 포기하는 경우도 있고 계속 진행하는 경우도 있다.

---

31. 국세법령정보시스템 – 질의 – 세법해석정비
32. 조문별 연혁 보기를 제공한다.
33. '케이스노트 프로'는 유료이다.

2. 심리불속행

대법원의 판결을 읽다 보면 '심리불속행'이라는 말이 나온다. 심리불속행은 원심판결의 헌법이나 법률에 위배된다는 것이 아니거나 주장 자체로 이유가 없는 등의 경우 정식재판을 하지 않는 제도를 말한다. 판결이기는 하지만 선고[36]하지 않는다. 이는 상고심 절차에 관한 특례법 제4조에서 규정하고 있다.

○ 상고심 절차에 관한 특례법 제4조 (심리의 불속행) ① 대법원은 상고이유에 관한 주장이 다음 각 호의 어느 하나의 사유를 포함하지 아니한다고 인정하면 더 나아가 심리(審理)를 하지 아니하고 판결로 상고를 기각(棄却)한다.

1. 원심판결(原審判決)이 헌법에 위반되거나, 헌법을 부당하게 해석한 경우
2. 원심판결이 명령 · 규칙 또는 처분의 법률위반 여부에 대하여 부당하게 판단한 경우
3. 원심판결이 법률 · 명령 · 규칙 또는 처분에 대하여 대법원 판례와 상반되게 해석한 경우
4. 법률 · 명령 · 규칙 또는 처분에 대한 해석에 관하여 대법원 판례가 없거나 대법원 판례를 변경할 필요가 있는 경우
5. 제1호부터 제4호까지의 규정 외에 중대한 법령위반에 관한 사항이 있는 경우
6. 「민사소송법」 제424조제1항제1호부터 제5호까지에 규정된 사유가 있는 경우

이 책에서는 심리불속행의 대법원 판결을 '심불'이라고 표시하였다. 동일 사건의 하급심과 대법원 판결은 '–' 로 표시하였다. 예를 들면 "서울고법2006누16788(2007.2.7.)–대법원2007두6557(2007.5.30. 심불)"로 표시하였다.

4. 상증법과 다른 세법과의 관계

가. 소득법

상속재산 또는 증여재산을 양도시 상증법상 평가액(또는 결정가액)이 취득가액이 되는 등 상증법과 소득법은 밀접한 관련이 있다.

○ 소득령 제163조(양도자산의 필요경비) ⑨ 상속 또는 증여(법 제88조제1호 각 목 외의 부분 후단에 따른 부담부증여의 채무액에 해당하는 부분도 포함하되, 「상속세 및 증여세법」 제34조부터 제39조까지, 제39조의2, 제39조의3, 제40조, 제41조의2부터 제41조의5까지, 제42조, 제42조의2 및 제42조의3에 따른 증여는 제외한다)받은 자산에 대하여 법 제97조제1항제1호가목을 적용할 때에는 상속개시일 또는 증여일 현재 「상속세 및 증여세법」 제60조부터 제66조까지의 규정에 따라 평가한 가액(같은 법 제76조에 따라

---

34. 부가정보에서 조세를 선택하면 된다.
35. 지방국세청 징세송무국에서 소송을 담당한다.
36. 대법원 판결 중에서 심리불속행 기각 사건의 비율은 70%가 넘는다. ("심리불속행 기각 개선이 시급하다", 법률신문, 2020.10.12.) 소송당사자 입장에서는 기각당한 구체적 이유를 알 수가 없다. 하급심도 대법원 판결 이유를 모르므로 대법원 판결 이후에 하급심에서 대법원 판결과 달리 판결하는 경우가 있다.

세무서장등이 결정 · 경정한 가액이 있는 경우 그 결정 · 경정한 가액으로 한다)을 취득당시의 실지거래 가액으로 본다. (생략)

또, 매매이행 중에 사망한 경우 누구의 상속재산으로 볼지에 대해 법원은 매매계약 이행 중 사망시 부동산을 누구의 소유로 볼 것인지에 대해서는 상증법에서는 별도 규정이 없지만, 소득법의 양도시기 또는 취득시기에 따라 상증법에서 판단하는 것이 전체 세법의 체계상 부합되어 보인다(대법원2005두13148, 2007.6.15.)라고 보았다.

나. 국기법

국기법은 국세에 관한 기본적이고 공통적인 사항을 규정하고 있다. 가산세, 과세표준 등의 용어뿐 아니라, 기한후신고 · 수정신고 등도 국기법에 따른다.

국기법과 세법과의 관계는 국기법 제3조에서 규정하고 있다. 2019.12.31. 이전에는 열거된 조문을 제외하고 국기법이 세법보다 우선 적용되었지만, 2020.1.1. 이후부터는 세법이 국기법보다 우선 적용된다.[37]

2019.12.31. 이전	2020.1.1. 이후
○ 국기법 제3조(세법 등과의 관계) ① 이 법은 세법에 우선하여 적용한다. 다만, 세법에서 이 법 중 다음 각 호의 규정에 대한 특례규정을 두고 있는 경우에는 그 세법에서 정하는 바에 따른다. 1. 제1장제3절제8조제2항 2. 제2장제1절 3. 제3장제2절·제3절·제4절제26조(「조세특례제한법」 제99조의5에 따른 납부의무 소멸특례만 해당한다) 및 제5절 4. 제4장제1절(「부가가치세법」 제52조의2제5항에 따른 신탁재산에 대한 체납처분만 해당한다)·제2절(「조세특례제한법」 제15조 및 제104조의7제4항에 따른 제2차 납세의무만 해당한다) 및 제3절(「부가가치세법」 제3조의2 및 제52조의2에 따른 물적납세의무만 해당한다) 5. 제5장제1절·제2절제45조의2·제2절제45조의3(「법인세법」 제62조에 따른 비영리내국법인의 과세표준신고의 특례만 해당한다) 및 제3절(「조세특례제한법」 제100조의10에 따른 가산세만 해당한다) 6. 제6장제51조 및 제52조 7. 제7장제1절제55조 8. 제8장	○ 국기법 제3조(세법 등과의 관계) ① 국세에 관하여 세법에 별도의 규정이 있는 경우를 제외하고는 이 법에서 정하는 바에 따른다.

37. 조세소송 등 불복에 영향을 미칠 것으로 보인다. 국세청 개정세법 해설에는 관련 개정내용이 누락되어 있다.

5. 상증법의 구성

상증법은 7개의 장으로 구성되어 있다. 제1장 총칙, 제2장 상속세의 과세표준과 세액의 계산, 제3장 증여세의 과세표준과 세액의 계산, 제4장 재산의 평가, 제5장 신고와 납부, 제6장 결정과 경정, 제7장 보칙이다. 상증법은 법률명처럼 상속세와 증여세 2개 세목이 있다 보니 공통적인 부분과 개별적인 부분으로 나뉜다. 제1장, 제4장, 제5장, 제6장, 제7장에서는 상속세와 증여세를 공통으로 규정하고, 제2장에서는 상속세를, 제3장에서는 증여세를 규정하고 있다.

이러한 상증법의 구성은 소득법과 법인법과 다르다. 소득법이나 법인법은 납세의무자별 조문이 구성되어 있다. 소득법[38]은 거주자, 비거주자, 법인법[39]은 내국법인, 외국법인 순으로 조문이 구성되어 있지만, 상증법은 공통적인 부분과 상속세 · 증여세 개별적인 부분이 혼재되어 있다. 혼재되어 있을 뿐 아니라 상증법의 개별 조문도 거주자 · 비거주자를 구분하지 않고 있다.

<table>
<tr><th>제1장</th><th colspan="3">총칙</th></tr>
<tr><td rowspan="5">제2장</td><td rowspan="5">상속세의 과세표준과 세액의 계산</td><td>제1절 상속재산</td><td>제2절 비과세</td></tr>
<tr><td colspan="2">제3절 상속세 과세가액</td></tr>
<tr><td colspan="2">제4절 공익목적출연재산의과세가액불산입</td></tr>
<tr><td>제5절 상속공제</td><td>제6절 과세표준과 세율</td></tr>
<tr><td colspan="2">제7절 세액공제</td></tr>
<tr><td rowspan="5">제3장</td><td rowspan="5">증여세의 과세표준과 세액의 계산</td><td>제1절 증여재산</td><td>제2절 증여추정 및 증여의제</td></tr>
<tr><td colspan="2">제3절 증여세 과세가액</td></tr>
<tr><td colspan="2">제4절 공익목적 출연재산의 과세가액 불산입</td></tr>
<tr><td>제5절 증여공제</td><td>제6절 과세표준과 세율</td></tr>
<tr><td colspan="2">제7절 세액공제</td></tr>
<tr><td>제4장</td><td colspan="3">재산의 평가</td></tr>
<tr><td>제5장</td><td>신고와 납부</td><td>제1절 신고</td><td>제2절 납부</td></tr>
<tr><td>제6장</td><td colspan="3">결정과 경정</td></tr>
<tr><td>제7장</td><td colspan="3">보칙</td></tr>
</table>

예를 들어 상증법 제55조(증여재산공제)에서는 "거주자인 수증자가 증여재산공제를 받을 수 있다"라고 규정하지만 비거주자인 수증자가 증여재산공제가 가능한지에 대해 별도로 규정하고 있지 않다.

---

38. (소득세법) 제2장 거주자의 종합소득 및 퇴직소득에 대한 납세의무, 제3장 거주자의 양도소득에 대한 납세의무, 제4장 비거주자의 납세의무
39. (법인세법) 제2장 내국법인의 각 사업연도의 소득에 대한 법인세, 제3장 내국법인의 청산소득에 대한 법인세, 제4장 외국법인의 각 사업연도의 소득에 대한 법인세

ㅇ 상증법 제53조(증여재산 공제)
거주자가 다음 각 호의 어느 하나에 해당하는 사람으로부터 증여를 받은 경우에는 다음 각 호의 구분에 따른 금액을 증여세 과세가액에서 공제한다. 이 경우 수증자를 기준으로 그 증여를 받기 전 10년 이내에 공제받은 금액과 해당 증여가액에서 공제받을 금액을 합친 금액이 다음 각 호의 구분에 따른 금액을 초과하는 경우에는 그 초과하는 부분은 공제하지 아니한다.

반면, 소득법은 소득법 제121조에서 비거주자가 적용받은 조문의 범위를 구분하고 있다.

ㅇ 소득법 제121조(비거주자에 대한 과세방법)
② 국내사업장이 있는 비거주자와 제119조제3호에 따른 국내원천 부동산소득이 있는 비거주자에 대해서는 제119조제1호부터 제7호까지, 제8호의2 및 제10호부터 제12호까지의 소득(제156조제1항 및 제156조의3부터 제156조의6까지의 규정에 따라 원천징수되는 소득은 제외한다)을 종합하여 과세하고, 제119조제8호에 따른 국내원천 퇴직소득 및 같은 조 제9호에 따른 국내원천 부동산등양도소득이 있는 비거주자에 대해서는 거주자와 같은 방법으로 분류하여 과세한다. 다만, 제119조제9호에 따른 국내원천 부동산등양도소득이 있는 비거주자로서 대통령령으로 정하는 비거주자에게 과세할 경우에 제89조제1항제3호 · 제4호 및 제95조제2항 표 외의 부분 단서는 적용하지 아니한다.

이 책의 구성은 조문순서대로 구성하지 않고, 상속세/ 증여세/ 신고납부/ 재산평가로 구분하였다. 재산평가 부분은 상속세, 증여세뿐만 아니라 법인법, 소득법, 부가법 등에서 준용 또는 인용하고 있어 찾아보기 쉽도록 뒤에 배치하였다.

쟁점

다른 법률을 개정할 때 상증법을 개정할 수 있을까?

상증법 제10조 "상속재산으로 보는 퇴직금 등"은 민법상 상속재산은 아니지만, 상증법상 상속재산으로 의제하는 퇴직금등의 범위를 규정하고 있다.

상증법 제10조 제2호를 보면 "「공무원연금법」, 「공무원 재해보상법」 또는 「사립학교교직원 연금법」에 따라 지급되는 퇴직유족연금, 장해유족연금, 순직유족연금, 직무상유족연금, 위험직무순직유족연금, 퇴직유족연금부가금, 퇴직유족연금일시금, 퇴직유족일시금, 순직유족보상금, 직무상유족보상금 또는 위험직무순직유족보상금"으로 규정하고 있다. 이는 종전의 "「공무원연금법」 또는 「사립학교교직원 연금법」에 따라 지급되는 유족연금, 유족연금부가금, 유족연금일시금, 유족일시금 또는 유족보상금"에서 확대한 것이다.

당초	개정
「공무원연금법」 또는 「사립학교교직원 연금법」에 따라 지급되는 유족연금, 유족연금부가금, 유족연금일시금, 유족일시금 또는 유족보상금	「공무원연금법」, 「공무원 재해보상법」 또는 「사립학교교직원 연금법」에 따라 지급되는 퇴직유족연금, 장해유족연금, 순직유족연금, 직무상유족연금, 위험직무순직유족연금, 퇴직유족연금부가금, 퇴직유족연금일시금, 퇴직유족일시금, 순직유족보상금, 직무상유족보상금 또는 위험직무순직유족보상금

국가법령정보센터의 상증법 제10조를 보니, "피상속인에게 지급될 ~ 상속재산으로 보지 아니한다"〈개정 2010.5.20, 2018.3.20., 2019.12.10.〉 라고 되어 있음을 알 수 있다.

그런데 관련 개정 내용은 국세청의 개정세법 책자를 찾아도 나오지 않고, 기재부의 개정세법 보도자료를 찾아도 개정(안) 내용이 나오지 않는다. 언제 개정된 것일까? 답은 상증법 부칙에 있다. 상증법 부칙 〈제15522호, 2018.3.20.〉를 보면 다음과 같다.

> 부칙(공무원 재해보상법) 〈제15522호, 2018.3.20〉
>
> 제1조(시행일) 이 법은 공포 후 6개월이 경과한 날부터 시행한다. 〈단서 생략〉
>
> 제2조부터 제28조까지 생략
>
> 제29조(다른 법률의 개정) ①부터 ⑨까지 생략
>
> ⑩ 상속세 및 증여세법 일부를 다음과 같이 개정한다.
>
> 제10조제2호를 다음과 같이 한다.
>
> 2. 「공무원연금법」, 「공무원 재해보상법」 또는 「사립학교교직원 연금법」에 따라 지급되는 퇴직유족연금, 장해유족연금, 순직유족연금, 직무상유족연금, 위험직무순직유족연금, 퇴직유족연금부가금, 퇴직유족연금일시금, 퇴직유족일시금, 순직유족보상금, 직무상유족보상금 또는 위험직무순직유족보상금

상증법은 상증법을 개정할 때만 개정되는 것이 아니다. 물론 이런 내용은 상증법만 해당되지 않는다. 공무원재해보상법을 개정하면서 상증법을, 군인 재해보상법을 개정하면서 소득세법을, 주식회사의 외부감사에 관한 법률 개정하면서 법인세법을 개정할 수 있다. 다른 법률에 따라 개정된 부분은 놓치기 쉽다.

다른 법률에 따라 개정되는 세법의 내용 대부분은 용어가 바뀌는 수준이지만, 위의 예를 든 상증법 제10조는 적용되는 범위가 바뀐 경우이다. 다른 법률에 세법이 개정되었는지 확인하는 방법은 종이법전이냐, 전자법전(국가법령정보센터 등)에 따라 다르다.

종이법전에서는 이렇게 바로 확인할 수 있다.

	공포일	공포번호	시행일
	2018.12.31.	법률 제16102호	2019.1.1.
(문화재보호법 부칙)			
	2018.12.24.	법률 제16057호	2019.12.25.
(공무원재해보상법 부칙)			
	2018.3.20.	법률 제15522호	2018.9.21.

전자법전에서는 연혁을 선택하면 타법개정으로 표시된다.

연혁 (영문)연혁

15. 상속세 및 증여세법
[시행 2018.9.21.] [법률 제15522호, 2018.3.20., 타법개정]

16. 상속세 및 증여세법
[시행 2018.4.1.] [법률 제15524호, 2017.12.19., 일부개정]

17. 상속세 및 증여세법
[시행 2018.1.1.] [법률 제15524호, 2017.12.19., 일부개정]

주의할 점은 일반 법률은 공포시기와 시행시기가 세법[40]과는 다르므로, 시행시기를 확인하여야 한다. 공무원재해보상법의 개정 · 공포는 2018.3.20.이지만, 시행시기는 2018.9.21.이다.

6. 상증법의 특징

가. 시점과세

소득세 · 법인세 등의 기간과세와 달리 상속세는 피상속인의 사망일에 이전된 재산에 대해 과세한다. 시점과세이기 때문에 사망일의 재산평가, 즉 특정시점의 평가액이 무엇인지가 중요하다. 또, 재산에서 어떤 항목을 제외하여 계산할지가 쟁점이 된다. 상증법에서는 재산에서 채무를 차감한 금액을 과세가액이라고 부른다. 과세가액은 소득세법등 소득금액의 상대적 개념으로 생각하면 된다. 민법의 상속재산은 채무가 포함되어 있어 적극재산과 소극재산(채무)이지만, 상증법에서는 재산에 채무를 포함하지 않는다. 이는 순액으로 나타내는 것보다 총액으로 나타내 채무를 구별하여 가공 여부등을 확인하기 위함이다.

	소득세 · 법인세(기간)		상속세 · 증여세(시점)
	수익(익금)		재산
-	경비(손금)	-	채무
=	소득금액	=	과세가액
-	공제	-	공제
=	과세표준	=	과세표준

나. 납세의무 확정

납세의무 확정방식이 소득세 · 법인세등과 달리 세무서등의 부과결정이다. 시점과세이다 보니 재산평가가 중요하고, 재산과 채무의 적정 여부를 세무서등이 판단해야 한다.

납세의무 확정방식은 크게 3가지로 구분된다. 소득세 · 법인세등은 납세의무자가 과세표준과 세액을 정부에 신고했을 때 확정되고, 상속세 · 증여세는 정부가 결정하는 때 확정된다. 인지세등은 납세의무 성립과 동시에 확정된다(국기법 제22조). "정부가 결정하는 때"라 함은 조사[41]하여 결정한다는 뜻이다.

조사하여 납세의무가 확정되기는 하지만 상속세나 증여세는 수정신고 · 경정청구 · 기한후신고가 가능하고, 신고하지 않았을 때 무신고가산세를 부과한다. 즉 납세자 입장에서 보았을 때는 소득세등과 크게 다르지 않는데 조사하여 결정한다는 점만 다르다.

---

40. 세법은 보통 1.1.에 시행한다.
41. 국세청의 인력 한계상 모두를 조사할 수는 없다. 상증 사무처리규정 제19조(확인대상자 선정) ③ 지방국세청장(성실납세지원국장) 또는 세무서장(재산제세 담당과장)은 확인대상자의 신고 · 결정내역 등을 사전 검토하여 과세실익이 없다고 판단되는 경우에는 확인대상에서 제외한 후, 신고내용 확인 업무를 실시하여야 한다.

상속세 · 증여세 납세의무 확정방식의 차이로 소득세등과 조사대상 선정방식에 차이가 있다. 소득세등은 무신고 했거나, 오류 · 탈루 등이 있을 때 조사대상으로 일부 납세자를 선정하지만 상속세 · 증여세는 신고여부나 무작위추출등에 관계없이 전체를 조사대상으로 선정하여 결정한다 (국기법 제81조의6). 그래서 상속세 · 증여세 납세의무 확정방식을 정부부과에서 신고로 바꾸자는 것은 조사대상 선정방식을 바꾸자는 뜻이 된다.

○ 국기법 제81조의6(세무조사 관할 및 대상자 선정)

② 세무공무원은 다음 각 호의 어느 하나에 해당하는 경우에 정기적으로 신고의 적정성을 검증하기 위하여 대상을 선정(이하 "정기선정"이라 한다)하여 세무조사를 할 수 있다. 이 경우 세무공무원은 객관적 기준에 따라 공정하게 그 대상을 선정하여야 한다.

1. 국세청장이 납세자의 신고 내용에 대하여 과세자료, 세무정보 및 「주식회사의 외부감사에 관한 법률」에 따른 감사의견, 외부감사 실시내용 등 회계성실도 자료 등을 고려하여 정기적으로 성실도를 분석한 결과 불성실 혐의가 있다고 인정하는 경우
2. 최근 4과세기간 이상 같은 세목의 세무조사를 받지 아니한 납세자에 대하여 업종, 규모, 경제력 집중 등을 고려하여 대통령령으로 정하는 바에 따라 신고 내용이 적정한지를 검증할 필요가 있는 경우
3. 무작위추출방식으로 표본조사를 하려는 경우

③ 세무공무원은 제2항에 따른 정기선정에 의한 조사 외에 다음 각 호의 어느 하나에 해당하는 경우에는 세무조사를 할 수 있다.

1. 납세자가 세법에서 정하는 신고, 성실신고확인서의 제출, 세금계산서 또는 계산서의 작성 · 교부 · 제출, 지급명세서의 작성 · 제출 등의 납세협력의무를 이행하지 아니한 경우
2. 무자료거래, 위장 · 가공거래 등 거래 내용이 사실과 다른 혐의가 있는 경우
3. 납세자에 대한 구체적인 탈세 제보가 있는 경우
4. 신고 내용에 탈루나 오류의 혐의를 인정할 만한 명백한 자료가 있는 경우
5. 납세자가 세무공무원에게 직무와 관련하여 금품을 제공하거나 금품제공을 알선한 경우

④ 세무공무원은 과세관청의 조사결정에 의하여 과세표준과 세액이 확정되는 세목의 경우 과세표준과 세액을 결정하기 위하여 세무조사를 할 수 있다.

다. 국세부과제척기간

상속세 · 증여세의 국세부과제척기간이 소득세등과 다르다. 국세부과제척기간은 국세를 부과할 수 있는 기간을 말한다. 상속세 · 증여세는 재산과 채무를 조사하여 확인해야 하므로 소득세등보다 상대적으로 긴 부과제척기간을 가지고 있다. 소득세등은 5년, 7년, 10년, 15년이지만, 상속세는 10년, 15년, 1년의 부과제척기간을 적용한다. 예외적으로 부담부증여의 경우에는 양도소득세와 증여세의 국세부과제척기간은 증여세로 일치시켰다.

라. 연대납부의무

소득세, 부가가치세도 연대납세의무가 있지만, 상속세와 증여세는 연대납부의무 범위가 일반적이라고 할 수 있다. 상속세는 상속인과 수유자에 대하여 각자가 받았거나 받을 재산을 한도로 연대하여 납부할 의무가 있고, 증여세는 수증자가 조세채권 확보가 곤란하거나, 비거주자일 때 증여자가 연대납부의무가 있다.

소득세 등은 연대납세의무라고 하고, 상속세 · 증여세는 상증법 제3조의2(상속세 납부의무)와 제4조의2(증여세 납부의무)에서 연대납부의무라고 규정하고 있다.

제1편
상속세

제1장 민법상 상속제도의 이해[1]

제1절 상속세 및 증여세법과 민법

상증법을 읽다 보면 상속, 유증, 사인증여, 상속인, 유류분, 실종선고, 상속분, 상속포기, 특별연고자 등 다양한 민법상 용어가 등장한다. 상속세 관련 법령을 정확하게 이해하기 위해서는 민법 중 상속에 관한 규정을 먼저 이해할 필요가 있다. 물론 상증법에는 민법뿐 아니라 다른 법률의 용어도 사용되지만, 민법을 이해하지 않고서는 상속세 관련 규정을 이해하기 어렵다.

대부분의 상증법 책자의 첫 부분에서 민법규정을 설명하고, 그다음 상속세를 설명한다. 하지만 이 책에서는 민법규정과 상증법을 되도록 같이 설명하였다. 애당초 민법규정을 설명하는 이유가 상증법을 이해하기 위함인데, 민법과 상증법을 따로 설명하는 것은 맞지 않아 보인다. 또 민법의 경우 조문 순서대로 기술하지는 않았다.

민법은 제5편 상속에서 아래와 같이 규정하고 있다.

제1장 상속(제997조~제1059조)

- 제1절 총칙(제997조~제999조)
- 제2절 상속인(제1000조~제1004조)
- 제3절 상속의 효력(제1005조~제1018조): 일반적 효력, 상속분, 상속재산의 분할
- 제4절 상속의 승인 및 포기(제1019조~제1044조): 총칙, 단순승인, 한정승인, 포기
- 제5절 재산의 분리(제1045조~제1052조)
- 제6절 상속인의 부존재(제1053조~제1059조)

제2장 유언(제1060조~제1111조): 총칙, 유언의 방식, 유언의 효력, 유언의 집행, 유언의 철회

제3장 유류분(제1112조~제1118조)

---

1. 민법에 대한 설명은 『친족상속법』(박동섭), 『친족상속법』(김주수), 법제처의 〈생활법령정보〉의 내용을 기초로 하였다.

제2절 상속의 효과

1. 상속

상속이란 자연인이 사망하였을 때 사망과 동시에 그와 일정한 관계에 있는 사람에게 사망자의 재산적 권리나 의무가 포괄적으로 승계되는 법률적 효과가 발생하는 것을 말한다. 상속은 자연인의 사망을 원인으로 하므로 법인이나 단체가 해산 및 청산되더라도 상속이 발생하지 않는다.[2]

2. 상속의 효과

가. 포괄적 권리의무 승계

상속인은 상속개시된 때로부터 피상속인(사망자)의 재산에 관한 포괄적 권리의무를 승계한다. 그러나 피상속인의 일신에 전속한 것은 그러하지 아니한다(민법 제1005조). 재산 범위에는 소극적 재산인 채무를 포함하여 포괄적 권리의무를 승계한다. 따라서 소극재산이 적극재산을 초과하는 경우에도 상속인이 이를 승계하면 상속인의 고유재산으로 피상속인의 채무를 부담한다.

위의 민법 규정(제1005조)에 대해 상속인의 고유재산으로 피상속인의 채무를 부담하게 하는 것이 적정한지에 대해, 헌재는 상속 효과에 대하여 포괄 · 당연승계주의를 채택하고 있는데, 이는 상속인이 상속을 받는 것이 일반적이고 상속 효과를 거부하는 것이 예외이므로 상속으로 인한 법률관계의 부동상태를 신속하게 확정함으로써 궁극적으로 법적안정성이라는 공익을 도모하고 있고, 한편으로 상속의 포기 · 한정승인제도를 두어 상속인으로 하여금 그의 의사에 따라 상속의 효과를 귀속시키거나 거절할 수 있는 있는 자유를 주고 있으며, 상속인과 피상속인의 채권자 및 상속인의 채권자 등의 이해관계를 조절할 수 있는 다양한 제도적 장치[3]를 마련하고 있으므로 민법 제1005조는 헌법에 위배된다고 할 수 없다고 보았다(헌재2003헌가13, 2004.10.28.).

피상속인의 일신에 전속한 것은 상속되지 아니한다. 일신전속권이란 피상속인에게만 귀속하고 상속인에게 귀속할 수 없는 성질을 가진 권리 · 의무를 말하는데, 예를 들면 의사 자격, 부양 권리 · 의무 등을 말한다.

---

2. 저자는 국세상담센터 근무시, 비영리법인이 청산되면 대표자에게 상속된다고 주장하는 세무사를 상담한 적이 있다. 상속세는 법인의 해산 · 청산과 관련이 없다.
3. 예를 들면 민법 제1045조에서는 상속재산분리규정을 두고 있다. 상속재산분리는 상속채권자 · 유증을 받은 자 또는 상속인의 채권자를 위하여 상속개시 후에 상속재산과 상속인 고유재산의 분리를 법원에 청구할 수 있는 제도이다.

나. 의사표시와 행위

상속의 효력은 피상속인의 사망 순간에 사망자의 재산상 권리 · 의무가 사망과 동시에 이전된다. 따라서 사망하기 전에 상속을 위하여 당사자의 특별한 의사표시가 필요하지 않다. 의사표시가 필요로 하는 유증 · 사인증여 · 유언대용신탁 등과는 구별된다.

부동산의 등기[4]나 동산의 인도 등은 별도 행위가 필요 없이 법률에 따라 자동 승계된다. 상속인이 피상속인의 사망 사실을 알든 모르든[5] 피상속인의 권리와 의무가 상속인들에게 자동 승계된다. 특정 당사자와 특정 재산을 지정하여 개별적인 의사표시를 거쳐 재산을 이전시키는 매매나 증여 등과는 구별된다.

다. 공동상속

상속인이 수인이라면 상속재산은 공유로 한다(민법 제1006조). 공동상속인들은 각자의 상속분에 따라 피상속인의 재산을 승계한다. '재산 승계'와 '재산 분할'을 구분하면, 여러 명의 공동상속인이 있는 경우 '상속재산의 승계'와 '재산의 분할' 사이에 선후가 생긴다. 따라서 피상속인 사망과 동시에 상속인이 상속재산으로 승계 후 재산을 분할하게 된다. 공동상속인은 상속재산에 대하여 각자 개인의 상속분에 따라 그 지분을 매매할 수 있고, 상속재산을 분할할 수 있다.

---

4. 상속에 의한 부동산에 관한 물권취득은 등기를 요하지 아니한다(민법 제187조).
5. 상속세 신고기한은 피상속인의 사망일이 속하는 달 말일부터 6개월이 되는 날이다. 상속인이 그 사실을 인지하지 못했어도 적용된다.

제3절 유증과 사인증여

사망으로 인한 재산상속 형태에는 의사표시가 필요한 유증 및 사인증여가 있다. 상증법에서는 유증·사인증여도 사망으로 인하여 상속인 또는 수유자에게 재산이 무상 이전된다는 점에서 상속과 동일하다고 보아 상증법상 상속에 포함하고 있다.

1. 유증

가. 유증의 개념

유증이란 유언으로 재산을 타인에게 증여하는 상대방 없는 단독행위를 말한다. 유언자를 유증자라 하고 유증 이익을 받는 자를 수증자라고 한다. 상증법에서는 증여재산을 받은 자를 수증자라고 부르기 때문에 유증받은 자를 수유자라고 정의한다. 이 책에서는 별도 표시가 없는 한 수유자는 상증법상 수유자를 말한다.

유증을 민법에 따른 증여와 비교해보면, 증여나 유증이 재산의 무상이전인 것 같지만, 증여는 생전행위이고 계약인 반면, 유증은 사인행위[6]이고 유언자의 단독행위[7]라는 점에서 다르다.

유증은 유언자의 의사를 존중하여 재산 처분의 자유를 인정하지만, 한계가 없는 것은 아니다. 현재 민법에서는 유류분제도를 두어 그 한계가 확인된다. 또, 유언은 민법에서 정한 방식(자필증서, 녹음, 공정증서, 구수증서, 비밀증서 5종)에 따라야만 그 효력이 인정된다(민법 제1060조).

나. 유증의 종류

1) 포괄적 유증

"내 재산의 1/4은 손자에게 준다"와 같이 상속재산의 전부나 일정한 비율을 정하여 유증하는 것을 포괄적 유증이라 하고, 유증을 받는 자를 포괄적 수증자[8]라 한다.

포괄적 수증자는 상속인과 동일한 권리 · 의무가 있다(민법 제1078조). 따라서 포괄적 수증자는 상속인과 같이 유증 사실을 알든 모르든 관계없이 피상속인의 상속재산(채무 포함) 중 일부를 취득한다.

---

6. 유언자의 사망을 원인으로 사후에 효력과 이행의무가 발생한다.
7. 유증 의사표시가 수증자에게 도달할 필요는 없다.
8. 상증법에서는 수유자라고 부른다.

2) 특정 유증

"내 재산 중 A아파트는 손자에게 준다"와 같이 상속재산 중 특정 재산을 지정하여 유증하는 경우를 말한다. 특정 유증의 수증자는 유언자 사망 후 언제든지 유증을 승인하거나 포기할 수 있고, 그 포기의 효력은 유언자의 사망시로 소급한다.

사인증여는 생전에 증여계약하고 피상속인 사망시 재산이 이전되는 것인데, 예를 들면 "갑은 을에게 아파트를 증여한다. 다만, 그 효력은 갑의 사망시 발생한다"라고 하면, 특정 유증은 사인증여와 비슷하다고 할 수 있다.

3) 포괄적 유증과 특정 유증

포괄적 유증과 특정 유증은 성격이 다른데, 포괄적 유증을 받은 자는 민법 제187조에 의하여 법률상 유증받은 부동산의 소유권을 취득하게 되나, 특정유증을 받은 자는 유증의무자에게 유증을 이행할 것을 청구할 수 있는 채권을 취득할 뿐이다(대법원2000다73445, 2003.5.27.).

포괄적 유증인가 특정 유증인가는 유언에 사용한 문언 및 그 외 제반 사정을 종합적으로 고려하여 탐구된 유언자의 의사에 따라 결정되어야 하고, 통상은 상속재산에 대한 비율의 의미로 유증이 된 경우는 포괄적 유증, 그렇지 않은 경우는 특정 유증이라고 할 수 있지만, 유언공정증서 등에 유증 재산이 개별적으로 표시되었다는 사실만으로는 특정 유증이라고 단정할 수는 없고 상속재산이 모두 얼마나 되는지를 심리하여 다른 재산이 없다고 인정되는 경우에는 이를 포괄적 유증이라고 볼 수도 있다(대법원2000다73445, 2003.5.27.).

4) 부담 있는 유증

유언자가 유언으로 수증자에게 이익을 주면서 동시에 일정한 의무의 이행을 부담시키는 유증을 말한다. 부담부 유증에서의 부담은 유증의 대가는 아니다. 부담부 유증에 따라 수유자는 재산을 취득함과 동시에 부담을 이행할 의무가 있다.

쟁점

유증과 상증법

유증과 관련된 상증법 주요 질문들을 살펴본다.

1. 유증을 통해 재산을 취득한 자가 상속인이 아닌 자라면 상속세 납부의무가 있을까?

있다. 상속세 납부의무는 상속인과 수유자인데, 유증을 받는 자는 수유자이므로 상속세 납세의무가 있다.

2. 상속인이 아닌 자가 수유자인 경우 상속공제를 적용할까?

상속공제금액은 상속세 과세가액에서 상속인이 아닌 자에게 유증 등을 한 재산의 가액등을 차감한 잔액에 상당하는 금액을 초과하지 못한다. 따라서 상속인이 아닌 자가 수유자이면 그 부분은 상속공제를 적용받지 못한다.

3. 수유자가 유증을 포기하고 그 재산을 상속인간 분할하였다면 증여세가 과세될까?

과세되지 않는다. 민법 제1074조에서는 유증의 승인이나 포기는 유언자가 사망한 때로 소급하여 그 효력이 있으므로 유증을 포기하였다면 일반 상속재산과 다름이 없고 그 재산을 상속세 신고기한 이내에 상속인 간 분할하였다면 증여세가 과세되지 않는다.

유증받은 상속인 이외의 자가 피상속인의 유증을 포기함에 따라 공동상속인간의 협의에 의하여 상속재산을 분할하는 경우 증여세 과세문제는 발생하지 아니한다(재삼46014-2245, 1995.9.5.).

4. 상속세 신고기한 이내에 유증받은 재산을 상속인에게 무상이전하면 증여세가 과세되나?

유증받은 자가 상속인에게 무상이전하였다면 경제적 실질은 유증포기와 같다고 할 수 있다. 앞에서 본 것과 같이 민법 제1074조에서는 유증 승인이나 포기는 유언자가 사망한 때로 소급하여 그 효력이 있으므로 상속세 신고기한 이내에 유증받은 재산을 상속인에게 무상이전하였다면 증여세가 과세되지 않고, 취득한 상속인에게 상속세를 과세한다. 이 경우에는 상속공제 한도를 적용하지 않는다.

피상속인으로부터 유증을 받은 자가 상속세과세표준 신고기한 이내에 당해 유증받은 재산을 다른 상속인에게 무상으로 이전한 경우, 당해 재산은 상속인이 상속받은 것으로 보아 상속세를 과세한다(재산세과-1930, 2008.7.28.).

상속인이 아닌 자가 피상속인으로부터 유증받은 재산을 상속세과세표준 신고기한 이내에 상속인에게 반환한 경우, 당해 반환한 재산의 가액은 같은 법 제24조제1호에 규정된 "상속인이 아닌 자에게 유증 등을 한 재산의 가액"에 해당하지 않는다(재산세과-3579, 2008.10.31.).

쟁점

유증 포기·상속 포기와 사해행위

사해행위는 채무자가 고의로 재산을 감소시키거나 채무액을 늘려 채권자에게 변제할 수 없는 상태를 만드는 행위를 말한다. 사해행위는 채무자 본인이 행한 행위만을 말한다.

그렇다면 채무자가 유증 포기나 상속 포기를 한 경우에는 어떻게 될까?

여기에 대해 법원은 유증 포기나 상속 포기에 대해 사해행위로 볼 수 없다고 보았다.

(유증 포기) 유증을 받을 자는 유언자의 사망 후에 언제든지 유증을 승인 또는 포기할 수 있고, 그 효력은 유언자가 사망한 때에 소급하여 발생하므로 채무초과상태에 있는 채무자라도 자유롭게 유증을 받을 것을 포기할 수 있다. 또한 채무자의 유증 포기가 직접적으로 채무자의 일반재산을 감소시켜 채무자의 재산을 유증 이전 상태보다 악화시켰다고 볼 수도 없다. 따라서 유증을 받을 자가 이를 포기하는 것은 사해행위 취소소송의 대상이 되지 않는다고 보는 것이 옳다(대법원2018다260855, 2019.1.17.)

(상속 포기) 상속은 피상속인이 사망 당시에 가졌던 모든 재산적 권리 및 의무 · 부담을 포함하는 총체재산이 한꺼번에 포괄적으로 승계되는 것으로서 다수의 관련자가 이해관계를 가지는 바인데, ~ 채권자 입장에서는 상속의 포기가 그의 기대에 저버리는 측면이 있다고 하더라도 채무자인 상속인의 재산을 현재의 상태보다 악화

시키지 아니한다(대법원2011다29307, 2011.6.9.)

하지만 법원을 통해 상속포기하지 않고, 상속인 간 재산분할을 협의하여 상속재산을 받지 않는 경우에는 사해행위로 본다.

(상속재산 분할협의) 상속재산의 분할협의는 상속이 개시되어 공동상속인 사이에 잠정적 공유가 된 상속재산에 대하여 그 전부 또는 일부를 각 상속인의 단독소유로 하거나 새로운 공유관계로 이행시킴으로써 상속재산의 귀속을 확정시키는 것으로 그 성질상 재산권을 목적으로 하는 법률행위이므로 사해행위취소권행사의 대상이 될 수 있다(대법원2000다51797, 2001.2.9.).

2. 유언

유언은 자신이 죽은 뒤의 법률관계를 정하려는 생전의 최종적 의사표시로서 유언자의 사망으로 그 효력이 생기고, 상대방의 수락을 필요로 하지 않는다. 유언자는 자기 의사에 따라 자유롭게 유언할 수 있고, 언제든지 이를 변경 또는 철회할 수 있다.[9]

우리나라에서 유언은 법률로 정한 일정한 사항[10]에 한해 할 수 있고, 민법에서 정한 방식만 인정된다는 점이 특징이다(민법 제1060조(유언의 요식성)). 또, 만17세에 달하지 못한 자는 유언을 하지 못한다(민법 제1061조).

유언 방식은 자필증서, 녹음, 공정증서, 비밀증서, 구수증서가 있다.

가. 자필증서 유언

유언장 전체, 작성일자, 주소, 성명을 직접 써야 한다. 연 · 월만 기재하고 일의 기재가 없는 경우 그 효력을 부인한 판례(대법원2009다9768, 2009.5.14.)가 있다. 그리고 유언장에 유언자의 인장 또는 도장으로 날인(捺印)해야 한다. 날인 없는 유언장은 자필증서에 의한 유언으로서 효력이 없다(대법원2006다25103, 2006.9.8.).

나. 녹음 유언

녹음에 의한 유언을 할 때는 유언자가 유언 취지, 그 성명과 연월일을 구술하고 이에 참여한 증인이 유언의 정확함과 그 성명을 구술해야 한다(민법 제1067조).

---

9. 법제처 생활법령정보
10. 가족관계사항(친생부인 등), 재산처분, 상속, 유언집행 등

다. 공정증서에 따른 유언

유언자가 증인 2명이 참여한 공증인 면전에서 유언의 취지를 구수(口授)하고 공증인이 이를 필기낭독하여 유언자와 증인이 그 정확함을 승인한 후 각자 서명 또는 기명날인해야 한다. 다른 유언방식과는 달리 유언자 사망 후 유언장을 법원에 제출하여 존재를 입증하는 검인절차를 밟지 않아도 된다(민법 제1091조제2항).

유언의 검인이란 자필증서 유언, 녹음 유언, 비밀증서 유언의 경우에 유언자의 최종의사를 확실하게 보존하고 그 내용을 이해관계인이 확실히 알 수 있도록 법원이 유언방식에 관한 모든 사실을 조사한 후 이를 확정하는 것을 말한다(민법 제1091조)

라. 비밀증서에 따른 유언

유언자가 필자의 성명을 기입한 증서를 엄봉날인(嚴封捺印)하고 이를 2명 이상의 증인 면전에 제출하여 자기의 유언서임을 표시한 후 그 봉서표면에 제출 연월일을 기재하고 유언자와 증인이 각자 서명 또는 기명날인해야 한다. 비밀증서로 작성된 유언봉서는 그 표면에 기재된 날로부터 5일 내에 공증인 또는 법원서기에게 제출하여 그 봉인 상에 확정일자인을 받아야 한다(민법 제1069조).

마. 구수증서에 따른 유언

질병 그 밖에 급박한 사유로 인하여 다른 방식에 따라 유언할 수 없는 경우에 유언자가 2명 이상의 증인 참여로 그 1명에게 유언 취지를 구수하고 그 구수를 받은 사람이 이를 필기낭독하여 유언자의 증인이 그 정확함을 승인한 후 각자 서명 또는 기명날인하는 것을 말한다. 구수증서에 의한 유언을 한 경우에는 급박한 사유가 종료한 날로부터 7일 내에 그 증인 또는 이해관계인이 법원에 검인을 신청해야 한다(민법 제1070조).

3. 사인증여

사인증여는 증여자의 사망으로 인하여 효력이 생기는 증여다. 예를 들면 "내가 죽으면 A아파트는 손자에게 준다"라고 한다.

상증법에서는 증여자의 사망으로 인하여 효력이 생길 증여와 "상속개시일 전 10년 이내에 피상속인이 상속인에게 진 증여채무 및 상속개시일 전 5년 이내에 피상속인이 상속인이 아닌 자에게 진 증여채무의 이행 중에 증여자가 사망한 경우의 그 증여"를 사인증여[11]라고 규정하였다. 상증법에서는 사인증여로 재산을 취득한 자를 수유자라고 한다.

사인증여나 유증은 증여자 · 유증자의 사망으로 인하여 효력이 발생하고, 재산의 무상이전인 점은 같지만, 사인증여는 증여자와 수증자 사이의 계약이고 유증은 유언자의 단독행위라는 점에서 다르다.

사인증여는 증여자(재산을 주는 사람)와 수증자(재산을 받는 사람) 사이의 '계약'이다. 유증과 유사하여 유증에 관한 규정이 준용된다(민법 제562조).

사인증여는 수증자의 승낙의사를 요건으로 하는 낙성계약(諾成契約)이고, 특정방식을 요하지 않는 불요식 행위(不要式 行爲)다.

11. 상증법에서 유증등은 유증과 사망으로 인하여 효력이 발생하는 증여를 말한다(상증법 제12조)

제4절 상속개시의 원인과 시기

〈상속개시의 원인〉

구분	내용	근거 법률
자연사망	다수설에 의하면 생리적으로 호흡과 심장 고동이 영구적으로 정지하는 상태	민법 제997조
인정사망	수해, 화재, 폭발, 침몰 등 재난으로 인하여, 사망의 확증은 없지만 사망한 것이 거의 확실하다고 인정되는 경우 그것을 조사한 관공서가 통보한 사망보고서에 의하여 사망지의 시 · 읍 · 면의 장이 가족관계등록부에 사망으로 기재하여 사망한 것으로 추정하는 제도	가족관계의 등록 등에 관한 법률 제87조
실종선고	부재자의 생사가 분명하지 아니한 상태에서 사망의 개연성이 상당히 크지만 사망의 확증이 없는 경우 이해관계인이나 검사의 청구에 의해 가정법원이 내리는 선고	민법 제28조
부재선고	가족관계등록부에 군사분계선 이북지역 거주로 표시된 자(잔류자)에 한하여 가족이나 검사의 청구에 의하여 1개월 이상 공시최고를 거쳐 잔류자 등록기준지의 가정법원에서 부재선고를 한다. 부재선고시 민법상 상속 및 혼인 규정 적용시 실종선고로 간주 ⇨ 잔류자가 이북에 생존한 경우에도 사망자로 간주	부재선고에 관한 특별조치법 제4조
동시사망	2인 이상이 동일한 위난으로 사망한 경우 동시에 사망한 것으로 추정 ⇨ 사망자 상호간에는 상속이 개시되지 않음	민법 제30조

상속은 사망으로 인하여 개시된다(민법 제997조). 상속개시 원인은 사망이고 상속개시 시기는 사망한 때라는 뜻이다. 상속개시 원인에는 사망 외에 사망으로 간주되는 인정사망, 실종선고, 부재선고 등이 있다.

민법의 상속개시 시기는 상속인의 자격 · 범위 · 순위 · 능력을 결정하는 기준이 되고, 상속 및 유언의 효력 발생시기, 상속재산 및 유류분 산정 기준시점 등이 된다. 상증법에서도 상속개시시기(상속개시일)는 납세의무 성립여부, 상속세 신고기한, 재산평가 기준일, 국세 부과제척기간, 개정 법령의 시행시기 등에서 중요한 의미를 지닌다.

1. 자연사망

자연사망의 경우 상속개시 시점은 "사실상 사망한 때"이다. 사람의 사망 시점이 언제인가에 관하여는 맥박(심장)정지설 · 호흡정지설 · 뇌사설 등이 대립하고 있으나 다수설은 맥박정지설로 해석되고 있다.

사망시점은 보통 의사의 진단으로 확정된다. 자연인이 사망한 때에는 동거친족 등이 그 사망사실을 안 날로부터 1개월 안에 의사 진단서 등을 첨부하여 사망신고[12]를 하면, 담당 공무원은 사망

신고서에 첨부된 사망진단서, 사체검안서(사고사의 경우), 공무원이 작성한 사망증명서 등을 보고 망인의 '사망 연월일시분'을 가족관계등록부에 기재한다.

이처럼 공부에 기재된 "사망 연월일시분"은 "사망의 시점(상속개시의 시점)"으로 추정되어 상속세 부과에 중요한 근거로 활용된다.

2. 인정사망

사체가 발견되면 사망한 사실을 쉽게 확인할 수 있지만, 화재 · 수해, 폭발 등 재해 발생으로 사망하는 경우에는 사체가 발견되지 않아 진단서나 검안서를 작성할 수 없다. 수해, 화재나 그 밖의 재난으로 인하여 사망한 사람이 있는 경우에는 이를 조사한 관공서는 지체 없이 사망지의 시 · 읍 · 면의 장에게 통보하여야 한다(가족관계의 등록 등에 관한 법률 제87조). 다만, 외국에서 사망한 때에는 사망자 등록기준지의 시 · 읍 · 면의 장 또는 재외국민 가족관계등록사무소의 가족관계등록관에게 통보하여야 한다.

이 경우 경찰관 등 공무원의 사망보고서에 따라 시 · 읍 · 면의 장은 가족관계등록부에 사망사실을 기재하게 되는데 이것을 인정사망이라고 한다. 인정사망의 상속개시 시점은 사망보고서 · 가족관계등록부에 기록된 사망의 일 · 시이다. 다만, 인정사망은 사망을 추정하는 효력만을 가지고 있으므로 나중에 사체가 발견되어 '추정 사망시점'이 새롭게 나타난 경우에는 사망 신고를 다시 할 수 있는데, 이 경우 당초 기재된 인정사망 내용은 그 효력을 잃고 다시 신고한 '추정 사망시'가 '사망시'로 새롭게 추정된다.

인정사망 시점의 추정적 효력은 법률상 사망으로 의제되는 실종선고와는 다른 점이다.

3. 실종선고 및 부재선고

가. 실종선고

부재자의 생사불명 상태가 일정기간 계속되어 사망했을 것이라는 추측이 강한 경우 이해관계인(상속인, 배우자, 채권자, 법정대리인, 재산관리인등)이나 검사의 청구에 따라 가정법원이 행하는 선고다(민법 제27조)

민법상 실종선고에 따른 상속개시 시점은 실종기간이 만료한 때이다. 보통실종은 실종일(최후소식일)부터 5년, 특별실종은 위난발생일부터 1년이 경과해야 선고할 수 있다.

---

12. 가족관계의 등록 등에 관한 법률 제85조(사망신고의무자)
① 사망의 신고는 동거하는 친족이 하여야 한다.
② 친족 · 동거자 또는 사망 장소를 관리하는 사람, 사망 장소의 동장 또는 통 · 이장도 사망의 신고를 할 수 있다.

부재자(예: 행방불명, 생사불명 등)의 생사가 5년 동안 분명하지 아니하거나(이하 "보통실종"), 전쟁터에 임한 자, 침몰한 선박 중에 있던 자, 추락한 항공기 중에 있던 자, 기타 위난을 당한 자의 생사가 전쟁 종지 후 또는 위난 종료 후 1년간 분명하지 아니한 경우(이하 "특별실종")에는 친족·이해관계인의 청구에 따라 가정법원이 실종선고를 한다.

부재자란 종래의 주소나 거소를 떠나서 당분간 돌아올 가망이 없어서 주소나 거소에 있던 그의 재산이 관리되지 못하고 방치되어 있는 자로서 이러한 부재자의 생사불명 상태가 장기에 걸쳐 계속되는 경우 부재자 법률관계의 불확정으로 인한 문제가 발생한다. 이를 해소하기 위하여 일정 조건하에 법원이 실종선고를 함으로써 일정 시기에 사망과 동일한 법률효과를 발생시키는 것이 실종선고이다.

부재자의 경우 실종기간 만료일(그날의 24:00)에 사망한 것으로 간주되고 그때 상속이 개시된다. 실종자가 생존하고 있는 경우 또는 사망시기가 서로 다른 경우에도 반대증거 제시로 실종선고를 번복할 수 없고, 반드시 법원에서 실종선고 취소 심판을 받아야 한다는 점에서 인정사망과 차이가 있다.

민법에서는 상속개시시기를 실종기간 종료일로 보지만, 상증법에서는 상속개시일이 법원의 실종선고일이다.

나. 부재선고

가족관계등록부에 군사분계선 이북지역 거주자로 표시된 잔류자에 대해서는 가족 · 검사의 청구에 따라 잔류자의 등록기준지 관할 가정법원이 부재선고를 할 수 있다. 이 경우 선고를 받은 사람은 가족관계등록부를 폐쇄하고, 상속 · 혼인에 관하여는 실종선고를 받은 것으로 본다(부재선고에 관한 특별조치법 제4조). 부재기간이 따로 없기 때문에 부재선고 심판이 확정된 때를 사망시기로 본다고 해석한다.

4. 동시사망

2인 이상이 동일한 위난으로 사망한 경우 그들은 동시에 사망한 것으로 추정한다(민법 제30조). 지진 · 홍수 등과 같이 동일한 사고로 여러 사람이 사망한 경우 각 사람의 사망시점이 불분명하고 서로 달라 상속개시의 시점이 문제가 될 수 있다. 민법에서는 동시에 사망한 것으로 추정하고 있는데, 추정 규정이므로 사망일시가 명백하면 번복될 수 있다.

동시사망을 세밀하게 살펴보면 엄격한 의미의 동시사망은 아니겠지만, 사망 선후를 입증할 수 없는 경우 동시에 사망했다고 다루는 것이 결과에서 가장 공평하고 합리적이라는 데에 입법 취지가 있다(대법원99다13157, 2001.3.9.).

동시사망의 경우에도 대습상속은 적용된다. 상속인이 될 직계비속이나 형제자매(피대습자)

의 직계비속 또는 배우자(대습자)는 피대습자가 상속개시 전에 사망한 경우에는 대습상속을 하고, 피대습자가 상속개시 후에 사망한 경우에는 피대습자를 거쳐 피상속인의 재산을 본위상속을 하므로 두 경우 모두 상속을 하는데, 만일 피대습자가 피상속인의 사망, 즉 상속개시와 동시에 사망한 것으로 추정되는 경우에만 그 직계비속 또는 배우자가 본위상속과 대습상속의 어느 쪽도 하지 못하게 된다면 동시사망 추정 이외의 경우에 비하여 현저히 불공평하고 불합리하다고 할 것이고, 이는 앞서 본 대습상속제도 및 동시사망 추정규정의 입법 취지에도 반하는 것이므로, 민법 제1001조의 "상속인이 될 직계비속이 상속개시 전에 사망한 경우"에는 "상속인이 될 직계비속이 상속개시와 동시에 사망한 것으로 추정되는 경우"도 포함한다(대법원99다13157, 2001.3.9.). 예를 들어 할아버지와 아버지가 동일한 사고로 사망한 경우 아버지는 할아버지의 재산을 상속받을 수 없지만 그 손자는 아버지를 대습하여 할아버지의 재산을 상속받을 수 있다.

5. 상속개시의 시기

상속개시 시기는 상속개시의 원인이 발생한 때이다. 즉, 피상속인이 사망한 순간이 상속개시 시기이며, 사망과 동시에 상속이 개시되므로 상속인이 이를 알았는지에 관계없이 상속이 개시된다.

그러나 상속인이 이를 모르고 있는 사이에 시효가 진행되어 상속회복청구권 등이 소멸된다면 불합리하여 민법에서는 기간의 계산에 관하여 상속인이 '상속의 침해'를 안 날 또는 '유증한 사실'을 안 날부터 기간을 계산하도록 특칙을 두고 있다(민법 제999조 · 제1117조).

구분	상속개시의 시기
사망일	실제로 사망한 사실이 발생한 시점. 보통 의사의 사망진단서 또는 검안서에 의거 가족관계등록부에 기재된 사망 연 · 월 · 일 · 시 · 분(다만, 등록부 기재내용은 추정적 효력만 있어 번복 가능)
인정사망	관공서의 사망보고서에 의하여 가족관계등록부에 기재된 사망 연 · 월 · 일 · 시 · 분 (단, 등록부 기재내용은 추정적 효력만 있어 번복 가능)
실종선고	실종기간 만료일(상증법은 실종선고일)
동시사망	2인 이상이 동일한 위난으로 사망한 사실은 확인되었으나, 사망시점의 선후가 불분명한 경우 사망일자가 같은 것으로 추정(민법 제30조)

6. 가족관계등록부의 기재내용

사망일자 등 가족관계등록부 등의 기록사항에 관하여 발급할 수 있는 증명서 종류와 그 기록사항은 아래와 같이 5가지가 있다. (가족관계의 등록 등에 관한 법률 제15조)

가. 가족관계증명서[13]

1) 본인의 등록기준지 · 성명 · 성별 · 본 · 출생연월일 및 주민등록번호

2) 부모의 성명 · 성별 · 본 · 출생연월일 및 주민등록번호(입양의 경우 양부모를 부모로 기록한다. 다만, 단독입양한 양부가 친생모와 혼인관계에 있는 때는 양부와 친생모를, 단독입양한 양모가 친생부와 혼인관계에 있는 때는 양모와 친생부를 각각 부모로 기록)

3) 배우자, 현재 혼인 중의 자녀 성명 · 성별 · 본 · 출생연월일 및 주민등록번호

나. 기본증명서

1) 본인 등록기준지 · 성명 · 성별 · 본 · 출생연월일 및 주민등록번호

2) 본인 출생, 사망, 국적상실에 관한 사항

다. 혼인관계증명서

1) 본인 등록기준지 · 성명 · 성별 · 본 · 출생연월일 및 주민등록번호

2) 배우자 성명 · 성별 · 본 · 출생연월일 및 주민등록번호

3) 현재 혼인에 관한 사항

라. 입양관계증명서

1) 본인 등록기준지 · 성명 · 성별 · 본 · 출생연월일 및 주민등록번호

2) 친생부모 · 양부모 또는 양자 성명 · 성별 · 본 · 출생연월일 및 주민등록번호

3) 현재 입양에 관한 사항

마. 친양자입양관계증명서

1) 본인 등록기준지 · 성명 · 성별 · 본 · 출생연월일 및 주민등록번호

2) 친생부모 · 양부모 또는 친양자 성명 · 성별 · 본 · 출생연월일 및 주민등록번호

3) 현재의 친양자 입양에 관한 사항

---

13. 자녀의 가족관계증명서로는 부모의 이혼 사실을 알 수 없다. 이혼여부에 따라 증여세 과세가액 계산시 증여재산가산액이 달라질 수 있다.

제5절 상속분과 재산분할

〈상속인의 순위〉

1순위	직계비속과 배우자	
2순위	직계존속과 배우자	1순위가 없는 경우
3순위	형제자매	1, 2순위가 없는 경우
4순위	4촌 이내의 방계혈족	1, 2, 3순위가 없는 경우

직계비속이 촌수가 다르면 촌수가 가까운 직계비속이 먼저 상속인이 된다. 피상속인의 배우자는 직계비속과 같은 순위의 공동상속인이 되고, 직계비속이 없으면 직계존속과 같은 순위로 공동상속인이 된다. 직계비속과 직계존속이 없는 때에는 단독상속인이 된다.

상속분이란 상속재산 전체에 대하여 수인의 공동상속인이 각각 승계할 관념적 · 분량적인 몫의 비율을 말한다. 상속분은 상속재산의 1/2, 1/3과 같이 상속재산의 전체 가액에 대한 계수적 비율로 표시된다.

민법상 상속분은 피상속인의 의사에 따라 정해지는 지정상속분과 법률 규정에 따라 정해지는 법정상속분으로 구분하고 있다.

1. 상속분

가. 지정상속분

피상속인은 유언에 의하여 공동상속인의 상속분을 지정할 수 있다. 유언에 따라 피상속인은 법정상속분에 우선하여 유증받은 자로 하여금 상속재산을 취득하게 할 수 있는 것이다.

민법에서는 유류분제도를 두고 있다. 유류분제도는 법정상속인의 상속권을 보장하고 상속인간의 공평을 기하기 위함인데, 피상속인의 유언으로 수인의 상속인 중 특정인에게만 상속재산 전부를 상속하게 하는 경우 유증을 받지 못한 상속인이라도 최소한도로 받을 수 있는 상속분을 보호해주는 제도이다.

나. 법정상속분

피상속인이 공동상속인의 상속분을 지정하지 아니한 경우에는 민법에서 규정한 법정상속분에 따라 상속재산을 분할하게 된다.

법정상속분은 피상속인의 상속분에 대한 지정이 없는 경우 민법 규정에 따라 결정되는 상속분을 말한다. 상속 순위를 법률로 규정함으로써 피상속인이 사망하여 상속이 이루어지는 경우

발생할 수 있는 상속 순위에 관한 법률적 분쟁을 사전에 예방하고자 혈족상속 원칙을 입법한 것이다(헌재2007헌마1424, 2009.11.26.).

상속분이란 상속재산 전체에 대하여 수인의 공동상속인이 각각 승계할 관념적 · 분량적인 몫의 비율(계수적 비율)을 말한다.

같은 순위의 상속인이 여러 명이면 그 상속분은 동일하다.

피상속인의 배우자 상속분은 직계비속과 공동으로 상속하는 때는 직계비속 상속분에 5할을 가산하고, 직계존속과 공동으로 상속하는 때에는 직계존속 상속분에 5할을 가산한다.

1) 상속의 순위

민법에서는 상속이 개시된 경우 피상속인의 유산은 직계비속 · 직계존속 · 배우자 · 형제자매 · 4촌 이내의 방계혈족에게 상속한다.

상속에 있어서는 다음의 순위로 상속인이 된다(민법 제1000조 · 제1003조)[14].

〈상속인의 순위〉

1순위	직계비속과 배우자	항상 상속인이 된다
2순위	직계존속과 배우자	1순위가 없는 경우에 상속인이 된다
3순위	형제자매	1, 2순위가 없는 경우에 상속인이 된다
4순위	4촌 이내의 방계혈족	1, 2, 3순위가 없는 경우에 상속인이 된다

피상속인의 배우자는 직계비속과 같은 순위로 공동상속인이 되고, 직계비속이 없으면 직계존속과 같은 순위로 공동상속인이 된다. 직계비속과 직계존속이 없는 때에는 단독 상속인이 된다. 정확히 말하면 배우자는 민법 제1000조에서 규정한 3순위 상속인은 아니지만, 1·2순위가 없으면 단독상속인이므로 3순위라고 볼 수 있다.

가) 제1순위: 직계비속

1순위 상속인은 직계비속이다. 자연혈족 · 법정혈족, 기혼·미혼, 남·여, 장남·차남, 동거 · 별거 등을 구분하지 않는다.

직계비속이 여러 명 있는 경우 촌수가 같으면 그 직계비속들은 같은 순위의 상속인이 되고,

---

14. 민법 제1000조(상속의 순위) ①상속에 있어서는 다음 순위로 상속인이 된다.
1. 피상속인의 직계비속 2. 피상속인의 직계존속 3. 피상속인의 형제자매 4. 피상속인의 4촌 이내의 방계혈족
민법 제1003조(배우자의 상속순위) ①피상속인의 배우자는 제1000조제1항제1호와 제2호의 규정에 의한 상속인이 있는 경우에는 그 상속인과 동순위로 공동상속인이 되고 그 상속인이 없는 때에는 단독상속인이 된다.

촌수가 다르면 촌수가 가까운 직계비속이 먼저 상속인이 된다. 예를 들어 피상속인 사망시 아들과 손자가 있다면 촌수가 더 가까운 아들이 상속인이 된다.

상속개시 전에 상속인이 될 직계비속이 사망한 경우에는 그 사망자의 직계비속과 배우자가 사망자의 상속분을 대습상속하고, 이 역시 직계비속의 촌수가 다르면 가까운 직계비속이 대습상속인이 되고, 동 순위 대습상속인이 수인일 때에는 공동상속하며, 직계비속 모두가 사망한 경우에는 사망자의 배우자가 단독으로 대습상속한다.

직계비속에는 법정혈족, 인지된 혼인 외 출생자도 포함하며, 상속순위에 있어서는 혼인 중 출생자 · 인지된 혼인 외 출생자, 남자 · 여자, 기혼 · 미혼, 동거 · 별거, 장남 · 차남, 기혼 · 미혼 등에 따라 순위 차이가 발생하지 않는다.

법정혈족은 양자, 친양자로 구분할 수 있고, 양자는 친가와 양가의 상속권을, 친양자는 양가의 상속권만을 가진다. 민법은 혈족상속이 원칙이다.

계모자 사이의 상속권에 대해 헌재는 "현행 민법상 계모자관계는 혈족관계가 아닌 인척관계에 불과하고, 대다수 외국의 법제도에서도 인척에게 상속권을 인정하는 경우는 찾아보기 어려우며, 당사자가 법적인 모자관계를 원한다면 입양신고를 함으로써 친생자관계와 똑같은 효과를 얻을 수도 있고, 계모와 계자 상호간에 재산의 이전을 원한다면 증여나 유증 등에 의하여 상속에 준하는 효과를 얻을 수 있으며, 사망한 계모에게 상속인이 없는 경우에는 계자가 특별연고자에 대한 분여 청구를 통하여 계모의 재산을 분여받을 수도 있다"(헌재2007헌마1424, 2009.11.26.)라고 보았다.

상속개시 당시 태아가 있는 경우에는 태아도 상속 순위에 관하여는 출생한 것으로 본다.

(문) 피상속인의 직계비속으로 자녀 2인과 손자 1인이 있는 경우 법정상속인은?

(답) 자녀 2인(공동상속인), 촌수가 다른 직계비속이 여러 명인 때는 촌수가 가장 가까운 직계비속이 상속인이다.

(문) 피상속인의 직계비속으로 결혼한 딸, 미국 국적이 있는 아들이 있는 경우 법정상속인은?

(답) 자녀 2인(공동상속인), 결혼 여부와 국적 여부와 관계없이 직계비속은 상속인이다.

쟁점

계모자관계의 재산이전 방법

계모자관계는 혈족관계가 아닌 인척관계이고, 당사자가 법적인 모자관계를 원한다면 입양신고를 함으로써 친생자관계와 똑같은 효과를 얻을 수 있고, 계모와 계자 상호간에 재산 이전을 원한다면 증여나 유증 등에 의하여 상속에 준하는 효과를 얻을 수 있으며, 사망한 계모에게 상속인이 없는 경우에는 계자가 특별연고자에 대한 분여청구를 통하여 계모의 재산을 분여받을 수 있다(헌재2007헌마1424, 2009.11.26.)

쟁점

태아의 권리능력

태아의 권리능력에 대해서는 상증법에서는 별다른 규정이 없고, 학설상으로는 2가지 이론, 정지조건설과 해제조건설이 있다. 정지조건설은 태아로 있을 때는 권리능력이 없고 태어나면 권리능력이 생기는 것이고, 해제조건설은 태아로 있을 때도 권리능력이 있다.

예를 들면, 자가 사망했는데 상속인이 모, 임신중인 배우자가 있는 경우, 정지조건설은 사망 당시 상속인은 모와 배우자가 되는 거고, 해제조건설은 사망 당시 상속인은 배우자와 태아가 된다.

민법 제1000조제3항에서는 "태아는 상속순위에 관하여는 이미 출생한 것으로 본다"라고 규정하고 있다. 정지조건설이나 해제조건설이나 태어나면 권리능력이 있는 거고, 사산하면 권리능력이 없어 권리능력을 가지는 시점의 문제이지 결론은 같아 보인다.

상증법에서는 태아와 관련하여 국세청 해석이 있는데 "상속공제 중 그 밖의 인적공제"와 관련 있다. 상속개시 당시 태아인 경우 자녀공제나 미성년자 공제가 가능하느냐가 관건인데, 국세청 해석상으로는 상속개시 당시 자연인이 아니기 때문에 공제대상으로 보지 않는다.

태아는 자녀공제 및 미성년자 공제의 적용대상이 되지 아니함(재삼01254-2470, 1992.9.30.)

태아가 상속공제(그 밖이 인적공제)가 가능하다는 심판례(조심2020부8164, 2022.1.26.)도 있다. 심판례 이후 2가지 해석이 필요하다. '기존 국세청 해석을 유지할 것인지'와 '국세청 해석을 바꿀 경우 태아 사산시 국세청이 (경정)결정할 수 있는지'이다.

한편, 상속으로 인한 납세의무 승계(국기법)와 관련해서는 정지조건설 입장을 취한다.

국기법 기본통칙 24-0…4【태아】태아에게 상속이 된 경우에는 그 태아가 출생한 때에 상속으로 인한 납세의무가 승계된다.

참고로 태아를 낙태한 것은 상속결격 사유에 해당한다(대법원92다2127, 1992.5.22.).

나) 제2순위: 직계존속

제1순위의 직계비속이 없을 때는 제2순위 직계존속이 상속인이 된다. 직계존속이 여러 명인 경우 그 직계존속 촌수가 같으면 같은 순위의 상속인이 되고 촌수가 다르면 최근친이 먼저 상속인이 된다.

직계존속에는 부계, 모계 또는 양가, 생가를 불문하므로 양자가 사망한 경우 친생부모와 양부모가 동순위 상속인이 된다. 다만, 친양자 제도 도입[15]으로 친생부모와의 친족관계가 완전히 단절된 친양자가 사망한 경우에는 친생부모는 상속인이 될 수 없다.

직계존속에 대해서는 대습상속이 인정되지 아니한다.

15. 2008.1.1. 이후 시행

(문) 피상속인의 직계존속으로 부와 조모가 있는 경우 법정상속인은?

(답) 부, 촌수가 다른 직계존속이 여러 명이면 촌수가 가장 가까운 직계존속이 상속인이다.

다) 제3순위: 형제자매

피상속인의 직계비속, 직계존속, 배우자가 없을 때는 형제자매가 상속인이 된다. 형제자매는 남녀의 차별, 기혼 · 미혼의 차별, 자연혈족과 법정혈족의 차별, 동복(같은 어머니에게서 태어난 형제)과 이복(아버지는 같고 어머니는 다른 형제)의 차별을 묻지 않으며, 형제자매의 수가 여러 명인 때는 같은 순위로 상속인이 된다.

형제자매의 직계비속에게는 대습상속을 인정한다. 상속개시 당시 형제자매가 사망하거나 결격으로 상속할 수 없게 되면 그의 직계비속(예: 조카, 질녀)과 배우자가 사망자를 대신하여 대습상속한다.

라) 제4순위: 4촌 이내의 방계혈족

피상속인의 직계비속, 직계존속, 배우자 및 형제자매가 없는 경우에만 상속인이 된다. 방계혈족은 자기의 형제자매와 그 형제자매의 직계비속이나 직계존속의 형제자매와 그 형제자매의 직계비속을 말한다. 3촌 이내 방계혈족에는 백부, 숙부, 고모, 외숙부와 이모 및 조카가 있고, 4촌이 되는 방계혈족에는 종형제자매, 고종형제자매, 외종형제자매, 이종형제자매 등이 있다.

(문1) 상속인이 자녀 1인과 배우자인 경우 법정상속분은?

(답1) 자녀 1, 배우자 1.5 (분수로 나타내면 자녀 2/5, 배우자 3/5)

(문2) 상속인이 자녀 2인과 배우자인 경우 법정상속분은?

(답2) 자녀 각각 1 배우자 1.5 (분수로 나타내면 자녀 각각 2/7, 배우자 3/7)

(문3) 상속인이 부모와 배우자인 경우 법정상속분은?

(답3) 부모 각각 1 배우자 1.5 (분수로 나타내면 부모 각각 2/7, 배우자 3/7)

마) 배우자

피상속인의 배우자는 직계비속과 같은 순위로 공동상속인이 되고, 직계비속이 없는 경우에는 직계존속과 같은 순위로 공동상속인이 된다. 1 · 2순위인 직계비속과 직계존속인 상속인이 없는 때에는 단독상속인이 된다(민법 제1003조). 정확히 말하면 배우자는 민법 제1000조에서 규정한 3순위 상속인은 아니지만, 1 · 2순위가 없으면 단독상속인이므로 3순위라고 볼 수 있다.

배우자란 혼인신고를 한 법률상 배우자를 말하므로 사실혼 배우자는 상속권이 인정되지 아니한다. 우리나라는 법률혼주의를 채택하고 있고, 이는 혼인신고를 한 자에 대하여만 혼인으로 인한 법적 효과를 귀속시키겠다는 의미이므로, 법률이 특별히 '사실혼 배우자'라고 규정하지 아니하고 단순히 '배우자'라고만 규정한 경우에는 법률혼 배우자만을 의미한다고 해석한다. 사실혼 부부에 대하여 획일적으로 법률이 정한 상속권을 인정하게 되면 경우에 따라 당사자들의 의사에 반하게 될 수 있고, 사실혼관계인지 여부는 공시가 이루어지지 않아 당사자 외에는 쉽게 알 수 없으므로, 이에 관하여 다툼이 생겨 상속을 둘러싼 법적 분쟁이 발생할 가능성이 매우 높다. 또한 사실혼 배우자는 혼인신고를 함으로써 상속권을 가질 수 있고, 증여나 유증을 받는 방법으로 상속에 준하는 효과를 얻을 수 있으며, 피상속인 명의의 재산을 취득함에 있어 대가를 부담한 경우에는 소유권 또는 공유지분을 주장할 수 있다. 이러한 사정들을 종합하여 볼 때, 민법 제1000조 규정이 사실혼 배우자인 청구인의 상속권을 침해한다고 할 수 없다(헌재2013헌바119, 2014.8.28.).

그리고 상속개시 전에 상속인이 될 자가 사망 또는 결격된 자인 경우에는 그의 배우자가 사망 또는 결격된 자의 직계비속과 같은 순위로 대습상속인이 되고, 그의 직계비속이 없는 때에는 배우자가 단독으로 대습상속인이 된다.

(문1) 피상속인에게 배우자, 자녀, 부모가 있는 경우 법정상속인은?

(답1) 자녀와 배우자, 직계비속과 직계존속이 있는 경우 직계비속이 상속인이다.

(문2) 피상속인에게 배우자, 부모, 조부모가 있는 경우 법정상속인은?

(답2) 부모와 배우자, 촌수가 가장 가까운 직계존속이 상속인이다.

〈상속분 연혁〉

(1959년 이전) 호주상속과 유산상속으로 구분되며 호주 사망시 장남이 호주상속과 유산을 단독승계

(1960년 ~ 1978년) 남자는 균등상속, 호주상속인은 5할 가산,
여자는 남자의 1/2, 동일가적내에 없는 여자는 남자의 1/4

(1979년 ~ 1990년) 남녀 균등상속, 호주상속인은 5할 가산
동일가적내에 없는 여자는 남자의 1/4

(1991년 이후) 남녀 균등상속

다. 특별수익자의 상속분

공동상속인 중에 "피상속인으로부터 재산의 증여 또는 유증을 받은 자(특별수익자)"가 있는 경우에 그 수증재산이 자기의 상속분에 달하지 못한 때에는 그 부족한 부분의 한도에서 상속분이 있다(민법 제1008조).

특별수익자가 상속재산의 분할에 다시 참가한다면 생전 증여분(또는 유증)과 사후의 재산 분할로 2중의 이익을 얻으므로 상속인들 사이의 공평을 기하기 위하여 특별수익자의 수증재산이 자기의 상속분에 달하지 못한 때에 부족한 부분 한도에 상속분이 있도록 규정하고, 수증재산이 상속분을 초과하는 경우에는 그 초과부분을 반환하도록 하고 있다.

(문) 피상속인의 상속재산은 2억이고, a에게 생전에 4천만원을 증여한 경우 자녀 a와 b의 상속분은? (답) a는 1억 2천만원, b는 8천만원([(2억원+4천만원)/2 - 4천만원))

라. 대습상속분

상속인이 될 직계비속 또는 형제자매가 상속개시 전에 사망하거나 결격[16]자가 된 경우 사망하거나 결격된 자의 그 직계비속과 배우자가 사망하거나 결격된 자의 순위에 갈음하여 상속인이 된다(민법 제1001조, 제1003조).

또한, 사망하거나 결격된 자에 갈음하여 상속인이 된 자(대습상속인)의 상속분은 피대습 상속인의 상속분에 따른다. 이 경우 피대습 상속인의 직계비속이 여러 명인 때에 그 상속분은 피대습 상속인의 상속분 한도에서 법정상속분에 따라 정한다(민법 제1009조, 제1010조).[17]

(문) 피상속인은 '자 A의 배우자와 자'와 자 B가 있는 경우 상속인과 법정상속분은? (자녀 A는 피상속인 사망 전에 사망함) (답) 자 A의 배우자 3/10와 자 A의 자 2/10', 자 B 5/10, 자 A와 자 B가 1/2, 1/2이므로 1/2지분에 대해 자 A 배우자와 자가 3/5, 2/5로 상속받는다.

16. 중대한 부양의무 위반 등의 경우 피상속인이나 법정상속인의 청구에 따라 가정법원이 상속권상실여부를 결정할 수 있는 제도가 국회 발의된 상태이다(민법 제1004조의2 신설. 법무부 보도자료(2021.1.7.) 민법 개정(안)(2021.6.18. 의안정보시스템)). 언론에서는 '구하라법'이라고 부르고, 이 안에는 상속권상실시 대습상속할 수 없다는 내용이 포함되어 있다.

17. 재혼자녀의 대습상속여부에 대해 법원은 인정하지 않았다. 피대습자(사망자)의 배우자가 대습상속 개시 전에 사망한 경우 그 배우자에게 다시 피대습자 지위가 인정될 수 없다(대법원98다64318, 1999.7.9.).

마. 기여분

기여자는 공동상속인 중에 상당한 기간 동거 · 간호 그 밖의 방법으로 피상속인을 특별히 부양하거나 피상속인의 재산 유지 또는 증가에 특별히 기여한 자를 말한다. 기여분을 인정하기 위해서는 공동상속인 간의 공평을 위하여 상속분을 조정하여야 할 필요가 있을 만큼 피상속인을 특별히 부양하였다거나 피상속인의 상속재산 유지 또는 증가에 특별히 기여하였다는 사실이 인정되어야 한다(대법원2012스156, 2014.11.25.)

기여분은 공동상속인의 협의에 따라 결정되나, 공동상속인이 기여분에 관하여 협의가 되지 아니하거나 협의할 수 없는 때 가정법원은 기여자의 청구에 따라 기여분을 결정하게 된다. 다만, 기여분은 상속이 개시된 때의 피상속인의 재산가액에서 유증의 가액을 공제한 가액을 넘지 못한다. 이러한 제한을 두는 이유는 기여분보다는 유증을 우선시하기 위한 것이다.

따라서 기여자의 상속분은 상속개시 당시의 피상속인의 재산가액에서 기여자의 기여분을 공제한 것을 상속재산으로 보고 산정한 법정(대습)상속분에 기여분을 가산하여 계산한다(민법 제1008조의2).

또, 유류분과 기여분은 같이 청구할 수 없다. 유류분 제도와 기여분 제도는 취지가 달라, 유류분을 산정함에 있어 기여분을 공제할 수 없고, 기여분으로 유류분에 부족이 생겼다고 하여 기여분에 대하여 반환을 청구할 수 없다(대법원2013다60753, 2015.10.29.).

바. 특별연고자의 재산분여

상속인의 존부가 분명하지 아니한 때는 법원은 피상속인의 친족 기타 이해관계인 또는 검사의 청구에 의하여 상속재산관리인을 선임하고 지체없이 이를 공고(민법 제1053, 상속인 없는 재산의 관리인 선임공고)하여야 한다.

상속인 없는 재산의 관리인 선임공고가 있은 날로부터 3개월 내에 상속인의 존부를 알 수 없는 때에는 관리인은 지체없이 일반상속채권자와 유증 받은 자에 대하여 일정한 기간(2개월 이상) 내에 그 채권 또는 수증을 신고할 것을 공고하여야 한다(민법 제1056조, 상속인 없는 재산의 청산공고).

상속인 없는 재산의 청산공고 기간이 경과하여도 상속인의 존부를 알 수 없으면 법원은 관리인의 청구에 의하여 상속인이 있으면 일정한 기간(1년 이상) 내 그 권리를 주장할 것을 공고하여야 한다(민법 제1057조, 상속인 수색의 공고).

이처럼 상속인 수색공고 기간 내에 상속권을 주장하는 자가 없는 때에는 가정법원은 피상속인과 특별한 연고가 있던 자의 청구에 의하여 상속재산의 전부 또는 일부를 분여할 수 있다. 재산분여 청구는 상속인 수색공고 기간이 만료후 2개월 이내에 하여야 한다(민법 제1057조의2).

피상속인과 특별한 연고가 있는 자는 아래와 같다.

1) 피상속인과 생계를 같이하고 있는 자
2) 피상속인을 요양간호한 자
3) 기타 피상속인과 특별한 연고가 있는 자(사실혼관계 배우자, 사실상 양자, 장기간 피상속인의 요양간호 종사자)

상증법에서는 특별연고자를 상속세 납부의무자인 상속인에 포함하고 있다.

사. 국가

상속인 수색공고를 하여도 법률상 상속인이 없고, 상속인 수색공고기간 만료 후 2월 이내 특별연고자의 재산분여를 청구하는 자가 없는 때에는 상속인 부존재 상속재산으로서 국가에 귀속된다(민법 제1058조).

"국가에 귀속하는 상속재산 이전에 관한 법률" 제1조와 민법 제1058조제1항에 따라 국가에 귀속하는 상속재산 관리인은 피상속인의 주소지를 관할하는 세무서장에게 지체없이 그 상속재산 관리를 이전하여야 한다.

2. 재산분할

가. 협의분할

유언에 따른 상속의 경우를 제외하고는 공동상속인은 언제든지 협의에 의하여 상속재산을 분할할 수 있으며 협의에는 공동상속인 전원이 참가하여야 한다. 상속재산의 분할은 상속 개시된 때에 소급하여 그 효력이 있다(민법 제1013조).

금전채권 · 채무와 같이 가분채권(可分債權)과 가분채무(可分債務)는 상속개시와 동시에 법정상속분에 따라 공동상속인에게 분할되어 승계되므로 분할의 대상이 아니다. 하지만 특별한 사정(공동상속인 중 초과특별수익자)이 있는 때에는 예외적 재산분할의 대상이 될 수 있다(대법2014스122, 2016.5.4.). 가분채권은 채권의 성질을 볼 때 다수의 채권자에게 나누어서 변제할 수 있는 채권을 말하고, 가분채무는 채무의 성질이 다수의 채무자에게 일정 부분만큼의 이행을 청구할 수 있는 채무를 말한다.

국세청은 가분채무와 관련해서, 상속개시 후 최초로 공동상속인간에 상속채무를 협의분할할 때, 상속인 중 1인이 그가 상속받은 재산가액을 초과하는 채무를 인수함으로써 다른 상속인(이하 "수증상속인"이라 함)이 얻은 이익에 대하여는 상증법 제36조에 따라 증여세 과세대상에 해당하고, 피상속인의 적극재산 가액이 소극재산 가액보다 적은 경우에는 수증상속인이 얻은 이익은 수증상속인이 받은 순재산가액을 한도로 하여 채무면제이익을 산정하며, 상속인이 아닌 자가 상속채무를 승계하여 부담함에 따라 다른 상속인에게 채무면제이익이 발생한다면 같은 조에 따라 증여세가 과세된다고 보았다(서면2014법령해석재산-20602, 2015.7.22.).

나. 심판분할

'상속재산의 심판분할'이란 공동상속인 사이에 분할의 협의가 이루어지지 않은 경우에 가정법원에 청구하는 분할방법을 말한다(민법 제1013조). 상속재산의 심판분할을 위해 반드시 조정을 거쳐야 하며(가사소송법 제50조), 조정이 성립하지 않은 경우에만 가정법원의 심판분할절차가 진행된다(민사조정법 제36조).

상속재산의 심판분할은 상속인 중 한 사람 또는 여러 사람이 나머지 상속인 전원을 상대방으로 하여 청구해야 한다.

다. 분할의 효과

상속재산 분할은 상속개시된 때까지 소급하여 그 효력이 있다. 그러나 제3자의 권리를 해하지 못한다(민법 제1015조).

상증법에서는 상속개시 후 상속재산에 대하여 등기 · 등록 · 명의개서 등에 따라 각 상속인의 상속분이 확정되어 등기 등이 된 후 그 상속재산에 대하여 공동상속인 사이의 협의에 따른 분할로 특정 상속인이 당초 상속분을 초과하여 취득하는 재산가액은 해당 분할에 의해 상속분이 감소된 상속인으로부터 증여받은 것으로 본다(제2편의 제1장 제2절 증여세 과세대상 참고).

3. 유류분 제도

개인이 소유하고 있는 재산을 생전에 처분할 수도 있고, 사후에도 유언에 따라 자유롭게 처분할 수 있다. 그러나 피상속인의 재산으로 생활을 영위하고 있던 근친의 생활을 보장하여야 할 뿐만 아니라 피상속인 재산 중에 근친자의 잠재적 지분도 포함되었다고 본다면 상속인의 물적 생활기반을 희생시키면서까지 타인에게 증여 또는 유증하려는 피상속인의 자의(恣意)로부터 상속인을 보호하기 위한 장치가 필요할 것이다.

유류분 제도는 피상속인의 재산처분 자유에 일정한 비율의 제한을 가하여 그 비율액 만큼 상속인에게 승계될 수 있도록 보장하는 제도로 유류분은 피상속인의 증여나 유증에 의해서도 침해되지 않는 상속재산의 일정부분을 말한다.

피상속인이 유류분을 침해하는 유증이나 증여를 하는 경우 그 유류분 권리자는 침해당한 유류분에 대해 반환을 청구할 수 있다. 유류분 권리자는 피상속인의 직계비속 · 배우자 · 직계존속 및 형제자매이며, 태아도 살아서 출생한다면 직계비속으로서 유류분을 갖는다.

유류분 비율은 다음과 같다(민법 제1112조).

① 피상속인의 배우자 또는 직계비속: 법정상속분의 2분의 1
② 피상속인의 직계존속 또는 형제자매[18]: 법정상속분의 3분의 1

유류분의 산정(민법 제1113조 등)은 피상속인의 상속개시 재산가액에 증여재산가액을 가산한다. 증여재산가액은 상속개시전의 1년간의 증여액이나, 당사자쌍방이 유류분권리자에 손해를 가할 것을 알고 증여하였거나, 공동상속인이 증여받은 것(특별수익분)은 1년 이전의 것도 포함한다.

유류분 부족액은 아래와 같이 계산한다(수원지법2017가합408489, 2020.1.10.)

유류분 부족액=〔유류분 산정의 기초가 되는 재산액(A)×당해 유류분권리자의 유류분 비율(B)〕- 당해 유류권자의 특별수익액(C) - 당해 유류분권자의 순상속분액(D)

A=적극적 상속재산가액+증여액 - 상속채무액

B=피상속인의 직계비속과 배우자는 그 법정상속분의 1/2

C=당해 유류분권자의 수증액+수유액

D=당해 유류분권자가 상속으로 얻은 재산액 - 상속채무 부담액

유류분 반환의무자는 통상적으로 증여 또는 유증대상 재산 그 자체를 반환하면 될 것이나 원물반환이 불가능한 경우에는 그 가액 상당액을 반환할 수밖에 없으며, 유류분 반환범위는 상속개시 당시 피상속인의 순재산과 문제된 증여재산을 합한 재산을 평가하여 그 재산액에 유류분청구권자의 유류분비율을 곱하여 얻은 유류분을 기준으로 하는 것인바, 유류분을 산정함에 있어 반환의무자가 증여받은 재산의 시가는 상속개시 당시를 기준으로 산정하여야 하고, 해당 반환의무자에 대하여 반환하여야 할 재산 범위를 확정한 다음 그 원물반환이 불가능하여 가액반환을 명하는 경우에는 그 가액은 사실심 변론종결시를 기준으로 산정하여야 한다(대법원2004다51887, 2005.6.23.).

유류분 반환시 증여세등이 발생할 수 있다.[19]

유류분 관련하여 현재 이슈는 유언대용신탁으로 이전한 재산이 유류분 계산시 포함 여부다. 현재 유언대용신탁은 유류분 산정의 대상이 될 수 없다는 판례(수원지법2017가합408489, 2020.1.10., 수원고법2020나11380, 2020.10.15.)가 있다.

---

18. 정부는 형제자매의 유류분 제한을 검토하고 있다. ("형제자매의 유류분 상속 권리 없어진다", 조선일보, 2021.11.10.)
19. 자세한 내용은 제2편의 제1장 제2절 증여세 과세대상 관련 질의회신 · 판례 등 참고

쟁점

유류분과 상속세

유류분의 산정은 피상속인의 상속개시 재산가액에 증여재산가액을 가산하여 계산한다. 이 경우 증여재산가액은 상속개시 전의 1년간의 증여액이나, 당사자 쌍방이 유류분권리자에 손해를 가할 것을 알고 증여하였거나, 공동상속인이 증여받은 것(특별수익분)은 1년 이전의 것도 포함한다.

1. 유류분에 대한 오해와 진실을 살펴보자.

가. 상속인이 피상속인에게 증여받은 재산은 모두 포함된다.

(X) 모든 증여재산이 유류분 대상이 되지는 않는다. 어떠한 생전 증여가 특별수익에 해당하는지는 피상속인의 생전의 자산, 수입, 생활수준, 가정상황 등을 참작하고 공동상속인 사이의 형평을 고려하여 당해 생전 증여가 장차 상속인으로 될 자에게 돌아갈 상속재산 중에서 그 몫의 일부를 미리 주는 것으로 볼 수 있는지에 의하여 결정한다(대법원2009다64635, 2011.7.28.).

나. 상속채무액에 임대보증금이 포함된다.

(X) 유류분 부족액 계산시 차감하는 상속채무액에는 임대보증금 채무가 포함되지 않는다. 임대차보증금환채무도 부동산 소유권과 결합하여 일체로서 이전하게 되어 망인의 임대인으로서의 지위나 임대차보증금반환채무도 부동산 소유권과 결합하여 일체로 이전하게 되어 망인의 임대인으로서의 지위나 임대차반환채무는 소멸하였다고 할 것이므로, 사망 당시 망인이 위와 같은 임대차보증금환채무를 여전히 부담하고 있었다고 볼 수 없고, 따라서 원고 등의 유류분 부족액을 산정함에 있어 망인의 임대차보증금반환채무를 상속채무에 포함시켜서는 안 된다(대법원2009다15794, 2009.5.28.).

다. 증여받은 재산을 반환하는 경우 증여 당시로 유류분 부족액을 계산한다.

(X) 계산 시점은 상속개시 시점이다. 유류분 반환범위는 상속개시 당시 피상속인의 순재산과 문제된 증여재산을 합한 재산을 평가하여 그 재산액에 유류분청구권자의 유류분 비율을 곱하여 얻은 유류분액을 기준으로 하는 것인 바, 그 유류분액을 산정함에 있어 반환의무자가 증여받은 재산의 시가는 상속개시 당시를 기준으로 산정하여야 한다(대법원2006다28126, 2009.7.23.).

라. 증여받은 재산을 매각한 경우에는 매각 당시로 유류분 부족액을 계산한다.

(X) 증여받은 재산의 시가는 상속개시 당시를 기준으로 산정하여야 할 것이고, 그 원물반환이 불가능하여 가액반환을 명하는 경우에는 그 가액은 사실심 변론종결시를 기준으로 산정하여야 한다(대법원2004다51887, 2005.6.23.).

여기에 대해 헌재도 재산권 침해가 아니라고 보았다. 상속개시 전에 수증자가 증여재산을 처분하거나 국가나 지방자치단체에 의하여 증여재산이 수용되었는데 상속개시시에 그 증여재산가액이 상승하였다는 우연한 사정으로 발생하여 별개 요인이 추가됨으로써 생기는 효과일 뿐이고, 상속개시 전에 수증자가 증여재산을 처분하거나 국가나 지방자치단체에 의하여 증여재산이 수용되었지만 상속개시시에 가액이 하락하는 경우에는 그러한 문제가 발생하지 않는 점에서 이 사건 법률조항으로 인하여 불합리한 차별이 발생한다고 할 수 없다고 보았다(2007헌바144, 2010.4.29.)

마. 증여받은 시기에 관계없이 유류분 대상이 된다.

(X) 유류분 제도가 생기기 전에 피상속인이 상속인이나 제3자에게 재산을 증여하고 이행을 완료하여 소유권이 수증자에게 이전된 때에는 피상속인이 1977.12.31. 법률 제3051호로 개정된 민법 시행 이후에 사망하여 상속이 개시되더라도 소급하여 증여재산이 유류분 제도에 의한 반환청구 대상이 되지는 않는다(대법원2017다278422, 2018.7.12.)[20]

2. 유류분청구 소송 결과로 재산이 이전된 경우 상속세등이 발생할 수 있다.

가. 상속세

증여재산으로 반환한 경우 당초 증여는 없었던 것이 된다(재산세과-332, 2011.7.11.). 증여재산은 유류분으로 반환받은 상속인의 상속재산이 되니까 그 상속인은 상속세 납부의무가 있다(재산세과-35, 2012.2.2.). 이는 상속받은 재산으로 반환받아도 마찬가지이다(재산세과-751, 2010.10.13.).

상속재산 변동이 생기면 상속세 변동이 생길 수가 있고, 상속세가 감소했다면 상증법 제79조에 따라 경정청구 특례를 할 수 있다. 즉 유류분반환청구소송 확정판결에 있는 경우 그 사유발생일로부터 6개월 이내에 결정이나 경정을 청구할 수 있다. 여기서 확정판결은 재판상 화해, 조정 기타 판결과 동일한 효력이 있는 것을 포함한다(서면2015법령해석재산-0363, 2015.8.19.).

피상속인의 유증을 받아 재산을 취득한 자(수유자)가 상속재산을 유류분으로 반환하여 상속세 총액은 변동이 없고, 각 상속인별 납부세액이 변동한 경우 수유자가 당초 납부한 상속세는 환급되지 않는다(재산세과-1467, 2009.7.17.).

나. 양도소득세

증여재산을 금전으로 환가하여 반환하는 경우에는 양도소득세가 과세대상이 된다. 취득시기는 상속개시일, 양도시기는 현금지급일이다(부동산거래관리과-1390, 2010.11.18.).

○ 상증법 제79조【경정 등의 청구 특례】

① 제67조에 따라 상속세 과세표준 및 세액을 신고한 자 또는 제76조에 따라 상속세 과세표준 및 세액의 결정 또는 경정을 받은 자에게 다음 각 호의 어느 하나에 해당하는 사유가 발생한 경우에는 그 사유가 발생한 날부터 6개월 이내에 대통령령으로 정하는 바에 따라 결정이나 경정을 청구할 수 있다.

1. 상속재산에 대한 상속회복청구소송 등 대통령령으로 정하는 사유로 상속개시일 현재 상속인 간에 상속재산 가액이 변동된 경우

○ 상증령 제81조【경정청구등의 인정사유 등】

② 법 제79조제1항제1호에서 "상속회복청구소송 등 대통령령으로 정하는 사유"란 피상속인 또는 상속인과 그 외의 제3자와의 분쟁으로 인한 상속회복청구소송 또는 유류분반환청구소송의 확정판결이 있는 경우를 말한다.

---

20. 유류분제도 도입 전 이행이 완료된 증여 재산이 유류분 산정을 위한 기초재산에서 제외된다고 하더라도, 당해 유류분 반환청구자의 유류분 부족액 산정시 특별수익으로 공제된다(대법원2017다278422, 2018.7.12.).

제6절 상속승인과 포기

상속이 개시되면 피상속인의 재산상의 모든 권리 · 의무는 상속인의 의사와는 관계없이 법률상 당연히 상속인에게 포괄적으로 승계된다.

그러나 피상속인의 상속재산이 적극재산보다 채무가 많은 경우에 상속인의 의사를 무시하고 법률상 당연히 상속인에게 포괄 승계시키는 것은 상속인에게 부담이 되므로 이를 보호할 필요가 있다. 민법에서는 이러한 경우에 상속인을 보호하기 위하여 상속포기 또는 한정승인 제도를 두고 있다.

상증법에서는 상속인들이 상속을 승인하였는지 포기하였는지에 따라 상속세 납부의무자가 달라질 수 있다.

1. 단순승인

단순승인은 상속인이 피상속인의 권리 · 의무를 제한없이 승계하는 형태다. 상속인이 단순승인을 하면 상속인은 상속채무에 대하여 무한책임을 지게 되므로 피상속인의 채무를 상속받은 재산으로 변제할 수 없는 때에는 상속인의 고유재산으로 변제해야 하고, 피상속인의 채권자는 상속인의 고유재산에 대하여도 강제집행을 할 수 있다.

민법에서는 단순승인을 본래 형태로 보고, 상속인이 상속개시가 있음을 안 날로부터 3개월 내에 한정승인 또는 포기를 하지 아니하면 상속인이 단순승인한 것으로 본다(민법 제1026조).

다음과 같은 일정한 행위 또는 부작위를 하는 때에는 상속인이 단순 승인한 것으로 보며, 이를 법정 단순승인이라 한다(민법 제1026조).

가. 상속인이 상속재산에 대한 처분행위를 한 때

나. 상속인이 상속개시 있음을 안 날로부터 3개월 이내에 한정승인 또는 포기를 하지 아니한 때

다. 상속인이 한정승인 또는 포기를 한 후에 상속재산을 은닉하거나, 부정소비하거나 고의로 재산목록에 기입하지 아니한 때

2. 한정승인

한정승인은 상속인이 상속으로 인하여 얻은 재산의 한도 내에서 피상속인의 채무와 유증을 변제할 조건으로 상속을 승인하는 것이다(민법 제1028조). 피상속인의 채무가 적극재산보다 많은 경우에 상속인의 의사를 묻지 아니하고 그 채무의 전부를 승계시키는 것은 상속인에게 부담이 되기 때문에 상속인을 보호할 목적으로 한정승인제도를 두고 있다.

상속개시가 있음을 안 날로부터 3개월 이내에 상속인이 한정승인을 한다면 상속재산 목록을 첨부하여 상속개시지의 가정법원에 한정승인 신고를 하여야 한다(민법 제1030조).

예외적으로 상속인이 상속채무가 상속재산을 초과하는 사실을, 중대한 과실없이 상속개시가 있음을 안 날로부터 3개월 이내에 알지 못한 상태에서 단순승인을 한 경우에는 그 사실을 안 날부터 3개월 이내에 한정승인을 할 수 있다(민법 제1019조).

한정승인을 한 상속인은 상속으로 인하여 취득한 재산 한도 내에서만 피상속인의 채무와 유증을 변제하고, 자기 고유재산으로 변제할 필요는 없다.

한정상속시 한정승인시 상속재산가액에서 차감할 채무는 상속으로 취득할 재산(추정상속재산 제외)을 한도로 한다(서면4팀-2105, 2005.11.8.).

또, 한정승인한 상속인들이 그 피상속인으로부터 상속받은 각 부동산에 관하여 상속개시 전에 설정된 근저당권 실행을 위한 임의경매절차가 진행되어 그 매각대금이 모두 상속채권자에게 배당되는 바람에 전혀 배당을 받지 못하였다고 하더라도, 위 임의경매절차에서 매각된 이 사건 각 부동산의 양도인은 상속인들이고, 그 매각대금이 상속채권자들에게 교부되어 상속채무가 변제됨으로써 원고 등은 상속으로 인하여 부담하게 된 상속채무의 소멸이라는 경제적 효과를 얻었으므로 부동산 매각에 대하여 상속인들에게 양도소득세를 부과한다(대법원2010두13630, 2012.9.13.).

3. 상속의 포기

상속의 포기란 상속 개시로 인하여 일단 발생한 효력인 피상속인 재산에 대한 상속인의 모든 권리 · 의무 승계를 부인하고 처음부터 상속인이 아니었던 것처럼 효력을 생기게 하려는 단독 의사표시다.

상속을 포기하려는 자는 상속개시 있음을 안 날로부터 3개월 내에 가정법원에 포기 신고를 해야 하며, 공동상속의 경우에도 각 상속인은 단독으로 포기할 수 있다.

상속 포기를 하면 포기의 소급효가 발생되어 포기자는 처음부터 상속인이 아니었던 것으로 되고 포기한 상속분은 다른 상속인의 상속분 비율로 귀속한다.

상속을 포기한 자는 상속개시 때부터 상속인이 아니었던 것과 같은 지위에 놓이게 되므로, 피상속인의 배우자와 자녀 중 자녀 전부가 상속을 포기한 경우에는 배우자와 피상속인의 손자녀 또는 직계존속이 공동으로 상속인이 되고, 피상속인의 손자녀와 직계존속이 존재하지 아니하면 배우자가 단독으로 상속인이 된다(대법원2013다48852, 2015.5.14.).

○ 피상속인 A에게는 배우자, 자녀 B(손자 F), 자녀 C가 있다.

(문1) B와 C가 상속 포기한 경우 상속인은?

(답1) 배우자, F

(문2) B만 상속 포기한 경우 상속인은?

(답2) 배우자, C

상증법에서는 상속 포기한 상속인이라도 상속개시 전 10년 이내에 피상속인으로부터 증여받은 재산이 있거나 사용처 불분명으로 추정상속재산이 있는 경우에는 상속세 납부의무 및 연대납세의무가 있다(상증법 제3조의2).

쟁점

상속포기와 상속세

상속포기의 효력은 소급효가 있다. 포기하면, 처음부터 상속인이 아니니까 다음 순위 상속인에게 포기한 상속분이 귀속된다. 상속포기와 관련된 상증법 규정은 무엇이 있을까? 상속세 납부의무자와 상속공제한도가 있다.

1. 상증법에서는 상속포기한 상속인을 상속세 납부의무자로 보고 있다. 왜 그럴까?

> 상증법 제2조【정의】
> 이 법에서 사용하는 용어의 뜻은 다음과 같다.
> 4. "상속인"이란 「민법」 제1000조, 제1001조, 제1003조 및 제1004조에 따른 상속인을 말하며, 같은 법 제1019조 제1항에 따라 상속을 포기한 사람 및 특별연고자를 포함한다.

상속세 계산시 사전증여재산과 추정상속재산을 반영하여 계산하기 때문이다. 예를 들면, 상속인 배우자와 아들, 딸이 있는데 상속재산은 10억원이고, 추정상속재산은 7억원인데, 딸이 상속포기한 경우이다. 상속재산은 배우자와 아들이 1:1로 분할하기로 합의하였다면 각자가 받은 상속재산은 아래와 같다.

계	배우자	아들	딸
10억원	5억원	5억원	
7억원	3억원	2억원	2억원
17억원	8억원	7억원	2억원

상속포기는 사망시점으로 소급효가 있지만, '사전증여재산이나 추정상속재산'은 재산이 생전에 상속인에게 귀속되었으므로 사망시점에 상속인은 아니지만, 상속세 납부의무가 있다.

2. 상속포기를 하게 되면 상속공제에 영향을 미친다.

상증법 제24조에서는 상속공제의 한도를 규정하고 있다. 선순위의 상속인이 상속포기한 경우 상속공제를 제외하고 있다. 이 규정은 왜 있을까?

> 상증법 제24조【공제 적용의 한도】
> 제18조부터 제23조까지 및 제23조의2에 따라 공제할 금액은 제13조에 따른 상속세 과세가액에서 다음 각 호의 어느 하나에 해당하는 가액을 뺀 금액을 한도로 한다. 다만, 제3호는 상속세 과세가액이 5억원을 초과하는 경우에만 적용한다. 〈개정 2010.12.27, 2015.12.15, 2016.12.20〉
> 1. 선순위인 상속인이 아닌 자에게 유증등을 한 재산의 가액
> 2. 선순위인 상속인의 상속 포기로 그다음 순위의 상속인이 상속받은 재산의 가액
> 3. 제13조에 따라 상속세 과세가액에 가산한 증여재산가액(제53조 또는 제54조에 따라 공제받은 금액이 있으면 그 증여재산가액에서 그 공제받은 금액을 뺀 가액을 말한다)

상속공제 한도는 고율의 누진세율에 의한 상속세 부담을 부당하게 회피하는 것을 방지하고 조세부담의 공평을 도모하기 위해 있고, 상속포기로 상속인 외의 자가 상속받는 경우와 상속인 외의 자가 유증 등을 받는 경우 공제액을 일치시켜 조세부담의 형평을 유지하는 데 취지가 있다. 즉, ① 원래 상속인이 아닌 자가 '유증'등을 통해 상속재산 전부를 취득하는 경우와 ② 상속포기의 경우 또한 선순위 상속인의 존재로 인해 원래는 피상속인의 재산을 상속받을 수 없었던 후순위 상속인이 '선순위 상속인의 상속 포기'라는 사정에 의해 상속재산 전부를 취득하게 되는 두 경우 본질적으로 차이가 없다(서울행법2015구합68802, 2016.3.24., 헌재2001헌바61, 2003.1.30. 참고). 예를 들면 조부 사망시 ① 손자에게 유증한 경우와 ② 부의 상속포기로 손자가 상속받은 경우 똑같이 상속공제 한도를 적용한다.

4. 승인 또는 포기의 취소금지

일단 상속의 승인이나 포기를 한 경우에는 3개월의 기간 내에도 이를 취소할 수 없다. 이는 취소를 인정하면 이해관계인의 신뢰를 배반하는 것이 되어 그들에게 많은 피해를 줄 수 있기 때문이다.

다만 미성년자와 한정치산자가 법정대리인의 동의 없이 한 경우, 금치산자가 한 경우, 사기·강박에 따른 경우, 착오로 인한 경우에는 취소권자가 그 승인 또는 포기를 취소할 수 있다(민법 제1024조).

상속포기의 효력은 피상속인의 사망으로 개시된 상속에만 미치고, 그 후 피상속인을 피대습자로 하여 개시된 대습상속에까지 미치지는 않는다. 대습상속은 상속과는 별개 원인으로 발생하는 것인 데다가 대습상속이 개시되기 전에는 이를 포기하는 것이 허용되지 않기 때문이다. 이는 종전에 상속인의 상속포기로 피대습자의 직계존속이 피대습자를 상속한 경우에도 마찬가지이다(대법원2014다39824, 2017.1.12.).

제2장 상속세 총설

〈피상속인이 거주자인 경우〉

총상속재산가액	ㅇ 상속재산가액(본래의 상속재산+간주상속재산)+추정상속재산 *상속재산가액은 국내외 모든 재산임
-	
비과세 및 과세가액 불산입액	ㅇ 비과세: 금양임야, 문화재 등 ㅇ 과세가액 불산입재산: 공익법인등에 출연한 재산 등
-	
공과금 · 장례비 · 채무	
+	
사전증여재산	ㅇ 합산대상 사전증여재산(상속인 10년, 기타 5년, 단 10%(20%) 특례세율 적용 증여재산인 창업자금, 가업승계주식등은 기한없이 합산)
⇩	
상속세과세가액	
-	
상속공제	ㅇ (기초공제+그 밖의 인적공제)와 일괄공제(5억원) 중 큰 금액 ㅇ 가업 · 영농상속공제 ㅇ 배우자공제 ㅇ 금융재산 상속공제 ㅇ 재해손실공제 ㅇ 동거주택 상속공제 *단, 위 합계 중 공제적용 종합한도 내 금액만 공제가능
-	
감정평가 수수료	ㅇ 부동산 감정평가업자의 수수료는 5백만원 한도 등
⇩	
상속세 과세표준	
×	
세율	(아래 표)
⇩	
산출세액	ㅇ (상속세 과세표준×세율) - 누진공제액
+	
세대생략할증세액	ㅇ 상속인이나 수유자가 피상속인의 자녀가 아닌 직계비속이면 할증함. 단, 직계비속의 사망으로 최근친 직계비속에 상속하는 경우에는 제외
-	
세액공제	ㅇ 상속인이나 수유자가 피상속인의 자녀가 아닌 직계비속이면 할증함. 단, 직계비속의 사망으로 최근친 직계비속에 상속하는 경우에는 제외
-	
분납 · 연부연납 · 물납	
⇩	
자진납부 할 세액	

과세표준	1억원 이하	5억원 이하	10억원 이하	30억원 이하	30억원 초과
세율	10%	20%	30%	40%	50%
누진 공제액	없음	1천만원	6천만원	1억 6천만원	4억 6천만원

〈피상속인이 비거주자인 경우〉

총상속재산가액	ㅇ 상속재산가액(국내소재 상속재산+국내소재 간주상속재산)+상속개시 전 처분재산 등 산입액
-	
비과세 및 과세가액 불산입액	ㅇ 비과세: 금양임야, 문화재 등 ㅇ 과세가액 불산입재산: 공익법인등에 출연한 재산 등
-	
공과금 · 채무	ㅇ 해당 상속재산의 공과금 ㅇ 해당 상속재산을 목적으로 하는 전세 · 임차권 · 저당권 담보채무는 공제 사망 당시 국내 사업장의 확인된 사업상 공과금 · 채무 공제
+	
사전증여재산	ㅇ 합산대상 사전증여재산(상속인 10년, 기타 5년, 단 10%(20%) 특례세율 적용 증여재산인 창업자금, 가업승계주식은 기한없이 합산)
⇩	
상속세과세가액	
-	
상속공제	ㅇ 기초공제 2억원 ㅇ 공제적용 한도액 적용
-	
감정평가 수수료	ㅇ 부동산 감정평가업자의 수수료는 5백만원 한도 등
⇩	
상속세 과세표준	
×	
세율	(아래 표 참조)
⇩	
산출세액	ㅇ (상속세 과세표준×세율) - 누진공제액
+	
세대생략할증세액	ㅇ 상속인이나 수유자가 피상속인의 자녀가 아닌 직계비속이면 할증함. 단, 직계비속의 사망으로 최근친 직계비속에 상속하는 경우에는 제외
-	
세액공제	ㅇ 문화재자료 징수유예, 증여세액공제, 단기재상속세액공제, 신고세액공제
-	
분납 · 연부연납 · 물납	
⇩	
자진납부 할 세액	

과세표준	1억원 이하	5억원 이하	10억원 이하	30억원 이하	30억원 초과
세율	10%	20%	30%	40%	50%
누진 공제액	없음	1천만원	6천만원	1억 6천만원	4억 6천만원

○ 피상속인이 비거주자인 경우 국내재산을 과세대상으로 한다.
○ 피상속인이 비거주자인 경우 상속공제 중 기초공제 2억원외 상속공제를 적용받을 수 없다.
○ 피상속인이 비거주자인 경우 장례비를 공제받지 못한다.

제1절 상속세의 의의

상속세는 자연인의 사망으로 상증법상 상속을 원인으로 해서 피상속인의 재산과 채무를 이전받은 상속인 또는 수유자에게 부과하는 세금이다. 상증법상 상속은 민법에 따른 상속, 특별연고자의 상속재산 분여, 유증, 사인증여, 유언대용신탁, 수익자연속신탁을 말한다.

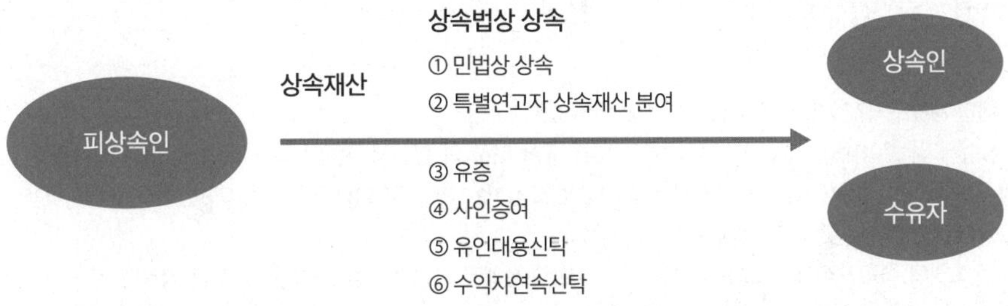

상속세는 세대간 부(富)의 무상이전으로 이득을 얻은 자에게 부과하는 세금이므로, 특정인에게 불로소득으로 인한 부의 집중 현상을 억제하여 모든 사람의 경제적 출발점을 비슷하게 하는 기회균등 제고 효과를 지니고, 소득재분배 기능으로 소득세의 기능을 보완 또는 강화하는 사회정책적인 의미가 있다.

쟁점

가치상승과 상속세

피상속인이 토지를 4억원에 취득하고, 10년 후 피상속인이 사망하였을 때 10억원이 되었다. 상속인은 상속받고 5년 뒤에 매매하였는데 양도가액은 14억원이다.

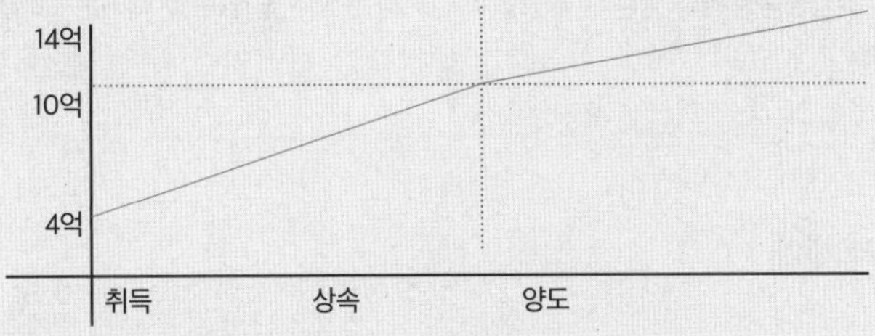

토지의 재산가치는 상속을 거쳐 4억원에서 14억원으로 가치가 상승하였지만, 4억원에서 10억원까지 발생한 양도차익에 대해서는 현재 우리나라의 세법체계에서는 과세가 되지 않는다.

상속시점에서 상속세를 과세하는 것은 맞지만, 상속세는 가치상승(양도가액–취득가액)에 대해 과세하는 세금이 아니다. 상속세는 상속시점에서 재산을 평가하여 과세하는 것이지 가치상승에 과세하지 않는다.

이러한 가치상승에 대해 나라별로 과세방식에 차이가 있다. 상속세를 과세하지 않는 나라에서는 상속세가 없는 대신 상속인이 상속받은 재산을 양도할 때 피상속인의 취득가액에 대해 세금을 과세한다. 자본이득세[1]

---

1. 상속세를 폐지하고, 자본이득세(소득세법을 개정하거나 제정)로 과세한다면 현재의 상속공제 미달자였던 사람도 세금을 낼 가능성이 크다.

라고 부르는 이 세법체계는 상속시점에서 상속세를 과세하지 아니하되, 상속재산을 양도시 피상속인의 취득가액부터 상속인의 양도가액의 차액인 10억원에 대해 과세한다. 상속세를 과세하지 않는다고 세금이 없는 것은 아니다. 현재 우리나라에서는 상속(또는 증여) 시점까지 발생한 가치상승에 대해 과세하지 않지만, 양도하였을 때 가치상승을 감안하여 과세하는 유형이 2가지 있다.

1. 가업상속공제 받은 재산을 양도할 때

이 경우의 취득가액은 피상속인의 취득가액이다.

> 소득세법 제97조의2【양도소득의 필요경비 계산 특례】
> ④「상속세 및 증여세법」 제18조제2항제1호에 따른 공제(이하 이 항에서 "가업상속공제"라 한다)가 적용된 자산의 양도차익을 계산할 때 양도가액에서 공제할 필요경비는 제97조제2항에 따른다. 다만, 취득가액은 다음 각 호의 금액을 합한 금액으로 한다.
> 1. 피상속인의 취득가액(제97조제1항제1호에 따른 금액)×해당 자산가액 중 가업상속공제가 적용된 비율(이하 이 조에서 "가업상속공제적용률"이라 한다)
> 2. 상속개시일 현재 해당 자산가액×(1-가업상속공제적용률)

2. 증여세 감면[2]받은 재산을 양도할 때

이 경우의 취득가액은 증여자의 취득가액이다.

> 조특법 제71조【영농자녀등이 증여받는 농지 등에 대한 증여세의 감면】
> ③ 제1항에 따라 증여세를 감면받은 농지등을 양도하여 양도소득세를 부과하는 경우「소득세법」에도 불구하고 취득 시기는 자경농민등이 그 농지등을 취득한 날로 하고, 필요경비는 자경농민등의 취득 당시 필요경비로 한다.

다시 말하면, 현행 우리나라의 세법체계상 상속개시일 또는 증여일까지 발생한 가치상승분은 과세대상이 아니지만, 예외적으로 가업상속공제와 영농자녀 증여세 감면받은 재산을 양도할 때에는 그 발생한 가치상승에 대해 과세가 이루어진다.

1. 상속세의 과세체계

다른 나라의 상속세 과세 입법례에 따르면 상속세의 과세방식을 유산세 과세방식과 유산취득세 과세방식으로 구분할 수 있다.

가. 유산세 과세방식

유산세 과세방식이란 피상속인이 남긴 유산 자체를 대상으로 하는 과세방식이다. 즉, 피상속인

2. 증여세 감면은 영농자녀 증여세 감면 하나밖에 없다.

이 남긴 유산 총액을 과세물건으로 하여 그 금액에 따라 누진세율로 과세하는 방식으로 무상이전을 한 자(피상속인) 기준으로 과세하는 방법을 말한다.

유산세 과세방식을 채택한 나라에는 미국, 영국이 있다.

나. 유산취득세 과세방식

유산취득세 과세방식이란 유산을 취득한 자를 기준으로 유산 취득자 각자가 취득한 유산가액을 과세대상으로 하여 과세하는 방식이다. 따라서 상속인 등이 여러 명일 경우는 먼저 상속재산을 상속분에 따라 각 상속인에게 분할하고, 이처럼 분할된 각자의 몫을 과세대상으로 하여 그 금액에 누진세율을 적용하는 과세방식이다.

유산취득세 과세방식을 채택한 나라는 독일, 일본[3], 이탈리아, 프랑스, 핀란드 등이 있다.

다. 우리나라의 상속세 과세체계

우리나라의 상속세는 상속인의 수나 유산의 배분 내용에 관계없이 피상속인이 남긴 유산총액을 과세대상으로 누진구조 세율을 적용, 과세하는 유산세 과세방식을 채택하고 있다.

상증법 제2조(정의)에서 상속재산은 '피상속인에게 귀속되는 모든 재산'으로 규정하고 있고, 상속재산의 가액에서 차감하는 채무 등은 피상속인을 기준으로 한다. 납부할 상속세는 상속인이나 수유자가 상속재산 중 각각 상속받았거나 받을 재산의 점유비율에 따라 납부의무를 부여하고 있어(상증법 제3조의2), 유산세 과세방식을 중심으로 일부 유산취득세 과세방식을 가미하고 있다고 볼 수 있다.

법원에서는 가산세와 관련하여 상속세 과세체계를 언급한 적이 있다. 우리 상속세법이 개개의 상속재산이 아니라 분할 이전의 상속재산 전체를 과세대상으로 하는 유산세 방식을 채택하고 있는 점이나, 상속재산 중의 일부에 대한 과소신고가 있다고 하더라도 다른 상속재산에 대하여 과다신고를 한 결과 상속재산 전체에 대한 과세표준신고액이 정당한 과세표준액과 같거나 이를 넘어서는 경우에 과다신고한 부분은 무시하고 과소신고한 부분만을 들어 신고불성실가산세를 부과하는 것은 형평에도 반하는 점 등에 비추어보면, 최소한 과소신고액을 한도로 하여 그 범위 내에서는 과다신고한 부분도 신고한 과세표준에 포함시켜 신고불성실가산세를 산출함이 타당하다(대법원2003두7064, 2004.10.15.).

최근 정부에서는 우리나라의 상속세를 유산세에서 유산취득세로 전환[4] 검토하고 있다. 2018년

---

3. 일본의 상속세 제도를 '법정상속분과세방식에 의한 유산취득과세방식'이라고 부른다(조성철 · 오동기, 『사례로 알아보는 일본 상속세 · 증여세』, 좋은땅). 각 상속인의 과세가액에 세율을 곱하여 계산하는 방식이 아니다.
4. 유산취득세로 전환한다면 상속공제변경으로 과세인원은 증가하고 세수는 감소될 가능성이 크다. 상속세 계산이 복잡해져 납세협력비용은 증가할 것이다. 반면 담세력 부담은 현재보다는 합리적일 것이다.

재정개혁특별위원회에서 검토한 적이 있었고, 2021.10월 기재부 국정감사에서 유산취득세 전환을 검토하고 있다고 밝혔다.[5] 하지만 2000년부터 유지한 세율은 검토하지 않고 있다.[6]

라. 유산과세형과 유산취득세 과세형의 비교

유산세 과세방식은 세수가 상대적으로 크며 조세행정측면에서 더 용이하다. 유산취득세 과세방식은 상대적으로 세수가 작으며, 조세행정 측면에서는 더 복잡하다. 상속인들 사이에서 재산을 거짓으로 분할할 수 있기 때문이다.

유산세 과세방식의 장점으로 1인에게 이전하거나 다수인에게 이전하거나 관계없이 조세총액이 동일하다고 주장하지만 이는 사실이 아니다. 우리나라의 경우 배우자에게 분할한 금액에 따라 배우자 상속공제(최대 30억원) 적용으로 상속세 부담이 달라진다. 즉 상속공제에 따라 조세총액은 달라질 수 있으며, 그러한 이유로 상속세를 줄이기 위해 유산세 과세방식에서도 재산을 거짓으로 분할할 수 있다. 그래서 우리나라의 경우에는 상속개시일로부터 일정기간 지난 후 상속인들 간의 상속재산에 변동[7]에 대해 확인한다.

2. 상속세 계산흐름

상속세 계산흐름을 단순하게 나타내면, 상속재산에서 채무를 차감한 것이 과세가액이고, 과세가액에서 공제를 차감하면 과세표준이다. 과세표준에서 산출세액 계산 후 세액공제 등을 차감하면 납부할 세액이 나온다. 상증법에서는 재산에서 채무를 차감한 금액을 과세가액이라고 부른다. 과세가액은 소득세법등 소득금액의 상대적 개념으로 생각하면 된다. 민법의 상속재산은 채무가 포함되어 있어 채무를 소극재산으로 표현하지만, 상증법에서는 재산에 채무를 포함하지 않는다.

소득세 · 법인세(기간)		상속세 · 증여세(시점)	
	수익(익금)		재산
-	경비(손금)	-	채무
=	소득금액	=	과세가액
-	공제	-	공제
=	과세표준	=	과세표준

5. 2021년 기재위에서 가결될 때부대의견에 유산취득세 전환은 언급되지 않았다. 2021.11.30.
6. "유산취득세 전환 검토하면서 상속세율은 못 낮춘다는 정부", 서울경제, 2021.10.18.
7. (상증법 제76조제5항) (생략) ~ 결정된 상속재산의 가액이 30억원 이상인 경우로서 상속개시 후 대통령령으로 정하는 기간 이내에 상속인이 보유한 부동산, 주식, 그 밖에 대통령령으로 정하는 주요 재산의 가액이 상속개시 당시에 비하여 크게 증가한 경우에는 대통령령으로 정하는 바에 따라 그 결정한 과세표준과 세액에 탈루 또는 오류가 있는지를 조사하여야 한다.

채무에는 공과금, 장례비용, 채무가 있는데, 공과금은 채권자가 국가 · 지방자치단체라고 볼 수 있고, 장례비용은 피상속인의 채무가 아니지만, 피상속인 사망시 발생하는 비용으로 채무 성격으로 볼 수 있다. 상속세 과세가액에는 피상속인이 생전에 증여한 재산을 가산하는데 이는 누진세율에 따른 상속세 부담을 회피하는 것을 방지하기 위함이다. 이때 가산한 증여재산에 산출세액은 증여세액공제하여 이중과세하지 않는다.

3. 상속세 통계[8]

상속세 연도별 통계는 고액 재산가 사망여부에 따라 달라지기 때문에 연도별 총상속재산가액 비교는 추세분석이 맞지 않아 보인다. 다만 과세되는 피상속인 수는 늘어나는 추세다. 1993년 상속세 과세인원은 2,291명이었는데 2020년에는 10,181명이다. 물론 상속공제 등의 변화가 있었기 때문에 단순히 인원만 비교하는 것은 합리적이지 않다.

'상속세 신고인원 또는 결정인원의 피상속인수'는 사망자수와 일치하지 않는다. 국세청 통계의 연도는 사망일을 기준으로 하는 것이 아니라 해당연도의 신고인원과 해당연도의 결정인원을 말하기 때문이다. 최근 5년간 우리나라의 사망자수[9]는 아래와 같다.

구분	2016년	2017년	2018년	2019년	2020년
사망자수	280,827	285,534	298,820	295,110	304,948

최근 5년간 과세미달을 제외한 상속세 신고인원과 총상속재산가액은 아래와 같다.

(단위 : 억원)

구분	2016년	2017년	2018년	2019년	2020년
피상속인수	6,217	6,970	8,449	9,555	11,521
총상속재산가액	146,636	167,110	205,726	215,380	274,139

최근 5년간 과세미달을 제외한 상속세 결정인원과 총상속재산가액은 아래와 같다. 연도별로 정확하게 매치되지는 않지만 2020년도의 사망자수 대비 과세 결정인원은 3.3%(10,181/304,948) 수준이다.

(단위 : 억원)

구분	2016년	2017년	2018년	2019년	2020년
피상속인수	7,393	6,986	8,002	8,357	10,181
총상속재산가액	128,419	141,001	151,479	164,836	214,779

8. 국세통계(stats.nts.go.kr)
9. 국가통계포털(kosis.kr) 인구동태건수 및 동태율 추이(출생,사망,혼인,이혼)

제2절 상속과 상속개시일

1. 상속의 범위

상증법에서는 상속의 범위에 ① 민법 제5편에 따른 상속, ② 민법 제1057조의2에 따른 피상속인과 생계를 같이하고 있던 자, 피상속인의 요양간호를 한 자 및 그 밖에 피상속인과 특별한 연고가 있던 자(이하 "특별연고자")에 대한 상속재산의 분여, ③ 유증, ④ 민법 제562조에 따른 증여자의 사망으로 인하여 효력이 생길 증여(상속개시일 전 10년 이내에 피상속인이 상속인에게 진 증여채무 및 상속개시일 전 5년 이내에 피상속인이 상속인이 아닌 자에게 진 증여채무의 이행 중에 증여자가 사망한 경우의 그 증여를 포함한다. 이하 "사인증여"), ⑤ 신탁법 제59조에 따른 유언대용신탁[10], ⑥ 신탁법 제60조에 따른 수익자연속신탁[11]을 포함한다.

상증법에서는 '민법에 따른 상속과 특별연고자로 상속재산을 취득한 자'를 상속인이라고 하고, '유증 받은 자, 사인증여에 의하여 재산을 취득한 자, 유언대용신탁 · 수익자연속신탁에 의하여 재산을 취득한 자를 수유자[12]라고 한다. 상속세 납부의무자는 상증법상 상속을 원인으로 재산을 취득한 상속인과 수유자이다.

민법에서는 상속과 유증은 상속으로, 사인증여는 증여로 구분하나 상증법에서는 사망을 원인으로 재산이 무상이전 된다는 점에서 사인증여까지 상증법상 상속으로 보며, 2021.1.1. 이후 신탁법에 따른 유언대용신탁과 수익자연속신탁을 상속의 범위에 포함하였다.

〈상증법상 상속 개정연혁〉

2020.12.31. 이전	2021.1.1. 이후 상속부터
① 민법에 따른 상속 ② 특별연고자 상속재산 분여 ③ 유증 ④ 사인증여	① 민법에 따른 상속 ② 특별연고자 상속재산 분여 ③ 유증 ④ 사인증여 ⑤ 유언대용신탁 ⑥ 수익자연속신탁

10. 신탁법 제59조(유언대용신탁)
① 다음 각 호의 어느 하나에 해당하는 신탁의 경우에는 위탁자가 수익자를 변경할 권리를 갖는다. 다만, 신탁행위로 달리 정한 경우에는 그에 따른다.
1. 수익자가 될 자로 지정된 자가 위탁자의 사망 시에 수익권을 취득하는 신탁
2. 수익자가 위탁자의 사망 이후에 신탁재산에 기한 급부를 받는 신탁
② 제1항제2호의 수익자는 위탁자가 사망할 때까지 수익자로서 권리를 행사하지 못한다. 다만, 신탁행위로 달리 정한 경우에는 그에 따른다.

11. 신탁법 제60조(수익자연속신탁) 신탁행위로 수익자가 사망한 경우 그 수익자가 갖는 수익권이 소멸하고 타인이 새로 수익권을 취득하도록 하는 뜻을 정할 수 있다. 이 경우 수익자의 사망에 의하여 차례로 타인이 수익권을 취득하는 경우를 포함한다.

<이전 원인별 과세구분>

세법상 취급	구분[13]	개념
상속세 과세	상속	민법 규정에 따라 사망 또는 실종선고를 받은 자(피상속인)의 권리 · 의무를 일정한 자(상속인)에게 포괄적으로 승계시키는 것
	특별연고자 상속재산 분여	피상속인과 생계를 같이하고 있던 자, 피상속인의 요양간호를 한 자 및 그 밖에 피상속인과 특별한 연고가 있던 자("특별연고자")에 대한 상속재산의 분여
	유증	유언자의 유언(상대방 없는 단독행위)에 의하여 유산의 전부 또는 일부를 무상으로 타인(수유자)에게 증여하는 사인법률행위
	사인증여	증여자의 생전에 당사자 합의에 의하여 증여계약이 체결되어 증여자의 사망을 정지조건으로 효력이 발생하는 증여(민법 제562조)
	유언대용신탁	수익자가 될 자로 지정된 자가 위탁자의 사망시에 수익권을 취득하는 신탁(신탁법 제59조)
	수익자연속신탁	신탁행위로 수익자가 사망한 경우 그 수익자가 갖는 수익권은 소멸하고 타인이 새로 수익권을 취득하는 신탁(신탁법 제60조)
증여세과세	증여	당사자 일방이 무상으로 일정한 재산을 상대방에게 준다는 의사를 표시하고, 상대방이 이를 승낙함으로써 성립하는 계약(민법 제554조)

상속, 특별연고자 상속재산 분여, 유증, 사인증여는 제1장에서 설명하였으므로 여기서는 유언대용신탁 등을 위주로 살펴본다.

2. 사인증여

제1장에서 설명한 사인증여 개념은 "상속개시일 전 10년 이내에 피상속인이 상속인에게 진 증여채무 및 상속개시일 전 5년 이내에 피상속인이 상속인이 아닌 자에게 진 증여채무의 이행 중에 증여자가 사망한 경우의 그 증여를 포함한다"라고 규정하고 있다.

증여채무의 이행 중에 증여자가 사망한 경우의 해당 증여재산에 관하여 특별한 규정을 둔 취지는, 상증법 제14조제1항제3호 괄호 규정에 따라 증여채무가 상속세 누진효과를 회피하는 수단이 될 수 있으므로 이를 상속재산의 가액에서 차감하지 않되, 해당 증여재산은 비록 상속개시 당시에는 상속대상 재산에 해당하더라도 결국에는 증여채무로 인하여 상속인들이 수증자에게 이전하여야 할 재산이므로 상속인들 대신 그 수증자를 곧바로 상속세 납세의무자로 삼고자 함에 있다(대법원2012두22706, 2014.10.15.) 보다 자세한 내용은 채무에서 다룬다.

12. 민법의 수유자는 유증으로 재산을 취득한 자이다.
13. 상증법이 아닌, 민법 · 신탁법에 따른 구분이다.

3. 유언대용신탁

신탁법의 개정(2011.7.25. 개정)으로 유언대용신탁 및 수익자연속신탁이 신설되었지만, 유언대용신탁등이 어떻게 과세되는지 명확하지 않았다. 유언대용신탁은 신탁계약에 의해 위탁자 사망시 수익자가 수익권을 취득 또는 신탁재산에 기한 급부를 받는 신탁으로, 위탁자 사망으로 인해 수익권이 이전하고 '사망' 후에 효력이 발생한다는 점에서 유증과 사인증여와 유사한 성격이 있으므로 증여세를 과세하지 않고 상속세를 과세하는 것은 타당한 측면이 있다.[14]

〈기재부 2020년 세법개정안 보도자료 중 문답자료, 2020.7.22.〉

□ A는 본인의 상가(시가 10억 원, 매월 300만 원 임대료 수입 발생 중)에 대해 B신탁사와 유언대용신탁 설정, 생전에는 A가 임대료 수익을 받고, A 사망 이후 차남에게 상가 소유권 이전

(현행) A 사망시 차남이 증여받은 것으로 보아 증여세 과세 후 상속재산에 포함하여 상속세 과세(기납부 증여세는 차감)

(개정안) A 사망시 증여세는 과세하지 않고 상속세로 과세

쟁점

유언대용신탁

유언대용신탁과 관련된 쟁점에 대해 살펴보자.

1. 상속재산

유언대용신탁에서 유언대용신탁으로 이전된 재산이 유류분 산정이 대상이 되지 않는다는 판결(수원지법 성남2017가합408489, 2020.1.10.)을 앞에서 설명하였다.

신탁계약의 수탁자는 상속인이 아니고, 사망 전 1년 전에 이루어진 증여가 아니므로 신탁회사가 신탁계약으로 인하여 유류분 부족액이 발생하리라는 점을 알았다고 볼 증거가 없으므로 유류분 산정의 기초가 될 수 없다(수원지법 성남2017가합408489, 2020.1.10.)

상속인이 유언대용신탁으로 취득한 재산은 피상속인의 사망으로 취득한 재산이 아니기 때문에 상속인의 고유재산으로 보인다. 상증법상 상속에는 유언대용신탁이 포함되었지만, 상속재산은 피상속인에게 귀속되는 재산이어야 한다. 상증법에서는 민법상 상속재산이 아니지만, 상증법상 상속재산으로 재산들이 있다. 신탁재산, 보험금, 퇴직금 등처럼 상증법상 간주(의제)상속재산으로 규정해야만 상속세를 과세할 수 있다.

상증법 제9조제3항에서는 수익자연속신탁을 규정하고 있고, 유언대용신탁을 별도로 규정하지는 않지만, 상증법 제9조제1항에 따라 상속재산으로 보는 신탁재산에 유언대용신탁도 포함된다고 간주한다.

---

14. 국회 기재위 검토보고(의안정보시스템, 2020.11월)

2. 상속공제 한도 적용

상속공제는 상속인이 상속받은 재산을 한도로 한다. 상속인이 아닌 자가 유증등으로 취득한 경우에는 상속공제를 배제한다. 피상속인이 상속인 아닌 손자에게 유언대용신탁한 경우 상속공제가 적용되는지를 살펴보면, 문언상으로는 상속공제가 적용 가능해 보인다.

상증법 제24조제1호의 "유증등"은 상증법 제12조에서 규정하고 있는데, "유증과 사망으로 인하여 효력이 발생하는 증여"를 말한다. 따라서 유언대용신탁은 유증등에 포함되지 않는다. "사망으로 인하여 효력이 발생하는 증여"의 증여를 '상증법상 증여'로 보아 유언대용신탁이 포함된다고 볼 수 있는지 살펴보면, "사망으로 인하여 효력이 발생하는 증여"는 민법상 증여로 보이지만, 상증법상 증여로 보더라도 유언대용신탁과 수익자연속신탁으로 상증법상 증여정의에서 제외하고 있어 민법상 증여, 상증법상 증여 구분의 다툼은 실익이 없어 보인다.

○ 상증법 제24조【공제 적용의 한도】

제18조부터 제23조까지 및 제23조의2에 따라 공제할 금액은 제13조에 따른 상속세 과세가액에서 다음 각 호의 어느 하나에 해당하는 가액을 뺀 금액을 한도로 한다. 다만, 제3호는 상속세 과세가액이 5억원을 초과하는 경우에만 적용한다.

1. 선순위인 상속인이 아닌 자에게 유증등을 한 재산의 가액
2. 선순위인 상속인의 상속 포기로 그 다음 순위의 상속인이 상속받은 재산의 가액
3. 제13조에 따라 상속세 과세가액에 가산한 증여재산가액(제53조 또는 제54조에 따라 공제받은 금액이 있으면 그 증여재산가액에서 그 공제받은 금액을 뺀 가액을 말한다)

○ 상증법 제12조【비과세되는 상속재산】

다음 각 호에 규정된 재산에 대해서는 상속세를 부과하지 아니한다.

1. 국가, 지방자치단체 또는 대통령령으로 정하는 공공단체(이하 "공공단체"라 한다)에 유증(사망으로 인하여 효력이 발생하는 증여를 포함하며, 이하 "유증등"이라 한다)한 재산

3. 재산평가

상증령 제61조(신탁의 이익을 받을 권리의 평가)에 따라 피상속인 사망시 유언대용신탁은 부동산 가액으로 평가한다.

하지만 재산평가는 상속개시당시에 하더라도 상속세 납부재원은 마련하지 못할 수 있다. 유언대용신탁 계약시 수익이 발생하는 기간과 처분이 가능한 기간은 다를 수 있기 때문이다. 예를 들면 어린 자녀를 위해서 부동산 신탁기간은 2021-2041년으로 하고, 처분은 2031년부터 가능한데 피상속인이 2025년에 사망한 경우, 상속재산 평가는 부동산 가액으로 하더라도 자녀의 상속세 납부 재원(임대수익등)은 부족할 수 있다.

4. 수익자연속신탁

수익자연속신탁은 수익자가 사망한 경우 그 수익자가 갖는 수익권이 소멸하고 타인이 새로 수익권을 취득하는 신탁으로, 직전 수익권자 '사망'시 승계수익권자에게 수익권을 상속한 것으로 보아 각 수익자에 귀속될 수익권의 가액을 한도로 상속세를 과세할 필요가 있다.[15]

15. 국회 기재위 검토보고(국회 의안정보시스템, 2020.11월)

〈기재부 2020년 세법개정안 보도자료 중 문답자료, 2020.7.22.〉

□ A는 상가(시가 10억원, 매월 300만원 임대료 수입 발생 중)에 대해 B신탁사와 수익자연속신탁 설정, A 생전에는 A가 임대료 수익을 받고, A 사망 이후 배우자 사망시까지는 배우자에게 임대료 수입 귀속, 배우자 사망 후에는 자녀에게 상가 소유권 이전

(현행) A 사망시 부인이 증여받은 것으로 보아 증여세 과세 후 상속재산에 포함하여 상속세 과세 (기납부 증여세는 차감)

(개정안) A 사망시 증여세는 과세하지 않고 상속세로 과세

○ A 사망시 배우자에게 상속세 과세, 배우자 사망시 배우자의 상속재산에 포함하여 자녀에게 상속세 과세

예를 들어 부동산을 수익자연속신탁하면서, 부동산 임대수익에 대해 위탁자 생전에는 위탁자가 가져가고 위탁자 사망시 제1수익자는 배우자로, 제1수익자 사망시에는 제2수익자는 장남, 제2수익자 사망시에는 제3수익자는 장남의 자에게 수익자연속신탁계약 한 경우, 배우자가 사망시 수익을 받을 권리인 각 연도에 받을 수익의 이익으로 평가한다(부동산 가액으로 평가하지 않는다). 이는 부동산 원본을 상속받는 것이 아니기 때문에 권리로 평가하는 것이나, 부동산 가액과 차이가 있을 것이며, 또 임대차계약시기(부동산가치상승에 따른 임대료 상승등)에 따라 평가금액이 달라질 수 있어 보인다.

[관련 질의회신 · 판례 등]

○ 상속이 원인이 아닌 경우

(상속인이 아닌 자에게 이전) 상속인이 적법한 상속포기 신고를 하지 아니하고 상속인 명의로 등기하여 정당한 상속이 이루어진 후에 상속인이 상속받은 재산을 상속인 외의 자에게 증여를 원인으로 소유권 이전하는 경우 그 이전되는 재산에 대하여 증여세가 과세되는 것임(서면2018상속증여-2664, 2018.12.04.).

(부동산 소유권이전등기 등에 관한 특별조치법) 공부상 원인에 관계없이 사실상의 변동원인을 가려 상속으로 인한 이전이면 상속개시일에, 증여로 인한 이전이면 등기접수일에 취득한 것으로 보아 상속세 또는 증여세를 과세함(서면4팀-3205, 2006.9.20.).

(상속인이 증여를 원인으로 취득) 상속개시 후 피상속인 소유의 부동산을 상속인이 증여 또는 매매를 원인으로 하여 취득한 경우에 당해 부동산은 상속받은 것으로 보는 것이며, 「민법」상 적법한 유언절차 등에 의하지 않고 상속인 외의 자가 상속재산을 취득하는 경우에는 상속인이 상속받은 재산을 상속인 외의 자에게 증여한 것으로 보아 그 증여재산 취득시기를 소유권 이전등기 접수일로 하여 상속인 외의 자에게 증여세가 과세되는 것임(재산세과-707, 2009.4.8.).

○ 상속포기한 상속인이 피상속인의 예금을 인출해 상속인 계좌에 입금하는 경우

이는 '관리'가 아닌 '처분'으로서 '법정단순승인'에 해당되므로 가정법원에 상속포기신고를 했더라도 그

상속포기의 효력이 없어, 차 순위 상속인이 받은 상속재산은 상속인이 상속받아 상속개시일이 아닌 그 증여시기에 증여한 것으로 보아야 함(심사증여2001-46, 2001.6.21.).

5. 상속개시일

상속개시 시기는 상속개시의 원인이 발생한 때이다. 즉, 피상속인이 사망한 순간이 상속개시의 시기(상속개시일)이다.

가. 자연적 사망: 실제로 사망한 사실이 발생하는 시점
나. 인정사망: 가족관계등록부에 기재된 사망의 연, 월, 일, 시(추정 효력)
다. 실종선고: 실종선고일(간주 효력)
라. 부재선고: 선고일(간주 효력)
마. 동시사망: 2인 이상이 동일 위난으로 사망시, 동시사망으로 추정(추정 효력)

민법에서 실종선고로 인한 사망으로 보는 시점은 실종기간 만료일이다(민법 제28조). 보통실종은 실종일(최후소식일)로부터 5년, 특별실종(선박, 항공기 사고등)은 위난발생일로부터 1년을 말한다. 상증법에서는 민법 규정을 따를 경우 국세부과제척기간(15년 등)이 경과되어 상속세 과세가 불가능하기 때문에 민법과 다르게 실종선고일을 사망일(상속개시일)로 본다(상증법 제2조 제2호).

예시

(문) 2010.5.1. 거리에서 행방불명(보통실종)되어 2018.9.1. 실종선고 신청, 2022.3.1. 실종선고가 있는 경우 민법과 상증법상 상속개시일은?
(답) (민법상 상속개시일) 2015.5.1. (∵ 실종기간 만료일이 상속개시일이므로 행방불명일인 2010.5.1.부터 5년이 되는 날)(상증법상 상속개시일)2022.3.1. (∵ 실종선고일)

쟁점

실종선고와 상속세

상속세는 피상속인의 사망일을 기준으로 상속재산을 파악하고, 평가하며, 공제를 적용한다. 피상속인이 실종되었을 때는 언제를 사망으로 볼까? 실종되었을 때, 민법과 상증법은 상속개시일을 달리 본다. 민법에서의 사망일은 실종기간 만료일이다. 상증법에서는 실종선고일을 상속개시일로 본다. 민법규정을 따를 경우 국세부과제척기간의 경과로 상속세를 과세할 수 없는 경우가 생기기 때문에 상증법에서는 별도 규정을 두는 것이다.

○ 상증법 제2조【정의】

2. "상속개시일"이란 피상속인이 사망한 날을 말한다. 다만, 피상속인의 실종선고로 인하여 상속이 개시되는 경우에는 실종선고일을 말한다.

○ 민법 제27조【실종의 선고】

① 부재자의 생사가 5년간 분명하지 아니한 때에는 법원은 이해관계인이나 검사의 청구에 의하여 실종선고를 하여야 한다.

② 전지에 임한 자, 침몰한 선박 중에 있던 자, 추락한 항공기 중에 있던 자 기타 사망의 원인이 될 위난을 당한 자의 생사가 전쟁종지후 또는 선박의 침몰, 항공기의 추락 기타 위난이 종료한 후 1년간 분명하지 아니한 때에도 제1항과 같다.

○ 민법 제28조【실종선고의 효과】

실종선고를 받은 자는 전조의 기간이 만료한 때에 사망한 것으로 본다.

예를 들면, 1990.5.1. 보통실종되고, 실종선고를 2022.5.1.에 한 경우 민법의 사망일은 1995.5.1.이고, 상증법의 상속개시일은 2022.5.1.이다. 민법과 상증법의 상속개시일이 다르다. 이 차이로 인한 문제를 살펴보자.

1. 재산평가시점

상증법상 재산평가시기는 언제일까? 1995년과 2022년 시차가 있기 때문에 평가액의 차이가 있다. 상증법 제60조에서는 상속세가 부과되는 재산의 가액은 상속개시일 현재의 시가에 따른다고 규정하고 있으니까 상증법의 재산평가시기는 실종선고일인 2022.5.1.이다. 이는 법원도 같은 입장이다(서울고법2009누6829(2009.10.16.)-대법원2009두20687(2010.2.11. 심불)).

2. 상속공제

상속공제는 언제를 기준으로 적용할까? 상속공제 또한 실종선고일을 기준으로 적용한다. 실종선고로 인한 상속의 경우에는 실종선고일을 상속개시일로 보며 상속세 과세물건의 범위 · 배우자공제 등은 상속개시일을 기준으로 적용한다(재재산46014-299, 1997.8.29.).

3. 실종기간 만료 전 증여받은 경우

그러면 피상속인이 증여받은 시점에서는 실종선고를 받기 전이나, 증여시기 도래 전에 실종기간이 만료한 경우에는 증여세 납부의무자는 누구일까? 피상속인일까? 피상속인의 상속인일까?

위의 예에서 피상속인이 2007년에 증여를 받은 경우, 여기에 대해 국세청은 실종선고를 증여일 후에 받은 경우에는 당해 실종선고를 받은 자를 수증자로 하여 관련 규정을 적용한다고 보았다(법규과-3739, 2008.9.2.). 상증법상 상속개시일(실종선고일) 전에는 수증자로 보아 증여세 납부의무가 있다고 본 것이다.

4. 부재자의 재산을 실종선고 전에 처분한 경우

부재자(피상속인)의 재산을 실종선고 전에 처분한 경우에도 증여로 본다. 실종된 부재자의 재산을 관리하던 자녀가 그 재산을 처분하고 받은 금전을 본인의 생활비 등으로 사용하거나 배우자 등에게 증여한 경우에는 그 생활비 등으로 사용하거나 배우자 등에게 증여한 날에 부재자로부터 증여받은 것으로 보아 증여세를 과세한다(법무과-3090, 2005.8.5.).

5. 피상속인 사망 후 상속인이 실종선고된 경우

예를 들면 피상속인(모)은 2018년에 사망하였고, 자녀 a, b가 있는데 자녀a의 실종선고일은 2019년이고, 실종만기일이 2015년인 경우에 피상속인의 상속인은 누구이냐이다. 대법원 판례에서는 생사불명 기간만료로 사망간주된 사실을 인정하고 그렇다면 ㅇㅇ는 피상속인 사망이전에 사망한 것으로 간주되었으므로 재산상속인이 될 수 없다(대법원82다144, 1982.9.14.)라고 보았다.

문제는 민법과 상증법의 상속인이 다르기 때문에 발생한다. 모의 상속인은 b이지만, a의 상속인은 모일까? 아니면 b일까? a의 상속개시일을 2015년으로 보느냐, 2019년으로 보느냐에 따라 상속인이 달라진다. 여기에 대한 해석 등은 없으나 저자의 의견으로는 상증법의 상속개시일은 상속인을 규정하는 조문이 아니라 피상속인의 상속시기를 정하고 있는 규정이므로 a의 상속인은 모로 판단된다.

제3절 상속세 납부의무

1. 피상속인의 거주자 여부에 따른 과세범위

피상속인이 상속개시일 현재 거주자 또는 비거주자인지 여부에 따라 상속세 과세대상 범위는 다음과 같이 다르다.

피상속인	과세범위
거주자	상속개시일 현재 피상속인 소유의 국내 · 국외에 있는 모든 상속재산
비거주자	상속개시일 현재 피상속인 소유의 국내에 있는 모든 상속재산

가. 거주자와 비거주자의 판단

피상속인이 상속개시일 현재 거주자 또는 비거주자인지 여부에 따라 상속세 과세범위나 세액 계산시 상속공제액 등이 달라지므로 이에 대한 판정은 매우 중요하다. 거주자란 국내에 주소를 두거나 183일 이상 거소를 둔 사람을 말하고, 비거주자는 거주자가 아닌 사람을 말한다(상증법 제2조). 주소는 국내에서 생계를 같이하는 가족 및 국내에 소재하는 재산의 유무 등 생활관계의 객관적 사실을 종합하여 판정하고, 거소란 주소지 외의 장소 중 상당기간에 걸쳐 거주하는 장소로서 주소와 같이 밀접한 일반적 생활관계가 형성되지 아니하는 장소를 말한다.

주소와 거소에 대해서는 소득령 제2조, 제4조제1항 · 제2항 및 제4항에 따른다.

○ 소득령 제2조(주소와 거소의 판정)

① 「소득세법」제1조의2에 따른 주소는 국내에서 생계를 같이 하는 가족 및 국내에 소재하는 자산의 유무등 생활관계의 객관적 사실에 따라 판정한다.

② 법 제1조의2에 따른 거소는 주소지 외의 장소 중 상당기간에 걸쳐 거주하는 장소로서 주소와 같이 밀접한 일반적 생활관계가 형성되지 아니한 장소로 한다.

③ 국내에 거주하는 개인이 다음 각 호의 어느 하나에 해당하는 경우에는 국내에 주소를 가진 것으로 본다.

1. 계속하여 183일 이상 국내에 거주할 것을 통상 필요로 하는 직업을 가진 때
2. 국내에 생계를 같이하는 가족이 있고, 그 직업 및 자산상태에 비추어 계속하여 183일 이상 국내에 거주할 것으로 인정되는 때

④ 국외에 거주 또는 근무하는 자가 외국국적을 가졌거나 외국법령에 의하여 그 외국의 영주권을 얻은 자로서 국내에 생계를 같이하는 가족이 없고 그 직업 및 자산상태에 비추어 다시 입국하여 주로 국내에 거주하리라고 인정되지 아니하는 때에는 국내에 주소가 없는 것으로 본다.

⑤ 외국을 항행하는 선박 또는 항공기의 승무원의 경우 그 승무원과 생계를 같이하는 가족이 거주하는 장소 또는 그 승무원이 근무기간외의 기간중 통상 체재하는 장소가 국내에 있는 때에는 당해 승무원의 주소는 국내에 있는 것으로 보고, 그 장소가 국외에 있는 때에는 당해 승무원의 주소가 국외에 있는 것으로 본다.

ㅇ 소득령 제4조(거주기간의 계산)

① 국내에 거소를 둔 기간은 입국하는 날의 다음날부터 출국하는 날까지로 한다.

② 국내에 거소를 두고 있던 개인이 출국 후 다시 입국한 경우에 생계를 같이하는 가족의 거주지나 자산소재지등에 비추어 그 출국목적이 관광, 질병의 치료 등으로서 명백하게 일시적인 것으로 인정되는 때에는 그 출국한 기간도 국내에 거소를 둔 기간으로 본다.

④ 「재외동포의 출입국과 법적 지위에 관한 법률」 제2조에 따른 재외동포가 입국한 경우 생계를 같이 하는 가족의 거주지나 자산소재지등에 비추어 그 입국목적이 관광, 질병의 치료 등 기획재정부령으로 정하는 사유에 해당하여 그 입국한 기간이 명백하게 일시적인 것으로 기획재정부령으로 정하는 방법에 따라 인정되는 때에는 해당 기간은 국내에 거소를 둔 기간으로 보지 아니한다.

거주자와 비거주자의 판정에 대해서는 소득령 제2조의2 및 제3조에 따르며, 비거주자가 국내에 영주를 목적으로 귀국하여 국내에서 사망한 경우에는 거주자로 본다. 상속개시일 현재 시점에서 피상속인이 거주자 또는 비거주자인지를 판단하며, 피상속인이 거주자가 되는 시기 등은 소득령 제2조의2 등에 따른다.

ㅇ 소득령 제2조의2(거주자 또는 비거주자가 되는 시기)

① 비거주자가 거주자로 되는 시기는 다음 각 호의 시기로 한다.

1. 국내에 주소를 둔 날
2. 제2조제3항 및 제5항에 따라 국내에 주소를 가지거나 국내에 주소가 있는 것으로 보는 사유가 발생한 날
3. 국내에 거소를 둔 기간이 183일이 되는 날

② 거주자가 비거주자로 되는 시기는 다음 각 호의 시기로 한다.

1. 거주자가 주소 또는 거소의 국외 이전을 위하여 출국하는 날의 다음 날
2. 제2조제4항 및 제5항에 따라 국내에 주소가 없거나 국외에 주소가 있는 것으로 보는 사유가 발생한 날의 다음 날

ㅇ 소득령 제3조(해외현지법인등의 임직원 등에 대한 거주자 판정)

거주자나 내국법인의 국외사업장 또는 해외현지법인(내국법인이 발행주식총수 또는 출자지분의 100분의 100을 직접 또는 간접 출자한 경우에 한정한다) 등에 파견된 임원 또는 직원이나 국외에서 근무하는 공무원은 거주자로 본다.

〈거주자 개정연혁〉

2015.12.31. 이전	2016.1.1. 이후
국내에 주소를 두거나 1년 이상 거소를 둔 사람	국내에 주소를 두거나 183일 이상 거소를 둔 사람

[관련 질의회신 · 판례 등]

○ 거주자와 비거주자의 판정

(주소를 두었는지) '국내에 주소를 둔' 경우에 해당하는지 여부는 소득령 제4조제1항 및 제2항에 의하는 것으로, 거주기간의 계산에 있어 생계를 같이하는 가족의 거주지나 자산소재지 등에 비추어 그 출국목적이 명백하게 일시적인 것으로 인정되는지 여부를 확인하여 판단할 사항이며, 주소를 두었는지 여부는 국내에 생계를 같이하는 가족 및 국내에 소재하는 자산의 유무 등 생활관계의 객관적 사실에 따라 판단하는 것임(재산세과-160, 2011.3.28.).

(가족, 국내 거주의 의미) '국내에 생계를 같이하는 가족'이란 우리나라에서 생활자금이나 주거장소 등을 함께하는 가까운 친족을 의미하고, '직업 및 자산상태에 비추어 계속하여 1년 이상 국내에 거주할 것으로 인정되는 때'란 거주자를 소득세 납세의무자로 삼는 취지에 비추어 볼 때 1년 이상 우리나라에서 거주를 요할 정도로 직장관계 또는 근무관계 등이 유지될 것으로 보이거나 1년 이상 우리나라에 머물면서 자산의 관리 · 처분 등을 하여야 할 것으로 보이는 때와 같이 장소적 관련성이 우리나라와 밀접한 경우를 의미함(대법원2018두60847, 2019.3.14.).

○ 비거주자인 피상속인의 국외에 있는 재산을 국내 상속인이 상속받은 경우

현행 상증법상 상속세 과세대상이 아니며 국내 상속인이 비거주자인 피상속인의 국외 재산을 상속받아 국내로 반입하는 경우에도 증여세 부과대상이 아님(서면4팀-2304, 2007.7.27.).

나. 피상속인의 거주자 또는 비거주자의 상속세 적용 차이

피상속인	거주자	비거주자
1. 과세관할(납세지)[16]	피상속인의 주소지 관할서	주된 상속재산 소재지 관할서
2. 상속세 신고기한	상속개시일이 속하는 달의 말일부터 6개월 이내. 단, 상속인 전원이 외국에 주소를 둔 경우는 9개월 이내	상속개시일이 속하는 달의 말일부터 9개월 이내
3. 상속세 과세 범위	국내 · 국외 소재 모든 상속재산 (무제한 납세의무)	국내에 소재한 모든 상속재산 (제한 납세의무)
4. 과세가액 차감항목 - 공과금 - 장례비 - 채무	 공제가능 공제가능 공제가능	 해당 상속재산의 공과금 공제 공제 안 됨 해당 상속재산을 목적으로 하는 전세권 · 임차권 · 저당권 담보 채무는 공제 사망당시 국내 사업장의 확인된 사업상 공과금 · 채무 공제

[다음 쪽에 계속]

5. 과세표준 계산	(상속세 과세가액)-(모든상속공제+감정평가수수료)	(상속세 과세가액)-(기초공제 2억+감정평가수수료)
- 기초, 가업상속, 영농상속, 배우자, 그밖의 인적공제, 일괄공제	공제가능	기초공제 2억원만 공제가능
- 금융재산 · 동거주택 · 재해손실공제	공제가능	공제안됨
- 감정평가수수료	공제가능	공제가능
- 공제적용 한도액	적용	적용
6. 세액공제		
- 문화재 등 징수유예	공제가능	공제가능
- 증여세액공제	공제가능	공제가능
- 외국납부세액공제	공제가능	공제안됨
- 단기재상속세액공제	공제가능	공제가능
- 신고세액공제	공제가능	공제가능
7. 연부연납, 물납	가능	가능

2. 상속세 납부의무자

상속세 납부의무자는 상속재산을 취득한 상속인과 수유자이며, 예외적으로 특별연고자 및 수유자가 영리법인인 경우 영리법인의 주주등인 상속인과 그 직계비속이 상속세 납부의무가 있다. 상속인이 확정되지 아니하였거나 상속인이 상속재산에 대하여 처분의 권한이 없고 특별한 규정이 없는 경우에는 추정상속인등이 상속세 납부의무가 있다.

다시 설명하면, 상속인이나 수유자는 부과된 상속세에 대하여 상속재산(합산대상 증여재산과 추정 상속재산 포함) 중 각자가 받았거나 받을 재산을 기준으로 계산한 점유비율에 따라 상속세를 납부할 의무가 있다.

특별연고자 및 수유자가 영리법인인 경우에는 그 영리법인이 납부할 상속세를 면제하되 그 영리법인의 주주 또는 출자자 중 상속인과 그 직계비속이 있는 경우에는 그의 지분상당액을 그 상속인 및 직계비속이 납부할 의무가 있다. 이 경우, 부과된 상속세는 상속인 또는 수유자 각자가 받았거나 받을 재산(자산총액 – 부채총액 – 상속세액)을 한도로 연대하여 납부할 의무를 진다.

---

16. "과세관할(납세지)"은 피상속인의 거주자 · 비거주자 여부로 구분되지는 않지만 이 책에서는 서술 편의상 거주자 · 비거주자로 표시하였다.
상증법 제6조(과세 관할) ① 상속세는 피상속인의 주소지(주소지가 없거나 분명하지 아니한 경우에는 거소지를 말하며, 이하 "상속개시지"라 한다)를 관할하는 세무서장(국세청장이 특히 중요하다고 인정하는 것에 대해서는 관할 지방국세청장으로 하며, 이하 "세무서장등"이라 한다)이 과세한다.

(1) 상속세 납부의무자 구분

상속세 납세의무자는 상속인과 수유자이며, 상속인과 수유자의 범위는 다음과 같다(상증법 제3조의2).

상속인은 '상속으로 인하여 재산을 취득한 상속인(민법상 상속순위에 따른 상속인, 대습상속인)', '상속 포기한 상속인 및 결격 상속인', '민법상 특별연고자'를 말한다. 상속인의 범위는 민법 규정에 따른 선순위 상속인에 한정되므로 상속재산의 전부 또는 일부를 받은 자로서 선순위 상속인이 있는 경우 후순위 상속인은 상속인이 아닌 자에 해당된다(상증집행기준 13-0-3).

수유자는 '유증 · 사인증여를 받은 자', '증여채무의 이행 중에 증여자가 사망한 경우의 그 증여재산을 취득한 자'(상증법 제2조제1호), '유언대용신탁 및 수익자연속신탁에 의하여 신탁의 수익권을 취득한 자'(상증법 제2조제5호)를 말한다.

영리법인에 유증 등을 하는 경우로서 상속인과 그 직계비속이 영리법인의 주주인 경우 그 상속인 및 직계비속은 상속세 납부의무가 있다.

가. 자연인

원칙적으로 자연인(태아 포함)인 상속인 또는 수유자는 상속세 납세의무가 있다.

1) 태아[17]

태아는 민법상 상속에 있어서는 이미 출생한 것으로 보고 있어 태아는 자연인이 아니면서도 이미 출생한 자연인과 같은 상속의 권리 · 의무를 취득하여 상속세 납세의무자가 될 수 있다. 다만, 사체(死體)로 출산되면 상속능력을 잃는다.

2) 상속포기한 상속인 · 결격 상속인

민법상 상속포기의 경우에는 상속 개시된 때에 소급하여 그 효력이 있다. 상속포기를 한 자는 상속인이 아니므로 상속세 납부의무가 없어야 한다. 그런데 상속세 납부의무가 없다면 상속개시 전 재산을 증여받은 자가 상속을 포기할 경우 상속세 과세가액 계산시 사전증여재산을 합산하지 않게 되어 합산과세를 통한 상속세 납부의무를 면하게 되어 생전의 증여로 상속세를 회피할 우려가 있다.

그래서 상증법에서는 상속포기한 상속인이라 하더라도 상속개시 전 10년 이내에 피상속인으로부터 증여받은 재산이 있거나 사용처 불분명으로 추정상속재산이 있는 경우에는 상속세 납부

17. 태아의 권리능력에 대해서는 "〈쟁점〉 태아와 권리능력"을 참고하기 바란다.

의무 및 연대납부의무를 부여[18]하였다(상증법 제3조의2). 결격 상속인도 위와 같은 이유로 상속세 납부의무가 있다.

3) 특별연고자 분여에 대한 상속세 과세

민법에 따르면 상속권을 주장하는 자가 없는 때에는 피상속인과 생계를 같이하고 있던 자, 피상속인의 요양간호를 한 자, 기타 피상속인과 특별한 연고가 있던 자 등의 청구에 따라 상속재산의 전부 또는 일부를 분여할 수 있다.

이처럼 민법규정에 따라 특별연고자에게 상속재산 일부가 귀속되는 경우 그 특별연고자는 상속세 납부의무가 있다.

나. 자연인 외의 법인 등

1) 영리법인

2014.1.1. 이후 유증 또는 사인증여분부터는 유증 등 영리법인을 이용한 변칙상속에 대한 과세를 강화하기 위해 특별연고자 또는 수유자가 영리법인인 경우로서 그 영리법인의 주주 또는 출자자 중 상속인과 그 직계비속이 있는 경우에는 그의 지분상당액을 그 상속인과 그 직계비속이 납부할 의무가 있다(상증법 제3조의2제2항).[19]

위의 경우를 제외하고는 특별연고자 또는 수유자가 영리법인인 경우에는 그 영리법인이 납부할 상속세를 면제하고 법인세를 납부한다.

2) 비영리법인 또는 법인격 없는 사단 · 재단 기타 단체

비영리법인이 상속재산을 유증받은 경우에는 그 유증받은 재산의 범위 내에서 상속세 납부의무를 진다(상증법 제3조의2제1항). 법인격 없는 단체도 비영리법인으로 보기 때문에 상속세 납세의무자가 된다[20](상증법 제4조의2제7항).

이 경우, 해당 비영리법인이나 단체가 상증령 제12조에 따른 공익법인등(종교 · 자선 · 학술 또는 그 밖의 공익목적 사업을 영위하는 자를 말함)에 해당되면 그 공익법인등이 유증받은 상속재

---

18. 상속세 신고의무도 있다. 상증법 제67조의 상속인은 상증법 제2조에 따라 상속포기한 상속인을 포함한다.
상증법 제67조(상속세 과세표준신고) ① 제3조의2에 따라 상속세 납부의무가 있는 상속인 또는 수유자는 상속개시일이 속하는 달의 말일부터 6개월 이내에 제13조와 제25조제1항에 따른 상속세의 과세가액 및 과세표준을 대통령령으로 정하는 바에 따라 납세지 관할세무서장에게 신고하여야 한다.
19. 법령서식 상속세 과세표준 및 자진납부계산서에는 아래와 같이 규정하고 있다.

구분			금액
영리 법인 면제	유증 등 재산가액		
	면제세액 (「상속세 및 증여세법」 제3조의2)		
	㉟	면제분 납부세액(합계액)	

산의 가액에 대해서는 상속세 과세가액에서 제외하여 상속세가 과세되지 아니한다.

〈상속세 납부의무 개정연혁〉

1999.1.1. ~ 2013.12.31.	2014.1.1. ~ 현재
상속인과 수유자 (추가) 상속인에 상속포기자 포함	(좌동) (좌동) (추가) 영리법인의 주주등 추가

[관련 질의회신 · 판례 등]

○사전증여만 받은 손자가 상속세 납세의무자인지 여부

사전증여재산만 있고 상속받은 재산이 없는 상속인외의 자는 상속세 납부의무가 없음(재산세과-149, 2010.3.10.).

(2) 상속세 납부의무자 유형

가. 상속인 또는 수유자

상속인 또는 수유자는 부과된 상속세에 대하여 상속재산(합산대상증여재산과 추정상속재산 포함) 중 각자가 받았거나 받을 재산을 기준으로 계산한 점유비율에 따라 상속세를 납부할 의무가 있다. 상속인 또는 수유자 별 상속세 납세의무 비율은 상속인 또는 수유자별 과세표준이 전체 상속세 과세표준에서 차지하는 비율로 산정하게 된다. 이 내용은 상증령 제3조제1항에 규정되어 있으며, 이를 수식화하면 다음과 같다.

$$\text{상속인별[21] 상속세 납부의무 비율} = \frac{\text{가산한 상속인별 증여재산 과세표준} + \left\{ (\text{상속세 과세표준} - \text{가산한 증여재산 과세표준}) \times \dfrac{(\text{상속인별 상속세 과세가액상당액} - \text{가산한 상속인별 증여재산가액})}{(\text{상속세 과세가액} - \text{가산한 증여재산가액})} \right\}}{(\text{상속세 과세표준}) - [\text{상속인 및 수유자가 아닌 자에게 상속개시일 전 5년 이내에 증여한 재산[22] 과세표준}]}$$

---

20. 조문의 위치는 증여세 납부의무이지만, 상속세도 적용된다(『2014년 국세청 개정세법해설』, p.190).
상증법 제4조의2(증여세 납부의무) ⑧ 법인격이 없는 사단 · 재단 또는 그 밖의 단체는 다음 각 호의 어느 하나에 해당하는 자로 보아 이 법을 적용한다.
 1. 「국세기본법」 제13조제4항에 따른 법인으로 보는 단체에 해당하는 경우: 비영리법인
 2. 제1호 외의 경우: 거주자 또는 비거주자

상속인별 납부할 상속세액은 배분할 상속세액(상속세 산출세액 – 상속인 또는 수유자가 아닌 자의 증여세액 공제액)에 위 상속인별 상속세 납부의무 비율을 곱하여 계산한다.

쟁점

수증자가 상속세 납부의무자가 아니면 생기는 문제

상속세 납부의무자는 상속인과 수유자이고, 피상속인에게 재산을 생전에 증여받은 상속인이 아닌 수증자는 상속세 납부의무가 없다. 상속세 과세가액 계산시 피상속인이 생전에 증여한 재산(상속인 외의 자에게 증여한 재산도 포함)을 가산하면 증여세액공제하더라도 초과누진세율로 늘어난 상속세는 상속인과 수유자가 부담하게 된다.[23] 여기에 대해 헌재는 피상속인이 상속개시일 전 5년 이내에 상속인이 아닌 자에게 재산을 증여한 경우 그 증여재산을 상속세 과세가액에 합산하는 제도는 목적의 정당성과 수단의 적절성이 인정되고, 이로 인하여 제한되는 상속권 및 재산권이 이 제도의 공익적 기능보다 크지 않은 것으로 고율의 상속세 부담회피를 방지하기 위한 불가피한 입법정책상 선택에 해당한다고 보았다(헌재 2005헌가4, 2006.7.27.).

합헌 결정이 있다고 하더라도 상속세 과세가액에 가산하는 증여재산의 범위에 제한을 둘 필요는 있어 보인다. 입법 보완의 문제인데, 국회에 발의된 적은 있지만 통과되지 못했다.

쟁점

구하라 친모, 상속세 안 낸다고?[24]

기사 내용에는 "친모는 상속세를 내야 할 의무가 발생했다. 그런데 국기법에서는 상속세 부과시 유류분 상속재산에 대한 규정이 없었다. 정부는 이 문제를 바로잡기 위해 뒤늦게나마 법 개정에 나섰다"라고 되어 있다. 이 기사에는 오해가 있다. 이 기사는 2021.7.26. 기획재정부 세법개정(안) 발표 후에 나왔는데, 관련 세법이 상증법이 아니라, 국기법이다. 즉, 국기법 제24조 납세의무승계와 관련된 개정(안)으로 유류분을 청구한 공동상속자에 대한 납세의무 범위를 바꾸려고 하는 것인데, 기사는 마치 상속세 납부의무자를 설명하는 것처럼 오해한 듯하다.

현행	개정안
□ 상속인이 복수일 때 개별상속인이 승계하는 피상속인의 납세의무범위 ❶ 일반적인 경우 (❷ 외에 모두 적용) - 민법에 따른 상속분의 비율로 나누어 승계액 산정 ❷ 예외적인 경우	□ 상속인이 복수일 때 납세의무 승계하는 세액 규정 보완 ■ (좌 동)

[다음 쪽에 계속]

21. 상속인별이란 상속인별 또는 수유자별을 말한다.
22. 상속인도 아니고 유증·사인증여로 재산을 취득한 사실도 없는 자로서 상속개시 전에 5년 이내에 피상속인으로부터 재산을 증여받은 사실이 있는 수증자(즉, 상속세 납세의무가 없는 자)를 말함
23. 이러한 케이스로 가장 유명한 사건 중 하나는 쓰리세븐의 상속세이다. 사망하기 일정한 기간 내에 증여한 재산을 합산하여 과세하지만 쓰리세븐의 임직원과 같이 상속인이 아닌 사람은 유증이나 사인증여로 재산을 취득한 경우가 아니라면 상속세 납세의무가 없다. 이러한 규정으로 상속인이 아닌 사람이 증여받은 재산을 상속재산가액에 가산하여 상속세를 과세하게 되면 초과누진세율의 적용으로 상속세가 늘어나게 되며, 이때 늘어난 상속세는 모두 상속인이 부담하게 된다. ("'가업승계 실패' 쓰리세븐의 실수", 세정일보, 김완일 세무사, 2017.1.15.)
24. "구멍 난 세법 뒤늦게 개정"(국민일보, 2021.7.28.)

- (적용대상) 상속인 중 다음 중 하나가 포함된 경우 ①수유자, ②상속포기자, ③상속재산에 보험금이 포함된 자	- 예외 적용대상에 유류분을 청구한 자가 상속인 중에 포함된 경우 추가 ■ (좌 동)
〈추가〉 - (산정방식) 대통령령에 따라 계산*한 실제 상속받은 재산의 비율로 나누어 승계액 산정 * 개별 상속인의 납세의무 승계 비율: $= \frac{\text{개별 상속인이 '상속으로 받은 재산의 가액'}}{\text{전체 상속인이 '상속으로 받은 재산의 가액'}}$ └, 상속으로 받은 재산의 가액 = 상속재산총액-(상속부채총액+상속세액)	■ 유류분을 청구하여 상속재산을 취득한 자 ■ (좌 동)

친모가 부양하지 않더라도 결격상속인이 되는 것은 아니다. 부양하지 않은 친모라 하더라도 상증법상 상속인에 해당한다. 다만, 앞에서 설명한 것처럼 반환받은 유류분 재산이 어떤 재산인지에 상속세 계산에 영향을 미칠 수도 있고 아닐 수도 있다.

[관련 질의회신 · 판례 등]

○ 상속세 납부의무

(상속인 외의 자가 증여받은 재산만 있는 경우) 상속개시일전 5년 이내에 피상속인이 상속인이 아닌 자에게 증여한 재산가액은 상속세 과세가액에 가산하는 것이며, 해당 증여받은 재산만 있는 상속인 외의 자는 상속세 납부의무가 없음(재산세과-696, 2009.4.6.).

(상속인이 상속포기자인 경우) 상속세과세가액 계산시 상속개시일 전 10년 이내에 피상속인이 상속인에게 증여한 재산가액을 가산하도록 규정되어 있어 사전증여재산만 있는 경우에도 상속세가 과세됨(국심 2001부3083, 2002.6.5.).

○ 납부할 세액의 계산

(추정상속재산) 상속세 과세가액에 산입하는 처분재산 중 사용처가 불분명한 금액은 각 상속인별 법정상속지분대로 상속받은 것으로 보고 상속인 또는 수유자별 납부 세액을 계산하여 납부의무를 짐(재산세과-1517, 2009.7.23.).

(한정상속-추정상속재산) 한정상속을 승인받은 자라도 한정 승인된 상속재산 이외에, 상속세 과세가액에 산입되는 상속개시 전 처분재산으로서 용도 불분명분 등은 법정지분으로 상속받은 것으로 보아 상속세가 과세됨(심사상속2001-48, 2001.9.28.).

○ 연대납부의무자

납세고지서에 납부할 총세액과 그 산출 근거인 과세표준과 세율, 공제세액 등을 기재함과 아울러 공동상속인 각자의 상속재산 점유비율(상속분)과 그 비율에 따라 산정한 각자가 납부할 상속세 등을 기재한 연대납세의무자별 고지세액명세서를 그 납세고지서에 첨부하여 납세고지서에 납세자로 표시된 공동상속인에게 저마다 교부한 납세처분은 적법한 부과고지와 징수고지의 효력을 갖는 것임(대법원93누10316, 1993.12.21.).

나. 영리법인의 주주등

특별연고자 또는 수유자가 영리법인인 경우로서 그 영리법인의 주주 또는 출자자 중 상속인과 그 직계비속이 있는 경우에는 그의 지분상당액을 그 상속인과 그 직계비속이 납부할 의무가 있다(상증법 제3조의2제2항).

$$\text{지분 상당액} = \left\{ \text{영리법인이 받았거나 받을 상속재산에 대한 상속세 상당액} - \left[\text{영리법인이 받았거나 받을 상속재산} \times 10\% \right] \right\} \times \text{상속인 · 그 직계비속의 주식 지분율}$$

위와 같이 상속세를 과세받은 주식등을 양도할 때는 해당 상속재산가액을 그 주식등의 취득가액에 가산하는 방법으로 양도차익에서 조정한다(소득령 제163조제10항).

다. 추정상속인 · 유언집행자 또는 상속재산관리인

납세관리인이 있는 경우를 제외하고 상속인이 확정되지 아니하였거나 상속인이 상속재산에 대하여 처분의 권한이 없는 경우에는 특별한 규정이 없는 한 추정상속인 · 유언집행자[25] 또는 상속재산관리인[26]에게 상속세를 부과하고 납부의무를 지울 수 있다(국기법 제82조제5항).

쟁점

상속인, 수유자를 제외하고 상속세 납부의무가 있는 경우 2가지

상속세 납부의무자는 상속인과 수유자이다. 그런데 상속인과 수유자를 제외하고도 상속세 납부의무가 있는 경우가 2가지 있다.

① 영리법인의 주주인 상속인과 그 직계비속

영리법인은 유증과 사인증여로 상속재산을 취득하더라도 상속세가 없지만, 특별연고자 또는 수유자가 영리법인인 경우로 그 영리법인의 주주 또는 출자자 중 상속인과 그 직계비속이 있는 경우에는 그의 지분상당액을 그 상속인과 직계비속이 납부할 의무가 있다(상증법 제3조의2제2항).

---

25. 유언자는 유언으로 유언집행자를 지정할 수 있고(민법 제1093조), 지정된 유언집행자가 없는 때에는 상속인이 유언집행자가 된다(민법 제1095조), 유언집행자가 없거나 사망등의 사유로 인하여 없게 된 때에는 법원은 이해관계인 청구에 의하여 유언집행자를 선임하여야 한다(민법 제1096조).
26. 상속인이 수인인 경우나 상속인의 존부가 분명하지 아니한 때 혹은 법원이 상속재산을 분리한 경우 그 재산관리를 위해 법원은 피상속인의 친족, 이해관계인 또는 검사의 청구에 의하여 상속재산관리인을 선임하고 공고해야 한다(민법 제1023조, 제1053조).

② 추정상속인 등

납세관리인이 있는 경우를 제외하고 상속인이 확정되지 아니하였거나 상속인이 상속재산에 대하여 처분 권한이 없는 경우에는 특별한 규정이 없는 한 추정상속인 · 유언집행자 또는 상속재산관리인에게 상속세를 부과하고 납부의무를 지울 수 있다. 이 규정을 상증법에서 찾아봤지만 이러한 규정이 없다. 추청상속인 등에 상속세 납부의무가 있다고 한 것은 무슨 법을 근거로 한 것일까?

위의 내용은 국세기본법 제82조(납세관리인)를 근거로 한다. 원래 국기법 제82조 내용은 상증법에서 규정하고 있었는데, 상증법에서 국기법으로 이사(?)한 것이다. 예전 신고불성실 가산세처럼 세법 조문들은 가끔은 다른 세법으로 이동하기도 한다.

> ○ 국기법 제82조(납세관리인)
> ⑤ 세무서장이나 지방국세청장은 「상속세 및 증여세법」에 따라 상속세를 부과할 때에 납세관리인이 있는 경우를 제외하고 상속인이 확정되지 아니하였거나 상속인이 상속재산을 처분할 권한이 없는 경우에는 특별한 규정이 없으면 추정상속인, 유언집행자 또는 상속재산관리인에 대하여 「상속세 및 증여세법」 중 상속인 또는 수유자(受遺者)에 관한 규정을 적용할 수 있다.

추정상속인은 현 상태로 상속이 개시된다고 가정할 경우 상속인이 될 자를 말하고, 상속인이 수인인 경우나 상속인의 존부가 분명하지 아니한 때 혹은 법원이 상속재산을 분리한 경우 그 재산관리를 위해 법원은 피상속인의 친족, 이해관계인 또는 검사의 청구에 의하여 상속재산관리인을 선임하고 공고해야 한다. 그러면 상속세 납부의무자는 상속인, 수유자, 영리법인의 주주인상속인과 그 직계비속, 추정상속인등이 된다.

라. 연대납부의무

상속인 또는 수유자(사인증여의 수증자 포함)는 상속재산 중 각자가 받았거나 받을 재산(=자산총액 – 부채총액 – 상속세액)을 한도로 연대하여 납부할 의무를 진다. 이 경우 상속으로 인하여 얻은 자산에 사전증여재산이 포함되며, 차감하는 상속세액에 사전증여에 따른 증여세가 포함된다.

> **[관련 질의회신 · 판례 등]**
>
> ○ 연대납부의무가 있는 상속세의 범위
> 연대납부의무의 책임이 있는 상속세에는 가산세 · 가산금 · 체납처분비를 포함함(재경부재산46014-105, 1998.5.23.).
>
> ○ 특정상속인이 자기지분을 초과하여 상속세 납부시 증여세 과세 여부
> 상속세 연대납세의무자로서 각자가 받았거나 받을 상속재산의 한도내에서 다른 상속인이 납부해야 할 상속세를 대신 납부한 경우 증여세가 부과되지 아니하나 각자가 받았거나 받을 상속재산을 초과하여 대신 납부한 상속세액에 대하여는 다른 상속인에게 증여한 것으로 보아 증여세가 과세됨(서면4팀-1543, 2007.5.9.).
>
> ○ 연대납부의무와 상속세 징수
> (상속인 누구나) 연대납세의무는 다른 공동상속인이 각자가 납부할 상속세를 납부하지 아니하거나 납세자력의 상실을 요건으로 성립되는 것이 아니므로 연대납세의무 범위 내에서는 공동상속인 누구에게나 상속세를 징수할 수 있음(재삼46014-435, 1999.3.2.).

(상속인 고유재산) 상속인 또는 수유자가 납부의무를 이행하지 아니함에 따라 국세징수법에 따라 해당 세액을 징수하기 위해 하는 체납처분은 각자가 받았거나 받을 상속재산가액 상당액을 한도로 하여 상속인 또는 수유자의 고유재산에 대하여도 할 수 있음(서면4팀-3725, 2007.12.28.).

○ 상속재산을 벗어난 납세고지의 효력

연대납부의무의 한도 없는 총세액을 징수고지하는 처분을 하고 상속재산 중 원고가 받았거나 받을 재산이 총세액에 이르지 못하는 경우에는 징수고지 중 그 연대납부의무의 한도를 넘는 부분은 위법하여 취소되어야 할 것임(대법원2014두3471, 2016.1.28.).

○ 기납부한 증여세 공제여부

원고가 받았거나 받을 재산을 한도로 연대납세의무를 부담하고, 여기에는 사전증여재산이 가산되어야 하고 그에 상응하여 원고가 납부할 증여세 결정세액 또한 공제되어야 함(대법원2016두, 2018.11.29.).

○ 국세환급금이 발생한 경우

국세환급금은 환급하여야 할 국세 등을 납부한 해당 납세자에게 환급함이 원칙이나, 2인 이상의 연대납세의무자들이 납부한 국세 등에 발생한 국세환급금의 경우 각자가 납부한 금액에 따라 안분한 금액을 각자에게 환급함(징세과-192, 2011.3.6.).

○ 받았거나 받을 재산

(상속인별 재산가액을 의미) 상속세 과세대상이 되는 상속재산을 구 상속세법에서 규정한 평가방법에 따라 평가한 재산가액에서 과세불산입재산의 가액을 제외하고 채무 등을 공제하는 과정을 거쳐 이를 상속분으로 나누어야 확정된다고 할 것임(대법원2000두3221, 2001.11.13.).

제4절 납세지(과세관할)

○ 상속개시지가 국내인 경우
- 주소지가 있는 경우: 피상속인 주소지를 관할하는 세무서장등
- 주소지가 없거나 불분명시: 피상속인 거소지를 관할하는 세무서장등

○ 상속개시지가 국외인 경우
- 국내에 있는 재산의 소재지를 관할하는 세무서장등
- 상속재산이 둘 이상의 세무서장 등의 관할구역 안에 있을 경우 주된 재산의 소재지를 관할하는 세무서장등

납세지란 납세의무자가 세법에 따른 의무를 이행하고 권리를 행사하는데 기준이 되는 장소를 말한다. 이는 관할세무서를 정하는 기준이 된다.

과세표준신고서는 신고 당시 해당 국세의 납세지를 관할하는 세무서장에게 제출하여야 한다. 다만, 전자신고를 하는 경우에는 지방국세청장이나 국세청장에게 제출할 수 있다. 과세표준신고서가 납세지 관할세무서장 외의 세무서장에게 제출된 경우에도 그 신고의 효력에는 영향이 없다(국기법 제43조).

한편, 국세의 과세표준과 세액의 결정 또는 경정결정은 그 처분 당시(즉, 결정 · 경정하는 때)의 그 국세의 납세지를 관할하는 세무서장이 행한다(국기법 제44조). 이 경우 납세지 관할세무서장 이외의 세무서장이 행한 결정 또는 경정결정처분은 그 효력이 없다. 다만, 세법 또는 다른 법령 등에 따라 권한 있는 세무서장이 결정 또는 경정 결정하는 경우에는 그러하지 아니한다.

1. 상속개시지가 국내인 경우

상속세는 상속개시지를 관할하는 세무서장(국세청장이 특히 중요하다고 인정하는 것에 대해서는 관할 지방국세청장으로 하며, 이하 "세무서장등"이라 한다)이 과세한다. 여기에서 '상속개시지'란 피상속인의 주소지를 말하나, 주소지가 없거나 분명하지 않은 경우에는 거소지로 한다.

거소란 주소지 외의 장소 중 상당기간에 걸쳐 거주하는 장소로서 주소와 같이 밀접한 일반적 생활관계가 형성되지 아니하는 장소를 말한다(소득령 제2조).

[관련 질의회신 · 판례 등]

○ 결정시 과세관할 판단시점

과세표준 및 세액결정시 납세지 관할 판단기준일은 고지서 수령당시가 아니라 과세표준과 세액이 결정될 당시임(국심97서2466, 1998.8.19.).

2. 상속개시지가 국외인 경우

상속개시지가 국외인 경우에는 상속재산 소재지를 관할하는 세무서장 등이 과세하고, 상속재산이 둘 이상의 세무서장 등의 관할구역에 있을 경우에는 주된 재산의 소재지를 관할하는 세무서장 등이 과세한다.

이 경우 "주된 재산의 소재지"란 과세관할별로 계산한 상속재산가액 합계액이 가장 큰 곳을 말한다.

3. 상속 · 증여재산의 소재지

피상속인이 비거주자이면 피상속인의 재산이 국내에 있는 경우에만 상속세 납세의무가 있다. 피상속인의 상속개시지가 국외인 때에는 국내에 있는 재산소재지를 관할하는 세무서장등이 상속세를 과세하고, 증여세에 있어서도 증여자와 수증자가 모두 비거주자이면 증여재산 소재지 관할 세무서장 등이 증여세를 과세한다.

따라서 상속재산 또는 증여재산이 국내에 있는지 없는지는 납세의무의 유무를 결정하는 기준이 되고, 관할세무서의 결정기준도 된다. 상증법에서는 상속개시 또는 증여 당시의 현황에 따라 상속 · 증여재산의 소재지를 다음과 같이 정하고 있다(상증법 제5조).

① 부동산 또는 부동산에 관한 권리: 부동산의 소재지
② 광업권 또는 조광권: 광구의 소재지
③ 어업권, 양식업권[27] 또는 입어권: 어장에 가장 가까운 연안
④ 선박: 선적의 소재지
⑤ 항공기: 항공기의 정치장의 소재지
⑥ 주식 · 출자지분(주식등[28]) 또는 사채: 그 주식등을 발행한 법인 또는 그 출자가 되어있는 법인의 본점 또는 주된 사무소의 소재지. 다만, 외국법인이 국내에서 발행한 주식등은 그 거래를 취급하는 금융회사 영업장의 소재지
⑦ 금전신탁(자본시장과 금융투자업에 관한 법률을 적용받는 신탁업을 경영하는 자): 그 신탁재산을 인수한 영업장의 소재지. 다만, 금전신탁 외의 신탁재산에 대해서는 신탁한 재산의 소재지
⑧ 금융재산(⑥, ⑦ 제외): 그 재산을 취급하는 금융회사 영업장의 소재지

27. 양식산업발전법 개정시 상증법을 같이 개정(법률 제16868호, 2019.8.27. 공포, 2020.8.28. 시행)하였다.
28. 상증법 제5조, 제22조, 제39조, 제39조의2, 제39조의3, 제41조의2, 제41조의3, 제41조의5, 제60조, 제63조 및 제82조에서 주식 및 출자지분을 "주식등"이라 한다.

⑨ 금전채권: 채무자의 주소지. 다만, ⑥부터 ⑧에 해당하는 경우는 제외
⑩ 위 ①~⑨를 제외한 유형재산 또는 동산: 그 유형재산의 소재지 또는 동산이 현재 있는 장소
⑪ 특허권 · 상표권 등 등록이 필요한 권리: 그 권리를 등록한 기관의 소재지
⑫ 저작권(출판권 · 저작인접권 포함): 저작물의 목적물이 발행되었을 경우 그 발행장소
⑬ ①~⑫를 제외한 그 밖의 영업장을 가진 자의 그 영업에 관한 권리: 그 영업장의 소재지
⑭ 그 밖의 재산: 그 재산 권리자의 주소

제5절 상속세 및 증여세의 부과제척기간

국세부과의 제척기간은 국세부과권을 행사할 수 있는 법정기간으로 그 부과제척기간이 경과하면 정부의 부과권이 소멸되어 일정한 특례를 제외하고 과세표준이나 세액을 변경하는 어떠한 결정이나 경정도 할 수 없다(국기법 제26조의2).[29]

국세부과제척기간은 일반적으로 국세징수권(확정된 조세채권의 납부이행을 청구할 수 있는 권리)의 소멸시효와는 달리 중단이나 정지가 없이 진행된다. 국세부과제척기간이 경과한 후에는 상속세 · 증여세의 부과권이 소멸된다.

상속세 · 증여세의 부과제척기간은 국세를 부과할 수 있는 날[30]부터 10년으로 하고, 다음의 어느 하나에 해당하는 경우에는 15년으로 한다. 부담부증여에 따라 증여세와 함께 소득세가 과세되는 경우에 그 소득세의 부과제척기간[31]도 또한 같다.

1. 납세자가 사기나 그 밖의 부정한 행위로 상속세 · 증여세를 포탈[32]하거나 환급 · 공제받는 경우
2. 상속세 · 증여세 신고를 하지 않은 경우
3. 상속세 · 증여세 신고서를 제출한 자가 아래의 거짓신고 또는 누락신고한 경우(거짓신고 또는 누락신고한 부분만 해당, 국기령 제12조의2제2항)
   가. 상속재산가액 또는 증여재산가액에서 가공의 채무를 빼고 신고한 경우
   나. 권리의 이전이나 그 행사에 등기, 등록, 명의개서 등이 필요한 재산을 상속인 또는 수증자의 명의로 등기 등을 하지 아니한 경우로서 그 재산을 상속재산 또는 증여재산의 신고에서 누락한 경우
   다. 예금, 주식, 채권, 보험금, 그 밖의 금융자산을 상속재산 또는 증여재산의 신고에서 누락한 경우

부정한 행위는 조세범처벌법 제3조제6항에 해당하는 행위(1. 이중장부의 작성 등 장부의 거

---

29. 무효인 경우에는 경정할 수 있다. 국세부과 제척기간이 경과하면 정부의 과세권은 소멸되어 과세표준이나 세액을 변경하는 어떤 결정도 할 수 없으나, 부과처분이 그 하자가 내용상 중대하고 외형상 명백하여 당연무효인 경우에는 부당이득반환청구권이 시효완성 되기 전까지는 부당이득반환청구를 할 수 있다(서면1팀-313, 2005.3.21)
"행정처분이 당연무효라고 하기 위해서는 처분에 위법사유가 있다는 것만으로는 부족하고 하자가 법규의 중요한 부분을 위반한 중대한 것으로서 객관적으로(외형상으로) 명백한 것이어야 하며, 하자의 중대 · 명백 여부를 판별함에 있어서는 법규의 목적, 의미, 기능 등을 목적론적으로 고찰함과 동시에 구체적 사안 자체의 특수성에 관하여도 합리적으로 고찰함을 요한다"(대법원93누11432, 1993.12.7.).
30. 상속세 · 증여세 신고서 제출기한의 다음 날(국기령 제12조의3제1항제1호)
31. 부담부증여의 경우 양도자의 양도세 예정신고기한도 그 양도일이 속하는 달의 말일부터 3개월이다(소득법 제105조 양도소득과세표준 예정신고 제1항제3호).
32. (상속세 포탈) "공동상속인은 자신의 지분에 따른 고유의 납세의무가 정해져 있고, 다른 상속인들의 체납액에 대하여는 상속받은 재산을 한도로 연대납세의무를 질 뿐이다. ~ 만일 다른 상속인의 포탈행위에 가담하였다면 납세의무자로서가 아닌 공범 또는 대리인 등의 행위자로서 책임을 질 뿐이다." (김태희, 『조세범처벌법』, 박영사 p.171)

짓 기장, 2. 거짓 증빙 또는 거짓 문서의 작성 및 수취, 3. 장부와 기록의 파기, 4. 재산의 은닉, 소득·수익·행위·거래의 조작 또는 은폐, 5. 고의적으로 장부를 작성하지 아니하거나 비치하지 아니하는 행위 또는 계산서, 세금계산서 또는 계산서합계표, 세금계산서합계표의 조작, 6. 조특법 제5조의2제1호에 따른 전사적 기업자원 관리설비의 조작 또는 전자세금계산서의 조작, 7. 그 밖에 위계(僞計)에 의한 행위 또는 부정한 행위)를 말한다.

신고하였지만 15년을 적용하더라도 전체에 대해 적용하는지, 부분(부정행위한 부분 또는 거짓신고·누락신고한 부분)에 대해서만 15년을 적용할 수 있는지가 쟁점이 될 수 있는데, 여기에 대해 그 부분에 대해서만 적용한다고 보고 있다. 부정행위에 대해서는 납세자가 부정행위로 국세를 포탈하거나 환급·공제받은 경우에는 그 부정행위를 한 부분만 국기법 제26조의2 제1항 제1호의 규정을 적용하는 것(기획재정부 조세법령운용과-1402, 2017.12.29.)이라고 회신한 바 있고, 거짓신고 또는 누락신고에 대해서는 국기법 제26조의2에서 그 부분만 해당한다고 직접 규정하고 있다.

쟁점

국세부과제척기간 경과 후 비상장주식 평가

국세부과제척기간의 경과로 법인세가 경정되지 못하였더라도 비상장주식의 보충적 평가방법에는 반영하여 평가한다.

2008사업연도에 귀속되어야 할 손익이 손익 귀속시기 적용 착오로 인하여 2004~2006사업연도 손익으로 잘못 신고·결정되어 해당 사업연도의 법인세가 경정되어야 하는 경우로서 2004사업연도 법인세가 부과제척기간이 경과되어 경정되지 못한 경우 상증령 제56조 제1항의 순손익액은 경정되어야 할 손익이 반영된 순손익액을 적용한다(법규과-1366, 2012.11.20.).

쟁점

'부정한 방법'과 '부정한 행위'

'부정한 방법'과 '부정한 행위'는 비슷하게 느껴진다. 같은 뜻일까?

조세범처벌법(제3조제6항)의 '사기 기타 부정한 행위'는 조세의 부과와 징수를 불가능하게 하거나 현저히 곤란하게 하는 적극적인 행위를 말하며, 다른 어떤 행위를 수반함이 없이 단순한 세법상의 신고를 하지 아니하거나, 허위의 신고를 함에 그치는 것은 여기에 해당하지 않는 것으로 법원은 보고 있다(대법원2001도3797, 2003.2.14.).

'사기 기타 부정한 행위'와 유사한 표현이 관세법에서도 규정되어 있는데, 현재 같은 법 제270조(예전 제180조 관세포탈죄)에서는 '부정한 방법'이라고 표현하고 있다. 부정한 방법은 결과적으로 탈세를 가능하게 하는 행위로 사회통념상 사위, 부정으로 인정되는 모든 행위를 말하며 적극적 행위뿐 아니라 소극적 행위도 포함한다(대법원 90도422, 1990.5.8.).

즉, 부정한 행위는 어떤 행위가 필요하며, 부정한 방법은 소극적인 경우(부작위)도 포함하는 것이다.

1999.7.1. 이후 상속분부터 납세자가 부정행위로 상속세·증여세를 포탈하는 경우로 다음의 어느 하나에 해당하는 경우에는 해당 재산의 상속 또는 증여가 있음을 안 날부터 1년 이내에 상

속세 및 증여세를 부과할 수 있다. 다만, 상속인이나 증여자 및 수증자가 사망한 경우와 포탈세액 산출의 기준이 되는 재산가액(다음의 어느 하나에 해당하는 재산의 가액을 합친 것을 말한다)이 50억원 이하인 경우에는 그러하지 아니한다.

1. 제3자 명의로 된 피상속인 · 증여자의 재산을 상속인 · 수증자가 취득한 경우
2. 계약이행기간 중 상속이 개시되어 피상속인이 생략되고 상속인이 직접 취득
3. 국외 소재 상속 · 증여재산을 상속인 · 수증자가 취득
4. 등기 · 등록 · 명의개서가 필요하지 아니한 유가증권, 서화, 골동품 등을 상속인 · 수증자가 취득
5. (2013.1.1. 이후) 수증자의 명의로 되어 있는 증여자의 금융자산을 수증자가 보유, 사용 · 수익한 경우
6. (2017.1.1. 이후) 비거주자인 피상속인의 국내재산을 상속인이 취득한 경우
7. (2020.1.1. 이후) 상증법 제45조의2에 따른 명의신탁재산 증여의제에 해당하는 경우

위의 국세부과제척기간에도 불구하고 지방국세청장 또는 세무서장은 다음의 구분에 따른 기간이 지나기 전까지 경정이나 그 밖에 필요한 처분을 할 수 있다(국기법 제26조의2제6항).

○ 국기법 제26조의2제6항(국세의 부과제척기간)

1. 이의신청, 심사청구, 심판청구, 「감사원법」에 따른 심사청구 또는 「행정소송법」에 따른 소송에 대한 결정이나 판결이 확정된 경우: 결정 또는 판결이 확정된 날부터 1년

   1의2. 제1호의 결정이나 판결이 확정됨에 따라 그 결정 또는 판결의 대상이 된 과세표준 또는 세액과 연동된 다른 세목이나 과세기간의 과세표준 또는 세액의 조정이 필요한 경우: 제1호의 결정 또는 판결이 확정된 날부터 1년

   1의3. 「형사소송법」에 따른 소송에 대한 판결이 확정되어 「소득세법」 제21조제1항제23호 또는 제24호의 소득이 발생한 것으로 확인된 경우: 판결이 확정된 날부터 1년
2. 조세조약에 부합하지 아니하는 과세의 원인이 되는 조치가 있는 경우 그 조치가 있음을 안 날부터 3년 이내(조세조약에서 따로 규정하는 경우에는 그에 따른다)에 그 조세조약의 규정에 따른 상호합의가 신청된 것으로서 그에 대하여 상호합의가 이루어진 경우: 상호합의 절차의 종료일부터 1년
3. 제45조의2제1항 및 제2항 또는 「국제조세조정에 관한 법률」 제19조제1항 및 제33조제2항에 따른 경정청구 또는 같은 법 제20조제2항에 따른 조정권고가 있는 경우: 경정청구일 또는 조정권고일부터 2개월
4. 제3호에 따른 경정청구 또는 조정권고가 있는 경우 그 경정청구 또는 조정권고의 대상이 된 과세표준 또는 세액과 연동된 다른 과세기간의 과세표준 또는 세액의 조정이 필요한 경우: 제3호에 따른 경정청구일 또는 조정권고일부터 2개월
5. 최초의 신고 · 결정 또는 경정에서 과세표준 및 세액의 계산 근거가 된 거래 또는 행위 등이 그 거래 · 행위 등과 관련된 소송에 대한 판결(판결과 같은 효력을 가지는 화해나 그 밖의 행위를 포함한다. 이하 이 호에서 같다)에 의하여 다른 것으로 확정된 경우: 판결이 확정된 날부터 1년
6. 역외거래와 관련하여 제1항에 따른 기간이 지나기 전에 「국제조세조정에 관한 법률」 제36조제1항에 따라 조세의 부과와 징수에 필요한 조세정보(이하 이 호에서 "조세정보"라 한다)를 외국의 권한 있는

당국에 요청하여 조세정보를 요청한 날부터 2년이 지나기 전까지 조세정보를 받은 경우: 조세정보를 받은 날부터 1년

〈국세부과제척기간 개정연혁〉

구분	부과제척기간(국기법 제26조의2)
1990.6.30. 이전 상속 · 증여 ~	○ 법정신고기한 다음 날부터 5년
1990.7.1. 이후 상속 · 증여 ~	○ 일반적인 경우(신고분): 법정신고기한 다음 날부터 5년 ○ 무신고, 허위 · 누락신고 부분 → 법정신고기한 다음 날부터 10년
1993.7.1. 이후 상속 · 증여 ~	○ 법정신고기한 다음 날부터 10년
1994.7.1. 이후 상속 · 증여 ~	○ 일반적인 경우(신고분): 법정신고기한 다음 날부터 10년 ○ 무신고, 가공채무 공제신고, 금융재산(예금, 주식, 채권, 보험금 등)의 신고누락, 등기 · 등록 · 명의개서 요하는 재산을 상속인(수증자) 명의로 신고일까지 등기 등 없이 신고누락, 사기 기타 부정한 행위로 포탈하거나 환급 · 공제(1994.12.31. 신설)→ 법정신고기한 다음 날부터 15년
1999.7.1. 이후 상속 ~ 현재 1999.10.1. 이후 증여 ~ 현재	○ 일반적인 경우(신고분): 법정신고기한 다음 날부터 10년 ○ 무신고, 가공채무 공제신고, 금융재산(예금, 주식, 채권, 보험금 등)의 신고누락, 등기 · 등록 · 명의개서 요하는 재산을 상속인(수증자) 명의로 신고일까지 등기 등 없이 신고누락, 사기 기타 부정한 행위로 포탈하거나 환급 · 공제 ⇒ 법정신고기한 다음 날부터 15년 ○ 사기 기타 부정한 행위로 포탈한 경우로써 다음 유형의 은닉재산 가액의 합계액이 50억원을 초과하는 경우. 다만 상속인(수유자) 사망, 증여자 및 수증자가 사망시는 적용 제외→ 당해 재산의 상속 · 증여가 있음을 안 날부터 1년 ① 제3자 명의로 된 피상속인 · 증여자의 재산을 상속인 · 수증자가 취득한 경우 ② 계약이행기간 중 상속이 개시되어 피상속인이 생략되고 상속인이 직접 취득 ③ 국외 소재 상속 · 증여재산을 상속인(수증자)가 취득 ④ 등기 · 등록 · 명의개서가 필요하지 아니한 유가증권, 서화, 골동품 등을 상속인 · 수증자가 취득 ⑤ (2013.1.1. 이후) 수증자의 명의로 되어 있는 증여자의 「금융실명거래 및 비밀보장에 관한 법률」 제2조제2호에 따른 금융자산을 수증자가 보유하고 있거나 사용 · 수익한 경우 ⑥ (2017.1.1. 이후) 비거주자인 피상속인의 국내재산을 상속인이 취득한 경우 ⑦ (2020.1.1. 이후) 상증법 제45조의2에 따른 명의신탁재산 증여의제에 해당하는 경우

* 증여세 신고기한: 1996.12.31. 이전 증여분은 증여일부터 6월, 1997.1.1. 이후 증여분은 증여일부터 3월, 2009.1.1. 이후 증여분은 증여일이 속하는 달의 말일부터 3월임.
* 부담부증여에 따라 증여세와 함께 소득세가 과세되는 경우에 그 소득세의 부과제척기간은 증여세와 같이 적용함(2013.1.1. 이후 소득세를 부과할 수 있는 날이 개시하는 분부터).

[관련 질의회신 · 판례 등]

○ 국세부과제척기간 연장사유

상속세 신고서를 제출한 자가 대통령령이 정하는 허위신고 또는 신고누락한 경우에는 그 허위신고 또는 신고누락한 부분에 한하여 상속세의 부과제척기간을 10년으로 연장하도록 규정하고, 그 위임에 따른 구 국기령(1993.12.31. 대통령령 제14076호로 개정되기 전의 것, 이하 '시행령'이라 한다) 제12조의2는 그 각 호에서 부과제척기간의 연장사유가 되는 허위신고 또는 신고누락의 유형을 구체적으로 열거하여 규정하고 있는바, 위 각 규정의 취지와 그 문언에 비추어 보면, 시행령 제12조의2 각 호가 규정한 허위신고 또는 신고누락한 경우에 해당하지 않으면 상속세의 부과제척기간이 연장된다고 할 수 없고, 나아가 부과제척기간이 연장되는 부분도 당해 허위신고 또는 신고누락한 부분에 한정된다고 할 것임(대법원2005두1688, 2006.2.9.).

○ 재처분의 범위

판결에서 세액산정의 불능을 이유로 처분이 전부 취소된 경우 과세관청은 국기법 제26조의2제2항에 따라 판결이 확정된 날부터 1년이 경과되기 전까지는 해당 판결에 따라 경정결정 기타 필요한 처분을 할 수 있으며, 허용되는 처분의 범위는 반드시 납세의무자에게 유리한 것에 한정된다고 볼 수 없음(법규과–1894, 2007.4.20.).

○ 국세부과제척기간의 특례

(국세청) 과세관청은 「국세기본법」 제26조의2제2항 규정에 의하여 판결이 확정된 날부터 1년이 경과되기 전까지는 당해 판결에 따라 경정결정이나 그 밖에 필요한 처분을 할 수 있는 것이며, 이 경우 실체적으로는 하자가 없으나 절차적 위법사유만 있는 경우에는 판결의 취지에 따라 그 하자를 보완하여 재처분할 수 있는 것임(기준2017법령해석기본–0006, 2017.2.20.).

(법원) 납세고지 절차상의 흠결을 이유로 국가 패소한 경우에는 국세부과 제척기간이 만료되었더라도 국기법 제26조의2제2항에 의해 판결 등이 확정된 날로부터 1년 이내에 재고지한 처분은 정당함(대법원93누4885, 1996.5.10.).

제3장 상속세 과세대상

제1절 총상속재산

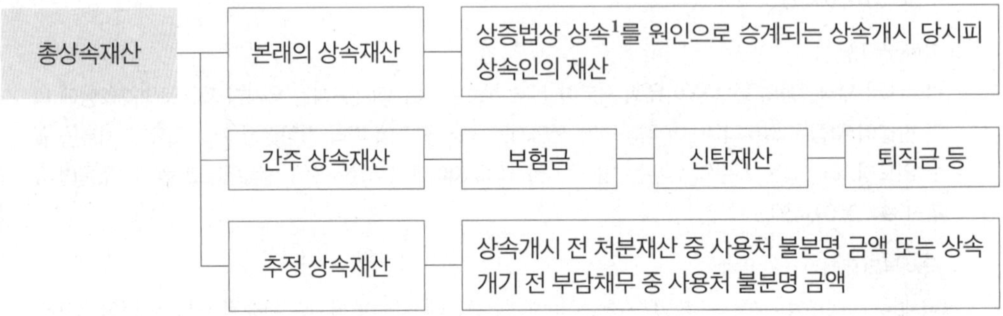

1. 총상속재산의 의미

상증법상 상속은 민법에 따른 상속, 특별연고자 상속재산 분여, 유증, 사인증여, 유언대용신탁, 수익자연속신탁을 말한다. 상속재산은 피상속인에게 귀속되는 재산으로 금전으로 환산할 수 있는 경제적 가치가 있는 물건과, 재산적 가치가 있는 법률상사실상 권리를 말한다. 상속재산 중 상속세를 부과하는 재산이 상속세 과세대상[2]이고, 상속재산 중 상속세를 부과하지 않는 재산은 비과세 상속재산[3]이다.

상속세 과세대상 재산은 총상속재산이라고 한다. 총상속재산은 상증법령 본문에서 나오지 않고, 상속세 과세표준 및 자진납부계산서 부표 1. 상속세 과세가액계산명세서에서 사용하고 있다.

---

1. 민법에 따른 상속, 특별연고자 상속재산 분여, 유증, 사인증여, 유언대용신탁, 수익자연속신탁을 말한다.
2. 상증법 제3조(상속세 과세대상) 상속개시일 현재 다음 각 호의 구분에 따른 상속재산에 대하여 이 법에 따라 상속세를 부과한다.
3. 상증법 제12조(비과세되는 상속재산) 다음 각 호에 규정된 재산에 대해서는 상속세를 부과하지 아니한다.

나. 상속세 과세가액 계산

총상속재산 가액	⑩	상속재산가액	
	⑪	상속개시 전 처분재산등 산입액(「상속세 및 증여세법」 제15조)	
	⑫	합계	
비과세 재산가액 (「상속세 및 증여세법」 제12조)	⑬	계	
	⑭	금양(禁養)임야등 가액(「민법」 제1008조의3)	
	⑮	문화재가액	
	⑯	기타	
과세가액 불산입액	⑰	계	
	⑱	공익법인 출연재산가액(「상속세 및 증여세법」 제16조)	
	⑲	공익신탁 재산가액(「상속세 및 증여세법」 제17조)	
	⑳	기타	
공제금액 (「상속세 및 증여세법」 제14조)	㉑	계	
	㉒	공과금	
	㉓	장례비용	
	㉔	채무	
가산하는 증여재산가액	㉕	계 (㉖ + ㉗ 또는 ㉖ + ㉘)	
	㉖	「상속세 및 증여세법」 제13조	
	㉗	「조세특례제한법」 제30조의5	
	㉘	「조세특례제한법」 제30조의6	
㉙ 상속세 과세가액〔⑫ - (⑬ + ⑰ + ㉑) + ㉕〕			

총상속재산은 본래의 상속재산과 간주상속재산, 추정상속재산으로 구분한다. 상증법 제2장 제1절의 제목이 '상속재산'이고, 제8조~제10조에서 상속재산으로 보는 보험금, 신탁재산, 퇴직금 등을 규정하고 있다. 부표 1. 상속세 과세가액계산명세서의 '⑩ 상속재산가액'은 본래의 상속재산과 간주상속재산을 말한다.

'본래의 상속재산'은 간주상속재산과 구분하기 위해서 이 책에서 사용하지만 상증법령에서 사용하는 표현이 아니며, 민법에 따른 상속재산만을 뜻하지는 않는다. 본래의 상속재산은 민법에 따른 상속, 특별연고자 상속재산 분여, 유증, 사인증여, 유언대용신탁, 수익자연속신탁을 원인으로 상속인 또는 수유자가 취득하는 재산을 말한다.

간주상속재산[4]은 민법상 상속재산은 아니지만, 상속 등에 따른 재산 취득과 동일한 결과가 발

---

4. 간주상속재산(또는 의제상속재산)은 법령상 표현은 아니며, 상증법에서는 '상속재산으로 보는 보험금 등'으로 표현하고 있다. 상증법에서는 의제관련은 간주상속재산과 증여의제가 있으며, 추정관련은 상속재산추정과 증여재산추정이 있다.

생하여 상증법상 상속재산으로 간주되는 재산을 말하며, 보험금, 신탁재산 및 퇴직금 등이 있다.

추정상속재산은 상속개시일 전에 피상속인이 처분한 재산 또는 부담한 채무로 일정금액을 초과하는 경우 그 용도가 객관적으로 명백하지 아니한 경우 이를 상속인이 상속받은 것으로 추정하며, 이와 같이 상속재산으로 추정하여 과세가액에 산입되는 재산을 말한다.

2. 자산종류별 상속재산 결정현황

상속재산[5] 중 부동산(토지+건물)이 차지하는 비율은 2020년 60.9%이다.

(단위 : 백만원)

구분	합계	토지	건물	유가증권	금융자산	기타재산
2020년	21,339,420	6,050,553	6,956,574	3,681,629	3,149,053	1,501,611
2019년	16,374,333	4,969,423	5,322,066	2,292,010	2,695,348	1,095,486
2018년	14,939,403	5,073,826	4,680,780	1,703,382	2,597,581	883,835
2017년	13,967,892	4,526,300	3,823,036	1,938,951	2,260,649	1,418,956
2016년	12,817,632	4,193,337	3,567,675	1,997,660	2,254,121	804,839

쟁점

국세청 상속세 과세자료전의 수집방법

상속세 조사는 피상속인의 모든 재산과 부채에 대해 확인하는 조사이고, 세무서장 및 지방국세청장은 처리대상자료에 대해 조사계획을 수립하여 세무조사를 실시하여야 한다(상속세 및 증여세 사무처리규정 제31조).

처리대상자료는 과세자료등을 뜻한다. '과세자료'는 상속세 및 증여세 과세(비과세 · 과세미달 포함)의 근거가 되는 자료를 말하며, '과세자료전'은 과세자료의 내용을 수록한 규격화된 문서를 말한다(상속세 및 증여세 사무처리규정 제2조).

과세자료전에는 피상속인의 부동산 취득 · 양도, 보험금, 퇴직금, 출입국, 가족관계등록, 이자 · 배당, 전환사채 인수내역 등이 확인되는 것으로 알려져 있다. 국세청은 과세과료전의 수록되는 자료를 어떻게 수집할까?

과세자료를 수집하는 방법은 '법률을 근거로 하는 것'과 '법률외'로 구분할 수 있고, 법률은 다시 3가지로 나눌 수 있다. 상증법, 과세자료 과세자료의 제출 및 관리에 관한 법률(이하 과제법), 기타 법률이다. 기타 법률에는 부동산등기법, 특정금융거래정보의 보고 및 이용 등에 관한 법률[6], 조세조약 등이 여기에 속한다.

상증법에 따라 수집하는 자료는 상증법 제82조(지급명세서 등의 제출)에 수집하는 자료를 말한다. 지급명세서 등에는 보험금, 퇴직금, 주식 명의개서, 골프회원권, 전환사채 발행 및 인수내역 등이 포함되어 있다.

과제법은 근거과세와 공평과세를 위해 중앙관서, 지방자치단체, 금융회사등, 공공기관 등에서 수집하고 있다. 수집하는 자료는 과제법 시행령 별표 '과세자료의 범위 및 제출시기등'에서 확인할 수 있으며, 출입국기록, 특허권, 학원등록자료, 선박 · 어선 등록자료, 수출입 신고자료, 법원보관금 자료, 가족관계등록부, 근저당권, 전세권 등이 수집되고 있음을 알 수 있다.

---

5. 추정상속재산은 제외한다.
6. FIU법이라고 부른다.

기타 법률 중 특정금융거래정보의 보고 및 이용 등에 관한 법률에 따라 금융회사등은 불법재산 등으로 의심되는 거래와, 고액 현금거래를 보고한다. 고액 현금거래는 1천만원 이상을 말한다. '특정금융거래정보의 보고 및 이용 등에 관한 법률에서 수집된 금융거래정보'는 비밀이 보장[7]된다. 금융거래정보는 재판에서 증거로 활용할 수 없다(해당 법률 제12조). 따라서, 세무서등은 금융거래정보만을 근거로 과세할 수 없기 때문에 별도로 금융거래정보의 거래과정, 목적 등을 확인해야 한다.

기타 법률 중 나라별 조세조약은 국세법령정보시스템에서 확인이 가능하다. 상속세 또는 증여세 등은 조세조약의 대상이 되는 조세가 아니다.[8] 하지만 다자간 조세행정공조협약(우리나라는 2012.7.1. 발효)에서는 '유산 · 상속 또는 증여세'도 대상으로 하고 있어 다른 나라와 정보교환이 가능하다.

법률외 수집자료에는 밀알정보[9], 탈세제보자료 등이 있다. 밀알정보는 국세공무원들이 연간 일상생활을 하면서 과세정보로 활용하기 위해 수집하는 자료이다.

과세자료의 수집 특징은 재산 종류별로 하나의 자료만 수집하는 것이 아니라 보완적으로 수집한다. 예를 들면 부동산 보유자료는 '부동산등기법에 따라 부동산 등기자료'만 수집하지 않는다. 부동산 등기자료 외에 '과제법에 따라 부동산 취득세 납부 · 징수자료'도 수집하여 부동산 등기를 하지 않은 자료[10]도 수집하고 있다.

○ 상증법 제82조(지급명세서 등의 제출)

① 국내에서 다음 각 호의 어느 하나에 해당하는 자는 대통령령으로 정하는 바에 따라 지급명세서 또는 명의변경 내용을 관할세무서장에게 제출하여야 한다.

1. 제8조와 제34조에 규정된 생명보험이나 손해보험의 보험금(해약환급금 및 중도인출금을 포함한다)을 지급하거나 명의변경을 취급하는 자
2. 제10조에 규정된 퇴직금, 퇴직수당, 공로금 또는 그 밖에 이와 유사한 금액(연금은 제외한다)을 지급하는 자

③ 다음 각 호의 자는 대통령령으로 정하는 바에 따라 명의개서 또는 변경 내용을 관할 세무서장에게 제출하여야 한다.

1. 국내에서 다음 각 목의 어느 하나에 해당하는 권리 등의 명의개서 또는 변경을 취급하는 자(명의개서 또는 변경에 관한 확인업무를 국가나 지방자치단체로부터 위탁받은 자 및 「자본시장과 금융투자업에 관한 법률」 제6조제1항제1호에 따른 투자매매업 또는 같은 항 제2호에 따른 투자중개업을 하는 자를 포함한다)
   가. 주식
   나. 출자지분
   다. 공채
   라. 사채
   마. 채권
   바. 「자본시장과 금융투자업에 관한 법률」 제9조제21항에 따른 집합투자증권 또는 같은 법 제279조제1항에 따른 외국 집합투자증권
   사. 특정시설물을 이용할 수 있는 권리 등

---

7. 비밀 자료이므로 납세자와 세무대리인에게 FIU자료를 해명하라고 하지 않는다. 마찬가지로 탈세제보도 제보자의 제보 내용 등을 납세자와 세무대리인에게 언급하지 아니한다(탈세제보자료 관리규정 제3조).
8. 예를 들면 미국과의 조세조약 제1조(대상조세)에서 한국의 경우에는 소득세 및 법인세(한국의 조세), 미국의 경우에는 내국세법에 의하여 부과되는 연방소득세(미국의 조세)로 규정하고 있다.
9. "'숨은세원의 단초' 국세공무원들 연간 10만건 '밀알정보' 수집한다", 세정일보, 2021.10.12.
10. 지방세법 제7조(납세의무자 등) ② 부동산등의 취득은 「민법」, 「자동차관리법」, 「건설기계관리법」, 「항공안전법」, 「선박법」, 「입목에 관한 법률」, 「광업법」, 「수산업법」 또는 「양식산업발전법」 등 관계 법령에 따른 등기 · 등록 등을 하지 아니한 경우라도 사실상 취득하면 각각 취득한 것으로 보고 해당 취득물건의 소유자 또는 양수인을 각각 취득자로 한다.

2. 국내에서 투자자로부터 예탁받은 「외국환거래법」 제3조제1항제8호에 따른 외화증권을 「자본시장과 금융투자업에 관한 법률」 제294조에 따른 한국예탁결제원에 다시 예탁하는 예탁자

④ 신탁업무를 취급하는 자는 대통령령으로 정하는 바에 따라 수탁재산(受託財産) 중 위탁자와 수익자가 다른 신탁의 구체적 내용을 관할세무서장에게 제출하여야 한다.

⑤ 「소득세법」 제164조에 따른 지급명세서, 「법인세법」 제119조에 따른 주식등변동상황명세서 또는 「조세특례제한법」 제100조의23에 따른 동업기업의 소득의 계산 및 배분명세에 제1항부터 제3항까지의 지급명세서 등의 해당 사항이 있는 경우에는 그 지급명세서 등을 제출한 것으로 본다. 〈개정 2020.12.22.〉

⑥ 제40조제1항에서 규정하는 전환사채등을 발행하는 법인(「자본시장과 금융투자업에 관한 법률」에 따른 주권상장법인으로서 같은 법 제9조제7항에 따른 유가증권의 모집방법으로 전환사채등을 발행하는 법인은 제외하며, 같은 법에 따른 인수인은 포함한다)은 대통령령으로 정하는 바에 따라 그 전환사채등의 발행 및 인수인의 구체적 사항을 관할세무서장에게 제출하여야 한다.

○ 특정금융거래정보의 보고 및 이용 등에 관한 법률 제4조(불법재산 등으로 의심되는 거래의 보고 등)

① 금융회사등은 다음 각 호의 어느 하나에 해당하는 경우에는 대통령령으로 정하는 바에 따라 지체 없이 그 사실을 금융정보분석원장에게 보고하여야 한다.

1. 금융거래등과 관련하여 수수(授受)한 재산이 불법재산이라고 의심되는 합당한 근거가 있는 경우
2. 금융거래등의 상대방이 「금융실명거래 및 비밀보장에 관한 법률」 제3조제3항을 위반하여 불법적인 금융거래등을 하는 등 자금세탁행위나 공중협박자금조달행위를 하고 있다고 의심되는 합당한 근거가 있는 경우
3. 「범죄수익은닉의 규제 및 처벌 등에 관한 법률」 제5조제1항 및 「공중 등 협박목적 및 대량살상무기확산을 위한 자금조달행위의 금지에 관한 법률」 제5조제2항에 따라 금융회사등의 종사자가 관할 수사기관에 신고한 경우

③ 금융회사등은 제1항에 따라 보고를 할 때에는 그 의심되는 합당한 근거를 분명하게 밝혀야 한다.

○ 특정금융거래정보의 보고 및 이용 등에 관한 법률 제4조의2(금융회사등의 고액 현금거래 보고)

① 금융회사등은 5천만원의 범위에서 대통령령으로 정하는 금액 이상의 현금(외국통화는 제외한다)이나 현금과 비슷한 기능의 지급수단으로서 대통령령으로 정하는 것(이하 "현금등"이라 한다)을 금융거래등의 상대방에게 지급하거나 그로부터 영수(領收)한 경우에는 그 사실을 30일 이내에 금융정보분석원장에게 보고하여야 한다. 다만, 다음 각 호의 어느 하나에 해당하는 경우에는 그러하지 아니하다.

1. 다른 금융회사등(대통령령으로 정하는 자는 제외한다)과의 현금등의 지급 또는 영수
2. 국가, 지방자치단체, 그 밖에 대통령령으로 정하는 공공단체와의 현금등의 지급 또는 영수
3. 자금세탁의 위험성이 없는 일상적인 현금등의 지급 또는 영수로서 대통령령으로 정하는 것

② 금융회사등은 금융거래등의 상대방이 제1항을 회피할 목적으로 금액을 분할하여 금융거래등을 하고 있다고 의심되는 합당한 근거가 있는 경우에는 그 사실을 금융정보분석원장에게 보고하여야 한다.

제2절 본래의 상속재산

상속재산은 피상속인에게 귀속되는 재산으로서 금전으로 환산할 수 있는 경제적 가치가 있는 물건과, 재산적 가치가 있는 법률상 · 사실상 권리를 말한다. 다만, 변호사, 공인회계사, 세무사 등 전문자격, 교수 자격 등과 같이 피상속인의 사망으로 인하여 소멸되는 일신에 전속하는 권리는 상속재산에 포함되지 아니한다.

'본래의 상속재산'은 간주상속재산과 구분하기 위해 이 책에서 사용하지만 상증법령에서 사용하는 표현이 아니며, 민법에 따른 상속재산만을 뜻하지는 않는다. 본래의 상속재산은 민법에 따른 상속, 특별연고자 상속재산 분여, 유증, 사인증여, 유언대용신탁, 수익자연속신탁을 원인으로 상속인 또는 수유자가 취득하는 재산을 말한다.

본래의 상속재산 여부와 관련된 다툼은 많아 상속재산으로 보는 경우와 제외하는 경우를 구분하여 질의회신 · 판례를 구분하여 서술하였다.

쟁점

매매계약 이행 중에 매도자 또는 매수자가 사망한 경우

A는 B는 부동산을 10억원에 양도하기로 계약한 다음, B는 A에게 계약금 · 중도금 3억원을 지급하였다. 매매계약 이행 중에 A 또는 B가 사망하였다면 부동산은 누구의 소유로 보며, 상속재산가액은 얼마일까?

1. 부동산은 누구 소유인가?

매매계약 이행 중에 사망시 부동산을 누구의 소유로 볼 것인지에 대해서는 상증법에서는 별도 규정이 없지만, 소득세법의 양도시기 또는 취득시기에 따라 상증법에서 판단하는 것이 전체 세법의 체계상 부합되어 보인다(대법원2005두13148, 2007.6.15. 같은 뜻). 따라서 계약금과 중도금만 지급된 이 건의 경우 부동산의 소유는 A이다.

2. 재산평가는 어떻게 하는가?

부동산 매매거래는 A의 부동산과 B의 금전을 교환하는 것이다.

거래전			거래 후		
구분	A	B	구분	A	B
부동산	10	0	부동산	0	10
금전	0	10	금전	10	0
계	10	10	계	10	10

매매계약 이행 중에 사망하였다면 이렇게 된다.

거래전			거래 후		
구분	A	B	구분	A	B
부동산	10	0	부동산	7	3(채권)
금전	0	10	금전	3	7
계	10	10	계	10	10

매도자가 사망한 경우, A의 입장에서는 부동산의 소유권이 있지만, 받은 3억원만큼의 지분은 감소하였으므로 부동산 평가액은 7억원이다. 대신, 현금 3억원이 증가하였으므로 현금을 보유한 상태로 사망하였다면 상속재산은 그대로 10억원이다(대법원2001두5040, 2002.2.26. 참고). 여기서 주의해야 할 것은 상속개시일 현재 현금 3억원에 대해 피상속인이 이미 사용하였다면 추정상속재산을 검토하여야 하는 점이다(서면4팀-3080, 2006.9.7.).

매수자가 사망한 경우 B의 입장에서는 지급한 3억원만큼의 상속재산이 채권만 있을 뿐이고 부동산 소유권은 A에게 있으며, 지급하여야 할 7억원을 현금으로 가지고 있다(상증 집행기준 2-0-4 ③).

예시

(문) 부(父)가 타인과 부동산 매매계약(매매가액 10억, 계약금 1억)을 체결하고 계약금 1억원을 수령하여 예금으로 예치하고 잔금을 수령하기 전 사망한 경우 상속재산가액은?

(답) 상속재산가액 10억원

(∵) 부동산 9억원(10억원 - 1억원) + 예금 1억원, 금융재산 상속공제 2천만원은 별도

쟁점

부동산 명의신탁자가 사망한 경우

A는 부동산을 B에게 양도하였다. A와 B는 계약서를 작성하였고, B에게 돈을 받았다. 그런데 이 부동산은 명의신탁재산이었다. 소유자(명의신탁자)는 C이고, A가 B에게 받은 돈은 C가 준 돈이었다. A는 그 사실을 몰랐고, C가 사망한 경우 명의신탁한 부동산은 C의 상속재산일까?

원칙적으로 명의신탁한 재산은 신탁자의 재산이다. 하지만 부동산의 경우는 다를 수 있다.

부동산 실권리자명의 등기에 관한 법률 제4조(명의신탁약정의 효력)제1항에서는 이렇게 나온다. "명의신탁약정은 무효로 한다. 제2항 명의신탁약정에 따른 등기로 이루어진 부동산에 관한 물권변동은 무효로 한다. 다만, 부동산에 관한 물권을 취득하기 위한 계약에서 명의수탁자가 어느 한쪽 당사자가 되고 상대방 당사자는 명의신탁약정이 있다는 사실을 알지 못한 경우에는 그러하지 아니하다." 제2항을 보면 명의수탁자가 매도자 또는 매수자가 되고 상대방이 명의신탁 사실을 모르면 명의신탁약정이 무효가 되지 않는다. 이른바 선의의 계약명의신탁이다. '선의의 계약명의신탁'의 부동산 명의신탁약정은 무효가 되지 않는다. 무효가 되지 않으니까 명의수탁자가 소유자가 된다. 그러면 명의신탁자와 명의수탁자 사이에는 부당이득금이 생기게 된다. 명의수탁자는 부당이득금 반환 의무가 생긴다.

그러니까 선의의 계약명의신탁에서 명의신탁자가 사망하면 부동산에 대해서는 상속재산으로 볼 수 없고, 부당이득금 반환 권리가 생기는 거고, 명의수탁자가 사망하면 부동산과 부당이득금 반환 의무가 발생한다.

아래의 법원 결정과 심판례가 나오는 이유가 위와 같다.

(법원) 명의신탁자와 명의수탁자가 이른바 계약명의신탁약정을 맺고 명의수탁자가 당사자가 되어 명의신탁약정이 있다는 사실을 알지 못하는 소유자와의 사이에 부동산에 관한 매매계약을 체결한 후 그 매매계약에 따라 해당 부동산의 소유권이전등기를 수탁자 명의로 마친 경우에는 명의신탁자와 명의수탁자 사이의 명의신탁약정의 무효에도 불구하고 그 명의수탁자는 해당 부동산의 완전한 소유권을 취득하게 되고, 다만 명의수탁자는 명의신탁자에 대하여 부당이득반환의무를 부담하게 될 뿐이다(대법원2007다90432, 2010.10.14.).

(심판원) 당사자의 의사범위에 따라 명의수탁자가 계약의 일방당사자가 되고 타방당사자는 명의신탁약정이 있다

는 사실을 모른 경우에는 수탁자 명의의 등기에 의한 물권변동을 유효한 것으로 하여(부동산 실권리자 명의등기에 관한 법률 제4조제2항 단서) 명의신탁자가 소유권 등기를 회복할 수 없도록 하였으며, 같은 법 제4조제3항에 의하여 명의신탁되어 있는 부동산을 취득한 자는 선의 및 악의에 불문하고 당해 부동산의 소유권을 유효하게 취득하게 됨에 따라 명의신탁자는 취득자에 대하여 명의신탁된 재산임을 이유로 소유권을 주장할 수는 없다(국심 2000서3015, 2001.6.5.).

쟁점

합유자가 사망한 경우

재산의 공동소유의 형태는 공유, 총유, 합유가 있다. 이 중 합유는 합유물을 처분 또는 변경할 때에는 합유자 전원의 동의가 있어야 한다. 그러면 합유자가 사망하였을 때 상속세, 증여세 등은 어떻게 될까?

1. 상속세

합유자가 사망하였을 때 합유자의 지위는 승계되지 않으므로 합유재산은 상속재산이 되지 않는다. 합유자의 상속인은 지분환급(출급)청구권을 가지고, 잔존 합유자는 그 사망일에 해당 지분을 균분 취득한 것으로 본다. 부동산을 합유로 소유하고 있었는데, 합유자가 사망하였다고 한다면 상속인은 부동산을 상속받는 것이 아니라, 청구권을 가지게 된다는 뜻이다.

그래서 법원은 부동산의 합유자 중 일부가 사망한 경우 합유자 사이에 특별한 약정이 없는 한 사망한 합유자의 상속인은 합유자로서의 지위를 승계하는 것이 아니므로 잔존 합유자의 소유로 귀속된다고 보았다(대법원 2009두10765, 2009.10.15.).

2. 증여세

'합유자의 상속인'은 지분환급청구권을 가지는데, 청구를 포기한다면 어떻게 될까? 채무면제에 따른 증여에 해당한다. 합유자의 상속인이 증여자이다.

그러면 증여시기는 언제일까? 증여시기는 청구권(채권)포기 또는 채무면제의 의사를 표시한 때이며, 「민법」 제162조에 따른 소멸시효가 완성된 경우에는 소멸시효가 완성된 날이다(사전2016법령해석재산-0226, 2016.9.9.).

3. 양도소득세

잔존합유자가 해당 부동산을 양도한 경우 합유자의 사망으로 취득한 지분의 취득시기는 합유자의 사망일이다(서면5팀-759, 2008.4.8.). 그러면 사망한 합유자의 지분이 잔존합유자에게 이전된 사망시점에 사망한 합유자의 지분이 이전되었으니까 양도로 볼 수 있을까?

지분이 이전되었고, 대가가 지급되었으므로 소득세법에 따른 양도로 보인다. 국세청은 사망한 합유자의 소유지분은 사망일에 해당 지분 상당의 가액을 양도가액으로 하여 잔존합유자에게 양도되는 것이라고 보았다(기준 2015법령해석재산-0047, 2015.4.20.).

소득법에 따른 양도라고 본다면 양도소득세 과세대상은 무엇이고, 납세의무자는 누구일까? 이전된 재산(과세대상)을 부동산으로 본다면, 사망한 합유자의 상속인은 납세의무(또는 승계)로 양도소득세 납세의무가 있는 것이고, 이전된 재산(과세대상)을 청구권으로 본다면 양도소득세 납세의무자는 사망한 합유자의 상속인이지만 청구권은 양도소득세 과세대상이 아니므로 양도소득세 납세의무가 없다고 보인다. 현재 양도소득세 납세의무자에 국세청 해석은 없다.

[상속재산 포함 관련 질의회신 · 판례 등]

○ 양도 · 양수계약 이행 중에 사망한 경우의 상속재산의 범위

(부동산 양도)부동산 매도인이 매도대금 일부만 받고 사망하여 상속인이 잔대금을 지급받고 소유권 이전시, 그 부동산 자체가 상속재산이 되며 전체 매매대금에서 피상속인에게 지급된 금액을 공제한 나머지 금액으로 평가함(대법원2001두5040, 2002.2.26.).

* 양도세는 상속인이 부담

(상장주식 양도) 주식의 경우도 부동산과 마찬가지로 상속개시 전 피상속인이 상장주식에 대한 매도계약을 체결하고 잔금을 영수하기 전에 사망한 경우에는 매도대금에서 상속개시 전에 영수한 계약금과 중도금을 차감한 잔액을 해당 상속재산의 가액으로 함(서면4팀-893, 2008.4.2.).

(부동산 양수) 상속개시 전 피상속인이 부동산 양수계약을 체결하고 잔금을 지급하기 전에 사망한 경우에는 이미 지급한 계약금과 중도금을 상속재산(채권)에 포함함(상증통칙 2-0-3).

○ 상속재산 판단시점

(소득세법 준용) 소득세법상 양도차익을 산정함에 있어 기준이 되는 자산의 양도시기 또는 취득시기에 관한 규정은 상증법에 있어 상속재산의 귀속을 결정함에 있어서도 준용됨(대법원2005두13148, 2007.6.15.).

(등기를 완료하지 못한 경우) 피상속인이 사망 전에 부동산을 취득하고 잔금까지 지급하였으나, 소유권이전등기를 완료하지 못한 경우 해당 부동산은 피상속인의 상속재산에 포함됨(재삼46014-2646, 1996.11.28).

○ 명의신탁 재산

(명의신탁자 사망) 상속인들에게 증여한 것이 아니라 명의신탁을 한 것으로 인정되고 증여의제 규정에 따라 증여세가 부과될 수 있다 하더라도 실질적인 증여'가 아니므로, '명의신탁재산에 대한 증여의제' 규정에 관계없이 '상속재산'에 해당함(대법원2003두14475, 2005.7.28.).

(명의수탁자 사망) 피상속인이 상속개시일 현재 명의수탁하고 있는 재산임이 명백히 확인되는 경우 해당 재산에 대하여는 상속세가 과세되지 아니함(재산세과-1052, 2009.5.29.)

○ 선의의 계약명의신탁 재산

(심판원) 당사자의 의사범위에 따라 명의수탁자가 계약의 일방당사자가 되고 타방당사자는 명의신탁약정이 있다는 사실을 모른 경우에는 수탁자 명의의 등기에 의한 물권변동을 유효한 것으로 하여(부동산 실권리자 명의등기에 관한 법률 제4조제2항 단서) 명의신탁자가 소유권 등기를 회복할 수 없도록 하였으며, 같은 법 제4조제3항에 의하여 명의신탁되어 있는 부동산을 취득한 자는 선의 및 악의에 불문하고 당해 부동산의 소유권을 유효하게 취득하게 됨에 따라 명의신탁자는 취득자에 대하여 명의신탁된 재산임을 이유로 소유권을 주장할 수는 없는 것임(국심2000서3015, 2001.6.5.).

(법원-부동산 실권리자 명의등기에 관한 법률 관련) 명의신탁자와 명의수탁자가 이른바 계약명의신탁약정을 맺고 명의수탁자가 당사자가 되어 명의신탁약정이 있다는 사실을 알지 못하는 소유자와의 사이에 부동산에 관한 매매계약을 체결한 후 그 매매계약에 따라 해당 부동산의 소유권이전등기를 수탁자 명의로 마친 경우에는 명의신탁자와 명의수탁자 사이의 명의신탁약정의 무효에도 불구하고 그 명의수탁자는 해당 부동산의 완전한 소유권을 취득하게 되고, 다만 명의수탁자는 명의신탁자에 대하여 부당이득반환의무를 부담하게 될 뿐임(대법원2007다90432, 2010.10.14.).

○ 미수이자

상속재산인 예금 · 저금 또는 적금의 평가는 상속개시일에 있어 예입총액과 이미 경과한 미수이자액의 합계액[11]에 의함(재삼46014-1096, 1994.4.21.).

⇔ 미지급이자는 공제대상 채무에 해당(상증통칙 14-0…3).

○ 영업권

피상속인이 개인으로서 경영하던 사업체를 평가함에 있어 영업권의 가액도 상속재산가액에 포함함(서면4팀-1282, 2005.7.21.).

○ 법인의 장부상 계상된 피상속인 명의의 가수금채권

피상속인이 대표이사로 있는 법인의 장부상 계상된 피상속인 명의의 가수금채권이 재산적가치가 있는 사실상의 채권인 경우 상속재산에 포함됨(재경원 재산46014-5, 1998.1.6.).

⇔ 피상속인의 가지급금 변제의무를 상속인이 실제로 부담하는 경우 당해 가지급금은 상속채무에 해당함(법규과-2647, 2006.6.28.)

○ 인정상여, 배당금, 무상주를 받을 권리 등

상속개시일 현재 인정상여 등과 같이 실질적으로 재산이 없는 경우에는 상속재산에 포함하지 아니하며, 현금채권인 배당금, 무상주를 받을 권리 등 실질적으로 재산이 있을 경우에는 상속재산에 포함함(상증통칙 2-0-1).

○ 상속개시 후 명의 이전된 재산의 상속재산 여부

상속개시 후 피상속인의 재산을 상속인을 취득자로 하여 증여 또는 매매를 원인으로 하는 소유권이전등기 등을 한 경우 해당 재산은 상속재산에 포함함. 이때, 상속개시 후 상속인이 증여를 원인으로 특별조치법에 의해 등기를 이전한 경우에도 상속재산에 포함함(재산세과-707, 2009.4.8.).

○ 부동산 합유자가 사망한 경우

(부동산은 상속재산 아님) 부동산의 합유자 중 일부가 사망한 경우 합유자 사이에 특별한 약정이 없는 한 사망한 합유자의 상속인은 합유자로서의 지위를 승계하는 것이 아니므로 잔존 합유자의 단독소유로 귀속된다고 할 것임(서울행법2008구합2828(2008.07.16.)-대법원2009두10765(2009.10.15. 심불))

(지분환급(출급)청구권이 상속재산) 사망한 합유자의 상속인은 해당 지분 상당의 가액에 대한 지분환급(출급)청구권을 상속재산으로 하여 상속받는 것임(기준2015법령해석재산-0047, 2015.4.20.)

(증여와 증여시기) 상속인이 잔존합유자에 대해 지분출급채무를 면제한 경우에는 상증법 제36조에 따라 그 채무면제로 인한 이익에 상당하는 금액을 잔존합유자의 증여재산가액으로 하는 것이며, 이 경우, 증여시기는 청구권(채권)포기 또는 채무면제의 의사를 표시한 때이며, 「민법」 제162조에 따른 소멸시효가 완성된 경우에는 소멸시효가 완성된 날이 되는 것임(사전2016법령해석재산-0226, 2016.9.9.).

(양도) 사망한 합유자의 소유지분은 사망일에 해당 지분 상당의 가액을 양도가액으로 하여 잔존합유자에게 양도되는 것이며, 잔존합유자는 그 사망일에 해당 지분을 균분 취득한 것으로 보는 것임(기준2015법령해석재산-0047, 2015.4.20.).

○ 즉시연금보험의 보험계약자가 사망한 경우

상속개시 전까지 수령한 연금은 유기정기금의 평가방법에 의해 평가한 가액을 증여재산으로 보아 증여세를 부과하고, 해당 증여재산가액은 상속세 과세가액에 가산하며, 해당 보험계약은 상속개시 당시의 해지환급금 상당액으로 평가하며, 상속 개시 이후 수령한 연금에 대한 과세는 상속인들의 상속재산에 관한 분할 등 내용에 따라 판정함(사전2019법령해석재산-0378, 2021.1.19.).

○ 보상금

피상속인이 과거에 구금 또는 형이 집행된 사건에 대하여 재심을 신청하고 그 재심사건에서 무죄로 판결되어 그의 상속인이 「형사보상 및 명예회복에 관한 법률」에 따라 국가로부터 보상금을 수령하는 경우 해당 보상금에 상당하는 재산은 피상속인의 상속재산에 포함되는 것임(서면법규과-1444, 2012.12.6.).

---

11. "예입총액 + 미수이자 - 원천징수세액 상당액"으로 평가한다(상증법 제63조제4항).

[상속재산 포함 관련 질의회신 · 판례 등]

○ 질권 · 저당권 등 종된 권리

질권, 저당권 또는 지역권[12]과 같은 종된 권리는 주된 권리의 가치를 담보 또는 증가시키는 것으로 독립하여 상속재산을 구성하지 아니함(상증통칙 2-0…1).

○ 주주총회에서 잉여금처분결의 전에 사망시 배당금[13]

배당기준일 현재 생존하고 있던 주주가 주주총회에서 잉여금 처분결의가 있기 전에 사망한 경우로서 상속개시 후에 잉여금의 처분이 확정된 경우에는 해당 배당금 및 상여금은 상속세 과세가액에 포함하지 아니함(서면4팀-701, 2004.5.19.).

○ 명의수탁한 재산

피상속인이 상속개시일 현재 명의수탁하고 있는 재산임이 확인되는 경우로서 명의신탁 재산에 대해 수탁자인 피상속인에게 증여세가 과세되었더라도, 수탁한 재산임이 명백할 때는 상속재산에 포함되지 아니함(재산세과-1052, 2009.5.29.).

○ 상속개시일 현재 회수불가능한 채권 등

(회수불가능 채권) 피상속인에게 귀속되는 채권 중 전부 또는 일부가 상속개시일 현재 회수 불가능한 경우 상속재산가액에 산입하지 아니함(재산세과-2663, 2008.9.4.).

(평가) 상속재산인 금전채권의 전부 또는 일부가 상속개시일 현재 회수불가능한 것으로 인정되지 아니하더라도, 상속개시일 채무자의 자금사정 및 신용상태가 급격히 악화되는 등 중대한 사유가 발생한 경우 합리적인 방법으로 평가하여야 함(대법원2013두26989, 2014.8.28.).

○ 위로금 및 배상금

(위로금) 피상속인이 사고로 인하여 사망한 경우 그 유가족이 받는 위자료 성격의 금품은 상속세 과세대상에 해당하지 아니하는 것임(재삼01254-1702, 1991.6.22.).

(유족이 수령한 형사합의금) 교통사고를 당하여 사망한 피상속인의 유족이 가해자측과 합의하여 유족위로금 명목으로 받게 될 형사합의금은 상속개시일 현재 피상속인에게 귀속되는 재산으로 볼 수 없어 상속세 과세대상에 해당하지 않음(서면2018법령해석재산-2398, 2020.3.13.).

(사망 전) 피상속인이 사망하기 전 상해로 인하여 받은 위자료 성격의 보상금은 상속재산에서 제외되지 아니함(심사상속2013-0028, 2013.11.19.).

(국가배상금) 사고에 의한 사망으로 그 유족에 대한 위로금 성격으로 지급되는 보상금 또는 배상금은 유족의 고유재산으로서 상증법 제2조제3호에 따른 상속재산에 해당하지 않는 것임. 미성년 자녀가 지방자치단체에서 관리하는 시설물의 관리 하자로 인해 사망함에 따라 지급받은 지방자치단체의 배상책임보험금 및 「국가배상법」에 따른 배상금이 상속재산에 해당하는지는 그 사고와 지급 경위 및 지급근거 등 제반사정을 종합하여 사실판단 할 사항임(사전2021법령해석재산-0346 [법령해석과-3011], 2021.8.30.).

---

12. (질권) 채무가 변제될 때까지 목적물을 유치하고 변제가 없는 때에는 그 목적물에 따라 우선변제를 받는 담보물권
(저당권) 목적물의 인도를 받지 않고 그 위에 우선변제권을 확보하는 약정 담보물권
(지역권) 타인의 토지를 자기의 편익에 이용하는 물권
13. 배당기준일에는 배당여부, 배당금액등을 알 수 없다.

제3절 간주 상속재산

먼저 '의제(간주)'와 '추정'에 대해 살펴본 후 간주상속재산이 무엇인지 알아본다.

'의제'는 본질은 똑같지는 않지만 법률에서 동일한 것으로 보아 동일한 효과를 주는 것을 말하며, 반대되는 사실을 제시하더라도 법률이 정한 효력은 변함이 없다. 반면 '추정'은 확실하지 않은 사실을 그 반대 증거가 제시될 때까지 진실한 것으로 인정하여 법적효과를 발생시키는 것을 말한다.

민법상 상속재산은 아니지만, 상증법상 상속재산으로 보는 재산을 간주 상속재산 또는 의제 상속재산이라고 한다. 간주 상속재산이 상속, 유증 또는 사인증여를 원인으로 취득하는 본래적 의미의 상속재산은 아니라고 하더라도 그 재산 취득사실의 결과로서 상속인 또는 수유자에게 상속·유증 등으로 재산을 취득하는 경우와 동일한 경제적 이익이 발생하기 때문에 조세회피방지, 실질과세, 과세형평을 위해서 상속재산으로 보아 상속세를 과세하고 있다.

간주 상속재산(또는 의제 상속재산)은 법령상 표현은 아니며, 상속세는 '상속재산으로 보는 보험금' 등으로 표현하고 있으며, 증여세는 '명의신탁재산의 증여의제' 등으로 표현하고 있다.

간주 상속재산에는 보험계약에 의해 취득하는 '보험금', 신탁계약에 의하여 취득하는 '신탁재산' 및 '퇴직금 등'[14]이 있다.

1. 보험금

- ○ 피상속인이 보험계약자이거나 또는 보험계약자는 아니더라도 실질적으로 보험료를 납부한 경우에 피상속인의 사망으로 인하여 받는 생명보험, 손해보험의 보험금
- ○ 상속재산으로 보는 보험금=보험금×피상속인이 부담함 보험료÷사망시까지 불입된 보험료의 합계

우선 용어에 대해 살펴본다.

'보험계약자'는 보험회사와 계약을 체결한 자를 말하며, 보험료 납입의무가 있어 보통은 보험계약자와 '보험료 납부자'와 같지만, 다른 경우도 있을 수 있다.

'보험료'는 보험계약자가 보험계약에 따라 보험회사에 납입하는 금액을 말하며, 일시에 보험료를 납부하는 경우도 있다.

'보험금'은 피보험자가 보험사고를 당하였을 경우 보험회사가 보험수익자에게 지급하는 금액을 말한다.

'피보험자'는 보험사고의 객체가 되는 되는 사람 등을 말한다.

'보험금 수익자'는 보험계약상 보험금을 수령받을 권리를 가진 자를 말한다. 보험금 수익자는

---

14. '보험금, 신탁재산, 퇴직금 등'이 아니라 퇴직금만 유사한 퇴직수당 등을 포함하여 '퇴직금 등'이라고 부른다.

만기수익자, 사고수익자 등 달리 정할 수 있다. 상증법에서는 보험금 수령인이라고 한다.

피상속인으로부터 상속, 유증 또는 사인증여에 의하여 재산을 취득하는 것 외에 상속인 등은 보험계약에 의해 보험회사로부터 경제적 이익을 무상으로 취득하는 경우가 있다.

피상속인이 생명보험 또는 손해보험을 가입 및 보험료를 납부하고 사망한 경우 보험금 수익자는 보험계약에 따라 보험금을 수령한다. 이는 보험계약에 따라 보험금 수익자가 수령한 것으로 민법상 피상속인의 상속재산이 아닌 보험금 수익자의 고유재산이지만, 이는 피상속인이 상속인 등에게 경제적 이득을 무상이전하기 때문에 해당 보험금을 상속재산으로 간주하고 있다(상증법 제8조).

헌재는 생명보험금은 유족의 생활보장을 목적으로 피상속인의 소득능력을 보충하는 금융자산으로서의 성격도 지니는 등 그 경제적 실질에 있어서는 민법상의 상속재산과 다를 바 없어 피상속인의 사망으로 지급받는 생명보험의 보험금을 상속재산으로 의제한 것은 실질적 조세법률주의에 위배되거나 납세의무자의 재산권을 침해한다고 볼 수 없다(헌재2007헌바137, 2009.11.26.)고 보았다.

한편 보험료 납부자와 보험금 수익자가 다른 경우에는 보험사고가 발생하였을 때에 보험금 상당액을 보험금 수령인의 증여재산으로 한다(상증법 제34조).

보험계약자	피보험자	보험금 수익자	과세
부	부	부	상속세
부	부	자	상속세
자(납부 부)	부	자	상속세

가. 상속재산으로 보는 보험금 요건(아래 1), 2) 요건 모두 충족)

1) 피상속인의 사망으로 인하여 받는 생명보험 또는 손해보험의 보험금

보험금에는 소득령 제25조제2항제2호의 수산업협동조합중앙회 및 조합, 신용협동조합중앙회 및 조합, 새마을금고연합회 및 금고 등이 취급하는 생명공제계약 또는 손해공제계약과 같은 항 제3호의 우체국이 취급하는 우체국보험계약에 따라 지급되는 공제금 등을 포함한다(상증통칙 8-0…1).

2) 피상속인이 보험계약자가 된 보험계약에 의하여 지급받는 것

이 경우 보험계약자가 피상속인이 아닌 경우에도 피상속인이 현실적으로 보험료를 납부하였을 때에는 피상속인을 보험계약자로 본다.

나. 상속재산으로 보는 보험금 계산

$$\text{지급받은 보험금의 총합계액} \times \frac{\text{피상속인이 부담한 보험료의 금액}}{\text{피상속인의 사망 시까지 불입된 보험료의 총합계액}}$$

'피상속인이 부담함 보험료' 금액은 보험증권에 기재된 보험료 금액을 말하고, 피상속인이 부담한 보험료에는 보험계약에 의하여 피상속인이 지급받는 배당금 등으로 해당 보험료에 충당한 배당금 등을 포함한다.

예시

(문) 피상속인의 사망에 따라 받은 생명보험금액이 6천만원이고, 총 불입보험료는 4천만원이며 이 중 35백만원은 피상속인이 납부한 경우 상속재산으로 보는 보험금은 얼마인가?

(답) 52.5백만원 (= 6천만원×35백만원 / 40백만원)

다. 보험금 수익자 구분에 따른 과세방법

보험금 수익자	상속세	증여세
법정 상속인	상속세 과세	최초 분할시 증여세 과세대상 아님
특정 상속인 (지정 수익자)	상속세 과세	지정수익자 외의 자가 분배받은 경우, 증여세 과세
상속인외 자 (지정 수익자)	상속세 과세	지정 수익자가 보험금 수령을 포기하여 상속인간 협의 분할하는 경우 증여세 과세대상 아님

보험계약의 수익자가 상속인이 아닌 경우에는 상속인이 아닌 자가 피상속인으로부터 보험금을 유증 등을 받은 것으로 보는 것이므로 그 보험금을 수취한 자는 상속세 납부의무가 있다(서면4팀-537, 2005.4.11.).

쟁점

법인의 단체보험과 상속세

법인은 단체보험을 가입하였다. 법인이 보험계약자이면서 보험료를 불입하고, 피보험자는 임원이며, 보험금 수익자는 임원의 상속인이다. 임원이 사망한 경우 보험금은 상속재산일까?

1. 보험의 종류

상속세 또는 증여세가 과세되는 보험금은 생명보험 또는 손해보험이어야 한다. 우선 보험종류에 대해 살펴보면 상법에서는 손해보험과 인보험으로 구분하고, 인보험에서 생명보험, 상해보험, 질병보험으로 구분한다. 보험업법에서는 생명보험상품, 손해보험상품, 제3보험상품으로 구분하고 있다.

상해보험에서 지급하는 사망보험금을 생명보험으로 볼 수 있는지에 대해 법원은 상해보험에 속한다고 보았다.[15] 국세청 해석에서는 상해보험의 보험금도 과세대상인지에 대해 명시적인 해석은 없어 보인다. 생명보험 또는 손해보험을 상증법에서 정의하지 않아 차용개념으로 보이며 상해보험은 과세대상에서 제외되는 것으로 보인다. 즉, 위의 단체보험이 상해보험이라면 상속세 · 증여세 과세대상이 아니다.[16]

2. 보험료 불입자

법인이 부담한 보험료는 사용자가 부담한 근로소득으로 보아야 하므로 보험료의 실질적 납입자는 피상속인이다. 따라서 생명보험 또는 손해보험의 경우에는 상속재산으로 보아야 한다.
만약 보험금 수익자가 법인이고 보험금을 수령하여 상속인에게 지급하였다면 이는 퇴직금 등으로 보아야 한다(서울행법2013구합20363(2015.03.26.)–대법원2015두51026(2015.12.24. 심불)).

[관련 질의회신 · 판례 등]

○ 상속재산으로 보지 않는 보험금

(상속인이 보험계약자로 보험료를 불입) 상속인이 보험계약자로서 실질적으로 보험료를 지불한 경우에는 상속재산으로 보지 않음(서면4팀–196, 2005.1.27.).

(지연배상금) 보험금 지급소송에서 패소한 보험회사가 판결내용에 따라 상속인에게 지급한 지연배상금은 상속재산으로 보는 보험금에 해당하지 아니하며, 해당 지연배상금은 소득법 제21조의 기타소득임(서일 46014–10038, 2002.1.12.).

○ 보험금 지급사유가 발생하기 전에 보험료 납부자가 사망한 경우

보험사고가 발생하지 않은 경우에는 보험금의 상속 · 증여 규정이 적용되지 않으며, 피상속인이 납부한 보험료 상당액은 상속재산에 해당하는 것으로 이는 상속개시일까지 피상속인이 납부한 보험료의 합계액과 납부한 보험료에 가산되는 이자수입상당액을 합계하여 평가하는 것임. 다만, 상속인이 상속개시 후에 해당 보험계약을 해지하고 수령하는 해약환급금을 상속재산의 가액으로 하여 상속세를 신고하는 경우에는 그 해약환급금 상당액으로 평가할 수 있음(재산세과–418, 2012.11.22.).

○ 연금보험 관련 보험금 평가

(법원) 즉시연금보험의 보험료 환급권의 가액은 청약철회기간 내에 상속이 개시된 경우에는 납입보험료 전액이고 그 이후에 상속이 개시된 경우에는 약관에 따라 계산되는 해지환급금 상당액임(대법원2015두

---

15. 자동차상해보험은 피보험자가 피보험자동차를 소유 · 사용 · 관리하는 동안에 생긴 피보험자동차의 사고로 인하여 상해를 입었을 때 보험자가 보험약관에 정한 사망보험금이나 부상보험금 또는 후유장해보험금 등을 지급할 책임을 지는 것으로서 인보험의 일종이기는 하나, 피보험자가 급격하고도 우연한 외부로부터 생긴 사고로 인하여 신체에 상해를 입은 경우에 그 결과에 따라 보험약관에 정한 보상금을 지급하는 보험이어서 그 성질상 상해보험에 속한다고 할 것이다(대법원2003다29463, 2004.7.9.).
16. 상속세 과세가 가능하다는 입장도 있다. "법인단체보험을 통해 개인에게 보험금이 지급되는 경우의 과세문제"(신정희, 양익준 서울법학 제27권 제3호, 2019.11.30.)

○ 상속으로 인한 납세의무 승계(국기법 제24조 관련)

(2014.12.31. 이전 상속) 보험금의 경우 상속재산이 아니라 상속인의 고유재산이므로 국기법 납세의무가 승계되는 '상속으로 받은 재산'에 포함되지 아니함[17](대법원2013두1041, 2013.5.23.).

(2015.1.1. 이후 상속) 상속포기자가 상증법 제8조에 따른 보험금을 받는 경우 상속포기자를 상속인으로 보고, 보험금을 상속받은 재산으로 보아 납세의무를 승계함.

⇒ 국기법 제24조제2항 신설하였다.

○ 수익자가 지정된 보험금을 협의분할한 경우

보험계약자인 피상속인의 사망으로 인하여 수익자로 지정된 상속인("지정수익자")이 지급받는 생명보험금은 수익자의 고유재산에 해당하여 민법에 따른 협의분할 대상이 아니므로, 공동상속인간의 자의적인 협의분할에 의하여 지정 수익자 외의 자가 분배받은 경우에는 증여세가 과세되는 것임(사전2014법령해석재산-20405, 2015.7.13)

○ 단체보험

(상속재산 여부) 국가기관 등이 재직공무원을 피보험자로 단체보험계약을 체결한 후 공무원의 사망으로 인하여 상속인이 생명보험금을 받는 경우, 상증법 제8조제2항에 따라 피상속인이 실질적으로 보험료를 납부했는지 사실판단하여 상속재산에 포함되는지 여부를 결정함(기획재정부 재산세제과-360, 2018.4.25.).

(대표이사) 피상속인 근무처에서 피상속인의 사망으로 상속인에게 지급한 금액(보험금)은 피상속인이 대표이사 지위에 있었기 때문에 그에 대한 사망시 퇴직금 명목으로 지급였다고 봄이 타당하고, 따라서 상증법 제10조에 따라 상속재산으로 간주되어야 함(서울행법2013구합20363(2015.03.26.)-대법원2015두51026(2015.12.24. 심불)).

○ 보험계약의 수익자가 상속인이 아닌 경우

상속인이 아닌 자가 유증 등을 받은 것으로 보아 상속재산에 포함하고, 그 보험금을 수령한 자는 수유자로서 상속세 납부의무를 부담하는 것임(조심2020전7882, 2020.12.11.).

2. 신탁재산

신탁법[18] 등 신탁계약에 따라 위탁자가 수탁자와 재산 신탁계약을 체결하여 위탁자의 재산권을 수탁자의 명의로 신탁이전하고, 수탁자로 하여금 지정된 수익자를 위하여 그 재산권이나 그 이익을 관리 · 처분하도록 할 수 있다. 이 경우 수탁자는 그 재산에 대한 명목상 소유자에 불과하고, 신탁재산의 실질적인 소유자는 위탁자이므로 피상속인이 신탁하는 재산이나 피상속인이 신탁이익을 받을 권리를 소유한 경우에는 그 재산을 상속재산으로 본다(상증법 제9조).

---

17. 대법원은 상법 관련해서 상속인의 고유재산이라고 판결한 바 있다. 피보험자의 상속인이 피보험자의 사망이라는 보험사고가 발생한 때에 보험수익자의 지위에서 보험자에 대하여 가지는 보험금지급청구권은 상속재산이 아니라 상속인의 고유재산이라 할 것이다(대법원2003다29463, 2004.7.9.).

18. 상증법에서는 신탁법에 따른 신탁으로 한정하지 않고, "피상속인이 신탁한 재산은 상속재산으로 본다"라고 규정하고 있다.

한편, 신탁계약에 따라 위탁자가 타인을 신탁 이익의 전부 또는 일부를 받을 수익자로 지정한 경우에는 수익자의 증여재산가액으로 한다(상증법 제33조). 수익자의 증여재산가액으로 하는 해당 신탁의 이익을 받을 권리의 가액(價額)은 상속재산으로 보지 아니한다.

가. 상속재산으로 보는 신탁재산의 범위

1) 피상속인이 신탁한 재산: 신탁재산가액
   타인이 신탁이익 받을 권리를 소유하고 있는 경우에는 그 이익에 상당하는 가액은 증여세 과세대상이므로 제외한다.
2) 피상속인이 신탁이익의 수익자인 경우
   그 신탁이익을 받을 권리의 가액
3) 수익자연속신탁의 수익자가 사망함으로써 타인이 새로 신탁의 수익권을 취득하는 경우
   그 타인이 취득한 신탁의 이익을 받을 권리의 가액(사망한 수익자의 상속재산에 포함)이다.

나. 「신탁의 이익을 받을 권리」 소유시기의 판정기준

신탁의 이익을 받을 권리의 소유 여부는 '원본 또는 수익이 수익자에게 실제 지급되는 때'를 기준으로 판정한다. 다만, 다음의 경우는 그 소유시기를 다음과 같이 판정한다.

구분	소유시기
① 수익자가 이익을 받기 전에 위탁자가 사망시	위탁자의 사망일
② 신탁계약상 지급 약정일까지 원본(수익)이 수익자에게 지급되지 아니한 경우	원본(수익)의 지급 약정일
③ 원본(수익)을 수회로 분할하여 지급	해당 원본(수익)의 최초 분할 지급일
④ 신탁계약 체결일에 원본(수익)의 이익이 확정되지 않고, 분할하여 지급	해당 원본(수익)의 실제 분할 지급일
⑤ 위탁자가 신탁재산을 실질적으로 지배 · 통제하는 경우(신탁계약 해지권, 수익자 지정 · 변경권, 신탁종료후 잔여재산 귀속권을 위탁자가 보유)	해당 원본(수익)의 실제 분할 지급일

다. 명의신탁

명의신탁은 실체적인 거래관계(증여계약 등) 없이 매매 등의 형식을 빌려 목적재산의 명의만을 다른 사람의 명의로 이전하여 두는 것을 말한다. 즉, 외관상 소유 명의는 수탁자이지만 실질적으로는 재산을 맡긴 위탁자가 재산의 관리 · 처분권을 가지는 경우이다. 명의신탁은 소유명의만

다를 뿐 재산이 실질 이전된 것이 아니므로 증여에 해당하지 않지만, 상증법에서는 대상과 요건에 충족한 경우에 증여로 의제하여 증여세를 부과한다.[19]

피상속인이 타인 명의로 해둔 명의신탁 재산은 명의신탁에 따른 증여세 부과와 관계없이 피상속인의 재산이므로 상속재산에 포함될 수 있다.[20]

> **[관련 질의회신 · 판례 등]**
>
> ○ 상속개시일 현재 아파트재건축조합 명의로 신탁등기된 쟁점아파트의 대지권은 상속재산에 해당됨(국심2005서2949, 2006.4.13.).

3. 퇴직금 등

피상속인에게 지급될 퇴직금 등이 피상속인의 사망으로 인하여 상속인 등 유족에게 지급되는 경우 그 금액은 상속재산에 포함한다. 다만, 업무상 사망으로 인하여 근로기준법 등에 따라 지급되는 유족보상금 등은 상속재산으로 보지 아니한다(상증법 제10조).

상속재산으로 보는 퇴직금은 퇴직소득세를 뺀 금액(재산상속46014-508, 2000.4.25.)이며, 이 경우 퇴직소득세는 공과금이 아니다.

가. 상속재산으로 보는 퇴직금 등

상속재산으로 보는 퇴직금 등은 '퇴직금 · 퇴직수당 · 공로금 · 연금 또는 그 밖의 이와 유사한 것'을 말하고, 이란 퇴직급여지급규정 등에 따라 지급받는 금품과 피상속인이 근무하고 있는 사업과 유사한 사업에 있어 피상속인과 같은 지위에 있는 자가 받거나 받을 수 있다고 인정되는 금액을 감안하여 피상속인의 지위 · 공로 등에 따라 지급되는 금품을 말한다.

나. 상속재산에 포함되지 않는 유족연금 등

다음에 해당하는 경우에는 상속재산으로 보지 아니한다.

1) 「국민연금법」에 따라 지급되는 유족연금 또는 사망으로 인하여 지급되는 반환일시금
2) 「공무원연금법」, 「공무원 재해보상법」 또는 「사립학교교직원 연금법」에 따라 지급되는 퇴직유족연금, 장해유족연금, 순직유족연금, 직무상유족연금, 위험직무순직유족연금, 퇴직유족

---

19. 명의신탁재산의 증여의제(상증법 제45조의2)는 다른 증여의제와 성격이 다르다. 다른 증여의제는 증여이지만 증여이익을 계산하는 데 어려움이 있어 증여의제로 규정하였지만, 명의신탁재산은 애당초 증여가 아니다.
20. 선의의 계약명의신탁의 경우 수탁자가 소유권을 가지는 경우도 있다(대법원2007다90432, 2010.10.14.).

연금부가금, 퇴직유족연금일시금, 퇴직유족일시금, 순직유족보상금, 직무상유족보상금 또는 위험직무순직유족보상금[21]

3) 「군인연금법」 또는 「군인 재해보상법」에 따라 지급되는 퇴역유족연금, 상이유족연금, 순직유족연금, 퇴역유족연금부가금, 퇴역유족연금일시금, 순직유족연금일시금, 퇴직유족일시금, 장애보상금 또는 사망보상금(군인 재해보상법)[22]
4) 「산업재해보상보험법」에 따라 지급되는 유족보상연금 · 유족보상일시금 또는 유족특별급여 또는 진폐유족연금
5) 근로자의 업무상 사망으로 인하여 「근로기준법」 등을 준용하여 사업자가 그 근로자의 유족에게 지급하는 유족보상금 또는 재해보상금과 그 밖에 이와 유사한 것
6) 「전직대통령예우에 관한 법률」 또는 「별정우체국법」에 따라 지급되는 유족연금 · 유족연금일시금 및 유족일시금

쟁점

퇴직금은 왜 간주상속재산일까

간주상속재산은 보험계약 또는 신탁계약에 따라 그 재산을 받는 자가 상속인 등이기 때문에 상속재산으로 의제하지만, 퇴직금은 고용계약에서 퇴직금을 받는 자를 지정하지는 않는다. 그러면 왜 퇴직금은 간주상속재산일까?

퇴직금을 누구에게 지급할지는 해당 법률이나 단체협약 등을 통해 지정할 수 있다. 해당 법률이나 단체협약 등에서 받을 자(수급권자)가 지정되어 있으면, 수급권자의 고유재산이므로 민법상 상속재산은 아니다.[23]

반면 해당 법률이 없거나, 단체협약 등에서 해당 퇴직금을 받아야 할 자가 정해져 있지 않다면 피상속인의 상속재산으로 보아야 한다. 하지만 상증법에서는 상속재산이든, 간주상속재산이든 상속세 과세대상이기 때문에 구분의 실익은 없다.[24]

---

21. 공무원 재해보상법 개정시 상증법을 같이 개정하였다(법률 제15522호(2018.3.20.) 부칙 제29조제10항, 2018.9.21. 시행).
22. 군인 재해보상법 개정시 상증법을 같이 개정하였다(법률 제16761호(2019.12.10.) 부칙 제21조제4항, 2020.6.11. 시행).
23. 예를 들면 「국민연금법」에 따라 지급되는 유족연금 등은 해당 법률에서 퇴직금을 받아야 할 수급권자를 지정하고 있으므로 민법상 상속재산은 아니고, 상증법상 상속재산에 해당하지만, 간주상속재산에서 제외하고 있다.
24. 상증법에서는 상속재산이냐 간주상속재산의 구분의 실익이 없지만, 국기법 납세의무승계에서는 구분의 실익이 있다. 납세의무승계에는 민법상 상속재산과 간주상속재산 중 보험금이 반영된다.

쟁점

퇴직금을 포기한 경우

포기한 퇴직금은 상속재산일까? 우선 포기를 피상속인이 하였는지, 상속인이 하였는지를 살펴보아야 하고, 피상속인이 근로자인지, 임원인지를 확인하여야 한다.

1. 포기를 언제 하였는지

피상속인이 생전에 포기하였다면 법인은 원래 지급하여야 할 퇴직금이 나가지 않는 것이니까 법인이 증여받은 것으로 볼 수 있다. 그래서 피상속인이 사망하기 전 5년 이내에 포기하였다면 법인에 증여한 재산으로 보아 피상속인 상속세 과세가액에 가산하여야 한다(조심2013서2501, 2013.9.16. 사례).

상속인이 피상속인 사망 후 포기하였더라도 법인이 이익을 얻는 것은 동일하다. 상속인이 퇴직금을 상속받아 상속인이 법인에 증여한 것으로 보아야 한다(제도46014-12214, 2001.7.18.).

2. 피상속인의 근로자인지, 임원인지

이를 살펴보아야 하는 것은 지급방식이 다르기 때문이다. 피상속인이 근로자라면 근로자기준법상에 따라 퇴직금 청구권이 있으니까 상속인에게 귀속되는 것이 당연해 보이는데, 문제는 피상속인이 이사 등 임원에 해당할 때이다.

피상속인이 이사 등에 해당하면 근로기준법상 근로자가 아니므로 근로기준법이 정한 퇴직금 청구권은 없다. 그렇지만 상법에서는 이사의 보수는 주주총회 결의에서 정할 수 있으니까 정관에서 정하면 퇴직금 청구권이 있다고도 볼 수 있다.

그러면 주주총회를 하지 않는다면 어떻게 해야 할까? 여기에 대해 대법원은 지급하지 않은 퇴직금에 대해 법인의 법인세 문제가 있지만 상속하지 않은 퇴직금청구권을 상속하였다고 의제할 수 없다고 보았다(서울고법2006누16788(2007.2.7.)-대법원2007두6557(2007.5.30. 심불)).

[관련 질의회신 · 판례 등]

○ 퇴직금의 범위

상속재산으로 보는 퇴직금은 퇴직소득세를 차감하여 계산함(재산상속46014-508, 2000.4.5.).

○ 위자료 또는 위로금

(위자료 성격의 보상금) 쟁점위로금은 그 명칭에 관계없이 그 실질내용에 있어서는 퇴직급여지급규정에 의하여 지급되는 통상적인 퇴직위로금이나 공로금 등에 해당한다고 볼 것이 아니라, 피상속인의 재직 중 사망으로 인하여 그 유족인 상속인들에게 지급된 위자료 성격의 보상금으로 봄이 상당함(국심1999서1481, 2000.4.28.).

(위로금 성격의 유족위로금) 근로자가 업무 외의 사유로 사망하여 그 근로자의 유족이 회사로부터 「노동조합 및 노동관계조정법」에 따른 단체협약에 따라 위로금 성격으로 지급받는 유족위로금은 상속재산에 해당함(재산세과-367, 2011.8.1.).

(재해보상금 등) 산업재해보상보험법에 의하여 지급되는 유족보상연금 · 유족보상일시금 또는 유족특별급여 및 근로자의 업무상 사망으로 인하여 근로기준법 등을 준용하여 사업자가 해당 근로자의 유족에게 지급하는 유족보상금 또는 재해보상금과 기타 이와 유사한 것에 해당하는 경우에는 상속재산으로 보지 아니함(서면4팀-701, 2007.2.26.).

○ 퇴직금을 포기한 경우

(피상속인 생전에 포기) 피상속인이 사망하기 전 5년 이내에 포기하였다면 법인에게 증여한 재산으로 보아 피상속인 상속세 과세가액에 가산(조심2013서2501, 2013.9.16.).

(상속인이 퇴직금을 수령할 권리를 포기) 피상속인에게 지급될 퇴직금을 수령할 권리가 있는 상속인이 그 권리를 포기한 경우, 상속인이 해당 퇴직금을 상속받아 퇴직금 지급의무자에게 증여한 것으로 봄(제도46014-12214, 2001.7.18.).

○ 대표이사의 퇴직금

주주총회에서 퇴직금 지급을 결의하였다면 퇴직금 등의 청구권을 행사할 수 있으나, 퇴직금액, 지급방법, 지급시기 등에 관한 주총의 결의가 있었음을 인정할 증거가 없는 이상 퇴직금청구권의 행사는 불가능하므로 상속세 과세대상이 아님(대법원2007두6557, 2007.5.30.).

○ 단체보험

피상속인 근무처에서 피상속인의 사망으로 상속인에게 지급한 금액(보험금) 피상속인이 대표이사 지위에 있었기 때문에 그에 대한 사망시 퇴직금 명목으로 지급였다고 봄이 타당하고, 따라서 상증법 제10조에 따라 상속재산으로 간주되어야 함(서울행법2013구합20363(2015.03.26.)—대법원2015두51026(2015.12.24. 심불)).

제4절 추정 상속재산

상속개시에 임박하여 피상속인이 재산을 처분하거나 예금을 인출 · 채무를 부담한 경우 그 처분대금이나 채무부담액이 과세자료의 포착이 어려운 현금 등의 재산으로 전환되어 상속인에게 상속 또는 증여될 개연성이 있고, 상속세가 부당하게 경감될 우려가 많으므로 이를 방지하기 위하여 그 중 용도가 객관적으로 명백하지 아니한 금액에 대하여는 일정한 요건하에 상속인이 이를 현금 상속한 것으로 인정하여 상속세 과세가액에 포함한다(대법원98두3075, 1998.12.8.).

피상속인이 상속개시 전 일정한 기간 내에 소유재산을 처분(예금인출 포함)하거나 채무를 부담한 경우로서 그 금액이 법령에서 정한 기준금액 이상인 경우에는 해당 처분(인출)가액이나 채무부담액에 대하여 상속인이 그 사용처를 입증하도록 하고, 그 사용처를 입증하지 못한 경우에는 미입증 금액을 상속인이 현금으로 상속받은 것으로 추정하여 상속세 과세가액에 산입한다(상증법 제15조).[25]

구분[26]	사용처 해명대상		상속추정요건	추정상속가액
	기간 기준	재산종류별 인출금액 등 기준		
재산[27]을 처분하거나 인출	상속개시일 전 1년 이내	2억원 이상	사용처 미입증 금액 ≥ Min(처분 등 재산 × 20%, 2억원)	사용처 미입증 금액 - Min(처분 등 재산 × 20%, 2억원)
상속인이 변제할 의무가 있는 채무	상속개시일 전 2년 이내	5억원 이상		
국가 · 지자체 · 금융회사 등 아닌 자로부터 부담한 채무로서 상속인이 변제할 의무가 없는 채무	기간기준 없음	금액기준 없음	입증여부 무관	채무액 전액

이 경우 상속개시 전 처분재산 등의 사용처가 불분명하여 상속세 과세가액에 산입된 추정상속재산의 가액은 상속인 각자가 법정상속지분으로 상속받는 것으로 보아 납부할 세액을 계산(서면4팀-658, 2005.4.29.)하며, 상속인이 상속포기를 하였더라도 사용처가 미입증된 금액은 상속받은 재산으로 보아 상속세를 과세할 수 있다(국심2003중302, 2003.5.21.).

25. 상속받은 것으로 추정하지만, 상속개시전 피상속인의 재산을 증여받은 것으로 추정함으로써 상속재산에 합산된다고 보는 것이다. 재산의 이전은 상속개시 전에 이루어져 증여세로 과세해야 하지만, 상속재산으로 추정하여 상속세로 과세한다.

예시

(문) 상속인은 배우자, 아들, 딸(상속포기)이고, 본래 상속재산은 30억원, 추정상속재산은 14억원인 경우 상속인별 상속세 과세가액은? (본래 상속재산은 배우자와 아들이 1/2 균등 협의하였다)

(답)

구분	배우자	아들	딸	비고
본래 30억원	15억원	15억원		균등협의
추정 14억원	6억원	4억원	4억원	법정상속분
합계 44억원	21억원	19억원	4억원	

상증법에는 3개의 추정 유형이 있다. 상속재산 추정과 증여재산추정이 있는데, 추정을 적용하는 방식과 기준은 모두 다르다.

〈추정제도의 비교〉

구분	상속개시 전 처분 재산의 상속추정	배우자 등에 대한 양도시의 증여추정	재산취득자금 등의 증여추정
입증금액	처분금액 - Min (처분재산 20%, 2억원)	양도금액 전체	취득금액 등 - Min (취득재산 등 20%, 2억원)
추정금액	미입증 금액 - Min (처분재산 20%, 2억원) * 변제의무 없는 채무액 전체(차감 없음)	미입증 금액 (차감없음)	미입증 금액 (차감없음)

26.

[별지 제9호서식 부표 4(갑)] <개정 2020. 3. 13.>

상속개시전 1(2)년 이내 처분재산 · 채무부담내역 및 사용처소명명세서 (갑)

가. 처분재산(인출금액) 명세

① 재산 구분	② 처분(인출) 금액 합계	③ ②금액 1년 이내 2억 이상 여부 (2년 이내 5억 이상)	④ 소명금액 합계	⑤ 미소명금액 합계	⑥ 차감가액 [(②)×20%, 2억원) 중 작은 금액]	⑦ 상속추정여부 (⑤ > ⑥)	⑧ 추정상속재산가액 (⑤ - ⑥)
01.현금 · 예금 및 유가증권		[ ]여 [ ]부				[ ]여 [ ]부	
02.부동산 및 부동산에 관한 권리		[ ]여 [ ]부				[ ]여 [ ]부	
03.기타재산 (위 재산 제외)		[ ]여 [ ]부				[ ]여 [ ]부	
⑨ 계							

나. 부담채무 명세

⑩ 재산 구분	⑪ 차입금액 합계	⑫ ⑪금액 1년 이내 2억 이상 여부 (2년 이내 5억 이상)	⑬ 소명금액 합계	⑭ 미소명금액 합계	⑮ 차감가액 [(⑪)×20%, 2억원) 중 작은 금액]	⑯ 상속추정여부 (⑭ > ⑮)	⑰ 상속추정재산가액 (⑭ - ⑮)
부담채무 I (국가, 지자체, 금융기관으로부터 차입)		[ ]여 [ ]부				[ ]여 [ ]부	
부담채무 II (국가, 지자체, 금융기관이 아닌 자로부터 차입)						[ ]여 [ ]부	
⑱ 계							

27. 재산종류별로 구분하여 계산한다.

1. 상속개시일 전 처분 · 인출한 재산의 상속추정

가. 처분재산 또는 인출금액의 사용처 해명대상

다음 중 어느 하나에 해당하는 경우에는 피상속인이 재산을 처분하여 받은 그 처분대금 또는 재산에서 인출한 그 금액에 대하여 상속인이 구체적인 사용처를 소명하여야 한다.

1) 상속개시일 전 1년 이내에 재산종류별로 계산하여 피상속인이 재산을 처분하여 받거나 피상속인의 재산에서 인출한 금액이 2억원 이상인 경우
2) 상속개시일 전 2년 이내에 재산종류별로 계산하여 피상속인이 재산을 처분하여 받거나 피상속인의 재산에서 인출한 금액이 5억원 이상인 경우

이 경우 상속개시일 전 1년 또는 2년 이내 기간 계산은 민법에 따라 기간을 일, 주, 월 또는 년으로 정한 때에는 초일은 산입하지 아니하고 기간의 만료일을 계산한다(재삼46014-1691, 1996.7.13.).

예시

(문) 상속개시일이 2022.7.5.인 경우 사용처 소명대상 기간 "2년 이내"가 되는 날은?

(답) 2020.7.5.

(상속개시일 당일을 불산입한 2021.7.4.부터 2년이 되는 날은 2020.7.5.이며, 2020.7.5.~ 2022.7.5. 사망시간 전까지의 처분대금 등을 소명해야 함).

나. 재산종류별로 2억원 이상 또는 5억원 이상의 계산

상속개시일 전 1년 이내에 2억원 이상 또는 상속개시일 전 2년 이내에 5억원 이상인 경우가 사용처 소명대상인 바, 해당 2억원 이상 또는 5억원 이상에 해당하는지는 아래와 같이 재산종류별로 구분하여 판단한다(상증령 제11조제5항).

1) 현금 · 예금 및 유가증권
2) 부동산 및 부동산에 관한 권리
3) 1) 및 2) 외의 기타재산

〈재산종류별 개정 연혁〉

1997년~1998년	1999.1.1. 이후
1. 현금 · 예금 2. 부동산 및 부동산에 관한 권리 3. 유가증권 4. 무체재산권 5. 기타재산	1. 현금 · 예금 및 유가증권 2. 부동산 및 부동산에 관한 권리 3. 1. 및 2. 외의 기타재산

예시

상속개시일 전 1년 이내 재산종류별 처분(인출)금액이 아래와 같을 때 소명대상 해당여부

구분	① 현금 등	② 부동산 등	③ 이외	합계	소명대상 해당여부
문1.	1억원	1억원	1억원	3억원	미해당
문2.	3억원	1억원	1억원	5억원	①만 소명대상
문3.	3억원	2억원	1억원	6억원	①, ②만 소명대상

예시

(문1) 상속개시일 전 1년 이내에 예금인출은 1억원, 부동산처분금액은 4억원인 경우 재산종류별 추정 상속재산 대상여부?

(답1) 예금인출액 1억원(×): 2억원 미만이므로 사용처 소명대상이 아님부동산처분금액 4억원(○): 2억원 이상이므로 사용처 소명대상

(문2) 2022.1.1. 사망하였고, 2020.3.5. A토지 4.5억, 2021.2.1. B건물 1억, 2021.6.1. C분양권 2천만원에 매도한 경우 사용처 소명대상인지?

(답2) 전체 소명대상 (부동산 2년 내 5.7억원(4.5억 + 1억 + 0.2억)

(문3) 2022.1.1. 사망하였고, 2020.3.5. D토지 2억, 2021.2.1. E건물 1.5억, 2021.6.1. F분양권 1억원에 매도한 경우 사용처 소명대상인지

(답3) E, F 소명대상 (부동산 등 1년내 2.5억원(1.5억 + 1억), 2년내 처분가액 4.5억원이므로 1년이 지난 D토지 2억원은 소명대상 아님)

[관련 질의회신 · 판례 등]

○ 처분재산의 범위

상속개시 전에 발생한 부동산임대소득 및 배당소득금액은 처분금액이 아니므로 처분재산의 사용처 소명대상이 아님(재삼46014-825, 1998.5.12.).

○ 구상금 채권이 현금등에 포함되는지 여부

구상금 채권은 상증령 제11조제5항제1호(현금 · 예금 및 유가증권)에 해당하는 재산임(기획재정부 재산세제과-118, 2014.2.12.).

○ 증여로 확인되는 경우
피상속인이 사망 전 2년 이내에 예금인출액과 채무부담액이 각각 5억원에 미달하더라도 그 금액이 피상속인이 생전에 상속인들에게 증여한 것으로 과세관청이 입증하면 증여세를 과세할 수 있음(국심2004구2605, 2005.2.25.).

다. 재산 처분가액과 예금 인출금액의 계산방법

재산의 처분금액 및 인출금액은 다음 구분에 따라 계산하고, 그 금액을 재산종류별로 구분하여 각각 합산한 금액으로 한다(상증령 제11조제1항).

1) 피상속인이 재산을 처분한 경우

그 처분가액 중 상속개시일전 1년 또는 2년 이내에 실제 수입한 금액으로 한다.

2) 피상속인이 금전등의 재산을 인출한 경우

상속재산 중 상속개시일 전 1년 또는 2년 이내에 실제 인출한 금전등을 말한다. 이 경우 당해 금전등이 통장 또는 위탁자계좌 등을 통하여 예입된 경우는 실제 인출한 금전등의 가액은 아래와 같이 통장 또는 위탁자 계좌 전체를 기준으로 계산)한다. 통장 또는 위탁자계좌등이란 금융기관을 통하여 계속 반복적으로 금융거래를 하는 사실 및 그 거래내역을 확인할 수 있는 문서를 말한다(상증규칙 제2조의3).

실제 인출한 금전등 가액 (순인출금)	=	{ 상속개시일전 1년 또는 2년 이내에 인출한 금전의 합계액 }	-	{ 해당 기간중 예입된 금전등의 합계액	-	그 예입된 금전등이 해당 통장 또는 위탁자계좌등에서 인출한 금전이 아닌 것

예시

(문) 피상속인 소유 계좌의 상속개시 전 2년 이내에 입출금내용 등이 다음과 같이 확인되는 경우 소명대상 순인출액은?

총 인출액	총 인출액	총 인출액	총 인출액
13억원	12억원	3억원	총 인출액 13억원중 7억원이 재입금됨

(답) 순인출액 6억원(=13억-(12억-5억))

* 별도 조성된 자금의 예입액 5억원의 계산: 12억-7억

* 총예입액 12억원에 별도조성자금 5억원이 포함되었음을 과세관청이 입증하지 못하면 순인출액 1억원으로 1년 이내 2억원 미만에 해당, 상속추정을 적용하지 못하고, 사전증여 여부는 확인이 필요함)

예시

(문) 상속개시일은 2022.2.1.이며, 아래와 같을 때 예금인출액의 사용처 소명대상 금액은?

(단위: 백만원)

거래일자	A통장			B통장		
	예입금액	인출금액	잔액	예입금액	인출금액	잔액
2021.2.1.			1,000			1,500
2021.3.3.	150(150)		1,150			
2021.3.15.		600	550			
2021.4.1.				700(100)		2,200
2021.8.31.					900	1,300
2021.9.30.	1,100(200)		1,650			
2021.11.30.		750	900			
2021.12.30.					300	1,000
상속개시일 현재 합계 등	1,250(350)	1,350	900	700(100)	1,200	1,000

*2021.3.3. A통장 예입액 150은 최초 입금된 금액(A, B통장에서 인출된 금액 아님),

*예입금액의 (　　　)금액은 통장 인출금액의 재입금액이 아닌 별도로 조성된 자금임

2021.4.1. B통장 예입액 700중 600은 A통장에서 인출되어 재입금된 금액

2021.9.30. A통장 예입액 1,100 중 900은 B통장에서 인출되어 재입금된 금액

(답) 사용처 소명대상 금액: 1,050백만원 (A+B 합계)

* 사용처 소명대상 금액: 2,550-(1,950-450)
* 총인출액: 2,550=1,350(A)+1,200(B)
* 총예입액: 1,950=1,250(A)+700(B)
* 별도 조성된 자금의 예입액: 450=150(A)+100(B)+200(A)

[관련 질의회신 · 판례 등]

○ 상속개시일 전 2년 이내의 처분한 가액의 의미

"상속개시일 전 2년 이내에 피상속인이 상속재산을 처분한 가액"의 판단은 해당 2년 동안에 실제 수입한 금액(상증령 제11조제1항제1호)을 말하므로, 매매계약은 상속개시 전 2년 전에 이루어져 계약금을 2년 전에 수령하고, 나머지 중도금, 잔금은 2년 이내에 수령하였다면 소명대상인 2년 내에 실제 영수한 금액은 중도금, 잔금임(재산세과-209, 2009.9.14.).

○ 매매계약 이행 중에 사망한 경우의 추정상속재산가액

피상속인이 부동산 양도계약을 체결하고 잔금을 영수하기 전에 사망한 경우에는 양도대금 전액에서 상속개시 전에 영수한 계약금 등을 차감한 잔액을 상속재산 가액으로 하며, 이 경우 상속개시 전에 영수한 계약금 등의 사용처를 규명하여 용도불분명한 금액은 상속추정하여 과세가액에 산입함(서면4팀-3080, 2006.9.7.).

○ 임대부동산을 처분한 경우의 추정상속재산가액

피상속인이 임대용 부동산을 처분하고 매수자로부터 임대보증금(또는 채무)을 차감한 잔액만을 수령한 경우에 2억원(또는 5억원) 이상에 해당하는지 여부는 보증금을 포함한 총매매대금을 기준으로 하여 소명대상 여부를 판단함. 이 경우 차감한 임대보증금(또는 채무)은 처분대금을 사용한 것으로 봄(서면4팀-1790, 2004.11.4.).

○ 용도를 소명하여야 할 금액

피상속인이 상속개시 전 2년 이내에 인출금액 중 용도를 소명하여야 할 금액은 피상속인의 계좌에서 인출된 총출금액에서 해당 계좌에 당초 인출된 금액 중에서 재입금된 금액을 제외한 순출금액으로 함(대법원2003두14529, 2004.4.9.).

○ 입금액의 범위

피상속인의 각 예금계좌의 입금액이 인출금과 관계없이 별도로 조성된 금액임이 확인되는 경우에는 그 금액을 인출금에서 제외하지 아니하며, 별도로 조성된 금액에 대한 입증책임은 과세관청에게 있음(대법원2002두5863, 2003.12.26.).

○ 인출금의 범위

예금계좌 인출금에는 부동산을 처분하고 받은 금액 또는 채무를 부담하고 받은 금액 중 당해 계좌에 예입되었다가 인출한 것도 포함하는 것임(서면4팀-1862, 2004.11.18.).

○ 예금계좌가 복수일 때

상속개시일 전 2년 내에 예금 인출한 금액에서 입금액 차감한 금액 기준으로 상속세과세가액 산입여부 결정하며, 예금계좌가 여러 개인 경우 이를 통산하여 적용함(재삼46014-965, 1996.4.12.).

2. 상속개시일 전 피상속인 부담채무의 상속추정

가. 상속인이 변제할 의무가 있는 채무

상속인이 변제할 의무가 있는 채무로, 피상속인이 부담한 채무를 합친 금액이 상속개시일 전 1

년 이내에 2억원 이상인 경우와 상속개시일 전 2년 이내에 5억원 이상인 경우에 한정하여 사용처 소명대상이 된다(상증법 제15조제1항제2호).

상속개시일 전 1년(2년) 이내에 부담한 채무가 2억원(5억원) 이상인지 여부는 피상속인이 부담한 채무의 합계액 기준으로 판단하며, 채무에는 미지급이자나 금융리스부채(미지급 리스료상당액 포함) 등은 포함하지 아니한다(서면4팀-1608, 2004.10.11.).

나. 상속인이 변제할 의무가 없는 채무

피상속인이 국가, 지방자치단체 및 금융회사등이 아닌 자에 대하여 부담한 채무로서 상속인이 변제할 의무가 없는 것으로 추정되는 경우에는 기간 및 금액에 관계없이 상속세 과세가액에 산입한다(상증법 제15조제2항)

변제할 의무가 없는 것으로 추정되는 경우란 채무부담계약서, 채권자확인서, 담보설정 및 이자지급에 관한 증빙 등에 따라서 상속인이 실제로 부담하는 사실이 확인되지 아니하는 경우를 말한다.

3. 용도가 객관적으로 명백하지 아니한 경우

피상속인이 재산을 처분(인출)하거나 채무를 부담한 경우로서 그 사용 용도가 객관적으로 명백하지 아니한 경우란 다음의 어느 하나에 해당하는 경우를 말한다(상증령 제11조제②항).

가. 피상속인이 재산을 처분하여 받은 금액이나 피상속인의 재산에서 인출한 금전 등 또는 채무를 부담하고 받은 금액을 지출한 거래상대방(이하 "거래상대방")이 거래증빙의 불비 등으로 확인되지 아니하는 경우

나. 거래상대방이 금전 등의 수수사실을 부인하거나 거래상대방의 재산상태 등으로 보아 금전 등의 수수사실이 인정되지 아니하는 경우

다. 거래상대방이 피상속인과 특수관계인으로서 사회통념상 지출사실이 인정되지 아니하는 경우

라. 피상속인이 재산을 처분하거나 채무를 부담하고 받은 금전 등으로 취득한 다른 재산이 확인되지 아니하는 경우

마. 피상속인의 연령 · 직업 · 경력 · 소득 및 재산상태 등으로 보아 지출사실이 인정되지 아니하는 경우

쟁점

추정상속재산과 납세의무 승계 그리고 입증책임

사망 전 피상속인이 재산을 처분하거나 채무를 발생하여 생긴 현금을 상속인에게 증여한 경우 국세청은 사실을 확인하기 어렵다. 이렇게 현금화하여 상속세를 회피하는 것을 방지하기 위해 상속개시 전 1년 이내에 2억, 2년 이내에 5억을 재산을 처분하거나 채무를 발생한 경우 상속인에게 그 사용처를 요구하여 일정기준에 미달하면 상속받은 것으로 추정한다.

추정상속재산의 입증책임은 누구에게 있을까? 그 입증책임은 상속인에게 있다(헌재2010헌바342, 2012.3.29., 대법원95누23, 1995.6.13.등).

납세의무 승계시 추정상속재산의 입증책임은 누구에게 있을까? 국기법 제24조 상속으로 인한 납세의무승계는 피상속인 사망시 상속인 또는 수유자는 상속으로 받은 재산의 한도로 납세의무를 승계한다. 이 경우 상속은 민법상 상속을 뜻하기 때문에 간주(의제)상속재산이 포함되지 않았다. 간주(의제)상속재산은 상증법상 상속재산이지만, 민법상 상속재산이 아니기 때문에 국기법에 상속으로 받은 재산에 포함되지 않는다. 이러한 세법 체계 보완하여 간주상속재산인 보험금에 대해 국기법을 개정하여 납세의무 승계시 상속으로 받은 재산에 포함시켰다.

> 국세기본법 제24조 제1항 중 "상속으로 인하여 얻은 재산"에는 상증법 제10조(상속재산으로 보는 퇴직금등) 각 호의 금액은 포함되지 않음(기획재정부 조세정책과-2011.2.1.)

그러면 추정상속재산은 어떻게 될까? 추정상속재산은 상속개시시점을 기준으로 계산하지만, 이미 생전에 상속인에게 상속(정확히는 증여)했다고 보아 상속재산으로 추정하는 재산이다. 민법상 상속재산이어야 한다. 따라서 납세의무 승계시에도 '상속으로 받은 재산'에 포함된다. 그런데 상속으로 받은 재산인지를 누가 입증하냐의 문제가 생긴다.

여기에 대해 법원은 상속인이 추정상속재산을 상속받았는지 여부는 국세청이 입증해야 한다고 보았다. 현금으로 상속되었음이 증명되지 아니하는 한 '상속으로 인하여 얻은 재산'이라고는 할 수 없고, 그와 같이 상속재산 처분대금이 현실적으로 상속되어 위의 '상속으로 인하여 얻은 재산'의 범위에 포함되었다는 점에 대한 입증책임은 원칙적으로 과세관청에 있다(대법원91누5730, 1991.11.8. 등).

그러면 추정상속재산인데 현금을 상속받았다고 세무서등이 입증할 수 있는지 의문이 생긴다.

과세관청이 반드시 상속재산 처분대금이 실제로 상속인에게 현금으로 상속되었다는 주요사실을 입증하여야만 하는 것은 아니고, 단지 구체적인 소송 과정에서 경험칙에 비추어 과세요건 사실이 추정되는 사실 즉 상속재산 처분대금이 상속인에게 현금으로 상속되었다고 추정할 만한 간접사실을 입증하는 것으로 족한다(대법원98두3075, 1998.12.8.).

정리하면 상속세 계산시 추정상속재산의 입증책임은 상속인에게 있고, 납세의무승계 추정상속재산의 상속재산여부는 과세관청에 있으며, 납세의무승계관련 입증은 상속인에게 현금으로 상속되었다고 추정할 만한 간접사실을 입증하는 정도이다.

[관련 질의회신 · 판례 등]

○ 상속세 신고서에 현금으로 기재한 경우

상속세 신고서에 상속재산으로 현금을 기재했다하여 용도가 명백한 것으로 인정되는 것은 아님(재삼46014-2557, 1998.12.31.).

○ 타인에게 지급된 경우

해당 인출금이 타인에게 지급된 사실만으로 인출금의 사용처가 객관적으로 명백하게 입증된 것으로 볼 수 없음(서면4팀-2458, 2007.8.17.).

○ 차명재산으로 확인되는 경우

피상속인의 예금계좌에서 인출된 금액의 용도가 불명하여 상속세 과세가액에 산입했으나 실제는 피상속인의 명의만 빌린 타인 소유의 예금인 차명계좌에 해당되어 상속재산에서 불산입됨(대법원98두18350, 1999.1.25.).

○ 채무부담금액이 입금된 경우

피상속인이 채무를 부담하고 받은 금액 중에서 계좌에 입금된 금액은 그 용도가 객관적으로 명백한 것으로 보는 것임(서면4팀-975, 2007.3.23.).

○ 종전의 채무를 변제한 사실이 확인되는 경우

피상속인이 상속개시일 전 1년 이내에 부담한 채무가 2억원 이상인지 여부는 부담한 채무의 합계액을 기준으로 판단하는 것이며, 채무를 부담하고 받은 금전으로 종전의 채무를 변제한 사실이 확인되는 금액은 사용용도가 명백한 것으로 보는 것임(재삼46014-278, 1998.2.16.).

○ 입증책임[28]

과세관청이 그중 용도가 객관적으로 명백하지 아니한 금액이 있음을 입증한 때에는 납세자가 그 처분가액의 용도를 입증하지 못하는 한 그 금액이 현금상속된 사실을 입증하지 않더라도 상속세 과세가액에 산입할 수 있다는 취지라고 할 것임(대법원1995누23, 1995.6.13.).

4. 추정 상속재산가액의 계산

가. 상속추정 요건과 추정 상속재산가액의 계산

상속개시일 전 1년 이내에 2억원 이상 또는 상속개시일 전 2년 이내에 5억원 이상인 피상속인의 재산처분금액 또는 채무부담액 중 사용처가 객관적으로 명백하게 입증되지 아니한 금액이 다음과 같은 경우에는 상속받은 것으로 추정한다.

구분	상속추정요건	추정상속가액
재산을 처분하거나 인출	사용처 미입증 금액 ≥ Min(처분 등 재산×20%, 2억원)	사용처 미입증 금액 - Min(처분 등 재산×20%, 2억원)
상속인이 변제 의무가 있는 채무		
국가 · 지자체 · 금융회사등이 아닌 자로부터 부담한 채무로서 상속인이 변제할 의무가 없는 채무	채무부담계약서, 채권자확인서, 담보설정등에 의하여 해당 채무를 상속인이 변제 의무가 없는 것으로 추정되는 경우	채무액 전액 (2억원을 차감하는 것이 아님)

---

28. 국기법의 납세의무 승계 관련 입증책임은 "〈쟁점〉 추정상속재산과 납세의무 승계 그리고 입증책임"을 참고하기 바란다.

예시

(문) 상속개시일 1년 전, 피상속인 소유의 토지를 40억원에 처분하였다. 처분대금 40억원의 사용처는 통장에 입금 15억원(1개월 후 전액 인출하였고, 인출금액 중 3억원만 사용처가 확인됨)과 객관적으로 확인되는 사용처 10억원인 경우 상속추정가액은?

(답) 부동산(토지) 13억원, 예금 10억원

① 토지 처분액 중 상속추정가액: 13억원

㉠ 용도불분명 금액: 40억 - 15억 - 10억=15억

(처분대금 중 예금한 15억원은 사용처가 확인된 것으로 봄)

㉡ 상속추정가액: ㉠ - Min(40억원의 20%, 2억원)=13억원

② 예금인출액 중 상속추정가액: 10억원

㉠ 용도불분명 금액: 15억 - 3억=12억

㉡ 상속추정가액: ㉠ - Min(인출금액의 20%, 2억원)=10억원

피상속인의 재산처분금액 또는 부담채무액 중 사용처가 객관적으로 명백하게 입증되지 아니한 금액이 다음과 같은 경우에는 해당 사용처 미입증금액을 상속재산으로 추정하지 아니한다.

이때 상속개시 전 처분재산에 대한 사용처 소명대상여부 및 80% 이상 소명여부는 재산종류별 또는 채무별로 각각 판단한다(대법원 2001두3570, 2002.7.12., 재산상속46014-57, 2003.3.6.).

구분	추정배제 요건
재산을 처분하거나 인출	사용처 미입증 금액 - Min(처분 등 재산×20%, 2억원)
상속인이 변제할 의무가 있는 채무	
국가 · 지자체 · 금융회사등이 아닌 자로부터 부담한 채무로서 상속인이 변제할 의무가 없는 채무	추정배제 없음

예시

(문) 추정 상속재산가액은?

재산종류	① 소명대상금액	② 사용처입증	입증비율(②/①)	용도불분명(① - ②)
부동산 처분대금	320	260	81%	60
금융기관 채무부담액	1,400	610	43%	790
합계	1,720	870	50%	854

(답) 채무부담액 590백만원(=790백만-Min(1,400백만×20%, 2억원))

*부동산 처분대금은 80% 이상이 소명되고 미소명액도 2억원에 미달하므로 상속추정배제

*채무부담액은 소명비율이 80%에 미달하여 상속추정을 적용한다.

[관련 질의회신 · 판례 등]

○ 상속인 계좌로 입금한 경우

상속개시일 전에 피상속인이 상속인 명의의 계좌에 입금한 경우가 단순히 상속인의 명의만을 빌려서 예치한 것 등으로 명백하게 확인되지 않는 한 해당 금전은 사전증여재산에 해당하는 것으로 이는 관련 사실을 구체적으로 확인하여 판단할 사항임(재산세과-67, 2013.2.28.).

○ 추정상속재산의 납부의무 - 수유자는 제외

상증법은 상속인뿐만 아니라 수유자에게도 상속세 납부의무를 부담하게 하고 상속인과 수유자 모두 상속개시일 전 일정기간 이내에 피상속인으로부터 증여받은 재산가액을 상속재산에 포함하도록 하고 있기는 하나, 그 규정형식에 있어 상속인과 수유자를 명백히 구별하고 있을 뿐만 아니라 상속재산에 가사하는 상속개시일 전 일정 기간 이내의 증여받은 재산의 가액을 산정함에 있어서도 상속인과 수유자를 구별하고 있음(수원지법2006구합3484(2008.7.2.)-대법원2009두10208(2009.10.15. 심불)).

제4장 비과세 · 과세가액 불산입 재산과 상속재산에서 차감하는 공과금 등

비 과 세 (사후관리 없음)	○ 전사자 등에 대한 상속세 비과세 - 피상속인이 소유한 모든 상속재산 ○ 국가 등에 유증 등을 한 재산 등 비과세되는 상속재산 - 열거된 특정 상속재산
과세가액 불산입 (사후관리)	공익법인에 공익목적 출연재산 과세가액 불산입 공익신탁재산 과세가액 불산입
공과금 등	공과금 등 — 장례비용 — 채무

상속세 과세가액은 상속재산은 맞지만, 정책상 과세하지 않는 비과세와 과세가액 불산입 재산은 상속재산에서 차감하여 계산한다. 비과세 유형은 피상속인이 소유한 모든 재산에 대하여 비과세하는 유형과, 열거된 특정 상속재산에 대해 과세하지 않는 유형이 있다. '열거된 특정 상속재산에 대한 상속세 비과세'는 상속세만 적용된다. 비과세 상속재산이 비과세 증여재산은 되는 것은 아니다.[1] 비과세 상속재산 여부는 상속개시일 기준으로 판단한다.

또한 공익법인 등에 출현하는 재산에 대해서는 상속세 과세가액에서 불산입한다.

비과세와 과세가액 불산입은 그 성격이 다르다, 비과세는 특정 원인, 특정 재산에 대해 과세하지 않기 때문에 사후관리가 없다. 과세가액 불산입은 특정 원인, 특정 재산으로 한정하지 않고 수증자가 공익법인등에 해당하면 과세가액 불산입하였다가 목적에 맞게 사용하였는지를 확인하기 때문에 사후관리를 한다.

제1절 비과세 상속재산

○ 상속세 비과세: 전사자 등에 대한 상속세 전액 비과세
– 피상속인이 소유한 모든 상속재산 비과세
○ 비과세 상속재산: 국가 등에 유증한 재산, 금양임야 등 일정 재산 비과세
– 열거된 특정 재산 비과세

---

1. 비과세 상속재산(금양임야)은 비과세 증여재산이 아니다(재산상속46014-2149, 1999.12.24.).

상속세 비과세에는 피상속인의 사망원인(전사나 그 밖에 이에 준하는 사망)에 따라 피상속인이 소유하고 있었던 모든 재산에 원천적으로 상속세 과세대상에서 제외하는 것(상증법 제11조)과 법령에서 정한 일정한 비과세 요건을 갖춘 경우에만 비과세되는 상속재산(상증법 제12조)이 있다.

1. 전사자 등에 대한 상속세 비과세

국가유공자 또는 그 유족에 대한 예우와 사회복지 목적으로 전쟁 또는 그 밖에 이에 준하는 공무의 수행(사변 또는 이에 준하는 비상사태로 토벌 또는 경비 등 작전업무를 수행하는 것을 말한다) 중 사망하거나 해당 전쟁 또는 공무의 수행 중 입은 부상 또는 그로 인한 질병으로 사망하여 상속이 개시되는 경우에는 상속세를 부과하지 아니한다.

쟁점

해당 전쟁 또는 공무의 수행 범위

상속세 비과세 유형은 2가지로 구분된다. 이 중 해당 전쟁 또는 공무의 수행 중 사망하는 경우 등에는 상속세를 부과하지 않는다. '해당 전쟁 또는 공무의 수행' 범위는 어떻게 될까?

1. 해당 전쟁

사망의 직접적인 원인이 될 경우에만 적용한다. 심판원은 전사 등에 해당하는지 여부는 전쟁 기타 이에 준하는 공무의 수행 중 입은 부상 또는 질병이 사망의 직접적인 원인이 될 경우에만 동 규정을 적용하는 것이 타당하다 할 것이므로 부상 또는 질병의 정도와 투병 기간, 의사가 발급하는 사망진단서상 사망원인 등 구체적인 사실에 따라 판단한다(서면4팀-2462, 2006.7.26., 조심2009서3928, 2009.12.31.)라고 보았고, 법원은 고엽제법 등에 따라 국가유공자로 등록되었다는 사정만으로 그 질병이 전투 등의 직무수행과 상당인과관계가 있다고 추단할 수 없고, 고엽제의 유해물질과 다발성 골수종 사이의 인과관계를 인정할 만한 상당한 개연성이 증명되었다고 볼 수 없어 피상속인이 입은 다발성 골수성과 전쟁 등의 수행 사이에 상당인과관계가 있다고 보기는 어렵다고 보았다(대법원2012두16275, 2014.2.27.).

2. 공무의 수행

공무의 수행은 '사변 또는 이에 준하는 비상사태로 토벌 또는 경비 등 작전업무를 수행하는 것'을 말하는데, 일반적인 공무 수행 중 사망한 경우를 포함할까? 여기에 대해 국세청은 포함하지 않는다고 해석하였다가 포함한다고 해석한 바 있는데, '포함한다는 해석'을 세법해석정비하였다. 따라서 현재 국세청 입장은 일반적인 공무 수행 중 사망한 경우를 포함하지 않는다.

요지	유지사례	삭제사례
전쟁, 사변 또는 이에 준하는 비상사태가 아닌 일반적인 공무수행 중 사망의 경우 상속세 비과세 대상에 해당하지 않음	재산세과-1516, 2008.10.7. 서면4팀-2462, 2006.7.26. 서일46014-10895, 2002.7.9. 재산상속46014-185, 2002.6.26. 재산01254-3748, 1986.12.19. 재산01254-666, 1985.3.2. 조심2011중1631, 2011.6.28. 조심2009서3928, 2009.12.31.	상속증여세과-349, 2014.9.18.

2. 비과세 되는 상속재산

열거된 일정 상속재산에 대하여는 상속세를 부과하지 아니한다. 상증법에 구체적으로 열거되어 있지 않으면 해당 재산은 비과세가 적용되지 않는다.

가. 피상속인이 국가 등에 유증등을 한 재산

1) 피상속인이 국가 · 지방자치단체 또는 지방자치단체조합, 공공도서관 · 공공박물관에 유증(사망으로 인하여 효력이 발생하는 증여를 포함하며, 이하 "유증등[2]"이라 한다)한 재산
2) 피상속인이 「근로복지기금법」에 따른 사내근로복지기금, 우리사주조합, 공동근로복지기금 및 근로복지진흥기금에 유증 등을 한 재산

나. 정당에 유증등을 한 재산

1) 피상속인이 「정당법」에 따른 정당에 유증등을 한 재산(상증법상 비과세)
2) 거주자가 「정치자금법」에 따라 정당(정치자금법에 따른 후원회 및 선거관리위원회 포함)에 기부한 정치자금(조특법상 비과세)

해당 정치자금 외의 정치자금에 대하여는 상증법 및 다른 세법 규정에도 불구하고 그 기부 받은 자(정당 또는 정치인 등)가 몰수 · 추징 여부와 관계없이 상속 또는 증여받은 것으로 보아 상속세 또는 증여세를 부과한다. 즉 정치자금 관련해서 조특법 제76조제3항이 상증법 규정보다 우선 적용된다.

다. 이재구호금품, 치료비, 불우한 자를 돕기 위하여 유증한 재산의 비과세

사회통념상 인정되는 이재구호금품, 치료비, 불우한 자를 돕기 위하여 유증한 재산으로 상속개시 전에 피상속인이 증여하였거나 유증 · 사인증여에 의하여 지급하여야 할 것으로 확정된 것을 말한다.

---

2. '유증등'은 상증법 제24조(상속공제 한도)에서 나온다.
상증법 제24조(공제 적용의 한도) (생략)
1. 선순위인 상속인이 아닌 자에게 유증등을 한 재산의 가액

라. 상속재산 중 상속인이 상속세 신고기한 내에 국가 등에 증여한 재산

상속재산 중 상속인이 상속세 신고기한까지 국가 · 지방자치단체 또는 지방자치단체조합, 공공도서관 · 공공박물관에 증여한 재산은 상속세 비과세한다.

[관련 질의회신 · 판례 등]

○ 상속재산 중 상속인이 국가 등에 증여한 재산 여부

(시교육청) 상속재산 중 상속인이 상증법 제67조의 신고기한 이내에 서울특별시교육청에 증여한 재산에 대하여는 상속세가 비과세됨(서면4팀-1523, 2006.5.30.).[3]

(수용 보상금) 상속개시 후 상속재산이 수용됨에 따라 상속인이 수령한 보상금 중 상속세 신고기한 이내에 국가 등에 증여한 재산도 상속세가 비과세됨(재산세과1654, 2008.7.15.).

(대체 증여) 상속인이 상속재산을 신고기한 이내에 국 · 공립학교에 증여하는 경우에는 상속세를 부과하지 않으나, 상속재산을 다른 재산으로 대체하여 증여하는 경우에는 그러하지 아니함(재산세과-315, 2011.7.4.).

마. 문화재보호법에 따른 국가지정문화재 및 보호구역에 있는 토지

「문화재보호법」에 따른 국가지정문화재 및 시 · 도지정문화재에 따른 해당 문화재 또는 문화재자료가 속한 보호구역의 토지[4]를 말한다.

쟁점

문화재와 상속세

상증법에서 문화재는 ① 상속세를 비과세하거나, ② 상속세 징수유예하거나, ③ 상속세 과세한다.

1. 상속세 비과세

상증법 제12조에서는 비과세 상속재산을 규정하고 있는데, 제2호에서 2. 「문화재보호법」에 따른 국가지정문화재 및 시 · 도지정문화재와 같은 법에 따른 보호구역에 있는 토지로서 대통령령으로 정하는 토지를 비과세로 규정하고 있다. 문화재보호법을 보면, 국가지정문화재등은 문화재청장이 지정하는 문화재등을 말한다. 즉 보물이나 국보에 해당하면 국가지정문화재에 해당하고 상속세를 과세하지 않는다.

---

3. 이는 시교육청이 지방자치법에 따른 지방자치단체에 속하지는 않지만, 지방교육자치에 관한 법률에서 지방자치법을 준용하기 때문으로 보인다.

> 지방교육자치에 관한 법률 제3조(「지방자치법」과의 관계) 지방자치단체의 교육 · 학예에 관한 사무를 관장하는 기관의 설치와 그 조직 및 운영 등에 관하여 이 법에서 규정한 사항을 제외하고는 그 성질에 반하지 아니하는 범위에서 「지방자치법」의 관련 규정을 준용한다.

4. 보호구역에 있는 토지는 2001.1.1. 이후 최초 상속세 결정 분부터 적용한다.

○ 문화재보호법 제2조【정의】
③ 이 법에서 "지정문화재"란 다음 각 호의 것을 말한다.
1. 국가지정문화재: 문화재청장이 제23조부터 제26조까지의 규정에 따라 지정한 문화재
2. 시 · 도지정문화재: 특별시장 · 광역시장 · 특별자치시장 · 도지사 또는 특별자치도지사(이하 "시 · 도지사"라 한다)가 제70조제1항에 따라 지정한 문화재

○ 문화재보호법 제23조【보물 및 국보의 지정】
① 문화재청장은 문화재위원회의 심의를 거쳐 유형문화재 중 중요한 것을 보물로 지정할 수 있다.
② 문화재청장은 제1항의 보물에 해당하는 문화재 중 인류문화의 관점에서 볼 때 그 가치가 크고 유례가 드문 것을 문화재위원회의 심의를 거쳐 국보로 지정할 수 있다.

2. 상속세 징수유예

상증법 제74조에서 「문화재보호법」 제2조제3항제3호에 따른 문화재자료 및 같은 법 제53조제1항에 따른 국가등록문화재(이하 이 조에서 "문화재자료등"이라 한다)와 같은 법 제27조제1항에 따른 보호구역에 있는 토지로서 대통령령으로 정하는 토지가 상속재산에 재산이 포함되어 있는 경우에는 그 재산가액에 상당하는 상속세액의 징수를 유예한다. 이 경우 징수유예를 받으려는 자는 그 유예할 상속세액에 상당하는 담보를 제공하여야 한다.

○ 문화재보호법 제2조【정의】
④ 이 법에서 "등록문화재"란 지정문화재가 아닌 문화재 중에서 다음 각 호의 것을 말한다.
1. 국가등록문화재: 문화재청장이 제53조에 따라 등록한 문화재
2. 시 · 도등록문화재: 시 · 도지사가 제70조제3항에 따라 등록한 문화재

다시 말하면, 국가지정문화재등을 상속받으면 상속세를 과세하지 않고, 국가등록문화재등을 상속받으면 상속세 징수유예하며 그 외 문화재등에 대해서는 상속세가 과세된다. 또, 비과세와 징수유예의 차이는 비과세는 상속재산에서 차감해서 상속세 계산에 영향을 미치지 않고, 징수유예는 상속세 산출세액 계산 후 차감하는 차이가 있다.

바. 금양임야와 묘토 등

「민법」 제1008조의3[5]에 규정된 재산 중 제사를 주재하는 상속인(다수의 상속인이 공동으로 제사를 주재시 그 공동주재 상속인 전체)을 기준으로 다음에 해당하는 재산을 말한다.

1) 금양임야와 묘토(합계액 2억원 한도)

피상속인이 제사를 주재하고 있던 선조[6]의 분묘에 속한 9,900㎡(1정보) 이내의 금양임야[7]와

---

5. 분묘에 속한 1정보 이내의 금양임야와 600평 이내의 묘토인 농지, 족보와 제구의 소유권은 제사를 주재하는 자가 이를 승계한다(민법 제1008조의3).
6. 선조는 윗대의 조상을 말하며, 조상은 "돌아간 어버이 위로 대대의 어른 또는 자기 세대 이전의 모든 세대"를 뜻하므로 (네이버 국어사전) 부모의 묘가 선조인지는 모호하지만, 부모의 묘도 선조로 판단된다.
7. 금양임야: 분묘를 설치하여 이를 수호하기 위하여 벌목을 금지하고 나무를 기르는 분묘 주변 임야.

그 분묘에 속한 1,980㎡(600평) 이내의 묘토인 농지[8]이며, '해당 금양임야+묘토'의 합계액 2억원 한도로 한다.

제사를 주재하는 상속인이 상속받는 면적과 가액을 기준으로 비과세 한도를 계산하되, 실제로 여러 명이 공동으로 제사를 주재하는 경우 비과세되는 재산은 공동으로 제사를 주재하는 자 전부가 상속받는 금양임야 또는 묘토인 농지의 면적 및 가액의 합계를 기준으로 위 한도를 적용한다. 따라서 실제로 제사를 주재하는 상속인이 상속받은 부분만 비과세가 가능한다.

금양임야는 그 소유권이 제사주재자[9]인 상대방에게 귀속될 뿐 분할대상인 상속재산에 해당하지 않는다(대법원2011스145, 2012.9.13.). 상속개시 후에 금양임야와 묘토로 사용하기로 한 재산은 상속세 비과세대상이 아니다(대법원97누15753, 1997.12.26.).

〈금양임야·묘토 비과세한도 개정연혁〉

2013.2.14. 이전	2013.2.15. 이후
한도 없음	합계액 2억원

쟁점

수용 예정인 금양임야를 상속받은 경우 상속세 비과세인가

제사를 주재하는 상속인이 '피상속인이 제사를 주재하고 있던 선조의 분묘에 속한 9,900제곱미터의 금양임야'와 '분묘에 속한 1,980제곱미터 이내의 묘토인 농지'를 상속받은 경우 합하여 2억원까지 상속세 비과세한다. 이는 조상 숭배나 가통의 계승을 중시하는 우리의 국민감정을 감안하여 일반상속재산과는 구별하여 달리 취급하기 위한 것이다(대법원96누18069, 1997.11.28. 참조).

금양임야는 그 안에 분묘를 설치하여 이를 수호하기 위하여 벌목을 금지하고 나무를 기르는 임야를 말하고(대법원2006스140, 2008.10.27.), 묘토는 그 지상의 수확물로서 제사에 관계되는 비용을 처리하기 위한 토지를 말한다.

그렇다면 상속개시일(사망일) 현재 금양임야인 것은 맞으나 상속개시 후 수용예정인 경우에도 상속세 비과세 상속재산일까? 우선 비과세와 과세가액 불산입은 차이가 있다는 것을 알아야 한다. 과세가액 불산입 규정은 사후관리를 통하여 출연받은 재산이 고유목적사업 등의 사용여부를 확인하여야 하지만, 상속세 비과세 상속재산은 사후관리를 하지 않는다.

따라서 상속개시일(사망일) 현재 금양임야 해당여부로 비과세 여부를 판단하는 것이지, 그 후에 양도하였을 때 상속세를 다시 부과하는 것은 아니다.

상속개시일을 기준으로 판단하기 때문에 상속개시 전에 증여받은 경우 비과세가 아니며(국심200구514, 2000.9.22.), 사망당시에 해당 임야에 그 선대의 분묘가 없는 경우 비과세가 아니다(대법원2006스140, 2008.10.27.). 매도계약 이행 중에 사망하였더라도 비과세에 해당하고(조심2011서3419, 2012.1.4.), 상속개시일 후에 양도하거나 선조의 분묘를 이장한 경우에도 비과세에 해당한다(대법원96누18069, 1997.11.28.).

---

8. 묘토인 농지: 피상속인이 제사를 주재하고 있던 선조의 분묘와 인접거리에 있는 것으로, 상속개시일 현재 실제 그 경작하여 얻은 수확으로 분묘의 수호, 관리비용이나 제사의 비용을 조달하는 자원인 농토.
9. 실제로 본인 책임하에 선조의 봉제사를 주재하는 자를 말한다.

2) 족보와 제구(1천만원 한도)

〈족보와 제구 비과세 한도 개정연혁〉

2013.2.14. 이전	2013.2.15. 이후
한도 없음	1천만원

[관련 질의회신 · 판례 등]

○ 금양임야의 범위

(사망 당시 분묘가 없는 경우) 해당 임야나 농지의 현황과 관리상태 등에 비추어 전체적으로 금양임야나 묘토인 농지에 해당하는지 여부를 판단하여야 함(대법원2006스140, 2008.10.27.).

(여러 필지로 구성된 경우) 수필지의 임야를 금양임야로 인정하는 경우, 그중 어느 부분을 1정보 이내의 금양임야로 인정할지는 제사를 주재하는 자가 설정한 부분으로 함(국심2000서37, 2000.8.30.).

(과세가액 산입기준) 상속재산 중 여러 필지가 금양임야에 해당되나 관련법상 면적의 제한으로 일부토지만 상속세과세가액에 산입하지 아니하게 되는 경우 상속세과세가액에 산입하지 않는 토지의 순위는 제사를 주재하는 자가 신고한 토지 순으로 우선 적용하고 신고가 없는 경우에는 납세자에게 유리한 방법을 적용할 수 있음(국심1999전1591, 1999.12.31.).

○ 분묘

(분묘의 의미) 분묘란 피상속인이 제사를 주재하고 있던 선조의 것을 말하는 것으로서, 피상속인이 제사를 주재하던 자가 아닌 때에는 상속세 과세가액에 불산입하는 금양임야와 묘토에 해당하지 아니하는 것임(재삼 46014-855, 1999.5.6.).

(선조의 묘가 없는 경우) 피상속인의 분묘만이 있을 뿐 선조의 묘는 존재하지 아니하는 것으로 확인되고 있어 이는 제사를 주재하는 자가 승계받은 금양임야라기보다는 상속재산에 포함해야 하는 단순한 '임야'라고 해야 할 것이어서 비과세대상이 아님(국심2000중396, 2000.10.19.).

(분묘가 상속개시일 이후에 이전되는 경우) 「민법」 제1008조의 3에서 금양임야 등 제사용 재산을 일반상속 대상에서 제외하여 특별상속에 의하도록 하는 이유는 제사용 재산을 공동상속하게 하거나 평등분할 하도록 하는 것은 조상 숭배나 가통의 계승을 중시하는 우리의 습속이나 국민감정에 반하는 것이므로 일반상속재산과는 구별하여 달리 취급하기 위한 것이라 할 것이므로, 이와 같은 제도의 취지에 비추어볼 때, 금양임야가 수호하는 분묘의 기지가 제3자에게 이전된 경우에도 그 분묘를 사실상 이전하기 전까지는 그 임야는 여전히 금양임야로서의 성질을 지니고 있다 할 것(대법원 96누18069, 1997.11.28. 같은 뜻)이므로, 상속세 비과세 대상인 금양임야에 해당하는지 여부는 상속개시일 현재 상황을 기준으로 판단하여야 함(조심2011서3419, 2012.1.4.).

○ 상속개시전에 금양임야를 증여받은 경우

'금양임야'라 해도 상속개시 전에 증여받아 상속세 과세가액에 가산되는 경우는 비과세 대상이 아님(국심2000구514, 2000.9.22.).

○ 제사를 주재하는 자

(판단) 피상속인이 차남으로서 장남인 형을 대신해 제사를 주재했는지 여부가 확인되지 않으므로 상속세가 비과세되는 '금양임야'로 볼 수 없음(국심2001서3161, 2002.4.4.).

(피상속인의 배우자[10]) 해당 금양임야를 승계하는 제사주재자를 공동상속인들의 협의에 따라 피상속인의 배우자로 정하고 해당 금양임야를 승계하는 경우에는 해당 규정을 적용할 수 있는 것이며, 제사주재자인 피상속인 배우자의 사망으로 상속이 개시된 경우 상속인이 장녀 1인인 때 그 장녀가 제사주재자로서 해당 금양임야를 승계하는 경우에는 해당 규정을 적용할 수 있음(서면2016법령해석재산-5160 [법령해석과-4318], 2016.12.30.).

10. 아내를 말한다.

제2절 공익목적 출연재산의 상속세 과세가액 불산입

ㅇ 공익법인등(상증령 제12조에 열거된 공익사업을 영위하는 자)에 출연한 재산
ㅇ 공익신탁재산
ㅇ 우리사주조합원이 그 조합을 통하여 취득한 주식(2000.12.31. 이전 취득, 액면가액 5백만원 이하)

종교 · 자선 · 학술 관련 사업 등 공익사업은 국가 또는 지방자치단체가 수행하여야 할 공공기능의 일부를 대신 수행하는 경우 그 공익사업의 원활한 수행을 보장하고 이를 장려하며[11], 공익법인등에 출연한 재산은 실질적으로 상속인이 사용 · 수익하지 못하는 점 등을 감안하여 피상속인 또는 상속인이 상속세 신고기한 이내에 공익법인등에 출연하는 재산에 대해서는 상속세의 과세가액에서 불산입하고 있다.

공익법인등에 해당하는지 여부는 종교 · 자선 · 학술 관련 사업 등 사업목적이 공익성 있는지 여부로 판단하는 것은 아니다. 상증법의 공익법인등은 공익사업을 하는 자를 말하고, 공익사업의 범위는 상증령 제12조에서 규정하고 있으며, 이 범위는 예시가 아니라 열거로 보고 있다(대법원2009두20281, 2010.2.25.). 또, 법인뿐 아니라, 법인 아닌 단체도 포함되므로 '공익법인등'이라고 한다. 상속세 과세가액 불산입 후 공익법인등에 대한 사후관리 규정을 두고 있으며, 위반시에는 상속세, 증여세, 가산세를 부과하고 있다. '공익법인등의 증여세 사후관리'(상증법 제48조등) 관련 부분은 이 책에서는 간략히 설명하고, 자세한 내용은 별도의 책에서 설명한다. 왜냐하면 공익법인등의 증여세 사후관리는 통상적인 소득세 · 법인세 등의 사후관리업무와도 다르고, 상속세 · 증여세 신고 · 조사업무와도 성격을 달리하고 있어 공익법인등의 증여세 사후관리를 한 책에서 설명하는 것이 맞지 않기 때문이다.

1. 공익법인등의 출연재산에 대한 상속세 과세가액 불산입

상속재산 중 피상속인이나 상속인이 공익법인등에게 출연한 재산의 가액으로서 상속세 신고기한까지 출연한 재산의 가액은 상속세 과세가액에 산입하지 아니한다(상증법 제16조). 상속세 신고기한까지이지만, 법령상 또는 행정상의 사유로 공익법인등의 설립이 지연되는 등 대통령령으로 정하는 부득이한 사유가 있는 경우에는 그 사유가 없어진 날이 속하는 달의 말일부터 6개월까지로 연장할 수 있다.

---

11. 헌재2012헌바284, 2015.4.30.

가. 공익법인등의 범위

공익법인등이란 종교 · 자선 · 학술 또는 그 밖에 공익을 목적으로 아래의 어느 하나에 해당하는 사업을 영위하는 자를 말한다(상증령 제12조).

1) 종교의 보급 기타 교화에 현저히 기여하는 사업

'종교의 보급 기타 교화에 현저히 기여하는 사업'을 운영하는 종교단체는 공익법인 등에 해당하며, 종교단체가 공익법인 등에 해당하는지 여부는 법인으로 등록했는지에 관계없이 당해 종교단체가 수행하는 정관상 고유목적사업에 따라 판단한다(재산세과-274, 2011.6.7.).

등록요건이 미비하여 소속교단에 등록되지 못한 상태이고 종교활동을 수행하기 위한 인적조직 및 물적시설이 없는 경우 공익법인이 아니다(감심2009-197, 2009.10.8.).

2) 「초 · 중등교육법」 및 「고등교육법」에 따른 학교, 「유아교육법」에 따른 유치원을 설립 · 경영하는 사업

초 · 중등교육법 제2조(학교의 종류)에 따라 초등학교 · 공민학교, 중학교 · 고등공민학교, 고등학교 · 고등기술학교, 특수학교, 각종학교가 상증법상 공익법인등에 해당한다. 고등교육법 제2조(학교의 종류)에 따라 대학, 산업대학, 교육대학, 전문대학, 방송대학 · 통신대학 · 방송통신대학 및 사이버대학, 기술대학, 각종학교가 상증법상 공익법인등에 해당한다. 「평생교육법」 제31조제2항에 따라 개인이 설립한 학교 형태의 학력인정 평생교육시설은 여기에 포함되지 않는다.

유아교육법 제2조(정의)에 따라 유치원은 유아의 교육을 위하여 따라 설립 · 운영되는 학교를 말한다. '영유아교육법에 따른 어린이집'은 '유아교육법에 따른 유치원'은 아니지만, 상증법상 공익법인등으로 보는 법인령 제39조제1항제1호나목에 따라 법인세법상 공익법인등에 해당하므로 상증법상 공익법인등에 해당한다.

3) 「사회복지사업법」에 따른 사회복지법인이 운영하는 사업

4) 「의료법」에 따른 의료법인이 운영하는 사업

의료법 제33조제2항제3호에 따라 의료법인은 의료업을 목적으로 설립된 법인을 말한다. 개인이 운영하는 병원은 상증법상이 해당하지 않는다.

5) 법인법 제24조제2항제1호에 해당하는 기부금을 받는 자가 해당 기부금으로 운영하는 사업

국가나 지방자치단체에 무상으로 기증하는 금품의 가액, 천재지변으로 생기는 이재민을 위한 구호금품의 가액, 사립학교법에 따른 사립학교 등 일정 학교 등에 시설비 · 교육비 · 장학금 또는 연구비로 지출하는 기부금, 국립대학병원 등 일정 병원에 시설비 · 교육비 또는 연구비로 지출하는 기부금 등을 말한다.

6) 법인령 제39조제1항제1호 각목에 따른 공익법인등[12] 및 소득령 제80조제1항제5호에 따른 공익단체가 운영하는 고유목적사업

다만, 회원의 친목 또는 이익을 증진하거나 영리를 목적으로 대가를 수수하는 등 공익성이 있다고 보기 어려운 고유목적사업은 제외한다.

7) 법인령 제39조제1항제2호 다목에 해당하는 기부금을 받는 자가 해당 기부금으로 운영하는 사업

다만, 회원의 친목 또는 이익을 증진하거나 영리를 목적으로 대가를 수수하는 등 공익성이 있다고 보기 어려운 고유목적사업은 제외한다.

8) 경과규정에 의해 2020년 12월 31일까지 공익법인에 해당하는 사업

구 상증령제12조제5호~제8호, 제11호 및 구 상증규칙 제3조의 사업은 2019.1.1. 이후 개시하는 사업연도부터 공익사업의 범위에서 제외된다. 다만, 2018.12.31.에 종전 규정에 해당하는 경우 2020.12.31.까지 공익법인 등에 해당하는 것으로 본다.

○ 구 상증령 제12조제5호~제8호, 제11호

5. 「공익법인의 설립 · 운영에 관한 법률」의 적용을 받는 공익법인이 운영하는 사업
6. 예술 및 문화에 현저히 기여하는 사업 중 영리를 목적으로 하지 아니하는 사업으로서 관계행정기관의 장의 추천을 받아 기획재정부장관이 지정하는 사업
7. 공중위생 및 환경보호에 현저히 기여하는 사업으로서 영리를 목적으로 하지 아니하는 사업
8. 공원 기타 공중이 무료로 이용하는 시설을 운영하는 사업
11. 제1호 내지 제5호 · 제7호 또는 제8호와 유사한 사업으로서 기획재정부령이 정하는 사업

---

12. 지정기부금단체등을 공익법인등으로, 지정기부금대상민간단체를 공익단체로 개정하였다.

나. 상속세 과세가액 불산입 요건

상증법에서는 공익법인등을 이용하여 상속세 회피하는 것을 막기 위해 과세가액에 불산입되는 요건을 엄격하게 규정하고 있다. 따라서 재산의 출연은 상속개시 후 일정기간 내에 출연을 이행하여야만 한다.

1) 출연의 의미 및 시기

출연이란 출연계약에 그치는 것이 아니라 현실적인 출연의 이행까지 이루어진 것을 의미하므로 소유권의 이전, 즉 출연의 이행이 되어야 한다. 공익법인등에 출연한 재산의 출연 시기는 동 공익법인등이 출연재산을 취득하는 때를 말한다.

'출연재산을 취득하는 때'란 부동산, 선박, 자동차, 항공기와 같이 권리 이전과 그 행사에 등기·등록을 요하는 재산은 등기·등록에 의하여 그 소유권이 공익법인등의 명의로 이전된 때를 말하고, 동산의 경우에는 공익법인등이 출연대상 물건을 인도받은 때를 말한다.

2) 출연의 방법 및 시한

상속재산 중 피상속인이 유증, 사인증여, 유언대용신탁 등의 방법으로 출연하거나 상속인들이 피상속인으로부터 상속받은 재산을 증여 등의 방법으로 상속세 과세표준 신고기한 이내의 기간에 공익법인등에 그 출연을 이행하여야 한다.

아래와 같이 부득이한 사유가 있는 경우(예시적 규정)에는 그 사유가 종료된 날이 속하는 달의 말일부터 6개월 이내에 출연해야 한다.

가) 재산의 출연에 있어서 법령상 또는 행정상의 사유로 출연재산의 소유권 이전이 지연되는 경우

나) 상속받은 재산을 출연하여 공익법인등을 설립하는 경우로 법령상 또는 행정상의 사유로 공익법인등의 설립허가 등이 지연되는 경우

[관련 질의회신 · 판례 등]

○ 부득이한 사유의 범위

'부득이한 사유'는 공익법인등에 재산을 출연하고자 하였으나 자신의 책임으로 돌릴 수 없는 법령상 또는 행정상의 장애사유 등이 있어 그 출연이 지연되는 사유를 의미하고, 상속인이 상속재산의 존재 자체를 알 수 없어 출연기한 내에 출연하지 못하였다는 사정만으로는 이에 해당한다고 볼 수 없음(대법원 2012두22706, 2014.10.15.).

○ 매각대금을 출연하는 경우
상속재산인 비상장주식을 매각하고 그 매각대금을 상속세 신고기한 이내에 공익법인등에 출연하는 경우에는 상증법 제16조에 따라 해당 출연재산가액을 상속세 과세가액에 산입하지 아니하는 것이며, 이 경우 상속세 과세가액 불산입 금액은 그 매각대금 중 출연재산가액이 차지하는 비율을 해당 상속재산의 가액에 곱하여 계산한 금액을 한도로 함(재산세과-511, 2010.7.14.).

○ 상속인 고유재산을 출연하는 경우
상속재산이 아닌 상속인의 고유재산을 출연하는 것은 상속세 과세가액 불산입 대상이 아님(서면4팀-2914, 2007.10.10., 재삼46014-668, 1999.4.6.).

○ 공익법인에 재산과 채무를 동시에 출연하는 경우
공익법인에 재산과 채무를 동시에 출연한 경우에는 부담부 증여에 해당하므로 채무인계 분은 양도소득세 과세대상임(대법원98두20018, 2000.1.21.).

3) 과세가액 불산입 요건

가) 상속세 과세표준 신고기한 이내에 출연

피상속인 또는 상속인이 상속세 과세표준 신고기한 이내에 출연해야 한다. 다만, 부득이한 사유가 있는 경우에는 그 사유가 없어진 날이 속하는 달의 말일부터 6개월 이내에 출연하여야 한다.

상속인이 2인 이상인 경우에는 상속인의 전원 합의에 따른 의사로 한다(서면2015법령해석재산-1713, 2016.11.16.).

나) 이사

상속인이 공익법인등의 이사현원(5인에 미달하는 경우에는 5인으로 본다)의 5분의 1을 초과하여 이사가 되지 아니하여야 하며, 이사의 선임 등 공익법인등의 사업운영에 관한 중요사항을 결정할 권한을 가지지 아니하여야 한다. 이사에는 이사회 의결권을 갖지 아니하는 감사는 포함하지 아니한다.

상속개시 당시에는 상속인들이 공익법인등의 이사에 해당되었으나, 이사에서 물러난 후 상속세 신고기한 내에 상속재산을 해당 공익법인등에 출연하는 경우에도 과세가액 불산입 요건을 충족하는 경우의 출연 재산가액은 이를 상속세 과세가액에 산입하지 아니한다.

따라서, 상속인이 이사 현원의 5분의 1을 초과하여 공익법인등의 이사가 되거나 공익법인등의 사업운영에 관한 중요사항을 결정할 권한을 가지게 되면 해당 출연재산에 대해서는 상속세가 부과된다.

다) 내국법인의 의결권 있는 주식 10%(5%, 20%) 초과 출연시 과세가액 산입

공익사업을 빙자하여 상속세 부담을 회피하고 부를 변칙적으로 세습하는 것을 방지하기 위하여 공익사업 출연재산에 대하여 엄격한 요건과 사후관리를 요구하는 것이다. 특히 주식에 관한 내용은 재벌기업 등의 대주주 일가가 상속개시 직전 또는 직후에 공익법인을 설립한 뒤 소유기업의 주식을 그 공익법인에 출연함으로써 소유기업에 대한 지배력은 그대로 유지한 채 상속세 부담을 회피하는 것에 대비하기 위하여 마련된 규정이다(헌재2012헌바284, 2015.4.30.).

(1) 과세가액 산입요건

공익법인등에 주식을 출연하여 상속세 또는 증여세를 면제받은 다음, 해당 공익법인등을 통하여 계열회사를 지배함으로써 공익법인등을 지주회사화 하는 것을 방지하기 위하여, 내국법인의 의결권 있는 주식 또는 출자지분의 10%(5%, 20%) 초과분에 대해서는 상속세 과세가액에 산입하도록 하고 있다. 2017.1.1. 이후 의결권 있는 발행주식총수에서 자기주식은 제외한다.

(2) 초과출연시 과세가액 산입 예외사유

(가) 상호출자제한기업집단에 속하지 아니하는 공익법인 등에 해당 공익법인등의 출연자와 특수관계가 없는 내국법인의 주식 등을 출연하는 경우로 주무부장관이 공익목적사업을 효율적으로 수행하기 위하여 필요하다고 인정하는 경우

(나) 2011.1.1. 이후 최초로 공익법인등에 주식 등을 출연하는 경우로 상호출자제한기업집단과 특수관계에 있지 아니한 공익법인등으로서 운용소득과 출연재산가액의 공익목적 사용 등의 사후관리요건(상증법 제48조제11항)을 충족하는 공익법인등(공익법인등이 설립된 날부터 3개월 이내에 주식등을 출연받고, 설립된 사업연도가 끝난 날부터 2년 이내에 해당 요건을 충족하는 경우를 포함한다)이 발행주식총수 등의 10(20)%를 초과하여 출연받고 초과보유일부터 3년 이내에 초과하여 특수관계없는 자에게 출연받은 부분을 매각(주식등의 출연자 또는 그와 특수관계인에게 매각하는 경우는 제외한다)하는 경우

(다) 2017.1.1. 이후 공익법인의 설립 허가에 관한 법령 등에 따라 출연한 경우

(3) 초과출연 여부 판단기준

내국법인의 의결권 있는 주식 또는 출자지분의 10%(5%, 20%) 초과 여부는 아래 주식을 모두 합하여 판단한다.

(가) 출연하는 내국법인의 주식등

(나) 출연자가 출연할 당시 해당 공익법인등이 보유하고 있는 동일한 내국법인의 주식등

(다) 출연자 및 그의 특수관계인이 해당 공익법인등 외의 다른 공익법인등에 출연한 동일한

내국법인의 주식등

(라) 상속인 및 그의 특수관계인이 재산을 출연한 다른 공익법인등이 보유하고 있는 동일한 내국법인의 주식등

〈출연 또는 출연재산으로 주식등 취득시 과세가액 불산입되는 지분율〉[13]

<table>
<tr><th>구분</th><th>판정기준</th><th colspan="2">적용대상</th><th>한도</th><th>의무 위반시</th></tr>
<tr><td rowspan="6">출연
·
취득</td><td rowspan="6">출연받을 때
또는
출연재산으로
취득시
지분율</td><td colspan="2">상호출자제한기업집단과 특수관계 있는 경우
또는 상증법제48조제11항 요건 불충족한 경우</td><td>5%</td><td rowspan="6">초과분
증여세
부과</td></tr>
<tr><td rowspan="4">상증법제48조
제11항 요건
충족한 경우</td><td>일반적인 경우</td><td>10%</td></tr>
<tr><td>의결권 미행사를 정관에 규정한
자선 · 장학 · 사회복지 목적 법인</td><td>20%</td></tr>
<tr><td>출연자와 특수관계 없는 내국법인
주식으로 주무관청 승인받음</td><td>한도
없음</td></tr>
<tr><td>10% 초과 출연분 3년 이내 특수관계
없는 자에게 매각</td><td>한도
없음</td></tr>
<tr><td colspan="2">「공익법인의 설립 · 운영에 관한 법률」* 및 그 밖의 법령
에 따라 취득하는 경우</td><td>한도
없음</td></tr>
<tr><td rowspan="3">보유</td><td rowspan="3">계열기업의
주식보유시
총재산가액
대비 비율</td><td rowspan="2">상증법제48조
제11항 요건
불충족한 경우</td><td>일반적인 경우</td><td>30%</td><td rowspan="3">초과
보유분
가산세
부과</td></tr>
<tr><td>외부회계감사, 전용계좌 개설 · 사용,
결산서류 등의 공시 이행</td><td>50%</td></tr>
<tr><td colspan="2">상증법제48조제11항 요건 충족한 경우</td><td>한도
없음</td></tr>
</table>

4) 상속인 등이 출연재산을 사용 · 수익한 경우

상속세 과세가액에 불산입한 출연재산 및 그 재산에서 생기는 이익의 전부 또는 일부가 상속인 및 그의 특수관계인에게 귀속되는 경우에는 그 재산이나 이익에 대한 상속개시일 현재 평가가액을 상속인 및 그와 특수관계에 있는 자가 상속받은 것으로 보아 해당 상속세 과세가액에 산입하여 즉시 상속세를 부과한다.

13. 『2021 공익법인 세무안내』, 국세청, p.142.

[관련 질의회신 · 판례 등]

○ 성실공익법인이 주식등을 특수관계인에게 매각시 과세대상 등

성실공익법인등이 10%를 초과하여 출연받은 주식등을 출연자 등에게 매각하는 경우에는 10%를 초과분 중에서 출연자 등에게 매각한 주식등에 대해서만 매각한 날을 기준으로 증여세를 과세함(기획재정부 재산세제과-627, 2018.7.23.).

⇒ 2021.1.1. 이후 일반공익법인등과 성실공익법인등을 공익법인등으로 통합하였다.

○ 공익법인의 주식보유비율 산정 방법

상증법(2016.12.20. 법률 제14388호로 개정된 것) 제48조제1항 단서에서 의결권 있는 발행주식총수에서 자기주식을 제외하도록 한 개정 규정은 2017.1.1. 이후 공익법인이 출연받거나 취득하는 분부터 적용하는 것임(법령해석재산-2188, 2018.7.27.).

○ 유상소각

성실공익법인등이 발행주식총수의 10%를 초과하여 출연받은 주식등을 매각하지 아니하고 유상소각하는 경우에는 상증법 제16조제2항 본문 단서의 규정에 해당하지 아니하여 상속세 과세가액에 산입하는 것임(기획재정부 재산세제과-293, 2014.3.27.).

2. 공익신탁재산의 상속세 과세가액 불산입

상속재산 중 피상속인이나 상속인이 공익신탁법에 따른 공익신탁[14]으로 종교, 자선, 학술 또는 그 밖의 공익을 목적으로 하는 신탁을 통하여 공익법인등에 출연하는 재산의 가액은 상속세 과세가액에 산입하지 아니한다(상증법 제17조).

해당 공익신탁은 다음 요건을 모두 갖추어야 한다.[15]

(1) 공익신탁의 수익자가 공익법인등이거나 그 공익법인등의 수혜자일 것

(2) 공익신탁의 만기일까지 신탁계약이 중도 해지되거나 취소되지 아니할 것

(3) 공익신탁의 중도해지 또는 종료시 잔여 신탁재산이 국가 · 지방자치단체 및 다른 공익신탁에 귀속될 것

(4) 상속세 과세표준 신고기한까지 신탁을 이행할 것. 다만, 법령상 또는 행정상의 사유로 신탁 이행이 늦어지는 경우 그 사유가 끝나는 날이 속하는 달의 말일부터 6개월 이내에 신탁을 이행할 것.

---

14. 공익신탁은 공익사업을 목적으로 하는 「신탁법」에 따른 신탁으로서 제3조에 따라 법무부장관의 인가를 받은 신탁을 말한다(공익신탁법 제2조)

15. 요건을 모두 갖춘 경우 피상속인 또는 상속인이 공익법인등에게 직접 출연하는 경우와 그 경제적 실질이 동일하다.

3. 우리사주에 대한 상속세 과세가액 불산입 특례

우리사주조합원이 그 조합을 통하여 취득한 주식의 가액은 상속세 과세가액에 산입하지 아니한다(조특법 제93조, 2007.12.31. 삭제). 이때 취득한 주식은 2000.12.31.까지 취득한 것으로 액면가액의 합계액이 500만원 이하에 상당하는 주식에 한정한다.

만약 우리사주조합원이 그 조합을 통하여 취득한 주식의 가액이 500만원을 초과하면, 해당 주식의 액면가액을 기준하여 500만원에 상당하는 가액을 상속세 과세가액에 산입하지 아니한다(재산01254-300, 1990.1.30.).

우리사주조합을 통하지 않고 법인으로부터 직접 상여금 또는 퇴직금을 주식으로 지급받은 경우에는 상속세 과세가액 불산입 대상이 아니다.

제3절 상속재산가액에서 차감하는 공과금 등

거주자	공과금	• 상속개시일 현재 피상속인이 납부할 의무가 있는 것으로 상속인에게 승계된 조세 · 공공요금 기타 이와 유사한 것(한도 없음)
	장례비용	• 장례비용 총한도액 15백만원 (①+②) ① 상속개시일부터 장례일까지 직접 소요된 장례비용(500만원 미만인 경우 500만원, 1천만원을 초과하는 경우 1천만원) ② 봉안시설(자연장지 포함) 사용비용(공제한도액 5백만원)
	채무	• 상속개시 당시 피상속인이 부담하여야 할 확정된 채무로서 공과금 이외의 모든 부채(한도 없음) • 피상속인이 상속개시 전 10년 이내에 상속인에게 진 증여채무와 상속개시 전 5년 이내에 상속인이 아닌 자에게 진 증여채무는 공제불가
	공과금, 장례비용, 채무의 합계액이 상속재산가액을 초과하는 경우 초과액은 없는 것으로 본다.	
비거주자	• 해당 상속재산에 관한 공과금 • 해당 상속재산을 목적으로 하는 유치권 · 질권 · 전세권 · 임차권(사실상 임대차계약이 체결된 경우를 포함) · 양도담보권 또는 저당권으로 담보된 채무 • 피상속인의 사망 당시 국내에 사업장이 있는 경우로서 비치 · 기장한 장부에 의하여 확인되는 사업상의 공과금 및 채무	

1. 공과금

가. 피상속인이 거주자인 경우

공과금이란 상속개시일 현재 피상속인이 납부할 의무[16]가 있는 것으로 상속인에게 승계된 아래에 해당하는 것을 상속재산가액에서 차감한다(상증집행기준 14-9-1).

상속개시일 이후 상속인의 귀책사유로 납부 또는 납부할 가산세, 가산금, 체납처분비, 벌금, 과료, 과태료 등은 공과금 등에 포함되지 아니한다.

1) 국세, 관세, 임시수입부가세, 지방세
2) 공공요금
3) 공과금: 국징법의 체납처분 예에 따라 징수할 수 있는 조세 및 공공요금 외의 것
4) 피상속인이 당초 조세를 감면 · 비과세 받은 후 감면 · 비과세 요건을 충족하지 못해 조세가 경정 · 결정된 경우 해당 경정 · 결정된 조세
5) 피상속인 사망 후에 피상속인이 대표이사로 재직하던 법인의 소득금액이 조사 · 결정됨에 따라 피상속인에게 상여로 처분된 소득에 대한 종합소득세 · 지방소득세 등

16. 납세의무가 성립한 것을 말한다(서면4팀-767, 2007.3.5.).

나. 피상속인이 비거주자인 경우

상속세가 부과되는 해당 상속재산에 대한 공과금과 피상속인의 사망 당시 국내에 사업장이 있는 경우로 그 사업장에 갖춰 두고 기록한 장부에 의하여 확인되는 사업상의 공과금을 공제한다.

[관련 질의회신 · 판례 등]

○ 재산세, 종합부동산세

재산세와 종합부동산세의 과세기준일 현재 생존하고 있는 피상속인이 과세기준일 이후에 사망한 경우 상속재산의 가액에서 차감하는 공과금에 해당함(재산세과-393, 2011.8.23.).

○ 상속인 귀책사유로 발생한 과태료 등

상속개시일 이후 상속인의 귀책사유로 발생한 납부 또는 납부할 가산세, 가산금, 체납처분비, 벌금, 과료, 과태료 등은 공과금에 포함되지 아니함(재산세과-588, 2010.8.13.).

○ 증여세

(명의신탁) 피상속인이 명의신탁한 재산에 대하여 과세되는 증여세를 부담하기로 약정한 내용에 따라 상속개시 후 상속인이 납부한 것이 확인되는 증여세액은 상속재산에서 차감할 공과금 등에 해당함(서면4팀-1474, 2004.9.20.).

(연대납세의무자) 피상속인이 증여자로 수증자의 증여세 체납액에 대한 연대납세의무자로 통지된 세액은 상속개시일 현재 상속인들이 부담해야 하여 공과금으로 공제가능함(국심96서3570, 1998.2.18.).

○ 양도소득세

(상속개시 전 양도) 상속개시 전에 피상속인이 양도한 부동산에 대한 양도소득세 등이 상속인들에게 승계되었으므로 공과금으로 공제됨(국심96중3262, 1997.3.27.).

(비과세 후 양도세 부과) 양도소득세 비과세 결정을 받은 피상속인이 새로운 농지 취득일로부터 3년 이내에 사망하고 상속인이 그 농지를 상속받아 경작하던 중 상속인이 거주지 요건을 충족하지 않아 당초 피상속인이 비과세 결정받은 양도소득세가 부과되는 경우 해당 양도소득세는 상속재산의 가액에서 차감하는 공과금에 해당하는 것임(재산세과-169, 2009.9.9.).

○ 경정한 경우

상속개시일 전에 발생한 피상속인의 사업에 대한 소득세 및 부가가치세 경정으로 인한 추가 고지분 부가가치세는 상속개시일 현재 피상속인에게 납세의무가 성립된 것으로 상속인에게 승계된 것이므로 공과금에 해당함(재삼46014-1575, 1996.7.12.).

○ 상속등기에 따른 취득세 등

상속등기에 따른 등록세 등의 공과금은 상속재산가액에서 공제하지 아니함(재삼01254-2778, 1989.7.26.).

○ 부동산실명법에 따른 과징금

「부동산 실권리자 명의 등기에 관한 법률」에 따라 부과된 과징금을 상속개시 후 상속인이 납부한 경우 공과금에 해당함(재산세과-1661, 2009.8.10.).

○ 연부연납세액

상속세 연부연납 허가를 받은 상속인 중 1인이 사망한 경우, 해당 상속인의 사망으로 인한 상속세 과세가액 산정시 상속재산에서 차감하는 공과금은 상속개시일 현재 고지되지 아니한 연부연납세액에 대하여 그 상속인이 받았거나 받을 재산을 기준으로 상증령 제2조의2제1항의 비율에 따라 계산한 금액을 말하는 것임(재산세과-884, 2009.5.6.).

2. 장례비용

○ 장례비용 총한도액 15백만원 (①+②)

① 상속개시일부터 장례일까지 직접 소요된 장례비용(500만원 미만인 경우 500만원, 1천만원을 초과하는 경우 1천만원)

② 봉안시설(자연장지 포함) 사용비용(공제한도액 5백만원)

상속에 관한 비용은 상속재산 중에서 지급한다(민법 제998조의2). 장례비용은 비록 상속개시 당시 존재하는 채무는 아니나 상속개시에 수반하는 필연적인 비용으로 상속세의 담세력을 감소시킨다는 점에서 이를 상속재산가액에서 공제하는 것이다(대법원97누669, 1997.11.14.).

피상속인이 비거주자인 경우에는 장례비를 공제하지 아니한다.

가. 장례비용의 범위

장례비용은 시신의 발굴 및 안치에 직접 소요되는 비용과 묘지구입비(공원묘지 사용료 포함), 비석, 상석 등 장례에 직접 소요된 제반비용을 말한다.

나. 공제금액(최소 5백만원 최대 15백만원 한도)

장례비용은 다음 각 호의 구분에 따른 금액을 합한 금액으로 한다.

1) 피상속인의 사망일부터 장례일까지 장례에 직접 소요된 금액(봉안시설의 사용에 소요된 금액을 제외)

증빙에 따른 장례비가 5백만원 미만시에는 5백만원을 공제하고, 증빙에 따른 장례비가 5백만원 이상이면 증빙에 따른 장례비용을 공제하되 1천만원을 한도로 한다.

2) 봉안시설[17] 및 자연장지[18] 사용에 소요된 금액

증빙에 따른 봉안시설 및 자연장지비용을 공제하되 5백만원을 한도로 한다.

장례소요금액	봉안시설 사용금액	장례비 공제금액
3백만원	3백만원	8백만원
7백만원	7백만원	12백만원
1천3백만원	3백만원	13백만원
1천5백만원	8백만원	15백만원

〈장례비 개정연혁〉

2001.12.31. 이전	2002.1.1.~2010.12.31.	2011.1.1. 이후
① 장례일까지 직접 소요된 비용	① 장례일까지 직접 소요된 비용 ② 봉안시설 사용비용	① 장례일까지 직접 소요된 비용 ② 봉안시설 사용비용(자연장지 추가)

[관련 질의회신 · 판례 등]

○ 장례비용 제외

(49제 사찰시주금) 피상속인의 장례일(3일장)로부터 7일이 경과한 후 49제 사찰시주금으로 지급한 금액은 장례일까지 직접 소요된 금액으로 볼 수 없어 공제대상 장례비용이 아님(감심2003-25, 2003.3.25.).

(피상속인이 비거주자인 경우) 피상속인의 가족인 상속인 전부가 상속개시일 훨씬 이전부터 미국에 거주 · 생활하고, 피상속인도 이민목적 해외이주신고를 한 후 출국해 사망한 경우, 피상속인을 거주자로 볼 수 없어 장례비나 인적공제 등 적용대상이 아님(국심2001서2091, 2002.1.14.).

(실종자 수색비용) 실종으로 인하여 상속이 개시된 경우 실종선고일 이전에 실종자에 대한 수색비용은 장례비용에 해당되지 않아 상속재산가액에서 공제하지 않음(재산01254-4432, 1989.12.6.).

○ 장례비용 포함

(조객 접대비용등) 상가의 일을 돕는 자 또는 조객에 대하여 간소한 음식을 접대하는 데 소요된 비용은 장례비용에 해당함(재삼01254-3438, 1991.11.5.).

(자연장에 소요된 비용) 자연장에 소요된 비용도 봉안시설 사용에 소요된 금액에 포함함(재산세과-420, 2009.2.6.).

(상조회사 불입금) 사망일 이전에 상조회사에 불입된 불입금액으로 피상속인의 사망일부터 장례일까지 장례에 직접 소요된 경우에는 장례비용에 포함되는 것임(서면2017상속증여-2772 [상속증여세과-1225], 2017.11.23.).

---

17. 봉안이란 유골을 봉안시설에 안치하는 것을 말하며, 봉안시설이란 봉안묘, 봉안당, 봉안탑 등 유골을 안치(매장 제외)하는 시설을 의미한다(장사 등에 관한 법률 제2조).
18. 자연장이란 화장한 유골의 골분을 수목, 화초, 잔디 등의 밑이나 주변에 묻어 장사하는 것을 말한다.

3. 채무

상속인은 사망과 동시에 피상속인의 적극재산뿐만 아니라 소극재산인 부채에 대하여도 포괄적으로 승계받는다. 상속세 과세가액은 상속재산에서 채무를 공제하여 계산한다.

'채무'는 명칭여하에 관계없이 상속개시 당시 피상속인이 부담하여야 할 확정된 채무로서 공과금 외의 모든 부채를 말하는 것이므로, 그 채무금액의 크기에 관계없이 한도없이 공제받을 수 있다. 채무에는 증여채무 중에서 상속개시 전 10년 이내에 피상속인이 상속인에게 진 증여채무와 상속개시 전 5년 이내에 상속인 이외의 자에게 진 증여채무에 대해서는 채무 공제를 적용받을 수 없다.

채무는 그 금액 크기와 관계없이 공제가 가능하므로 가공 또는 변칙적인 수단에 의해 상속세를 회피할 가능성이 많고, 사실관계 판단에 있어서도 납세자와 과세관청이 다툼의 여지가 큰 부분 중 하나이다.

피상속인의 채무로 인정된 경우에는 상속세 및 증여세 사무처리규정[19]에 따라 사후관리한다.

가. 공제 가능한 채무의 입증방법

상속재산 가액에서 차감하는 채무의 금액은 상속개시 당시 피상속인의 채무로 상속인이 실제로 부담하는 사실이 다음 중 어느 하나의 방법에 따라 증명되는 채무를 말한다(상증령 제10조).

1) 국가 · 지방자치단체 및 금융회사[20]등에 대한 채무는 해당 기관에 대한 채무임을 확인할 수 있는 서류

2) 국가 · 지방자치단체 및 금융회사등 이외의 자에 대한 채무는 채무부담계약서, 채권자확인서, 담보설정 및 이자지급에 관한 증빙 등에 따라 그 사실을 확인할 수 있는 서류

쟁점

증여계약 후 증여자가 사망한 경우 상속세로 과세할 것인가, 증여세를 과세할 것인가?

부가 자와 아파트를 2020.4.1. 증여하기로 계약하였다. 증여등기 전에 2020.5.1. 부가 사망한 경우 이 아파트에 대해 상속재산으로 보아 상속세를 과세할까? 아니면 상속 후 증여등기가 되니까 증여세를 과세할까?

이는 증여계약시기와 사망일에 따라 다르다.

---

19. 상증사무처리규정 제50조(부채의 사후관리)
① 지방국세청장 또는 세무서장은 다음 각 호의 어느 하나에 해당하는 경우 해당 납세자의 채무정보를 NTIS(엔티스)에 입력하여야 한다.
1. 상속세 및 증여세의 결정 등에서 인정된 채무
② 지방국세청장 또는 세무서장은 상환기간이 경과한 채무에 대하여 사후관리 점검을 실시하여야 한다. 다만 상환기간 경과 전이라도 일정기간이 경과한 장기채무로 변제사실 확인이 필요한 경우 점검 대상자로 선정할 수 있다.

20. 「금융실명거래 및 비밀보장에 관한 법률」 제2조제1호에 규정된 금융회사등을 말함.

민법에서의 증여는 계약의 한 종류이다. 그래서 증여자와 수증자가 사이에 계약하게 되면, 증여자는 재산을 넘길 채무가, 수증자는 재산을 받을 권리가 생긴다. 계약의 이행으로 등기시 부동산을 이전하게 되면 증여채권과 증여채무가 없어지는 것이다.

그러면 증여자(사망자)는 증여계약 하고 증여계약 이행 중에 사망하면 상속세가 과세되지 않는 절세(?) 방안이 생겼다고 생각할 수도 있다. 증여자(사망자) 입장에서 보면 아파트는 소유가 넘어가지 않았으니까 증여자(사망자)의 상속재산이 되고 또 증여계약으로 인한 채무가 있으니까 결국은 +, -로 상속세 과세가액에 반영되지 않기 때문이다. 사망 후 증여등기하면 증여세로 과세되지 상속세는 과세되지 않는다고 말이다.

현재 상증법 제2조와 상증법 제14조를 보면 상속세로 과세한다. 위장가공의 채무를 악용하여 상속세를 포탈할 우려가 있기 때문에 증여채무 중에서 상속개시 전 10년 이내에 피상속인이 상속인에게 진 증여채무와 상속개시 전 5년 이내에 상속인 이외의 자에게 진 증여채무에 대해서는 채무 공제를 적용받을 수 없다. 따라서 상속개시일 전(前) 일정기간(10년, 5년) 이내에 피상속인이 부담한 증여채무는 객관적 확인 여부에도 불구하고 채무로 공제가 불가하며, 일정기간 이전에 피상속인이 부담한 증여채무는 그 증여채무를 진 사실이 서면 등에 의해 객관적으로 확인되는 경우에만 채무로 인정받아 공제할 수 있다(서면4팀-3099, 2006.9.11.).

상증법 제2조제1호나목 '상속'에 증여자의 사망으로 인하여 효력이 생길 증여의 범위에 "상속개시일 전 10년 이내에 피상속인이 상속인에게 진 증여채무 및 상속개시일 전 5년 이내에 피상속인이 상속인이 아닌 자에게 진 증여채무의 이행 중에 증여자가 사망한 경우의 그 증여를 포함"한다고 규정하고 있고, 상증법 제14조제1항제3호 채무에서 "상속개시일 전 10년 이내에 피상속인이 상속인에게 진 증여채무와 상속개시일 전 5년 이내에 피상속인이 상속인이 아닌 자에게 진 증여채무는 제외"한다고 규정하고 있다. 즉, 상속인은 10년 전, 상속인 외의 자에게는 5년 전에 증여계약한 경우에는 상속세로 과세하고, 그 외 경우에는 증여세를 과세한다는 뜻이다.

2002.12.31. 이전에는 상속에 포함하지 않고, 채무에서만 제외하였다. 그러면 상속세로 과세하면서 수증자가 부담할 증여세를 기납부세액으로 공제받지 못하게 됨에 따라 현행 규정으로 개정하였고, 지금은 상속으로 포함하고, 채무에서 제외하도록 하여 증여세를 과세하지 않고 상속세만 과세한다.

다시 설명하면, 다음과 같다.

① 상속인과 상속개시일부터 10년 이내에 증여계약하고 증여자가 사망한 경우

상증법상 상속재산인데 그 이유는 상증법상 사인증여에 해당하기 때문이며, 상속세 납부의무는 수유자에게 있으며, 채무공제는 되지 않으므로 상속세가 과세되고, 유증과 사인증여는 상증법상 증여로 보지 않으니까 증여세를 부과하지 않는다.

② 상속인과 상속개시일부터 10년 전에 증여계약하고 증여자가 사망한 경우

상증법상 상속재산이다. 그 이유는 민법상 상속재산에 해당하기 때문이며, 상속세 납부의무는 상속인에게 있고, 채무공제는 되므로 상속세가 과세되지 않는다. 대신 증여세가 부과된다.

유형	상속재산	상속세 납부의무	채무	상속세	증여세
①	○(사인증여)	수유자	×	○	×
②	○(민법 상속)	상속인	○	×	○

쟁점

미확정채무

'상속재산에서 차감하는 채무'는 상속개시당시 채무여야 한다. 그런데 상속개시당시에 채무가 확정되지 않을 수도 있다. 그러면 채무를 공제받을 수 있을까? 이 쟁점에 대해서는 국세청과 법원의 입장이 다르다. 예를 들어 피상속인이 타인의 채무에 대하여 보증하고 보증기간 중에 사망한 경우에는 보증기간 만료 시점에서 채무액이 확정된다.

국세청은 "채무란 상속개시일 현재 확정된 채무"(재산세과-250, 2011.5.20.)이고, 보증채무는 상속개시일 현재 주채무자가 변제불능 상태이고 주채무자에게 구상권을 행사할 수 없다고 인정되는 경우에 한하여 채무로 공제할 수 있다고 보았다(서면4팀-1380, 2005.8.5.). 이는 재산과 채무의 확정시점이 상속개시일이기 때문에 상속개시일을 기준으로 재산과 채무를 평가한다는 것이다.

반면 법원은 타인간 계속되는 거래로 인하여 장래 발생하는 채무를 어떤 금액을 한도로 하여 보증하기로 약정한 보증인이 사망한 경우에는 상속인이 그 지위를 승계한다고 할 것이고, 이와 같은 계속적 보증채무의 경우에도 상속개시 당시 주채무자가 변제불능의 무자력 상태에 있어서 피상속인인 보증인이 그 채무를 이행하지 않으면 안 되었을 뿐 아니라 주채무자에게 구상권을 행사하더라도 변제받을 가능성이 없었다고 인정되면 그 채무금액을 상속세과세가액에서 공제할 수 있다고 보았다(대법원1997누5367, 1998.2.10.). 즉 보증기간 만료시점에서 채무가 확정된 경우에 공제 가능하다고 본 것이다. 또, 상속개시 당시에는 변제기가 도래하지 아니하고 주채무자가 변제불능의 무자력 상태에 있지도 아니하여 상속채무로 공제하지 아니하였으나 이후 제3자가 민사소송을 제기하여 판결에 의해 피상속인이 부담해야 할 연대채무로 확정된 경우 후발적 사유에 따른 경정청구로 상속채무의 공제가 가능하다고 보았다(대법원 2008두10133, 2010.12.9.).

나. 피상속인이 비거주자인 경우

아래 채무를 공제한다.

1) 해당 상속재산을 목적으로 하는 유치권, 질권, 전세권, 임차권(사실상 임대차계약이 체결된 경우를 포함), 양도담보권 · 저당권 또는 「동산 · 채권 등의 담보에 관한 법률」에 따른 담보권으로 담보된 채무
2) 피상속인의 사망 당시 국내에 사업장이 있는 경우로 그 사업장에 비치하고 기록한 장부에 따라 확인되는 사업상의 채무

[관련 질의회신 · 판례 등]

○ 공제대상 채무

(국세청) "채무"라 함은 명칭여하에도 불구하고 상속개시 당시 피상속인이 부담하여야 할 확정된 채무로서 공과금 외의 모든 부채를 말하며, 상속개시일 현재 실제 존재하여야 함(재산세과-441, 2010.6.25.).

(심판원) "공제대상 채무"란 상속개시 당시 피상속인이 종국적으로 부담하여 이행하여야 할 것이 확실하다고 인정되는 채무를 뜻하는바, 본 건 채무는 피상속인의 채무가 아니라 피상속인이 사망 당시 무한책임사원으로 재직하고 있는 합자회사의 채무로 상속개시일 현재 회사가 부도하거나 지급불능 사실이 확정되어 피상속인의 채무로 확정되었다고 보기 어려움(국심2005중3142, 2005.11.24.).

(법원) 상속재산 가액에서 공제될 피상속인의 채무는 상속개시 당시 피상속인이 종국적으로 부담하여 이행하여야 할 것이 확실하다고 인정되는 채무를 뜻하는 것임(대법원2003두9886, 2004.9.24.).

○ 보증채무 등

(손해배상채무 및 연대보증채무) 상속개시 당시 피상속인의 손해배상채무 및 연대보증채무가 존재하고 있었고, 그 채무가 상속개시 이후 법원의 판결에 의하여 상속인들의 채무로 현실화되었다면 동 채무는

피상속인의 채무에 해당하므로 상속재산가액에서 차감하는 것이 타당함(국심2007서3500, 2008.5.1.).
(연대보증채무) 상속개시 당시 피상속인이 제3자를 위하여 연대보증채무[21]를 부담하고 있거나 물상보증인으로서 책임을 지고 있는 경우에, 주채무자가 변제불능의 무자력 상태에 있어 피상속인이 그 채무를 이행하지 않으면 안 될 뿐만 아니라 주채무자에게 구상권을 행사하더라도 변제받을 가능성이 없다고 인정되는 때에는 그 채무금액을 상속재산가액에서 공제할 수 있음. 그러나 이와 같은 사유는 상속세 과세가액을 결정하는 데 예외적으로 영향을 미치는 특별한 사유이므로 그와 같은 사유의 존재에 대한 주장 · 입증책임은 상속세 과세가액을 다투는 납세의무자에 있음(대법원2002두1618, 2003.6.13.).
(연대채무) 피상속인이 연대채무자[22]인 경우 상속재산에서 공제할 채무액은 피상속인의 부담분에 상당하는 금액에 한정하여 공제할 수 있다. 다만, 연대채무자가 변제불능 상태가 되어 피상속인이 변제불능자의 부담분까지 부담하게 된 경우로 해당 부담분에 대하여 상속인이 구상권 행사로 변제받을 수 없다고 인정되는 경우에는 채무로 공제할 수 있음. 피상속인이 연대채무를 부담하고 있었으나 상속개시 당시에는 변제기가 도래하지 아니하고 주채무자가 변세불능의 무자력 상태에 있지도 아니하여 상속채무로 공제하지 아니하였으나 이후 제3자가 민사소송을 제기하여 판결에 의해 피상속인이 부담해야 할 연대채무로 확정된 경우 후발적 사유에 따른 경정청구로 상속채무의 공제가 가능함(대법원 2008두10133, 2010.12.9.).
(구상권을 행사할 수 없는 때) "주채무자의 변제불능 상태 및 구상권을 행사할 수 없는 때"에는 상속개시일 현재 주채무자의 부도발생 또는 파산선고를 받은 경우뿐만 아니라 자본잠식 등의 재산 상태로 변제능력이 사실상 불가능한 것으로 인정되는 경우를 포함함(재경원재산46014-224, 1996.6.10.).

○ 공제대상 채무

(타인명의) 피상속인이 금융기관으로부터 타인명의로 대출받았으나 그 대출금에 대한 이자지급 및 원금 변제상황과 담보제공 사실 등에 의하여 사실상의 채무자가 피상속인임이 확인되는 경우 해당 대출금은 피상속인의 채무로 인정받을 수 있음(재삼46014-2341, 1997.10.1.).
(병원 치료비) 상속개시일 현재 지급하지 아니한 피상속인 생전의 병원 치료비는 채무로 인정하여 상속재산가액에서 공제함(재삼46014-274, 1994.1.29.).
(퇴직금) 상속개시 당시 피상속인의 채무로 인정되어 상속재산가액에서 차감되는 퇴직금은 피상속인의 사업과 관련하여 고용한 사용인에 대한 상속개시일까지의 퇴직금상당액이며, 여기서 "퇴직금상당액"은 「근로자 퇴직급여보장법」 제8조에 따라 지급하여야 할 금액을 말함(재산세과-370, 2012.10.9.).
(미지급이자) 상속개시일 현재 소비대차에 따른 피상속인의 채무에 대한 미지급이자는 공제대상 채무에 해당한다. 다만, 법인법 제52조에 따른 부당행위계산으로 부인된 계상한 인정이자는 포함하지 아니함(상증통칙 14-0…3).
⇔ (미수이자) 미수이자는 상속재산임(재삼46014-1096, 1994.4.21.).
(가지급금) 피상속인의 가지급금 변제의무를 상속인이 실제로 부담하는 경우 당해 가지급금은 상속채무에 해당함(법규과-2647, 2006.6.28.).
⇔ (가수금) 법인의 장부상 계상된 피상속인 명의의 가수금채권이 재산적 가치가 있는 사실상의 채권인

---

21. 보증채무란 주채무자가 그의 채무를 이행하지 않는 경우, 보증인이 이를 이행하여야 할 채무를 말하는 것으로 채권자와 보증인 사이에 보증계약에 따라 성립되는 채무를 말한다.
22. 연대채무란 다수의 채무자가 동일 내용의 급부에 관하여 각각 독립해서 전부의 급부를 하여야 할 채무를 부담하고, 그 가운데 한 사람의 채무자가 급부를 하면 모든 채무자의 채무가 소멸하는 다수 당사자의 채무로, 이때 연대채무자 중 특정인이 변제 등으로 총채무자를 공동면책하게 한 때에는 다음 연대채무자의 부담부분에 대하여 구상권을 행사할 수 있다(민법 제425조).

경우 상속재산에 포함됨(재경원 재산46014-5, 1998.1.6.).

(공동채무) 타인과 공동사업을 영위하는 경우로 금융기관 등으로부터 자금을 차입하여 해당 공동사업에 사용한 개인별 소유 구분이 없는 채무는 공동사업자의 투자비율에 따라 안분계산하여 피상속인의 지분상당액을 차감하는 것임(재산세과-3555, 2008.10.31.).

○ 임대보증금

(공동소유) 피상속인과 상속인이 공동 소유하는 부동산에 임대차계약이 체결된 경우 피상속인의 부채로 공제되는 임대보증금은 실지 임대차 계약 내용에 따라 귀속을 판정하며, 공동소유자 중 1인만 임대차계약 체결시 해당 임대보증금은 임대차계약의 당사자에게 귀속됨(서면4팀-2640, 2007.9.10.).

(토지와 건물 소유자가 다른 경우) 건물을 임대한 것이 건물소유자인 피상속인이었다면 대지소유자가 따로 있는 경우에도 다른 특별한 사정이 없는 한 임차보증금 반환채무는 피상속인이 전부 부담한 채무라고 할 것이고, 단지 대지소유자가 따로 있다는 이유만으로 그 채무액을 토지가액 분과 안분할 것이 아님(대법원92누7429, 1993.1.15.).

○ 한정승인

상속인 전원이 「민법」 제1019조제1항에 따라 한정승인을 한 경우 상속재산가액에서 차감할 채무는 상속으로 인하여 취득할 재산(상증법 제15조에 따른 상속세 과세가액에 산입한 금액 제외)을 한도로 공제함(서면4팀-2105, 2005.11.8.).

○ 채무감액된 경우

법원판결로 채무액이 결정되었으나 채권자와 합의로 채무액이 감액된 경우 상속인이 실제 부담하기로 한 채무액을 공제함(서면4팀-2760, 2007.9.20.).

○ 배우자 및 직계존비속 사이의 소비대차를 인정할 수 있는지 여부[23]

원칙적으로 배우자 및 직계존비속 사이의 소비대차는 인정하지 아니하나, 귀 질의의 경우에 소비대차 인정 여부는 채무부담계약서, 채권자확인서, 담보설정 및 이자지급에 관한 증빙, 변제내용 등의 사실을 소관세무서장이 조사하여 판단한 사항임(재삼46014-1600, 1997.7.1.).

○ 대출약정의 명의자

채권자인 대출은행과 망인 사이에 망인 명의의 대출계약이 통정허위표시로 무효라거나 채무의 귀속에 관한 별도의 약정이 존재한다고 볼 아무런 자료도 없는 이상, 대출계약 당사자는 망인으로 보아야 함(대법원2008두13569, 2008.11.27.).

○ 상속개시일 이후 발생한 비용

상속개시일 이후 추가 발생한 비용은 채무에 해당하지 않음(재산세과-3554, 2008.10.31.).

---

23. 유사 쟁점으로 배우자 또는 직계존비속 간 부담부증여시 채무를 공제할지가 다툼이 될 수 있다. 여기에 대해 상증법은 추정으로 적용한다.

> ○ 상증법 제47조(증여세 과세가액) ③ 제1항을 적용할 때 배우자 간 또는 직계존비속 간의 부담부증여(제44조에 따라 증여로 추정되는 경우를 포함한다)에 대해서는 수증자가 증여자의 채무를 인수한 경우에도 그 채무액은 수증자에게 인수되지 아니한 것으로 추정한다. 다만, 그 채무액이 국가 및 지방자치단체에 대한 채무 등 대통령령으로 정하는 바에 따라 객관적으로 인정되는 것인 경우에는 그러하지 아니하다.

제5장 상속세 과세가액

ㅇ 피상속인이 거주자인 경우
국내외 소재 총상속재산(본래상속재산+간주상속재산+추정상속재산)
− 비과세 상속재산, 과세가액 불산입재산
− 공과금, 장례비, 채무(상속재산가액을 초과하는 경우 "0"으로 함)
+ 상속개시 전 10년(5년) 이내의 증여한 재산
= 상속세 과세가액
ㅇ 피상속인이 비거주자인 경우
국내 소재 총상속재산
− 비과세 상속재산, 공익목적의 출연재산 등 과세가액 불산입금액
− 해당 상속재산 및 국내사업장 관련된 공과금 및 채무
+ 상속개시 전 10년(5년) 이내의 증여한 국내 소재한 재산
= 상속세 과세가액

세법에서 과세대상, 과세표준, 과세기간, 과세물품 등 과세○○로 표현하는 것이 많다. 상증법의 '과세가액'은 다른 세법에서는 사용하지 않는다. 과세가액은 과세할 가액을 의미한다.

과세가액은 재산에서 채무를 차감한 가액에서 출발한다. 민법에서는 재산 안에 채무(소극재산)를 포함한 개념이지만, 상증법에서는 재산과 채무를 구분하고 있다.

상속세 과세가액은 상증법 제13조에서 규정하고 있는데 상속재산의 가액에서 '공과금, 장례비용, 채무'을 차감한 후 피상속인이 생전에 증여한 재산을 가산하여 계산[1] 한다. 물론 상속재산은 맞지만, 정책상 과세하지 않는 비과세와 과세가액 불산입 재산을 상속재산의 가액에서 먼저 제외한다.

상속재산에서 차감하는 채무는 채무의 성격에 따라, 공과금, 장례비용, 채무로 구분한다. 공과금은 상속개시일 현재 피상속인이 납부할 의무가 있는 조세 · 공공요금 등을 말하는데 피상속인이 사망일 현재 지방자치단체 등에 갚아야 할 채무 성격이고, 장례비용은 피상속인의 채무는 아니지만 사망시 반드시 발생하는 비용으로 채무의 성격을 가졌다고 볼 수 있다.

상속세 과세대상이 될 재산을 상속개시 전에 재산을 이전하면 누진세율에 따른 상속세 부담을

---

1. 상속세 과세가액은 상속재산의 가액에서 제14조에 따른 것을 뺀 후 증여재산가액을 가산한 금액으로 한다고 규정한 반면, 증여세 과세가액은 해당 증여일 전 10년 이내에 동일인으로부터 받은 증여재산가액을 증여세 과세가액에 가산한다고 규정하고 있어 증여재산가액 가산 전의 가액이 과세가액인지, 증여재산 가산 후의 가액이 과세가액인지 불분명하지만, 증여세 신고서식 등에서는 증여재산 가산 후의 가액이 증여세 과세가액으로 보여주고 있다.

회피하기 때문에 피상속인의 생전에 증여했던 재산을 가산한다.

그러면 상속세 과세가액은 다음과 같이 계산할 수 있다.

	총상속재산
−	비과세 · 과세가액 불산입
−	공과금, 장례비용, 채무
+	가산하는 증여재산가액
=	상속세 과세가액

제1절 피상속인이 거주자인 경우

	총상속재산가액	○ 본래의 상속재산 + 간주 상속재산 + 추정 상속재산
-	비과세 상속재산	○ 국가 등에 유증 등 재산, 금양임야 등
-	과세가액 불산입재산	○ 공익법인등에 출연한 재산 등
-	채무등	○ 공과금, 장례비, 채무(상속재산가액을 초과하는 경우 “0”)
+	가산하는 증여재산가액	○ 상속개시 전 증여한 재산가액
=	상속세 과세가액	

예를 들어 총상속재산은 10억원, 채무 12억원, 가산하는 증여재산가액이 4억원인 경우 상속세 과세가액은 어떻게 계산할까? 2억원일까? 4억원일까?

2013.1.1. 상속개시 분부터 공과금, 장례비용, 채무의 합계액이 상속재산가액을 초과하는 경우 그 초과액은 없는 것으로 본다. 위의 사례에서는 상속세 과세가액은 4억원이다.

2012.12.31. 이전에는 총상속재산가액에서 비과세, 과세가액 불산입재산, 공과금, 장례비용, 채무 등을 차감한 가액이 음수(-)인 경우에 이를 “0”으로 본다는 별도의 규정을 두고 있지 아니하므로 그 음수(-)의 금액을 기초로 하여 사전증여재산가액을 가산하여 상속세 과세가액을 계산하였다(대법원2006두9207, 2006.9.22.).

1. 총상속재산가액 및 비과세 · 과세가액 불산입 · 채무등

상속재산가액의 평가는 상증법 제60조부터 제66조까지에 따라 평가한 가액으로 계산하고, 비과세, 과세가액 불산입, 공과금 · 장례비용 · 채무는 앞장에서 이미 설명한 것에 따른다.

2. 가산하는 증여재산가액[2]

상속세 과세가액 산정시 피상속인의 생전에 일정기간 내에 증여된 재산을 가산하는 이유는 생전 증여재산의 가액을 상속세 과세가액에 포함해 조세부담에 있어서의 상속세와 증여세의 과세형평을 유지하고, 피상속인이 사망을 예상할 수 있는 단계에서 장차 상속세의 과세대상이 될 재산을 상속개시 전에 상속과 다름없는 형태로 분할 · 이전하여 누진세율에 따른 상속세 부담을 회피하려는 부당한 상속세 회피행위를 방지하기 위한 것이다(헌재2005헌가4, 2006.7.27.).

예를 들어 피상속인의 상속재산이 50억원인데 사전에 49억원을 증여한 경우, ① 50억원을 상속하든 ② 49억 증여+1억을 상속하든 세부담을 같게 하기 위함이다. 이 경우, 증여시점에서 이미 납부한 증여세 상당액에 대해서는 상속세 산출세액에서 차감함으로써 증여세와 상속세의 이중과세를 방지하고 있다.

가. 가산하는 증여재산의 범위

상속개시일 전 10년 이내에 피상속인이 상속인에게 증여한 재산가액과 상속개시일 전 5년 이내에 피상속인이 상속인이 아닌 자에게 증여한 재산가액은 상속재산가액에 가산하여 상속세 과세가액을 계산한다.

다만, 조특법 제30조의5(창업자금에 대한 증여세 과세특례), 조특법 제30조의6(가업의 승계에 대한 증여세 과세특례)이 적용되는 증여재산은 합산기간에 관계없이 상속재산가액에 가산하여 기본세율로 정산한다.

1) 수증받은 상속인과 상속인 외의 자의 구분방법

수증자가 상속인인지, 상속인이 아닌지에 따라서 가산하는 증여재산의 합산대상 기간이 각각 달라지므로 이를 구분하는 것은 매우 중요하다.

---

2. 가산하는 증여재산가액을 합산대상 증여재산가액, 사전증여재산가액이라는 표현을 사용하기도 한다. 상증법 제13조 제2항과 법령서식 상속세 과세표준 및 자진납부계산서 부표1. 상속세 과세가액계산명세서는 "가산하는 증여재산가액"으로 사용하고 있다(증여세에서는 증여재산가산액이라고 한다).

> ○ 상증법 13조(상속세 과세가액) ① 상속세 과세가액은 상속재산의 가액에서 제14조에 따른 것을 뺀 후 다음 각 호의 재산가액을 가산한 금액으로 한다. 이 경우 제14조에 따른 금액이 상속재산의 가액을 초과하는 경우 그 초과액은 없는 것으로 본다.
> 1. 상속개시일 전 10년 이내에 피상속인이 상속인에게 증여한 재산가액
> 2. 상속개시일 전 5년 이내에 피상속인이 상속인이 아닌 자에게 증여한 재산가액
> ③ 제46조, 제48조제1항, 제52조 및 제52조의2제1항에 따른 재산의 가액과 제47조제1항에 따른 합산배제증여재산의 가액은 제1항에 따라 상속세 과세가액에 가산하는 증여재산가액에 포함하지 아니한다.

가) 상속인 여부 판단시점

상속인과 상속인이 아닌 자에 대한 구분은 상속개시일 현재를 기준으로 판단(상속증여세과-633, 2013.12.30., 조심2017서3396. 2018.1.31. 대법원2016두54275, 2018.12.13.)하며, 상속개시일 현재 「민법」 제1001조에 따른 대습상속인은 상속인에 해당한다(상속증여세과-633, 2013.12.3.).

증여 당시 상속인이 아니었으나 상속개시일 현재 대습상속인을 상속인으로 보는 것에 대해 헌재는 아래와 같이 보았다. 상증법 제2조제4호는 "상속인이란 민법 제1000조, 제1001조, 제1003조 및 제1004조에 따른 상속인을 말한다"라고 정의하고 있다. '민법 제1001조 및 제1003조제2항에 따른 대습상속인'과 그 외 나머지 상속인은 모두 특별한 사정이 없는 한 사전증여 당시에도 장차 증여자(피상속인)의 상속인이 될 가능성이 있던 자들이고, 피상속인과 가까운 친족관계에 있어 재산 분할 · 이전을 통한 조세회피 개연성이 높다는 점에서 차이가 없다. 그리고 이는 "사전증여 당시는 대습원인이 발생하지 아니하여 상속인의 지위에 있지 않았지만 사전증여 이후 대습상속 요건을 갖춘 자"의 경우도 마찬가지이다. 따라서 사전증여재산 합산과세제도의 목적을 고려할 때, 청구인들의 주장과 달리, 장차 상속인이 될 것인지에 대한 예측가능성 정도를 기준으로 상속인들을 달리 취급할 것은 아니다(2019헌바138, 2021.12.23.).

예시

(문) 조부가 손자에게 2017년에 증여한 후, 2019년 부 사망 후 2022년 조부가 사망한 경우 손자에게 증여한 재산가액을 상속세 과세가액에 가산하여야 하는지?

(답) 가산하여야 함(증여당시는 상속인이 아니었으나, 조부 사망시에는 상속인에 해당).

나) 상속인과 상속인이 아닌 자의 구분

증여재산을 합산할 때 상속인의 범위는 민법에 따른 선순위 상속인에 한정된다. 따라서 상속재산의 전부 또는 일부를 받은 자로서 민법 제1000조부터 제1003조까지에 따른 선순위 상속인이 있는 경우에는 후순위 상속인은 상속인이 아닌 자에 해당한다.

예를 들어 피상속인이 직계비속과 형제자매에게 증여한 재산이 있다면 민법 제1000조에 따른 제1순위 상속인인 피상속인의 직계비속 증여분은 이들을 상속인으로 보아 상속개시 전 10년 이내 증여재산을 가산하고, 형제자매는 상속인 외의 자로 보기 때문에 5년 이내 증여받은 재산만 상속재산에 가산한다.

다) 상속포기한 상속인 · 결격 상속인

민법상 상속포기의 경우에는 상속 개시된 때에 소급하여 그 효력이 있다. 상속포기를 한 자는 상속인이 아니므로 상속세 납부의무가 없어야 한다. 그런데 상속세 납부의무가 없다면 상속개시 전 재산을 증여받은 자가 상속을 포기할 경우 상속세 과세가액 계산시 사전증여재산을 합산하지 않게 되어 합산과세를 통한 상속세 납부의무를 면하게 되므로 생전의 증여로 상속세를 회피할 우려가 있다.

그래서 상증법에서는 상속포기한 상속인이라 하더라도 상속개시 전 10년 이내에 피상속인으로부터 증여받은 재산이 있거나 사용처 불분명으로 추정상속재산이 있는 경우에는 상속세 납부의무 및 연대납부의무를 지도록 부여[3]하였다(상증법 제3조의2). 결격 상속인도 위와 같은 이유로 상속세 납부의무가 있다.

2) 증여재산의 합산기간 계산

기간계산 방법에 대하여 상증법에 정한 바가 없어 국기법 제4조에 따라 기산일 초일은 불산입하고 만료일을 포함한 기간 내에 이루어진 증여재산을 말한다.

예를 들어 상속개시일이 2012.1.3.인 경우 소급하여 10년이 되는 날은 2002.1.3.부터 2012.1.3. 사망시간 전까지 이루어진 증여재산을 말한다(재삼46014-2600, 1995.10.2.).

나. 가산하는 증여재산의 계산

1) 증여일 현재의 시가

상속재산의 가액에 가산하는 증여재산의 가액은 증여일 현재의 시가[4]에 따른다(상증법 제60조 제4항). 상속세 과세가액에 가산하는 증여재산에 대하여 증여세가 부과되지 아니한 경우에는 해당 증여재산에 대한 증여세를 먼저 과세하고, 그 증여재산가액을 상속세 과세가액에 가산하여 상속세를 부과한다(상증통칙 13-0…3).

---

3. 상속세 신고의무도 있다. 상증법 제67조의 상속인은 상증법 제2조에 따라 상속포기한 상속인을 포함한다.
상증법 제67조(상속세 과세표준신고) ① 제3조의2에 따라 상속세 납부의무가 있는 상속인 또는 수유자는 상속개시일이 속하는 달의 말일부터 6개월 이내에 제13조와 제25조제1항에 따른 상속세의 과세가액 및 과세표준을 대통령령으로 정하는 바에 따라 납세지 관할세무서장에게 신고하여야 한다.
4. 상증법은 '시가'(상증법 제66조 제외)와 '상증법 제4장에 따라 평가한 가액'(상증법 제66조 포함)을 구분하고 있어 시가에 따른다는 규정은 다툼의 여지가 있지만, 여기서 시가는 상증법 제4장에 따라 평가한 가액으로 해석된다. 시가(상증법 제66조 제외)로 해석하면 상증법 제66조가 적용되는 경우의 증여세액공제가 복잡해지는 문제가 발생한다.

2) 부담부 증여

증여자의 채무가 담보된 부동산을 증여받으면서 그 채무를 수증자가 부담하기로 약정하여 인수한 경우에는 그 증여재산가액에서 인수한 채무액을 공제한 가액을 증여세 과세가액으로 하므로 부담부 증여재산을 상속재산에 가산하는 경우에는 채무를 공제한 증여세 과세가액을 가산한다(재삼46014-237, 1999.2.3., 서면4팀-2637, 2005.12.27.).

그러나 배우자 간 또는 직계존비속 간의 부담부 증여가액(상증법 제44조에 따라 배우자 또는 직계존비속에게 재산을 양도하여 증여로 추정되는 경우 포함)으로 수증자가 채무를 인수하지 않은 것으로 추정되는 경우에는 채무가액의 공제 없이 모두 가산한다.

3) 제3자 채무가 담보된 재산

제3자의 채무 담보를 위해 제공된 재산을 증여받은 경우에는 부담부 증여가 아니므로 증여가액은 증여 당시의 그 재산가액 전액으로 한다(재일01254-121, 1987.1.17.).

이 경우 수증자가 해당 재산에 담보된 채무를 변제한 때에는 그 채무상당액을 수증자가 채무자에게 증여한 것으로 본다. 다만, 담보된 채무를 수증자가 채무자를 대위하여 변제하고 채무자에게 구상권을 행사하는 경우에는 증여로 보지 아니한다(상증통칙 47-36…6).

4) 영리법인이 증여받아 주식가치가 상승하여 주주에게 증여세가 과세된 경우

피상속인과 특수관계에 있는 자가 출자한 영리법인에 부동산을 증여하여 해당 영리법인의 주식가치가 증가한 것에 대하여 해당 법인의 주주에게 증여세가 과세된 경우 해당 증여재산(주식가치 증가분)은 상속재산가액에 가산하는 대상에 해당한다(재재산-899, 2011.10.24.). 영리법인 중 특정법인에게 증여 후 증여자가 사망한 경우에는 쟁점에서 설명한다.

쟁점

특정법인에 증여 후 증여자가 사망한 경우

피상속인은 2016.3월에 자가 50%로 보유한 영리법인에 부동산 10억원을 증여하였고, 자는 상증법 제45조의 5(특정법인과의 거래를 통한 이익의 증여의제)에 따라 증여세를 신고 · 납부하였다. 피상속인이 2021.5월에 사망한 경우 상속세 과세가액에 가산하는 증여재산은 얼마일까?

여기서 쟁점은 2가지, 증여재산과 상속인 판단이다.

증여재산은 얼마일까? 영리법인에게 증여한 재산은 10억원이지만, 자에게 증여세 과세된 금액은 5억원[5]이다. 어떤 금액을 가산해야 할까? 상속인은 10년, 상속인 외의 자는 5년 이내에 증여한 재산을 가산하는데, 이

5. 10억원×5%, 법인세 상당액을 차감하여 계산하지만 5억원으로 가정한다.

경우 수증자를 상속인 자로 보면 10년 이내이므로 합산해야 하지만, 수증자를 영리법인으로 보면 5년이 경과하였기 때문에 가산할 수 없다.

우선 검토해야 할 것은 상증법 제45조의5(특정법인과의 거래를 통한 이익의 증여의제)는 2016년부터 증여예시에서 증여의제로 바뀌었는데, 상속세 과세가액에 가산할 수 있는 증여재산인지 여부이다. 상증법 제13조제3항에서 비과세 증여재산, 합산배제증여재산 등을 상속세 과세가액에 가산하지 않는다고 보여주지만, 특정법인과의 거래를 통한 증여의제는 여기에 해당하지 않는다. 따라서 가산하는 증여재산에 해당한다.

○ 상증법 제13조【상속세 과세가액】

③ 제46조, 제48조제1항, 제52조 및 제52조의2제1항에 따른 재산의 가액과 제47조제1항에 따른 합산배제증여재산의 가액은 제1항에 따라 상속세 과세가액에 가산하는 증여재산가액에 포함하지 아니한다.

영리법인에게 증여한 재산도 가산할 것인지 생각해보면, 상속세 과세가액에 가산하는 증여재산은 증여세 과세여부를 따지는 것이 아니기 때문에 영리법인에게 증여한 재산도 가산하는 증여재산에 해당한다.

상속인과 상속인외의 자 여부는 증여 당시가 아니라 상속개시 당시로 판단한다(대법원2016두54275, 2018.12.13.).

피상속인은 영리법인에 10억원을, 주주에게 5억원을 증여한 것으로 볼 수 있느냐를 생각해보면, 증여한 재산을 반환받은 경우 상속세 과세가액에 가산하지 않는 것을 감안하면 둘 다 합산하는 것은 맞지 않아 보인다(사전2016법령해석재산-0223, 2016.9.9.). 그렇다면 영리법인에게 10억원을 증여한 것으로 보아 가산하고, 가산할 수 없을 때 주주를 기준으로 가산하면 되는 것으로 보인다.

이와 비슷한 해석으로 영리법인에 증여로 주주에게 증여세가 부과된 경우 상속세 과세가액에도 가산하는지 여부다. 증여자가 증여일로부터 5년 이내에 사망한 경우에는 영리법인에 대한 증여재산가액이 가산되며, 5년 경과 10년 이내에 사망한 경우에는 주주인 상속인에 대한 주식가치 증가분이 가산된다(재산세과-224, 2012.6.11.)라고 국세청은 보았다.

[관련 질의회신 · 판례 등]

○ 증여재산

(증여추정과 저가양수) "가산하는 증여재산가액"에는 상속개시 전 10년 이내에 피상속인이 배우자와 직계존비속에게 양도하여 증여로 추정하는 경우와 피상속인이 상속인에게 저가로 양도하여 증여세가 과세된 재산가액도 포함됨(대법원96누13361, 1997.7.25.).

○ 세대생략 증여 후 증여자가 사망한 경우

피상속인이 사망하여 상속이 개시된 때에 대습상속의 요건을 갖추어 상속인이 되었다면, 그 상속인이 상속개시일 전 10년 이내에 피상속인으로부터 증여받은 재산의 가액은 상속세 과세가액에 포함되어야 하고, 증여자의 사망으로 상속이 개시되어 수증자가 대습상속 요건을 갖추어 상속인이 되었다면 상속세 산출세액에서 공제하는 증여세액은 할증과세로 인한 세대생략가산액을 포함(대법원 2016두54275, 2018.12.13.).

○ 영리법인에게 증여한 경우

(가산여부) 수증자가 영리법인으로 증여세 납세의무가 없더라도 상속개시 전 일정 기간 내에 피상속인이 영리법인에게 증여한 재산 가액이나 채무 면제한 가액은 상속세 과세가액에 가산함(재삼46014-

784, 1996.3.25.; 재삼46014-432, 1998.3.12.).

(저가양도) 피상속인이 특수관계 있는 영리법인에게 재산을 저가로 양도하고 사망한 경우 시가와 대가의 차액도 합산과세대상에 포함됨(재재산46014-18, 2000.1.20.).

(주식가치 증가분) 피상속인과 특수관계에 있는 자가 출자한 영리법인에 부동산을 증여하여 해당 영리법인의 주식가치가 증가한 것에 대하여 해당 법인의 주주에게 증여세가 과세된 경우 해당 증여재산(주식가치 증가분)은 상속재산가액에 가산하는 대상에 해당함(재재산-899, 2011.10.24.).

(주식가치 증가분) 증여재산(주식가치 증가분)은 상증법 제13조제1항1호에 해당하며, 증여자가 증여일로부터 5년 이내에 각각 사망한 경우 영리법인에 대한 증여재산가액이 가산되며, 증여자가 그 증여일로부터 5년 경과 10년 이내에 사망한 경우는 주주인 상속인에 대한 주식가치 증가분이 가산되는 것임(재산세과-224, 2012.6.11.).

○ 증여재산에 대하여 소득세가 과세된 경우에 합산하는지

상속개시일전 10년 이내에 피상속인이 상속인에게 증여한 재산가액은 상속재산의 가액에 가산하는 것임(서면4팀-497, 2007.2.6.).

○ 특수관계자에게 증여 후 양도하여 증여자에게 양도세 부당행위 계산시

특수관계자에게 자산을 증여한 후 그 자산을 증여받은 자가 그 증여일로부터 3년(현행 5년) 이내에 타인에게 이를 양도함으로 인하여 양도소득의 부당행위계산이 적용되어 증여자가 타인에게 그 자산을 직접 양도한 것으로 보아 양도소득세를 계산하고 당초 증여받은 자산에 대하여 증여세를 부과하지 아니하는 경우에도 해당 증여받은 재산은 상속세 과세가액에 가산하고, 해당 증여재산에 대한 증여세 상당액은 상속세 산출세액에서 공제함(서면4팀-1976, 2004.12.3.).

○ 증여시 비거주자, 사망시 거주자인 경우 합산여부

상속세과세가액에 가산하는 재산가액이라 함은 상속개시일 현재 거주자인 피상속인이 상속개시일 전 10년 이내에 상속인에게 증여한 국내 · 외 모든 재산가액을 말하는 것임(재산세과-952, 2009.5.15.).

○ 반환 – 당초 증여분 과세

(상속재산) 피상속인이 상속인에게 증여한 재산을 증여세 신고기한을 경과하여 반환받고 사망함에 따라 증여세가 부과된 경우로서 반환받은 재산이 상속재산에 포함되어 상속세가 과세되는 경우에는 증여세가 과세된 증여재산은 합산대상 증여대상에 해당하지 아니함(재재산46014-286, 2000.10.5.).

(상속재산 아님) 피상속인이 상속인이 아닌 자에게 증여한 재산을 증여세 신고기한 경과 후 3월 이내에 반환받아 해당 재산을 양도한 후 사망함에 따라 상속이 개시된 경우 반환받은 재산에 대하여 증여세가 과세된 재산가액은 합산대상 증여재산가액에 해당하지 아니함(사전2016법령해석재산-0223, 2016.9.9.).

(증여 · 반환 · 다른 상속인에게 증여) 피상속인이 상속개시일 전에 분산증여를 통한 조세회피목적 없이 동일 부동산을 시기를 달리하여 상속인에게 증여한 후 부득이한 사유에 의하여 반환받았다가 다시 다른 상속인에게 증여한 경우 상속세과세가액에 가산할 증여재산은 상속개시일에 가장 근접한 시점에 증여한 재산으로 하는 것임(국심2007광4793, 2009.4.20.).

3. 상속세 과세가액에 가산하지 않는 증여재산

비과세 증여재산(상증법 제46조), 과세가액 불산입 재산,[6] 합산배제증여재산은 가산하지 않는다. 또한, 조특법 제71조(영농자녀가 증여받는 농지 등) 제5항[7]에 따라 증여세 감면받은 경우에도 가산하지 않는다.

[관련 질의회신 · 판례 등] ○ 가산하지 않는 증여재산 (수증자가 먼저 사망) 증여자인 피상속인보다 수증자인 상속인이 먼저 사망한 경우 그 상속인이 증여받은 재산은 가산하지 않음(재산상속46014-473, 2000.4.17.). (반환 재산) 증여자가 증여재산을 반환받고 사망한 경우 해당 증여재산이 상속재산에 포함된 경우 그 사전증여재산은 가산하지 않음(재재산46014-284, 2000.10.5.).

---

6. 상증법 제48조(공익법인등에 출연한 재산), 상증법 제52조(공익신탁한 재산), 상증법 제52조의2(장애인이 증여받은 재산)
7. 구 조감법 제57조(자경농민등이 증여받는 농지등에 대한 증여세의 면제)제3항, 제58조(영농자녀가 증여받는 농지등에 대한 증여세의 면제)제4항의 경우에도 합산하지 않는다.

제2절 피상속인이 비거주자인 경우 상속세 과세가액

피상속인의 상속개시 당시 주소나 거소 등이 국외에 있어 비거주자로 판정되는 경우에는 국내에 소재하는 상속재산에 대해서만 상속세가 과세된다.

이 경우 비거주자인 피상속인이 상속개시일 전 10년 이내에 상속인에게 증여한 재산가액과 상속개시일 전 5년 이내에 상속인이 아닌 자에게 증여한 재산가액 중 국내에 있는 재산을 증여한 경우에만 이를 가산한다(상증법 제13조제2항).

상속재산가액에서 차감하는 공과금과 채무는 아래와 같다.

1) 해당 상속재산에 관한 공과금

2) 해당 상속재산을 목적으로 하는 유치권(留置權), 질권, 전세권, 임차권(사실상 임대차계약이 체결된 경우를 포함), 양도담보권 · 저당권 또는 「동산 · 채권 등의 담보에 관한 법률」에 따른 담보권으로 담보된 채무

3) 피상속인의 사망 당시 국내에 사업장이 있는 경우로 그 사업장에 갖춰 두고 기록한 장부에 의하여 확인되는 사업상의 공과금 및 채무

[관련 질의회신 · 판례 등]

○ 외국법원의 확정판결에 기초하여 이루어진 가압류의 피보전채무를 상속재산가액에서 차감하지 않는 것이 재산권 등을 침해하는지

국내 상속재산에 의하여 담보되거나 국내의 상속재산과 일정한 경제적 관련성이 있는 채무 등으로 상속재산의 가액에서 차감하는 채무의 범위를 제한하는 것은 비거주자의 상속세 과세대상이 되는 국내에 있는 상속재산에 한정되는 것과 균형을 맞추어, 상속재산에 관한 국제적 과세권을 합리적으로 배분하여 과세권을 적절하게 행사하려는 입법목적을 달성하기 위한 것으로 그 목적의 정당성 및 수단의 적정성이 인정되고, 해당 상속재산을 목적으로 하는 저당권 등에 의하여 담보된 채무와 가압류의 피보전채무는 상속재산의 담세력에 있어서 차이가 있고, 국내의 상속재산을 목적으로 하는 저당권 등은 국내의 상속재산과 밀접한 연관성을 가지는 데 반하여, 가압류의 피보전채무는 국내의 상속재산과 관련성이 없거나 미약하므로 침해의 최소성원칙에도 위배되지 아니함(헌재2011헌바177, 2015.4.30.).

제6장 상속세 과세표준과 상속공제

구분	상속세 과세표준
거주자	상속세 과세가액 − 상속공제 − 상속재산의 감정평가수수료
비거주자	상속세 과세가액 − 기초공제 − 상속재산의 감정평가수수료

제1절 상속세의 과세표준 계산

상속세 과세표준은 상속세 세율을 적용하여 세액을 산출하기 위한 기초가 되는 금액이다. 상속세 과세표준은 상속개시 당시 피상속인이 거주자인지 비거주자인지에 따라 계산방법을 달리하고 있다.

헌재는 피상속인이 거주자 · 비거주자 여부에 따라 상속세 과세표준을 달리 계산하는 것에 대해 거주자의 사망으로 상속이 개시된 경우에만 인적공제[1]를 하도록 규정한 것은 합리적인 근거에 의한 것으로 그 목적이 정당하고 입법취지와 상속세제의 기본 이념에 비추어볼 때 국내에 주소를 두지 아니한 피상속인의 상속인에 대한 재산권과 평등권을 침해하는 것이라고 볼 수 없다(헌재2001헌바25, 2001.12.20.)고 보았다.

상속공제를 적용함에 있어 기초공제, 배우자 상속공제, 기타 인적공제, 일괄공제는 상속개시일을 기준으로 판정한다(서면4팀-2438, 2007.8.13.).

상속세 과세표준이 50만원 미만이면 상속세를 부과하지 아니한다.

1. 피상속인이 거주자인 경우

상속세 과세가액 − 상속공제 − 상속재산의 감정평가수수료

상속공제는 상속공제 합계와 상속공제적용 한도액 중 적은 금액을 적용한다. 상속공제에 대

1. 1997년 이후 인적공제, 물적공제라는 규정이 없다.

한 자세한 설명은 제2절에서 한다.

2. 피상속인이 비거주자인 경우 과세표준 계산

상속세 과세가액 – 상속공제 – 상속재산의 감정평가수수료

상속공제는 기초공제(2억원)와 상속공제적용 한도액 중 적은 금액을 적용한다. 피상속인이 비거주자이면 기초공제 2억원을 제외한 다른 공제(배우자공제, 그 밖의 인적공제, 일괄공제, 가업 · 영농상속공제, 금융재산공제, 동거주택상속공제, 재해손실공제)를 통한 혜택을 받을 수 없다.

3. 감정평가수수료

상속세를 신고 · 납부하기 위하여 상속재산을 감정기관이 평가함에 따라 수수료를 지급한 경우 해당 수수료를 납세협력비용으로 보아 이를 과세표준에서 공제하여 납세자의 세부담을 덜어주고 있다(상증법 제25조).

감정평가수수료는 감정평가업자의 수수료와 신용평가전문기관의 수수료로 구분하며, 수수료를 공제받고자 하는 자는 해당 수수료의 지급 사실을 입증할 수 있는 서류를 상속세 과세표준신고와 함께 제출하여야 한다.

가. 부동산에 대한 감정평가업자의 평가수수료

감정평가 및 감정평가사에 관한 법률에 따른 감정평가업자의 평가 수수료로 해당 평가된 가액으로 상속세를 신고 · 납부하는 경우에 한정하여 적용한다. 5백만원을 초과하는 경우 5백만원으로 한다.

나. 비상장주식에 대한 신용평가전문기관의 평가수수료

평가심의위원회에서 신용평가전문기관에 의뢰하여 납세자가 부담한 평가수수료는 신용평가전문기관 평가액의 채택여부와 관계없이 공제한다.

평가대상 법인 수 및 평가를 의뢰한 신용평가전문기관의 수별로 각각 1천만원을 한도로 한다.

〈감정평가수수료 개정연혁〉

2006.2.8. 이전	2006.2.9. 이후 신청부터
"가"의 수수료(500만원 한도), "가"+"나"의 수수료(1천만원 한도)	"가"의 수수료(500만원 한도), "나"의 수수료(평가기관수별 및 평가대상법인 수별로 각각 1천만원 한도)

〈감정평가업자의 범위 개정연혁〉

2015.2.2. 이전	2015.2.3. 이후 상속, 증여부터
감정평가법인	감정평가업자(개인+법인)

다. 서화 · 골동품 등의 전문가 감정수수료

서화 · 골동품 등 예술적 가치가 있는 유형재산 평가에 대한 감정수수료는 2014.2.21. 이후 감정평가하는 분부터 적용하며, 5백만원을 초과하는 경우 5백만원으로 한다.

예시

(문) 상속재산 10억원, 상속공제 7억원에 대해 감정평가업자의 수수료가 8백만원, 2개 신용평가전문기관의 평가수수료가 각각 13백만원, 7백만원인 경우 상속세 과세표준은?

(답) 2억78백만원 = (10억원 - 7억원) - (5백만원+10백만원+7백만원)

(∵) 감정평가수수료: 5백만원 한도, 신용평가수수료: 평가업체당 10백만원 한도

〈감정평가수수료 개정연혁〉

2006.2.9. 이후 신청부터	2014.2.21. 이후 감정평가부터
공제금액 = ①+②	공제금액 = ①+②+③
① 부동산을 평가된 가액으로 상속세 신고 · 납부한 경우 감정평가법인의 평가수수료(500만원 한도)	① 좌동
② 비상장주식 감정평가수수료 : 평가된 가액으로 인정되지 않더라도 평가대상법인 수, 의뢰기관 수별로 각각 1천만원 한도	② 좌동
	③ 서화 · 골동품 등 유형재산 전문가 감정수수료(500만원 한도)

4. 상속세 과세최저한

상속세 과세표준이 50만원 미만이면 상속세를 부과하지 아니한다.

제2절 상속공제

〈공제가능한 상속공제액 = Min(①~⑦합계액, ⑧ 공제적용 종합한도액)〉

구분	상속공제
① 기초공제(상증법 §18) (2억원) + (가업 · 영농상속공제액)	○ 기초공제액: 2억원 ○ 가업상속공제액: 가업상속재산가액(200억~500억원 한도) ○ 영농상속공제액: 영농상속재산가액(공제한도: 20억원)
② 그 밖의 인적공제(상증법 §20) ○ 자녀공제 ○ 미성년자공제 ○ 연로자공제 ○ 장애인공제	○ 자녀수×1인당 5천만원 - 자녀 · 미성년자 · 연로자 · 배우자공제와 중복공제가능 ○미성년자수×1천만원×19세까지의 잔여연수(자녀공제와 중복공제 가능) - 상속인(배우자제외) 및 동거가족 중 미성년자에 한함 ○ 연로자수×1인당 5천만원 - 상속인(배우자제외) 및 동거가족 중 65세 이상자에 한함 ○ 장애인수×1인당 1천만원×기대여명 연수 - 상속인(배우자 포함) 및 동거가족 중 장애인
③ 일괄공제(상증법 §21)	○ Max [5억원, (기초공제 2억원+그 밖의 인적공제)] - 상속인이 배우자 단독인 경우 일괄공제 적용 안 됨 - 2020년부터 기한 후 신고시에도 일괄공제 선택 허용 - 신고기한 내 무신고한 경우: 일괄공제(5억원) 적용
④ 배우자공제(상증법 §19) * 신고기한 익일부터 9월까지 배우자 상속재산을 분할등기 등을 해야 공제 가능 * 최소 5억원 공제됨	○ 배우자공제액 = Max [Min (①, ②), 5억원)] ① 배우자가 실제 상속받은 가액 - 배우자 해당분(=본래 · 간주재산 - 비과세 - 채무 · 공과금) ② 공제한도액: Min(ⓐ, ⓑ) ⓐ (상속재산가액×배우자 법정상속분) - (합산대상 증여재산 중 배우자가 증여받은재산의 과세표준) ⓑ 30억원 상속재산가액 = (본래 · 간주 · 추정상속재산) - (상속인이아닌 수유자에게 유증 · 사인증여한 재산) + (상속인이 증여받은 합산대상 증여재산) - (비과세 · 과세가액 불산입 재산 + 공과금 · 채무)
⑤ 금융재산상속공제(상증법 §22) * 신고기한내 미신고한 차명 금융재산은 공제배제	○ 순금융재산가액(금융재산-금융채무)이 • 2천만원 초과시: Min [Max(2천만원, 순금융재산가액×20%), 2억원] • 2천만원 이하시: 순금융재산가액 전액
⑥ 재해손실공제(상증법 §23)	○ 신고기한 내 화재 · 자연재해 등으로 멸실 · 훼손시 그 손실가액
⑦ 동거주택상속공제(상증법 §23의2)	○ 주택가액(부수토지 포함)의 100% (6억원 한도)
⑧ 공제적용 종합한도액(상증법 §24) =상속세 과세가액 - [상속인이 아닌 자에게 유증 · 사인증여한 재산+ 상속인의 상속포기로 후순위 상속인이 받은 상속재산+상속재산에 가산된 증여재산가액(과세가액 5억원 초과시 적용, 증여재산공제 · 재해손실공제 차감)]	

상증법에서는 여러 상속공제 제도를 두고 있다. 이 경우, 상속공제금액은 공제한도액의 범위 내에서만 인정된다. 피상속인의 거주자 여부에 따라 상속공제가 달리 적용되며, 피상속인이 비거주자인 경우 기초공제 2억원을 공제하고 있다.

1. 기초공제

상증법 제18조의 조문제목은 기초공제이다. 제1항에서는 거주자나 비거주자의 사망으로 상속이 개시되는 경우에는 상속세 과세가액에서 2억원을 공제(이하 "기초공제")한다고 규정하고 있고, 제2항제1호에서는 가업상속공제를, 제2항제2호에서는 영농상속공제를 규정하고 있다. 한편, 상증령 제15조에서는 가업상속을, 제16조에서는 영농상속에 대해 규정하고 있어서 상증법 제18조도 공제별로 기초공제, 가업상속공제, 영농상속공제로 세분화하여 규정할 필요가 있다.

기초공제 외의 상속공제 조문에서는 "거주자의 사망으로 인하여 상속이 개시되는 경우"[2]로 한정하고 있어 피상속인이 비거주자인 경우에는 기초공제 외의 상속공제를 적용받을 수 없다.

〈기초공제의 개정연혁〉

2000.12.31. 이전	2001.1.1. 이후
거주자 사망: 2억원	거주자 또는 비거주자 사망: 2억원

2. 가업상속공제[3]

가업	계속 경영기업	○ 피상속인이 10년 이상 계속하여 경영한 기업
	중소기업	○ 상속개시일 속하는 과세기간 또는 사업연도의 직전 과세기간 또는 사업연도말 현재 아래 요건을 모두 갖춘 기업 - 상증령 별표에 따른 업종을 주된 사업으로 영위 - 조특령 제2조제1항제1호, 제3호 요건(중소기업기본법상 매출액, 독립성 기준)을 충족 - 자산총액 5천억원 미만
	중견기업	○ 상속개시일이 속하는 소득세 과세기간 또는 법인세 사업연도의 직전 소득세 과세기간 또는 법인세 사업연도 말 현재 아래 요건을 모두 갖춘 기업 - 상증령 별표에 따른 업종을 주된 사업으로 영위 - 조특령 제9조제4항제1호, 제3호 요건(중견기업 성장촉진 및 경쟁력 강화에 관한 특별법 시행령 제2조제2항의 독립성 기준)을 충족 - 상속개시일의 직전 3개 소득세 과세기간 또는 법인세 사업연도의 매출액*의 평균금액이 3천억원 미만 * 기업회계기준에 따라 작성한 손익계산서상의 매출액

[다음 쪽에 계속]

피상속인	주식보유기준	○ 피상속인을 포함한 최대주주등 지분 50%(상장법인은 30%) 이상을 10년 이상 계속하여 보유
	가업 영위기간[4] 중 대표이사재직요건 (3가지 중 1가지 충족)	○ 가업 영위기간의 50% 이상 재직
		○ 10년 이상의 기간 (상속인이 피상속인의 대표이사등의 직을 승계하여 승계한 날부터 상속개시일까지 계속 재직한 경우)
		○ 상속개시일부터 소급하여 10년 중 5년 이상의 기간
상속인	연령	○ 18세 이상
	가업종사	○ 상속개시일 전 2년 이상 가업에 종사 〈예외〉 피상속인이 65세 이전에 사망, 피상속인 천재지변 및 인재 등으로 사망 * 상속개시일 2년 전부터 가업에 종사한 경우로서 병역·질병 등의 사유로 가업에 종사하지 못한 기간은 가업에 종사한 기간으로 봄
	취임기준	○ 신고기한까지 임원취임 및 신고기한부터 2년 이내 대표이사 취임
	납부능력	○ (2019. 1. 1.)부터 시행가업이 중견기업에 해당하는 경우, 가업상속재산 외에 상속재산의 가액이 해당 상속인이 상속세로 납부할 금액에 2배를 초과하지 않을 것
	배우자	○ 배우자가 요건 충족시 상속인 요건 충족으로 봄

상속공제 중 '가업상속공제'란 중소기업 등의 원활한 가업승계를 지원하기 위하여 거주자인 피상속인이 생전에 10년 이상 영위한 중소기업 등을 상속인에게 정상적으로 승계한 경우에 최대 500억 원까지 상속공제를 하여 가업승계에 따른 상속세 부담을 크게 경감시켜 주는 제도를 말한다.[5]

가업상속과 가업승계를 지원하는 세제로는 가업상속공제(상증법 제18조제2항제1호), 가업승계 증여세 과세특례(조특법 제30조의6), 연부연납(상증법 제71조), 중소기업 할증평가 배제(상증법 제 63조) 등이 있다.

---

2. 상증법 제18조(기초공제) ① 거주자나 비거주자의 사망으로 상속이 개시되는 경우에는 ~
   ② 거주자의 사망으로 상속이 개시되는 경우로서 ~
   상증법 제19조(배우자 상속공제) ① 거주자의 사망으로 상속이 개시되어 ~
   상증법 제20조(그 밖의 인적공제) ① 거주자의 사망으로 상속이 개시되는 경우로서 ~
   상증법 제21조(일괄공제) ① 거주자의 사망으로 상속이 개시되는 경우에 ~
   상증법 제22조(금융재산 상속공제) ① 거주자의 사망으로 상속이 개시되는 경우로서 ~
   상증법 제23조(재해손실 공제) ① 거주자의 사망으로 상속이 개시되는 경우로서 ~
   상증법 제23조의2(동거주택 상속공제) ① 거주자의 사망으로 상속이 개시되는 경우로서 ~
3. 상증법 제18조제2항제1호를 가업상속으로, 조특법 제30조의6(가업의 승계에 대한 증여세 과세특례)를 가업승계로 조문상 구분되어 있지만, 언론과 책자에서는 '가업상속과 가업승계'를 가업승계로 부른다. "상속세로 발목잡힌 가업승계…상속공제는 '그림의 떡', 이데일리, 2021.11.8., 『2021년 가업승계 지원 안내』, 국세청
4. 2022.2.15.부터 한국표준산업분류에 따른 대분류 내에서 업종을 변경하는 경우를 포함한다. 2022.2.14. 이전에 상속이 개시되는 경우, 가업영위 기간에 대해서는 종전 규정을 적용한다(상증령 제32414호 부칙 제5조).
5. 『2021년 가업승계 지원 안내』, 국세청, p.21.

공제대상, 공제금액, 사후관리 기간 등에 대해 국회에서 많은 논의가 있었고, 잦은 상증법 개정이 있었다. 잦은 세법개정에 따라 상속개시일에 따라 가업상속공제 요건, 공제금액 계산, 공제한도 및 사후관리 등에 차이가 있다(상증법 제18조제2항제1호).

한편, 동일 상속재산에 대해 가업상속공제와 배우자상속공제를 중복 적용 가능하며(기획재정부 재산세제과-254, 2018.3.22.), 가업상속공제와 영농상속공제의 경우에는 동시에 적용되지 아니한다(상증법 제18조제2항단서).

〈가업상속공제 결정 통계〉[6]

(단위: 백만원)

가업	가업		과세미달		합계	
	건수	공제금액	건수	공제금액	건수	공제금액
2016년	60	295,420	16	22,958	76	318,378
2017년	75	189,667	16	32,931	91	222,598
2018년	80	212,724	23	21,697	103	234,421
2019년	75	224,053	13	12,290	88	236,343
2020년	89	401,109	17	19,940	106	421,049

가. 가업상속공제 금액

거주자의 사망으로 상속이 개시되는 경우로서 피상속인과 상속인의 요건 및 가업의 범위를 충족하는 경우 가업상속재산가액의 100% 금액(단, 피상속인의 가업 계속영위기간이 10년 이상 20년 미만이면 200억원, 20년 이상 30년 미만이면 300억원, 30년 이상이면 500억원 한도)을 공제한다. 공제한도는 1억원(2007년 이전)에서 최고 500억원 한도로 증가하였다.

1) 가업상속재산(상증령 제15조제5항)

소득법을 적용받는 가업과 법인법을 적용받는 가업의 상속재산을 구분하여 계산한다.

개인의 경우에는 그 자신이 곧바로 기업경영의 주체가 될 수 있으므로 상속인이 부모로부터 가업용 자산을 상속받아 그 기업을 계속 경영한다면 가업을 승계한 것으로 볼 수 있지만, 법인의 경우 기업경영의 주체는 법인일 뿐 그 법인의 주주가 아니므로 상속인이 주식 등을 상속받고 법인의 대표기관으로서의 업무를 이어받았다고 하더라도 가업을 승계하였다고 볼 수는 없을 것이다. 그러나 상속세 및 증여세법과 부모가 법인의 형태로 기업을 경영하는 경우 장기간 최대주주등으로서 그 특수관계인의 주식 등을 합하여 당해 법인을 지배할 수 있을 정도로 주식 등의 지분을 보

6. 국세통계(stats.nts.go.kr)

유함과 아울러 법인의 대표기관인 지위를 갖고 있었고 상속인이 이를 그대로 유지한다면 개인이 가업을 승계한 경우와 크게 다를 바 없다고 보아 일정한 요건 아래 가업상속공제를 하고 있다(대법원2013두17206, 2014.3.13. 참고)

가) 소득법을 적용받는 가업

상속재산 중 가업에 직접 사용되는 토지, 건축물, 기계장치 등 사업용 자산에서 해당 재산에 담보된 채무가액을 차감한 가액을 말한다.

〈개인 가업의 가업상속 재산가액 개정연혁〉

2017.2.6. 이전	2017.2.7. 이후
○ 사업용 자산가액	○ 사업용 자산가액 - 해당 자산에 담보된 채무액

나) 법인법을 적용받는 가업

가업해당 주식등의 가액에 그 법인의 총자산가액 중 상속개시일 현재 사업무관자산을 제외한 자산가액이 그 법인의 총자산가액에서 차지하는 비율을 곱하여 계산한 금액에 해당하는 것을 말한다.

$$\text{가업상속재산가액} = \text{가업법인 주식등 가액} \times \frac{(\text{총자산가액} - \text{사업무관자산가액})}{\text{총자산가액}}$$

〈법인 가업의 가업상속 재산가액 개정연혁〉

2017.2.6. 이전	2017.2.7. 이후
주식등 가액	$\text{가업법인 주식등 가액} \times \frac{(\text{총자산가액} - \text{사업무관자산가액})}{\text{총자산가액}}$

사업무관자산은 아래와 같다.

① 법인법 제55조의2(토지 등 양도소득에 대한 과세특례)에 해당하는 자산(비사업용토지 등)

② 법인령 제49조(업무와 관련이 없는 자산의 범위 등)에 해당하는 자산 및 타인에게 임대하고 있는 부동산(지상권 및 부동산임차권 등 부동산에 관한 권리를 포함)

③ 법인령 제61조(대손충당금의 손금산입)제1항제2호에 해당하는 자산(금전소비대차계약 등에 의하여 타인에게 대여한 금액)

④ 과다보유현금〔상속개시일 직전 5개 사업연도 말 평균 현금(요구불예금 및 취득일부터 만기가 3개월 이내인 금융상품을 포함) 보유액의 100분의 150을 초과하는 것을 말함〕

⑤ 법인의 영업활동과 직접 관련이 없이 보유하고 있는 주식, 채권 및 금융상품(④에 해당하는 것은 제외)

〈가업상속공제액 및 한도액 개정연혁〉

상속개시일	2017.2.6. 이전	2017.2.6. 이전	공제한도액
1997.1.1.~ 2007.12.31.[7]	가업상속재산	5년 미만	적용안됨
		5년 이상	1억원
2008년	가업상속재산	15년 미만	적용안됨
		15년 이상	30억원
2009.1.1.~ 2011.12.31.	Max(가업상속재산의 40%, 2억원(미달시 그 가액)	10년 미만	적용안됨
		10년 이상~15년 미만	60억원
		10년 이상~15년 미만	80억원
		20년 이상	100억원
2012.1.1.~ 2013.12.31 .	Max(가업상속재산의 70%, 2억원(미달시 그 가액)	10년 미만	적용안됨
		10년 이상~15년 미만	100억원
		15년 이상~20년 미만	150억원
		20년 이상	300억원
2014.1.1.~ 2017.12.31.	가업상속재산	10년 미만	적용안됨
		10년 이상~15년 미만	200억원
		15년 이상~20년 미만	300억원
		20년 이상	500억원
2018.1.1.~	가업상속재산	10년 미만	적용안됨
		10년 이상~20년 미만	200억원
		20년 이상~30년 미만	300억원
		30년 이상	500억원

7. 1996.12.31. 이전에는 조감법(현 조특법) 제92조(가업상속에 대한 상속세 과세특례)에서 규정하고 있었다. 한도가 1억원에서 500억원으로 증가하였다. 한도를 1천억원을 확대하자는 법안이 발의된 적이 있다. "30년 이상 장수기업, 가업상속공제 2배 확대", 노컷뉴스, 2014.9.18.

쟁점

주식의 가업상속재산가액 계산시 사업무관자산에 자회사의 주식이 포함되는지

법인의 가업상속재산가액은 해당 주식등의 가액에 [(총자산가액 – 사업무관자산 가액) / 총자산가액] 비율을 곱하여 계산한다. 이 경우 사업무관자산은 상증령 제15조제5항제2호의 각 목의 어느 하나에 해당하는 자산을 말한다. 여기서 쟁점이 되는 것은 마목의 "영업활동과 직접 관련 없이 보유하고 있는 주식"이다. 법인이 타법인 주식을 보유하고 있으면 투자자산으로 분류할 수 있다. 투자자산은 투자수익이나 타기업 지배목적 등의 부수적인 기업활동의 결과로 보유하는 자산이니까 기업 본연의 영업활동을 위한 자산에 해당하지 않는다. 그래서 법인이 보유중인 자회사가 발행한 주식에 대해 국세청은 사업무관자산에 해당한다고 보았다(서면법규과-842, 2014.8.11.외).

한편 법원은 여기에 대해 해당 문언 그대로 영업활동과 직접 관련이 있는지 여부만으로 판단하여야 한다(서울행법2016구합80595(2017.8.25.)-대법원2018두39713(2018.7.13. 심불))고 보았다. 그래서 해당 법인과 동종의 사업을 영위하고 있다거나 다소간 거래관계가 있다는 사정만으로 독립적으로 사업을 영위하는 다른 회사의 주식을 보유하는 것을 법인의 영업활동과 직접 관련이 있다고 할 수는 없다고 보았다(서울행법2018구합60298, 2019.4.18.). 또 하나의 쟁점은 평가이다. 비상장주식을 순자산가치와 순손익가치의 가중평균액으로 평가하여 순자산가치 계산시 장부가액으로 평가할 수 있다. 사업무관자산 등 계산시 자산은 장부가액으로 평가할 수 있을까?

여기에 대해 국세청은 법령 그대로 법인의 총자산가액과 사업무관자산가액은 상증법 제4장에 따라 평가한 가액을 말한다(서면2015상속증여-2287[상속증여세과-00651], 2016.6.14.)라고 회신한 바 있다. 상증법 제4장은 자산별로 평가방법을 규정하는데, 사업무관자산 종류별로 평가하는 것이지, 주식의 자산 평가법으로 평가할 수 없다는 뜻이다.

정리하면, 자회사 주식을 보유하고 있는 경우 사업무관자산 여부에 대해 국세청은 사업무관자산으로, 법원은 사실판단사항으로 보며, 이 경우 평가는 "주식의 자산 평가액"과 "자산가액의 자산 평가액"은 다를 수 있다.

[관련 질의회신 · 판례 등]

○ 자회사 주식

(기재부) 가업에 해당하는 법인이 보유하고 있는 동일업종의 완전자회사 주식은 법인의 영업활동과 직접 관련이 없이 보유하는 주식에 해당(기획재정부 재산세제과-312, 2015.4.16.).

(법원) 가업상속공제 적용대상 주식 판단시 영업활동과 직접 관련 없이 보유하는 주식은 문언 그대로 영업활동과 직접 관련이 있는지 여부만으로 판단하여야 함(서울행법2016구합80595(2017.08.25.)—대법원2018두39713(2018.7.13. 심불)).

(법원) 당해 법인의 목적사업이나 그 영업내용에 비추어 당해 법인 사업에 종속되어 '사업용 자산'에 준하는 정도로 영업활동에 기여하는 경우에 한하여 "법인의 영업활동과 직접 관련되어 보유하는 주식"에 해당한다고 할 것이고, 당해 법인과 동종의 사업을 영위하고 있다거나 다소간 거래관계가 있다는 사정만으로 독립적으로 사업을 영위하는 다른 회사의 주식을 보유하는 것을 법인의 영업활동과 직접 관련이 있다고 볼 수 없음(서울행법2018구합60298, 2019.4.18.).

○ 만기 3개월 초과 금융상품

증여일 당시 향후 시설투자로 사용하기 위해 당해 법인의 영업활동과 직접 관련이 없이 보유하고 있는 금융상품(취득일부터 만기가 3개월 이내인 금융상품은 제외함)은 사업무관자산에 해당함(기준2019법령해석재산-0418, 2019.7.2.).

2) 둘 이상의 가업상속시 상속공제금액 계산

피상속인이 둘 이상의 독립된 가업을 영위한 경우에는 해당 기업 중 계속하여 경영한 기간이 긴 기업의 계속 경영기간에 대한 공제한도를 적용하며, 상속세 과세가액에서 피상속인이 계속하여 경영한 기간이 긴 기업의 가업상속 재산가액부터 순차적으로 공제한다(상증규칙 제5조).[8]

예시

(문) 가업상속재산가액에 100%를 적용한 공제대상금액이 30년을 영위한 기업은 50억원이고, 20년을 영위한 기업은 400억원인 경우, 가업상속공제 금액은?

(답) (2016.3.21. 이후) 450억원. 30년 영위기간 기업은 한도액이 500억원이므로 50억원과, 400억원 모두 상속공제 가능하다.

(∵) (2016.3.20. 이전) 350억원, 30년 영위기간 기업은 한도액이 500억원이므로 공제대상금액 50억원을 전액 가업상속 공제할 수 있었고, 20년을 영위한 기업은 300억원[=Min(500억원-50억원, 20년을 영위한 기업의 한도액 300억원)]을 가업상속공제 가능함.

3) 가업승계 주식을 수증받은 후 가업상속공제를 하는 경우

거주자가 2012.2.1. 이전 조특법 제30조의6에 따른 가업승계 증여세 과세특례대상 주식을 증여받아 증여세 과세특례를 적용받고 2012.2.2. 이후 상속이 개시되어 가업상속공제를 적용하는 경우, 가업상속재산가액은 증여세 과세특례를 적용받은 주식의 가액에 그 법인의 총자산가액 중 상속개시일 현재 사업무관자산을 제외한 자산가액이 그 법인의 총자산가액에 차지하는 비율을 곱하여 계산한 금액으로 한다(서면법규과-173, 2014.2.26.).

나. 가업상속공제의 요건

1) 가업의 요건

피상속인이 10년 이상 계속하여 경영한 기업으로 요건을 충족한 중소기업 또는 중견기업을 말한다. "계속하여 경영한 가업" 판정시 피상속인이 사업장을 이전하여 동일업종의 사업을 계속하여 영위하는 경우에는 종전 사업장에서의 사업기간을 포함하여 계산한다.

---

8. 상증규칙 신설(2016.3.21.) 전에는 기재부 해석(기획재정부 재산세제과-255, 2014.3.11.)으로 운용하였다. 그러나 해석에서 "각 기업별 공제금액은 같은 법 제18조제2항제1호가목에 따른 해당 기업의 경영기간별 공제한도 내에서 공제하는 것입니다"라는 문구가 있지만, 상증규칙에는 없다.

개인사업자로서 영위하던 가업을 동일업종 법인으로 전환하여 피상속인이 법인 설립일 이후 계속하여 해당 법인의 최대주주등에 해당하는 경우에는 개인사업자로서 가업을 영위한 기간을 포함하여 계산한다.

2017.2.6. 이전에는 조특법 제5조에 따른 중소기업 업종이었으나, 2017.2.7. 이후에는 조특법의 중소기업 개정에 따라 상증령 별표에서 업종을 직접 규정하고 있다. 업종은 한국표준산업분류에 따른 업종과 개별법률에 따른 업종으로 구분하고 있다.

가) 중소기업

상속개시일이 속하는 과세기간 또는 사업연도의 직전 과세기간 또는 사업연도말 아래 요건을 모두 갖춘 기업을 말한다.

① 상증령 별표에 따른 업종을 주된 사업으로 영위

② 조특령 제2조제1항제1호, 제3호 요건(중소기업기본법상 매출액, 독립성 기준)을 충족

③ 자산총액 5천억원 미만

나) 중견기업

상속개시일이 속하는 과세기간 또는 사업연도의 직전 과세기간 또는 사업연도말 아래 요건을 모두 갖춘 기업을 말한다.

① 상증령 별표에 따른 업종을 주된 사업으로 영위

② 조특령 제9조제2항제1호, 제3호 요건(중견기업법상 독립성 기준)을 충족

③ 상속개시일 직전 3개 과세기간 또는 사업연도의 매출액의 평균금액이 4천억원 미만

매출액은 1년 미만의 경우 1년으로 환산한 매출액을 말하고, 기업회계기준에 따라 작성한 손익계산서의 매출액을 기준으로 한다. 다만 창업 · 분할 · 합병의 경우 그 등기일의 다음 날(창업의 경우에는 창업일)이 속하는 소득세 과세기간 또는 법인세 사업연도의 매출액을 연간 매출액으로 환산한 금액을 말한다.

〈가업상속공제 적용대상 업종 개정연혁〉

2017.2.6. 이전	2017.2.7. 이후
○ 조특법 제5조(조특령 제2조)에 따른 중소기업 업종	○ 상증령 별표에서 직접 규정 - 한국표준산업분류에 따른 업종과 개별법률에 따른 업종으로 구분

〈가업상속공제 중견기업 매출액 개정연혁〉

구분	2011~2012년	2013년	2014~2021년	2022.1.1. 이후
매출액	1,500억원 이하	2,000억원 이하	3,000억원 미만	4,000억원 미만

〈가업상속공제 중견기업 매출액 개정연혁〉(상증령 별표)[9]

1. 한국표준산업분류에 따른 업종

표준산업분류상 구분	가업 해당 업종
가. 농업, 임업 및 어업(01~03)	작물재배업(011) 중 종자 및 묘목생산업(01123)을 영위하는 기업으로서 다음의 계산식에 따라 계산한 비율이 100분의 50 미만인 경우 [제15조제7항에 따른 가업용 자산 중 토지(「공간정보의 구축 및 관리 등에 관한 법률」에 따라 지적공부에 등록해야 할 지목에 해당하는 것) 및 건물(건물에 부속된 시설물과 구축물 포함) 자산 가액] ÷ (제15조제7항에 따른 가업용 자산의 가액)
나. 광업(05~08)	광업 전체
다. 제조업(10~33)	제조업 전체. 이 경우 자기가 제품을 직접 제조하지 않고 제조업체(사업장이 국내 또는 「개성공업지구 지원에 관한 법률」 제2조제1호에 따른 개성공업지구에 소재하는 업체에 한정)에 의뢰하여 제조하는 사업으로 그 사업이 다음의 요건을 모두 충족하는 경우를 포함한다. 1) 생산할 제품을 직접 기획(고안 · 디자인 및 견본제작 등)할 것 2) 해당 제품을 자기명의로 제조할 것 3) 해당 제품을 인수하여 자기책임하에 직접 판매할 것
라. 하수 및 폐기물 처리, 원료 재생, 환경정화 및 복원업(37~39)	하수 · 폐기물 처리(재활용을 포함한다), 원료 재생, 환경정화 및 복원업 전체
마. 건설업(41~42)	건설업 전체
바. 도매 및 소매업(45~47)	도매 및 소매업 전체
사. 운수업(49~52)	여객운송업[육상운송 및 파이프라인 운송업(49), 수상 운송업(50), 항공 운송업(51) 중 여객을 운송하는 경우]
아. 숙박 및 음식점업(55~56)	음식점 및 주점업(56) 중 음식점업(561)
자. 정보통신업(58~63)	출판업(58)
	영상 · 오디오 기록물제작 및 배급업(59). 다만, 비디오물 감상실 운영업(59142)은 제외한다.
	방송업(60)
	우편 및 통신업(61) 중 전기통신업(612)
	컴퓨터 프로그래밍, 시스템 통합 및 관리업(62)
	정보서비스업(63)

[다음 쪽에 계속]

9. 2022.2.15. 기준

차. 전문, 과학 및 기술서비스업 (70~73)	연구개발업(70)
	전문서비스업(71) 중 광고업(713), 시장조사 및 여론조사업(714)
	건축기술, 엔지니어링 및 기타 과학기술 서비스업(72) 중 기타 과학기술 서비스업(729)
	기타 전문, 과학 및 기술 서비스업(73) 중 전문디자인업(732)
카. 사업시설관리 및 사업지원 서비스업(74~75)	사업시설 관리 및 조경 서비스업(74) 중 건물 및 산업설비 청소업(7421)
	사업지원 서비스업(75) 중 고용알선 및 인력 공급업(751, 농업노동자 공급업 포함), 경비 및 경호 서비스업(7531), 보안시스템 서비스업(7532), 콜센터 및 텔레마케팅 서비스업(75991), 전시, 컨벤션 및 행사 대행업(75992), 포장 및 충전업(75994)
타. 임대업: 부동산 제외(76)	무형재산권 임대업(764, 「지식재산 기본법」 제3조제1호에 따른 지식재산을 임대하는 경우로 한정)
파. 교육서비스업(85)	교육 서비스업(85) 중 유아 교육기관(8511)[10], 사회교육시설(8564), 직원훈련기관(8565), 기타 기술 및 직업훈련학원(85669)
하. 사회복지 서비스업(87)	사회복지서비스업 전체
거. 예술, 스포츠 및 여가관련 서비스업(90~91)	창작, 예술 및 여가관련 서비스업(90) 중 창작 및 예술관련 서비스업(901), 도서관, 사적지 및 유사 여가관련 서비스업(902). 다만, 독서실 운영업(90212)은 제외한다.
너. 협회 및 단체, 수리 및 기타 개인 서비스업(94~96)	기타 개인 서비스업(96) 중 개인 간병인 및 유사 서비스업(96993)

2. 개별법률의 규정에 따른 업종

가업 해당 업종
가. 「조세특례제한법」 제7조제1항제1호커목에 따른 직업기술 분야 학원
나. 「조세특례제한법 시행령」 제5조제9항에 따른 엔지니어링사업
다. 「조세특례제한법 시행령」 제5조제7항에 따른 물류산업
라. 「조세특례제한법 시행령」 제6조제1항에 따른 수탁생산업
마. 「조세특례제한법 시행령」 제54조제1항에 따른 자동차정비공장을 운영하는 사업
바. 「해운법」에 따른 선박관리업
사. 「의료법」에 따른 의료기관을 운영하는 사업
아. 「관광진흥법」에 따른 관광사업(카지노업, 관광유흥음식점업 및 외국인전용 유흥음식점업은 제외한다)
자. 「노인복지법」에 따른 노인복지시설을 운영하는 사업
차. 법률 제15881호 노인장기요양보험법 부칙 제4조에 따라 재가장기요양기관을 운영하는 사업
카. 「전시산업발전법」에 따른 전시산업

[다음 쪽에 계속]

10. 2022.2.15.부터 유아 교육기관을 포함하였다. 유아 교육기관은 유치원을 말한다. 보육원 및 탁아기관(87210)은 포함되지 않는다(통계청, 『한국표준산업분류 해설서』).

타. 「에너지이용 합리화법」 제25조에 따른 에너지절약전문기업이 하는 사업
파. 「국민평생 직업능력 개발법」에 따른 직업능력개발훈련시설을 운영하는 사업
하. 「도시가스사업법」 제2조제4호에 따른 일반도시가스사업
거. 「연구산업진흥법」 제2조제1호나목의 산업
너. 「민간임대주택에 관한 특별법」에 따른 주택임대관리업
더. 「신에너지 및 재생에너지 개발 · 이용 · 보급 촉진법」에 따른 신 · 재생에너지 발전사업

쟁점

흡수합병시 가업상속공제금액

법인의 가업상속공제금액은 피상속인의 주식가액으로 평가한다.

(가업법인의 주식가액) x (총자산가액 – 사업무관자산가액) / 총자산가액

이렇게 계산하는데 [(총자산가액 – 사업무관자산가액) / 총자산가액]을 사업자산 비율이라고 부른다. 사업무관자산가액은 상증령에서 열거하고 있고, 비사업용 토지, 법인의 영업활동과 직접 관련이 없이 보유하고 있는 주식 등을 말한다.

그렇다면 법인과 법인이 흡수합병한 경우 가업상속공제금액을 어떻게 계산할까?

합병시 어떤 법인은 10년이 넘지만, 다른 법인은 10년이 넘지 않을 수 있다. 그런데 가업상속공제를 받으려면 10년 이상 가업을 영위해야 한다. 즉 A법인(합병법인)이 B법인(피합병법인)을 흡수합병하면, 주식가액에 곱하는 사업자산비율을 어떻게 할지가 다툼이 된다.

여기에 대해 국세청은 피합병법인으로부터 승계받은 자산, 부채 및 손익을 제외하고 상증령 제15조제5항제2호에 따라 계산한 금액으로 한다고 보았다(서면2015법령해석재산-22512, 2015.5.27.). 10년이 넘지 않는 피합병법인의 자산, 부채 등은 제외한다고 본 것이다.

하지만 기획재정부는 가업상속 재산가액은 가업에 해당하는 법인의 주식등의 가액에 그 법인의 총자산가액 중 상속개시일 현재 사업무관자산을 제외한 자산가액이 그 법인의 총자산가액에서 차지하는 비율을 곱하여 계산한 금액에 해당한다고 보았다(기획재정부 재산세제과-222, 2016.3.18.). 그 자산이 합병법인이든, 피합병법인에서 왔든 상속개시일 현재 합병법인의 것이기 때문에 일반적인 가업상속 재산가액과 같이 계산한다는 뜻이다. 기획재정부 회신 이후 국세청의 회신서면2015법령해석재산-22512, 2015.5.27.)은 세법해석정비[11]되었다.)

그런데 기획재정부 회신이 역합병의 경우가 포함되는지는 의문이다. 합병법인이 피합병법인보다 순자산이 적은 경우에도 합병은 이루어질 수 있고, 이러한 역합병의 경우에는 가업상속공제금액은 왜곡될 수 있어 보인다.

---

11. 세법해석정비

요지	유지사례	삭제사례
가업에 해당하는 기업이 가업에 해당하지 않는 자회사를 흡수합병한 경우 가업상속재산가액 계산시 업무무관자산은 제외하고 계산함(가업 해당하지 않는 자회사를 무조건 제외하지는 않음).	기획재정부 재산세제과-222, 2016.3.18	서면2015법령해석재산-22512, 2015.5.27. 서면2015상속증여-0019, 2015.7.10.

[관련 질의회신 · 판례 등]

○ 가업상속공제 대상이 되는 중소기업, 중견기업 등의 범위

(규모의 확대 등으로 중소기업에 해당하지 아니하게 된 기업) 가업상속공제 대상 가업에는 연간 매출액이 1천억원 이상 등 규모(상시 근로자수, 자본금 또는 매출액)의 확대 등으로 중소기업에 해당하지 아니하게 된 기업을 포함하나, 그중 상속개시일이 속하는 사업연도의 직전 사업연도 매출액이 3천억원(2014.1.1. 이후 상속분부터) 이상인 기업 및 상호출자제한기업집단 내 기업은 제외됨(상속증여세과-27, 2014.2.20.).

(중견기업 관계기업 매출액 포함여부-2016.12.20. 개정 전) "규모의 확대 등으로 중소기업에 해당하지 아니하게 된 기업"(상속이 개시되는 사업연도의 직전 사업연도의 매출액이 3천억원 이상인 기업 및 상호출자제한기업집단 내 기업은 제외한다)에 해당하는지 여부를 판단할 때 매출액은 개별기업의 매출액을 기준으로 산정함(기획재정부 재산세제과-441, 2017.7.20.).[12]

(중견기업 종속기업 매출액 포함여부-2016.12.20. 개정 이후) 조특법 시행령(2017.2.7. 개정된 것) 제9조제4항제1호 및 제3호의 요건을 충족한 중견기업이 100% 지분을 보유하는 종속기업이 있어 기업회계기준에 따라 연결재무제표를 작성하여야 하는 경우, 상증법(2016.12.20. 개정된 것) 제18조제2항제1호 및 상증령 제15조제2항제3호에 따른 매출액 계산시 종속기업의 매출액을 포함하지 아니함(서면2017법령해석재산-0299, 2017.4.12.).

○ 2개 이상의 가업

둘 이상의 가업을 영위하는 경우 가업에 해당하는지 여부는 각 사업장별로 판단함(재산세과-1253, 2009.6.23.).

○ 가업과 경영의 의미

피상속인이 10년 이상 계속하여 상증령 제15조의 규정에 따른 중소기업을 동일업종으로 유지 경영한 기업을 말하고(재산세과-1135, 2009.6.9.), 경영이란 단순히 지분을 소유하는 것을 넘어 가업의 효과적이고 효율적인 관리 및 운영을 위하여 실제 가업운영에 참여한 경우를 의미함(기획재정부 재산세제과-825, 2011.9.30.).

○ 소득법을 적용받는 가업의 가업상속재산

(국세청) 상증령 제15조제5항제1호(소득세법을 적용받는 가업)의 가업상속재산은 상속재산 중 가업에 직접 사용되는 토지, 건축물, 기계장치 등 사업용 고정자산으로서 「기업회계기」 제18조 및 제20조의 유형자산 및 무형자산을 말함(재산세과-705, 2010.9.17.). 상증령 제15조제5항제1호의 사업용 자산은 상속재산 중 가업에 직접 사용되는 토지, 건축물, 기계장치 등 사업용 비유동자산으로 유형자산 및 무형자산을 말함(기준2018법령해석재산-0108, 2019.2.7.).

(심판원) 가업상속공제대상이 되는 사업용 자산의 범위를 토지와 건물 등 유형고정자산으로 한정한 바 없고 가업상속공제제도의 취지 등에 비추어 가업에 직접 사용되는 토지, 건물의 임차보증금은 가업상

---

12. 세법해석정비

요지	유지사례	삭제사례
관계기업 규모의 확대 등으로 중견기업에 해당하지 아니하게 된 기업의 매출액 3천억원 판단은 개별기업의 매출액을 기준으로 판단함.	기획재정부 재산세제과-441, 2017.7.20.	서면2015법령해석재산-2083, 2016.11.15.

속재산에 해당함(조심2012서626, 2012.6.19.).

○ 소득법을 적용받는 가업의 가업상속재산

(부채 차감여부, 2017.2.6. 이전 상속) 피상속인과 상속인이 사업용 토지와 건물을 공동으로 소유하던 중 상속개시 되는 경우 상증령 제15조제5항제1호의 가업상속재산가액은 상속재산 중 가업에 직접 사용되는 토지, 건축물, 기계장치 등 사업용 자산으로서 부채를 차감하지 않은 가액을 말함(재산세과-283, 2010.5.7.).

⇒ (2017.2.7. 이후 상속부터) 사업용 자산 가액에서 해당 자산의 담보된 피상속인의 채무액을 뺌(상증령 제15조제5항제1호 개정).

○ 법인법을 적용받는 가업의 가업상속재산

(합병) 가업에 해당하는 기업이 가업에 해당하지 않는 자회사를 흡수합병한 경우 가업상속 재산가액은 가업에 해당하는 법인의 주식가액에 총자산가액 중 사업무관자산을 제외한 자산가액이 총자산가액에서 차지하는 비율을 곱하여 계산함(기획재정부 재산세제과-222, 2016.3.18.).[13]

(사업무관자산-다른 법인이 발행한 주식) 법인법을 적용받는 가업의 가업상속재산을 계산함에 있어 가업에 해당하는 법인이 같은 업종을 영위하는 다른 법인이 발행한 주식을 보유하고 있는 경우 그 보유주식은 상증령 제15조제5항제2호마목에 따른 사업무관자산에 해당함(서면법규과-842, 2014.8.11.).

(사업무관자산-다른 법인이 발행한 주식) 영업활동과 직접 관련이 없이 보유하고 있는 주식은 그 문언 그대로 영업활동과 직접 관련이 있는지 여부만으로 판단하여야 함(서울행법2016구합80595(2017.08.25.)-대법원2018두39713(2018.7.13. 심불)).

(사업무관자산-3개월 초과 금융상품) 만기가 3개월 이내 금융상품은 현금에 포함하여 과다보유현금 해당여부를 판단하는 것이며, 만기가 3개월 초과하는 금융상품은 사업무관자산에 해당함(서면2015 법령해석재산-1287, 2015.10.1.).

○ 피상속인이 출연하고 남은 주식을 상속받는 경우

상증법 제18조제2항제1호가 적용되는 중소기업 주식 중 일부를 공익법인에 출연(유증)하고 남은 주식이 상증령 제15조제3항에 해당하는 경우 남은 주식 전부를 상속인 1인이 상속받은 때에는 해당 가업 전부를 상속받은 것으로 보아 상증령 제15조제4항을 적용하는 것임(재산세과-730, 2010.10.6.).

○ 가업영위기간 계산

(조부 가업영위기간) 피상속인의 가업영위기간은 상증법 제15조제3항의 요건에 해당하는 상태에서 실제 가업운영에 참여한 기간을 의미하는 것이며, 직전 가업 경영자(조부)의 가업영위기간은 포함하지 않음(기획재정부 재산세제과-694, 2014.10.15.).

(개인 가업영위기간) 개인사업자로서 제조업에 사용하던 건물 등 일부 사업용 자산을 제외하고 법인전환을 하였더라도, 법인 전환 후에 동일한 업종을 영위하는 등 가업의 영속성이 유지되는 경우에는 피상속인이 개인사업자로서 가업을 영위한 기간을 포함하여 가업 경영기간을 계산함(기획재정부 재산세제

13. 피상속인이 10년 이상 계속하여 경영한 A법인이 피상속인이 10년 이상 계속하여 경영하지 않은 B법인을 흡수합병한 후 합병존속법인이 합병전 A법인과 업종, 명칭, 대표이사 및 최대주주등이 동일하여 A법인 사업의 계속성이 인정되는 경우 "피상속인이 10년 이상 계속하여 경영한 기업" 판정시 피상속인이 합병전 A법인을 계속하여 경영한 기간을 피상속인의 가업영위기간에 포함한다고 회신(서면2015법령해석재산-22512, 2015.5.27.)한 바 있는데, 이 회신은 기획재정부 재산세제과-222(2016.3.18.) 이후 정비되었으므로 관련 쟁점발생시 이를 확인하여야 한다.

과-725, 2019.10.28.).[14]

(법인전환) 피상속인이 개인사업자로 제조업을 30년간 직접 경영하다가 법인과 합병하여 존속하는 합병법인의 대주주로 되었고 존속회사의 대표이사 회장으로 취임하여 같은 업종을 5년 동안 직접 경영에도 참여하다가 상속이 개시되면서 상속인이 대표이사로 취임한 경우, 그 법인이 피상속인이 15년 이상 계속하여 경영한 기업에 해당하는지 여부는 해당 법인과 피상속인이 개인사업자로서 경영하던 기업이 통합한 날로부터 기산하여 판단함(재산세과-3784, 2008.11.14.).

○ 차명주식을 누락한 경우

피상속인이 보유한 차명주식을 상속세 과세표준 신고시 상속재산에 포함하지 아니하고 신고함으로써 상속인 1명이 상속세 과세표준 신고기한까지 해당가업의 전부를 상속받지 아니한 경우에는 가업상속공제를 적용하지 않음(법규과-909, 2014.8.22., 조심2015중1071, 2016.5.26.).

○ 가업의 주된 업종 변경시 가업영위기간의 기산일

피상속인이 경영하는 기업이 제조 및 도매업을 중단하고 물류창고 운영업으로 주된 업종을 변경한 경우 "피상속인이 10년 이상 계속하여 경영한 기업"은 해당 기업이 주된 업종을 변경한 후 처음으로 재화 또는 용역의 공급을 개시한 때부터 기산하여 피상속인이 10년 이상 계속하여 같은 업종으로 경영한 기업을 말하는 것임(기준2015법령해석재산-0227, 2015.10.28.).

○ 사내근로복지기금의 특수관계 여부

사내근로복지기금은 상증령 제15조제3항의 최대주주등과 특수관계에 있는 자에 해당되는 것임(재재산-1039, 2011.12.2.).

○ 가업의 경영기간

가업의 경영기간은 가업상속 대상 기업의 주된 사업(업종)을 10년 이상 계속하여 경영하였는지로 판단함(기획재정부 재산세제과-70, 2021.1.21.).

2) 피상속인 요건(모두 충족)

가) 피상속인이 상속개시일 현재 거주자일 것

나) 법인 가업은 최대주주등으로서 지분을 50%(상장법인은 30%) 이상 10년 이상 계속하여 보유하는 경우에 한정한다(상증령 제15조제3항).[15]

14. 세법해석정비

요지	유지사례	삭제사례
개인사업의 일부자산만 동일업종 법인으로 전환시 가업상속공제의 가업영위 기간 판단	기획재정부 재산세제과 -725, 2019.10.28.	서면2018상속증여 -3925, 2019.2.25. 서면법규과-1179, 2014.11.7. 재산세과-335, 2012.9.20.

15. 10년 이상 보유한 주식만 가업상속공제대상이 되는 것은 아니다(기획재정부 조세법령운용과-10, 2022.1.5.)

법인 가업은 피상속인이 위 가) 및 나)에 해당하는 중소기업 등을 영위하는 법인의 최대주주등인 경우로 그와 특수관계인의 주식등을 합하여 해당 법인의 발행주식총수 등의 50%(상장법인은 30%) 이상을 계속하여 보유하는 경우에 한정한다.

〈주식보유비율 개정연혁〉

구분	2010.12.31. 이전	2011.1.1. 이후
한국거래소 상장법인	40%	30%
상장법인 외	50%	50%

다) 2014.2.21. 이후 상속분부터는 가업 영위기간 중 10년 이상(상속인이 피상속인의 대표이사 등의 직을 승계하여 승계한 날부터 상속개시일까지 계속 재직한 경우) 또는 전체 사업 영위기간의 50% 이상 또는 상속개시일부터 소급하여 10년 중 5년 이상을 대표이사로 재직하여야 한다.

상속인이 피상속인의 대표이사 등의 직을 승계하여 승계한 날부터 상속개시일까지 계속 재직한 경우에는 피상속인이 10년 이상 계속하여 경영한 기업("상속개시일로부터 소급하여 10년 이상 계속 경영"의 의미는 아님)이면 가업상속공제가 적용된다.

2022.2.15부터 가업영위기간에는 한국표준산업분류에 따른 대분류 내에서 업종을 변경하는 경우를 포함한다.

10년 이상의 기간은 피상속인이 가업의 영위기간 중 대표이사로 재직한 기간을 통산하여 적용한다(기준2021법령해석재산-0024〔법령해석과-630〕, 2021.02.24.).

라) 피상속인은 최대주주 1명으로 제한

2011.1.1. 이후 상속분부터는 가업상속이 이루어진 후에 가업상속 당시 최대주주등에 해당하는 자(가업상속을 받은 상속인은 제외)의 사망으로 상속이 개시되는 경우를 제외한다(상증령 제15조제3항 단서).

〈피상속인의 대표이사 재직요건 개정연혁〉

2010.2.18. ~ 2014.2.20.	2014.2.21. 이후
① 전체 가업영위기간 중 60% 이상 또는 ② 상속개시일로부터 소급하여10년 중 8년 이상 재직	① 전체 가업영위기간 중 50% 이상 또는 ② 상속개시일로부터 소급하여 10년 중 5년 이상 또는 ③ 10년 이상의 기간(상속인이 피상속인의 대표이사 등의 직을 승계하여 승계한 날부터 상속개시일까지 계속 재직한 경우로 한정함).

[관련 질의회신 · 판례 등]

○ 가업영위 판단

피상속인의 대표이사 재직기간 판단시 피상속인이 상속인과 대표이사로 등기된 경우에도 적용되는 것이나, 피상속인이 10년 이상 계속하여 가업을 영위하였는지 여부는 사실판단 사항임(재산세과-211, 2009.9.14.).

○ 피상속인이 상속개시일 현재 가업에 종사하지 아니한 경우

(건강상의 이유) 피상속인이 건강상의 이유로 상속개시일 현재 불가피하게 가업에 종사하지 못한 경우 가업상속공제 요건 등을 충족한 경우에는 가업상속공제를 적용받을 수 있음(기획재정부 재산세제과-741, 2014.11.14., 예규변경일 이후 결정 · 경정하는 분부터 적용).[16]

(불가피한 사유 없음) 피상속인이 건강상 불가피한 사유 없이 상속개시일 현재 가업에 종사하지 않은 경우에는 가업상속공제가 적용되지 않음(서면2020법령해석재산-4808 [법령해석과-2926], 2021.8.25., 요지).

○ (2020.2.10. 이전) 가업승계 당시 보유주식 전부 증여 후 상속개시되는 경우 가업상속공제 가능 여부

자(子)가 부(父)의 주식 전부를 증여받아 조특법 제30조의6제1항에 따른 "가업의 승계에 대한 증여세 과세특례"를 적용받은 후, 부(父)가 사망하여 상속이 개시되는 경우 가업상속공제 적용 안 됨(서면2015법령해석재산-1710, 2016.6.23.).

⇒ (2020.2.11. 이후 상속부터) 가업승계 당시 보유주식 전부를 증여한 경우에도 가업상속공제 적용 가능(조특령 제27조의6제9항제1호 개정)

○ 지분율 계산

(자기주식) 자기주식은 발행주식총수에서 제외(상속증여세과-154, 2014.5.23.).

(의결권 없는 우선주) 의결권 없는 우선주는 제외(법규과-1088, 2014.10.14.).

○ (2022.1.4. 이전) 10년 보유하지 않은 주식

(가업 미경영자로부터 증여) 가업을 경영하는 자가 가업을 경영하지 아니한 배우자로부터 증여받아 10년이 경과하지 아니한 주식에 대해서는 가업상속공제를 적용하지 아니함(기획재정부 재산세제과-385, 2014.5.14.).

(가업을 경영한 자로부터 증여) 가업을 10년 이상 경영한 배우자 또는 자녀로부터 증여받아 10년이 경과하지 아니한 주식에 대하여는 상증법 제18조제2항에 따른 가업상속공제가 적용되지 아니함(서면2015법령해석재산-1443, 2015.10.1.).

(법원) "증여자가 해당 주식을 10년 이상 보유할 것"은 구 조특법 제30조의6 제1항에서 정한 가업 승계에 대한 증여세 과세특례를 적용하기 위한 요건이라 할 수 없음(대법원2019두44095, 2020.5.28.).

○ (2022.1.5. 이후) 10년 보유하지 않은 주식 및 해석 적용시기

(질의1) 가업상속에 해당되는 법인의 경우 해당 법인 주식 중 피상속인이 직접 10년 이상 보유한 주식에 대해서만 가업상속공제가 적용되는지 여부

(1안) 해당 법인 주식 중 피상속인이 직접 10년 이상 보유한 주식에 대해서만 적용됨

---

16. 이 해석은 타당해 보이지 않는다. 문언상 피상속인이 상속개시일 현재 가업에 종사해야 한다는 규정이 없고, 가업승계 후 가업상속하는 경우에는 피상속인이 상속개시일 현재 가업에 종사하지 않아도 되기 때문에 형평성에도 맞지 않는다.

(2안) 해당 법인 주식 중 피상속인이 10년 이상 보유하지 않은 주식에 대해서도 적용됨
(질의2) [질의1]이 (2안)인 경우 동 세법해석의 적용 시기
(1안) 예규 생산일 이후 납세의무 성립분부터 적용
(2안) 예규 생산일 이후 결정 · 경정분부터 적용
회신】 귀 질의의 경우 질의1은 2안, 질의2는 2안이 타당함(기획재정부 조세법령운용과-10, 2022.1.5.)

○ 상속인 1인이 전부 상속받아야 하는지(2016.2.5. 개정 전)
(국세청) 가업상속공제는 상속개시일 현재 18세 이상이고, 상속개시일 2년 전부터 계속하여 가업에 종사한 요건을 모두 갖춘 상속인 1명이 전부 상속받은 경우에 가업상속공제를 적용받는 것임(재산세과-291, 2011.6.17.).
(심판원) 처분청이 요구하는 상속인 1인의 가업전부상속 요건은 최근 개정된 상증령에서 삭제된 점 등에 비추어 청구인이 상속개시 당시 쟁점주식을 상속받지 아니하였다 하여 가업상속공제를 배제한 처분에는 잘못이 있음(조심2015서0660, 2016.8.9.).

○ 개인가업을 법인으로 전환한 경우 피상속인의 주식보유기간
피상속인이 개인사업자로서 운영하던 가업을 동일한 업종의 법인으로 전환하고 피상속인이 법인 설립일 이후 계속하여 가업을 운영하는 최대주주등에 해당하는 경우 피상속인이 법인으로 전환하면서 취득한 주식이 “계속하여 10년 이상 보유한 주식”에 해당하는지 여부는 개인가업의 운영기간을 포함하여 판단함(서면2017법령해석재산-0561, 2017.6.30.).

3) 상속인 요건

상속인이 다음의 요건을 모두 갖춘 경우에 적용한다. 상속인의 배우자(사위나 며느리 등)가 “가~다”의 요건을 갖춘 경우에 상속인이 그 요건을 갖추었다고 본다.

가) 상속개시일 현재 18세 이상일 것

나) 상속개시일 전에 가업 영위기간 중 2년 이상 직접 가업에 종사할 것

다만, 피상속인이 65세(2016.2.4. 이전에는 60세) 이전에 사망하였거나 천재지변, 인재(人災) 등 부득이한 사유로 사망한 경우에는 “2년 이상 직접 가업 종사” 요건을 갖추지 않아도 된다. 또한 상속개시일 2년 전부터 가업에 종사한 경우로서 상속개시일부터 소급하여 2년에 해당하는 날부터 상속개시일까지의 기간 중 법률에 따른 병역의무 이행, 질병 요양, 취학상 형편 등의 사유로 가업에 종사하지 못한 기간이 있는 경우에는 그 기간은 가업에 종사한 기간으로 본다.

<종사요건 개정연혁>

2022.2.14. 이전	2022.2.15. 이후[17]
상속개시일 전에 2년 이상 직접 가업에 종사할 것	상속개시일 전에 가업 영위기간 중 2년 이상 직접 가업에 종사할 것

다) 상속세 과세표준 신고기한까지 임원으로 취임하고, 상속세 신고기한부터 2년 이내에 대표이사 등으로 취임한 경우

라) 상속인 1명이 해당 가업의 전부를 상속받은 경우(2016.2.5. 폐지)

2014.2.21. 이후 유류분 반환청구에 따라 다른 상속인이 받았거나 받을 상속재산은 제외한다. 이는 안정적으로 가업을 승계 · 유지 발전시키려면 상속인 1인이 상속하는 것이 바람직하나, 유류분 반환청구의 경우 공동상속이 불가피하므로 예외적으로 가업상속공제를 허용한 것이다. 2016.2.5. 이후 상속인 1명이 가업의 전부를 상속받아야 하는 요건이 폐지되어 공동상속이 허용되었다.

〈상속인 요건 개정연혁〉

2014.2.20. 이전	2014.2.21. ~ 2016.2.4.	2016.2.5. 이후
"상속인"이 ①~④ 요건 충족 ① 상속개시일 현재 상속인이 18세 이상 ② 상속개시일 2년 전부터 계속하여 직접 가업 종사(예외: 천재지변등 사망) ③ 신고기한 2년 이내 대표이사 취임 ④ ①+②의 요건을 갖춘 상속인 1명이 가업 전부 상속 * 2008.1.1.~2009.2.3. 상속분: 상속세 신고기한까지 대표이사 취임	"상속인" 또는 "상속인의 배우자" ①~③, "상속인" ④ 요건 충족 ① 상속개시일 현재 상속인이 18세 이상 ② 상속개시일 전에 2년 이상 직접 가업에 종사(예외: 천재지변등 사망) ③ 2년 이내 대표이사 취임 ④ 상속인 1명이 가업 전부 상속(유류분 반환청구에 따라 다른 상속인이 받았거나 받을 상속재산은 제외)	"상속인" 또는 "상속인의 배우자" ①~③ 요건 충족 ① 상속개시일 현재 상속인이 18세 이상 ② 상속개시일 전에 2년 이상 직접 가업에 종사(예외: 천재지변등 사망) ③ 2년 이내 대표이사 취임 ④ 폐지

[관련 질의회신 · 판례 등]

○ 대표이사

(대표이사의 의미) 상증령 제15조제4항제2호다목의 "대표이사 등으로 취임한 경우"는 상속인이 대표이

17. 2022.2.14. 이전에 상속이 개시되는 경우의 가업영위기간에 대해서는 종전 규정을 적용한다(상증령 제32414호 부칙 제5조).

사로 선임되어 법인등기부에 등재되고 대표이사직을 수행하는 경우를 말함(재산세과-166, 2010.3.18.).
(공동대표이사) 가업상속공제는 상속인 1명이 가업의 전부를 상속받고 공동대표이사로 취임하는 경우에도 적용됨(재산세과-495, 2009.10.19.).
(상속개시전 공동대표이사) 상속인이 상속세과세표준 신고기한까지 임원으로 취임하고, 상속세 신고기한부터 2년 이내에 대표이사 등으로 취임하거나, 상속개시일 전에 피상속인과 공동대표이사로 취임한 경우에도 적용됨(재산세과-1662, 2009.8.10.).

○ 공동상속
2개 이상의 가업을 각각 다른 상속인에게 상속하는 경우 가업상속공제가 적용되며, 가업 승계에 대한 증여세 과세특례는 둘 이상의 가업 전부를 승계받을 목적으로 주식등을 증여받은 수증자 1인이 증여세 과세표준 신고기한까지 가업에 종사하고 증여일부터 5년 이내에 대표이사에 취임한 경우에 적용함(상속증여-3616, 2016.5.17.)

○ 직계존속이 상속받는 경우
가업을 상속인인 직계존속이 상속받은 경우로 상증령 제15조의 가업상속요건을 모두 충족한 경우에는 가업상속공제를 적용받을 수 있음(서면2020법규재산-5040 [법규과-392], 2022.1.28.).

4) 납부요건

2019.1.1. 이후 상속부터 가업이 중견기업에 해당하는 경우, 가업을 상속받거나 받을 상속인의 가업 상속재산 외에 받거나 받을 상속재산의 가액이 해당 상속인이 상속세로 납부할 금액의 2배를 초과하면 해당 상속인이 받거나 받을 가업상속재산에 대해서는 가업상속공제를 적용하지 아니하며 세부 판단기준은 아래와 같다.

가) 상속인의 가업 상속재산 외에 받거나 받을 상속재산의 가액(=(1)-(2)-(3))
  (1) 가업상속인이 받거나 받을 상속재산(법 13조에 따라 상속재산에 가산하는 증여재산 중 가업상속인이 받은 증여재산 포함)
  (2) 해당 가업상속인이 부담하는 채무로 시행령 제10조제1항에 따라 증명되는 채무
  (3) 해당 가업상속인이 받거나 받을 가업상속 재산가액

나) 해당 상속인이 상속세로 납부할 금액의 2배 초과가업상속인이 가업상속공제를 받지 아니하였을 경우 해당 가업상속인이 납부 의무가 있는 상속세액에 100분의 200을 곱한 금액

5) 조세포탈 또는 회계부정 행위시 공제배제

피상속인 또는 상속인이 가업 경영과 관련하여 상속개시일 전 10년 이내 또는 상속개시일부터

7년 이내의 기간 중 조세포탈 또는 회계부정행위(조세범 처벌법 제3조제1항 또는 주식회사 등의 외부감사에 관한 법률 제39조제1항에 따른 죄)로 징역형 또는 벌금형을 선고받고 그 형이 확정된 경우 다음과 같이 가업상속공제를 배제 또는 추징한다.

가) 제76조에 따른 과세표준과 세율 결정이 있기 전에 피상속인 또는 상속인에 대한 형이 확정된 경우: 가업상속공제 배제(공제 적용 전)

나) 가업상속공제를 받은 후에 상속인에 대한 형이 확정된 경우: 공제받은 금액을 상속개시 당시의 상속세 과세가액에 산입하여 대통령령으로 정하는 이자상당액을 포함하여 상속세를 부과한다(공제 적용 후)

다) 가업상속공제가 배제되는 벌금형의 범위

(1) (탈세) 포탈세액이 3억원 이상이고 포탈세액 등이 납부하여야 할 세액의 30% 이상인 경우 또는 포탈세액이 5억원 이상인 경우

(2) (회계부정) 재무제표상 변경금액이 자산총액의 5% 이상인 경우

탈세 · 회계부정행위 시기	형 확정시기	효과
공제 전 행위	가업상속공제 전	공제배제
	가업상속공제 후	추징
사후 관리기간 중 행위	사후관리기간 중	추징
	사후관리기간 이후	추징

6) 가업상속공제 신청(상증규칙 제1호 서식: 가업상속공제신고서)

가업상속공제를 받고자 하는 자는 가업상속재산명세서 및 아래와 같은 가업상속 사실을 입증하는 서류를 상속세 과세표준 신고와 함께 납세지 관할 세무서장에게 제출하여야 한다.

가) 법인 가업인 경우 최대주주 또는 최대출자자에 해당하는 자임을 입증하는 서류 및 주식평가내역과 사업무관자산 가액을 확인할 수 있는 입증서류

나) 기타 상속인이 해당 가업에 직접 종사한 사실을 입증할 수 있는 서류

다. 가업상속공제의 사후관리

> 사후관리기간: 7년 (2019.12.31. 이전 10년)
> (가업종사) 해당 상속인이 가업에 종사
> (지분유지) 해당 상속인의 지분이 감소하지 않아야 함
> (가업유지 의무) 상속 후 7년간 가업용 자산의 20%(5년 이내는 10%) 이상 처분금지, 상속인 지분 등이 감소하지 않아야 함
> (고용확대 의무) 상속 후 7년간 정규직 근로자 평균이 상속 전 근로자 수의 1.0배 이상 또는 상속 후 7년간 총 급여액의 전체평균이 기준총급여액에 이상(7년 후)+각 사업연도말 정규직 근로자 평균인원 기준연도의 80% 이상 또는 각 사업년도말 총급여액이 기준총급여액의 80% 이상(매년 판단)

2018.1.1. 이후부터 사후관리 위반시 사유가 발생한 날이 속하는 달의 말일부터 6개월 이내 신고·납부하여야 한다. 납세지 관할세무서장은 가업상속공제의 적정 여부와 사후관리 사항에 대하여 매년 검토하고 위반사항 발생시 당초 공제한 금액을 상속개시 당시의 상속세 과세가액에 산입하여 상속세를 부과하여야 한다.

2020.1.1. 이후 사후관리기간, 사후관리 내용이 개정되었다. 사후관리기간은 10년에서 7년으로 단축되었고 이때 2019.12.31. 이전에 상속받은 경우에는 7년으로 적용되지 않는다.

〈2020년 상증법 개정관련하여 종전 상속 적용여부〉

구분		2019.12.31. 이전 상속	2020.1.1. 이후 상속
사후관리기간		적용배제(10년 적용)	7년
추징시 기간별 추징율 표		종전 규정 적용(5단계)	2단계[18]
조세포탈 회계부정시 공제부인		적용배제	적용
가업종사(업종변경 완화)		적용	적용
자산유지(처분사유 확대)		적용	적용
고용유지	① 총급여액(기준 신설)	적용(매년 기준 2020.1.1. 이후부터)	적용
	② 중견기업[19]	적용	적용
	③ 정규직근로자의 범위 (통계청 ⇒ 상증법)	선택 가능 (선택시 매년 & 전체 사업기간 적용)	상증법

> ㅇ 상증법 부칙(제16846호, 2019.12.31.)
> 제3조(가업상속공제의 사후관리에 관한 적용례)
> ① 제18조제6항제1호라목의 개정규정 및 같은 호 마목의 개정규정(사후관리 기간에 관한 부분은 제외

18. 2020.2.11. 이후 상속부터
19. 10년간 기준고용인원 120% ⇒ 7년간 기준고용인원 100% 이상

한다)은 이 법 시행 이후 제18조제2항제1호에 따른 가업상속공제(이하 "가업상속공제"라 한다)를 받는 경우부터 적용한다.

② 제1항에도 불구하고 다음 각 호의 요건을 모두 충족하는 상속인(이하 "사후관리를 받고 있는 상속인"이라 한다)은 대통령령으로 정하는 바에 따라 제18조제6항제1호라목의 개정규정(정규직 근로자의 범위에 관한 부분에 한정한다) 및 같은 호 마목의 개정규정(정규직 근로자의 범위에 관한 부분에 한정한다)을 적용받을 수 있다.

1. 이 법 시행 전에 가업상속공제를 받았을 것
2. 이 법 시행 당시 종전의 제18조제6항 각 호 외의 부분 전단 및 같은 항 제1호마목에 따른 사후관리 기간이 경과하지 아니하였을 것
3. 이 법 시행 전에 제18조제6항에 따른 상속세 및 이자상당액이 부과되지 아니하였을 것(제18조제6항 제1호가목에만 해당하여 가업용 자산의 처분비율을 고려하여 상속세 및 이자상당액이 부과된 경우는 제외한다)

③ 제1항에도 불구하고 제18조제6항제1호라목의 개정규정(이하 이 항에서 총급여액 기준이 추가된 부분에 한정한다) 및 같은 호 마목의 개정규정(총급여액 기준이 추가된 부분 및 중견기업에 적용되는 기준고용인원 유지 부분에 한정한다)은 사후관리를 받고 있는 상속인에 대하여도 적용한다. 이 경우 제18조제6항제1호라목의 개정규정은 이 법 시행 이후 개시하는 과세기간 또는 사업연도 분부터 적용한다.

제4조(조세포탈 또는 회계부정 행위시 가업상속공제 제외에 관한 적용례) 제18조제9항부터 제11항까지의 개정규정은 피상속인 또는 상속인이 이 법 시행 이후 조세포탈 또는 회계부정 행위를 한 경우로서 이 법 시행 이후 상속이 개시된 분부터 적용한다.

제11조(가업상속공제 사후관리 기간에 관한 경과조치) 이 법 시행 전에 상속이 개시된 경우에 대하여는 제18조제6항 각 호 외의 부분 전단의 개정규정 및 같은 항 제1호마목의 개정규정(사후관리 기간에 관한 부분에 한정한다)에도 불구하고 종전의 규정에 따른다.

○ 상증령 부칙(제30391호, 2020.2.11.)

제3조(가업상속공제 사후관리에 관한 적용례) 제15조제8항 및 제11항의 개정규정은 이 영 시행 전에 법률 제16846호 상속세 및 증여세법 일부개정법률 부칙 제3조제2항에 따른 사후관리를 받고 있는 상속인에 대해서도 적용한다.

제16조(가업상속공제 사후관리에 관한 특례) 법률 제16846호 상속세 및 증여세법 일부개정법률 부칙 제3조제2항에 따라 법 제18조제6항제1호라목의 개정규정(정규직 근로자의 범위에 관한 부분에 한정한다. 이하 이 조에서 같다), 같은 호 마목의 개정규정(정규직 근로자의 범위에 관한 부분에 한정한다. 이하 이 조에서 같다) 및 제15조제13항의 개정규정은 다음 각 호에 따라 적용한다.

1. 법 제18조제6항제1호라목의 개정규정은 2020년 1월 1일 이후 개시하는 과세기간 또는 사업연도 분부터 적용할 수 있으며, 같은 개정규정을 적용하는 경우 2020년 1월 1일 이후 개시하는 전체 과세기간 또는 사업연도분에 대해 동일하게 같은 개정규정을 적용해야 한다.
2. 제1호에 따라 법 제18조제6항제1호라목의 개정규정을 적용하는 경우에는 법 제18조제6항제1호마목의 개정규정도 동일하게 적용해야 한다.

제17조(가업상속공제 사후관리에 관한 경과조치) 이 영 시행 전에 상속이 개시된 경우에 대해서는 제15조제15항제2호의 개정규정에도 불구하고 종전의 규정에 따른다.

1) 사후관리

가) 해당 가업용 자산의 20%(상속개시일부터 5년 이내에는 10%) 이상을 처분한 경우

"가업용 자산"이란 소득법을 적용받는 가업의 경우 가업에 직접 사용하는 가업상속재산을 말하며, 법인법을 적용받는 가업의 경우 가업에 해당하는 법인의 사업에 직접 사용되는 사업용 고정자산(사업무관자산은 제외)을 말한다.

가업용 자산의 처분비율 = [가업용자산 중 처분한 자산(사업에 사용하지 아니하고 임대하는 경우 포함)의 상속개시일 현재의 가액] ÷ (상속개시일 현재 가업용 자산의 가액) × 100

나) 해당 상속인이 가업에 종사하지 아니하게 된 경우

해당 상속인이 가업에 종사하지 아니하게 된 경우에는 상속인이 대표이사 등으로 종사하지 아니하는 경우, 가업의 주된 업종을 변경하는 경우 및 해당 가업을 1년 이상 휴업(실적이 없는 경우를 포함)하거나 폐업하는 경우를 포함한다.

2020.2.11. 이후 중분류 내에서 주된 업종 변경을 허용하였으며, 평가심의위원회 심의를 거쳐 중분류 외 변경도 허용하였다. 이 경우 개정 이전에 공제받은 경우에도 적용한다.

업종변경 개정연혁에 대해 살펴보면, 2016.2.5.이 속하는 사업연도분부터 소분류 내에서 주된 업종 변경을 허용하였다. 이 경우 상속개시일 현재 영위하고 있는 업종(세분류 기준)의 매출액이 사업연도 종료일을 기준으로 30% 이상인 경우이어야 한다. 2014.2.21.이 속하는 사업연도(과세기간)부터는 한국표준산업 분류상 세분류 내 업종 변경을 허용하였다. 이는 사후관리 기간이 비교적 장기(10년)라는 점과 급격한 경제환경 변화 가능성 등에 대응하도록 하기 위한 것이다. 2014.2.20. 이전에는 한국표준산업 분류상 세세분류 내 업종 변경을 허용하였다.

〈업종변경 개정연혁〉

2014.2.20. 이전	2014.2.21.이 속하는 사업연도(과세기간)부터	2016.2.5.이 속하는 사업연도(과세기간)부터	2020.2.11. 이후
세세분류 내 변경	세분류 내 변경	소분류 내 변경	① 중분류 내 변경 ② 평가심의위원회 업종 변경

다) 주식등을 상속받은 상속인의 지분이 감소된 경우

"상속인의 지분이 감소된 경우"에는 상속인이 상속받은 주식등을 처분하는 경우, 해당 법인이 유상증자할 때 상속인의 실권 등으로 지분율이 감소되는 경우 및 상속인의 특수관계인이 주식등을 처분하거나 유상증자할 때 실권 등으로 상속인이 최대주주등에 해당되지 아니하게 되는 경우를 포함한다. 다만, 2009.1.1. 이후 상속개시분부터 상증법 제73조에 따라 상속받은 주식등의 물납으로 인하여 지분이 감소된 경우는 제외한다. 이 경우에도 상속인은 상증법 제22조제2항에 따른 최대주주 또는 최대출자자에 해당하여야 한다. 균등 유상감자의 경우에도 상속인의 지분이 감소된 경우에 해당한다(서면법규과-959, 2013.9.5.).

라) 기준고용인원 또는 기준총급여액이 감소된 경우(㉠, ㉡ 모두 충족시)

㉠ 각 사업연도의 정규직 근로자수 평균이 상속이 개시된 사업연도 직전 2개 사업연도 정규직근로자수 평균(기준고용인원)의 100분의 80에 미달하는 경우(매년 판단) ㉡ 각 사업연도의 대통령령으로 정하는 총급여액이 상속 개시된 사업연도 직전 2개 사업연도 총급여액 평균의 100분의 80에 미달하는 경우(매년 판단)

2020.1.1. 이후 정규직 근로자란 근로기준법에 따라 계약을 체결한 근로자 중 근로계약 기간이 1년 미만인 근로자와 단시간근로자, 근로소득 원천징수 미확인자를 제외한 사람을 말하며, 기준고용인원이란 상속이 개시된 사업연도의 직전 2개 사업연도 정규직근로자수 평균을 말한다. 정규직 근로자수 평균은 각 사업연도 매월 말일 현재의 정규직 근로자수를 합하여 해당 사업연도 월수로 나누어 계산한다.

2019.12.31. 이전 정규직 근로자란 「통계법」 제17조에 따라 통계청장이 지정하여 고시하는 경제활동인구조사의 정규직 근로자를 말한다.

각 사업연도의 대통령령으로 정하는 총급여액이란 정규직근로자에게 지급한 소득세법상 급여액과 상여액 합계를 말하며 최대주주 및 친족 등에게 지급한 임금은 제하되, 해당 인원만 있는 경우에는 포함한다.

마) 7년간 기준고용인원 또는 기준총급여액이 감소된 경우(㉠, ㉡ 모두 충족시)

㉠ 상속이 개시된 사업연도 말부터 7년간 정규직 근로자 수의 전체 평균이 기준고용인원의 100분의 100(중소기업, 중견기업 동일)에 미달하는 경우(7년 후 판단) ㉡ 상속이 개시된 사업연도 말부터 7년간 총급여액 전체 평균이 기준총급여액에 미달하는 경우(7년 후 판단)

2019.2.12. 이후 분할하거나 다른 법인 합병시 정규직 근로자수의 계산은 분할의 경우에는 분할에 따라 가업에 해당하는 법인의 정규직 근로자의 일부가 다른 법인으로 승계되어 근무하는 경우 그 정규직 근로자는 분할 후에도 가업에 해당하는 법인의 정규직 근로자로 보며, 합병의 경우에는 합병에 따라 다른 법인의 정규직 근로자가 가업에 해당하는 법인에 승계되어 근무하는 경우 그 정규직 근로자는 상속개시 전부터 가업에 해당하는 법인의 정규직 근로자였던 것으로 본다.

〈고용유지 개정연혁[20]〉

구분	고용유지 요건			
	2011	2012~2013	2019.12.31. 이전	2020.1.1. 이후
중견기업	10년간 평균 1.2배 이상		10년간 평균 1.2배 이상(10년 후 판단) + 각 사업연도 말 정규직 근로자 평균인원이 기준연도의 80% 이상(매년 판단)	7년간 평균이 기준고용인원 이상 또는 7년간 평균이 기준총급여액 이상(7년 후 판단) + 각 사업연도 말 기준고용인원의 80% 이상 또는 각 사업연도 말 기준총급여액의 80% 이상
중소기업	없음	10년간 평균 1.0배 이상	10년간 평균 1.0배 이상(10년 후 판단) + 각 사업연도 말 정규직 근로자 평균인원이 기준연도의 80% 이상(매년 판단)	
*기준연도	상속개시 직전 사업연도 말		상속개시 전 2개 사업연도 평균	상속개시 전 2개 사업연도 평균 고용인원, 총급여액의 평균

바) 종전 상속 적용여부

라)과 마)의 개정규정은 2020.1.1. 이후 상속부터 적용하며, 2019.12.31. 이전 가업상속공제를 받은 상속인 중 다음 요건을 모두 충족하는 상속인은 정규직 근로자의 범위에 관하여는 개정규정을 적용받을 수 있다. 이 경우 2020.1.1. 이후 개시하는 전체 과세기간 또는 사업년도분에 대해 동일한 개정규정을 적용하여야 하고, 개정규정을 라)에 적용하는 경우에는 마)도 동일하게 개정규정을 적용하여야 한다.

㉠ 2020.1.1. 전에 가업상속공제를 받았을 것

㉡ 2020.1.1. 당시 종전 규정에 의한 사후관리 기간이 경과하지 아니하였을 것

㉢ 2020.1.1. 전에 상속세 및 이자상당액이 부과되지 아니하였을 것

라) 규정 중 총급여액 부분, 마) 규정중 총급여액 부분과 중견기업에 적용되는 기준고용인원

---

20. 해당 조문은 사후관리 위반으로 추징하는 경우로 표현되어 있지만, 이 책에서는 사후관리 위반으로 보지 않는 경우로 서술하였다.

유지 부분에 한정하여 2019.12.31. 이전 가업상속공제를 받은 상속인 중 사후관리를 받는 상속인에 대하여도 적용한다. 다만 2020.1.1. 이후 개시하는 과세기간 또는 사업연도부터 적용한다.

쟁점

2019.12.31. 이전 가업상속공제의 정규직 근로자란?

가업상속공제 사후관리 중에는 고용유지가 있다. 상속 후 7년간 정규직 근로자 평균이 상속 전 근로자 수의 1배 이상이어야 하고, 각 사업연도 말 기준고용인원의 80% 이상이어야 한다. 물론 총급여액 기준도 있다. 여기서 정규직 근로자의 개념은 무엇일까?

정규직 근로자라는 개념은 2019.12.31. 상증법을 개정하면서 바뀌었고, 2019.12.31. 이전의 정규직 근로자는 통계법 제17조에 따라 통계청장이 지정하여 고시하는 경제활동인구조사의 정규직근로자를 말한다. 통계청의 경제활동인구조사서에서는 임금근로자를 정규직 근로자와 비정규직 근로자로 분류하며, 비정규직 근로자가 아닌 자를 정규직 근로자로 구분한다.

비정규직근로자의 정의 및 범주는 노사정위원회가 합의(2002년 7월)한 비정규직 근로자의 정의 및 범주를 준용하는데, 비정규직근로자는 한시적 근로자, 시간제 근로자, 비전형 근로자 등 다양한 형태가 있다.

- 한시적 근로자: 근로계약기간을 정한 근로자(기간제 근로자) 또는 정하지 않았으나 계약의 반복 갱신으로 계속 일할 수 있는 근로자와 비자발적 사유로 계속 근무를 기대할 수 없는 근로자(비기간제근로자)를 포함
- 기간제 근로자: 근로계약기간을 설정한 근로자가 해당됨
- 비기간제 근로자: 근로계약기간을 정하지 않았으나 계약의 반복 갱신으로 계속 일할 수 있는 근로자와 비자발적 사유(계약만료, 일의 완료, 이전 근무자 복귀, 계절근무 등)로 계속근무를 기대할 수 없는 근로자
- 시간제 근로자: 직장(일)에서 근무하도록 정해진 소정의 근로시간이 동일 사업장에서 동일한 종류의 업무를 수행하는 근로자의 소정 근로시간보다 1시간이라도 짧은 근로자로, 평소 1주에 36시간 미만 일하기로 정해져 있는 경우가 해당됨
- 비전형 근로자: 파견근로자, 용역근로자, 특수형태근로종사자, 가정 내(재택, 가내)근로자, 일일(단기)근로자
- 파견 근로자: 임금을 지급하고 고용관계가 유지되는 고용주와 업무지시를 하는 사용자가 일치하지 않는 경우로 파견 사업주가 근로자를 고용한 후 그 고용관계를 유지하면서 근로자 파견계약 내용에 따라 사용 사업주의 사업장에서 지휘, 명령을 받아 사용 사업주를 위하여 근무하는 형태
- 용역 근로자: 용역업체에 고용되어 이 업체의 지휘하에 이 업체와 용역계약을 맺은 다른 업체에서 근무하는 형태(예: 청소용역, 경비용역업체 등에 근무하는 자)
- 특수형태근로 종사자: 독자적인 사무실, 점포 또는 작업장을 보유하지 않았으면서 비독립적인 형태로 업무를 수행하면서도, 다만 근로제공의 방법, 근로시간 등은 독자적으로 결정하면서, 개인적으로 모집 · 판매 · 배달 · 운송 등의 업무를 통해 고객을 찾거나 맞이하여 상품이나 서비스를 제공하고 그 일을 한 만큼 소득을 얻는 근무 형태
- 가정 내 근로자: 재택근무, 가내하청 등과 같이 사업체에서 마련한 공동 작업장이 아닌 가정 내에서 근무(작업)가 이루어지는 근무 형태
- 일일(단기) 근로자: 근로계약을 정하지 않고, 일거리가 생겼을 경우 며칠 또는 몇 주씩 일하는 형태의 근로자

위의 범위 중 1년 단위로 반복하여 계약하는 경우는 어떻게 될까?

여기에 대해 심판원은 쟁점외국인근로자들은 이 건 법인과 1년 단위의 근로계약을 체결하여 근로를 제공한

것으로 확인되는 이상, 이들의 근무조건 및 급여 수준 등이 내국인 근로자와 별다른 차이가 없다는 이유(이러한 처분청의 의견은 객관적인 자료에 의해 확인되지 않는 것으로 나타남)만으로 정규직 근로자로 볼 수 없다고 보았다(조심2017중0872, 2017.8.10.).

이러한 고용형태는 국세청에서 관리되지 않는다. 그래서 정규직근로자의 개념을 2019.12.31. 상증법을 개정한 것이다. 2020.1.1. 이후부터는 정규직근로자의 개념을 시행령에 위임하였고, 상증령에서는 근로기준법에 따라 계약을 체결한 근로자 중 근로계약기기간이 1년 미만인 근로자 등을 제외하는 것으로 보다 명확하게 개정하였다(상증령 제15조 제13항).

2) 사후관리 추징세액의 계산 및 신고

가업상속공제를 받은 상속인이 상속개시일부터 7년 이내에 정당한 사유가 없이 1) 사후관리를 위반하는 경우에는 공제받은 금액을 상속개시 당시의 상속세 과세가액에 산입하여 상속세를 부과한다.

2017.1.1. 이후 개시하는 과세기간 또는 사업연도분부터 사후관리 위반시 이자상당액을 부과한다.

2018.1.1. 이후부터는 사후관리 위반시 사유가 발생한 날이 속하는 달의 말일부터 6개월 이내에 신고·납부하여야 한다. 다만, 신고·납부 이전에 세무서장 등이 먼저 부과한 경우는 제외한다.

결정한 상속세액 × 신고기한의 다음날부터 해당사유발생일까지의 일수 × 상속세 부과 당시 국세환급가산금 이자율(현재 연 1.2%) / 365

상속세액은 (사후관리 위반한 가업상속공제금액×기간별 추징율)을 상속개시 당시의 상속세 과세가액에 산입하여 결정한 상속세액을 말한다.

2014.1.1. 이후 개시하는 사업연도분부터는 위반기간에 따라 추징세액을 차등 적용한다. 이때 경과기간은 사후관리기산일(상속개시일 또는 상속이 개시된 사업연도 말일)부터 위반일까지의 기간이다.

2019.1.1. 이후 가업용 자산을 처분하는 경우에는 자산처분비율에 기간별추징율을 곱한 비율을 적용하며, 2020.1.1. 이후 수회에 걸쳐 자산을 처분하는 경우 각 처분가액을 기준으로 산정한다. 즉, 종전자산에 처분한 자산 가액을 제외하고 산정하는 것이다.

2013.12.31. 이전에 사후관리 요건을 위반하는 경우에는 가업상속공제 전액을 상속세 과세가액에 산입하였다.

〈사후관리 위반시 계산방법 주요 개정연혁〉

2013.12.31. 이전	2014.1.1. 이후	2017.1.1. 이후	2019.1.1. 이후
위반기간에 관계없음	① 위반기간에 따라 추징율 차등 적용	① (좌동) ② 이자상당액 부과	① 좌동 ② 좌동 ③ 자산처분비율에 따라 차등 적용

쟁점

가업상속공제 사후관리 위반시 가산세를 부과할 수 있는지

가업상속공제 사후관리 항목은 크게 ① 가업종사 ② 지분유지 ③ 가업유지 ④ 고용의무로 구분할 수 있다. 사후관리를 위반하면 이자상당액을 부담하고, 이자상당액은 아래와 같이 계산한다.

결정한 상속세액×신고기한의 다음날부터 사유발생일까지의 기간×이자율

○ 상증령 제15조(가업상속)

⑯ 법 제18조제2항제1호에 따라 가업상속 공제를 받은 경우에 법 제18조제6항 각 호 외의 부분 후단 및 같은 조 제9항제2호 후단에서 "대통령령으로 정하는 바에 따라 계산한 이자상당액"이란 제1호의 금액에 제2호의 기간과 제3호의 율을 곱하여 계산한 금액을 말한다.

1. 법 제18조제6항 각 호 외의 부분 전단에 따라 결정한 상속세액
2. 당초 상속받은 가업상속재산에 대한 상속세 과세표준 신고기한의 다음날부터 법 제18조제6항 각 호 또는 같은 조 제9항제2호의 사유가 발생한 날까지의 기간
3. 법 제18조제6항 각 호 외의 부분 전단 또는 같은 조 제9항제2호에 따른 상속세의 부과 당시의 「국세기본법 시행령」 제43조의3제2항 본문에 따른 이자율을 365로 나눈 율

한편, 2018.1.1. 이후 사후관리를 위반하는 분부터 사후관리 위반시 납세자가 신고 · 납부할 수 있도록 개정하였다.

○ 상증법 제18조 (기초공제)

⑩ 제6항 또는 제9항제2호에 해당하는 상속인은 제6항 각 호의 어느 하나 또는 제9항제2호에 해당하게 되는 날이 속하는 달의 말일(제6항제1호라목에 해당하는 경우에는 해당 소득세 과세기간의 말일 또는 법인세 사업연도의 말일)부터 6개월 이내에 대통령령으로 정하는 바에 따라 납세지 관할세무서장에게 신고하고 해당 상속세와 이자상당액을 납세지 관할세무서, 한국은행 또는 체신관서에 납부하여야 한다. 다만, 제6항 또는 제9항제2호에 따라 이미 상속세와 이자상당액이 부과되어 납부한 경우에는 그러하지 아니하다.

사유발생일까지는 이자상당액을 부담한다. 그러면 가산세는 부과할 수 있을까? 상증법 제18조제10항에서 사후관리 위반시 해당 상속세와 이자상당액을 사유발생일의 말일부터 6개월 이내에 신고 · 납부하여야 한다고 규정하고 있는데, 6개월 이내까지 신고 · 납부하지 않은 경우에 무신고 · 과소신고 가산세와 납부지연 가산세를 부과할 수 있을까?

예를 들어 2018.1.1. 사망, 2020.7.1. 사후관리 위반, 2021.3월에 상속세를 고지했다면, 2018.8.1.~2020.7.1. 이자상당액을 부과한다. 사후관리 위반과 관련하여 2021.1.31.까지 신고 · 납부하지 않은 경우에 가산세를 부과할 수 있느냐가 쟁점이다.

여기에 대해 국세청은 가업상속공제 추징사유 발생시 상증법 제18조제10항에 따라 "가업상속공제 사후관리 추징사유 신고"를 하지 않은 경우라 하더라도 국기법 제47조의2(무신고가산세) 또는 제47조의3(과소신고가산세)이 적용되지 않지만, 위 가업상속공제 사후관리추징사유 신고 · 납부기한까지 해당 추징세액을 납부하지 않은 경우에는 같은 법 제47조의4(납부지연가산세)가 적용된다고 보았다(기준2021법령해석기본-15, 2021.2.22.).

무신고가산세 또는 과소신고가산세는 법정신고기한까지 신고하지 아니하였거나, 적게 신고한 경우가 대상이다. 법정신고기한에 가업상속공제 사후관리 위반에 대한 신고가 여기에 포함되지 않는다고 본 것이다. 이는 국기법에서 법정신고기한에 과세표준과 세액을 신고해야 한다고 규정하고 있는데, 상증법에서는 사후관리 위반시 과세표준을 신고하는 것은 아니기 때문에 신고로 보지 않은 것이다.

○ 국기법 제2조 (정의)

15. "과세표준신고서"란 국세의 과세표준과 국세의 납부 또는 환급에 필요한 사항을 적은 신고서를 말한다.

16. "법정신고기한"이란 세법에 따라 과세표준신고서를 제출할 기한을 말한다.

하지만, 납부지연 가산세는 법정납부기한까지 납부하지 아니하였거나, 적게 납부한 경우가 대상이며, 법정납부기한은 국기법과 세법에 따른 납부기한이므로 상증법 제18조제10항을 적용하여 납부지연가산세를 부과할 수 있는 것이다.

○ 국기법 제21조 (납세의무의 성립시기)

11. 가산세: 다음 각 목의 구분에 따른 시기. 다만, 나목과 다목의 경우 제39조를 적용할 때에는 이 법 및 세법에 따른 납부기한(이하 "법정납부기한"이라 한다)이 경과하는 때로 한다.

3) 기간별 추징율

고용유지 위반시 추징세액 적용율은 상속이 개시된 사업연도의 말일부터 각 사업연도의 말일까지 각각 누적하여 계산한 정규직 근로자수의 전체 평균이 기준고용인원의 100분의 100 이상을 충족한 기간 중 가장 긴 기간을 경과기간으로 보아 적용률을 적용한다.

〈기간별 추징율〉

2019.12.31. 이전	
경과기간	추징세액 적용률
7년 미만	100%
7년 이상~8년 미만	90%
8년 이상~9년 미만	80%
9년 이상~10년 미만	70%
10년 이상	0%

⇨

2020.1.1. 이후	
경과기간	추징세액 적용률
5년 미만	100%
5년 이상~7년 미만	80%

예시

(문) 7년간 누적 평균 고용인원은 기준고용인원 100%에 미달하나, 6년이 되는 사업연도의 누적평균 고용인원은 100% 이상인 경우의 추징률은?

(답) 80%

유형별 추징률 계산기간은 아래와 같다.

가) (가업용자산 유지) 가업용자산을 20% 이상 처분한 날까지의 기간

나) (가업종사) 가업에 종사하지 않게 된 날까지의 기간

다) (지분유지) 지분이 감소한 날까지의 기간

라) (고용유지)

(1) (매년 고용유지) 각 사업연도별 평균고용인원이 80% 미만인 사업연도의 경우: 해당 사업연도 말일까지의 기간

(2) (7년간 고용유지) 사후관리기간 경과 후 전체 평균고용인원이 100% 미만인 경우: 100% 추징을 원칙으로 하되, 5년, 6년의 누적 평균고용인원이 100% 이상인 경우에는 해당 기간의 추징률 적용(80%)

4) 사후관리 위반으로 보지 않는 정당한 사유

1)의 본문에서 "정당한 사유"란 다음의 사유를 말한다. 정당한 사유에 해당되면 사후관리 위반이 아니므로 추징을 배제한다.

가) "해당 가업용 자산의 20%(상속개시일부터 5년 이내에는 10%) 이상을 처분한 경우"를 적용할 때에는 다음의 어느 하나에 해당하는지를 확인한다.

① "가업용 자산"이 「공익사업을 위한 토지 등의 취득 및 보상에 관한 법률」, 그 밖의 법률에 따라 수용 또는 협의 매수되거나 국가 또는 지방자치단체에 양도되거나 시설의 개체(改替), 사업장 이전 등으로 처분되는 경우. 다만, 처분자산과 같은 종류의 자산을 대체 취득하여 가업에 계속 사용하는 경우에 한정한다.

② 가업용 자산을 국가 또는 지방자치단체에 증여하는 경우

③ 가업 상속받은 상속인이 사망한 경우

④ 합병 · 분할, 통합, 개인사업의 법인전환 등 조직변경으로 인하여 자산의 소유권이 이전되는 경우. 다만, 조직변경 이전의 업종과 같은 업종을 영위하는 경우로서 이전된 가업용 자산을 그 사업에 계속 사용하는 경우에 한정한다.

⑤ 내용연수가 지난 가업용 자산을 처분하는 경우
⑥ 가업의 주된 업종 변경과 관련하여 자산을 처분하는 경우로서 변경된 업종을 가업으로 영위하기 위하여 자산을 대체취득하여 가업에 계속 사용하는 경우(2020.2.11. 전 사후관리를 받는 상속인에 대해서도 적용)
⑦ 가업용 자산의 처분금액을 조세특례제한법 제10조에 따른 연구인력개발비로 사용하는 경우(2020.2.11. 전 사후관리를 받는 상속인에 대해서도 적용)

나) "해당 상속인이 가업에 종사하지 아니하게 된 경우"를 적용할 때에는 다음의 어느 하나에 해당하는지를 확인한다.

① 가업 상속받은 상속인이 사망한 경우
② 가업상속재산을 국가 또는 지방자치단체에 증여하는 경우
③ 상속인이 법률의 규정에 따른 병역의무의 이행, 질병의 요양, 취학상 형편 등으로 가업에 직접 종사할 수 없는 사유가 있는 경우를 말한다. 다만, 가업 상속받은 재산을 처분하거나 그 부득이한 사유가 종료된 후 가업에 종사하지 아니하는 경우를 제외한다.

다) "주식 등을 상속받은 상속인의 지분이 감소된 경우"를 적용할 때에는 다음의 어느 하나에 해당하는지를 확인한다.

① 합병 · 분할 등 조직변경에 따라 주식등을 처분하는 경우. 다만, 처분 후에도 상속인이 합병법인 또는 분할신설법인 등 조직변경에 따른 법인의 최대주주등에 해당하는 경우에 한정한다.
② 해당 법인의 사업 확장 등으로 유상증자할 때 상속인의 특수관계인 외의 자에게 주식등을 배정함에 따라 상속인의 지분율이 낮아지는 경우. 다만, 상속인이 최대주주등에 해당하는 경우에 한정한다.
③ 상속인이 사망한 경우. 다만, 사망한 자의 상속인이 당초 상속인의 지위를 승계하여 가업에 종사하는 경우에 한정한다.
④ 주식등을 국가 또는 지방자치단체에 증여하는 경우
⑤ 상속받은 주식등을 상증법 제73조에 따라 물납하여 그 지분이 감소한 경우로서 물납 후에도 상속인이 최대주주나 최대출자자에 해당되는 경우
⑥ 2014.1.1. 이후 개시하는 사업연도 또는 과세기간부터 「자본시장과 금융투자업에 관한 법률」 제390조제1항에 따른 상장요건을 갖추기 위하여 지분을 감소시킨 경우. 상장요건이란 소액주주 수가 1천명(코스닥 500명) 이상이고, 지분율 합계는 25% 이상인 경우를 말한다.
⑦ 2019.2.12. 이후 감자 또는 출자전환하는 분부터 주주 또는 출자자의 주식 및 출자지분의 비율에 따라서 무상으로 균등하게 감자하는 경우 및 「채무자 회생 및 파산에 관한 법률」에

따른 법원의 결정에 따라 무상으로 감자하거나 채무를 출자전환하는 경우

〈용어의 비교〉

가업상속 재산가액	가업용 자산
가업상속공제액 산정시 사용(영 제15조제5항) (가업상속재산가액의 100% 등)	가업상속공제의 사후관리시 사용(영 제15조제7항) (상속개시일부터 10년간 가업용 자산 80% 유지)
○ 개인가업: 상속재산 중 가업에 직접 사용되는 부동산, 기계장치 등 사업용 자산 ○ 법인가업: 상속재산 중 가업법인의 주식 또는 출자지분(2012.2.2. 이후부터는 총자산 중 사업관련자산이 차지하는 비율에 상당하는 주식가액)	○ 개인가업: 가업상속재산 ○ 법인가업: 가업법인의 사업용 고정자산(사업무관자산 제외)

[관련 질의회신 · 판례 등]

○ 가산세

"가업상속공제 사후관리추징사유 신고"를 하지 않은 경우라도 무신고 · 과소신고가산세는 적용되지 않으나, 가업상속공제 사후관리추징사유 신고 · 납부기한까지 해당 추징세액을 납부하지 않은 경우에는 납부지연가산세를 적용함(기준2021법령해석기본-15(2021.2.22.).

○ 가업용 자산 처분비율

가업용 자산인 토지 위에 건물을 신축하여 그 일부를 임대하는 경우 건물 신축에 사용된 면적의 상속개시일 현재 토지의 가액에 신축건물의 연면적에서 임대면적이 차지하는 비율을 곱하여 계산한 금액을 가업용 자산 중 처분한 자산의 상속개시일 현재의 가액으로 보아 가업용 자산 처분비율을 계산함(재산세과-163, 2011.3.30.).

○ 대체취득

(의미) "처분자산과 같은 종류의 자산을 대체 취득하여 가업에 계속 사용하는 경우"는 처분자산 양도가액 이상의 금액에 상당하는 같은 종류의 자산을 취득하여 가업에 계속 사용하는 경우를 말함(재산세과-140, 2011.3.17.).

(취득시기) 가업용 자산을 처분하고 처분자산과 같은 종류의 자산을 대체 취득하는 경우의 "같은 종류의 자산"이란 가업에 직접 사용되는 사업용 고정자산으로 기업회계기준 제18조(유형자산) 및 제20조(무형자산) 각 목에 따른 과목별로 판단하는 것이며, 처분 즉시 같은 종류의 자산을 대체 취득하여 가업에 계속 사용하지 않을 경우 상속세가 부과됨(서면2015법령해석재산-0253, 2015.4.21.).

(처분 전 취득) 가업용 자산 처분 전에 이미 취득한 자산의 경우에도 상증령 제15조제8항제1호가목단서의 대체취득에 해당할 수 있음(기준2021법령해석재산-0203, 2021.10.29.).[21]

21. 세법해석정비

요지	유지사례	삭제사례
가업용 자산 처분 전에 이미 취득한 자산의 경우에도 상증령 제15조제8항제1호가목단서의 대체취득에 해당할 수 있음	서면2018법령해석재산-2115, 2018.10.12.	서면2017상속증여-1799, 2019.6.12.

○ 업종변경

(업종변경의 범위) 가업을 상속받은 상속인이 상속개시일부터 10년 이내에 가업의 주된 업종을 변경하는 경우에는 상증법 제18조제5항에 따라 상속세를 부과하나, 통계청장이 작성 · 고시하는 한국표준산업분류상의 세세분류가 동일한 업종을 영위하는 경우에는 그러하지 아니함(재산세과-773, 2010.10.19.).

⇒ 2014.2.21.이 속하는 사업연도(과세기간)분부터는 한국표준산업 분류상 세분류 내 업종 변경은 허용

⇒ 2016.2.23.이 속하는 사업연도(과세기간)분부터는 한국표준산업 분류상 소분류 내 업종 변경은 허용

⇒ 2020.2.11.부터 한국표준산업 분류상 중분류 내 업종 변경 또는 평가심의위원회 심의를 거쳐 업종 변경 허용

(둘 이상의 서로 다른 사업을 영위할 때) 가업상속공제를 사후관리함에 있어 동일한 사업장에서 둘 이상의 서로 다른 사업을 영위하는 경우에는 사업별 사업수입금액이 큰 사업을 주된 사업으로 보아 주된 업종의 변경 여부를 판단함(재산세과-270, 2012.7.24.).

○ 정규직 근로자

가업상속공제를 적용받은 기업("가업법인")이 100% 지분을 보유하고 있는 해외현지법인에 파견한 직원이 가업법인의 업무에 종사하지 않고 해외현지법인의 업무에만 종사하는 경우, 해당 직원은 상증법 제18조제6항제1호라목1)에 따른 정규직근로자에 포함되지 않으며, 가업법인이 해당 직원에게 지급한 급여도 같은 법 제18조제6항제1호라목2)에 따른 총급여액에 포함되지 않음(서면2021법령해석재산-2053 [법령해석과-3411], 2021.9.30.).

○ 정규직 근로자수

(합병) 가업상속공제 사후관리와 관련하여 합병으로 증가된 근로자는 가업법인인 합병법인의 사업장에서 근로를 제공하는 경우에 한하여 정규직 근로자수에 포함함(서면2015법령해석재산-1858, 2016.9.28.).

(인적분할) 사후관리 기간 중 가업인 해당 법인이 인적분할하여 가업 법인과 같은 업종의 분할신설법인이 설립된 경우 정규직 근로자 수에는 분할신설법인의 정규직 근로자 수가 포함됨(서면2016법령해석재산-5183, 2017.8.30.).

(개정규정 적용 여부) 2010.12.31.(중소기업은 2011.12.31.) 이전에 피상인의 사망으로 상속이 개시되어 가업상속공제를 적용받은 경우에는 각 사업연도별 고용유지 요건을 추가한 상증법(2014.1.1. 개정) 제18조제5항 개정 규정을 적용하지 않음(기획재정부 재산세제과-450, 2017.7.20.).

○ 지분감소

(유상감자) 정당한 사유 없이 감소한 경우 공제받은 금액을 상속개시 당시의 상속세 과세가액에 산입하여 상속세를 부과하며, 이 경우 상속인의 지분이 감소한 경우에 유상감자를 포함함(재산세과-16, 2011.1.7.).

(회생) 주식등을 상속받은 상속인의 지분이 법원의 회생계획인가결정에 따라 감소하는 경우에는 정당한 사유에 해당하지 아니함(기준2016법령해석재산-0023, 2016.3.30.).

(사업확장) 가업법인이 사업확장을 위하여 상속인의 특수관계인 외의 자에게 전환사채를 발행하고 전환사채 인수인의 권리 행사로 상속인의 지분율이 낮아지는 경우로서 상증령 제15조제8항제3호 나목 단서에 해당하는 때에는 상증법 제18조제6항이 적용되지 아니함(서면2018법령해석재산-2115, 2018.10.12.).

라. 가업상속공제를 적용받은 자산 양도시

2014.1.1. 이후 상속인이 가업상속공제를 적용받은 재산을 추후 양도하는 경우 피상속인 보유기간 중 발생한 재산가치 상승분(자본이득)에 대해서는 양도소득세가 과세되지 않는 문제가 있어 이월과세를 도입하였다(소득법 제97조의2, 상증령 제15조제13항).

적용대상은 가업상속공제가 적용된 토지, 건물, 주식등이다. 가업상속공제를 적용받은 재산분에 대해서는 피상속인의 취득당시 취득가액으로, 가업상속공제를 적용받지 않은 재산분에 대해서는 상속개시일 현재 시가 등(상증법에 의해 평가한 가액)을 취득가액으로 하여 양도차익을 계산한다.

이월과세 적용으로 증가된 양도소득세액은 아래 계산식에 따라 계산한다.

(㉠ - ㉡) × 사후관리 위반시 적용된 해당 기간별 추징률

㉠ 이월과세 적용 양도소득세액 (취득시기, 가액: 피상속인 기준)

㉡ 이월과세 미적용 양도소득세액 (취득시기, 가액: 상속인 기준)

예시

(문) 피상속인의 주식 취득가시가 100억원(가업상속공제 90억원 가정), 상속인이 120억원의 주식 양도시, 양도차익은?

(답) 양도차익: 101억원(① + ②)

① 피상속인 보유기간 중 양도차익: 90억원×90% = 81억원

② 상속인 보유기간 중 양도차익: 20억원

3. 영농상속공제

영농은 한국표준산업분류에 따른 농업, 임업 및 어업을 주된 업종으로 영위하는 것을 말하며, 영농상속은 피상속인이 영농(營農)〔(양축(養畜)·영어(營漁) 및 영림(營林) 포함〕에 종사한 경우로 상속재산 중 영농상속재산을 영농에 종사하는 상속인이 상속받는 것을 말한다.

〈영농상속공제 결정 통계〉

(단위: 백만원)

구분	과세		과세미달		합계	
	건수	공제금액	건수	공제금액	건수	공제금액
2015년	93	33,107	46	17,599	139	50,706
2016년	95	36,118	54	25,619	149	61,737
2017년	113	52,318	53	30,469	166	82,787
2018년	171	91,664	89	45,385	260	137,049
2019년	186	98,057	101	61,277	287	159,334

가. 영농상속공제 금액

영농상속 재산가액으로 그 가액이 20억원을 초과하는 경우에는 20억원을 한도로 한다(상증법 제18조제2항제2호).

〈영농상속공제 한도 개정연혁〉

2011.12.31. 이전	2012~2015년	2016~2021년	2022.1.1. 이후
2억원	5억원	15억원	20억원

나. 영농상속공제요건

영농상속은 피상속인이 영농(營農)[(양축(養畜)·영어(營漁) 및 영림(營林) 포함]에 종사한 경우로서 상속재산 중 영농상속재산을 영농에 종사하는 상속인이 상속받는 것을 말한다.

1) 영농상속재산의 범위

영농상속재산이란 피상속인이 상속개시일 2년 전부터 영농에 사용한 다음의 어느 하나에 해당하는 재산을 말하며, 소득법을 적용받는 재산과 법인법을 적용받는 재산으로 구분한다.

가) 소득법을 적용받는 영농

(1) 「농지법」 제2조제1호가목에 따른 농지[22]: 이 경우 도시계획법상의 주거지역 내에 소재하는 농지의 경우도 농지상속공제 대상이 된다(재삼46014-3344, 1995.12.28.).

(2) 「초지법」 제5조에 따른 초지조성허가를 받은 초지[23]: 2014.2.20. 이전 상속분은 「초지법」

제2조제1호에 따른 초지

(3) 「산지관리법」 제4조제1항제1호에 따른 보전산지 중 「산림자원의 조성 및 관리에 관한 법률」 제13조에 따른 산림경영계획 인가 또는 같은 법 제28조에 따른 특수산림사업지구 사업(법률 제4206호 산림법중개정법률의 시행 전에 종전의 「산림법」에 따른 지정개발지역으로 같은 법 부칙 제2조에 따른 지정개발지역에서의 지정개발사업을 포함한다. 이하 같다)에 따라 새로 조림한 기간이 5년 이상인 산림지(보안림 · 채종림 및 산림유전자원보호림의 산림지를 포함)[24]

(4) 「어선법」 제2조제1호[25]에 따른 어선

(5) 「내수면어업법」 제7조, 「수산업법」 제8조에 따른 어업권(「수산업법」 제8조제1항제6호에 따른 마을어업의 면허는 제외한다) 및 「양식산업발전법」 제10조에 따른 양식업권(「양식산업발전법」 제10조제1항제5호에 따른 협동양식업의 면허는 제외한다)

(6) 농업 · 임업 · 축산업 또는 어업용으로 설치하는 창고 · 저장고 · 작업장 · 퇴비사 · 축사 · 양어장 및 이와 유사한 용도의 건축물로서 「부동산등기법」에 따라 등기한 건축물과 이에 딸린 토지(해당 건축물의 실제 건축면적을 「건축법」 제55조에 따른 건폐율로 나눈 면적의 범위로 한정)(2015.2.3. 상속부터)

(7) 소금산업진흥법 제2조제3호[26]에 따른 염전(2020.2.11. 상속부터)

나) 법인법을 적용받는 영농[27]

상속재산 중 법인의 주식등을 말하며, 법인의 주식등의 가액은 상증령 제15조제5항제2호를 준

---

22. 농지법 제2조제1호가목: 전 · 답, 과수원, 그 밖에 법적 지목을 불문하고 실제로 농작물 경작지 또는 다년생식물 재배지로 이용되는 토지. 다만, 「초지법」에 따라 조성된 초지 등 대통령령으로 정하는 토지는 제외
23. 해당 토지 소재지의 시장 · 군수에게 초지조성계획 등을 제출하여 허가를 받아야 한다.
24. 조문 구성상 '산림영경영계획을 인가받아 새로 조림한 기간이 5년 이상인 산림지'와 '특수산림사업지구로 지정받아 새로 조림한 기간이 5년 이상인 산림지'로 구분된다. 이 조문의 표현은 조특법 제71조, 종전 조감법 제57조, 상속세법 제11조의3(1981.12.31. 개정)으로 거슬러 올라가게 된다.
25. 어선법 제2조(정의) 이 법에서 사용하는 용어의 뜻은 다음과 같다.

> 1. "어선"이란 다음 각 목의 어느 하나에 해당하는 선박을 말한다.
>   가. 어업(「양식산업발전법」에 따른 양식업을 포함한다. 이하 같다), 어획물운반업 또는 수산물가공업(이하 "수산업"이라 한다)에 종사하는 선박
>   나. 수산업에 관한 시험 · 조사 · 지도 · 단속 또는 교습에 종사하는 선박
>   다. 제8조제1항에 따른 건조허가를 받아 건조 중이거나 건조한 선박
>   라. 제13조제1항에 따라 어선의 등록을 한 선박

26. 소금을 생산 · 제조하기 위하여 바닷물을 저장하는 저수지, 바닷물을 농축하는 자연증발지, 소금을 결정시키는 결정지 등을 지닌 지면을 말하며, 해주 · 소금창고 등 해양수산부령으로 정하는 시설을 포함
27. 조특법 제71조(영농자녀등이 증여받는 농지 등에 대한 증여세의 감면)의 경우 주식은 농지 · 초지 · 산림지 · 어선 · 어업권 · 어업용 토지등 · 염전 또는 축사용지를 영농조합법인 또는 영어조합법인에 현물출자하여 취득한 출자지분을 말하는데, 영농상속공제에서는 그런 규정이 없다.

용하여 계산한다.

$$\text{영농상속재산(법인가업)} = \text{영농법인 주식가액} \times \frac{(\text{총자산가액} - \text{사업무관자산가액})}{\text{총자산가액}}$$

2) 피상속인 요건

가) 소득법을 적용받는 영농

① 상속개시일 2년 전부터 계속하여 직접 영농에 종사

② 농지·초지·산림지(이하 "농지 등")가 소재하는 시(「제주특별자치도의 설치 및 국제자유도시 조성을 위한 특별법」 제15조제2항에 따른 행정시를 포함)·군·구(자치구), 그와 연접한 시·군·구 또는 해당 농지 등으로부터 직선거리 30킬로미터(2015.2.2. 이전에는 20킬로미터) 이내에 거주하거나(산림지의 경우에는 통상적으로 직접 경영할 수 있는 지역을 포함) 어선의 선적지 또는 어장에 가장 가까운 연안의 시·군·구, 그와 연접한 시·군·구 또는 해당 선적지나 연안으로부터 직선거리 30킬로미터(2015.2.2. 이전에는 20킬로미터) 이내에 거주하는 자

나) 법인법을 적용받는 영농

이 경우 영농상속이 이루어진 후에 영농상속 당시 최대주주등에 해당하는 사람(영농상속을 받은 상속인은 제외)의 사망으로 상속이 개시되는 경우는 적용하지 아니한다.

① 상속개시일 2년 전부터 계속하여 해당 기업을 경영할 것

② 법인의 최대주주등으로서 본인과 그 특수관계인의 주식등을 합하여 해당 법인의 발행주식총수등의 100분의 50 이상을 계속하여 보유할 것

2019.2.12. 이후 경정·경정분부터 상속개시일 2년 전부터 직접 영농에 종사한 경우로서 상속개시일부터 소급하여 2년에 해당하는 날부터 상속개시일까지의 기간 중 질병의 요양으로 직접 영농에 종사하지 못한 기간은 직접 영농에 종사한 기간으로 본다.

3) 영농상속인 요건

가) 상속인이 상속개시일 현재 18세 이상으로 아래 요건을 충족하는 경우

(1) 소득법을 적용받는 영농

① 상속개시일 2년 전부터 계속하여 직접 영농에 종사할 것

② 위 2)의 가) ②에 해당하는 지역에 거주할 것

(2) 법인법을 적용받는 영농

① 상속개시일 2년 전부터 계속하여 해당 기업에 종사할 것

② 상속세 과세표준 신고기한까지 임원으로 취임하고, 상속세 신고기한부터 2년 이내에 대표이사 등으로 취임할 것

2019.2.12. 이후 결정·경정분부터 상속개시일 2년 전부터 직접 영농에 종사한 경우로서 상속개시일부터 소급하여 2년에 해당하는 날부터 상속개시일까지의 기간 중 병역의무의 이행, 질병의 요양, 취학상 형편등으로 직접 영농에 종사하지 못한 기간은 직접 영농에 종사한 기간으로 보며, 피상속인이 65세 이전 사망하거나 천재지변 및 인재 등으로 부득이한 사유로 사망한 경우에는 상속개시일부터 소급하여 2년 전부터 직접 영농에 종사하도록 하는 요건을 적용하지 않는다. 2020.2.11. 이후 상속부터 「공익사업을 위한 토지 등의 취득 및 보상에 관한 법률」이나 그 밖의 법률에 따른 협의매수 또는 수용으로 인하여 직접 영농에 종사하지 못한 기간(1년 한도)은 계속하여 영농에 직접 종사한 것으로 본다.

나) 영농·영어 및 임업후계자

①「농어업경영체 육성 및 지원에 관한 법률」 제10조에 따른 후계농업경영인 및 어업인 후계자

②「임업 및 산촌 진흥촉진에 관한 법률」 제2조제4호에 따른 임업후계자

③「초·중등교육법」 및 「고등교육법」에 따른 농업 또는 수산계열의 학교에 재학 중이거나 졸업한 자

4) 영농종사 및 영농종사기간 판단기준

"직접 영농에 종사[28]하는 경우"란 각각 피상속인 또는 상속인이 다음의 어느 하나에 해당하는 경우를 말한다. 다만, 해당 피상속인 또는 상속인의 소득법 제19조제2항에 따른 사업소득금액(농업·임업 및 어업에서 발생하는 소득, 소득법 제45조제2항에 따른 부동산임대업에서 발생하는 소득과 같은 소득령 제9조에 따른 농가부업소득은 제외한다)과 소득법 제20조제2항에 따른 총급

---

28. 2020.2.11. 조특령 제66조(자경농지에 대한 양도소득세의 감면) 개정시 사업소득금액 기준 외에도 복식부기의무자 수입금액 기준 이상의 수입금액이 있는 경우 제외하고 있으나, 영농상속공제·증여세 감면에서는 복식부기의무자 수입기준을 개정하지 않았다.

여액 합계액이 3,700만원 이상인 과세기간이 있는 경우 해당 과세기간에는 피상속인 또는 상속인이 영농에 종사하지 아니한 것으로 본다.

① 소유 농지 등 자산을 이용하여 농작물의 경작 또는 다년생식물의 재배에 상시 종사하거나 농작업의 2분의 1 이상을 자기의 노동력으로 수행하는 경우

② 소유 초지 등 자산을 이용하여 축산법 제2조제1호에 따른 가축의 사육에 상시 종사하거나 축산작업의 2분의 1 이상을 자기의 노동력으로 수행하는 경우

③ 소유 어선 및 어업권 등 자산을 이용하여 「내수면어업법」 또는 「수산업법」에 따른 허가를 받아 어업에 상시 종사하거나 어업작업의 2분의 1 이상을 자기의 노동력으로 수행하는 경우

④ 소유 산림지 등 자산을 이용하여 「산림자원의 조성 및 관리에 관한 법률」 제13조에 따른 산림경영계획 인가 또는 같은 법 제28조에 따른 특수산림사업지구 사업에 따라 산림조성에 상시 종사하거나 산림조성작업의 2분의 1 이상을 자기의 노동력으로 수행하는 경우

〈영농종사기간 판단기준 개정연혁〉

2015.2.2. 이전	2015.2.3. 이후
없음	상속인의 총급여 · 사업소득이 연간 3,700만원 이상인 경우에는 영농에 종사하지 않는 연도로 간주(농업 · 축산업 · 임업 및 비과세 농가부업 소득, 부동산임대소득 제외)

다. 영농상속 입증서류 제출

영농상속에 해당됨을 증명할 수 있는 다음의 서류를 상속세 과세표준신고와 함께 납세지 관할 세무서장에게 제출하여야 한다.

① 최대주주등에 해당하는 자임을 입증하는 서류

② 농업소득세 과세사실증명서 또는 영농사실증명서류

③ 어선의 선적증서 사본

④ 어업권 면허증서 사본

⑤ 영농상속인의 농업 또는 수산계열학교의 재학증명서 또는 졸업증명서

⑥ 「임업 및 산촌 진흥촉진에 관한 법률」에 따른 임업후계자임을 증명하는 서류

라. 사후관리

1) 사후관리사항

영농(양축 · 영어 및 영림 포함)상속공제를 받은 상속인이 상속개시일부터 5년 이내에 대통령령

이 정하는 정당한 사유없이 영농에 사용하는 상속재산을 처분하거나 영농에 종사하지 아니하게 된 경우에는 공제받은 금액을 상속개시 당시의 상속세 과세가액에 산입하여 상속세를 부과한다.

영농상속의 사후관리기간 계산에 있어서 정당한 사유로 인하여 직접 영농에 종사하지 못하게 된 기간은 제외한다.

2018.1.1. 이후부터는 사후관리 위반 시 사유가 발생한 날이 속하는 달의 말일부터 6개월 이내 신고 · 납부하여야 한다. 다만, 신고 · 납부 이전에 세무서장 등이 먼저 부과하는 경우는 제외한다.

2) 정당한 사유

영농상속공제에 대한 상속세 추징시 제외되는 정당한 사유에는 다음이 포함된다.

① 영농상속받은 상속인이 사망한 경우

② 영농상속받은 상속인이 「해외이주법」에 따라 해외로 이주하는 경우

③ 영농상속재산(영농상속을 받은 영농에 직접 사용하고 있는 재산을 말한다)이 「공익사업을 위한 토지 등의 취득 및 보상에 관한 법률」, 그 밖의 법률에 따라 수용되거나 협의 매수된 경우

④ 영농상속재산을 국가 또는 지방자치단체에 양도하거나 증여하는 경우

⑤ 영농상 필요에 따라 농지를 교환 · 분합 또는 대토하는 경우

⑥ 다음의 어느 하나에 해당하는 사유로 주식등을 처분한 경우 다만, 주식등을 처분 후에도 상속인이 최대주주등에 해당하는 경우로 한정한다.

- 상속인이 상속받은 주식등을 상증법 제73조에 따라 물납한 경우
- 상증령 제15조제6항제3호 각 목의 어느 하나에 해당하게 된 경우

⑦ 상속인이 법률의 규정에 따른 병역의무의 이행, 질병의 요양, 취학상 형편 등으로 농업 · 축산업 · 임업 및 어업에 직접 종사할 수 없는 사유가 있는 경우. 다만, 영농 상속받은 재산을 처분하거나 그 부득이한 사유가 종료된 후 영농에 종사하지 아니하는 경우를 제외한다(상증규칙 제6조).

⑧ 공익사업을 위한 토지 등의 취득 및 보상에 관한 법률이나 그 밖의 법률에 따른 협의매수 또는 수용으로 인하여 직접 영농에 종사하지 못한 기간은 직접 영농에 종사한 기간으로 본다(대체농지 취득시까지의 1년 이내의 기간에 한함).

3) 영농상속재산의 일부를 처분시

영농에 사용하는 상속재산 일부를 처분한 경우 상속세가 부과되는 금액은 다음 계산식에 따른다(상증통칙 18-0…3).

영농상속공제금액 ×	{ 영농상속받은 재산 중 처분 재산가액(상속개시 당시 평가액) / 영농상속받은 재산가액 (상속개시 당시 평가액) }	

2017.1.1. 이후 개시하는 과세기간 또는 사업연도분부터 사후관리 위반시 이자상당액을 부과한다.

결정한 상속세액 × 신고기한의 다음날부터 해당사유발생일까지의 일수 × 상속세 부과당시 국세환급가산금 이자율(현재 연 1.2%[29]) / 365

쟁점

무신고자도 가업·영농상속공제 가능할까?

무신고자, 가업·영농상속공제를 상속세 신고시 공제 신청하지 않은 자, 기한후신고시 공제신청한 자가 나중에 가업·영농상속공제등이 가능할까? 공제를 위한 다른 요건을 충족하였지만 상속세 신고기한에 제출한 신고서에는 상속공제를 받지 않았다가 신고 후에 상속공제를 받을 수 있을지가 쟁점이다.

가업상속공제·영농상속공제와 금융재산상속공제·동거주택상속공제등은 조문을 설명할 때 차이가 있다. 가업·영농상속공제는 상증령에 신고하여야 한다고 규정하고 있고, 금융재산상속공제·동거주택 상속공제등은 상증령에 그런 규정이 없다.

그래서 상속세 신고시 누락한 금융재산에 대해 금융재산 상속공제가 가능하고(재산세과-2098, 2008.8.1.), 상속세 과세표준신고를 하지 아니하였거나 상속세 과세표준신고시에 동거주택 상속공제 신청을 하지 아니한 경우에도 동거주택 상속공제를 적용받을 수 있다(재산세과-50, 2010.01.26.)고 본다.

그러면 가업·영농상속공제도 마찬가지일까?

국세청은 영농상속공제에 대해 상속세 신고기한 이내에 영농상속신고서를 제출하지 아니하였더라도 상속세 결정시에 영농상속을 입증할 수 있는 서류를 제출하여 세무서장이 이를 인정하는 경우에는 영농상속공제를 받을 수 있다고 보았다(재삼46014-1179, 1999.6.17.).

법원이 인정한 판례와 인정하지 않은 판례가 있다. 상속세 과세표준 신고기한까지 가업상속에 해당함을 증명하기 위한 서류를 납세지 관할 세무서장에게 제출하여야 하고, 신고인이 상속세 과세표준 신고기한까지 가업상속 공제 서류를 제출하지 아니한 경우에는 납세지 관할세무서장이 가업상속 공제를 적용하지 아니하고 상속세부과처분을 하였다고 하여 그 처분이 위법하다고 볼 수 없다고 본 판결(강릉지원-2016-구합-50618, 2017.9.14.)이 있으며, 각 규정의 문언을 종합하여 볼 때 위 각 규정에 따른 서류의 제출이 납세의무자에게 상속세 과세표준 및 세액의 결정에 필요한 서류를 제출하도록 협력의무를 부과한 것을 넘어 가업상속 공제를 받기 위한 필요적 절차요건을 규정한 것이라고 보기는 어렵다(서울고법2017누75745, 2018.4.4.)라고 한 판결도 있다.

한편, 조특법 제30조의5(창업자금에 대한 증여세 과세특례) 제11항 후단에서는 "이 경우 그 신고기한까지 특례신청을 하지 아니한 경우에는 이 특례규정을 적용하지 아니한다"라고 규정하고 있다. 공제요건을 갖추었더라

---

29. 국기규칙 제19조의3(국세환급가산금의 이율) 영 제43조의3제2항 본문에서 "기획재정부령으로 정하는 이자율"이란 연 1천분의 12를 말한다.

도 신청하지 아니한 경우에는 적용되지 않음을 명확히 규정하고 있다.

판결, 질의회신, 조특법 등을 감안해보면 공제요건을 충족한 경우 무신고자라도 공제 가능한 것으로 보인다.

하지만 2016.2.5. 이후에는 좀 더 고민이 필요하다. 2016.2.5. 상속인 1명이 해당 가업의 전부를 상속받아야 하는 요건이 삭제되었다. 2016.2.5. 전에는 상속인 1명의 가업상속재산을 전부 상속받아야 공제가능한데, 2016.2.5. 이후에는 가업상속재산 중 일부를 상속인 중 1명이 상속받아도 가업상속공제가 가능하다는 뜻이다. 예를 들면 법인의 가업인 경우 납세자 선택에 따라 100주 중 80주만 가업상속공제를 받고, 20주는 가업상속공제를 받지 않을 수 있다. 영농상속공제도 마찬가지다.[30]

이러한 경우, 가업상속재산 중 일부만 가업상속공제를 받을 수 있게 되면 관련된 사후관리 문제가 있으므로 무신고자에 대해 과세관청에서 가업상속공제를 적용하는 것이 맞지 않아 보인다. 입법의 보완이 필요하다.

[관련 질의회신 · 판례 등]

○ (2015.2.3. 개정 전) 직접영농의 의미

직접영농이란 피상속인이 상속농지를 상속개시일 2년 전부터 계속하여 농작물 경작 또는 다년성 식물 재배에 상시 종사하거나 농작업의 2분의 1 이상을 자기의 노동력에 의하여 경작 또는 재배하는 것을 말함(재산세과-579, 2009.10.27.).

○ 영농상속인

농지소재지에 거주하며 농협 조합원으로 가입하고 휴일 등에 농사일을 했으나, 직업이 지방행정공무원으로서 간헐적 · 간접적으로 피상속인의 농업경영을 도와준 경우 영농상속인에 해당하지 아니함(대법원2002두844, 2002.10.11.).

○ 영농상속공제 대상

(2년 전부터 영농에 사용하지 않은 자산) 피상속인이 상속개시일 2년 전부터 영농에 사용하지 아니한 자산은 영농상속공제의 적용대상이 아님(기획재정부 재산세제과-28, 2015.1.9.).

(상속개시일 농지가 아닌 경우) 피상속인이 상속개시일 2년 전부터 영농에 사용한 농지에 해당하지 아니하고 상속개시일 현재 사실상의 현황이 농지가 아닌 경우에는 이를 제외하여 영농상속공제 적용여부를 판단함(상속증여세과-389, 2014.10.6.).

○ 사후관리를 위반한 경우

상속개시 후 영농상속공제받은 농지의 일부를 타인에게 임대하는 등으로 직접 영농에 사용하지 아니하는 농지면적에 대해서는 상속세가 부과됨(재삼46014-1766, 1999.9.30.).

○ (2016.2.5. 이후) 영농상속재산 일부를 영농에 종사하는 상속인이 상속받은 경우

영농상속공제 적용시 피상속인 및 영농에 종사하는 상속인은 모두 영농상속공제 관련 요건을 갖추어야 하며, 상속재산 중 농지의 일부만 영농에 종사하는 상속인이 상속받은 경우에도 해당 영농상속재산에 대해서는 영농상속공제를 적용함(서면2016상속증여-3375, 2016.5.18.).

⇒ (2016.2.4. 이전) 영농상속재산 전부를 상속인 중 영농에 종사하는 상속인이 상속받아야 영농상속공제 가능(재산세과-324, 2012.9.13.)

30. 상속재산 중 농지 일부만 상속받은 경우에도 영농상속공제 가능하다(서면2016상속증여-3375, 2016. 5. 18.).

○ 영농상속공제를 신청하지 않은 경우
신고기한 내에 영농상속신고서를 제출하지 아니한 경우에도 상속개시일 현재 영농상속공제 요건에 해당되면 공제 가능(재삼46014-1179, 1999.6.17).[31]

○ 재배작물 변경시 사후관리 위반 해당 여부
영농상속공제를 받은 후 재배작물의 종류를 변경하더라도 변경한 재배작물이 한국표준산업분류상 농업 등의 범주에 속한 경우에는 영농상속공제 사후관리 위반에 해당하지 아니함(법령해석재산-2202, 2018.7.2.).

○ (2017.12.31. 이전) 가산세[32]
영농상속공제 받은 재산을 상속개시일부터 5년 이내에 정당한 사유없이 처분함으로써 상속세를 추징하는 경우 신고 · 납부불성실가산세는 부과하지 아니함(서일46014- 10884, 2002.7.5.).

4. 그 밖의 인적공제

구분[33]	공제요건	공제액
자녀공제	피상속인의 자녀	1인당 5천만원
미성년자 공제	상속인(배우자 제외) 및 동거가족 중 미성년자	1인당(1천만원)×(19세가 될 때까지의 연수)
연로자 공제	상속인(배우자 제외) 및 동거가족 중 65세 이상인 자	1인당 5천만원
장애인 공제	상속인(배우자 포함) 및 동거가족 중 장애인	1인당(1천만원)×(기대여명 연수)

거주자의 사망으로 인하여 상속이 개시되는 경우 상속인 및 동거가족에 대하여 공제한다. 그 밖의 인적공제는 일괄공제와 같이 연계하여 검토하여야 한다.

그 밖의 인적공제의 공제대상인 상속인이 상속 포기 등으로 상속을 받지 않는 경우에도 공제를 적용하며, 공제대상인 동거가족은 상속개시일 현재 피상속인이 사실상 부양하는 직계존비속(배우자의 직계존속을 포함) 및 형제자매를 말한다.

---

31. 이 해석 당시와 현재 상증법령은 차이(영농상속재산 등)가 있다. 이 해석 당시 관련 가업상속공제 판례는 강릉지원 2016구합50618, 2017.9.14.(제출해야 함)와 서울고법2017누75745, 2018.4.4.(공제를 받기 위한 절차요건 아님)가 있다.
32. 2018.1.1. 이후 가업상속공제의 경우 '가업상속공제 사후관리추징사유 신고'를 하지 않은 경우라 하더라도 무신고 · 과소신고가산세는 적용되지 않으나, 가업상속공제 사후관리추징사유 신고 · 납부기한까지 해당 추징세액을 납부하지 않은 경우에는 납부지연가산세를 적용한다(기준2021법령해석기본-15(2021.2.22.).
33. 미성년자 공제 등 공제 명칭이 조문에 있는 것은 아니다.

가. 자녀공제

거주자의 사망으로 상속이 개시되는 경우 자녀 1인당 5천만원(인원에 관계 없음)을 공제한다. 피상속인의 배우자 및 자녀가 상속의 포기 등으로 상속을 받지 아니한 경우에도 배우자 및 그 밖의 인적 공제를 받을 수 있으나, "공제적용의 한도"(상증법 제24조) 규정은 적용된다(재삼46014-2622, 1997.11.6.).

> **[관련 질의회신 · 판례 등]**
>
> ○ 태아
>
> (자녀 공제 대상 아님) 태아는 자녀공제 및 미성년자 공제 적용대상에 해당되지 아니함(재삼01254-2470, 1992.9.30.).
>
> (자녀 공제 대상) 태아는 자녀공제 및 미성년자 공제 적용대상에 해당함(조심2020부8164, 2022.1.26.).[34]

나. 미성년자 공제(1인당 1천만원×19세 될 때까지의 연수)

거주자의 사망으로 상속이 개시되는 경우 상속인(배우자는 제외) 및 동거가족 중 미성년자에 대해 1천만원에 19세가 될 때까지의 연수를 곱하여 계산한 가액을 공제한다. 이 경우 1년 미만의 기간은 1년으로 한다. 대습상속인인 피상속인의 손자는 자녀공제는 적용되지 아니하나, 피상속인이 동거부양시 미성년자공제 대상은 될 수 있고(재삼46014-2244, 1994.8.17.), 상속개시 당시 그의 부모가 부양능력이 있는 피상속인의 손자는 미성년자공제가 적용되지 않는다(재삼46014-717, 1996.3.19.).

다. 연로자 공제

거주자의 사망으로 상속이 개시되는 경우 상속인(배우자는 제외) 및 동거가족 중 65세 이상[35]인 사람에 대해서는 1인당 5천만원(인원에 관계 없음)을 공제한다. 이 경우 동거가족은 상속개시일 현재 피상속인이 사실상 부양하고 있는 직계존비속(배우자의 직계존속 포함) 및 형제자매를 말한다.

---

34. 심판례 이후 2가지 해석이 필요하다. '기존 국세청 해석을 유지할 것인지'와 '국세청 해석을 바꿀 경우 태아가 사산시 국세청이 부인할 수 있는 (경정)결정을 할 수 있는지이다. 태아의 권리능력에 대해서는 "〈쟁점〉 태아의 권리능력"을 참고하기 바란다.
35. 소득법의 경로우대자 추가공제의 경우는 70세 이상에 대해 적용한다(소득법 제51조제1항제1호)

라. 장애인 공제(1인당 1천만원×기대여명 연수)

거주자의 사망으로 상속이 개시되는 경우 상속인 및 동거가족 중 장애인에 대해서는 1천만원에 상속개시일 현재 통계청의 기대여명 연수를 곱하여 계산한 가액을 공제한다.

1) 공제대상인 장애인의 범위

① 「장애인복지법」에 따른 장애인 및 「장애아동 복지지원법」에 따른 장애아동 중 「장애아동 복지지원법」 제21조제1항에 따른 발달재활서비스를 지원받고 있는 사람
상속개시 당시 상속인이 「장애인복지법」 제2조에 따른 장애인에 해당하는 경우로서, 상속개시일 이후에 해당 상속인이 같은 법 제32조제1항에 따라 등록하고, 이에 따라 상속세 신고를 한 경우에는 장애인 공제를 할 수 있다(사전2020법령해석재산-0978, 2020.12.8.).

② 「국가유공자 등 예우 및 지원에 관한 법률」에 따른 상이자 및 이와 유사한 자로서 근로능력이 없는 자

③ 항시 치료를 요하는 중증환자(지병에 의해 평상시 치료를 요하고 취학·취업이 곤란한 상태에 있는 자를 말함)

2) 장애인 증명서 제출

장애인 공제를 받고자 하는 경우에는 장애인증명서(상증규칙 별지 제4호 서식)를 상속세 과세표준신고와 함께 납세지 관할세무서장에게 제출하여야 한다. 이 경우 「국가유공자 등 예우 및 지원에 관한 법률」에 따른 상이자의 증명을 받은 자 또는 「장애인복지법」에 따른 장애인등록증을 교부받은 자에 대해서는 해당 증명서 또는 등록증으로 장애인증명서에 갈음할 수 있다.

3) 기대여명 연수 계산

기대여명 연수는 상속개시일 현재 통계법 제18조에 따라 통계청장이 승인하여 고시하는 통계표[36]에 따른 성별 연령별 기대여명의 연수를 말하며, 1년 미만의 기간은 1년으로 한다.

---

36. 국가통계포털(kosis.kr) – 완전생명표(1세별) 검색

〈2021.12.1. 자료 갱신된 기대여명〉

연령별	남자	여자	연령별	남자	여자	연령별	남자	여자
0세	80.5	86.5	34세	47.3	53.1	68세	16.8	20.8
1세	79.7	85.7	35세	46.3	52.1	69세	16.1	19.9
2세	78.7	84.7	36세	45.4	51.1	70세	15.3	19.1
3세	77.7	83.7	37세	44.4	50.2	71세	14.5	18.2
4세	76.7	82.7	38세	43.4	49.2	72세	13.8	17.3
5세	75.8	81.7	39세	42.5	48.2	73세	13.0	16.4
6세	74.8	80.7	40세	41.5	47.3	74세	12.3	15.6
7세	73.8	79.7	41세	40.6	46.3	75세	11.6	14.7
8세	72.8	78.7	42세	39.6	45.3	76세	10.9	13.9
9세	71.8	77.7	43세	38.7	44.4	77세	10.3	13.1
10세	70.8	76.7	44세	37.7	43.4	78세	9.6	12.3
11세	69.8	75.7	45세	36.8	42.4	79세	9.0	11.6
12세	68.8	74.7	46세	35.9	41.5	80세	8.4	10.8
13세	67.8	73.7	47세	34.9	40.5	81세	7.9	10.1
14세	66.8	72.7	48세	34.0	39.6	82세	7.4	9.4
15세	65.8	71.7	49세	33.1	38.6	83세	6.9	8.8
16세	64.8	70.8	50세	32.2	37.7	84세	6.4	8.2
17세	63.8	69.8	51세	31.3	36.7	85세	5.9	7.6
18세	62.9	68.8	52세	30.4	35.8	86세	5.5	7.0
19세	61.9	67.8	53세	29.5	34.8	87세	5.1	6.5
20세	60.9	66.8	54세	28.6	33.9	88세	4.8	6.0
21세	59.9	65.8	55세	27.7	32.9	89세	4.4	5.6
22세	58.9	64.8	56세	26.8	32.0	90세	4.1	5.2
23세	58.0	63.9	57세	26.0	31.0	91세	3.8	4.8
24세	57.0	62.9	58세	25.1	30.1	92세	3.6	4.4
25세	56.0	61.9	59세	24.3	29.2	93세	3.3	4.1
26세	55.0	60.9	60세	23.4	28.2	94세	3.1	3.8
27세	54.1	59.9	61세	22.6	27.3	95세	2.9	3.5
28세	53.1	59.0	62세	21.7	26.4	96세	2.7	3.2
29세	52.1	58.0	63세	20.9	25.4	97세	2.5	3.0
30세	51.2	57.0	64세	20.1	24.5	98세	2.3	2.8
31세	50.2	56.0	65세	19.2	23.6	99세	2.2	2.6
32세	49.2	55.0	66세	18.4	22.7	100세이상	2.0	2.4
33세	48.3	54.1	67세	17.6	21.8			

〈그 밖의 인적공제 개정연혁〉

구분	2015.12.31. 이전	2016.1.1. 이후
자녀공제	1인당(3천만원)×인원수	1인당(5천만원)×인원수
미성년자 공제	1인당(5백만원)×(20세가 될 때까지의 연수)	1인당(1천만원)×(19세가 될 때까지의 연수)
연로자 공제	상속인(배우자 제외) 및 동거가족 중 60세 이상인 자 1인당 3천만원	상속인(배우자 제외) 및 동거가족 중 65세 이상인 자 1인당 5천만원
장애인 공제	1인당(5백만원)×(기대여명 연수)	1인당(1천만원)×(기대여명 연수)

마. 중복공제 여부

① (중복공제 가능) 자녀공제와 미성년자 공제
② (중복공제 가능) 장애인공제와 다른 인적공제(자녀, 미성년자, 연로자, 배우자)
③ (중복공제 불가) 자녀공제와 연로자공제(서면4팀-2934, 2007.10.12.)

예시

(문) 상속개시일은 2022.1.1.이며, 피상속인의 손자 중 2명은 피상속인과 동거하며 피상속인이 부양하는 경우 그 밖의 인적공제액은?
손자 김일손: 2016.3.4.생 (5년 9개월, 장애인), 기대여명연수 74.25년 가정
손자 김이손: 2020.5.5.생 (1년 7개월)
(답) 1,070백만원(미성년자 공제 320백만원+장애인공제 750백만원)
① 김일손: 14년(19년 - 5년9개월)×10백만원 = 140백만원
② 김이손: 18년(19년 - 1년7개월)×10백만원 = 180백만원
③ 기대여명 75년×10백만원 = 750백만원

5. 일괄공제

가. 상속인 또는 수유자가 배우자 및 자녀, 형제자매 등인 경우

1) 상속세 신고기한 내 신고자 및 기한 후 신고자

거주자의 사망으로 상속이 개시되는 경우에 상속인이나 수유자는 기초공제 2억원과 그 밖의 인적공제(자녀+미성년+연로자+장애인 공제) 합계액과 5억원 중 큰 금액을 공제받을 수 있다.

기한 후 신고의 경우 종전에는 일괄공제만 적용받을 수 있었으나, 2020.1.1. 이후 신고분부터는 기한내 신고와 동일하게 선택가능하다.

Max (① 기초공제(2억원) + 그 밖의 인적공제, ② 일괄공제액(5억원))

2) 상속세 신고기한 내 무신고자

상속세 과세표준 신고기한 내 신고가 없는 경우에는 5억원을 공제하고, 기초공제 2억원과 그 밖의 인적공제는 적용하지 아니한다.

나. 배우자가 단독으로 상속받은 경우

피상속인의 배우자가 단독으로 상속받는 경우에는 기초공제(2억원)와 그 밖의 인적공제 합계액으로만 공제한다. 즉, 신고여부와 관계없이 일괄공제(5억원)는 적용할 수 없다.

"피상속인의 배우자가 단독으로 상속받은 경우"란 피상속인의 배우자가 민법 제1003조의 따른 단독상속인[37]이 되는 경우를 말한다(재삼46014-2485, 1997.10.20.). 예를 들어 상속인이 배우자, 자녀이고, 상속인 간 상속재산을 분할하여 배우자만 상속받는 경우에 배우자는 단독상속인이 아니므로 일괄공제를 적용받을 수 있다.

6. 배우자 상속공제

○ 배우자가 상속받은 재산을 분할하여 기한 내 신고한 경우
배우자 공제액 = Min (배우자가 실제 상속받은 금액, 배우자 상속공제 한도액)
* 배우자 상속공제 한도액: Min (①, ②)
① (상속재산의 가액×배우자의 법정상속지분)−(상속재산에 가산한 증여재산가액 중 배우자에게 증여한 재산의 과세표준
② 30억원
○ 배우자가 실제 상속받은 금액이 없거나 실제 상속받은 금액이 5억원 미만인 경우
배우자 공제액 = 5억원(상속세 신고여부와 관계없음)

피상속인이 거주자로서 상속개시일 현재 배우자가 있는 경우에는 배우자가 실제 상속받은 금

---

37. 이 경우, 배우자상속공제는 별도로 적용한다.

○ 민법 제1003조(배우자의 상속순위) ①피상속인의 배우자는 제1000조제1항제1호와 제2호의 규정에 의한 상속인이 있는 경우에는 그 상속인과 동순위로 공동상속인이 되고 그 상속인이 없는 때에는 단독상속인이 된다.
② 제1001조의 경우에 상속개시전에 사망 또는 결격된 자의 배우자는 동조의 규정에 의한 상속인과 동순위로 공동상속인이 되고 그 상속인이 없는 때에는 단독상속인이 된다.

액을 공제한다. "배우자"란 민법상 혼인으로 인정되는 혼인관계에 따른 배우자[38]를 말한다(상증 집행기준 19-17-3).

우리 상속세법은 배우자가 실제로 상속받은 재산가액 전액을 배우자 공제하는 것을 원칙으로 하여 배우자가 세금부담 없이 피상속인의 재산을 상속받을 수 있도록 지향하고 있으나, 다만 지나치게 고액의 상속재산이 비과세로 이전되는 것을 막기 위하여 최고한도를 정하는 한편, 1세대1회 과세의 원칙과 잔존배우자의 상속재산에 대한 기여 및 생활보장 등을 위하여 최소한의 공제액도 따로 두고 있다. "배우자가 실제 상속받은 재산가액에 상당한 금액"을 배우자 공제받을 수 있도록 함으로써 전액공제를 지향하여, 잔존배우자는 원칙적으로 상속세의 부담없이 자기 몫으로 분할받은 상속재산 전부를 이전받을 수 있다. 다만 배우자가 실제로 분할받은 상속재산이 배우자의 법정상속분에 상응한 재산가액을 초과하는 경우까지도 모두 면세를 보장하는 것은 아니므로 배우자의 법정상속분에 상응한 재산가액을 한도로 하는 것이며, 여기서 만약 사전증여가 있었던 경우에는 민법 제1008조(특별수익자의 상속분)에 따라서 특별수익자인 배우자가 실제로 받을 수 있는 상속분은 그에 따른 '구체적 상속분'의 범위로 줄어들게 되므로, 그에 상당한 재산가액이 그 공제한도가 된다는 것이 이 사건 차감규정의 취지이다. 사전증여로 상속재산이 그만큼 감소됨에 따라 배우자가 상속받을 구체적 상속분이 줄어들고, 그에 따라 배우자공제가 함께 줄어드는 것일 뿐이고, 극단적으로 그에 의하여 배우자 공제가 전혀 없게 되는 경우에도, 이는 배우자가 실제 구체적으로 상속받을 재산이 없는 경우에 해당되며, 그 경우마저도 수억원에 이르는 배우자 공제를 여전히 받을 수 있다(헌재99헌바120, 2001.11.29.)

배우자가 상속 포기 등으로 상속을 받지 아니한 경우에도 상속공제를 받을 수 있으나 "공제적용의 한도" 규정이 적용된다(재삼46014-2622, 1997.11.6.).

가. 배우자가 상속받은 재산을 분할하여 기한 내 신고한 경우

배우자 상속공제액 = Min (배우자가 실제 상속받은 금액, 배우자 공제한도액)

1) 배우자 상속재산 분할 신고기한

가) 분할기한

배우자 상속공제는 상속세 신고기한 다음날부터 9개월이 되는 날(배우자상속재산분할기한)까

38. 법률혼 배우자를 말한다. 상증법의 배우자 성격에 대해서는 "〈쟁점〉 상증법의 배우자는 법률혼 배우자인가, 사실혼 배우자인가"를 참고하기 바란다. 배우자상속공제의 배우자 범위에 사실혼 배우자를 포함하면, 사실혼 배우자가 상속인이 아님에도 공제대상이 되는 모순이 발생한다.

지 배우자의 상속재산을 분할(등기·등록·명의개서 등이 필요한 경우에는 그 등기·등록·명의개서 등이 된 것에 한정)한 경우에 적용한다. 이 경우 상속인은 상속재산의 분할 사실을 배우자상속재산분할기한까지 납세지 관할세무서장에게 신고하여야 한다.

<배우자 상속공제 분할기한 개정연혁>

2003.1.1.~2009.12.31.	2010.1.1.~2020.12.31.	2021.1.1. 이후 결정·경정부터
배우자 상속재산을 분할하여 상속세 과세표준 신고기한의 다음날부터 6개월이 되는 날까지 배우자의 상속재산을 신고한 경우에 한하여 배우자 상속공제 가능	재산분할신고를 하지 않은 경우에도 상속세 신고기한으로부터 6개월 이내에 등기 등에 의하여 분할 사실이 확인된 재산은 배우자 상속공제 가능	재산분할신고를 하지 않은 경우에도 상속세 신고기한으로부터 9개월 이내에 등기 등에 의하여 분할 사실이 확인된 재산은 배우자 상속공제 가능

나) 부득이한 사유로 분할할 수 없는 경우

부득이한 사유로 배우자상속재산 분할기한까지 배우자의 상속재산을 분할할 수 없는 경우로 배우자상속재산분할기한(2014.1.1. 이후 상속재산을 분할 신고하는 분부터 부득이한 사유가 소의 제기나 심판청구로 인한 경우에는 소송 또는 심판청구가 종료된 날)의 다음날부터 6개월이 되는 날까지 상속재산을 분할하여 신고하는 경우에는 배우자상속재산분할기한까지 분할한 것으로 본다. 이 경우, "6개월이 되는 날"에는 배우자상속재산분할기한의 다음날부터 6개월을 지나 과세표준과 세액의 결정이 있는 경우에는 그 결정일을 말한다.

다만, 이 경우는 상속인이 그 부득이한 사유를 배우자상속재산분할기한까지 납세지 관할세무서장에게 신고하는 경우에 한정하여 적용한다.

여기서 부득이한 사유는 ① 상속인 등이 상속재산에 대하여 상속회복청구의 소를 제기하거나 상속재산 분할의 심판을 청구한 경우 ② 상속인이 확정되지 아니하는 부득이한 사유 등으로 배우자상속분을 분할하지 못하는 사실을 관할세무서장이 인정하는 경우를 말한다.

단순히 상속인 간의 다툼에 의하여 등기 등이 지연되는 경우는 부득이한 사유에 해당하지 않는다(서면4팀-198, 2008.1.23.).

<부득이한 사유 개정연혁>

2013.12.31. 이전	2014.1.1. 이후
① 상속인등이 상속재산에 대하여 상속회복청구의 소를 제기한 경우 ② 상속인이 확정되지 아니하는 부득이한 사유등으로 배우자상속분을 분할하지 못하는 사실을 관할세무서장이 인정하는 경우	① 상속인등이 상속재산에 대하여 상속회복청구의 소를 제기하거나 상속재산 분할 심판을 청구한 경우 ② 상속인이 확정되지 아니하는 부득이한 사유등으로 배우자상속분을 분할하지 못하는 사실을 관할세무서장이 인정하는 경우

2) 배우자가 실제 상속받은 금액

배우자가 상속받은 상속재산가액(처분재산 중 사용처 불분명분과 사전 증여받은 재산은 제외) - 배우자가 승계하기로 한 채무·공과금 - 배우자가 상속받은 비과세재산가액(금양임야 및 묘토, 문화재 등) = 배우자의 실제 상속받은 금액 (납세자신고) + 신고누락 하였으나 배우자상속재산분할기한까지 신고 및 분할 등기 등을 완료한 재산가액 + 신고된 재산이 과소평가되어결정시 증액된 재산가액 - 신고된 재산이 과대평가되어결정시 감액된 재산가액 - 조사시 추가확인된 배우자가 부담한 채무·공과금, 비과세재산 등 가액 = 배우자의 실제 상속받은 금액(정부 결정)

상속인들이 추상적인 법정상속분에 따른 배우자 상속공제를 받아 상속세를 납부한 이후에 상속재산을 배우자가 아닌 자의 몫으로 분할함으로써 배우자 상속공제를 받은 부분에 대하여 조세회피가 일어나는 것을 방지하기 위해 배우자가 실제 상속받은 재산에 대해 공제한다.

배우자가 실제 상속받은 금액은 상속개시 당시의 현황에 따르되, 상속재산가액 중 배우자 상속재산분할기한까지 배우자 명의로 등기·등록·명의개서 등을 하거나 동산을 배우자가 점유하는 등으로 배우자가 실제 상속받은 재산임이 확인되는 재산의 가액에서 배우자가 실제 인수한 채무·공과금 등을 차감하여 계산한다.

다만, "배우자가 실제 상속받은 금액"에는 배우자가 사전 증여받은 재산가액(재재산-537, 2007.5.11.)과 피상속인의 상속개시 전 처분재산으로 상속 추정되는 재산의 가액은 포함되지 아니한다(재재산-566, 2007.5.15.).

배우자 상속공제의 기준이 되는 "배우자가 실제 상속받은 금액"은 배우자가 상속받은 것으로 신고한 재산에 대한 상속세 결정시 평가가액에서 배우자가 승계한 채무·공과금 등을 차감하여 계산하며, 신고기한 이내에 신고하지 아니한 재산을 신고기한 다음날부터 6개월 내에 배우자 상속재산으로 신고하고 등기 등을 하면 실제 상속받은 재산에 포함한다(서면4팀-1252, 2005.7.19.).

또한, 납세자가 배우자가 상속받은 것으로 신고한 재산을 과대평가 또는 과소평가한 경우에는 상속세 결정시 평가가액을 기준으로 배우자 공제액을 결정하므로 그 평가 차이로 인하여 신고시 공제한 배우자 공제액보다 늘어나거나 줄어들 수가 있다.

3) 배우자 상속공제 한도액

> 배우자상속공제 한도액: Min (①, ②)
>
> ① (상속재산의 가액×배우자의 법정상속분) - (상속재산에 가산한 증여재산가액 중 배우자에게 증여한 재산에 대한 과세표준(상증법 제55조제1항))
>
> ② 30억원

가) 상속재산의 가액 계산(상증령 제17조)

본래의 상속인들이 받았거나 받을 총상속재산에 대한 과세가액의 합계액을 기준으로 계산한다는 의미이다.

계산방법	유의사항
총상속재산가액	본래 · 간주 · 추정상속재산
(+) 상속개시 전 10년 이내에 상속인에게 증여한 재산의 가액	상속개시 전 5년 이내에 상속인이 아닌 자에게 증여한 재산 가액은 합산 제외
(-) 상속인이 아닌 수유자에게 유증·사인증여한 재산	상속인에게 유증·사인증여한 재산은 차감대상이 아님
(-) 비과세되는 상속재산	상증법 제12조 비과세 상속재산을 말함
(-) 공과금·채무	장례비는 차감대상이 아님
(-) 과세가액 불산입재산	상증법 제16조의 공익법인등에 출연한 재산 및 상증법 제17조의 공익신탁재산
= 상속재산의 가액	배우자 상속공제 한도계산시에 적용

배우자가 상속받은 재산에 해당하는 상속세 신고기한까지 신고 누락한 재산이 있는 경우에는 해당 재산을 포함하여 상속재산의 가액을 계산한다.

나) 배우자 법정상속분

민법 제1009조에 따른 배우자의 법정상속분을 말한다. 공동상속인 중 상속을 포기한 자가 있는 경우에는 그자가 포기하지 아니한 경우를 가정하여 계산한 배우자의 법정상속분을 말한다.

피상속인의 배우자 법정상속분은 직계비속과 공동으로 상속하는 때에는 직계비속의 상속분의 5할을 가산하고, 직계존속과 공동으로 상속하는 때에는 직계존속의 상속분의 5할을 가산한다.

예시

(문) 상속인으로 배우자, 장남, 차남이 있고 차남은 상속포기한 경우 배우자상속공제시 배우자 법정상속분은?

(답) 배우자 3/7 (장남 2/7, 차남 2/7)

나. 배우자 상속재산 분할신고를 하지 아니하거나 실제 상속받은 금액이 5억원 미만인 경우

배우자 상속재산의 분할신고를 하지 아니한 경우에는 배우자 최소공제액 5억원을 공제한다. 배우자가 상속을 포기하여 실제 상속받은 재산이 없거나 상속받은 금액이 5억원 미만인 때도 5억원을 공제한다.

<배우자상속공제 한도 개정연혁>

1997.1.1.~2000.12.31.	2001.1.1.~2002.12.31.	2003.1.1. 이후
[배우자 법정상속분(30억원 한도)] - 배우자가 사전증여받아 상속세 과세가액에 가산한 증여재산가액	[배우자 법정상속분 - 배우자가 사전증여받아 상속세 과세가액에 가산한 증여재산가액](30억원 한도)]	[배우자 법정상속분 - 배우자가 사전증여받아 상속세 과세가액에 가산한 증여재산에 대한 증여세 과세표준](30억원 한도)]

예시

(문) 아래의 경우 배우자 상속공제액은? (상속인은 배우자와 자녀 2명)

구 분		상 속 재산가액	배우자 실제 상속금액	법 정 상속분	비고
신고내용		35억	16억	15억	* 배우자 상속공제액: 15억
결정 내용	①	42억	16억	18억	배우자 상속재산 7억 신고누락 적출 (분할기한 내 신고 및 등기 등 안함)
	②	33억	14억	14.1억	배우자 상속재산 중 2억을 과대평가

(답) ①의 배우자 상속공제액: 16억원

배우자가 받은 신고누락재산(7억)을 포함하면, 배우자 법정상속분이 당초 신고금액 15억원에서 18억원으로 증가하지만, 신고누락 재산은 배우자가 실제 받았더라도 기한 내 분할신고·등기가 안 되어 배우자가 실제 상속금액으로 인정받지 못하므로 공제가 되지 아니함

②의 배우자 상속공제액: 14억원

배우자 상속재산이 과대평가(2억)되어 이를 차감한 금액이 배우자가 실제 상속받은 금액(14억), 과대평가 분을 차감하여 계산한 배우자 법정상속분이 14.1억원에 해당하므로 공제한도액 내에 해당하여 14억이 배우자 상속공제액임

예시

(문) 아래의 경우 배우자 상속공제액은? (상속인은 배우자와 자녀 2명, 채무 등은 없음)

구 분	신고 1	신고 2	신고 3	신고 4	무신고
상속재산(본래 + 간주 + 추정재산)	14억	14억	15억	0	10억
증여재산 가산액	7억	-	13억	4억	4억
합계액	21억	14억	28억	4억	14억
배우자 실제상속금액	6억	4억	7억	0	-
배우자 법정상속분(③×3/7)	9억	6억	12억	1.7억	6억
배우자의 사전증여재산의 과표	4억	-	4억	1억	1억
배우자 상속공제한도액	5억	6억	8억	0.7억	5억
배우자 상속공제액Max[Min(④, ⑦), 5억원]	5억	5억	7억	5억	5억

(답) (신고 1) 5억원(배우자가 실제 상속받은 금액이 6억원이나, 배우자 공제한도액이 5억원)

(신고 2) 5억원(배우자가 실제 상속받은 금액이 4억원이나, 배우자 최소공제액이 5억원)

(신고 3) 7억원(배우자 공제한도액은 8억원이고, 배우자가 실제 상속받은 금액이 7억원)

(신고 4) 5억원(배우자가 상속받은 금액 및 배우자 공제한도액이 5억원 미만)

(무신고) 5억원(무신고 또는 배우자가 실제 상속받은 금액이 없는 경우 5억원을 공제)

예시

(문) 상속재산 10억원, 상속인이 배우자와 자녀가 있는 경우 상속세 과세여부

(답) 상속공제한도(상증법 제24조)를 적용하는 경우가 아니라면 상속공제 10억원(일괄공제 5억원+ 배우자상속공제 5억원)으로 상속세가 과세되지 않는다.

쟁점

동일한 재산에 대하여 배우자 상속공제와 다른 상속공제를 적용할 수 있는지

1997년 이후 상증법의 상속공제는 기초공제(① 2억, ② 가업 · 영농상속공제), 배우자상속공제, 그 밖의 인적공제, 일괄공제, 금융재산상속공제, 재해손실공제, 동거주택상속공제, 공제적용의 한도로 조문이 구성되어 있다. 각각의 공제는 공제요건과 공제금액이 있고, "기초공제부터 동거주택 상속공제의 합계액"에서 공제적용의 한도와 비교하여 공제할 금액을 최종적으로 계산한다.

그렇다면 동일한 재산에 대해 상속공제가 중복하여 적용될 수 있을까? 상증법에서는 가업상속공제와 영농상속공제는 중복공제 할 수 없다고 규정하고 있고, 공제요건들을 검토하면 보면 결국 배우자상속공제와 다른 상속공제가 중복 공제할 수 있는지 여부로 보인다. 그러면 배우자상속공제와 다른 상속공제를 중복 공제할 수 있을까?

여기에 대해 국세청은 동일한 재산에 대해서는 가업상속공제와 배우자상속공제를 중복 적용할 수 없다고 보았다(법규재산2013-65, 2013.3.29.). 하나의 재산에는 하나의 공제만 적용가능하다는 논리다.

상증법은 "기초공제부터 동거주택 상속공제의 합계액"에서 공제적용 한도와 비교하기 때문에 하나의 재산이 하나의 공제만 적용가능하다면 공제적용 한도액 규정을 두는 것이 이상해 보인다. 하지만 배우자상속공제 한도액(Min(상속재산의 가액×배우자의 법정상속지분)-상속재산에 가산한 증여재산가액 중 배우자에게 증여한 재산의 과세표준, 30억원)을 계산할 때 '상속재산의 가액'에서 가업상속공제나 영농상속공제금액을 차감하는 게 합리적으로 보이기도 한다.

국세청 해석 후 기재부는 동일 상속재산에 대해서 가업상속공제와 배우자상속공제가 중복적용 가능하다고 보았으며(기획재정부 재산세제과-254, 2018.3.22.), 위 법규재산2013-65을 세법해석 정비[39]하였다. 이 해석 후 국세청은 배우자상속공제 한도액 계산시 상속재산 가액에서 영농상속재산가액을 차감하지 않는다고 회신(법령해석과-1471, 2018.5.30)하였다. 배우자 상속공제 한도액 계산을 할 때 '상속재산의 가액'에서 가업상속공제나 영농상속공제금액을 차감하지 않는다.

쟁점

배우자 상속공제를 적용받기 위한 "등기 등이 된 것"

배우자 상속공제는 배우자가 실제 상속받은 재산에 대하여 30억원을 한도로 공제하는 상속공제이다. 배우자 상속공제를 적용받으려면 상속재산이 등기 · 등록 · 명의개서 등이 필요한 경우 그 등기 · 등록 · 명의개서 등을 하여야 한다. 배우자 상속공제를 적용받기 위한 "등기 등이 된 것"의 의미에 대해 살펴보자.

1. 등기원인이 상속인 경우

부동산의 등기원인 중 상속은 법정상속지분대로 등기한 것을 말한다. 그렇다면 법정상속지분대로 등기한 경

---

39. 세법해석정비

요지	유지사례	삭제사례
가업상속공제와 배우자상속공제 중복 적용	기획재정부 재산세제과-254, 2018.3.22..	서면2016상속증여-5083, 2017.5.8

우 등기 등이 되었다고 할 수 있을까?

법원은 '상속'을 원인으로 한 등기를 마쳤다고 하여 그 등기 내용대로 상속재산 분할협의가 이루어졌다고 인정할 수 없으며, 상속재산 분할 사실을 신고하였다는 사실을 인정할 증거도 될 수 없다고 보았다(서울중앙지법 2017가합521930(2017.8.16.)–대법원2018다219451(2018.5.15. 심불)). 배우자가 실제 상속받은 재산이라는 것은 상속인 사이에 상속재산을 분할하였다는 뜻이므로, 법정상속지분대로 등기하는 것은 상속인 중 누구나 할 수 있기 때문에 재산분할로 볼 수 없다는 뜻이다.

여기에 대해 기재부는 배우자상속공제 적용 시, 등기원인이 '협의분할에 의한 상속'으로 한정되는지 여부에 대해 한정되지 않는다고 보았다(기획재정부 재산세제과–764, 2020.9.3.). 상속인들이 법정상속지분대로 상속재산을 분할 할 수 있기 때문에 등기원인을 협의분할로 한정하지 않겠다는 뜻이다.

2. 등기원인이 유증인 경우

등기원인이 유증이라면 배우자 상속공제를 적용받을 수 있을까? 유증은 유언에 따른 증여를 말하고, 상증법상 상속에 포함된다. 따라서 유증으로 취득한 재산도 상속으로 취득한 재산이기 때문에 배우자 상속공제 적용을 받을 수 있다.

배우자로부터 특정 부동산을 유증받아 배우자상속재산분할기한까지 "유증"을 원인으로 소유권이전등기를 경료한 경우에는 배우자 상속공제를 적용받을 수 있다(기준2020법령해석재산–0295, 2021.3.22.).

정리하면, 배우자상속공제를 적용받기 위한 등기등이 된 것에서 등기원인을 협의분할로 한정하지 않으며, 유증을 포함한다.

○ 상증법 제19조【배우자 상속공제】② 제1항에 따른 배우자 상속공제는 제67조에 따른 상속세과세표준신고기한의 다음날부터 9개월이 되는 날(이하 이 조에서 "배우자상속재산분할기한"이라 한다)까지 배우자의 상속재산을 분할(등기 · 등록 · 명의개서 등이 필요한 경우에는 그 등기 · 등록 · 명의개서 등이 된 것에 한정한다. 이하 이 조에서 같다)한 경우에 적용한다. 이 경우 상속인은 상속재산의 분할사실을 배우자상속재산분할기한까지 납세지 관할세무서장에게 신고하여야 한다.

다. 부부가 동일자에 사망한 경우 배우자공제방법

1) 동일자에 시차를 두고 사망한 경우

선 사망자는 그의 상속재산에서 배우자상속공제하여 상속세를 계산하고, 후 사망자는 선 사망자의 상속재산 중 그의 법정상속분을 상속재산에 포함시키고, 배우자공제 배제, 단기재상속 세액공제한다.

2) 동시 사망

동시 사망의 경우 각자의 상속재산에서 배우자공제없이 상속세를 계산한다(재삼46014-88, 1999.1.15.).

[관련 질의회신 · 판례 등]

○ 상속재산분할 – 등기원인

(기재부) 상속인간 협의분할한 경우로서 배우자상속공제 적용시, 등기원인이 '협의분할에 의한 상속'으로 한정되지 않음(기획재정부 재산세제과-764, 2020.9.3.)

(심판원) 상속부동산 중 일부의 등기원인이 단순 '상속'으로 되어 있다는 사정만으로 상속부동산 전체에 대한 분할협의가 없었다고 보기는 어렵고, 그 등기원인을 '협의분할에 의한 상속'으로 한정하고 있지 않음(조심2020중7887, 2021.11.3.).

(법원) 상속인 중 1인이 상속인 전부를 위하여 '상속'을 원인으로 한 등기[40]를 신청할 수 있고, 이러한 경우 공동상속인 전원을 신청인으로 하여 나머지 상속인들의 등기까지 법정상속분에 따라 신청하여야 하며, 일부 상속인의 상속지분에 대한 상속등기를 할 수는 없으므로, '상속'을 원인으로 한 등기를 마쳤다고 하여, 공동상속인들 사이에 그 등기 내용대로의 상속재산분할협의가 이루어졌다고 인정할 수는 없음(서울중앙지법2017가합521930(2017.8.16.)-대법원2018다219451(2018.5.15. 심불)).

○ 중복공제와 한도계산

(가업상속공제) 피상속인으로부터 배우자가 가업상속공제 요건을 충족하는 주식을 상속받은 경우 가업상속공제와 함께 배우자 상속공제도 적용할 수 있음(기획재정부 재산세제과-254, 2018.3.22.).

(한도계산) 피상속인으로부터 배우자가 영농상속공제 요건을 충족하는 재산을 상속받은 경우 배우자상속공제 한도금액 계산시 영농상속재산가액은 차감하지 않음(서면2017법령해석재산-1892, 2018.5.30.).

---

40. 부동산 상속관련 등기 원인은 상속, 협의분할, 조정분할, 심판분할, 유증등이 있고, 이 중 상속은 법정상속분대로 등기한 것을 의미한다. 법정상속분으로 상속 등기후, 협의분할한 경우에는 경정등기한다.
* 대법원 "상속등기와 그 경정등기에 관한 업무처리지침"(등기예규 제1675호, 2019.6.21.)

[갑 구] (소유권에 관한 사항)

순위번호	등 기 목 적	접 수	등 기 원 인	권 리 자 및 기 타 사 항
2	소유권이전	2019년5월3일 제4000호	2019년5월1일 ~~상속~~	~~공유자~~ ~~지분 3분의 1~~ ~~이대한 701115-1201257~~ ~~서울특별시 서초구 강남대로 21(서초동)~~ ~~지분 3분의 1~~ ~~이민국 680703-1562316~~ ~~서울특별시 마포구 마포대로 25(공덕동)~~ ~~지분 3분의 1~~ ~~이겨레 750614-1035852~~ ~~서울특별시 종로구 창덕궁길 105(원서동)~~
2-1	2번소유권경정	2019년6월3일 제5000호	2019년5월27일 협의분할	등기원인 협의분할에 의한 상속 공유자 지분 2분의 1 이대한 701115-1201257 서울특별시 서초구 강남대로 21(서초동) 지분 2분의 1 이민국 680703-1562316 서울특별시 마포구 마포대로 25(공덕동)

○ 상속개시일 현재 이혼조정이 성립된 경우

피상속인의 배우자가 가사소송법 제50조에 따라 이혼조정을 신청하여 상속개시일 현재 조정이 성립된 경우에는 호적정리 여부에 불구하고 배우자공제가 적용 안 됨(서면4팀-1012, 2008.4.20.).

○ 실제 상속받은 재산

상속세 신고기한까지 신고하지 아니한 재산을 신고기한 다음날부터 6개월 내에 배우자 상속재산으로 신고하고 등기 등을 하면 실제 상속받은 재산에 포함됨(서면4팀-1252, 2005.7.19.).

○ 미분할 사유의 확인

"배우자상속재산분할기한"까지 신고된 '상속재산미분할신고서'에 의하여 상속인이 확정되지 아니하는 부득이한 사유 등으로 배우자상속분을 분할하지 못하는 사실에 해당하는지 여부를 관할세무서장이 상증법 제76조에 따른 상속세 과세표준과 세액의 결정시 판단하여 적용함(재산세과-537, 2011.11.11.).

○ 상속인 사이의 다툼이 부득이한 사유에 해당하는지 여부

원고들 사이의 민사소송 또는 상속재산분할심판 사건이 계속 중이었다는 사정이, 상증령 제17조제2항제1호에서 정한 상속 회복청구의 소의 제기나, 같은 항 제2호에서 정한 상속인이 확정되지 아니하는 부득이한 사유 등에 해당한다고 보기 어렵고, 또한 설령 그 사정이 부득이한 사유에 해당한다고 하더라도, 원고들이 상증령 제17조제2항제2호 및 제3호에 따라 피고에게 상속세 과세표준신고기한 내에 배우자상속분을 분할하지 못하는 사실을 신고하여 피고가 이를 인정하였다고 볼 만한 어떠한 증거도 없음(서울행정법원2009구합1723, 2009.6.25.).

○ 등기등

(등기등을 하지 않는 경우) 피상속인이 부동산 매매계약을 체결한 후 계약을 이행하기 전에 사망하여 공동상속인인 배우자가 당해 부동산을 분할등기하지 않고 매수인에게 직접 소유권이전등기를 경료한 경우에는 배우자상속공제를 적용하지 아니함(기준2021법령해석재산-0051[법령해석과-3581], 2021.10.18.).

(신탁재산에 대한 배우자상속공제 적용시 '등기·등록·명의개서 등'의 범위) 피상속인의 신탁재산(부동산)에 대해 배우자상속공제 적용시, 배우자의 상속재산을 분할한 경우를 판단함에 있어, 신탁원부의 위탁자 명의 변경은 필요하지 않음(기획재정부 재산세제과-68, 2021.1.26.).

(동산) 배우자 상속공제를 적용할 때에 배우자가 실제 상속받은 금액은 상속세과세표준신고기한의 다음날부터 6월이 되는 날까지 배우자 명의로 등기 · 등록 · 명의개서 등을 하거나 동산을 배우자가 점유하는 등으로 배우자가 실제 상속받은 재산임이 확인되는 재산의 가액에서 배우자가 실제 인수한 채무를 차감하여 계산하는 것임(서면4팀-3682, 2007.12.27.).

(비상장주식) 주식을 명의개서하여 신고한 사실이 없고, 명의개서를 할 수 없는 부득이한 사유에 대하여 신고기한 내에 신고한 사실도 없으므로 배우자상속공제로 인정하지 아니한 처분은 잘못이 없음(국심2003중2761, 2004.1.15.).

(매매계약 체결 후 사망) 피상속인의 직계존속 및 직계비속 없어 배우자가 단독상속하는 경우로, 피상속인이 부동산 매매계약을 체결한 후 계약을 이행하기 전에 사망하고 당해 부동산이 매수인에게 직접 소유권이전등기가 되는 경우에는 배우자상속공제가 적용됨(사전2021법령해석재산-1572 [법령해석과-3926], 2021.11.11.).

7. 금융재산 상속공제

○ 상속개시일 현재 순금융재산가액(금융재산-금융채무), 2억원 한도

- 신고기한까지 신고하지 아니한 타인명의 금융재산은 제외

순금융재산가액	금융재산 상속공제액
2,000만원 이하	해당 순금융재산가액 전액
2,000만원 초과~1억원 이하	2,000만원
1억원 초과~10억원 이하	해당 순금융재산가액×20%
10억원 초과	2억원

가. 공제대상인 금융재산의 범위

1) 「금융실명거래 및 비밀보장에 관한 법률」 제2조제1호[41]에 규정된 금융기관이 취급하는 예금 · 적금 · 부금 · 계금 · 출자금 · 금전신탁재산 · 보험금 · 공제금 · 주식 · 채권 · 수익증권 · 출자지분 · 어음 등의 금전 및 유가증권
2) 비상장주식 또는 출자지분으로서 금융기관이 취급하지 아니하는 것
3) 금융기관을 통하지 아니하고 발행회사가 직접 모집하거나 매출하는 방법으로 발행한 회사채

금융재산에는 최대주주 또는 최대출자자가 보유하고 있는 주식 또는 출자지분은 포함되지 아

41. 금융회사등의 정의는 상증령 제10조제2항에서 규정하고 있다.
○ 「금융실명거래 및 비밀보장에 관한 법률」 제2조(정의) 이 법에서 사용하는 용어의 뜻은 다음과 같다.
1. "금융회사등"이란 다음 각 목의 것을 말한다.
가. 「은행법」에 따른 은행
나. 「중소기업은행법」에 따른 중소기업은행
다. 「한국산업은행법」에 따른 한국산업은행
라. 「한국수출입은행법」에 따른 한국수출입은행
마. 「한국은행법」에 따른 한국은행
바. 「자본시장과 금융투자업에 관한 법률」에 따른 투자매매업자 · 투자중개업자 · 집합투자업자 · 신탁업자 · 증권금융회사 · 종합금융회사 및 명의개서대행회사
사. 「상호저축은행법」에 따른 상호저축은행 및 상호저축은행중앙회
아. 「농업협동조합법」에 따른 조합과 그 중앙회 및 농협은행
자. 「수산업협동조합법」에 따른 조합과 그 중앙회 및 수협은행
차. 「신용협동조합법」에 따른 신용협동조합 및 신용협동조합중앙회
카. 「새마을금고법」에 따른 금고 및 중앙회
타. 「보험업법」에 따른 보험회사
파. 「우체국예금 · 보험에 관한 법률」에 따른 체신관서
하. 그 밖에 대통령령으로 정하는 기관

니한다. 최대주주 또는 최대출자자란 주주 또는 출자자(주주 등) 1인과 그의 특수관계인의 보유 주식등을 합하여 그 보유주식등의 합계가 가장 많은 경우의 해당 주주 등 1인과 그의 특수관계인 모두를 말한다.[42]

예시

A(주)		B(주)		C(주)	
주 주	지분비율	주 주	지분비율	주 주	지분비율
가 나 다	50% 30% 20%	가 나	50% 50%	가 나(가의 자) 다	35% 25% 40%
계	100%	계	100%	계	100%
최대주주등	가	최대주주등	가, 나	최대주주등	가, 나

2016.1.1. 이후부터 상속세 신고기한까지 신고하지 아니한 타인 명의금융재산은 포함되지 아니한다. 2015.12.31. 이전에는 명의신탁한 금융재산도 상속공제가 가능했다.

<금융재산상속공제 개정연혁>

1998.12.31. 이전	1999.1.1.~ 2015.12.31.	2016.1.1. 이후
· 총금융재산가액 · 최대주주등의 주식등은 제외	· 순 금융재산가액(총 금융재산가액 - 금융기관 채무) · (좌동)	· (좌동) · (좌동) · 신고하지 않은 차명금융재산은 제외

나. 순금융재산의 가액

"순금융재산의 가액"은 금융재산의 가액에서 금융기관 등에 대한 채무임을 확인할 수 있는 서류에 의하여 입증된 금융채무를 차감한 가액으로 한다.

다. 적용시 유의사항

상속개시일 현재 조사 확인된 예금 상당액을 기준으로 적용한다. 예금상당액은 상속개시일 현

42. 상증법에서 최대주주등이라고 하면 "주주 등 1인과 그의 특수관계인"을 말하지만, 상증법 제41조의3처럼 최대주주등의 범위가 다른 경우도 있다.

재 예금잔액에서미수이자상당액을 더하고, 원천징수세액 상당액을 차감하여 계산한다(상증법 제63조제4항).[43]

상증법 제76조에 따른 상속세 과세표준과 세액의 결정시 상속재산가액에 포함되어 있는 금융재산가액에 대하여는 상증법 제22조에 따른 금융재산 상속공제 적용이 가능하다(재산세과-2098, 2008.8.1.).

쟁점

상증법의 주주들(최대주주, 대주주, 지배주주)

세법에는 주주의 주식보유 비율 등에 따라 주주라고 하지 않고 ○○주주라고 이름을 다르게 부른다. 과점주주, 최대주주, 대주주, 지배주주 등이 그들이다.

이 중 상증법에는 최대주주, 대주주, 지배주주가 있다.

우선, ○○주주에 등을 붙여 ○○주주등이 맞는 표현이고, 주주등은 주주와 출자자를 말한다. 하지만 여기서는 서술 편의상 주주로만 기술하기로 한다. 다만, 지배주주등은 지배주주와 그 친족을 말한다.

1. 최대주주

최대주주는 상증령 제19조(금융재산 상속공제) 제2항에서 주주 1인과 그의 특수관계인의 보유주식을 합하여 그 보유주식의 합계가 가장 많은 경우의 해당 주주와 그의 특수관계인 모두를 말한다. 즉 특수관계인의 주식을 포함하여 가장 많은 주식을 가진 그룹(단체, 집단)을 말한다.

예를 들면, 갑 법인의 주주가 A 1%, A의 자 25%, A의 배우자 25%, B 49%라고 한다면 최대주주는 "A, A의 자, A의 배우자"이다.

주의할 점은 상증법에서 최대주주라고 해서 위의 최대주주만을 의미하는 것은 아니라는 점이다. 예를 들면 상증법 제41조의3(주식등의 상장 등에 따른 이익의 증여)에서도 최대주주가 나오지만, 상증령 제19조제2항과 최대주주의 범위가 같지 않다.

2. 대주주

우선, '상증법의 대주주'는 '소득세법의 대주주'와 범위가 다르다.

상증령 제28조(합병에 따른 이익의 계산방법 등) 제2항에서 해당 주주의 지분 및 그의 특수관계인의 지분을 포함하여 해당 법인의 발행주식총수의 100분의 1 이상을 소유하고 있거나 소유 주식의 액면가액이 3억원 이상인 주주를 말한다. 예를 들면, 갑 법인의 주주가 A 1%, A의 자 25%, A의 배우자 25%, B 49%라고 한다면 대주주는 "A, A의 자, A의 배우자, B"이다.

3. 지배주주

우선, '상증법의 지배주주'는 '법인세법의 지배주주'와 범위가 다르다.

지배주주는 상증령 제34조의3(특수관계법인과의 거래를 통한 이익의 증여의제) 제1항에서 해당 법인의 최대

---

43. 상증법 제63조제4항
④ 예금 · 저금 · 적금 등의 평가는 평가기준일 현재 예입(五入) 총액과 같은 날 현재 이미 지난 미수이자(未收利子) 상당액을 합친 금액에서 「소득세법」 제127조 제1항에 따른 원천징수세액 상당 금액을 뺀 가액으로 한다.

주주 중에서 그 법인에 대한 직접보유비율이 가장 높은 자가 개인인 경우에는 그 개인을 말한다. 가장 높은 자가 법인인 경우에는 달리 판정한다. 예를 들면, 갑 법인의 주주가 A 1%, A의 자 25%, A의 배우자 25%, B 49%라고 한다면 지배주주는 B이다.

정리하면, 상증법에서 최대주주, 대주주, 지배주주의 범위는 다르고, 다른 세법의 범위와도 다르다. 참고로 국기법의 과점주주는 국세기본법 제39조(출자자의 제2차 납세의무)에서 주주 또는 유한책임사원 1명과 그의 특수관계인 중 대통령령으로 정하는 자로서 그들의 소유주식 합계 또는 출자액 합계가 해당 법인의 발행주식 총수 또는 출자총액의 100분의 50을 초과하면서 그에 관한 권리를 실질적으로 행사하는 자들을 말한다.

2012.2.2. 이후 상속·증여분부터는 상증령 제19조제2항 각호를 삭제하고, 신설규정인 상증령 제12조의2(특수관계인의 범위, 현재 제2조의2)를 준용하여 주주 1인과 그의 특수관계인 모두를 "최대주주등"으로 명확히 하였다.

<최대주주등의 개정연혁>

1997.1.1. - 1999.12.31.	2000.1.1.- 2012.2.1.	2012.2.2 이후
주주 1인과 특수관계에 있는 주주가 보유한 주식의 합계가 10% 이상인 경우로 해당 법인에서 가장 많은 경우의 해당 주주 등	주주1인과 특수관계에 있는 주주가 보유한 주식의 합계가 해당 법인에서 가장 많은 경우의 해당 주주 등	주주 1인과 그의 특수관계인의 보유주식을 합하여 그 보유주식의 합계가 가장 많은 경우의 해당 주주 1인과 그의 특수관계인 모두(명확화)

[관련 질의회신 · 판례 등]

○ 금융재산상속공제 가능

(신고누락) 상속세 과세표준과 세액의 결정시 상속재산가액에 포함되어 있는 금융재산가액에 대하여는 무신고, 신고 누락한 금융재산에 대하여도 공제가능함(재산세과-2098, 2008.8.1.).

(차명 재산) 피상속인이 차명으로 예금한 금액이 상속재산에 포함된 경우 금융재산 상속공제 가능함(재삼46014-1962, 1998.10.12.)

⇒(2016.1.1. 이후 상속부터) 상속세 신고기한까지 신고하지 아니한 타인명의 금융재산은 금융재산 상속공제 대상이 아님

(토지 수용에 따른 보상금으로 받은 만기보유 특약 용지보상채권) 상속개시 전에 피상속인이 토지 수용에 따른 보상금을 사업시행자인 한국토지주택공사로부터 3년 이상 만기보유 특약이 체결된 보상채권으로 받은 경우로서 사업시행자를 예탁자로 하여 개설된 계좌를 통하여 한국예탁결제원에 만기까지 예탁하여 보관하던 중 피상속인이 사망하여 상속이 개시된 경우 그 보상채권에 대해서는 금융재산 상속공제가 적용됨(재산세과-376, 2012.10.15.).

(양도성 예금증서) 금융재산이라 함은 「금융실명거래 및 비밀보장에 관한 법률」 제2조제1호에 규정된 금융기관이 취급하는 예금·적금 등을 말하는 것으로 양도성예금증서는 금융재산에 포함함(서면-542, 2008.3.4).

○ 금융재산상속공제 불가

(추정상속재산) 상속개시일 전 증여한 금융재산으로서 상속재산에 가산하는 금액과 상속개시일 전에 인출한 예금 중 사용처가 불분명하여 과세가액에 가산하는 추정상속재산은 공제 안 됨(재산46017-1754, 1999.9.29.; 감심2002-86, 2002.7.9.).

(현금, 수표) 상속개시 당시 현금 또는 수표로 보유하고 있는 상속재산은 금융재산상속공제 안 됨(재삼46014-3030, 1997.12.26.).

(현물출자로 취득한 출자지분) 공동사업에 현물출자함에 따라 취득한 출자지분은 금융재산상속공제 대상인 "출자지분"에 해당되지 아니함(재경부재산46014-249, 2001.10.10.).

(퇴직금) 상속개시 후 지급받은 퇴직금에 대하여는 금융재산 상속공제를 받을 수 없음(재삼46014-1609, 1999.8.28.).

(증여재산) 증여한 재산이 금융재산인 경우에는 금융재산상속공제는 적용되지 아니함(서면4팀-542, 2008.3.4.).

(보상금을 수령할 권리) 피상속인이 소유한 농지가 상속개시전에 수용되어 수용보상금을 수령하기 전에 상속이 개시된 경우 보상금을 수령할 권리를 상속받은 것으로 보며, 당해 보상금을 수령할 권리는 금융재산 상속공제 대상에 해당되지 아니함(서면4팀-1809, 2005.9.30.).

(교직원공제회 예치금) 교직원공제회 예치금은 금융재산 상속공제 대상에 해당되지 아니함(재산세과-357, 2011.7.25.).

(군인공제회 목돈수탁저축) 군인공제회는 「금융실명거래 및 비밀보장에 관한 법률」 제2조제1호에 규정된 금융기관에 해당하지 아니하므로 그 군인공제회에 가입한 목돈수탁저축(1년 만기 정기예금)에 대해서는 금융재산 상속공제가 적용되지 아니함(상속증여세과-477, 2014.12.10.).

○ 금융채무

(조합채무) 상속인은 탈퇴로 인한 계산에도 불구하고 여전히 조합과 함께 조합의 채권자에게 피상속인의 지분에 해당하는 부분을 직접 부담하기는 하지만, 이는 특별한 사정이 없는 한 상속개시 당시 피상속인이 종국적으로 부담하여 이행하여야 할 것이 확실하다고 인정되는 채무가 아니므로 금융재산 상속공제에서 순금융재산의 가액을 산정함에 있어 차감되어야 할 금융채무로 볼 수 없음(대법원2015두60167, 2016.5.12.).

○ 최대주주등

"해당 주주등 1인의 특수관계인"은 해당 주주등 1인이 보유하고 있는 주식등을 발행한 법인의 주식등(자기주식 및 자기출자지분은 제외)을 보유한 자에 한정함(기획재정부 재산세제과-299, 2020.3.24.).

○ 국외 재산

금융재산상속공제 대상은 금융실명거래 및 비밀보장에 관한 법률에 따른 금융회사 등이 취급하는 예금 등을 말함(서면2016상속증여-2753 [상속증여세과-00063], 2016.1.17.).

8. 재해손실공제

재해손실공제 = 재해손실가액 - 그 손실가액에 대한 보험금 등의 수령 또는 구상권 등의 행사에 의하여 보전(補塡) 가능한 금액 피상속인이 거주자이며 상속세 신고기한 이내에 화재·붕괴·폭발·환경오염 사고 및 자연재해 등 재난으로 인하여 상속재산이 멸실되거나 훼손된 경우에는 "재난으로 인하여 손실된 상속재산의 가액"을 상속세 과세가액에서 공제한다. 재해손실공제를 받고자 하는 자는 재해손실공제신고서(상증규칙 별지 제6호 서식)에 해당 재난의 사실을 입증하는 서류를 첨부하여 상속세 과세표준 신고와 함께 납세지 관할세무서장에게 제출하여야 한다.

9. 동거주택 상속공제

[주택가액(그 부수토지의 가액 포함) - 주택 및 주택부수토지에 담보된 피상속인의 채무] × 100% (공제한도액 6억원)

피상속인과 상속인이 상속개시일부터 소급하여 10년 이상 계속하여 1세대를 구성하면서 1세대1주택(피상속인의 이사에 따른 일시적 2주택 등을 포함)에 해당하는 요건 등을 충족하는 경우 주택가액을 공제한다. 부동산 실거래가 신고 등으로 1세대 1주택 실수요자의 상속세 부담이 증가한 점을 감안하여 상속세 부담을 완화하기 위해 도입되어 2009.1.1. 이후 상속개시분부터 적용한다.

2020.1.1. 이후 상속부터 상속주택가액에서 그 주택에 담보된 채무를 차감하였으며, 공제금액은 차감한 금액의 100%(6억원 한도)이다. 2017년부터 2019년까지는 상속주택가액에서 그 주택에 담보된 채무를 차감하였으며, 공제금액은 차감한 금액의 80%(5억원 한도)이다(상증법 제23조의2).

상속개시일에 따라 보유·동거 가능 여부, 상속인의 범위 등이 차이가 있다.

가. 동거주택상속공제 대상

다음 요건을 모두 갖춘 경우에는 동거주택 상속공제액(6억원 한도)을 상속세 과세가액에서 공제한다.

1) 피상속인과 상속인(직계비속 및 「민법」 제1003조제2항에 따라 상속인이 된 그 직계비속의 배우자, 아래의 요건에서도 같다[44])이 상속개시일부터 소급하여 10년 이상 계속하여 동거할 것

2013.12.31. 이전 상속분은 상속인에 배우자도 포함되었으나, 2014.1.1. 이후에는 직계비속인 상속인이 동거봉양[45]한 경우로 한정하고 있다. 2016.1.1. 이후 상속부터는 10년 이상 판단시

---

44. 대습상속 직계비속의 배우자 개정규정은 2022.1.1. 시행 전에 상속이 개시되어 2022.1.1. 시행 이후에 상속세의 과세표준과 세액을 결정 또는 경정하는 경우에도 적용한다.
45. 2014년, 『국세청 개정세법 해설책자』, p.203.

상속인이 미성년자인 기간은 제외한다.

2) 피상속인과 상속인(직계비속 및 대습상속 직계비속 배우자)이 상속개시일부터 소급하여 10년 이상 계속하여 1세대를 구성하면서 1세대1주택(피상속인의 이사에 따른 일시적 2주택 등을 포함)에 해당할 것

이 경우 상속개시일 현재 1세대 1주택자로서 10년의 기간 중 피상속인이 무주택 기간이 있는 경우에도 공제가 가능하다.

3) 상속개시일 현재 무주택자이거나 피상속인과 공동으로 1세대 1주택을 보유한 자로서 피상속인과 동거한 상속인(직계비속 및 대습상속 직계비속 배우자)이 상속받은 주택일 것

따라서 피상속인과 하나의 세대를 구성하여 장기간 동거 봉양한 무주택 상속인이 상속받아야만 동거주택 상속공제가 가능하다. 2019.12.31. 이전에는 상속개시일 현재 무주택자로서 피상속인과 동거한 상속인이 상속받은 주택이어야 한다.

<상속인 개정연혁>

2021.12.31. 이전	2022.1.1. 이후[46]
직계비속	직계비속 및 「민법」 제1003조제2항에 따라 상속인이 된 그 직계비속의 배우자

나. 동거기간의 예외

피상속인과 상속인이 아래의 사유에 해당하여 동거하지 못한 경우에는 계속하여 동거한 것으로 보되, 그 동거하지 못한 기간은 동거기간에 산입하지 아니한다.

1) 징집
2) 「초·중등교육법」에 따른 학교(유치원·초등학교 및 중학교는 제외) 및 「고등교육법」에 따른 학교에의 취학
3) 직장의 변경이나 전근 등 근무상의 형편

46. 대습상속 직계비속의 배우자 개정규정은 2022.1.1. 시행 전에 상속이 개시되어 2022.1.1. 시행 이후에 상속세의 과세표준과 세액을 결정 또는 경정하는 경우에도 적용한다. "상증법 부칙(제18591호, 2021.12.21.) 제3조"

4) 1년 이상의 치료나 요양이 필요한 질병의 치료 또는 요양

다. 동거주택상속공제 금액

[상속주택가액(소득법 제89조제1항제3호에 따른 주택부수토지의 가액을 포함) - 주택 및 주택부수토지에 담보된 피상속인의 채무] × 100% (6억원 한도)

<동거주택상속공제 금액 개정연혁>

2015.12.31. 이전	2016.1.1. 이후	2017.1.1. 이후	2020.1.1. 이후
상속주택가액(주택부수토지의 가액을 포함)×40%(5억원 한도)	상속주택가액(주택부수토지의 가액을 포함)×80%(5억원 한도)	[상속주택가액(주택부수토지의 가액을 포함) - 주택 및 주택부수토지에 담보된 피상속인의 채무]×80% (5억원 한도)	[상속주택가액(주택부수토지의 가액을 포함) - 주택 및 주택부수토지에 담보된 피상속인의 채무]×100% (6억원 한도)

라. 1세대 1주택

1) 1세대 1주택의 의미

소득법 제88조제6호에 따른 1세대가 1주택(소득법 제89조제1항제3호에 따른 고가주택 포함)을 소유한 경우를 말한다. 이 경우, 소득법 제88조제6호에 따른 1세대는 거주자 및 그 배우자가 그들과 동일한 주소 또는 거소에서 생계를 같이 하는 가족이다.

소득세법의 1세대 1주택 비과세 규정과는 다르다. 1세대는 소득법에 따라 판단한지만, 1주택의 예외는 상증령에 따라 판단한다.

2) 1세대 1주택으로 보는 경우

1세대가 다음의 어느 하나에 해당하여 2주택 이상을 소유한 경우[47]에도 1세대가 1주택을 소유한 것으로 보며, 상속개시일에 피상속인과 상속인이 동거한 주택을 동거주택으로 본다.

① 피상속인이 다른 주택을 취득(자기가 건설하여 취득한 경우를 포함)하여 일시적으로 2주택을 소유한 경우. 다만, 다른 주택을 취득한 날부터 2년 이내에 종전의 주택을 양도하고 이사하는 경우만 해당한다.

---

47. 1세대가 상증령 제20조의2제1항 각호에 해당하여 2주택 이상을 소유한 경우에 한하여 1세대가 1주택을 소유한 것으로 봄(사전2020법령해석재산-1135, 2020.12.14.).

② 상속인이 상속개시일 이전에 1주택을 소유한 자와 혼인한 경우. 다만, 혼인한 날부터 5년 이내에 상속인의 배우자가 소유한 주택을 양도한 경우만 해당한다.

③ 피상속인이 「문화재보호법」 제53조제1항에 따른 등록문화재에 해당하는 주택을 소유한 경우

④ 피상속인이 소득령 제155조제7항제2호에 따른 이농주택을 소유한 경우

⑤ 피상속인이 소득령 제155조제7항제3호에 따른 귀농주택을 소유한 경우

⑥ 1주택을 보유하고 1세대를 구성하는 자가 상속개시일 이전에 60세 이상의 직계존속을 동거봉양하기 위하여 세대를 합쳐 일시적으로 1세대가 2주택을 보유한 경우. 다만, 세대를 합친 날부터 5년 이내에 피상속인 외의 자가 보유한 주택을 양도한 경우만 해당한다.

⑦ 피상속인이 상속개시일 이전에 1주택을 소유한 자와 혼인함으로써 일시적으로 1세대가 2주택을 보유한 경우. 다만, 혼인한 날부터 5년 이내에 피상속인의 배우자가 소유한 주택을 양도한 경우만 해당한다.

⑧ 피상속인 및 상속인이 피상속인의 사망 전에 발생된 상속으로 인하여 공동으로 소유하는 주택을 소유한 경우. 다만 피상속인 및 상속인이 해당 주택의 공동소유자 중 가장 큰 상속지분을 소유한 경우에는 상기 주택을 별도의 주택으로 보아 동거주택 공제 적용하지 않는다.

<연도별 유형별 동거주택 상속공제 적용여부>

유형	2009~2010	2011~2012	2013	2014~2015	2016	2017~
해당 상속주택에서 10년 이상 계속 보유·동거여부	보유·동거 해야 공제	보유·동거하지 않아도 공제 (이사 가능)				
동거기간 10년 중 전세동거에 대한 동거기간 인정 여부	인정안함 (공제불가)	인정함 (공제 가능)				
동거기간 10년 중 도중에 무주택자도 공제가능여부	공제 불가		공제 가능			
배우자가 상속받는 경우	공제 가능			공제 불가 (직계비속[48] 만 공제가능)		
10년 판단시 상속인이 미성년자인 기간	포함				제외	
주택가액에서 채무차감여부	차감하지 않음					차감

48. 2022.1.1. 이후 대습상속 직계비속의 배우자도 가능. 2022.1.1. 시행 전에 상속이 개시되어 2022.1.1. 시행 이후에 상속세의 과세표준과 세액을 결정 또는 경정하는 경우에도 적용한다.

<동거주택 상속공제 공제요건 개정연혁[49]>

<table>
<tr><th>2009년~
2010년</th><th>2011년~
2012년</th><th>2013년</th><th>2014년~
2015년</th><th>2016년</th><th>2017년~
2019년</th><th>2020년</th><th>2022년</th></tr>
<tr><td colspan="3">피상속인과 상속인이 상속개시일부터 소급하여 10년 이상 계속하여 하나의 주택에 동거</td><td>상속인을 '직계비속'으로 한정</td><td>동거기간에 상속인이 미성년자인 기간 제외</td><td colspan="2">피상속인과 상속인(직계비속 한정)이 상속개시일부터 소급하여 10년 이상(미성년자기간 제외) 계속하여 하나의 주택에서 동거</td><td>직계비속 및 대습상속 직계비속의 배우자</td></tr>
<tr><td>상속개시일 현재 1세대 1주택일 것</td><td>상속 당시 이사에 따른 일시적 2주택 등에 상속공제 적용</td><td colspan="3">무주택 기간을 1세대 1주택 기간에 포함</td><td colspan="3">일시적 1세대 2주택 동거주택 판별방법 등의 위임 근거 신설</td></tr>
<tr><td colspan="2">상속개시일 현재 무주택자인 상속인이 상속받은 주택일 것</td><td colspan="4">상속개시일 현재 무주택자인 피상속인과 동거한 상속인이 상속받은 주택일 것</td><td colspan="2">상속개시일 현재 무주택자이거나 피상속인과 공동으로 1세대 1주택을 보유한 자로서 피상속인과 동거한 상속인이 상속받은 주택일 것</td></tr>
</table>

쟁점

동거주택 상속공제의 동거기간 계산

동거주택 상속공제는 1세대1주택자의 상속세 부담을 완화하기 위해 도입된 제도이다. 그 요건은 ① 피상속인과 상속인(직계비속)이 상속개시일부터 소급하여 10년 이상 계속하여 동거할 것. 10년 이상 판단시 상속인이 미성년자인 기간은 제외, ② 피상속인과 상속인이 상속개시일부터 소급하여 10년 이상 계속하여 1세대를 구성하면서 1세대1주택(피상속인의 이사에 따른 일시적 2주택 등을 포함)에 해당할 것, ③ 상속개시일 현재 무주택자이거나 피상속인과 공동으로 1세대1주택을 보유한 자로서 피상속인과 동거한 상속인 (직계비속)이 상속받은 주택일 것이다.

그러면 상속인이 질병의 치료 등으로 동거하지 못한 기간이 있을 때 그 기간을 동거기간에 포함할까? 제외할까?

포함하지 않는다. 상증법 제23조의2제2항에서 부득이한 사유(상증령 제20조의2제2항, 상증규칙 제9조의2)로 동거하지 못한 경우에는 계속하여 동거한 것으로 보되, 그 동거하지 못한 기간은 동거기간에 산입하지 아니한다고 규정하고 있다.

부득이한 사유는 ① 징집 ②「초 · 중등교육법」에 따른 학교(유치원 · 초등학교 및 중학교는 제외한다) 및「고등교육법」에 따른 학교에의 취학 ③ 직장의 변경이나 전근 등 근무상의 형편 ④ 1년 이상의 치료나 요양이 필요한 질병의 치료 또는 요양이 있다.

예를 들면 2020.4.25. 상속이 개시되었고, 2013-2016년 동안 질병의 치료가 있었다고 하면, 2010.4.25. 동거를 시작했다고 하더라도 그 기간은 동거한 것으로 보지만, 동거기간 10년에 포함되지는 않으므로 동거주택 상속공제를 받을 수 없다. 2007.4.25.부터 동거를 시작한 경우에는 동거주택 상속공제가 가능하다.

---

49. 상증법 개정안 검토보고, 기획재정위원회, 2021.11.

[관련 질의회신 · 판례 등]

○ 1세대1주택

(입주권) 동거주택 상속공제 시 1세대1주택 요건을 충족한 주택의 멸실로 인해 취득한 입주권으로서 동 입주권 이외에 다른 주택이 없는 경우에는 1세대1주택 요건을 충족한 것으로 보며, 10년 이상 동거요건을 충족한 경우 10년 이상 1세대1주택 판정은 소유요건만으로 판정함(기획재정부 재산세제과-230, 2012.3.22.).

(무주택자) 상속개시일부터 소급하여 10년 이내에 피상속인이 무주택자였던 경우, 10년간 계속하여 1세대1주택에 해당하지 않음(기획재정부 재산세제과-189, 2012.3.8.).

(공동지분) 상속인이 공동상속주택의 지분을 보유하고 있는 경우 동거주택 상속공제를 적용하지 아니함(재산세과-608, 2010.8.18.).

⇒ 2020.2.11. 이후 결정·경정부터 피상속인 또는 상속인이 이전에 제3자로부터 상속받아 소수지분을 보유한 경우 동거주택상속공제 적용(상증령 제20조의2제1항)

⇒ 상속인의 배우자 등 동일세대원이 소득령 제155조제3항에 따른 공동상속주택 소수지분을 소유한 경우 동거주택상속공제를 적용받을 수 없음(서면2020법령해석재산-5936 [법령해석과-4548], 2021.12.23.).

(공동소유) 동거주택 상속공제 요건을 갖춘 상속인과 그 외의 상속인이 주택을 공동으로 상속등기하여 동거주택의 상속인 지분을 확인할 수 있는 경우에는 주택가액에서 공제요건을 충족하는 상속인의 지분 상당액의 100분의 40에 상당하는 금액(5억원을 한도[50]로 함)을 상속세과세가액에서 공제하는 것임(재산세과-97, 2010.2.16.).

(부수토지) 주택은 상속인이 소유하고, 주택부수토지는 피상속인이 소유하던 중 상속이 개시되어 피상속인과 10년 이상 동거한 상속인이 주택부수토지를 상속받는 경우에는 동거주택상속공제를 적용할 수 없음(재산세과-580, 2010.8.11.).

(상속주택 외 주택에서 사망한 경우) 상속개시일 이전에 이미 피상속인과 상속인이 소급하여 10년 이상 계속하여 해당 주택에서 동거하던 중 상증령 제20조의2에 따른 사유로 인하여 다른 임차주택에서 거주하다 사망한 경우에는 동거주택 상속공제가 적용됨(재산세과-57, 2010.2.1.).

(겸용주택) 동거주택 상속공제대상 주택이 겸용주택으로서 주택의 면적이 주택 외의 면적보다 큰 경우 소득령 제154조제3항에 따라 주택외의 면적은 주택으로 봄(재산세과-51, 2010.1.26.).

(양도세 과세특례주택) 양도소득세에 관한 특례규정을 별도의 명시적인 근거 없이 구 상증세법 제23조의2 제1항 제2호에서 정하는 1세대1주택의 범위에까지 확대하여 적용할 수는 없음(서울행법2017구합82161, 2018.5.17.).

○ 동거기간

(재건축) 2011.1.1. 이후 상속분부터 피상속인과 상속인이 주택재건축사업의 시행기간 동안 전세로 동거한 기간은 상증법 제23조의2제1항제1호의 "10년 이상 하나의 주택에서 동거"에 있어 동거기간에 산입함(재산세과-248, 2012.7.4.).

(통산여부) 동거주택 상속공제는 피상속인과 상속인이 상속개시일부터 소급하여 10년 이상 계속하여 하나의 주택에서 동거한 경우에 적용됨(동거기간을 과거 통산하지 않음)(재산세과-505, 2011.10.27.).

---

50. 개정 전 공제율과 한도액이다.

(사업상 형편) 동거주택 상속공제는 피상속인과 상속인이 상속개시일부터 소급하여 10년 이상 계속하여 하나의 주택에서 동거한 경우에 적용되며, 사업상 형편은 동거한 것으로 보는 사유에 해당하지 않음(재산세과-506, 2011.10.27.).

○ 보유요건

상증법 제23조의2제1항제2호 및 제3호)를 충족하는 경우로, 피상속인과 상속인이 상속개시일부터 소급하여 10년 이상 계속하여 하나의 주택에서 동거하는 경우에는 피상속인의 보유기간과 관련 없이 같은 법 제1항에 따른 동거주택 상속공제를 적용할 수 있음(기획재정부 재산세제과-180, 2019.2.20.).

○ 동거의 의미

(소유·보유) 동거주택 상속공제에 있어 과세요건 규정의 엄격해석의 원칙상 소유 또는 보유라는 단어를 사용하지 아니하는 한, 동거의 용어 속에 보유 또는 소유 개념이 포함되어 있다고 보기 어려워 피상속인이 쟁점주택을 10년 이상 소유하지 않았다는 이유로 과세한 것은 위법함(대법원2012두2474, 2014.6.26.).

(동일세대) 동거주택 상속공제 요건 중 10년 이상 보유개념은 피상속인만의 보유기간이 아니라 동일세대가 10년 이상 보유하는 개념임(심사상속2014-0021, 2014.10.13.).

○ 상속개시일 현재 일시적 2주택

피상속인 다른 주택을 취득하여 일시적으로 2주택을 소유한 경우(상속개시일 현재 2주택인 경우를 포함)에도 다른 주택을 취득한 날부터 2년 이내에 종전의 주택을 양도하고 이사하는 경우에는 1세대 1주택을 소유한 것으로 보며, 상속개시일 현재 일시적으로 2주택인 경우 동거주택 상속공제는 상속개시일 현재 피상속인과 직계비속인 상속인이 동거하는 주택에 대해 적용함(기획재정부 재산세제과-306, 2016.5.2.).

○ 요건에 해당하는 상속인에게 동거주택의 법정상속비율만큼 현금지급한 경우

요건을 충족하는 상속인이 상속받은 주택임이 상속등기를 통해 확인되는 경우에 동거주택 상속공제를 적용받을 수 있음(사전2020법령해석재산-1043, 2020.12.28.).

10. 상속공제 적용의 한도액

○ 상속공제 한도액 = 상속세 과세가액-①-②-③

① 선순위인 상속인이 아닌 자에게 유증등[51]을 한 재산가액

② 선순위인 상속인의 상속포기로 그 다음 순위의 상속인이 받은 상속재산가액

③ (상속세 과세가액이 5억원을 초과하는 경우에만) 상속세 과세가액에 가산한 증여재산가액

- 증여재산가액은 상속세 증여재산공제액과 재해손실공제액을 차감함
- 증여재산가액에는 창업자금 및 가업승계 주식등(조특법 §30의5 및 §30의6)은 불포함

상속공제(기초공제 2억, 가업상속공제, 영농상속공제, 배우자상속공제, 그 밖의 인적공제, 일괄공제, 금융재산상속공제, 재해손실공제, 동거주택 상속공제)의 합계액과 공제한도액을 비교하

---

51. "유증등"에는 사망으로 인하여 효력이 발생하는 증여가 포함된다(상증법 제12조).

여 적은 가액을 상속세 과세가액에서 공제한다. 피상속인의 상속재산 평가액이 상속공제의 합계액에 미달되더라도 사전증여재산 등이 있는 경우에는 상속공제한도액으로 인하여 상속세가 계산될 수 있다(상증법 제24조).

상속공제는 본래의 상속인들이 받았거나 받을 총상속재산(상속·유증·사인증여+간주+추정상속재산)에 대한 과세가액의 합계액까지만 상속공제를 허용하겠다는 의미이다.

재산을 상속인에게 이전함에 있어 일부 재산을 배우자 등에게 사전증여한 경우와 그렇지 않고 모두 상속한 경우, 그리고 사전증여재산이 많은 경우와 그렇지 않은 경우 사이에 공제한도조항으로 인하여 상속세 부담이 달라지게 된다. 이에 대해 헌재는 아래와 같이 보았다.

만약 상속인이 피상속인의 사망으로 인하여 실제로 받은 상속재산에 대하여만 상속세를 과세하게 되면, 피상속인이 장차 상속세의 과세대상이 될 재산을 상속개시 전에 상속인이 될 자 등에게 증여의 형태로 분할이전하여 고율인 누진세율에 의한 상속세 부담을 회피하려고 할 것이다. 그러므로 이와 같은 부당한 상속세 회피행위를 방지하고 조세부담의 공평을 도모하기 위하여 상속개시 전 일정기간 이내에 피상속인이 상속인 등에게 증여한 재산에 대하여는 그 증여의 효력을 실질적으로 부인하여 그 재산의 가액을 상속재산가액에 가산하도록 규정하고 있다. 그런데 위와 같이 합산규정을 두면서 상속공제 한도를 두지 않는다면 상속인들이 실제 상속받은 재산가액을 초과하여 상속재산에 합산된 사전증여재산가액까지 공제될 수 있다. 공제한도조항은 상속인의 실제상속재산의 한도 내에서 상속공제를 인정함으로써 합산규정의 취지를 살리고자 하는 것으로서 그 입법목적은 정당하다고 할 것이다(헌재2003헌가4, 2003.6.6.).

예시

(문) 상속개시일은 2021.3.1.이고 상속재산 6억원이다. 상속개시일 1년 전 자녀에게 사전 증여한 재산 3억원, 상속재산 6억원 중 3억원은 유언에 의하여 동생에게 상속하였고, 상속인은 배우자와 성인자녀 1인이라면, 상속세를 무신고한 경우 상속공제액과 과세표준 및 산출세액은?

(답) 상속공제액 = Min(①, ②) = 3.5억원

① 상속공제액 = 10억원(일괄공제 5억원 + 배우자공제 5억원)

② 상속공제 한도액 = 상속세과세가액 9억원 - 자녀에게 증여한 재산의 과세표준 2.5억원(3억원 - 5천만원) - 상속인 외의 자에게 유증한 재산가액 3억원 = 3.5억원

상속세 과세표준 = 9억원 - 3.5억원 = 5.5억원

상속세 산출세액 = 5.5억원 X 30% - 6천만원 = 105백만원

<상속공제한도액 개정연혁>

2003.1.1.~2015.12.31.	2016.1.1.~2016.12.31.	2017.1.1.~
상속세 과세가액 - 상속인이 아닌 자에게 유증 등을 한 재산가액 - 상속인의 상속포기로 그 다음 순위의 상속인이 받은 상속재산가액 - 상속세 과세가액에 가산한 증여재산가액(증여재산공제액과재해손실공제액을 차감한 가액)	상속세 과세가액 - 상속인이 아닌 자에게 유증 등을 한 재산가액 - 상속인의상속포기로그다음순위의상속인이받은상속재산가액 - (상속세 과세가액이 5억원 초과시) 상속세 과세가액에 가산한 증여재산가액(증여재산공제액과재해손실공제액을 차감한 가액)	상속세 과세가액 - 선순위인 상속인이 아닌 자에게 유증 등을 한 재산가액 - 선순위인 상속인의 상속포기로 그 다음 순위의 상속인이 받은 상속재산가액 - (상속세 과세가액이 5억원 초과시) 상속세 과세가액에 가산한 증여재산가액(증여재산공제액과재해손실공제액을 차감한 가액)

[관련 질의회신 · 판례 등]

○ 사전증여재산만 있는 경우

본래의 상속재산은 없고 상속인에게 10년 이내에 증여한 재산만 있는 경우, 증여재산가액을 상속세 과세가액으로 하고 이 경우 인적공제 등 상속공제는 배제됨(국심2001부661, 2001.5.14.).

○ 유증포기

유증등을 받을 자가 유증등을 포기함에 따라 공동상속인 간의 협의에 의하여 분할한 상속재산은 상속세 과세가액에서 차감하지 아니함(서면4팀-1499, 2005.8.23.).

○ 후순위 상속인 유증받은 경우

선 순위 상속인이 있으나 후 순위 상속인이 상속재산 전액을 유증받은 경우, 후 순위 상속인은 '상속공제받을 수 있는 상속인'이라 할 수 없어 상속공제한도가 0원이 되어 '기초공제'도 적용 안 됨(국심2001구1554, 2001.10.25.).

○ 유류분 반환

피상속인의 모든 상속재산을 손자가 유증 받음으로써 기초공제, 자녀공제 등 각종 상속공제를 받지 못하다가 상속인들이 유류분 반환청구소송을 제기하여 일부 상속재산을 취득한 경우 그 재산가액에 대하여 상속공제해 줄 것을 청구할 수 있음(재삼46014-2300, 1998.11.26.).

○ 유증재산을 반환하는 경우

상속인이 아닌 자가 피상속인으로부터 유증받은 재산을 상속세과세표준 신고기한 이내에 상속인에게 반환한 경우, 해당 반환한 재산의 가액은 "상속인이 아닌 자에게 유증 등을 한 재산의 가액"에 해당하지 아니함(재산세과-3579, 2008.10.31.).

제7장 상속세 세율 및 상속세 세액계산

상속세의 과세표준에 세율을 곱하여 계산한 상속세 산출세액이 그대로 납세자가 신고납부할 세액이 되는 것이 아니다. 신고납부할 세액은 상속세 산출세액에 세대를 건너뛴 상속에 대한 할증과세를 가산한 금액에서 세액공제 · 징수유예를 차감하여 계산[1] 한다.

상속세 결정세액 계산에서 공제되는 세액은 증여세액공제, 외국납부세액공제, 단기재상속세액공제, 문화재자료등에 징수유예세액, 신고세액공제가 있다.

제1절 상속세 산출세액

상속세 산출세액은 상속세 과세표준에 세율을 적용하여 계산한다(상증법 제26조). 다만, 상속인이나 수유자가 피상속인의 자녀를 제외한 직계비속인 경우에는 해당 상속세 산출세액의 30%(또는 40%)에 상당하는 금액을 가산한다(상증법 제27조).

상속세 산출세액=(상속세 과세표준×세율) + 세대생략 가산액

1. 세율

초과누진세율을 적용한다. 초과누진세율이란 과세표준 구간에 따라 세율이 누진으로 적용되는 세율을 말한다. 1996.12.31. 이전에는 상속세율과 증여세율이 달랐으나 1997.1.1. 이후부터 같은 세율을 적용하고, 2000.1.1. 이후 세율 변동은 없다.

---

1. 과세관청은 결정세액이라고 부르고, 결정세액에 가산세를 가산한 가액을 총결정세액, 총결정세액에서 기납부세액 등을 차감한 금액이 고지세액이라고 부른다.

1997.1.1.~1999.12.31.[2]			2000.1.1. 이후		
과세표준	세율	누진공제	과세표준	세율	누진공제[3]
1억원 이하	10	-	1억원 이하	10	-
5억원 이하	20	1천만원	5억원 이하	20	1천만원
10억원 이하	30	6천만원	10억원 이하	30	6천만원
50억원 이하	40	1억 6천만원	30억원 이하	40	1억 6천만원
50억원 초과	45	4억 1천만원	30억원 초과	50	4억 6천만원

예시

(문) 상속재산 15억원, 상속공제 12억원이면, 상속세 산출세액은?

(답) 5천만원 ((15억원-12억원)×20%-1천만원)

2. 세대를 건너뛴 상속에 대한 할증과세[4]

상속세와 증여세는 이른바 1세대 1회 과세원칙을 가지고 있다. 예를 들어, 피상속인인 조부가 자(子)의 세대를 건너뛰어 손(孫)의 세대에게 직접 유증할 수 있다. 이 경우 자(子)의 세대에서 손(孫)의 세대로 상속될 때 부담해야 하는 상속세를 회피할 수 있으므로 이를 방지하기 위하여 할증과세를 하고 있다.

상속인 또는 수유자가 피상속인의 자녀를 제외한 직계비속인 경우에는 상속세 산출세액의 30%에 상당하는 금액을 가산한다. 다만, 민법 제1001조에 따른 대습상속은 할증과세를 하지 않는다(상증법 제27조).

2016.1.1. 이후 상속분부터 피상속인의 자녀를 제외한 직계비속이면서 미성년자에 해당하는 상속인 또는 수유자가 받았거나 받을 상속재산의 가액이 20억원을 초과하는 경우에는 40%[5] 에

---

2. 세율 경과조치는 1999.12.28. 상증법 부칙 제5조에 따른다.
3. 상증법의 제26조(세율)의 내용은 아래와 같지만 실무상 계산편의를 위해 누진공제 방식으로 서술하였다.

과세표준	세율
1억원 이하	과세표준의 100분의 10
1억원 초과 5억원 이하	1천만원+(1억원을 초과하는 금액의 100분의 20)
5억원 초과 10억원 이하	9천만원+(5억원을 초과하는 금액의 100분의 30)
10억원 초과 30억원 이하	2억4천만원+(10억원을 초과하는 금액의 100분의 40)
30억원 초과	10억4천만원+(30억원을 초과하는 금액의 100분의 50)

4. 법령서식 상속세 과세표준 및 자진납부계산서에서는 '세대생략 가산액'라고 한다.
5. 20억원을 초과하는 경우 20억원까지 30%, 20억원 초과분은 40%를 적용하는 것이 아니다.

상당하는 금액을 가산한다. 이 경우 상속재산가액은 상증법 제13조에 따라 상속재산에 가산한 증여재산 중 상속인이나 수유자가 받은 증여재산을 포함한다.

법령서식 상속세 과세표준 및 자진납부계산서에서 산출세액과 세대생략가산액을 더한 것을 산출세액계라고 한다.

$$\text{할증과세액} = \text{상속세 산출세액} \times \frac{\text{피상속인의 자녀를 제외한 직계비속이 상속받은 재산가액}}{\text{총상속재산가액 (상속인이나 수유자가 증여받은 재산가액 포함)}} \times 30\%(40\%)$$

[관련 질의회신 · 판례 등]

○ 조부의 상속세 신고기한 전에 부친이 사망한 경우

조부 사망 후 그 상속세 신고기한 전에 부의 사망으로 조부 및 부의 재산을 함께 상속받는 경우, 조부 및 부에 대한 상속세는 각각 별개로 과세하되, '세대를 건너뛴 상속에 대한 할증과세'는 적용하지 않음(서일46014-10361, 2002.3.19.).

○ 직계존비속의 범위

계모와 전처소생의 자녀(손자 포함)는 직계존비속에 해당되지 않음(서면4팀-3616, 2006.11.1.).

○ 직계비속 외의 자에게 유증하는 경우

세대를 건너뛴 상속에 대한 할증과세 규정은 상속인 또는 수유자가 피상속인의 자녀를 제외한 직계비속인 경우에 적용되므로 피상속인의 직계비속이 아닌 친정조카 아들에게 유증시 할증과세가 적용되지 아니함(재삼46014-1119, 1999.6.10.).

○ 대습상속으로 상속인이 된 경우 공제여부

손자들에게 사전증여한 재산에 대하여 상속개시일 현재 그 손자들이 대습상속인이 된 경우 상속재산에 가산된 증여재산에 대한 증여세산출세액과 세대생략가산액까지 포함하여 상속세산출세액에서 증여세액공제액으로 공제함이 타당함(대법원2016두54275, 2018.12.13.).

○ 총상속재산가액의 의미

"총상속재산가액"은 추정 상속재산가액을 포함한 상속세 과세가액 상당액을 말하며, 상속재산에 가산한 증여재산 중 상속인 또는 수유자가 아닌 자가 받은 증여재산을 상속세 과세가액에서 차감하며, "피상속인의 자녀를 제외한 직계비속이 상속받은 재산가액"에는 과세가액에 가산한 증여재산가액을 포함하지 아니함(서면4팀-1447, 2008.6.17.).

제2절 세액공제 및 징수유예세액

상속세 과세표준에 세율을 곱하여 계산한 상속세 산출세액이 그대로 납세자가 신고납부할 세액인 것은 아니다. 신고납부 세액은 상속세 산출세액에 직계비속에 대한 상속의 할증과세액을 가산한 금액에서 세액공제·징수유예를 차감하여 계산[6] 한다.

세액공제는 증여세액공제, 외국납부세액공제, 단기재상속세액공제, 신고세액공제가 있다. 증여세액공제와 외국납부세액공제는 이중과세를 조정하기 위한 세액공제다.

1. 증여세액공제

○ 증여세액공제=Min (ⓐ, ⓑ) ⓐ 가산한 증여재산의 증여당시 증여세 산출세액 ⓑ 공제한도액

상속세 과세가액을 계산할 때 상속개시일 전 10년 또는 5년 이내에 상속인 또는 상속인 외의 자에게 증여한 재산의 가액을 가산한다(상증법 제13조). 이 경우 상속세 과세가액에 가산한 증여재산은 당초 증여시 이미 증여세를 부과[7] 했기 때문에 상속세 과세가액에 다시 합산하여 과세하면 동일 재산에 대해 상속세와 증여세를 이중으로 과세하기 때문에 증여세액 공제제도를 두고 있다(상증법 제28조).

가. 증여세액 공제액 계산

상속재산에 가산한 증여재산에 대한 증여당시의 증여세 산출세액 상당액[8] 을 공제하되 다음의 공제한도액 범위 내에서 증여세액공제 한다. 다만, 상속세 과세가액에 가산하는 증여재산이 부과제척기간 만료로 인하여 증여세가 부과되지 않는 경우[9] 와 상속세 과세가액 5억원 이하인 경우에는 해당 증여세 산출세액은 공제하지 않는다.

공제한도액을 두는 이유는 이중과세에 해당하는 부분이 공제한도액만큼이기 때문이다. 이중과세에 해당하는 부분은, 증여세 산출세액 상당액이 아니라 상속재산에 대한 상속세액 산출액 상

---

6. 과세관청은 결정세액이라고 부르고, 결정세액에 가산세를 가산한 가액을 총결정세액, 총결정세액에서 기납부세액 등을 차감한 금액이 고지세액이라고 부른다.
7. 상속세 결정(경정)하면서 증여세를 부과하더라도 증여세를 부과하고 상속세에서 세액공제한다.
8. 납부세액이 아니라 산출세액을 공제하는 이유는 납부세액을 공제하면 사실상 세액공제 효과가 없어지기 때문이다.
9. 납부세액공제도 이와 같다. "〈쟁점〉 국세부과제척기간이 경과한 경우의 납부세액공제"를 참고하기 바란다.

당액에서 상속재산 중 증여재산이 차지하는 비율에 상당하는 부분이고, 증여세액공제는 그 수증자가 상속인일 경우에는 그가 납부할 상속세액에서 공제함이 공평과세 및 실질과세의 원칙에 부합한다(대법원95누17250, 1996.5.31.)

1) 공제한도액의 계산

증여세액공제의 한도액은 다음 식에 따라 계산한다.

가) 수증자가 상속인이나 수유자인 경우

상속인이나 수유자에게 사전 증여한 재산에 대한 증여세 산출세액은 아래 한도로 상속인 또는 수유자 별 각자의 상속세 산출세액에서 공제한다. 그 공제할 증여세액이 각자의 상속세 산출세액을 초과하는 때는 초과금액은 없는 것으로 한다.

증여세액 공 제 한 도 액	=	① 상속인이나 수유자 각자가 납부할 상속세 산출세액	×	상속인이나 수유자 각자의 상속재산에 가산한 증여재산에 대한 증여세 과세표준 / ② 상속인이나 수유자 각자가 받았거나 받을 상속재산(증여재산 포함)에 대한 상속세 과세표준상당액

"상속인 또는 수유자별 각자가 납부할 상속세액"은 전체 상속세 산출세액에서 상속인 및 수유자가 아닌 자에게 증여한 재산에 대한 증여세 산출세액을 차감한 잔액을 상속인 또는 수유자 각자가 받았거나 받을 재산에 대한 상속세 과세표준의 비율로 안분 계산한다(재재산46014-247, 2000.8.26.).

① 상속인 또는 수유자별 납부할 상속세 비율
= 상속인 또는 수유자별 상속세 과세표준 상당액) ÷ 〔 (상속세 과세표준 – 상속인 및 수유자가 아닌 자에게 증여한 과세표준) 〕

② 상속인 또는 수유자별 상속세 과세표준 상당액
= (상속인 또는 수유자별 가산한 증여재산의 과세표준) + (㉮ × ㉰ ÷ ㉯)
㉮ 상속세 과세표준 – 가산한 증여재산의 과세표준[10]
㉯ 상속세 과세가액 – 가산한 증여재산가액[11]

10. 즉, 배분대상 과표
11. 즉, 증여재산을 제외한 상속재산의 과세가액을 말한다.

㉰ 상속인 또는 수유자별 상속세 과세가액상당액 – 상속인 또는 수유자별 가산한 증여재산가액

나) 수증자가 상속인이나 수유자가 아닌 경우

상속인 및 수유자가 아닌 자에게 사전 증여한 재산에 대한 증여세 산출세액상당액은 다음 공제 한도액 범위 내에서 직접 총 상속세 산출세액에서 차감한다.

$$\text{증여세액 공제 한도액} = \text{상속세 산출세액} \times \frac{\text{가산한 증여재산의 대한 증여세 과세표준}}{\text{상속세 과세표준(사전증여재산포함)}}$$

예시

(문) 상속개시일은 2021.3.1.이고, 피상속인이 2020년에 배우자, 장남 및 손자에게 증여하였으며, 상속공제 합계액은 1,400백만원임. 상속인. 수유자별 납부할 상속세 산출세액 및 증여세액공제액은?

(단위: 백만원)

구 분		합 계	배우자 (상속인)	장 남 (상속인)	차 남 (상속인)	손 자 (수유자)
① 상속재산가액(채무 등 차감 후 금액)		1,800	1,000	200	400	200
② 증여재산 가산액		2,000	700	800		500
③ 상속세 과세가액(①+②)		3,800	1,700	1,000	400	700
④ 상속공제액 계		1,400				
⑤ 각자의 상속세 과세 표준(1단계 계산)	직접배분	1,300	ⓐ 100	ⓑ 750		ⓒ 450
	간접배분	1,100	ⓓ 611	ⓔ 122	ⓕ 245	ⓖ 122
	합 계	2,400				
⑥ 각자의 상속세 산출세액 (2단계 계산)		800	ⓗ 237	ⓗ 290.7	ⓗ 81.7	ⓗ 190.6
⑦ 증여세액 공제 (3단계 계산)	㉮ 산출세액	255	ⓘ 10	ⓙ 165		ⓚ 80
	㉯ 공제 한도액		ⓘ 33.3	ⓙ 250		ⓚ 149.9
	㉰ 공제할 세액	255	ⓘ 10	ⓙ 165		ⓚ 80
⑧ 차감세액(⑥ - ㉰)		545				

Ⅰ. 상속세 과세표준을 상속인·수유자 별로 배분

1. 직접 배분하는 상속세 과세표준: 1,300백만원

가산한 증여재산의 증여세 과세표준 금액을 직접 배분한다.

ⓐ 배우자에게 직접 배분한 과세표준: 100백만원(=700백만원 – 600백만원)

ⓑ 장남에게 직접 배분한 과세표준: 750백만원(=800백만원 – 50백만원)

ⓒ 손자에게 직접 배분한 과세표준: 450백만원(=500백만원 – 50백만원)

2. 과세가액을 기준으로 간접 배분하는 상속세 과세표준: 1,100백만원

○ 간접 배분대상 과세표준(1,100백만원)

= 총 상속세 과세표준(2,400백만원) – 직접 배분한 과세표준(1,300백만원)

○ 배분기준이 되는 상속세 과세가액: 1,800백만원

= 배우자(1,000백만원)+장남(200백만원)+차남(400백만원)+손자(200백만원)

증여재산 가산액을 제외한 상속재산의 과세가액을 의미한다.

ⓓ 배우자의 과세가액 기준으로 배분한 과세표준

611백만원=1,100백만원×(1,000백만원÷1,800백만원)

ⓔ 장남의 과세가액 기준으로 배분한 과세표준

122백만원=1,100백만원×(200백만원÷1,800백만원)

ⓕ 차남의 과세가액 기준으로 배분한 과세표준

245백만원=1,100백만원×(400백만원÷1,800백만원)

ⓖ 손자의 과세가액 기준으로 배분한 과세표준

122백만원=1,100백만원×(200백만원÷1,800백만원)

Ⅱ. 상속세 산출세액을 상속인·수유자별로 배분

1단계에서 계산한 각자의 상속세 과세표준을 기준으로 상속세 산출세액을 배분한다.

구 분	합 계	배 우 자	장 남	차 남	손 자
각자의 상속세 과세표준	2,400	711 (ⓐ+ⓓ)	872 (ⓑ+ⓔ)	245 (ⓕ)	572 (ⓒ+ⓖ)
ⓗ 각자의 상속세 산출세액	800	237	290.7	81.7	190.6

각자의 상속세 산출세액 = 산출세액(800백만원) × (각자 과세표준÷전체 과세표준)

Ⅲ. 상속인·수유자별 증여세액 공제액의 계산

ⓘ 배우자의 증여세액공제: Min(㉠, ㉡)=10백만원

㉠ 배우자의 증여재산 700백만원에 대한 증여세 산출세액: 10백만원

㉡ 공제한도액: 33.3백만원

$$\text{배우자의 산출세액(237백만원)} \times \frac{\text{배우자의 증여세 과세표준(100백만원)}}{\text{배우자의 상속세 과세표준(711백만원)}}$$

ⓙ 장남의 증여세액공제: Min(㉠, ㉡)=165백만원

㉠ 장남의 증여재산 800백만원에 대한 증여세 산출세액: 165백만원

㉡ 공제한도액: 250백만원

$$\text{장남의 산출세액(290.7백만원)} \times \frac{\text{장남의 증여세 과세표준(750백만원)}}{\text{장남의 상속세 과세표준(872백만원)}}$$

ⓚ 손자의 증여세액공제: Min(㉠, ㉡)=80백만원

㉠ 손자의 증여재산 500백만원에 대한 증여세 산출세액: 80백만원

㉡ 공제한도액: 156.6백만원

$$\text{손자의 산출세액(190.6백만원)} \times \frac{\text{손자의 증여세 과세표준(450백만원)}}{\text{손자의 상속세 과세표준(572백만원)}}$$

[관련 질의회신 · 판례 등]

○ 할증과세액 공제 여부

수증자가 증여자의 자녀가 아닌 직계비속(손자 등)인 경우 기납부 증여세 공제는 증여 당시 해당 증여재산에 대한 증여세 산출세액으로 계산하므로 '증여세 할증과세액'은 기납부 증여세액으로 공제되지 않음(국심2001서104, 2001.4.3.).

○ 상속재산으로 확인된 경우

명의신탁으로 증여세가 과세된 후 그 실질소유자인 피상속인의 상속재산에 포함되어 상속세가 과세된 경우 그 재산은 사전증여재산에 해당하지 아니하므로, 해당 증여세액은 상속세 산출세액에서 공제되지 아니함(서면4팀-171, 2005.1.24.).

○ 양도소득세 부당행위계산

특수관계자로부터 자산을 증여받은 자가 증여일로부터 3년 이내에 타인에게 이를 양도함으로써 증여자가 타인에게 직접 자산을 양도한 것으로 보는 경우, 당초 수증자가 부담한 증여세는 환급하는 것이나,

해당 증여자산은 사전증여재산으로 보아 상속세 과세가액에 가산하고 증여세상당액은 상속세 산출세액에서 공제함(서면4팀-1976, 2004.12.3.).

○ 2차 증여분 상속재산가액에 가산하는 경우
상속개시일 전 피상속인으로부터 2차에 걸쳐 재산을 증여받아 2차 증여분만 상속재산가액에 가산하는 경우, 상속재산에 가산한 증여재산에 대한 증여세액은 1·2차 증여분 합산과세시 산출세액에서 1차 증여분에 대한 기납부 증여세액을 공제한 후의 세액이 공제대상임(서면4팀-916, 2004.6.22.).

○ 증여받은 재산을 반환한 경우
피상속인이 상속인에게 증여한 재산을 신고기한을 경과하여 반환받고 사망함에 따라 증여세가 부과된 경우로서 반환받은 재산이 상속재산에 포함되어 상속세가 과세되었다면, 증여세가 과세된 증여재산은 합산대상 증여대상에 해당하지 아니하며, 이 경우 상속재산에 가산하지 아니한 증여재산에 대한 증여세액은 상속세산출세액에서 공제되지 않음(재산세과-3670, 2008.11.7.).

○ 부와 모로부터 각각 증여받은 후 부가 사망한 경우 증여세액공제 적용방법
부와 모로부터 증여받고 부가 사망한 경우 상속세 계산시 부의 증여분에 대한 증여세액공제는 부와 모의 증여재산을 합산하여 계산한 증여세 산출세액을 증여재산가액으로 안분하여 계산함(재산세과-81, 2013.3.18.).

○ 증여 당시 수증자가 배우자였으나 상속개시 당시 이혼한 경우
증여 당시 수증자가 배우자인 관계로 배우자증여공제를 받았다가 상속개시 당시에는 이혼으로 상속인이 아니어서 배우자상속공제를 받을 수 없게 된 경우, 구 상속세및증여세법 제28조 제1항에 따라 상속세 산출세액에서 공제할 증여세액은 실제로 납부된 증여세액이 아니라 증여한 재산가액에 대하여 배우자증여공제를 하지 아니하였을 때의 증여세 산출세액임(대법원2012두720, 2012.5.9.).

2. 외국납부세액공제

○ 외국납부세액공제=Min(ⓐ,ⓑ)

ⓐ $\text{상속세 산출세액} \times \dfrac{\text{외국의 법령에 의하여 상속세가 부과된 상속재산의 과세표준}}{\text{상속세 과세표준}}$

ⓑ 한도액: 외국의 법령에 의하여 부과된 상속세액

피상속인이 거주자인 경우 국내·국외에 소재한 모든 상속재산에 대해 상속세 부과대상이므로 외국에서도 상속재산이 소재하면 그곳에서 상속세가 부과될 수가 있어 이중과세를 방지하기 위하여 외국납부세액공제제도를 두고 있다. 따라서 거주자 사망으로 외국에 있는 상속재산을 포함하여 상속세를 부과하는 경우에는 그 외국에서 납부한 상속세 상당액을 상속세 산출세액에서 공제한다(상증법 제29조).

쟁점

상속세 외국납부세액공제의 의미

거주자가 사망한 경우에는 국내, 국외재산이 모두 상속재산이며, 이 경우 외국납부세액공제가 적용된다. 동일한 재산에 대하여 대한민국도 과세하고, 다른 나라도 과세하면 이중과세가 되니까 조정하는 것이다.

외국납부세액공제는 거주자가 사망한 경우 외국에 있는 상속재산에 대하여 외국에서 상속세를 부과받은 경우에는 부과받은 상속세에 상당하는 금액을 상속세 산출세액공제 공제하는 것을 말한다.

외국납부세액공제의 의미는 결국은 국내재산에 대해서만 상속세를 과세하는 것을 의미한다. 그 나라 재산은 그 나라에서 상속세를 부과한다는 뜻이다. 예를 들어 대한민국과 A국의 과세표준 구간과 세율이 같고, 대한민국 100억, A국 100억의 상속재산이 있고, 100억원에 대한 상속세 부담액은 30억원이라고 가정하면 대한민국 입장에서는 결국 국내재산에 대해서만 상속세를 과세하는 형태가 된다. B국의 거주자가 되더라도 우리나라의 입장은 같다.

	대한민국 입장(거주자)	A국 입장(비거주자)
상속재산	200억(100억+100억)	100억
산출세액	60억	30억
외국납부세액공제	30억	
납부할세액	30억	

물론 현실에서는 나라별 과세표준 구간과 세율이 같지 않기 때문에 차이가 발생한다. 외국납부세액공제가 있으므로 사실은 피상속인이 거주자이든, 비거주자이든 국내재산에 대해서만 상속세를 부과하게 되지만, 주의할 점이 있다. 외국납부세액공제는 상대방 국가의 상속세 과세체계와 관련이 없다는 점이다. 상속세 과세체계는 크게 '유산세 체계'와 '유산취득세 과세체계'로 구분되는데, 외국납부세액공제는 외국에 있는 상속재산을 기준으로 하므로 외국의 상속세 과세체계와는 상관이 없다.

3. 단기재상속에 대한 세액공제

$$\text{단기재상속 세액공제액} = \text{전의 상속세 산출세액} \times \frac{\left\{\text{재상속분의 재산가액} \times \dfrac{\text{전의 상속세 과세가액}}{\text{전의 상속세 재산가액}}\right\}}{\text{전의 상속세 과세가액}} \times \text{공제율}$$

상속개시 후 10년 이내에 상속인이나 수유자의 사망으로 다시 상속이 개시되면 전(前)의 상속세가 부과된 상속재산(사전증여재산 포함) 중 재상속분에 대한 전의 상속세 상당액을 상속세 산출세액에서 공제한다(상증법 제30조).

단기재상속세액공제는 전의 상속재산이 재상속재산에 포함되어 있는 경우의 그 재산별로 각각 구분하여 계산한다.

'재상속분의 재산가액'이란 전의 상속재산 중 재상속된 재산에 포함된 재산 각각에 대하여 전의 상속 당시 상속재산가액이다.

이와 더불어 '재상속분의 재산가액' 및 '전의 상속세 과세가액'에는 상속세 과세가액에 합산하는 사전증여재산을 포함한다. 사전증여재산의 범위[12]는 ① 전의 상속세 부과당시 사전증여재산으로서 상속세 과세가액에 포함됐던 재산이 10년 내 재상속, ② 1차 상속 후 2차 상속 전에 사전증여한 재산으로, 2차 상속시 상속재산가액에 포함하는 경우를 말한다.

2020.1.1. 이후 상속부터 공제되는 세액은 상속세 산출세액에서 증여세액공제 및 외국납부세액공제액을 차감한 금액을 한도로 한다.

재상속기간	1년내	2년내	3년내	4년내	5년내	6년내	7년내	8년내	9년내	10년내
공제율(%)	100	90	80	70	60	50	40	30	20	10

예시

(문) 2017년 모가 사망하고, 2022년 부가 사망한 경우 단기재상속세액공제는?

○ 부 사망시 상속세 산출세액은 1억원으로 가정

○ 모 사망시 상속세 결정현황(자는 증여당시 성년, 거주자임)

(단위: 원)

구분		계	상속인	
			부	자
총상속재산	토지	800,000,000	800,000,000	
	아파트	400,000,000	400,000,000	
	오피스텔	1,000,000,000		1,000,000,000
	계	2,200,000,000	1,200,000,000	1,000,000,000
공과금 등	공과금 등	300,000,000	100,000,000	200,000,000
증여재산		100,000,000		
상속세 과세가액		2,000,000,000		
상속공제(배우자+일괄)		1,700,000,000		
상속세 과세표준		300,000,000		
산출세액		50,000,000		

12. 『2020 개정세법 해설책자』, 국세청, p. 218.

○ 각 상속개시일 현재 상속재산가액

구분	모의 상속개시일	부의 상속개시일
토지	800,000,000	900,000,000
아파트	400,000,000	500,000,000
오피스텔	1,000,000,000	1,200,000,000

(답)

○ 상속재산별 상속세 과세가액 상당액 계산=재상속분의 재산가액×전의 상속세 과세가액 총액 / 전의 상속재산가액 총액(사전증여 포함))

구분	재상속분의 재산가액	전의 상속세 과세가액 상당액
토지	800,000,000	800,000,000×20억 / 23억=695,652,173
아파트	400,000,000	400,000,000×20억 / 23억=347,826,086

○ 단기재상속 세액공제=전의 상속세 산출세액 총액×전의 상속세 과세가액 상당액 / 전의 상속재산가액 총액(사전증여 포함))×공제율

- 토지: 50,000,000×695,652,173 / 2,000,000,000×50%=8,695,652
- 아파트: 50,000,000×347,826,086 / 2,000,000,000×50%=4,347,826

○ 공제받을 단기재상속 세액공제

Min(13,043,478(=8,695,652+4,347,826), 100,000,000)=13,043,478

[관련 질의회신 · 판례 등]

○ 사전증여재산이 적용대상인지

(기재부) 상속인이 상속개시일로부터 10년 이내에 사망하여 상속인의 재산이 재상속되는 경우, 상속인이 상속받은 재산을 재상속 전에 자녀에게 증여하였다면 그 증여한 재산은 단기 재상속에 대한 세액공제 적용 대상에 해당함(기획재정부 재산세제과-85, 2019.1.23.).[13]

(심판원) 사전증여재산의 경우 증여 당시 수증자가 증여세를 부담한 후 1차 상속시에 사전증여재산가

13. 세법해석정비

요지	유지사례	삭제사례
상속인의 재산이 재상속되는 경우 상속인이 상속받은 재산을 재상속 전에 자녀에게 증여한 재산도 단기 재상속 세액공제 대상 재산에 포함	기획재정부 재산세제과-85, 2019.1.23.	상속증여세과-541, 2013.9.2. 재삼46014-2228, 1998.11.18.

액으로 상속세과세표준을 구성하고, 당해 재산이 다시 상속됨으로써 상속세를 부담하게 된다는 점에서 단기간 내에 동일 재산에 대하여 중복 과세되는 결과를 초래하므로 사전증여재산에 대해서도 단기재상속에 대한 세액공제를 적용함(국심2005서3093, 2006.1.3., 조심2016중0767, 2016.5.23.).
⇒ 2020.1.1. 이후 상속부터 전의 상속재산에 상속세 과세가액에 가산하는 증여재산이 포함됨을 명확하게 개정하였다.

○ 재상속분의 재산가액
(의미) 계산식에서 '재상속분의 재산가액'은 '전의 상속재산가액'에서 '전의 상속세 상당액'을 차감한 것을 말함(대법원2010두16059, 2011.2.10.).
(전의 상속세 상당액) 재상속분의 재산가액은 전의 상속재산가액에서 전의 상속세상당액을 차감하여 계산하는데, 이 경우 '전의 상속세 상당액'이란 상증법 제3조제1항에 따라 계산한 피상속인이 납부할 전의 상속시 상속세액 중 재상속된 재산에 상당하는 상속세액을 말함(서면4팀-1059, 2006.4.21.).

○ 재상속분에 대한 상속세 과세가액
전의 상속재산가액에는 피상속인의 생전 증여재산이나 법률상 상속재산으로 간주하여 상속세 과세가액에 산입되는 재산가액 등도 모두 포함하며, 재상속분에 대한 상속세 과세가액은 재상속 당시 재산가액이 아니라 전 상속 당시 재산가액에 전의 상속재산가액 중에서 전의 상속세 과세가액이 차지하는 비율을 곱하여 산출함(대법2002두11196, 2004.7.9.).

○ 재산종류 변경
(토지 ⇒ 예금) 당초 상속시 토지를 상속받은 후 토지가 수용되어 현금으로 수령 후 정기예금으로 예치되어 있는 상태에서 재상속이 개시된 경우와 같이 재상속되는 재산의 종류가 변경된 경우에도 단기재상속에 대한 세액공제 적용함(서면4팀-975, 2006.4.14.).
(매각대금 일부만 상속) 1차 상속시 상속받은 부동산(8억원)을 양도(20억원)하고 해당 매각대금 중 일부만 재상속(10억원)된 때에는 재상속된 재산의 비율에 상당하는 전의 상속재산가액(4억원)을 기준으로 산정된 전의 상속세과세가액을 한도로 공제세액을 계산함(재산세과-902, 2010.1.4.).
(현금) 단기재상속 세액공제를 계산할 때, "재상속분의 재산가액"이라 함은 전의 상속재산 중 재상속된 재산에 포함된 재산 각각에 대하여 전의 상속개시당시 상속재산가액으로 하는 것으로, 피상속인이 전의 상속개시당시 상속받은 현금이 재상속된 재산에 포함되었는지 여부는 관할세무서장이 예금 입출금액의 발생원인과 사용처 등을 확인하여 판단할 사항임(재산세과-258, 2012.7.13.).

4. 신고세액공제

〔(상속세 산출세액+세대생략 할증과세액) - (문화재자료 등의 징수유예세액+증여세액공제+외국납부세액공제+단기재산속세액공제+다른 법률에 따른 공제 또는 감면세액)〕×3%

상속세 과세표준 신고기한 내에 상속세 신고서를 제출한 경우에는 신고세액공제를 적용한다(상증법 제69조). 모든 세액공제 등을 적용한 후 공제하며, 공제한도는 없다. 신고기한 내에 상속세 신고서를 제출한 때에는 비록 상속세를 신고기한 내 세액을 납부하지 아니하여도 신고세액공제를 할 수 있다(상증통칙 69-0…1).

<신고세액공제 공제율 개정연혁>

2016.12.31. 이전	2017.1.1.~12.31	2018.1.1~2018.12.31.	2019.1.1. 이후
10%	7%	5%	3%

쟁점

신고세액공제 개정의 의미

신고세액공제는 1967년도에 생겼으며, 2016.12.31.까지 공제율은 10%를 유지하고 있었다. 신고세액공제 도입은 국세청이 상속 및 증여현황을 파악하기 어려웠던 시기에 납세의무자의 성실한 신고를 유도하고 탈세를 방지하기 위한 것이었다. 경제환경의 변화와 과세인프라 확충으로 상속. 증여시기 및 가액 확인이 가능하여 그 필요성이 낮아졌고, 공제한도가 없으므로 상속재산이 크나 작으나 모두 같은 혜택을 부여받는 것이 조세정의에 맞지 않았다. 또한 다른 세목이 없어 형평성에 맞지 않는 부분이 있었다.

이에 국세청은 신고세액공제에 대해 공제율을 축소하거나 공제한도액을 두자고 2015년 건의하였으나 기재부는 받아들이지 않았다.[14] 한편, 김관영 의원은 2015.5.15. 신고세액공제 인하와 관련해 상증법 발의하였고,[15] 20대 국회에 들어와서 상증법이 통과되어 공제율이 10%에서 7%, 5%, 3%로 낮아졌다.

신고세액공제를 보다 합리적으로 개선한다면 신고세액공제에서 신고납부세액공제로 개정할 필요가 있고, 세무대리인의 신고서 작성비용 등의 공제를 신설할 필요가 있다. 또 전자신고 세액공제대상에 상속세와 증여세를 추가할 필요가 있다.

[관련 질의회신 · 판례 등]

○ 과다신고한 경우

'신고한 과세표준'에는 증여재산의 평가상 차이 및 각종 공제액의 적용상 오류로 인한 과다신고 금액은 제외함(상증집행기준 69-65의2-2).

○ 경정시 신고세액공제 계산

(질의) 상속재산 일부 신고누락시 신고세액공제액의 계산방법

갑설) 당초 신고한 신고산출세액 기준

을설) 신고 누락분을 포함함에 따라 누진세율 적용으로 증가한 결정산출세액 중 신고한 과세표준에 대한 산출세액 기준

(회신) '을설'이 타당함(기획재정부 재산세제과-118, 2014.2.12.).

---

14. 2016년도 국정감사 기획재정위원회회의록, p.54.
15. "상속 · 증여 신고세액공제 매년 1/100씩 낮추자"(김관영 의원 대표발의), 세정일보, 2015.5.15.

○ 가산한 증여재산

상속재산에 가산하는 증여재산 일부를 신고누락한 경우 상속세 신고세액공제를 계산할 때 '산출세액'은 결정산출세액 중 신고한 과세표준에 대한 산출세액을 기준으로 하고, '차감하는 증여세액공제'는 증여세 결정산출세액 중 신고한 과세표준에 대한 산출세액을 기준으로 함(기준2016법령해석재산-0261, 2016.11.23.).

5. 문화재자료 등에 대한 상속세 징수유예(상증법 제74조)

상속세산출세액×(문화재자료 등+박물관 자료)의 가액/상속재산(가산하는 증여재산 포함)〕

가. 징수유예 대상 문화재 자료 등

상속재산 중 다음에 해당하는 재산이 포함되어 있는 경우 그 재산가액에 상당하는 상속세액의 징수를 유예한다.

1) 「문화재보호법」에 따른 문화재자료 및 국가등록문화재(이하 "문화재자료 등")와 해당 문화재 또는 문화재자료가 속한 보호구역의 토지(상증법 제74조제1항제1호 및 상증령 제8조제2항)

○ 문화재보호법 제2조(정의)

③ 이 법에서 "지정문화재"란 다음 각 호의 것을 말한다.

1. 국가지정문화재: 문화재청장이 제23조부터 제26조까지의 규정에 따라 지정한 문화재
2. 시 · 도지정문화재: 특별시장 · 광역시장 · 특별자치시장 · 도지사 또는 특별자치도지사(이하 "시 · 도지사"라 한다)가 제70조제1항에 따라 지정한 문화재
3. 문화재자료: 제1호나 제2호에 따라 지정되지 아니한 문화재 중 시 · 도지사가 제70조제2항에 따라 지정한 문화재

④ 이 법에서 "등록문화재"란 지정문화재가 아닌 문화재 중에서 다음 각 호의 것을 말한다. 〈개정 2018.12.24., 2019.11.26.〉

1. 국가등록문화재: 문화재청장이 제53조에 따라 등록한 문화재

2) 「박물관 및 미술관 진흥법」에 따라 등록한 박물관자료 또는 미술관자료로서 박물관 또는 미술관(사립박물관 또는 사립미술관은 공익법인등인 경우에 한함)에 전시·보존 중인 재산(이하 "박물관자료")

나. 징수유예한 상속세 즉시 징수

징수유예를 받고자 하는 자는 그 유예한 상속세액에 상당하는 담보를 제공하여야 하며, 문화재자료 등 또는 박물관자료를 상속받은 상속인 또는 수유자가 아래 사유로 자료를 유상으로 양도하거나 인출하는 경우에는 그 징수를 유예한 상속세를 즉시 징수하여야 한다.

1) 상속인 또는 수유자가 문화재자료 등이나 박물관자료를 유상으로 양도
2) 박물관 또는 미술관의 등록이 취소된 경우
3) 박물관 또는 미술관을 폐관한 경우
4) 문화체육관광부에 등록된 박물관 자료 또는 미술관 자료에서 제외되는 경우

다. 징수유예의 사후관리

징수유예의 기간 중에 즉시 징수사유가 발생하지 않은 경우 문화재자료 등 또는 박물관자료를 상속받은 상속인 또는 수유자의 사망시까지 징수유예를 유지하고, 상속인 또는 수유자의 사망시에는 그 징수유예한 상속세액의 부과 결정을 철회하고 그 철회한 상속세액을 다시 부과하지 아니한다.

제8장 상속세 계산 및 신고서 작성 사례[1]

〈상속세과세표준신고 및 자진납부계산서 작성 작성순서〉

① 「상속세 과세표준 신고 및 자진납부계산서」의 기본사항 등 작성
② 상속세과세가액계산명세서(부표1)의 '상속받은 총재산 명세 작성'
  – 의제 상속재산 계산
  – 상속세 과세가액에 가산하는 증여재산 가액 계산
③ 추정상속재산 계산
  – 「상속개시 전 1(2)년 이내 재산처분 · 채무부담 내역 및 사용처소명 명세서」(부표4)
④ 「상속인별 상속재산 및 평가명세서」(부표2)
⑤ 「채무 · 공과금 · 장례비용 및 상속공제 명세서」(부표3)의
  – 채무 · 공과금 · 장례비용 공제금액 계산
⑥ 「상속세 과세가액 계산명세서」(부표1) 작성
⑦ 「채무 · 공과금 · 장례비용 및 상속공제 명세서」(부표3)의 상속공제액 계산
⑧ 「상속세 과세표준 신고 및 자진납부계산서」
  – 과세표준 계산
  – 산출세액 계산(세대생략에 대한 할증과세 포함)
  – 증여세액 공제액 계산(각자 납부할 산출세액 계산–임의서식)
  – 신고세액 공제액 계산

---

1. 국세청 홈페이지 사례이며, 국세청 홈페이지 신고서 작성요령 및 사례는 저자가 2008.8월에 처음 게재하였다.

사례 1

1. 피상속인 등

피상속인	상 속 인	상속개시일(사망일)	신 고 일
비거주자	배우자, 자	2021.1.10.	2021.10.31.

2. 상속재산

상속재산	재산평가액	상 속 인
금융재산(예·적금)	2억원	배우자
부동산(아파트)	5억원	자

3. 사전 증여재산

사전 증여재산	증여일	수증인	재산평가액	과세표준	증여세 산출세액
현금	2017.6.3.	배우자(당시 비거주자)	1억원	1억원	1천만원

4. 채무 · 공과금 · 장례비용

<table>
<tr><th>구 분</th><th>종 류</th><th>금 액</th><th>비 고</th></tr>
<tr><td>채 무</td><td>임대보증금</td><td>3억원</td><td rowspan="2">상속재산인 아파트 관련 자(子)가 승계</td></tr>
<tr><td rowspan="2">공 과 금</td><td>재산세 등</td><td>5백만원</td></tr>
<tr><td>기타 미납 공과금</td><td>1천만원</td><td rowspan="2">배우자가 승계</td></tr>
<tr><td>장례비용</td><td>장 례 비</td><td>4백만원</td></tr>
</table>

ㅇ 특이사항

- 피상속인 사망으로 피상속인이 불입한 생명보험금 1억원을 자가 상속받음
- 상속개시 8개월 전에 피상속인은 오피스텔을 5억원에 양도하였으며, 양도대금 중 2억원은 채무상환에 사용한 사실이 확인되나, 잔액의 사용처는 확인되지 않음

□ 상속세 계산

구 분	금액(원)	계 산 방 법
① 상속재산가액	800,000,000	- 상속재산 5억원+2억원 - 상속재산으로 보는 보험금 1억원 · 피상속인 사망으로 지급받는 생명보험 또는 손해보험 보험금으로 피상속인이 계약자이거나 보험료를 지불한 경우 상속재산에 포함
② 상속개시전 처분 재산 등 산입액	200,000,000	- 양도대금 5억원 - 사용처 소명 금액 2억원 - 사용처 미소명 금액 3억원 - 산입액: 3억원 - Min(5억원 20%, 2억원) = 2억원 · 사용처 미소명 금액이 양도대금의 20%와 2억원 중 적은 금액인 1억원 이상이므로 상속세 과세가액 산입
③ 공과금등	305,000,000	- 상속재산 관련 임대보증금 3억원 - 상속재산 관련 공과금 5백만원 · 피상속인이 비거주자인 경우 상속재산에 관한 채무, 공과금만 공제되며, 장례비용은 공제되지 않음
④ 가산하는 증여재산가액	100,000,000	
⑤ 상속세 과세가액	795,000,000	① + ② - ③ + ④
⑥ 상속공제액	200,000,000	- 기초공제 2억원 - 공제한도액: 795,000,000 - 100,000,000 = 695,000,000 - 공제한도초과액: 0원 · 피상속인이 비거주자인 경우 기초공제만 가능함 · 증여 당시 배우자가 비거주자였으므로 증여재산공제 없음
⑦ 과세표준	595,000,000	- ⑤ - ⑥
⑧ 세율	30%	
⑨ 산출세액	118,500,000	- ⑦ X ⑧ - 60,000,000(누진공제액)
⑩ 증여세액공제	10,000,000	- 증여세 산출세액: 10,000,000 · 증여세액공제 한도액을 초과하지 않은 것으로 가정
⑪ 신고세액공제	3,255,000	- (⑨ - ⑩) 3%
⑫ 납부할세액	105,245,000	

사례 2

1. 피상속인 등

피상속인	상 속 인	상속개시일(사망일)	신고일
거주자	배우자, 자 (자: 성인, 비장애인)	2021.1.10.	2021.7.31.

2. 상속재산

상속재산	재산평가액	상속인
금융재산(예·적금)	2억원	배우자
부동산(아파트)	5억원	자

3. 사전 증여재산

사전 증여재산	증여일	수증인	재산평가액	과세표준	증여세 산출세액
현금	2017.6.3.	배우자 (거주자)	1억원	-	-

4. 채무 · 공과금 · 장례비용

구 분	종 류	금 액	비 고
채 무	임대보증금	3억원	상속재산인 아파트 관련 자(子)가 승계
공 과 금	재산세 등	5백만원	
	기타 미납 공과금	1천만원	배우자가 승계
장례비용	장 례 비	4백만원	

○ 특이사항

- 피상속인의 사망으로 피상속인이 불입한 생명보험금 1억원을 자가 상속받음
- 상속개시 8개월 전에 피상속인은 오피스텔을 5억원에 양도하였으며, 양도대금 중 2억원은 채무상환에 사용한 사실이 확인되나, 잔액의 사용처는 확인되지 않음

□ 상속세 계산

구 분	금 액(원)	계 산 방 법
① 상속재산가액	800,000,000	- 상속재산 5억원+2억원 - 상속재산으로 보는 보험금 1억원 · 피상속인 사망으로 지급받는 생명보험 또는 손해보험의 보험금으로 피상속인이 계약자이거나 보험료를 지불한 경우 상속재산에 포함
② 상속개시전 처분 재산 등 산입액	200,000,000	- 양도대금 5억원 - 사용처 소명 금액 2억원 - 사용처 미소명 금액 3억원 - 산입액: 3억원 - Min(5억원 20%, 2억원) = 2억원 · 사용처미소명 금액이 양도대금의 20%와 2억원 중 적은 금액인 1억원 이상이므로 상속세 과세가액 산입
③ 공과금 등	320,000,000	- 임대보증금 3억원 - 공과금 1천 5백만원 - 장례비 5백만원 · 봉안시설에 소요된 금액을 제외한 장례에 직접 소요된 금액이 5백만원 미만인 경우에는 5백만원을 공제
④ 가산하는 증여재산가액	100,000,000	
⑤ 상속세 과세가액	780,000,000	① + ② - ③ + ④
⑥ 상속공제액	780,000,000	- 공제합계: 10억 6천만원 1) 일괄공제 5억원 · 기초공제 및 자녀공제 합계액(2억 5천만원)이 일괄공제보다 적으므로 일괄공제함 2) 배우자공제 5억원 · 배우자가 실제 상속받은 금액이 5억원 미만이므로 5억원 공제함 3) 금융재산공제: 3억원 20% = 6천만원 - 공제한도액: 7억 8천만원 - 0 = 7억 8천만원
⑦ 과세표준	0	- ⑥ - ⑦

사례 3 | 피상속인이 거주자로서 과세인 경우

1. 피상속인 등

피상속인	상속인	상속개시일(사망일)	신고일
거주자	배우자, 자 (자: 만18세, 장애인)	2021.1.10.	2021.7.31.

2. 상속재산

상속재산	재산평가액	상속인
금융재산(예·적금)	6억원	배우자
부동산(오피스텔)	7억원	자
부동산(아파트)	5억원	자

3. 사전 증여재산

사전 증여재산	증여일	수증인	재산평가액	과세표준	증여세 산출세액
현금	2017.6.3.	배우자 (거주자)	1억원	-	-

4. 채무 · 공과금 · 장례비용

구 분	종 류	금 액	비 고
채 무	임대보증금	3억원	子가 승계
공 과 금	재산세 등	5백만원	子가 승계
	기타 미납 공과금	1천만원	배우자가 승계
장례비용	장례비	4백만원	배우자가 승계

○ 특이사항

- 피상속인의 사망으로 피상속인이 불입한 생명보험금 1억원을 자가 상속받았다.
- 상속개시 8개월 전에 피상속인은 오피스텔을 5억원에 양도하였으며, 양도대금 중 2억원은 채무상환에 사용한 사실이 확인되나, 잔액의 사용처는 확인되지 않았다.

□ 상속세 과세가액 계산

구 분	금 액(원)	계 산 방 법
① 상속재산가액	1,900,000,000	- 상속재산 6억원+7억원+5억원 - 상속재산으로 보는 보험금 1억원 · 피상속인 사망으로 지급받는 생명보험 또는 손해보험 보험금으로 피상속인이 계약자인 경우
② 상속개시전 처분재산 등 산입액	200,000,000	- 양도대금 5억원 - 사용처 소명 금액 2억원 - 사용처 미소명 금액 3억원 - 산입액: 3억원 – Min(5억원 X 20%, 2억원) = 2억원 · 사용처미소명 금액이 양도대금의 20%와 2억원 중 적은 금액인 1억원 이상이므로 상속세과세가액 산입
③ 공과금 등	320,000,000	- 임대보증금 3억원 - 공과금 1천 5백만원 - 장례비 5백만원 · 장례에 직접 소요된 금액이 5백만원 미만인 경우에는 5백만원을 공제
④ 가산하는 증여재산가액	100,000,000	
⑤ 상속세 과세가액	1,880,000,000	①+②-③+④
② 상속공제액	1,620,000,000	- 공제합계: 1,620,000,000원 1) 기초공제 2억원 2) 자녀공제 5천만원 3) 미성년자 공제 1천만원(=1천만원 X 1년) 4) 장애인공제 6억3천만(=1천만원 X 63년) · 1천만원 기대여명의 연수를 곱함 5) 배우자공제 5억9천만원(=6억원-1천만원) · 배우자공제는 배우자가 실제 상속받은 금액을 공제하며, 사전증여재산가액 및 추정상속재산가액은 포함하지 않습니다. · 공제 한도액: 1,131,000,000(아래 중 작은 금액) i) 1,131,000,000=(1,900,000,000+200,000,000 + 100,000,000-300,000,000-15,000,000) X 1.5/2.5 ii) 3,000,000,000 6) 금융재산공제 1억4천만원(순금융재산의 20%) · 금융재산: 예·적금 6억원+생명보험금 1억원 - 공제한도액: 1,880,000,000
③ 과세표준	260,000,000	- ① – ②
④ 세율	20%	
⑤ 산출세액	42,000,000	- ③ X ④ - 10,000,000(누진공제액)
⑥ 증여세액공제	0	
⑦ 신고세액공제	1,260,000	- ⑤ X 3%
⑧ 납부할세액	40,740,000	

■ 상속세 및 증여세법 시행규칙 [별지 제9호서식] <개정 2020. 3. 20.>

관리번호	-

상속세과세표준신고 및 자진납부계산서

[v]기한 내 신고, [ ]수정신고, [ ]기한 후 신고

※ 뒤쪽의 작성방법을 읽고 작성하시기 바랍니다. (앞쪽)

신고인	① 성 명	나성실	② 주민등록번호	450515-2******	③ 전자우편 주소	
	④ 주 소	서울 종로 수송 행복아파트 1-101			⑤ 피상속인과의 관 계	처
	⑥ 전화번호	(자 택) 000-0000		(휴대전화)	사후관리위반신고	
피상속인	⑦ 성 명	김국세	⑧ 주민등록번호	420224-1******	⑨ 거 주 구 분	[v] 거주자 [ ] 비거주자
	⑩ 주 소					
	⑪ 상속원인	[v] 사망 [ ] 실종 [ ] 인정사망 [ ] 기타			⑫ 상속개시일	2021.1.10.
세무대리인	⑬ 성 명	김세무	⑭ 사업자등록번호	000-00-00000	⑮ 관 리 번 호	
	⑯ 전화번호	(자 택)		(휴대전화)		

구 분			금 액	구 분			금 액
⑰ 상속세과세가액			1,880,000,000	영리법인 면제	유증등재산가액		
⑱ 상속공제액			1,620,000,000		면제세액 (「상속세 및 증여세법」 제3조의2)		
⑲ 감정평가수수료			0		㉟ 면제분 납부세액(합계액)		
⑳ 과세표준 (⑰ - ⑱ - ⑲)			260,000,000	㊱ 신고불성실가산세			
㉑ 세율			20%	㊲ 납부불성실가산세			
㉒ 산출세액			42,000,000	㊳ 납부할 세액(합계액) (㉔+㉕ - ㉖ - ㉗+㉟+㊱+㊲)			40,740,000
㉓ 세대생략가산액 (「상속세 및 증여세법」 제27조)				납부방법		납부·신청 일자	
㉔ 산출세액 (㉒+ ㉓)			42,000,000	㊴ 연부연납			
㉕ 이자상당액				㊵ 물납			
㉖ 문화재 등 징수유예세액				현금	㊶ 분납		
	㉗ 계 (㉘+ ㉛+ ㉜+ ㉝+ ㉞)				㊷ 신고납부		
	㉘ 증여세액공제	소 계(㉙+㉚)		「상속세 및 증여세법」 제67조 및 같은 법 시행령 제64조제1항에 따라 상속세의 과세가액 및 과세표준을 신고하며, 위 내용을 충분히 검토하였고 신고인이 알고 있는 사실을 그대로 적었음을 확인합니다.			
		㉙ 「상속세 및 증여세법」 제28조					
		㉚ 「조세특례제한법」 제30조의5 및 제30조의6		2021 년 7 월 31 일 신 고 인 나 성 실 (서명 또는 인)			
	㉛ 외국납부세액공제 (「상속세 및 증여세법」 제29조)						
	㉜ 단기세액공제 (「상속세 및 증여세법」 제30조)			세무대리인은 조세전문자격자로서 위 신고서를 성실하고 공정하게 작성하였음을 확인합니다.			
	㉝ 신고세액공제 (「상속세 및 증여세법」 제69조)		1,260,000	세무대리인 김 세 무 (서명 또는 인)			
	㉞ 그 밖의 공제			종로 세무서장 귀하			

신청(신고)인 제출서류	1. 상속세과세가액계산명세서(부표 1) 1부 2. 상속인별 상속재산 및 평가명세서(부표 2) 1부 3. 채무·공과금·장례비용 및 상속공제명세서(부표 3) 1부 4. 상속개시 전 1(2)년 이내 재산처분·채무부담 내역 및 사용처소명명세서(부표 4) 1부 5. 영리법인 상속세 면제 및 납부 명세서(부표 5) 1부	수수료 없음
담당공무원 확인사항	1. 주민등록표등본 2. 피상속인 및 상속인의 관계를 알 수 있는 가족관계등록부	

행정정보 공동이용 동의서

본인은 이 건 업무처리와 관련하여 담당 공무원이 「전자정부법」 제36조제1항에 따른 행정정보의 공동이용을 통하여 위의 담당 공무원 확인 사항을 확인하는 것에 동의합니다. * 동의하지 않는 경우에는 신청인이 직접 관련 서류를 제출하여야 합니다.

신청인 (서명 또는 인)

210MM×297MM[백상지 80g/㎡(재활용품)]

■ 상속세 및 증여세법 시행규칙 [별지 제9호서식 부표 1] <개정 2020. . .>

관리번호	-

상속세과세가액계산명세서

※ 뒤쪽의 작성방법을 읽고 작성하시기 바랍니다.

(앞쪽)

가. 상속받은 총재산명세

① 재산구분 코드	② 재산종류 코드	국외자산 여부	국외재산 국가명	③ 소재지 · 법인명 등	④ 사업자등록번호 (계좌번호, 지분)	⑤ 수량 (면적)	⑥ 단가	⑦ 평가가액	⑧ 평가 기준 코드
A11	05	[ ]여 [ ]부		서울 종로 수송 행복아파트 1-101				500,000,000	
A11	06	[ ]여 [ ]부		서울 종로				700,000,000	
A11	11	[ ]여 [ ]부		oo은행 oo지점				600,000,000	
A11	11	[ ]여 [ ]부		oo보험 oo지점				100,000,000	
A13	12	[ ]여 [ ]부		상속개시전 처분재산				200,000,000	
A21	01	[ ]여 [ ]부		사전증여재산				100,000,000	
				⑨ 계				2,200,000,000	

나. 상속세 과세가액 계산

총상속재산 가액	⑩ 상속재산가액	1,900,000,000
	⑪ 상속개시 전 처분재산등 산입액(「상속세 및 증여세법」 제15조)	200,000,000
	⑫ 합계	2,100,000,000
비과세 재산가액 (「상속세 및 증여세법」 제12조)	⑬ 계	
	⑭ 금양(禁養)임야등 가액(「민법」 제1008조의3)	
	⑮ 문화재가액	
	⑯ 기타	
과세가액 불산입액	⑰ 계	
	⑱ 공익법인 출연재산가액(「상속세 및 증여세법」 제16조)	
	⑲ 공익신탁 재산가액(「상속세 및 증여세법」 제17조)	
	⑳ 기타	
공제금액 (「상속세 및 증여세법」 제14조)	㉑ 계	320,000,000
	㉒ 공과금	15,000,000
	㉓ 장례비용	5,000,000
	㉔ 채무	300,000,000
가산하는 증여재산가액	㉕ 계 (㉖ + ㉗ 또는 ㉖ + ㉘)	100,000,000
	㉖ 「상속세 및 증여세법」 제13조	100,000,000
	㉗ 「조세특례제한법」 제30조의5	
	㉘ 「조세특례제한법」 제30조의6	
㉙ 상속세과세가액 [⑫ - (⑬+ ⑰+ ㉑) + ㉕]		1,880,000,000

210mm×297mm[백상지 80g/㎡]

■ 상속세 및 증여세법 시행규칙 [별지 제9호서식 부표 2] <개정 2020. . .>

관리번호	-

상속인별 상속재산 및 평가명세서

※ 뒤쪽의 작성방법을 읽고 작성하시기 바랍니다. (앞쪽)

가. 상속인별 상속현황

① 피상속인과의 관계	② 성명	③ 주민등록번호	④ 주소	⑤ 법정상속지분율	⑥ 법정상속재산가액	⑦ 실제상속지분율	⑧ 실제상속재산가액
처	나성실	450515-2******	서울 종로 수송 행복아파트 1-101	3/5	1,008,000,000		

나. 상속인별 상속재산명세

⑨ 재산구분코드	⑩ 재산종류코드	⑪ 소재지 · 법인명 등: 국외자산여부	국외재산국가명		⑫ 사업자등록번호 (계좌번호, 지분)	⑬ 수량 (면적)	⑭ 단가	⑮ 평가가액	⑯ 평가기준코드
A11	11	[ ]여 [ ]부		00은행00지점(계좌번호 **-*****)				600,000,000	
A13	12	[ ]여 [ ]부		상속개시전 처분재산				120,000,000	
A21	01	[ ]여 [ ]부		사전증여재산				100,000,000	
		[ ]여 [ ]부							
		[ ]여 [ ]부							
		[ ]여 [ ]부							
		[ ]여 [ ]부							
		[ ]여 [ ]부						820,000,000	

계	⑰ 상속재산가액		600,000,000	
	⑱ 상속개시전 처분재산등 산입액		120,000,000	
	비과세 재산가액	⑲ 금양임야 등 가액		
		⑳ 문화재 가액		
		㉑ 기타		
	과세가액 불산입액	㉒ 공익법인 출연재산가액		
		㉓ 공익신탁 재산가액		
		㉔ 기타		
	가산하는 증여재산가액	㉕ 「상속세 및 증여세법」 제13조	100,000,000	
		㉖ 「조세특례제한법」 제30조의5	100,000,000	
		㉗ 「조세특례제한법」 제30조의5		
	㉘ 합계		820,000,000	

210mm×297mm[백상지 80g/㎡]

■ 상속세 및 증여세법 시행규칙 [별지 제9호서식 부표 2] <개정 2020. . .>

관리번호	-

상속인별 상속재산 및 평가명세서

※ 뒤쪽의 작성방법을 읽고 작성하시기 바랍니다. (앞쪽)

가. 상속인별 상속현황

① 피상속인과의 관계	② 성명	③ 주민등록번호	④ 주소	⑤ 법정상속지분율	⑥ 법정상속재산가액	⑦ 실제상속지분율	⑧ 실제상속재산가액
자	김상속	020822-3******	서울 종로 수송 행복아파트 1-101	2/5	672,000,000		

나. 상속인별 상속재산명세

⑨ 재산구분코드	⑩ 재산종류코드	⑪ 소재지·법인명 등: 국외자산 여부	⑪ 국외재산국가명	⑪ 소재지·법인명 등	⑫ 사업자등록번호(계좌번호, 지분)	⑬ 수량(면적)	⑭ 단가	⑮ 평가가액	⑯ 평가기준코드
A11	05	[ ]여 [ ]부		서울 종로 수송 행복아파트 1-101				500,000,000	
A11	06	[ ]여 [ ]부		서울 종로				700,000,000	
A11	11	[ ]여 [ ]부		oo보험 oo지점				100,000,000	
A13	12	[ ]여 [ ]부		상속개시전 처분재산				80,000,000	
		[ ]여 [ ]부							
		[ ]여 [ ]부							
		[ ]여 [ ]부							
		[ ]여 [ ]부						1,380,000,000	

구분		항목	평가가액	
계		⑰ 상속재산가액	1,300,000,000	
		⑱ 상속개시전 처분재산 등 산입액	80,000,000	
	비과세재산가액	⑲ 금양임야 등 가액		
		⑳ 문화재 가액		
		㉑ 기타		
	과세가액 불산입액	㉒ 공익법인 출연재산가액		
		㉓ 공익신탁 재산가액		
		㉔ 기타		
	가산하는 증여재산가액	㉕ 「상속세 및 증여세법」 제13조		
		㉖ 「조세특례제한법」 제30조의5		
		㉗ 「조세특례제한법」 제30조의5		
		㉘ 합계	1,380,000,000	

210mm×297mm[백상지 80g/㎡]

관리번호	-

채무·공과금·장례비용 및 상속공제명세서

가. 채무

① 채무종류	② 차입기간		채권자			⑥금 액
	발생 연월일	종료(예정) 연월일	③ 성 명 (상 호)	④ 주민등록번호 (사업자등록번호)	⑤ 주소(소재지)	
임대보증금	'10.4.15		김전세	801201-2******	서울 종로 수송	300,000,000
⑦ 계						300,000,000

나. 공과금

⑧ 공과금종류코드	⑨ 연도별	⑩ 분기별	⑪ 금액
02			15,000,000
⑫ 계			15,000,000

다. 장례비용

지급처		⑮ 지급내역	⑯ 금액
⑬ 주민등록번호 (사업자등록번호)	⑭ 성명(상호)		
		장례비용	5,000,000
⑰ 계			

라. 상속공제

기초공제 및 그 밖의 인적공제	⑱ 기초공제	200,000,000
	⑲ 자녀공제	50,000,000
	⑳ 미성년자공제	10,000,000
	㉑ 연로자공제	
	㉒ 장애인공제	630,000,000
㉓ 일괄공제		-
추가상속공제	㉔ 가업상속공제	
	㉕ 영농상속공제	
㉖ 배우자상속공제		590,000,000
㉗ 금융재산상속공제		140,000,000
㉘ 재해손실공제		
㉙ 동거주택상속공제		
㉚ 공제적용한도액		1,880,000,000
㉛ 상속공제금액합계		1,620,000,000

신청(신고)인 제출서류	1. 채무부담 및 공과금·장례비·감정평가수수료 지급 입증서류

작성방법

1. 채무와 공과금은 상속개시 당시의 현황에 따라 적습니다.
2. "① 채무종류"란 : 금융채무, 개인사채, 상가 임대보증금 등 채무의 종류를 적습니다.
3. "⑧ 공과금종류코드"란 : 아래의 공과금종류구분에 해당하는 코드를 적습니다.

공과금종류	국세	지방세	공공요금	과태료/범칙금	회비	기타
코드	01	02	03	04	05	06

4. "㉖ 배우자상속공제"란 : 배우자상속공제명세서(별지 제9호서식 부표 3의2)의 "⑮ 배우자 상속공제 금액"란의 금액을 옮겨 적습니다.

210mm×297mm[백상지 80g/㎡]

■ 상속세 및 증여세법 시행규칙 [별지 제9호서식 부표 4(갑)] <개정 2020. . .>

상속개시전 1(2)년 이내 처분재산·채무부담내역 및 사용처소명명세서 (갑)

가. 처분재산(인출금액) 명세

① 재산 구분	② 처분(인출) 금액 합계	③ ②금액 1년 이내 2억 이상 여부 (2년 이내 5억 이상)	④ 소명금액 합계	⑤ 미소명금액 합계	⑥ 차감가액 [Min(②)×20%, 2억원)]	⑦ 상속추정여부 (⑤ > ⑥)	⑧ 추정상속재산가액 (⑤−⑥)
01.현금・예금 및 유가증권		[ ]여 [ ]부				[ ]여 [ ]부	
02.부동산 및 부동산에 관한 권리	500,000,000	[v]여 [ ]부	200,000,000	300,000,000	100,000,000	[v]여 [ ]부	200,000,000
03.기타재산 (위 재산 제외)		[ ]여 [ ]부				[ ]여 [ ]부	
⑨ 계							200,000,000

나. 부담채무 명세

⑩ 재산 구분	⑪ 차입금액 합계	⑫ ⑪금액 1년 이내 2억 이상 여부 (2년 이내 5억 이상)	⑬ 소명금액 합계	⑭ 미소명금액 합계	⑮ 차감가액 [Min(⑪)×20%, 2억원)]	⑯ 상속추정여부 (⑭ > ⑮)	⑰ 추정상속재산가액 (⑭−⑮)
부담채무 I (국가, 지자체, 금융기관으로부터 차입)		[ ]여 [ ]부				[ ]여 [ ]부	
부담채무 II (국가, 지자체, 금융기관이 아닌 자로부터 차입)						[ ]여 [ ]부	
⑱ 계							

다. 추정상속재산가액 합계액(⑨+⑱) : 200,000,000 원

작성방법

1. "② 처분(인출) 금액 합계", "④ 소명금액 합계", "⑤ 미소명금액 합계" 란은 상속개시전 1(2)년 이내 처분재산·채무부담내역 및 사용처소명명세서(을)[별지 제9호서식 부표 4(을)]의 "가.처분재산 및 인출내역 사용명세내역" 합계금액을 각각 옮겨 적습니다.
2. "⑪ 차입 금액 합계", "⑬ 소명금액 합계", "⑭ 미소명금액 합계" 란은 상속개시전 1(2)년 이내 처분재산·채무부담내역 및 사용처소명명세서(을)[별지 제9호서식 부표 4(을)]의 "부담채무 상세내역" 합계금액을 각각 옮겨 적습니다.

210mm×297mm[백상지 80g/㎡]

상속개시전 1(2)년 이내 처분재산·채무부담내역 및 사용처소명명세서 (을)

(앞쪽)

가. 처분재산 및 인출내역 사용명세내역

① 재산종류 코드	② 재산 소재지 (계좌번호, 사업자번호 등)	③ 처분일 (인출일)	④ 처분금액 (인출금액)	사용처							⑩ 미소명 금액 (④ - ⑦)
				⑤ 사용용도	⑥ 사용일자	⑦ 사용처 소명금액	⑧ 소명증빙	⑨ 거래상대방			
								주민등록번호 (사업자번호)	성명 (상호)	관계	
02	서울 노원 상계 205호	20.05.25	500,000,000	채무상환	20.05.25	200,000,000		111-81-11111	**은행	무관계	300,000,000

나. 부담채무 상세내역

⑪ 금융기관등 차입여부	⑫ 채권자		⑬ 차입일	⑭ 상환 (예정)일	⑮ 약정 이자율	⑯ 차입 금액	사용처							㉒ 미소명 금액 (⑯ - ⑲)
	주민등록번호 (사업자번호)	성명 (상호)					⑰ 사용 용도	⑱ 사용일자	⑲ 사용처 소명금액	⑳ 소명 증빙	㉑ 거래상대방			
											주민등록번호 (사업자번호)	성명 (상호)	관계	
[ ]여 [ ]부														
[ ]여 [ ]부														
[ ]여 [ ]부														
[ ]여 [ ]부														
[ ]여 [ ]부														
[ ]여 [ ]부														
[ ]여 [ ]부														
[ ]여 [ ]부														
[ ]여 [ ]부														
[ ]여 [ ]부														

신고인 제출서류	사용처를 확인할 수 있는 증명서류

210mm×297mm[백상지 80g/㎡]

제2편
증여세

제1장 증여세 총설

<기본세율 적용 증여세 계산 흐름도>

증여재산가액	○ 수증자 거주자인 경우 국내외 증여재산가액 ○ 수증자 비거주자인 경우 국내 증여재산가액
−	
비과세 및 과세가액 불산입액	○ 비과세: 사회통념상 인정되는 피부양자의 생활비, 교육비 등 ○ 과세가액 불산입재산: 공익법인등에 출연한 재산 등
−	
채무부담액	○ 증여재산에 담보된 채무인수액(증여재산 관련 임대보증금 포함)
+	
증여재산가산액	○ 해당 증여일 전(前) 동일인(증여자가 직계존속인 경우 그 배우자 포함)으로부터 10년 이내에 증여받은 재산의 과세가액 합계액이 1천만원 이상인 경우 그 과세가액을 가산
⇓	
증여세과세가액	
−	
증여공제 · 증여재산공제 · 재해손실공제	(아래 표 참조) * 위 증여재산공제 한도는 10년간의 누계한도액임 ○ 비거주자는 증여재산공제 없음 ○ 증여세 신고기한 이내에 재난으로 멸실 · 훼손된 경우 그 손실가액을 공제
−	
감정평가 수수료	○ 부동산 감정평가업자의 수수료는 5백만원 한도 등
⇓	
증여세 과세표준	① 일반: 증여재산 − 증여재산공제 · 재해손실공제 − 감정평가수수료 ② 합산배제(명의신탁): 명의신탁금액 − 감정평가수수료 ③ 합산배제(상증법 §45의3, §45의4): 증여의제이익 − 감정평가수수료 ④ 합산배제(②와 ③를 제외)): 증여재산가액 − 3천만원 − 감정평가수수료
×	
세율	(아래 표 참조)
⇓	
산출세액	○ (증여세 과세표준×세율) − 누진공제액
+	
세대생략할증세액	○ 수증자가 증여자의 자녀가 아닌 직계비속이면 할증함(30% 또는 40%). 단, 직계비속의 사망으로 최근친 직계비속에 증여하는 경우에는 제외
−	
세액공제+감면세액	○ 문화재자료 징수유예, 납부세액공제, 외국납부세액공제, 그 밖의 공제 · 감면세액, 신고세액공제,
−	
연부연납 · 분납	○ 물납불가
⇓	
자진납부 할 세액	

증여공제 표:

증여자	배우자	직계존속	직계비속	기타친족	기타
공 제 한도액	6억원	5천만원 (수증자가 미성년자인 경우 2천만원)	5천만원	1천만원	없음

세율 표:

과세표준	1억원 이하	5억원 이하	10억원 이하	30억원 이하	30억원 초과
세 율	10%	20%	30%	40%	50%
누진공제액	없음	1천만원	6천만원	1억 6천만원	4억 6천만원

○ 수증자가 비거주자인 경우 국내의 모든 증여재산을 증여재산가액으로 한다.
○ 수증자가 비거주자인 경우 증여재산공제를 적용받을 수 없다.
○ 수증자가 비거주자인 경우 조특법 감면(조특법 §71) 및 과세특례(조특법 §30의5, §30의6)를 적용받을 수 없다.

<특례세율 적용 증여세 계산 흐름도>

증여재산가액	○ 해당 창업자금 또는 가업승계 주식등의 가액 – 수증자 기준으로 창업자금과 가업승계주식등 특례의 중복적용 불가
–	
채무부담액	
⇓	
① 해당 증여세 과세가액	
+	
② 기 과세특례 적용된 증여세 과세가액	○ 증여시기와 관계없이 기 과세특례 적용받은 창업자금 또는 가업승계 주식등의 과세가액을 합산(기본세율 적용 증여재산은 합산 안 함)
⇓	
③ 특례적용대상 해당 증여세 과세가액	○ Min[30(50, 100)억원–②, ①] – 특례적용대상 증여세과세가액 합계(②+③)는 30억원(50억원, 100억원) 한도로 과세특례를 적용함
–	
증여공제	○ 5억원
–	
감정평가 수수료	○ 감정평가업자의 수수료는 5백만원 한도 등
⇓	
증여세 과세표준	
×	
세율	○ 10%(가업승계 과세표준 30억원 초과분은 20%)
⇓	
산출세액	
+	
세액공제 등	○ 납부세액공제 · 외국납부세액공제 ○ 신고세액공제는 적용 안 됨, 연부연납 가능
⇓	
자진납부 할 세액	

○ 거주자가 받은 창업자금 및 가업승계 주식등 증여세 특례재산에만 적용한다. (단, 창업자금특례와 가업승계주식등 특례 중 하나만 선택하여 적용가능)
○ 증여세 신고기한까지 특례적용신청을 한 경우에만 적용가능하다.
○ 증여자가 사망한 경우에는 증여시기에 관계없이 상속세과세가액에 가산한다(상증법 제13조제1항제1호, 상증법 제3조의2제1항 적용됨)
○ 증여자 사망으로 상속세의 상속공제 적용한도액 계산시 상속세과세가액에 가산하는 증여재산가액(상증법 제24조제3호)으로 보지 아니한다.

제1절 증여와 증여세

1. 증여세

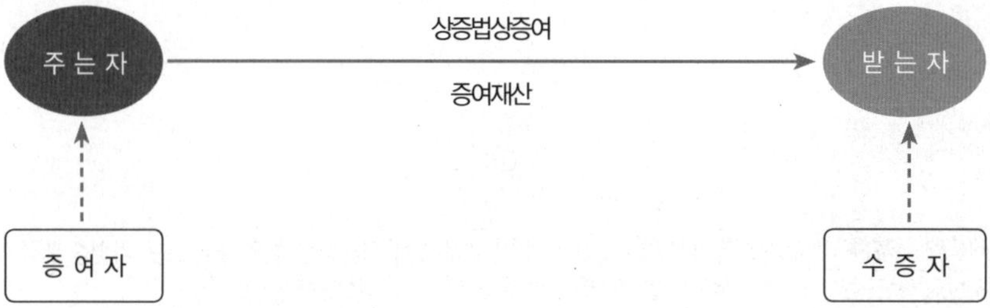

증여세는 상증법상 증여를 과세원인으로 하여 무상으로 얻은 증여재산가액에 대하여 부과하는 세금이다.

상증법상 증여[1]는 그 행위 또는 거래의 명칭 · 형식 · 목적 등과 관계없이 직접 또는 간접적인 방법으로 타인에게 무상으로 유형 · 무형의 재산 또는 이익을 이전(移轉, 현저히 낮은 대가를 받고 이전하는 경우 포함)하거나 타인의 재산가치를 증가시키는 것을 말한다. 다만, 유증, 사인증여, 유언대용신탁 및 수익자연속신탁은 제외한다(상증법 제2조제6호). 유증, 사인증여, 유언대용신탁 및 수익자연속신탁을 제외하는 이유는 상증법상 상속으로 보기 때문이다(상증법 제2조제1호).

이 경우, 제3자를 통한 간접적인 방법이나 둘 이상의 행위 또는 거래를 거치는 방법으로 국기법 또는 세법의 혜택을 부당하게 받으려는 것으로 인정되는 경우에는 그 경제적인 실질에 따라 당사자가 직접 거래한 것으로 보거나 연속된 하나의 행위 또는 거래로 본다(국기법 제14조).

경제적인 실질에 따라 당사자가 직접 거래한 것으로 보는 경우 등에 대해 법원은 납세의무자는 경제활동을 할 때 특정 경제적 목적을 달성하기 위하여 어떤 법적 형식을 취할 것인지 임의로 선택할 수 있고 과세관청으로서도 특별한 사정이 없는 한 당사자들이 선택한 법적 형식에 따른 법률관계를 존중하여야 하며, 또한 여러 단계의 거래를 거친 후의 결과에는 손실 등 위험 부담에 대한 보상뿐 아니라 당해 거래와 직접적 관련성이 없는 당사자의 행위 또는 외부적 요인 등이 반영되어 있을 수 있으므로, 최종적인 경제적 효과나 결과만을 가지고 그 실질이 직접 증여에 해당한다고 쉽게 단정하여 증여세의 과세대상으로 삼아서는 안 된다고 판결(대법원 2015두3270, 2017.1.25.)한 바 있다.

교차증여[2]에 대해 여러 단계의 거래 등 법적 형식이나 법률관계를 재구성하여 직접적인 하나의 거래에 의한 증여로 보고 증여세 과세대상에 해당한다고 하려면, 납세의무자가 선택한 거래의

---

1. 상증법상 증여의 키워드는 ① 무상이전 ② 시가와 대가 차이 ③ 재산가치 증가시키는 것이다.
2. (대법원2015두46963, 재구성) 소외1, 소외2, 소외3은 ○○산업(주)의 주주이고, 소외1은 소외2의 여동생이며, 소외3은 소외1의 배우자이다. 원고8, 9는 소외1, 3의 자녀들이고, 원고1외6인은 소외2의 직계후손이다. 같은 날 소외2가 원고8, 9에게 16,000주를 증여하였고, 소외1, 3이 원고1외6인에게 16,000주를 증여하였다.

법적 형식이나 과정이 처음부터 조세회피 목적을 이루기 위한 수단에 불과하여 그 재산이전의 실질이 직접적인 증여를 한 것과 동일하게 평가될 수 있어야 하고, 이는 당사자가 그와 같은 거래형식을 취한 목적, 제3자를 개입시키거나 단계별 거래 과정을 거친 경위, 그와 같은 거래방식을 취한 데에 조세 부담의 경감 외에 사업상 필요 등 다른 합리적 이유가 있는지 여부, 각각의 거래 또는 행위 사이의 시간적 간격, 그러한 거래형식을 취한 데 따른 손실 및 위험부담의 가능성 등 관련 사정을 종합하여 판단하여야 한다(대법원2015두46963, 2017.2.15.).

상속세와 증여세를 비교해보면, 상속세는 피상속인이 거주자인지 비거주자인지에 따라 과세범위가 달라지지만, 증여세는 수증자가 거주자인지, 비거주자인지에 따라 과세범위가 달라진다. 또한, 상속세는 피상속인이 개인인 경우에만 부과되지만, 증여세는 증여자가 개인 또는 법인 여부에 관계 없으며 수증자가 개인뿐만 아니라 비영리법인인 경우에도 부과될 수 있다. 상속세는 피상속인이 물려준 재산을 기준으로 과세되지만, 증여세는 수증자가 받은 재산을 기준으로 증여자·수증자별로 증여세를 계산한다.

< 증여 정의 개정연혁 >

2003.12.31. 이전	2004.1.1.~2015.12.31.[3]	2016.1.1.~2020.12.31.	2021.1.1. 이후
증여 정의 없음	그 행위 또는 거래 명칭·형식·목적 등에 불구하고 경제적 가치를 계산할 수 있는 유형·무형의 재산을 타인에게 직접 또는 간접적인 방법에 의하여 무상으로 이전(현저히 저렴한 대가로 이전하는 경우를 포함한다)하는 것 또는 기여에 의하여 타인의 재산가치를 증가시키는 것을 말한다.	그 행위 또는 거래 명칭·형식·목적 등과 관계없이 직접 또는 간접적인 방법으로 타인에게 무상으로 유형·무형의 재산 또는 이익을 이전(移轉)(현저히 낮은 대가를 받고 이전하는 경우를 포함한다)하거나 타인의 재산가치를 증가시키는 것을 말한다. 다만, 유증과 사인증여는 제외한다.	그 행위 또는 거래의 명칭·형식·목적 등과 관계없이 직접 또는 간접적인 방법으로 타인에게 무상으로 유형·무형의 재산 또는 이익을 이전(移轉)(현저히 낮은 대가를 받고 이전하는 경우를 포함한다)하거나 타인의 재산가치를 증가시키는 것을 말한다. 다만, 유증, 사인증여, 유언대용신탁 및 수익자연속신탁은 제외한다.

증여세와 양도소득세 관계를 보면, 부동산 등을 증여에 의하여 취득한 후에 이를 양도하는 경우 해당 부동산 등의 양도차익 계산시 취득가액은 증여일 현재 상증법상 평가한 가액[4]이다(소득령 제163조제9항, 제10항). 따라서 증여세 과세가액이 높으면 양도차익이 작아져 양도소득세가

---

3. 2015.12.31. 이전 상증법 제2조제3항에서 증여 정의를 규정하였고, 제4항에서는 "제3자를 통한 간접적인 방법이나 둘 이상의 행위 또는 거래를 거치는 방법에 의하여 상속세 또는 증여세를 부당하게 감소시킨 것으로 인정되는 경우에는 그 경제적인 실질에 따라 당사자가 직접 거래한 것으로 보거나 연속된 하나의 행위 또는 거래로 보아 제3항의 규정을 적용한다"라고 규정하였는데, 제4항 내용이 없더라도 국기법에 따라 적용할 수 있다고 보아 제4항을 삭제하였다.
4. 상속개시일·증여일 현재의 시가. 이 경우 세무서장이 결정·경정한 가액이 있는 경우에는 그 금액을 시가로 본다(2020.2.18. 소득령 제163조제9항 개정).

줄어들고, 증여세 과세가액이 낮으면 양도차익이 커져 양도소득세가 늘어난다.

2. 증여세의 과세체계

증여세 과세체계는 증여자 과세체계와 수증자 과세체계가 있다. 증여자 과세체계는 증여자에게 증여세 납부의무가 있으며, 수증자 과세체계는 수증자에게 증여세 납부의무가 있다.

두 체계는 어떤 차이가 있을까? 사용할 수 있는 재산의 범위가 달라진다. 예를 들어 1억원을 증여시 증여세를 1천만원이라고 하면(증여재산공제가 없다고 가정), 증여자 과세체계에서는 증여자가 1천만원을 부담하고 수증자는 1억원을 사용할 수 있다. 수증자 과세체계에서는 수증자가 1천만원을 부담하고 수증자는 1억원에서 1천만원을 차감한 9천만원을 사용할 수 있다.

증여자 과세체계를 선택한 나라는 미국이며, 수증자 과세체계를 선택한 나라는 우리나라이다. 우리나라는 수증자 과세체계이며, 수증자를 납세의무자로 하여 10년 이내에 동일인으로부터의 증여받은 경우 누적하여 과세한다.

3. 민법상 증여

상속세에서는 민법의 상속, 상속인 등의 개념을 사용하고 있지만, 증여세에서는 민법의 증여 개념을 직접적으로 차용하지 않는다.[5] 민법의 증여와 상증법의 증여는 그 성격이 다르지만, 일상생활에서 사용하는 용어는 민법상 증여이므로 민법상 증여에 대해 살펴본다.

민법에서의 '증여'는 당사자 일방이 무상으로 일정한 재산을 상대방에게 준다는 의사를 표시하고, 상대방이 이를 승낙함으로써 성립하는 계약[6]을 말한다(민법 제554조). 계약할 때 재산이 이전되는 것이 아니기 때문에 계약시기와 재산이 이전된 시기는 다를 수 있다.[7] 계약하면 증여자에게는 증여채무[8]가, 수증자에게는 증여채권이 발생한다.

가. 증여계약의 법적 성질

1) 무상(無償)계약이다. 대가가 없는 계약이다.

---

5. 2003.12.31. 이전 상증법에서 '증여'를 사용하던 조문들은 2004.1.1. 이후에도 그대로 사용하였다. 그렇다면 이 조문들의 증여는 2003.12.31. 이전은 민법상 증여이고, 2004.1.1. 이후에는 상증법상 증여인가? 예를 들면 상증법 제46조제1호 "국가 또는 지방자치단체로부터 증여받은 재산의 가액"의 증여는 상증법상 증여가 아니라 민법상 증여로 보인다.
6. 증여계약 후에는 증여자에게는 증여채무가, 수증자는 증여채권이 발생한다.
7. 부동산 증여 후 세무서에 증여계약서만을 첨부하여 세무서에 신고하는 경우도 있다. 이 경우 부동산등기접수(증여시기)를 하지 않아 상증법상 증여에 해당하지 않는다.
8. 증여채무는 상속세 과세가액 계산시 채무에서 나온다(상증법 제14조제1항제3호)

2) 낙성(諾成)계약이다. 물건의 인도 기타 급부를 실행하지 않더라도 당사자 의사표시의 합치만으로 성립하는 계약이다.

3) 편무(片務)계약이다. 일방 당사자만 채무를 부담한다.

4) 불요식(不要式)행위이므로 서면 작성이 계약의 성립요건이 아니다. 이 경우, 서면에 의하지 않는 증여는 각 당사자가 이를 해제할 수 있다.

나. 증여계약의 해제(解除)[9]

증여계약의 해제는 1) 서면에 의하지 않은 증여 2) 망은행위(忘恩行爲) 3) 재산상태의 변화 등 3가지의 경우에만 해제할 수 있으며, 이미 이행한 부분에 대해서는 영향을 미치지 않으므로 해제하더라도 이행한 부분에 대해서는 반환을 청구하지 못한다(민법 제555조~제558조).

다. 특수한 형태의 증여

1) 부담부 증여

상대부담이 있는 증여(민법 제561조)로 수증자가 재산과 동시에 채무를 부담하는 증여를 말한다. 상증법 제47조의 부담부증여와 구분하여야 한다. 재산이전하면서 동시에 채무를 부담하는 것은 민법과 상증법이 같지만, 민법은 해당 재산에 담보된 채무가 아니어도 관계없는 반면 상증법의 채무는 해당 재산에 담보된 채무여야 한다.

2) 정기증여

정기적으로 재산을 무상으로 주는 증여이다. 증여자 또는 수증자의 사망으로 그 효력을 잃는다(민법 제560조).

3) 사인증여

생전에 증여계약을 맺었으나 그 효력은 증여자의 사망으로 발생하는 증여이다. 사인증여로 이전되는 재산은 증여세가 아닌 상속세 과세대상이다.

---

9. 해제(解除)와 해지(解止)는 다르다. 해제는 유효하게 성립한 계약의 효력을 당사자 일방의 의사표시에 의하여 소급적으로 소멸하게 하여 계약이 처음부터 성립하지 않는 것과 같은 상태로 복귀시키는 것을 말하고, 해지는 계속적 계약관계에서 일방적 의사표시로 계약의 효력을 장래에 향하여 소멸하게 하는 행위를 말한다. 즉, 소급효가 없다.

4. 증여세 개정연혁[10]

증여세는 열거주의, 유형별 포괄주의, 완전포괄주의 등 크게 3가지 방식으로 운영되어 왔다. 열거주의란 소득세와 같이 과세대상을 세법에 일일이 열거한 후 열거된 경우에만 과세 가능한 방식을 말하고, 포괄주의란 그 과세대상이 되는 이익이나 재산의 범위를 포괄적으로 규정하여 그 대상에 해당하는 경우에는 모두 과세할 수 있는 방식을 말한다.

가. 2003년 이전

1950.4.8. 법률 제123호로 증여세법이 제정되었다. 1952.11.30. 증여세법이 폐지되었는데, 사망 전 증여재산을 사망시 상속세 부과하는 것으로 하여 상속세법 안에 포함하도록 개정되었다. 1960.12.30. 상속세법을 개정하여 증여세를 증여시점에서 부과하도록 개정하였다. 1996.12.30. 상속세법을 「상속세 및 증여세법」으로 명칭 및 조문체계 등을 전면 개편하였다.

2003.12.31. 이전에는 상증법에서 증여 개념을 별도로 규정하고 있지 않아 민법(제554조)의 증여 개념을 차용해 사용하여 왔고, 민법상 증여에 해당되지 않지만 실질이 부(富)의 무상이전인 경우에는 증여의제나 증여추정 규정을 두어 증여세를 과세하여 왔다.

2003년 이전에 증여세는 열거주의와 유형별 포괄주의로 운영하였다.

열거주의는 과세대상을 세법에서 열거하고, 열거대상에 해당하는 경우에만 과세할 수 있는 방식이다. 상증법에서는 증여개념을 정의하지 않았고, 민법의 증여개념을 차용했는데, 그러다 보니 경제적 실질은 증여이지만 민법상 증여에 해당하지 않아 증여세를 과세할 수 없었다. 증여세를 과세하고자 증여가 아니지만 세법상 증여로 보는 증여의제로 규정하여 증여세를 과세하였다. 예를 들면, 1996.12.30. 개정하면서 제40조 전환사채이익에 대한 증여의제, 제37조 토지무상사용권리 증여의제, 제41조 특정법인과의 거래를 통한 이익과 관련된 증여의제 등이 신설되었다.

포괄주의란 그 과세대상이 되는 이익이나 재산 범위를 포괄적으로 규정해 그 대상에 해당하는 경우에는 모두 과세할 수 있는 방식을 말한다. 열거주의만으로는 자본거래 등의 모든 유형을 범위화해 규정하기 어려우므로 추가적인 법령보완이 없더라도 증여세를 과세할 수 있도록 유형별 포괄주의로 증여세를 과세하였다.

2000년도까지는 과거 민법상의 증여재산과 상증법상 열거한 증여의제 또는 증여추정 재산에 대하여만 과세할 수 있었으나 2001년부터는 6가지 유형의 자본거래 증여의제와 유사한 경우에

---

10. 증여세 개정연혁은 '증여세 과세대상'을 이해하기 위해서 읽어볼 필요가 있다.

도 추가적인 법령보완 없이 증여세를 과세할 수 있도록 하는 유형별 포괄주의를 도입하였으며, 2003년도부터는 나머지 8가지 증여의제 유형에 대하여도 유형별 포괄주의를 적용하여 시행해 왔다. 즉, 자본거래에 대해 2000.12월 개정하여 합병·증자·감자·전환사채 등 이익·특정법인과 거래이익·상장 등 시세차익에 증여세를 과세할 수 있도록 하였고, 나머지 8개 증여의제에 대해 2002.12월 개정하여 신탁이익·보험금·고저가·채무면제익·토지무상사용이익·무상 금전대부·합병 등 시세차익·명의신탁재산 증여의제에 대해 증여세를 과세할 수 있도록 하였다.

나. 2004년~2015년

2003.12월에 개정하면서 상증법에 증여 개념을 규정하였다. 상증법의 증여에 따라 증여세를 과세하는 것을 '증여세 완전포괄주의'라고 부른다. 과세대상을 일일이 입법하는 것은 현실적으로 불가능하여 새로운 유형의 변칙증여 행위에 대한 사전 대처가 미흡한 문제점을 개선하기 위한 것이다.

1) 조문체계 정비

당시 기획재정부에서 간추린 개정세법을 보면, 증여의제 과세대상 규정(증여의제에 관한 포괄적 규정)은 과세가액 산정기준 등 과세요건 불비로 실체적 규정이 아니라 선언적 규정으로 해석하고, 종전의 증여의제 규정은 본질적으로 증여가 아닌 것을 증여로 본다고 규정한 것으로, 포괄주의로 전환함에 따라 개별 의제 규정도 포괄규정에 포함되므로 삭제해도 무방하나 증여 유형 및 증여재산가액 계산에 관한 예시규정으로 전환하여 국민의 법적 안정성과 예측 가능성을 도모한다고 하였다.

법조문 제목을 '…의 증여의제'에서 '…의 증여'로 변경하고, 조문 내용 중 "…을 증여받은 것으로 본다"를 "…을 수증자에 대한 증여재산가액으로 한다"라고 수정하였다.

'배우자 등에 대한 양도시의 증여추정', '재산취득자금 등의 증여추정'과 '명의신탁재산의 증여의제' 규정은 그대로 유지하였다. 증여추정은 증여가 아니라는 입증책임을 납세자에게 부여한 것으로 일반 증여와 달리 입증의 절차를 거쳐야 하고, 명의신탁은 재산의 무상이전이 아니라 조세벌 성격으로 과세하는 것이므로 별도의 절로 묶어서 규정하였다.

<법체계 비교>

2003.12.31. 이전	2004.1.1. 이후
① 일반적 증여(민법상 증여) ② 개별 증여의제 열거(14개 유형) - 일반거래(7): 신탁, 보험, 채무면제이익, 고 · 저가 양도, 토지무상사용이익, 무상금전대부, 결손법인 - 자본거래(6): 불공정합병, 불균등 증자 · 감자, 전환사채, 상장 · 합병시세차익 - 명의신탁재산(1) ③ 유형별 포괄주의(01년부터) - 14개 증여의제 유형과 유사한 행위도 증여로 의제 ④ 증여추정(2개 유형) - 배우자 · 직계존비속간 양도, 재산 취득 등의 증여추정	○ ①~③를 완전포괄주의로 전환 - 증여개념 신설 (①+②+③+현물출자이익+기타이익, 명의신탁 제외) · '증여'란 행위 또는 거래의 명칭, 형식, 목적에도 불구하고 타인으로부터 재산의 직 · 간접 무상이전(저렴한 대가에 의한 이전 포함), 타인의 기여에 의해 재산이 증가한 것을 말함 - 열거규정을 예시규정으로 전환, - 현물출자이익, 그 밖의 이익 증여예시 신설 ○ 증여추정 및 증여의제 - ④의 증여추정 존치 - ②의 명의신탁재산의 증여의제 존치

2) 증여세 완전포괄주의 집행

각 예시규정에 해당하지 않더라도 상증법 제42조(그 밖의 이익의 증여)와 상증법 증여에 해당하면 증여세를 과세할 수 있다고 보았지만, 어떤 거래가 상증법상 증여로 보아 증여세를 과세할 수 있는지, 증여에 해당하더라도 증여이익을 어떻게 계산할지가 쟁점이 되었다.

그중 유명한 3가지 케이스를 살펴보자. 첫 번째는 우선매수선택권 포기시 증여세 과세 여부, 두 번째는 결손법인이 아닌 흑자영리법인 주주에게 증여세를 부과할 수 있는지 여부, 세 번째는 특수관계 없이 전환사채 취득과 관련하여 증여세를 부과할 수 있는지 여부다. 모두 법원의 결론이 있는데, 두 번째의 케이스는 3)에서 설명한다.

첫 번째, 법원은 우선매수선택권에 대하여 각자의 주식보유비율에 상응한 비율로 그 우선매수청구권을 부여받았다고 볼 수 있음에도 소외 회사의 대주주인 소외인 등 10인이 자신의 주식보유비율에 상응하는 우선매수청구권을 포기하는 등의 방법으로 원고로 하여금 혼자 이 사건 우선매수청구권을 행사하게 한 것은 원고의 주식보유비율을 초과한 범위에서는 이 사건 주식의 시가와 우선매수청구권 행사가격과의 차액 상당의 이익을 무상으로 이전한 것으로 볼 수 있어 증여세 과세대상에 해당한다고 보았다(대법원2008두17882, 2011.4.28.).

세 번째, 법원은 구 상증법 제42조제1항제3호 및 같은 조 제3항의 적용대상과 관련하여 전환사채 등 취득 당시 특수관계가 없어서 구 상증법 제40조제1항 과세요건을 충족하지 않더라도 구 상증법 제42조제1항제3호 과세요건에 따라 증여세를 과세할 수 있다고 보았다(대법원2018두65538, 2020.11.12.).

3) 예시규정의 한계

결손법인에 재산을 증여한 경우 결손법인 주주에게 증여세를 과세할 수 있는데, 결손법인이 아닌 흑자영리법인에 재산을 증여한 경우에도 주주에게 증여세를 과세할 수 있는지가 논란이었다. 국세청은 특정법인에 해당되지 않는 법인으로 특수관계자로부터 증여받은 재산에 대하여 법인세법에 의한 법인세가 과세되는 경우에는 그러하지 않다고 해석(서면4팀-885, 2004.6.17.) 하였는데, 상증법 제2조 · 제42조 등의 규정이 적용될 수 있는지 여부는 당해 증여의 경위, 내용 등 구체적인 사실에 따라 판단할 사항이라고 기재부가 해석(기획재정부 재산세제과-1270, 2007.10.18.) 후 2004.1.1. 이후 거래부터 흑자영리법인 주주에게 증여세를 과세하였다. 이 사건은 3) 예시규정의 한계를 보여주는 사건이 된다.

2004년 이후 각 증여예시규정에 대해 그 범위 등을 개정하였는데, 법원은 상증법상 증여 정의에 해당하더라도 납세자의 예측가능성 등을 보장하기 위하여 개별 예시규정의 한계가 있다고 보았다.

가액산정규정이 특정한 유형의 거래 · 행위를 규율하면서 그중 일정한 거래 · 행위만을 증여세 과세대상으로 한정하고 그 과세범위도 제한적으로 규정함으로써 증여세 과세의 범위와 한계를 설정한 것으로 볼 수 있는 경우에는, 개별 가액산정규정에서 규율하는 거래 · 행위 중 증여세 과세대상이나 과세범위에서 제외된 거래 · 행위가 상증법 제4조제1항의 증여의 개념에 들어맞더라도 그에 대한 증여세를 과세할 수 없다고 보았다(대법원2014두47945, 2015.10.15.외). 이 판결을 보자면, 흑자영리법인의 주주에게 증여세를 과세한 것은 국가 패소로 결론이 났고, 이 대법원 판결로만 보면 증여세 완전포괄주의 도입 전의 상황[11]으로 돌아간 것처럼 보인다.

다. 2016년 이후

위의 대법원 판결 이후 2015.12월 개정된 상증법 주요 개정내용[12]은 아래와 같다.

① 증여의 개념을 그 행위 또는 거래의 명칭 · 형식 · 목적 등과 관계없이 직접 또는 간접적인 방법으로, 타인에게 유형 · 무형의 재산 또는 이익을 무상으로 또는 현저히 낮은 대가를 받고 이전(移轉)하거나 타인의 재산가치를 증가시키는 것으로 규정

② 제2조, 제4조, 제31조에 분산되어 중복적으로 규정되어 있는 증여세 과세대상과 납부의무를 제4조 및 제4조의2에 각각 체계적으로 정비

③ 상증법에 열거된 증여 예시적 성격의 개별 규정에 해당하지 아니하더라도 해당 규정을 준용하여 증여재산의 가액을 계산할 수 있는 경우에는 증여세를 부과하도록 하는 등 증여세의 과세

---

11. 새로운 증여유형을 증여의제로 대응하던 방식을 말한다.
12. 『상증법 개정안 검토보고서』(국회 기재위, 2015.10월)

대상이 되는 증여재산의 범위를 규정

④ 영리법인은 증여세 납부의무가 없음을 명확히 하고, 영리법인이 증여받은 재산 또는 이익에 법인세가 과세된 경우, 해당 법인의 주주 및 출자자에 대해서는 상증법 증여제되는 경우를 제외하고는 원칙적으로 증여세를 과세하지 아니하도록 함

⑤ 증여 유형에 따라 재산 또는 이익을 무상으로 이전받은 경우, 재산 또는 이익을 현저히 낮은 대가를 주고 이전받거나 현저히 높은 대가를 받고 이전한 경우 및 재산 취득 후 해당 재산 가치가 증가하는 경우로 각각 구분하여 증여재산가액 계산의 일반원칙을 정비함

⑥ 제42조에 통합적으로 규정되어 있는 이익의 증여를 개별 유형별로 분류하여 별도 조문으로 구성, 각각 증여 예시적 성격의 규정임을 명확히 함

2015.12월 상증법 개정은 기존 개별 예시규정의 적용 범위를 더 넓히거나 좁히고자 하는 의도 없이 증여 포괄과세의 실효성을 확보하기 위해 개별 예시규정의 '예시적' 성격을 분명히 하는 데 초점이 맞추어진 것이다.[13]

2015.12월 개정규정에 대해 예시규정의 한계가 있다고 볼지는 대법원 판례가 형성되어 있지 않은데, 이에 대해서는 증여세 과세대상에서 설명한다.

[증여의제 · 추정 · 예시규정 연혁]

- 1950.4.8. 신탁이익 증여의제, 1950.4.8. 보험금 증여의제, 1952.11.30. 저가양수, 1952.11.30. 채무면제 등 증여의제
- 1974.12.21. 명의신탁재산 증여의제, 1974.12.21. 배우자 등에 대한 양도시 증여추정, 1979.12.28. 불균등증자시 증여의제
- 1982.12.21. 고가양도
- 1990.12.31. 불균등감자시 증여의제, 1990.12.31. 불공정합병시 증여의제, 1990.12.31. 재산취득자금 증여추정, 1996.12.30. 전환사채 등 이익, 1996.12.30. 토지무상사용권리, 1996.12.30. 특정법인과의 거래, 1996.12.30. 기타의 증여의제, 1997.11.10. 신주인수권부사채 추가, 1997.11.10. 고가 실권주 재배정 등 추가, 1999.12.28. 상장시세차익 1999.12.28. 무상금전대부
- 2000.12.29. 자본거래(6)의 유형별 포괄주의 도입, 2002.12.18. 합병 상장 등 이익, 2002.12.18. 나머지 증여의제유형(8)의 유형별 포괄주의 도입, 2003.12.30. 현물출자이익, 그 밖의 이익의 증여 신설, 완전포괄주의 도입
- 2013.1.1. 일감몰아주기 증여의제 도입, 2015.12.15. 일감떼어주기 증여의제도입, 2015.12.15. 초과배당에 따른 이익 증여 도입, 2015.12.15. 특정법인과의 거래 이익을 예시규정에서 의제규정으로 전환,

---

13. "증여세 완전포괄주의의 어제, 오늘 그리고 내일"(김석환, 2020.6.25.)

2015.12.15. 그 밖의 이익증여를 재산사용 및 용역제공 등에 따른 이익의 증여, 법인 조직 변경 등에 따른 이익 증여, 재산 취득 후 재산가치 증가에 따른 이익 증여로 별도 조문화

5. 증여세 계산 흐름

증여세 계산 흐름을 단순하게 표현하면, 증여재산에서 채무를 차감한 것이 과세가액이고, 과세가액에서 공제를 차감하면 과세표준이다. 과세표준에서 산출세액 계산 후 세액공제 등을 차감하면 납부할 세액이 나온다.

상증법에서는 재산에서 채무를 차감한 금액을 과세가액이라고 부른다. 과세가액은 소득세법 등에서 사용하는 소득금액의 상대적 개념으로 생각하면 된다. 민법의 상속재산에는 채무가 포함되어 있어 채무를 소극재산으로 표현하지만, 상증법의 재산에는 채무를 포함하지 않는다.

소득세 · 법인세(기간)		상속세 · 증여세(시점)	
	수익(익금)		재산
-	경비(손금)	-	채무
=	소득금액	=	과세가액
-	공제	-	공제
=	과세표준	=	과세표준

상속세의 경우에는 피상속인의 모든 재산에서 피상속인 모든 채무를 차감하지만, 증여세는 특정 재산 이전에 대한 세금이므로 채무 또한 증여재산과 관련된 것만 차감한다.

증여세 과세가액에는 증여자가 동일한 경우 가산하는데 이는 누진세율에 따른 증여세 부담을 회피하는 것을 방지하기 위함이다. 이때 가산한 증여재산에 산출세액은 납부세액공제하여 이중과세하지 않는다.

6. 증여세 통계[14]

과세미달을 제외한 증여세 신고인원과 증여재산가액은 아래와 같다. 증여세 신고건수와 증여재산가액은 증가 추세에 있다.

14. 국세통계(stats.nts.go.kr)

(단위: 억원)

구 분	2016년	2017년	2018년	2019년	2020년
신고건수	116,111	128,454	145,139	151,399	214,603
증여재산가액	182,082	233,444	274,114	282,502	436,134

과세미달을 제외한 증여세 결정인원과 증여재산가액은 아래와 같다. 이 둘도 증가 추세에 있다.

(단위: 억원)

구 분	2016년	2017년	2018년	2019년	2020년
결정건수	124,876	146,337	160,421	169,911	183,499
증여재산가액	180,401	245,254	286,100	293,913	314,154

제2절 증여세 과세대상과 증여재산가액의 일반원칙

ㅇ 증여세 과세대상(상증법 제4조)

① 무상으로 이전받은 재산 또는 이익

② 현저히 낮은 대가를 주고 재산 또는 이익을 이전받음으로써 발생하는 이익이나 현저히 높은 대가를 받고 재산 또는 이익을 이전함으로써 발생하는 이익. 다만, 특수관계인이 아닌 자 간의 거래인 경우에는 거래의 관행상 정당한 사유가 없는 경우로 한정

③ 재산 취득 후 해당 재산의 가치가 증가한 경우의 그 이익. 다만, 특수관계인이 아닌 자 간의 거래인 경우에는 거래의 관행상 정당한 사유가 없는 경우로 한정

④ 증여예시규정(상증법 제33조부터 제39조까지, 제39조의2, 제39조의3, 제40조, 제41조의2부터 제41조의5까지, 제42조, 제42조의2 또는 제42조의3)에 해당하는 경우의 그 재산 또는 이익

⑤ 각 예시규정의 경우와 경제적 실질이 유사한 경우 등 각 규정을 준용하여 증여재산의 가액을 계산할 수 있는 경우의 그 재산 또는 이익

⑥ 증여추정규정(상증법 제44조, 제45조)에 해당하는 경우의 그 재산 또는 이익

⑦ 증여의제규정(상증법 제45조의2부터 제45조의5까지의 규정)에 해당하는 경우에는 그 재산 또는 이익

⑧ 당초 상속분을 초과하여 취득하는 재산가액

⑨ 반환 또는 재증여한 경우

1. 증여세 과세대상

가. 증여세 과세대상 개요

상증법의 증여는 그 행위 또는 거래의 명칭·형식·목적 등과 관계없이 직접 또는 간접적인 방법으로 타인에게 무상으로 유무형의 재산 또는 이익을 이전(移轉, 현저히 낮은 대가를 받고 이전하는 경우를 포함)하거나 타인의 재산가치를 증가시키는 것을 말한다. 다만, 유증, 사인증여, 유언대용신탁 및 수익자연속신탁은 제외한다(상증법 제2조제6호).

증여재산은 증여로 인하여 수증자에게 귀속되는 모든 재산 또는 이익을 말한다(상증법 제2조제7호). 증여재산 중 증여세를 부과하는 재산이 증여세 과세대상[15]이고, 증여재산 중 증여세를 부과하지 않는 재산이 비과세 증여재산[16]이다.

증여재산에는 금전으로 환산할 수 있는 경제적 가치가 있는 모든 물건과 재산 가치가 있는 법률상 또는 사실상의 모든 권리를 포함하며, 2013.1.1. 이후 증여받는 분부터는 수증자에게 귀속되는 금전으로 환산할 수 있는 모든 경제적 이익을 추가하여 포함시킴으로써 용역을 무상 또는

---

15. 상증법 제4조(증여세 과세대상) ① 다음 각 호의 어느 하나에 해당하는 증여재산에 대해서는 이 법에 따라 증여세를 부과한다.

16. 상증법 제46조(비과세되는 증여재산) 다음 각 호의 어느 하나에 해당하는 금액에 대해서는 증여세를 부과하지 아니한다.

현저히 낮은 가액으로 제공받음에 따른 이익이나 합병·상장에 따라 증가한 이익 등에도 과세할 수 있도록 명확화하였다.

증여세 과세대상(상증법 제4조)은 증여재산가액의 일반원칙(상증법 제31조), 증여재산의 취득시기(상증법 제32조)와 연계해서 읽는 것이 이해에 도움이 된다.

<증여재산의 개정연혁>

2012.12.31. 이전	2013.1.1. 이후
○ 수증자에게 귀속되는 재산으로서 · 경제적 가치가 있는 모든 물건 · 재산적 가치가 있는 모든 권리	○ 수증자에게 귀속되는 재산으로서 · (좌동) · (좌동) · 금전으로 환산할 수 있는 모든 경제적 이익[17]

증여세 과세대상인 증여재산의 범위는 다음과 같으며(상증법 제4조), 증여재산가액 계산은 상증법 제31조(증여재산가액 계산의 일반원칙)에서 규정하고 있다.

○ 증여세 과세대상(상증법 제4조)

① 무상으로 이전받은 재산 또는 이익

② 현저히 낮은 대가를 주고 재산 또는 이익을 이전받음으로써 발생하는 이익이나 현저히 높은 대가를 받고 재산 또는 이익을 이전함으로써 발생하는 이익. 다만, 특수관계인이 아닌 자 간의 거래인 경우에는 거래의 관행상 정당한 사유가 없는 경우로 한정

③ 재산 취득 후 해당 재산의 가치가 증가한 경우의 그 이익. 다만, 특수관계인이 아닌 자 간의 거래인 경우에는 거래의 관행상 정당한 사유가 없는 경우로 한정

④ 증여예시규정(상증법 제33조부터 제39조까지, 제39조의2, 제39조의3, 제40조, 제41조의2부터 제41조의5까지, 제42조, 제42조의2 또는 제42조의3)에 해당하는 경우의 그 재산 또는 이익

⑤ 각 예시규정의 경우와 경제적 실질이 유사한 경우 등 각 규정을 준용하여 증여재산의 가액을 계산할 수 있는 경우의 그 재산 또는 이익

⑥ 증여추정규정(상증법 제44조, 제45조)에 해당하는 경우의 그 재산 또는 이익

⑦ 증여의제규정(상증법 제45조의2부터 제45조의5까지의 규정)에 해당하는 경우에는 그 재산 또는 이익

---

17. 상증법상 상속재산에는 이익이 포함되지 않는다.

○ 상증법 제2조(정의)

3. "상속재산"이란 피상속인에게 귀속되는 모든 재산을 말하며, 다음 각 목의 물건과 권리를 포함한다. 다만, 피상속인의 일신(一身)에 전속(專屬)하는 것으로서 피상속인의 사망으로 인하여 소멸되는 것은 제외한다.

가. 금전으로 환산할 수 있는 경제적 가치가 있는 모든 물건

나. 재산적 가치가 있는 법률상 또는 사실상의 모든 권리

⑧ 당초 상속분을 초과하여 취득하는 재산가액
⑨ 반환 또는 재증여한 경우

⑧, ⑨는 3.과 4.에서 설명한다.

①, ②, ③은 증여 정의를 다시 세분화한 것이다. 상증법의 증여 정의는 '무상으로 재산 또는 이익을 이전', '현저히 낮은 대가를 받고 이전', '재산가치를 증가'를 포괄적으로 표현한 것이다. ②와 ③은 비특수관계인 거래에서 거래관행상 정당한 사유가 있을 때는 해당하지 않는다.

④는 증여예시규정을 열거하였다. 현재 증여예시규정은 17가지 있으며 그 유형은 다음과 같다.

1) 상증법 제33조에 따른「신탁이익의 증여」
2) 상증법 제34조에 따른「보험금의 증여」
3) 상증법 제35조에 따른「저가양수 또는 고가양도에 따른 이익의 증여」
4) 상증법 제36조에 따른「채무면제 등에 따른 증여」
5) 상증법 제37조에 따른「부동산 무상사용에 따른 이익의 증여」
6) 상증법 제38조에 따른「합병에 따른 이익의 증여」
7) 상증법 제39조에 따른「증자에 따른 이익의 증여」
8) 상증법 제39조의2에 따른「감자에 따른 이익의 증여」
9) 상증법 제39조의3에 따른「현물출자에 따른 이익의 증여」
10) 상증법 제40조에 따른「전환사채 등의 주식전환 등에 따른 이익의 증여」
11) 상증법 제41조의2에 따른「초과배당에 따른 이익의 증여」
12) 상증법 제41조의3에 따른「주식등의 상장 등에 따른 이익의 증여」
13) 상증법 제41조의4에 따른「금전 무상대출 등에 따른 이익의 증여」
14) 상증법 제41조의5에 따른「합병에 따른 상장 등 이익의 증여」
15) 상증법 제42조에 따른「재산사용 및 용역제공 등에 따른 이익의 증여」
16) 상증법 제42조의2에 따른「법인의 조직 변경 등에 따른 이익의 증여」
17) 상증법 제42조의3에 따른「재산 취득 후 재산가치 증가에 따른 이익의 증여」

⑥은 증여추정규정을 열거하였다. 현재 증여추정규정에는 두 가지가 있으며 그 유형은 다음과 같다.

1) 상증법 제44조에 따른「배우자 등에게 양도한 재산의 증여추정」
2) 상증법 제45조에 따른「재산 취득자금 등의 증여추정」

⑦은 증여의제규정을 열거하였다. 현재 증여의제규정에는 네 가지가 있으며 그 유형은 다음과 같다.

1) 상증법 제45조의2에 따른「명의신탁재산의 증여의제」
2) 상증법 제45조의3에 따른「특수관계법인과의 거래를 통한 이익의 증여의제」
3) 상증법 제45조의4에 따른「특수관계법인으로부터 제공받은 사업기회로 발생한 이익의 증여의제」
4) 상증법 제45조의5에 따른「특정법인과의 거래를 통한 이익의 증여의제」

그리고 ⑤는 증여예시규정에서 각 규정의 경우와 경제적 실질이 유사한 경우 등 증여의 각 규정을 준용하여 증여재산 가액을 계산할 수 있는 경우, 그 재산 또는 이익을 대상으로 하고 있다.

증여세 과세대상은 "증여정의, 증여예시+유사, 증여추정, 증여의제"로 보이지만, 그렇게 볼 수 없다. 증여재산은 증여로 인하여 수증자에게 귀속되는 모든 재산 또는 이익이고, 증여재산 중 증여세를 부과하는 재산은 증여세 과세대상이다. 그렇다면 증여예시나 증여추정등은 증여정의 ①, ②, ③ 유형에 들어가야 한다. 각 증여예시유형은 증여정의유형에 포함되어 있다. 보험금이나 신탁이익은 ① 유형에, 저가양수고가양도, 증자등은 ② 유형에 포함된다.

그러면 예를 들어 저가양수한 경우에 증여세를 과세할 수 있는 근거법령이 3개(상증법 제4조제1항제4호－증여예시 제35조(저가 양수 또는 고가 양도에 따른 이익 증여), 상증법 제4조제1항제6호－증여예시와 경제적 실질이 유사, 상증법 제4조제1항제2호－증여정의)가 된다. 이렇게 규정하면 납세자의 예측가능성과 법적안정성이 없어 보인다. 적용 순서를 보여주는 조문은 없는 걸까? 3개의 적용 순서를 보여주는 조문이 상증법 제31조(증여재산가액 계산의 일반원칙)이다.

<증여정의>

상증법 제4조제1항제1호 (무상이전)	상증법 제4조제1항제2호 (시가 대가 차이)	상증법 제4조제1항제3호 (재산가치증가)

<증여정의 - 증여예시 반영>

상증법 제4조제1항제1호 (무상이전) 상증법 제34조	상증법 제4조제1항제2호 (시가 대가 차이) 상증법 제35조	상증법 제4조제1항제3호 (재산가치증가) 상증법 제42조의3

<증여정의 - 증여예시에 유사 반영>

상증법 제4조제1항제1호 (무상이전) 상증법 제34조	상증법 제4조제1항제2호 (시가 대가 차이) 상증법 제35조	상증법 제4조제1항제3호 (재산가치증가) 상증법 제42조의3

상증법 제31조(증여재산가액 계산의 일반원칙)는 아래와 같다.

> ○ 상증법 제31조(증여재산가액 계산의 일반원칙) ① 증여재산의 가액(이하 "증여재산가액"이라 한다)은 다음 각 호의 방법으로 계산한다.
>
> 1. 재산 또는 이익을 무상으로 이전받은 경우: 증여재산의 시가(제4장에 따라 평가한 가액을 말한다. 이하 이 조, 제35조 및 제42조에서 같다) 상당액
> 2. 재산 또는 이익을 현저히 낮은 대가를 주고 이전받거나 현저히 높은 대가를 받고 이전한 경우: 시가와 대가의 차액. 다만, 시가와 대가의 차액이 3억원 이상이거나 시가의 100분의 30 이상인 경우로 한정한다.
> 3. 재산 취득 후 해당 재산의 가치가 증가하는 경우: 증가사유가 발생하기 전과 후의 재산의 시가의 차액으로서 대통령령으로 정하는 방법에 따라 계산한 재산가치상승금액. 다만, 그 재산가치상승금액이 3억원 이상이거나 해당 재산의 취득가액 등을 고려하여 대통령령으로 정하는 금액의 100분의 30 이상인 경우로 한정한다.
>
> ② 제1항에도 불구하고 제4조제1항제4호부터 제6호까지 및 같은 조 제2항에 해당하는 경우에는 해당 규정에 따라 증여재산가액을 계산한다.

상증법 제31조제2항에서 증여예시 · 추정 · 의제를 우선 적용하고, 유사 그리고 증여정의에 따라 증여재산가액을 계산한다고 규정하고 있다.

나. 증여재산계산의 일반원칙

2004.1.1. 상증법상 증여정의를 신설하여 증여세 완전포괄주의가 도입된 이후에도 상증법상 증여에 해당하지만 증여이익의 계산방법에 대한 다툼이 계속 있었다. 증여이익 계산방법이 명확하지 않아 증여세 과세가 가능한지에 대한 논쟁이 끊임없이 제기되자 2013.1.1. 증여재산가액 계산의 일반원칙을 신설하여 완전포괄주의 과세의 실효성을 제고하였다.

2016.1.1. 이후부터는 증여예시+유사, 증여추정, 증여의제에 당하는 경우에는 해당 규정에 따라 증여재산가액을 계산함을 명확하게 규정[18]하였다.

한편, 각 증여예시규정 등에는 이익 계산시 3억원 이상 또는 30% 이상 등 기준금액이 이상인 경우만 과세대상으로 하고 있어, 일반원칙에서도 "3억원 이상 또는 30% 이상"이라는 적용한도를 두었다.

증여재산가액 계산은 증여정의를 세분화하였다.

1) 증여재산가액 계산

가) 재산 또는 이익을 무상으로 이전받은 경우

증여받은 재산의 시가에 상당하는 금액. 시가는 상증법 제4장에 따라 평가한 가액[19]이며, 상증법 제35조(저가 양수 또는 고가 양도에 따른 이익의 증여)와 상증법 제42조(재산사용 및 용역제공 등에 따른 이익의 증여)에서 같다.

나) 재산 또는 이익을 현저히 낮은 대가를 주고 이전받거나 현저히 높은 대가를 받고 이전한 경우

시가와 대가의 차액. 다만, 시가와 대가의 차액이 3억원 이상이거나 시가의 100분의 30 이상인 경우로 한정한다. 그 이익과 관련하여 거래 등을 한 날부터 소급하여 1년 이내에 동일한 거래가 있는 경우 각각의 거래에 따른 이익을 합산하여 금액 기준을 계산한다(상증법 제43조제2항).

그러나 특수관계인이 아닌 자 간의 거래로 관행상 정당한 사유가 있다고 인정되면 그 거래로 인한 이익은 증여재산에 포함하지 않는다.

---

18. 적용 순서는 ① 증여예시, ② 예시와 경제적 실질 유사, ③ 증여 정의이다.
19. 상증법상 재산평가는 시가와 상증법 제66조(저당권 등이 설정된 재산평가의 특례)와 비교하여 큰 가액으로 평가하는데, 상증법 제31조 · 제35조 · 제42조는 시가라고 규정되어 있지만 재산평가액을 뜻한다.

○ 과세요건: (시가-대가) ≧ 시가×30% 또는 (시가-대가) ≧ 3억원
○ 증여재산가액=(시가-대가) 또는 (대가-시가)

다) 재산 취득 후 해당 재산의 가치가 증가하는 경우

증가사유가 발생하기 전과 후 재산의 시가 차액으로 재산가치상승금액. 다만, 그 재산가치상승금액이 3억원 이상이거나 해당 재산 취득가액 등을 고려하여 (나)+(다)+(라)의 합계액의 100분의 30 이상인 경우로 한정한다.

그러나 특수관계인이 아닌 자 간의 거래로 거래 관행상 정당한 사유가 있다고 인정되면 그 거래로 인한 이익은 증여재산에 포함하지 않는다.

○ 과세요건:
재산가치상승금액 ≧ ((2)+(3)+(4))×30% 또는 재산가치상승금액 ≧ 3억원
○ 증여재산가액(재산가치상승금액)=
(1) 해당 재산가액-((2) 취득가액+(3) 통상적인 가치상승분+(4) 가치상승기여분)

(1) 해당 재산가액

재산가치증가사유가 발생한 날 현재의 가액(법 제4장에 따라 평가한 가액을 말한다)

(2) 해당 재산의 취득가액

실제 해당 재산을 취득하기 위하여 지불한 금액(증여받은 재산의 경우에는 증여세 과세가액을 말한다)

(3) 통상적인 가치상승분

기업가치의 실질적인 증가로 인한 이익과 연평균지가상승률 · 연평균주택가격상승률 및 전국소비자물가상승률 등을 감안하여 해당 재산의 보유기간 중 정상적인 가치상승분에 상당하다고 인정되는 금액

(4) 가치상승기여분

해당 재산가치를 증가시키기 위하여 수증자가 지출한 금액

라) 증여예시, 증여추정, 증여의제에 해당하는 증여이익

위의 가), 나), 다)에도 불구하고, 해당 증여재산이 증여예시 · 증여추정 · 증여의제와 경제적 실질이 증여예시와 유사한 경우 등으로, 증여 규정을 준용하여 증여재산가액을 계산할 수 있다면 (상증법 제4조제1항제6호) 각 해당 규정에 따라 증여재산가액을 계산한다.

쟁점

상장주식의 장내거래에 대한 증여세 과세여부

특수관계인 사이에 상장주식을 거래하였다. 한 사무실에서 두 대의 컴퓨터를 이용하여 한 명은 매도주문을, 한 명은 매수주문을 하였는데, 정상적인 거래가액보다 낮게 하였다. 거래가 성립하였을 때 증여세를 과세할 수 있을까?

상증법 제35조(저가 양수 또는 고가 양도에 따른 이익의 증여)에서는 특수관계인 사이에 거래에 대해 시가와 대가 차이가 일정 기준 이상이면 증여세 과세대상으로 보고 있다. 한편, 상증령 제26조에서는 "거래소에 상장되어 있는 주식을 증권시장에서 거래된 것"을 상증법 제35조의 적용에서 제외한다. 이는 불특정 다수인 사이에서 공정한 경쟁매매 과정을 거쳐 가액이 결정되기 때문이다.

위의 사례는 공정하다고 보기는 어렵지만, 그렇다고 상증령에 규정된 증권시장에서 거래가 되지 않았다고 보기는 어려워보인다. 이에 대해 기재부는 상장주식을 증권시장에서 거래한 경우로서, 특수관계인 간에 특정물량 · 가액을 양도 · 양수해 사전 계획 후 장내거래로 실행한 경우, 실질 과세원칙에 따라 시간외대량매매로 보아 상증법 제35조 및 상증령 제26조에 따른 "저가 양수 또는 고가 양도에 따른 이익의 증여" 규정을 적용할 수 없다고 보았다(기획재정부 재산세제과-227, 2021.3.10.).

그렇다면 증여세를 과세할 수 없다는 뜻인가?

이 해석은 상증법 제35조를 적용할 수 없다는 해석이지, 증여세 과세대상이 아니라고 해석한 것은 아니다. 위의 거래가 2016년 이후라면 증여세를 과세여부를 검토해야 한다. 2016.1.1.를 기준으로 증여세 과세 방식은 2015년 이전과는 다르다. 종전에는 "증여" 정의가 중요하였지만, 2016년 이후에는 "증여세 과세대상"이 중요하다. 증여세 과세대상(상증법 제4조)에 해당하면 상증법 제31조(증여재산가액 계산의 일반원칙)에 따라 증여재산의 가액을 계산한다. 따라서 위의 경우는 2가지를 검토해야 한다.

1. 상증법 제4조제1항제6호 해당여부

상증법 제4조제1항제6호에 따라 각 증여예시규정과 경제적 실질이 유사한 경우 등에 증여예시규정을 준용하여 과세할 수 있다. 따라서 증권시장에서 거래하여 상증법 제35조를 적용할 수 없더라도, 거래유형은 상증법 제35조와 경제적 실질이 유사하므로 과세대상으로 본다.

상증법 제4조제1항제6호 "경제적 실질이 유사한 경우 등"에 따른 유사 범위에 대해 과세관청과 납세자 사이에 다툼이 벌어지고 있고, 이는 2004년 이후 증여정의 신설 이후 상황과 비슷해 보인다. 2016년 이후에는 상증법 제4조제1항제6호 말고도 다른 규정이 적용될 가능성이 있다.

2. 상증법 제4조제1항제2호 해당여부

상증법 제4조제1항제2호는 요약하면 시가와 대가 차이에 대해 증여세를 과세할 수 있다는 내용이다.

상증법 제4조(증여세 과세대상)는 제1항제1호부터 제3호까지에서 증여정의를 포괄적 규정하고, 제1항제4호가 증여예시를, 제1항제5호가 증여추정을, 제2항은 증여의제를, 제1항제6호에서 '증여예시+유사'를 규정한다. 이러한 증여세 과세대상은 상증법 제31조(증여재산가액 계산의 일반원칙)에 따라 증여재산 가액을 계산한다.

상증법 제4조제1항제1호부터 제3호까지 규정은 선언적 규정이라고 생각할 수도 있지만 그렇지 않다. 이 규정들은 매우 자주 적용된다. 예를 들면 부가 자에게 현금을 증여하였다면, 상증법 제4조제1항제1호에 따라 증여세 과세대상(무상으로 이전받은 재산)이고, 상증법 제31조제1항제1호에 따라 증여재산 시가를 증여재산가액으로 하여 증여세 계산을 하는 것이다.

다시 설명하면, 2016년 이후에는 시가와 대가 차이에 대해 과세할 수 있는 상증법 근거 규정은 상증법 제4조제1항제4호(상증법 제35조), 상증법 제4조제1항제6호, 상증법 제4조제1항제2호, 이렇게 3가지이다.

지금의 논란은 2004년 증여 정의가 신설되고 난 후, 2004년부터 2015년까지의 상황[20]과 비슷해보인다. 그때와 다른 점은 일반원칙 적용이 명확하다는 점인데, 앞으로 발생할 판례 등을 주의 깊게 살펴볼 필요가 있다.

쟁점

가장이혼

사실혼은 혼인전, 혼인중, 혼인후(이혼후)로 구분[21]할 수 있다. 법률상 이혼하였지만 사실상 이혼했다고 보기 어려운 관계에 있다고 보인다면, 이것을 통상 가장이혼이라고 부른다.

가장이혼 문제는 세법뿐만 아니라, 다른 법률(예를 들면 연금 관련)에서도 다툼의 원인이 된다. 법원은 일관되게 이혼을 부인하지 않았다. 협의이혼에서 이혼 의사는 법률상의 부부관계를 해소하려는 의사를 말하므로, 일시적으로나 법률상 부부관계를 해소하려는 당사자 간의 합의하에 협의이혼 신고가 된 이상, 거기에 다른 목적이 있다고 하더라도 양자 간에 이혼 의사[22]가 없다고는 말할 수 없고, 그 협의이혼은 무효로 되지 아니한다(대법원93므171, 1993.6.11. 참조)

2017년 가장이혼에 대한 대법원 판결에는 증여세와 양도소득세가 있었고, 둘 다 납세자가 이겼다. 양도소득세에서는 1세대1주택, 증여세에서는 이혼 재산분할 관련 다툼이었다.

---

20. 내용은 다르지만, 아래와 같이 비교할 수 있다.

종전	현재
상증법 제42조	상증법 제4조제1항제6호
상증법 제2조	상증법 제4조제1항제1호~제3호

21. 1세대의 사실혼 배우자에 대한 쟁점은 다음을 참고하라. 정문현 외, 『2020 핵심실무 양도소득세』, 조세통람, p.482~483.

22. 이혼 의사를 법원에서 확인한다.

> ○ 민법 제836조【이혼의 성립과 신고방식】
> ① 협의상 이혼은 가정법원의 확인을 받아 「가족관계의 등록 등에 관한 법률」의 정한 바에 의하여 신고함으로써 그 효력이 생긴다.
> ○ 민법 제840조【재판상 이혼원인】
> 부부의 일방은 다음 각 호의 사유가 있는 경우에는 가정법원에 이혼을 청구할 수 있다.

1. 증여세 관련

이혼하면서 취득할 수 있는 재산은 위자료, 재산분할청구[23]에 따른 재산을 말한다. 이혼에 따른 위자료 또는 재산분할청구로 취득한 재산에 대해서는 증여세를 부과하지 않는다. 위자료는 이혼책임에 대한 배상적 성격으로 상증법상 증여, 무상이전에 해당하지 않고, 재산분할청구는 부부의 공동노력으로 이룩한 재산의 분할[24]로 자기 소유 재산의 환원이며, 증여로 볼 수 없기 때문이다.

2017년 대법원 판결은 이혼하고 재산을 분할하였지만 실제 이혼하기 어렵다고 보아 재산분할이 아닌 증여로 보아 과세한 건이었다. 법원은 가장이혼을 인정하지 않으면서, 이 사건 재산분할은 원칙적으로 증여세 과세대상이 될 수 없고, 다만 그 재산분할이 민법 제839조의2제2항 규정 취지에 반하여 상당하다고 할 수 없을 정도로 과대하고 상속세나 증여세 등 조세를 회피하기 위한 수단에 불과하여 그 실질이 증여라고 평가할 수 있는 경우에 해당한다면, 그 상당한 부분을 초과하는 부분에 한하여 증여세 과세대상이 될 수 있을 뿐이라고 판결하였다(대법원2016두58901, 2017.9.12.).

위 대법원 판결은 가장이혼을 부인했을 뿐 아니라 이혼에 따른 재산분할가액이 적정 가액을 넘었다면 증여세를 과세할 수 있다고 보았기 때문에 실무적으로도 중요한 판례이다. 예를 들면 혼인 중 형성한 재산이 100억원이고 이혼시 재산분할로 이혼한 배우자에게 90억원을 이전하였다면, 이 중 적정 재산분할가액을 50억원으로 가정시 40억원(90억원 – 50억원)은 증여세 과세대상이라는 뜻이다. 하지만 과세관청이나 세무대리인이 적정재산분할가액을 찾는 것은 어려운 일이다.

2. 소득법 관련

법원의 판결(대법원2016두35083, 2017.9.7.) 이후 1세대의 배우자 범위와 관련하여 2018.12.31. 소득세법을 개정하였다.

> ○ 소득세법 제88조(정의)
>
> 6. "1세대"란 거주자 및 그 배우자(법률상 이혼을 하였으나 생계를 같이 하는 등 사실상 이혼한 것으로 보기 어려운 관계에 있는 사람을 포함한다. 이하 이 호에서 같다)가 그들과 같은 주소 또는 거소에서 생계를 같이 하는 자[거주자 및 그 배우자의 직계존비속(그 배우자를 포함한다) 및 형제자매를 말하며, 취학, 질병의 요양, 근무상 또는 사업상의 형편으로 본래의 주소 또는 거소에서 일시 퇴거한 사람을 포함한다]와 함께 구성하는 가족단위를 말한다. 다만, 대통령령으로 정하는 경우에는 배우자가 없어도 1세대로 본다.

주의할 점은 이 규정의 적용시기이다. 국세청 개정세법해설 책자에서는 적용시기가 "소득세법 기본통칙을 상향입법"으로 되어 있다. 입법자의 의도는 개정조문 성격이 확인적 규정[25]이라는 것이다.

3. 1세대 1주택 양도소득세 비과세시 1세대 범위 명확화 (소득세법 제88조)

가. 개정취지

○ 사실혼 관계를 유지하고 있는 배우자도 동일세대의 구성원으로 보아 조세회피 방지

---

23. 사실혼관계에 있었던 당사자들이 생전에 사실혼관계를 해소한 경우 재산분할청구권을 인정할 수 있으나(대법원94므1584, 1995.3.28., 법률상 혼인관계가 일방 당사자의 사망으로 인하여 종료된 경우에도 생존 배우자에게 재산분할청구권이 인정되지 아니한다(대법원선고 94므246, 1994.10.28.).
24. 특유재산이라 할지라도 다른 일방이 적극적으로 그 특유재산 유지에 협력하여 그 감소를 방지하였거나 그 증식에 협력하였다고 인정되는 경우에는 재산분할 대상이 될 수 있다(대법원92므501, 1993.5.25.).
25. 창설적 규정과 확인적 규정은 "〈쟁점〉 창설적 규정과 확인적 규정" 내용을 참고하기 바란다.

나. 개정내용

종전	개정
□ 1세대가 보유한 1주택을 양도시 양도소득세 비과세 ○ 1세대: 거주자 및 "배우자"가 그들과 같은 주소 또는 거소에서 생계를 같이하는 자와 함께 구성하는 가족 단위 ○ 1주택 보유: 1세대가 국내에 1주택을 2년 이상 보유(조정지역의 경우 2년 거주)	□ 1세대 범위 명확화 ○ 배우자→배우자(법률상 이혼을 하였으나 생계를 같이하는 등 사실상 이혼한 것으로 보기 어려운 경우 포함) ○ (좌동)

다. 적용시기 및 적용례

○ 소득세법 기본통칙을 상향입법

현재 소득법 규정에 혼인전 사실혼 배우자가 포함되는지는 다툼이 있을 수 있다. 종전 국세청 해석에서는 사실혼 배우자를 1세대의 범위에 포함하였다(재일46014-854, 1995.4.6.). 기재부는 소득법(2018.12.31. 법률 제16104호로 개정된 것) 제88조제6호에 따른 1세대 범위에서 "배우자"는 법률상 배우자와 법률상 이혼을 하였으나 생계를 같이하는 등 사실상 이혼한 것으로 보기 어려운 관계에 있는 사람을 의미한다고 보았다. 즉, 혼인전 사실혼 배우자는 1세대에 포함하지 않는 것으로 보았다. 종전의 국세청 해석은 정비되었다.

쟁점

종중 재산양도와 증여세

종중은 공동의 조상을 지난 자손들로 조상 제사를 목적으로 조직된 부계 혈연집단이다(네이버 지식백과). 종중의 재산을 양도 후 종중원에게 분배한 경우 증여세를 부과할 수 있을까? 가능하다. 종중과 종중원은 구별되는 과세단위이고, 종중의 증여세 납부의무는 상증법 제4조의2제8항에 따라 판단한다. 그리고 종중은 비영리법인에 해당한다.

○ 상증법 제4조의2(증여세 납부의무)

⑧ 법인격이 없는 사단 · 재단 또는 그 밖의 단체는 다음 각 호의 어느 하나에 해당하는 자로 보아 이 법을 적용한다.

1. 「국세기본법」 제13조제4항에 따른 법인으로 보는 단체에 해당하는 경우: 비영리법인
2. 제1호 외의 경우: 거주자 또는 비거주자

종중이 소유하는 재산의 소유형태는 '총유'이다. 총유는 공유와 달리 지분이 인정되지 않고, 구성원에게 분할청구권이 인정되지 않는다. 따라서 토지를 양도하여 그 대금을 종중원에게 분배하는 것은 공동소유 재산의 분할로 볼 수 없다. 별도의 대가 없이 재산이 이전되었으므로 증여세 과세대상에 해당한다(서울고법97구28966, 1998.6.11.).

그러면 종중원에게 증여 후 종중원이 양도하는 것은 어떻게 될까? 양도소득세를 줄이기 위해, 종중원에게 증여 후 종중원이 양도하였더라도 이를 부인할 수 없다는 심판례가 있다. 심판원은 청구종중의 종중원들이 쟁점토지를 증여받고 관련 증여세를 부담하였을 뿐만 아니라 해당 보상금 등을 수령한 후 청구종중에게 반환한 사실이 없어 형식과 실질에 괴리가 없다고 본 것이다(조심2018중3706, 2019.7.2.).

이 심판례는 교차증여와 관련된 대법원 판결문(대법원2015두46963, 2017.2.15.)과 비교해야 한다. 대법원은 당사자가 거친 여러 단계의 거래 등 법적 형식이나 법률관계를 재구성하여 직접적인 하나의 거래에 의한 증여로 보고, 증여세 과세대상에 해당한다고 하려면 납세의무자가 선택한 거래의 법적 형식이나 과정이 처음부터 조세회피 목적을 이루기 위한 수단에 불과하여 그 재산이전의 실질이 직접적인 증여를 한 것과 동일하게 평가될 수 있어야 하고, 이는 당사자가 그와 같은 거래형식을 취한 목적, 제3자를 개입시키거나 단계별 거래 과정을 거친 경위, 그와 같은 거래방식을 취한 데에 조세 부담의 경감 외에 사업상 필요 등 다른 합리적 이유가 있는지 여부, 각각의 거래 또는 행위 사이의 시간적 간격, 그러한 거래형식을 취한 데 따른 손실 및 위험부담 가능성 등 관련 사정을 종합하여 판단하여야 한다고 보았다.

대법원 판결을 감안하면, 위의 거래(종중이 종중원에게 증여 후 종중원이 양도한 경우)는 "종중이 양도하고 종중이 종중원에게 증여한 경우"와 경제적 실질이 유사해보이지만, 그 결과가 직접적인 증여를 한 것과 동일하다고 볼 수 없다. 어떤 거래 형태를 취할 것인지는 사적 자치의 영역에 속하고, 그 거래에 대해 세금을 과세하려면 그 과정을 선택한 이유를 입증해야 한다.

[관련 질의회신 · 판례 등]

○ 증여 해당여부

(신주) 법인이 자본을 증가시키기 위하여 신주를 발행함에 있어 해당 법인의 주주가 아닌 자가 해당 법인으로부터 신주를 직접 배정받아 인수함으로써 그와 특수관계에 있는 자 외의 자가 이익을 얻은 경우로서 거래 관행상 정당한 사유가 있다고 인정되지 않는 경우에는 상증법 제4조제1항에 의하여 증여세가 과세됨(서면2018상속증여-2744, 2019.2.25.).

(재배정받은 실권주 등이 상장되는 경우) 비상장법인의 최대주주등으로부터 증여받거나 유상취득하지 않고, 재배정 실권주 및 제3자 배정 유상신주 방식으로 주식을 취득하고 5년 이내 상장되는 경우 구 상증법상 포괄주의(제2조, 제42조)에 따라 증여세를 과세할 수 없음(기획재정부 재산세제과-931, 2018.10.31.).[26]

(자회사가 주권상장법인과 합병) 상증법 제41조의5의 규정에 따른 증여에 해당하지 않으나, 상증법(2015.12.15. 법률 제13557호로 개정되기 전의 것) 제2조제3항 및 제4조의2 적용 여부는 조세회피 목적의 유무 등을 고려하여 사실판단할 사항임(기준2020법령해석재산-0151, 2020.11.3.).

○ 특수관계인이 아닌 자로부터 신주인수권증권을 취득한 자가 그 신주인수권증권에 의하여 교부받은 주식 가액이 전환 또는 인수가액을 초과함으로써 얻은 이익

(심판원) 상증법 제4조제1항제6호의 입법취지는 증여세 완전포괄주의 원칙에 따라 열거된 개별예시규

---

26. 세법해석정비

요지	유지사례	삭제사례
상증법 제41조의3의 과세요건을 충족하지 않는 경우 포괄주의(제2조, 제42조)를 적용할 수 없음	기획재정부 재산세제과-931, 2018.10.31.	법규과-212, 2012.3.6. 서면법규과-979, 2013.9.10. 법규과-190, 2012.2.27. 재산세과-234, 2012.6.22. 서면법규과-945, 2013.9.3. 재산세과-592, 2010.8.13.

정에 해당하지 아니하더라도, 해당 규정을 준용하여 증여재산 가액을 계산할 수 있는 경우에는 증여세를 부과할 수 있도록 하는 등 과세대상 증여재산 범위를 명확히 하여 증여세 완전포괄주의 운영상 나타난 일부 미비점을 개선 · 보완하려는 데 있는 것으로 보이는 점, 청구인은 쟁점신주인수권증권을 취득하여 신주인수권 행사로 주식전환한 후 이를 매각하여 2개월 남짓한 단기간에 고액의 투자수익을 얻은 것으로 확인되는 반면, 정상적인 외부투자자로서 객관적인 시장가치를 반영하여 쟁점신주인수권증권을 취득하고 이를 행사하였다는 사실에 관한 거래경위, 거래가격의 산정 방법 등 구체적 입증자료의 제시가 없는 점 등에 비추어 증여세 포괄주의의 한계를 벗어난 위법한 것이라는 청구주장도 받아들이기 어려움(조심2018서4650, 2018.12.19.).

(법원) 납세자의 예측가능성 등을 보장하기 위하여 개별 가액산정규정이 특정한 유형의 거래 · 행위를 규율하면서 그중 일정한 거래 · 행위만을 증여세 과세대상으로 한정하고 그 과세범위도 제한적으로 규정함으로써 증여세 과세 범위와 한계를 설정한 것으로 볼 수 있는 경우에는, 개별 가액산정규정에서 규율하고 있는 거래 · 행위 중 증여세 과세대상이나 과세범위에서 제외된 거래 · 행위가 개정 후 상증법 제4조제1항제1호 내지 제6호의 증여세 과세대상에 들어맞더라도 그에 대한 증여세를 부과할 수는 없음(서울행법2019구합-58889, 2020.2.13.).

○ 연속된 하나의 거래

(신주인수권) 신주인수권부사채 발행부터 원고들의 이 사건 신주인수증권 취득 및 행사에 따른 보통주 취득까지 일련의 행위들은 원고들에게 그 소유주식비율을 초과하여 신주를 저가로 취득하도록 하여 시가와 취득가액의 차액 상당을 증여한 것과 동일한 연속된 하나의 행위 또는 거래라고 단정하기 어려움(서울고법2017누82729, 2018.6.5.).

(합병) 영업양도 이후 합병까지 일련의 행위는 그 실질이 구 상증법 제2조제3항, 제4항에 따라 연속된 하나의 거래로 증여세 과세대상인 '증여' 행위에 해당함(대법원2014두41411, 2019.1.31. 요지).

○ 연금지급 개시 전 연금보험의 계약자 및 수익자를 변경한 경우

상속형 즉시연금보험 연금지급 개시 전에 연금보험 계약자 및 수익자를 타인으로 변경한 경우 그 타인이 증여받은 재산가액은 즉시연금보험 약관에 의하여 산출되는 해지환급금 상당액임(기획재정부 재산세제과-929, 2018.10.26.).[27]

○ 증여로 보지 않는 경우

(국외재산 국내 반입) 국내에 주소를 둔 자가 국외에 소재하는 자기소유재산을 국내로 반입하거나 그 재산으로 국내 재산을 취득하는 경우 증여세 과세문제가 발생하지 아니함(재삼46014-721, 1999.4.15).

(취득원인 무효판결) 증여세 과세대상이 되는 재산이 취득원인무효의 판결에 의하여 그 재산상 권리가 말소되는 때는 증여세를 부과하지 아니하며 과세된 증여세는 취소함. 다만, 형식적인 재판절차만 경유한 사실이 확인되는 경우에는 그러하지 아니함(재산세과-3911, 2008.11.21.).

(2015.12.31. 이전 불균등배당) 법인이 현금배당을 지급함에 있어 각 주주들이 소유하고 있는 주식 수에

27. 세법해석정비

요지	유지사례	삭제사례
즉시연금보험의 연금지급 개시 전 계약자 등 변경시 증여재산가액은 해지환급금으로 평가	기획재정부 재산세제과-929, 2018.10.26.	법규과-177, 2013.2.18. 서면법규과-166, 2013.2.14. 서면법규과-1127, 2013.10.17.

따라 배당금을 지급하지 않은 경우로 균등한 조건에 의하여 지급받을 배당금을 초과하는 금액을 소득세법상 배당소득으로 보아 소득세가 과세되는 경우에는 상증법 제2조제2항에 따라 증여세를 과세하지 않음(기획재정부 재산세제과–927, 2011.10.31., 기획재정부 재산세제과–591, 2012.7.18.).[28]

⇒ 2016.1.1. 이후 상증법 제41조의2((초과배당에 따른 이익의 증여)에 따라 증여세를 과세한다.

(국제사법) 상증법 제2조, 제4조는, 원고들 재산의 귀속, 즉 이 사건 관련 부동산과 이 사건 빌라 및 이 사건 쟁점금액이 특유재산인지 아니면 부부 공유재산인지 여부가 확정된 이후에 적용됨(서울고법2015누30212(2015.7.7.)–대법원2015두49337(2015.11.17. 심불)).[29]

○ 이혼

(재산분할청구권을 행사하여 취득한 재산) 이혼시 이혼한 자의 일방이 민법상 재산분할청구권을 행사하여 취득한 재산은 증여재산에 해당되지 않음(서면4팀–1753, 2007.5.29.).

(위자료) 이혼 등에 의하여 정신적 또는 재산상 손해배상 대가로 받은 위자료에 대하여는 조세포탈의 목적이 있다고 인정할 경우를 제외하고는 증여로 보지 아니함(서면4팀–825, 2005.5.27.),

(위자료를 대신 지급한 경우) 남편을 대신하여 시어머니가 며느리에게 이혼위자료로 부동산을 증여한 경우에는 상증법 제36조에 따라 남편이 그의 어머니로부터 그 부동산의 가액에 상당하는 위자료채무를 인수 또는 변제받은 것으로 남편에게 증여세가 과세됨(재산세과–453, 2012.12.20.).

(가장이혼) 재산분할은 원칙적으로 증여세 과세대상이 될 수 없고, 다만 그 재산분할이 민법 제839조의2 제2항의 규정 취지에 반하여 상당하다고 할 수 없을 정도로 과대하고 상속세나 증여세 등 조세를 회피하기 위한 수단에 불과하여 그 실질이 증여라고 평가할 수 있는 경우에 해당한다면, 그 상당한 부분을 초과하는 부분에 한하여 증여세 과세대상이 될 수 있을 뿐임(대법원2016두58901, 2017.9.12.).

○ 부부공동재산

청구인과 피상속인이 29여 년간 주소지와 동일한 건물에서 OOO 가게를 운영한 것으로 나타나고, 인근 주민들이 부부가 공동으로 가게를 계속하여 운영하여왔다고 진술한 점, 청구인이 제시한 피상속인의 메모장에 청구인의 계좌번호와 비밀번호가 기재되어 있는 것으로 나타나 피상속인이 부부의 공동자금을 관리하였던 것으로 보이는 점, 피상속인이 OOO 가게 외에 달리 사업활동을 한 사실이 확인되지 아니하는 점 등에서 피상속인과 청구인의 형성재산은 모두 OOO 가게의 공동사업소득에 그 원천을 둔 것이라 할 수 있고, 따라서 피상속인의 예금계좌로부터 인출된 쟁점금액도 공동사업에서 유래한 부부공동재산의 일부임(조심2021서0880, 2021.4.27.).

---

28. 세법해석정비

요지	유지사례	삭제사례	
차등배당으로 인하여 배당소득세가 과세되는 경우 증여세는 과세하지 않음	기획재정부 재산세제과-927, 2011.10.31.	서면2팀-10410, 2002.3.7, 서면4팀-2079, 2004.12.17, 서면4팀-2428, 2005.12.5, 서면4팀-265, 2005.2.18.	서면4팀-303, 2005.2.25. 서면4팀-1667, 2005.9.16, 서면4팀-2350, 2005.11.28, 서면4팀-3955, 2006.12.6, 재산세과-505, 2009.10.20,

29. 부부재산제는 부부별산제(우리나라), 부부공유제로 구분한다. (판결 요지) 원고들은 미국 시민권자인 부부로서, 국제사법에 따라 원고들이 국내에 소유한 각각의 부동산은 부부공동재산에 해당하므로 남편 소유 국내 부동산에서 발생한 임대보증금을 아내 소유의 국내부동산 취득에 사용한 금액은 증여세 과세대상이 아님.

2. 상속재산의 협의분할 및 재분할의 경우

예를 들면 상속인 A와 B는 상속재산 100억원을 각각 50억원으로 분할하였다. 1년 뒤에 그 재산이 A 70억원, B 30억원으로 확인되었다면 재산이전의 원인은 2가지로 생각할 수 있다. 첫 번째는 A와 B가 상속재산을 다시 분할한 것이고, 두 번째는 B가 A에게 재산을 이전, 증여한 것이다. 외관상 첫 번째와 두 번째는 구분되지 않는다. 그래서 상증법에서는 상속재산이 확정된 후 상속인 간 재산 변동이 생겼을 때 증여세를 부과한다. 이는 상속분이 확정된 후에 민법상 협의분할을 이용한 증여세 탈루를 방지하기 위한 것이다.

가. 당초 상속분을 초과하여 취득하는 재산가액은 증여재산에 해당

민법상 상속재산은 언제든지 협의분할이 가능하고, 그 효력은 상속개시당시로 소급효가 인정되고 있다(민법 제1013조). 그러나 상증법에서는 상속개시 후 상속재산에 대하여 등기 · 등록 · 명의개서 등(이하 "등기등")에 따라 각 상속인의 상속분이 확정되어 등기등이 된 후 그 상속재산에 대하여 공동상속인 사이의 협의에 의한 분할로 특정 상속인이 당초 상속분을 초과하여 취득하는 재산가액은 해당 분할에 의해 상속분이 감소된 상속인으로부터 증여받은 것으로 본다.

공동상속인이 상속개시 후 상속재산을 최초로 협의분할하면서 상속인이 자기 법정상속지분을 초과하여 상속재산을 취득하더라도 그 초과 취득분에 대해서는 상속재산 분할에 해당하므로 증여세를 과세하지 아니한다.

나. 재분할로 상속지분이 변동되더라도 증여가 아닌 경우

당초 분할된 상속재산이 다음과 같은 사유로 재분할하는 경우에는 상속지분 변동이 있더라도 증여세를 과세하지 아니한다.

1) 상속세 신고기한 이내에 재분할에 의하여 당초 상속분을 초과하여 취득한 경우
2) 상속회복청구의 소[30]에 의한 법원 확정판결에 따라 상속인 및 상속재산에 변동이 있는 경우
3) 채권자 대위권(민법 제404조)[31] 행사에 의하여 공동상속인들의 법정상속지분대로 등기등이 된 상속재산을 상속인 사이의 협의분할에 따라 재분할하는 경우

---

30. 상속권이 참칭상속인으로 인하여 침해된 때에 진정한 상속권자가 그 회복을 청구하는 소

민법 제999조(상속회복청구권) ① 상속권이 참칭상속권자로 인하여 침해된 때에는 상속권자 또는 그 법정대리인은 상속회복의 소를 제기할 수 있다.

31. 채권자가 자기채권을 보전하기 위하여 채무자의 권리를 대신 행사할 수 있는 권리

4) 상속세 신고기한 내에 상속세를 물납하기 위하여 민법상 법정상속분(민법 제1009조)으로 등기 · 등록 및 명의개서 등을 하여 물납을 신청하였다가 허가받지 못하거나 세무서장의 물납재산 변경명령을 받아 다른 재산으로 물납신청을 하고 당초 물납재산을 상속인 간 협의분할에 의하여 재분할하는 경우

예시

□ 2022.4.15. 상속개시, 2022.10.31. 상속세 신고를 했을 경우

(문1) 2022.9.15. 상속재산 협의분할 등기한 후 2022.10.15. 재협의하여 분할한 경우 증여세 과세여부

(답1) 증여세 과세대상 아님

(문2) 2022.9.15. 상속재산 협의분할 등기한 후 2022.11.15. 재협의하여 분할한 경우 증여세 과세여부

(답2) 증여세 과세대상임

(문3) 2022.11.15. 상속재산 최초 협의분할 등기한 경우 증여세 과세여부

(답3) 증여세 과세대상 아님

쟁점

미성년자 상속재산 분할과 증여세

상속개시 후 등기 등에 의하여 상속분이 확정된 후 공동상속인 간 재분할하는 경우 당초상속분을 초과하여 받는 분은 아래 경우를 제외하고는 증여재산으로 보고 있다. ① 상속세 신고기한 내에 재분할하는 경우, ② 상속회복청구의 소에 의한 법원 확정판결에 따라 재분할하는 경우, ③ 채권자 대위권행사로 등기 후 재분할하는 경우, ④ 물납목적으로 등기 후 물납 불허가로 재분할하는 경우이다.

즉, 민법에서는 협의분할의 소급효를 인정하고 상속인 간에는 언제든지 상속재산 분할이 가능(민법 제1015조(분할의 소급효))하지만, 상증법에서는 분할을 이용한 조세회피를 방지하기 위해 신고기한 이후 재분할로 상속지분이 변경되는 경우에는 증여세를 과세하고 있다. 이 경우, 미성년 상속인과 성인 상속인이 상속재산을 법정상속지분으로 등기하고 성인이 되어 재산분할 등기하였다면 증여세를 과세할까?

우선 '이해가 상반되는 행위'에 대해 알아야 한다. 이는 행위의 객관적 성질상 친권자와 자녀 사이에 이해 대립이 생길 우려가 있는 행위를 가리키는 것으로 친권자의 의도나 그 행위의 결과 실제로 이해 대립이 생겼는가의 여부는 묻지 아니한다(대법원 1994.9.9. 선고 94다6680 판결 등 참조).

공동상속재산 분할협의는 그 행위의 객관적 성질상 상속인 상호간의 이해 대립이 생길 우려가 없다고 볼 만한 특별한 사정이 없는 한 이해상반행위에 해당한다. 미성년자의 경우 상속재산분할시 특별대리인이 선임되어야 하고, 이해가 상반되는 행위를 특별대리인에 의하지 않고 한 경우 무효이기 때문이다. 미성년자의 법정대리인이 미성년자의 재산을 자신에게 처분한 행위는 특별대리인에 의하여 행하지 아니한 이상 무효이다(대법원

민법 제404조(채권자대위권) ① 채권자는 자기의 채권을 보전하기 위하여 채무자의 권리를 행사할 수 있다. 그러나 일신에 전속한 권리는 그러하지 아니하다.

2010두27189, 2013.1.24.). 다만 본인의 추인이 있으면 유효로 보아야 할 것이다(대법원2007다17482, 2011.3.10.).

상속을 원인으로 하는 부동산등기는 크게 상속 · 협의분할 · 조정분할 · 심판분할 4가지(유증은 별도)로 구분할 수 있다. 이 중 '상속' 등기는 상속인 중 신청할 수 있으며 법정상속지분대로 등기하는 것을 말한다. 그래서 상속재산에 관하여 법정상속지분에 따라 등기하는 것은 상속인들 사이의 이해상반행위에 해당하지 아니하므로 미성년 상속인이 있더라도 특별대리인의 선임이 필요없다(조심2008중3711, 2009.3.5.).

위 질문에 대해 국세청과 심판원은 증여세를 과세할 수 있다고 보았다(재산세과-054, 2012.2.10., 조심2008중3711, 2009.3.5.). 반면, 법원은 '상속'등기는 상속인의 상속분이 확정된 등기된 경우라고 볼 수 없으므로 증여세를 과세할 수 없다고 본 사례(대법원2006두3162, 2007.2.22.)가 있다.

쟁점

상속재산을 1인 명의로 하는 경우

피상속인의 상속재산을 분할하면서 공동상속인 중 1인 명의로 할 수 있다. 예를 들어 상속인 갑과 을이 있는데, 상속인을 명의로 하는 경우는 크게 3가지가 있다.

1. 아무 조건없이 을 명의로 한 경우

최초의 협의분할과 관련하여 증여세 과세문제 없고, 상속재산 양도시 양도차익은 상속개시일부터 양도일 발생한 차익에 대해 적용된다.

2. 갑이 상속포기시 을로부터 금전을 받은 경우

갑이 상속받은 지분을 을에게 유상양도하였으므로 갑에게 양도세 문제가 있다. 상속재산 양도시 갑으로부터 취득한 지분은 갑으로부터 취득한 시기부터 계산하고, 본인 지분은 상속개시일부터 계산한다.

3. 양도시 양도대금을 분배하기로 하는 경우

명의신탁으로 볼 수도 있다. 명의신탁이면 요건 충족시 명의신탁재산에 따른 증여의제를 검토해야 하고, 상속재산 양도시 갑과 을이 양도세 납부의무가 있다. 상속재산이 확정되었다고 본다면 분배대금을 증여했다고 볼 수 있다(기준2016법령해석재산-0287, 2017.5.14.).

[관련 질의회신 · 판례 등]

○ 상속개시 후 최초로 협의분할한 경우

(최초 분할) 상속개시 후 최초로 협의분할에 의한 상속 등기등을 함에 있어 특정상속인이 법정상속분을 초과하여 재산을 취득하는 경우에도 증여세가 과세되지 아니함(서면4팀-815, 2007.3.8).

(순차 분할) 공동상속인 간 상속재산 분할협의는 재산별로 순차적으로 이루어질 수도 있음(기준2018법령해석재산-0171, 2018.12.19.).

○ 협의분할과 다르게 등기등을 한 경우

상속개시 후 최초로 협의분할에 의한 상속등기 등을 함에 있어 특정상속인이 법정상속분을 초과하여

재산을 취득하거나 상속세과세표준 신고시에 제출한 분할협의서와 다르게 등기 등을 할 때도 증여세 과세문제는 발생하지 아니함(서면4팀-1855, 2004.11.17.).

○ 피상속인의 소유재산을 상속인 외의 자가 취득한 경우

피상속인 유언 없이 상속개시 후에 피상속인의 소유재산을 상속인 외의 자가 취득하는 경우 해당 재산은 상속인이 상속받아 상속인 외의 자에게 증여한 것이 되므로 상속인에게 상속세가 과세되고, 상속인 외의 자에게는 증여세가 과세됨(재삼46014-2068, 1997.8.30.).

○ 수익자가 지정된 보험금을 협의분할한 경우

보험계약자인 피상속인의 사망으로 인하여 수익자로 지정된 상속인("지정수익자")이 지급받는 생명보험금은 수익자 고유재산에 해당하여 민법에 따른 협의분할 대상이 아니므로, 공동상속인 간의 자의적인 협의분할에 의하여 지정 수익자 외의 자가 분배받은 경우 증여세가 과세됨(사전2014법령해석재산-20405, 2015.7.13.).

○ 특정인에게 단독 등기하여 상속분 확정 후 매각대금 상당액을 분배하는 경우

상속개시 후 공동상속인 간에 상속재산을 분할하여 상속재산이 특정상속인(갑) 명의로 단독 등기되고 상속지분이 확정된 경우로 추후 특정상속인(갑)이 당해 상속재산의 매각대금 상당액을 다른 상속인에게 분배하여 그 분배한 대금에 대하여 분배받은 상속인에게 증여세가 과세됨(기준2016법령해석재산-0287, 2017.5.25.).

○ 상속개시당시 상속인이 미성년자인 경우

(국세청) 법정상속분에 의해 상속등기 하였다가 미성년자 상속인이 성년이 된 직후에 협의분할에 의한 소유권 경정등기를 하는 경우 상증법 제31조제3항에 따라, 그 상속재산에 대하여 공동상속인이 협의 분할한 결과 특정상속인이 당초 상속분을 초과하여 취득하게 되는 재산가액은 그 분할에 의하여 상속분이 감소한 상속인으로부터 증여받은 재산에 해당함(재산세과-054, 2012.2.10.).

(심판원) 청구인 등의 공동상속인들 사이에 상속개시당시 및 상속등기당시까지 상속재산에 관하여 아무런 법적 분쟁이 없었고, 상속재산에 관하여 법정상속지분에 따라 등기를 하는 것은 상속인들 사이의 이해상반행위에 해당하지 아니하므로 상속인 중 미성년자가 있더라도 특별대리인의 선임이 필요없으며…(생략), 법정상속지분에 따른 상속등기를 경료한 때로부터 18년이 지나서야 비로소 협의분할에 의한 경정등기를 경료한 사실 등을 종합하여 보면, 법정상속지분에 따라 한 상속등기는 상속분이 확정되어 등기된 것이라고 인정됨(조심2008중3711, 2009.3.5.).

(법원) 상속인들의 법정 상속분에 따른 소유권이전등기가 경료된 바 있기는 하지만, 이는 위 망인의 처인 이○○이 나머지 상속인들이 미성년자인 관계로 협의 없이 법정상속분에 따라 등기한 것이고, (생략) 위 각 등기는 상속인 상속분이 확정되어 등기된 경우라고 볼 수 없고, 따라서 위 제31조제3항을 적용할 수 없음(대법원2006두3162, 2007.2.22.).

○ 유증포기

유증받은 상속인 이외의 자가 피상속인의 유증을 포기함에 따라 공동상속인 간의 협의에 의하여 상속재산을 분할하는 경우 증여세 과세문제는 발생하지 아니함(재삼46014-2245, 1995.9.5.).

3. 반환 또는 재증여한 경우

반환 또는 재증여시기	당초 증여분	반환 또는 재증여
증여세 신고기한 이내	과세제외	과세제외
신고기한 경과 후 3개월 이내	과 세	과세제외
신고기한 경과 후 3개월 후	과 세	과 세
금전(시기에 관계없음)	과 세	과 세

예를 들어 부가 자에게 아파트를 2021.4.1. 증여등기한 후, 자가 부에게 2021.5.1. 증여등기하여 반환한 경우 첫 번째 증여와 두 번째 증여에 대해 증여세를 부과할 수 있는지를 검토해보면, 특별한 규정이 없다면 납세의무는 취소가 없으므로 첫 번째 증여와 두 번째 증여 모두 증여세 과세대상이 된다. 하지만 단기간의 증여 반환 또는 재증여에 대해 증여세를 과세하면 납부능력 없이 세부담을 하게 된다.

상증법에서는 단기간 반환[32] 또는 재증여에 대해서는 증여세를 과세하지 않기 위해 증여세 과세대상 조문에 특별한 규정을 두고 있다.

수증자가 증여재산(금전 제외)을 당사자 간의 합의에 따라 증여세 신고기한까지 증여자에게 반환하는 경우(반환하기 전에 과세표준과 세액을 결정받은 경우 제외)에는 처음부터 증여가 없었던 것으로 보며, 증여세 신고기한이 지난 후 3개월 이내에 증여자에게 반환하거나 증여자에게 다시 증여하는 경우에는 그 반환하거나 다시 증여하는 것에 대해서는 증여세를 부과하지 아니한다(상증법 제4조제4항). 증여받은 재산을 다시 증여자에게 반환하거나 재증여하는 경우에는 그 반환 또는 재증여 시기에 따라 증여세 과세대상 여부가 달라진다.

반환과 재증여는 법적 성격이 다르지만 동일하게 규정한 것에 대해 헌재는 합의해제에 의한 증여재산 반환을 재증여의 경우와 동일시하여 증여세를 부과하는 것과 예외적으로 일정한 기간 이내의 합의해제에 의한 반환에 대하여 증여세를 부과하지 아니하는 것이 부적절하다고 할 수 없다(2000헌바35, 2002.01.31.)고 보았다.

증여재산이 금전인 경우, 그 반환여부를 현실적으로 파악하기 어려운 점을 감안하여 반환 · 재증여 시기에 관계없이 항상 당초 증여분과 반환 · 재증여분에 대하여 모두 증여세가 과세된다.

금전은 소유와 점유가 분리되지 않아 그 반환여부나 반환시기를 객관적으로 확인하기 어렵다는 특수성[33]이 있고, 금전 증여와 반환이 용이하다는 점을 이용하여 다양한 형태의 증여세 회피행

---

32. 부동산의 "반환"은 등기원인에도 불구하고 당초 증여자에게 등기부상 소유권을 사실상 무상이전하는 것을 말한다.
33. 계좌이체가 되면 증여, 증여재산 추정, 증여재산 반환, 금전소비대차, 차명계좌 등으로 볼 수 있다. 자세한 내용은 "〈쟁점〉 타인의 계좌에 이체한 경우 증여세"를 참고하기 바란다.

위가 이루어질 수 있다. 금전을 증여한 경우에는 증여와 동시에 본래 수증자가 보유하고 있던 현금자산에 혼입되어 수증자 재산에서 이를 분리하여 특정할 수 없게 되는 것이 일반적이므로, 설령 사후에 증여자가 수증자로부터 같은 액수의 금원을 돌려받더라도 그 동일성을 인정할 수 없어 증여받은 금전 자체의 반환이 불가능하다. 금전의 경우에는 수증받은 금전을 신고기한 이내에 반환하였다는 사정만으로 증여세를 비과세하게 된다면, 증여와 반환이 용이하다는 점을 이용하여 증여와 합의해제를 신고기한 이내에 반복하는 방법으로 증여세를 회피하는데 악용될 우려가 크다(헌재2013헌바117, 2015.12.23.).

예시

(문1) 2022.7.5. 부동산을 자(子)에게 증여한 후, 2022.10.20.에 반환한 경우 증여세 과세대상은?

(답1) 당초 증여 및 반환 모두 증여로 보지 않음

(문2) 2022.7.5. 부동산을 자에게 증여한 후, 2022.11.10.에 반환한 경우 증여세 과세대상은?

(답2 당초 증여재산은 과세하고, 반환은 과세하지 않음

쟁점

해제와 증여세

해제는 "계약당사자의 일방적 의사표시에 의해 이미 성립한 법률행위의 효력을 소급적으로 소멸시켜, 계약을 성립하지 않은 상태로 환원시키는 것"을 말한다(국심2003서3230, 2004.2.23.). 해제는 소급효를 가진다.

증여에 대한 조세채권과 이에 상응하는 수증자의 납세의무는 증여에 의하여 재산시 성립한다. 일단 성립한 증여세 납세의무는 원칙적으로 변경될 수 없지만, 법률에 정해진 사유, 즉 납부 · 충당, 부과의 취소 또는 결손처분이 된 때, 국세부과의 제척기간 만료, 국세징수 소멸시효가 완성한 때에 소멸한다. 그런데 조세채권이 성립한 후 증여계약이 무효, 취소, 해제 등으로 실효되는 경우 일단 성립한 조세채권에 어떤 영향을 미치는지 문제될 수 있으며, 그중 증여계약 합의해제와 조세채권과의 관계가 문제가 된다(헌재97헌바66, 헌재98헌바11,48).

상증법은 증여계약의 합의해제와 조세채권과의 관계에 관하여 직접 규율하고 있다. 증여자에 대한 재산반환은 증여계약 해제의 의한 경우와 수증자가 증여자에게 반환증여를 하는 경우로 나눌 수 있고, 계약해제에 따른 반환은 법정(약정)해제권 행사에 따른 경우와 합의해제에 따른 경우로 다시 구분할 수 있다.[34]

즉, 증여자에 대한 재산반환은 아래와 같이 구분할 수 있다.

1. 증여계약 해제
   1-1 법정 · 약정 해제권 행사에 따른 경우
   1-2 합의해제에 따른 경우
2. 수증자 증여자에게 반환증여

---

34. 사법연수원, 『2015 상속세 및 증여세법 연구』

이 중 "1-2"와 "2"의 경우는 상증법 제4조제4항에서 규정하고 있다.

> ④ 수증자가 증여재산(금전은 제외한다)을 당사자 간의 합의에 따라 제68조에 따른 증여세 과세표준 신고기한까지 증여자에게 반환하는 경우(반환하기 전에 제76조에 따라 과세표준과 세액을 결정받은 경우는 제외한다)에는 처음부터 증여가 없었던 것으로 보며, 제68조에 따른 증여세 과세표준 신고기한이 지난 후 3개월 이내에 증여자에게 반환하거나 증여자에게 다시 증여하는 경우에는 그 반환하거나 다시 증여하는 것에 대해서는 증여세를 부과하지 아니한다.

이를 표로 표시하면, 아래와 같다.

반환 또는 재증여시기	당초 증여분	반환 또는 재증여
증여세 신고기한 이내	과세제외	과세제외
신고기한 경과 후 3월 이내	과세	과세제외
신고기한 경과 후 3월 후	과세	과세
금전(시기에 관계없음)	과세	과세

당사자 간 합의는 1-2. 합의해제의 경우를 말하고, 증여자에게 반환하거나 증여자에게 다시 증여하는 2. 반환증여를 말한다.

쟁점은 해제가 소급효를 가지는데 반환 또는 재증여 시기에 따라 증여세를 과세할 수 있는지 여부다. 헌재는 이에 대해 직접 규정했으니까 합의해제가 증여를 소급적으로 소멸시키는 내용으로 당사자가 합의해제를 하더라도 증여세와 관련해서는 그 내용대로 효력발생을 저지하고 장래에 향하여만 효력이 있다고 보았다(헌재97헌바66, 헌재98헌바11,48).

한편, 양도소득세와 합의해제를 생각해보면 과세관청은 대금청산을 한 후 합의해제한 경우는 양도소득세 대상이라고 보았으나(부동산거래관리과-95, 2011.2.1. 등), 법원은 대금청산 후 합의해제한 경우라도 양도라고 보지 않았다(대법원2010두25152, 2011.8.25.).

쟁점

거주자가 타인의 자금을 사용하여 국내 부동산을 취득하였지만 증여세를 부과하지 않는 경우(국제사법과 증여)

미국 국적이며, 텍사스 주법에 따라 결혼한 부부(A와 B)가 있다. A는 대한민국에서 발생한 소득이 있었으며, B는 그 자금으로 부동산을 취득하고, 대출이자 등을 상환하였다. (A가 B에게 증여한 것으로 보아) B에게 증여세를 부과할 수 있을까?

상증법에서는 수증자가 거주자, 비거주인 여부에 따라 과세대상이 구분되지만, 국내 재산을 증여받은 경우라면 거주자, 비거주자 구분에 관계없이 증여세 과세대상이다. 이는 부부간에도 마찬가지다.

이 쟁점을 이해하려면 먼저 국제사법에 대해 알아야 한다. 국제사법은 외국 요소가 있는 법률관계에 관하여 국제재판관할 원칙과 준거법을 정하기 위해 만들어진 법률이다. 국제사법 제38조에서는 부부재산제에 관하여는 국제사법 제37조 규정을 준용하다고 하였고 제37조에서는 혼인의 일반적 효력은 부부의 본국법 등에 따른다고 규정한다.

부부재산제는 부부간의 재산관계를 말하는데, 부부별산제와 부부공유제 등으로 구분할 수 있다. 부부별산제는 우리나라가 취한 방법이며, 부부가 각자 재산을 각자가 소유한 제도이고, 부부공유제는 부부가 공유한 것으로 추정하는 제도를 말한다. 미국 텍사스주[35]는 부부공유제를 취하고 있다.

한편 이런 생각이 든다. 국제사법 제7조에서는 대한민국의 강행규정은 국제사법에 의하여 외국법이 준거법으로 지정되는 경우에도 이를 적용한다고 규정하고 있으니 상증법을 강행규정으로 보아 적용할 수 있지 않을까? 상증법은 2004년 이후 민법과 달리 증여를 정의하고 있고, 상증법 증여에 해당하면 세법이 강행규정이므로 미국 주법보다 대한민국 상증법이 우선 적용되기 때문이다.

여기에 대해 법원은 상증법의 증여 여부는 쟁점의 취득자금 등이 특유재산인지 공유재산인지 여부가 확정된 후에 적용된다고 보았다. 즉 미국 텍사스주 가족법에서 배우자가 혼인기간 중 취득한 재산은 부부 공유재산으로 추정한다고 규정하고 있어 상증법의 증여가 재산 귀속을 확정하는데 적용하여야 할 강행규정이라고 볼 수 없다고 보았다(서울고법2015누30212(2015.7.7.)-대법원2015두49337(2015.11.17. 심불)).

참고로 덧붙이면, 조세조약이 우선 상증법이나 국제사법보다 우선 적용되기 때문에 나라간 조세조약을 우선 검토해야 한다고 생각할 수도 있다. 조세조약에서는 대상조세를 규정하고 있으며, 조세조약의 대상조세에서는 일반적으로 상속세, 증여세를 포함하지 않는다. 미국과의 조세조약도 제1조에서 대상조세를 소득(소득세, 법인세, 연방소득세)으로 한정하고 있다.

대상조세에 포함하지는 않지만, 정보교환은 모든 세목을 대상으로 하고 있다. 예를 들면 미국 조세조약에서는 제1조에서 정보교환은 모든 세목이 가능하다고 규정하고 있고, 또 "다자간 조세행정공조협약"에 따라 정보교환이 가능하다.

[관련 질의회신 · 판례 등]

○ 유류분 반환[36]

(상속재산으로 반환) 피상속인의 유증을 받아 상속재산을 취득한 자가 민법 제1115조에 따라 법정상속인에게 해당 상속재산을 유류분으로 반환한 사실이 확인되는 경우 반환한 재산가액은 반환받은 상속인이 상속받은 것으로 봄(재산세과-751, 2010.10.13.).

(유증받은 재산으로 반환) 유류분 권리자가 유류분을 현금으로 반환받는 것으로 합의한 경우 반환받은 현금은 민법 제1116조에 따라 유류분 산정의 기초가 되는 재산가액에 포함된 유증재산을 먼저 반환받은 것으로 봄(재산세과-384, 2010.6.8.).

(증여재산으로 반환) 피상속인의 증여에 의하여 재산을 증여받은 자가 민법 제1115조에 따라 증여받은 재산을 유류분 권리자에게 반환하는 경우 유류분을 반환받은 상속인은 유류분으로 반환받은 해당 재산에 대하여 상속세 납부의무를 짐(재산세과-35, 2012.2.2.).

(증여재산을 금전으로 환가하여 반환) 피상속인의 증여에 의하여 재산을 수증받은 자가 민법 제1115조

35. 미국은 연방법과 주법이 있으며, 주별로 법률이 있다. 충돌시 연방법이 우선한다.
36. 유류분 반환시 가액으로 반환(증여받은 재산을 이미 매각한 경우 등): 그 가액은 사실심 변론종결시를 기준으로 산정함(대법원2004다51887, 2005.6.23.).

에 따라 증여받은 재산을 금전으로 환가하여 유류분 권리자에게 반환하는 경우에는 '양도'로 보아 양도소득세가 과세되며, 취득시기는 상속개시일, 양도시기는 유류분 재산의 현금지급일임(부동산거래관리과-1390, 2010.11.18.).

(증여재산으로 반환한 경우) 피상속인의 증여로 재산을 증여받은 자가 민법 제1115조에 따라 증여받은 재산을 유류분 권리자에게 반환하는 경우 그 반환한 재산가액은 당초부터 증여가 없었던 것으로 봄(재산세과-332, 2011.7.11.).

○ 명의신탁재산

(명의신탁재산을 신고기한 내 반환) 명의신탁받은 주식을 증여세 과세표준 신고기한인 3개월 내에 명의신탁자에게 반환하였다고 보아야 하고, 3개월 내에 반환한 경우 증여세를 부과할 수 없음(대법원2011두8765, 2011.9.29.).

(명의신탁재산의 매도대금) 명의수탁자가 명의신탁재산의 처분대금인 금전을 명의신탁자에게 반환하는 것을 증여재산의 반환으로 보아 증여세를 부과할 수 없다면 조세회피목적의 명의신탁을 억제하고자 하는 법의 취지가 몰각되므로, 명의신탁주식 매도대금의 반환은 "증여받은 재산의 반환"으로는 볼 수 없음(대법원2005두10200, 2007.2.8.).

○ 신고기한 이내에 소송 등을 한 경우

증여세 신고기한을 경과하여 증여등기가 말소되어 증여자에게 반환이 되었으나, 증여계약 해제 및 증여등기 말소를 구하는 소송을 증여세 신고기한 이내에 제기하고 법원의 확정판결에 따라 증여자에게 환원된 경우 증여세 신고기한 이내에 반환된 것임(서면4팀-1290, 2004.8.16.).

○ 사해행위 취소소송[37]

(과세관청) 채무자가 수증자에게 증여한 재산이 채권자의 사해행위취소소송에 따라 채무자에게 원상회복되는 경우에는 채권자가 국가인지 여부 및 증여재산이 금전인지 여부와 관계없이 수증자에게 이미 성립한 증여세 납세의무는 취소되지 않음(기준2017법령해석재산-0022, 2017.10.16. 기획재정부 재산세제과-799, 2014.10.12. 같은 뜻).

(법원 - 과세관청이 소송당사자가 아님) 재산을 증여받은 수증자가 사망하여 증여받은 재산을 상속재산으로 한 상속개시가 이루어졌다면, 이후 사해행위취소 판결에 의하여 그 증여계약이 취소되고 상속재산이 증여자의 책임재산으로 원상회복되었다고 하더라도, 수증자의 상속인은 국세기본법이 정한 후발적 경정청구를 통하여 상속재산에 대한 상속세 납세의무를 면할 수 없음(대법원2014두46485, 2020.11.26.).

(법원 - 과세관청이 소송당사자) 대한민국이 쟁점 금액의 증여자에 대한 조세채권을 확보하기 위하여 원고를 상대로 사해행위취소 소송을 제기하여, 종전 사해행위취소판결을 통하여 쟁점 금액에 관한 증여계약 효력을 무효화해 그 조세채권을 확보하였음에도, 위 증여계약이 여전히 유효함을 전제로 쟁점 금액도 증여가액에 포함되어야 한다고 주장하는 것은, 종전 사해행위취소판결에서 대한민국의 위 증여계약에 관한 사해행위 취소 주장과는 배치되는 주장으로 보일 뿐만 아니라, 과세관청의 쟁점 금액에 관한 증여세 과세 기대이익 보호의 필요성 등을 고려한다고 하더라도 국세기본법이 정한 세법의 해석 · 적용 원칙에 위반됨(서울고법2013누20280(2013.12.26.)-대법원2014두1406(2014.7.10. 심불)).

---

37. 보다 자세한 설명은 "〈쟁점〉 사해행위취소와 상속세 · 증여세 납부의무"를 참고하기 바란다.

○ 증여재산과 반환재산이 같지 않은 경우

(현금 - 부동산) 부로부터 현금을 증여받은 자(子)가 그 금전으로 취득한 부동산을 부 명의로 소유권 이전하는 때는 증여세 과세가 제외되는 증여재산 반환에 해당하지 아니함(서일46014-10394, 2003.3.28.).

(현금 - 주식) 현금을 증여받은 아들이 그 현금으로 취득한 주식을 부친 명의로 소유권 이전하는 경우에는 증여재산 반환에 해당하지 아니하여 증여세가 과세됨(재산세과-531, 2010.7.22.).

(전환사채 - 주식) 전환사채를 증여받아 주식으로 전환한 후 그 전환된 주식을 증여세 신고기한 이내에 증여자에게 반환한 경우에는 당해 전환사채와 주식에 대하여 각각 증여세를 과세하지 아니함(서면4팀-1722, 2005.9.23.).

제3절 증여세 납부의무

<table>
<tr><th>수증자</th><th>증여세 납부의무 범위</th><th>관계법령</th><th>납부의무자</th></tr>
<tr><td>거주자</td><td>○ 국내 · 국외에 있는 증여세 과세대상인 증여재산</td><td rowspan="2">상증법
제4조의2</td><td>수증자
(거주자)</td></tr>
<tr><td rowspan="2">비거주자</td><td>○ 국내에 있는 증여세 과세대상인 증여재산</td><td>수증자
(비거주자)</td></tr>
<tr><td>○ 특수관계인인 거주자로부터 증여받은 국외에 있는 재산
○ 특수관계인이 아닌 거주자로부터 증여받은 국외에 있는 재산으로 외국법령에 따라 증여세(유사한 조세 포함)가 부과[38]되지 않은 재산</td><td>국조법
제35조</td><td>증여자
(거주자)</td></tr>
</table>

증여세 과세체계는 증여자 과세체계와 수증자 과세체계가 있다. 증여자 과세체계는 증여자에게 증여세 납부의무가 있으며, 수증자 과세체계는 수증자에게 증여세 납부의무가 있다. 우리나라는 수증자 과세체계를 선택하고 있다.

증여세 납부의무자는 증여재산을 받은 수증자이다. 증여자가 개인 · 법인에 관계없으며, 증여자가 거주자 · 비거주자 여부에 관계없이 증여세 납부의무자는 수증자이다.

수증자 거주자, 비거주자 여부에 따라 납부의무 범위가 달라진다. 수증자가 거주자(본점이나 주된 사무소의 소재지가 국내에 있는 비영리법인 포함)인 경우에는 증여세 과세대상이 되는 모든 증여재산에 대해 증여세 납부의무가 있으며, 수증자가 비거주자(본점이나 주된 사무소의 소재지가 외국에 있는 비영리법인을 포함)인 경우에는 증여세 과세대상이 되는 국내에 있는 모든 증여재산에 대해 증여세 납부의무가 있다. 또 예외적으로 거주자가 비거주자에게 국외재산을 증여한 경우에는 국제조세조정에 관한 법률 제35조에 따라 증여자에게 증여세 납부의무가 있을 수 있다.

1. 거주자 여부에 따른 과세대상의 범위

수증자가 거주자 또는 비거주자인지에 따라서 증여세 납부의무 범위 등이 달라진다. 거주자와 비거주자의 판정시 주소와 거소 등은 소득령에 따라 판단한다.

<table>
<tr><th>증여세 납부의무의 범위</th><th>관계법령</th><th>증여세 납부의무자</th></tr>
<tr><td>국내 · 국외에 있는 증여세 과세대상인 증여재산</td><td rowspan="2">상증법
제4조의2</td><td>수증자(거주자)</td></tr>
<tr><td>국내에 있는 증여세 과세대상인 증여재산</td><td>수증자(비거주자)</td></tr>
</table>

---

38. 세액을 면제받는 경우를 포함한다.

수증자가 거주자 · 비거주자 여부에 따른 과세대상, 증여재산공제 등을 비교해보면 아래와 같다.

구분	수증자	
	거주자	비거주자
과세관할	수증자의 주소지 관할서	증여자의 주소지 관할서
과세대상의 범위	증여세 과세대상이 되는 모든 증여재산	증여세 과세대상이 되는 국내에 있는 모든 증여재산
증여재산공제	○	×
감면 · 과세특례 - 영농자녀 증여감면 (조특법 §71)	○	×
- 증여세 과세특례 (조특법 §30의5, §30의6)	○	×

증여일 현재 수증자가 거주자인지 비거주자인지 여부에 따라 증여세 과세범위와 세액계산시 증여재산공제 등이 달라지므로 이에 대한 판정은 매우 중요하다. 거주자란 국내에 주소를 두거나 183일 이상 거소를 둔 사람과 본점이나 주 사무소 소재지가 국내에 있는 비영리법인을 말하고, 비거주자는 거주자가 아닌 사람과 본점이나 주 사무소 소재지가 외국에 있는 비영리법인을 말한다(상증법 제2조, 제4조의2). 주소는 국내에서 생계를 같이하는 가족 및 국내에 소재하는 재산의 유무 등 생활관계의 객관적 사실을 종합하여 판정하고, 거소란 주소지 외의 장소 중 상당기간에 걸쳐 거주하는 장소로 주소와 같이 밀접한 일반적 생활관계가 형성되지 아니하는 장소를 말한다.

주소와 거소에 대해서는 소득령 제2조, 제4조제1항 · 제2항 및 제4항에 따른다.

○ 소득령 제2조(주소와 거소의 판정)

① 「소득세법」제1조의2에 따른 주소는 국내에서 생계를 같이하는 가족 및 국내에 소재하는 자산의 유무등 생활관계의 객관적 사실에 따라 판정한다.

② 법 제1조의2에 따른 거소는 주소지 외의 장소 중 상당기간에 걸쳐 거주하는 장소로서 주소와 같이 밀접한 일반적 생활관계가 형성되지 아니한 장소로 한다.

③ 국내에 거주하는 개인이 다음 각 호의 어느 하나에 해당하는 경우에는 국내에 주소를 가진 것으로 본다.

1. 계속하여 183일 이상 국내에 거주할 것을 통상 필요로 하는 직업을 가진 때
2. 국내에 생계를 같이하는 가족이 있고, 그 직업 및 자산상태에 비추어 계속하여 183일 이상 국내에 거주할 것으로 인정되는 때

④ 국외에 거주 또는 근무하는 자가 외국국적을 가졌거나 외국법령에 의하여 그 외국의 영주권을 얻은 자로서 국내에 생계를 같이하는 가족이 없고 그 직업 및 자산상태에 비추어 다시 입국하여 주로 국내에 거주하리라고 인정되지 아니하는 때에는 국내에 주소가 없는 것으로 본다.

⑤ 외국을 항행하는 선박 또는 항공기의 승무원의 경우 그 승무원과 생계를 같이하는 가족이 거주하는 장

소 또는 그 승무원이 근무기간외의 기간중 통상 체재하는 장소가 국내에 있는 때에는 당해 승무원의 주소는 국내에 있는 것으로 보고, 그 장소가 국외에 있는 때에는 당해 승무원의 주소가 국외에 있는 것으로 본다.

○ 소득령 제4조(거주기간의 계산)

① 국내에 거소를 둔 기간은 입국하는 날의 다음날부터 출국하는 날까지로 한다.

② 국내에 거소를 두고 있던 개인이 출국 후 다시 입국한 경우에 생계를 같이하는 가족의 거주지나 자산소재지등에 비추어 그 출국목적이 관광, 질병의 치료 등으로서 명백하게 일시적인 것으로 인정되는 때에는 그 출국한 기간도 국내에 거소를 둔 기간으로 본다.

④ 「재외동포의 출입국과 법적 지위에 관한 법률」 제2조에 따른 재외동포가 입국한 경우 생계를 같이하는 가족의 거주지나 자산소재지등에 비추어 그 입국목적이 관광, 질병의 치료 등 기획재정부령으로 정하는 사유에 해당하여 그 입국한 기간이 명백하게 일시적인 것으로 기획재정부령으로 정하는 방법에 따라 인정되는 때에는 해당 기간은 국내에 거소를 둔 기간으로 보지 아니한다.

거주자와 비거주자의 판정에 대해서는 소득령 제2조의2 및 제3조에 따르며, 비거주자가 국내에 영주를 목적으로 귀국하여 국내에서 사망한 경우에는 거주자로 본다. 증여일 현재 시점에서 수증자가 거주자 또는 비거주자인지를 판단하며, 수증자가 거주자가 되는 시기 등은 소득령 제2조의2 등에 따른다.

○ 소득령 제2조의2(거주자 또는 비거주자가 되는 시기)

① 비거주자가 거주자로 되는 시기는 다음 각 호의 시기로 한다.

1. 국내에 주소를 둔 날
2. 제2조제3항 및 제5항에 따라 국내에 주소를 가지거나 국내에 주소가 있는 것으로 보는 사유가 발생한 날
3. 국내에 거소를 둔 기간이 183일이 되는 날

② 거주자가 비거주자로 되는 시기는 다음 각 호의 시기로 한다.

1. 거주자가 주소 또는 거소의 국외 이전을 위하여 출국하는 날의 다음 날
2. 제2조제4항 및 제5항에 따라 국내에 주소가 없거나 국외에 주소가 있는 것으로 보는 사유가 발생한 날의 다음 날

○ 소득령 제3조(해외현지법인등의 임직원 등에 대한 거주자 판정)

거주자나 내국법인의 국외사업장 또는 해외현지법인(내국법인이 발행주식총수 또는 출자지분의 100분의 100을 직접 또는 간접 출자한 경우에 한정한다) 등에 파견된 임원 또는 직원이나 국외에서 근무하는 공무원은 거주자로 본다.

<거주자 범위 비교[39]>

소득법	상증법(증여세)	외국환거래법
국내에 주소를 두거나 183일 이상 거소를 둔 개인	국내에 주소를 두거나 183일 이상 거소를 둔 개인과 본점(주된 사무소)의 소재지가 국내에 있는 비영리법인	대한민국에 주소 또는 거소를 둔 개인과 대한민국에 주된 사무소를 둔 법인

<거주자 개정연혁>

2015.12.31. 이전	2016.1.1. 이후
국내에 주소를 두거나 1년 이상 거소를 둔 사람	국내에 주소를 두거나 183일 이상 거소를 둔 사람

가. 수증자가 거주자인 경우

증여받을 당시 수증자가 거주자이면 증여세 과세대상이 되는 모든 증여재산에 대하여 증여세를 납부할 의무가 있다. 이 경우 '거주자'에는 본점이나 주된 사무소의 소재지가 국내에 있는 비영리법인도 포함된다.

나. 수증자가 비거주자인 경우

1) 비거주자가 증여받은 국내에 있는 모든 재산

증여받을 당시 수증자가 비거주자이면 증여세 과세대상이 되는 국내에 있는 모든 증여재산에 대하여 증여세 납부 의무가 있다. 이 경우 '비거주자'에는 본점이나 주된 사무소의 소재지가 국내에 없는 비영리법인도 포함된다.

---

39. 비거주자, 재외국민, 재외동포의 개념

○ 소득법 제2조(정의) ① (생략)
1. "거주자"란 국내에 주소를 두거나 183일 이상의 거소(居所)를 둔 개인을 말한다.
2. "비거주자"란 거주자가 아닌 개인을 말한다.

○ 재외동포의 출입국과 법적 지위에 관한 법률 제2조(정의) 이 법에서 "재외동포"란 다음 각 호의 어느 하나에 해당하는 자를 말한다.
1. 대한민국의 국민으로서 외국의 영주권(永住權)을 취득한 자 또는 영주할 목적으로 외국에 거주하고 있는 자(이하 "재외국민"이라 한다)
2. 대한민국의 국적을 보유하였던 자(대한민국정부 수립 전에 국외로 이주한 동포를 포함한다) 또는 그 직계비속(直系卑屬)으로서 외국국적을 취득한 자 중 대통령령으로 정하는 자(이하 "외국국적동포"라 한다)

2) 거주자가 비거주자에게 국외재산을 증여하는 경우

예를 들어 거주자(우리나라)가 비거주자(미국)에게 호주 재산을 증여하는 경우, 우리나라는 수증자 과세체계이기 때문에 비거주자가 국외재산을 증여받아 상증법상 증여세 납부의무가 없고, 미국은 증여자 과세체계이기 때문에 증여자가 미국 입장[40]에서 비거주자이고, 국외재산이므로 증여세 납부의무가 없다. 나라별 증여세 과세체계가 다르고, 증여자 국과 수증자 국 모두 증여세가 과세되지 않을 수 있는데, 우리나라에서는 「국제조세조정에 관한 법률」 제35조[41]에서 증여세 과세를 규정하고 있다.

○ 국조법 제35조(국외 증여에 대한 증여세 과세특례)

① 이 절에서 사용하는 용어의 뜻은 다음과 같다.

1. "거주자"란 「상속세 및 증여세법」 제2조제8호에 따른 거주자를 말하며, 본점이나 주된 사무소의 소재지가 국내에 있는 비영리법인을 포함한다.
2. "비거주자"란 「상속세 및 증여세법」 제2조제8호에 따른 비거주자를 말하며, 본점이나 주된 사무소의 소재지가 국내에 없는 비영리법인을 포함한다.

② 거주자가 비거주자에게 국외에 있는 재산을 증여(증여자의 사망으로 효력이 발생하는 증여는 제외한다)하는 경우 그 증여자는 이 법에 따라 증여세를 납부할 의무가 있다.

③ 제2항에도 불구하고 다음 각 호의 요건을 모두 갖춘 경우에는 증여세 납부의무를 면제한다.

1. 수증자가 증여자의 「국세기본법」 제2조제20호에 따른 특수관계인이 아닐 것
2. 해당 증여재산에 대하여 외국의 법령에 따라 증여세(실질적으로 같은 성질을 가지는 조세를 포함한다)가 부과될 것. 이 경우 세액을 면제받은 경우를 포함한다.

④ 제2항을 적용할 때 증여재산의 가액은 해당 재산이 있는 국가의 증여 당시 현황을 반영한 시가(時價)에 따르되, 그 시가의 산정에 관한 사항은 대통령령으로 정한다. 다만, 시가를 산정하기 어려운 경우에는 해당 재산의 종류, 규모, 거래 상황 등을 고려하여 대통령령으로 정하는 방법에 따른다.

⑤ 제2항을 적용할 때 외국의 법령에 따라 증여세를 납부한 경우에는 대통령령으로 정하는 바에 따라 그 납부한 증여세에 상당하는 금액을 증여세 산출세액에서 공제한다.

⑥ 제2항에 따라 증여세를 과세하는 경우에는 「상속세 및 증여세법」 제4조의2제3항, 제47조, 제53조부터 제58조까지, 제68조, 제69조제2항, 제70조부터 제72조까지 및 제76조를 준용[42]한다.

---

40. 증여자 과세체계에 대한 예를 든 것이며, 미국의 증여세 과세방법에 대한 예시는 아니다.

41. 2020.12.31. 이전 국조법 제21조(국외 증여에 대한 증여세 과세특례). 국조법은 2020.12.22. 전부개정하였다.

42. 상증법 제4조의2③ 제1항의 증여재산에 대하여 수증자에게 「소득세법」에 따른 소득세 또는 「법인세법」에 따른 법인세가 부과되는 경우에는 증여세를 부과하지 아니한다. 소득세 또는 법인세가 「소득세법」, 「법인세법」 또는 다른 법률에 따라 비과세되거나 감면되는 경우에도 또한 같다. 제47조(증여세 과세가액), 제53조~제58조(증여재산공제, 재해손실공제, 증여세 과세표준, 증여세 세율, 직계비속 증여에 대한 할증과세, 납부세액공제), 제68조(증여세 과세표준신고), 제69조(신고세액공제)제2항, 제70조~제72조(자진납부, 연부연납, 연부연납가산금), 제76조(결정 · 경정)

<증여세 납부의무>

증여자	수증자	구분	과세여부
거주자	거주자	국내재산	과세 ○
		국외재산	과세 ○
거주자	비거주자	국내재산	과세 ○
		국외재산	과세 △
비거주자	거주자	국내재산	과세 ○
		국외재산	과세 ○
비거주자	비거주자	국내재산	과세 ○
		국외재산	과세 ×

거주자가 비거주자에게 국외에 있는 재산을 증여(증여자의 사망으로 인하여 효력이 발생하는 증여는 제외)하는 경우 그 증여자는 「국제조세조정에 관한 법률」 제35조에 따라 증여세 납부의무가 있다. 이 규정은 증여자 연대납부의무와는 다르다. 국조법이 적용되는 경우 증여자는 본래의 납부의무자이다.

다만, 수증자가 증여자의 국기법 제2조제20호에 따른 특수관계인이 아닌 경우로 해당 재산에 대하여 외국 법령에 따라 증여세(실질적으로 이와 같은 성질을 가지는 조세를 포함)가 부과되는 경우(세액을 면제받는 경우 포함)에는 증여세 납부의무를 면제한다(국조법 제35조제3항).

<국조법 적용방법 개정연혁>

2014년 이전	2015년 이후
○ 외국에서 증여세 납부의무가 없는 경우 ⇒ 증여자가 국내에서 증여세 납부 ○ 외국에서 증여세 납부의무가 있는 경우 ⇒ 국내에서 증여세 납부의무 면제	○ 외국에서 증여세 납부의무가 없는 경우 ⇒ 증여자가 국내에서 증여세 납부 ○ 외국에서 증여세 납부의무가 있는 경우 - 수증자가 증여자의 특수관계인[43]이 아닌 경우: 국내에서 증여세 납세의무 면제 - 수증자가 증여자의 특수관계인인 경우: 증여자가 국내에서 증여세 납부하되, 외국납부세액공제 적용

가) 국외 증여재산의 시가 산정

국조법 제35조를 적용할 때 증여재산의 가액은 증여재산이 있는 국가의 증여 당시의 현황을 반영한 시가에 따르되, 다음의 어느 하나에 해당하는 가액이 확인될 때에는 그 가액을 해당 증여

43. 국기법상 특수관계인이다.

재산의 시가로 한다(국조령 제71조제1항).

(1) 증여재산의 증여일 전후 6개월[44] 이내에 이루어진 실제 매매가액

(2) 증여재산의 증여일 전후 6개월 이내에 공신력 있는 감정기관이 평가한 감정가액

(3) 증여재산의 증여일 전후 6개월 이내에 수용 등을 통하여 확정된 증여재산의 보상가액

다만, 시가를 산정하기 어려울 때는 해당 재산의 종류, 규모, 거래 상황 등을 고려하여 대통령령으로 정하는 방법에 따른다. "대통령령으로 정하는 방법"이란 상증법 제61조부터 제65조까지의 규정을 준용하여 증여재산가액을 평가하는 것을 말한다. 다만, 그 평가방법이 적절하지 아니한 경우에는 「감정평가 및 감정평가사에 관한 법률」 제2조제4호에 따른 감정평가업자가 평가한다. 유가증권가액의 산정에 관하여는 상증법 제63조에 따른 평가방법을 준용한다.

나) 거주자로부터 증여받은 국외예금등

거주자가 비거주자에게 국외예금 등을 증여한 경우에는 2017.1.1. 이후에는 국조법에 따라 증여자에게 증여세를 과세하지만, 2013.1.1.~2016.12.31.까지는 상증법에 따라 수증자에게 과세하였다.

국외예금등의 범위는 아래와 같다.

(1) 거주자로부터 증여받은 국외 예금이나 국외 적금 등 금융거래(「금융실명거래 및 비밀보장에 관한 법률」 제2조제3호에 따른 금융거래 및 이와 유사한 거래 포함)를 위하여 해외금융회사에 개설한 계좌에 보유한 재산

(2) 거주자로부터 증여받은 외국법인(증여재산 취득일 현재 자산총액 중 국내 소재 자산가액의 합계액이 차지하는 비율이 100분의 50 이상인 법인)의 주식 또는 출자지분

<국외예금등을 증여받은 경우 적용법률등 개정연혁>

구분	2012년 이전	2013년~2014년	2015년[45]~2016년	2017년 이후
국외예금등	국조법(증여자)	상증법(수증자)		국조법(증여자)
국외예금등 외	국조법(증여자)			

다. 거주자와 비거주자의 판정

1) 거주자와 비거주자

국내에 주소를 두거나 183일 이상 거소를 둔 자를 거주자라고 하며, 거주자가 아닌 자를 비거

44. 상증법의 평가기간(증여일 전 6개월부터 후 3개월)과 다르다.
45. 수증자가 증여자의 특수관계인인 경우: 증여자가 국내에서 증여세 납부하되, 외국납부세액공제 적용

주자라고 한다. 거주자가 둘 이상의 주소지를 둔 경우에는 주민등록법에 따라 등록된 곳을 주소지라 한다.

2) 주소와 거소의 정의 등

주소와 거소에 대해서는 소득령 제2조(주소와 거소의 판정), 제4조(거주기간의 계산)제1항 · 제2항 및 제4항에 따른다.

거주자와 비거주자 판정에 대해서는 소득령 제2조의2(거주자 또는 비거주자가 되는 시기) 및 제3조(해외현지법인등의 임직원 등에 대한 거주자 판정)에 따르며, 비거주자가 국내에 영주를 목적으로 귀국하여 국내에서 사망한 경우에는 거주자로 본다.

<거주자 개정연혁>

2015.12.31. 이전	2016.1.1. 이후
국내에 주소를 두거나 1년 이상 거소를 둔 사람	국내에 주소를 두거나 183일 이상 거소를 둔 사람

라. 수증자가 비영리법인인 경우

비영리법인이 재산을 증여받는 경우에는 증여세 납세의무가 있다. 비영리법인이라도 공익법인등에 해당하는 경우에는 공익법인등이 출연받은 재산에 대해서는 증여세 과세가액에 불산입하고 있으며, 사후관리를 통해 위반시 증여세 또는 가산세를 부과하고 있다.

비영리내국법인인 학교법인이 업무와 직접 관계없이[46] 타인으로부터 무상으로 받은 자산을 수익사업에 사용하는 경우 해당 자산의 가액은 법인세 과세대상에 해당하지 않는다(사전2015법령해석법인-0151, 2016.2.17.).

마. 수증자가 법인격 없는 사단·재단 또는 그 밖의 단체인 경우

법인격이 없는 사단 · 재단 또는 그 밖의 단체가 국기법 제13조제4항에 따른 법인으로 보는 단체에 해당하는 경우에는 비영리법인으로 보고, 그 외의 경우에는 거주자 또는 비거주자로 본다(상증법 제4조의2제8항).

---

46. 업무와 관련 있더라도 법인세 과세대상인지 불분명해 보인다. 비영리법인의 각 사업연도 소득은 법인법 제4조제3항에서 규정하는데, 제3항에서는 자산수증익이 없다.

○ 국기법 제13조(법인으로 보는 단체 등)

① 법인(「법인세법」 제2조제1호에 따른 내국법인 및 같은 조 제3호에 따른 외국법인을 말한다. 이하 같다) 이 아닌 사단, 재단, 그 밖의 단체(이하 "법인 아닌 단체"라 한다) 중 다음 각 호의 어느 하나에 해당하는 것으로서 수익을 구성원에게 분배하지 아니하는 것은 법인으로 보아 이 법과 세법을 적용한다.

1. 주무관청의 허가 또는 인가를 받아 설립되거나 법령에 따라 주무관청에 등록한 사단, 재단, 그 밖의 단체로서 등기되지 아니한 것
2. 공익을 목적으로 출연(出捐)된 기본재산이 있는 재단으로서 등기되지 아니한 것

② 제1항에 따라 법인으로 보는 사단, 재단, 그 밖의 단체 외의 법인 아닌 단체 중 다음 각 호의 요건을 모두 갖춘 것으로서 대표자나 관리인이 관할 세무서장에게 신청하여 승인을 받은 것도 법인으로 보아 이 법과 세법을 적용한다. 이 경우 해당 사단, 재단, 그 밖의 단체의 계속성과 동질성이 유지되는 것으로 본다. 〈개정 2010.12.27.〉

1. 사단, 재단, 그 밖의 단체의 조직과 운영에 관한 규정(規程)을 가지고 대표자나 관리인을 선임하고 있을 것
2. 사단, 재단, 그 밖의 단체 자신의 계산과 명의로 수익과 재산을 독립적으로 소유·관리할 것
3. 사단, 재단, 그 밖의 단체의 수익을 구성원에게 분배하지 아니할 것

③ 제2항에 따라 법인으로 보는 법인 아닌 단체는 그 신청에 대하여 관할 세무서장의 승인을 받은 날이 속하는 과세기간과 그 과세기간이 끝난 날부터 3년이 되는 날이 속하는 과세기간까지는 「소득세법」에 따른 거주자 또는 비거주자로 변경할 수 없다. 다만, 제2항 각 호의 요건을 갖추지 못하게 되어 승인취소를 받는 경우에는 그러하지 아니하다.

④ 제1항과 제2항에 따라 법인으로 보는 법인 아닌 단체(이하 "법인으로 보는 단체"라 한다)의 국세에 관한 의무는 그 대표자나 관리인이 이행하여야 한다.

쟁점

사해행위취소와 상속세·증여세 납부의무

채권자 취소권 또는 사해행위취소권은 채무자가 채권자를 해함을 알면서 자기의 일반재산을 감소시키는 법률행위를 한 경우에, 채권자가 그 법률행위를 취소하고 재산을 원상으로 회복하는 것을 내용으로 하는 권리를 말한다(민법 제406조).

〈사례1〉

A가 배우자 B에게 부동산을 증여한 후, A의 채권자들은 이 증여에 대해 사해행위 취소소송을 제기하였다. B는 증여받은 후 사망하였는데, 국세청은 상속세 결정시 부동산을 포함하였다. 사해행위로 보아 취소판결이 확정되어 이 부동산을 상속재산에서 제외할 것을 경정청구하였다. 사해행위 취소판결 후 상속세 납부의무는 소멸할까?

여기에 대해 법원은 채권자취소권의 행사로 사해행위가 취소되고 일탈재산이 원상회복되더라도, 채무자가 일탈재산에 대한 권리를 직접 취득하는 것이 아니고 사해행위 취소 효력이 소급하여 채무자의 책임재산으로 회복되는 것도 아니다. 따라서 재산을 증여받은 수증자가 사망하여 증여받은 재산을 상속재산으로 한 상속개시가 이루어졌다면, 이후 사해행위취소 판결에 의하여 그 증여계약이 취소되고 상속재산이 증여자의 책임재산으

로 원상회복되었다고 하더라도, 수증자의 상속인은 국세기본법 제45조의2 제2항이 정한 후발적 경정청구를 통하여 상속재산에 대한 상속세 납세의무를 면할 수 없다(대법원2014두46485, 2020.11.26.)라고 보았다.

위의 사례는 사해행위취소 소송 당사자가 "국가가 아닌 채권자"인 경우다. 소송 당사자가 국가라면 어떻게 될까?

〈사례 2〉

모는 입주권을 양도하면서 양도대금은 자가 수령하였고, 과세관청은 자가 증여받은 것으로 보아 증여세 결정하였다. 국세청은 모 사망시 양도대금을 상속재산으로 상속세 결정하였다. 대한민국(세무서)은 모의 양도소득세 관련하여 양도대금에 대한 사해행위 취소소송하여 승소하였다. 그러면 당초 증여세 부과는 취소해야 할까?

여기에 대해 국세청은 채무자가 수증자에게 증여한 재산이 채권자의 사해행위취소소송에 따라 채무자에게 원상회복되는 경우에는 채권자가 국가인지 여부 및 증여재산이 금전인지 여부와 관계없이 수증자에게 이미 성립한 증여세 납세의무는 취소되지 않는다고 보았다(기준2017법령해석재산-0022, 2017.10.16.).

한편 법원은 대한민국이 쟁점 금액의 증여자에 대한 조세채권을 확보하기 위하여 원고(자)를 상대로 사해행위취소 소송을 제기하여, 종전 사해행위취소판결을 통하여 쟁점 금액에 관한 증여계약의 효력을 무효화시켜 그 조세채권을 확보하였음에도, 위 증여계약이 여전히 유효함을 전제로 쟁점 금액도 증여가액에 포함되어야 한다고 주장하는 것은, 종전 사해행위취소판결에서 대한민국의 위 증여계약에 관한 사해행위 취소 주장과는 배치되는 것으로 보일 뿐만 아니라, 과세관청의 쟁점 금액에 관한 증여세 과세 기대이익 보호의 필요성 등을 고려하더라도 국세기본법이 정한 세법 해석 · 적용 원칙에 위반된다고 보았다(서울고법2013누20280(2013.12.26.)-대법원2014두1406(2014.7.10. 심불)).

정리하면 사해행위 취소소송은 소급효가 없어 소송 결과에 따라 경정 등의 청구 대상이 되지 않지만, 국가가 당사자인 경우에는 영향이 미치기도 한다.

쟁점

(2013.12.31. 이전) "법인으로 보지 않는 법인 아닌 단체"가 증여받는 경우

증여세 납부의무자는 증여재산을 취득한 수증자이며, 수증자는 거주자 또는 비거주자로 구분할 수 있고, 거주자 또는 비거주자에 비영리법인으로 포함한다. '법인으로 보지 않는 법인 아닌 단체'가 증여받는 경우 증여세 납부의무가 있을까?

우선 개정연혁을 살펴보면, 아래와 같다.

(2003.12.31. 이전) 법인격없는 사단 · 재단 기타 단체에 대하여는 이를 비영리법인으로 보아 상증법을 적용한다고 보았다.

(2004.1.1.~2013.12.31.) 국기법 제13조제4항의 규정에 의하여 법인으로 보는 법인격이 없는 사단 · 재단 기타 단체에 대하여는 이를 비영리법인으로 보아 상증법을 적용한다고 보았다. 상증법 개정은 국기법 개정에 따라 개정한 것이었는데, 당시 기획재정부 간추린 개정세법의 내용은 아래와 같다.

종 전	개 정
○ 법인격없는 사단 · 재단 기타 단체는 비영리법인으로 보고 증여세 납세의무 부여	○ 법인격 없는 단체 중 국기법(제13조)에 의하여 세무서장에게 신청하여 법인으로 승인받는 경우는 법인으로, 그 외의 경우는 개인의 지위로 증여세 납세의무를 부여

(2014.1.1. 이후) 법인격이 없는 사단 · 재단 또는 그 밖의 단체는 각 호의 어느 하나에 해당하는 자로 보아 이 법을 적용한다고 규정하면서, 제1호는 국기법 제13조제4항에 따른 법인으로 보는 단체에 해당하는 경우에는 비영리법인, 제2호는 제1호 외의 경우에는 거주자 또는 비거주자로 보았다.

위 개정내용을 살펴보면, 2014년 이후에는 법인격 없는 단체 중 법인으로 보는 경우 법인으로 보지 않는 경우 모두 증여세 납부의무자가 될 수 있음을 알 수 있다. 그렇다면 2004년과 2013년 사이의 '법인으로 보지 않는 법인 아닌 단체'가 증여받는 경우에도 증여세 납부의무가 있을까?

여기에 대해 대법원은 증여세 납부의무가 없다고 보았다. 국기법 제13조제4항에 따라 법인으로 보는 단체에 해당하지 않는 '법인격이 없는 사단 · 재단 · 기타 단체'의 경우에는 증여세 납세의무자가 될 수 없다고 판결(대법원2012두14897, 2014.4.24.)하였는데, 법인으로 보는 경우 법인격이 없는 사단 · 재단 기타 단체를 비영리법인으로 보지만, 법인으로 보는 단체에 해당하지 않는 법인격이 없는 사단 · 재단 기타 단체의 경우에는 증여세 납부의무자에서 열거하지 않았으므로 증여세 납세의무자가 될 수 없다고 보았다.

하지만 대법원 판결 이후에도 기획재정부의 회신은 증여세 납부의무가 있다고 보았다. 국기법 제13조에 따른 '법인으로 보는 단체에 해당하지 않는 법인 아닌 단체'는 구 상증법(2014.1.1. 법률 제12168호로 개정되기 전의 것) 제4조에 따라 증여세 납부 의무가 있다(기획재정부 재산세제과-361, 2015.5.7.). 이는 2004년 상증법을 개정한 이유가 국기법 개정이라는 입장을 고수한 것이다. 상증법은 법인격 없는 단체에 대하여 일률적으로 비영리법인으로 보아 증여세 납세의무를 부여하였으나, 국기법은 세무서장으로부터 승인받은 경우에만 법인격을 부여하므로 상증법을 국기법 체계에 맞추어 조문을 수정한 것이니 증여세 납부의무가 있다고 본 것이다.

[관련 질의회신 · 판례 등]

○ 사해행위취소로 소유권이 회복된 경우
사해행위취소 판결에 따라 증여자에게 당초 증여재산 소유권이 원상회복되더라도 해당 증여재산에 대한 증여세 납세의무자는 수증자(수익자)가 되는 것임(기획재정부 재산세제과-991, 2010.10.18., 기획재정부 재산세제과-699, 2017.10.12.).

○ (2013.12.31. 이전) 법인격 없는 단체의 증여세 납세의무자 해당 여부
(기재부) 국기법 제13조에 따른 '법인으로 보는 단체'에 해당하지 않는 법인 아닌 단체는 구 상증법(2014.1.1. 법률 제12168호로 개정되기 전의 것) 제4조에 따라 증여세를 납부할 의무가 있음(기획재정부 재산세제과-361, 2015.5.7.).
(법원) 구 상증법 제4조제6항에 의하면 국세기본법 제13조제4항에 의하여 법인으로 보는 단체에 해당하지 않는 법인격 없는 사단, 재단 기타 단체의 경우에는 증여세 납세의무자가 될 수 없음(대법원2012두14897, 2014.4.24).

2. 증여세 납부의무가 없는 경우

가. 증여재산에 소득세·법인세가 부과된 경우

증여재산에 대하여 수증자에게 소득법에 따른 소득세, 법인법에 따른 법인세가 부과되는 경우에는 증여세를 부과하지 아니한다. 소득세, 법인세가 소득법, 법인법 또는 따른 법률에 따라 비과세되거나 감면되는 경우에도 증여세를 부과하지 않는다(상증법 제4조의2제3항). 예를 들어 개인이 특수관계법인으로부터 부동산을 저가로 취득하여, 법인세 부당행위계산부인 규정을 적용하여 거래 부동산 시가와 대가 차액에 대해 익금산입하고 그 가액을 개인에게 소득처분하여 소득세가 부과되는 경우에는 그 시가와 대가 차액에 대하여 다시 증여세를 부과하지 아니한다.

상증법 제4조의2제3항의 법적 성격은 소득세와 증여세의 이중과세를 조정하는 특별한 규정은 아니다. 소득법에 의하여 소득세가 부과되는 때에는 증여세를 부과하지 아니한다는 것은 소득세 과세대상이 되는 경우 증여세를 중복하여 부과할 수 없음을 규정한 것이고, 소득세의 적법한 과세대상도 아닌데 잘못 부과된 경우에도 항상 증여세를 부과해서는 안 된다거나 그와 같이 잘못 부과된 소득세 부과처분을 취소하지 아니하고는 증여세를 부과하지 못한다는 취지의 규정은 아니다(대법원94누15189, 1995.5.23.).

증여세와 양도소득세는 납세의무 성립 요건과 시기 및 납세의무자를 서로 달리하는 것이어서 과세관청이 각기 부과처분을 할 경우, 각각의 과세요건에 따라 실질에 맞추어 독립적으로 판단하여야 할 것으로 각각 과세요건에 모두 해당할 경우 양자의 중복적용을 배제하는 특별 규정이 없는 한 어느 한쪽의 과세만 가능한 것은 아니다. 상증법 제2조제2항이 제1항에 규정된 증여재산에 대하여 수증자에게 소득세법에 따른 소득세가 부과되는 때에는 증여세를 부과하지 아니한다고 규정하고 있더라도 이는 그 문언 내용이나 증여세가 소득세의 보완세 성격도 가지는 점에 비추어보면, 수증자에 대하여 증여세를 부과하는 경우 그에 대하여 소득세가 부과되는 때에는 증여세를 부과하지 아니한다는 뜻으로 양도소득세 규정과 증여세 규정의 중복적용을 배제하는 특별한 규정에 해당하지 않는다(대법원 1999.9.21. 선고 98두11830 판결, 대법원 2004.12.10. 선고 2003두11575 판결 참조).

나. 수증자가 영리법인인 경우

증여재산에 대하여 수증자에게 소득법에 따른 소득세, 법인법에 따른 법인세가 부과되는 경우 증여세를 부과하지 아니한다. 영리법인이 증여받은 재산은 자산수증이익으로 법인의 각 사업연도 소득(익금)을 구성하기 때문에 법인세와의 이중과세를 방지하기 위하여 증여세를 면제한다.

2016.1.1. 이후부터 영리법인이 증여받은 재산 또는 이익에 대하여 법인법에 따른 법인세가 부과되는 경우(법인세가 법인법 또는 다른 법률에 따라 비과세되거나 감면되는 경우 포함) 해당

법인의 주주등에 대해서는 상증법 제45조의3(특수관계법인과의 거래를 통한 이익의 증여의제), 상증법 제45조의4(특수관계법인으로부터 제공받은 사업기회로 발생한 이익의 증여의제), 상증법 제45조의5(특정법인과의 거래를 통한 이익의 증여의제)의 경우를 제외하고는 증여세를 부과하지 아니한다.

[관련 질의회신 · 판례 등]

○ (2015.12.31. 이전) 영리법인 증여세 면제[47]

(저가양수) 시가보다 현저히 낮은 가액으로 재산을 양수하는 경우 그 이익을 얻은 자가 내국영리법인인 경우에는 납부 증여세를 면제함(서면4팀-1419, 2004.9.13., 요지).

(증자) 불균등증자로 이익을 얻은 자가 법인인 경우, 증여세가 과세되지 않음(서면4팀-1971, 2006.6.26., 요지).

<무상이전에 대한 과세방법>

증여자	수증자	구분	증여세 납세의무(수증자)
개인	개인(비영리법인포함)	무상이전	○
개인	개인(비영리법인포함)	수증자의 업무관련	× (소득 · 법인세 대상)
법인	개인(비영리법인포함)	무상이전	○
개인	영리법인	무상이전	× (법인세 대상)
법인	영리법인	무상이전	× (법인세 대상)

[관련 질의회신 · 판례 등]

○ 이중과세

(부당행위계산 부인) 법인이 소유자산을 당해 법인의 사용인 등 상증령 제26조제4항 규정에 해당하는 자에게 시가에 미달하는 가액으로 양도함에 따라 법인법 제52조(부당행위계산의 부인) 규정에 해당하는 경우로 그 차익에 대하여 자산의 양수자에게 소득법에 따라 소득세가 과세되면 증여세를 부과하지 아니함(서면4팀-1862, 2006.6.20.).

(증자) 법인이 자본을 증가시키기 위하여 신주를 발행함에 있어 당해 신주를 시가보다 고가로 발행하여

47. 2015.12.31. 이전 상증법에서는 영리법인에 대해 증여세 면제 규정이 있었지만, 2016.1.1. 이후에는 삭제되었다.

○ (2015.12.31. 이전) 상증법 제4조(증여세 납세의무)

① 수증자는 이 법에 의하여 증여세를 납부할 의무가 있다. 다만, 수증자가 영리법인인 경우에는 당해 영리법인이 납부할 증여세를 면제하되, 제45조의 2의 규정에 의한 증여세를 명의자인 영리법인이 면제받은 경우에는 실제소유자(영리법인을 제외한다)가 당해 증여세를 납부할 의무가 있다. (2003.12.30. 단서개정)

당해 법인이 얻은 이익에 대하여 상증법 제39조 및 같은 법 제42조제1항제3호 규정을 적용하여 당해 법인에게 증여세를 과세하지는 아니함(서면4팀-3720, 2007.12.28.).

(신탁) 신탁으로 인하여 위탁자가 타인에게 신탁 이익의 전부 또는 일부를 받을 권리를 소유하게 한 경우, 그 신탁이익에 대한 소득세 원천징수 여부에 상관없이 그 신탁 이익을 받을 권리를 증여한 것으로 봄(재삼 46014-2023, 1995.8.8, 재재산46014-446, 1995.12.4.).

(금전무상대출) 법인이 특수관계자인 임원에게 금전을 무상으로 대여하여 법인령 제89조제3항 및 제5항 규정에 의하여 익금에 산입한 금액은 금전을 대여받은 자에게 상여처분하여 소득세를 부과함(재산세과-581, 2011.12.6.).

3. 증여세 납부의무가 면제되는 경우

수증자가 다음 유형에 해당되고 수증자가 증여세 납부능력이 없다고 인정되는 경우로, 강제징수를 하여도 증여세에 대한 조세채권을 확보하기 곤란한 경우 그에 상당하는 증여세 전부 또는 일부를 면제한다(상증법 제4조의2제4항).

가. 저가양수 · 고가양도에 따른 이익의 증여 등(상증법 제35조)

나. 채무면제 등에 따른 증여(상증법 제36조)

다. 부동산 무상사용에 따른 이익의 증여(상증법 제37조)

라. 금전무상대출 등에 따른 이익의 증여(상증법 제41조의4)

이는 증여세 납부능력이 없다고 인정되는 저가 양수자, 채무자, 부동산 무상사용자, 금전무상차입자까지 과세하는 것은 너무 가혹하고, 상기유형의 경우에는 증여자 연대납세의무도 면제되므로 수증자가 납부능력이 없으면 증여세 부과 후 강제징수를 통해 결손처분 절차를 밟게 되는 등 불필요한 행정력 낭비 문제가 있어 신설되었다.

2019.12.31. 개정시 "종전의 증여세를 납부할 능력이 없다고 인정될 때"를 "수증자가 증여세를 납부할 능력이 없다고 인정되는 경우로서 강제징수를 하여도 증여세에 대한 조세채권을 확보하기 곤란한 경우"로 명확히 하였다.[48] 이는 대법원 판례를 감안하여 개정한 것이다. 법원은 증여세 납부 능력이 없다고 인정될 때를 증여세 납세의무 성립 시점으로 보았다(대법원2014두43516, 2016.7.14.). 개정 후에는 증여세 납세의무 성립시점과, 강제징수를 하여도 증여세 조세채권 확보하기 곤란한 경우 모두 납부능력이 없어야 한다.

---

48. (2019.12.31. 이전) 법원은 증여세 납부 능력이 없다고 인정될 때를 증여세 납세의무 성립 시점으로 보았다(대법원 2014두43516, 2016.7.14.).

<증여세 면제 개정연혁>

2015.12.31. 이전	2016.1.1. 이후
증여세를 납부할 능력이 없다고 인정될 때	증여세를 납부할 능력이 없다고 인정되는 경우로서 강제징수를 하여도 증여세에 대한 조세채권을 확보하기 곤란한 경우

4. 증여자의 증여세 연대납부의무

○ 증여자의 증여세 연대납부의무
– 조세채권 확보가 곤란한 경우(주소 · 거소가 불분명하거나, 수증자가 납부할 능력이 없음)
– 수증자가 비거주자인 경우
○ 연대납부의무 대상: 무상이전, 증여예시(신탁이익, 보험금), 배우자등 양도시 증여추정, 증여재산으로 보는 상속재산 재분할, 증여재산으로 보는 증여재산의 반환 · 재증여

증여세 납부의무자는 수증자이지만 수증자로부터 조세채권확보가 곤란하거나 수증자가 비거주자인 경우에 해당하면 해당 증여세에 대해 증여자도 연대납부의무를 진다.

증여자가 연대납부의무자로서 수증자의 증여세를 대신 납부하는 경우에는 재차증여가 아니므로 증여세가 과세되지 않지만, 연대납부의무 없이 증여자가 증여세를 대신 납부하면 새로운 증여에 해당되어 대신 납부할 때마다 증여세가 과세된다(서면4팀-1050, 2008.4.29.).

가. 연대납부의무 유형

수증자가 다음 중 어느 하나에 해당되는 경우에는 수증자가 납부할 증여세에 대하여 증여자는 수증자와 연대하여 납부할 의무를 진다.

1) 수증자의 주소 또는 거소가 분명하지 아니한 경우로 조세채권을 확보하기 곤란한 경우
2) 수증자가 증여세를 납부할 능력이 없다고 인정되는 경우로 체납으로 인하여 강제징수를 하여도 조세채권을 확보하기 곤란한 경우
3) 수증자가 비거주자인 경우

2003.1.1. 이후 증여하는 분으로서 수증자가 비거주자인 경우에는 증여세 납세의무 성립과 동시에 증여자와 수증자는 해당 증여세에 대하여 연대납부의무가 있다. 즉, 증여자는 수증자의 담세능력 여부와 관계없이 동 증여세에 대하여 연대납부의무가 있는 것이다. 이는 외환거래 자유화 폭이 커진 점을 감안하여 조세채권 확보를 용이하게 하기 위한 것이다.

<증여자 연대납부의무 유형 개정연혁>

2002년 이전	2003~2018년	2019.1.1. 이후
① 주소 또는 거소가 분명하지 아니한 경우로서 조세채권의 확보가 곤란한 경우	① (좌동)	① (좌동)
② 증여세를 납부할 능력이 없다고 인정되는 경우로서 체납으로 인하여 체납처분[49]을 하여도 조세채권의 확보가 곤란한 경우	② (좌동)	② (좌동)
③ 수증자가 비거주자인 경우	③ (좌동) ④ 명의신탁재산 증여의제	③ (좌동) ④ 삭제

증여세 연대납부의무 유형 중 조세채권 확보가 곤란한 경우(1)과 2))와 수증자가 비거주자인 경우는 그 성격이 다르다. '조세채권 확보가 곤란한 경우의 증여세 연대납부의무'는 국기법의 제2차 납세의무와 비슷한 성격을 가진다. 국세청은 증여자의 연대납세의무는 부종적 납세의무(징세46101-1857, 1999.7.30.)라고 회신하였고, 법원 또한 증여자의 증여세 납부의무는 주된 채무인 수증자의 납세의무에 대한 종된 채무라 보았다(대법원97누7493, 1997.9.5.).

반면, 수증자가 비거주자인 경우 또는 명의신탁재산 증여의제는 부종성, 보충성의 성격을 가지지 않는다. 그래서 법원에서는 명의신탁자의 증여세 연대납세의무가 성립한 이상, 비록 과세처분에 의해 그러한 납세의무가 확정되기 전이더라도 증여세 연대납세의무에 영향을 미치지 않는다고 보았다(대법원2015두50290, 2017.7.18.). 이 성격에 대한 다툼이 연대납부의무 통지와 관련 있으며 "〈쟁점〉 증여세 고지 전 '증여자 또는 수증자'가 사망한 경우에 증여세 연대납부의무"에서 살펴본다.

나. 증여세 연대납부의무 대상

증여세 연대납부의무는 수증자로부터 조세채권 확보가 곤란하거나 수증자가 비거주자인 경우에 증여자에게 무조건 연대납부가 있는 것은 아니다. 상증법에서는 증여자에게 연대납부의무를 부여할 수 있는 증여로는 무상이전, 신탁이익 증여, 보험금 증여, 배우자 등에 양도시 증여추정, 재산취득자금 등의 증여추정, 증여재산으로 보는 상속재산 재분할, 증여재산으로 보는 증여재산의 반환 · 재증여가 있으며, 그 외 증여 예시규정등은 수증자로부터 조세채권 확보가 곤란하여도 증여자에게 증여세 연대납부의무를 부여할 수 없다.

다음의 증여유형에 대한 증여세에 대해서는 수증자로부터 조세채권 확보가 곤란하여도 증여자에게 연대납부의무가 발생하지 아니한다.

○ 상증법 제4조제1항제2호, 제3호

(2호) 현저히 낮은 대가를 주고 재산 또는 이익을 이전받음으로써 발생하는 이익이나 현저

49. "체납처분"을 "강제징수"로 개정하였다(2020.12.29.).

히 높은 대가를 받고 재산 또는 이익을 이전함으로써 발생하는 이익. 다만, 특수관계인이 아닌 자 간의 거래인 경우, 거래의 관행상 정당한 사유가 없는 경우로 한정

(3호) 재산 취득 후 해당 재산 가치가 증가한 경우의 이익. 다만, 특수관계인이 아닌 자 간의 거래인 경우, 거래의 관행상 정당한 사유가 없는 경우로 한정

○ 저가 · 고가 양도에 따른 이익의 증여 등(상증법 제35조)

○ 채무면제 등에 다른 증여(상증법 제36조)

○ 부동산 무상사용에 따른 이익의 증여(상증법 제37조)

○ 합병에 따른 이익의 증여(상증법 제38조)

○ 증자에 따른 이익의 증여(상증법 제39조)

○ 감자에 따른 이익의 증여(상증법 제39조의2)

○ 현물출자에 따른 이익의 증여(상증법 제39조의3)

○ 전환사채 등의 주식 전환 등에 따른 이익의 증여(상증법 제40조)

○ 초과배당에 따른 이익의 증여(상증법 제41조의2)

○ 주식 또는 출자지분의 상장 등에 따른 이익의 증여(상증법 제41조의3)

○ 금전무상대출 등에 따른 이익의 증여(상증법 제41조의4)

○ 합병에 따른 상장 등 이익의 증여(상증법 제41조의5)

○ 재산사용 및 용역제공 등에 따른 이익의 증여(상증법 제42조)

○ 법인의 조직 변경 등에 따른 이익의 증여(상증법 제42조의2)

○ 재산 취득 후 재산가치 증가에 따른 이익의 증여(상증법 제42조의3)

○ 재산취득자금등의 증여추정(상증법 제45조)

○ 특수관계법인과의 거래를 통한 이익의 증여의제(상증법 제45조의3)

○ 특수관계법인으로부터 제공받은 사업기회로 발생한 이익의 증여의제(상증법 제45조의4)

○ 특정법인과의 거래를 통한 이익의 증여의제(상증법 제45조의5)

○ 공익법인등이 출연받은 재산에 대해 증여세가 과세되는 경우, 출연자가 해당 공익법인의 운영에 책임이 없는 경우로서 상증령 제3조의3제2항에 해당시

<증여자 연대납부의무 제외유형 개정연혁>

2021.12.31. 이전	2022.1.1. 이후
제4조제1항제2호 및 제3호, 제35조부터 제39조까지, 제39조의2, 제39조의3, 제40조, 제41조의2부터 제41조의5까지, 제42조, 제42조의2, 제42조의3, 제45조의3부터 제45조의5까지 및 제48조(출연자가 해당 공익법인의 운영에 책임이 없는 경우로서 대통령령으로 정하는 경우만 해당한다)에 해당하는 경우는 제외한다.	제4조제1항제2호 및 제3호, 제35조부터 제39조까지, 제39조의2, 제39조의3, 제40조, 제41조의2부터 제41조의5까지, 제42조, 제42조의2, 제42조의3, 제45조(재산취득자금등의 증여추정), 제45조의3부터 제45조의5까지 및 제48조(출연자가 해당 공익법인의 운영에 책임이 없는 경우로서 대통령령으로 정하는 경우만 해당한다)에 해당하는 경우는 제외한다.

예시

(문) 부가 자에게 시가 10억원 주택을 대가 4억원을 받은 후, 자가 증여세 납부 능력이 없다고 인정되는 경우 증여자에게 증여세 연대납부의무가 있는지?

(답) 없음 (상증법 제35조는 증여자에게 증여세 연대납부의무가 없음)

다. 증여자 연대납부의무의 통지

증여자가 연대납부의무자에 해당되는 경우에는 세무서장은 그 사유를 증여자에게 통지하여야 하며, 납부통지를 하지 아니하거나 납부통지가 취소된 경우에는 연대납부의무가 성립되지 않으며, 납세고지의 효력도 발생하지 아니한다(재경부재산 46014-103, 1995.3.20.).

2016.1.1. 상증법 개정하면서 수증자가 비거주자이거나 명의신탁재산 증여의제로 과세된 경우에도 증여자에게 그 사유를 알리도록 개정하였다.

거주자가 증여일 현재 비거주자인 수증자에게 국내에 있는 재산을 증여하고 연대납세의무 통지를 받기 전에 수증자가 납부하여야 할 증여세를 납부한 경우, 증여자가 납부한 증여세는 증여재산에 해당하지 아니한다(서면2016법령해석재산-3788, 2016.10.25.).

<증여자 연대납부의무 통지 개정연혁>

2015.12.31. 이전	2016.1.1. 이후
○ 상증법 제4조의2(증여세 납부의무) ④ 증여자는 수증자가 다음 각 호의 어느 하나에 해당하는 경우에는 수증자가 납부할 증여세를 연대하여 납부할 의무를 진다. 다만, … (생략) 1. 주소나 거소가 분명하지 아니한 경우로서 조세채권(租稅債權)을 확보하기 곤란한 경우 2. 증여세를 납부할 능력이 없다고 인정되는 경우로서 체납으로 인하여 체납처분을 하여도 조세채권을 확보하기 곤란한 경우 ⑤ 제2항과 제45조의2에 해당하는 경우에는 수증자가 제4항 각 호의 어느 하나에 해당하지 아니하는 경우에도 증여자가 수증자와 연대하여 해당 증여세를 납부할 의무를 진다. ⑥ 세무서장은 제4항에 따라 증여자에게 증여세를 납부하게 할 때에는 그 사유를 알려야 한다.	○ 상증법 제4조의2(증여세 납부의무) ⑥ 증여자는 다음 각 호의 어느 하나에 해당하는 경우에는 수증자가 납부할 증여세를 연대하여 납부할 의무가 있다. 다만, … (생략) 1. 수증자의 주소나 거소가 분명하지 아니한 경우로서 증여세에 대한 조세채권(租稅債權)을 확보하기 곤란한 경우 2. 수증자가 증여세를 납부할 능력이 없다고 인정되는 경우로서 강제징수를 하여도 증여세에 대한 조세채권을 확보하기 곤란한 경우 3. 수증자가 비거주자인 경우 4. 삭제 <2018.12.31.> ⑦ 세무서장은 제6항에 따라 증여자에게 증여세를 납부하게 할 때에는 그 사유를 알려야 한다.

쟁점

저가양도자에게 증여세 연대납부의무가 있는지

부가 자에게 시가 10억원 아파트를 대가 4억원을 받고 양도하였다. 부에게는 양도소득세가, 자에게는 증여세가 부과되었는데 자는 증여세를 납부하지 않았다. 이 경우 부에게 증여세 연대납부의무가 있을까?

상증법 제4조의2(증여세 납부의무) 제6항에서는 조세채권확보가 곤란한 경우 2가지, 수증자가 비거주자인 경우에 수증자의 증여세를 증여자와 연대하여 납부할 의무가 있다고 규정하고 있다.

그러면 저가양도자도 증여세 연대납부의무가 있는 것처럼 보이지만, 상증법 제4조의2제6항 단서규정에서는 증여세 연대납부의무가 없는 경우를 규정하고 있다.

> 다만, 제4조제1항제2호 및 제3호, 제35조부터 제39조까지, 제39조의2, 제39조의3, 제40조, 제41조의2부터 제41조의5까지, 제42조, 제42조의2, 제42조의3, 제45조의3부터 제45조의5까지 및 제48조(출연자가 해당 공익법인의 운영에 책임이 없는 경우로서 대통령령으로 정하는 경우만 해당한다)에 해당하는 경우는 제외한다.

상증법 제4조의2(증여세 납부의무) 제6항의 조세채권확보가 곤란하거나 수증자가 비거주자인 경우에 증여자에게 항상 연대납부의무가 있는 것은 아니다. 단서규정을 적용하면, 증여세 연대납부의무가 있는 경우는 무상으로 이전받은 재산 또는 이익증여예시 중 신탁이익, 보험금, 증여추정, 증여재산으로 보는 상속재산 재분할, 증여재산으로 보는 증여재산 반환 · 재증여다. 따라서 저가양도자는 수증자(양수자)가 증여세를 납부하지 못하더라도 증여세 연대납부의무는 없다.

쟁점

증여세 고지 전 증여자 또는 수증자가 사망한 경우에 증여세 연대납부의무

증여세는 수증자가 납부하는 것이 원칙이지만 예외적으로 특정 증여재산에 대해서는 수증자가 납부할 증여세에 대하여 증여자가 연대하여 납부할 의무를 지기도 한다.

상증법 제4조의2 관련 개정연혁은 아래와 같다.

① 1996년 이전	② 1997-2002년	③ 2003-2018년	④ 2019년 이후
a. 수증자가 국내에 주소 또는 거소를 두지 아니한 때 b. 수증자의 주소 또는 거소가 분명하지 아니한 때. c. 수증자가 증여세의 과세가액을 결정하기 전에 수증재산을 처분하였거나 기타 사유로 인하여 납세자력이 상실되었다고 인정된 때 d. 수증자가 증여세를 체납하고 수증자의 재산에 대하여 체납처분을 하여도 조세채권확보가 곤란할 때	가. 주소 또는 거소가 분명하지 아니한 경우로 조세채권의 확보가 곤란한 경우	좌동	좌동
	나. 증여세를 납부할 능력이 없다고 인정되는 경우로 체납으로 인하여 체납처분을 하여도 조세채권의 확보가 곤란한 경우	좌동	좌동
	다. 수증자가 비거주자인 경우	좌동	좌동
		라. 명의신탁재산 증여의제	

증여세를 연대하여 납부하게 할 경우에는 증여자에게 그 사유를 통지하고 증여자 명의의 납세고지서에 의하여 납부고지를 해야 한다(징세46101-1917, 1999.8.4.).

증여세 고지 전에 증여자 또는 수증자가 사망한 경우에는 증여자에게 연대납부가 있을까? 수증자 사망 후에 증여세 누락 사실을 확인하였다면, 국세기본법에 따라 수증자의 상속인에게 증여세 납부의무가 승계된다.

1. 2015.12.31. 이전 수증자가 사망한 경우 또는 증여자가 사망한 경우

수증자가 사망한 경우에 국세청은 증여세를 결정 고지할 당시 수증자가 사망하고 수증자의 상속인이 상속받은 재산이 없거나 상속받은 재산이 납부할 증여세에 미달하는 경우에도 세무서장은 납세의무의 승계자인 상속인에게 증여세를 결정고지한 후 연대납세의무자인 증여자에게 지정통지를 하며, 상속인은 상속받은 재산을 한도로 증여세 납세의무를 승계한다고 보았다(재산상속46014-1907, 1999.10.29.). 이 질의회신의 증여시기는 불분명하지만 1995년 이전으로 위의 개정연혁 중 ①에 해당한다.

수증자의 상속인에게 증여세를 고지하고, 증여자에게 연대납부의무를 지운다. 대법원은 명의신탁재산 증여의제의 과세요건을 충족하여 명의신탁자의 증여세 연대납세의무가 성립한 이상, 비록 과세처분에 의하여 그러한 납세의무가 확정되기 전이라고 하더라도 민법 제416조, 제419조, 제421조에 해당하는 경우 이외에는 명의수탁자에 관한 사항이 명의신탁자의 증여세 연대납세의무에 영향을 미치지 않는다고 보았다(대법원2015두50290, 2017.7.18.). 이 판례의 증여시기는 2006년, 2007년으로 위의 개정연혁 중 ③에 해당한다.

상증법 제45조의2 명의신탁재산 증여의제의 경우, 수증자(수탁자) 사망시 사망 전에 증여자인 신탁자에게 증여세를 부과하지 않았더라도 증여자에게 연대납부의무가 있다.

증여자가 사망한 경우에 심판원은 증여자가 증여하였다는 사실만으로 바로 연대납부의무가 발생되는 것이 아니고 구체적으로 수증자에게 부과처분(결정고지)이라는 납세의무 확정과 요건성립이 충족된 경우에 증여자에게 연대납부의무 지정 및 납부통지 등의 행위를 함으로써 비로소 연대납부의무가 발생한다고 보았다(국심1999전1343, 1999.12.15). 이는 그 이전 대법원 판례(대법원91누12813, 1992.2.25.)를 반영한 것이며, 이 심판례의 증여시기는 1991년으로 위의 개정연혁 중 ①에 해당하는 시기이다.

국세청 또한, 증여자의 증여세 연대납부의무는 그 성립요건에 해당하고 연대납부의무 지정 및 납부통지 등이 있어야 발생하므로, 그전에 증여자가 사망한 경우는 해당 없어 그 상속인에게 당해 연대납부의무는 승계되지 않는다고 보았다(징세46101-932, 2000.6.26.). 이 질의회신의 증여시기[50]는 확인되지 않는다.

하지만 증여자의 연대납부의무 중 명의신탁재산 증여의제(③의 시기)의 경우, 대법원 판례(대법원2015두50290, 2017.7.18.)를 감안할 때, 증여세 고지 전 증여자가 사망하였더라도 증여자의 상속인에게 연대납부 승계가 가능해 보인다.

2. 2016년 이후 증여세 고지 전 증여자가 사망한 경우

2020년 백범 가문의 증여세에 대한 기사[51]가 있었다. 피상속인은 2016년은 사망하였는데, 사망하기 전 2015년, 2016년에 해외 대학 등에 기부하였다. 국세청은 상속세를 조사하면서 해외 대학 등에 기부한 재산을 증여재산으로 보아 상속세 과세가액에 가산하였고, 해외 대학(수증자)이 비거주자이므로 증여자인 피상속인에게 증여세 연대납부의무가 있다고 보아 증여자의 상속인에게 국기법에 따른 납세의무승계로 보아 증여세를 결정했다.

쟁점은 3가지이다.

---

50. 국세법령정보시스템에 사실관계가 수록되어 있지 않다.
51. "융통성 없는 상속 · 증여세 폭탄"(머니투데이, 2020.11.17.), "42억 기부 김구 선생 자손들, 증여세 13억 날벼락"(조선일보, 2020.6.17.) 등

가. 해외 대학 등이 공익법인 등에 해당하는가?

국내재산을 증여받으면, 수증자가 거주자, 비거주자 구분없이 상증법상 증여세 과세대상이다. 수증자가 공익법인 등이라면, 증여시점에서는 증여세 과세가액 불산입 후 사후관리를 하게 된다. 공익법인 등은 상증법 제16조에서 종교 · 자선 · 학술 관련 사업 등 공익성을 고려하여 대통령령으로 정하는 사업을 하는 자를 말하고, 상증령에서는 그 사업의 범위를 열거하고 있다. 종교 · 자선 · 학술 관련 사업 등 공익성을 가진 사업을 하더라도 상증령에 열거된 사업을 하지 않는 자는 공익법인 등에 해당하지 않는다(대법원2009두20281, 2010.2.25. 참고). 따라서 해외 대학 등은 상증령 제12조에서 열거하고 있지 않아 공익법인 등에 해당하지 않는다.

나. 증여자가 증여세 연대납부가 있는가?

수증자가 비거주자라면 상증법 제4조의2제6항에 따라 증여세 연대납부의무가 있다. 한편 2016.1월 상증법을 개정하면서 수증자가 비거주자인 경우 증여세 연대납부의무 부과시 세무서장은 증여자에게 그 사유를 알려야 한다고 개정하였다.

다. 증여세 연대납부의무 통지 전에 증여자가 사망한 경우 '증여자의 상속인'에게 납세의무 승계가 될까?

심판원에서는 2015년 이전에는 통지의무가 없었기 때문에 납세의무 승계가 되며, 2016년 이후에는 통지의무가 있어서 납세의무가 승계되지 않는다고 보았다(조심2019서054, 2020.6.9.). 2015년 이전에 납세의무 승계가 되었다는 보는 것은 대법원 판례(대법원2015두50290, 2017.7.18.)를 감안한 것이다. 법원은 증여자의 연대납부의무가 성립한 이상 과세처분 등에 의하여 그러한 납세의무가 확정되기 전이라고 하더라도 증여자의 사망에 관한 사항이 증여자의 증여세 연대납세의무에 영향을 미치지 아니한다고 보았다. 2016년 이후에는 연대납부의무자인 증여자에게 통지의무가 생겼으니까 통지하기 전 증여자가 사망하였다면 그 상속인에게 승계되지 안 된다고 본 것이고 이것은 종전의 심판례(국심90서743, 1990.7.25.)를 감안한 것으로 보인다.

심판원 주장을 다시 정리하면, 2015년 이전에는 연대납부의무가 사유에 따라 조세채권확보가 곤란한 경우에는 증여자가 사망하든, 수증자가 사망하든 통지한 경우만 연대납부의무가 있다. 명의신탁재산의 증여의제[52] 경우에는 통지와 관계없다. 2016년 이후에는 연대납부의무 사유에 관계없이 증여자에게 통지를 해야 한다.

증여세 연대납부의무의 2가지 유형(조세채권 확보가 곤란한 경우, 명의신탁재산 증여의제 · 비거주자)은 성격이 다르다. 조세채권 확보가 곤란한 경우는 국기법의 제2차 납세의무와 성격(부종성, 보충성)이 비슷하다.

심판원의 결정(수증자가 비거주자인 경우에도 통지해야 한다)은 문제가 있다. 수증자가 비거주자인 경우에는 증여자는 상증법 제6조에 따라 증여세 신고를 할 수 있지만, 비거주자 통지를 받지 못한 상태에서 증여자가 수증자의 증여세를 대납하면 수증자에게 새로운 증여가 발생한다. 그런데 증여세 신고기한 내에 수증자가 비거주자라는 통지를 받을 방법이 없다. 관련 규정[53]이 없으며 세무서에서 신고기한 이내에 비거주자 판정을 하는 것은 쉬운 일이 아니다. 이러한 심판원 결정은 국세청 해석(법령해석과-3386, 2016.10.25., 서면2020법령해석재산-5328 [법령해석과-4330], 2021.12.10.)과 충돌이 있어 보인다. 국세청은 거주자가 증여일 현재 비거주자인 수증자에게 국내에 있는 재산을 증여하고 관할세무서장으로부터 상증법 제4조의2제5항제3호 및 같은 조 제6항에 따라 연대납세의무 통지를 받기 전에 수증자가 납부하여야 할 증여세를 납부한 경우, 증여자가 납부한 증여세는 같은 법 제4조에 따른 증여재산에 해당하지 않는다고 보았다.

---

52. 수증자가 비거주자에 대해서는 판례등은 없지만 명의신탁재산 증여의제와 마찬가지로 통지가 필요없어 보인다.
53. 절차적으로 언제까지 신청해야 하는지 등

[관련 질의회신 · 판례 등]

○ 증여자가 증여세를 납부한 경우
(증여자가 수증자와 연대하여 납부할 의무가 있는 경우) 증여자가 연대납세의무자로서 수증자의 증여세를 대신 납부하는 경우에는 재차증여에 해당하지 않음(재산세과-567, 2011.11.28.).
(증여자가 수증자와 연대하여 납부할 의무가 없는 경우) 수증자가 납부해야 할 증여세를 증여자가 대신 납부하는 경우 그 대신 납부한 세액에 대하여는 증여세가 과세됨(재삼46014-135, 1997.1.24.).

○ 증여세 고지 전 수증자가 사망한 경우
(국세청 1995년 사망) 납세의무의 승계자인 상속인에게 증여세를 결정고지한 후 연대납세의무자인 증여자에게 지정통지를 하는 것이며, 상속인은 상속받은 재산을 한도로 증여세 납세의무를 승계함(재산상속46014-1907, 1999.10.29.).
(대법원, 2006년, 2007년 명의신탁) 명의신탁자의 증여세 연대납세의무가 성립한 이상, 비록 과세처분에 의하여 그러한 납세의무가 확정되기 전이더라도 민법 제416조, 제419조, 제421조에 해당하는 경우 외에는 명의수탁자에 관한 사항이 명의신탁자의 증여세 연대납세의무에 영향을 미치지 않음(대법원 2015두50290, 2017.7.18.).

○ 증여세 고지 전 증여자가 사망한 경우
(국세청) 증여자의 증여세 연대납부의무는 그 성립요건에 해당되고 연대납부의무 지정 및 납부통지 등이 있어야 발생하므로, 그전에 증여자가 사망한 경우는 해당 없어 그 상속인에게 당해 연대납부의무는 승계되지 않음(징세46101-932, 2000.6.26.).
(심판원, 1991년 증여 수증자-비거주자) 증여자가 증여하였다는 사실만으로 바로 연대납부의무가 발생되는 것이 아니고 구체적으로 수증자에게 부과처분(결정고지)이라는 납세의무 확정과 요건성립이 충족된 경우에 증여자에게 연대납부의무 지정 및 납부통지 등의 행위를 함으로써 비로소 연대납부의무가 발생됨으로(같은 뜻: 대법91누12813, 1992.2.25 및 국심90서743, 1990.7.25. 외 다수) 이 건의 경우 주된 납세의무자인 수증자에게 결정고지한 시점에는 증여자인 피상속인이 이미 사망하여 피상속인에게 당해 증여세에 대한 연대납부의무 지정 및 납부통지가 불가능한 상황이어서 증여자에게 연대납부책임이 발생되었다고 볼 수 없으므로 피상속인의 증여세 연대납부의무를 상속인인 청구인들에게 승계시켜 부과한 처분은 부당하다고 판단됨(국심1999전1343, 1999.12.15.).
(심판원) 2015.12.15. 법률 제13557호로 상증법이 일부 개정되어 같은 법 제4조의2제5항(수증자가 비거주자인 경우 수증자가 납부할 증여세를 증여자가 연대하여 납부할 의무가 있다) 및 제6항(세무서장은 ⑤에 따라 증여자에게 증여세를 납부하게 할 때에는 그 사유를 알려야 한다)은 같은 법 부칙 제1조 및 제2조에 따라 2016.1.1. 이후 증여받는 경우부터 적용되는 것인바, 해당 규정들에 따른 증여세 연대납부의무 통지가 없는 경우까지 증여자에게 연대납부의무가 발생되었다고 보기는 어려움(조심2019서0540, 2020.6.9.).

○ (2018.12.31. 이전) 실제소유자가 영리법인인 경우 연대납부의무
상증법 제45조의2를 적용함에 있어 명의수탁자(명의자)가 개인인 거주자이고 명의신탁자(실제 소유자)가 영리법인인 경우 증여자가 수증자와 연대하여 해당 증여세를 납부할 의무가 있음(기획재정부 재산세제과-148, 2011.2.27.).

○ (2018.12.31. 이전) 명의수탁자가 납부한 경우
명의수탁자가 증여세를 납부한 경우 국기법에 따라 명의신탁자를 상대로 구상권을 행사할 수 있음(대법원2018다228097, 2018.7.12.).

○ 증여자가 비거주자인 경우
증여자의 증여세 연대납부 의무 규정은 증여자가 거주자인지 여부에 관계없이 적용됨(서면2015상속증여-0050, 2015.4.29.).

○ (2016.1.1. 이후) 비거주자에게 증여한 거주자가 연대납세의무 통지 전에 증여세를 납부한 경우
거주자가 비거주자인 수증자에게 국내에 있는 재산을 증여하고 세무서장으로부터 상증법 제4조의2제6항제3호 및 같은 조 제7항에 따라 연대납세의무 통지를 받기 전에 수증자가 납부하여야 할 증여세를 납부한 경우, 증여자가 납부한 증여세는 상증법 제4조에 따른 증여재산에 해당하지 아니함(서면2016법령해석재산-3788([법령해석과-3386], 2016.10.25., 서면2020법령해석재산-5328 [법령해석과-4330], 2021.12.10.).

5. 명의신탁재산의 증여의제 증여세 납부의무

명의신탁재산 증여의제란 권리의 이전이나 행사에 등기등을 요하는 재산에 있어 실제소유자와 명의자가 다른 경우에는 국기법 제14조(실질과세)의 규정에 불구하고 그 명의자로 등기등을 한 날에 실제소유자가 그 명의자에게 그 재산가액을 증여한 것으로 본다. 이 경우 조세회피의 목적이 없는 경우 등은 제외한다(상증법 제45조의2).

가. 2019년 개정내용

2018.12.31. 이전에는 명의수탁자가 증여세 납부의무가 있고, 명의신탁자에게 증여세 연대납부의무가 있었으나, 2019.1.1. 이후 증여로 의제되는 분[54]부터 명의신탁재산 증여의제 납부의무자는 실제소유자이다.

---

54. 실제소유자가 소유권을 취득하였으나 명의개서를 하지 아니하여 2019.1.1. 이후 증여로 의제되는 분에 대해서는 수탁자가 증여세 납부의무자이다. 여기에 대한 자세한 설명은 "〈쟁점〉 2019.1.1. 이후 명의신탁재산은 항상 실제소유자가 증여세 납부의무자인가"에서 하였다.

<명의신탁재산 증여의제 납부의무자 등 개정연혁>

구분	2018.12.31. 이전	2019.1.1. 이후
납부의무자	명의자(명의수탁자)	실제소유자(명의신탁자)
연대납부의무	증여자	삭제
과세관할	명의자 주소지 관할	실제소유자 주소지 관할
물적납세의무	없음	있음

나. 물적납세의무

2019.1.1. 이후 증여로 의제하는 분으로 실제소유자가 명의신탁재산 증여의제에 따른 증여세 · 가산금 또는 강제징수비를 체납한 경우에 그 실제소유자의 다른 재산에 대하여 강제징수를 집행하여도 징수할 금액에 미치지 못하는 경우에는 명의자에게 증여한 것으로 보는 재산으로써 납세의무자인 실제소유자에게 증여세 · 가산금 또는 강제징수비를 징수할 수 있다(상증법 제4조의2 제9항).

다만, 2019.1.1. 이전에 실제소유자가 소유권을 취득하였으나 명의개서를 하지 아니하여 2019.1.1. 이후 증여로 의제되는 분에 대해서는 종전 규정에 따른다(상증법 부칙(법률 제16102호, 2018.12.31.)).

쟁점

영리법인이 실제소유자일 때 명의신탁재산 증여의제에 따라 증여세 납부의무가 있는지

권리 이전이나 행사에 등기 등이 필요한 재산에 대해 ① 실제소유자와 명의자가 다르고, ② 조세회피목적이 있고, ③ 당사자 간 합의가 있는 경우에는 신탁자(증여자)가 수탁자(수증자)에게 증여한 것으로 보아 증여세를 부과한다. 2018.12.31. 이전까지는 수증자에게 증여세 납부의무가 있었지만, 2019.1.1. 이후에는 증여자에게 증여세 납부의무가 있다.

그렇다면 명의신탁재산의 증여의제를 적용할 때 영리법인이 실제소유자인 경우에도 명의신탁재산 증여의제에 따라 증여세를 부과할 수 있을까? 2018.12.31. 이전과 2019.1.1. 이후로 나누어 생각해볼 수 있다.

1. 2018.12.31. 이전

2018년 이전은 개정연혁을 살펴보면 다시 2015년 이전과 2016~2018년으로 구분할 수 있다.

2015년 이전에는 수증자가 영리법인인 경우 그 영리법인이 납부할 증여세를 면제하되, 상증법 제45조의2에 따른 증여세를 명의자인 영리법인이 면제받은 경우에는 실제소유자(영리법인은 제외)가 그 증여세를 납부할 의무가 있다고 규정하고 있다. 영리법인이 증여세 납부의무가 없으며, 명의신탁재산 증여의제(제45조의2)를 적용하는 경우라도 실제소유자가 영리법인인 경우에는 제외하고 있다.

2016~2018년에는 수증자의 거주자, 비거주자에 따라 증여재산의 범위를 구분하고 거주자, 비거주자 안에 비영리법인을 포함하여 규정하고 있고(상증법 제4조의2), 명의신탁재산 증여의제 규정에서 명의자가 영리법인인 경우에는 실제소유자(영리법인은 제외한다)가 증여세를 납부하여야 한다고 규정하고 있다. 즉 영리법인에 증여세 납부의무가 없음을 규정하고 있지 않다. 수증자 범위에 거주자, 비거주자 안에 비영리법인으로 포함함으로써 수증자가 영리법인일 때는 증여세 납부의무가 없으며, 명의신탁재산 증여의제를 적용할 때는 2015년 이전과 같이 실제소유자가 영리법인인 경우 증여세를 과세할 수 없다. 하지만 실제소유자가 영리법인이라면 증여세 연대납부의무는 있다. 상증법 제45조의2를 적용하면서 명의수탁자(명의자)가 개인인 거주자이고 명의신탁자(실제 소유자)가 영리법인이라면 같은 법 제4조제5항에 따라 증여자가 수증자와 연대하여 해당 증여세를 납부할 의무를 진다(기획재정부 재산세제과-148, 2011.2.27.).

2. 2019.1.1. 이후

2016~2018년과 같이 수증자의 거주, 비거주 여부에 따라 증여재산 범위를 구분하고 주자, 거비거주자 안에 비영리법인을 포함하여 규정하고 있고(상증법 제4조의2), 명의신탁재산 증여의제에 따라 재산을 증여한 것으로 보는 경우(명의자가 영리법인인 경우를 포함)에는 실제소유자가 해당 재산에 대하여 증여세를 납부할 의무가 있다.

해당 규정은 예전 규정들과 비교할 때 '영리법인은 제외한다'라는 규정이 없다. 상증법 제4조의2 체계상 명의신탁재산 증여의제의 경우 영리법인 실제소유자라면 증여세 납부의무가 있을 수 있다. 명시적인 국세청 해석은 없다.

<증여세 납부의무등 개정연혁>

2015년 이전	2016~2018년	2019년 이후
제4조【증여세 납부의무】 ① 수증자는 이 법에 따라 증여세를 납부할 의무가 있다. 다만, 수증자가 영리법인인 경우에는 그 영리법인이 납부할 증여세를 면제하되, 제45조의2에 따른 증여세를 명의자인 영리법인이 면제받은 경우에는 실제소유자(영리법인은 제외한다)가 그 증여세를 납부할 의무가 있다.	제4조의2【증여세 납부의무】 ① 수증자는 다음 각 호의 구분에 따른 증여재산에 대하여 증여세를 납부할 의무가 있다. 1. 수증자가 거주자(본점이나 주된 사무소의 소재지가 국내에 있는 비영리법인을 포함한다. 이하 이 항에서 같다)인 경우: 제4조에 따라 증여세 과세대상이 되는 모든 증여재산 2. 수증자가 비거주자(본점이나 주된 사무소의 소재지가 외국에 있는 비영리법인을 포함한다. 이하 제5항과 제6조제2항 및 제3항에서 같다)인 경우: 제4조에 따라 증여세 과세대상이 되는 국내에 있는 모든 증여재산과 거주자로부터 증여받은 국외 예금이나 국외 적금 등 대통령령으로 정하는 재산 제45조의2【명의신탁재산의 증여의제】 ② 제1항을 적용할 때 명의자가 영리법인인 경우에는 실제소유자(영리법인은 제외한다)가 증여세를 납부하여야 한다.	제4조의2【증여세 납부의무】 ① (좌동) ② (신설) 제1항에도 불구하고 제45조의2에 따라 재산을 증여한 것으로 보는 경우(명의자가 영리법인인 경우를 포함한다)에는 실제소유자가 해당 재산에 대하여 증여세를 납부할 의무가 있다. 제45조의2【명의신탁재산의 증여의제】 ② 삭제

[관련 질의회신 · 판례 등]

○ 명의수탁자가 사망한 경우

명의신탁재산 증여의제의 경우 명의신탁자의 연대납세의무는 명의수탁자의 납세의무에 종속되지 아니하므로, 명의수탁자가 사망하여 명의수탁자의 상속인이 상속재산 범위에서 납세의무를 부담하더라도 명의신탁자는 본연 납세의무를 부담함(대법원2015두50290, 2017.7.18.).[55]

---

55. 예를 들어 명의신탁재산은 50억원인데, 수탁자의 상속재산은 30억원인 경우 명의신탁자의 연대납부의무는 30억원인지, 50억원인지에 대해 법원은 수탁자의 상속인은 30억원에 대해 납세의무를 부담하고, 신탁자는 50억원에 대해 납세의무를 부담한다는 뜻이다.

제4절 증여세 과세관할

과세관할	구 분
수증자의 주소지	○ 수증자가 거주자로 주소(거소)가 분명한 경우
증여자의 주소지	○ 수증자가 비거주자인 경우 ○ 주소(거소)가 분명하지 아니한 경우 ○ 명의신탁증여의제의 경우(2019.1.1. 이후 증여분부터)
증여재산 소재지	○ 수증자와 증여자가 모두 비거주자인 경우 ○ 수증자와 증여자가 모두 주소(거소)가 분명하지 아니한 경우 ○ 수증자가 비거주자이거나 주소 또는 거소가 분명하지 아니하고, 증여자가 상증법 제38조 제2항, 제39조제2항, 제39조의3제2항, 제45조의3 및 제45조의4에 따라 의제된 경우

납세지란 납세의무자가 세법에 따른 의무를 이행하고 권리를 행사하는 데 기준이 되는 장소를 말한다. 이는 관할세무서를 정하는 기준이 된다. 과세표준신고서는 신고 당시 해당 국세의 납세지를 관할하는 세무서장에게 제출하여야 한다. 다만, 전자신고를 하는 경우에는 지방국세청장이나 국세청장에게 제출할 수 있다. 과세표준신고서가 납세지 관할세무서장 외의 세무서장에게 제출된 경우에도 그 신고 효력에는 영향이 없다(국기법 제43조).

한편, 국세의 과세표준과 세액 결정 또는 경정결정은 그 처분 당시(즉, 결정 · 경정하는 때) 그 국세의 납세지를 관할하는 세무서장이 행한다(국기법 제44조). 이 경우 납세지 관할세무서장 이외의 세무서장이 행한 결정 또는 경정결정처분은 효력이 없다. 다만, 세법 또는 다른 법령 등에 따라 권한 있는 세무서장이 결정 또는 경정 결정하는 경우에는 그러하지 아니한다.

증여세는 수증자의 주소지(주소지가 없거나 불분명한 경우에는 거소지) 관할세무서장 등이 과세하는 것이 원칙이다. 다만, 수증자가 비거주자이거나 수증자 주소 및 거소가 분명하지 아니한 경우에는 증여자의 주소지를 관할하는 세무서장 등이 과세한다(상증법 제6조).

[관련 질의회신 · 판례 등]

○ 결정시 과세관할 판단시점

과세표준 및 세액결정시 납세지 관할 판단기준일은 고지서 수령당시가 아니라 과세표준과 세액이 결정될 당시임(국심97서2466, 1998.8.19.).

1. 수증자가 거주자인 경우

수증자의 주소지를 관할하는 세무서장(국세청장이 특히 중요하다고 인정하는 것에 대해서는 관할 지방국세청장으로 하며, 이하 "세무서장등"이라 한다)이 과세한다.

2. 수증자가 비거주자인 경우 등

수증자가 비거주자인 경우, 주소(거소)가 분명하지 아니한 경우, 명의신탁재산 증여의제[56]의 경우에는 증여자의 주소지를 관할하는 세무서장등이 과세한다.

3. 수증자와 증여자가 모두 비거주자인 경우 등

① 수증자 및 증여자 모두가 비거주자인 경우, ② 수증자 및 증여자 모두의 주소 또는 거소가 분명하지 아니한 경우, ③ 수증자가 비거주자이거나 주소 또는 거소가 분명하지 아니하고, 증여자가 상증법 제38조(합병에 따른 이익의 증여)제2항, 제39조(증자에 따른 이익의 증여)제2항, 제39조의3(현출물자에 다른 이익의 증여)제2항의 경우 및 제45조의3(특수관계법인과의 거래를 통한 이익의 증여의제), 제45조의4(특수관계법인으로부터 제공받은 사업기회로 발생한 이익의 증여의제)에 따라 의제된 경우[57]에는 증여재산 소재지를 관할하는 세무서장 등이 과세한다.

4. 증여재산의 소재지

증여자 · 수증자가 모두 비거주자이거나 주소 또는 거소가 분명하지 않은 경우에는 증여재산 소재지의 관할세무서장 등이 증여세를 과세하도록 하고 있다. 즉, 증여재산 소재지를 어느 곳으로 볼 것인지에 따라 증여세 관할세무서가 달라질 수 있다.

상증법 제5조에서는 증여 당시 현황에 따라 증여재산 종류에 따른 증여재산 소재지를 규정하고 있다. 증여재산별 증여재산 소재지는 상속재산 소재지와 동일하다.

상증법에서는 상속개시 또는 증여 당시의 현황에 따라 상속 · 증여재산의 소재지를 다음과 같이 정하고 있다(상증법 제5조).

① 부동산 또는 부동산에 관한 권리: 부동산의 소재지
② 광업권 또는 조광권: 광구의 소재지
③ 어업권, 양식업권[58] 또는 입어권: 어장에 가장 가까운 연안
④ 선박: 선적의 소재지

---

56. 2019.1.1. 이후 증여로 의제되는 분부터 적용한다.
57. 증자 및 현물출자에 따른 증여 등에서 소액주주들을 1인의 증여자로 보는 경우와 일감몰아주기, 일감떼어주기 증여의제가 적용되는 경우를 말한다. 2인 이상을 1인의 증여자로 보지만, 상증법 제47조(증여세 과세가액)에서는 합산배제증여재산에 포함하지 않고 있다. 2인 이상을 1인으로 보는 경우 증여세 과세가액 계산시 일반 증여재산과 합산하지 않아야 한다.
58. 양식산업발전법 개정시 상증법을 같이 개정(법률 제16868호, 2019.8.27. 공포, 2020.8.28. 시행)하였다.

⑤ 항공기: 항공기 정치장의 소재지

⑥ 주식 · 출자지분 또는 사채: 그 주식등을 발행한 법인 또는 그 출자가 되어있는 법인 본점 또는 주된 사무소 소재지. 다만, 외국법인이 국내에서 발행한 주식등은 그 거래를 취급하는 금융회사 영업장의 소재지

⑦ 금전신탁(자본시장과 금융투자업에 관한 법률을 적용받는 신탁업을 경영하는 자): 그 신탁재산을 인수한 영업장의 소재지. 다만, 금전신탁 외의 신탁재산에 대해서는 신탁한 재산의 소재지

⑧ 금융재산(⑥, ⑦ 제외): 그 재산을 취급하는 금융회사 영업장 소재지

⑨ 금전채권: 채무자의 주소지. 다만, ⑥부터 ⑧에 해당하는 경우는 제외

⑩ 위 ① · ⑨를 제외한 유형재산 또는 동산: 그 유형재산의 소재지 또는 동산이 현재 있는 장소

⑪ 특허권 · 상표권 등 등록이 필요한 권리: 그 권리를 등록한 기관의 소재지

⑫ 저작권(출판권 · 저작인접권 포함): 저작물의 목적물이 발행되었을 경우 그 발행장소

⑬ ① · ⑫를 제외한 그 밖의 영업장을 가진 자의 그 영업에 관한 권리: 그 영업장의 소재지

⑭ 그 밖의 재산: 그 재산 권리자의 주소

제5절 상속세 및 증여세의 부과제척기간

국세부과의 제척기간은 국세부과권을 행사할 수 있는 법정기간으로 그 부과제척기간이 경과하면 정부의 부과권이 소멸되어 일정한 특례를 제외하고 과세표준이나 세액을 변경하는 어떠한 결정이나 경정도 할 수 없다(국기법 제26조의2).[59]

국세부과제척기간은 일반적으로 국세징수권(확정된 조세채권의 납부이행을 청구할 권리)의 소멸시효와는 달리 중단이나 정지 없이 진행된다. 국세부과제척기간이 경과한 후에는 상속세 · 증여세 부과권이 소멸된다.

상속세 · 증여세의 부과제척기간은 국세를 부과할 수 있는 날[60]부터 10년으로 하고, 다음의 어느 하나에 해당하는 경우에는 15년으로 한다. 부담부증여에 따라 증여세와 함께 소득세가 과세되는 경우에 그 소득세의 부과제척기간[61]도 또한 같다.

1. 납세자가 사기나 그 밖의 부정한 행위로 상속세 · 증여세를 포탈하거나 환급 · 공제받는 경우

2. 상속세 · 증여세 신고를 하지 않은 경우

3. 상속세 · 증여세 신고서를 제출한 자가 아래의 거짓신고를 했거나 누락신고한 경우(거짓신고 또는 누락신고한 부분만 해당, 국기령 제12조의2제2항)

가. 상속재산가액 또는 증여재산가액에서 가공의 채무를 빼고 신고한 경우

나. 권리 이전이나 그 행사에 등기, 등록, 명의개서 등이 필요한 재산을 상속인 또는 수증자 명의로 등기 등을 하지 아니한 경우로 그 재산을 상속재산 또는 증여재산의 신고에서 누락한 경우

다. 예금, 주식, 채권, 보험금, 그 밖의 금융자산을 상속재산 또는 증여재산의 신고에서 누락한 경우

---

59. 무효인 경우에는 경정할 수 있다. 국세부과의 제척기간이 경과하면 정부의 과세권은 소멸되어 과세표준이나 세액을 변경하는 어떤 결정도 할 수 없으나, 부과처분이 그 하자가 내용상 중대하고 외형상 명백하여 당연무효인 경우에는 부당이득반환청구권 시효가 완성되기 전까지는 부당이득반환청구를 할 수 있다(서면1팀-313, 2005.3.21.).
행정처분이 당연무효라고 하기 위해서는 처분에 위법사유가 있다는 것만으로는 부족하고 하자가 법규의 중요한 부분을 위반한 중대한 것으로 객관적으로(외형상으로) 명백한 것이어야 하며, 하자의 중대 · 명백 여부를 판별함에 있어서는 법규의 목적, 의미, 기능 등을 목적론적으로 고찰함과 동시에 구체적 사안 자체의 특수성에 관하여도 합리적으로 고찰함을 요한다(대법원93누11432, 1993.12.7.).
60. 상속세 · 증여세 신고서 제출기한의 다음 날(국기령 제12조의3제1항제1호)
61. 부담부증여의 경우 양도자의 양도세 예정신고기한도 그 양도일이 속하는 달의 말일부터 3개월이다(소득법 제105조(양도소득과세표준 예정신고) 제1항제3호).

부정한 행위는 조세범처벌법 제3조제6항에 해당하는 행위(1. 이중장부의 작성 등 장부의 거짓 기장, 2. 거짓 증빙 또는 거짓 문서의 작성 및 수취, 3. 장부와 기록 파기, 4. 재산 은닉, 소득·수익·행위·거래의 조작 또는 은폐, 5. 고의적으로 장부를 작성하지 아니하거나 비치하지 아니하는 행위 또는 계산서, 세금계산서 또는 계산서합계표, 세금계산서합계표 조작, 6. 조특법 제5조의2제1호에 따른 전사적 기업자원 관리설비의 조작 또는 전자세금계산서의 조작, 7. 그 밖에 위계(僞計)에 의한 행위 또는 부정한 행위)를 말한다.

신고하였지만 15년을 적용하더라도 전체에 대해 적용하는지, 부분(부정행위한 부분 또는 거짓신고·누락신고한 부분)에 대해서만 15년을 적용할 수 있는지가 쟁점이 될 수 있는데, 여기에는 그 부분에 대해서만 적용한다고 본다. 부정행위에 대해서는 납세자가 부정행위로 국세를 포탈하거나 환급·공제받은 경우에는 그 부정행위를 한 부분만 국기법 제26조의2제1항제1호 규정을 적용하는 것(기획재정부 조세법령운용과-1402, 2017.12.29.)이라고 회신한 바 있고, 거짓신고 또는 누락신고에 대해서는 국기법 제26조의2에서 그 부분만 해당한다고 직접 규정하고 있다.

쟁점

국세부과제척기간 경과와 증여세

소득세와 증여세의 이중과세를 회피하기 위해 상증법 제4조의2제3항에서는 증여재산에 대하여 「소득세법」에 따른 소득세가 수증자에게 부과되는 경우에는 증여세를 부과하지 아니한다고 규정하면서, 비과세·감면되는 경우에도 같다고 규정한다. 그러면 법인세법상 상여로 처분하여 소득세를 과세하여야 하는데, 국세부과제척기간 경과로 소득세를 과세할 수 없는 경우 증여세를 과세할 수 있을까?

여기에 대해서는 국세청은 증여세를 과세할 수 있다고 보았다. 법인세 부과제척기간 경과로 인하여 법인의 각 사업연도소득 중 사외유출된 금액의 귀속자에게 소득처분이 불가능할 경우에도 증여세 과세대상에 해당하는 경우에는 증여세 부과제척기간 내에 귀속자에게 증여세 부과는 가능하다(기준2016법령해석기본-0223[법령해석과-3388], 2016.10.25.). 소득세가 부과되는 경우"를 어떻게 볼지가 쟁점이다.

1. 부과의 의미에는 납세자가 신고·납부한 경우도 포함할까?

소득세는 납세자 신고에 따라 납세의무가 확정되므로 소득세가 부과되는 경우에 납세자 신고가 포함되어야 한다. 같은 이유로 수정신고도 포함된다(대법원2001두3945, 2003.6.13.).

2. 부과의 의미에 비과세, 감면을 포함하는 이유가 무엇일까?

소득세 비과세, 감면을 부과에 포함하는 이유는 소득세를 비과세·감면하였는데, 증여세를 과세한다면 소득세 비과세·감면 효과가 없어지기 때문이다.

3. 부과제척기간 경과로 소득세를 과세할 수 없는 경우

법원은 당해 소득에 대하여 실제로 소득세를 부과하였는지 여부와는 상관없다고 본 판결도 있다(대법원92누3441, 1992.11.10.). 증여재산이 소득세 과세대상이면 소득세를 부과하고 증여세를 과세할 수 없으며, 이 경우 실제로 소득세를 부과하였는지는 상관없어 보이는데, 국세청은 증여세를 부과할 수 있다고 해석한다.

법인세법에 의하여 상여로 처분된 금액은 소득세법상 소득세의 과세대상으로 되고(소득세법 제21조제1항제1호다목), 한편 타인의 증여에 의해 재산을 취득함으로써 증여세가 부과될 수 있는 경우라 하더라도 그 재산취득으로 인한 소득에 소득세법에 의한 소득세가 부과되는 때에는 증여세를 부과하지 아니하도록 되어 있으므로(상속세법 제29조의3 제3항), 법인 임원인 원고에게 사외유출되어 상여처분되는 소득에 대하여는 소득세를 부과하는 외에 증여세를 부과할 수 없다고 아니할 수 없고, 이와 같은 이치는 당해소득에 대하여 실제로 소득세를 부과하였는지 여부와는 상관이 없다고 보아야 할 것임(대법원92누3441, 1992.11.10.).

1999.7.1. 이후 상속분부터 납세자가 부정행위로 상속세 · 증여세를 포탈하는 경우로 다음의 어느 하나에 해당하는 경우에는 해당 재산의 상속 또는 증여가 있음을 안 날부터 1년 이내에 상속세 및 증여세를 부과할 수 있다. 다만, 상속인이나 증여자 및 수증자가 사망한 경우와 포탈세액 산출 기준이 되는 재산가액(다음 어느 하나에 해당하는 재산 가액을 합친 것을 말한다)이 50억원 이하인 경우에는 그러하지 아니하다.

1. 제3자 명의로 된 피상속인 · 증여자 재산을 상속인 · 수증자가 취득한 경우
2. 계약이행기간 중 상속이 개시되어 피상속인이 생략되고 상속인이 직접 취득
3. 국외 소재 상속 · 증여재산을 상속인 · 수증자가 취득
4. 등기 · 등록 · 명의개서가 필요하지 아니한 유가증권, 서화, 골동품 등을 상속인 · 수증자가 취득
5. (2013.1.1. 이후) 수증자 명의로 되어 있는 증여자 금융자산을 수증자가 보유, 사용 · 수익한 경우
6. (2017.1.1. 이후) 비거주자인 피상속인의 국내 재산을 상속인이 취득한 경우
7. (2020.1.1. 이후) 상증법 제45조의2에 따른 명의신탁재산 증여의제에 해당하는 경우

위의 국세부과제척기간에도 불구하고 지방국세청장 또는 세무서장은 다음의 구분에 따른 기간이 지나기 전까지 경정이나 그 밖에 필요한 처분을 할 수 있다(국기법 제26조의2제6항).

○ 국기법 제26조의2제6항(국세의 부과제척기간)

1. 이의신청, 심사청구, 심판청구, 「감사원법」에 따른 심사청구 또는 「행정소송법」에 따른 소송에 대한 결정이나 판결이 확정된 경우: 결정 또는 판결이 확정된 날부터 1년

   1의2. 제1호의 결정이나 판결이 확정됨에 따라 그 결정 또는 판결의 대상이 된 과세표준 또는 세액과 연동된 다른 세목이나 과세기간의 과세표준 또는 세액의 조정이 필요한 경우: 제1호의 결정 또는 판결이 확정된 날부터 1년

   1의3. 「형사소송법」에 따른 소송에 대한 판결이 확정되어 「소득세법」 제21조제1항제23호 또는 제24호의 소득이 발생한 것으로 확인된 경우: 판결이 확정된 날부터 1년

2. 조세조약에 부합하지 아니하는 과세의 원인이 되는 조치가 있는 경우 그 조치가 있음을 안 날부터 3년 이내(조세조약에서 따로 규정하는 경우에는 그에 따른다)에 그 조세조약의 규정에 따른 상호합의

가 신청된 것으로서 그에 대하여 상호합의가 이루어진 경우: 상호합의 절차의 종료일부터 1년
3. 제45조의2제1항 및 제2항 또는 「국제조세조정에 관한 법률」 제19조제1항 및 제33조제2항에 따른 경정청구 또는 같은 법 제20조제2항에 따른 조정권고가 있는 경우: 경정청구일 또는 조정권고일부터 2개월
4. 제3호에 따른 경정청구 또는 조정권고가 있는 경우 그 경정청구 또는 조정권고의 대상이 된 과세표준 또는 세액과 연동된 다른 과세기간의 과세표준 또는 세액의 조정이 필요한 경우: 제3호에 따른 경정청구일 또는 조정권고일부터 2개월
5. 최초의 신고 · 결정 또는 경정에서 과세표준 및 세액의 계산 근거가 된 거래 또는 행위 등이 그 거래 · 행위 등과 관련된 소송에 대한 판결(판결과 같은 효력을 가지는 화해나 그 밖의 행위를 포함한다. 이하 이 호에서 같다)에 의하여 다른 것으로 확정된 경우: 판결이 확정된 날부터 1년
6. 역외거래와 관련하여 제1항에 따른 기간이 지나기 전에 「국제조세조정에 관한 법률」 제36조제1항에 따라 조세의 부과와 징수에 필요한 조세정보(이하 이 호에서 "조세정보"라 한다)를 외국의 권한 있는 당국에 요청하여 조세정보를 요청한 날부터 2년이 지나기 전까지 조세정보를 받은 경우: 조세정보를 받은 날부터 1년

< 국세부과제척기간 개정연혁 >

구분	부과제척기간 (국기법 제26조의2)
1990.6.30. 이전 상속 · 증여	○ 법정신고기한 다음 날부터 5년
1990.7.1. 이후 상속 · 증여	○ 일반적인 경우(신고분): 법정신고기한 다음 날부터 5년 ○ 무신고, 허위 · 누락신고 부분 → 법정신고기한 다음 날부터 10년
1993.7.1. 이후 상속 · 증여	○ 법정신고기한 다음 날부터 10년
1994.7.1. 이후 상속 · 증여	○ 일반적인 경우(신고분): 법정신고기한 다음 날부터 10년 ○ 무신고, 가공채무 공제신고, 금융재산(예금, 주식, 채권, 보험금 등)의 신고누락, 등기 · 등록 · 명의개서 요하는 재산을 상속인(수증자) 명의로 신고일까지 등기 등 없이 신고누락, 사기 기타 부정한 행위로 포탈하거나 환급 · 공제(1994.12.31. 신설) → 법정신고기한 다음 날부터 15년

[다음 쪽에 계속]

1999.7.1. 이후 상속 ~ 현재 1999.10.1. 이후 증여 ~ 현재	○ 일반적인 경우(신고분): 법정신고기한 다음 날부터 10년 ○ 무신고, 가공채무 공제신고, 금융재산(예금, 주식, 채권, 보험금 등)의 신고누락, 등기 · 등록 · 명의개서 요하는 재산을 상속인(수증자) 명의로 신고일까지 등기 등 없이 신고누락, 사기 기타 부정한 행위로 포탈하거나 환급 · 공제 ⇒ 법정신고기한 다음 날부터 15년 ○ 사기 기타 부정한 행위로 포탈한 경우로 다음 유형의 은닉재산 가액의 합계액이 50억원을 초과하는 경우. 다만 상속인(수유자) 사망, 증여자 및 수증자가 사망시는 적용 제외 → 당해 재산의 상속 · 증여가 있음을 안 날부터 1년 ① 제3자 명의로 된 피상속인 · 증여자의 재산을 상속인 · 수증자가 취득한 경우 ② 계약이행기간 중 상속이 개시되어 피상속인이 생략되고 상속인이 직접 취득 ③ 국외 소재 상속 · 증여재산을 상속인(수증자)가 취득 ④ 등기 · 등록 · 명의개서가 필요하지 아니한 유가증권, 서화, 골동품 등을 상속인 · 수증자가 취득 ⑤ (2013.1.1. 이후) 수증자의 명의로 되어 있는 증여자의 「금융실명거래 및 비밀보장에 관한 법률」 제2조 제2호에 따른 금융자산을 수증자가 보유하고 있거나 사용 · 수익한 경우 ⑥ (2017.1.1. 이후) 비거주자인 피상속인의 국내재산을 상속인이 취득한 경우 ⑦ (2020.1.1. 이후) 상증법 제45조의2에 따른 명의신탁재산 증여의제에 해당하는 경우

* 증여세 신고기한: 1996.12.31. 이전 증여분은 증여일부터 6월, 1997.1.1. 이후 증여분은 증여일부터 3월, 2009.1.1. 이후 증여분은 증여일이 속하는 달의 말일부터 3월임.
* 부담부증여에 따라 증여세와 함께 소득세가 과세되는 경우에 그 소득세의 부과제척기간은 증여세와 같이 적용함(2013.1.1. 이후 소득세를 부과할 수 있는 날이 개시하는 분부터).

[관련 질의회신 · 판례 등]

○ 국세부과제척기간 연장사유

상속세 신고서를 제출한 자가 대통령령이 정하는 허위신고 또는 신고누락한 경우에는 그 허위신고 또는 신고누락한 부분에 한하여 상속세의 부과제척기간을 10년으로 연장하도록 규정하고, 그 위임에 따른 구 국기령(1993. 12. 31. 대통령령 제14076호로 개정되기 전의 것, 이하 '시행령'이라 한다) 제12조의2는 그 각 호에서 부과제척기간의 연장사유가 되는 허위신고 또는 신고누락 유형을 구체적으로 열거하여 규정하고 있는바, 위 각 규정의 취지와 그 문언에 비추어보면, 시행령 제12조의2 각 호가 규정한 허위신고 또는 신고누락한 경우에 해당하지 않으면 상속세의 부과제척기간이 연장된다고 할 수 없고, 나아가 부과제척기간이 연장되는 부분도 당해 허위신고 또는 신고누락한 부분에 한정됨(대법원2005두1688, 2006.2.9.).

○ 재처분의 범위

판결에서 세액산정 불능을 이유로 처분이 전부 취소된 경우 과세관청은 국기법 제26조의2제2항에 따라 판결이 확정된 날부터 1년이 경과하기 전까지는 해당 판결에 따라 경정결정 기타 필요한 처분을 할 수 있으며, 허용되는 처분 범위는 반드시 납세의무자에게 유리한 것에 한정된다고 볼 수 없음(법규과-1894, 2007.4.20.).

○ 국세부과제척기간의 특례

납세고지 절차상의 흠결을 이유로 국가 패소한 경우에는 국세부과 제척기간이 만료되었더라도 국기법 제26조의2제2항에 의해 판결 등이 확정된 날로부터 1년 이내에 재고지한 처분은 정당함(대법원93누4885, 1996.5.10.).

제6절 특수관계인의 범위

특수관계인은 본인과의 관계 중 범위를 정할 필요가 있는 관계를 말한다. 가업상속공제, 금융재산 상속공제, 합병에 따른 이익, 초과배당에 따른 이익 등 많은 상증법령에서 특수관계인이 나온다. 특수관계인의 범위는 상증법 제2조(정의)제10호와 상증령 제2조의2(특수관계인의 범위)이며, 특수관계인이 나올 때마다 설명하기 어려우므로 이 절에서 특수관계인에 관한 주된 내용을 설명한다.

1. 특수관계인 규정에 대한 이해

가. 특수관계인 규정은 세법마다 다르다

특수관계인을 판단할 때 가장 먼저 기억해야 할 부분은 세법마다 특수관계인의 범위가 다르다는 것이다. 예를 들면, 국기법에서는 특수관계인의 범위를 아래와 같이 규정하고 있다.

○ 국기법 제2조【정의】
20. "특수관계인"이란 본인과 다음 각 목의 어느 하나에 해당하는 관계에 있는 자를 말한다. 이 경우 이 법 및 세법을 적용할 때 본인도 그 특수관계인의 특수관계인으로 본다.
가. 혈족 · 인척 등 대통령령으로 정하는 친족관계
나. 임원 · 사용인 등 대통령령으로 정하는 경제적 연관관계
다. 주주 · 출자자 등 대통령령으로 정하는 경영지배관계

국기법의 특수관계인은 본인과 친족관계, 경제적 연관관계, 경영지배관계에 있는 자를 특수관계인이라고 범위를 규정하고 있으며, 국기령에서는 친족관계의 범위 · 경제적 연관관계 · 경영지배관계의 범위를 각각 규정하고 있다.

상증법에서는 아래와 같이 규정하고 있다.

○ 상증법 제2조【정의】
10. "특수관계인"이란 본인과 친족관계, 경제적 연관관계 또는 경영지배관계 등 대통령령으로 정하는 관계에 있는 자를 말한다. 이 경우 본인도 특수관계인의 특수관계인으로 본다.

상증법의 특수관계인은 본인과 대통령령으로 정하는 관계에 있는 자이다. 즉, 조문을 구성하는 방식이 국기법과 상증법이 다르다.

국기법의 특수관계인 범위 중 일부는 소득법, 법인법, 부가법, 상증법에서 사용하고 있다.

○ 소득령 제98조【부당행위계산의 부인】

① 법 제41조 및 제101조에서 "특수관계인"이란 「국세기본법 시행령」 제1조의2제1항, 제2항 및 같은 조 제3항제1호에 따른 특수관계인을 말한다.

○ 법인령 제2조【정의】

⑤ 법 제2조제12호에서 "경제적 연관관계 또는 경영지배관계 등 대통령령으로 정하는 관계에 있는 자"란 다음 각 호의 어느 하나에 해당하는 관계에 있는 자를 말한다.

1. 임원(제40조제1항에 따른 임원을 말한다. 이하 이 항, 제10조, 제19조, 제38조 및 제39조에서 같다)의 임면권의 행사, 사업방침의 결정 등 해당 법인의 경영에 대해 사실상 영향력을 행사하고 있다고 인정되는 자(「상법」 제401조의2제1항에 따라 이사로 보는 자를 포함한다)와 그 친족(「국세기본법 시행령」 제1조의2제1항에 따른 자를 말한다. 이하 같다.)

4. 해당 법인이 직접 또는 그와 제1호부터 제3호까지의 관계에 있는 자를 통해 어느 법인의 경영에 대해 「국세기본법 시행령」 제1조의2제4항에 따른 지배적인 영향력을 행사하고 있는 경우 그 법인

5. 해당 법인이 직접 또는 그와 제1호부터 제4호까지의 관계에 있는 자를 통해 어느 법인의 경영에 대해 「국세기본법 시행령」 제1조의2제4항에 따른 지배적인 영향력을 행사하고 있는 경우 그 법인

○ 상증령 제2조의2【특수관계인의 범위】

① 법 제2조제10호에서 "본인과 친족관계, 경제적 연관관계 또는 경영지배관계 등 대통령령으로 정하는 관계에 있는 자"란 본인과 다음 각 호의 어느 하나에 해당하는 관계에 있는 자를 말한다.

1. 「국세기본법 시행령」 제1조의2제1항제1호부터 제4호까지의 어느 하나에 해당하는 자(이하 "친족"이라 한다) 및 직계비속의 배우자의 2촌 이내의 혈족과 그 배우자

특수관계인의 범위가 세법마다 다르기 때문에 어떠한 거래에 대해 기계적으로 특수관계가 적용되지는 않는다. 예를 들어 내(본인)가 지배하는 법인의 사용인과 저가양수 거래한 경우에, 양도자에게는 소득법에 따른 부당행위계산의 부인규정이, 양수자에게 상증법에 따른 저가양수에 따른 이익의 증여 규정이 적용된다고 생각하기 쉽다. 하지만 그러한 세법 적용은 각 개별 세법에서 특수관계인에 해당할 때 적용되는 것이다. 양도자에게는 소득법에 따라 특수관계인의 범위를 판단하여야 한다. 본인이 지배하고 있는 법인의 사용인은 상증법상 특수관계인은 맞지만, 소득법에 따른 특수관계인은 해당하지 않는다. 그래서 개인 간 거래라고 하더라도 양도자에게는 부당행위계산 부인 규정이 적용되지 않고, 양수자(수증자)에게만 증여세 과세를 검토해야 하는 것이다.

나. 쌍방관계

특수관계인을 판단할 때 누구를 기준으로 하느냐이다. 예를 들면, 상증법에서는 내(본인)가 고용한 종업원(사용인)과 특수관계가 있다. B는 A에게 저가양수 거래를 하였는데, B는 A의 종업원(사용인)이므로 양도자 A의 입장에서 보면 특수관계가 성립하는데, B의 입장에서는 A는 내 사용인이 아니니까 특수관계가 성립되지 않는다. 이런 경우에 A 입장에서는 특수관계이지만, B

입장에서는 특수관계가 아니라면 특수관계가 있다고 해야 할까, 없다고 해야 할까?

어느 일방의 입장에서 특수관계를 판단하는 것을 "일방관계"라고 부르고, 어느 일방 중 특수관계가 있으면 특수관계가 있다고 보는 것을 "쌍방관계"라고 부른다. 현재 세법은 쌍방관계에 따라 특수관계인을 판단한다. 조문에서는 "본인도 특수관계인의 특수관계인으로 본다"라고 한다. 여기에 대해 법원은 일방을 기준으로 특수관계를 판단하여야 할 이유도 없다라고 보았다(서울고법 2016누69293(2017.8.11.)-대법원2017두59710(2017.12.21. 심불)).

쟁점

2011년 이전 쌍방관계, 일방관계?

현재 상증법 특수관계인은 쌍방관계로 보는데, 2011년 이전은 일방관계일까? 쌍방관계일까? 법원 판례에 따르면 상증법 조문에 따라 다르다. 2011년 이전이면 국세청은 쌍방관계, 대법원은 일방관계로 알고 있다면 틀린 판단이다.

① (일방관계-상증법 제35조) 특수관계에 있는 자인 사용인은 증여세 납세의무자인 고가양도에서의 양도자 또는 저가양수에서의 양수자를 기준으로 하여 그의 사용인을 의미한다고 봄이 타당하며 거래상대방 입장에서 특수관계자를 의미하는 것은 아니라고 보았다(대법원2012두21604, 2013.10.11.).

② (일방관계-상증법 제41조의3, 제41조의5) 상증법 제41조의3 및 제41조의5의 "최대주주등"을 판단함에 있어 "주주 또는 출자자 1인과 다음의 어느 하나에 해당하는 관계에 있는 자"는 주주 또는 출자자인 증여자를 기준으로 일방관계에 따라 판단하는 것임(기획재정부 재산세제과-659, 2018.8.3.).

③ (쌍방관계-상증법 제41조의4) 금전 대여인과 차용인 사이에 구 상증령 제19조제2항 각호의 1의 '관계'가 있으면 특수관계자로부터의 금전 대부로 본다는 것이고, 대여인이 차용인의 사용인이든 차용인이 대여인의 사용인이든 모두 이에 해당함(서울고법2015누60268(2016.6.1.)-대법원2016두42807(2016.8.26. 심불)).

2012.2월 상증법을 개정하면서 특수관계인을 쌍방관계에 따라 판단하는 것으로 명확히 개정되었다. 국세청은 2012.2월 전까지 일방관계로 해석[62]하였는데 대법원 판결 이후에도 쌍방관계에 따라 특수관계인으로 판단한다고 해석 변경한 바 없으나, 심판 등 불복에서 인용됨에 따라 실무적으로 일방관계에 따라 집행[63]하였다.

다. 개정연혁

2012.2.1. 이전에는 특수관계인을 각 상증령 개별 규정에서 상증령 제19조제2항 각 호의 1의 관계에 있는 자 등으로 각각 규정하여 왔으나, 국기법에서 특수관계인 범위를 정비함에 따라 상증법도 특수관계인 범위를 2012.2.2. 신설하여 본인과 상증령 제12조의2제1항(현재 상증령 제2조의2) 각 호의 어느 하나에 해당하는 관계에 있는 자를 "특수관계인"으로 정의하였다.

---

62. 서면4팀-976, 2004.6.30.
63. 국세청은 양도소득세 부당행위관련에서 해석 변경하였지만(법규과-1083, 2014.10.13.), 상증법 관련에서는 쌍방관계로 해석을 변경하지 않았다.

2016.1.1. 이후 상증법 제2조(정의) 규정이 신설됨에 따라 종전의 상증령 제12조의2 규정이 상증령 제2조의2로 조문 이동하였다. 정의 규정 신설로 종전의 상증령 각 해당규정에서 규정한 특수관계인의 범위는 모두 정비되었다. 예를 들어 종전의 상증령 제26조제4항 "대통령령으로 정하는 특수관계인이란 양도자 또는 양수자와 제12조의2제1항 각 호의 어느 하나에 해당하는 관계에 있는 자를 말한다" 규정이 현재 상증령 제26조에는 없다.

2019.2.12. 특수관계인에 해당하는 퇴직임원 범위를 퇴직 후 5년이 경과하지 않은 임원에서 퇴직 후 3년이 경과하지 않은 임원으로 조정하였다. 다만, 공시대상 기업집단 소속기업 임원의 경우는 종전과 같이 5년을 유지하였다.

2. 특수관계인 범위

상증법의 특수관계인은 본인과 친족관계, 경제적 연관관계 또는 경영지배관계 등 대통령령으로 정하는 관계에 있는 자를 말한다. 이 경우 본인도 특수관계인의 특수관계인으로 본다.

가. 국기령 제1조의2제1항제1호부터 제4호까지 어느 하나에 해당하는 자(이하 "친족") 및 직계비속 배우자의 2촌 이내 혈족과 그 배우자

2012.1.1. 이후 친족[64]이란 다음 어느 하나(국기령 제1조의2제1항제1호부터 제4호)에 해당하는 자를 말한다.

> ○ 국기령 제1조의2(특수관계인의 범위) ① 법 제2조제20호가목에서 "혈족 · 인척 등 대통령령으로 정하는 친족관계"란 다음 각 호의 어느 하나에 해당하는 관계(이하 "친족관계"라 한다)를 말한다.
> 1. 6촌 이내의 혈족
> 2. 4촌 이내의 인척
> 3. 배우자(사실상의 혼인관계에 있는 자를 포함한다)
> 4. 친생자로서 다른 사람에게 친양자[65] 입양된 자 및 그 배우자 · 직계비속

64. 민법의 친족 범위와 다르다. 민법은 ① 8촌 이내의 혈족, ② 4촌 이내의 인척, ③ 배우자를 친족으로 본다(민법 제777조).
65. 친자 · 친양자의 구분
 ○ 친자는 자연혈족인 친생자와 법정혈족인 양자로 구분된다. 친생자는 혼인 중 출생자와 혼인 외 출생자로 구분할 수 있다. 혼인성립일로부터 200일 후 또는 혼인 종료일로부터 300일 이내에 출생한 자는 혼인 중 출생자로 추정한다.
 ○ 친양자란 양아버지나 새아버지의 성과 본을 따르는 양자를 말하며, 생가와의 친족 관계는 소멸된다. 양자는 본래 친가와 양가의 상속권을 가지지만, 친양자의 경우에는 양가의 상속권만을 가지고 친가의 상속권은 없다.

1) 6촌 이내 혈족

혈족은 혈연관계가 있는 친족으로 자연혈족과 법정혈족(양자)으로 구분하기도, 직계혈족과 방계혈족으로 구분하기도 한다.

자연혈족은 혈연관계로 연결되어 있는 사람들을 말하고, 법정혈족은 법률에 의해 자연혈족과 같은 관계가 인정되는 사람(양자)을 말한다.[66]

직계혈족은 직계존속과 직계비속을 말하며, 방계혈족은 자기 형제자매와 형제자매의 직계비속, 직계존속의 형제자매 및 그 형제자매의 직계비속을 말한다(민법 제768조). 직계혈족은 혈연이 수직으로 연결되는 혈족을 말하는데, 직계존속과 직계비속으로 구분한다. 직계혈족은 부모와 부모보다 항렬이 높은 직계혈족을 말하며, 직계비속은 자녀와 자녀보다 항렬이 낮은 직계혈족을 말한다.[67] 방계혈족은 자기의 형제자매와 형제자매의 직계비속, 직계존속의 형제자매 및 그 형제자매의 직계비속을 말하며, 형제자매에는 이복형제도 포함한다(대법원2007도7062, 2007.11.29.).

2) 4촌 이내 인척

인척은 혼인으로 생기는 친족관계로 혈족의 배우자(예: 며느리, 숙모), 배우자의 혈족(예: 시부모), 배우자 혈족의 배우자를 말한다. 이는 혼인의 무효, 이혼으로 인하여 종료된다. 부부일방이 사망한 경우, 인척관계가 소멸하지 않으나 생존배우자가 재혼한 때에는 인척관계가 종료한다.

3) 배우자(사실상의 혼인관계에 있는 자를 포함)

4) 친생자로서 다른 사람에게 친양자 입양된 자 및 그 배우자 · 직계비속

5) 직계비속 배우자의 2촌 이내 혈족과 그 배우자

예를 들어 며느리의 부, 며느리의 오빠등이 여기에 해당한다.

2009.2.3. 이전 상증령은 "국기령 제20조제1호부터 제8호까지에 해당하는 자 및 직계비속의 배우자의 2촌 이내 부계혈족과 그 배우자"를 친족으로 정의하였으나, 2009.2.4. 이후에는 "국기령 제20조제1호부터 제8호까지에 해당하는 자"를 친족으로 개정하고 (구 상증령 제13조제9항).

---

66. 김주수 · 김상용, 『친족 · 상속법 제16판』, 법문사
67. 김주수 · 김상용, 『친족 · 상속법 제16판』, 법문사

특수관계인에는 "국기령 제20조제1호부터 제8호까지에 해당하는 자 및 직계비속의 배우자의 2촌 이내 혈족과 그 배우자"로 판단하여 왔다(구 상증령 제13조제7항).

<친족 관련 개정연혁>

2012.2.1. 이전(상증령 제13조제9항)	2012.2.2. 이후(상증령 제2조의2제1항)
□ 국기령 제20조제1호부터 제8호 ① 6촌 이내의 부계혈족[68]과 4촌 이내의 부계혈족의 처 ② 3촌 이내 부계혈족의 남편 및 자녀 ③ 3촌 이내 모계혈족과 그 배우자 및 자녀 ④ 처의 2촌 이내의 부계혈족 및 그 배우자 ⑤ 배우자(사실상 혼인관계에 있는 자를 포함) ⑥ 입양자의 생가의 직계존속 ⑦ 출양자 및 그 배우자와 출양자의 양가의 직계비속 ⑧ 혼인 외의 출생자의 생모	□ 국기령 제1조의2제1항 ① 6촌 이내의 혈족 ② 4촌 이내의 인척 ③ 배우자(사실상의 혼인관계에 있는 자를 포함) ④ 친생자로서 다른 사람에게 친양자 입양된 자 및 그 배우자 · 직계비속

<직계비속의 배우자 혈족 범위 개정연혁>

2014.2.20. 이전	2014.2.21. 이후
직계비속의 배우자의 2촌 이내의 부계혈족	직계비속의 배우자의 2촌 이내의 혈족

쟁점

나와 "나의 외할머니의 어머니"는 혈족일까? 인척일까?

나와 '나의 외할머니의 어머니'는 혈족일까? 인척일까? 혈족에 해당한다. 외할머니도 직계존속에 해당한다. 직계존속은 부계뿐 아니라 모계도 직계존속에 해당한다.

나와 '아버지와 혼인 중인 계모'는 혈족일까? 인척일까? 인척에 해당한다.

나의 6촌 직계존속(사망자 포함)은 몇 명일까? 126명이다. 1촌 2명(부, 모), 2촌 4명(부의 부모, 모의 부모), 3촌 8명(부의 부의 부모, 부의 모의 부모, 모의 부의 부모, 모의 모의 부모), 4촌 16명, 5촌 32명, 6촌 64명이다. 6촌 직계존속만 해도 이런데, 친족의 범위는 작지 않다. 물론 현실에서는 사망자가 대부분이어서 본인과 거래한 자가 많지 않아 세법상 문제는 발생하지 않을 것이다. 하지만 미래에는 생명연장으로 해당자가 많아질 것이고, 넓은 범위에 대해 조정할 필요가 있다.

68. 부계혈족은 친가 혈족(조부모, 아버지, 백숙부, 고모 등), 모계혈족은 외가 혈족(외조부모, 외숙부, 이모 등)을 말한다.

나. 사용인(출자에 의하여 지배하고 있는 법인[69]의 사용인 포함)이나 사용인 외의 자로서 본인 재산으로 생계를 유지하는 자

사용인이란 임원 · 상업사용인, 그 밖에 고용계약 관계에 있는 자를 말하며, 출자에 의하여 지배하고 있는 법인의 사용인(임원 · 상업사용인, 그 밖에 고용계약관계에 있는 자)을 포함한다. 임원은 법인령 제40조제1항에 따른 임원을 말한다.

> ○ 법인령 제40조(접대비의 범위)
> ① 주주 또는 출자자(이하 "주주등"이라 한다)나 다음 각 호의 어느 하나에 해당하는 직무에 종사하는 자(이하 "임원"이라 한다) 또는 직원이 부담하여야 할 성질의 접대비를 법인이 지출한 것은 이를 접대비로 보지 아니한다.
> 1. 법인의 회장, 사장, 부사장, 이사장, 대표이사, 전무이사 및 상무이사 등 이사회의 구성원 전원과 청산인
> 2. 합명회사, 합자회사 및 유한회사의 업무집행사원 또는 이사
> 3. 유한책임회사의 업무집행자
> 4. 감사
> 5. 그 밖에 제1호부터 제4호까지의 규정에 준하는 직무에 종사하는 자

고용계약관계에 있는 자는 개인이라면 사용자와 '고용한 자'를 말하고, 법인이라면 법인과 '고용한 자'를 말한다. 법인은 대표이사가 고용하는 것이 아니라, 법인이 고용한다.

출자에 의하여 지배하고 있는 법인이란 다음 어느 하나에 해당하는 법인을 말한다(상증령 제2조의2제3항).

1) 상증령 제2조의2제1항제6호 해당 법인(30% 이상 출자법인)

2) 상증령 제2조의2제1항제7호 해당 법인(50% 이상 출자법인)

3) 상증령 제2조의2제1항제1호부터 제7호까지에 해당하는 자가 발행주식 총수 등의 100분의 50이상을 출자하고 있는 법인

---

69. 상법상의 주식회사는 권리의무의 주체가 될 수 있는 영리사단법인이므로 주주 출자에 의하여 성립되더라도 회사 구성원인 주주와 회사는 별개 주체이다. 또한 오늘날 주식회사를 구성하는 주주는 불확정적 다수이고 반면 전문 지식과 경험을 갖춘 전문경영인이 회사를 경영함으로 인하여 소유와 경영의 분리현상이 나타나고 있다. 그러나 특정 주주가 발행주식총수 중 일정 비율을 소유하면 그 주주는 주주 의결권을 통한 이사회 지배를 통하여 회사에 대한 지배권을 갖게 된다(헌재2002헌바65, 2003.1.30. 참조).

<임원의 범위 개정 연혁>

2014.2.20. 이전	2014.2.21. 결정분부터	2019.2.12.
① 법인령 임원 ② 퇴직임원(퇴직한 지 5년 이내인 전직임원)	① (좌동) ② 퇴직임원(퇴직한 지 5년 이내인 전직 임원으로 사외이사가 아니었던 임원)	① (좌동) ② (제외)

쟁점

2019년 2월 이후 사용인에 퇴직임원이 포함되는가?

최근 쟁점은 사용인에 해당하는 임원 범위에 퇴직임원이 포함하는지 여부다. 퇴직 후 5년이 지나지 않는 임원은 사용인으로 보았는데(기획재정부 재산세제과-688, 2016.10.26.) 해당 규정이 2019.2월 개정되면서 포함하는지에 관해 다툼이 있다.

관련 규정은 상증령 제2조의2제1항제3호이다. 국세청 2019년 개정세법 해설책자의 내용은 아래와 같다. 이 해설내용만 보면 상증령 제2조의2제1항제3호의 내용이 바뀌었고, 제2호의 사용인과 관련이 없어 보인다.

종전	개정
특수관계인의 범위 ○ 친족 및 사돈 ○ 사용인 등 ○ 본인이 사실상 지배하는 기업집단 소속 계열회사 및 그 회사의 임원 – 현직 임원 – 퇴직 후 5년이 경과하지 않은 퇴직 임원	특수관계인에 해당하는 임원범위 합리화 ○ (좌동) ○ (좌동) ○ (좌동) – 현직 임원 – 5년 ⇒ 3년, 다만, 공시 대상 기업집단 소속 기업의 퇴직임원은 5년

해당 조문을 보면 이렇다. 문언상 보면, 2019.2.11. 이전에는 임원의 정의에 퇴직임원이 포함되어 있다가, 2019.2.12. 개정하면서 임원과 퇴직임원을 구분해 정의했다. 임원은 제2항에서 사용인에 포함되니까, 2019.2.12. 이후에는 퇴직임원은 임원에 포함되지 않는다. 2019.2월 개정 이후 국세청 해석은 없지만 문언상 퇴직임원은 임원에 포함되지 않는 것으로 보인다.

2019. 2. 11. 이전	2019. 2. 12. 이후
3. 다음 각 목의 어느 하나에 해당하는 자 가. 본인이 개인인 경우: 본인이 직접 또는 본인과 제1호에 해당하는 관계에 있는 자가 임원에 대한 임면권의 행사 및 사업방침의 결정 등을 통하여 그 경영에 관하여 사실상의 영향력을 행사하고 있는 기획재정부령으로 정하는 기업집단의 소속 기업[해당 기업의 임원(「법인세법 시행령」 제20조제1항제4호에 따른 임원과 퇴직 후 5년이 지나지 아니한 그 임원이었던 사람으로서 사외이사가 아니었던 사람을 말한다. 이하 같다)을 포함한다] ② 제1항제2호에서"사용인"이란 임원, 상업사용인, 그 밖에 고용계약관계에 있는 자를 말한다.	3. 다음 각 목의 어느 하나에 해당하는 자 가. 본인이 개인인 경우: 본인이 직접 또는 본인과 제1호에 해당하는 관계에 있는 자가 임원에 대한 임면권의 행사 및 사업방침의 결정 등을 통하여 그 경영에 관하여 사실상의 영향력을 행사하고 있는 기획재정부령으로 정하는 기업집단의 소속 기업[해당 기업의 임원(「법인세법 시행령」 제40조제1항에 따른 임원을 말한다. 이하 같다)과 퇴직 후 3년(해당 기업이 「독점규제 및 공정거래에 관한 법률」 제14조에 따른 공시대상기업집단에 소속된 경우는 5년)이 지나지 않은 사람(이하 "퇴직임원"이라 한다)을 포함한다] ② 제1항제2호에서"사용인"이란 임원, 상업사용인, 그 밖에 고용계약관계에 있는 자를 말한다.

다. 다음 어느 하나에 해당하는 자

1) 본인이 개인인 경우

본인이 직접 또는 본인과 제1호에 해당하는 관계에 있는 자가 임원에 대한 임면권의 행사 및 사업방침 결정 등을 통하여 그 경영에 관하여 사실상의 영향력을 행사하고 있는 기획재정부령으로 정하는 기업집단의 소속 기업[해당 기업의 임원(법인령 제40조제1항제1호에 따른 임원을 말한다)과 퇴직 후 3년(해당 기업이 「독점규제 및 공정거래에 관한 법률」 제14조에 따른 공시대상기업집단에 소속된 경우는 5년)이 지나지 않은 사람을 포함한다]. "기획재정부령으로 정하는 기업집단의 소속 기업"이란 「독점규제 및 공정거래에 관한 법률 시행령」 제3조 각 호의 어느 하나에 해당하는 기업집단에 속하는 계열회사를 말한다.

2) 본인이 법인인 경우 (2019.2.12. 개정)

본인이 속한 기획재정부령으로 정하는 기업집단의 소속 기업(해당 기업의 임원과 퇴직임원을 포함한다)과 해당 기업 임원에 대한 임면권 행사 및 사업방침의 결정 등을 통하여 그 경영에 관하여 사실상의 영향력을 행사하고 있는 자 및 그와 '가.'에 해당하는 관계에 있는 자

○ 독점규제 및 공정거래에 관한 법률 시행령 제3조(기업집단의 범위) 법 제2조제2호 각 목 외의 부분에서 "대통령령이 정하는 기준에 의하여 사실상 그 사업내용을 지배하는 회사"란 다음 각 호의 어느 하나에 해당하는 회사를 말한다.

1. 동일인이 단독으로 또는 다음 각 목의 어느 하나에 해당하는 자(이하 "동일인관련자"라 한다)와 합하여 해당 회사의 발행주식(「상법」 제344조의3제1항에 따른 의결권 없는 주식을 제외한다. 이하 이 조, 제3조의2, 제17조의5, 제17조의8 및 제18조에서 같다) 총수의 100분의 30 이상을 소유하는 경우로서 최다출자자인 회사

가. 배우자, 6촌 이내의 혈족, 4촌 이내의 인척(이하 "친족"이라 한다)

나. 동일인이 단독으로 또는 동일인관련자와 합하여 총출연금액의 100분의 30 이상을 출연한 경우로서 최다출연자가 되거나 동일인 및 동일인관련자 중 1인이 설립자인 비영리법인 또는 단체(법인격이 없는 사단 또는 재단을 말한다. 이하 같다)

다. 동일인이 직접 또는 동일인관련자를 통하여 임원의 구성이나 사업운용등에 대하여 지배적인 영향력을 행사하고 있는 비영리법인 또는 단체

라. 동일인이 이 호 또는 제2호의 규정에 의하여 사실상 사업내용을 지배하는 회사

마. 동일인 및 동일인과 나목 내지 라목의 관계에 해당하는 자의 사용인(법인인 경우에는 임원, 개인인 경우에는 상업사용인 및 고용계약에 의한 피용인을 말한다)

2. 다음 각목의 1에 해당하는 회사로서 당해 회사의 경영에 대하여 지배적인 영향력을 행사하고 있다고 인정되는 회사

가. 동일인이 다른 주요 주주와의 계약 또는 합의에 의하여 대표이사를 임면하거나 임원의 100분의 50 이상을 선임하거나 선임할 수 있는 회사
나. 동일인이 직접 또는 동일인관련자를 통하여 당해 회사의 조직변경 또는 신규사업에의 투자등 주요 의사결정이나 업무집행에 지배적인 영향력을 행사하고 있는 회사
다. 동일인이 지배하는 회사(동일인이 회사인 경우에는 동일인을 포함한다. 이하 이 목에서 같다)와 당해 회사 간에 다음의 1에 해당하는 인사교류가 있는 회사
(1) 동일인이 지배하는 회사와 당해 회사 간에 임원의 겸임이 있는 경우
(2) 동일인이 지배하는 회사의 임 · 직원이 당해 회사의 임원으로 임명되었다가 동일인이 지배하는 회사로 복직하는 경우(동일인이 지배하는 회사 중 당초의 회사가 아닌 회사로 복직하는 경우를 포함한다)
(3) 당해 회사의 임원이 동일인이 지배하는 회사의 임 · 직원으로 임명되었다가 당해 회사 또는 당해 회사의 계열회사로 복직하는 경우
라. 통상적인 범위를 초과하여 동일인 또는 동일인관련자와 자금 · 자산 · 상품 · 용역 등의 거래를 하고 있거나 채무보증을 하거나 채무보증을 받고 있는 회사, 기타 당해 회사가 동일인의 기업집단의 계열회사로 인정될 수 있는 영업상의 표시행위를 하는 등 사회통념상 경제적 동일체로 인정되는 회사

라. 본인, 가.부터 다.까지의 자 또는 본인과 가.부터 다.까지의 자가 공동으로 재산을 출연하여 설립하거나 이사의 과반수를 차지하는 비영리법인

마. 다.에 해당하는 기업의 임원 또는 퇴직임원이 이사장인 비영리법인

바. 본인, 가.부터 마.까지의 자 또는 본인과 가.부터 마.까지의 자가 공동으로 발행주식 총수 또는 출자총액(이하 "발행주식 총수 등")의 100분의 30 이상을 출자하고 있는 법인

3가지 경우를 말한다. 예를 들면, ① '본인'이 30% 출자한 법인, ② '본인의 친족'이 30% 출자한 법인, ③ '본인과 본인의 친족'이 공동으로 30% 출자한 법인이다. ①과 ③의 경우에는 본인이 출자한 경우이지만, ②의 경우에는 본인의 지분율이 없다.

연결해서 생각해보면 본인이 30% 이상 출자한 법인 있으면, 본인과 그 법인은 상증령 제2조의2 제1항제6호에 따라 특수관계가 성립하고, 법인과 그 법인의 임원은 제1항제2호에 따라 특수관계가 성립하고, 본인과 그 법인의 임원도 상증령 제2조의2제1항제2호에 따라 특수관계가 성립한다.

예를 들어, 양도자 C(갑 법인의 임원)가 양수자 B(갑 법인의 주주는 아니며, B의 부가 갑 법인의 30% 이상 보유)가 거래한 경우 B의 부는 친족에 해당하고, C는 친족이 30% 이상 출자하여 지배하고 있는 법인의 사용인에 해당하므로 특수관계인에 해당하는 것이다(상속증여세과-561, 2013.9.26.).

쟁점

모회사의 대표 갑과 자회사의 대표 을의 관계

갑은 모회사 대표이며, 모회사 지분을 31%을 소유하고 있다. 모회사는 자회사 주식을 100% 가지고 보유하고 있다. 모회사가 자회사 주식을 가지고 있으니까 자회사의 대표 을은 자회사 주식을 보유하고 있지 않다.

갑과 을이 거래한 경우 상증법상 특수관계인에 해당할까?

갑과 모회사, 갑과 자회사, 갑과 자회사의 대표 순으로 특수관계인으로 판단해보자.

1. 갑과 모회사

갑은 모회사와 특수관계인에 해당한다. 갑이 30% 이상 주식을 보유하고 있기 때문이다. 주식을 보유하지 않더라도 사용인이므로 특수관계인에 해당한다. 상증령 제2조의2제1항제6호에 따라 발행주식총수의 30% 이상 출자한 법인과는 특수관계인에 해당한다.

2. 갑과 자회사

갑과 자회사는 특수관계인에 해당한다. 갑과 모회사가 자회사의 주식을 50% 이상 보유하고 있기 때문이다. 상증령 제2조의2제1항제7호에 따라 '본인' 또는 '30% 이상 출자하고 있는 법인'과 이 50% 이상 출자한 법인과는 특수관계인에 해당한다.

3. 갑과 자회사의 대표

갑과 자회사의 대표는 특수관계인에 해당한다. 본인과 '출자에 의하여 지배하고 있는 법인의 사용인'은 특수관계인에 해당한다. 사용인은 임원, 상업사용인, 그 밖에 고용계약관계에 있는 자를 말하고, 출자에 의하여 지배하고 있는 법인은 상증령 제2조의2제1항제6호, 제7호에 해당하는 법인 등을 말한다. 자회사가 '갑이 출자에 의하여 지배하고 있는 법인'에 해당하니까, 자회사의 사용인은 갑과 특수관계인에 해당하며, 임원은 사용인에 포함되므로 갑과 자회사의 대표는 특수관계인에 해당한다.

사. 본인, 가.부터 바.까지의 자 또는 본인과 가.부터 바.까지의 자가 공동으로 발행주식 총수 등의 100분의 50 이상을 출자하고 있는 법인

아. 본인, 가.부터 사.까지의 자 또는 본인과 가.부터 사.까지의 자가 공동으로 재산을 출연하여 설립하거나 이사의 과반수를 차지하는 비영리법인

[관련 질의회신 · 판례 등]

○ 2012.2.2. 상증령 개정 이후 특수관계인 판단
(쌍방관계) '저가양수자 또는 고가양도자' 일방을 기준으로 특수관계를 판단하여야 할 이유도 없음(서울고법2016누69293(2017.8.11.)–대법원2017두59710, 2017.12.21. 심불).

○ 2012.2.2. 상증령 개정 전 특수관계인 판단
(일방관계–상증법 제35조) 특수관계에 있는 자인 사용인은 증여세 납세의무자인 고가양도에서의 양도

자 또는 저가양수에서의 양수자를 기준으로 하여 그의 사용인을 의미한다고 봄이 타당하며 거래상대방 입장에서 특수관계자를 의미하는 것이 아님(대법원2012두21604, 2013.10.11.).

(일방관계-상증법 제41조의3, 제41조의5) 상증법 제41조의3 및 제41조의5의 "최대주주등"을 판단함에 있어서 "주주 또는 출자자 1인과 다음의 어느 하나에 해당하는 관계에 있는 자"는 주주 또는 출자자인 증여자를 기준으로 일방관계에 따라 판단함(기획재정부 재산세제과-659, 2018.8.3.).

(쌍방관계-상증법 제41조의4) 금전 대여인과 차용인 사이에 구 상증령 제19조 제2항 각호의 1의 '관계'가 있으면 특수관계자로부터의 금전 대부로 본다는 것이고, 대여인이 차용인의 사용인이든 차용인이 대여인의 사용인이든 모두 이에 해당함(서울고법2015누60268(2016.6.1.)-대법원2016두42807(2016.8.26. 심불)).

○ 사용인과 특수관계 여부

(출자에 의하여 지배하고 있는 법인의 사용인) 특수관계에 있는 자의 범위는 최대주주등과 직접적인 사용관계에 있는 사용인뿐만 아니라 출자에 의하여 지배하고 있는 법인의 사용인도 포함함(대법원2011두6899, 2012.10.11.).

(최대주주의 자녀(주식 미보유)와 임원) 양도자 C는 양수자 B(갑법인의 주주가 아님)의 국기령상 친족 A가 30% 이상 출자하여 지배하고 있는 갑법인의 사용인에 해당하므로 C와 B는 특수관계인에 해당함(상속증여세과-561, 2013.9.26.).

(30% 미만으로 출자한 공동대표자와 해당법인의 사용인) 상증법 제35조를 적용함에 있어 법인에 지분 8%를 출자한 공동대표자가 해당 법인의 사용인으로부터 해당 법인의 주식을 매매로 취득한 경우 양도자와 양수자는 특수관계인에 해당하지 아니함(서면법규과-1085, 2013.10.4.).

(2019.2.11. 이전)[70] (퇴직 후 5년이 지나지 않은 임원과 법인) 상증령 제2조의2제1항제2호에 따른 사용인은 상증령 제2조의2제2항에 따라 임원, 상업사용인, 그 밖에 고용계약관계에 있는 자를 말하며, 이 경우 임원은 상증령 제2조의2제1항제3호에 따라 법인령 제20조제1항제4호에 따른 임원과 퇴직 후 5년이 지나지 아니한 그 임원이었던 사람으로 사외이사가 아니었던 사람을 말함(기획재정부 재산세제과-688, 2016.10.26.).

(기업집단에 속한 기업의 임원과 기업집단 내 기업의 특수관계 해당 여부) 구 상증법(2014.1.1. 법률 제12168호로 개정되기 전의 것) 제45조의3제1항 및 구 상증령(2014.2.21. 대통령령 제25195호로 개정되기 전의 것)제34조의2제3항에 따른 '법인의 지배주주와 특수관계에 있는 법인'이란 같은 령 같은 조 제1항에 따른 지배주주(개인)를 기준으로 같은 령 제12조의2제1항제3호부터 제8호까지의 관계에 있는 법인을 말하는 것으로, 을(乙)기업집단의 경영에 관하여 사실상의 영향력을 행사하고 있지 않은 갑법인의 지배주주가 을기업집단에 속한 법인의 임원인 귀 질의의 경우 해당 지배주주와 을기업집단 소속기업은 같은 령 제34조의2제3항 단서 외의 본문에 따른 특수관계에 있는 자에 해당하지 아니함(기획재정부 재산세제과-307, 2016.5.2.).

(사모펀드와 유한책임사원) 자본시장과 금융투자업에 관한 법률 제9조제19항제1호에 따른 경영참여형 사모집합투자기구(PEF)에 100분의 30 이상을 출자하는 내국법인(유한책임사원)에 100분의 30 이상을 출자하는 개인은 해당 PEF와 법인세법 시행령 제2조제5항제6호에 따른 특수관계가 성립하지 않음(기

---

70. 2019.2.12. 상증령 제2조의2제1항제3호에서 임원과 퇴직임원을 별도 정의하는 것으로 개정하였지만, 퇴직임원이 임원에서 제외된다는 국세청 또는 기재부의 명시적인 해석은 없다.

준2021법령해석법인-0098[71], 2021.9.13.).

○ 사실혼 배우자

(혈족의 사실혼 배우자) 국기령 제1조의2제1항제2호의 4촌 이내의 인척에 해당하지 아니함(서면2016법령해석기본-5939, 2017.3.8.).

(사실혼의 배우자의 3촌 이내 혈족의 배우자) 사실혼 관계에 있는 배우자란 당사자의 배우자에 한하는 것이며, 사실혼 관계에 있는 배우자의 3촌 이내 혈족 배우자는 특수관계자에 해당하지 아니함(서면법규과-319, 2013.3.20.).

○ 임원의 범위

(국세청) 법인법 상 임원은 「은행법」이 아닌 법인령 제20조제1항제4호 각 목(현재 법인령 제40조제1항)[72] 어느 하나의 직무에 종사하는 자를 말함(법인세과-349, 2012.5.31.).

(법원) 원고들이 이 사건 회사의 법인등기부상 이사로 등재되어 있었던 이상 임원으로서 사용인에 해당한다 할 것이고, 회사와 고용계약을 체결하고 실제 업무를 수행하거나 대가를 받은 적이 없다 하여 달리 볼 아무런 근거가 없을 뿐만 아니라, 그러한 경우에도 특수관계인으로서 규율할 필요성은 마찬가지로 존재함(서울고법2016누70866(2017.5.24.)-대법원2017두48451(2018.2.8.)).

---

71. 세법해석정비

요지	유지사례	삭제사례
사모펀드와 해당 펀드의 유한책임사원은 상증세상 특수관계인에 해당하지 않음	기준2021법령해석법인-0098, 2021.9.13.	기준2016법령해석재산-0109, 2016.7.29.

72. ○ 법인령 제40조(접대비의 범위) ① 주주 또는 출자자(이하 "주주등"이라 한다)나 다음 각 호의 어느 하나에 해당하는 직무에 종사하는 자(이하 "임원"이라 한다) 또는 직원이 부담하여야 할 성질의 접대비를 법인이 지출한 것은 이를 접대비로 보지 아니한다.

1. 법인의 회장, 사장, 부사장, 이사장, 대표이사, 전무이사 및 상무이사 등 이사회의 구성원 전원과 청산인
2. 합명회사, 합자회사 및 유한회사의 업무집행사원 또는 이사
3. 유한책임회사의 업무집행자
4. 감사
5. 그 밖에 제1호부터 제4호까지의 규정에 준하는 직무에 종사하는 자

제2장 증여재산의 취득시기

증여세 납세의무 성립시기는 증여에 의하여 재산을 취득한 때이다(국기법 제21조제2항제3호). 증여에 의하여 재산을 취득할 때를 증여시기 또는 증여일로 부르며, 증증여재산의 취득시기는 재산평가의 기준일[1]이자, 신고기한과 국세부과제척기간을 결정하고, 상증법 개정시 적용하는 시점을 결정하는 등의 매우 중요한 의미가 있다.

증여재산 취득시기(증여일)는 일반적 증여재산 취득시기와 증여예시 · 추정 · 의제 재산에 대한 취득시기로 구분하고, 일반적 증여재산의 취득시기는 증여재산 종류에 따라 그 시기를 달리 규정하고 있다(상증법 제32조).

1. 일반적 증여재산의 취득시기

증여재산 취득시기는 원칙적으로 증여에 의하여 재산을 취득한 때이다. 이 경우, 증여재산 취득시기는 증여예시(상증법 제33조부터 제39조까지, 제39조의2, 제39조의3, 제40조, 제41조의2부터 제41조의5까지, 제42조, 제42조의2, 제42조의3), 증여추정(상증법 제44조, 제45조) 및 증여의제(상증법 제45조의2부터 제45조의5)가 적용되는 경우를 제외하고는 다음에 따른다.

---

1. 증여세 납세의무성립은 증여에 의하여 재산을 취득하는 때이므로, 증여세가 부과되는 재산 가액은 증여재산을 취득한 때의 가액이다. 예외적으로 명의신탁재산 증여의제 중 장기미명의개서(명의개서 해태)의 경우에는 증여시기와 재산평가시기에 차이가 있다.

<재산종류별 증여재산의 취득시기>

권리 이전이나 행사에 등기 · 등록을 요하는 재산	소유권의 이전 등기 · 등록 신청서 접수일[2]
증여할 목적으로 수증인 명의로 완성한 건물	다음 ①, ②, ③ 중 빠른 날 ① 건물의 사용승인서 교부일 ② 사용승인 전 사실상 사용 또는 임시사용시 그 사용일 ③ 무허가 건축물인 경우 그 사실상 사용일
타인의 기여에 의하여 재산가치가 증가한 경우	개발구역지정 고시일, 형질변경 허가일, 분할등기일 등 재산가치 증가 사유가 발생한 날
주식 및 출자지분	객관적으로 확인된 주식등의 인도일, 다만, 인도일이 불분명하거나 인도전 명의개서시 명부 등의 명의개서일
무기명채권	이자지급 등으로 취득사실이 객관적으로 확인된 날 다만, 불분명시 이자지급 · 채권상환을 청구한 날
외의 증여재산	인도한 날 또는 사실상의 사용일

가. 권리의 이전이나 그 행사에 등기 · 등록을 요하는 재산

부동산 · 항공기 · 건설기계 등 권리 이전이나 그 행사에 등기 · 등록을 요하는 재산의 증여재산 취득시기는 등기 · 등록일이다. 이 경우 '등기 · 등록일'이라 함은 소유권이전등기 · 등록신청서 접수일을 말한다 (상증통칙 32-24…1). 이는 부동산에 관한 물권의 득실변경은 등기하여야 그 효력이 발생하도록 하여 형식주의를 채택한 민법 제186조와 같은 취지의 규정이다(국심2005중4216, 2006.5.10.).

다만, 민법 제187조[3]에 따른 등기를 요하지 아니하는 부동산의 취득에 대해서는 실제로 부동산 소유권을 취득한 날로 한다.

---

2. 부동산등기부등본 (예시)

【갑 구】(소유권에 관한 사항)				
표시번호	등기목적	접수	등기원인	권리자 및 기타사항
2	소유권이전	2022년3월3일 제000호	2022년1월5일 증여	소유자 강00 090518-******* 제주특별자치시도 서귀포시 00

3. (민법 제187조) 상속, 공용징수, 판결, 경매 기타 법률의 규정에 의한 부동산에 관한 물권의 취득은 등기를 요하지 아니한다. 그러나 등기를 하지 아니하면 이를 처분하지 못한다.

[관련 질의회신 · 판례 등]

○ 부동산 증여시기

(증여계약) 임야를 증여하기로 계약하고 등기가 이루어지지 아니한 경우에는 부동산 증여로 보지 않음(서면2016상속증여-2678 [상속증여세과-00039], 2016.1.12.).

(가등기 또는 가처분금지) 부동산에 가등기 또는 가처분금지등기를 설정한 사유만으로는 증여재산을 취득한 것으로 보지 않음(재삼46014-1315, 1998.7.14.).

(법원판결) 법원의 판결에 의하여 부동산에 대한 소유권이전등기를 하는 경우에도 사실상의 취득원인에 따라 증여재산은 등기접수일을 취득시기로 하여 증여세를 과세함(서면4팀-2602, 2005.12.23.).

(명의신탁 해지) 피상속인이 사실상 타인에게 명의신탁한 재산에 해당하는 경우로서 타인 명의로 등기되어 있던 피상속인 소유 부동산을 상속개시 전 신탁을 해지하여 증여목적으로 상속인 명의로 소유권이전등기를 한 경우 당해 재산은 소유권이전등기 접수일에 해당 상속인이 증여받은 것으로 봄(재산세과-1256, 2009.6.23.).

(대지권) 사실상 아파트를 증여하였으나 아파트 대지권에 대한 보존등기가 등재되지 아니한 상태에서 건물부분에 대하여만 증여등기한 경우에는, 그 건물부분에 대한 등기일이 당해 아파트(대지권 포함)의 증여시기가 됨(재산세과-400, 2009.10.7.).

나. 증여목적으로 건축 중인 경우 등에는 그 건물의 사용승인서 교부일

건물을 신축하여 증여할 목적으로 수증자의 명의로 건축허가를 받거나 신고하여 해당 건물을 완성한 경우 또는 건물 증여 목적으로 수증자 명의로 해당 건물을 취득할 수 있는 권리(분양권)를 건설사업자로부터 취득하거나 분양권을 타인으로부터 전득한 경우, 증여시기는 그 건물의 사용승인서 교부일이다.

이 경우, 사용승인 전에 사실상 사용하거나 임시 사용승인을 얻은 경우에는 사실상의 사용일 또는 임시 사용승인일이며 건축허가를 받지 않거나 신고하지 않고 건축하는 건축물에 있어서는 그 사실상의 사용일로 한다.

[관련 질의회신 · 판례 등]

○ 분양권 증여시기

(부동산을 취득할 수 있는 권리) 부동산을 취득할 수 있는 권리의 증여시기는 권리의무승계일임(서면4팀-1348, 2008.6.3.).

(아파트 증여목적) 건물을 증여할 목적으로 수증자의 명의로 당해 건물을 취득할 수 있는 권리(분양권)를 건설사업자로부터 취득한 경우에는 그 건물의 사용승인서 교부일, 사용승인 전에 사실상 사용하거나 임시사용승인을 얻은 경우에는 그 사실상의 사용일 또는 임시사용승인일을 증여시기로 봄(재산세과-48, 2010.1.26.).

(분양대금) 아내가 실질소유자로서 분양권을 취득하고 그 분양대금을 남편으로부터 증여받은 금전으

로 지급한 것으로 확인되는 경우 각 분양대금을 지급한 날을 증여시기로 하여 증여세를 과세함(서면4팀-730, 2004.5.27.).
(명의신탁) 편의상 모의 명의로 분양계약을 체결한 후 실질소유자인 자의 명의로 아파트 분양권리자 명의를 변경하는 경우 증여세가 과세되지 아니함(서일46014-10690, 2002.5.21.).

○ 사용승인일 이후에 분양대금을 청산한 경우
건물 증여 목적으로 수증자 명의로 해당 건물을 취득할 수 있는 권리(이하 '분양권')를 건설사업자로부터 취득하거나 분양권을 타인으로부터 전득한 경우로 해당 건물의 사용승인일 이후에 분양대금을 청산한 경우 분양대금 청산일을 증여재산의 취득시기로 봄(재산세과-485, 2011.10.19.).

다. 타인의 기여에 의하여 재산가치가 증가한 경우

상증령 제24조제1항제3호 각 목의 구분에 따른 날로 한다. 이는 증여세 완전포괄주의 일반원칙에 따른 타인의 기여에 의한 증여이익 증여시점을 명확화한 규정으로 2015.2.3. 이후 증여받는 분부터 적용한다.

재산가치 증가 사유	증여시기
① 개발사업의 시행	개발구역으로 지정되어 고시된 날
② 형질변경	해당 형질변경허가일
③ 공유물의 분할	공유물 분할등기일
④ 사업의 인가 · 허가 또는 지하수개발 · 이용의 허가 등	해당 인가 · 허가일
⑤ 주식등의 상장 및 비상장주식의 등록, 법인의 합병	주식등의 상장일 또는 비상장주식의 등록일, 법인의 합병등기일
⑥ 생명보험 또는 손해보험의 보험금 지급	보험사고가 발생한 날
⑦ 위 외의 경우	재산가치 증가 사유가 발생한 날

이 경우, 재산을 취득한 날부터 5년 이내에 두 번 이상의 재산가치 증가 사유가 발생한 경우에는 재산가치의 증가 사유 발생일마다 상증법 제42조를 적용한다(법규과-547, 2012.5.16.).

라. 주식 또는 출자지분

증여재산이 주식 또는 출자지분인 경우 증여재산 취득시기는 수증자가 배당금의 지급이나 주주권의 행사 등에 따라 해당 주식등을 인도받은 사실이 객관적으로 확인되는 날에 취득한 것으로 본다. 이 경우, 해당 주식등을 인도받은 날이 불분명하거나 인도받기 전에 상법 제337조[4] 또는 제557조[5]에 따라 취득자의 주소와 성명을 주주명부 또는 사원명부에 기재한 경우에는 그 명의개서일 또는 그 기재일로 한다.

[관련 질의회신 · 판례 등]

○ 주식 증여시기

(상장주식) 상장법인이 발행한 주식을 직접 보관하고 있는 증여자가 영리법인 및 자녀와 증여계약을 체결하고 당해 상장주식을 증여한 경우에 그 증여시기는 수증자가 당해 상장주식을 인도받은 것으로 확인되는 날이며, 당해 상장주식을 인도받은 날이 불분명하거나 당해 상장주식을 인도받기 전에 상법 제337조의 규정에 의하여 수증자의 주소와 성명 등을 주주명부에 기재한 경우에는 그 명의개서일이 증여시기가 됨(서일46014-11702, 2002.12.17.).

마. 무기명채권

무기명채권은 증서상 채권자가 표시되지 않는 채권으로 무기명수표, 무기명주식, 무기명사채, 상품권 등이 있다. 무기명채권인 경우, 증여재산 취득시기는 해당 채권에 대한 이자지급사실 등에 따라 취득 사실이 객관적으로 확인되는 날에 취득한 것으로 본다. 다만, 그 취득일이 불분명한 경우에는 해당 채권에 대하여 취득자가 이자지급을 청구한 날 또는 해당 채권의 상환을 청구한 날로 한다.

바. 위 외의 증여재산

가. · 마. 외의 증여재산에 대한 취득시기는 인도한 날 또는 사실상의 사용일이다.

---

4. 상법 제337조(기명주식 이전의 대항요건) ① 기명주식의 이전은 취득자의 성명과 주소를 주주명부에 기재하지 아니하면 회사에 대항하지 못한다.
5. 상법 제557조(지분이전의 대항요건) 지분의 이전은 취득자의 성명, 주소와 그 목적이 되는 출자좌수를 사원명부에 기재하지 아니하면 이로써 회사와 제삼자에게 대항하지 못한다.

쟁점

정기적금 불입액의 증여시기와 평가방법

아들이 정기적금을 불입하는데, 불입하는 돈은 아버지에게 매월 일정액을 증여받기로 하였다. 매월 증여받는 것을 아버지와 아들이 계약한 경우, 증여시기와 평가는 어떻게 할까?

증여세 납세의무 성립시기는 증여재산을 취득한 때이다. 증여재산을 취득한 때가 증여시기이다. 동산의 증여시기는 동산이 이전된 때 인도일이다. 그러면 아들의 증여세 신고여부와 관계없이 증여시기는 매월 인도일로 볼 수 있다.

한편 상증법 제45조제4항(2013.1.1. 신설)은 실명이 확인된 계좌에 보유하는 재산은 명의자가 그 재산을 취득한 것으로 추정하여 증여추정을 적용한다고 규정하고, 이 규정은 2013.1.1. 이후 신고하거나 결정 또는 경정분부터 적용[6]한다.

국세청은 부모가 일정기간 매월 일정액을 정기적으로 부모 명의 계좌에서 자녀 명의의 계좌(질의에서는 자산관리계좌)에 대체하기로 자녀와 약정한 경우로 그 사실을 최초 대체일부터 증여세과세표준 신고기한 이내에 납세지 관할 세무서장에게 신고한 경우에는 같은 법 시행령 제62조에 의하여 평가한 가액을 최초 대체일에 증여한 것으로 보아 증여세 과세표준을 계산할 수 있다고 본다(서면법규과-1049, 2014.10.2.). 즉, 매월 정기적으로 준다고 당사자들이 약정하고, 증여세 신고하였다면 정기금으로 평가한다는 뜻이다. 정기금 평가의 경우 최초 증여받았을 때가 증여시기가 되며, 현재가치로 할인하여 평가한다.

$$\text{유기정기금 평가액} = \sum_{n=1}^{n} \left[\text{각 연도에 받을 정기금액} / (1 + 3\%)^{n}\right]$$

n = 평가기준일부터의 경과연수

국세청 해석은 아래와 같은 문제가 있다.

증여세와 상속세는 납세의무 확정방식이 정부부과 결정세목으로 신고의 효력은 단순히 납세의무 협력이다. 그런데 위 해석은 납세자가 신고한 경우에는 정기금 평가를 하고, 신고하지 않은 경우에는 인도일마다 증여시기로 본다. 납세자의 신고에 따라 재산평가액이 달라지는 상증법 규정은 없다. 유사한 규정도 없다. 상증법 제45조제4항을 선언적 규정으로 보아 예금 이체시 증여세로 과세하면서 증여세 신고여부로 증여시기를 결정하는 것은 합리적이지 않다.

또한 정기금 평가로 하더라도, 중간에 계약을 이행하지 않거나 증여등이 이루어지는 경우에 그 이익을 경정해야 하는데, 할 수 있는지는 불분명하다. 상증법에서는 금전무상대출, 부동산 무상사용에 대해 경정등의 청구 특례규정을 두고 있는데, 이 정기금 평가는 경정청구 특례 대상이 아니다. 하지만 납세자에게 유리한 해석이기 때문에 납세자와 과세관청 다툼은 생기지 않을 것으로 보인다.

---

6. 국세청은 이 규정을 선언적 규정으로 보아 2012.12.31. 이전에도 적용된다고 본다.

쟁점

부동산소유권 이전등기 등에 관한 특별조치법과 상증법

부동산소유권 이전등기에 관한 특별조치법은 소유권보존등기가 되어 있지 아니하거나 등기부 기재가 실제 권리관계와 일치하지 아니하는 부동산을 용이한 절차에 따라 등기할 수 있게 하는 법이다. 이 법은 한시적으로 운영하는 법률이다.

현재 특별조치법은 2020.8.5.부터 2년간 효력을 가진다. 과거 1984년, 2006년에도 운영한 적이 있다. 법의 적용범위는 1995년 6월 30일 이전에 매매 · 증여 · 교환 등 법률행위로 인하여 사실상 양도된 부동산, 상속받은 부동산과 소유권보존등기가 되어 있지 아니한 부동산인데, 소유권 귀속에 관하여 소송이 계속 중인 부동산에 관하여는 적용하지 않는다. 특별조치법에 이전된 재산은 등기원인이 증여라고 하더라도 사실관계에 따라 판단해야 한다. 이 경우 국세부과제척기간이 경과한 경우에는 과세할 수 없다.

(증종부가 증손자에게 증여등기) 「부동산소유권 이전등기 등에 관한 특별조치법」(2005.5.26. 법률 제7500호)에 의하여 부동산에 대한 소유권이전등기를 하는 경우에는 사실상의 취득원인에 따라 상속재산은 상속개시일, 증여재산은 등기접수일을 취득시기로 하여 상속세 또는 증여세가 과세되며, 귀 질의 사례와 같이 1959.12.31 이전에 증조부가 사망하고 그 이후 조부가 사망한 후에 증조부 소유 부동산을 증손자에게 증여등기하는 경우에는 당해 재산은 증조부 및 조부사망일에 상속세가 과세되고, 당해 상속재산중 부의 상속지분에 해당하는 재산은 부로부터, 부의 상속지분 외의 상속재산은 부 이외의 조부의 상속인으로부터 증여받은 것으로 보아 증여세를 과세하는 것이나, 상속개시일이 1987년도인 경우에는 국세부과제척기간이 만료되어 상속세를 부과할 수 없는 것이다(서면4팀-2480, 2007.8.21.).

(시아버지가 남편의 상속인에게 증여등기) 귀 질의와 같이 시아버지 및 남편이 순차적으로 사망한 후에 시아버지 소유 부동산을 '사망한 남편의 상속인'에게 증여등기하는 경우에는 당해 재산 중 남편의 상속지분에 해당하는 재산은 상속세가 과세되고, 남편의 상속지분 외의 나머지 지분에 해당하는 재산은 사망한 시아버지의 상속인들이 '사망한 남편의 상속인'에게 증여한 것으로 보아 증여세를 과세하는 것이다(서면4팀-1242, 2007.4.16.).

한편, 특별조치법을 검토할 때에는 과거의 민법 상속순위와 상속분에 대해 알고 있어야 한다.

(1959년 이전) 호주상속과 유산상속으로 구분되며 호주 사망시 장남이 호주상속과 유산을 단독승계
(1960년~1978년) 남자는 균등상속, 호주상속인은 5할 가산,
여자는 남자의 1/2, 동일가적내에 없는 여자는 남자의 1/4
(1979년~1990년) 남녀 균등상속, 호주상속인은 5할 가산
동일가적내에 없는 여자는 남자의 1/4
(1991년 이후) 남녀 균등상속

[관련 질의회신 · 판례 등]

○ 부동산등기특별조치법[7]에 의하여 소유권을 취득한 경우

부동산 소유권이전등기에 관한 특별조치법에 의하여 부동산에 대한 소유권 이전등기를 하는 경우에도 사실상의 취득원인이 증여이면 등기접수일을 취득시기로 하여 과세함(재삼46014-465, 1999. 3. 8.).

○ 정기금 평가

(정기적금) 부모가 증여목적으로 부모 명의 계좌에서 자녀 명의 자산관리계좌로 예금을 대체하는 경우에는 자녀 명의 계좌로 대체될 때마다 증여한 것으로 보는 것이나, 부모가 일정기간 매월 일정액을 정기적으로 부모 명의 계좌에서 자녀 명의 자산관리계좌에 대체하기로 자녀와 약정한 경우로 그 사실을 최초 대체일부터 증여세과세표준 신고기한 이내에 납세지 관할 세무서장에게 신고한 경우에는 상증령 제62조에 따라 평가한 가액을 최초 대체일에 증여한 것으로 보아 증여세 과세표준을 계산할 수 있음(서면법규과-1049, 2014.10.2.).

(복권당첨금) 「복권 및 복권기금법」에 따른 복권당첨금을 당첨금지급기간(20년) 동안 매월 일정액으로 수령하던 자가 사망으로 인하여 상속인에게 잔여복권당첨금을 매월 지급하는 경우 해당 금액은 상속세 과세대상이며, 이 경우 상속재산 평가는 상증령 제62조 제1호에 따라 평가함. 다만, 상속인이 복권당첨금을 일시금으로 수령하는 경우 기획재정부 복권위원회가 정하여 실제 수령하는 금액으로 평가함(재산세과-767, 2010.10.19.).

○ 증여재산의 등기접수일이 상속개시일보다 빠른 경우

상속개시일과 증여등기접수일이 동일자로서 증여등기접수가 사망시간보다 빠른 경우 해당 재산을 증여재산으로 봄(재삼46014-398, 1999.2.26.).

○ 어음

어음의 증여시기는 어음결제일이며, 증여재산의 가액은 수증자가 어음 결제시 실제 수취한 금액이 됨(재삼46014-357, 1996.2.7.).

2. 증여예시 · 추정 · 의제 재산의 취득시기

증여예시, 증여추정, 증여의제에 해당하는 증여재산에 대한 취득시기는 각 해당 규정에서 그 시기를 규정하고 있다.

---

7. 부동산소유권 이전등기에 관한 특별조치법은 소유권보존등기가 되어 있지 아니하거나 등기부 기재가 실제 권리관계와 일치하지 아니하는 부동산을 용이한 절차에 따라 등기할 수 있게 하는 법이다. 한시적으로 운영하는 법률이며, 1984년, 2006년에도 운영하였다. 현재 법률은 2020.8.5.부터 2년간 효력을 가진다.

부동산소유권 이전등기 등에 관한 특별조치법 부칙 <법률 제16913호, 2020.2.4.>

제1조(시행일) 이 법은 공포 후 6개월이 경과한 날부터 시행한다.

제2조(유효기간) 이 법은 시행일부터 2년간 효력을 가진다. 다만, 이 법 시행 중에 제11조에 따라 확인서의 발급을 신청한 부동산 및 제12조에 따라 확인서 발급에 대한 이의신청이 제기된 부동산에 대해서는 유효기간 경과 후 6개월까지는 이 법에 따른 등기를 신청할 수 있다.

제3장 비과세 · 과세가액 불산입 재산

상증법의 제2장과 제3장은 세액계산 순서대로 조문이 구성되어 있다. 그래서 증여예시, 증여추정, 증여의제 다음 비과세 · 과세가액 불산입이 나온다. 이 책에서는 제1편 제3장부터 제6장까지에서 증여세 세액 계산에 대한 설명 후 증여예시, 증여추정, 증여의제를 제7장과 제8장에서 설명한다. 제3장은 비과세 · 과세가액 불산입, 제4장은 증여세 과세가액과 과세표준, 제5장은 세액계산과 공제감면세액, 제6장은 증여세 과세특례이고, 제7장은 유형별 증여예시, 제8장은 증여추정과 증여의제를 다룬다.

증여세 과세가액은 증여재산은 맞지만, 정책상 과세하지 않는 비과세와 과세가액 불산입 재산을 증여재산에서 차감하고 10년 전에 동일인이 증여했던 재산을 가산하여 계산한다.

상속세의 비과세 유형은 2가지로 피상속인이 소유한 모든 재산에 대하여 비과세하는 유형과 열거된 특정 상속재산에 대해 과세하지 않는 유형이 있지만, 증여세 비과세 유형은 열거된 특정 증여재산에 대해 과세하지 않는 유형만 있다.

제1절 비과세되는 증여재산

열거된 특정 증여재산에는 증여세를 부과하지 아니한다. 증여재산의 범위가 완전포괄주의에 따라 포괄적으로 규정되어 있으므로 비과세, 감면 또는 과세가액 불산입되는 재산이 상증법에 구체적으로 열거되어 있지 않으면 해당 재산에는 비과세가 적용되지 않는다.

비과세 증여재산이나 과세가액 불산입 재산이란, 증여재산은 맞지만 정책상 증여세를 과세하지 않는 재산이다. 하지만 비과세 증여재산은 열거된 특정 증여재산을 말하고, 과세가액 불산입은 증여재산으로 특정하는 것이 아니라 수증자가 공익법인등의 경우 등 요건을 충족한 경우에만 적용할 수 있다는 점에서 차이가 있다.

비과세 증여재산에는 상증법상 비과세 재산과 다른 법률에 따른 재산으로 구분할 수 있다. 감면이나 과세가액 불산입되는 증여재산은 일정기간 사후관리를 받지만 비과세되는 증여재산은 사후관리가 없다는 점에서 차이가 있다.

1. 상증법상 비과세되는 증여재산

가. 국가 · 지방자치단체로부터 증여받은 재산의 가액

국가 등이 증여받거나 증여받은 경우 증여세 비과세한다.

나. 소액주주인 조합원이 우리사주조합을 통하여 취득한 주식의 시세차익

우리사주조합이란 근로복지기본법 또는 자본시장과 금융투자업에 관한 법률에 따른 우리사주조합을 말하며, 소액주주란 해당 법인 발행주식 총수의 100분의 1 미만을 소유하는 경우로서 주식등의 액면가액 합계액이 3억원 미만인 주주 등을 말한다(상증령 제29조제4항).

다. 「정당법」에 따른 정당이 증여받은 재산

1) 「정당법」에 따른 정당이 증여받은 재산(상증법상 비과세)
2) 거주자가 「정치자금법」에 따라 정당(정치자금법에 따른 후원회 및 선거관리위원회를 포함)에 기부한 정치자금조특법상 비과세)

해당 정치자금 외의 정치자금에 대하여는 상증법 및 다른 세법 규정에도 불구하고 그 기부받은 자(정당 또는 정치인 등)가 몰수 · 추징여부와 관계없이 상속 또는 증여받은 것으로 보아 상속세 또는 증여세를 부과한다. 즉 정치자금 관련해서 조특법 제76조제3항이 상증법 규정보다 우선 적용된다.

라. 「근로복지기금법」에 따른 사내근로복지기금과 우리사주조합, 공동근로복지기금 및 근로복지진흥기금이 증여받는 재산

쟁점

복지포인트와 증여세

사내근로복지기금은 근로복지기본법에 따라 근로자의 실질적인 복지증진을 위하여 도입하였다.

사내근로복지기금으로부터 지급받은 금품에 대하여 소득세가 과세되면 증여세를 과세하지 않으며, 근로소득에 해당하지 않으면 증여세 과세대상인데 통상 필요하다고 인정되는 금품은 증여세가 비과세된다.

「근로복지기본법」에 따른 사내근로복지기금법인이 고용노동부장관으로부터 인가된 사내근로복지기금의 용도사업으로 사내 근로자에게 지급하는 각종 지원금이 그 근로자의 근로소득(비과세·감면 포함)에 해당되지 아니하는 경우에는 증여세 과세대상이 되나, 그 지원금이 사회통념상 인정되는 치료비, 학자금, 장학금 기타 이와 유사한 금품 또는 기념품·축하금·부의금 기타 이와 유사한 금품 등 통상 필요하다고 인정되는 금품으로 해당 용도에 직접 지출한 것은 증여세가 비과세된다(상속세과-295, 2014.8.11.).

그런데 복지기금을 지급받는 방식보다 복지포인트를 지급하는 경우가 많다. 이 경우에도 증여세가 비과세 될까?

비과세 증여재산이 되지 않을 수도 있다. 예를 들면 증여세 비과세 증여재산이 되려면 해당 용도에 지출하여야 한다. 하지만 복지포인트를 부여받아 근로자의 부양가족이 사용하는 경우 근로자가 해당 용도에 직접 지출하였다고 볼 수 없다. 또 복지포인트를 부여받고 근로자 또는 근로자의 부양가족이 사용 후 청구하는 방식이라면 이 경우에도 해당 용도에 직접 지출하였다고 볼 수 없다. 복지포인트와 관련해서는 과세관청의 구체적인 해석기준이 필요해 보인다.

마. 사회통념상 인정되는 이재구호금품, 치료비, 피부양자 생활비[1] · 교육비 기타 유사한 것으로, 해당 용도에 직접 지출했으며 다음 어느 하나에 해당하는 것

1) 학자금, 장학금 기타 이와 유사한 금품

2) 기념금, 축하금, 부의금 기타 이와 유사한 금품으로 통상 필요하다고 인정되는 금품

그 금품은 지급한 자별로 사회통념상 인정되는 물품 또는 금액을 기준으로 하며, 생활비 또는 교육비 명목으로 취득한 재산을 정기예금 · 적금 등에 사용하거나 주식, 토지, 주택 등의 매입자금 등으로 사용하는 경우에는 증여세가 비과세되는 생활비 또는 교육비로 보지 아니한다(상증통칙 46-35…1).

쟁점

축의금[2] 과 증여세

인사청문회와 관련하여 자녀 축의금이 증여세 과세대상인지 이슈[3] 가 된 적이 있다. 증여재산은 '증여세 과세대상'과 '비과세 증여재산'으로 구분할 수 있고, 대부분 세목처럼 비과세 항목은 열거하며, 열거된 특정 재산에

---

1. (민법 제974조) 직계혈족 및 그 배우자 간은 서로 부양의 의무가 있다.
   (민법 제975조) 부양의 의무는 부양을 받을 자가 자기의 자력 또는 근로에 의하여 생활을 유지할 수 없는 경우에 한하여 이를 이행할 책임이 있다.
2. 부의금은 사망 당시 피상속인의 재산이 아니므로 상속세 과세대상이 아니며, 상속인이 무상취득한 재산이므로 증여재산에 해당되나 통상 필요하다고 인정되는 금품은 비과세이다. 통상 필요하다고 인정되는 금품은 부의금 총액이 아니라 부의금을 지급한 사람별로 판단한다.
3. 野 "'불투명한 재산 증식' 지적에 정세균 '3억원은 자녀 축의금'", SBS, 2017.5.25.

대해서는 증여세를 과세하지 않는다.

상증법 제46조제5호에서는 "사회통념상 인정되는 이재구호금품, 치료비, 피부양자의 생활비, 교육비, 이와 유사한 것으로 대통령령으로 정하는 것"이라고 규정하고 있고, 상증령 제35조제4항에서는 해당 용도에 직접 지출한 "기념품 · 축하금 · 부의금 기타 이하 유사한 금품으로서 통상 필요하다고 인정되는 금품"으로 규정하고 있다. 연혁을 보면, 1995.12.31. 이전에는 기념품 · 축하금 · 부의금 기타 유사한 금품으로 20만원 미만의 금액 기준을 두었다가, 사회통념상 인정되는 금품으로 개정하였다.

결혼축의금은 우리 사회의 전통적인 미풍양속으로 확립되어 온 사회적 관행으로 혼사가 있을 때 일시에 많은 비용이 소요되는 혼주인 부모의 경제적 부담을 덜어주려는 목적에서 대부분 그들과 친분관계에 있는 손님들이 혼주인 부모에게 성의 표시로 조건없이 무상으로 건네는 금품이다(서울행정법원1999구928, 1999.10.1.). 증여세는 증여자와 수증자별로 증여세액을 계산하니, 비과세여부 판단도 '축의금을 준 사람과 받은 사람별'로 증여세 비과세여부(사회통념)를 판단해야 한다.

그렇다면 자녀 결혼식 때 받은 축의금은 혼주(부모)에게 귀속되는 것일까? 자녀(결혼당사자)에게 귀속되는 것일까? 위에서 언급한 축의금을 살펴보면 혼주의 경제적 부담을 덜어주기 위한 사회적 관행임을 감안할 때 자녀(결혼당사자)에게 직접 건네진 것을 제외한 모든 부분은 혼주(부모)에게 귀속된다.

이에 대해 국세청이나 법원도 같은 입장이다. 원칙적으로 혼주와 결혼당사자의 하객에 따라 혼주 또는 결혼당사자에게 각각 귀속되는 것으로 봄이 타당하고(심사증여98-48, 1998.4.10., 조심2016서1353, 2017.2.8.), 그 교부 주체나 취지에 비추어 결혼당사자와의 친분 관계에 기초하여 결혼 당사자에게 직접 건네진 것이라고 볼 부분을 제외한 나머지는 전액 혼주인 부모에게 귀속된다고 봄이 상당하다(서울행법1999구928, 1999.10.1.).

쟁점

자기 소득이 있는 피부양자에게 증여하는 생활비가 증여세 비과세대상인지

피부양자의 생활비는 증여세 비과세대상이다. 그렇다면 피부양자가 자기 소득이 있는 경우에도 증여세를 과세하지 않을까?

생활비를 비과세하는 근거는 민법상 부양의무가 있기 때문이다. 민법에서는 직계혈족 및 그 배우자 간, 생계를 같이하는 경우의 기타 친족간 서로 부양 의무가 있는데, 이 경우, 부양자가 자력 또는 근로에 의하여 생활을 유지할 수 없는 경우에 한하여 이행 의무가 있다고 본다(민법 제975조). 또 배우자와 자녀에 대해 부양의무가 같은지에 대해 대법원은 부부간 상호부양의무는 혼인관계의 본질적 의무로 부양을 받을 자의 생활을 부양의무자의 생활과 같은 정도로 보장하여 부부공동생활 유지를 가능하게 하는 것을 내용으로 하는 제1차 부양의무이고, 부모가 성년 자녀에 대하여 직계혈족으로 민법 제974조제1호, 제975조에 따라 부담하는 부양의무는 부양의무자가 자기 사회적 지위에 상응하는 생활을 하면서 생활에 여유가 있음을 전제로 하여 부양을 받을 자가 그 자력 또는 근로에 의하여 생활을 유지할 수 없는 경우에 한하여 그의 생활을 지원하는 것을 내용으로 하는 제2차 부양의무라고 보고 있다(대법원2011다96932, 2012.12.27.).

피부양자가 자기 소득이 있다면 어떻게 될까? 국세청 해석, 심판례, 대법원 판례 등을 볼 때 생활비를 비과세 받기 위해서는 ① 부양의무가 있는 자한테 받아야 하고, ② 자기 소득이 없어야 한다.

민법상 부양의무자가 아닌 계모의 동생에게 계모 부양 대가로 일시에 지급한 금품은 증여세가 비과세되는 생활비 또는 교육비로 보지 아니한다(제도46013-10011, 2001.3.12.). 부양의무가 없는 조부가 손자 생활비 또는 교육비를 부담한 경우는 비과세되는 증여재산에 해당하지 않는다(재산세과-692, 2009.11.9.). 남편 연령 · 직업 · 재산 · 출입국 현황 등으로 보아 부양 능력이 있다고 확인된 이상, 부양의무가 없는 자로부터 송금받은 금액은 비과세되는 증여재산가액으로 인정될 수 없다(국심2007중1737, 2007.8.31.).

> ○ 상증법 제46조(비과세되는 증여재산) 다음 각 호의 어느 하나에 해당하는 금액에 대해서는 증여세를 부과하지 아니한다.
> 5. 사회통념상 인정되는 이재구호금품, 치료비, 피부양자의 생활비, 교육비, 그 밖에 이와 유사한 것으로서 대통령령으로 정하는 것

한편 이러한 주장도 할 수 있다. 해당 조문에서는 '피부양자의 생활비, 교육비'로 규정하고 있으니까 피부양자 생활비이지만, 교육비는 피부양자로 한정하지 않아도 된다는 주장이다. 여기에 대해 법원은 상증법 제46조는 증여재산의 공익성 또는 사회정책적 고려에서 증여세 과세를 배제하는 규정이므로 부양의무 여부를 불문하고 교육비에 해당하는 금액이 비과세되는 증여재산이라고 해석하는 것은 위 규정 취지에 부합하지 않는 점 등을 종합적으로 고려하면, 위 규정의 '피부양자의' 부분은 '생활비, 교육비'를 모두 수식하는 것으로 봄이 타당하다(서울행법2020구합82185, 2021.7.13.)라고 보았다.

3) 혼수용품으로 통상 필요하다고 인정되는 금품(가사용품에 한하고 호화사치용품이나 주택, 차량 등은 제외)
4) 타인으로부터 기증받아 외국에서 반입된 물품으로 관세 과세가액이 100만원 미만인 금품[4]
5) 무주택근로자가 사내복지기금에서 증여받은 국민주택규모 이하의 주택 취득 · 임차보조금 중 취득가액 5% 또는 전세가격 10% 이하의 것
6) 불우한 자를 돕기 위하여 언론기관을 통하여 증여한 금품

바. 신용보증기금법에 따라 설립된 신용보증기금이나 아래 단체가 증여받은 재산의 가액

1) 「기술보증기금법」에 따른 기술보증기금
2) 「지역신용보증재단법」에 따른 신용보증재단 및 같은 법 제35조에 따른 신용보증재단중앙회
3) 「예금자보호법」 제24조제1항에 따른 예금보험기금 및 같은 법 제26조의3제1항에 따른 예금보험기금채권상환기금
4) 「한국주택금융공사법」 제55조에 따른 주택금융신용보증기금(같은 법 제59조의2에 따라 설치된 주택담보노후연금보증계정을 포함한다)
5) 2021.2.17. 이후 증여세 결정부터 「서민의 금융생활 지원에 관한 법률」 제3조에 따른 서민금융진흥원(같은 법 제46조에 따라 설치된 신용보증계정에 출연하는 경우로 한정한다)

사. 국가 · 지방자치단체 또는 공공단체가 증여받은 재산

여기서 공공단체란 지방자치단체조합 · 공공도서관 · 공공박물관을 말한다(상증령 제8조).

---

4. 무환수입물품을 말한다. 즉, 거래의 대가없이 들어온 물품 등을 말한다.

아. 소득령 제107조제1항 각 호에 따른 장애인[5](「장애인복지법」 상 장애인 및 「장애아동 복지지원법」 제21조에 따른 발달재활서비스를 지원받고 있는 사람, 「국가유공자등 예우 및 지원에 관한 법률」에 의한 상이자 및 이와 유사한 자로서 근로능력이 없는 사람, 항시 치료를 요하는 중증환자)을 수익자로 한 보험의 보험금으로 연간 4천만원 이하 보험금 등

자. 2016.1.1. 이후부터 「국가유공자 등 예우 및 지원에 관한 법률」에 따른 국가유공자의 유족이나 의사상자 등 예우 및 지원에 관한 법률」에 따른 의사자(義死者)의 유족이 증여받은 성금 및 물품 등 재산의 가액

차. 2017.1.1. 이후 증여부터 설립근거가 되는 법령의 변경에 따라 비영리법인에서 다른 비영리법인으로 이전되는 재산

쟁점

2016.12.31. 이전 비영리법인에서 다른 비영리법인으로 재산이 이전되는 경우

2016.12.31. 이전 비영리법인에서 다른 비영리법인으로 재산이 이전되는 경우 국세청에서는 법령 변경등 부득이하게 새로운 법인을 설립하여 자산, 부채, 조직을 포괄적으로 승계하는 경우 증여세를 과세하지 않았다.

반면, 기재부는 공익법인등이 아닌 비영리법인이 다른 비영리법인으로부터 재산을 증여받는 경우에는 증여세 납부의무가 있다고 해석(기획재정부 재산세제과-203, 2016.3.10.)하였고, 기존의 국세청 해석들은 정비[6]하였다.

상증법 제46조(비과세 증여재산)는 열거규정이고, 열거되지 않은 재산은 원칙적으로 증여세 과세대상이다. 하지만 비영리법인은 상법이나 민법에서 합병에 관한 규정이 없고, 비영리법인이 설립근거 법률에 따라 해당 주무관청의 허가를 받아 다른 비영리법인에게 재산을 이전하는 것을 감안하면, 주무관청의 허가를 받아 새로운 비영리법인에게 기존 비영리법인의 재산을 승계시키는 것은 증여세 과세대상이라고 보기 어렵다.

한편, 심판원은 국세청의 명시적인 비과세 의사표시는 오랜 기간 계속되어 불특정한 일반납세자에게 정당한 것으로 이의 없이 받아들여져 납세자가 그와 같은 해석 또는 관행을 신뢰하는 것이 무리가 아니라고 인정될 정도에 이르렀다고 보았다(조심2018서2102, 2019.1.17.).

---

5. 장애인에 대한 상증법 규정
장애인 상속공제(상증법 제20조제1항제4호): 1천만원×기대여명 연수
장애인이 수익자인 보험금 증여세 비과세(상증법 제46조제8호): 한도 연간 4천만원
장애인이 증여받은 재산을 신탁하는 경우 증여세과세가액 불산입(상증법 제52조의2): 한도 5억원
6. 세법해석정비

요지	유지사례	삭제사례	
공익법인이 아닌 비영리법인이 종전의 사업·재산을 승계하는 경우 증여세 과세함	기획재정부 재산세제과-203, 2016.3.10.	서일46014-10466, 2002.4.10. 서일46014-10771, 2003.6.12. 서면4팀-1381, 2004.9.2. 서면4팀-1635, 2004.10.15. 서면4팀-1345, 2005.7.29.	서면4팀-1675, 2007.5.21. 서면4팀-3695, 2007.12.27. 재산세과-345, 2010.5.28. 재산세과-398, 2010.6.16. 상속증여세과-452, 2014.11.20.

[관련 질의회신 · 판례 등]

○ (2016.12.31. 이전) 비영리법인이 다른 비영리법인으로부터 재산을 증여받은 경우

(기재부) '공익법인등'이 아닌 비영리법인이 다른 비영리법인으로부터 재산을 증여받는 경우에는 상증법 제2조제1항제1호 및 제4조제1항에 따라 증여세 납부 의무가 있음(기획재정부 재산세제과-203, 2016.3.10.).

(심판원) 증여자와 수증자의 자발적인 합의 없이 정부정책에 의해 불가피하게 조직이 분리 · 통합하는 과정에서 이루어진 쟁점재산 이전을 증여세 과세대상으로 보는 것은 불합리함(조심2018서2102, 2019.1.17.).

⇒ (2017.1.1. 이후 증여부터) 조직변경 등의 사유로 법령에 따라 비영리법인에게 다른 비영리법인으로 이전되는 재산은 증여세 비과세함(상증법 제46조).

○ 교육비 등

(비과세 판단기준) 증여세가 비과세되는 피부양자의 생활비 및 교육비에 해당하는지 여부는 수증자와의 관계, 수증자가 민법상 피부양자에 해당하는지 여부, 수증자의 직업 · 연령 · 소득 · 재산상태 등 구체적인 사실을 확인하여 판단할 사항임(서면4팀-2163, 2007.7.12.).

(학자금 등의 범위) 비과세 되는 학자금 또는 장학금은 학업수행을 위해 해당 자금을 사용하는 경우 수증받은 재산을 말함(상증통칙 46-35-1).

(부양의무가 없는 경우) 부양의무가 없는 조부가 손자의 생활비 또는 교육비를 부담한 경우는 비과세되는 증여재산에 해당하지 않는다. 조부가 손자를 부양할 의무가 있는지 여부는 부모의 부양 능력 등 구체적인 사실을 확인해 판단할 사항이다(재산세과-692, 2009.11.9., 국심2007중1737, 2007.8.31.).

(건축비) 거주자가 미국 사립고등학교에 학교시설 건축비 명목으로 증여한 금원은 '학자금 또는 장학금 기타 이와 유사한 금품'에 해당하지 아니함(기획재정부 재산세제과-192, 2016.3.8.).

○ 혼수용품

증여세가 비과세되는 혼수용품은 일상생활에 필요한 가사용품에 한하며, 호화 사치용품이나 주택차량 등은 포함하지 아니함(서면4팀-1642, 2005.9.12.).

○ 부의금

부의금은 상속인이 문상객으로부터 증여받은 재산에 해당하며, 사회통념상 필요하다고 인정되는 금품이면 증여세가 비과세됨(서면4팀-358, 2005.3.10.).

○ 아동수당

「아동수당법」 제6조 및 같은 법 시행령 제9조에 따라 지급받은 아동수당은 상증법 제46조제1호에 따라 증여세가 비과세됨(사전2020법령해석재산-0172, 2020.4.20.)[7]

---

7. 세법해석정비

요지	유지사례	삭제사례
아동수당법에 따라 지급받은 아동수당은 증여세 비과세에 해당	사전2020법령해석재산-0172, 2020.4.20. 서면2020상속증여-4749, 2021.2.26. 사전2021법령해석재산-0001, 2021.6.16.	서면2019상속증여-1460, 2020.4.16.

○ 금양임야 및 묘토[8]
비과세되는 증여재산이 아님(재삼 46014-2149, 1999.12.24.).

2. 특정채권

1997년 말 외환위기 극복을 위하여 발행된 특정채권(고용안정채권, 증권금융채권, 외국환평형채권, 기업구조조정 채권) 소지인에게는 조세에 관한 법률에도 불구하고 금융실명거래 및 비밀보장에 관한 법률 부칙 제9조[9]에 따라 상속세 · 증여세를 면제한다.

특정채권이란 고용안정채권, 증권금융채권, 기업구조조정채권, 외국환 평형 채권을 말하며, 특정 채권의 소지인이란 특정 채권을 보유한 자 및 특정채권을 만기상환 받은 자로서 동 채권의 발행기관 또는 금융기관으로부터 만기상환사실을 실명으로 확인받은 자를 말한다.

[관련 질의회신 · 판례 등]

○ 특정채권의 조세특례 범위
특정채권과 관련하여 상속세과세가액에 산입하지 아니하는 사전증여 금액에는 해당 채권을 매입하기 위하여 지출한 대가로 매입당시 부담한 이자 및 프리미엄이 포함됨(기획재정부 재산세제과-590, 2010.6.24.).

8. 비과세 상속재산
9. 금융실명법 부칙(1997.12.31. 법률 제5493호) 제9조(특정채권의 거래에 대한 세무조사의 특례 등) 특정채권의 소지인에 대해서는 조세에 관한 법률에도 불구하고 자금 출처 등을 조사하지 아니하며, 이를 과세자료로 하여 그 채권의 매입 전에 납세의무가 성립된 조세를 부과하지 아니한다. 다만, 그 채권을 매입한 자금 외의 과세자료에 따라 조세를 부과하는 경우에는 해당하지 않는다.

제2절 공익목적 출연재산의 증여세 과세가액 불산입

공익법인등이 출연받은 재산[10]의 가액은 증여세 과세가액에 산입하지 아니한다. 그러나 내국법인의 주식을 출연받은 경우, 총 발행주식수의 5%(10%, 20%)를 초과하여 받은 주식에 대해서는 증여세가 과세된다(상증법 제48조).

공익법인등이 출연받은 재산의 가액을 증여세 과세가액에 산입하지 않도록 함으로써 증여세에 관한 세제 혜택을 부여하는 제도는, 본래 문화 진흥 · 사회복지 및 공익증진 목적으로 공익법인등이 벌이는 사업은 상당 부분 국가 · 지방재정으로 해야 할 일이지만, 국가 · 지방재정만으로 다양한 공익사업의 수요를 충족하는 것은 거의 불가능하므로, 개인이 국가 · 지방재정을 대신하여 출연하는 것을 장려 · 촉진하려는 데 취지가 있다. 즉, 공익법인등에 대한 재산 출연에 대하여 세제지원을 함으로써 공익목적사업에 대한 기부 및 공익사업 활성화를 도모하려는 것이 상증법 제48조제1항의 목적이다(헌재2018헌바51, 2019.4.11.).

공익법인등에 해당하는지 여부는 종교 · 자선 · 학술 관련 사업 등 사업목적이 공익성이 있는지 여부로 판단하는 것은 아니다. 상증법의 공익법인등은 공익사업을 하는 자를 말하고, 공익사업의 범위는 상증령 제12조에서 규정하고 있으며, 이 범위는 예시가 아니라 열거로 본다(대법원 2009두20281, 2010.2.25.). 또, 법인뿐 아니라, 법인 아닌 단체도 포함되므로 '공익법인등'이라고 한다.

증여세 과세가액 불산입 후 공익법인등에 대한 사후관리 규정을 두고 있으며, 위반시에는 상속세, 증여세, 가산세를 부과하고 있다. "공익법인등의 증여세 사후관리"(상증법 제48조등) 관련 부분은 이 책에서는 간략히 설명하고, 자세한 내용은 별도 책에서 설명한다. 공익법인등의 증여세 사후관리는 통상적인 소득세 · 법인세 등의 사후관리업무와도 다르고, 상속세 · 증여세 신고 · 조사업무와도 성격을 달리하고 있어 공익법인등의 증여세 사후관리를 상속세 증여세 일반 책자에서 설명하는 것이 맞지 않기 때문이다.

---

10. 의료법인을 설립하면서 재산을 출연함과 동시에 원고명의의 채무를 승계시킨 경우 부담부증여에 해당되어 양도소득세 과세대상이 된다(대법원2015두53985, 2016.1.28.).

<사후관리 요약>

구분		내 용
출연재산 등의 사용의무	출연재산 사용의무	재산을 출연받은 때에는 3년 내 직접공익목적사업 등에 사용 * 목적 외 사용금액, 미사용금액 증여세 과세
	출연재산 매각금액	출연재산 매각금액은 1년 내 30%, 2년 내 60%, 3년 내 90% 이상 공익목적사업에 사용 * 미달 사용금액 증여세 과세
	운용소득	운용소득금액의 80% 이상 1년 이내 직접공익목적사업 사용 * 기준금액 미사용시 미사용금액의 10% 가산세 과세
주식 취득 보유	주식 출연 받거나, 취득시	내국법인의 의결권 있는 주식의 10%(사후관리 위반시 5% 초과분에 대해 증여세 등 부과)
	계열기업의 주식보유	총재산가액 중 특수관계 내국법인 주식이 30%(외부감사 등 예외적인 경우 50%) 초과 보유금지 * 초과보유주식 시가의 5% 가산세 부과
출연자 등의 이사 등 취임시 지켜야 할 일		출연자 및 그 특수관계인이 이사의 1/5 초과 선임금지 또는 임직원 취임금지(경비 전액 가산세 부과)
사후관리 확인제도		주식 5% 초과하여 출연받거나 취득한 공익법인등은 신고대상 사업연도 종료일부터 4개월 이내 지방국세청장에게 사업연도의 의무이행 여부등을 신고 * 미신고시 자산총액의 0.5% 가산세 부과
보고서 등 제출 의무		결산에 관한 서류, 출연재산보고서* 및 외부전문가 세무확인**서류를 3개월이내 관할세무서에 제출 * 미제출, 불분명분에 상당하는 증여세의 1% 가산세 부과 ** 미이행시: (해당연도수입금액+출연재산가액) × 0.07% 가산세 부과
기 타		결산서류 공시의무*, 자기내부거래 금지, 전용계좌 개설 · 사용 등 * 미공시 · 허위공시에 대한 시정요구 불응시 자산총액의 0.5% 가산세 부과

〈용어의 설명〉

○ 공익법인등이란 종교 · 자선 · 학술 기타 공익을 목적으로 하는 사업(상증령 제12조 각 호)을 영위하는 자를 말한다 (상증법 제16조제1항).

○ 주식등이란 주식 또는 출자지분을 말한다.

○ 발행주식 총수 등이란 발행주식 총수 또는 출자총액을 말한다.

○ (2020.12.31. 이전) 성실공익법인등이란 ① 운용소득의 80% 이상을 직접 공익목적사업에 사용 ② 출연자 및 그 특수관계인이 이사 현원의 5분의 1를 초과하지 않을 것 ③ 외부감사 이행 ④ 전용계좌 개설 및 사용 ⑤ 결산서류 등 공시이행 ⑥ 장부의 작성 · 비치 ⑦ 상증법 제48조 제3항에 따른 자기내부거래를 하지 않을 것 ⑧ 상증법 제48조 제10항에 따른 광고 · 홍보를 하지 않을 것 ⑨ ①~⑧ 요건을 모두 갖춘 공익법인이 주무관청을 통하여 기획재정부 장관의 확인을 받은 공익법인등을 말한다(상증법 제16조제2항).

⇒ 2021.1.1. 이후 일반공익법인등과 성실공익법인등을 공익법인등으로 통합하였다.

○ 공익법인등에 출연한 재산의 출연시기는 해당 공익법인등이 출연재산을 취득하는 때이다. 예를 들면 권리의 이전이나 그 행사에 등기 · 등록 등을 요하는 출연재산의 경우에는 소유권이전 등기 · 등록 접수일이 출연시기이다.

쟁점

공익법인등의 사후관리가 어려운 이유

종교 · 자선 · 학술관련 사업 등 공익성을 고려하여 상증령에서 정하는 사업을 하는 자를 공익법인등이라고 한다. 공익법인등에 출연한 재산에 대해서는 상속세 · 증여세 과세가액을 불산입하였다가 사후관리하는데, 여기에 어려움을 느끼는 경우가 많다. 그 이유를 살펴보자.

1. 조문의 구성

보통의 시행령 조문은 법률에서 위임되는 순서대로이다. 찾는 것이 그렇게 어렵지 않다. 하지만 공익법인등의 사후관리 조문은 순서대로가 아니다. 상증법 제48조와 관련된 상증령 조문은 제37조에서 제41조인데, 이게 상증법과 상증령이 순서대로 구성되어 있지 않다. 예를 들면 상증법 제48조제2항 관련해서 '상증령 제37조', '상증령 제38조제1항~제9항, 제17항~제20항', '상증령 제40조제1항' 등으로 조문순서가 아닌 내용별로 구성되어 있어 납세자 문의나 상담시 근거조문을 바로 찾기가 어렵다.

2. 담당업무

현재 세무서의 과별 업무분장은 법인과 개인으로 구분하고, 개인은 세목별로 과를 구분하고 있다. 즉, 법인세과는 법인세뿐만 아니라, 부가가치세, 종합부동산세 등 법인과 관련된 세목을 모두 다루고 있으며, 법인세과에서는 비영리법인의 증여세는 담당하지 않고, 공익법인등의 사후관리 업무만 담당하고 있다.

법인세과에서는 공익법인등이 출연받은 경우와 관련된 상속세, 증여세 업무를 하지 않고, 사후관리 업무만을 담당하고 있어서 법인세과 담당직원은 평소 상증법을 접할 기회가 많지 않다. 반면 재산세과에서는 공익법인의 증여세 결정을 하지만 사후관리는 하지 않아 역시 관련 내용은 잘 모른다.

3. 공익법인등의 사후관리 특성

사후관리 대상은 '출연받은 재산이 있는 공익법인등'만이 사후관리대상이라고 생각하지만, 사후관리 범위에는 공익법인등에 대한 납세협력의무도 있다.

공익법인등의 투명성 관리를 위해 결산서류 공시의무, 외부전문가의 세무확인서 보고 의무, 외부 회계감사등의 의무가 있는데 이러한 의무들은 출연받은 재산이 없는 공익법인등도 적용대상이다. 또 공익법인등에 적용되는 회계기준의 근거도 상증법에 있다. 다른 세법의 사후관리와는 그 성격이 다르다. 그래서 별도 법률이나 법인세법에서 사후관리를 규정해야 한다고 주장[11]하는 사람도 있지만, 현재는 상증법에서 다루고 있다.

4. 사후관리 기간

감면 사후관리는 보통 5년, 7년 등의 기간이 있다. 하지만 공익법인등의 사후관리는 설립시부터 공익법인등이 해산할 때까지이다.

공익법인등의 사후관리를 쉽게 구분하면, ① 출연받은 재산 ② 출연받은 재산의 수익용 운용 ③ 출연받은 재산을 매각한 경우 직접공익목적사업에 사용하는 것을 관리한다.

출연재산을 직접공익목적사업에 사용하는 경우 등은 3년의 제한이 있다. 하지만 주식보유 비율 제한(5%)이나, 이사 비율(1/5) 등은 기간 제한이 없을 뿐 아니라, 해산시에는 잔여연재산을 국가 · 유사한 공익사업을 영위하는 공익법인에 귀속되었는지를 확인해야 한다.

이렇게 기간 제한이 없으면 어떤 문제가 발생할까? 관련 상증법의 개정연혁과 부칙을 모두 알아야 한다. 오

---

11. 공익법인등의 범위는 '공익법인'과 '법인 아닌 단체'가 있어 법인세법으로 모두 이전할 수도 없다.

래된 공익법인등은 설립시부터 주식 비율이나, 재산 처분 등의 내용을 확인해야 하고, 관련 상증법령 내용도 모두 알아야 한다.

5. 사후관리 위반시 부과 유형이 다른 세법에 비해 복잡함

사후관리를 위반하였다면 그 세목으로 부과할 것 같지만 그렇지 않다. 예를 들어 피상속인이 유증을 통해 공익법인등에 출연하고, 공익법인등이 사후관리를 위반하였다면 어떤 세금문제가 발생할까?

피상속인에 대한 상속세 문제와 공익법인등에 대한 증여세 문제가 발생할 수 있다. 즉 상속세 과세가액 불산입에 대해 사후관리하였더라도, 공익법인등이 사후관리를 위반한 것에 대해서는 증여세가 부과될 수 있다.

공익법인등의 사후관리 위반시 과세유형은 상속세, 증여세, 가산세이다.

6. 사후관리 계산의 어려움

사후관리 대상은 출연받은 재산등인데, 종교법인의 헌금은 사후관리 대상이 아니다(기획재정부 재산세제과-368, 2016.5.26.). 예를 들어, 종교법인이 부동산 매각 후 출연재산이 5억원 있고, 헌금이 4억원이 있는 상태에서 7억원을 공익목적사업에 사용하지 않은 경우 얼마를 사후관리 위반이라고 해야 할까?

안분하면 될 것 같은 이러한 경우, 사후관리 대상과 사후관리 대상이 아닌 재산 사이에 수십 번의 거래가 있으면 그 계산을 쉽게 생각할 수 없다.

1. 공익법인등의 범위

공익법인등은 아래 사업을 영위하는 자를 말한다(상증령 제12조). 여기에 대한 자세한 설명은 제1편 제4장 제2절을 참고하기 바란다.

가. 종교의 보급 기타 교화에 현저히 기여하는 사업

나. 「초 · 중등교육법」 및 「고등교육법」에 따른 학교, 「유아교육법」에 따른 유치원을 설립 · 경영하는 사업

다. 「사회복지사업법」에 따른 사회복지법인이 운영하는 사업

라. 「의료법」에 따른 의료법인이 운영하는 사업

마. 법인법 제24조제2항제1호에 해당하는 기부금을 받는 자가 해당 기부금으로 운영하는 사업

바. 법인령 제39조제1항제1호 각목에 따른 공익법인등[12] 및 소득령 제80조제1항제5호에 따른 공익단체가 운영하는 고유목적사업. 다만, 회원의 친목 또는 이익을 증진하거나 영리를 목적으로 대가를 수수하는 등 공익성이 있다고 보기 어려운 고유목적사업은 제외한다.

사. 법인령 제39조제1항제2호다목에 해당하는 기부금을 받는 자가 해당 기부금으로 운영하는 사업. 다만, 회원 친목 또는 이익을 증진하거나 영리를 목적으로 대가를 수수하는 등 공익

12. 지정기부금단체등을 공익법인등으로, 지정기부금대상민간단체를 공익단체로 개정하였다.

성이 있다고 보기 어려운 고유목적사업은 제외한다.

2018.2.13. 개정된 공익법인의 범위는 2019.1.1.부터 시행하며, 2018년 12월 31일에 종전(2018.2.13. 대통령령 28638호 개정되기 전의 것)의 상증령 제12조제5호부터 제8호 및 제11호에 따라 공익법인등에 해당하는 자는 상증령 제12조의 개정규정에도 불구하고 2020년 12월 31일까지 공익법인등에 해당하는 것으로 본다.

2. 출연받은 재산에 대한 증여세 과세가액 불산입

비영리법인이 증여받는 경우 증여세가 과세되나 비영리법인 중 상증령 제12조에서 열거한 사업을 하는 자(2018.12.31. 현재 공익법인에 해당하는 법인은 2020.12.31.까지 공익법인 지위 유지)가 증여를 받은 경우, 증여시점에서는 증여세 과세가액 불산입한 후, 공익사업에 맞게 사용하였는지 등을 사후관리한다.

상증법령에서는 '공익법인등에 대해 납세협력의무[13]'와 '출연받은 재산등에 대한 사후관리' 규정을 구분하여 규정하고 있다. 이 경우, 내국법인의 의결권 있는 주식을 출연받은 경우로서 의결권 있는 발행주식총수(자기주식은 제외)의 10%(5%, 20%)를 초과하여 출연받은 주식에 대하여는 증여세가 과세된다. 이는 공익법인등을 이용하여 증여세를 내지 않으면서 계열기업을 지배하는 수단으로 이용하는 사례를 방지하기 위함이다.

<출연 또는 출연재산으로 주식등 취득시 지분율>

적용대상	한도
공익법인등(사후관리 위반시 5% 한도)	10%
의결권 미행사를 정관에 규정한 자선 · 장학 · 사회복지 목적 법인등	20%
상호출자제한기업집단과 특수관계인 공익법인등	5%
출연자와 특수관계 없는 내국법인 주식으로 주무관청 승인받음	한도없음
10% 초과출연분 3년 이내 특수관계 없는 자에게 매각	한도없음
「공익법인의 설립 및 운영에 관한 법률」 및 그 밖의 법령에 따라 취득하는 경우	한도없음
요건을 갖춘 산학협력단이 취득하는 경우	한도없음

3. 출연재산의 사후관리

공익법인이 출연받은 재산에 대하여 출연시점에서는 증여세를 납부하지 않는 대신 그 재산 및 그 재산으로부터 얻는 수익을 공익사업에 사용토록 사후관리하며 사후관리요건 위반시 사유가

---

13. 출연재산이 없더라도 지켜야 하는 의무도 있다.

발생한 날에 증여세를 과세한다.

쟁점

사후관리하는 출연재산인지 혼란을 주는 3가지 경우

공익법인등이 출연받은 재산등에 대하여 사후관리하는데, 출연이 무엇인지는 상증법에서 정의하고 있지 않다. '출연'은 민법상 용어인데, 자기 재산을 감소시키고 타인의 재산을 증가시키는 효과를 가져오는 행위를 말한다.[14]

한편, 상증법 사후관리하는 출연재산인지 혼란을 주는 3가지 경우에 대해 살펴보자.

1. 출연자가 확인되는 종교법인 헌금

상증법 제48조제2항과 상증령 제38조제1항에 따르면 불특정 다수로부터 출연받은 재산 중 출연자별로 출연받은 재산가액 산정이 어려운 재산으로 종교사업에 출연하는 헌금(부동산 및 주식 등으로 출연하는 경우는 제외)은 사후관리 출연재산에 해당하지 않는다.

그러면 출연자가 확인되는 헌금은 사후관리 대상일까? 이 쟁점에 대해 국세청은 종교사업에 불특정다수인이 출연하여 출연자별로 출연받은 재산가액의 산정이 어려운 헌금(부동산 · 주식 또는 출자지분으로 출연하는 경우 제외)의 경우 사후관리대상 출연재산에서 제외하지만, 출연자별로 출연받은 재산가액 산정이 가능한 헌금은 그러하지 아니한다고 해석(서면4팀-577, 2008.3.6.)한 바 있지만, 기재부는 사후관리 대상이 아니라고 해석(기획재정부 재산세제과-368, 2016.5.26.)[15]하였으며, 서면4팀-577의 해석은 세법해석정비하였다.

출연자가 확인되더라도 종교법인 헌금은 사후관리 대상이 아니다. 다만, 부동산과 주식등은 대상이다.

2. 증여이익

증여재산은 재산적 가치, 경제적 가치가 있는 물건, 권리, 이익을 말하는데, 이 중 이익도 출연재산으로 볼 수 있을까?

현재 국세청 해석상으로는 그렇다. 여기에 대한 관련 해석은 채무면제(재산세과-577, 2011.11.30.)와 저가양수(법규과-1529, 2010.10.11.)가 있다. 이런 해석으로 볼 때 증여이익도 사후관리 출연재산으로 보고 있다. 이익을 출연재산을 보더라도 그 이익에 대한 출연재산 사후관리를 어떻게 할지는 의문이다.

3. 회비

회원사가 내는 회비도 출연재산일까? 회비 성격에 따라 출연재산으로 볼 수 있다. 정기 회비는 증여로 보지 않고(법규과-5064, 2007.10.29.), 비정기 회비(특별회비)는 증여(출연재산)로 본다(서면4팀-1274, 2008.5.26.).

참고로 회비를 내는 법인 입장에서 '특별회비'는 2018.2.13. 전에는 지정기부금으로 보았다가 2018.2.13. 이후에는 비지정기부금으로 보고 있다(법인규칙 제10조 제2항등).

---

14. 국세청, 『2020 공익법인 세무안내』
15. 문언상 헌금이 제외되는지는 해석 여지가 있고, 교회가 헌금을 장기간 관리하였다가 부동산을 취득한 경우 취득자금의 원천을 출연자별로 구분할 수 없어서 사후관리대상에서 제외하는 것이 타당해 보인다. 하지만 사후관리 대상이 아니라고 하더라도 사후관리대상인 운용소득, 매각대금 등과 구분이 쉬워지는 것은 아니다.

가. 출연재산의 공익사업사용의무

공익법인등이 재산을 출연받았다면 출연받은 날로부터 3년 이내에 직접 공익목적사업 등에 전부 사용하여야 하고 3년 이후에도 직접 공익목적사업 등에 계속하여 사용하여야 한다(상증법 제48조제2항제1호). 사후관리의무를 위반하여 증여세가 과세된 출연재산에 대해서는 사후관리 규정을 적용하지 않는다.

직접 공익목적사업 등에 사용한다는 의미는 출연받은 재산을 해당 공익법인등의 정관상 고유목적사업에 사용하거나 직접 공익목적사업에 충당하기 위하여 해당 재산을 수익사업용 또는 수익용으로 운용하는 것을 말한다.

<직접 공익목적사업에 사용여부 판단(상증 집행기준 48-38-4)>

출연재산이 현금	출연재산이 현금 외 재산
직접공익목적사업용 재산을 취득하기 위하여 지출한 금액	직접공익목적사업에 사용하는 재산의 금액
직접공익목적사업에 사용하는 재산의 금액	수익사업용 또는 수익용 재산으로 사용되는 재산의 금액
수익사업용 또는 수익용 재산을 취득하기 위하여 지출한 금액	당해 출연재산을 매각하여 수령한 현금을 공익목적사업비 등으로 지출한 금액

출연받은 재산을 해당 공익사업의 효율적인 수행을 위하여 주무관청의 허가를 받아 다른 공익법인등에 출연하는 경우를 포함한다. 주무부장관 또는 주무관청을 알 수 없는 경우에는 관할 세무서장을 주무부장관 또는 주무관청으로 본다.

상증법 제12조제1호에 따른 종교사업에 출연하는 헌금(부동산 및 주식등으로 출연하는 경우를 제외한다)은 제외[16]한다.

「직접 공익목적사업 등에 사용」으로 보지 않는 경우는 아래와 같다.

1) 법인령 제56조제11항에 따라 고유목적에 지출한 것으로 보지 아니하는 금액

---

16. 세법해석정비

요지	유지사례	삭제사례
종교사업에 출연하는 헌금(부동산 및 주식 또는 출자지분으로 출연하는 경우 제외)의 경우에는 출연자별로 출연금액이 확인되더라도 사후관리대상 출연재산에서 제외하는 것임	기획재정부 재산세제과-368, 2016.5.26. 기준2016법령해석재산-0003, 2016.5.31.	재산세과-56, 2009.8.28.

17. 장학재단이 여기에 속한다.

○ 법인령 제56조【고유목적사업준비금의 손금산입 】

⑪ 해당 사업연도에 다음 각 호의 어느 하나에 해당하는 법인의 임원 및 직원이 지급받는 「소득세법」 제20조제1항 각 호의 소득의 금액의 합계액(이하 "총급여액"이라 하며, 해당 사업연도의 근로기간이 1년 미만인 경우에는 총급여액을 근로기간의 월수로 나눈 금액에 12를 곱하여 계산한 금액으로 한다. 이 경우 개월 수는 태양력에 따라 계산하되, 1개월 미만의 일수는 1개월로 한다)이 8천만원을 초과하는 경우 그 초과하는 금액은 제6항제1호에 따른 인건비로 보지 아니한다. 다만, 해당 법인이 해당 사업연도의 법 제60조에 따른 과세표준을 신고하기 전에 해당 임원 및 종업원의 인건비 지급규정에 대하여 주무관청으로부터 승인받은 경우에는 그러하지 아니하다.

1. 법 제29조제1항제2호에 따라 수익사업에서 발생한 소득에 대하여 100분의 50을 곱한 금액을 초과하여 고유목적사업준비금으로 손금산입하는 비영리내국법인
2. 「조세특례제한법」 제74조제1항제2호 및 제8호에 해당하여 수익사업에서 발생한 소득에 대하여 100분의 50을 곱한 금액을 초과하여 고유목적사업준비금으로 손금산입하는 비영리내국법인

○ 조특법 제74조【고유목적사업준비금의 손금산입특례 】

① (생략)

2. 「사회복지사업법」에 따른 사회복지법인[17]

8. 「공익법인의 설립 · 운영에 관한 법률」에 따라 설립된 법인으로서 해당 과세연도의 고유목적사업이나 「법인세법」 제24조제3항제1호에 따른 기부금에 대한 지출액 중 100분의 80 이상의 금액을 장학금으로 지출한 법인

2) 해당 공익법인등의 정관상 고유목적사업에 직접 사용하는 시설에 소요되는 수선비, 전기료 및 전화사용료 등의 관리비를 제외한 관리비

출연받은 재산은 출연받은 날부터 3년 이내에 직접 공익목적사업 등에 전부 사용하여야 하고, 3년 이후 직접 공익목적사업 등에 계속 사용하여야 한다.

2021. 1. 1. 이후 개시하는 과세기간 또는 사업연도 분부터 출연재산을 공익목적에 사용하던 중 부득이한 사유 없이 사용 중단하는 경우 그 사용하지 아니한 가액에 대하여 증여세가 부과된다.

<3년 이내 전부사용의 개정연혁>

2020.12.31.	2021.1.1. 이후
① 3년 이내에 전부 사용	① 3년 이내에 전부 사용 ② 3년 이후 직접 공익목적사업 등에 계속하여 사용

출연받은 재산을 직접 공익목적사업 등(직접 공익목적사업에 충당하기 위하여 수익용 또는 수익사업용으로 운용하는 경우 포함) 외에 사용하거나 출연받은 날부터 3년 이내에 직접 공익목적사업 등에 사용하지 아니하거나, 3년 이후 직접 공익목적사업 등에 계속하여 사용하지 아니하는

경우에는 공익목적사업 등 외에 사용하였거나 미사용된 재산가액을 증여가액으로 하여 공익법인에 증여세가 과세된다. 이때, 출연재산을 공익목적사업에 사용하지 아니하거나 출연일로부터 3년 이내에 사용하지 아니하여 증여세가 부과되는 경우 가산세[18]는 부과하지 않는다.

쟁점

종교법인 소유의 주택을 목사가 사용한 경우

종교법인이 출연받은 주택을 그 법인의 소속 목사에게 사택으로 제공한 경우 어떤 문제가 발생할까?

1-1. 법인세 부당행위계산 부인

법인과 특수관계인과의 거래로 인하여 조세 부담을 부당하게 감소시킨 것으로 인정되는 경우, 법인의 소득금액을 계산해야 한다(법인세법 제52조제1항). 법인법에서는 법인과 직원이 특수관계에 해당한다(법인세법 시행령 제2조제5항제3호가목).

그러면 목사를 직원으로 보아 특수관계가 있을까? 목사가 직원이 되려면 고용관계가 있어야 하는데, 이에 대해 국세청은 성직자가 받는 소득이 소득법 제20조제1항 규정에 의하여 고용관계에 따른 근로의 대가에 해당하는 경우 갑종근로소득세 징수대상이 된다고 보았다(법인46013-907, 1997.4.1.).

여기에 대해 법원은 종속적인 관계가 있는지는 업무 내용을 사용자가 정하고 취업규칙 또는 복무(인사)규정 등의 적용을 받으며 업무 수행 과정에서 사용자가 상당한 지휘 · 감독을 하는지, 사용자가 근무시간과 근무장소를 지정하고 근로자가 이에 구속을 받는지, 노무제공자가 스스로 비품 · 원자재나 작업도구 등을 소유하거나 제3자를 고용하여 업무를 대행케 하는 등 독립하여 자기 계산으로 사업을 영위할 수 있는지, 노무 제공을 통한 이윤 창출과 손실 초래 등 위험을 스스로 안고 있는지와 보수의 성격이 근로 자체의 대상적 성격인지, 기본급이나 고정급이 정하여졌는지 및 근로소득세의 원천징수 여부 등 보수에 관한 사항, 근로 제공 관계의 계속성과 사용자에 대한 전속성 유무와 그 정도, 사회보장제도에 관한 법령에서 근로자로서 지위를 인정받는지 등 경제적 · 사회적 여러 조건을 종합하여 판단한다고 보았다(대법원2010다50601, 2012.1.12.).

즉, 목사가 직원에 해당하는지는 사실판단사항이며, 직원에 해당하면 법인세법상 부당행위계산 부인의 대상이 되는 것이다.

1-2. 사택사용을 법인세법상 고유목적사업에 사용한 것으로 볼 수 있을까?

법인세법은 비영리법인의 법인세 대상이 되는 사업 · 수입을 열거하며, 고유목적사업에 직접 사용하는 자산의 처분으로 인한 수입은 제외하고 있다(법인세법 제3항제5호).

목사의 사택사용을 법인세법상 고유목적사업에 사용한 것으로 볼 수 있을까? 여기에 대해 국세청은 교회의 고유목적사업에 직접 사용되었는지 여부는 매매계약조건, 사용현황 등 제반사항을 고려하여 사실판단사항(사전2017법령해석법인-0340, 2017.7.27.)으로 보았다

대법원은 지방세법과 관련하여 교회의 대표자인 담임목사는 교회가 종교 · 자선 등 목적사업을 수행함에 있어 필요불가결한 중추적 존재라고 할 것이므로 건물을 이러한 대표자인 담임목사의 유일한 주택으로 사용함은 교회 목적사업에 직접 사용하는 것과 다름없다고 보았고(대법원83누456, 1982.11.22.), 지방특례제한법 제50조와 관련해서 그 구성원이 비영리사업자의 사업 활동에 필요불가결한 존재이고 사택이나 숙소에 체류하는 것이

---

18. 공익법인등이 사후관리 위반시 과세유형은 상속세, 증여세, 가산세이며, 이자상당액을 부과하지 않는다.

직무 수행의 성격도 겸비한다면 해당 사택이나 숙소는 목적사업에 직접 사용되는 것으로 볼 수 있다고 했다(대법원2014두557, 2015.9.15.) 이러한 판례 등을 감안할 때 고유목적사업에 사용한 것으로 보인다.

2-1. 목사를 직원으로 보는 경우 목사에게 증여세를 부과할 수 있을까?

부동산을 무상으로 사용하면 부동산 무상사용에 따른 증여세가 부과될 수 있다. 하지만 직원으로 보아 법인세가 부과되더라도 귀속자인 목사에게는 2015년 이전이라면 상여로 처분된다. 소득세가 부과되니까 증여세가 부과되지 않는다(상증법 제4조의2제3항).

2016년 이후에는 목사가 얻은 소득은 소득세법상 기타소득에 해당하고, 기타소득의 비과세 대상에 해당한다(소득규칙 제10조의2). 소득세법이 과세되지 않는 비과세 · 감면이라도, 비과세 · 감면의 효과를 유지하기 위해 증여세를 부과하지 않는다(상증법 제4조의2제3항).

2-2. 종교법인은 상증법상 공익법인 증여세 과세가액 불산입(상증법 제48조등) 관련하여 사후관리를 위반한 것으로 볼 수 있을까?

종교법인은 상증법상 공익법인에 해당한다. 공익법인은 출연재산에 대해 직접 공익목적사업에 사용해야 한다. 목사의 사택 사용이 종교법인의 사후관리 위반으로 볼 수 있을까?

여기에 대해 국세청은 교회가 출연받은 재산을 예배당 또는 담임목사 사택으로 사용하는 경우에는 직접 공익목적사업을 수행하기 위하여 사용하는 것으로 보나, 당해 출연받은 재산을 부목사, 전도사, 선교사 사택으로 사용하는 경우는 직접공익목적사업에 사용하는 것으로 보지 않았다(서면4팀-1278, 2006.5.4.).

위의 대법원 판례 등을 감안할 때, 사후관리를 위반하였다고 보기 어려워 보인다.

나. 출연재산 운용소득을 직접 공익목적에 사용

공익법인등은 출연재산을 수익용 또는 수익사업용으로 사용하여 발생한 운용소득을 직접 공익목적사업에 사용하여야 하며, 그 소득이 발생한 과세기간 또는 사업연도 종료일부터 1년 이내에 80%에 상당하는 금액을 직접 공익목적사업에 사용하여야 한다(상증법 제48조제2항제3호, 제5호 및 상증령 제38조제5항, 제6항).

1) 출연재산 운용소득의 사용기준

출연재산을 수익사업에 사용한 결과 발생한 운용소득에 대하여는 해당 소득에 대한 법인세 또는 소득세 · 농어촌특별세 · 주민세와 이월결손금을 공제한 금액의 70%(2022. 1. 1. 이후 개시하는 사업연도 또는 과세기간 분부터 80%) 이상을 그 소득이 발생한 과세기간 또는 사업연도 종료일부터 1년 이내에 직접 공익목적사업에 사용하여야 한다(상증령 제38조제5항).

운용소득으로 수익용재산을 취득한 금액은 직접공익목적사업 사용금액에 포함하지 아니한다.(상증통칙 48-38…3(직접공익목적사업에 사용한 금액의 범위))

사용기준금액 = (Ⓐ - Ⓑ + Ⓒ)×70%

Ⓐ 해당 사업연도의 수익사업에서 발생한 소득금액 등

= 해당 사업연도의 수익사업에서 발생한 소득금액

(+) 고유목적사업준비금과 해당연도 고유목적사업비로 지출된 금액으로 손금에 산입된 금액

(+) 출연재산을 수익 원천에 사용함으로써 생긴 소득금액(분리과세를 선택한 이자소득도 운용소득에 포함)

(-) 출연재산과 관련 없는 수익사업에서 발생한 소득금액

(-) 상증법 제48조제2항제4호에 따른 출연재산 매각금액

(-) 공익법인이 보유한 주식을 발행한 법인의 합병 · 분할에 따른 의제배당액(합병 · 분할대가 중 주식으로 받은 부분으로 한정)으로 해당 사업연도 소득금액에 포함된 금액[19]

Ⓑ 해당 소득에 대한 법인세(소득세) · 농어촌특별세 · 주민세 및 이월결손금

Ⓒ 직전연도 운용소득 미달사용금액-미달금액에 대한 가산세

2) 사용의무의 탄력적 운용

운용소득의 「사용의무 기준금액」과 「직접 공익목적사업에 사용한 실적」은 해당 사업연도와 직전 4개 사업연도와의 5년간 평균금액을 기준으로 계산할 수 있다(상증령 제38조제6항).

즉, 해당 사업연도의 사용실적이 기준금액에 미달하더라도 「해당 사업연도와 직전 4개 사업연도와의 5년간 평균금액 기준」으로 계산하여 사용실적이 기준금액에 미달하지 않으면 적정하게 사용한 것으로 본다. 다만, 사업개시 후 5년이 경과되지 아니한 경우에는 사업개시 후 5년이 경과한 때부터 적용할 수 있다.

3) 증여세와 가산세 부과

수익용 또는 수익사업용으로 운용하는 출연재산의 운용소득을 직접 공익목적사업 외에 사용한 경우에는 공익목적사업 외에 사용한 금액이 운용소득에서 차지하는 비율을 곱하여 계산한 금액을 증여가액으로 하여 공익법인에 증여세가 과세된다(상증령 제40조제1항2호의2).

운용소득 중 사용기준금액에 미달하게 사용하는 경우, 미달한 운용소득의 100분의 10에 상당하는 금액을 공익법인 등이 납부 세액에 가산하여 부과한다(상증법 제78조제9항제1호).

---

19. 2021.2.17. 이후 가산세를 결정하는 분부터 적용

다. 출연재산 매각대금을 직접 공익목적사업에 사용

공익법인이 출연재산을 매각한다면 그 매각대금을 공익목적사업에 사용해야 하며, 매각한 날이 속하는 과세기간 또는 사업연도 종료일부터 1년 이내 매각대금의 30%, 2년 이내 60%, 3년 이내 90% 이상을 직접 공익목적사업에 사용하여야 한다(상증법 제48조제2항제4호 · 제5호, 상증령 제38조제4항 · 제7항, 상증규칙 제11조의2).

이 경우 출연재산을 3년 경과하여 매각한 경우 그 매각대금에 대하여는 출연재산 매각대금 사후관리 규정이 적용된다(재산세과-3957, 2008.11.25.).

매각대금이란 "출연받은 재산의 매각으로 증가한 재산을 포함한 총매각대금에서 자산매각에 따라 부담하는 국세 · 지방세를 차감한 것"을 말한다.

직접 공익목적사업에 사용한 실적에는 매각대금으로 직접 공익목적사업용, 수익용 또는 수익사업용 재산(운용 기간 6개월 미만 재산은 제외)을 취득하는 경우를 포함한다. 다만, 2019. 2. 12. 이후 공시대상기업집단 소속 공익법인등이 출연받은 재산의 매각대금으로 해당 기업집단에 속하는 법인의 의결권 있는 주식 등을 취득한 경우는 실적에서 제외된다.

3년 이내에 매각대금의 90%를 사용하지 않은 경우, 증여세 또는 가산세를 부과한다.

<매각대금 사용기준>

사용기간	의무 사용비율	미달하여 사용하는 경우
1년 이내	30%	미달 사용액의 10% 가산세 부과
2년 이내	60%	미달 사용액의 10% 가산세 부과
3년 이내	90%	미달 사용액을 증여가액으로 하여 증여세 부과

라. 주식 취득 및 보유시 지켜야 할 일

공익법인 등이 내국법인의 의결권 있는 주식 또는 출자지분을 출연받거나 출연받은 재산으로 내국법인의 의결권 있는 주식 등을 취득하는 데 사용하는 경우, 출연받거나 취득한 주식 등과 이미 보유하고 있는 동일 내국법인의 주식 등을 합한 것이 그 내국법인의 의결권 있는 발행주식총수 또는 출자총액(자기주식과 자기출자지분 제외)의 상증법 제16조제2항제2호(5%, 10%, 20%)에 따른 비율을 초과하는 경우에는 그 초과 가액은 증여세 과세가액에 산입한다(상증법 제48조제1항, 제2항제2호).

공익법인 등이 특수관계에 있는 내국법인 주식 등을 보유하는 경우(국가나 지방자치단체가 설립한 공익법인 등 및 이에 준하는 것으로 대통령령으로 정하는 공익법인등과 상증법 제48조제11항 각 호의 요건을 충족하는 공익법인 등은 제외)로서 그 내국법인의 주식 등 가액이 해당 공익법인의 총 재산가액의 30%(외부회계감사, 전용계좌 개설 · 사용, 결산서류 등의 공시를 이행하는 공익법인 등은 50%)를 초과하는 경우에는 가산세를 부과한다(상증법 제48조제9항).

<table>
<tr><th>구 분</th><th>판정기준</th><th colspan="2">적용대상</th><th>한도</th><th>의무 위반시</th></tr>
<tr><td rowspan="6">출연 · 취득</td><td rowspan="6">출연받을 때 또는 출연재산으로 취득시 지분율</td><td colspan="2">상호출자제한기업집단과 특수관계인 경우
또는 상증법 제48조제11항 요건을 불충족한 경우</td><td>5%</td><td rowspan="6">초과분 증여세 부과</td></tr>
<tr><td rowspan="4">상증법 제48조제11항 요건 충족한 경우</td><td>일반적인 경우</td><td>10%</td></tr>
<tr><td>의결권 미행사를 정관에 규정한
자선 · 장학 · 사회복지 목적 법인</td><td>20%</td></tr>
<tr><td>출연자와 특수관계가 없는 내국법인
주식으로 주무관청 승인받음</td><td>한도없음</td></tr>
<tr><td>10% 초과 출연분, 3년 이내 특수관계
없는 자에게 매각</td><td>한도없음</td></tr>
<tr><td colspan="2">「공익법인의 설립 · 운영에 관한 법률」* 및 그 밖의 법령에
따라 취득하는 경우</td><td>한도없음</td></tr>
<tr><td rowspan="3">보유</td><td rowspan="3">계열기업의 주식보유시 총재산가액 대비 비율</td><td rowspan="2">상증법 제48조제11항 요건 불충족한 경우</td><td>일반적인 경우</td><td>30%</td><td rowspan="3">초과보유분 가산세 부과</td></tr>
<tr><td>외부회계감사, 전용계좌 개설 · 사용, 결산서류 등의 공시 이행</td><td>50%</td></tr>
<tr><td colspan="2">상증법 제48조제11항 요건 충족한 경우</td><td>한도없음</td></tr>
</table>

* 설립허가 법령에 따라 부득이하게 취득하는 경우 주식보유한도 적용 배제

1) 내국법인 발행주식 총수 등의 5%(10%, 20%)를 초과하여 출연받은 경우(상증법 제48조제1항, 상증령 제37조)

공익법인등이 내국법인의 의결권 있는 주식 또는 출자지분을 출연받은 경우로 출연주식 등과 이미 보유하고 있는 동일 내국법인의 주식 등을 합한 것이 그 내국법인의 의결권 있는 발행주식 총수 또는 출자총액(자기주식과 자기출자지분 제외)의 5%(상호출자제한기업집단과 특수관계에 있지 아니하고 상증법 제48조제11항의 요건 충족시 10%, 20%)를 초과하는 경우에는 그 초과부분을 증여세 과세가액에 산입한다.

가) 주식 등 초과 보유 계산

다음에 해당하는 날을 기준으로 보유하는 주식 등을 합하여 초과 보유 부분을 계산한다.

(1) 공익법인등이 주식 등을 출연의 방법으로 취득하는 경우: 그 취득일

(2) 공익법인등이 보유하는 주식 등을 발행한 내국법인의 유상증자에 따라 배정된 신주를 유상으로 취득하는 경우 : 그 취득하는 날이 속하는 과세기간 또는 사업연도 중 「상법」 제

354조 규정에 따른 주주명부 폐쇄일 또는 권리행사 기준일(주식회사 외의 경우 과세기간 또는 사업연도 종료일)

(3) 공익법인등이 보유하는 주식 등을 발행한 내국법인이 자본 또는 출자액을 감소시킨 경우: 감자를 위한 주주총회 결의일이 속하는 연도의 주주명부 폐쇄일(주식회사 외의 경우 과세기간 또는 사업연도 종료일)

<초과 주식 수 계산>

초과부분 계산: Ⓐ - Ⓑ

Ⓐ〔ⓐ + ⓑ + ⓒ + ⓓ〕> Ⓑ 내국법인 발행주식총수 등[1)]의 5%(10%[2)], 20%[3)])

(상증법 제48조제1항제1호~제3호)

ⓐ: 출연받은 내국법인의 주식 등

ⓑ: 출연받을 당시 보유하고 있는 동일한 내국법인의 주식 등(1호)

ⓒ: 출연자 및 그의 특수관계인이 해당 공익법인 외의 다른 공익법인 등에 출연한 동일한 내국법인의 주식 등(2호)

ⓓ: 출연자 및 그의 특수관계인으로부터 재산을 출연받은 다른 공익법인 등이 보유하고 있는 동일한 내국법인의 주식 등(3호)

1) 2017. 1. 1. 이후 출연받는 분부터는 자기주식과 자기출자지분 제외
2) 2008. 1. 1. 이후 출연받는 성실공익법인 등에 대하여 적용하며, 2017. 7. 1. 이후 출연받는 분부터는 상호출자제한기업집단과 특수관계에 있지 아니한 성실공익법인에 대하여 적용
3) 2018. 1. 1. 이후 출연받은 주식 등의 의결권을 행사하지 않는 조건으로 주식 등을 출연받은 상호출자제한기업집단과 특수관계가 없는 자선 · 장학 · 사회복지 목적의 성실공익법인에 적용

나) 초과분에 대한 증여세 부과

위 기준일에 공익법인이 동일한 내국법인의 주식을 5%(10%, 20%) 초과하여 보유하는 경우에는 초과 부분(Ⓐ—Ⓑ)을 증여세 과세가액에 산입하여 증여세가 과세된다.

다) 과세제외하는 경우(상증법 제16조제2항 · 제3항 · 제4항, 제48조제1항)

(1) 지분율 20%까지 과세제외(아래 요건 모두 충족시 적용)

(가) 상호출자제한기업집단과 특수관계에 있지 않은 상증법 제48조제11항의 요건 충족 공익법인 등

(나) 출연받은 주식의 의결권을 행사하지 않을 것(공익법인 정관에 규정)

(다) 자선 · 장학 또는 사회복지를 목적으로 할 것

사회복지는 2018.1.1. 이후 출연받거나 취득하는 분부터 직전 3개 사업연도 평균 직접 공익목적사업 지출액 100분의 80 이상 자선 · 장학 또는 사회복지활동에 지출하거나, 「사회복지사업법」상 사회복지법인을 말한다.

(2) 지분율 한도없이 과세제외(아래 중 하나에 해당시 적용)

(가) 2001.1.1. 이후 최초로 상속세 또는 증여세를 결정하는 분부터 상호출자제한기업집단과 특수관계에 있지 않은 공익법인등(상증법 제48조제11항 요건 충족 공익법인 또는 국가 · 지방자치단체가 출연하여 설립한 공익법인)이 그 공익법인의 출연자와 특수관계에 있지 아니한 내국법인의 주식 등을 출연받고 주무관청이 공익법인의 목적사업을 효율적으로 수행하기 위하여 필요하다고 인정하는 경우

(나) 2011.1.1. 이후 최초로 공익법인 등에 주식 등을 출연하는 분부터 상호출자제한기업집단과 특수관계에 있지 않은 상증법 제48조제11항의 요건 충족 공익법인등이(설립일부터 3개월 이내에 주식 등을 출연받고 설립 사업연도가 끝난 날부터 2년 이내에 해당 요건을 충족하는 경우 포함) 발행주식 총수 등의 100분의 10을 초과하여 출연받은 경우로 초과보유일로부터 3년 이내에 초과하여 출연받은 부분을 주식 등의 출연자 또는 그의 특수관계인[20] 이외의 자에게 매각하는 경우

(3) 2017.1.1. 이후 출연하는 분부터 「공익법인의 설립 · 운영에 관한 법률」 및 그 밖의 법령에 따라 내국법인의 주식 등을 출연하는 경우

2) 출연재산으로 주식 등을 취득하는 경우(상증법 제48조제2항제2호, 상증령 제37조)

공익법인등이 출연받은 재산(재산을 수익용 또는 수익사업용으로 운용하는 경우와 운용소득이 있는 경우 포함)과 출연받은 재산의 매각대금(매각대금에 의하여 증가한 재산을 포함하며 재산 매각에 따라 부담하는 국세와 지방세 제외)을 내국법인의 의결권 있는 주식 등을 취득하는 데 사용하는 경우로 그 취득하는 주식 등과 이미 보유하는 동일 내국법인의 주식 등을 합한 것이 그 내국법인의 발행주식총수 등의 5%(상호출자제한기업집단과 특수관계에 있지 아니한 상증법 제48조제11항 요건 충족 공익법인 등은 10%, 20%)를 초과하게 되는 경우에는 그 초과하는 가액에 대하여 증여세가 과세된다.

---

20. 출연자와 상증령 제2조의2 제1항의 어느 하나의 관계에 있는 자를 말한다.

가) 주식 등 초과 보유 계산

다음에 해당하는 날을 기준으로 보유하는 주식 등을 합하여 초과보유 부분을 계산한다.

(1) 공익법인등이 주식 등을 매매로 취득하는 경우: 그 취득일

(2) 공익법인등이 보유하는 주식 등을 발행한 내국법인의 유상증자에 따라 배정된 신주를 유상으로 취득하는 경우: 그 취득하는 날이 속하는 과세기간 또는 사업연도 중 「상법」 제354조 규정에 따른 주주명부 폐쇄일 또는 권리행사 기준일(주식회사 외의 경우 과세기간 또는 사업연도 종료일)

(3) 공익법인이 보유하는 주식 등을 발행한 내국법인이 자본 또는 출자액을 감소시킨 경우: 감자를 위한 주주총회 결의일이 속하는 연도의 주주명부 폐쇄일(주식회사 외의 경우 과세기간 또는 사업연도 종료일)

<초과 주식 수 계산>

Ⓐ〔ⓐ+ⓑ+ⓒ+ⓓ〕> Ⓑ 내국법인 발행주식총수 등[1)]의 5%(10%[2)], 20%[3)])

(상증법 제48조제2항제2호 가목~다목)

ⓐ: 취득하는 내국법인의 주식 등

ⓑ: 취득 당시 보유하고 있는 동일한 내국법인의 주식 등(가)

ⓒ: 해당 내국법인과 특수관계에 있는 출연자가 다른 공익법인 등에 출연한 동일한 내국법인의 주식 등(나)

ⓓ: 해당 내국법인과 특수관계에 있는 출연자로부터 재산을 출연받은 다른 공익법인 등이 보유하고 있는 동일한 내국법인의 주식 등(다)

---

1) 2017. 1. 1. 이후 취득 분부터 자기주식과 자기출자지분 제외

2) 2008. 1. 1. 이후 취득하는 성실공익법인 등에 대하여 적용하며, 2017. 7. 1. 이후 취득 분부터는 상호출자제한기업집단과 특수관계에 있지 아니한 성실공익법인에 대하여 적용

3) 2018. 1. 1. 이후 취득하는 주식 등의 의결권을 행사하지 않는 조건으로 주식 등을 취득하는 상호출자제한기업집단과 특수관계가 없는 자선 · 장학 · 사회복지 목적의 성실공익법인에 적용

나) 해당 내국법인과 특수관계에 있는 출연자의 범위(상증령 제37조제2항 후단)

출연자가 해당 내국법인과 다음 각 호에 해당하는 관계에 있는 경우 당해 출연자(상증령 제2조의2제3항)를 말한다.

(1) 상증령 제2조의2제1항제6호, 제7호에 해당하는 법인
(2) 상증령 제2조의2제1항제1호~제7호에 해당하는 자가 발행주식총수 등의 50% 이상을 출자하고 있는 법인

다) 초과분에 대한 증여세 부과(상증령 제40조제1항제2호)

5%(10%, 20%) 초과부분 취득에 사용한 재산 가액을 증여가액으로 하여 증여세가 과세된다.

라) 과세제외하는 경우(상증법 제48조제2항제2호, 상증령 제37조제6항)

(1) 다음 요건을 모두 충족하는 공익법인이 주식 등을 취득하는 경우
상호출자제한기업집단과 특수관계에 있지 않은 공익법인등(상증법 제48조제11항 요건충족 공익법인 또는 국가 · 지방자치단체가 출연하여 설립한 공익법인)이 그 공익법인등의 출연자와 특수관계에 있지 아니한 내국법인의 주식 등을 취득하는 경우로 주무관청이 공익법인등의 목적사업을 효율적으로 수행하기 위하여 필요하다고 인정하는 경우
(2) 2017.1.1. 이후 취득하는 분부터 「공익법인의 설립 · 운영에 관한 법률」 및 그 밖의 법령에 따라 내국법인의 주식 등을 취득하는 경우
(3) 「산업교육진흥 및 산학연협력촉진에 관한 법률」에 따른 산학협력단이 주식 등을 취득하는 경우로 다음 요건을 모두 갖춘 경우
(가) 산학협력단이 보유한 기술을 출자하여 같은 법에 따른 기술지주회사 또는 「벤처기업 육성특별조치법」에 따른 신기술창업전문회사를 설립할 것
(나) 출자하여 취득한 주식 등이 기술지주회사인 경우 발행주식 총수의 100분의 50 이상(산학협력단 등이 공동으로 기술지주회사를 설립하는 경우는 각 산학협력단 등이 보유한 주식의 합계가 50 이상을 말함), 신기술창업전문회사는 100분의 30 이상일 것
(다) 기술지주회사 또는 신기술창업전문회사는 자회사 외의 주식 등을 보유하지 않을 것

3) 5% 초과 보유주식에 대한 매각의무

1996.12.31. 현재 공익법인이 특정법인 주식을 20% 초과하여 보유하는 경우에는 5년(2001.12.31.까지) 내에, 5% 초과 20% 이하 보유하고 있는 경우에는 3년(1999.12.31.까지) 내에 그 초과분을 다른 주식으로 대체하여 보유하거나 처분하도록 하였다.

공익법인 등이 주식처분 유예기간 경과 후에도 그 보유기준(5%)을 초과하여 보유하는 경우에는 초과하는 주식에 대하여 매 사업연도 말 현재 시가의 5%에 상당하는 금액을 가산세 과세한다. 이 경우 가산세 부과기간은 10년을 초과하지 못한다. 나중에 취득한 주식부터 가산세를 부과한다

(상증법 제49조, 상증령 제78조제4항).

가산세 = 5% 초과보유주식의 매 사업연도 말 현재의 시가 × 5%

4) 계열기업의 주식보유 한도

공익법인의 지주회사화 방지를 위한 규정(동일한 내국법인 주식 5% 또는 10%, 20% 초과 보유 금지) 외에 공익법인 등의 총재산가액 중 특수관계에 있는 내국법인의 주식 등의 가액이 30%(회계감사, 전용계좌 개설 · 사용, 결산서류 등 공시를 이행하는 경우 50%)를 초과할 경우에는 그 초과하는 가액에 대하여 가산세를 적용한다(상증법 제48조제9항)

국가나 지방자치단체가 설립한 공익법인등 및 이에 준하는 것으로 대통령령으로 정하는 공익법인등과 상증법 제48조제11항 각 호의 요건을 충족하는 공익법인등은 제외한다.

공익법인이 주식처분 유예기간 경과 후에도 특수관계에 있는 내국법인의 주식을 총자산가액의 30%(회계감사, 전용계좌의 개설 · 사용, 결산서류 등의 공시를 이행하는 공익법인 등에 해당하는 경우에는 50%) 이상 보유하고 있는 경우에는 초과하는 주식에 대하여 매 사업연도 말 현재 시가의 5%에 상당하는 금액을 가산세로 부과한다.

마. 출연재산 일정비율 의무사용

총자산가액 5억원 이상이거나 해당 사업연도의 수입금액과 출연재산가액 합계액이 3억원 이상인 공익법인 및 동일한 내국법인의 의결권 있는 주식 등을 그 내국법인 발행주식총수 등의 5%를 초과하여 보유하고 있는 공익법인 등은 매년 출연재산가액의 일정비율에 상당하는 금액(기준금액)을 직접 공익목적사업에 사용하여야 하며, 미달하게 사용한 경우 가산세가 부과된다(상증법 제48조제2항제7호, 상증령 제38조제18항 · 제19항 · 제20항).

이 경우 출연재산가액은 아래의 산식에 따라 계산한다. 공익법인등이 상증령 제41조의2 제6항에 따른 공익법인등에 해당하거나 상증령 제43조제3항에 따른 공익법인등에 해당하지 않는 경우로서 재무상태표상 자산가액이 상증법 제4장에 따라 평가한 가액의 100분의 70 이하인 경우에는 같은 장에 따라 평가한 가액을 기준으로 다음의 계산식에 따라 계산한 가액을 말한다.

수익용 또는 수익사업용으로 운용하는 재산(직접 공익목적사업용 재산은 제외한다)의 [총자산가액 - (부채가액 + 당기순이익)]

총자산가액 중 해당 공익법인이 3년 이상 보유한 유가증권시장 또는 코스닥시장에 상장된 주

권상장법인의 주식 가액은 직전 3개 과세기간 또는 사업연도 종료일 현재 각 재무상태표 및 운영성과표를 기준으로 한 가액의 평균액으로 한다.

기준금액에서 직접 공익목적사업에 사용한 금액을 차감한 금액의 100분의 10에 상당하는 금액을 그 공익법인 등이 납부할 세액에 가산하여 부과한다.

<출연재산 일정비율 의무사용 개정연혁>

구분	2018.1.1. 이후 사업연도부터	2021.1.1. 이후 사업연도부터	2022.1.1. 이후 사업연도부터
의무사용 대상	성실공익법인	자산 5억, 수입금액등 3억 이상 법인	주식 5% 등 초과보유 법인
사용기준금액	출연재산가액의 1%(3%)	출연재산가액의 1%	출연재산가액의 1%
제재규정	기준미달사용액의 10% 가산세 부과	기준미달사용액의 10% 가산세 부과	주식 5% 초과분에 대해 증여세 추가 부과

<출연재산가액 개정연혁>

2021.12.31. 이전[21]	2022.1.1. 이후 개시하는 과세기간 또는 사업연도부터
수익용 또는 수익사업용으로 운용하는 재산(직접 공익목적사업용 재산은 제외)의 [총자산가액-(부채가액+당기순이익)]	수익용 또는 수익사업용으로 운용하는 재산(직접공익목적사업용 재산은 제외)의 [총자산가액(총자산가액 중 해당 공익법인이 3년 이상 보유한 유가증권시장 또는 코스닥시장에 상장된 주권상장법인의 주식 가액은 직전 3개 과세기간 또는 사업연도 종료일 현재 각 재무상태표 및 운영성과표를 기준으로 한 가액의 평균액)-(부채가액+당기순이익)]

바. 출연자 등의 이사 취임시 지켜야 할 일

출연자 또는 그의 특수관계인이 상증령 제38조제11항에서 규정하고 있는 공익법인(의료법인 제외) 등의 현재 이사 수(5명 미만은 5명으로 봄)의 1/5을 초과하여 이사가 되거나 임 · 직원(이사 제외)이 되는 경우 지출된 직간접 경비 전액에 대해 가산세를 부과한다(상증법 제48조제8항).

가산세가 부과되지 않는 임 · 직원 범위는 아래와 같다.

1) 의사

2) 학교의 교직원: 교사, 교장, 교감, 총장, 학장 등(직원은 「사립학교법」 제29조에 따른 학교에 속하는 회계로 경비를 지급하는 경우만 해당)을 말한다.

3) 아동복지시설의 보육사

---

21. 2022.1.1. 전에 개시한 과세기간 또는 사업연도에 직접 공익목적사업에 사용해야 하는 금액의 계산에 관하여는 종전 규정에 따른다.

4) 도서관의 사서

5) 박물관 · 미술관의 학예사

6) 사회복지시설의 사회복지사 자격소지자

7) 「국가과학기술 경쟁력 강화를 위한 이공계지원 특별법」 제2조제3호에 따른 연구기관의 연구원으로서 상증규칙 제21조에서 정하는 연구원(2021. 2. 17. 이후 경비를 지출하는 분부터 적용)

출연자의 범위 재산출연일 현재 해당 공익법인 등의 총출연재산가액의 1%에 상당하는 금액과 2천만원 중 적은 금액을 초과하여 출연한 자를 말한다(상증령 제38조제10항).

이사 수 기준(1/5)을 초과하는 이사 또는 임 · 직원이 된 출연자 등이 있는 경우 그 사람을 위하여 지출된 급료, 판공비, 비서실 운영경비, 차량유지비 등 직 · 간접경비 상당액 전액을 매년 가산세로 부과한다(상증법 제78조제6항, 상증령 제80조제10항).

다만, 다음의 해당하는 경우에는 가산세를 부과하지 아니한다.

1) 2016.1.1. 이후 결정하거나 경정하는 경우부터 상증령 제38조제12항에 따른 부득이한 사유(이사의 사망 또는 사임, 특수관계인에 해당하지 아니하던 이사가 특수관계인에 해당하는 경우)로 1/5을 초과한 경우로 해당 사유가 발생한 날부터 2개월 이내에 이사를 보충하거나 개임(改任)하는 경우

2) 임 · 직원 중 의사, 학교 교직원, 아동복지시설 보육사, 도서관 사서, 박물관 · 미술관 학예사, 사회복지시설 사회복지사 자격을 가진 자와 관련된 경비

이사 취임시기가 다른 경우에는 나중에 취임한 이사에 대한 분부터 적용하며, 취임시기가 동일한 경우에는 지출경비가 큰 이사에 대한 분부터 적용한다.

사. 특정기업의 광고 등 행위 금지

공익법인이 특수관계에 있는 내국법인의 이익을 증가시키기 위하여 정당한 대가를 받지 아니하고 광고 · 홍보를 하는 경우에는 가산세를 부과한다(상증법 제48조제10항).

가산세를 부과하는 광고 · 홍보는 다음에 해당하는 것이다.

1) 신문 · 잡지 · 텔레비전 · 라디오 · 인터넷 또는 전자광고판 등을 이용하여 내국법인을 위하여 홍보하거나 내국법인의 특정상품에 관한 정보를 제공하는 행위(다만, 내국법인의 명칭만을 사용하는 홍보는 제외)

2) 팜플렛 · 입장권 등에 내국법인의 특정상품에 관한 정보를 제공하는 행위(다만, 내국법인의 명칭만을 사용하는 홍보는 제외)

광고 · 홍보에 대한 가산세는 아래와 같다(상증법 제78조제8항, 상증령 제80조제12항).

위의 1)의 경우: 당해 광고 · 홍보매체의 이용 비용

위의 2)의 경우: 당해 행사비용 전액

아. 자기내부거래시 지켜야 할 일

공익법인이 출연받은 재산, 출연받은 재산을 원본으로 취득한 재산, 출연받은 재산의 매각대금 등을 출연자 및 특수관계에 있는 자가 정당한 대가를 지급하지 않고 사용 · 수익하는 경우(예: 임대차, 금전소비대차, 사용대차 등)에는 공익법인이 증여받은 것으로 보아 증여세가 과세된다(상증법 제48조제3항, 상증령 제39조).

증여세 과세방법은 아래와 같다.

가) 출연재산을 무상으로 사용 · 수익하게 하는 경우: 해당 출연재산가액을 증여가액으로 과세

나) 정상적인 대가보다 낮은 가액으로 사용 · 수익하게 하는 경우: 그 차액에 상당하는 출연재산가액을 증여가액으로 과세

자. 특정계층에만 공익사업의 혜택 제공 금지

특정계층에 제공된 재산가액이나 경제적 이익을 증여가액으로 하여 그 공익법인에 증여세가 과세된다. 해당 공익법인의 설립 또는 정관 변경을 허가하는 조건으로 주무부 장관이 기획재정부 장관과 협의하여 공익사업 수혜자의 범위를 정하는 경우 증여세 과세대상에서 제외하고 있다.

공익법인이 특정지역 자녀의 장학금 지원사업을 정관에 명시하고 출연자도 같은 목적으로 출연한 경우 증여세 과세대상이 아니다(국심2003서1779, 2003.10.15.).

차. 해산시

공익법인 해산시 잔여재산은 국가 · 지방자치단체 또는 해당 공익법인과 유사한 공익법인에 귀속시켜야 한다. 유사한 공익법인등은 주무부장관이 해당 공익법인등과 유사한 것으로 인정한 공익법인등을 말한다. 국가(위원회) 결정에 따라 공익법인이 해산하면서 잔여재산을 영리법인에 귀속시킨 경우 행정법규 위반에 대하여 위반자의 의무위반을 탓할 수 없는 정당한 사유에는 부과할 수 없다(서울행법2018구합58165(2019.12.31.)-대법원2019두55804(2020.1.30. 심불)).

쟁점

사단법인인 종교법인이 설립취소된 경우

사단법인이자 종교법인이 설립취소된 경우 증여세와 관련하여 크게 2가지 쟁점이 있고, 2가지 쟁점 아래 여러 검토할 사항이 있다.

1. 사후관리 위반으로 종교법인에게 증여세를 부과할 수 있는지

1-1. 증여세 사후관리 대상은 무엇인지

사후관리 대상은 종교법인이 출연받은 부동산, 주식 및 출자지분이다. 헌금은 사후관리 대상이 아니다. 상증령 제38조제1항에서 종교사업에 출연하는 헌금(부동산 및 주식등으로 출연하는 경우를 제외)을 사후관리 대상이 아니라고 규정하고 있으며 출연자가 구분되더라도 헌금은 사후관리 대상이 아닌 것으로 본다(기획재정부 재산세제과-268, 2016.5.26., 법령해석과-1788, 2016.5.31.).

1-2. 공익법인의 사업을 종료한 것으로 볼 수 있는지

상증법 제48조제2항제8호 및 상증령 제38조제8항제1호(공익법인등이 사업을 종료한 때의 잔여재산을 국가 · 지방자치단체 또는 해당 공익법인등과 동일하거나 주무부장관이 유사한 것으로 인정하는 공익법인등에 귀속시키지 아니한 때)를 그 밖에 출연받은 재산 및 직접 공익목적사업에 운용하지 아니한 것으로 규정하고 있다.

상증법의 공익법인등은 공익사업을 하는 법인, 법인 아닌 단체를 말하는 것이고, 사단법인이 설립취소된다고 하더라도 단체가 대상이 된다.

따라서 사업(종교의 보급 기타 교화에 현저히 기여하는 사업)을 종료한 것으로 볼 수 있는지는 그 후에 단체가 하는 사업으로 판단하여야 한다.

1-3. 설립취소로 사후관리 위반으로 증여세를 부과할 수 있는지

상증법 제48조제2항등에서 공익법인등의 증여세 사후관리 유형을 규정하고 있는데, 크게 보면 출연받은 재산과 출연받은 재산에서 발생한 운용소득과, 출연받은 재산의 매각대금을 직접 공익목적사업에 사용했는지 여부다. 직접 공익목적사업 사용은 시기와 비율이 정해져 있기 때문에 기한이 지나기 전에 설립 취소되었다면 사후관리 위반이 문제가 될 수 있다.

예를 들어 출연받은 재산은 3년 이내에 공익목적사업에 사용하여야 하는데, 3년이 지나기 전에 설립이 취소된 경우다. 조항을 살펴보면, 상증법 제48조제2항제8호는 앞의 제1호, 제2호 등과 별개로 구분되어 있으며, 별도 조정하는 규정들을 두고 있지 않다. 따라서 제8호와 제1호등은 별개 규정으로 보아 제1호 등을 위반하여 증여세를 부과할 여지가 있다.

다만, 이 경우에 상증령 제38조제3항에서 법령상 또는 행정상 부득이한 사유 등으로 주무부장관이 인정하는 경우는 제외하는데 여기에 해당하는지를 검토할 필요가 있다(대구고법2010누2464, 2011.5.13. 판례 등을 참고하기 바람).

1-4. 증여자(출연자)에게 증여세 연대납부의무가 있는지

사후관리 위반으로 증여세가 부과되는 경우 출연자(증여자)에게도 증여세 문제가 발생할 수 있다. 증여자에게 증여세 연대납부의무가 없는 경우는 상증법 제4조의2제6항과 상증령 제3조의3제2항에서 규정하고 있다.

○ 상증령 제3조의3제2항

1. 법 제48조에 따른 증여세 또는 가산세 부과사유 발생일부터 소급하여 재산출연일까지의 기간이 10년 이상일 것
2. 제1호의 기간 중 출연자(제38조제10항에 따른 자) 또는 그의 특수관계인이 해당 공익법인의 이사 또는 임직원(이사 제외)이 아니었어야 하며, 이사 선임 등 공익법인의 사업운영에 관한 중요사항을 결정할 권한을 가지지 아니하였을 것

2. 잔여재산 귀속자에게 증여세를 부과할 수 있는지

2-1. 잔여재산 귀속자는 누구인가

사단법인이 설립근거가 되는 법률은 민법, 공익법인의 설립 · 운영에 관한 법률[22] 등이 있다. 잔여재산의 귀속자는 설립근거가 되는 법률에 따라 판단하여야 한다. 민법 제80조에서는 정관으로 지정된 자, 정관에 없다면 주무관청의 허가를 얻어 그 법인의 목적에 유사한 목적을 위하여 그 재산을 처분할 수 있으며, 처분되지 아니한 재산은 국가에 귀속된다고 규정하고 있다.

공익법인의 설립 · 운영에 관한 법률 제13조제1항에서는 국가, 지방자치단체에 귀속된다고 규정하고 있다.

2-2. 잔여재산의 귀속자에게 증여세를 부과할 수 있는지

우선 조심할 부분이 상증령 제38조제8항제1호(공익법인등이 사업을 종료한 때의 잔여재산을 국가 · 지방자치단체 또는 해당 공익법인등과 동일하거나 주무부장관이 유사한 것으로 인정하는 공익법인등에 귀속시키지 아니한 때) 규정은 잔여재산 귀속자에 대한 증여세 규정이 아니라, 사단법인 즉 출연받은 종교법인에 대한 증여세 규정이라는 것이다.

그러니까 잔여재산의 귀속자가 받은 재산은 증여세 비과세대상이 아닌 이상 증여세 과세대상이고, 귀속자가 상증법상 공익법인등이라면 증여세 과세가액을 불산입해야 한다.

사단법인이 공익법인의 설립 · 운영에 관한 법률에 따라 해산하면 증여세 비과세(국가나 지방자치단체가 받는 재산은 증여세 비과세에 해당–상증법 제46조)에 해당하는 것이고, 사단법인이 민법에 따라 해산하면 정관을 살펴보아야 한다. 귀속자가 상증법상 공익법인등이 아니라면 증여세 부과를 검토해야 한다.

4. 공익법인등의 납세협력의무

가. 출연재산 보고서 등 제출의무

재산을 출연받은 공익법인등은 납세지 관할세무서장에게 결산에 관한 서류 및 출연받은 재산의 사용계획, 진도에 관한 보고서를 과세기간 또는 사업연도 종료일로부터 4개월(2021.12.31. 이전에는 3개월) 이내에 제출해야 한다(상증법 제48조제5항, 상증령 제41조).

---

22. 공익법인의 설립 · 운영에 관한 법률 제2조(적용범위). 이 법은 재단법인이나 사단법인으로서 사회 일반의 이익에 이바지하기 위하여 학자금 · 장학금 또는 연구비 보조나 지급, 학술, 자선(慈善)에 관한 사업을 목적으로 하는 법인(이하 "공익법인"이라 한다)에 대하여 적용한다.

1) 결산에 관한 서류

재산을 출연받은 공익법인등은 결산에 관한 서류(「공익법인의 설립 · 운영에 관한 법률」 및 그 밖의 법령에 따라 공익법인등이 주무관청에 제출하는 재무상태표 및 손익계산서[23]에 한한다)를 납세지 관할세무서장에게 제출하여야 한다.

2) 공익법인등 출연재산 등에 대한 보고서

공익법인등 출연재산 등에 대한 보고서(상증규칙 별지 제23호 서식)에는 다음의 상증규칙 별지서식을 첨부하여 함께 제출하여야 한다.

가) 상증규칙 별지 제24호서식에 따른 출연재산 · 운용소득 · 매각대금 사용계획 및 진도내역서
나) 상증규칙 별지 제25호의2서식에 따른 출연받은 재산의 사용명세서
다) 상증규칙 별지 제25호의3서식에 따른 출연재산 매각대금 사용명세서
라) 상증규칙 별지 제25호의4서식에 따른 운용소득 사용명세서
마) 상증규칙 별지 제26호서식에 따른 주식(출자지분) 보유명세서
바) 상증규칙 별지 제26호의2서식에 따른 이사 등 선임명세서
사) 상증규칙 별지 제26호의3서식에 따른 특정기업광고 등 명세서
아) 공익법인등의 세무확인서, 공익법인등의 세무확인 결과 집계표, 출연자 등 특수관계인 사용수익명세서, 수혜자 선정 부적정명세서, 재산 운영 및 수익사업내역 부적정명세서, 장부작성 · 비치의무 불이행명세서, 보유부동산명세서(상증법 제50조제1항에 따라 외부전문가 세무확인을 받아야 하는 경우로 한정)

3) 가산세

공익법인등 출연재산 등에 대한 보고서를 제출하지 아니하였거나 제출된 보고서에 출연재산 · 운용소득 및 매각재산 등의 명세를 누락하거나 잘못 기재하여 사실을 확인할 수 없는 경우에는 미제출분 또는 불분명한 부분의 금액에 상당하는 상속세액 또는 증여세액의 1%를 가산세로 과세한다(상증법 제78조제3항).

국기법 제49조제1항에 따라 중소기업은 5천만원을 한도로 하며, 중소기업이 아닌 경우에는 1억원을 한도로 한다. 다만, 해당 의무를 고의적으로 위반한 경우에는 그러하지 아니하다. 중소기업은 중소기업기본법 제2조제1항에 따른 중소기업을 말한다.

---

23. 손익계산서에 준하는 수지계산서 등을 포함

<제출기한 개정연혁>

2021.12.31. 이전[24]	2022. 1. 1. 이후 제출하는 경우부터
3개월	4개월

나. 결산서류 등의 공시의무

공익법인등은 "결산서류등"을 해당 공익법인등의 과세기간 또는 사업연도 종료일부터 4개월 이내에 국세청 인터넷 홈페이지[25]에 게재하는 방법으로 공시하여야 한다. 공익법인등에서 종교보급 기타 교화에 현저히 기여하는 사업을 하는 공익법인등은 대상이 아니다(상증법 제50조의3, 상증령 제43조의3제3항). 공익법인 등은 과세가액 불산입 재산의 출연여부와 관계없이 전용계좌 사용의무 및 결산서류 등 공시의무 규정이 적용된다(재산세과-309, 2011.6.27.).

1) 결산서류등

가) 재무제표
나) 기부금 모집 및 지출 내용
다) 해당 공익법인등의 대표자, 이사, 출연자, 소재지 및 목적사업에 관한 사항
라) 출연재산의 운용소득 사용명세
마) 상증법 제50조제3항에 따라 회계감사를 받을 의무가 있는 공익법인등에 해당하는 경우에는 감사보고서와 그 감사보고서에 첨부된 재무제표
바) 주식보유 현황 등
(1) 공익법인등의 주식등의 출연 · 취득 · 보유 및 처분사항
(2) 공익법인등에 주식등을 출연한 자와 그 주식등의 발행법인과의 관계
(3) 주식등의 보유로 인한 배당현황, 보유한 주식등의 처분에 따른 수익현황 등
(4) 상증법 제16조제2항, 제48조제1항 및 같은 조 제2항제2호에 따라 내국법인의 의결권 있는 주식등을 그 내국법인의 발행주식총수등의 100분의 5를 초과하여 보유하고 있는 공익법인등으로서 제41조의2제6항에 해당하는 경우에는 보유주식에 대한 의결권의 행사 결과
(5) 상법 제50조제3항에 따른 외부감사를 받는 공익법인등의 경우에는 출연받은 재산의 공익목적사용 현황

---

24. 2022.2.14. 이전에 공익법인등의 과세기간 또는 사업연도가 종료한 경우로 2022.2.15. 당시 그 종료일로부터 4개월이 지나지 않은 경우에도 적용한다.
25. 홈택스(www.hometax.go.kr) 〉 세금종류별 서비스 〉 공익법인 결산서류공시 〉 공시/공개 등록하기 〉 공익법인 결산서류 등 공시

<공시의무대상 개정연혁>

2011.7.25.이 속하는 사업연도 분부터	2014.1.1.이 속하는 사업연도 분부터	2020.1.1. 이후 개시하는 사업연도 분부터
자산총액 10억원 이상 또는 수입금액과 출연재산의 합이 5억원 이상	자산총액 5억원 이상 또는 수입금액과 출연재산의 합이 3억원 이상	모든 공익법인(종교법인 제외)

2) 간편서식

결산서류 등의 공시대상 과세기간 또는 사업연도 종료일 현재 재무상태표상 총자산가액(부동산인 경우 상증법 제60조, 법 제61조 및 법 제66조에 따라 평가한 가액이 재무상태표상 가액보다 크면 그 평가한 가액) 합계액이 5억원 미만인 공익법인등은 간편서식으로 공시할 수 있다. 다만, 해당 과세기간 또는 사업연도 수입금액과 그 과세기간 또는 사업연도에 출연받은 재산가액의 합계액이 3억원 이상인 공익법인등과 상증법 제41조의2제6항에 해당하는 공익법인등은 제외한다.

3) 가산세

국세청장은 공익법인등이 결산서류 등을 공시하지 아니하거나 그 공시내용에 오류가 있는 경우에는 해당 공익법인 등에 대하여 1개월 이내의 기간을 정하여 공시하도록 하거나 오류를 시정하도록 요구할 수 있다(상증법 제50조의3제2항).

국세청장은 공시요구를 하거나 오류시정을 요구할 때에는 문서로 하여야 하며, 요구를 이행하지 아니하는 공익법인등에 대해서는 가산세를 부과하고 해당 공익법인등의 주무부장관에게 관련 사실을 통보하여야 한다(상증령 제43조의5제5항).

세무서장등은 공익법인등이 결산서류등을 공시하지 아니하거나 공시 내용에 오류가 있는 경우로서 국세청장의 공시 또는 시정요구를 지정된 기한 이내에 이행하지 아니하는 경우, 공시하여야 할 과세기간 또는 사업연도 종료일 현재 해당 공익법인의 재무상태표상 자산총액의 1천분의 5에 상당하는 금액을 가산세로 부과한다(상증법 제78조제11항). 자산총액은 공시하여야 할 과세기간 또는 사업연도 종료일 현재 재무상태표상 총자산가액(부동산인 경우 상증법 제60조 · 제61조 및 제66조에 따라 평가한 가액이 재무상태표상 가액보다 크면 그 평가한 가액)의 합계액을 말한다.

다만, 총자산가액이 5억원 미만이면서 해당 과세기간 또는 사업연도 수입금액과 그 과세기간 또는 사업연도에 출연받은 재산 합계액이 3억원 미만인 공익법인의 2022.12.31. 이전에 개시하는 과세기간 또는 사업연도의 공시에 대하여는 본문에 따른 가산세를 부과하지 아니한다(상증법 제78조제11항).

4) 공익법인등 공시자료의 제공

국세청장은 다음에 해당하는 자로 결산서류 제공을 신청한 자에게 공익법인등이 공시한 결산서류를 제공할 수 있다(상증법 제50조의3제3항, 상증령 제43조의5제6항).

가) 「정부출연연구기관 등의 설립 · 운영 및 육성에 관한 법률」 제8조제1항 또는 「과학기술분야 정부출연연구기관 등의 설립 · 운영 및 육성에 관한 법률」 제8조제1항에 따라 설립된 연구기관
나) 공시의무를 이행한 공익법인등
다) 「기부금품의 모집 및 사용에 관한 법률」 제4조제1항에 따른 등록청이 「전자정부법」 제72조제4항에 따라 기부금을 통합하여 관리하는 시스템 구축 및 운영에 관한 업무를 위탁한 기관

가), 나)는 2019.2.12. 이후 공시한 자료 제공을 신청하는 경우부터 적용하며(상증령 부칙 제29533호, 2019.2.12.), 다)는 2021.2.17. 이후 적용[26]한다.

다. 장부의 작성·비치의무

1) 장부의 작성

공익법인등은 소득세 과세기간 또는 법인세 사업연도별로 출연받은 재산 및 공익사업 운용 내용 등에 대한 장부를 작성하여야 하며 장부와 관계있는 중요한 증명서류를 갖추어야 한다. 장부와 중요한 증명서류는 해당 공익법인등의 소득세 과세기간 또는 법인세 사업연도 종료일부터 10년간 보존하여야 한다(상증법 제51조).

다음에 해당하는 경우에는 장부를 작성 · 비치한 것으로 본다.

가) 이중으로 대차평균하게 기표된 전표와 이에 대한 증빙서류가 완비되어 재산 보유 및 운용상태와 수입 및 지출내용 변동을 빠짐없이 기록한 경우
나) 당해 수입과 지출에 대한 계산서(「부가가치세법」에 의한 세금계산서를 포함)와 영수증등에 의하여 재산 보유 및 운용상태와 수입 및 지출내용 변동을 빠짐없이 보관하고 있는 경우

2) 가산세

장부를 작성 · 비치하여야 할 공익법인이 그 장부의 작성 · 비치 의무를 불이행하였을 경우에는

---

26. 상증령 부칙(제31446호, 2021.2.17.)에서 관련 내용이 없으며, 『2021 국세청 개정세법 해설』에서는 2021.2.17. 이후 신청하는 분부터 적용한다고 기재되어 있다.

다음 산식에 따라 계산한 가산세를 납부하여야 한다(상증법 제78조제5항).

(해당 사업연도 수입금액 + 출연재산가액) × 0.07%

'해당 사업연도 수입금액'은 장부 작성 · 비치의무를 이행하지 아니한 사업연도의 수입금액 합계를 말한다. '출연재산가액'은 그 과세기간 또는 사업연도에 출연받은 재산가액을 말한다.

다음의 공익법인등은 가산세를 부과하지 않는다(상증령 제80조제9항).

가) 사업연도 종료일 현재 재무상태표상 총자산가액(부동산의 경우 상증법 제60조 · 제61조 및 제66조에 따라 평가한 가액이 재무상태표상 가액보다 큰 경우에는 그 평가한 가액) 합계액이 5억원 미만이면서 해당 과세기간 또는 사업연도 수입금액과 그 과세기간 또는 사업연도에 출연받은 재산가액 합계액이 3억원 미만인 공익법인등

'수입금액'은 공익사업과 관련된 「소득세법」에 따른 수입금액 또는 「법인세법」에 따라 법인세 과세대상이 되는 수익사업과 관련되는 수입금액을 말한다.

<가산세 제외 개정연혁>

2013.12.31. 이전	2020. 1. 1. 이후 개시하는 사업연도 분부터
총자산가액 10억원 미만 & 수입금액+출연재산 합계 5억원 미만	총자산가액 5억원 미만 & 수입금액+출연재산 합계 3억원 미만

나) 불특정다수인으로부터 재산을 출연받은 공익법인등(출연자 1명과 그 특수관계인이 출연한 출연재산가액 합계액이 공익법인등이 출연받은 총재산가액 100분의 5에 미달하는 경우에 한함)

다) 국가 · 지방자치단체가 출연하여 설립한 공익법인등으로 감사원 회계검사를 받는 공익법인등(회계검사를 받는 연도분에 한함)

라. 외부전문가의 세무확인서 보고의무

1) 대상

사업연도 종료일 현재 재무상태표상 총자산가액이 5억원 이상이거나 해당 과세기간 또는 사업연도 수입금액과 그 과세기간 또는 사업연도에 출연받은 재산가액 합계액이 3억원 이상인 공익법인등은 2명 이상의 변호사, 공인회계사 또는 세무사를 선임하여 세무확인을 받아야 한다(상증법 제50조).

<세무확인 대상 개정연혁>

2011. 7. 25. 이 속하는 사업연도 부터	2014. 1. 1. 이 속하는 사업연도부터	2017.1.1. 이후 개시하는 사업연도부터
자산총액 10억원 이상 또는 수입금액과 출연재산 합이 5억원 이상	자산총액 5억원 이상 또는 수입금액과 출연재산의 합이 3억원 이상	(좌동) 외부회계감사를 받은 공익법인등

아래 공익법인등은 대상에서 제외한다(상증령 제43조제2항).

가) 재무상태표상 총자산가액(부동산의 경우 상증법 제60조 · 제61조 및 제66조에 따라 평가한 가액이 재무상태표상의 가액보다 큰 경우에는 그 평가한 가액) 합계액이 5억원 미만이면서 해당 과세기간 또는 사업연도 수입금액과 그 과세기간 또는 사업연도에 출연받은 재산가액 합계액이 3억원 미만인 공익법인

수입금액은 "공익사업과 관련된 「소득세법」에 따른 수입금액 또는 「법인세법」에 따라 법인세 과세대상이 되는 수익사업과 관련되는 수입금액"을 말한다.

나) 불특정다수로부터 재산을 출연받은 공익법인(출연자 1명과 그 특수관계인이 출연한 출연재산가액 합계액이 공익법인이 출연받은 총재산가액 100분의 5에 미달하는 경우에 한함)

다) 국가 또는 지방자치단체가 출연하여 설립한 공익법인으로 감사원의 회계검사를 받는 공익법인(회계검사를 받는 연도분에 한함)

2) 외부전문가

외부전문가는 변호사 · 공인회계사 · 세무사를 말하며, 세무확인을 받는 공익법인으로부터 업무수행상 독립되어야 하므로 외부전문가가 다음에 해당하는 경우에는 선임할 수 없다.

가) 해당 공익법인 등의 출연자 · 설립자("출연자등") 또는 임직원

재산출연일 현재 해당 공익법인등의 총 출연재산가액 100분의 1에 해당하는 금액과 2천만원 중 적은 금액 이하를 출연한 사람은 제외한다.

나) 출연자등과 상증령 제2조의2 제1항제1호(친족 등), 제2호(사용인 등) 관계에 있는 사람

다) 출연자등 또는 그가 경영하는 회사(해당 회사가 법인이면 출연자등이 최대주주등 회사를 말함)와 소송대리, 회계감사, 세무대리, 고문 등의 거래가 있는 사람

라) 해당 공익법인등과 채권 · 채무 관계에 있는 사람

마) 가)부터 라)까지 사유 외에 해당 공익법인등과 이해관계가 있는 등의 사유로 직무의 공정한 수행을 기대하기 어렵다고 인정되는 사람

바) 가)(임직원은 제외) 및 다)부터 마)까지 규정에 따른 관계에 있는 법인에 소속된 사람

3) 세무확인할 사항

가) 출연받은 재산의 공익목적 사용여부
나) 상증법 제48조 · 상증령 제37조 및 제39조에 따른 의무사항 이행여부
다) 출연받은 재산의 운영 및 수익사업내역 적정성 여부
라) 장부 작성 · 비치의무의 준수여부
마) 공익법인등의 수혜자 선정 적정성 여부

4) 세무확인 실시 · 보고 기한

외부전문가의 세무확인은 과세기간 또는 사업연도 종료일부터 2개월 이내에 실시하여야 하며, 공익법인은 그 결과를 공익법인 등의 세무확인서(상증규칙 별지 제32호 서식)에 의하여 해당 과세기간 또는 사업연도 종료일부터 4개월(2021.12.31. 이전에는 3개월) 이내에 관할세무서장에게 보고하여야 한다.

<보고기한 개정연혁>

2021.12.31. 이전[27]	2022. 1. 1. 이후 보고하는 경우부터
3개월	4개월

5) 외부전문가의 세무확인 보고 미이행 가산세

외부전문가인 세무확인 대상 공익법인이 세무확인에 대한 보고의무 등을 이행하지 아니할 경우에는 다음 산식에 따라 계산한 가산세를 납부하여야 한다(상증법 제78조제5항). 이 경우, 상증법 제78조제5항 본문 중 '소득세 과세기간 또는 법인세 사업연도의 수입금액'에서 수입금액이라 함은 법인세법 제3조제3항에 따른 수익사업에서의 수입금액을 의미한다(재산세과-168, 2009. 9. 9.).

Max [(해당 사업연도 수입금액 + 출연재산가액) × 0.07%, 100만원]

국기법 제49조에 따라 1억원(중소기업기본법 제2조제1항에 따른 중소기업이면 5천만원)을 한도로 한다. 다만, 고의적으로 위반한 경우에는 그러하지 아니하다.

---

27. 2022.2.14. 이전에 공익법인등의 과세기간 또는 사업연도가 종료한 경우로 2022.2.15. 당시 그 종료일로부터 4개월이 지나지 않은 경우에도 적용한다.

마. 외부 회계감사를 받아야 할 의무

공익법인등은 과세기간별 또는 사업연도별로 「주식회사 등의 외부감사에 관한 법률」 제2조 제7호에 따른 감사인에게 회계감사를 받아야 한다(상증법 제50조제3항). 회계감사를 받은 공익법인등은 감사인이 작성한 감사보고서를 과세기간 또는 사업연도 종료일부터 4개월 이내(2021.12.31. 이전에는 3개월)에 관할 세무서장에게 제출해야 한다.

1) 감사인의 범위

가) 「공인회계사법」 제23조에 따른 회계법인
나) 「공인회계사법」 제41조에 따라 설립된 한국공인회계사회에 총리령이 정하는 바에 따라 등록한 감사반

2) 회계감사 제외 공익법인등

가) 회계감사를 받아야 하는 과세기간 또는 사업연도의 직전 과세기간 또는 직전사업연도의 총자산가액 등이 다음 각 호를 모두 충족하는 공익법인 등
(1) 과세기간 또는 사업연도 종료일의 재무상태표상 총자산가액(부동산인 경우 상증법 제60조, 법 제61조 및 법 제66조에 따라 평가한 가액이 재무상태표상 가액보다 크면 그 평가한 가액) 합계액이 100억원 미만일 것
(2) 해당 과세기간 또는 사업연도 수입금액과 그 과세기간 또는 사업연도에 출연받은 재산가액 합계액이 50억원 미만일 것
(3) 해당 과세기간 또는 사업연도에 출연받은 재산가액이 20억원 미만일 것
(2), (3)은 2020.1.1. 이후 개시하는 사업연도 분부터 적용한다.
나) 상증령 제12조제1호, 제2호의 사업을 영위하는 공익법인

위의 공익법인등을 제외하면 회계감사를 받아야 할 공익법인등은 회계감사를 받아야 하는 사업연도의 직전 사업연도 총자산가액이 100억원 이상이거나 직전 사업연도 수입금액과 출연재산 합계액이 50억원 이상 또는 출연재산가액이 20억원 이상인 공익법인등이 된다. 따라서 상증법의 회계감사대상과 주식회사 등의 외부감사에 관한 법률에 따른 외부감사대상[28]은 차이가 있다.

---

28. 주식회사 등의 외부감사에 관한 법률 시행령 제5조【외부감사의 대상】
① 법 제4조제1항제3호 본문에서 "직전 사업연도 말의 자산, 부채, 종업원 수 또는 매출액 등 대통령령으로 정하는 기준에 해당하는 회사"란 다음 각 호의 어느 하나에 해당하는 회사를 말한다. 〈개정 2020.10.13.〉

3) 가산세

2017.1.1. 이후 개시하는 사업연도분부터 회계감사 대상 공익법인이 의무를 이행하지 않은 경우 아래 산식에 따른 가산세를 부과한다(상증법 제78조제5항제3호).

(해당 사업연도 수입금액 + 출연재산가액) × 0.07%

해당 사엽연도의 수입금액은 "외부 회계감사를 이행하지 아니한 소득세 과세기간 또는 법인세 사업연도의 수입금액"을 말하며, 출연재산가액은 "외부전문가의 세무확인에 대한 보고를 이미 이행한 분으로서 계속 공익목적사업에 직접 사용하는 분을 차감한 가액과 회계감사를 이미 이행한 분으로서 계속 공익목적에 직접 사용하는 분을 차감한 가액의 합계액"을 말한다.

<제출기한 개정연혁>

2021.12.31. 이전	2022. 1. 1. 이후 제출하는 경우부터
3개월	4개월

바. 주기적 감사인 지정

2022.1.1. 이후 기획재정부장관은 자산 규모 등을 고려하여 대통령령으로 정하는 공익법인등[29]이 연속하는 4개 과세기간 또는 사업연도에 대하여 회계감사를 받은 경우에는 그다음 과세기간 또는 사업연도부터 연속하는 2개 과세기간 또는 사업연도에 대하여 기획재정부장관이 지정하는 감사인에게 회계감사를 받도록 할 수 있다. 이 경우 기획재정부장관은 감사인 지정 업무의 전부 또는 일부를 국세청장에게 위탁할 수 있다.

기획재정부장관은 회계감사를 받을 의무가 있는 공익법인등이 공시한 감사보고서와 그 감사

---

1. 직전 사업연도 말의 자산총액이 500억원 이상인 회사
2. 직전 사업연도의 매출액(직전 사업연도가 12개월 미만인 경우에는 12개월로 환산하며, 1개월 미만은 1개월로 본다. 이하 같다)이 500억원 이상인 회사
3. 다음 각 목의 사항 중 2개 이상에 해당하는 회사
가. 직전 사업연도 말의 자산총액이 120억원 이상
나. 직전 사업연도 말의 부채총액이 70억원 이상
다. 직전 사업연도의 매출액이 100억원 이상
라. 직전 사업연도 말의 종업원(「근로기준법」 제2조제1항제1호에 따른 근로자를 말하며, 다음의 어느 하나에 해당하는 사람은 제외한다. 이하 같다)이 100명 이상

29. 2021.8.17. 현재 관련 시행령이 공포되지 않았다.

보고서에 첨부된 재무제표에 대하여 감리할 수 있다. 이 경우 기획재정부장관은 감리 업무의 전부 또는 일부를 회계감사 및 감리에 관한 전문성을 갖춘 법인이나 단체에 위탁할 수 있다.

1) 주기적 감사인 지정대상 공익법인등

지정기준일이 속하는 과세연도(과세기간 또는 사업연도) 직전 과세연도 종료일의 재무상태표상 총자산가액 합계액이 1,000억원 이상인 공익법인등("지정대상공익법인등[30]")을 말한다. 다음의 공익법인등은 제외한다(상증령 제43조의2제1항).

가) 지정기준일 이전 4년 이내에 상증법 제50조제5항에 따른 감리를 받은 공익법인등으로서 그 감리 결과 상증법 제50조의4제1항에 따른 회계기준(다른 법령에 따라 별도 회계기준이 적용되는 공익법인등의 경우에는 해당 회계기준)을 위반한 사실이 발견되지 않은 공익법인등

나) 「공공기관의 운영에 관한 법률」 제4조에 따른 공공기관인 공익법인등

○ 상증령 제32414호 부칙 제4조(지정회계감사에 관한 특례)

2022년 12월 31일이 속하는 과세연도에 대한 지정회계감사를 실시하기 위하여 제43조의2의 개정규정을 적용할 때 2022년 12월 31일이 속하는 과세연도의 직전전 과세연도 종료일 현재 재무상태표상 총자산가액이 1,000억원 이상인 공익법인등에 대해서는 같은 개정규정에도 불구하고 다음 각 호의 사항은 해당 호에서 정하는 바에 따른다.

1. 공익법인등의 자료제출 기한: 2022년 12월 31일이 속하는 과세연도가 시작된 후 3개월째 되는 달의 초일부터 2주 이내에 제43조의2제2항 본문의 개정규정에 따른 자료를 제출
2. 지정감사인 지정기준일: 2022년 12월 31일이 속하는 과세연도 개시일부터 5개월 15일이 되는 날까지 지정
3. 지정 예정 통지 및 감사계약 기한: 제2호에 따른 지정기준일을 기준으로 계산

2) 지정회계감사 제출

직전 과세연도 종료일 현재 재무상태표상 총자산가액이 1,000억원 이상인 공익법인등(1)의 가), 나) 공익법인등은 제외한다)은 과세연도가 시작된 후 9개월째 되는 달의 초일부터 2주 이내에 법 제50조제4항에 따른 회계감사("지정회계감사"라 한다)에 필요한 자료로 기획재정부령으로 정하는 자료를 기획재정부장관에게 제출해야 한다. 다만, 지정회계감사 대상인 2개 과세연도 중 두 번째 과세연도 및 그 직후 3개 과세연도에는 제출하지 않을 수 있다(상증령 제43조의2제2항).

---

30. 2022.2.15. 이후 최초로 도래하는 과세기간 또는 사업연도분에 대해서는 지정대상 공익법인등은 지정대상 선정일이 속하는 과세기간 또는 사업연도의 전전 과세기간 또는 사업연도 종료일의 재무상태표상 총자산가액 합계액이 1,000억원 이상인 공익법인등으로 한다(상증령 0000 부칙 제7조제1호).

3) 감사인 지정 배제사유

기획재정부장관은 「주식회사 등의 외부감사에 관한 법률」에 따른 감사인 중에서 신청을 받아 법 제50조제4항 전단에 따른 감사인("지정감사인"이라 한다)을 지정하되, 다음의 자는 지정감사인으로 지정하지 않을 수 있다(상증령 제43조의2제3항).

가) 감사보고서에 기재해야 할 사항을 기재하지 않았거나 거짓으로 기재한 혐의로 공소가 제기된 자

나) 특별한 사유 없이 상증령 제43조의2제7항(제10항에 따라 준용되는 경우를 포함)에 따른 기간 내에 감사계약을 체결하지 않은 자

다) 상증령 제43조의3제3항에 따라 회계감사기준 또는 회계기준을 위반한 것으로 주무관청, 국세청장 및 금융위원회에 통보된 자

라) 그 밖에 감사인의 지위를 이용하여 감사대상자에게 부당한 비용 부담을 요구하는 등 기획재정부장관이 정하는 사유가 있는 자

ㅇ 주식회사 등의 외부감사에 관한 법률」 제2조제7호 7. "감사인"이란 다음 각 목의 어느 하나에 해당하는 자를 말한다. 가. 「공인회계사법」 제23조에 따른 회계법인(이하 "회계법인"이라 한다) 나. 「공인회계사법」 제41조에 따라 설립된 한국공인회계사회(이하 "한국공인회계사회"라 한다)에 총리령으로 정하는 바에 따라 등록을 한 감사반(이하 "감사반"이라 한다)

4) 감사인 지정통지 및 절차

기획재정부장관은 지정회계감사의 대상이 되는 과세연도의 직전 과세연도 개시일부터 11개월 15일이 되는 날("지정기준일"이라 한다)까지 지정감사인을 지정하고 이를 지정회계감사 대상 공익법인등 및 지정감사인에게 각각 통지해야 한다(상증령 제43조의2제4항~제7항).

기획재정부장관은 지정감사인을 지정하기 전에 지정회계감사 대상 공익법인등과 지정감사인으로 지정하려는 감사인에게 지정기준일 4주 전까지 지정 예정 사실을 문서로 통지해야 한다. 다만, 신속하게 지정감사인을 지정할 필요가 있는 경우에는 그 기간을 단축할 수 있다.

통지를 받은 공익법인등과 지정 예정 감사인은 통지를 받은 날부터 2주 이내에 기획재정부장관에게 의견을 제출할 수 있으며, 기획재정부장관은 그 의견에 상당한 이유가 있는 경우 그 의견을 반영할 수 있다.

지정감사인 지정 통지를 받은 공익법인등은 지정기준일부터 2주 이내에 지정감사인과 감사계약을 체결해야 한다.

다만, 다음 각 호의 경우에는 지정감사인을 다시 지정해 줄 것을 기획재정부장관에게 요청할

수 있다. 기획재정부장관은 요청에 상당한 이유가 있는 경우 지정감사인을 다시 지정할 수 있다. 기획재정부장관은 지정감사인을 다시 지정한 경우에는 그 사실을 해당 공익법인등 및 새로 지정된 지정감사인에게 각각 통지해야 한다. 지정감사인을 다시 지정한 경우의 감사계약 체결 등에 관하여는 "지정기준일"을 "통지일"로 본다.

가) 지정감사인이 특별한 사유 없이 지정기준일부터 2주 이내에 감사계약을 체결하지 않은 경우

나) 지정감사인이 「공인회계사법」 제33조 및 그 밖의 법령에 따라 해당 공익법인등의 감사인이 될 수 없는 경우

> ○ 공인회계사법 제33조(직무제한) ① 회계법인은 다음 각호의 1에 해당하는 자에 대한 재무제표를 감사하거나 증명하는 직무를 행하지 못한다.
> 1. 회계법인이 주식을 소유하거나 출자하고 있는 자(會社를 포함한다. 이하 이 條에서 같다)
> 2. 회계법인의 사원이 제21조 제1항 각 호의 1에 해당하는 관계가 있는 자
> 3. 제1호 및 제2호 외에 회계법인이 뚜렷한 이해관계를 가지고 있거나 과거 1년 이내에 그러한 이해관계를 가지고 있었던 것으로 인정되는 자로서 대통령령이 정하는 자

감사계약을 체결한 지정감사인은 감사계약을 체결한 날부터 2주 이내에 감사계약서 사본을 기획재정부장관에게 제출해야 한다.

> ○ 상증규칙 제14조의2(공익법인등에 대한 감사인 지정 등)
> ① 영 제43조의2제2항 본문에 따라 직전 과세연도(과세기간 또는 사업연도를 말한다. 이하 이 조 및 별표에서 같다) 종료일 현재 재무상태표상 총자산가액이 1,000억원 이상인 공익법인등(영 제43조의2제1항 각 호의 공익법인등은 제외한다)은 별지 제35호서식의 감사인 지정을 위한 기초자료 내역서에 직전 과세연도 종료일 현재 재무상태표상 총자산가액을 확인할 수 있는 자료를 첨부하여 국세청장에게 제출해야 한다. 이 경우 「주식회사 등의 외부감사에 관한 법률」에 따른 감사인(이하 "감사인"이라 한다) 중에서 해당 공익법인등과의 관계에서 다음 각 호의 어느 하나에 해당하는 자가 있는 경우에는 그 감사인에 대한 자료를 함께 제출할 수 있다.
> 1. 「공인회계사법」 제33조 및 그 밖의 법령에 따라 해당 공익법인등의 감사인이 될 수 없는 자
> 2. 「공인회계사법」 제43조제1항에 따른 직업윤리에 관한 규정에 위반될 우려가 있는 등 해당 공익법인등의 감사인이 되는 것이 적절하지 않은 자
>
> ② 국세청장은 법 제50조제4항 전단에 따라 공익법인등에 대하여 같은 항 전단에 따른 회계감사(이하 "지정회계감사"라 한다)를 받도록 하는 경우 매 과세연도마다 일정 수 이상의 공익법인등이 고르게 지정회계감사를 받을 수 있도록 영 제43조의2제1항의 요건을 충족하는 공익법인등을 그 재무상태표상 총자산가액이 큰 순서에 따라 과세연도별로 안분하여 지정회계감사를 받도록 할 수 있다. 다만, 영 제43조의2제4항에 따른 지정기준일 현재 다음 각 호의 사유가 있는 공익법인등에 대해서는 해당 호에서 정하는 바에 따라 지정회계감사를 받도록 해야 한다.

1. 법 제50조제3항에 따른 회계감사의 감사계약이 체결되어 있는 경우로서 그 계약체결일이 속하는 과세연도의 직전 과세연도 종료일 현재 재무상태표상 총자산가액이 1,000억원 미만이고, 그 감사계약에 따른 감사 대상 과세연도와 지정회계감사 대상이 될 과세연도가 중복되는 경우: 중복되는 최대 2개 과세연도 직후의 과세연도에 대해 지정회계감사를 받도록 할 것
2. 법 제50조제5항에 따라 감사보고서와 재무제표에 대하여 감리가 진행 중인 경우: 감리가 종료된 날이 속하는 과세연도의 다음 과세연도에 법 제50조제4항 전단에 따른 감사인(이하 "지정감사인"이라 한다)을 지정하여 그 다음 과세연도에 지정회계감사를 받도록 할 것

③ 영 제43조의2제3항에 따라 지정감사인으로 지정받으려는 감사인은 매년 9월 1일부터 2주 이내에 별지 제36호서식의 지정감사인 지정 신청서에 다음 각 호의 서류를 첨부하여 국세청장에게 제출해야 한다.

1. 감사인 등록증 사본
2. 제4항제1호 또는 제2호의 요건을 충족함을 확인할 수 있는 서류
3. 별표 제4호 및 제5호에 따른 지정감사인 지정 점수 산정을 위한 소속 공인회계사별 경력기간 세부현황 자료

④ 제3항에 따른 신청서를 제출받은 국세청장은 다음 각 호의 어느 하나에 해당하는 요건을 갖춘 감사인 중에서 별표에서 정하는 방법에 따라 지정감사인을 지정한다.

1. 제3항에 따른 신청서를 제출한 해의 9월 1일부터 과거 2년 이내에 3인 이상의 소속 공인회계사(「주식회사 등의 외부감사에 관한 법률」 제9조제4항에 따른 실무수습 등을 이수한 자로 한정한다. 이하 같다)가 「공인회계사법」 제41조에 따라 설립된 한국공인회계사회(이하 "한국공인회계사회"라 한다)가 실시하는 공익법인등에 대한 감사실무교육을 이수하였을 것
2. 제3항에 따른 신청서를 제출한 해의 9월 1일이 속하는 감사인의 사업연도의 직전 5개 사업연도 중 3개 이상의 사업연도에 법 제50조제3항에 따른 회계감사를 수행하였을 것

⑤ 국세청장은 영 제43조의2제6항에 따라 다음 각 호의 사유로 의견이 제출된 경우에는 지정 예정 감사인을 변경할 수 있다.

1. 지정 예정 감사인이 「공인회계사법」 제33조 및 그 밖의 법령에 따라 해당 공익법인등의 감사인이 될 수 없는 경우
2. 보수 등

○ 상증규칙 부칙 제3조(지정회계감사에 관한 특례)

① 공익법인등이 이 규칙 시행 전에 2022년 12월 31일이 속하는 과세연도 및 그 직후 과세연도에 대하여 법 제50조제3항에 따른 회계감사의 감사계약을 체결한 경우 국세청장은 제14조의2제2항 각 호 외의 부분 및 같은 항 제1호의 개정규정에도 불구하고 해당 과세연도의 다음 과세연도에 대해 지정회계감사를 받을 수 있도록 해야 한다.

② 2022년 12월 31일이 속하는 과세연도에 대한 지정회계감사의 지정감사인으로 지정받으려는 감사인은 제14조의2제3항의 개정규정에도 불구하고 이 규칙 시행일부터 2주 이내에 별지 제36호서식의 개정규정에 따른 지정감사인 지정 신청서를 국세청장에게 제출해야 한다. 이 경우 별지 제36호서식의 개정규정 중 "9월 1일"은 "신청서 제출일"로 본다.

③ 국세청장은 2022년 12월 31일이 속하는 과세연도에 대한 지정회계감사의 지정감사인을 지정하는 때에는 제14조의2제4항 각 호의 개정규정에도 불구하고 다음 각 호의 요건을 적용한다.

1. 제2항에 따른 신청서 제출일부터 과거 2년 이내에 3인 이상의 소속 공인회계사가 한국공인회계사회가 실시한 공익법인등에 대한 감사실무교육을 이수하였을 것

2. 이 규칙 시행일이 속하는 감사인의 사업연도의 직전 5개 사업연도 중 3개 이상의 사업연도에 법 제50조제3항에 따른 회계감사를 수행하였을 것

④ 2022년 12월 31일이 속하는 과세연도에 대한 지정회계감사의 지정감사인을 지정하는 때에는 별표 제4호 및 제5호의 개정규정에도 불구하고 다음 각 호의 사항은 해당 호에서 정하는 바에 따른다.

1. 별표 제4호의 개정규정의 계산식 중 “경력기간별 감사인 점수” 같은 표 제5호가목의 개정규정에 따른 점수만으로 산정할 것
2. 별표 제4호의 개정규정의 계산식 중 “n”: 2022년 4월 1일부터 2023년 3월 31일까지 해당 감사인이 지정감사인으로 지정되거나 지정 예정인 공익법인등의 수로 할 것
3. 별표 제5호가목의 개정규정의 점수 산정 대상: 2022년 3월 1일 현재 감사인에 소속된 공인회계사를 대상으로 할 것

○ 상증규칙 제14조의3(감사보고서 등에 대한 감리를 위한 보고) 영 제43조의3제5항에 따라 같은 조 제1항에 따른 감리 업무를 위탁받은 한국공인회계사회는 매년 1분기 내에 감리 대상 선정 계획과 연간 감리 계획을 기획재정부장관 및 국세청장에게 보고해야 한다.

[별표] **지정감사인 지정 방법(상증규칙 제14조의2제4항 관련)**

1. 국세청장은 제14조의2제2항에 따른 지정회계감사 대상 공익법인등에 대하여 영 제43조의2제4항에 따른 지정기준일이 속하는 과세연도의 직전 과세연도 종료일 현재 재무상태표상 총자산가액이 큰 순서대로 제4호 및 제5호에 따라 산정한 지정감사인 지정 점수(이하 이 표에서 “지정감사인 지정점수”라 한다)가 높은 감사인을 차례대로 지정한다.
2. 제1호에도 불구하고 다음 각 목에 해당하는 경우에는 해당 목에서 정하는 바에 따라 지정감사인을 지정한다.
   가. 제1호에 따라 지정감사인으로 결정된 감사인이 지정회계감사 대상 과세연도의 직전 과세연도에 해당 공익법인등에 대하여 법 제50조제3항에 따른 회계감사를 실시한 감사인인 경우에는 지정감사인 지정점수가 그 다음으로 높은 감사인을 지정감사인으로 지정
   나. 지정회계감사 대상인 2개 과세연도 중 두 번째 과세연도에 대해서는 첫 번째 과세연도에 대해 지정회계감사를 실시한 지정감사인을 다시 지정
3. 제1호 및 제2호가목을 적용할 때 지정감사인 지정점수가 동일한 감사인이 있는 경우에는 다음 각목의 순서에 따라 지정감사인을 지정한다.
   가. 제5호가목의 점수가 높은 감사인
   나. 해당 감사인에 소속된 공인회계사의 수가 많은 감사인
   다. 「공인회계사법」 제24조에 따른 등록을 먼저 한 감사인
4. 지정감사인 지정 점수는 다음의 계산식에 따른다. 다만, 계산식에서 n이 0인 경우에는 경력기간별 감사인 점수를 지정감사인 지정 점수로 한다.

$$\text{감사인 지정 점수} = \frac{\text{경력기간별 감사인 점수}}{1+3^{n}}$$

n: 제14조의2제3항에 따른 지정감사인 지정 신청서를 제출한 해의 10월 1일부터 다음 해 9월 30일까지 해

당 감사인이 지정감사인으로 지정된 공익법인등의 수를 말하며, 같은 과세연도에 같은 감사인을 하나 이상의 공익법인등의 지정감사인으로 지정할 경우 그 지정 예정 대상 공익법인등의 수를 포함한다.

5. 제4호의 계산식에서 "경력기간별 감사인 점수"란 다음 각 목의 점수를 합산한 점수를 말한다.
   가. 매년 9월 1일 현재 감사인에 소속된 공인회계사별로 다음 표의 경력기간별 가중치를 곱하여 계산한 점수를 모두 더한 점수

경력기간 15년 이상	경력기간 10년 이상	경력기간 6년 이상	경력기간 2년 이상	경력기간 2년 미만
120	115	110	100	80

경력기간: 감사인에 소속되어 감사업무를 수행한 기간

   나. 매년 9월 1일부터 과거 2년 이내에 한국공인회계사회가 실시한 공익법인등에 대한 감사실무교육을 이수한 소속 공인회계사의 수에 110을 곱한 점수

5) 업무위탁

기획재정부장관은 지정감사인 지정에 관한 업무를 국세청장에게 위탁한다.

사. 감사보고서 등 감리

1) 감리 업무내용

기획재정부장관은 법 제50조제5항 전단에 따라 공익법인등이 공시한 감사보고서와 그 감사보고서에 첨부된 재무제표가 다음 각 호의 어느 하나에 해당하는 경우에는 그 감사보고서와 재무제표에 대하여 감리할 수 있다(상증령 제43조의3).

가) 계량적 분석 또는 무작위 표본 추출 등의 방법에 따라 감리 대상으로 선정된 경우

나) 기획재정부장관이 공익법인등의 회계 관련 법령 위반사실의 확인을 위하여 감리가 필요하다고 인정하는 경우

기획재정부장관은 감리에 필요한 경우 해당 공익법인등 또는 감사인에게 자료 제출이나 의견 진술 등을 요구할 수 있다.

2) 감리 결과에 따른 조치

기획재정부장관은 감리 결과 해당 감사보고서 또는 재무제표가 「주식회사 등의 외부감사에 관한 법률」 제16조에 따른 회계감사기준 또는 법 제50조의4제1항에 따른 회계기준(다른 법령에 따라 별도의 회계기준이 적용되는 공익법인등의 경우에는 해당 회계기준을 말한다)을 위반한 것으

로 인정되는 경우 해당 공익법인등과 감사인의 명단 및 위반 내용 등을 해당 공익법인등의 주무관청, 국세청장 및 금융위원회에 통보해야 한다.

통보를 받은 금융위원회는 그 통보 내용에 따라 해당 감사인에 대하여 징계 등의 조치를 하는 경우 그 내용을 기획재정부장관에게 통보해야 한다.

3) 업무 위탁

기획재정부장관은 감리 및 자료 제출 등의 요구 업무를 한국공인회계사회에 위탁한다.

○ 상증규칙(안) 제14조의3(감리) 한국공인회계사회는 다음 각 호에 해당하는 사항을 매년 1분기 내에 기획재정부장관 및 국세청장에게 보고해야 한다. 1. 감리 실시에 관한 연간 계획서 및 감리대상 선정안 2. 직전 연도까지 감리를 수행한 결과에 대하여 해당 공익법인등 및 감사인이 시정 · 개선 조치한 결과

아. 전용계좌의 개설 · 사용의무

2008.1.1. 이후 최초로 지급받거나 지급하는 수입 또는 지출 분부터 공익법인등은 해당 공익법인등의 직접 공익목적사업과 관련하여 받거나 지급하는 수입과 지출의 경우, 다음의 어느 하나에 해당한다면 직접 공익목적사업용 전용계좌(이하 "전용계좌"라 한다)를 사용하여야 한다(상증법 제50조의2). 전용계좌는 공익법인등별로 둘 이상 개설할 수 있다. 전용계좌는 금융회사등에 개설한 계좌이어야 하고, 공익법인등의 공익목적사업 외의 용도로 사용되지 아니하여야 한다.

가) 직접 공익목적사업과 관련된 수입과 지출을 금융회사등의 중개 또는 금융회사등에 대한 위탁 등을 통하여 다음의 어느 하나에 해당하는 방법으로 그 대금을 결제하는 경우를 포함한다.

(1) 송금 및 계좌 간 자금이체

(2) 「수표법」 제1조에 따른 수표로 이루어진 거래대금의 지급 및 수취

(3) 「어음법」 제1조 및 제75조에 따른 어음으로 이루어진 거래대금의 지급 및 수취

(4) 「여신전문금융업법」 또는 「전자금융거래법」에 따른 신용카드 · 선불카드(선불전자지급수단 및 전자화폐를 포함한다) · 직불카드(직불전자지급수단을 포함한다)를 통하여 이루어진 거래대금의 지급 및 수취

나) 기부금, 출연금 또는 회비를 받는 경우. 현금을 직접 받은 경우로 기부금 · 출연금 또는 회비를 지급받는 날부터 5일(5일이 되는 날이 공휴일 · 토요일 또는 「근로자의 날 제정에 관한 법률」에 따른 근로자의 날에 해당하면 그다음 날)까지 전용계좌에 입금하는 경우는 제외한다. 이 경우 기부금 · 출연금 또는 회비의 현금수입 명세를 작성하여 보관하여야 한다.

다) 인건비, 임차료를 지급하는 경우

라) 공익목적사업과 관련된 기부금, 장학금, 연구비 · 생활비 등을 지급하는 경우. 다만, 100만원을 초과하는 경우로 한정한다.

마) 수익용 또는 수익사업용 자산의 처분대금, 그 밖의 운용소득을 고유목적사업회계에 전입(현금 등 자금 이전이 수반되는 경우만 해당)하는 경우

전용계좌 사용제외 공익법인등은 아래와 같다.

과세가액 불산입 재산의 출연여부와 관계없으며, 상증령 제12조제1호(종교) 사업을 하는 공익법인등은 전용계좌 사용의무가 없다. 다만, 상증령 제41조의2제6항에 해당하는 공익법인등은 전용계좌 사용의무가 있다.

⑥ 법 제48조제13항에서 "내국법인의 발행주식총수등의 100분의 5를 초과하여 주식등을 출연받은 자 등 대통령령으로 정하는 공익법인등"이란 같은 조 제11항 각 호의 요건을 모두 충족하여 법 제16조제2항, 제48조제1항, 같은 조 제2항제2호, 같은 조 제9항 및 제49조제1항에 따른 주식등의 출연 · 취득 및 보유에 대한 증여세 및 가산세 등의 부과대상에서 제외되는 공인법인등으로서 기획재정부령으로 정하는 공익법인등을 말한다.

위의 어느 하나에 해당되지 아니하는 경우에는 명세서를 별도로 작성 · 보관하여야 한다. 다만 소득세법에 따른 증빙서류를 갖춘 수입과 지출의 경우에는 그러하지 아니하다.

공익법인등은 최초로 공익법인등에 해당한 날부터 3개월 이내에 전용계좌를 개설하여 해당 공익법인등의 납세지 관할 세무서장에게 신고하여야 한다. 또한 전용계좌를 변경하거나 추가로 개설하려는 경우에는 사유발생일부터 1개월 이내에 납세지 관할세무서장에게 신고하여야 한다.

전용계좌 개설 · 사용 의무를 위반하는 경우 다음 구분에 따른 가산세를 부과한다.

① 전용계좌를 사용하지 아니한 경우: 전용계좌를 사용하지 아니한 금액의 1천분의 5에 해당하는 금액

② 전용계좌의 개설 · 신고를 하지 아니한 경우: 다음의 금액 중 큰 금액

㉮ 개설 · 신고하지 아니한 각 과세기간 또는 사업연도의 직접 공익목적사업과 관련한 수입금액 총액의 1천분의 5에 상당하는 금액

㉯ 전용계좌 사용의무대상 거래금액(위 '가)') 합계액의 1천분의 5에 상당하는 금액

자. 공익법인등의 회계기준 적용의무

공익법인등의 회계투명성과 비교가능성을 제고하기 위해 공익법인등은 회계감사의무 및 결산서류등의 공시의무를 이행할 때에는 공익법인등의 회계기준을 따라야 한다(상증법 제50조의4).

「의료법」에 따른 의료법인 또는 「사립학교법」에 따른 학교법인, 국립대학법인 서울대학교 및

인천대학교는 각각 해당 근거 법률에 따른 회계기준을 적용하기 때문에 위의 회계기준을 적용하지 않는다. 현재, 공익법인회계기준(기획재정부 고시 제2017-35호, 2017.12.8.)은 기획재정부-고시 · 공고 · 지침에서 확인가능하다.

쟁점

종교법인과 상증법 공익법인 납세협력의무

상증법상 공익법인 납세협력의무는 1. 출연재산 보고서 등 제출의무, 2. 결산서류등 공시의무, 3. 장부의 작성 · 비치의무, 4. 외부전문가의 세무확인서 보고의무, 5. 외부 회계감사를 받아야 할 의무, 6. 전용계좌 개설 · 사용의무 등이 있다. 이 납세협력의무들은 출연재산이 없는 경우에도 적용될 때가 있으므로 어떻게 보면 공익법인을 관리하는 규정이라고 보인다.

이 납세협력의무들은 종교법인(상증령 제12조제1호)에도 적용될 수 있을까?

1. 출연재산 보고서 등 제출의무

종교사업에 불특정다수인이 출연하여 출연자별로 출연받은 재산가액 산정이 어려운 현금(부동산 · 주식 또는 출자지분으로 출연하는 경우를 제외한다)의 경우에는 사후관리대상 출연재산에서 제외한다. 따라서 현금에 대해서는 출연받은 재산의 사용에 대한 계획 및 진도에 관한 보고서 제출의무도 없다(서면2020법인-1858[법인세과-4410], 2020.12.15.). 부동산등을 출연받은 제출의무가 있지만, 현금을 출연받은 경우에는 없다는 뜻이다.

2. 결산서류등 공시의무

공시의무가 없다. 다만, 주식등의 출연 · 취득 및 보유에 대한 증여세 및 가산세 등의 부과대상에서 제외되는 공인법인등은 예외이다.

> 상증령 제43조의3【공익법인등의 결산서류등의 공시의무】
> ① 법 제50조의3제1항 각 호 외의 부분 본문에서 "대통령령으로 정하는 공익법인등"이란 제12조제1호의 사업을 하는 공익법인등을 말한다. 다만, 제41조의2제6항에 해당하는 공익법인등은 제외한다.

3. 장부의 작성 · 비치의무

종교법인이라고 제외하지는 않지만, 가산세 대상은 아닐 수도 있다. 장부의 작성 · 비치의무 불이행시 가산세를 부과하는데, 가산세를 부과하지 않는 아래의 경우에 종교법인이 해당할 수도 있다.

1) 사업연도 종료일 현재 총자산가액 합계액이 5억원 미만 & 수입금액+출연받은 재산가액 3억원 미만인

2) 불특정다수인으로부터 재산을 출연받은 공익법인등(출연자 1명과 그의 특수관계인이 출연한 출연재산가액 합계액이 공익법인등이 출연받은 총재산가액의 100분의 5에 미달하는 경우로 한정)이 있어 가산세

4. 외부전문가의 세무확인서 보고의무

3.의 경우처럼 종교법인이라고 제외하지는 않지만, 외부전문가의 세무확인서 보고의무를 적용하지 않는 경우가 3.의 1), 2)가 같다.

5. 외부 회계감사를 받아야 할 의무

회계감사의무가 없다. 다만, 주식등의 출연 · 취득 및 보유에 대한 증여세 및 가산세 등의 부과대상에서 제외

되는 공인법인등은 예외이다.

상증령 제43조【공익법인등에 대한 외부전문가의 세무확인등】
④ 법 제50조제3항제2호에서 "대통령령으로 정하는 공익법인등"이란 제12조제1호 또는 제2호의 사업을 하는 공익법인등을 말한다. 다만, 제41조의2제6항에 해당하는 공익법인등은 제외한다.

6. 전용계좌 개설 · 사용의무

사용의무가 없다. 다만, 주식등의 출연 · 취득 및 보유에 대한 증여세 및 가산세 등의 부과대상에서 제외되는 공인법인등은 예외이다.

상증령 제43조의2【공익법인등의 전용계좌의 개설 · 사용의무】
① 법 제50조의2제1항 각 호 외의 부분에서 "대통령령으로 정하는 공익법인등"이란 제12조제1호의 사업을 하는 공익법인등을 말한다. 다만, 제41조의2제6항에 해당하는 공익법인등은 제외한다.

제3절 공익신탁 재산에 대한 증여세 과세가액 불산입

증여재산 중 증여자가 공익신탁법에 따른 공익신탁[31]으로 종교 · 자선 · 학술 또는 그 밖의 공익을 목적으로 하는 신탁을 통하여 공익법인등에 출연하는 재산의 가액은 증여세 과세가액에 산입하지 아니한다. 이 경우 공익신탁 재산에 대한 상속세 과세가액 불산입 규정을 준용한다(상증법 제52조).

종교 · 자선 · 학술 또는 그 밖의 공익을 목적으로 하는 공익신탁을 통하여 공익법인등에게 간접적으로 출연하는 것은 공익법인에 직접 출연하는 것과 그 경제적 실질이 동일하므로 증여세 과세가액 불산입하는 데 그 취지가 있다.

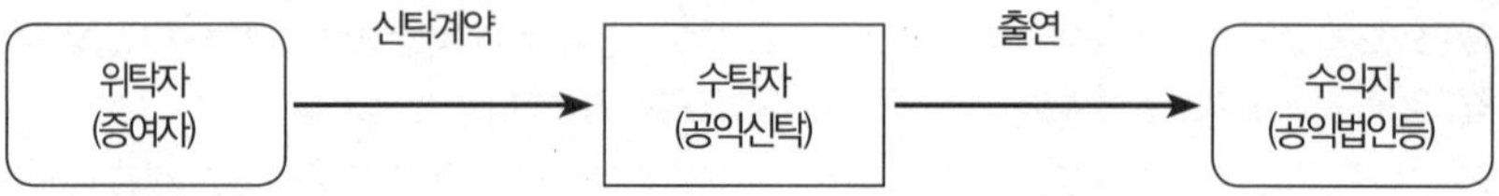

1. 공익신탁의 요건

증여세 과세가액 불산입되는 공익신탁은 다음의 요건을 모두 갖춘 것으로 한다.

가. 공익신탁의 수익자가 상증령 제12조에 규정된 공익법인등이거나 그 공익법인등의 수혜자일 것
나. 공익신탁의 만기일까지 신탁계약이 중도해지되거나 취소되지 아니할 것
다. 공익신탁의 중도해지 또는 종료시 잔여신탁재산이 국가 · 지방자치단체 및 다른 공익신탁에 귀속될 것

2. 공익신탁의 이행시기

증여세 과세가액에 산입하지 아니하는 재산은 증여세 과세표준 신고기한까지 신탁을 이행하여야 한다. 다만, 법령상 또는 행정상 사유로 신탁 이행이 늦어지면 그 사유가 끝나는 날이 속하는 달의 말일부터 6개월 이내에 신탁을 이행하여야 한다.

---

31. ○ 공익신탁법 제2조(정의)
2. 공익신탁은 공익사업을 목적으로 하는 「신탁법」에 따른 신탁으로서 제3조에 따라 법무부장관의 인가를 받은 신탁을 말한다.
○ 신탁법 제2조(신탁의 정의) 이 법에서 "신탁"이란 신탁을 설정하는 자(이하 "위탁자"라 한다)와 신탁을 인수하는 자(이하 "수탁자"라 한다) 간의 신임관계에 기하여 위탁자가 수탁자에게 특정의 재산(영업이나 저작재산권의 일부를 포함한다)을 이전하거나 담보권의 설정 또는 그 밖의 처분을 하고 수탁자로 하여금 일정한 자(이하 "수익자"라 한다)의 이익 또는 특정의 목적을 위하여 그 재산의 관리, 처분, 운용, 개발, 그 밖에 신탁 목적의 달성을 위하여 필요한 행위를 하게 하는 법률관계를 말한다.

제4절 장애인이 증여받은 재산의 과세가액 불산입

장애인이 타인으로부터 증여받은 재산(금전, 유가증권, 부동산)을 신탁업자에 신탁하여 그 신탁의 이익을 전부 지급받는 경우에는 그 증여받은 재산가액(한도 5억원)은 과세가액에 산입하지 않는다(상증법 제52조의2).

위의 신탁을 자익신탁이라 하고, 2020.1.1. 이후 신탁부터 타익신탁을 과세가액 불산입 범위에 추가하였다. 타익신탁은 타인이 장애인을 수익자로 하여 재산을 신탁한 경우를 말한다. 신탁재산을 처분하는 경우 등에는 그날에 증여세를 과세하나, 부득이한 경우에는 제외한다.

1. 장애인의 범위

그 범위는 소득령 제107조제1항 각 호의 하나에 해당하는 자를 말한다.

가. 「장애인복지법」에 따른 장애인 및 「장애아동 복지지원법」 제21조제1항에 따른 발달재활서비스를 지원받고 있는 사람

나. 「국가유공자 등 예우 및 지원에 관한 법률」에 따른 상이자 및 이와 유사한 자로서 근로능력이 없는 자

다. 그 외에 항시 치료를 요하는 중증환자

2. 과세가액 불산입 요건

가. 신탁 요건

1) 자익신탁

장애인이 재산(「자본시장과 금융투자업에 관한 법률」에 따른 신탁업자에게 신탁할 수 있는 금전, 유가증권, 부동산)을 증여받고 그 재산을 본인을 수익자로 하여 재산을 신탁한 경우를 말한다.

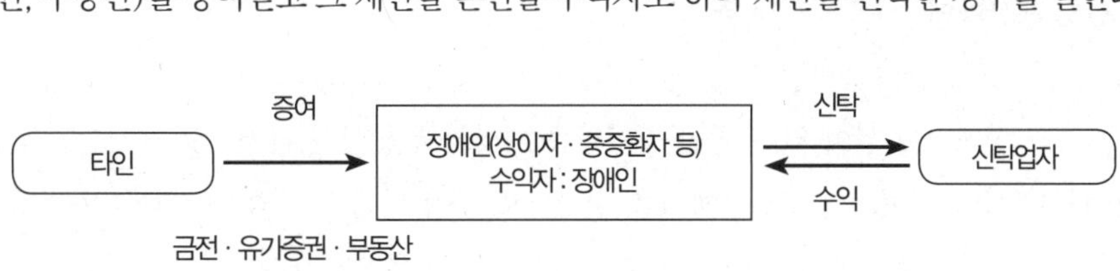

가) 증여받은 재산을 신탁업자에게 신탁할 것

나) 그 장애인이 신탁의 이익 전부를 받는 수익자일 것

다) 신탁기간이 그 장애인이 사망할 때까지로 되어 있을 것

장애인이 사망하기 전에 신탁기간이 끝나는 경우에는 신탁기간을 장애인이 사망할 때까지 계속 연장하여야 한다.

2) 타익신탁

타인이 장애인을 수익자로 하여 재산을 신탁한 경우를 말한다. 장애인이 증여받은 그 신탁의 수익(요건을 충족한 신탁원본의 인출이 있는 경우에는 해당 인출금액 포함)은 증여세 과세가액에 산입하지 아니한다.

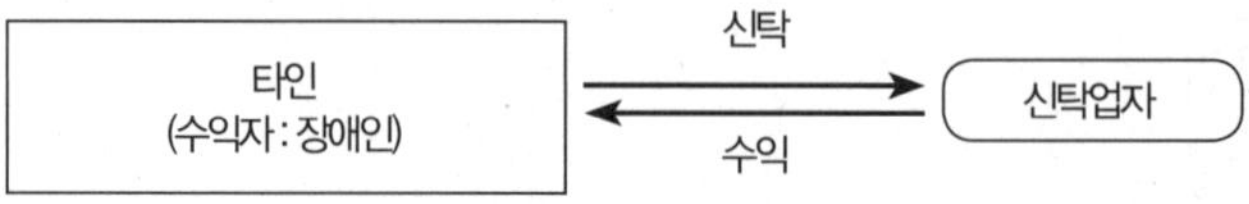

가) 신탁업자에게 신탁할 것
나) 그 장애인이 신탁의 이익 전부를 받는 수익자일 것. 다만, 장애인이 사망한 후의 잔여재산에 대해서는 그러하지 아니하다.
다) 다음 내용이 신탁계약에 포함되어 있을 것
(1) 장애인이 사망하기 전에 신탁이 해지 또는 만료되면 잔여재산이 그 장애인에게 귀속될 것
(2) 장애인이 사망하기 전에 수익자를 변경할 수 없을 것
(3) 장애인이 사망하기 전에 위탁자가 사망하면 신탁의 위탁자 지위가 그 장애인에게 이전될 것

<신탁요건 개정연혁>

2016.12.31. 이전	2017~2019년	2020.1.1. 이후
① 자익신탁 (증여자: 직계존비속과 친족(배우자 제외))	① 자익신탁(증여자: 타인)	① 자익신탁(증여자: 타인) ② 타익신탁

나. 불산입 재산가액

자익신탁(그 장애인이 살아 있는 동안 증여받은 재산가액을 합친 금액) 및 타익신탁 원본의 가액(그 장애인이 살아 있는 동안 그 장애인을 수익자로 하여 설정된 타익신탁의 설정 당시 원본가액을 합친 금액)을 합산한 금액은 5억원을 한도로 과세가액 불산입한다.

다. 불산입 신고요건

증여세 과세표준신고서에 다음 각 호의 서류를 첨부하여 증여세 신고기한 내에 납세지 관할세무서장에게 제출하여야 한다.

1) 증여재산명세서 및 증여계약서 사본

2) 신탁계약서

「자본시장과 금융투자업에 관한 법률 시행령」 제103조 제2호에 따른 불특정금전 신탁 계약에서는 신탁증서 사본 또는 수익증권 사본으로 갈음할 수 있다.

3) 장애인에 해당하는 자임을 증명하는 서류

3. 증여세 사후관리

세무서장 등은 위의 규정에 의하여 재산을 증여받은 장애인이 다음에 해당하면 해당 재산가액을 증여받은 것으로 보아 즉시 증여세를 부과한다.

구분	과세시기
① 신탁을 해지하거나 신탁기간이 만료된 경우로 이를 연장하지 아니한 경우	신탁해지일 또는 신탁기간 만료일
② 신탁기간 중 수익자를 변경하거나 증여재산가액이 감소한 경우	변경한 날 인출하거나 처분한 날
③ 신탁의 이익 전부 또는 일부가 장애인 이외의 자에게 귀속되는 것으로 확인된 경우	그 확인된 날

다만, 다음의 사유에 해당하는 경우에는 추징하지 아니한다(상증령 제45조의2).

가. 신탁회사가 관계법령 또는 감독기관의 지시 · 명령 등에 의하여 영업 정지 · 영업폐쇄 · 허가취소 등의 사유로 신탁을 중도 해지한 때에는 신탁해지일부터 2개월 이내에 다른 종류 또는 동일한 종류의 신탁에 다시 가입한 경우

나. 신탁재산인 부동산의 재개발 · 재건축[32] 등으로 종전 신탁을 중도해지하고 재개발 · 재건축 완료일부터 2개월 이내에 재가입한 경우

다. 신탁회사가 증여재산을 신탁받아 운영하는 중에 그 재산가액이 감소한 때

라. 장애인 본인의 의료비, 간병인 비용, 특수교육비 등 용도로 지출하기 위하여 중도에 원금을 인출한 경우(2018.4.1. 이후 원금을 인출하는 분부터)

---

32. 도시 및 주거환경정비법에 따른 재개발 · 재건축 사업, 빈집 및 소규모주택 정비에 관한 특례법에 따른 소규모 재건축 사업을 말한다.

1) 중도인출이 허용되는 장애인의 범위

가) 「장애인고용촉진 및 직업재활법」 제2조제2호에 따른 중증장애인

나) 「5.18민주화운동 관련자 보상 등에 관한 법률」에 따라 장해등급 3등급 이상으로 지정된 자

다) 「고엽제후유의증 등 환자지원 및 단체설립에 관한 법률」에 따른 고엽제후유의증 환자로서 경도 장애 이상의 장애등급 판정을 받은 자

2) 중도인출이 허용되는 의료비 등 범위

가) 소득령 제118조의5제1항 및 제2항에 따른 의료비와 간병인 비용(2018.4.1. 이후 원금을 인출하는 분부터)

나) 소득령 제118조의6제11항에 따른 특수교육비(2018.4.1. 이후 원금을 인출하는 분부터)

다) 장애인 본인의 생활비(월 150만원 이하의 금액)(2020.2.11. 이후 인출하는 분부터)

<신탁 재가입의 개정연혁>

2017.2.6. 이전	2017.2.7. 이후	2019.2.12. 결정 · 경정부터
동일 종류의 신탁에 재가입한 경우에만 추징배제	다른 종류의 신탁에 재가입하는 경우에도 추징배제	신탁재산인 부동산의 재개발 · 재건축 등으로 인해 종전 신탁을 중도해지하고 준공인가일부터 2개월 이내에 재가입

4. 증여세 추징세액의 계산

가. 신탁을 해지하거나 신탁기간이 만료된 경우로 이를 연장하지 아니한 경우 및 신탁기간 중 수익자를 변경한 경우에는 신탁해지일, 신탁기간 만료일, 수익자를 변경한 날 현재의 해당 신탁재산의 가액 전액

나. 증여재산가액이 감소한 경우에는 신탁재산을 인출하거나 처분한 날 현재 그 감소한 재산의 가액

다. 신탁의 이익 전부 또는 일부가 장애인 외의 자에게 귀속되는 것으로 확인된 경우에는 그 확인된 날 현재 다음 산식에 의하여 계산한 가액

$$\text{신탁재산의 가액} \times \frac{\text{장애인 이외의 자에게 귀속된 것으로 확인된 신탁이익}}{\text{신탁이익의 전액}}$$

[관련 질의회신 · 판례 등]

○ (2019.2.11. 이전) 재건축을 사유로 신탁을 해지한 경우

장애인이 증여받은 주택을 「자본시장과 금융투자업에 관한 법률」에 따른 신탁업자에게 신탁하여 상증법 제52조의2제1항에 따라 증여받은 주택가액을 증여세 과세가액에 산입하지 아니하였다가, 그 후 신탁한 주택이 「도시 및 주거환경정비법」에 의해 재건축됨에 따라 해당 신탁업자와 신탁을 해지하고 재건축조합에 해당 주택을 신탁하는 경우에는 신탁해지일에 해당주택가액을 증여받은 것으로 보아 증여세를 부과함(서면법규과-406, 2014.4.24.).

⇒ 2019.2.12. 결정 또는 경정하는 분부터 신탁재산인 부동산의 재개발 · 재건축[33] 등으로 인해 종전 신탁을 중도해지하고 준공인가일부터 2개월 이내에 재가입한 경우를 추징사유 예외에 추가하였다.

○ 신탁의 연장으로 보는지 여부

장애인이 부동산을 증여받아 신탁등기를 하고 증여세 과세가액 불산입 결정을 받은 후, 동 부동산을 양도하고 양도대금으로 새로운 부동산을 취득하여 다시 신탁한 경우 신탁의 연장으로 볼 수 없음(기준2019법령해석재산-0593, 2020.12.28. 요지).

○ 증여자가 사망 후 신탁을 해지한 경우

당초 증여자가 사망한 후에 증여세 과세사유가 발생한 때에는 증여재산공제규정을 적용하지 아니하며, 상증법 제13조제3항의 규정에 의하여 같은 조 제1항에서 규정한 증여재산가액에 포함하지 아니함(서일46014-11777, 2002.12.31.).

33. 도시 및 주거환경정비법에 따른 재개발 · 재건축 사업, 빈집 및 소규모주택 정비에 관한 특례법에 따른 소규모 재건축 사업을 말한다.

제4장 증여세 과세가액과 과세표준

○ 증여세 과세가액 = 증여재산가액 − 비과세 · 과세가액불산입 − 채무(담보(임대보증금 포함), 인수) + 증여재산가산액 (10년, 동일인, 1천만원)
○ 증여세 과세표준 = 증여세 과세가액 − 증여재산공제(거주자만) − 감정평가수수료 등

제1절 증여세 과세가액

증여여세 과세가액은 "증여일 현재 상증법에 따른 증여재산가액을 합친 금액"에서 합산배제증여재산을 제외하고 그 증여재산에 담보된 채무로, 수증자가 인수한 금액을 뺀 금액으로 한다. "증여일 현재 증여재산가액을 합친 금액"은 예를 들면 부(父)가 자(子)에게 같은 날 아파트 4억원과 현금 1억원을 증여하는 경우 합하여 계산한다는 뜻이다. 이때 합산배제증여재산을 합쳐 계산하지 않는다. 증여재산가액에서 증여재산은 맞지만 정책상 증여세를 과세하지 않는 비과세 재산과 과세가액 불산입재산(공익법인등 출연재산 및 장애인이 증여받은 재산 등)을 차감한다.

해당 증여일 전 10년 이내에 동일인(증여자가 직계존속인 경우에는 그 직계존속의 배우자를 포함)으로부터 증여받은 재산가액이 1천만원을 넘는 경우 가산[1] 한다(상증법 제47조).

비과세 증여재산과 증여세 과세가액 불산입 재산은 제3장에서 설명하였다.

1. 채무

증여재산가액에서 공제할 수 있는 채무란 해당 증여재산에 담보된 증여자의 채무로서 수증자가 인수한 채무를 말한다. 담보된 채무에는 임대보증금도 포함한다. 증여자가 부담하고 있는 채무를 수증자가 인수한 것이 확인되는 경우에는 그 채무액을 차감하여 증여세 과세가액을 계산하

1. 상속세 과세가액은 상속재산의 가액에서 제14조에 따른 것을 뺀 후 증여재산가액을 가산한 금액으로 한다고 규정한 반면 증여세 과세가액은 해당 증여일 전 10년 이내에 동일인으로부터 받은 증여재산가액을 증여세 과세가액에 가산한다고 규정하고 있다. '증여재산가액 가산 전의 가액'이 과세가액인지, '증여재산 가산 후의 가액'이 과세가액인지 불분명해 보이지만, 증여세 신고서식 등에서는 증여재산 가산 후의 가액이 증여세 과세가액이라고 보여준다.

고, 해당 채무액은 유상양도에 해당되므로 증여자에게 양도소득세 납세의무[2]가 부여된다. 부담부 증여의 경우 양도소득세의 국세부과제척기간은 증여세와 같다.[3]

증여일 현재 채무이어야 하므로 증여일 현재 채무가 아니라면 공제할 수 없다. 모가 자에게 증여하면서 모와 임대차계약을 한 경우, 증여재산인 쟁점주택에 설정된 증여자의 채무가 아닐 뿐만 아니라 증여자가 종국적으로 부담할 채무[4]에 해당하지 아니한다(국심2005부2271, 2005.11.4.).

가. 증여재산에 담보

채무는 증여자의 채무이어야 하고 해당 증여재산에 담보되어야 한다. 2003.1.1. 이후 증여분부터는 증여시점에서 해당 증여재산을 타인에게 임대한 경우 해당 임대보증금도 채무에 포함하도록 하였다.

그러나 해당 증여재산에 담보되지 아니한 증여자의 일반 채무는 공제대상이 아니다. 따라서 증여자 채무가 아닌 제3자 채무를 담보하는 부동산을 증여받으면서 제3자 채무를 인수하는 조건으로 증여받더라도 그 채무액은 해당 증여재산가액에서 공제되지 아니한다(서면4팀-1299, 2005.7.25.). 또한 증여등기 이후에 발생할 증여자의 예상 채무를 수증자가 부담하기로 약정하여 인수한 경우에도 그 채무액은 공제되지 아니한다(제도46014-11613, 2001.6.20.).

수증자가 인수한 것으로 인정된 채무(증여재산에서 차감되는 채무)는 상증사무처리규정에 따라 사후관리[5]한다.

예시

(문) 갑은 을에게 은행 차입금 1억원이 담보되어 있는 토지 600m^{2}를 증여(시가 4억원, 취득시 2억원 소요)하였고, 을은 채무 1억원을 인수하였다. 갑과 을이 각각 신고하여야 할 을의 증여재산가액과 갑의 양도소득세 양도차익은?

(답) 3억원, 5천만원

① 을(수증자)의 증여재산가액 3억원 (=4억원-1억원)

② 갑(증여자)의 양도차익 5천만원

---

2. 양도소득세 과세대상은 열거되어 있으므로 양도소득세 과세대상이 아닐 수도 있다.
3. 2013.1.1. 이후 소득세를 부과할 수 있는 날이 개시하는 분부터.
4. 증여일 현재 임대차계약을 한 경우 증여재산 평가시에는 상증법 제66조가 적용된다. 이에 대한 설명은 "〈쟁점〉 증여와 동시에 임대차계약한 경우"를 참고하기 바란다.
5. 상증사무처리규정 제50조(부채의 사후관리) ① 지방국세청장 또는 세무서장은 다음 각 호의 어느 하나에 해당하는 경우 해당 납세자의 채무정보를 NTIS(엔티스)에 입력하여야 한다.
   1. 상속세 및 증여세의 결정 등에서 인정된 채무
   ② 지방국세청장 또는 세무서장은 상환기간이 경과한 채무에 대하여 사후관리 점검을 실시하여야 한다. 다만, 상환기간 경과 전이라도 일정 기간이 경과한 장기채무로서 변제사실 확인이 필요한 경우 점검 대상자로 선정할 수 있다.

양도가액 1억원=증여시가 4억원×(채무액 1억원÷증여시가 4억원)

- 필요경비 5천만원= 필요경비 2억원×(채무액 1억원÷증여시가 4억원)

= 양도차익 5천만원

나. 수증자가 실제 인수한 채무

증여자의 채무가 수증자에게 실제 인수되어야 하며, 이는 단순한 채무자 명의변경만을 말하는 것이 아니라 수증자가 실제 원금 및 이자를 변제하는 것을 말한다. 즉, 증여자의 채무를 인수하였는지 여부는 채무자 명의변경 여부에 관계없이 증여일 후 해당 채무를 누가 부담하고 있는지에 따라 판단한다(서면4팀-811, 2007.3.8.).

배우자 또는 직계존비속 간 부담부증여인 경우 채무를 인수하지 않는 것으로 추정한다. 채무인수사실이 확인되면 채무로 공제한다. 증여약정서 등에 채무인수내용을 기재하지 아니하였더라도 사실상 자녀가 부모의 채무를 인수한 때에는 그 채무액을 증여재산가액에서 차감할 수 있다(서면4팀-1131, 2005.7.5.). 배우자 또는 직계존비속 간의 부담부증여인 경우에도 수증자가 인수하거나 부담하는 채무가 진정한 것인 때에는 이러한 신분관계가 없는 자들 간의 부담부증여와 마찬가지로 그 채무의 인수 등이 구법 제29조의4제2항 단서에 해당되는지 여부를 가릴 것 없이 그 부담액은 증여재산 가액에서 공제되어야 한다(대법원96누17493, 1997.7.22.).

쟁점

증여세 과세가액 계산시 차감하는 채무의 조건

증여세 과세가액에서 차감하는 채무는 2가지 조건을 모두 충족하여야 차감할 수 있다. ① 증여재산에 담보되어야 하고, ② 수증자가 인수하여야 한다. 이 경우 담보 범위에는 임대보증금을 포함한다.

그런데 부담부증여의 경우에는 증여자와 수증자를 제외하고 한 명이 더 있다. 바로 채권자다. 수증자가 채무를 인수한다는 것을 채권자가 동의하지 않으면 어떻게 될까?

채무인수는 면책적 채무인수와 병존적 채무인수로 구분할 수 있다.

병존적 채무인수 또는 중첩적 채무인수에 대해 법원은 채무자와 인수인은 원칙적으로 주관적 공동관계가 있는 연대채무관계에 있는 것으로 본다(대법원2009다32409, 2009.8.20.). 즉 병존적 또는 중첩적 채무인수 상황에서는 채권자는 채무자(증여자) 또는 인수자(수증자)에게 채무 이행을 요구할 수 있다.

면책적 채무인수는 채무자의 채무가 인수자에게 면책적으로 인수되는 것을 말한다. 법원은 면책적 채무인수의 효력이 생기기 위하여 채권자의 승낙을 필요로 한다고 본다(대법원 98다33765, 1998.11.24.).

부담부증여로 채무를 공제받기 위해서는 채무가 면책적 채무인수인 경우에 한해야 한다. 하지만 실무에서 채무가 인수되었는지 여부를 확인하는 상황은 잘 발생하지 않는다. 채권자는 '상가 등 임차인'이거나 '금융기관'인데, 채권자가 임차인의 경우는 임대차계약서를 증여당시 작성하지 않았더라도 채권자(임차인)에게 확인한다면 임대차계약서를 소급하여 작성할 가능성이 크다. 반면 채권자가 금융기관이라면 증여당시에 채무인수계약을 작성하지 않았다면 채무를 공제받지 못할 수 있다(서울고법2008누13486, 2008.12.18.).

쟁점

임대보증금과 상증법의 적용

1. 채무공제와 재산평가

임대보증금은 임대차계약상의 채무를 담보하기 위하여 임대인에게 교부하는 금전을 말한다.[6]

임대차3법(주택임대차보호법, 부동산거래신고 등에 관한 법률 등)으로 임대보증금에 대해 많이 듣고 있지만, 상증법에서도 임대보증금이 자주 나오고 있다.

1-1 (상속) 채무

임대보증금은 채무이다. 피상속인이 임대인이라면, 상증법 제14조에 따라 피상속인이 사망 당시의 채무로 공제해야 한다.

1-2 (상속) 추정상속재산

상속이 개시되기 전에, 피상속인은 채무를 부담(발생)한 경우 현금으로 전환해 쉽게 상속세를 회피할 가능성이 있다. 그래서 피상속인이 상속개시 전 일정기간(1년 이내 2억원 이상, 2년 이내 5억원 이상) 내에 채무를 부담한 경우에는 상속인에게 사용처를 입증하도록 의무를 지우고 있으며, 사용처를 해명하지 못하면 상속인이 상속받은 것으로 추정하여 상속세 과세가액에 산입한다.

예를 들어 2020.1.1.이 상속개시일이고, 2019.4.1. 임대보증금 2억원을 받았다면, 1년 이내 2억원의 채무가 부담(발생)하였으므로 사용처 해명 대상이 되고, 상속인이 4천만원만을 입증하였다면 추정상속재산은 1억2천만원 [=(2억원−4천만원)−Min(2억원×20%, 2억원)]이 되는 것이다.

1-3 (상속) 상속재산

피상속인은 임대보증금을 받아 상속개시일까지 현금 또는 예금으로 보관할 수도 있다. 그렇다면 상속재산으로 보아야 한다. 물론 이 경우에도 추정상속재산의 순인출액 계산과 관련이 있을 수 있다.

2 (증여) 채무

상증법 제47조에 따라 증여세 과세가액 계산시 증여재산에 담보된 채무로서 수증자가 인수한 채무는 빼서 계산한다. 이 경우 증여재산에 담보된 채무에는 임대보증금을 포함한다.

3-1 (평가) 평가특례

상증법 제66조에 따라 상속재산 또는 증여재산 평가는 시가평가를 원칙으로 하지만, 해당 재산에 저당권 등이 설정되어 있는 경우에는 그 채권액의 합계액과 비교하여 큰 가액으로 평가한다. 이 경우 저당권등의 채권액에 임대보증금을 포함한다.

3-2 (평가) 임대료 등의 환산가액

시가평가를 원칙으로 하지만, 시가를 산정하기 어려운 경우에는 상증법 제61조부터 제65조에 따라 평가한다. 상증법 제61조(부동산 등의 평가)와 상증법 제62조(선박 등 그 밖의 유형재산의 평가)에 따라 평가재산에 임대차계약이 체결된 경우 임대료등을 환산하여 평가한다.

임대료 등의 환산가액 = (임대보증금 + 1년간 임대료 합계액 / 0.12)

---

6. 표준국어대사전

[관련 질의회신 · 판례 등]

○ 토지와 건물의 소유자가 다른 경우

증여재산이 임대자산이고 토지와 건물의 소유자가 다른 경우의 임대보증금 공제는 귀속이 구분되는 경우 귀속에 따르고, 귀속이 불분명한 경우에는 증여일 현재 토지와 건물의 시가(시가가 불분명할 경우 보충적 평가방법에 의한 평가액)에 의하여 안분함(상증집행기준 47-36-4).

○ 공동담보

(평가기준일 현재 시가로 안분) 공동담보된 재산의 일부만을 증여받은 경우에는 공동담보된 채무액을 평가기준일 현재의 시가(시가를 산정하기 어려운 경우 상속세 및 증여세법 제61조 내지 제65조 규정에 의한 평가액)로 안분하여 계산한 가액을 증여재산가액에서 차감함(제도46014-11906, 2001.7.5.).

(채무 인수가 입증된 경우) 타인의 재산과 공동담보된 재산을 부담부 증여하는 경우 증여받은 재산에 담보된 채무를 수증자가 인수한 사실이 입증된 때에는 증여재산 가액에서 그 채무액을 공제함(서면4팀-1727, 2004.10.26.).

○ 채무인수의 의미 – 면책적 채무인수

(부담부증여에 있어서 채무공제는 수증자가 증여자의 채무를 면책적으로 인수한 경우에 적용됨) 부담부증여에 있어서 수증자가 인수하는 증여자의 채무가 공제대상이 되는지의 여부는 당해 증여 당시를 기준으로 하여 판단되어야 하는데, 증여세부과처분이 있을 때까지 채권은행과 채무인수약정을 체결하지 아니한 경우에는 채무가 면책적으로 인수되었다고 보기 어려움(서울고법2008누13486, 2008.12.18.).

(부담부증여시 양도소득세 과세대상이 되는 채무의 범위) 증여자의 종전 채무가 그대로 존속하는 중첩적 채무인수의 경우에도 수증자가 증여자와 함께 채무를 부담하거나 증여자를 대신하여 채무를 변제할 의무를 확정적으로 부담하므로 부담부증여 당시에 이미 수증자의 무자력 등으로 인하여 수증자의 출재에 의한 채무변제가 이루어지지 아니할 것이 명백하다는 등의 특별한 사정이 없는 한 양도소득세 과세대상임(대법원2016두45400, 2016.11.10.).

○ 인수한 채무액이 증여재산가액을 초과하는 경우

수증자가 인수한 채무액이 증여재산가액을 초과하는 경우에는 해당 초과 금액에 대하여 상증법 제36조에 따라서 수증자가 증여자에게 증여한 것으로 봄(재산세과-614, 2009.2.23.).

○ 채무의 범위

(증여일 이후 발생한 채무) 증여등기 이후에 발행할 증여자의 예상채무를 수증자가 부담하기로 약정하여 인수한 경우 그 채무액은 공제하지 아니함(제도46014-11613, 2001.6.20.).

(선수입) 일정기간 임대차계약이 체결된 부동산을 증여한 경우로 증여자가 당해 기간에 해당하는 월세상당액을 일시불로 받고 수증자가 임대차계약에 따른 증여자의 의무를 포괄적으로 승계하였음이 입증되는 때에는 증여일 현재 선수입한 월세상당액을 증여재산가액에서 공제함(재재산46014-22, 2002.1.24.).

(제3자 채무) 제3자 채무의 담보로 제공된 재산을 조건없이 증여받는 경우 이 채무는 증여가액에서 공제하지 아니하며, 수증자가 담보된 채무를 변제한 때에는 그 채무 상당액을 채무자에게 증여한 것으로 봄(상증집행기준 47-36-3).

(판단시점) 증여시점에서 수증인의 자력변제 능력 유무는 채무인수 여부에 대한 판단 기준이 아니고 처분청에서 수증자가 향후 인수한 채무를 자력으로 변제할 가능성이 없는 것이 객관적으로 명백한 경우

를 제외하고는 부채사후관리를 통하여 실질적으로 채무를 대신 상환한 것이 확인되면 채무가 상환된 시점에서 새로운 증여가 발생한 것으로 보아 증여세를 과세하여야 함(국심2007중5260, 2008.6.23.).

2. 증여재산가산액[7]

해당 증여일 전 10년 이내 동일인으로부터 증여받은 증여세 과세가액 합계액이 1천만원 이상인 경우, 그 과세가액을 해당 증여세 과세가액에 가산한다. 이 경우 동일인에는 증여자가 직계존속인 경우 배우자를 포함한다.

증여세는 개개의 증여행위마다 별개의 과세요건을 구성하는 것이어서 그 시기를 달리하는 복수의 증여가 있을 경우 부과처분도 따로 하여야 하나, 동일인으로부터 받은 복수 증여에 대하여는 이를 합산과세함으로써 누진세율을 피해 수 개의 부동산을 한 번에 증여하지 아니하고 나누어 증여하는 행위를 방지하려는 것이다. 따라서 재차증여에 따라 종전 증여의 가액을 합산한 다음 기납부세액을 공제하여 이루어지는 형식의 증여세부과처분은 당초처분의 과세표준이나 세율을 변경하여 세액을 증액하는 것이 아니라, 재차증여에 따른 별개 처분으로 단지 누진세율에 의한 합산과세를 하는 데에 불과하여 당초 결정이 이에 흡수된다고 할 수 없으므로, 위 각 처분에 대한 불복 역시 별도로 하여야 한다(대법원2003두9800, 2004.12.10.).

예를 들어 부가 자에게 현금을 5억원을 ① 한 번에 증여하나 ② 1억원을 5번으로 쪼개서 증여한 수증자가 같은 세부담을 하기 위함이다.

가. 10년 이내 계산

기간을 일, 주, 월, 년으로 정한 때에는 민법규정에 의하여 초일을 산입하지 아니하고 기간의 만료일을 계산한다(재산46014-1691, 1996.7.13.).

나. 동일인(증여자가 직계존속인 경우 배우자 포함)

증여자가 직계존속인 경우에는 그 직계존속의 배우자[8]를 포함한다. 배우자는 법률혼 배우자

---

7. '증여재산가산액'을 재차증여라고 표현하기도 한다. 법령서식 증여세 과세표준 및 자진납부계산서에서 증여재산가산액이라고 기재되어 있다. 상속세 신고서식에서는 가산하는 증여재산가액이라고 한다.

상증법 제47조(증여세 과세가액) ② 해당 증여일 전 10년 이내에 동일인(증여자가 직계존속인 경우에는 그 직계존속의 배우자를 포함한다)으로부터 받은 증여재산가액을 합친 금액이 1천만원 이상인 경우에는 그 가액을 증여세 과세가액에 가산한다. 다만, 합산배제증여재산의 경우에는 그러하지 아니하다.

8. 예: 부모, 조부모

를 의미한다. 직계존속의 배우자가 이혼 또는 사별한 경우에는 동일인으로 보지 않으며(재산세과-58, 2010.2.1.), 부와 계모 또한 동일인으로 보지 아니한다(재산세과-399, 2010.6.16.).

예시

(문1) 2018. 1월 모로부터 증여받고, 2022. 10월 부로부터 증여받는 경우 합산여부
(답1) 합산 (모증여분 ⇒ 부와 모는 동일인임)
(문2) 2018. 2월 조부로부터 증여받고, 2022. 4월 부로부터 증여받는 경우 합산여부
(답2) 합산대상 아님 (조부증여분 ⇒ 조부와 부는 동일인 아님)
(문3) 2016. 3월 부로부터 증여받고, 부모 이혼 후 2022. 11월 모로부터 증여받는 경우 합산여부
(답4) 합산대상 아님 (부증여분 ⇒ 이혼한 부와 모는 동일인으로 보지 않음)
(문4) 2017. 4월 모로부터 증여받고, 모 사망 후 2022. 3월 부로부터 증여받는 경우 합산여부
(답4) 합산대상 아님 (모증여분 ⇒ 부부 중 일방이 사망한 경우 동일인으로 보지 않음)

다. 1천만원의 계산

해당 증여전 증여세 과세가액이 1천만원 이상인 경우에만 합산한다. 1천만원 계산은 각 증여일 현재의 재산가액에 따른다(상증통칙 47-0…2).

증여자의 채무가 담보된 부동산을 증여받으면서 그 채무를 수증자가 부담하기로 약정하여 인수한 경우에는 그 증여재산가액에서 인수한 채무액을 공제한 가액을 증여세 과세가액으로 하므로 부담부 증여재산을 증여재산에 가산하는 경우에는 채무를 공제한 증여세 과세가액을 가산한다.[9]

예시

(문1) 2014.4월 부로부터 3억원을 증여받고, 2022.5월에 모로부터 2억원을 증여받은 경우 증여세 과세가액은?
(답1) 5억원 (∵ 2014.4월 증여분은 10년간 합산대상임)
(문2) 2018.9월 부로부터 5백만원을 증여받고, 2022.3월에 부로부터 12백만원을 증여받은 경우 증여세과세가액은?
(답2) 12백만원 (∵해당 증여일 전 10년 이내에 동일인으로부터 받은 증여재산가액을 합친 금액이 1천만원 이상일 때만 가산)
(문3) 2018.9월 부로부터 3천만원(채무 2.5천만원)을 증여받고, 2022.3월에 부로부터 12백만원을 증여받은 경우 증여세과세가액은?

---

9. 상속세 과세가액도 이와 같다(재삼46014-2371999.2.3., 서면4팀-2637, 2005.12.27.).

(답3) 12백만원 (∵증여받은 증여세 과세가액이 1천만원 이상일 때 합산)

(문4) 2016. 1월 모로부터 토지 7억원 증여받고, 2022. 1월 부로부터 건물 3억원을 증여받는 경우 증여세 과세가액은? (토지의 2021. 1월 당시 시가는 10억원임)

(답4) 10억원 (= 7억원+3억원, 각 증여일 현재 가액을 합산)

쟁점

상증법의 배우자는 법률혼 배우자인가, 사실혼 배우자인가?

상증법에서 배우자라는 표현이 나오는 조문은 배우자상속공제(상증법 제19조), 배우자 등에게 양도한 재산의 증여추정(상증법 제44조), 증여재산공제(상증법 제53조), 증여세 과세가액(상증법 제47조)등이 있다.

상증법의 배우자는 법률혼 배우자인가, 사실혼 배우자인가?

상증법의 배우자는 특수관계인을 제외하고, 법률혼 배우자만을 의미한다.

1. 배우자상속공제(상증법 제19조)

배우자 상속공제 적용시 배우자는 민법상 혼인으로 인정되는 혼인관계에 의한 배우자를 말하며, 민법상 혼인은 가족관계등록법에 따라 혼인신고를 함으로써 성립되므로 사실혼 관계에 있는 배우자는 상속공제 대상이 아니다(상증 집행기준 19-17-3).

2. 배우자 등에게 양도한 재산의 증여추정(상증법 제44조)

배우자는 민법상 혼인관계에 의한 배우자를 말한다. 따라서 사실혼에 의한 배우자는 포함되지 아니한다(상증 집행기준 44-0-2).

3. 증여재산공제(상증법 제53조)

배우자는 민법상 혼인으로 인정되는 혼인관계에 있는 자를 말하며, 상속세 배우자공제 배우자의 범위(집행기준 19-17-3)와 같다(상증 집행기준53-0-2).

4. 증여세 과세가액(상증법 제47조)

증여자가 동일인인 경우 증여세 과세가액에 가산하는데, 이 경우 동일인은 '그 직계존속의 배우자'를 포함한다. 그렇다면, 동일인으로 보는 '그 직계존속의 배우자'는 법률혼 배우자만을 의미할까?

① 세법에서의 배우자라고 하면 '법률혼 배우자'를 말한다. 사실혼 배우자를 포함해야 하는 경우에는 사실혼 배우자를 포함한다고 달리 규정하고 있다. 예를 들어 국기법 특수관계인에서 '배우자(사실상의 혼인관계에 있는 자를 포함한다)'라고 규정하고 있다.

② 상증법 다른 조문에서의 배우자는 모두 법률혼 배우자만을 의미하는 것으로 조문별로 달리 해석하여야 할 이유가 없어 보인다.

③ 관련 규정의 질의회신 사례 등을 살펴보면, 혼인외 출생자의 부와 생모는 동일인으로 보지 아니하거나(서면4팀-3723, 2007.12.28.), 이혼 또는 사별한 경우 동일인으로 보지 아니한다는 해석(재산세과-58, 2010.2.1.)으로 보아 법률혼 배우자만을 의미한다고 판단된다.

5. 특수관계인

상증법의 특수관계인은 국세기본법의 특수관계인과 같은 부분도 있고, 다른 부분도 있다. "국세기본법 시행령 제1조의2 제1항 제1호부터 제4호까지의 어느 하나에 해당하는 자"는 상증법과 국기법상 공통적인 특수관계인 범위이다. 이 중 국기령 제1조의2제1항 제3호가 배우자이고 사실상의 혼인관계에 있는 자를 포함한다고 규정하고 있다.

정리하면, 상증법에서 배우자는 법률혼 배우자만을 의미하며, 상증법 특수관계인을 판단할 때에는 사실혼 배우자를 포함한다.

[관련 질의회신 · 판례 등]

○ (2018.12.31. 이전) 명의신탁재산 증여의제의 경우 합산여부

(국세청) 증여세가 과세된 후 10년 이내에 동일인으로부터 같은 규정에 의한 재차 증여가 있는 경우 또는 다른 재산을 증여받은 경우 이를 합산함(서면4팀-73, 2005.1.10.).

(법원) 10년 이내 재차증여 가산규정의 입법취지와 체계 및 개정 연혁 등을 종합적으로 고려하면, 10년 이내 재차 동일인의 명의신탁이 있어 증여로 의제되는 경우에도 재차증여 가산규정인 개정 상증법 제47조제2항이 적용된다고 해석함이 타당함(대법원2016두50792, 2019.6.13.).

⇒ 2019.1.1. 이후 명의신탁재산 증여의제는 합산배제증여재산으로 개정되었다.

○ 증여추정재산

재산취득자금 등의 증여추정 규정에 따라 증여세가 과세되는 경우에도 증여자가 동일인일 때는 합산함(재삼46014-1906, 1998.10.1.).[10]

○ 비거주자(1차 증여)에서 거주자(2차 증여)가 된 경우

비거주자가 배우자로부터 증여받고 10년 이내에 거주자가 되어 재차 증여받는 경우 증여세 과세가액은 합산함(재산세과-14, 2009.8.25.).

○ 종전 증여가 국세부과제척기간이 만료된 경우

(기재부 및 국세청) 종전증여가 국세부과제척기간이 만료된 경우에도 재차증여의 합산기간에 해당하는 때에는 증여재산가액에 합산하며, 합산된 증여가액이 국세부과제척기간의 만료로 인하여 증여세가 징수되지 아니한 세액에 대하여는 이를 공제하지 않음(재경부재산46014-293, 1997.8.23, 서면4팀-2928, 2006.8.24.).

(법원) 개정법(1996.12.30. 개정된 것) 시행 전에 이미 종전 증여 및 재차 증여의 과세요건사실이 완성되어 증여세 납세의무가 성립하였고, 과세관청이 증여세 부과를 결정할 당시에는 종전 증여의 부과제척기간이 만료하여 그 증여재산가액을 재차 증여의 과세가액에 가산할 수 없음(대법원2013두23195, 2015.6.24.).

---

10. 이 해석이 유효한지 의문이다. 이 해석 당시에는 합산배제증여재산이 규정되어 있지 않았고, 기재부는 2021년 증여자를 특정하지 않아도 상증법 제45조(재산취득자금등의 증여추정)를 적용할 수 있다고 보았다(기획재정부 재산세제과-200, 2021.3.5.). 증여자가 특정하지 않은 경우 증여자를 모르므로 증여세 과세가액에 가산할 수 없다. 한편 2021.12.22. 개정시 합산배제증여재산에 재산취득자금등의 증여추정 규정이 포함되었다.

3. 가산하지 않는 증여재산

비과세 증여재산(상증법 제46조), 과세가액 불산입재산[11], 합산배제증여재산 등은 가산하지 않는다.

가. 합산배제증여재산[12]

합산배제증여재산은 증여자 또는 증여재산의 원천을 확정하기 어려운 경우로, 상증법 제31조 제1항제3호(재산 취득 후 해당 재산의 가치가 증가하는 경우), 제40조(전환사채 등의 주식전환 등에 따른 이익의 증여)제1항제2호 및 제3호, 제41조의3(주식등의 상장 등에 따른 이익의 증여), 제41조의5(합병에 따른 상장 등 이익의 증여), 제42조의3(재산 취득 후 재산가치 증가에 따른 이익의 증여), 제45조(재산취득자금등의 증여추정), 제45조의2(명의신탁재산의 증여의제), 제45조의3(특수관계법인과의 거래를 통한 이익의 증여의제) 및 제45조의4(특수관계법인으로부터 제공받은 사업기회로 발생한 이익의 증여의제)에 따른 증여재산을 말한다.

<합산배제증여재산 개정연혁>

2004-2018	2019-2021	2022.1.1. 이후
① 상증법 제31조제1항제3호(재산 취득 후 해당 재산의 가치가 증가하는 경우) ② 제40조(전환사채 등의 주식전환 등에 따른 이익의 증여)제1항제2호 및 제3호) ③ 제41조의3(주식등의 상장 등에 따른 이익의 증여) ④ 제41조의5(합병에 따른 상장 등 이익의 증여) ⑤ 제42조의3(재산 취득 후 재산가치 증가에 따른 이익의 증여) ⑥ 제45조의3(특수관계법인과의 거래를 통한 이익의 증여의제) ⑦ 제45조의4(특수관계법인으로부터 제공받은 사업기회로 발생한 이익의 증여의제)	(좌동)	(좌동)
	⑧ 제45조의2(명의신탁재산의 증여의제)	
		⑨ 제45조(재산취득자금등의 증여추정)

11. 상증법 제48조(공익법인등에 출연한 재산), 상증법 제52조(공익신탁한 재산), 상증법 제52조의2(장애인이 증여받은 재산)
12. 합산배제증여재산에 대한 상속세 및 증여세 과세방법(2004.1.1. 이후)
    ○ 증여자가 사망한 경우에 증여시기에 관계없이 해당 재산은 상속세 과세가액에 가산하지 않음
    ○ 합산배제 증여재산은 다른 증여재산과 합산하지 않음
    ○ 증여세 과세표준계산시 증여재산공제를 적용하지 않음

나. 증여세 과세특례 재산

저출산, 고령화 심화에 따른 인구구조 및 경제구조가 변화하는 것에 대응하여 젊은 세대로의 부의 조기이전을 통하여 경제 활력 증진을 도모하고자 하는 정책적인 목적에서 증여세 과세특례 제도[13]를 도입하였다. 거주자가 받은 창업자금 또는 가업승계 주식등에 대해 증여시점에서는 낮을 세율로 증여세를 과세하고 증여자가 사망시점에서 증여당시의 가액을 상속재산가액에 가산하여 상속세로 정산하여 과세한다는 증여세 과세특례제도[14]를 두고 있다. 증여세 과세특례 재산은 다른 재산과 합산하지 아니한다(조특법 제30조의5제10항 및 제30조의6제3항).

다. 영농자녀 증여세 감면

증여세를 감면받은 농지등은 해당 증여일 전 10년 이내에 자경농민등(자경농민등의 배우자를 포함한다)으로부터 증여받아 합산하는 증여재산가액에 포함시키지 아니한다(조특법 제71조제6항).

쟁점

증여세 감면받은 재산과 동일인 합산

증여세는 수증자를 기준으로 계산한다. 이 경우 동일인으로부터 증여를 받으면, 그 가액을 합하여 계산한다. 한 번에 증여받나, 분할하여 증여받나 같은 세액을 부담하기 위해서이다. 동일인으로부터 증여받으면 합산해야 하지만, 합산하지 않는 재산들이 있다.

그 재산들의 유형은 성격에 따라 구분할 수 있다.

1. 법률에서 규정한 것으로, ① 합산배제증여재산(상증법 제47조제1항), ② 증여세 과세특례 적용대상인 창업자금(조특법 제30조의5제10항) 및 가업승계 주식 등(조특법 제30조의6제3항), ③ 영농자녀가 증여받은 농지 등(조특법 제71조제6항)이 있다.

2. 법률에서 명시적으로 규정하지 않았지만, 조문의 성격상 합산하지 않는 것은 비과세와 과세가액불산입 재산이 있다. ④ 증여세 비과세재산(상증법 제46조), ⑤ 증여세 과세가액 불산입 재산(공익법인 등에 출연한 재산(상증법 제48조), 공익신탁재산(상증법 제52조), 장애인이 증여받은 재산(상증법 제52조의2).

3. 해석으로 ⑥ 직계존속의 배우자 이혼 · 사망 등이 있다.

그런데 감면받은 재산과 감면받은 재산은 합산할까? 예를 들어 부가 자녀에게 2019년에 농지를 7천만원 증

---

13. "○○ 증여세 과세특례"라는 조문제목을 사용하지만, 상증법 제43조 '증여세 과세특례'와는 다른 성격의 규정이다.
14. 창업자금 및 가업승계 주식등(조특법 제30조의5 및 제30조의6)의 상속세 및 증여세 과세방법
   ○ 거주자에 한하여 적용
   ○ 증여자가 사망한 경우에는 증여시기에 관계없이 해당 재산을 상속세 과세가액에 가산함.
   ○ 증여세 과세특례재산은 다른 증여재산과는 합산하지 않음(창업자금과 가업승계 주식등은 중복하여 공제받을 수 없다).
   ○ 5억원을 증여재산공제로 뺀 후 10% 특례세율 적용(가업승계는 과세표준 30억원 초과시 20%)
   ○ 상속공제 한도액 계산시 사전증여 재산으로 보지 않음

여하고, 2021년에 농지를 6천만원을 증여한 경우 모두 감면요건을 충족한 경우 가산할까?

우선 조문을 보면, 조세특례제한법 제71조제6항에서 제1항에 따라 증여세를 감면받은 농지등은 상증법 제47조제2항에 따라 해당 증여일 전 10년 이내에 자경농민등(자경농민등의 배우자를 포함한다)으로부터 증여받아 합산하는 증여재산가액에 포함시키지 않는다고 규정하고 있다.

질의회신 등의 사례(서면4팀-1004, 2007.3.27. 외)를 보면 일반 증여재산과 감면 재산은 합산하지 않는다는 회신은 있는데, 감면 재산끼리 합산 여부는 명확하지 않았다.

최근 국세청은 조특법 제71조 제1항에 따른 감면대상 농지등을 증여받은 후 10년 이내에 동일인으로부터 같은 법에 따른 감면대상 농지등을 재차 증여받은 경우로서, 해당 감면대상 농지가 조특법 제133조에 따른 증여세 감면 한도 내의 감면대상 농지등에 해당하면 상증법 제47조에 따라 감면대상 농지가액 간 합산한다고 해석(기준-2020-법령해석재산-0079[법령해석과-1010], 2020.4.3.)하였다.

이는 증여재산가산액의 입법취지는 합산과세함으로써 누진세율을 피해 여러 개의 재산을 한 번에 증여하지 아니하고 나누어 증여하는 행위를 방지하기 위함인데, 감면재산끼리 합산하지 아니하면 한 번에 증여받나 쪼개서 증여받는 것에 따라 감면세액이 달라지기 때문으로 보인다.

[관련 질의회신 · 판례 등]

○ 이혼 또는 사별

직계존속의 배우자가 이혼 또는 사별15한 경우에는 동일인으로 보지 않음(재산세과-58, 2010.2.1.).

○ 동일 재산의 합산여부

(반환 후 증여받은 경우) 증여받은 재산을 증여세신고기한 경과 후 3개월 이내에 증여자에게 반환한 후 합산과세기간 내에 동일한 재산을 다시 증여받은 경우에도 당초 증여받은 재산가액은 합산하여 과세함(서면4팀-807, 2004.6.7.).

(합의해제 후 증여받은 경우) 민법상 증여계약이 합의해제된 경우 당초 증여계약의 효력이 소멸되었으므로 동일부동산에 대하여 증여재산 합산과세 규정을 적용함에 있어서도 당초 증여는 없고 재차증여만 있는 것으로 보아 합산과세를 배제하는 것이 타당함(조심2011서2867, 2011.12.14.).

○ 증여세 감면

감면대상 농지등을 증여받은 후 10년 이내에 동일인으로부터 감면대상 농지등을 재차 증여받은 경우로서, 해당 감면대상 농지가 증여세 감면 한도 내의 감면대상 농지등에 해당하면 감면대상농지가액 간 합산하는 것임(기준2020법령해석재산-0079, 2020.4.3.).

---

15. 이혼 또는 사별한 경우에는 직계존속의 배우자가 아니다.

제2절 증여세 과세표준

구 분	증여세 과세표준
합산배제 증여재산 외	거주자(수증자): 증여세과세가액 – 증여재산공제 – 재해손실공제 – 감정평가수수료
	비거주자(수증자): 증여세과세가액 – 재해손실공제 – 감정평가수수료
합산배제 증여재산	① 명의신탁재산의 금액(상증법 제45조의2) – 감정평가수수료 ② 특수관계법인과의 거래를 통한 증여의제이익(상증법 제45조의3) 또는 특수관계법인으로부터 제공받은 사업기회로 발생한 증여의제이익(상증법 제45조의4) – 감정평가수수료
	합산배제증여재산(① 및 ② 제외) – 3천만원 – 감정평가수수료

증여세 과세표준이란 증여세액 산출 기준이 되는 금액을 말한다. 증여세 과세표준은 증여재산을 합산배제증여재산과 합산배제증여재산 외의 재산을 구분하여 과세표준을 계산하고 있다. 2004.1.1. 이후 증여부터 일반증여재산, 명의신탁재산, 합산배제증여재산으로 구분하여 적용하였다.[16]

증여재산이 합산배제증여재산이 아닌 경우에는 수증자가 거주자이면 증여세 과세가액에서 증여재산공제, 재해손실공제, 감정평가수수료를 차감하여 계산하고, 수증자가 비거주자이면 증여세 과세가액에서 증여재산공제없이 재해손실공제, 감정평가수수료를 차감하여 계산한다(상증법 제55조).

증여세 과세표준이 50만원 미만[17]일 때에는 증여세를 부과하지 않는다.

예시

(문1) 부가 자(성년, 거주자)에게 명의신탁한 재산가액이 4억원인 경우 증여세 과세표준은?
(감정평가수수료는 없음)

(답1) 4억원 (증여재산공제 적용하지 않음)

(문2) 주식등의 상장이익(합산배제 증여재산)이 3억원인 경우 증여세 과세표준은?
(감정평가 수수료 없음)

(답2) (3억원 - 3천만원) = 2억 7천만원

---

16. 2019.1.1. 이후부터 명의신탁재산 증여의제도 합산배제증여재산이다.

17. 설날 즈음에는, 증여세가 과세되지 않는 세뱃돈 범위에 대한 기사가 나오곤 한다. "조카에게 준 주식 세뱃돈… 증여 비과세 얼마까지?"(머니투데이, 2021.2.14.)

1. 합산배제증여재산의 증여세 과세표준

상증법 제55조제1호부터 제3호까지는 합산배제증여재산[18]의 과세표준에 대해 규정하고 있다.

합산배제증여재산 중 명의신탁재산의 증여의제(상증법 제45조의2), 특수관계법인과의 거래를 통한 증여의제(상증법 제45조의3), 특수관계법인으로부터 제공받은 사업기회로 발생한 증여의제(상증법 제45조의4)의 경우에는 수증자가 거주자라고 하더라도 증여재산공제를 적용하지 않는다. 앞의 증여재산을 제외한 합산배제증여재산은 증여재산공제를 적용하지 않되, 3천만원을 차감하여 계산한다.

합산배제증여재산 외 일반증여재산은 증여재산공제, 재해손실공제, 감정평가수수료를 차감하여 증여세 과세표준을 계산한다.

명의신탁재산 증여의제의 경우 2004.1.1. 이후부터 증여재산공제를 배제하고 있다. 이에 헌재는 배우자 간 명의신탁에 대해 "조세회피 목적을 가진 명의신탁은 실제상 증여가 아님에도 증여로 의제되지만 부부간의 명의신탁에 대하여 배우자 공제조항을 적용하게 되면 그 공제액의 한도 내에서는 증여세가 면제 내지는 감액되어 증여의제조항의 입법취지가 상실 내지는 감소된다"라고 보았다(헌재2010헌바215, 2012.11.29.).

2. 증여재산공제

상증법 제53조는 아래와 같다.

○ 상증법 제53조(증여재산 공제) 거주자가 다음 각 호의 어느 하나에 해당하는 사람으로부터 증여를 받은 경우에는 다음 각 호의 구분에 따른 금액을 증여세 과세가액에서 공제한다. 이 경우 수증자를 기준으로 그 증여를 받기 전 10년 이내에 공제받은 금액과 해당 증여가액에서 공제받을 금액을 합친 금액이 다음 각 호의 구분에 따른 금액을 초과하는 경우에는 그 초과하는 부분은 공제하지 아니한다.

1. 배우자로부터 증여를 받은 경우: 6억원
2. 직계존속[수증자의 직계존속과 혼인(사실혼은 제외한다. 이하 이 조에서 같다) 중인 배우자를 포함한다]으로부터 증여를 받은 경우: 5천만원. 다만, 미성년자가 직계존속으로부터 증여를 받은 경우에는 2천만원으로 한다.

---

18. 합산배제증여재산은 증여자 또는 증여재산의 원천을 확정하기 어려운 경우로 상증법 제31조제1항제3호(재산 취득 후 해당 재산의 가치가 증가하는 경우), 제40조(전환사채 등의 주식전환 등에 따른 이익의 증여)제1항제2호 및 제3호, 제41조의3(주식등의 상장 등에 따른 이익의 증여), 제41조의5(합병에 따른 상장 등 이익의 증여), 제42조의3(재산 취득 후 재산가치 증가에 따른 이익의 증여), 제45조의3(특수관계법인과의 거래를 통한 이익의 증여의제) 및 제45조의4(특수관계법인으로부터 제공받은 사업기회로 발생한 이익의 증여의제)에 따른 증여재산을 말한다. 2019.1.1. 이후 증여분부터 제45조의2(명의신탁재산의 증여의제)가 합산배제증여재산에 추가되었고, 2022.1.1. 이후 제45조(재산취득자금등의 증여추정)가 추가되었다.

3. 직계비속(수증자와 혼인 중인 배우자의 직계비속을 포함한다)으로부터 증여를 받은 경우: 5천만원
4. 제2호 및 제3호의 경우 외에 6촌 이내의 혈족, 4촌 이내의 인척으로부터 증여를 받은 경우: 1천만원

증여재산공제제도는 수증자가 증여자와 밀접한 인적 관계에 있는 경우 증여세 과세가액에서 일정액을 공제하여 과세표준을 산정하도록 함으로써 납세의무자에 대하여 일종의 조세혜택을 부여하고 있는 제도를 말한다(헌재2007헌바13, 2008.7.31.).

해당 조문에서 확인할 것은 거주자, 사람, 10년 이렇게 3가지이다. 거주자는 수증자를 말한다. 따라서 비거주자는 증여재산공제를 받을 수 없다.[19] 각 호를 보면, 배우자 / 직계존속 / 직계비속 등으로 구분됨을 알 수 있다. 여기서 사람은 단체, 그룹을 의미한다. 증여재산공제는 증여자 그룹별로 적용한다. 10년은 증여재산공제를 받을 수 있는 금액을 10년간 적용한다는 의미이다.

정리하면, 거주자가 ① 배우자, ② 직계존속, ③ 직계비속, ④ "직계존속 · 직계비속이 아닌 친족 중 '6촌이내 혈족 및 4촌 이내 인척'"(이하 "그 밖의 친족"[20])으로부터 증여받은 경우 증여세 과세가액에서 10년간 합산하여 아래 금액을 공제[21] 한다(상증법 제53조). 그 외 경우에는 증여재산공제를 적용하지 않는다.

증 여 자	배우자	직계존속	직계비속	그 밖의 친족	기타
공제한도액	6억원	5천만원 (수증자가 미성년자이면 2천만원)	5천만원	1천만원	없음

재산취득에 대한 자금출처 조사결과 자금출처를 밝히지 못해 증여추정으로 과세시 증여자와 수증자의 관계가 확인되는 경우에는 증여재산공제가 가능하다(재산상속46014−2087, 1999.12.10.).

---

19. 합산배제증여재산의 경우 증여재산공제가 적용되지 않고 조특법 제30조의5(창업자금) · 제30조의6(가업주식)의 경우 증여재산공제를 적용하지 않는다.
20. 법령서식 증여세 과세표준 및 자진납부계산서에서 사용하고 있다. 실무에서는 기타친족이라고도 한다.
21. 증여재산공제는 수증자를 기준으로 증여자 그룹별로 계산하며, 증여세 과세가액은 동일인 합산한다. 증여재산공제와 증여세 과세가액 계산은 각각 하여야 한다.

<증여재산공제 개정연혁>

증여자	2008~2013	2014~2015	2016.1.1. 이후
배우자	6억원	6억원	6억원
직계존속 (수증자가 미성년자인 경우)	3천만원 (15백만원)	5천만원 (2천만원)	5천만원 (2천만원)
직계비속		3천만원	5천만원
그 밖의 친족	5백만원	5백만원	1천만원

가. 증여자가 배우자인 경우

거주자가 배우자로부터 증여를 받는 경우에는 증여세 과세가액에서 6억원을 공제한다. 이 경우 배우자는 민법상 혼인으로 인정되는 혼인관계에 있는 배우자[22](상증 집행기준 53-0-2)를 말하므로 사실혼 관계에 있는 배우자는 공제되지 않는다.

거주자가 배우자로부터 2008.1.1. 이후 재산을 증여받은 경우에는 해당 증여 전 10년 이내에 공제받은 금액과 해당 공제받을 금액(해당 증여가액을 초과하지 못함) 합계액이 6억원을 초과하지 않는 범위 내에서 공제한다.

예시

(문1) 2022.4월 배우자로부터 4억원을 증여받은 경우 증여세 과세표준은? (수증자는 거주자임)

(답1) 0원

(문2) 2016.5월 배우자부터 4억원을 증여받고, 2022.9월에 배우자로부터 3억원을 증여받은 경우 증여세 과세표준은? (수증자는 거주자임)

(답2) 1억원 (= 7억원-6억원(2016년 4억원+2021년 2억원))

(문3) 2006.5월 배우자부터 4억원을 증여받고, 2012.9월에 배우자로부터 2억원을 증여받은 경우 증여재산공제액은? (수증자는 거주자임)

(답3) 2006년 증여분: 3억원 공제 후 1억원에 대하여 증여세 납부

2012년 증여분: 2006년 증여분 4억+해당 증여분 2억에서 5억원 공제

(∵) 10년 이내 공제받은 금액 3억원 + 2억원(해당 증여가액 한도)

(문4) A는 B의 배우자임. 2022.3월 A가 B에게 6억원을 증여하고, 2022.4월 B가 A에게 5억원을 증여한 경우 증여재산공제는? (수증자는 거주자임)

(답4) A 6억원, B 5억원 (증여재산공제는 수증자를 기준으로 적용)

---

22. 법률혼 배우자를 말한다.

[관련 질의회신 · 판례 등]

○ 외국법령에 의해 혼인으로 인정되는 배우자

외국법령에 의해 혼인으로 인정되는 배우자로부터 증여받은 경우에는 증여재산공제를 적용함(재산상속46014-439, 2004.4.8.).

○ 비거주자인 배우자로부터 증여받는 경우

거주자가 비거주자인 배우자로부터 재산을 증여받는 경우에도 배우자 증여재산공제 가능함(재산상속46014-1704, 1999.9.18.).

나. 증여자가 직계존속인 경우

거주자가 직계존속으로부터 재산을 증여받는 경우에는 5천만원을 공제한다. 수증자가 미성년자(만 19세 미만, 민법 제4조)이면 2천만원을 공제한다. 이 경우 미성년자가 결혼한 경우에도 미성년자로 본다.[23]

<민법 미성년자 개정연혁>

2013.6.30. 이전	2013.7.1. 이후
만 20세 미만	만 19세 미만

2010.1.1. 이후 증여분부터는 재혼 가정이 증가하는 사회변화 추세 등을 감안하여 직계존속 범위에 수증자의 직계존속과 혼인(사실혼은 제외) 중인 배우자를 포함하도록 개정하였다. 즉 계부 · 계모로부터 증여받는 경우에도 직계존속으로부터 증여받은 경우와 동일하게 증여재산공제를 허용한다. 직계존속은 혈족[24]을 말한다. 외조부모와 외손자는 직계존비속에 해당한다. 출양한 자의 경우에는 양가 및 생가 모두 해당한다. 계모의 부모로부터 증여를 받는 경우에는 직계존비속 증여재산공제가 적용되지 않는다(기획재정부 재산세제과-998, 2010.10.21.).

23. 미성년자가 혼인시 성년으로 의제되는 경우 그 의제의 효력은 민법상의 법률행위를 단독으로 유효하게 할 수 있다는 데 그치는 것이고, 다른 법률에까지의 의제의 효과가 확장되는 것은 아니다(정병용, 『민법과 세법 개정5판』, 조세통람), 민법에서 미성년자가 혼인을 하는 경우 성년자로 본다고 하는 성년의제 규정을 두고 있더라도 명문으로 이를 규정하거나 준용하는 규정이 없는 현행 상증법에서는 동 규정을 준용할 수는 없다(국심2001전2217, 2001.10.19.).

24. 혈족에 대한 설명은 특수관계인을 참고하기 바란다.

예시

(문1) 2022.4월, 부로부터 3억원을 증여받은 경우 증여세 과세표준은? (수증자는 성년, 거주자)

(답1) 2억5천만원

(문2) 2017.5월, 부로부터 4억원을 증여받고, 2022.9월에 부로부터 3억원을 증여받은 경우 증여세 과세표준은? (수증자는 성년, 거주자)

(답2) 6억5천만원 (∵) 10년 이내 공제받은 금액 5천만원 한도

(문3) 2013.7월, 부로부터 5천만원 증여받고 2022년 1천만원을 증여받은 경우 증여세 과세표준은? (수증자는 성년, 거주자)

(답3) 2천만원 (∵) 2013년 3천만원 공제+2022년 1천만원 공제

(문4) 2017.7월, 모로부터 5천만원 증여받고 2022년 1천만원을 증여받은 경우 증여세 과세표준은? (수증자는 2013년 미성년, 거주자이고, 2022년에는 성년, 거주자)

(답4) 3천만원 (∵) 2017년 2천만원 공제+2022년 1천만원 공제

직계존비속으로부터 증여를 받은 수증자의 경우 10년간 증여받은 재산에 관하여는 증여자의 수나 횟수에 관계없이 일률적으로 공제하도록 규정한 것은, 증여자인 직계존비속의 수에 따라 공제한도가 달라진다면 다른 직계존비속을 우회하여 분할증여를 함으로써 증여세를 회피할 가능성이 있고, 더 많은 직계존비속으로부터 증여받은 자일수록 공제 혜택을 많이 누리게 되는 결과 실질적으로 증여받은 재산 가액이 동일한 납세의무자임에도 각각 부담하는 세액이 달라질 수 있어 조세형평에 반할 우려가 있다는 점을 고려한 것이다. 10년간 증여받은 재산인 이상 그 증여자가 사망한 경우에도 마찬가지이다(서울행법2011구합12528, 2011.8.10.).

쟁점

증여세 과세표준 계산시 혼인 중인 배우자

혼인 중인 배우자는 계부, 계모 등을 말한다. A는 B와 이혼하고, C와 재혼하였다. A와 B 사이에는 자녀 D(성년, 거주자)가 있었는데, D는 2019년 A에게 3천만원을 증여받고, 2021년 C에게 3천만원을 증여받았다. 이 경우 2021년 증여세 과세표준은 어떻게 될까?

증여세는 수증자를 기준으로 계산하되, 증여자가 동일하면 10년간 합산해서 계산하고, 증여재산공제 한도는 증여자 그룹별로 적용한다.

1. 증여세 과세가액

상증법 제47조제2항에서 동일인의 범위에 증여자가 직계존속인 경우에는 그 직계존속의 배우자를 포함한다고 규정하고 있다. 그러면 그 직계존속의 배우자는 혼인 중인 배우자가 포함될까?

포함되지 않는다. 동일인은 직계존속이면서, 직계존속인 배우자를 뜻하므로 혼인 중인 배우자가 포함되지 않

는다고 국세청은 보고 있다(재산세과-399, 2010.6.16.). 참고로 배우자가 이혼 또는 사별한 경우에도 증여일 현재 배우자가 아니므로 동일인으로 보지 않는다(재산세과-58, 2010.2.1.).

2. 증여재산공제

상증법 제53조제2호에서는 직계존속의 범위에 "수증자의 직계존속과 혼인 중인 배우자를 포함한다"라고 규정하고 있다. 이 경우, 혼인 중 배우자에는 해당한다. 즉, 2019년, 2020년 증여받았을 때 직계존속에 대한 증여재산공제는 5천만원 공제 가능하지만, 2021년 증여세 과세가액 계산시에는 2019년 증여분을 합산하지 않는다. 따라서 증여세 과세표준은 1천만원이 된다.

1천만원 = 증여재산 3천만원 - 증여재산공제 2천만원 (3천만원은 기공제)

다. 증여자가 직계비속인 경우

거주자가 직계비속으로부터 재산을 증여받는 경우에는 5천만원을 공제한다. 2010.1.1. 이후 증여분부터는 재혼 가정이 증가하는 사회변화 추세 등을 감안하여 직계비속의 범위에 수증자와 혼인 중인 배우자의 직계비속을 포함하도록 개정하였다.

예시

(문1) 2021.4월, 자로부터 3억원을 증여받은 경우 증여세 과세표준은? (수증자는 성년, 거주자)

(답1) 2억5천만원

(문2) 2016.5월, 자로부터 4억원을 증여받고, 2021.9월에 자로부터 3억원을 증여받은 경우 증여세 과세표준은? (수증자는 성년, 거주자)

(답2) 6억5천만원 (∵) 10년 이내 공제받은 금액 5천만원 한도

(문3) 2021.4월, 자1로부터 1억원을, 자2로부터 2억원을 증여받은 경우 증여재산공제는? (수증자는 성년, 거주자)

(답3) 5천만원(각각 공제받는 것이 아니다)

(문4) 2021.4월, 부가 자1(성년, 거주자), 자2(성년, 거주자)에게 증여하는 경우 증여재산공제는?

(답4) 각각 5천만원 (∵) 증여세는 증여자 · 수증자별 계산

(문5) 2019년 18세(거주자) 때 부로부터 4천만원을 증여받고, 2022년 21세(거주자) 때 부로부터 2천만원을 증여받은 경우 2022년 증여세 과세표준은?

(답5) 2천만원=6천만원-4천만원(2천만원+2천만원)

[관련 질의회신 · 판례 등]

○ 성년자가 된 후 증여재산공제

미성년자가 직계존속으로부터 재산을 증여받아 15백만원(현재 2천만원)의 증여재산공제를 받은 후, 성년자가 되어 둘 이상의 직계존속으로부터 동시에 증여를 받은 경우 추가된 증여재산공제 15백만원은 성년자가 된 후 증여받은 각각의 증여가액으로 안분함(재산상속46014-1664, 1999. 9. 10.).

라. 증여자가 배우자 및 직계존비속이 아닌 친족인 경우

배우자 및 직계존비속이 아닌 6촌이내 혈족 및 4촌이내 인척으로부터 증여를 받는 경우, 1천만원을 공제한다.

<친족 개정 연혁>

2011.12.31. 이전	2012.1.1. 이후
① 6촌 이내의 부계혈족[25]과 4촌 이내의 부계혈족의 아내 ② 3촌 이내의 부계혈족의 남편 및 자녀 ③ 3촌 이내의 모계혈족과 그 배우자 및 자녀 ④ 처의 2촌 이내의 부계혈족 및 그 배우자 ⑤ 입양자의 생가(生家)의 직계존속 ⑥ 출양자[26] 및 그 배우자와 출양자의 양가(養家)의 직계비속 ⑦ 혼인 외의 자의 생모 ⑧ 상증법상 친족은 아니나 공제되는경우 - 직계비속의 출생배우자의 2촌 이내의 부계혈족과 그 배우자	6촌 이내의 혈족 4촌 이내의 인척

[관련 질의회신 · 판례 등]

○ 시부모와 며느리

시부모와 며느리의 관계는 직계존비속에 해당하지 아니하며 기타 친족에 해당함(재산세과-1473, 2009.7.17.).

○ 계모와 전처소생의 자녀

전처소생의 자녀가 직계혈족인 父가 사망한 후 재혼하지 않은 계모로부터 부동산을 증여받는 경우 상증법 제53조제3호에 따라 500만원을 공제한다(재산세과-448, 2010.6.28.).

---

25. 부계혈족이란 친가의 혈족들(조부모, 아버지, 백숙부, 고모 등)을 말하며, 모계혈족이란 외가의 혈족들(외조부모, 외숙부, 이모 등)을 말한다.
26. 출양자는 남의 집에 양자로 가 있는 자녀를 말한다.

마. 친족관계가 없는 경우 등

배우자 등 상증법에 열거되지 않는 사람으로부터 증여받는 경우에는 증여재산공제를 적용하지 않는다. 수증자와 증여자와의 관계가 종중이거나 친족관계가 없는 경우에는 증여재산공제를 적용하지 아니한다(서면4팀-3043, 2007.10.23.).

3. 증여재산공제액 계산

증여재산공제는 수증자를 기준으로 해당 증여 전 10년 이내에 공제받은 금액과 해당 증여가액에서 공제받을 금액의 합계액이 증여재산공제 한도액을 초과하면 그 초과하는 부분은 이를 공제[27]하지 않는다.

증여재산공제는 증여가 있을 때마다 증여자 · 수증자별로 구분하여 적용하되, 둘 이상의 증여가 그 증여시기를 달리하는 경우 둘 이상의 증여 중 최초의 과세가액에서부터 순차로 공제[28]한다. 그러나 증여가 동시에 있는 경우에는 증여세 과세가액으로 안분하여 공제한다.

예시

(문1) 부가 2억원, 모가 3억원을 동시에 자(성년, 거주자)에게 증여한 경우 과세가액과 증여재산공제액은?

(답1) 증여세 과세가액 5억원, 증여재산공제액 5천만원

(∵) 증여세 과세가액은 부 · 모는 동일인으로 보아 합산하고, 증여재산공제액은 5천만원임

부: 5천만원×2억원 / 5억원=2천만원

모: 5천만원×3억원 / 5억원=3천만원

(문2) 자(성년, 거주자)가 2019.10월, 조부로부터 1억원, 2020.4월 부로부터 1억원을 증여받은 경우 2020.4월분 증여세 과세가액과 증여재산공제액은?

(답2) 증여세 과세가액: 1억원(조부는 동일인이 아니므로 합산 안 함), 증여재산공제액: 0원 (조부 증여분에서 이미 5천만원을 기공제)

(문3) 동일자에 자(성년, 거주자)가 부로부터 90,000천원, 모로부터 40,000천원, 조부로부터 70,000천원을 동시에 증여받은 경우 증여재산 공제는 얼마인가?

(답3) 부모(동일인, 합산): 32,500천원, 조부 17,500천원

---

27. 증여재산공제는 아니지만, 조특법의 증여세 과세특례에서는 5억원을 공제한다. 창업자금 증여세 과세특례(조특법 제30조의5)가 적용되는 경우 5억원을 공제하며, 가업승계 주식의 증여세 과세특례(조특법 제30조의6)가 적용되는 경우 5억원을 공제한다.

28. 양도소득 기본공제는 감면소득이 있는 경우 감면소득외 양도소득에서 먼저 공제하지만(소득법 제103조), 상증법에서는 감면이 있는 경우라도 증여시기가 다르면 순차, 같으면 안분하여 계산한다.

$$\text{부모: 50,000천원} \times \frac{(\text{부 90,000천원} + \text{모 40,000천원})}{(\text{부 90,000천원} + \text{모 40,000천원}) + \text{조부 70,000천원}} = \text{32,500천원}$$

$$\text{조부: 50,000천원} \times \frac{\text{조부 70,000천원}}{(\text{부 90,000천원} + \text{모 40,000천원}) + \text{조부 70,000천원}} = \text{17,500천원}$$

(문4) 자(성년, 거주자)가 2018.4월, 모로부터 1억원을 증여받고(모는 2019.1월 사망), 2020.4월에는 부로부터 2억원을 증여받은 경우 증여세 과세가액과 증여재산공제액은?

(답4) 증여재산가액: 2억원 (직계존속의 배우자가 사망하여 합산 안 함),

증여재산공제액: 0원 (모에게 증여받았을 때 5천만원을 기공제)

(문5) 2019.4월 삼촌으로부터 1억원, 2020.4월 사촌으로부터 2억원을 각각 증여받은 경우 2020.4월분 증여세 과세가액과 증여재산공제액은? (수증자는 성년, 거주자임)

(답5) 증여세 과세가액: 2억원 (삼촌과 사촌은 동일인이 아니므로 합산 안 함) 증여재산공제액: 0원 (삼촌의 증여분에서 1천만원을 기공제)

4. 재해손실공제

타인의 증여에 따라 재산을 취득하는 경우로, 증여일이 속하는 달의 말일부터 3월 이내에 재난으로 인하여 증여재산이 멸실 · 훼손된 경우에는 그 손실된 증여재산 가액을 증여세 과세가액에서 공제한다(상증법 제54조). 이 경우 재난이란 화재, 붕괴, 폭발, 환경오염사고 및 자연재해 등으로 인한 재난을 말한다.

다만, 해당 손실금액에 대해서 보험금 등의 수령 또는 구상권 등의 행사에 따라 해당 손실가액에 상당하는 금액을 보전받을 수 있는 경우에는 제외한다. 재해손실공제를 받고자 하는 수증자는 재해손실공제신고서에 해당 손실가액 및 명세와 재난의 사실을 입증하는 서류를 첨부하여 증여세과세표준신고와 함께 납세지 관할세무서장에게 제출하여야 한다.

5. 감정평가수수료

증여재산의 감정평가수수료라 함은 증여세를 신고 · 납부하기 위하여 증여재산을 평가하는 데 소요되는 수수료를 말한다. 2004.1.1. 이후 증여 분부터 적용한다.

감정평가수수료는 감정평가업자의 수수료와 신용평가전문기관의 수수료로 구분하며, 수수료를 공제받고자 하는 자는 해당 수수료 지급사실을 입증할 수 있는 서류를 증여세 과세표준신고와 함께 제출하여야 한다.

가. 부동산에 대한 감정평가업자의 평가수수료

감정평가 및 감정평가사에 관한 법률에 따른 감정평가업자의 평가 수수료로 해당 평가된 가액으로 증여세를 신고 · 납부하는 경우에 한정하여 적용한다. 5백만원을 초과하는 경우 5백만원으로 한다.

나. 비상장주식에 대한 신용평가전문기관의 평가수수료

평가심의위원회에서 신용평가전문기관에 의뢰하여 납세자가 부담한 평가수수료는 신용평가전문기관 평가액의 채택여부와 관계없이 공제한다. 평가대상 법인의 수 및 평가를 의뢰한 신용평가전문기관 수별로 각각 1천만원을 한도로 한다.

<감정평가수수료 개정연혁>

2006.2.8. 이전	2006.2.9. 이후
"가"의 수수료(500만원 한도), "가"+"나"의 수수료(1천만원 한도)	"가"의 수수료(500만원 한도), "나"의 수수료(평가기관 수별 및 평가대상법인 수별로 각각 1천만원 한도)

<감정평가업자의 범위 개정연혁>

2015.2.2. 이전	2015.2.3. 이후 상속, 증여부터
감정평가법인	감정평가업자(개인+법인)

다. 서화 · 골동품 등의 전문가 감정수수료

서화 · 골동품 등 예술적 가치가 있는 유형재산 평가에 대한 감정수수료는 2014.2.21. 이후 감정평가하는 분부터 적용하며, 5백만원을 초과하는 경우 5백만원으로 한다.

예시

(문) 부가 자(성년, 거주자)에게 증여한 재산 7억원에 대해 감정평가업자의 수수료가 8백만원, 2개 신용평가전문기관 평가수수료가 각각 13백만원, 7백만원인 경우 증여세 과세표준은?

(답) 6억28백만원=(7억원-5천만원)-(5백만원+10백만원+7백만원)

(∵) 감정평가수수료: 500만원 한도, 신용평가수수료: 평가업체당 10백만원 한도

<감정평가수수료 개정연혁>

2006.2.9. 이후 신청부터	2014.2.21. 이후 감정평가부터
공제금액=①+② ① 부동산을 평가된 가액으로 상속세 신고 · 납부한 경우 감정평가법인의 평가수수료(500만원 한도) ② 비상장주식 감정평가수수료: 평가된 가액으로 인정되지 않더라도 평가대상법인 수, 의뢰기관 수별로 각각 1천만원 한도	공제금액=①+②+③ ① 좌동 ② 좌동 ③ 서화 · 골동품 등 유형재산 전문가 감정수수료(500만원 한도)

6. 증여세 과세최저한

증여세 과세표준이 50만원 미만이면 증여세를 부과하지 아니한다.

제5장 세액계산과 공제감면세액

증여세의 과세표준에 세율을 곱하여 계산한 증여세 산출세액이 그대로 납세자가 신고납부할 세액이 되는 것이 아니다. 신고납부할 세액은 증여세 산출세액에 직계비속에 대한 증여의 할증과세액을 가산한 금액에서 세액공제 · 감면세액을 차감하여 계산[1] 한다.

증여세 결정세액을 계산함에 있어서 공제 · 감면되는 세액은 납부세액공제, 외국납부세액공제, 박물관자료 · 미술관자료에 대한 징수유예세액[2], 영농자녀 증여세 감면, 신고세액공제가 있다.

제1절 증여세 산출세액

증여세 산출세액은 증여세 과세표준에 세율을 적용하여 계산한다(상증법 제56조). 이 경우 세율은 상속세의 세율과 같다. 다만, 수증자가 증여자의 자녀가 아닌 직계비속인 경우에는 해당 증여세 산출세액의 30%(또는 40%)에 상당하는 금액을 가산한다(상증법 제57조).

증여세 산출세액 = (증여세 과세표준 × 세율) + 세대생략 가산액

1. 세율

증여재산에 따라 기본세율[3]과 특례세율로 구분된다.

가. 기본세율

초과누진세율을 적용한다. 초과누진세율이란 과세표준 구간에 따라 세율이 누진으로 적용되

1. 과세관청은 결정세액이라고 부르고, 결정세액에 가산세를 가산한 가액을 총결정세액, 총결정세액에서 기납부세액 등을 차감한 금액이 고지세액이라고 부른다.
2. 문화재자료에 대한 징수유예제도는 상속세만 적용한다.
3. '기본세율'은 법령서식명칭에서 사용하고 있다. 증여세 과세표준 및 자진납부계산서(기본세율 적용 증여재산 신고용) 참고.

는 세율을 말한다. 1996.12.31. 이전에는 상속세율과 증여세율이 달랐으나 1997.1.1. 이후부터 같은 세율을 적용하고, 2000.1.1. 이후 세율 변동은 없다.

1997.1.1. ~ 1999.12.31.[4]			2000.1.1. 이후		
과세표준	세율	누진공제	과세표준	세율	누진공제[5]
1억원 이하	10	-	1억원 이하	10	-
5억원 이하	20	1천만원	5억원 이하	20	1천만원
10억원 이하	30	6천만원	10억원 이하	30	6천만원
50억원 이하	40	1억 6천만원	30억원 이하	40	1억 6천만원
50억원 초과	45	4억 1천만원	30억원 초과	50	4억 6천만원

예시

(문1) 부가 자(성년, 거주자)에게 7천만원을 증여한 경우 증여세 산출세액은?

(답1) 2백만원 (=(7천만원-5천만원)×10%)

(문2) 부가 자(성년, 거주자)에게 4억원을 증여한 경우 증여세 산출세액은?

(답2) 6천만원 (=(4억원-5천만원)×20%-1천만원)

(문3) 부가 자(성년, 거주자)에게 7억원을 증여한 경우 증여세 산출세액은?

(답3) 1억35백만원 (=(7억원-5천만원)×30%-6천만원)

나. 특례세율

조세특례제한법 적용을 받는 창업자금(조특법 제30조의5) 및 가업승계 주식등(조특법 제30조의6)에 대한 과세특례 적용분은 10% 세율을 적용한다. 이때, 가업승계 중소기업주식등에 대한 과세특례 적용시 과세표준이 30억원을 초과하는 경우 그 초과금액에 대해서는 20%를 적용한다.

---

4. 세율 경과조치는 1999.12.28. 상증법 부칙 제5조에 따른다.
5. 상증법 제26조(세율)는 아래와 같지만 실무상 계산편의를 위해 누진공제 방식으로 적용한다.

과세표준	세율
1억원 이하	과세표준의 100분의 10
1억원 초과 5억원 이하	1천만원 + (1억원을 초과하는 금액의 100분의 20)
5억원 초과 10억원 이하	9천만원 + (5억원을 초과하는 금액의 100분의 30)
10억원 초과 30억원 이하	2억4천만원 + (10억원을 초과하는 금액의 100분의 40)
30억원 초과	10억4천만원 + (30억원을 초과하는 금액의 100분의 50)

예시[6]

(문) 부가 자(성년, 거주자)에게 요건을 충족한 창업자금 7억원을 증여한 경우 증여세 산출세액은?

(답) 2천만원 (=(7억원-5억원)×10%)

2. 직계비속에 대한 증여의 할증과세[7]

상속세, 증여세는 이른바 1세대 1회 과세원칙을 가지고 있다. 예를 들어, 조부가 자(子)의 세대를 건너뛰어 손(孫)의 세대에게 직접 증여할 수 있다. 이 경우 자의 세대에서 손의 세대로 증여될 때 부담해야 하는 증여세를 회피할 수 있으므로 이를 방지하기 위하여 할증과세를 하고 있다.

수증자가 증여자의 자녀가 아닌 직계비속인 경우에는 증여세 산출세액의 30%에 상당하는 금액을 가산한다. 증여자의 최근친인 직계비속이 사망하여 그 사망자의 최근친인 직계비속이 증여받은 경우에는 그러하지 않는다(상증법 제57조 및 상증령 제46조의3).

2016.1.1. 이후 증여분부터 수증자가 증여자의 자녀가 아닌 직계비속이면서 미성년자인 경우로, 증여재산가액이 20억원을 초과하면 40%[8]를 가산한다. 이 경우 증여재산가액은 상증법 제47조제2항에 따라 증여세 과세가액에 가산하는 증여재산을 포함한다. 법령서식 "증여세 과세표준 및 자진납부계산서"에서 산출세액과 세대생략가산액을 더한 것을 산출세액계라고 한다.

가. 할증과세의 계산방법

1) 수증자가 미성년자인 경우로 증여재산가액이 20억원을 초과하는 경우

$$\left(\text{증여세 산출세액} \times \frac{\text{수증자 부모 외 직계존속 증여재산가액}}{\text{총 증여재산가액}} \times 40\% \right) - \text{종전에 납부한 할증과세액}$$

2) 1) 외 경우

$$\left(\text{증여세 산출세액} \times \frac{\text{수증자 부모 외 직계존속 증여재산가액}}{\text{총 증여재산가액}} \times 30\% \right) - \text{종전에 납부한 할증과세액}$$

---

6. 특례세율을 적용하는 경우 증여시점에서 낮은 세율을 적용하여 기본세율을 적용하는 것보다 증여세액이 작다. 하지만 증여자 사망시 증여시기에 관계없이 상속세 과세가액에 가산하여 상속세로 납부하게 된다. 특례세율의 적용이 항상 납세자에게 유리한 것은 아니다.
7. 법령서식 증여세 과세표준 및 자진납부계산서에서는 '세대생략 가산액'이라고 한다.
8. 20억원을 초과하는 경우 20억원까지 30%, 20억원 초과분은 40%를 적용하는 것이 아니다.

3) 경과규정(상증령 제26960호, 2016.2.5., 부칙 제9조)

2016.2.5. 당시 수증자가 미성년자이며, 증여재산가액이 20억원을 초과한 경우로 2016.1.1. 전에 수증자의 부모를 제외한 직계존속으로부터 증여받은 재산에 대해, 해당 재산에 대한 할증과세액은 다음 계산식에 따라 계산한 금액으로 한다.

$$\left(\text{증여세 산출세액} \times \frac{\text{수증자 부모 외 직계존속 증여재산가액}}{\text{총 증여재산가액}} \times 30\% \right) - \text{종전에 납부한 할증과세액}$$

예시

(문1) 조부가 성년 손자에게 부동산 3억원을 증여한 경우, 증여세 산출세액(세대생략 할증세액 포함)은? (증여시 부는 살아있음)

(답1) 52백만원 (∴ [(3억원-5천만원)×20%-1천만원]×(100%+30%)

(문2) 조부가 미성년 손자에게 부동산 50억원을 증여한 경우, 증여세 산출세액(세대생략 할증세액 포함)은? (증여시 부는 살아있음)

(답2) 2,842백만원 (∴ [(50억원-2천만원)×50%-4.6억원]×(100%+40%)

쟁점

합산배제 증여재산과 세대생략 가산액

상증법 제57조에 따라 수증자가 증여자의 자녀가 아닌 직계비속인 경우에는 증여세산출세액에 30%(40%) 가산한다. 합산배제 증여재산의 경우에도 할증과세를 할 수 있을까? 예를 들면, 조부가 손자에게 비상장주식을 증여하였는데 주식발행법인이 합병상장되어 상증법 제41조의5가 적용되는 경우 합병상장이익 계산시 할증과세를 적용할까?

문언상 상증법 제57조에서는 최근친 직계비속이 사망한 경우를 제외하고, 직계비속 할증과세를 제외하는 경우를 열거하지 않고 있다. 합산배제 증여재산은 주식 또는 출자지분의 상장 등에 따른 이익(상증법 제41조의3) 등 증여자 및 그 원천을 구분하기 어려워 증여세 과세가액 계산시 증여재산가산액에 포함하지 않는 재산을 말한다. 합산배제 증여재산은 증여재산공제를 적용하지 않고, 증여재산공제가 없으므로 증여세 과세표준 계산하는 방식도 일반 증여재산과는 다르다.

구 분	증여세 과세표준
합산배제 증여재산 외	증여세과세가액 - 증여재산공제(수증자가 거주자) - 재해손실공제 - 감정평가수수료
합산배제 증여재산	① 명의신탁재산의 금액(상증법 제45조의2) - 감정평가수수료 ② 특수관계법인과의 거래를 통한 증여의제이익(상증법 제45조의3) 또는 특수관계법인으로부터 제공받은 사업기회로 발생한 증여의제이익(상증법 제45조의4) - 감정평가수수료
	합산배제증여재산(① 및 ② 제외) - 3천만원 - 감정평가수수료

상장법인과의 합병에 따라 발생한 이익은 조부로부터 받은 주식을 원인으로 하지만, 그 이익 자체는 조부로부터 증여받은 재산이라고 볼 수 없으므로 세대생략 가산액을 적용하는 것은 타당하지 않다.

기재부는 상증법 제41조의 5에 따른 증여재산가액에 대하여는 같은 법 제57조에 따른 직계비속에 대한 증여의 할증과세를 적용하지 아니한다(기획재정부 재산세제과-16, 2016.1.6.)라고 보았다. 이러한 해석을 감안할 때, 합산배제 증여재산의 경우에는 세대생략 할증과세를 적용할 수 없다고 판단된다.

○ 상증법 제47조【증여세 과세가액】

① 증여세 과세가액은 증여일 현재 이 법에 따른 증여재산가액을 합친 금액[제31조제1항제3호, 제40조제1항제2호 · 제3호, 제41조의3, 제41조의5, 제42조의3 및 제45조의2부터 제45조의4까지의 규정에 따른 증여재산(이하 "합산배제증여재산"이라 한다)의 가액은 제외한다]에서 그 증여재산에 담보된 채무(그 증여재산에 관련된 채무 등 대통령령으로 정하는 채무를 포함한다)로서 수증자가 인수한 금액을 뺀 금액으로 한다.

○ 상증법 제57조【직계비속에 대한 증여의 할증과세】

① 수증자가 증여자의 자녀가 아닌 직계비속인 경우에는 증여세산출세액에 100분의 30(수증자가 증여자의 자녀가 아닌 직계비속이면서 미성년자인 경우로서 증여재산가액이 20억원을 초과하는 경우에는 100분의 40)에 상당하는 금액을 가산한다. 다만, 증여자의 최근친(最近親)인 직계비속이 사망하여 그 사망자의 최근친인 직계비속이 증여받은 경우에는 그러하지 아니하다.

[관련 질의회신 · 판례 등]

○ 할증과세 대상

(조카와 삼촌) 수증자인 조카가 삼촌으로부터 증여받은 경우에는 할증과세하지 않음(서일46014-11008, 2002.8.2.).

(외조모와 외손자) 모가 생존한 상태에서 외조모가 외손자에게 증여하면 할증과세대상이나 수증자의 모가 사망한 상태에서 외손자가 증여받으면 할증과세하지 않음(재삼46014-2574, 1997.10.31.).

○ 합병상장

상증법 제41조의5에 따른 증여재산가액에 대하여는 직계비속에 대한 증여의 할증과세를 적용하지 아니함(기획재정부 재산세제과-16, 2016.1.6.).

○ 특별조치법에 따라 증여등기한 경우

조부가 증여등기를 이행하지 못하고 사망하여 조부사망 이후에 「부동산소유권 이전등기등에 관한 특별조치법」에 의하여 조부 명의의 부동산을 손자 명의로 증여등기한 경우 해당 재산은 조부 상속개시일에 상속재산에 포함되어 상속세가 부과되고, 증여등기접수일에 상속인으로부터 증여받은 것으로 보아 증여세가 과세되나 할증과세는 적용되지 않음(서면4팀-3410, 2006.10.11.).

○ 기할증과세액의 계산

조부로부터 3차에 걸쳐 재산을 증여받은 경우, 3차 증여시에는 2차 증여분만 합산과세하여 세대생략 할증과세시 기할증과세액은 기납부증여세액 공제방법을 준용하여 계산한 금액을 한도로 공제함(재경부재산-610, 2007.5.23.).

○ 세대생략 가산액 계산 방법

2016.1.1. 이후 수증자가 증여자의 자녀가 아닌 직계비속이면서 미성년자인 경우로 증여재산가액이 20억원을 초과하면 할증과세액은 상증령 제46조의3제2항제1호에 따르며, 2015.12.31. 이전에 증여받은 재산에 대해서는 상증령 부칙 제9조에 따라 계산함(법령해석재산-2641, 2017.12.18.).

제2절 세액공제 및 징수유예세액

1. 납부세액공제[9]

○ 납부세액공제=Min(ⓐ, ⓑ) ⓐ 가산한 증여재산의 증여세 산출세액, ⓑ 공제한도액 ○ 공제한도액 $$\text{증여세 산출세액} \times \frac{\text{가산한 증여재산의 과세표준}}{(\text{해당 증여재산} + \text{가산한 증여재산})\text{의 과세표준}}$$

증여세 과세가액에 가산한 증여재산가액(둘 이상의 증여가 있으면 그 가액의 합계액)에 대하여 납부하였거나 납부할 증여세액(증여 당시의 해당 증여재산에 대한 증여세 산출세액[10]을 말함)은 증여세 산출세액에서 공제한다. 증여세 산출세액은 직계비속에 대한 증여의 할증과세는 제외한다. 다만, 증여세 과세가액에 가산하는 증여재산에 대하여 국기법 제26조의2(국세부과의 제척기간)제4항에 규정된 기간의 만료로 인하여 증여세가 부과되지 아니하는 경우에는 공제하지 않는다.

공제할 증여세액은 증여세산출세액에 해당 증여재산의 가액과 가산한 증여재산의 가액을 합친 금액에 대한 과세표준에 대하여 가산한 증여재산의 과세표준이 차지하는 비율을 곱하여 계산한 금액을 한도로 한다(상증법 제58조). 공제한도액을 두는 이유[11]는 이중과세에 해당하는 부분이 공제한도액만큼이기 때문이다.

<납부세액공제 개정연혁>

2000.12.31. 이전	2001.1.1. 이후
납부세액공제=Min(ⓐ, ⓑ) ⓐ 가산하는 증여재산의 증여당시의 증여세 산출세액 ⓑ 증여세 산출세액 X (가산한 증여재산가액 / 합산한 증여재산가액)	납부세액공제=Min(ⓐ, ⓑ) ⓐ 가산하는 증여재산의 증여당시의 증여세 산출세액 ⓑ 증여세 산출세액 X (가산하는 증여재산에 대한 증여세 과세표준 / 합산한 증여세 과세표준)

9. 법령서식 증여세 과세표준 및 자진납부계산서에는 기납부세액이라고 표시되어 있다.

세액 공제	㊳	기납부세액 (「상속세 및 증여세법」 제58조)	

10. 납부세액이 아니라 산출세액을 공제하는 이유는 납부세액을 공제하면 세액공제의 효과가 없어지기 때문이다.
11. 대법원95누17250, 1996.5.31. 참고

예시

(문) 2018.4.1. 부가 자(성년, 거주자)에게 3억원을 증여하고, 2022.7.1. 부가 자에게 1억원을 증여한 경우 납부세액공제액은?

(답) 40,000천원

(∵) 납부세액공제=Min(산출세액 40,000천원, 한도액)=40,000천원

1차 증여 산출세액: (3억원-50,000천원)×20%-10,000천원=40,000천원

2차 증여 산출세액: (4억원-50,000천원)×20%-10,000천원=60,000천원

- 한도액: 60,000천원×250,000천원 / 350,000천원=42,000천원

(문) 부가 자(성년, 거주자)에게 2018.4.1. 3억원을, 2019.7.1. 1억원을, 2022.2.1. 2억원을 증여한 경우 납부세액공제액은?

(답) 60,000천원

(∵) 1차 증여 산출세액: (3억원-50,000천원)×20%-10,000천원=40,000천원

2차 증여 산출세액: (4억원-50,000천원)×20%-10,000천원=60,000천원

3차 증여 산출세액: (6억원-50,000천원)×30%-60,000천원=105,000천원

- 납부세액공제=Min(산출세액 60,000천원, 한도액)
- 한도액: 105,000천원×350,000천원 / 550,000천원=66,000천원

쟁점

국세부과제척기간이 경과한 경우의 납부세액공제

증여세는 수증자를 기준으로 계산하되, 수증자가 증여자로부터 한 번에 증여받으나 분할해 증여받으나 같은 세액을 부담하게 하려는 목적으로 증여자가 같으면 합산하여 증여세를 계산한다. 이 경우, 증여자로부터 10년 이내에 증여받은 경우에만 합산하고, 가산한 경우에는 이중과세를 조정하기 위해 세액공제를 적용한다.

그렇다면 가산해야 할 증여재산이 국세부과제척기간이 경과한 경우에는 어떻게 해야 할까? 예를 들면 1차 증여는 2006년 1억 무신고이고, 2차 증여는 2015년 2억 무신고의 경우에 2차 증여에 대해 2022년 증여세 결정시 1차 증여를 포함하여 결정할 수 있을까?

여기에 대한 근거규정은 상증법 제58조제1항 단서 규정이다.

상증법 제58조【납부세액공제】

① 제47조제2항에 따라 증여세 과세가액에 가산한 증여재산의 가액(둘 이상의 증여가 있을 때에는 그 가액을 합친 금액을 말한다)에 대하여 납부하였거나 납부할 증여세액(증여 당시의 해당 증여재산에 대한 증여세산출세액을 말한다)은 증여세산출세액에서 공제한다. 다만, 증여세 과세가액에 가산하는 증여재산에 대하여 「국세기본법」 제26조의2 제4항 또는 제5항에 따른 기간의 만료로 인하여 증여세가 부과되지 아니하는 경우에는 그러하지 아니하다.

국세부과제척기간이 경과하였더라도 2006년 증여재산을 증여세 과세가액에 가산하며, 가산한 증여재산에 대해 납부세액공제를 적용하지 않는다.

사실상 국세부과제척기간의 연장으로 보이기도 해서 반대하는 주장도 있다. 반대 주장의 논거는 해당 조문(상증법 제58조)은 국세부과제척기간이 연장을 규정한 조문이 아니고, 증여재산가산이 아니라 증여세 과세가액에 가산한 경우 이중과세조정을 위한 세액공제에 대한 조문이라는 것이다. 또, 국기법에서 국세부과제척기간을 규정해야지 다른 세법에서 규정하는 것은 맞지 않고, 설령 상증법에서 규정하더라도 상증법 체계상 다른 위치(예를 들면 상증법 제47조)에서 가산한 증여재산의 범위에 대해 규정하여야 하는 게 맞아 보인다. 사실상 국세부과제척기간이 연장되는 효과를 가져온다. 국세부과제척기간 등 시효를 두는 것은 법적 안정성을 위함인데, 이 조문을 인정하면 안정성을 무시한 조문이 된다.

하지만 국기법 제3조(세법 등과의 관계)가 2019.12월 개정되면서 가산하는 것이 더 타당해 보인다. 2019년 이전에는 국기법이 세법보다 우선 적용된다고 보았지만, 2020년 이후에는 세법이 국기법보다 우선 적용된다고 보기 때문에 해당 조문을 국세부과제척기간의 특례로 볼 여지가 더 커졌다.

국기법 제3조【세법 등과의 관계】

① 국세에 관하여 세법에 별도의 규정이 있는 경우를 제외하고는 이 법에서 정하는 바에 따른다. 〈개정 2019.12.31〉

위 쟁점에 대한 대법원 판례는 현재 없다. 대법원 판례(2013두23195, 2015.6.24.)는 해당 조문이 개정되기 전의 사실관계에 대한 판례이고, 개정 후 해당 조문(상증법 제58조등)에 대한 판례는 현재 없다.

현재 국세청은 문언 그대로 해석하고 있다. 종전 증여가 국세부과제척기간이 만료된 경우에도 재차증여의 합산기간에 해당하는 때에는 증여재산가액에 합산하는 것이며, 합산된 증여가액이 국세부과제척기간의 만료로 인하여 증여세가 징수되지 아니한 세액에 대하여는 이를 공제하지 아니한다(서면4팀-2928, 2006.8.24.).

[관련 질의회신 · 판례 등]

○ 납부세액공제 계산방법

동일인으로부터 3차례에 걸쳐 재산을 증여받아 합산과세하는 경우로 1차 증여받은 재산의 가액이 증여재산공제액에 미달하여 증여세 산출세액이 없는 경우 상증법 제58조제1항에서 말하는 "가산한 증여재산의 가액에 대하여 납부하였거나 납부할 증여세액"은 "1 · 2차 증여분 합산과세시 증여세 산출세액"으로 하는 것이며, 동 금액을 상증법 제58조제2항에 따른 한도액 범위 내에서 공제함(서면4팀-1833, 2005.10.6.).

○ 동일인으로부터 1 · 2차 증여분 합산과세 후 3차 증여시 2차분만 합산과세 하는 경우 납부세액공제액 계산방법

(가산한 증여재산의 가액에 대하여 납부하였거나 납부할 증여세액) 해당 증여가액에 가산된 증여재산가액에 대한 합산과세 산출세액(1 · 2차)에서 그 직전 증여(1차)시의 산출세액을 차감한 금액을 해당 증여세 산출세액에서 공제함(재산세과-421, 2012.11.22.).

(증여재산공제) 가산한 증여재산의 과세표준에 대해서는 가산한 증여재산의 당시 증여세를 과세할 때

동 증여재산에 대하여 증여재산공제가 적용되지 아니한 경우, 재차증여 합산과세시 적용되는 증여재산공제액을 당해 증여재산 가액과 가산한 증여재산 가액으로 안분하여 가산한 증여재산에 해당하는 공제액을 가산한 증여재산의 가액에서 차감한 금액에 의함(서일46014-10913, 2003.7.11.)

○ 동일인으로부터 수차례 증여받는 경우 납부세액 공제방법

상증법 제58조에 따른 납부세액공제는 해당 증여세 과세가액에 가산한 증여재산의 가액에 대하여 납부하였거나 납부할 증여세액을 공제하는 것이며, 동일인으로부터 수차례에 걸쳐 재산을 증여받아 가산하여 과세하는 경우 "가산한 증여재산의 가액에 대하여 납부하였거나 납부할 증여세액"이란 각 가산되는 증여재산가액에 대한 산출세액(가산되는 재산이 있는 경우 이를 합한 가액에 대한 산출세액을 말한다)에서 같은 조 규정에 따른 납부세액공제를 한 후의 세액 합계액에 같은 조 제2항의 한도액 범위 규정을 적용한 금액을 말함(재산세과-602, 2011.12.20.).

○ 동일인 중 배우자가 사망한 경우의 납부세액공제

납부세액으로 공제할 모(母)의 증여재산에 대한 증여세액은 부(父)의 사망일 전 부모의 증여재산을 합산하여 계산한 증여세 산출세액 중에서 모의 증여재산에 상당하는 세액을 말함(서일46014-11750, 2003.12.3.).

○ 할증과세액 공제 여부

수증자가 증여자의 자녀가 아닌 직계비속(손자 등)인 경우 기납부 증여세 공제는 증여당시 해당 증여재산에 대한 증여세 산출세액으로 계산하므로 '증여세 할증과세액'은 기납부 증여세액으로 공제되지 않음(국심2001서104, 2001.4.3.).

2. 외국납부세액공제

○ 외국납부세액공제=Min(ⓐ, ⓑ)

ⓐ 공제액, ⓑ 외국에서 부과된 증여세액

○ 공제액

$$\text{증여세 산출세액} \times \frac{\text{외국의 법령에 따른 증여세 과세표준}}{\text{증여세 과세표준}}$$

타인으로부터 증여받은 재산 중 외국에 있는 증여재산에 대하여 외국 법령에 따라 증여세를 부과받은 경우 그 부과받은 증여세에 상당하는 금액을 증여세 산출세액에서 공제한다. 다만, 외국에서 부과된 증여세액을 한도로 공제한다(상증법 제59조).

외국납부세액공제를 받고자 하는 자는 외국납부세액공제 신청서를 증여세 과세표준신고와 함께 납세지 관할세무서장에게 제출한다.

쟁점

수증자가 비거주자인 경우 외국납부세액공제를 받을 수 있을까

법인세법이나 소득세법을 보면 내국법인이나 거주자가 외국에서 납부한 소득에 대해 외국납부세액공제를 적용하고 있다. 외국법인이나 비거주자에게는 외국납부세액공제를 허용하지는 않는다. 그러면 상증법에서는 수증자가 비거주자인 경우에 외국납부세액공제를 적용할 수 있을까?

상증법 제59조에서 외국납부세액공제 요건이 "타인으로부터 재산을 증여받는 경우"라고 규정하고 있어 수증자가 거주자 · 비거주자 구분에 관계없이 외국납부세액공제를 받을 수 있는 것처럼 보인다.

외국납부세액공제를 받으려면 국외 재산을 증여받아야 한다. 질문은 비거주자가 증여받을 때 외국납부세액공제 적용여부이므로 경우는 ① 거주자가 비거주자에게 증여하거나, ② 비거주자가 비거주자에게 증여하는 경우로 나눌 수 있다. 거주자의 경우, 즉 거주자가 비거주자나 거주자에게 국외재산을 증여받는 경우에는 상증법에 따라 외국납부세액공제가 가능하다.

우선 ②의 경우, 상증법, 국제조세조정에 관한 법률상 증여세 과세대상이 아니다. 상증법의 과세대상은 비거주자가 국내재산을 증여받는 경우이고, 국조법의 과세대상은 거주자가 비거주자에게 국외재산을 증여한 경우이다. 따라서 비거주자가 비거주자에게 증여한 경우에는 국내 세법이 적용되지 않는다.

① 거주자가 비거주자에게 증여하는 경우 상증법은 적용되지 않지만, 국조법이 적용되므로 외국납부세액공제를 적용할 수 있는지는 국조법을 검토해야 한다.

즉, 국조법 거주자가 비거주자에게 국외재산을 증여한 경우에 증여자와 수증자가 국기법상 특수관계인인 경우 등에는 증여자에게 증여세 납부할 의무가 있다. 이 경우 외국납부세액공제를 적용한다.

> ○ 국조법 제35조(국외 증여에 대한 증여세 과세특례)
>
> ⑤ 제2항을 적용할 때 외국의 법령에 따라 증여세를 납부한 경우에는 대통령령으로 정하는 바에 따라 그 납부한 증여세에 상당하는 금액을 증여세 산출세액에서 공제한다.
>
> ○ 국조령 제72조(외국납부세액공제) ① 법 제35조제5항에 따라 증여세 산출세액에서 공제할 증여세 납부액은 다음 각 호의 세액(가산세 및 가산금은 제외한다)으로서 법 제35조제2항에 따른 증여세 납부의무자가 실제로 외국정부(지방자치단체를 포함하며, 이하 이 조에서 같다)에 납부한 세액(이하 이 조에서 "외국납부세액"이라 한다)으로 한다.
>
> 1. 증여를 원인으로 과세하고, 그 증여한 재산의 가액을 과세표준으로 하여 외국의 법령에 따라 부과된 조세(실질적으로 이와 같은 성질을 가지는 조세를 포함한다)의 세액
> 2. 제1호에 따른 세액의 부가세액

[관련 질의회신 · 판례 등]

○ 가산세

공제할 증여세액은 증여세 산출세액에 증여세 과세표준 중 당해 외국의 법령에 의한 증여세 과세표준이 차지하는 비율을 곱하여 계산한 금액과 외국의 법령에 따라 부과받은 증여세액(가산세는 제외) 중 적은 금액을 적용함(재산세과-517, 2010.7.14.).

3. 박물관자료 등에 대한 증여세 징수유예

증여세산출세액 × (문화재자료 등 + 박물관 자료)의 가액 / 증여재산(증여재산가산액 포함)〕

증여재산 중 다음에 해당하는 재산이 포함되어 있는 경우에는 그 재산가액에 상당하는 증여세액의 징수를 유예한다. 징수유예 기간 중에 또는 박물관자료 등을 소유하고 있는 수증자의 사망으로 상속이 개시되는 경우에는 그 징수유예한 증여세액의 부과결정을 철회하고 그 철회한 증여세액을 다시 부과하지 아니한다(상증법 제75조).

박물관자료는 「박물관 및 미술관 진흥법」에 따라 등록한 박물관자료 또는 미술관자료로 박물관 또는 미술관(사립박물관 또는 사립미술관은 공익법인등인 경우에 한함)에 전시 · 보존 중인 재산을 말한다.

징수유예를 받고자 하는 자는 그 유예한 증여세액에 상당하는 담보를 제공하여야 하며, 박물관자료 등을 수증자가 이를 유상으로 양도하거나 기타 사유로 박물관자료를 인출하는 경우에는 그 징수를 유예한 증여세를 즉시 징수하여야 한다.

4. 신고세액공제

〔증여세 산출세액 + 세대생략 할증과세액〕-〔문화재자료 등의 징수유예세액 + 납부세액공제 + 외국납부세액공제 + 다른 법률에 따른 공제 또는 감면세액〕〕× 공제율 (3%)

증여세 과세표준 신고기한 내에 증여세 신고서를 제출한 경우에는 신고세액공제를 적용한다(상증법 제69조). 모든 세액공제 등을 적용한 후 공제한다. 신고기한 내에 증여세 신고서를 제출한 때에는 비록 증여세를 신고기한 내 세액을 납부하지 아니하여도 신고세액공제를 할 수 있다.

창업자금(조특법 제30조의5) 및 가업승계 주식(조특법 제30조의6)에 해당하는 재산을 증여받은 경우에는 신고세액공제를 적용하지 아니한다(조특법 제30조의5제10항).

<공제율 개정연혁>

2016.12.31. 이전	2017.1.1.~12.31	2018.1.1~2018.12.31.	2019.1.1. 이후
10%	7%	5%	3%

[관련 질의회신 · 판례 등]

○ 과다신고한 경우

'신고한 과세표준'에는 상속재산의 평가상의 차이 및 각종 공제액의 적용상 오류로 인한 과다신고 금액은 제외함(대법원2004두3625, 2006.8.24., 상증집행기준 69-65의2-2).

○ 경정시 신고세액공제 계산

(질의) 상속재산 일부 신고누락시 신고세액공제액의 계산방법

(갑설) 당초 신고한 신고산출세액 기준

(을설) 신고 누락분을 포함함에 따라 누진세율 적용으로 증가한 결정산출세액 중 신고한 과세표준에 대한 산출세액 기준

(회신) '을설'이 타당함(기획재정부 재산세제과-118, 2014.2.12.).

○ 가산한 증여재산의 누락

상속재산에 가산하는 증여재산 일부를 신고누락한 경우 상속세 신고세액공제를 계산할 때 '산출세액'은 결정산출세액 중 신고한 과세표준에 대한 산출세액을 기준으로 하고, '차감하는 증여세액공제'는 증여세 결정산출세액 중 신고한 과세표준에 대한 산출세액을 기준으로 하는 것임(기준2016법령해석재산-0261, 2016.11.23.).

○ 상장이익 계산시

증여세 신고세액공제율은 당초 주식등을 증여받거나 취득한 때를 기준으로 신고세액공제율을 적용하는 것임(기준2019법령해석재산-0311, 2020.6.8.).

○ 증여자를 달리하여 신고한 경우

명의신탁된 주식을 명의수탁자로부터 형식상 증여받은 후 명의신탁자가 아닌 명의수탁자를 증여자로 하여 증여세 신고를 한 경우 신고세액공제 적용되지 아니하며, 이 경우 과소신고한 과세표준에 대하여는 부당과소신고가산세를, 무납부 · 미달납부세액에는 납부불성실가산세를 부과함(법규과-1575, 2011.11.29.).

제3절 영농자녀가 증여받은 농지 등에 대한 증여세 감면

○ (요건)
(증여자 – 자경농민) 농지 등의 소재지에 거주하면서 증여일부터 소급하여 3년 이상 계속하여 직접 영농에 종사
(수증자 – 영농자녀) 18세 이상 직계비속으로, 증여세 신고기한까지 농지등의 소재지에 거주하면서 증여받은 농지 등에서 직접 영농에 종사
○ (대상) 주거지역, 상업지역, 공업지역 외에 소재하는 농지, 초지, 산림지 또는 축사용지
○ (한도) 5년간 1억원
○ (사후관리기간) 5년

2007.1.1. 이후부터 농지 등의 소재지에 거주하면서 영농에 종사하는 거주자(자경농민)가 농지 등의 소재지에 거주하면서 일정 요건을 갖춘 직계비속(영농자녀)에게 2022년 12월 31일까지 농지 등을 증여하는 경우 해당 농지 등의 가액에 대하여 증여세의 100%에 상당하는 세액을 감면한다(조특법 제71조). 감면한도는 5년간 합하여 1억원 한도로 한다(조특법 제133조). 증여세를 감면받고자 하는 영농자녀는 증여세 과세표준 신고기한까지 감면신청을 하여야 한다. 2016.1.1. 이후 증여부터는 농지 등의 범위에 축사용지를 추가하였다.

증여 후 양도하는 경우 증여시점까지 발생한 가치상승에 대해 과세하지 않지만, 예외적으로 증여세 감면[12]받은 재산을 양도할 때에는 취득가액을 증여자 취득가액으로 하여 가치상승에 대해 과세한다. 증여일로부터 5년 내 양도 또는 직접 영농에 종사하지 않는 경우에는 감면세액을 추징한다.

1. 증여자(자경농민) 요건

자경농민이란 다음 요건을 충족한 자를 말한다.

가. 농지 등이 소재하는 시 · 군 · 구(자치구를 말함. 이하 같다) 또는 그와 연접한 시 · 군 · 구에 거주할 것 또는 해당 농지 등으로부터 직선거리 30km(2015.2.2. 이전 증여분은 20km) 이내에 거주할 것

나. 농지 등의 증여일부터 소급하여 3년 이상 계속하여 직접 영농에 종사하고 있을 것.

"직접 영농에 종사"하는 경우에 대한 판단기준은 상증령 제16조제4항을 준용한다. 직접 영농

---

12. 증여세 감면은 영농자녀 증여세 감면 하나밖에 없다.

에 종사하는 경우는 아래와 같다.[13]

해당 자경농민 또는 영농자녀에게 소득법 제19조제2항에 따른 사업소득금액(농업 · 임업 및 어업에서 발생하는 소득, 소득법 제45조제2항에 따른 부동산임대업에서 발생하는 소득과 소득령 제9조에 따른 농가부업소득은 제외한다)과 소득법 제20조제2항에 따른 총급여액 합계액이 3,700 만원[14] 이상인 과세기간이 있는 경우 해당 과세기간에는 자경농민 또는 영농자녀가 영농에 종사하지 아니한 것으로 본다.

1) 소유 농지 등 자산을 이용하여 농작물의 경작 또는 다년생식물의 재배에 상시 종사하거나 농작업의 2분의 1 이상을 자기 노동력으로 수행하는 경우
2) 소유 초지 등 자산을 이용하여 축산법 제2조제1호에 따른 가축의 사육에 상시 종사하거나 축산작업의 2분의 1 이상을 자기 노동력으로 수행하는 경우
3) 소유 어선 및 어업권 등 자산을 이용하여 「내수면어업법」 또는 「수산업법」에 따른 허가를 받아 어업에 상시 종사하거나 어업작업의 2분의 1 이상을 자기 노동력으로 수행하는 경우
4) 소유 산림지 등 자산을 이용하여 「산림자원의 조성 및 관리에 관한 법률」 제13조에 따른 산림경영계획 인가 또는 같은 법 제28조에 따른 특수산림사업지구 사업에 따라 산림조성에 상시 종사하거나 산림조성작업의 2분의 1 이상을 자기 노동력으로 수행하는 경우

2. 수증자(영농자녀) 요건

농지등의 증여일 현재 만 18세 이상인 직계비속으로서 증여세 과세표준 신고기한까지 농지등의 소재지에 거주하면서 직접 영농에 종사하는 아래에 해당하는 자를 말한다.

가. 농지등의 증여일 현재 만 18세 이상인 직계비속일 것

나. 상증법 제68조에 따른 증여세 과세표준 신고기한까지 농지등이 소재하는 시 · 군 · 구, 그와 연접한 시 · 군 · 구 또는 해당 농지등으로부터 직선거리 30킬로미터 이내에 거주요건을 갖추고 증여받은 농지등에서 직접 영농(양축, 영어 및 영림 포함)에 종사할 것

---

13. 2020.2.11. 조특령 제66조(자경농지에 대한 양도소득세의 감면) 개정시 사업소득금액 기준외에도 복식부기의무자 수입금액 기준 이상의 수입금액이 있는 경우 제외하고 있으나, 영농상속공제 · 증여세 감면에서는 복식부기의무자 수입기준은 개정되지 않았다.
14. 소득 3천7백만원 기준은 2015.2.3. 이후 증여분부터 적용한다.

<수증자 개정연혁>

2015.2.2. 이전	2015.2.3. 이후
□ 영농자녀(수증자) 요건 ① 18세 이상 ② 농지 등 소재 · 연접지역 재촌 ③ 후계 농업경영인 또는 증여일 전 3년 이상 영농 등 종사자(자경 요건)	□ 영농자녀(수증자) 요건 ① (좌 동) ②, ③ 삭제 * 다만, 증여세 신고기한까지 재촌 및 영농종사

쟁점

시·군·자치구

국기법 제11조(공시송달), 국징법 제64조(공매장소), 법인세법 제92조의8(사업에 사용되는 그 밖의 토지의 범위), 소득령 제168조의8(농지의 범위 등), 상증령 제16조(영농상속공제), 조특령제66조의2(축사용지에 대한 양도소득세의 감면) 등 공통점은 무엇일까?

정답은 조문에 자치구가 나온다는 것이다. 자치구의 정의는 지방자치법에서 규정하고 있다.

> 지방자치법 제2조【지방자치단체의 종류】
> ① 지방자치단체는 다음의 두 가지 종류로 구분한다.
> 1. 특별시, 광역시, 특별자치시, 도, 특별자치도
> 2. 시, 군, 구
> ② 지방자치단체인 구(이하 "자치구"라 한다)는 특별시와 광역시의 관할 구역 안의 구만을 말하며, 자치구의 자치권의 범위는 법령으로 정하는 바에 따라 시 · 군과 다르게 할 수 있다.

우리나라는 현재 지방자치체를 실시하고 있고, 지방자치단체를 도, 시, 군으로 구분하고, 자치구는 특별시와 광역시의 관할구역 안의 구를 말한다.

상증법이나 소득법의 시 · 군 · 자치구 등에서 발생하는 쟁점은 크게 2가지이다.

1. 바다를 사이에 둔 경우 연접 시 · 군 · 자치구로 볼 수 있는지

예를 들면, 영종도는 인천 중구에 행정구역상 속해 있지만, 인천의 다른 구와는 바다를 사이에 두고 있다. 이 경우, "연접한 시 · 군 · 구"에는 해수면으로 시 · 군 · 구의 경계를 이루는 경우도 포함한다(법규과-3082 2008.7.9.). 여기서 제주도와 울릉도는 제외한다.

2. 행정구역이 변경된 경우

2가지 경우가 나올 수 있다. ① 취득 당시 연접이 아니었으나 행정구역 개편으로 연접될 수 있고, ② 취득 당시 연접이었으나 후에 행정구역 개편으로 연접되지 않은 경우이다.

① (취득 연접×, 행정구역 개편으로 연접된 경우) 연접한 시 · 군 · 자치구라 함은 행정구역상 동일한 경계선을 사이에 두고 서로 붙어있는 시 · 군 · 자치구를 말하는 것으로, 취득시 연접한 시에 해당되지 않으므로 시 통합된 이후부터 재촌기간을 기산한다(부동산거래관리과-1019, 2011.12.7.).

② (취득 연접○, 행정구역 개편으로 연접되지 않은 경우) 비사업용 토지 거주요건 판정시 농지가 소재하는 시 · 군 · 자치구 안의 지역 또는 그 연접한 시 · 군 · 자치구 안의 지역에는 경작개시 당시에는 당해지역에 해당하였으나 행정구역 개편 등으로 이에 해당하지 아니하게 된 지역을 포함한다(서면4팀-3717, 2007.12.28.).

3. 감면대상 증여농지 등의 범위

다음 가.~다. 요건을 모두 충족하는 농지 · 초지 · 산림지 · 어선 · 어업권 · 어업용 토지등 · 염전 또는 축사용지(해당 농지 · 초지 · 산림지 · 어선 · 어업권 · 어업용 토지등 · 염전 또는 축사용지를 영농조합법인 또는 영어조합법인에 현물출자하여 취득한 출자지분을 포함한다. 이하 "농지등"이라 한다)를 말한다.

가. 다음 중 어느 하나에 해당하는 농지 등일 것

1) 농지: 농지법 제2조제1호가목에 따른 토지로서 40,000m^2(2014.12.31. 이전 증여분은 29,700m^2) 이내의 것
2) 초지: 초지법 제5조에 따른 초지조성허가를 받은 초지(2015.12.31. 이전 초지법에 따른 초지)로서 148,500m^2 이내의 것
3) 산림지: 산지관리법 제4조제1항제1호에 따른 보전산지 중 「산림자원의 조성 및 관리에 관한 법률」에 따라 산림경영계획을 인가받거나 특수산림사업지구로 지정받아 새로 조림(造林)한 기간이 5년 이상인 산림지(채종림, 산림보호법 제7조에 따른 산림보호구역을 포함한다. 이하 이 목에서 같다)로 297,000m^2 이내의 것[15]. 다만, 조림 기간이 20년 이상인 산림지의 경우에는 조림 기간이 5년 이상인 297,000m^2 이내의 산림지를 포함하여 990,000m^2 이내의 것으로 한다.
4) 축사용지: 축사 및 축사에 딸린 토지로 해당 축사의 실제 건축면적을 건축법 제55조에 따른 건폐율로 나눈 면적의 범위 이내의 것
5) 어선: 「어선법」 제13조의2에 따른 총톤수 20톤 미만의 어선
6) 어업권: 「수산업법」 제2조 또는 「내수면어업법」 제7조에 따른 어업권으로 100,000m^2 이내의 것
7) 어업용 토지등: 40,000m^2 이내의 것
8) 2020.1.1.이후 증여부터 염전: 「소금산업 진흥법」 제2조제3호[16]에 따른 염전으로 6만제곱미터 이내의 것

---

15. 조문의 구성상 "산림영경영계획을 인가받아 새로 조림한 기간이 5년 이상인 산림지"와 "특수산림사업지구로 지정받아 새로 조림한 기간이 5년 이상인 산림지"로 구분된다. 이 조문은 조특법 제71조, 종전 조감법 제57조, 상속세법 제11조의3(1981.12.31. 개정)으로 거슬러 올라간다.
16. 소금을 생산 · 제조하기 위하여 바닷물을 저장하는 저수지, 바닷물을 농축하는 자연증발지, 소금을 결정시키는 결정지 등을 지닌 지면을 말하며, 해주 · 소금창고 등 해양수산부령으로 정하는 시설을 포함한다.

나. 국토의 계획 및 이용에 관한 법률 제36조에 따른 주거지역·상업지역 및 공업지역 외에 소재하는 농지 등

다. 택지개발촉진법에 따른 택지개발지구, 조특령 별표 6의2에 따른 사업지구로 지정된 지역 외에 소재하는 농지 등

○ 별표 6의2. 개발사업지구

1. 「경제자유구역의 지정 및 운영에 관한 법률」 제4조에 따라 지정된 경제자유구역
2. 「관광진흥법」 제50조에 따라 지정된 관광단지
3. 「공공주택 건설 등에 관한 특별법」 제6조에 따라 지정된 공공주택지구
4. 「기업도시개발특별법」 제5조에 따라 지정된 기업도시개발구역
5. 「농어촌도로정비법」 제8조에 따라 도로사업계획이 승인된 지역
6. 「도시개발법」 제3조에 따라 지정된 도시개발구역
7. 「사회기반시설에 대한 민간투자법」 제15조에 따라 실시계획이 승인된 민간투자사업 예정지역
8. 「산업입지 및 개발에 관한 법률」 제2조제5호에 따른 산업단지
9. 「신항만건설촉진법」 제5조에 따라 지정된 신항만건설예정지역
10. 「온천법」 제4조에 따라 지정된 온천원보호지구
11. 「유통단지개발촉진법」 제5조에 따라 지정된 유통단지
12. 「자연환경보전법」 제38조에 따라 자연환경보전 · 이용시설설치계획이 수립된 지역
13. 「전원개발촉진법」 제5조에 따라 전원개발사업 실시계획이 승인된 지역
14. 「주택법」 제16조에 따라 주택건설사업계획이 승인된 지역
15. 「중소기업진흥에 관한 법률」 제31조에 따라 협동화사업을 위한 단지조성사업의 실시계획이 승인된 지역
16. 「지역균형개발 및 지방중소기업 육성에 관한 법률」 제9조에 따른 개발촉진지구, 동법 제26조의3에 따른 특정지역 및 동법 제38조의2에 따른 지역종합개발지구
17. 「철도의 건설 및 철도시설 유지관리에 관한 법률」 제9조에 따라 철도건설사업실시계획이 승인된 지역 및 「역세권의 개발 및 이용에 관한 법률」 제4조에 따라 지정된 역세권개발구역
18. 「화물유통촉진법」 제28조에 따라 화물터미널설치사업의 공사계획이 인가된 지역
19. 그 밖에 농지등의 전용이 수반되는 개발사업지구로서 농지법 · 초지법 · 산지관리법 그 밖의 법률의 규정에 의하여 농지등의 전용의 허가 · 승인 · 동의를 받았거나 받은 것으로 의제되는 지역

<감면대상 개정연혁>

2007.1.1.~2014.12.31.	2015.1.1.~2015.12.31.	2016.1.1.~2017.12.31.	2018.1.1. 이후
① 농지 29,700m^2 ② 초지 148,500m^2 ③ 산림지 297,000m^2 ④ 해당 농지 · 초지 또는 산림지를 영농조합 법인에 현물 출자하여 취득한 출자지분	① 농지 40,000m^2 ② 초지 148,500m^2 ③ 산림지 297,000m^2 ④ 해당 농지 · 초지 또는 산림지를 영농조합 법인에 현물 출자하여 취득한 출자지분	① 농지 40,000m^2 ② 초지 148,500m^2 ③ 산림지 297,000m^2 ④ 축사용지 ⑤ 해당 농지등을 영농조합법인에 현물 출자하여 취득한 출자지분	① 농지 40,000m^2 ② 초지 148,500m^2 ③ 산림지 297,000m^2 ④ 축사용지 ⑤ 어선 20톤 ⑥ 어업권 100,000m^2 ⑦ 어업용 토지등 40,000m^2 ⑧ 염전 60,000m^2 (2020.1.1.이후) ⑨ 해당 농지등을 영농조합법인에 현물 출자하여 취득한 출자지분

4. 감면세액의 한도

2020.12.31.까지 증여하는 경우 해당 농지 등의 가액에 대한 증여세의 100%에 상당하는 세액을 감면한다. 영농자녀가 직계비속인 손자인 경우 증여세 산출세액에 세대생략 가산액을 합한 산출세액의 100분의 100을 감면한다(재산세과-2292, 2008.8.18.).

이 경우, 감면받을 증여세액의 5년간 합계액이 1억원을 초과하는 경우에는 그 초과하는 부분에 상당하는 금액은 감면하지 아니한다. 이 경우 5년간 감면액은 해당 감면받을 증여세액과 해당 증여일 전 5년간 감면받은 증여세액의 합계액으로 계산한다(조특법 제133조제2항).

2006.12.31. 이전에 자경농민이 영농자녀에게 농지를 증여하고 「법률 제5584호 조세감면규제법 개정법률」 부칙 제15조에 따라 증여세를 면제받은 경우, 해당 증여세액은 조특법 제133조제2항에 따른 증여세 감면한도액 계산시 합산하지 아니하며, 해당 증여재산가액은 상증법 제47조제2항에 따라 증여세 과세가액에 가산한다(재산세과-11, 2012.1.10.).

쟁점

증여세 감면세액의 한도와 면적 계산

조특법 제71조(영농자녀등이 증여받는 농지 등에 대한 증여세의 감면)의 감면한도는 조특법 제133조에서 5년간 1억원으로 규정하고 있다. 증여세 감면대상은 농지, 초지, 산림지, 축사용지 등이며 면적제한이 있다. 예를 들면, 농지는 40,000㎡이내, 초지는 148,500㎡이내 등이다.

1. 한도를 초과하는 농지를 증여받은 경우 감면대상 농지의 면적은 어떻게 계산할까?

예를 들어 부가 자녀에게 농지 12억원을 증여하면 증여세액은 3억원이 나온다.

· 증여세 산출세액: (12억원 – 5천만원) X 40% – 1억6천만원 = 3억원

3억원에서 1억원은 감면받을 수 있다. 그러면 농지 12억원 중 얼마가 감면받는 농지의 가액이 되는 걸까? 감면받는 농지의 가액을 알아야 감면받지 못한 농지의 가액을 알 수 있고, 이는 일반증여재산과 가산된다.

여기에 대해 기재부는, 감면받은 농지의 가액은 감면한도 초과분을 포함한 전체 농지의 가액을 "전체 농지에 대한 증여세 산출세액"에서 감면한도액(1억원)이 차지하는 비율로 안분계산하는 것이라고 보았다(기획재정부 재산세제과-521, 2009.3.18.).

위 사례에서 감면받은 농지 가액은 4억원(12억원 X 1억원 / 3억원)이다.

2. 감면대상 농지 등은 면적으로 제한하고 있다. 이 면적은 누구를 기준으로 계산할까?

증여자를 기준으로 한다면 조부 또는 부가 증여할 때마다 농지 면적을 각각 계산해야 하고, 수증자를 기준으로 한다면, 조부와 부의 농지 면적을 합하여 계산해야 한다.

여기에 대해 국세청은 면적한도는 농지 · 초지 · 산림지의 면적한도는 증여자인 자경농민을 기준으로 적용하는 것이며, 같은법 제133조(감면의 종합한도)제2항 규정은 수증자별로 적용한다고 보았다(상속증여세과-304, 2014.8.12.).

5. 감면세액의 징수

증여받은 날부터 5년 이내에 양도(증여를 포함)하거나 해당 농지 등에서 직접 영농에 종사하지 아니하게 된 때에는 즉시 그 농지 등에 대한 증여세의 감면세액에 상당하는 금액을 징수한다. 감면받은 증여세액을 징수하는 경우에는 이자상당액을 가산한다.

이자상당액 = 납부하여야 할 세액 × 납부일[17]까지의 기간 × (22/100,000)

다만, 5년 내 양도하거나 영농 미종사 사유가 아래와 같이 정당한 사유에 의한 경우, 감면세액을 징수하지 아니한다.

가. (5년 내 양도) 정당한 사유

1) 「공익사업을 위한 토지등의 취득 및 보상에 관한 법률」에 따른 협의매수 · 수용 및 그 밖의 법률에 따라 수용되는 경우

---

17. 조특법 제66조제6항 준용. 조특령 제63조제9항 1. 당초 현물출자한 농지등에 대한 양도소득세 예정신고 납부기한의 다음 날부터 법 제66조제5항 또는 제9항에 따른 세액의 납부일까지의 기간

2) 국가 · 지방자치단체에 양도하는 경우
3) 「농어촌정비법」 그 밖의 법률에 따른 환지처분에 따라 해당 농지 등이 농지 등으로 사용될 수 없는 다른 지목으로 변경되는 경우
4) 영농자녀가 「해외이주법」에 따라 해외이주를 하는 경우
5) 소득법 제89조제1항제2호 및 조특법 제70조에 따라 농지를 교환 · 분합 또는 대토한 경우로 종전 농지 등의 자경기간과 교환 · 분합 또는 대토 후의 농지 등의 자경기간을 합하여 8년 이상이 되는 경우

나. (영농 미종사) 정당한 사유

1) 영농자녀가 1년 이상의 치료나 요양을 필요로 하는 질병으로 인하여 치료나 요양을 받는 경우
2) 영농자녀등이 「고등교육법」에 따른 학교 중 농업계열(영어의 경우는 제외) 또는 수산계열(영어의 경우에 한정) 학교에 진학하여 일시적으로 영농에 종사하지 못하는 경우
3) 병역법에 따라 징집되는 경우
4) 공직선거법에 따른 선거에 따라 공직에 취임하는 경우

증여세를 감면받은 농지가 「농어촌정비법」에 따라 농지로 환지되는 경우로 이 환지사업으로 인하여 해당 농지에서 직접 영농에 종사하지 아니하게 된 경우 조특법 제71조제2항의 정당한 사유에 해당하며, 이 경우 해당 농지에서 직접 영농에 종사하지 못하게 된 기간은 사후관리기간의 계산에서 제외된다(재산세과-352, 2010.6.1.).

6. 농지 등을 양도하는 경우

증여세를 감면받은 농지 등을 양도하여 양도소득세를 부과하는 경우 소득세법의 규정에도 불구하고 취득시기는 자경농민이 해당 농지 등을 취득한 날로 하고, 필요경비는 자경농민의 취득 당시 필요경비로 한다(조특법 제71조제2항).

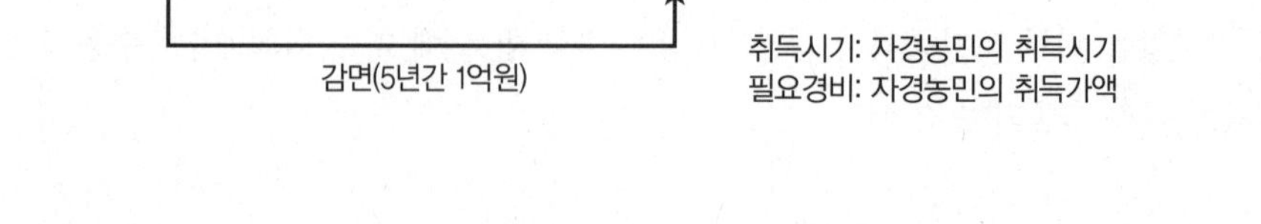

7. 감면농지 등의 상속세 · 증여세 계산 특례

가. 상속세 계산특례

영농자녀가 증여받아 증여세를 감면받은 농지 등은 상증법 제3조의2(상속세 납세의무)제1항의 상속재산에 가산하는 증여재산으로 보지 아니하며, 상증법 제13조(상속세 과세가액)제1항의 가산하는 증여재산가액에도 포함되지 아니한다(조특법 제71조제5항).

나. 증여세 계산특례

증여세를 감면받은 농지 등은 상증법 제47조(증여세 과세가액)제2항 규정에 따라 해당 증여일 전 10년 이내에 자경농민(그 배우자를 포함)으로부터 증여받아 합산하는 증여재산가액에 포함하지 아니한다.

감면대상 농지등을 증여받은 후 10년 이내에 동일인으로부터 감면대상 농지등을 재차 증여받은 경우로서, 해당 감면대상 농지가 증여세 감면 한도 내의 감면대상 농지등에 해당하면 감면대상농지가액 간에는 합산한다(기준2020법령해석재산-0079, 2020.4.3.).

영농자녀가 증여받은 농지에 대한 증여세 감면세액에 상당하는 금액을 징수하는 경우 당초 증여받은 재산가액은 증여세과세가액에 해당한다(재산세과-823, 2009.4.29.).

8. 감면신청

증여세를 감면받고자 하는 영농자녀는 증여세 과세표준 신고기한까지 감면신청을 하여야 한다. 2009.1.1. 이후 증여부터는 감면을 신청하지 아니한 경우에도 감면이 적용되고(조특법 제71조제7항). 2008.12.31. 이전에는 신고기한까지 감면신청을 하지 아니한 경우에는 감면규정을 적용하지 아니한다.

영농자녀가 농지 등을 동시에 2필지 이상 증여받은 경우에는 증여세를 감면받으려는 농지 등의 순위를 정하여 감면을 신청하여야 한다. 영농자녀가 감면받으려는 농지 등의 순위를 정하지 아니하고 감면을 신청한 경우에는 증여 당시 농지 등의 가액이 높은 순으로 감면을 신청한 것으로 본다.

감면신청시 제출하여야 할 서류는 다음과 같다.

가. 자경농민 및 영농자녀의 농업소득세 납세증명서 또는 영농사실을 확인할 수 있는 서류
나. 해당 농지 등 취득시의 매매계약서 사본
다. 해당 농지 등의 증여계약서 사본

라. 증여받은 농지 등의 명세서

마. 해당 농지 등을 영농조합법인에 현물출자한 경우에는 출자한 증서

바. 자경농민의 가족관계기록사항에 관한 증명서

[관련 질의회신 · 판례 등]

○ 감면 대상

(축사 부수토지) 초지법의 적용을 받지 않는 축사의 부수토지는 증여세 감면대상에 해당되지 않음(상속증여세과-304, 2014.8.12.).

⇒ (2016.1.1. 이후 증여부터) 축사 및 부수토지를 감면대상에 포함함.

(축사만 증여받은 경우) 축산에 사용하는 축사만 증여한 경우에도 해당 규정에 따른 증여세 감면을 받을 수 있음(사전2020법령해석재산-1188, 2021.10.22.).

(3년 미만 보유) 증여자인 자경농민이 증여일부터 소급하여 3년 이상 직접 경작한 농지를 영농자녀에게 증여하는 경우 조특법 제71조가 적용되는 것이나, 증여자가 해당 농지를 농지 취득일부터 3년 이내에 영농자녀에게 증여하는 경우에는 그러하지 아니함(재산세과-947, 2010.12.15.).

○ 한도액 초과시 납부할 증여세액 및 감면받은 농지 가액

영농자녀가 증여받은 농지에 대한 증여세 감면세액이 조특법 제133조 제2항에서 규정하는 한도액을 초과하는 경우에는 감면한도 초과분을 포함한 전체 농지에 대한 증여세 산출세액에서 감면한도액(1억원)을 공제하여 납부할 증여세액을 산출하고, 감면받은 농지의 가액은 감면한도 초과분을 포함한 전체 농지의 가액을 '전체 농지에 대한 증여세 산출세액'에서 감면한도액(1억원)이 차지하는 비율로 안분계산함(기획재정부 재산세제과-521, 2009.3.18.).

○ 면적한도의 계산기준

농지 · 초지 · 산림지의 면적한도는 증여자인 자경농민을 기준으로 적용하는 것이며, 조특법 제133조(감면의 종합한도)제2항 규정은 수증자별로 적용함(상속증여세과-304, 2014.8.12.).

○ 증여재산공제 적용방법

감면분과 과세분 증여가 동시에 이루어진 경우는 각각의 증여세과세가액에 대하여 안분하여 공제하며, 감면분과 과세분 증여가 그 증여시기를 달리하는 경우에는 둘 이상의 증여 중 최초의 증여세과세가액에서부터 순차로 공제함(재산세과-1468, 2009.7.17.)[18]

○ 영농자녀에 대한 증여세 감면 후 추징하는 경우 동일인 증여 합산 여부

영농자녀가 증여받은 농지에 대한 증여세의 감면세액에 상당하는 금액을 징수하는 경우, 증여자는 수증자가 납부할 증여세에 대하여 연대하여 납부할 의무가 있으며, 이 경우 당초 증여받은 재산가액은 증여세과세가액에 해당함(재산세과-823, 2009.4.29.).

○ 5년 내 양도에 증여 포함여부

(증여 포함) 영농자녀가 증여세를 감면받은 농지를 같은 법 시행령 제68조제5항에서 정하는 정당한 사

---

18. 양도소득세와 다르다. 양도소득 기본공제는 감면소득이 있는 경우 '감면소득외 양도소득'에서 먼저 공제한다(소득세법 제103조).

유 없이 증여받은 날부터 5년 이내에 양도(증여를 포함)하는 경우에는 그 농지에 대한 증여세 감면세액에 상당하는 금액을 영농자녀로부터 징수함(재산세과-380, 2012.10.18.).

○ 사후관리 기간 중 소득요건 적용여부
사후관리 기간 중 소득요건을 충족하지 못한 기간을 영농에 종사하지 아니한 것으로 봄(심사증여 2020-0018, 2020.9.9.).

○ 조부가 손자에게 증여한 경우
감면되는 산출세액은 세대생략가산액을 합한 산출세액임(재산세과-2292, 2008.8.18., 요지).

○ 부담부증여
영농자녀가 증여받는 농지 등에 대한 증여세의 감면규정은 증여재산가액에서 그 증여재산에 담보된 채무로 수증자가 인수한 금액을 뺀 금액에도 적용됨(재산세과-589, 2010.8.13.).

○ 지분증여[19]
자경농민이 증여일부터 소급하여 3년 이상 직접 경작한 농지 일부를 공유 지분 형태로 영농자녀에게 증여하고 해당 영농자녀가 증여받은 농지의 지분 면적 이상에 해당하는 부분을 증여일부터 5년간 직접 경작한 경우에는 증여받은 농지의 지분에 대하여 조특법 제71조 제1항에 따른 증여세 감면을 적용받을 수 있음(서면2016법령해석재산-6102 [법령해석과-450], 2017.2.17.).

---

19. 사후관리 판단이 복잡할 수 있다. 예를 들어 지분증여받은 농지를 일부를 양도하거나, 일부를 경작하거나 안분하여 계산할지 불분명하다.

제6장 증여세 과세특례[1]

저출산, 고령화 심화에 따른 인구구조 및 경제구조가 변화하는 것에 대응하여 젊은 세대로의 부의 조기이전을 통하여 경제 활력 증진을 도모하고자 하는 정책적인 목적에서 증여세 과세특례 제도를 도입하였다. 거주자가 받은 창업자금 또는 가업승계 주식등에 대해 증여시점에서는 낮은 세율로 증여세를 과세하고 증여자가 사망시점에서 증여당시의 가액을 상속재산가액에 가산하여 상속세로 정산하여 과세한다.

즉, 증여시 증여재산공제가 아니라 5억원을 공제하고 낮은 세율(10% 또는 20%)을 적용하며, 증여자가 사망한 경우에는 증여시기에 관계없이 상속세 과세가액에 가산하여 세액 차액에 대해 상속세로 납부한다(조특법 제30조의5, 제30조의6).

제1절 창업자금에 대한 증여세 과세특례

- ○ (인적요건)
  - (증여자) 60세 이상의 부모 등
  - (수증자) 18세 이상의 거주자
- ○ (증여재산요건) 양도소득세 과세대상이 아닌 재산(현금 등)으로 일정한 창업자금
- ○ (창업요건) 제조업 등 "창업중소기업" 범위에 해당하는 업종 창업
  - 창업: 사업자등록, 사업확장을 위한 사업용 자산취득 등
- ○ (과세특례) 일정한 창업자금에 대해서는 증여시 증여세 과세가액에서 5억원 공제 및 10% 세율 적용하고, 증여자가 사망한 경우 증여당시 가액을 상속재산가액에 가산
- ○ (창업자금한도) 30억원(2016년부터 창업을 통하여 10명 이상 신규 고용시 50억원)
- ○ (사후관리) 2년 이내 중소기업 창업, 4년이 되는 날까지 창업자금 사용 등

18세 이상인 거주자가 제조업 등 "창업중소기업" 범위에 해당하는 업종을 영위하는 중소기업을 창업할 목적으로 60세 이상의 부모 등으로부터 토지 · 건물 등 양도소득세 과세대상을 제외한 재산

1. 증여세 과세특례라는 조문제목을 사용하지만, 상증법 제43조 '증여세 과세특례'와는 다른 성격의 규정이다. '사전증여'라는 표현을 사용하는 경우도 있다. "APT 한 채만 있어도 상속세 내야 한다… 답은 '사전증여'", 세정일보, 2021.12.15.

을 증여받는 경우에는 증여세 과세가액 30억원(창업을 통하여 10명 이상 신규 고용시 50억원) 한도에 대해서는 증여세 과세가액에서 5억원을 공제하고 세율을 10%로 하여 증여세를 부과한다(상증법 제30조의5). 창업자금은 증여를 받은 날로부터 3년 이내에 창업등에 사용하여야 한다. 최근 5년간 이전된 증여재산가액은 150억원 전후이다.

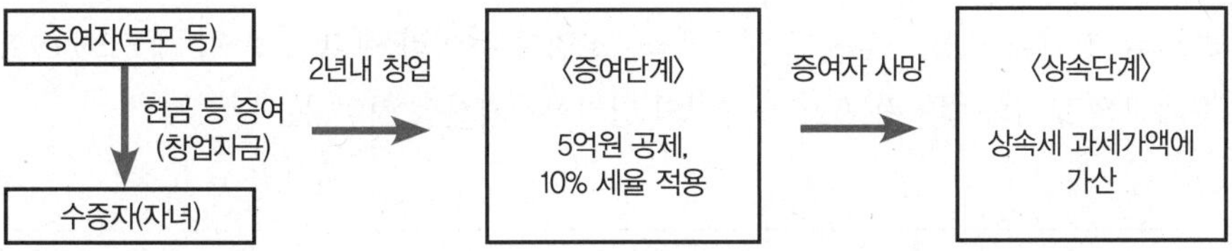

<창업자금 증여세 과세특례 결정통계[2]>

(단위: 백만원)

구분	계		과세		과세미달	
	건수	증여재산가액	건수	증여재산가액	건수	증여재산가액
2016년	27	14,414	11	10,245	16	4,169
2017년	31	14,582	13	10,754	18	3,828
2018년	38	15,727	14	10,783	24	4,944
2019년	56	15,194	19	9,938	37	5,256
2020년	59	14,865	18	7,573	41	7,292

1. 증여세 과세특례 적용요건

가. (인적요건) 과세특례 적용되는 증여자 및 수증자의 범위

1) 증여자

60세 이상의 부모가 증여하는 것이어야 한다. 증여 당시 아버지나 어머니가 사망한 경우에는 그 사망한 아버지나 어머니의 부모를 포함한다.

2) 수증자

18세 이상의 거주자가 증여받는 것이어야 한다.

2. 국세통계(stats.nts.go.kr)

나. (증여재산요건) 과세특례 적용되는 증여재산 및 창업자금의 범위

증여세 과세특례가 적용되는 증여재산 및 창업자금의 범위는 중소기업을 창업할 목적으로 증여하는 양도소득세 과세대상[3]이 아닌 재산(현금 등)으로, 조특령 제5조제19항에 따른 사업용자산의 취득자금 및 임차보증금(전세금 포함) · 임차료 지급액을 말한다. 사업용자산의 취득자금 및 임차보증금(전세금 포함) · 임차료 지급액을 "창업자금"이라 한다. 조특령 제5조제19항에 따른 사업용자산은 토지와 법인령 제24조 규정의 감가상각자산을 말한다.

> ○ 법인령 제24조(감가상각자산의 범위) ① 법 제23조제1항에서 "건물, 기계 및 장치, 특허권 등 대통령령으로 정하는 유형자산 및 무형자산"이란 다음 각 호의 유형자산 및 무형자산(제3항의 자산은 제외하며, 이하 "감가상각자산"이라 한다)을 말한다.
>
> 1. 다음 각 목의 어느 하나에 해당하는 유형자산
>   가. 건물(부속설비를 포함한다) 및 구축물(이하 "건축물"이라 한다)
>   나. 차량 및 운반구, 공구, 기구 및 비품
>   다. 선박 및 항공기
>   라. 기계 및 장치
>   마. 동물 및 식물
>   바. 그 밖에 가목부터 마목까지의 자산과 유사한 유형자산
> 2. 다음 각 목의 어느 하나에 해당하는 무형자산
>   가. 영업권(합병 또는 분할로 인하여 합병법인등이 계상한 영업권은 제외한다), 디자인권, 실용신안권, 상표권
>   나. 특허권, 어업권, 양식업권, 「해저광물자원 개발법」에 의한 채취권, 유료도로관리권, 수리권, 전기가스공급시설이용권, 공업용수도시설이용권, 수도시설이용권, 열공급시설이용권
>   다. 광업권, 전신전화전용시설이용권, 전용측선이용권, 하수종말처리장시설관리권, 수도시설관리권
>   라. 댐사용권
>   마. 삭제 〈2002.12.30.〉
>   바. 개발비: 상업적인 생산 또는 사용 전에 재료 · 장치 · 제품 · 공정 · 시스템 또는 용역을 창출하거나 현저히 개선하기 위한 계획 또는 설계를 위하여 연구결과 또는 관련지식을 적용하는 데 발생하는 비용으로서 기업회계기준에 따른 개발비 요건을 갖춘 것(「산업기술연구조합 육성법」에 따른 산업기술연구조합의 조합원이 해당 조합에 연구개발 및 연구시설 취득 등을 위하여 지출하는 금액을 포함한다)
>   사. 사용수익기부자산가액: 금전 외의 자산을 국가 또는 지방자치단체, 법 제24조제2항제1호라목부터 바목까지의 규정에 따른 법인 또는 이 영 제39조제1항제1호에 따른 법인에게 기부한 후 그 자산을 사용하거나 그 자산으로부터 수익을 얻는 경우 해당 자산의 장부가액
>   아. 「전파법」 제14조의 규정에 의한 주파수이용권 및 「공항시설법」 제26조의 규정에 의한 공항시설관리권
>   자. 「항만법」 제24조에 따른 항만시설관리권

3. 양도소득세 과세대상(소득세법 제94조제1항): 토지 또는 건물, 부동산에 관한 권리(부동산을 취득할 수 있는 권리, 지상권, 전세권과 등기된 부동산임차권), 주식등, 기타자산(영업권, 시설물이용권 등).

② 법 제23조제2항 각 호 외의 부분에서 "대통령령으로 정하는 무형자산"이란 제1항제2호 각 목의 어느 하나에 해당하는 무형자산 중에서 다음 각 호의 어느 하나에 해당하는 것을 말한다. 1. 감가상각비를 손비로 계상할 때 적용하는 내용연수(이하 "결산내용연수"라 한다)를 확정할 수 없는 것으로서 기획재정부령으로 정하는 요건을 모두 갖춘 무형자산

2. 「주식회사 등의 외부감사에 관한 법률」 제5조제1항제1호에 따른 회계처리기준(이하 "한국채택국제회계기준"이라 한다)을 최초로 적용하는 사업연도 전에 취득한 제24조제1항제2호가목에 따른 영업권

③ 감가상각자산은 다음 각호의 자산을 포함하지 아니하는 것으로 한다.

1. 사업에 사용하지 아니하는 것(유휴설비를 제외한다)

2. 건설 중인 것

3. 시간의 경과에 따라 그 가치가 감소되지 아니하는 것

부동산등 양도소득세 과세대상자산을 증여세 과세특례 증여재산에서 제외한 것은 해당 부동산 등을 증여하여 저율의 세율 및 5억원 공제를 적용받음으로써 증여시점까지 발생한 양도차익에 대해 양도소득세 부담 회피 수단으로 악용될 소지가 있기 때문이다. 예를 들어, 창업자금으로 토지 그 자체를 증여할 경우 시가 20억원의 토지를 현금화하여 증여할 경우와 비교해 볼 때 양도소득세 조세회피가 가능하기 때문이다.

예시

○ 부(父) 소유 토지 시가 20억원을 자(子)에게 증여한 경우(양도시 양도소득세는 7억원으로 가정)

① 현금화하여 증여시 양도세 7억원을 납부한 나머지 금액만 증여 가능

증여가능금액: 13억원 (20억원 - 양도세 7억원)

부와 자의 총 세부담 합계: 7.8억원 (양도세 7억원 + 증여세 0.8억원)

② 부동산으로 증여시 20억원 전액 증여 가능

증여가능금액: 20억원 (20억원 - 양도세 0원)

부와 자의 총 세부담 합계: 1.5억원 (양도세 0원 + 증여세 1.5억원)

<창업자금 개정연혁>

2016.2.4. 이전	2016.2.5. 이후
소득령 제94조제1항에 따른 재산을 제외한 증여재산	소득령 제94조제1항에 따른 재산을 제외한 증여재산 중 사업용자산의 취득자금 및 임차보증금(전세금 포함) · 임차료 지급액

다. (창업요건) "창업중소기업"의 범위에 해당하는 업종을 영위하는 중소기업을 2년 내 '창업'하는 경우일 것

1) 창업중소기업의 범위

창업자금에 대한 증여세 과세특례는 광업, 제조업, 건설업, 음식점업 등 조특법 제6조제3항 각 호에 해당하는 "창업중소기업"[4] 범위 업종을 영위하는 중소기업을 창업할 목적으로 창업자금을 증여받은 경우에 적용한다.

○ 조특법 제6조(창업중소기업 등에 대한 세액감면)

③ 창업중소기업과 창업벤처중소기업의 범위는 다음 각 호의 업종을 경영하는 중소기업으로 한다.

1. 광업
2. 제조업(제조업과 유사한 사업으로서 대통령령으로 정하는 사업을 포함한다. 이하 같다)
3. 수도, 하수 및 폐기물 처리, 원료 재생업
4. 건설업
5. 통신판매업
6. 대통령령으로 정하는 물류산업(이하 "물류산업"이라 한다)
7. 음식점업
8. 정보통신업. 다만, 다음 각 목의 어느 하나에 해당하는 업종은 제외한다.
   가. 비디오물 감상실 운영업
   나. 뉴스제공업
   다. 블록체인 기반 암호화자산 매매 및 중개업
9. 금융 및 보험업 중 대통령령으로 정하는 정보통신을 활용하여 금융서비스를 제공하는 업종
10. 전문, 과학 및 기술 서비스업[대통령령으로 정하는 엔지니어링사업(이하 "엔지니어링사업"이라 한다)을 포함한다]. 다만, 다음 각 목의 어느 하나에 해당하는 업종은 제외한다.
   가. 변호사업
   나. 변리사업
   다. 법무사업
   라. 공인회계사업
   마. 세무사업
   바. 수의업
   사. 「행정사법」 제14조에 따라 설치된 사무소를 운영하는 사업
   아. 「건축사법」 제23조에 따라 신고된 건축사사무소를 운영하는 사업
11. 사업시설 관리, 사업 지원 및 임대 서비스업 중 다음 각 목의 어느 하나에 해당하는 업종
   가. 사업시설 관리 및 조경 서비스업

4. 조특법에 따른 중소기업은 "중소기업과 창업중소기업"으로 구분한다(조특법 제6조).

나. 사업 지원 서비스업(고용 알선업 및 인력 공급업은 농업노동자 공급업을 포함한다)
12. 사회복지 서비스업
13. 예술, 스포츠 및 여가관련 서비스업. 다만, 다음 각 목의 어느 하나에 해당하는 업종은 제외한다.
가. 자영예술가
나. 오락장 운영업
다. 수상오락 서비스업
라. 사행시설 관리 및 운영업
마. 그 외 기타 오락관련 서비스업
14. 협회 및 단체, 수리 및 기타 개인 서비스업 중 다음 각 목의 어느 하나에 해당하는 업종
가. 개인 및 소비용품 수리업
나. 이용 및 미용업
15. 「학원의 설립 · 운영 및 과외교습에 관한 법률」에 따른 직업기술 분야를 교습하는 학원을 운영하는 사업 또는 「근로자직업능력 개발법」에 따른 직업능력개발훈련시설을 운영하는 사업(직업능력개발훈련을 주된 사업으로 하는 경우로 한정한다)
16. 「관광진흥법」에 따른 관광숙박업, 국제회의업, 유원시설업 및 대통령령으로 정하는 관광객 이용시설업
17. 「노인복지법」에 따른 노인복지시설을 운영하는 사업
18. 「전시산업발전법」에 따른 전시산업

<증여세 과세특례가 적용되는 중소기업의 범위 개정연혁>

2006.1.1. ~ 2013.12.31.	2014.1.1. 이후
조특법 제5조제1항에 따른 중소기업 ○ 영농상속공제 적용을 받는 사업은 제외 ○ 음식점업은 포함(개별소비세법 제1조제4항에 따른 과세유흥장소는 제외)	조특법 제6조제3항에 따른 창업중소기업

2) 창업의 정의와 범위

창업자금을 증여받은 자는 증여받은 날부터 2년 이내에 창업하여야 한다.

가) 창업의 정의

창업이란 소득법 제168조(사업자등록 및 고유번호의 부여)제1항, 법인법 제111조(사업자등록)제1항 또는 부가법 제8조(사업자등록)제1항 및 제5항에 따라 납세지 관할 세무서장에게 등록하는 것을 말하며, 2016.2.5. 증여분부터 사업을 확장하는 경우로 사업용 자산을 취득하거나 확장한 사업장의 임차보증금 및 임차료를 지급하는 경우에도 창업으로 본다.

<창업 개정연혁>

2016.2.4. 이전	2016.2.5. 이후
사업자등록	○ 사업자등록 ○ 사업확장으로 사업용자산을 취득하거나 확장한 사업장의 임차보증금 및 임차료를 지급하는 경우

<창업기한 개정연혁>

2019.12.31. 이전	2020.1.1. 이후
1년	2년(2019.12.31. 이전에 창업자금을 증여받고 증여세 부과받은 경우에는 종전규정 적용, 부칙 제43조[5])

나) 창업으로 보지 않는 경우

(1) 합병, 분할, 현물출자 또는 사업 양수를 통하여 종전 사업을 승계하거나 종전 사업에 사용되던 자산을 인수 또는 매입하여 동종 사업을 영위하는 경우
(2) 거주자가 영위하던 사업을 법인으로 전환하여 새로운 법인을 설립하는 경우
(3) 폐업 후 사업을 다시 개시하여 폐업 전 사업과 동종 사업을 영위하는 경우
(4) 다른 업종을 추가하는 등 새로운 사업을 최초로 개시하는 것으로 보기 곤란한 경우와 창업자금을 증여받기 이전부터 영위한 사업의 운용자금과 대체설비자금 등으로 사용하는 경우

라. 증여세 과세특례의 신청

창업자금에 대한 증여세 과세특례를 적용받으려는 자는 증여세 과세표준 신고기한까지 증여세과세표준 신고와 함께 창업자금 특례신청서 및 사용내역서를 납세지 관할 세무서장에게 제출하여야 한다. 이 경우 그 신고기한까지 특례신청을 하지 아니한 경우에는 이 특례규정을 적용하지 아니한다.

2. 증여세 과세특례 내용

상증법 제53조(증여재산 공제) 및 제56조(증여세 세율)에도 불구하고 해당 증여받은 재산의

5. 조특법 부칙(법률 제16835호, 2019.12.31.) 제43조(창업자금에 대한 증여세 과세특례에 관한 경과조치). 이 법 시행 전에 창업자금을 증여받고 제30조의5제1항에 따라 증여세를 부과받은 경우에는 제30조의5제2항 · 제4항 및 같은 조 제6항제4호의 개정규정에도 불구하고 종전의 규정에 따른다.

가액 중 일정한 창업자금에 대해서는 증여세 과세가액에서 5억원을 공제하고 10% 세율로 증여세를 부과한다. 이 경우 창업자금을 2회 이상 증여받거나 부모로부터 각각 증여받는 경우에는 각각의 증여세 과세가액을 합산하여 적용한다(조특법 제30조의5제1항).

증여세 과세특례가 적용되는 창업자금의 증여세 과세가액은 30억원을 한도로 하며, 2016.1.1. 이후부터 창업을 통하여 10명 이상을 신규 고용한 경우에는 50억원을 한도로 한다. 한도 초과분에 대해서는 과세특례 적용을 배제하고 기본세율을 적용하여 과세한다.

<한도 개정연혁>

2015.12.31. 이전	2016.1.1. 이후
과세가액 30억원	과세가액 30억원(창업을 통하여 10명 이상을 신규 고용한 경우에는 50억원)

가. 증여재산 공제의 특례

이 경우 상증법 제53조의 증여재산공제를 적용하지 않는다. 요건을 충족한 창업자금의 증여세 과세가액에서 5억원을 공제한다.

나. 창업자금 외 다른 증여재산과 합산배제

상증법 제47조(증여세 과세가액)제2항에도 불구하고 동일인(그 배우자를 포함)으로부터 증여받은 창업자금 외의 다른 증여재산의 가액은 창업자금에 대한 증여세 과세가액에 가산하지 아니한다. 다만, 동일인으로부터 증여받은 창업자금의 증여세 과세특례 한도(30억원 또는 50억원) 초과분과 다른 증여재산의 증여세 과세가액은 합산한다.

<과세특례 한도초과 여부에 따른 증여세 과세가액 합산방법>

과세특례 한도초과 여부	합산방법
한도 내 창업자금 (과세특례 적용분)	창업자금을 2회 이상 증여받거나 부모로부터 각각 증여받는 경우에만 30억원(50억원) 한도로 각각의 증여세 과세가액을 합산과세
한도 초과분 창업자금 (과세특례 적용배제, 기본세율 적용분)	동일인에 대한 창업자금 외 다른 증여재산과 합산과세 (한도 내 창업자금과 합산하는 것이 아님)

다. 증여세 세율의 특례

상증법 제56조(증여세 세율)에도 불구하고 해당 증여받은 재산의 가액 중 일정한 창업자금에 대해서는 세율을 100분의 10으로 하여 증여세를 부과한다.

라. 신고세액공제의 배제

창업자금에 대한 증여세 과세표준을 신고하는 경우에도 같은 법 제69조제2항에 따른 신고세액공제를 적용하지 아니한다.

마. 가업의 승계에 대한 증여세 과세특례와 중복적용 배제

창업자금에 대한 증여세 과세특례를 적용받는 거주자는 가업의 승계에 대한 증여세 과세특례(조특법 제30조6)를 적용받을 수 없다.

바. 기타사항

증여세 및 상속세를 과세하는 경우 조특법 제30조의5에서 달리 정하지 아니한 것은 상증법에 따른다.

3. 증여자 사망시 창업자금의 상속재산 가산

증여자 사망시, 증여세 과세특례가 적용되는 창업자금은 상속세 납세의무를 적용할 때 상속재산에 가산하는 증여재산으로 본다. 이 경우, 창업자금은 증여받은 날부터 상속개시일까지의 기간과 관계없이 상속세 과세가액에 가산하되, 상속공제한도 계산시 상속세 과세가액에서 차감하지 아니한다. 기간에 관계없이 상속세 과세가액에 가산하기 때문에 창업자금을 증여받고 상속세로 정산[6]하는 것이 납세자에게 항상 유리한 것은 아니며, 세부담 측면에서는 불리한 경우도 나올 수 있다. 젊은 세대로의 부의 조기이전을 유도하기 위해서는 상속세 과세가액에 가산하는 기간을 한정하도록 입법을 보완하는 것이 필요해 보인다.

가산한 창업자금에 대한 증여세액은 상속세 산출세액에서 공제한다. 즉, 증여세액 공제한도액 적용을 배제한다. 다만, 공제할 증여세액이 상속세 산출세액보다 많은 경우 그 차액에 상당하는 증여세액은 환급하지 아니한다.

---

6. 정산은 정밀한, 정확한 계산을 의미한다.

4. 사후관리

창업자금을 증여받은 자는 증여받은 날부터 2년 이내에 창업하여야 하며, 4년이 되는 날까지 창업자금을 모두 해당 목적에 사용하여야 한다.

가. 창업자금 사용명세 제출 및 가산세

창업자금을 증여받은 자는 창업일이 속하는 달의 다음달 말일과 창업일이 속하는 과세연도부터 4년 이내의 과세연도까지 매 과세연도의 과세표준신고기한 내에 창업자금 사용명세(증여받은 창업자금이 30억원을 초과하는 경우에는 고용명세 포함)를 증여세 납세지관할 세무서장에게 제출하여야 한다. 창업자금 사용명세를 제출하지 아니하거나 제출된 창업자금 사용명세가 분명하지 아니한 경우에는 그 제출하지 아니한 분 또는 분명하지 아니한 분의 금액에 1천분의 3을 곱하여 산출한 금액을 창업자금사용명세서 미제출가산세로 부과한다.

나. 증여세 및 이자상당액의 추징

창업자금에 대한 증여세 과세특례를 적용받아 다음 어느 하나에 해당하는 경우에는 다음의 구분에 따른 금액에 대하여 상증법에 따라 증여세와 상속세를 각각 부과한다. 이 경우 1일 10만분의 22(2022.2.14.까지의 기간에 대해서는 1일 10만분의 25)으로 계산한 이자상당액을 그 부과하는 증여세에 가산하여 부과한다.

1) 2년(2019.12.31. 이전은 1년) 이내 창업하지 아니한 경우: 창업자금
2) 창업자금으로 창업중소기업의 범위에 해당하는 업종 외의 업종을 영위하는 경우: 창업중소기업 외의 업종에 사용된 창업자금
3) 새로 증여받은 창업자금을 목적에 따라 사용하지 아니한 경우: 해당 목적에 사용되지 아니한 창업자금
4) 창업자금을 증여받은 날부터 4년(2019.12.31. 이전은 3년)이 되는 날까지 모두 해당목적에 사용하지 아니한 경우: 해당 목적에 사용되지 아니한 창업자금
5) 증여받은 후 10년 이내에 창업자금등을 해당 사업용도 외의 용도로 사용한 경우: 해당 사업용도 외의 용도로 사용된 창업자금등
6) 창업 후 10년 이내에 수증자가 사망하거나, 당해 사업을 폐업 또는 휴업(실질적 휴업을 포함)한 경우: 창업자금(창업으로 인한 가치증가분을 포함)

가) 수증자가 사망한 경우. 다만, 다음의 어느 하나에 해당하는 경우는 제외한다.

(1) 수증자가 창업자금을 증여받고 창업하기 전에 사망한 경우로 수증자의 상속인이 당초

수증자의 지위를 승계하여 창업하는 경우

(2) 수증자가 창업자금을 증여받고 창업한 후 창업목적에 사용하기 전에 사망한 경우로 상속인이 당초 수증자의 지위를 승계하여 창업하는 경우

(3) 수증자가 창업자금을 증여받고 창업을 완료한 후 사망한 경우로 상속인이 당초 수증자의 지위를 승계하여 창업하는 경우

나) 당해 사업을 폐업 또는 휴업(실질적 휴업을 포함)한 경우. 다만, 다음에 해당하는 경우를 제외한다.

(1) 부채가 자산을 초과하여 폐업하는 경우

(2) 최초 창업 이후 영업상 필요 또는 사업전환을 위하여 1회에 한하여 2년(폐업의 경우에는 폐업 후 다시 개업할 때까지 2년) 이내의 기간 동안 휴업하거나 폐업하는 경우(휴업 또는 폐업 중 어느 하나에 한함)

7) 증여받은 창업자금이 30억원을 초과하는 경우로 창업한 날이 속하는 과세연도의 종료일부터 5년 이내에 각 과세연도의 근로자 수가 다음 계산식에 따라 계산한 수보다 적은 경우: 30억원을 초과하는 창업자금

창업한 날의 근로자 수 - (창업을 통하여 신규 고용한 인원 수-10명)

근로자는 조특령 제27조의3제4항에 따른 상시근로자를 말한다. 이 경우 근로자 수는 해당 과세연도의 매월 말일 현재의 인원을 합하여 해당 월수로 나눈 인원을 기준으로 계산한다.

○ 조특령 제27조의3(고용유지중소기업 등에 대한 과세특례) ④ 법 제30조의3제1항부터 제3항까지의 규정을 적용할 때 상시근로자는 「근로기준법」에 따라 근로계약을 체결한 근로자로 한다. 다만, 다음 각 호의 어느 하나에 해당하는 사람은 제외한다.

1. 근로계약기간이 1년 미만인 자. 다만, 법 제30조의3제3항을 적용할 때 근로계약의 연속된 갱신으로 인하여 그 근로계약의 총기간이 1년 이상인 근로자는 상시근로자로 본다.
2. 「법인세법 시행령」 제40조제1항 각 호의 어느 하나에 해당하는 임원
3. 해당 기업의 최대주주 또는 최대출자자(개인사업자의 경우에는 대표자를 말한다)와 그 배우자
4. 제3호에 해당하는 자의 직계존속 · 비속과 그 배우자
5. 「소득세법 시행령」 제196조에 따른 근로소득원천징수부에 의하여 근로소득세를 원천징수한 사실이 확인되지 아니하고, 다음 각 목의 어느 하나에 해당하는 보험료 등의 납부사실도 확인되지 아니하는 사람
   가. 「국민연금법」 제3조제1항제11호 및 제12호에 따른 부담금 및 기여금
   나. 「국민건강보험법」 제69조에 따른 직장가입자의 보험료
6. 「근로기준법」 제2조제1항제9호에 따른 단시간근로자. 다만, 1개월간의 소정근로시간이 60시간 이상인 근로자는 상시근로자로 본다.

<이자율 개정연혁>

2019.2.11. 이전	2019.2.12.~2022.2.14.	2022.2.15. 이후
3/10,000	25/100,000	22/100,000

예시

□ 20억원을 사전상속하는 경우와 상속하는 경우(신고세액공제는 고려하지 않음)

○ 창업자금 20억원을 사전상속 ⇒ 총부담세액 4억4천만원(1억5천만원+2억9천만원)

(증여세) 1억5천만원(= (증여재산 20억원-창업자금 공제 5억원)×10%)

(상속세) (20억원-일괄공제 5억원)×40%-1억6천만원(누진공제)-1억5천만원(증여세액공제)=2억9천만원 납부

* 상속시 다른 상속재산이 없고 배우자가 없다고 가정

○ 20억원을 사전증여하지 않고 상속한 경우 상속세: 4억4천만원

(상속세) (상속재산 20억원-일괄공제 5억원)×40%-1억6천만원(누진공제)=4억4천만원

○ 20억원을 일반증여한 경우 증여세: 6억2천만원

(증여세) (증여재산 20억원-증여재산공제 5천만원)×40%-1억6천만원(누진공제)=6억2천만원

[관련 질의회신 · 판례 등]

○ 창업

(투자회사를 창업) 창업자금을 증여받아 간접투자자산운용업법 제2조제4호에 따른 투자회사를 창업하는 경우에도 증여세 과세특례 적용함(서면4팀-450, 2008.2.20.).

(대출금) 증여받은 재산을 담보로 대출받은 대출금은 창업자금에 해당하지 아니함(재산세과-716, 2010.9.30.).

(출자) 증여받은 자금을 법인에 출자한 사실만으로는 창업목적에 사용한 것으로 보지 않음(서면4팀-1393, 2007.4.30.).

(증자) 창업자금을 증여받아 1년 이내에 창업을 한 자가 새로 창업자금을 증여받아 당초 창업자금을 중소기업의 사업과 관련하여 사용하는 경우에도 창업자금을 모두 합하여 30억원까지는 창업자금에 대한 증여세 과세특례를 적용받을 수 있음(재산세과-247, 2012.7.4.).

(공동으로 창업) 수증자별 창업자금 증여세 과세특례를 적용받을 수 있으며, 공동으로 창업한 경우에도 수증자별로 적용받을 수 있음(재산세과-4457, 2008.12.30.).

(증여자와 공동대표) 부모로부터 창업자금을 증여받아 법인을 설립하고 증여자인 부모와 함께 해당 법인의 공동대표이사로 취임한 경우에는 창업자금에 대한 증여세 과세특례를 적용하지 않음(재산세과-291, 2012.8.21.).

(임대사업자) 부동산임대사업자가 자기의 임대건물 지하층에서 부로부터 증여받은 자금으로 본인이 직접 음식점업을 영위하는 경우 해당 음식점은 「조세특례제한법」 제30조의5 "창업자금에 대한 증여세 과

세특례” 규정이 적용되지 아니함(서면2017상속증여-0050 [상속증여세과-77], 2017.1.24.).

○ 합산

창업자금을 2회 이상 증여받거나 부모로부터 각각 증여받는 경우에는 각각의 증여세과세가액을 합산하여 적용함(재산세과-4455, 2008.12.30.).

○ 증여자가 사망한 경우 창업자금 사후관리 종결여부

창업자금에 대한 증여세 과세특례를 적용한 후 증여자의 사망으로 상속이 개시되어 그 창업자금에 대한 상속세를 신고한 경우에도 조특법 제30조의5제4항, 제6항(사후관리)을 적용함(기획재정부 재산세제과-678, 2011.8.22.).

○ 사후관리

(해당 사업용 자산 중 일부를 해당 사업목적외의 사업용도로 사용) 창업자금을 증여받은 자가 해당 창업자금과 대출금 등의 자금을 합하여 사업용 자산을 취득하고 해당 사업용 자산 중 일부를 해당 사업목적 외 사업용도로 사용한 경우, 그렇게 사용한 창업자금 부분은 창업자금에 대한 증여세 과세특례가 적용되지 아니하며, 이 경우 창업자금의 해당 사업목적 사용부분에 대한 실지 귀속이 구분되는 경우에는 그 구분에 따라 판단하나 실지 귀속이 구분되지 아니하는 경우 그 사업목적 외 사업용도로 사용한 창업자금 부분은 사업용 자산 중 사업목적 외 사업용도로 사용한 부분의 취득금액을 증여받은 창업자금과 대출금 등의 자금 비율에 의하여 안분계산함(기획재정부 재산세제과-441, 2011.6.16.).

(개인, 법인사업 창업 후 개인사업을 법인에게 양도한 경우) 창업자금을 증여받아 법인과 개인사업을 각각 창업하여 증여세 과세특례를 적용받은 거주자가 창업 후 10년 이내에 개인사업을 폐업하고 법인에 사업을 양도하는 경우 조특령 제27조의5제8항제2호나목에 규정한 영업상 필요 또는 사업전환을 위하여 폐업하는 경우에 해당하지 아니하고 증여세가 부과됨(재산세과-167, 2009.9.9.).

(사업규모의 확대) 창업중소기업이 창업 후 영업활동으로 사업규모가 확대되어 중소기업의 규모를 초과하는 경우에는 증여세 부과사유에 해당하지 아니함(재산세과-361, 2011.7.28.).

제2절 가업의 승계에 대한 증여세 과세특례

○ (과세특례요건)
  – (증여자) 가업을 10년 이상 계속하여 최대주주로서 경영한 60세 이상의 부모등
  – (수증자) 가업을 승계한 18세 이상의 거주자
○ (과세특례대상) 가업요건을 갖춘 중소 · 중견기업의 주식등
○ (과세가액한도) 100억원
○ (과세특례) 과세가액에서 5억원을 공제하고, 10%(20%) 세율 적용
  증여자가 사망한 경우 증여당시 가액을 상속재산가액에 가산
○ (사후관리) 5년 이내 대표이사 취임, 가업미종사, 휴폐업 등

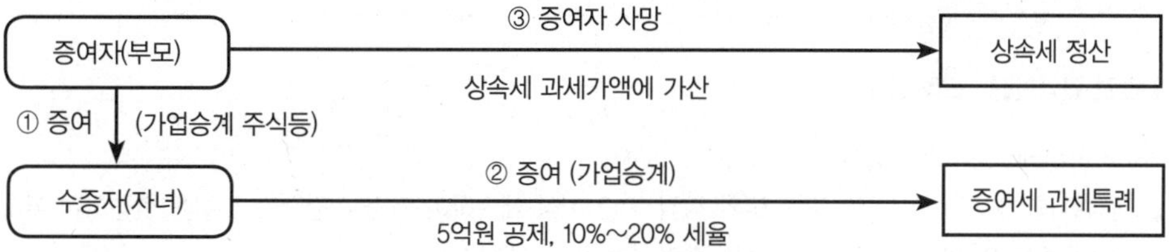

가업 승계에 대한 증여세 과세특례는 18세 이상인 거주자가 60세 이상의 부모등으로부터 상증법 제18조제2항제1호에 따른 가업 승계를 목적으로 해당 가업의 주식 또는 출자지분을 증여받고 가업을 승계한 경우에는 그 주식등의 가액에 대한 증여세 과세가액(100억원 한도)에서 5억원을 공제하고 10%(30억원 초과분은 20%)의 낮은 세율로 증여세를 부과하고, 증여자 사망 당시의 가액을 상속재산가액에 가산하여 상속세로 정산하는 사전상속제도이다(조특법 제30조의6).

이 제도는 중소기업 경영자의 고령화에 따라 생전에 자녀에게 가업을 계획적으로 사전 상속하도록 함으로써 중소기업의 영속성을 유지하고 경제활력을 도모하기 위해 도입되었다.

<가업승계 증여세 과세특례 결정통계[7]>

(단위: 백만원)

구분	계		과세		과세미달	
	건수	증여재산가액	건수	증여재산가액	건수	증여재산가액
2016년	130	202,257	96	193,391	34	8,866
2017년	173	263,596	116	246,309	57	17,287
2018년	204	311,920	140	291,191	64	20,729
2019년	172	238,280	113	221,559	59	16,721
2020년	222	316,951	157	299,039	65	17,912

7. 국세통계(stats.nts.go.kr)

1. 과세특례 적용요건

가. 증여자 및 수증자 요건

1) 증여자 요건

가업의 주식등 증여일 현재 상증법 제18조제2항제1호(가업상속공제)에 따른 가업을 10년 이상 계속하여 최대주주로서 경영한 60세 이상의 부모가 증여하는 경우일 것. 이 경우, 증여 당시 부 또는 모가 사망한 경우에는 사망한 부 또는 모의 부모를 포함한다.

[관련 질의회신 · 판례 등]

○ 부모로부터 증여받는 경우
증여자인 60세 이상의 부 또는 모가 각각 10년 이상 계속하여 가업을 경영한 경우에 한정하여 부모로부터 증여받는 주식 모두에 적용(상속증여세과-32, 2013.4.9.).

○ 양부모
조특법 제30조의6제1항 규정을 적용함에 있어 "부모"에는 "양부모"가 포함됨(재산세과-430, 2009.10.9.).

○ 경영의 의미
가업승계에 대한 증여세 과세특례는 증여자인 60세 이상의 부 또는 모가 각각 10년 이상 계속하여 가업을 경영한 경우에 적용되는 것으로, 경영이란 단순히 지분을 소유하는 것을 넘어 가업의 효과적이고 효율적인 관리 및 운영을 위하여 실제 가업운영에 참여한 경우를 의미하고, 가업의 실제 경영 여부는 사실판단 사항임(기획재정부 재산세제과-825, 2011.9.30.).[8]

○ 증여자의 대표이사 재직 요건
증여자의 가업영위 기간 중 80% 이상 대표이사 재직요건을 요하지는 않으나 증여일 전 10년 이상 계속하여 해당가업을 실제 영위한 것으로 확인되어야 함(재산세과-779, 2009.11.19.).

---

8. 2011.9.30. 이후 납세의무가 성립되는 분부터 적용한다(재산세과-53(2012.2.10.).
세법해석정비

요지	유지사례	삭제사례
부가 가업을 실제 경영한 경우 모의 지분에 대해서도 가업승계에 대한 증여세 과세특례 적용 여부	기획재정부 재산세제과-825, 2011.9.30.	재산세과-441, 2009.10.12. 재산세과-955, 2010.12.15. 재산세과-964, 2010.12.21.

2) 수증자 요건

가) 18세 이상의 거주자인 자녀가 증여받음

나) 동일한 가업의 최대주주등이 각각의 자녀들에게 해당 가업의 주식을 증여

이 경우 연도별 그 범위가 아래와 같이 다르다.

(1) 2010.12.31. 이전 증여분

최대주주등이 각 자녀들에게 주식을 증여하는 경우 각각의 자녀 모두 증여세 과세특례가 적용된다(기획재정부 재산세제과-670, 2010.7.12.).

(2) 2011.1.1. 이후 증여분

가업 승계 후 승계 당시 해당 주식등의 증여자 및 최대주주 또는 최대출자자에 해당하는 자로부터 증여받는 경우에는 증여세 과세특례를 적용하지 아니한다(조특법 제30조의6제1항 단서). 즉, 수증자 1명에 대해서만 과세특례를 적용하는 것으로 수증자 요건을 명확히 하였다.

(3) 2020.1.1. 이후 증여분

가업 승계 후 승계 당시 최대주주 또는 최대출자자에 해당하는 자(가업의 승계 당시 해당 주식등의 증여자 및 해당 주식등을 증여받은 자는 제외)로부터 증여받는 경우에는 증여세 과세특례를 적용하지 아니한다(법률 제16835호, 2019.12.31., 일부개정, 조특법 제30조의6제1항 단서).

<2인 이상 가업승계 개정연혁>

구분	2010.12.31. 이전	2011 ~ 2019년	2020.1.1.이후
관련 법령 등	2인 이상 과세특례 적용가능(기획재정부 재산세제과-670, 2010.7.12.)	수증자 1인만 과세특례 적용가능(조특법 제30조의6 제1항 단서)	2인 이상 과세특례 적용가능 (조특법 제30조의6제1항 단서 괄호)
사례 (아버지, 삼촌 모두 최대주주등에 해당)	아버지 → 자녀 : 과세특례 적용가능 삼촌 → 자녀 : 과세특례 적용가능	아버지 → 자녀1 : 과세특례 적용가능 아버지 → 자녀2 : 과세특례 적용제외 삼촌 → 자녀 : 과세특례 적용제외	아버지 → 자녀1 : 과세특례 적용가능 아버지 → 자녀2 : 과세특례 적용가능 삼촌 → 자녀 : 과세특례 적용제외

다) 수증자 1인이 가업의 주식등을 2회 이상 증여받는 경우

각각의 증여세 과세가액을 합산하여 100억원을 한도로 과세특례를 적용한다.

[관련 질의회신 · 판례 등]

○ 인적분할시 수증자 1인 적용 여부

부가 10년 이상 경영한 기업을 인적분할한 후 장남, 차남에게 각각 주식을 증여한 경우 가업승계에 따른 증여세 과세특례규정은 수증자 중 1인에게만 적용됨(재산세과-4458, 2008.12.30.).

○ 대표이사

(대표이사 재직요건) 가업 승계에 따른 증여세 과세특례를 적용함에 증여자에 대해 상증령 제15조제4항 제1호의 대표이사 재직요건을 요하지는 않으나 증여일 전 10년 이상 계속하여 해당 가업을 실제로 영위한 것으로 확인되어야 하며, 다른 요건을 모두 충족하였다면 수증자가 가업 승계를 목적으로 주식 등을 증여받기 전에 해당 기업의 대표이사로 취임한 경우에도 적용됨(서면법규과-1415, 2013.12.30.).

○ 합산

가업승계 특례가 적용되는 주식등을 2010년까지 2회 이상 증여받은 경우에는 각각의 증여세 과세가액을 합산하여 30억원을 한도로 증여세 과세특례규정을 적용함(재산세과-2392, 2008.8.22.).

○ 두 개 법인의 주식을 증여받는 경우

두 개의 가업 승계를 목적으로 자녀 1인이 주식등을 증여받고 가업을 승계한 경우에는 주식등 가액을 합하여 계산한 증여세과세가액 30억원 한도로 과세특례를 적용함(재산세과-358, 2010.6.3.).

나. 증여재산 요건

수증자가 가업 승계를 목적으로 해당 가업의 주식 또는 출자지분(이하 주식등)을 증여받는 경우를 말한다. 이 경우, 과세특례가 적용되는 증여재산은 그 주식등의 가액 중 가업자산상당액[9]에 대한 증여세 과세가액 100억원을 한도로 한다.

가업 승계에 대한 증여세 과세특례는 중소·중견기업 법인의 주식등을 증여받는 경우에 적용되며, 개인사업체의 경우에는 동 과세특례규정이 적용되지 아니한다. 따라서 개인사업자의 지분이나 부동산 등은 적용받을 수 없다(재산세과-1556, 2009.7.27.).

<과세특례가 적용되는 재산가액의 계산 개정연혁>

2008.1.1.~ 2013.12.31.	2014.1.1. 이후
주식등의 가액	증여받은 주식가액 × $\left(1 - \frac{\text{업무무관 자산가액}}{\text{총 자산가액}}\right)$

9. 상증령 제15조제5항제2호를 준용하여 계산한 금액으로 업무무관자산 비율 상당액은 제외한다.

다. 가업승계 요건

해당 가업의 주식 또는 출자지분을 증여받은 자(이하 수증자) 또는 그 배우자(배우자는 2015.2.3. 이후 증여분부터 적용)가 상증법 제68조에 따른 증여세 과세표준 신고기한까지 가업에 종사하고 증여일부터 5년 이내에 대표이사에 취임하여야 한다.

대표이사로 취임하는 경우란 대표이사로 선임되어 법인등기부에 등재되는 것을 말하며(조심2017부3614, 2017.12.11.), 수증자가 가업 승계를 목적으로 주식등을 증여받기 전에 해당 기업의 대표이사로 취임한 경우에도 적용된다(재산-251, 2010.4.26.)

가업이란 상증법 제18조제2항제1호에 따른 가업을 말한다. 가업의 의미는 상속세편 제6장 상속세 과세표준과 상속공제 2. 가업상속공제를 참고하라.

<대표이사 취임 대상자 개정연혁>

2015.2.2. 이전	2015.2.3. 이후
18세 이상 거주자 자녀	18세 이상 거주자인 자녀 요건을 갖춘 자녀의 배우자도 가능

라. 신청 요건

조특법 제30조6 가업의 승계에 대한 증여세 과세특례를 적용받고자 하는 자는 증여세과세표준 신고기한까지 증여세과세표준신고와 함께 주식등 특례신청서를 납세지 관할 세무서장에게 제출하여야 한다. 이 경우 그 신고기한까지 특례신청을 하지 않은 경우에는 이 특례규정을 적용하지 아니한다.

[관련 질의회신 · 판례 등]

○ 2개의 가업을 각각 자녀에게 승계한 경우
2개 이상 복수의 가업 전부를 승계받는 수증자 1인에 대하여만 적용됨(기획재정부 재산세제과-35, 2012.1.16.).

○ 2인 이상이 가업을 승계한 경우 과세특례 적용방법
2020.1.1. 이후 증여받는 분부터 2인 이상의 수증자가 기업별로 주식을 증여받거나 1개 기업을 공동으로 증여받은 경우 해당 가업의 주식 등을 증여받은 수증자 또는 그 배우자가 증여세 과세표준 신고기한까지 가업에 종사하고 증여일부터 5년 이내에 대표이사에 취임하여 조특법 제30조의6제1항 및 조특령 제27조의6제1항에 따른 요건을 모두 갖춘 경우에는 해당 수증자의 승계지분에 대하여 증여세 과세특례를 적용할 수 있으며, 이 경우 각 수증자가 납부할 증여세액은 조특령 제27조의6제2항에 따라 계산함(서면

2020상속증여-5330 [상속증여세과-284], 2021.4.30.).

○ 둘 이상의 다른 가업을 영위하는 경우
해당 기업이 둘 이상의 서로 다른 사업을 영위하는 경우(동일 법인이 제조업과 부동산임대업을 영위) 해당법인 또는 거주자가 영위하는 사업 전체의 종업원수 · 자본금 또는 매출액을 기준으로 하여 판정하며, 1주당 증여세 과세가액 산정은 상증령 제15조제5항제2호의 계산식을 준용하여 계산함(서면법규과-634, 2013.5.31.).

○ 10년 보유하지 않은 주식
(가업 미경영 자로부터 증여) 가업을 경영하는 자가 가업을 경영하지 아니한 배우자로부터 증여받아 10년이 경과하지 아니한 주식에 대해서는 가업상속공제를 적용하지 아니함(기획재정부 재산세제과-385, 2014.5.14.).
(가업을 경영한 자로부터 증여) 가업을 10년 이상 경영한 배우자 또는 자녀로부터 증여받아 10년이 경과하지 아니한 주식에 대하여는 상증법 제18조제2항에 따른 가업상속공제가 적용되지 아니함(서면2015법령해석재산-1443, 2015.10.1.).
(법원) '증여자가 해당 주식을 10년 이상 보유할 것'은 구 조특법 제30조의6제1항에서 정한 가업 승계에 대한 증여세 과세특례를 적용하기 위한 요건이라 할 수 없음(대법원2019두44095, 2020.5.28., 서울행법2021구합-53771, 2021.10.15. 같은 뜻).

○ 보유비율 계산과 업무무관자산 판단 기준일
최대주주등 주식보유비율에 명의신탁 사실이 명백히 확인되는 차명주식을 포함하며, 가업자산상당액 계산시 제외하는 업무무관자산에 해당하는지 여부는 증여일 현재를 기준으로 판단함(서면2018법령해석재산-1789, 2020.9.8.).

2. 과세특례 내용

상속세 및 증여세를 과세하는 경우 조특법 제30조의6에서 달리 정하지 아니한 것은 상증법에 따른다.

가. 증여세 과세특례

가업 승계를 목적으로 해당 가업의 주식등을 증여받고 가업을 승계한 경우에는 증여세 과세가액 100억원을 한도로 상증법 제53조(증여재산 공제) 및 상증법 제56조(증여세 세율)에도 불구하고 증여세 과세가액에서 5억원을 공제하고, 세율[10] 10%(과세표준 30억원 초과분은 20%)를 적용하여 증여세를 부과한다.

---

10. 법령서식 "증여세과세표준신고 및 자진납부계산서"(창업자금 및 가업승계주식 등 특례세율 적용 증여재산 신고용)에서 '특례세율'로 규정하고 있다.

<증여세 과세특례 한도 및 세율 개정연혁>

2008.1.1.~ 2014.12.31.	2015.1.1. 이후
(한도) 과세가액 30억원 (세율) 10%	(한도) 과세가액 100억원 (세율) 10%, 과세표준 30억원 초과분은 20% 세율 적용

1) 가업을 2인 이상이 승계한 경우의 증여세 계산방법

2020.1.1. 이후 증여부터 주식등을 증여받고 가업을 승계한 거주자가 2인 이상인 경우 가업승계자에게 과세특례를 적용할 수 있도록 개정하였고, 이 경우 각 거주자가 증여받은 주식등을 1인이 모두 증여받은 것으로 보아 증여세를 부과한다.

2인 이상이 가업을 승계한 경우의 증여세액은 동시에 증여받은 경우와 순차로 증여받은 경우로 구분하여 계산한다.

가) 2인 이상의 거주자가 같은 날에 주식등을 증여받은 경우: 1인이 모두 증여받은 것으로 보아 조특제30조의6에 따라 부과되는 증여세액을 각 거주자가 증여받은 주식등의 가액에 비례하여 안분한 금액

나) 해당 주식등의 증여일 전에 다른 거주자가 해당 가업의 주식등을 증여받고 조특법 제30조의6에 따라 증여세를 부과받은 경우: 그 다른 거주자를 해당 주식등의 수증자로 보아 조특법 제30조의6에 따라 부과되는 증여세액

2) 창업자금에 대한 증여세 과세특례 중복적용 배제

가업승계 주식등의 규정에 따른 과세특례를 적용받은 거주자는 조특법 제30조의5 창업자금에 대한 증여세 과세특례를 적용받을 수 없다.

3) 다른 일반증여재산과 합산 배제

증여세 과세특례가 적용된 주식등에 대하여는 상증법 제47조제2항에도 불구하고 동일인(증여자 가 직계존속인 경우에는 그 직계존속의 배우자를 포함)으로부터 증여받은 특례대상 가업승계 주식등 외의 증여재산가액에 가산하지 아니한다.

4) 가업승계 주식등이 주식등의 상장 등에 따른 이익의 증여등에 해당하는 경우

증여세 과세특례 적용대상 주식등을 증여받은 후 해당 주식등의 증여에 대한 상증법 제41조의3(주식등의 상장 등에 따른 이익의 증여) · 제41조의5(합병에 따른 상증 등 이익의 증여)에 따른 증여이익은 증여세 과세특례 대상 주식등의 과세가액과 그 증여이익을 합하여 100억원까지 납세자의 선택에 따라 증여세 과세특례 적용이 가능하다. 이 경우 증여세 과세특례 적용을 받은 증여이익은 합산배제규정에도 불구하고 조특법 제30조의5제7항 및 제8항, 조특법 제30조의6제3항에 따라 상속세 과세가액에 가산한다.

5) 기타사항

증여세 과세특례가 적용된 주식등에 대한 증여세과세표준을 신고하는 경우에는 신고세액공제를 적용하지 아니하고, 2015.1.1. 이후 증여분부터는 5년간 연부연납이 가능하다.

나. 증여자 사망시 상속세 계산특례

1) 상속재산 가산

증여세 과세특례가 적용된 가업승계 주식등은 해당 주식등을 증여받은 날부터 상속개시일까지의 기간과 관계없이 항상 상속세 과세가액에 가산한다.

2) 증여세액공제 한도적용 배제

증여세 과세특례가 적용된 가업승계 주식등에 대한 증여세액은 상증법 제28조제2항에도 불구하고 상속세 산출세액에서 공제한다. 즉 증여세액 공제한도액 적용을 배제한다. 다만, 공제할 증여세액이 상속세 산출세액보다 많은 경우 그 차액에 상당하는 증여세액은 환급하지 아니한다.

3) 가업상속공제의 적용

가업승계 주식등을 증여받은 후 상속이 개시되는 경우 상속개시일 현재 다음 요건을 모두 갖춘 경우에는 가업상속(상증법 제18조제2항제1호)으로 보아 관련 규정을 적용한다.

가) 해당법인이 상증령 제15조제3항에 따른 가업에 해당할 것. 다만, 상증령 제15조제3항제1호나목은 적용하지 아니함

2020.2.11. 이후 상속부터 피상속인이 보유한 가업의 주식등 전부를 증여하여 상증령 제15조제3항제1호가목의 요건을 충족하지 못하는 경우에는 상속인이 증여받은 주식등을 상속개시일 현재까지 피상속인이 보유한 것으로 본다.

2020.2.10. 이전에는 자가 부의 주식 전부를 증여받아 가업승계에 대한 증여세 과세특례를 적용받은 후, 부가 사망하여 상속[11]이 개시되는 경우 가업상속공제는 적용되지 않는다(서면2015법령해 석재산-1710, 2016.6.23.).

가업승계 증여세 과세특례를 적용받은 주식을 보유한 수증자가 상속개시일 현재 상증령 제15조제3항제1호의 요건을 모두 충족하지 아니한 상태에서 사망한 경우 수증자의 배우자가 해당 주식을 상속받아 수증자의 지위를 승계하고 공동대표이사에 취임하여 가업에 종사하는 경우에도 해당 주식에 대해 가업상속공제는 적용하지 아니한다(사전2018법령해석재산-0648〔법령해석과-3057〕, 2019.11.22.).

---

11. 사망일 현재 부는 최대주주가 아니다.

나) 수증자가 증여받은 주식등을 처분하거나 지분율이 낮아지지 아니한 경우로 가업에 종사하거나 대표이사로 재직하고 있을 것

쟁점

피상속인이 주식을 상속인에게 전부 증여한 경우 가업상속공제 적용할 수 있는지

예를 들어, 2020.1월에 피상속인이 사망하였다. 피상속인은 생전에 중소기업을 운영하였고 본인 주식을 2019년도에 전부 자녀에게 증여하고, 증여하면서 조특법 제30조의6에 따른 가업 승계에 대한 증여세 과세특례를 적용받았다. 피상속인이 사망하였을 때, 다른 요건을 충족하였다면 가업상속공제를 적용받을 수 있을까?

가업승계에 대한 증여세 과세특례 제도는 생전에 자녀에게 가업을 계획적으로 사전상속하게 하여 중소기업의 영속성을 유지하기 위해 도입된 제도이다. 일반적인 증여와 달리 과세가액에서 5억원을 공제하고, 10% 또는 20%의 낮은 세율을 적용한 후 증여자 사망시 상속세 과세가액에 가산하여 정산한다.

가업승계(조특법 제30조의6) 또는 가업상속(상증법 제18조)은 피상속인이 가업 주식을 생전에 증여하느냐 사망으로 상속하느냐의 차이가 있을 뿐 큰 틀에서 같은 요건을 가지고 있다. 그래서 가업상속공제에 따른 가업을 요건하고 있다.

또한, 피상속인(증여자) 사망시 상속이 개시되는 경우 가업상속공제를 적용하는데 해당법인이 상증령 제15조제3항에 따른 가업에 해당하여야 한다. 상증령 제15조제3항제1호는 피상속인의 요건을 규정하고 있는데, 피상속인의 최대주주 요건은 아래와 같다.

> 상증령 제15조(가업상속)
> ③ 법 제18조제2항제1호에 따른 가업상속(이하 "가업상속"이라 한다)은 피상속인 및 상속인이 다음 각 호의 요건을 모두 갖춘 경우에만 적용한다. 이 경우 가업상속이 이루어진 후에 가업상속 당시 최대주주 또는 최대출자자(제19조제2항에 따른 최대주주 또는 최대출자자를 말한다. 이하 "최대주주등"이라 한다)에 해당하는 자(가업상속을 받은 상속인은 제외한다)의 사망으로 상속이 개시되는 경우는 적용하지 아니한다.
> 1. 피상속인이 다음 각 목의 요건을 모두 갖춘 경우
> 가. 중소기업 또는 중견기업의 최대주주등인 경우로서 피상속인과 그의 특수관계인의 주식등을 합하여 해당 기업의 발행주식총수등의 100분의 50[「자본시장과 금융투자업에 관한 법률」 제8조의2제2항에 따른 거래소(이하 "거래소"라 한다)에 상장되어 있는 법인이면 100분의 30] 이상을 10년 이상 계속하여 보유할 것

피상속인이 생전에 주식을 전부 증여하면 상속개시일 현재 주식을 보유하지 않으므로 최대주주가 아니다. 상증법의 최대주주가 되려면 상속개시일 현재 피상속인이 가업에 해당하는 법인의 주식을 보유하고 있어야 한다. 따라서 문언상 전부 증여하면 가업상속공제를 적용받을 수 없다.

그래서 국세청은 자녀가 부의 주식 전부를 증여받아 「조세특례제한법」 제30조의6제1항에 따른 "가업의 승계에 대한 증여세 과세특례"를 적용받은 후, 2020.2.11. 전에 부가 사망하여 상속이 개시되는 경우 상속개시일 현재 조특령(2020.2.11.대통령령 제30390호로 개정되기 전의 것) 제27조의6제8항제1호의 요건을 갖추지 못한 경우에는 「상속세 및 증여세법」 제18조제2항제1호에 따른 가업상속으로 보지 아니한다(서면2020법령해석재산-2416, 2021.3.17.)라고 해석했다.

피상속인이 최대주주가 되려면 1주라도 남겨놓아야 한다. 예를 들면 100주를 가지고 있던 부가 99주를 증여하면 가업상속이 되고, 100주를 전부 증여하면 가업상속이 되지 않는다. 이것은 입법취지에 맞지 않아 보인

다.[12] 이러한 불합리에 대해 조특령 제27조의6제9항을 2020.2.11. 개정하여 2020.2.11. 이후 상속부터 전부 증여한 경우에도 가업상속공제를 적용할 수 있도록 하였다.

조특령 제27조의6【가업의 승계에 대한 증여세 과세특례】
⑨ 법 제30조의6제1항에 따른 증여세 특례대상인 주식 등을 증여받은 후 상속이 개시되는 경우 상속개시일 현재 다음 각 호의 요건을 모두 갖춘 경우에는 「상속세 및 증여세법」 제18조제2항제1호에 따른 가업상속으로 보아 관련 규정을 적용한다. 〈개정 2020.2.11〉
1. 「상속세 및 증여세법 시행령」 제15조제3항에 따른 가업에 해당할 것(법 제30조의6에 따라 피상속인이 보유한 가업의 주식등의 전부를 증여하여 「상속세 및 증여세법 시행령」 제15조제3항제1호가목의 요건을 충족하지 못하는 경우에는 상속인이 증여받은 주식등을 상속개시일 현재까지 피상속인이 보유한 것으로 보아 같은 목의 요건을 적용한다). 다만, 「상속세 및 증여세법 시행령」 제15조제3항제1호나목은 적용하지 아니한다.

정리하면, 피상속인이 생전에 가업승계 주식을 전부 증여했다면 2020.2.10. 이전에는 가업상속공제를 적용받을 수 없지만, 2020.2.11. 이후에는 가업상속공제를 적용받을 수 있다.

쟁점

가업승계 증여세 과세특례 후 증여자가 사망한 경우: 가업상속재산가액

가업승계주식 증여세 과세특례에서 중요한 혜택은 증여자가 사망한 경우 상속개시일 현재 요건을 갖춘 경우 가업상속공제를 적용한다는 것이다. 이 혜택은 굉장히 크다. 상속공제는 상속개시일 현재 상속재산에 대해 공제하는데, 가업승계주식은 증여재산이다. 증여재산인데 상속공제를 적용하는 것이다.

법인의 주식을 가업상속공제 받는 경우에는 주식가액 전체를 계산하지 않고 사업무관비율을 계산하여 그 가액에 대해서는 가업상속공제를 적용하지 않는다. 이 비율계산은 2012.2월에 신설되었다.

가업상속재산가액 = 주식의 가액×(총자산가액 - 사업무관자산) / 총자산가액

상증령 제15조【가업상속】
⑤ (생략)
1. (생략)
2. 「법인세법」을 적용받는 가업: 가업에 해당하는 법인의 주식등의 가액[해당 주식등의 가액에 그 법인의 총자산가액(상속개시일 현재 법 제4장에 따라 평가한 가액을 말한다) 중 상속개시일 현재 다음 각 목의 어느 하나에 해당하는 자산(상속개시일 현재를 기준으로 법 제4장에 따라 평가한 가액을 말한다. 이 조 및 제68조에서 "사업무관자산"이라 한다)을 제외한 자산가액이 차지하는 비율을 곱하여 계산한 금액에 해당하는 것을 말한다]
가. ~ 마. (생략)

---

12. 심판원은 전부를 증여한 경우라도 가업상속공제가 가능하다고 보았다. 가업 주식 '전부'를 증여한 경우에 관해서는 아무런 규정을 두고 있지 않아 피상속인이 생전에 가업주식을 '전부' 증여하여 가업승계를 마친 경우에는 오히려 가업승계 과세특례가 적용되지 않아 입법취지에 맞지 않는 불합리한 결과가 초래되는 점, 이와 같은 문제점을 해결하기 위해 2020.2.11. 대통령령 제30390호로 조특법 시행령 제27조의6제9항 제1호가 개정되었고, 이는 당초 입법의 불비로 인한 차별을 시정하기 위한 개정으로 소급적용도 가능하다고 보이는 점(대법원 2018.10.4. 선고 2014두37702 판결, 같은 뜻임) 등에 비추어 가업상속공제가 가능하다(조심2020부8358, 2021.11.30.). 심판원은 개정규정을 확인적 규정으로 보았지만, 입법의도(『2020 개정세법해설』, 국세청, p.259)는 창설적 규정으로 보인다.

그러면 증여당시 주식의 가액은 10억원, 증여당시에 사업관련비율이 60%이고, 상속개시당시 70%이면 가업승계 후 가업상속공제 받는 경우에는 가업상속공제금액은 어떻게 계산해야 할까?

우선 10억원 중 가업승계 증여세 과세특례를 적용받는 것은 6억원이고, 4억원은 일반증여로 구분할 수 있으므로 4억원에 대해서는 가업상속공제가 적용되지 않는다. 그러면 6억원에 대해 70%를 곱하여 계산하여야 하는지가 쟁점이다.

여기에 대해 명시적인 해석은 없다. 서면법규과-173(2014.2.26.) 해석은 위 질의에 대한 해석이 아니다. 서면법규과-173 해석은 증여세 과세특례를 적용받은 주식 가액에 그 법인의 총자산가액 중 상속개시일 현재 사업무관자산을 제외한 자산가액이 그 법인의 총자산가액에 차지하는 비율을 곱하여 계산한다고 해석하는데, 앞 문장을 읽어야 한다. 서면법규과-173 해석은 거주자가 2012.2.1. 이전 가업승계 증여세 과세특례대상 주식을 증여받아 증여세 과세특례를 적용받고 2012.2.2. 이후 상속이 개시된 경우에 대한 해석이다.

애당초 증여재산에 대해 가업상속공제 하는 취지를 감안[13]해보면, 주식을 상속개시일 현재로 다시 평가하여 상속세 과세가액에 가산하고 상속개시일 현재 가액에 상속개시일 현재 사업관련비율을 적용하는 게 더 합리적으로 보인다.

현재 적용은 증여당시 비율을 한도로 하고, 증여당시 비율과 상속개시당시 비율로 안분하는 것이 더 합리적으로 생각된다. 예를 들면 상속개시당시 비율이 50%라면 6억원 X 50% / 60%를 적용하는 것이다.

3. 사후관리

가업승계 주식등을 증여받은 자가 가업을 승계하지 아니하거나 가업을 승계한 후 주식등을 증여받은 날부터 7년 이내에 정당한 사유 없이 가업에 종사하지 아니하거나 가업을 휴업 · 폐업하는 경우, 증여받은 주식 등의 지분이 줄어드는 경우등에 해당하게 되었다면 그 주식등의 가액에 대하여 상증법에 따라 증여세를 부과한다. 즉, 사후관리를 위반한 경우에는 증여시점을 기준으로 기본세율로 증여세를 과세한다. 이 경우 이자상당액을 증여세에 가산하여 부과한다.

2014.12.31. 이전 증여분까지 사후관리 기간은 10년이었으나 2015.1.1. 이후 증여분부터 7년으로 단축되었고, 부칙(제12853호, 2014.12.23) 제16조에 따라 종전에 가업승계자에 대해서도 사후관리기간은 7년이 적용된다.

2018.1.1. 이후부터는 사후관리 위반 시 사유가 발생한 날이 속하는 달의 말일부터 3개월 이내 신고 · 납부하여야 한다. 다만, 신고 · 납부 이전에 세무서장 등이 먼저 부과하는 경우는 제외한다.

가. 가업을 승계하지 아니한 경우

해당 가업의 주식 또는 출자지분을 증여받은 자(이하 수증자) 또는 그 배우자가 상증법 제68조에

13. 상속공제는 상속재산에 대해서만 공제를 적용하는데, 가업승계의 경우에는 증여재산이지만 상속재산처럼 상속공제가 가능한 것이다.

따른 증여세 과세표준 신고기한까지 가업에 종사하지 아니하거나 증여일부터 5년 이내에 대표이 사에 취임하지 아니하는 경우에는 그 주식등의 가액에 대하여 상증법에 따라 증여세를 부과한다.

나. 해당 주식등을 증여받고 가업을 승계한 수증자가 정당한 사유없이 증여일부터 7년 이내에 다음 중 어느 하나의 사유에 해당하는 경우: 그 주식등의 가액에 대하여 상증법에 따라 증여세를 부과한다.

1) 가업에 종사하지 아니한 경우

수증자(수증자의 배우자를 포함한다)가 주식 등을 증여받은 날부터 7년까지 대표이사직을 유지하지 아니하는 경우를 말한다.

<가업미종사 개정연혁>

2021.2.16. 이전	2021.2.17. 이후
5년 내 미취임 7년 대표이사 미유지	(삭제)[14] 7년 대표이사 미유지

2) 가업의 주된 업종을 변경하는 경우. 다만 다음의 어느 하나에 해당하는 경우는 제외한다.

가) 한국표준산업분류에 따른 중분류 내에서 업종을 변경하는 경우

나) 가목 외의 경우로 상증령 제49조의2에 따른 평가심의위원회의 심의를 거쳐 업종의 변경을 승인하는 경우

<업종분류 개정연혁>

2016.2.4. 이전	2016.2.5.~2020.2.11.	2020.2.11. 이후
세분류 내 변경	소분류 내 변경(2016.2.5.이 속하는 과세연도 분부터 적용, 세분류 업종이 매출액이 전체 매출액의 30% 이상)	① 중분류 내 변경 ② 평가심의위원회 업종변경

3) 가업을 1년 이상 휴업(실적이 없는 경우를 포함)하거나 폐업하는 경우

4) 증여받은 주식등의 지분이 줄어드는 경우

가) 수증자가 증여받은 주식 등을 처분하는 경우. 다만, 다음의 어느 하나에 해당하면 제외한다.

(1) 합병 · 분할 등 조직변경에 따른 처분으로 수증자가 상증령 제15조제3항에 따른 최대주주

---

14. 가업승계(5년 이내 대표이사 취임)로 보는 규정은 그대로 있고, 사후관리 규정에서만 삭제한 것이다. 사실상 바뀐 것은 없다.

등에 해당하는 경우

(2) 「자본시장과 금융투자업에 관한 법률」 제390조제1항에 따른 상장규정의 상장요건을 갖추기 위하여 지분을 감소시킨 경우

나) 증여받은 주식 등을 발행한 법인이 유상증자 등을 하는 과정에서 실권 등으로 수증자 지분율이 낮아지는 경우. 다만, 다음의 어느 하나에 해당하면 제외한다.

(1) 해당 법인의 시설투자 · 사업규모 확장 등에 따른 유상증자로 수증자의 특수관계인 외의 자에게 신주를 배정하기 위하여 실권하는 경우로 수증자가 최대주주등에 해당하는 경우

(2) 해당 법인의 채무가 출자전환됨에 따라 수증자의 지분율이 낮아지는 경우로 수증자가 최대주주 등에 해당하는 경우

다) 수증자와 특수관계에 있는 자의 주식처분 또는 유상증자시 실권 등으로 지분율이 낮아져 수증자가 최대주주등에 해당되지 아니하는 경우

가업 승계를 위하여 주식을 증여받은 후 회사가 신주인수권부사채나 전환사채를 사모형태로 발행하여 사채권자의 권리 행사로 수증자의 지분율이 낮아지는 경우로, 특수관계인 외의 자가 신주를 배정받아 수증자가 최대주주등에 해당하면 증여세를 추징하지 않는다(재산세과-821, 2009.4.29.).

다. 정당한 사유(추징 배제사유)

정당한 사유란 다음의 어느 하나에 해당하는 경우를 말한다.

1) 수증자가 사망한 경우로서 수증자의 상속인이 「상속세 및 증여세법」 제67조에 따른 상속세 과세표준 신고기한까지 당초 수증자의 지위를 승계하여 가업에 종사하는 경우
2) 수증자가 증여받은 주식 등을 국가 또는 지방자치단체에 증여하는 경우
3) 그 밖에 부득이한 사유에 해당하는 경우

라. 이자상당액의 계산

증여세에 가산하여 부과하는 이자상당액은 다음과 같이 계산한다.

이자상당액 = (증여당시 기본세율에 의해 결정한 증여세액) × (당초 증여받은 주식의 증여세신고기한 다음날부터 추징사유 발생일까지 일수) × (22/100,000)

<이자율 개정연혁>

2019.2.11. 이전	2019.2.12.~2022.2.14.	2022.2.15. 이후
3/10,000	25/100,000	22/100,000

쟁점

가업승계 증여세 과세특례 후 증여자가 사망한 경우: 사후관리

가업승계 주식 등을 증여받은 후 상속이 개시되는 경우(증여자가 사망한 경우) 상속개시일 현재 일정 요건을 갖춘 경우 가업상속공제를 적용한다. 그러면 가업승계 증여세를 과세특례 적용받은 후 증여자가 사망하여 가업상속을 받았다면 사후관리 문제는 어떻게 될까?

가업승계와 가업상속은 사후관리기간이 다르다. 가업승계하고 증여자가 사망한 경우 사후관리는 종결될까? 예를 들면, 2017년 가업승계 증여세 과세특례를 적용받은 후에 증여자가 2019년에 사망하여 가업상속공제를 받았다면 2020년 사후관리 대상은 ① 가업승계+가업상속인지, ② 가업상속만 할 것인지 쟁점이 된다.

우선되는 가업승계의 사후관리는 가업종사, 수증자의 지분유지이고, 가업상속공제의 사후관리는 가업종사, 지분유지, 가업유지의무, 고용유지의무로 구분할 수 있다. '가업종사'와 '지분유지' 같은 단어로 표현하였지만, 가업승계와 가업상속의 사후관리 범위는 각각 다르다. 현재 관련 회신 · 사례는 없지만, 사후관리는 모두 적용(①)되는 것으로 국세청은 해석하였다. 그 이유는 아래와 같이 생각할 수 있다.

1. 문언상 증여자가 사망하였을 때 가업승계 사후관리를 종료한다는 규정이 없다

조세법률주의 원칙상 조세법규의 해석은 특별한 사정이 없는 한 법문대로 해석하여야 하고 합리적 이유없이 확장해석하거나 유추해석하는 것은 허용되지 않으며, 법규 상호 간 해석을 통하여 그 의미를 명백히 할 필요가 있는 경우에는 조세법률주의가 지향하는 법적 안정성 및 예측가능성을 해치지 않는 범위 내에서 입법취지 및 목적 등을 고려한 합목적적 해석을 하여야 한다(대법원 2007두4438, 2008.2.15. 참조). 특히, 조특법은 조세의 감면, 중과등 조세특례를 규정한 세법으로 보다 엄격하게 해석해야 한다.

2. 증여자가 사망하였을 때 사후관리를 종료할 합리적 이유가 없다

가업승계와 가업상속공제의 사후관리를 둘 다 적용하는 것은 불합리다고 주장할 수 있으나, 가업승계와 가업상속공제는 가업의 영속성 유지 측면에는 입법의도가 동일하지만 가업승계는 사전 상속의 지원으로 가업상속공제와 성격을 달리하고 있다. 또한 가업승계시 수증자는 이미 가업승계 혜택을 보았으므로 증여자의 사망을 이유로 사후관리를 종료하는 것은 합리적이지 않다.

3. 형평성 문제이다

증여세 과세특례는 가업승계 외에도 창업자금에 대한 증여세 과세특례(조특법 제30조의5)가 있는데, 이때도 증여자가 사망한 경우에 사후관리를 종료하지는 않는다고 기재부에서 회신한 바 있다(기재부 재산세제과-678, 2011.8.22.). 따라서 창업자금은 사후관리를 종결하지 않으면서 가업승계의 경우에만 사후관리를 종결한다는 것은 형평성에 맞지 않는다.

조특법 제30조의6에 따라 가업의 승계에 대한 증여세 과세특례를 적용받은 후 증여자의 사망으로 상속이 개시되는 경우로서, 상속개시일 현재 조특령 제27조의6제9항에 따른 요건을 모두 갖추지 못하여 상증법 제18조제2항제1호에 따른 가업상속으로 보지 아니하는 경우에도 조특법 제30조의6제3항에 따른 사후관리규정을 적용한다(서면2019법령해석재산-4455(2021.6.30.)).

[관련 질의회신 · 판례 등]

○ 사후관리 위반 시 신고세액공제 및 동일인 합산과세 여부

증여세 과세특례를 적용받은 후 조특법 제30조의6제3항에 따라 증여세를 부과하는 경우에는 상증법 제47조제2항에 따라 동일인으로부터 증여받은 다른 증여재산가액을 가산하여 과세하며, 신고세액공제는 적용하지 않음(서면2019법령해석재산-1464 [법령해석과-3771], 2021.10.28.).

○ 대표이사

(공동대표이사) 가업승계에 대한 증여세 과세특례는 수증자가 증여세 과세표준 신고기한까지 가업에 종사하고 증여일부터 5년 이내에 공동대표이사에 취임하는 경우에도 적용됨(재산세과-2081, 2008.8.1.).

(증여받기 전 대표이사 취임) 가업승계에 대한 증여세 과세특례는 수증자가 가업승계를 목적으로 주식등을 증여받기 전에 해당 기업의 대표이사로 취임한 경우에도 적용됨(재산세과-2389, 2008.8.22., 기획재정부 재산세제과-683, 2016.10.26. 같은 뜻).

(겸직) 수증자가 다른 기업의 대표이사를 겸직하는 경우에도 적용됨(서면2020상속증여-3200, 2020.9.29.).

○ 지분감소

(균등유상감자) 증여받은 주식등 지분이 줄어드는 경우에는 균등 유상감자를 포함함(상속증여세과-616, 2013.12.10.).

(상장) 조특법 제30조의6에 따라 증여받은 주식을 발행한 법인이 시설투자 · 사업규모 확장을 위하여 유상증자한 경우에는 「자본시장과 금융투자에 관한 법률」에 따라 코스닥 시장에 상장한 경우에도 조특령 제27조의6제6항제2호 단서에 따라 증여세가 부과되지 아니함(기획재정부 재산세제과-651, 2015.10.5.).[15]

(유상증자 후 지분이 줄어드는 경우) 증여받은 주식등 지분 감소에 따른 사후관리 위반 여부 판정의 기준이 되는(유지하여야 하는) 지분율은 1차 유상증자 후 지분율임(기준2021법령해석재산-0067 [법령해석과-2201], 2021.6.23.).

(회생계획인가) 주식등을 증여받은 수증자가 가업을 승계한 후 주식등을 증여받은 날부터 10년 이내에 법원의 회생계획인가결정에 따라 증여받은 주식등의 지분이 줄어드는 경우에는 그 주식등의 가액에 대한 증여세에 이자상당액을 가산하여 부과함(기준2016법령해석재산-0021 [법령해석과-1135], 2016.4.5.).

(증여받기 전 보유한 주식을 처분) 주식등을 증여받고 가업을 승계한 수증자의 지분이 증여일부터 10년 이내에 정당한 사유 없이 감소된 경우에는 증여세를 부과하는 것이나, 수증자가 가업을 승계받기 전에

보유한 주식을 처분한 경우로, 당해 주식을 처분한 후에도 최대주주 등에 해당한다면 그러하지 아니함(재산세과-1931, 2008.7.28.).

(사채권자의 권리행사) 가업 승계를 위하여 주식을 증여받은 후 회사가 신주인수권부사채나 전환사채를 사모형태로 발행하여 사채권자의 권리행사로 수증자의 지분율이 낮아지는 경우로 조특령 제27조의6제6항제2호 단서에 해당하는 때는 같은 법 제30조의6제2항이 적용되지 아니함(재산세과-821, 2009.4.29.).

15. 세법해석정비

요지	유지사례	삭제사례
가업승계 후 사업규모 확장등을 위한 상장에 따른 유상증자로 수증자 지분이 감소하는 경우 증여세를 추징하지 아니함	기획재정부 재산세제과-651, 2015.10.5.	서면2015상속증여-0224, 2015.5.6. 법규과-99, 2013.1.29. 재산세과-447, 2012.12.10. 재산세과-271, 2012.7.24. 재산세과-515, 2011.10.31. 재산세과-674, 2010.9.7.

제7장 유형별 증여 예시

현재의 증여예시규정은 2003.12.31. 이전에는 증여의제규정이었다.

2003.12.31. 이전에는 상증법에서 증여 개념을 별도로 규정하고 있지 않아 민법(제554조)의 증여 개념을 차용해 사용해왔고, 민법상 증여에 해당되지 않지만 실질이 부(富)의 무상이전인 경우, 증여의제나 증여추정 규정을 두어 증여세를 과세하여 왔다.

2003.12월 개정하면서 상증법에는 증여 정의를 규정하였다. 상증법의 증여에 따라 증여세를 과세하는 것을 이른바 증여세 완전포괄주의라고 부른다. 과세대상을 일일이 입법하는 것은 현실적으로 불가능하여 새로운 유형의 변칙증여 행위에 대한 사전 대처가 미흡한 문제점을 개선하기 위한 것이다. 법조문 제목을 '…의 증여의제'에서 '…의 증여'로 변경하고, 조문내용 중 "…을 증여받은 것으로 본다"를 "…을 수증자에 대한 증여재산가액으로 한다"라고 수정하였다. '…의 증여의제'에서 '…의 증여'로 바뀐 조문들을 증여예시규정[1]이라고 부른다.

증여추정과 증여의제는 제8장에서 구분하여 설명하고, 제7장에서는 증여예시 유형에 대하여 증여시기, 과세요건, 증여재산가액 계산방법 등을 설명한다.

개별적인 증여예시규정을 보기 전에 증여예시 · 증여추정 · 증여의제규정이 공통적으로 적용되는 증여세 과세특례 규정, 즉 하나의 증여에 동시에 여러 규정이 적용되거나, 1년 이내에 동일한 거래 등이 있을 때 이익을 계산하는 방법에 대해 살펴본다.

제1절 증여세 과세특례

1. 조문의 성격

상증법과 조특법에서 '증여세 과세특례'를 조문 제목으로 사용하는 조문은 3개가 있다. 상증법 제43조(증여세 과세특례), 조특법 제30조의5(창업자금에 대한 증여세 과세특례), 조특법 제30조의6(가업의 승계에 대한 증여세 과세특례)이 그것이다. 상증법과 조특법의 '증여세 과세특례'는

---

1. 2004년 이후 신설된 증여예시규정도 있다.

성격이 다른데, 상증법은 증여예시 · 증여추정 · 증여의제규정에 대한 특례규정이고, 조특법은 상증법의 증여세에 대한 특례규정[2]이다.

상증법 제43조(증여세 과세특례) 조문의 위치는 증여예시와 증여추정 사이에 있다. 그래서 조문의 위치로만 보면 증여예시와 관련 있어 보인다. 하지만 상증법 제43조(증여세 과세특례) 규정은 증여예시, 증여추정, 증여의제와 모두 관련이 있다.

2. 하나의 증여에 둘 이상 동시에 적용되는 경우

하나의 증여에 대하여 증여예시(상증법 제33조부터 제39조까지, 제39조의2, 제39조의3, 제40조, 제41조의2부터 제41조의5까지, 제42조, 제42조의2, 제42조의3), 증여추정(상증법 제44조, 제45조), 증여의제(제45조의3부터 제45조의5)까지의 규정이 둘 이상 동시에 적용되는 경우, 그 중 이익이 가장 많게 계산되는 것 하나만 적용한다(상증법 제43조제1항). 상증법에는 증여예시는 17개, 증여추정 2개, 증여의제 4개 유형이 있는데, 상증법 제43조제1항에서는 상증법 제45조의2(명의신탁재산의 증여의제)를 제외한 모든 증여예시, 증여추정, 증여의제와 관련되어 있다.

<적용대상 개정연혁>

2015.12.31. 이전	2016.1.1. 이후
○ 상증법 제33조부터 제39조까지, 제39조의2, 제39조의3, 제40조, 제41조, 제41조의3부터 제41조의5까지, 제44조 및 제45조	○ 상증법 제33조부터 제39조까지, 제39조의2, 제39조의3, 제40조, 제41조의2부터 제41조의5까지, 제42조, 제42조의2, 제42조의3, 제44조, 제45조 및 제45조의3부터 제45조의5

쟁점

하나의 증여에 대하여 둘 이상 동시에 적용되는 경우

상증법 제43조제1항은 하나의 증여에 대하여 둘 이상 동시에 적용되는 경우에 대해 규정하고 있다. 동시에 적용되는 경우는 언제일까?

1. 부동산 무상사용

2015.12.15. 상증법을 개정하면서 상증법 제42조(그 밖의 이익의 증여)가 유형별로 구분되었다.

그런데 개정 전 상증법 제42조는 다른 예시규정과 중복되지 않는 규정[3]이었는데, 개정 후 제42조(재산사용

2. 특정 재산(창업자금, 가업승계 주식등)에 대해 증여재산공제를 적용하지 않고 5억원을 공제하고, 기본세율을 적용하지 않고 낮은 세율(10% 또는 20%)을 적용한다.
3. 상증법(2015.12.15. 개정 전) 제42조(그 밖의 이익의 증여 등) ① 제33조부터 제39조까지, 제39조의2, 제39조의3, 제40조, 제41조, 제41조의3부터 제41조의5까지, 제44조 및 제45조에 따른 증여 외에 다음 각 호의 어느 하나에 해당하는 이익 ~

및 용역제공 등에 따른 이익의 증여), 제42조의2(법인의 조직 변경 등에 따른 이익의 증여), 제42조의3(재산 취득 후 재산가치 증가에 따른 이익의 증여)은 예시규정의 성격[4]이다.

부동산을 무상사용한 경우 상증법 제37조(부동산 무상사용에 따른 이익의 증여)에 따라 증여세를 부과한다. 이 경우 상증법 제42조(재산사용 및 용역제공 등에 따른 이익의 증여)가 적용될까? 상증법 제42조제1항제3호에서 "타인에게 시가보다 낮은 대가를 지급하거나 무상으로 용역을 제공받음으로써 얻은 이익"을 증여재산가액으로 한다. 상증법에서는 부동산 임대를 용역[5]으로 보고 있다. 그렇다면 부동산을 무상사용한 경우에는 상증법 제37조(부동산 부동산 무상사용에 따른 이익의 증여)와 상증법 제42조(재산사용 및 용역제공 등에 따른 이익의 증여)가 동시에 적용될 수 있다. 물론 2개 규정은 증여시기, 기준금액등이 다르기 때문에 항상 동시에 적용되지는 않는다.

위 사례에 대해 국세청의 명시적인 해석은 현재 없는데, 2015.12.15. 상증법 개정 전 상증법 제42조에 대해 비특수관계인 사이에 무상 또는 저가로 대가를 지급하고 부동산임대용역을 제공받은 경우에 상증법 제42조(그 밖의 이익의 증여)가 적용된다고 국세청은 해석한 바 있다.

특수관계인이 아닌 자간의 거래로서 거래의 관행상 정당한 사유 없이 무상 또는 시가보다 낮은 대가를 지급하고 부동산 임대용역(불특정 다수인 간에 통상적인 지급 대가가 1천만원 이상인 것만 해당함)을 제공받음으로써 이익을 얻은 경우에는 상증법 제42조제1항제2호 · 제3항이 따라 증여세가 과세되는 것이며, 이때 증여재산가액은 상증령 제31조의9제1항, 부동산 임대용역의 시가는 같은 조 제8항에 따라 각각 계산하는 것이다(재산세과-259, 2012.7.13.).

2. 상가(건물)만 증여한 경우

토지와 상가(건물) 소유자가 상가(건물)만 증여한 경우 건물 증여와 부동산 무상사용 이익이 동시에 적용될 수 있다. 이 사례에 대해 국세청 등의 명시적인 해석은 현재 없다.

2. 1년간 동일한 이익의 합산

각 증여예시등에서는 이익을 계산할 때 기준금액 미만이면 적용하지 않는 규정들이 있다. 예를 들어 상증법 제35조(저가 양수 또는 고가 양도에 따른 이익의 증여)에서 특수관계인 사이 거래에 대해서는 '시가의 30%와 3억원' 중 적은 금액 이상일 때 적용한다.

이익을 계산할 때 상증법 제43조제2항에서 특례를 규정하고 있다.

상증법 제31조제1항제2호, 제35조, 제37조부터 제39조까지, 제39조의2, 제39조의3, 제40조,

---

4. 상증법 제42조에 통합적으로 규정되어 있는 이익의 증여를 개별 유형별로 분류하여 별도 조문으로 구성하여 각각 증여 예시적 성격의 규정임을 명확히 함(상증법 개정안 검토보고서, 국회 기재위, 2015.10월).
5. 상증령 제32조(재산사용 및 용역제공 등에 따른 이익의 계산방법 등) ③ 제1항을 적용할 때 용역의 시가는 해당 거래와 유사한 상황에서 불특정다수인 간 통상적인 지급대가로 한다. 다만, 용역의 시가가 불분명한 경우에는 다음 각 호의 어느 하나에 따라 계산한 금액으로 한다.
1. 부동산 임대용역의 경우: 부동산가액(법 제4장에 따라 평가한 가액을 말한다)×1년간 부동산 사용료를 고려하여 기획재정부령으로 정하는 율

제41조의2, 제41조의4, 제42조 및 제45조의5에 따른 이익을 계산할 때 그 증여일부터 소급하여 1년 이내에 동일한 거래 등이 있는 경우에는 각각의 거래 등에 따른 이익(시가와 대가의 차액)을 해당 이익별로 합산하여 계산한다(상증법 제43조제2항).

2019.12.31. 개정시 초과배당에 따른 이익의 증여(제41조의2)를 추가하였다. 2019.12.31. 이전에 초과배당에 다른 이익을 증여한 분에 대해서는 1년 이내 동일한 거래 등과 합산하지 아니한다(부칙 제12조).

다음의 어느 하나에 해당하는 이익을 계산할 때에는 해당 이익별로 합산하여 각각의 금액기준을 계산한다(상증령 제32조의4).

① 상증법 제31조제1항제2호의 저가 양수 및 고가 양도에 따른 이익
② 상증법 제35조제1항 및 제2항의 저가 양수 및 고가 양도에 따른 이익
③ 상증법 제37조제1항의 부동산 무상 사용에 따른 이익
④ 상증법 제37조제2항의 부동산 담보 이용에 따른 이익
⑤ 상증법 제38조제1항의 합병에 따른 이익
⑥ 상증법 제39조제1항의 증자에 따른 이익(같은 항 각 호의 이익별로 구분된 이익을 말한다)
⑦ 상증법 제39조의2제1항의 감자에 따른 이익(같은 항 각 호의 이익별로 구분된 이익을 말한다)
⑧ 상증법 제39조의3제1항의 현물출자에 따른 이익(같은 항 각 호의 이익별로 구분된 이익을 말한다)
⑨ 상증법 제40조제1항의 전환사채등의 주식전환등에 따른 이익(같은 항 각 호의 이익별로 구분된 이익을 말한다)
⑩ 상증법 제41조의2제1항의 초과배당에 따른 이익
⑪ 상증법 제41조의4제1항의 금전무상대출에 따른 이익
⑫ 상증법 제42조제1항의 재산사용 및 용역제공 등에 따른 이익(같은 항 각 호의 거래에 따른 이익별로 구분된 이익을 말한다)
⑬ 상증법 제45조의5제1항의 특정법인과의 거래를 통한 이익(같은 조 제2항 각 호의 거래에 따른 이익별로 구분된 이익을 말한다)

쟁점

동일한 거래가 있을 때 증여이익 계산방법

부가 자에게 2020.5.1. 1억5천만원, 2020.9.1. 2억원을 무상으로 빌려주었다. 이런 경우 증여세가 과세될까?

상증법 제41조의4(금전무상대출 등에 따른 이익의 증여)는 금전을 무상으로 대출받은 경우 그 이익이 1천만원 이상일 때 대출받은 자의 증여재산가액으로 한다. 이 경우 이자율은 현재 4.6%이다. 이익을 계산해보면,

2020.5.1. 150,000,000×4.6%=6,900,000

2020.9.1. 200,000,000×4.6%=9,200,000

으로 각각의 증여이익은 1천만원 미만이다. 각각의 증여이익이 1천만원 미만이니까 증여세를 과세할 수 없어

보인다.

1년 이내에 동일한 거래가 있을 때 상증법 제43조제2항에 따라 증여이익을 합산하여 계산한다. 위의 예시에서 1천만원이 넘는지 동일한 거래에 대해 이익을 합산하여 계산하므로 2020.6.1. 6,900,000 + 9,200,000이 1천만원을 넘으므로 증여세 과세대상이 된다.

<적용대상 개정연혁>

2016.2.4. 이전	2016.2.5. 이후
① 상증법 제32조제3호가목에 따른 저가양수 및 고가양도에 따른 이익 ② 상증령 제26조제1항의 저가양도에 따른 이익 및 같은 조 제2항의 고가양도에 따른 이익 ③ 상증령 제27조제5항의 부동산무상사용에 따른 이익 ④ 상증령 제28조제3항의 합병에 따른 이익 ⑤ 상증령 제29조제3항의 증자에 따른 이익. 이 경우 상증법 제39조제1항 각 호의 이익별로 구분된 것을 말한다. ⑥ 상증령 제29조의2제2항의 감자에 따른 이익. 이 경우 상증법 제39조의2제1항 및 제42조제1항제3호의 이익별로 구분된 것을 말한다. ⑦ 상증령 제29조의3제3항의 현물출자에 따른 이익. 이 경우 상증법 제39조의3제1항 각 호의 이익별로 구분된 것을 말한다. ⑧ 상증령 제30조제5항의 전환사채 등의 주식전환등에 따른 이익. 이 경우 상증법 제40조제1항 각 호의 이익별로 구분된 것을 말한다. ⑨ 상증령 제31조제6항의 특정법인과의 거래를 통한 이익. 이 경우 상증법 제41조제1항의 재산증여 및 같은 조 같은 항 각 호의 행위에 따른 이익별로 구분된 것을 말한다.	① 상증법 제31조제1항제2호의 저가양수 및 고가양도에 따른 이익 ② 상증법 제35조제1항 및 제2항의 저가양수 및 고가 양도에 따른 이익 ③ 상증법 제37조제1항의 부동산 무상 사용에 따른 이익 ④ 상증법 제37조제2항의 부동산 담보 이용에 따른 이익 ⑤ 상증법 제38조제1항의 합병에 따른 이익 ⑥ 상증법 제39조제1항의 증자에 따른 이익(같은 항 각 호의 이익별로 구분된 이익을 말한다) ⑦ 상증법 제39조의2제1항의 감자에 따른 이익(같은 항 각 호의 이익별로 구분된 이익을 말한다) ⑧ 상증법 제39조의3제1항의 현물출자에 따른 이익(같은 항 각 호의 이익별로 구분된 이익을 말한다) ⑨ 상증법 제40조제1항의 전환사채등의 주식전환등에 따른 이익(같은 항 각 호의 이익별로 구분된 이익을 말한다) ⑩ 상증법 제41조의2제1항의 초과배당에 따른 이익(2020.1.1. 이후) ⑪ 상증법 제41조의4제1항의 금전무상대출에 따른 이익 ⑫ 상증법 제42조제1항의 재산사용 및 용역제공 등에 따른 이익(같은 항 각 호의 거래에 따른 이익별로 구분된 이익을 말한다) ⑬ 상증법 제45조의5제1항의 특정법인과의 거래를 통한 이익(같은 조 제2항 각 호의 거래에 따른 이익별로 구분된 이익을 말한다)

[관련 질의회신 · 판례 등]

○ 동일한 거래

(감자) 1년 이내에 2개 법인의 감자를 통해 동일한 주주가 상증법 제39조의2에 따른 이익을 얻은 경우 상증법 제43조제2항 및 상증령 제32조의4에 따라 증여이익을 합산하여 과세 금액기준을 계산함(사전 2018법령해석재산-0581, 2019.7.18.).[6]

---

6. 법인은 다르지만, 증여자와 수증자가 같다. 수증자는 동일하고 증여자가 다를 때에도 상증법 제43조제2항이 적용되는지에 대해 현재 국세청등의 해석은 없다.

제2절 신탁이익의 증여

- ○ (과세대상) 신탁계약에 따라서 위탁자가 타인을 신탁 이익의 전부 또는 일부를 받을 수익자로 지정한 경우 신탁의 이익을 받을 권리
- ○ (납세의무자) 수익자
- ○ (증여시기) 원본 또는 수익이 수익자에게 실제 지급되는 때 등(예외 있음)
- ○ (증여재산가액) 신탁의 이익을 받을 권리의 가액

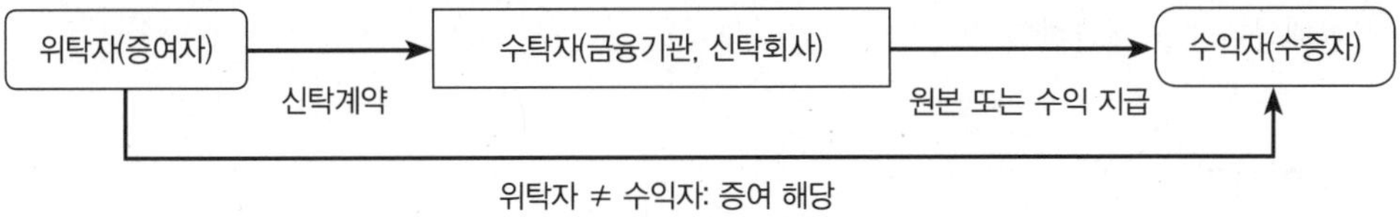

예를 들면, 신탁계약의 따라 신탁한 재산의 원본이나 수익을 위탁자가 아닌 타인(수익자)에게 귀속시키는 경우에는 위탁자가 그 수익자(타인)에게 재산 또는 이익을 무상으로 이전시키는 효과가 발생한다. 따라서 신탁계약[7]에 의하여 위탁자가 타인을 신탁 이익(원본 또는 수익)의 전부 또는 일부를 받을 수익자로 지정한 경우에는 원본 또는 수익이 수익자에게 실제 지급되는 날 등을 증여일로 하여 해당 신탁 이익을 받을 권리의 가액을 수익자의 증여재산가액으로 한다(상증법 제33조).

원본 이익이란 신탁재산을 의미하고, 수익 이익이란 원본으로 인하여 얻은 과실이익을 말한다. 예를 들면, 부동산신탁에서 신탁한 원본(이 경우, 부동산)을 나누어 받으면 이는 원본 이익에 해당하고, 부동산신탁으로 임대 수입을 얻는 경우에는 수익 이익으로 볼 수 있다.

1. 과세대상

가. 수익자가 지정된 경우

위탁자가 타인에게 신탁재산에 대한 원본 이익을 받을 권리를 소유하게 한 경우에는 그 원본의

---

7. 신탁계약과 명의신탁의 차이

신탁계약으로 타인(수익자)이 무상으로 얻은 신탁이익은 재산의 무상이전으로 실질 증여에 해당한다. 그러나 명의신탁은 대외적으로는 공부 등 재산의 소유명의가 수탁자로 표시되지만 대내적으로 그 재산을 관리 · 처분할 권리 · 의무를 위탁자가 소유하는 것으로, 이는 재산의 소유명의만 빌릴 뿐 재산의 무상이전 효과가 발생하지 아니하여 실질증여에 해당하지 않는다.

상증법에서는 권리이전이나 그 행사에 등기등을 요하는 재산(토지, 건물 제외)에 대하여 실제소유자와 명의자가 다른 때에는 그 등기등을 한 날에 명의자가 증여받은 것으로 의제하여 증여세를 부과(상증법 제45조의2)하며, 실질 증여에 해당하는 신탁이익의 증여 규정은 명의신탁시에는 적용되지 않는다.

가액을 수익자의 증여재산가액으로 하고, 타인에게 수익 이익을 받을 권리를 소유하게 한 경우에는 그 수익 이익을 받을 권리를 수익자의 증여재산가액으로 한다(상증법 제33조제1항).

나. 수익자가 특정되지 아니하거나 아직 존재하지 아니한 경우

수익자는 신탁계약에 의하여 신탁이익을 받을 권리를 소유한 자이다. 그러나 그 수익자가 특정되지 아니하거나 아직 존재하지 아니한 경우에는 위탁자 또는 그 상속인을 수익자로 보되, 향후 수익자가 특정되거나 또는 존재하게 되는 때에는 그 시점에서 새로운 신탁이 있는 것으로 보아 증여재산가액을 계산한다(상증법 제33조제2항).

2. 증여시기

신탁이익의 증여일은 원칙적으로 원본 또는 수익이 수익자에게 실제 지급되는 날이다. 다만 다음 의 어느 하나에 해당하는 경우에는 해당시기를 증여일로 한다.

가. 수익자로 지정된 자가 그 이익을 받기 전에 해당 신탁재산의 위탁자가 사망한 경우: 위탁자가 사망한 날

나. 신탁계약에 의하여 원본 또는 수익을 지급하기로 약정한 날까지 원본 또는 수익이 수익자에게 지급되지 아니한 경우: 해당 원본 또는 수익을 지급하기로 약정한 날

다. 원본 또는 수익을 여러 차례 나누어 지급하는 경우: 해당 원본 또는 수익이 최초로 지급된 날. 다만, 다음 각 목의 어느 하나에 해당하는 경우에는 해당 원본 또는 수익이 실제 지급된 날

1) 신탁계약을 체결하는 날에 원본 또는 수익이 확정되지 않는 경우
2) 위탁자가 신탁을 해지할 수 있는 권리, 수익자를 지정하거나 변경할 수 있는 권리, 신탁 종료 후 잔여재산을 귀속 받을 권리를 보유하는 등 신탁재산을 실질적으로 지배 · 통제하는 경우

3. 증여재산가액의 계산

신탁이익에 따른 증여재산가액은 신탁이익을 받을 권리 가액으로 계산한다. 이 경우 여러 차례 나누어 원본과 수익을 지급받는 경우의 신탁이익은 그 신탁이익에 대한 증여시기를 기준으로 상증령 제61조[8]를 준용하여 평가한 가액으로 한다(상증령 제25조제2항).

---

8. 이 책의 "제4편 제3장 제2절 21. 신탁의 이익을 받을 권리의 평가" 참고.

<신탁이익 평가시 할인율 개정연혁>

2017.3.9. 이전	2017.3.10. 이후
10/100	30/1000

예시

(문) 갑은 A신탁회사와 다음과 같은 조건으로 신탁계약(2019.1.1.~2021.12.31.)을 2019.1.1. 체결함. 신탁이익은 매년 말 지급하고, 원본은 신탁종료일에 을에게 귀속될 경우 증여재산가액은?
(신탁계약: 위탁자 갑. 수익자 을(갑의 아들), 신탁재산: 10억원, 계약기간: 3년, 신탁이자율: 10%, 이자원천징수율: 20% 가정, 수익자는 신탁계약 철회등의 권리 없음)

(답) 1,233,077천원(10억+233,077천원)

① 수익의 이익(증여시기 2019.12.31.): 233,077천원=(80,000+77,669+75,408)

2019.12.31.: 80,000천원(10억×10%×(1-20%))

2020.12.31.: 77,669천원(할인율 3% 현재가치: 0.9709)

2021.12.31.: 75,408천원(할인율 3% 현재가치: 0.9426)

※ 수익을 수회로 분할하여 지급받는 경우는 최초지급일에 전체 수입금액을 현재가치로 할인한 금액을 증여금액으로 봄. 지급이자는 원천징수세액을 차감한 금액이며, 증여금액은 '지급이자액 × 할인율'임.

② 원본의 이익(증여시기 2021.12.31.): 10억원

4. 납세의무자

신탁계약에 의하여 위탁자가 타인을 신탁이익의 전부 또는 일부를 받을 수익자로 지정한 경우에는 수익자(수증자)가 납세의무자가 된다.

5. 증여자의 증여세 연대납부의무

신탁이익의 증여에 해당하는 경우에는 수증자가 증여세를 납부할 능력이 없다고 인정되는 등의 경우, 증여자는 수증자가 납부할 증여세를 연대하여 납부할 의무가 있다(상증법 제4조의2제6항).

[관련 질의회신 · 판례 등]

○ 이중과세 여부

타인이 신탁이익을 받을 권리를 소유하게 된 경우, 부과되는 증여세와 이자소득인 그 신탁이익에 대한 종합소득세 납세의무는 별개 납세의무에 해당하여 이중과세에 해당하지 아니함(재재산46014-446, 1995.12.4., 국심1997서2952, 1998.6.22.).

○ 신탁된 유가증권의 배당금만을 수익자에게 지급할 경우 증여시기 및 증여재산가액 산정 방법

상장법인주식의 신탁계약에 따라 위탁자가 그 자녀를 수익자로 지정하고 해당 상장법인으로부터 배당금을 분할하여 수익자가 지급받는 경우 해당 신탁계약을 체결한 날에 수익의 이익이 확정되지 아니한 경우에는 상증령 제25조제1항제3호에 따라 그 신탁이익 증여시기는 배당금의 실제 분할지급일이며, 증여재산가액은 수익자에게 실제 지급한 가액이 됨(기획재정부 재산세제과-593, 2011.7.26.).

○ 비상장주식(원본)을 분할 지급하는 경우 증여시기 및 증여재산가액

신탁이익의 원본인 비상장주식을 장기간 수회 분할 지급하는 경우, 신탁이익의 증여시기는 원본의 실제 분할지급일, 증여재산가액은 실제 분할지급일의 해당 원본 평가액임(기획재정부 재산세제과-379, 2014.5.14.).

○ 신탁계약 해지시

수익자가 증여시기 후 신탁계약을 해지하더라도 당초 증여시기에 계산한 증여의제가액은 재계산하지 아니함(재삼46014-537, 1999.3.17.).

○ 뉴질랜드 가족신탁(P&J FAMILY TRUST)[9]의 증여세 과세대상 해당 여부

신탁계약에 의하여 위탁자가 타인을 신탁이익의 전부 또는 일부를 받을 수익자로 지정한 경우 신탁이익의 증여일은 상증령 제25조제1항 각 호의 구분에 따른 날을 제외하고는 상증법 제33조 및 상증령 제25조에 따라 원본 또는 수익이 수익자에게 실제 지급되는 날을 말하는 것으로, 뉴질랜드 법령에 따라 설립된 가족신탁(이하 "쟁점해외신탁"이라 함)이 이에 해당하는지 여부는 쟁점해외신탁의 설립경위, 운용내역, 신탁 당사자(위탁자, 수탁자 등) 권한 및 의무 등을 포함한 신탁구조 등을 종합적으로 고려하여 사실판단할 사항임(기준2019법령해석재산-0656 [법령해석과-1309], 2020.4.29.).

---

9. 상증법 제33조에서 신탁법에 따른 신탁으로 한정하고 있지 않고, 수증자가 거주자인 경우 국내 · 국외 재산에 증여세 납부의무가 있는 것을 감안하면 타당한 해석이다.

제3절 보험금의 증여

ㅇ 과세대상

① 생명보험 · 손해보험의 보험금 수령인과 보험료 납부자가 다른 경우

$$증여재산가액 = 보험금 \times \frac{보험금\ 수령인\ 이외의\ 자가\ 납부한\ 보험료}{납부한\ 보험료\ 총\ 합계액}$$

② 보험계약 기간에 보험금 수령인이 타인으로부터 재산을 증여받아 보험료를 납부한 경우

$$증여재산가액 = \left(보험금 \times \frac{재산을\ 증여받아\ 납부한\ 보험료}{총\ 납부한\ 보험료} \right) - \begin{array}{c} 재산을\ 증여받아 \\ 납부한\ 보험료 \end{array}$$

ㅇ (납세의무자) ①, ② 모두 보험금 수령인

보험금이란 보험계약에 의하여 보험사고나 소정의 손해가 발생하는 등 보험금 지급사유가 발생하여 보험회사가 그 보험 수익자에게 지급하는 금액을 말한다.

보험료의 실제 납부자와 보험금 수령인이 서로 다른 보험계약의 경우, 보험금 수령인은 보험료 부담 없이 해당 보험금 상당액의 경제적 이익을 무상 취득한 결과를 갖게 되므로 이는 실질 증여에 해당되어 증여세 과세대상이다(과세대상 ①). 또한, 보험료 납부자와 보험금 수령인이 서로 같은 경우라도 해당 보험료를 타인으로부터 재산을 증여받아 납부하면 역시 보험금 수령인에게 실질적으로 무상이전의 효과가 발생하여 증여세를 과세하게 된다(과세대상 ②, 상증법 제34조).

1. 보험용어의 이해

'보험계약자'는 보험회사와 계약을 체결한 자를 말하며, 보험료 납입의무가 있어 보통은 보험계약자와 '보험료 납부자'와 같지만, 다른 경우도 있다. '보험료'는 보험계약에 따라 보험회사에 납입하는 금액을 말하며, 일시에 납부하는 경우도 있다. '보험금'은 피보험자가 보험사고를 당하였을 경우 보험회사가 보험수익자에게 지급하는 금액을 말한다. '피보험자'는 보험사고의 객체가 되는 되는 사람 등을 말한다. '보험금 수익자'는 보험계약상 보험금을 수령받을 권리를 가진 자를 말한다. 보험금 수익자는 만기수익자, 사고수익자 등 달리 정할 수 있다. 상증법에서는 보험금 수령인이라고 한다.

2. 증여세 과세요건과 증여재산가액

가. 과세대상 ① 보험료 납부자와 보험금 수령인이 다른 경우

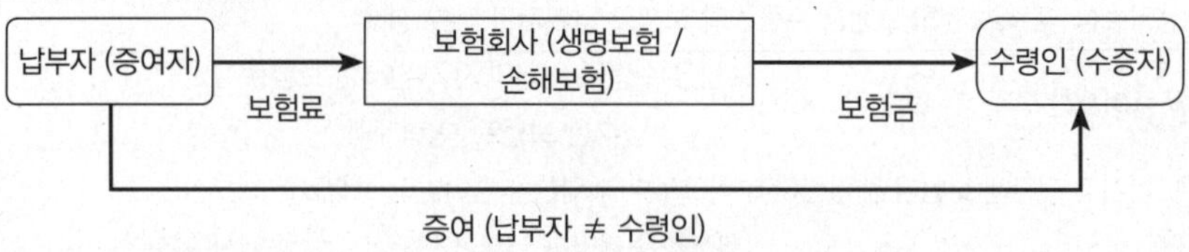

생명보험 또는 손해보험에 있어서 보험금 수령인과 보험료 납부자가 다른 경우, 보험사고가 발생한 때 보험금상당액을 보험금 수령인의 증여재산가액으로 한다. 다만, 보험금이 상속세 과세대상 자산인 경우에는 증여세를 과세하지 않는다. 상속재산으로 보는 보험금은 피상속인의 사망으로 지급받는 생명보험 또는 손해보험의 보험금으로 피상속인이 보험계약자인 경우(피상속인이 실질적으로 보험료를 지불한 경우 포함)를 말한다(상증법 제8조).

예시

(문) 보험계약자: 부, 피보험자: 부, 보험금 수익자: 자인 경우 부의 사망시 상속재산인지 증여재산인지?

(답) 보험료 불입자에 따라 다름. 보험료를 부가 불입하였다면 상속재산이고, 보험료를 모가 불입하였다면 증여재산임.

1) 과세대상 보험

과세대상 보험은 보험금 수령인과 보험료 납부자가 다른 경우의 생명보험과 손해보험[10]이다. 생명보험은 피보험자의 사망과 생존에 대하여 생긴 보험사고를 보상목적으로 하는 인보험이며, 손해보험은 보험사고로 인하여 피보험자의 재산상에 생긴 손해를 보상할 것을 목적으로 하는 보험이다. 그러나 피보험자가 보험사고로 신체에 상해를 입은 경우 그 손상된 신체의 치료비 등에 해당하는 상해보험의 보험금 수령액에는 증여세가 과세되지 아니한다.

2) 과세요건

보험금 수령인과 보험료 납부자가 다른 경우이다.

3) 증여시기

증여시기는 보험사고가 발생한 때다. 보험금액 수령시점이 증여시기는 아니다. 보험사고에는

---

10. 상법상 보험은 인보험(생명보험, 상해보험, 질병보험)과 손해보험으로, 보험업법에서 보험상품은 생명보험상품, 손해보험상품, 제3보험상품으로 구분된다.

만기보험금 지급의 경우를 포함한다(상증통칙 34-0…1).

보험금 수령인과 보험료 납부자가 다른 경우에는 보험사고가 발생한 경우에 보험금 상당액을 보험금 수령인의 증여재산가액으로 한다고 규정한 취지는, 보험료 납입시를 증여시기로 보면 부과제척기간 만료로 증여세를 과세할 수 없는 경우가 발생하고, 매번 보험료 불입시마다 증여세를 과세하는 절차상 번거로운 점이 있으며, 실제 보험에 있어 수증자가 받는 경제적 이익은 보험료 불입액이라기보다 보험금 수령액으로 보는 것이 타당하기 때문이다(서울고법2011누12421, 2011.9.28.).

보험사고 발생 전 보험계약 해제나 중도해지 등으로 받는 반환금 등은 보험금 증여로 보지 않는다. 그러나 그 반환금이 당초 보험료 납부자가 아닌 자에게 귀속되면 현금증여에 해당하므로 증여세가 부과된다.

쟁점

증여시기

보험금의 증여 관련, 증여시기에는 3가지 이슈가 있다. 보험료, 보험금, 계약자를 변경하였을 때이다. 보험금 증여시기는 보험사고가 발생할 때이다. 보험료를 증여받으면 증여세를 과세할 수 있을까, 아니면 보험사고가 발생하였을 때만 증여세를 과세할 수 있을까?

1. 보험료

보험료 증여시기와 보험금 증여시기는 각각 다르다. 심판원은 보험료 각 불입시기에 증여받은 것이 타당하다고 결정하였는데(조심2015서4858, 2015.11.25.), 이때 증여재산가액은 보험금 증여재산가액 계산시 차감되어야 한다.

국세청도 이와 유사한 쟁점에 대해 각각 증여시기가 성립된다고 보았다. 연금지급 개시전 보험계약자를 변경한 경우 계약자 변경시점을 증여시기로 보아 증여세를 과세하고, 연금개시 후 수령자와 계약자가 다른 경우에 계약자 변경시점에 과세된 증여재산가액을 차감하여 증여세가 과세된다고 보았다(서면2020상속증여-3039, 2020.10.20.).

2. 보험금

보험금의 증여시기는 보험사고가 발생할 때로 본다.

3. 계약자 변경시

계약자를 변경한 경우 보험사고가 발생한 것도 아니고, 보험료를 증여받은 것이 아니다. 상증법 제34조가 적용되지 않는다면 증여세를 과세되지 않는 것일까? 법원은 보험계약자가 계약이 소멸하기 전에 언제든지 계약을 해지하고 미리 정해진 산출방법에 따라 계산한 해지환급금을 지급받을 수 있도록 되어 있으므로, 즉시연금보험[11]을 실제로 해지한 바 없었어도 그와 같은 권리를 취득한다고 보았다(대법원2015두59303, 2016.10.13.). 따라서 계약자 변경시에도 증여세를 과세하며 보험금 증여시에는 이를 반영하여 과세한다(서면2020상속증여-3039, 2020.10.20.). 계약자 변경시 증여재산가액은 해지환급금 상당액이다.

---

11. 가입 이후 연금이 즉시 지급되는 월(연)지급식 보험을 말하는데, 보험료를 한 번에 납입할 수 있다. 상품에 따라 거치기간 설정도 가능하다.

4) 증여재산가액

증여재산가액은 보험금에서 납부한 보험료 총 합계액 중 보험금 수령인이 아닌 자가 납부한 보험료 점유비율에 상당하는 금액으로 한다.

$$\text{증여재산가액} = \text{보험금} \times \frac{\text{보험금 수령인 이외의 자가 납부한 보험료}}{\text{납부한 보험료 총 합계액}}$$

예시

(문) 보험계약(계약자 및 수익자는 자, 피보험자는 부)을 2018.5.1. 체결하였다. 총 보험료는 1억 6천만원(부가 납부한 보험료는 8천만원)이고, 수령인 자가 만기 수령한 보험금이 2억원인 경우 증여재산가액은?

(답) 1억=2억원×(8천만원 / 1억6천만원)

나. 과세대상 ② 보험금 수령인이 타인으로부터 재산을 증여받아 보험료를 납부한 경우

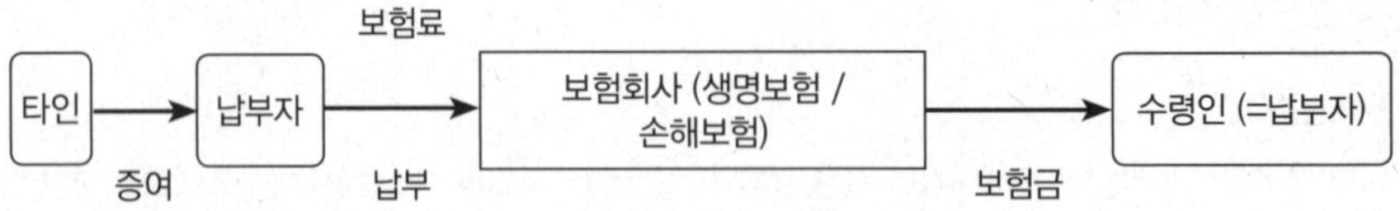

보험금의 증여에 대한 과세는 보험료 불입자와 보험금 수령인이 다른 경우에 증여세를 과세하였다. 보험료 납부자가 증여받은 금전으로 보험료 납입 후 보험금을 수령한 경우에는 보험료 납부자와 보험금 수령인이 동일하므로 보험금에 대해 증여세를 과세할 수 없었다. 이에 2003.1.1. 이후 보험금 수령인이 금전을 증여받아 보험료를 납부한 경우, 즉 보험금 수령인과 보험료 불입자가 같은 경우에도 증여세 과세대상으로 포함되도록 개정하였고, 2004.1.1. 이후부터는 '금전'을 '재산'으로 개정하였다. 이 경우 증여재산가액은 보험계약 기간에 보험금 수령인이 타인으로부터 재산을 증여받아 보험료를 납부한 경우에는 보험료납부액에 대한 보험금상당액에서 그 보험료납부액을 뺀 가액[12]으로 계산한다.

1) 보험계약 기간 내 재산을 증여받은 경우

보험계약 기간 내에 보험금 수령인이 타인으로부터 '재산'을 증여받아 보험료를 납부한 경우

---

12. 증여자가 같다면 상증법 제47조제2항에 따라 증여재산가산액 요건(10년 이내, 동일인, 1천만원)을 충족한 경우 증여한 보험료 상당액은 증여세 과세가액에 가산한다.

에는 그 보험료납부액에 대한 보험금상당액에서 그 보험료납부액을 뺀 가액을 증여재산가액으로 한다.

$$\text{증여재산가액} = \text{보험금} \times \frac{\text{재산을 증여받아 납부한 보험료}}{\text{총 납부한 보험료}} - \text{재산을 증여받아 납부한 보험료}$$

<재산의 개정연혁>

2002.12.31. 이전	2003년	2004.1.1. 이후
없음	생명보험 또는 손해보험에 있어서 보험금수취인과 보험료불입자가 다른 경우에는 보험사고가 발생한 경우에 보험료불입자가 보험금상당액을 보험금수취인에게 증여한 것으로 보며, 보험계약 기간 안에 보험금수취인이 타인으로부터 금전을 증여받아 보험료를 불입한 경우에는 그 보험료불입액에 대한 보험금상당액에서 당해 보험료불입액을 차감한 가액을 금전을 증여한 자가 보험금수취인에게 증여한 것으로 본다.	생명보험 또는 손해보험에 있어서 보험금수취인과 보험료불입자가 다른 경우에는 보험사고가 발생한 경우에 보험금상당액을 보험금수취인의 증여재산가액으로 하며, 보험계약 기간 안에 보험금수취인이 타인으로부터 재산을 증여받아 보험료를 불입한 경우에는 그 보험료불입액에 대한 보험금상당액에서 당해 보험료불입액을 차감한 가액을 보험금수취인의 증여재산가액으로 한다.

쟁점

재산의 의미

증여받은 재산을 처분하여 보험료를 납부한 경우에도 보험금 증여로 과세할 수 있을까?

국세청은 재산을 증여받고 이를 양도하여 마련한 금전 등으로 보험료를 불입하여 보험금을 수취한 경우 증여세를 과세하며, 이때 차감하는 보험료는 양도가액 중 "보험료로 불입한 것이 확인된 보험료"라고 보았다(서일46014-10682, 2003.5.29.). 즉 증여받은 재산으로 한정하지 않고, 그 재산을 처분하여 불입한 경우도 포함된다.

예시

(문) 보험계약을 2017.1.10. 체결(계약자 및 수익자는 자, 피보험자는 부), 자는 부로부터 2017.7.1. 증여받은 재산 1억2천만원으로 보험료를 불입하고 보험사고가 발생(2021.4.1.)하여 자가 보험금 2억원(총보험료 1억6천만원)을 수령할 때 보험금 증여시기, 증여재산가액, 증여세 과세가액은?

(답) 증여시기는 2021.4.1. 증여재산가액은 5천만원 [=(2억원×1억2천만원 / 1억6천만원)-1억원] 증여세 과세가액 1억7천만원(=5천만원+1억2천원)

2) 보험계약 기간 밖 재산을 증여받은 경우

보험계약 기간 밖에 보험금수취인이 타인으로부터 재산을 증여받아 보험료를 불입한 경우에도 보험금 수령인의 증여재산으로 한다(서면4팀-1186, 2007.4.11.).[13]

[관련 질의회신 · 판례 등]

○ 연금개시 전 계약자가 변경된 경우

(국세청) 1. 일시납 연금보험의 연금지급이 개시되기 전에 보험계약의 계약자를 변경하는 경우에는 상증법 제4조에 따라 계약자 변경시점에 변경 후 계약자가 변경 전 계약자로부터 보험금을 지급받을 수 있는 권리를 증여받은 것으로 보아 변경 후 계약자에게 증여세가 과세됨. 2. 이후 연금 지급이 개시되는 경우로 그 연금 수령자가 해당 연금보험 변경 후 계약자와 다른 경우에는 같은 법 제34조에 따라 연금의 수령자에게 증여세가 과세됨. 다만, 그 연금의 수령자가 사실상 변경 후 계약자에 해당하는 경우에는 계약자 변경시점에 과세된 증여재산가액을 차감하여 증여세가 과세됨(서면2020상속증여-3039, 2020.10.20.).

(법원) 즉시연금보험의 보험료 환급권 가액은 청약철회기간 내에 증여가 이루어진 경우에는 납입보험료 전액이고 그 이후 증여가 이루어진 경우에는 약관에 따라 계산되는 해지환급금 상당액임(대법원 2015두59303, 2016.10.13.).

(기재부) 상속형 즉시연금보험의 연금지급 개시 전에 연금보험 계약자 및 수익자를 타인으로 변경한 경우 그 타인이 증여받은 재산가액은 즉시연금보험의 약관에 의하여 산출되는 해지환급금 상당액임(기획재정부 재산세제과-929, 2018.10.26.).[14]

---

13. 이 해석은 타당한가? 예를 들어 ① 현금을 증여받고 운용하다 몇 년 뒤에 불입한 경우, ② 부동산을 증여받고 부동산 임대소득에서 보험료를 불입한 경우, ③ 현금을 증여받고 그 현금으로 부동산 취득 후 발생한 임대소득으로 보험료를 불입한 경우 등 이 해석을 근거로 증여세를 과세할 수 없어 보인다.
14. 세법해석정비

요지	유지사례	삭제사례
즉시연금보험의 연금지급 개시 전 계약자 등 변경시 증여재산가액은 해지환급금으로 평가	기획재정부 재산세제과-929, 2018.10.26.	법규과-177, 2013.2.18. 서면법규과-166, 2013.2.14. 서면법규과-1127, 2013.10.17.

ㅇ 연금 개시 후 계약자가 변경된 경우

(국세청: 정기금 평가액과 해약환급금 상당액 중 큰 가액) 상증법 제2조에 따라 변경시점에 변경 후 수익자에게 증여세가 과세되는 것이며, 이 경우 증여재산가액은 정기금 할인평가 금액과 해약환급금 상당액 중 큰 금액으로 평가함(상속증여세과-152, 2014.5.22.).

(심판원: 정기금 평가) 연금지급이 개시된 후 계약자가 변경된 경우 관련 법령에 해약환급금으로 평가하여야 한다는 근거규정이 없는 점, 연금보험의 경우 연금과 적립금 평가는 유기정기금 평가방법에 따르는 것이 타당해 보이는 점 등에 비추어 쟁점보험은 유기정기금 평가방법에 따라 증여재산가액을 산정하는 것이 타당함(조심2014서0198, 2014.8.11.).

ㅇ 타인의 자금으로 보험료 납부 후 연금개시 전 보험을 해약한 경우

즉시연금보험 계약자가 타인 자금으로 보험료 납부 후 해당 보험의 연금지급이 개시되기 전에 보험을 해약하고, 계약자가 해약환급금을 수령하여 사용하는 경우, 해당 보험의 보험료 납입시점에 보험료 상당액을 증여받은 것으로 보아 그 계약자에게 증여세를 과세함(법규과-164, 2003.2.14.).

제4절 저가양수 또는 고가양도에 따른 이익의 증여

○ 특수관계인 간 과세요건과 증여재산가액

구 분	수증자	과 세 요 건	증여재산가액
저가양수	양수자	(시가−대가)의 차액이 시가의 30% 이상 또는 그 차액이 3억원 이상	(시가−대가) − (시가의 30%와 3억원 중 적은 금액)
고가양도	양도자	(대가−시가)의 차액이 시가의 30% 이상 또는 그 차액이 3억원 이상	(대가−시가) − (시가의 30%와 3억원 중 적은 금액)

○ 비특수관계인 간 과세요건과 증여재산가액(거래관행상 정당한 사유가 없을 때)

구 분	수증자	과 세 요 건	증여재산가액
저가양수	양수자	(시가−대가)의 차액이 시가의 30% 이상	(시가−대가)−3억원
고가양도	양도자	(대가−시가)의 차액이 시가의 30% 이상	(대가−시가)−3억원

재산을 시가보다 낮은 가액으로 양도하는 경우 시가에서 대가의 차액에 해당하는 이익이 실질적으로 양수자에게 무상으로 이전되는 효과가 발생하고, 시가보다 높은 가액으로 양도하는 경우 대가에서 시가 차액에 해당하는 이익이 양도자에게 무상으로 이전되는 효과가 발생한다. 이처럼 증여계약이 아닌 양도계약으로 재산을 이전시키면서 발생한 이익에 대해 증여세를 과세한다.

2003.12.31. 이전에는 특수관계인 저가 · 고가 거래[15]에 대해서만 증여세 과세대상이었으나, 2004.1.1. 이후 양도 분부터는 비특수관계인 거래에 대해서도 거래의 관행상 정당한 사유가 없는 경우에는 증여세가 과세된다(상증법 제35조).

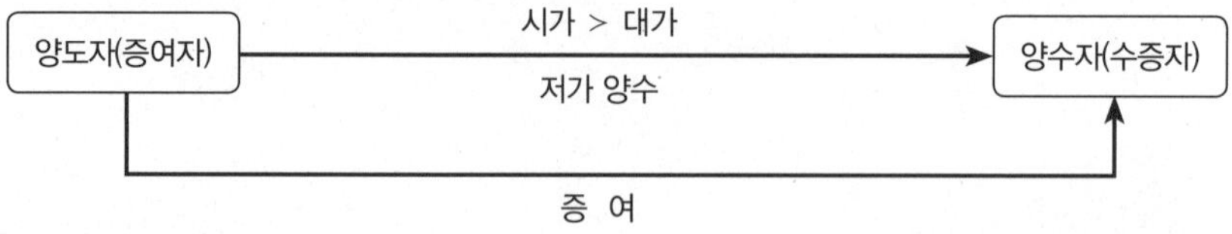

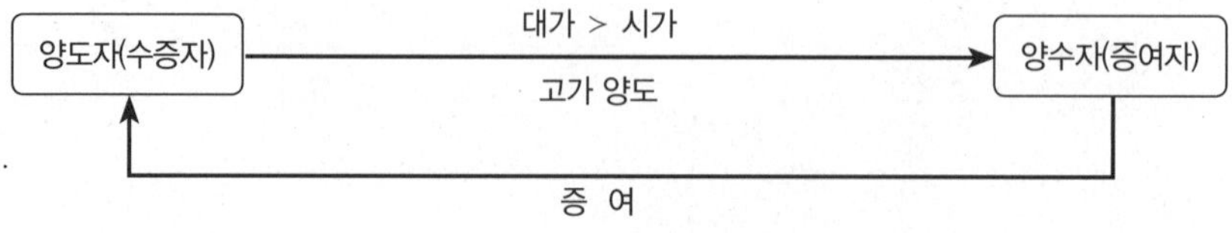

15. 상증법 제35조를 '고저가'로 줄여 이야기하지만, 이익을 얻은 자가 헷갈릴 수 있으므로 저가양수, 고가양도로 기억하면 이익을 얻은 자(수증자)가 덜 헷갈린다.

1. 특수관계인 간 저가 · 고가 거래시 증여

특수관계인으로부터 해당 재산을 시가보다 낮은 가액으로 양수하거나 특수관계인에게 시가보다 높은 가액으로 양도하는 경우 그 이익에 상당하는 금액을 양도자 또는 양수자에게 증여한 것으로 본다.

가. 수증자

다음 어느 하나에 해당하는 자에 대해서는 시가와 대가의 차액에서 일정금액을 뺀 금액을 증여재산가액으로 한다.

1) 타인으로부터 시가보다 낮은 가액으로 재산을 양수하는 경우 그 재산의 양수자

2) 타인에게 시가보다 높은 가액으로 재산을 양도하는 경우 그 재산의 양도자

나. 특수관계인의 범위

'특수관계인'은 상증령 제2조의2에 따라 판단하며, 이 경우 거래 당사자 간 특수관계 성립 여부는 원칙적으로 매매계약일을 기준으로 판단한다(기획재정부 재산세제과-83, 2015.2.3.).[16]

다. 적용대상 재산

아래에 해당하는 재산을 제외하고 해당 재산을 저가양수 또는 고가양도하는 경우에는 상증법 제35조에 따라 증여세를 부과한다.

1) 전환사채 · 신주인수권부사채(분리형 신주인수권증권 포함) · 기타 주식으로 전환 · 교환하거나 주식을 인수할 권리가 부여된 사채(상증법 제40조제1항)

이 경우, 전환사채를 특수관계없는 자로부터 저가로 취득함에 따라 증여이익을 얻은 경우 상증법 제35조 규정을 적용한다(재산세과-285, 2011.6.15.).

---

16. 매매계약일에 대가를 결정하기 때문이다. 해석문구는 반드시 매매계약일에 특수관계인을 판단하는 것은 아니라고 보고 있다.

세법해석정비

요지	유지사례	삭제사례
저가양수 또는 고가양도에 따른 이익의 증여규정을 적용함에 있어 거래당사자 간의 특수관계 성립시기	기획재정부 재산세제과-83, 2015.2.3.	재산세과-4089, 2008.12.4.

2) 상장된 주식 · 출자지분으로 거래소[17]에서 거래된 주식 및 출자지분이 경우, 유가증권(코스닥)시장에서 이루어지는 유가증권 매매 중 유가증권(코스닥)시장 업무규정에 따라 시간외시장에서 시간외대량매매방법으로 거래된 것(당일 종가로 매매된 것은 과세제외)에 대해서는 상증법 제35조 규정을 적용한다(상증령 제26조제1항).[18]

3) (2021.12.31. 이전) 개인과 법인 간에 재산을 양수하거나 양도하는 경우로 그 대가가 법인법 제52조(부당행위계산의 부인)제2항에 따른 시가에 해당하여 그 법인의 거래에 대하여 같은 법 제52조제1항이 적용되지 아니하는 경우

다만, 거짓이나 그 밖의 부정한 방법으로 상속세 또는 증여세를 감소시킨 것으로 인정되는 경우에는 그러하지 아니하다.

이 조문은 문언상 보면, 개인과 법인과의 거래에 대해 법인세법에 따른 부당행위계산의 부인이 적용되지 아니하는 경우이므로 여기서 법인과 개인은 법인법상 특수관계가 있는 경우로 한정된다. 그렇다면 법인법상 특수관계가 없는 경우에는 적용될까? 여기에 대해 기재부는 법인법상 시가로 거래하였다면 상증령 제26조를 적용할 수 없다고 보았다(기획재정부 재산세제과-83, 2015.2.3.).[19] 2022.1.1. 이후 개인과 개인의 거래에 대해서도 상증법 제35조를 적용하지 않는다. 자세한 설명은 "3. 부당행위계산 부인"에서 설명한다.

4) 배우자 직계존비속에게 양도하여 증여추정이 적용되는 경우(상증법 제44조)

라. 대가와 시가의 산정기준일

양수일 또는 양도일은 각각 해당 재산의 대금 청산일(소득령 제162조제1항제1호부터 제3호까지 규정에 해당하는 경우에는 각각 해당 호에 따른 날)을 기준으로 한다.

---

17. 「자본시장과 금융투자업에 관한 법률」 제8조의2제2항에 따른 거래소(거래소 정의는 상증령 제15조제3항에서 규정)
18. 표로 나타내면 아래와 같다. 상장주식 장내거래에 대해 증여세를 과세할 수 있는지는 "〈쟁점〉 상장주식의 장내거래에 대해 증여세 과세여부"를 참고하기 바란다.

구분	상증법 제35조 적용대상
상장 주식등	적용제외
시간외시장 거래된 상장 주식등	적용
시간외시장 종가로 거래된 상장 주식등	적용제외

19. 납세자에게 유리한 해석이지만, 문언상은 법인법상 개인과 법인이 특수관계여야 한다. 상증법 개정시 법인법상 시가로 거래한 경우로 규정했으면 혼란을 피할 수 있었다. 또, '소득세법의 부당행위계산부인' 규정은 포함하지 않았다. 이는 소득법과 법인법, 상증법의 시가의 개념이 다르므로 어느 한쪽의 시가로 거래되더라도 증여세가 과세되는 것을 막기 위한 조항인데 조문의 문구는 아쉬움이 남는다.

○ 소득령 제162조(양도 또는 취득의 시기)제1항

1. 대금을 청산한 날이 분명하지 아니한 경우에는 등기부 · 등록부 또는 명부 등에 기재된 등기 · 등록 접수일 또는 명의개서일
2. 대금을 청산하기 전에 소유권이전등기(등록 및 명의의 개서를 포함한다)를 한 경우에는 등기부 · 등록부 또는 명부등에 기재된 등기접수일
3. 기획재정부령이 정하는 장기할부조건의 경우에는 소유권이전등기(등록 및 명의개서를 포함한다) 접수일 · 인도일 또는 사용수익일 중 빠른 날

이 경우, 매매계약 후 환율의 급격한 변동 등의 사유가 있으면 매매계약일을 기준으로 한다. 급격한 변동 사유란 매매계약일부터 대금청산 전일까지 환율이 100분의 30 이상 변동하는 경우를 말한다.

쟁점

장기할부조건의 대가 인정여부

저가양수 양수일 또는 고가양도 양도일은 각각 해당 재산의 대금 청산일이며, 소득령 제162조제1항제1호부터 제3호까지 규정에 해당하는 경우에는 각각 해당 호에 따른 날을 말한다. 소득령 제162조제1항제3호에서는 장기할부조건이고, 장기할부조건은 1. 계약금을 제외한 해당 자산의 양도대금을 2회 이상으로 분할하여 수입할 것, 2. 양도하는 자산의 소유권이전등기 접수일 · 인도일 또는 사용수익일 중 빠른 날의 다음날부터 최종 할부금 지급기일까지 기간이 1년 이상이라는 조건을 충족하여야 한다.

그러면 예를 들어 부가 자에게 아파트를 매매하면서 대가는 장기할부조건으로 20년 분할 조건인 경우에는 상증법 제35조를 적용할 수 있을까?

여기에 대해 국세청은 거래조건 등이 건전한 사회통념 및 상관행상 적정한 것인지 여부 등 구체적인 사실을 조사하여 판단할 사항(서일46014-10176, 2003.2.14.)이라고 보았다. 심판원 또한, 청구인이 청구인 부모와 양도일 현재 쟁점부동산 대가를 20년에 걸쳐 분할 지급하기로 한 계약은 통상적인 부동산매매계약에 해당하지 않고, 청구인이 20년간 매월 분할하여 지급하는 양도대금은 쟁점부동산에서 발생하는 월세 수입금액에 미치지 못하고, 매도자는 쟁점거래 당시 근로 · 이자 · 부동산임대 소득 등으로 고액의 수입이 발생하고 있어 쟁점부동산을 청구인에게 매도하여야만 하는 불가피한 사정이 있어 보이지 아니하는 점 등에 비추어 청구인이 OOO · OOO로부터 쟁점부동산을 매수하였다는 청구주장을 받아들이기 어렵다고 판단(조심2017부3726, 2017.11.16.)하였다.

특수관계인 간 통상적인 상관행을 넘어선 거래에 대해서는 장기할부조건을 적용하지 않음이 타당하다.

마. 증여세 과세요건

구분	2003.12.31. 이전	2004. 1. 1. 이후
저가양수	(시가 - 대가)의 차액이 시가의 30% 이상 또는 그 차액이 1억원 이상	(시가 - 대가)의 차액이 시가의 30% 이상 또는 그 차액이 3억원 이상
고가양도	(대가 - 시가)의 차액이 시가의 30% 이상 또는 그 차액이 1억원 이상	(대가 - 시가)의 차액이 시가의 30% 이상 또는 그 차액이 3억원 이상

해당 거래뿐 아니라, 해당 거래 등을 한 날부터 소급하여 1년 이내에 동일 거래 등이 있는 경우에는 각각의 거래 등에 따른 이익을 해당이익별로 합산하여 계산한다(상증법 제43조, 상증령 제32조의4).

<합산대상 개정연혁>

2016.2.4. 이전	2016.2.5. 이후
특수관계인 간	특수관계인 간 비특수관계인 간

예시

(문) 2019.7.1. 토지 4억원(시가 5억원)을 부가 자에게 양도한 경우, 증여세 과세 여부?

(1년 안에 2019.3.2. 5억원(시가 7억원)에 양도, 2018.10.20. 4.5억원(시가6억원)에 양도)

(단위: 억원)

양 도 일	합 계	2019.7.1.	2019.3.2.	2018.10.20.
양도재산		토지	토지	건물
시가	18	5	7	6
대가	13.5	4	5	4.5
차액	4.5	1	2	1.5

(답) 각 양도일 시점에서는 과세요건을 충족하지 않으나, 2019.7.1. 기준으로 1년 이내에 이익을 합산하면 3억원 이상으로 과세요건을 충족함

바. 증여재산가액의 계산

구분	2003.12.31. 이전	2004. 1. 1. 이후
저가 양수	(시가 - 대가) - (시가의 30%와 1억원 중 적은 금액)	(시가 - 대가) - (시가의 30%와 3억원 중 적은 금액)
고가 양도	(대가 - 시가) - (시가의 30%와 1억원 중 적은 금액)	(대가 - 시가) - (시가의 30%와 3억원 중 적은 금액)

사. 시가

상증법 제60조부터 제66조까지의 규정에 따라 평가한 가액[20]을 말한다. 이 경우 최대주주등의 주식에 해당하는 경우에는 상증령 제63조에 따라 할증평가하고(서면4팀-449, 2005.3.28.), 중소기업의 주식에 해당하는 경우에는 할증평가하지 아니한다(재산세과-830, 2010.11.8.).

예시

(문1) 배우자에게 10억원(시가 15억원)에 주택을 양도(대금지급은 불분명)등기한 경우 증여재산가액은?

(답1) 증여재산가액 15억원(상증법 제44조에 따른 증여추정)

(문2) 자에게 9억원(시가 5억원)에 주택을 양도(대금지급은 분명)한 경우 증여재산가액은?

(답2) 2억 5천만원 [=(9억원 - 5억원) - MIN(시가 30%, 3억원)], 양도자의 양도세는 별도

2. 특수관계인이 아닌 자 간 저가 · 고가 거래시 증여

특수관계인이 아닌 자간의 거래에 대해서는 거래 관행상 정당한 사유없이 해당 재산을 시가보다 현저히 낮은 가액 또는 현저히 높은 가액으로 양수 또는 양도한 경우에 한하여 그 차액에 상당하는 금액을 증여받은 것으로 추정하여 그 이익에 상당하는 금액을 양도자 또는 양수자의 증여재산가액으로 한다.

---

20. 상증법상 시가와 재산평가액은 구분되는 개념인데, 상증법 제35조 시가는 재산평가액(상증법 제60조부터 제66조까지의 규정에 따라 평가한 가액)을 말한다.

○ 상증법 제31조(증여재산가액 계산의 일반원칙) ① 증여재산의 가액(이하 "증여재산가액"이라 한다)은 다음 각 호의 방법으로 계산한다.

1. 재산 또는 이익을 무상으로 이전받은 경우: 증여재산의 시가(제4장에 따라 평가한 가액을 말한다. 이하 이 조, 제35조 및 제42조에서 같다) 상당액

가. 수증자

다음 어느 하나에 해당하는 자에 대해서는 시가와 대가의 차액에서 3억원을 뺀 가액에 상당하는 금액을 증여재산가액으로 한다.

1) 타인으로부터 시가보다 현저히 낮은 가액으로 재산을 양수하는 경우에는 그 재산의 양수자

2) 타인에게 시가보다 현저히 높은 가액으로 재산을 양도하는 경우에는 그 재산의 양도자

나. 거래 관행상 정당한 사유

거래의 관행상 정당한 사유가 있는지 여부는 해당 거래의 경위, 거래당사자 관계, 거래가액 결정과정 등을 고려해 적정한 교환가치를 반영하여 거래하였다고 볼 수 있는지 여부 등 구체적인 사실을 확인하여 판단하여야 한다(서면4팀-403, 2008.2.20.).

정당한 사유에 대한 입증책임, 특수관계인이 아닌 자 간 고가양도양수에 대한 입증책임은 과세관청에 있다(대법원2011두22075, 2011.12.22.). 합리적인 경제인이라면 거래 당시 상황에서 그와 같은 거래조건으로는 거래하지 않았을 것이라는 객관적인 정황 등에 관한 자료를 제출함으로써 '거래의 관행상 정당한 사유'가 없다는 점을 증명할 수 있으며, 그러한 사정이 상당한 정도로 증명된 경우에는 거래경위, 거래조건의 결정 이유 등에 관한 구체적인 자료를 제출하기 용이한 납세의무자가 정상적인 거래로 보아야 할 만한 특별한 사정이 있음을 증명할 필요가 있다(대법원2013두24495, 2015.2.12.).

특수관계자에 있는 자가 아닌 자간 거래는 기본적으로 사적 자치에 기반을 두고 있으므로 정보비대칭 등의 사유로 시가와 달리 거래되는 경우가 흔하고 , 이러한 거래로 시세차익을 얻은 자에 대해서는 양도소득세가 과세되므로 행위자의 의사를 법률적으로 추단하여 과세하는 증여의제나 추정 규정은 보충적 · 제한적으로 적용되어야 한다(서울행법2012구합10970(2012.11.16.)- 대법원2013두11994(2013.9.27., 심불)).

다. 시가보다 현저히 낮은 가액 또는 높은 가액(과세요건)

구분	2003.12.31. 이전	2004.1.1. 이후 양도 · 양수분
저가 양수	과세 제외	(시가-대가) 차액이 시가의 30% 이상
고가 양도	과세 제외	(대가-시가) 차액이 시가의 30% 이상

라. 증여재산가액

구분	2003.12.31. 이전	2004. 1. 1. 이후 양도 · 양수분
저가 양수	과세 제외	(시가 - 대가) - 3억원
고가 양도	과세 제외	(대가 - 시가) - 3억원

3. 부당행위계산 부인[21]

개인과 법인 간 재산거래시 대가가 법인법 제52조제2항에 따른 시가에 해당하여 법인법상 부당행위계산 부인(제52조제1항)이 적용되지 않는 경우에는 상증법 제35조를 적용하지 않았다. 이러한 규정이 없다면 세법 간 시가의 차이로 법인법 시가로 거래하면 증여세가 과세되고, 상증법상 평가액으로 거래되면 법인세가 과세된다. 다른 세법에서 시가로 인정하였다면 상증법에서 시가로 보는 것이 타당하다.

2021.12.31. 이전에는 개인 간 거래를 포함하지 않았는데, 이는 소득령 제167조제5항[22]에서 상증법 시가평가 방법을 준용하도록 하고 있어 세법간 평가 문제가 발생하지 않았기 때문이다. 2021.2.17. 소득령 제167조제7항[23](주권상장법인이 발행한 주식의 시가는 법인령 제89조제1항[24]에 따른 시가(종가)로 평가) 신설로 개정함에 따라 개인 간 상장주식 거래를 하는 경우 상증법 시가와 차이가 발생하게 되었다.

2022.1.1. 이후 소득법상 부당행위계산 부인이 적용되지 않는 경우에도 상증법상 저가 양수 또는 고가 양도에 따른 이익의 증여의제 규정의 적용을 배제하였다. 개정규정은 2021.2.17. 이후 재산을 양수하거나 양도한 경우에도 적용한다(상증법 부칙(법률 제18591호, 2021.12.21) 제4조).

---

21. 상증법 개정안 검토보고, 기획재정위원회, 2021.11.
22. 소득령 제167조(양도소득의 부당행위 계산)
   ⑤ 제3항 및 제4항을 적용할 때 시가는 「상속세 및 증여세법」 제60조부터 제66조까지와 같은 법 시행령 제49조, 제50조부터 제52조까지, 제52조의2, 제53조부터 제58조까지, 제58조의2부터 제58조의4까지, 제59조부터 제63조까지의 규정을 준용하여 평가한 가액에 따른다. 이 경우 「상속세 및 증여세법 시행령」 제49조제1항 각 호 외의 부분 본문 중 "평가기준일 전후 6개월(증여재산의 경우에는 평가기준일 전 6개월부터 평가기준일 후 3개월까지로 한다) 이내의 기간"은 "양도일 또는 취득일 전후 각 3개월의 기간"으로 본다.
23. 소득령 제167조(양도소득의 부당행위 계산)
   ⑦ 제5항에도 불구하고 주권상장법인이 발행한 주식의 시가는 「법인세법 시행령」 제89조제1항에 따른 시가로 한다. 이 경우 제3항 각 호 외의 부분 단서는 적용하지 않는다.
24. 법인령 제89조(시가의 범위 등) ①(생략) 다만, 주권상장법인이 발행한 주식을 다음 각 호의 어느 하나에 해당하는 방법으로 거래한 경우 해당 주식의 시가는 그 거래일의 「자본시장과 금융투자업에 관한 법률」 제8조의2제2항에 따른 거래소(이하 "거래소"라 한다) 최종시세가액(거래소 휴장 중에 거래한 경우에는 그 거래일의 직전 최종시세가액)으로 하며, 기획재정부령으로 정하는 바에 따라 사실상 경영권의 이전이 수반되는 경우에는 「상속세 및 증여세법」 제63조제3항을 준용하여 그 가액의 100분의 20을 가산한다.

상증법 제35조제3항 규정은 소득법 또는 법인법 부당행위계산 부인 규정이 적용되지 않는 거래이므로 거래당사자는 특수관계인이어야 한다. 개인과 개인이라면 소득법상 특수관계인과의 거래이고, 개인과 법인이라면 법인법상 특수관계인이어야 한다. 이와 유사한 쟁점에 대한 양도소득세 판례 판례(대법원2016두63439, 2021.5.7.)가 있다.

그렇다면 특수관계가 없는 개인 또는 법인과의 거래에 대해서는 상증법 제35조제3항을 적용할 수 있을까? 여기에 대해 법인의 경우에는 적용하지 않는다고 기재부에서 해석한 바 있으나, 개인은 현재까지 없다.

개인과 특수관계 있는 법인	상증법 제35조 적용 ×
개인과 특수관계 없는 법인	상증법 제35조 적용 × (기획재정부 재산세제과-83, 2015.2.3.)
개인과 특수관계 있는 개인	상증법 제35조 적용 ×
개인과 특수관계 없는 개인	-

<개정연혁>

2021.12.31. 이전	2022.1.1. 이후
③ 개인과 법인 간에 재산을 양수하거나 양도하는 경우로서 그 대가가 「법인세법」 제52조제2항에 따른 시가에 해당하여 그 법인의 거래에 대하여 같은 법 제52조제1항이 적용되지 아니하는 경우에는 제1항 및 제2항을 적용하지 아니한다. 다만, 거짓이나 그 밖의 부정한 방법으로 상속세 또는 증여세를 감소시킨 것으로 인정되는 경우에는 그러하지 아니하다.	③ 재산을 양수하거나 양도하는 경우로서 그 대가가 「법인세법」 제52조제2항에 따른 시가에 해당하여 그 거래에 대하여 같은 법 제52조제1항 및 「소득세법」 제101조제1항(같은 법 제87조의27에 따라 준용되는 경우를 포함한다)이 적용되지 아니하는 경우에는 제1항 및 제2항을 적용하지 아니한다. 다만, 거짓이나 그 밖의 부정한 방법으로 상속세 또는 증여세를 감소시킨 것으로 인정되는 경우에는 그러하지 아니하다.

4. 이중과세 조정

가. 개인과 법인 간의 양도 · 양수 거래

1) 법인법상 시가로 거래시, 고 · 저가 양도의 증여세 과세제외

개인과 법인 간에 재산을 양수 또는 양도하는 경우로, 그 대가가 법인법 제52조제2항에 따른 시가에 해당되면 법인법 제52조(부당행위계산 부인)가 적용되지 아니한 경우, 저가양수 또는 고가양도에 따른 이익의 증여규정을 적용하지 않는다.

이 경우, 2004.1.1. 이후 결정분부터 거짓이나 그 밖의 부정한 방법으로 상속세 또는 증여세를 감소시킨 것으로 인정되는 경우에는 그러하지 아니하다.

구분	법인법	상증법
평가기준일	매매계약일	잔금청산일 등
상장주식 평가	평가기준일 현재 종가	평가기준일 전후 2개월 종가 평균액

2) 증여세와 소득세의 과세방법

예시

○ 2007.2.27. 이전 고가양도분에 대하여 2009.2.4. 이후 처분시 상여, 배당 등 처분

➜ 증여세 과세 ×, 소득세 과세 ○

○ 2007.2.28.~2009.2.3. 기간 중 고가양도분에 대하여 2009.2.4. 이후 처분시 기타사외유출 처분

➜ 증여세 과세 ○

○ 2009.2.4. 이후 개인이 법인에 고가양도시 상여, 배당 등 처분

➜ 증여세 과세 ×, 소득세 과세 ○

법인이 소유자산을 특수관계인에게 시가에 미달하게 양도하거나 또는 특수관계인으로부터 시가를 초과하는 가액으로 양수함에 따라 법인법 제52조(부당행위계산의 부인) 규정이 적용되는 경우 그 시가와 대가의 차액에 아래와 같이 과세방식의 차이가 있었다.

가) 2007.2.27. 이전에는 법인령 제106조의 소득처분 규정에 따라 그 자산의 양수자 또는 양도자에게 소득세가 과세(과세미달 · 감면 · 비과세 포함)되는 때에는 증여세를 부과하지 아니하였다.

나) 2007.2.28.~2009.2.3.에는 행위 · 계산분에 그 시가와 대가의 차이로 해당법인에 익금산입하는 금액으로서 그 귀속자(주주 · 임원 등 여부 불문)에게 상증법상 증여세가 과세되는 때에는 "기타사외유출"[25]로 처분하도록 개정되었다(법인령 제106조제1항제 3호 자목). 즉 시가와 대가의 차이를 증여세로 과세하였다.

다) 2009.2.4. 이후 행위 · 계산분부터는 종전과 같이 귀속자에게 상여 등으로 처분하여 소득세가 과세되도록 법인령이 개정되었다.

법인이 소유재산을 특수관계인에게 시가에 미달하게 양도하거나 특수관계인으로부터 시가를 초과하는 가액으로 양수함으로써 부당행위계산부인규정이 적용되는 경우에는 그 이익을 분여받

25. "기타사외유출"로 처분하는 취지: 개인과 특수관계 법인 간의 고저가 양수도 거래로 인하여 증여세가 과세되는 금액에 대해서는 증여세율 및 장기의 증여세 부과제척기간을 적용하여 변칙 거래에 과세강화

은 개인에 대하여 다음과 같이 과세된다.

구분	2007.2.27. 이전	2007.2.28.~2009.2.3.	2009.2.4. 이후
법인령 제88조제1항제8호	증여세 과세(기타사외유출)		
법인령 제88조제1항제8호의2	(신설)	증여세 과세(기타사외유출)	
법인령 제88조제1항제1호 · 제3호	상여 · 배당 등	기타사외유출	상여 · 배당 등
	소득세 과세	증여세 과세	소득세 과세

나. 개인 간 거래시 양도소득세와의 관계

개인과 개인 간에 재산을 양수 또는 양도시 그 대가가 법인법 제52조제2항에 따른 시가에 해당되는 경우, 소득법 제101조(부당행위계산 부인)가 적용되지 아니했다면 저가양수 또는 고가양도에 따른 이익의 증여규정을 적용하지 않는다.

1) 개인 간 저가양도시 양도자는 양도세, 양수자는 증여세 과세

특수관계인인 개인 간에 양도소득세 과세대상 자산을 저가 양도시[26] 양도소득세 부당행위계산 규정(소득법 제101조제1항)이 적용되는 경우에는 양도자에게 양도소득세를 시가로 과세할 수 있다. 또한 저가로 양수한 자에게는 상증법 제35조에 따라 저가양수에 따른 이익에 대하여 증여세가 부과될 수 있다.

증여세와 양도소득세는 납세의무 성립요건과 성립시기 및 납세의무자를 서로 달리하고 있어 부과처분시 각각의 세법령에서 정한 과세요건에 따라 실질에 맞추어 독립적으로 판단해야 하므로 세법령에서 특별하게 양자의 중복적용을 배제하는 규정이 없는 한 저가양도자에게는 양도소득세를, 저가양수자에게는 증여세를 부과할 수 있다(대법원2002두12458, 2003.5.13.).

서로 다른 세목을 구성하는 별개의 조세를 어떻게 규율할 것인가에 대하여는 입법자에게 넓은 입법재량이 부여되어 있다고 할 수 있으므로, 부당행위계산 부인조항과 개정 전 의제조항(현재 상증법 제35조 규정)이 중복 적용되는 경우 조정조항을 두지 아니하였다는 이유로 헌법에 위배된다고 할 수는 없다(헌법2004헌바76, 2006.6.29.).

---

26. 2007.2.28. 이후 양도분은 시가와 대가 차액이 3억원 이상이거나 그 차액이 시가의 5% 이상인 경우가 저가 양도에 해당되었고, 2007.2.27. 이전에는 거래대가가 시가에 미달하는 경우가 저가양도였다.

2) 개인 간(특수관계 유무 불문) 고가양도시, 양도세 · 증여세 조정

특수관계 여부에 불문하고 개인 간에 양도소득세 과세대상 자산을 시가보다 높은 가격으로 고가 양도한 경우에는 양도자에게 소득세법에 따른 양도소득세와 상증법 제35조에 따른 증여세가 부과될 수 있다. 이 경우 시가와 대가의 차액에 대해 양도자에게 양도세와 증여세가 이중과세되는 것을 조정하기 위하여 양도가액은 대가에서 상증법 제35조에 따른 증여재산가액을 뺀 금액으로 한다(소득법 제96조제3항).

비상장주식의 양도가액보다 높은 고가양도로 증여세 대상이 되는지를 판단할 경우 상증법상 보충적 평가방법에 의해 평가한 가액을 시가로 볼 수 있으며, 그 양도가액 중 시가상당액에 대하여는 양도소득세를, 시가를 초과하는 부분에 대하여는 증여세를 부과할 수 있다(대법원2012두3200, 2012.6.14. 요지).

구체적으로 특수관계(특수관계는 소득법 및 상증법에 따라 각각 판단) 여부에 따라 고가 양도자의 양도가액과 증여재산가액은 아래와 같이 계산할 수 있다.

가) 특수관계가 있는 개인 간 고가 양도시

(1) 양도자의 양도가액(실가)[27]＝시가＋MIN(시가의 30%, 3억원)

(2) 양도자의 증여재산가액＝대가－시가－MIN(시가의 30%, 3억원)

나) 특수관계가 없는 개인 간 고가 양도시

(1) 양도자의 양도가액(실가)＝시가＋3억원(재경부재산－873, 2007.7.18.)

(2) 양도자의 증여재산가액＝대가－시가－3억원

다. 저가 · 고가 양도거래시 이익분여자에 대한 과세문제

1) 이익을 분여한 자가 법인인 경우

가) 특수관계인 거래시 이익분여자(법인)의 법인세 부당행위계산부인 검토

구분	적용 요건	익금산입(소득처분) 금액
저가양도	(시가 - 대가)가 시가의 5% 이상이거나 그 차액이 3억원인 경우	(시가 - 대가)
고가양수	(대가 - 시가)가 시가의 5% 이상이거나 그 차액이 3억원인 경우	(대가 - 시가)

27. 소득법 제96조제3항제2호

나) 비특수관계인 거래시 이익분여자(법인)의 기부금의제 검토

구분	적용 요건(정당한 사유 없음 충족)	기부금의제금액(소득처분)
저가양도	(시가-대가)가 시가의 30% 이상	(시가 × 70%)-대가
고가양수	(대가-시가)가 시가의 30% 이상	대가 – (시가 × 130%)

2) 이익을 분여한 자가 개인인 경우

가) 특수관계인간 거래시 이익분여자(개인)에게 양도소득 부당행위계산 검토

구분	적용 요건	양도소득 계산방법
저가양도	(시가 - 양도대가)가 시가의 5% 이상이거나 그 차액이 3억원인 경우	양도가액을 시가로 함
고가양수	(취득대가 - 시가)가 시가의 5% 이상이거나 그 차액이 3억원인 경우	취득가액을 시가로 함

예시 1

예시1과 예시2의 특수관계인 판단은 각 개별세법에 따라 판단한 것이며, 각각의 적용여부는 개별 거래유형에 따라 달라질 수 있음

(문) 토지의 양수 · 양도 내용이 다음과 같은 경우 증여세 과세대상여부 및 증여재산가액은? (을과 정의 거래에 대하여는 거래 관행상 정당한 사유가 없음)

(거래시기: 2021. 1. 1.)

구 분	거래상대방	거래형태	거래금액	시 가
① 갑	개인, 특수관계인	양수	150백만원	180백만원
② 을	개인, 비특수관계인	양수	460백만원	800백만원
③ 병	개인, 특수관계인	양도	500백만원	350백만원
④ 정	개인, 비특수관계인	양도	2,000백만원	1,600백만원

(답)

① (갑) 증여세 과세대상 아님. (180백만원-150백만원)÷180백만원=16.6%로 시가의 30% 이상이 아니며, 시가와 대가의 차이도 3억원 미만임

② (을) 증여세 과세대상, 증여재산가액 40백만원

(800백만원-460백만원)÷800백만원=42.5%로 시가의 30% 이상

증여재산가액 40백만원=(800백만원-460백만원)-300백만원

③ (병) 증여세 과세대상, 증여재산가액 45백만원

(500백만원-350백만원)÷350백만원 = 42.8%로 시가의 30% 이상

증여재산가액 45백만원=(500백만원-350백만원)-Min(350백만원×30%, 3억원)

④ (정) 증여세 과세대상 아님

(2,000백만원-1,600백만원)÷1,600백만원=25%로서 시가의 30% 이상이 아님

예시 2

시가가 9억원인 비상장주식을 대가 5억원에 거래하였다(양도자는 당초 2억원에 취득.)

(저가 1-1) 거래당사자가 특수관계인 경우, 거래당사자 유형에 따른 세금문제는?

거래 당사자	양 도 자	양 수 자
개인 ⇒ 개인	ㅇ부당행위: 시가과세 ㅇ양도차익 9억 – 2억=7억	ㅇ증여가액 1.3억(= 9억-5억 – Min (9억×30%, 3억) ㅇ처분시 취득가액: 5억+1.3억
개인 ⇒ 법인	ㅇ부당행위: 시가과세 ㅇ양도차익 9억 – 2억=7억	ㅇ유가증권 양수시 4억 익금산입(유보처분)
법인 ⇒ 개인	ㅇ부당행위: 4억 익금산입 ㅇ4억 상여등 소득처분	ㅇ소득세 과세(증여세 과세제외) ㅇ처분시취득가액: 5억+4억
법인 ⇒ 법인	ㅇ부당행위: 4억 익금산입 ㅇ4억 기타사외유출	ㅇ법인세 과세문제 없음

(저가 1-2) 거래당사자 간에 특수관계가 없는 경우(정당한 사유 없음), 거래 당사자 유형에 따른 세금 문제는?

거래 당사자	양 도 자	양 수 자
개인 ⇒ 개인	ㅇ양도차익: 5억-2억=3억(부당행위 적용안됨)	ㅇ증여가액 1억(= 9억- 5억- 3억) ㅇ처분시 취득가액: 5억+1억
개인 ⇒ 법인	ㅇ양도차익: 5억-2억=3억	ㅇ법인세 과세문제 없음
법인 ⇒ 개인	ㅇ기부금: 1.3억 익금산입(기타사외유출처분)	ㅇ증여가액 1억(= 9억-5억-3억) ㅇ처분시 취득가액: 5억+1억
법인 ⇒ 법인	ㅇ기부금: 1.3억 익금산입(기타사외유출처분)	ㅇ법인세 과세문제 없음

예시 3

시가가 5억원인 비상장주식을 대가 9억원에 거래하였다(양도자는 당초 2억원에 취득).

(고가 2-1) 거래당사자가 특수관계인 경우, 거래당사자 유형에 따른 세금문제는?

거래 당사자	양 도 자	양 수 자
개인 ⇒ 개인	ㅇ증여가액: 2.5억 9억-5억-1.5억[=Min(5억x30%, 3억)] ㅇ양도차익: 4.5억 (=9억-2.5억-2억)	ㅇ양도세(×), 증여세(×) 소득세법 부당행위계산 부인대상이면 처분시 취득가액을 5억원(시가)으로 함
개인 ⇒ 법인	ㅇ4억원 종소세과세 ㅇ양도차익: 5억-2억=3억	ㅇ부당행위: 4억 익금산입(4억 상여등 소득처분) 손금산입 주식 4억(△유보)
법인 ⇒ 개인	ㅇ9억원 기준 법인세과세	ㅇ소득세법 부당행위계산부인대상이면 처분시 취득가액을 5억원(시가)으로 함
법인 ⇒ 법인	ㅇ9억원 기준 법인세과세	ㅇ부당행위: 4억 익금산입(4억 기타사외유출 처분)손금산입 주식 4억(△유보)

(고가 2-2) 거래당사자간에 특수관계가 없는 경우(정당한 사유 없음, 거래 당사자 유형에 따른 세금 문제는?

거래 당사자	양 도 자	양 수 자
개인 ⇒ 개인	ㅇ증여가액: 9억-5억-3억=1억 ㅇ양도차익: (9억-1억)-2억=6억	ㅇ과세문제 없음 ㅇ처분시 취득가액: 9억
개인 ⇒ 법인	ㅇ증여가액: 9억-5억-3억=1억 ㅇ양도차익: (9억-1억)-2억=6억	ㅇ기부금: 9억-5억-1.5억=2.5억 익금산입 2.5억(기타사외유출) 손금산입 2.5억(△유보)
법인 ⇒ 개인	ㅇ9억원 기준 법인세과세	ㅇ처분시 취득가액: 9억
법인 ⇒ 법인	ㅇ9억원 기준 법인세과세	ㅇ기부금: 9억-5억-1.5억=2.5억 익금산입 2.5억(기타사외유출) 손금산입 2.5억(△유보)

[관련 질의회신 · 판례 등]

ㅇ 상장주식

(상장주식 장내거래) 상장주식을 증권시장에서 거래한 경우로, 특수관계인 간에 특정물량 · 가액을 양도 · 양수하기로 사전 계획하여 장내거래로 실행한 경우, 실질과세원칙에 따라 시간외대량매매로 보아 "저가 양수 또는 고가 양도에 따른 이익의 증여" 규정을 적용할 수 없음(기획재정부 재산세제과-227, 2021.3.10., 요지).

(특수관계인 간 시간외대량매매 방식에 따라 전일종가거래) 특수관계인 간에 거래소 정규시장(09:00~15:30) 개시 전에 '전일종가'를 체결단가로 하여 상장주식을 대량매매 방식으로 거래한 경우 증여세 과세대상에 해당함(기획재정부 재산세제과-874, 2021.10.5.).

○ 특수관계인 판단

(2012.2.1. 이전-일방관계) 특수관계에 있는 자인 사용인은 증여세 납세의무자인 고가양도에서의 양도자 또는 저가양수에서의 양수자를 기준으로 하여 그의 사용인을 의미한다고 봄이 타당하며 거래상대방 입장에서 특수관계자를 의미하는 것이 아님(대법원2012두21604, 2013.10.11.).

(2012.2.2. 이후-쌍방관계) '저가양수자 또는 고가양도자' 일방을 기준으로 특수관계를 판단하여야 할 이유도 없음(서울고법2016누69293(2017.8.11.)-대법원2017두59710, 2017.12.21. 심불)).[28]

○ 사용인과 특수관계 여부

(출자에 의하여 지배하고 있는 법인의 사용인) 특수관계에 있는 자의 범위는 최대주주등과 직접적인 사용관계에 있는 사용인뿐만 아니라 출자에 의하여 지배하고 있는 법인의 사용인도 포함함(대법원2011두6899, 2012.10.11.).

(최대주주의 자녀(주식 미보유)와 임원) 양도자 C는 양수자 B(갑 법인의 주주 아님)의 국기령상 친족 A가 30% 이상 출자하여 지배하고 있는 갑 법인의 사용인에 해당하므로 C와 B는 특수관계인에 해당함(상속증여세과-561, 2013.9.26.).

(30% 미만으로 출자한 공동대표자와 해당법인의 사용인) 상증법 제35조를 적용함에 있어 법인에 지분 8%를 출자한 공동대표자가 해당 법인의 사용인으로부터 해당 법인 주식을 매매로 취득한 경우 양도자와 양수자는 특수관계인에 해당하지 아니함(서면법규과-1085, 2013.10.4.).

(퇴직 후 5년이 지나지 않은 임원과 법인) 상증령 제2조의2제1항제2호에 따른 사용인은 상증령 제2조의2제2항에 따라 임원, 상업사용인, 그 밖에 고용계약 관계에 있는 자를 말하며, 이 경우 임원은 상증령 제2조의2제1항제3호에 따라 법인령 제20조제1항제4호에 따른 임원과 퇴직 후 5년이 지나지 아니한 그 임원이었던 사람으로 사외이사가 아니었던 사람을 말함(기획재정부 재산세제과-688, 2016.10.26.).

○ 시가 산정시 할증평가 적용여부

(최대주주등 보유주식) 특수관계자에게 비상장주식을 양도하는 경우로 저가 · 고가양도에 따른 이익을 계산할 때 해당 비상장주식이 최대주주등의 주식에 해당하면 할증평가하여 증여이익을 계산함(서면4팀-939, 2008.4.15.).

(중소기업 최대주주 주식) 중소기업 최대주주등이 보유하고 있는 주식은 저가 · 고가양도에 따른 증여이익 계산시 "중소기업 최대주주등의 주식 할증평가 적용특례"(조특법 제101조) 규정이 적용됨(재경부 재산-614, 2007.5.28.).

○ 거래 관행상 정당한 사유 입증 책임

재산을 저가로 양도 · 양수한 거래 당사자들이 그 거래가격을 객관적 교환가치가 적절하게 반영된 정상적인 가격으로 믿을 만한 합리적인 사유가 있었던 경우는 물론, 그와 같은 사유는 없더라도 양도인이 그 거래가격으로 재산을 양도하는 것이 합리적인 경제인의 관점에서 비정상적이었다고 볼 수 없는 객

---

28. 2012.2월 상증법을 개정하면서 특수관계인을 쌍방관계에 따라 판단하는 것으로 명확히 개정되었다. 국세청은 2012.2월 전까지 일방관계로 해석하였는데 대법원 판결 이후에도 쌍방관계에 따라 특수관계인으로 판단한다고 해석 변경한 바 없다. 그러나 심판 등 불복에서 인용됨에 따라 실무적으로 일방관계에 따라 집행하였다.

관적인 사유가 있었던 경우에도 상증법 제35조제2항에서 말하는 '거래의 관행상 정당한 사유'가 있다고 봄이 타당하다. 한편 구 상증세법 제35조제2항에 따른 과세처분이 적법하려면 양수자가 특수관계인이 아닌 자로부터 시가보다 현저히 낮은 가액으로 재산을 양수하였다는 사실뿐 아니라 거래 관행상 정당한 사유가 없다는 점도 과세관청이 증명하여야 함(대법원2017두61089, 2018.3.15.).

○ 양도의 의미

고가 · 저가 양도시 증여 규정을 적용시 양도란 소득법 제88조에 의한 양도를 말함(재삼46014-1017, 1998.6.3.).

○ 교환

특수관계에 있는 당사자 간 합의에 의하여 그 자산이 사실상 유상으로 상호 이전되는 것으로 볼 수 있는 교환의 경우로 새로 취득하는 자산의 시가가 당해 교환의 대가로 양도하는 자산의 시가보다 큰 경우에는 그 대가와 시가 차액에서 시가의 100분의 30에 상당하는 가액과 3억원 중 적은 금액을 차감한 가액을 양도자의 증여재산가액으로 하여 증여세를 과세함(재산세과-591, 2010.8.13.).

○ 개인과 특수관계 없는 법인이 법인법에 따른 시가로 거래한 경우

개인과 법인 간에 재산을 양수 또는 양도하는 경우로 그 대가가 법인령 제89조에 따른 가액에 해당하는 경우에는 상증령 제26조제9항에 따라 같은 조 제1항 내지 제8항의 규정을 적용하지 않음(기획재정부 재산세제과-83, 2015.2.3.).[29]

○ 환율이 30% 이상 변동하는 경우 증여일

특수관계 없는 자 간 고 · 저가 거래에 따른 증여이익 계산시 매매계약일부터 대금청산일 전일까지 환율이 30% 이상 변동하는 경우 증여일은 매매계약일임(기획재정부 재산세제과-966, 2018.11.6.).

○ 특수관계인 간의 비상장 주식거래의 시가

특수관계에 있는 자와의 거래라 하더라도 위와 같은 제반 사정을 고려하여 객관적 교환가치가 적정하게 반영된 정상적인 거래라고 판단되면 그 거래가격을 시가로 보아 그 거래가격으로 평가하여야 하되, 특수관계자와의 거래가 정상적인 거래에 해당한다는 입증 책임은 이를 주장하는 자에게 있음(대법원2006두17055, 2007.1.11.).

---

29. 상증법 제35조제3항 규정은 개인과 법인 사이의 재산 양도에서 그 대가가 법인령 제89조에서 정한 시가에 해당하여 해당 법인 거래에 대하여 부당행위계산부인에 관한 법인법 제52조가 적용되지 않는 경우 개인에 대해 상증법 제35조를 적용하지 않는다는 뜻이므로 이때 개인과 법인은 법인법상 부당행위계산 적용대상이어야 하므로 법인법상 특수관계인에 해당하여야 한다. 따라서 특수관계없는 법인은 상증법 제35조제3항의 적용대상이 아니지만, 해석으로 제외하고 있다. 이와 유사한 쟁점에 대한 양도소득세 판례 판례(대법원2016두63439, 2021.5.7.)가 있다.

제5절 채무면제 등에 따른 증여

ㅇ (과세요건)
① 채권자로부터 채무를 면제를 받은 경우
② 제3자로부터 채무의 인수 또는 변제를 받은 경우
ㅇ (증여시기)
①의 경우: 채무면제 의사표시를 한 날
②의 경우: 제3자와 채권자 간에 채무인수계약이 체결된 날
ㅇ (과세대상) 해당 채무면제 등으로 인한 이익상당액
ㅇ (증여재산가액) 해당 채무면제익 – 채무면제(인수)에 따른 보상액
ㅇ (납세의무자) 채무면제등의 이익을 얻은 자

채권자로부터 채무를 면제받거나 채무를 제3자가 인수 또는 대신 변제하면 채무자는 타인으로부터 면제등을 받은 채무액 상당액만큼 채무자는 이익을 얻는다. 그 면제등으로 인한 이익에 상당하는 금액을 그 이익을 얻은 자의 증여재산가액으로 한다(상증법 제36조).

이 경우 채무자가 사업자라면 채무면제익으로 소득세 계산에 반영되고, 채무자가 비사업자이면 해당 규정에 따라 증여세를 부과한다.

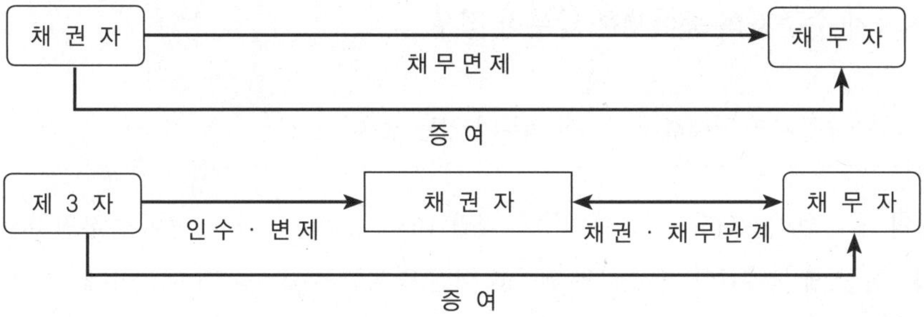

1. 과세요건

다음의 어느 하나에 해당하는 경우에는 그 면제등으로 인한 이익에 상당하는 금액을 그 이익을 얻은 자의 증여재산가액으로 한다.

가. 채권자로부터 채무를 면제받은 경우
나. 제3자로부터 채무의 인수 또는 변제를 받은 경우

2. 증여재산가액

증여재산가액 = 그 면제 등으로 인한 이익에 상당하는 금액 - 보상액 + 법정이자

채무를 면제받고 보상액을 지급하는 경우에는 보상액을 뺀 금액으로 한다. 면제 등을 받을 날까지의 법정이자를 포함하여 증여세 과세대상으로 한다(재산세과-1260. 2009.6.23.).

3. 증여시기

가. 채권자로부터 채무를 면제받은 경우

채권자가 채무면제에 대한 의사표시를 한 날이다(상증령 제26조의2제1호).

나. 제3자로부터 채무 인수(변제)를 받은 경우

제3자와 채권자 간에 채무인수계약이 체결된 날이다(상증령 제26조의2제2호).

4. 증여자가 수증자의 증여세를 납부한 경우

가. 증여자가 수증자와 연대하여 납부할 의무가 있는 경우

수증자의 재차증여에 해당하지 않는다(서면4팀-1050, 2008.4.29.). 증여자 본인의 연대납세의무를 이행한 것에 불과하며, 수증자의 채무를 대신 변제한 것이 아니기 때문이다.

나. 증여자가 수증자와 연대하여 납부할 의무가 없는 경우

수증자가 납부해야 할 증여세를 증여자가 대신 납부하는 경우 그 대신 납부 세액에 대하여는 증여세가 과세된다(재삼46014-135, 1997.1.24.). 수증자가 증여자로부터 증여세를 대신 변제받은 경우에 해당하므로 채무면제 등에 따른 증여세 과세대상이다.

다. 계속하여 대신 납부한 경우[30]

증여자가 수증자가 납부해야 할 증여세를 계속하여 대신 납부한 경우 대신 납부할 때마다 재차 증여에 해당한다(재삼46014-2303, 1994.8.24.).

예시

(문) 부가 자에게 증여한 후 증여세를 부가 대신 납부한 경우 증여세 과세 여부는?

(답) 증여자가 연대납세의무자인 경우에는 증여세 납세의무가 없으나, 연대납세의무자가 아님에도 납부한 경우에는 증여세 과세대상이다.

라. 상속세

상속인은 상속재산 중 각자가 받았거나, 받을 재산을 한도로 하여 상속세를 연대하여 납부할 의무가 있다. 상속인 각자가 받은 상속재산을 초과하여 대신 납부한 상속세액에 대해서는 다른 상속인에게 증여한 것으로 보아 증여세 과세대상이다.

5. 납부의무의 면제

가. 수증자의 증여세 납세의무 면제

채무면제 등에 따른 증여에 해당하는 경우로, 수증자가 증여세 납부 능력이 없다고 인정되어 강제징수를 해도 증여세에 대한 조세채권을 확보하기 곤란해 상증법 제4조의2⑥2에 해당하는 경우에는 그에 상당하는 증여세 전부 또는 일부를 면제한다(상증법 제4조의2⑤).

나. 증여자의 증여세 연대납부의무 면제

채무면제 등에 따른 증여에 해당하는 경우, 수증자가 증여세를 납부할 능력이 없다고 인정된다면 증여자는 수증자가 납부할 증여세를 연대하여 납부할 의무가 없다(상증법 제4조의2제6항 단서).

---

30. 실무적으로는 납부할 증여세를 아래 방정식을 사용하여 계산한다.

[{ (증여재산가액 + X) - 증여재산공제 } × 세율 - 누진공제] × 0.97 (신고세액공제 3%) = X

쟁점

상속재산 · 채무 분할과 증여세

피상속인의 재산은 부동산 8억원, 예금 10억원이고, 채무는 임대보증금으로 6억원이다. 상속인은 배우자와 자녀 1인이 있다. 상속재산 중 예금에 대해 배우자 4억원, 자녀 6억원으로 상속재산을 분할할 수 있을까? 또, 채무를 배우자 5억원, 자녀 1억원으로 분할할 수 있을까?

모든 상속재산과 채무가 분할대상은 아니다. 상속재산과 채무 중 가분채권과 가분채무는 상속개시와 동시에 법정상속분대로 공동상속인에게 귀속된다. 가분채권은 법정상속분대로 상속인에게 귀속되므로 예금은 배우자 6억원, 자녀에게 4억원이 귀속된다. 임대보증금은 가분채무가 아니므로 상속재산분할대상이다.

가분채권이 상속재산 분할대상은 원칙적으로 아니지만, 예외도 있다. 법원에서는 특별한 사정, 예를 들면 공동상속인 중 초과특별수익자가 있으면 예외적으로 가분채권도 재산분할 대상이 될 수 있다고 보았다(대법원 2014스122, 2016.5.4.).

상속재산분할에 따른 증여세 문제가 생길 수 있을까? 예금을 배우자에게 6억원, 자녀에게 4억원으로 분할하여야 하는데, 배우자 4억원, 자녀 6억원으로 분할한 경우 증여세를 과세할 수 있을까?

여기에 대해 국세청은 가분채권의 증여세에 대해서는 명시적인 해석은 없고, 채무에 대해서는 해석한 바 있다. 위의 사례에서 부동산을 자녀가 상속받게 되면 아래와 같이 상속재산을 분할한다.

구분		배우자	자녀
상속재산	부동산 8억원	0	8억원
	예금 10억원	4억원	6억원
(채무 6억원)		(5억원)	(1억원)
계		(1억원)	13억원

이 경우 배우자는 상속재산을 초과하여 채무를 인수하게 된다. 국세청은 이러한 경우 상속인 중 1인이 그가 상속받은 재산가액을 초과하는 채무를 인수함으로써 다른 상속인이 얻은 이익에 대하여는 증여세가 과세된다고 보았다(서면4팀-1542, 2006.6.1.). 이는 가분채무 개념은 민법상 채권자를 보호하기 위한 제도로 이를 상증세법에 그대로 원용하기는 어렵고 가분채무 개념을 사용할 경우 통상적으로 자산과 부채를 연계하여 상속이 이루어지는 것과 괴리가 발생하였다고 보기 때문이다.

해석의 연혁을 살펴보면, 서면4팀-1452 해석 후에 가분채무를 분할한 경우 증여세를 과세한다고 보았다가(법규과-923, 2006.6.1.), 다시 서면4팀-1452 해석의 입장으로 해석정비[31]하였다(서면2014법령해석재산-20602, 2015.7.22.).

이 해석에 대해 다툼의 여지는 있다. 상속재산 분할은 민법에 따라 이루어지지는 것이고, 세법과 민법이 다르다면 상증법령에 규정되어야 한다. 그럼에도 상속재산분할에 대해 상증법에 별다른 규정이 없음에도 달리 해석할 수 있느냐는 다툼이 될 수 있다. 또, 법원은 상속개시와 동시에 당연히 원고 등 공동상속인 모두에게 법정상속분에 따라 상속되었다고 할 것이고, 설령 피고 주장과 같이 공동상속인 사이에 원고가 단독으로 이 사건 채무를 상속하기로 하는 협의가 있었다고 가정하더라도 이는 상속 이후에 이루어진 채무인수에 불과하므로 상속관계에 아무런 영향을 미치지 못한다고 보았다(의정부지법2016구합-7885, 2017.2.14.).

---

31. 세법해석정비

요지	유지사례	삭제사례
가분채무 개념은 민법상 채권자를 보호하기 위한 제도로 이를 상증세법에 그대로 원용하기는 어렵고 가분채무 개념을 사용할 경우 통상적으로 자산과 부채를 연계하여 상속이 이루어지는 것과 괴리가 발생함	서면4팀-1542, 2006.6.1.	법규과-923, 2009.7.7.

[관련 질의회신 · 판례 등]

○ 실질소유자가 증여세를 대납한 경우

명의수탁한 재산에 대하여 명의수탁자에게 부과된 증여세를 해당 명의신탁재산의 실질소유자 명의로 환원한 후 그 실질소유자가 납부한 경우에는 대신 납부한 증여세액에 대하여 다시 증여세를 부과하지 않음(재삼46014-1128, 1997.5.8.).

○ 제3자가 대물변제한 경우

양수자가 지급할 양수대금을 제3자가 부동산으로 대물변제하면 양수자는 채무면제로 증여세가 과세되고 제3자는 부동산 양도에 따른 양도소득세 납세의무가 있음(서면4팀-1677, 2007.5.21.).

○ 시어머니가 대신 지급한 이혼위자료

남편을 대신하여 시어머니가 며느리에게 이혼위자료로 부동산을 증여한 경우에는 상증법 제36조에 따라 남편이 그의 어머니로부터 그 부동산 가액에 상당하는 위자료채무를 인수 또는 변제받은 것으로서 남편에게 증여세가 과세됨(재산세과-453, 2012.12.20.).

○ 피상속인 채무의 상속에 따른 증여세

상속개시 후 최초로 공동상속인 간에 상속채무를 협의분할할 때, 상속인 중 1인이 그가 상속받은 재산가액을 초과하는 채무를 인수함으로써 다른 상속인(이하 "수증상속인"이라 함)이 얻은 이익에 대하여는 상증법 제36조에 따라 증여세 과세대상에 해당하는 것이고, 피상속인의 적극재산 가액이 소극재산 가액보다 적은 경우에는 수증상속인이 얻은 이익은 수증상속인이 받은 순재산가액을 한도로 하여 채무면제이익을 산정하는 것이며, 상속인이 아닌 자가 상속채무를 승계하여 부담함에 따라 다른 상속인에게 채무면제이익이 발생하는 경우에는 증여세가 과세됨(서면2014법령해석재산-20602, 2015.7.22.).

○ 환수채권을 포기한 경우

확정판결에 의해 퇴직금 과다지급금으로 결정된 퇴직금 환수채권을 회사가 환수 포기한 경우에는 채무면제이익에 해당하여 그 이익을 얻은 자에게 증여세가 과세(국심2007구3746, 2007.11.23.).

○ 잔존합유자가 지분출급채무를 면제한 경우

상속인이 잔존합유자에 대해 지분출급채무를 면제한 경우에는 그 채무면제로 인한 이익에 상당하는 금액을 잔존합유자의 증여재산가액으로 하며, 이 경우, 증여시기는 청구권(채권)포기 또는 채무면제 의사를 표시한 때이며, 민법 제162조에 따른 소멸시효가 완성된 경우에는 소멸시효가 완성된 날이 됨(사전2016법령해석재산0226, 2016.9.9.).

제6절 부동산 무상사용에 따른 이익의 증여

(유형 1) 부동산 무상사용

○ (과세대상) 타인의 부동산을 무상으로 사용함에 따라 이익을 얻은 경우
  – 비특수관계자 간 정당한 사유가 있는 경우 과세제외
○ (납세의무자) 부동산 무상 사용자
○ (증여시기) 사실상 부동산 무상사용을 개시한 날, 5년 주기
○ (증여재산가액) 부동산 무상사용 이익(이익이 1억원 이상인 경우에 한정하여 과세)

$$\text{부동산 무상사용이익} = \sum_{n=1}^{n} \frac{(\text{부동산가액} \times \text{연 } 2\%)}{(1+0.1)^n}$$

(유형 2) 부동산 담보제공

○ (과세대상) 타인 부동산을 무상으로 담보로 이용하여 금전 등을 차입함에 따라 이익을 얻은 경우
  – 비특수관계자 간 정당한 사유가 있는 경우 과세제외
○ (납세의무자) 부동산을 담보로 이용한 자
○ (증여시기) 그 부동산 담보 이용을 개시한 날, 1년 주기
○ (증여재산가액) 부동산 무상담보이용 이익(이익이 1천만원 이상인 경우에 한정하여 적용)
  부동산 무상담보이용 이익=차입금×적정이자-실제로 지급하였거나 지급할 이자

상증법은 무상사용에 대해 재산종류별로 예시규정을 구분하고 있다. 부동산 무상사용은 상증법 제37조에서, 부동산 저가사용등은 상증법 제42조에서, 금전무상대출과 저율대출은 상증법 제41조의4에서, 그 외 재산 및 용역의 무상사용 · 저가사용등은 상증법 제42조에서 규정[32]하고 있다.

구분	유형	관련 조문
금전	무상대출 저율대출	금전무상대출 등에 따른 이익의 증여 (상증법 제41조의4)
부동산	무상사용 고가제공 저가제공	부동산 무상사용에 따른 이익의 증여 (상증법 제37조)
그 외	무상사용, 제공 저가사용, 제공 고가사용, 제공	재산사용 및 용역제공 등에 따른 이익의 증여 (상증법 제42조)

---

32. 상증법 제43조(증여세 과세특례)제1항에서 하나의 증여에 대하여 둘 이상 동시에 적용되는 경우를 규정하고 있다. 상증법 제42조에서는 부동산 임대차를 용역으로 보고 있으므로 부동산을 무상사용한 경우에는 상증법 제37조(부동산 무상사용에 따른 이익의 증여)와 상증법 제42조(재산사용 및 용역제공 등에 따른 이익의 증여)가 동시 적용될 수 있다. 두 규정은 증여시기, 기준금액등이 다르기 때문에 항상 동시에 적용되지는 않는다. 자세한 설명은 "〈쟁점〉 하나의 증여에 대하여 둘 이상 동시에 적용되는 경우〉를 참고하기 바란다.

타인의 부동산을 무상으로 사용하며 이익을 얻은 경우, 그 무상 사용을 개시한 날을 증여일로 하여 그 이익에 상당하는 금액을 부동산 무상 사용자의 증여재산가액으로 한다(상증법 제37조제1항).

또한, 타인의 부동산을 무상으로 담보하여 금전 등을 차입함에 따라 이익을 얻었을 때는 그 부동산 담보 이용을 개시한 날을 증여일로 하여 그 이익에 상당하는 금액을 부동산을 담보 이용한 자의 증여재산가액으로 한다(상증법 제37조제2항).

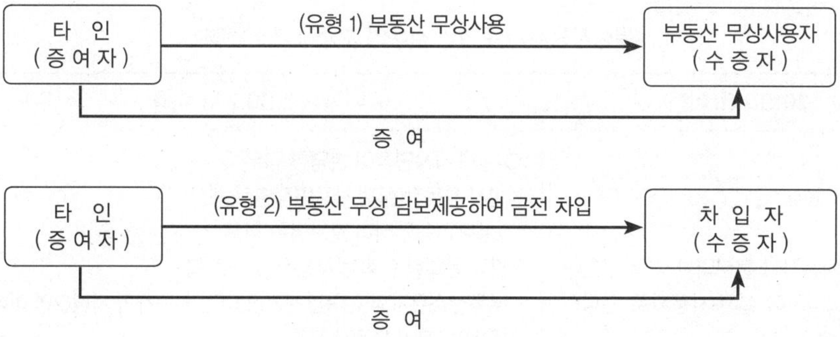

1. 타인의 부동산을 무상사용하여 이익을 얻은 경우

가. 과세대상

타인의 부동산(해당 부동산 소유자와 함께 거주하는 주택은 제외)을 무상으로 사용하는 경우, 그 부동산 무상사용 이익에 대해 과세한다. 특수관계인이 아닌 자 간의 거래시, 관행상 정당한 사유가 없는 경우에 한하여 적용한다.

이 경우, 주택 일부에 점포 등 다른 목적의 건물이 설치되어 있거나 동일 지번에 다른 목적을 위한 건물이 설치된 경우에는 주택 면적이 주택 외 면적을 초과하는 경우에 한하여 해당 토지소유자와 함께 거주할 목적으로 소유하는 주택으로 보아 부동산 무상사용에서 제외한다.

<증여세가 과세되는 무상사용 부동산의 범위 개정연혁>

2003.12.31. 이전	2004~2015년	2016.1.1. 이후
특수관계인의 토지	특수관계인의 부동산 - 해당 부동산 소유자와 함께 거주하는 주택은 제외	타인의 부동산 - 해당 부동산 소유자와 함께 거주하는 주택은 제외 - 비특수관계인 간 거래시, 관행상 정당한 사유가 없으면 과세대상

특수관계인 등 요건을 충족한 경우에는 무상으로 제공한 자는 소득법 제41조(부당행위계산의 부인)에 따라 소득세와 부가법 제12조(용역공급의 특례)에 따른 부가세 과세대상이며, 무상으로

사용한 자는 상증법 제37조에 따라 증여세를 과세한다.

나. 수증자

수증자란 타인의 부동산을 무상으로 사용하는 자를 말하며, 타인의 토지 또는 건물만을 각각 무상 사용시에도 적용한다.

<무상사용자가 수인인 경우의 수증자 개정연혁>

2019.2.11. 이전	2019.2.12. 이후
○ 실지 사용자 ○ 실지 사용자가 불분명한 경우 근친관계등을 고려하여 실지 사용자로 인정되는 자	○ 실제 사용면적이 분명한 경우 - 실지 사용자(실제 사용면적별로 계산) ○ 실제 사용면적이 불분명한 경우 - 각각 동일한 면적을 사용한 것으로 봄 - 부동산소유자와 친족관계가 있다면 최근친인 사람(2명 이상이면 최연장자)을 대표사용자 지정 - 부동산소유자와 친족관계가 없다면 각각 무상사용자로 봄

다. 증여재산가액의 계산

부동산 무상사용이익은 각 연도의 부동산 무상사용이익을 해당 부동산 무상사용 기간을 감안하여 환산한 금액의 합계액[33]을 말한다. 이 경우, 해당 부동산에 대한 무상사용 기간은 5년으로 하고, 당초 증여시기로부터 5년 경과 후에도 계속하여 해당 부동산을 무상으로 사용하는 경우에는 5년이 되는 날의 다음날 새로 무상사용을 개시한 것으로 보아 다시 5년간의 부동산 무상사용에 따른 이익을 계산하여 증여세를 과세한다.

$$\text{부동산 무상사용이익} = \sum_{n=1}^{n} \frac{(\text{부동산가액} \times \text{연 } 2\%)}{(1+0.1)^{n}}$$

n=평가기준일 경과년수

부동산가액은 상증법 제60조부터 제66조까지 평가한 가액을 말하며, 평가기준일 경과년수는 5년 단위로 계산한다. 이 경우, 환산 부동산 무상사용이익이 1억원 이상인 경우에만 적용한다.

---

33. 실무상은 부동산 가액×2%×3.79079를 곱하여 계산한다.

<부동산 무상사용이익 계산의 개정연혁>

1999.1.1.~2001.12.31.	2002.1.1.~2003.12.31.	2004.1.1. 이후[34]
토지가액 × 2% × 5년 (5년마다 재계산)	$\sum_{n=1}^{5} \frac{(\text{토지가액} \times \text{연 } 2\%)}{(1+0.1)^n}$ (5년마다 재계산)	$\sum_{n=1}^{5} \frac{(\text{부동산가액} \times \text{연 } 2\%)}{(1+0.1)^n}$ (5년마다 재계산, 1억 이상만 과세)

예시

(문) 시가 20억원의 토지(소유자: 부)에 자가 건물을 신축하여 해당 토지를 무상사용하는 경우 증여재산가액은?

(답) 151,631,468원(1차 + 2차 + 3차 + 4차 + 5차)

1차: 20억원×2% / $(1+0.1)^1$=36,363,636원

2차: 20억원×2% / $(1+0.1)^2$=33,057,851원

3차: 20억원×2% / $(1+0.1)^3$=30,052,592원

4차: 20억원×2% / $(1+0.1)^4$=27,320,537원

5차: 20억원×2% / $(1+0.1)^5$=24,836,852원

라. 증여시기

타인의 부동산을 무상으로 사용함에 따라 이익을 얻은 경우, 그 무상 사용 개시일을 증여일로 한다(상증법 제37조제1항). 이 경우 해당 부동산 무상사용 기간은 5년으로 하고, 5년을 초과시 그 무상사용을 개시한 날부터 5년이 되는 날의 다음 날에 해당 부동산의 무상사용을 새로 개시한 것으로 본다(상증령 제27조제3항).

2. 타인의 부동산을 무상 담보 이용하여 금전 등을 차입함에 따라 이익을 얻었을 때

담보제공시 계산방법을 명확하게 규정하였다. 2015.2.3. 상증령 제31조의9(그 밖의 이익의 증여 등, 2016.2.5. 개정되기 전의 것)에서 타인의 재산을 무상으로 사용하여 금전 등을 차입할 때 담보로 제공한 경우를 규정하였고, 2016.1.1. 상증법 제37조(부동산 무상사용에 따른 이익의

34. 2004.1.1. 이후 산식은 2004.1.1. 이후 부동산을 무상사용하는 분부터 적용한다. 단, 2001.12.31. 이전 증여분으로 2001.12.31. 개정 전 상증령 제27조제5항 규정을 적용할 처분과 시행한 처분(이의신청·심사청구·심판청구 또는 행정소송이 제기된 것에 한함)에 관하여는 2002.1.1. 이후 계산방법(2001.12.31. 개정된 상증령 제27조제5항) 규정에 따라 계산한다(2003.12.30. 개정 상증령 부칙 제14조).

증여)에서 부동산 담보제공에 따른 이익에 대한 과세방법을 규정하였다.

가. 과세대상

2016.1.1. 증여분부터 타인의 부동산을 무상으로 담보로 이용하여 금전 등을 차입함에 따라 이익을 얻은 경우에는 그 부동산 무상담보 이용 이익에 대해 과세한다. 특수관계인이 아닌 자 간의 거래인 경우, 거래 관행상 정당한 사유가 없는 경우에 한하여 적용한다.

나. 수증자

수증자는 타인의 부동산을 무상으로 담보로 이용하여 금전 등을 차입함에 따라 이익을 얻은 자로 한다.

다. 증여재산가액의 계산

부동산을 무상으로 담보로 이용하여 금전 등을 차입함에 따라 얻은 이익은 차입금에 상증령 제31조의4(금전무상대출 등에 다른 이익의 계산방법 등)제1항 본문에 따른 적정이자율[35]을 곱하여 계산한 금액에서 금전 등을 차입할 때 실제 지급하였거나 지급할 이자를 뺀 금액으로 한다. 이 경우, 이익이 1천만원 이상인 경우에만 적용한다.

증여이익 = 차입금 × 적정이자 - 실제로 지급하였거나 지급할 이자

라. 증여시기

타인의 부동산을 무상으로 담보 이용하여 금전 등을 차입함에 따라 이익을 얻었을 때, 그 부동산 담보 이용을 개시한 날을 증여일로 한다(상증법 제37조제2항). 이 경우, 차입기간이 정해지지 아니한 경우에는 차입기간을 1년으로 하고, 1년 초과시 그 부동산 담보 이용 개시 날부터 1년이 되는 날의 다음 날에 해당 부동산의 담보 이용을 새로 개시한 것으로 본다(상증령 제27조제5항).

---

35. 현재 적정이자율은 4.6%이며, 2016.3.20. 이전 적정이자율은 8.5%이다

예시

(문) 자가 부의 아파트(시가 20억원)를 2022.4.1. 금융기관에 담보로 제공하여 10억원을 차입한 경우 증여재산가액은? (실제로 지급하였거나 지급할 이자는 없으며, 차입기간은 정해지지 않음)

(답) 46백만원(=10억원×4.6%), 증여시기는 2022.4.1. 이후 1년 단위로 계산한다.

3. 경정 등의 특례(상증법 제79조제2항제1호)

부동산 무상사용에 따른 이익의 증여규정에 따라 증여세를 결정 또는 경정받은 자가 부동산 무상사용 기간(부동산 무상사용: 5년, 부동산 무상담보 이용: 1년) 중 부동산소유자로부터 해당 부동산을 상속 또는 증여받거나 다음 사유로 해당 부동산을 무상으로 사용하지 않게 된다면 그 사유가 발생한 날부터 3개월 내에 결정 또는 경정을 청구할 수 있다.

가. 부동산소유자가 당해 토지를 양도한 경우
나. 부동산소유자가 사망한 경우
다. 가. 내지 나.와 유사한 경우로, 부동산무상사용자가 당해 부동산을 무상으로 사용하지 아니하게 되는 경우

4. 납부의무의 면제

가. 수증자의 납세의무 면제

부동산 무상사용에 따른 이익 증여에 해당하는 경우로, 수증자가 증여세 납부 능력이 없다고 인정되고 강제징수를 하여도 증여세에 대한 조세채권을 확보하기 곤란한 경우(상증법 제4조의2 제6항제2호)에는 그에 상당하는 증여세 전부 또는 일부를 면제한다(상증법 제4조의2제5항).

나. 증여자의 증여세 연대납부의무 면제

부동산 무상사용에 따른 이익 증여에 해당한다면 수증자가 증여세를 납부할 능력이 없다고 인정될 때에도 증여자는 수증자가 납부할 증여세를 연대 납부할 의무가 없다(상증법 제4조의2제6항).

[관련 질의회신 · 판례 등]

○ 주택 일부에 점포 등 다른 목적의 건물이 설치되어 있는 경우

겸용주택으로 주택면적 이상의 점포가 있는 경우 주택 면적과 주택 외 면적을 안분하여 무상사용하는 토지의 가액을 계산하지 않음(재삼46014-1892, 1998.9.29.).

○ 출자비율과 손익분배비율이 다른 경우

특수관계자 간에 부동산임대업을 공동 영위하면서 토지지분이 없는 자의 임대소득을 건물소유지분에 따라 분배한 경우 동 건물소유지분에 해당하는 토지를 무상 사용함으로써 발생한 이익을 증여받은 것으로 보아 과세한 처분은 정당함(조심2009서0118, 2009.5.11.).

○ 타인으로부터 부동산 임대용역을 무상 또는 저가로 제공받은 경우

특수관계인이 아닌 자 간의 거래로 거래 관행상 정당한 사유 없이 무상 또는 시가보다 낮은 대가를 지급하고 부동산 임대용역(불특정다수인 간에 통상적인 지급 대가가 1천만원 이상인 것만 해당)을 제공받음으로써 이익을 얻은 경우, 상증법 제42조제1항제2호 · 제3항에 따라 증여세가 과세됨(재산세과-259, 2012.7.13.).

○ 연부연납시 특수관계인 소유 재산을 납세담보로 제공하는 경우 증여세 과세여부

내국인이 상증법 제71조에 따른 연부연납시 특수관계인이 소유하는 재산을 납세담보로 제공하는 것은 증여세 과세대상에 해당하지 아니함(기획재정부 재산세제과-158, 2018.2.27.).

○ 매매잔금을 장기간 지급하지 않은 경우 무상대여로 증여세 과세여부

이 사건 매매계약은 현재까지 해지되지 않고 그대로 유효한 것으로 보이는데, 이 사건 매매계약 상에는 지연손해금 약정이 명시되어 있으므로, 약정된 매매대금 지급 기일이 경과한 경우 약정내용에 따라 이 사건 매매잔금의 지급 지체(이행지체)로 인한 지연손해금을 부담하게 되는 것이지, 이 사건 매매잔금을 지급하지 않았다고 하여 매매잔금 상당액을 무상대여하였다고 단정하는 것은 합리적 이유 없이 과세요건을 확장해석하거나 유추해석하는 것으로 조세법률주의 원칙에 반할 여지가 있는 점(이행지체로 인한 지연손해금 발생과 자금 무상대여는 법률상 엄격히 구분된다), 통상의 사법상 매매계약과는 달리 잔금의 상당 부분을 미지급했음에도 계약해지 등을 하지 않는 것은 이례적인 것으로 보이나, 이 역시 사적자치의 영역으로 존중될 필요가 있는 점 등에 비추어보면, 앞서 본 인정사실만으로는 이 사건 토지의 매매잔금에 대하여 무상대여 약정이 이루어졌다고 인정하기 어렵고, 달리 이를 인정할 증거가 없음(부산지법2014구합21852(2015.2.5.)-대법원2015두51101, (2015.12.24. 심불)).

제7절 합병에 따른 이익의 증여

○ (과세대상) 특수관계에 있는 법인 간의 합병으로 대주주가 이익을 얻은 경우
○ (납세의무자) 대주주등
○ (증여시기) 합병등기일
○ (증여재산가액) 합병으로 인한 이익을 증여한 자가 대주주등이 아닌 주주등으로 2명 이상인 경우, 주주등 1명으로부터 이익을 얻은 것으로 한다.

① 합병대가를 주식등으로 교부받은 경우

기준금액: Min(합병후 신설 · 존속법인의 주식등 평가액×30%, 3억원) 이상

증여재산가액 = (가-나)×주가가 과대평가된 합병당사법인의 대주주등이 합병으로 인하여 교부받은 신설 또는 존속하는 법인의 주식등 수

가. 합병 후 신설 또는 존속하는 법인의 1주당 평가가액

나.
$$\text{주가가 과대평가된 합병당사법인의 합병 전 1주당 평가액} \times \frac{\text{주가가 과대평가된 합병당사법인의 합병 전 주식수}}{\text{주가가 과대평가된 합병당사법인의 주주등이 합병으로 인하여 교부받은 신설 · 존속법인의 주식수}}$$

② 합병대가를 주식등 외 재산으로 지급받은 경우(합병당사법인의 1주당 평가가액이 액면가액에 미달하는 경우로 그 평가가액을 초과하여 지급받은 경우에 한정)

기준금액: 3억원 이상

증여재산가액 = 액면가액(합병대가가 액면가액에 미달하는 경우에는 해당 합병대가)에서 그 평가가액을 차감한 가액에 합병당사법인 대주주등의 주식등 수를 곱한 금액

회사의 합병이란 두 개 이상의 회사가 계약에 의하여 신회사를 설립하거나 또는 그중 한 회사가 다른 회사를 흡수하고, 소멸회사의 재산과 사원(주주)이 신설회사 또는 존속회사에 법정 절차에 따라 이전 · 수용되는 효과를 가져오는 것으로, 소멸회사 사원(주주)은 합병에 의하여 1주 미만의 단주만을 취득하게 되는 경우나 혹은 합병에 반대한 주주로서 주식매수청구권을 행사하는 경우 등과 같은 특별한 경우를 제외하고는 원칙적으로 합병계약상 합병비율과 배정방식에 따라 존속회사 또는 신설회사의 사원권(주주권)을 취득하여, 존속회사 또는 신설회사의 사원(주주)이 된다(대법원2001다14351, 2003.2.11.).

당사회사 중에서 한 회사가 다른 회사를 흡수하면서 존속하는 흡수합병과 모든 당사회사가 소멸하여 새롭게 회사를 신설하고 신회사에 소멸한 회사의 재산등을 포괄적으로 승계시키는 신설합병으로 구분된다.

흡수합병

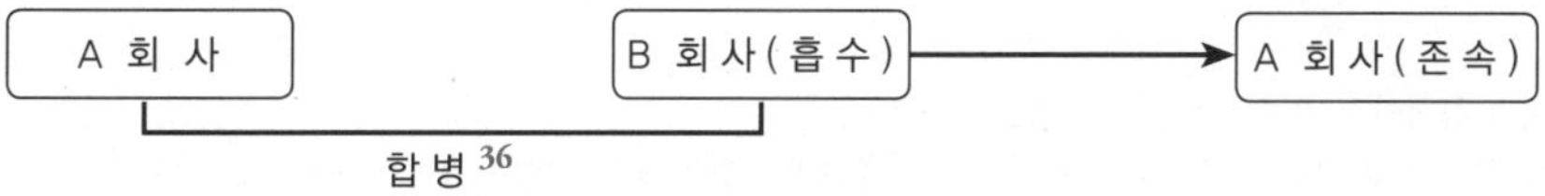

신설합병

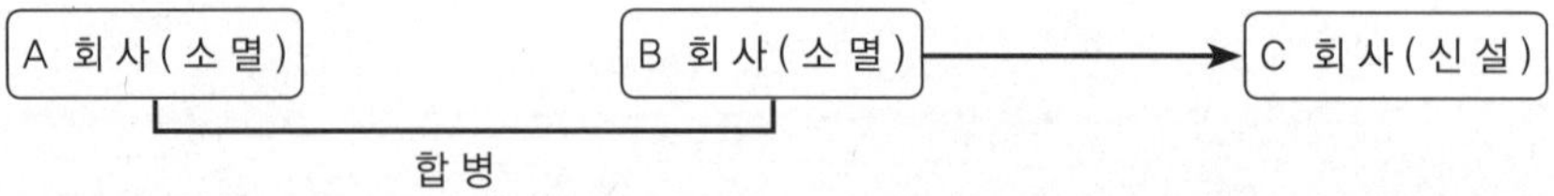

그리고 분할이란 1개의 회사가 상법에 따라 2개 이상의 회사로 분리되는 것을 말하며, 어느 법인이 분할한 후 그 분할된 부분이 다른 기존의 회사에 흡수되는 분할흡수합병과 분할된 부분이 다른 회사 또는 다른 회사의 분할된 부분과 합병을 하여 새롭게 회사를 신설하는 신설분할합병으로 구분된다.

분할합병(흡수분할합병과 신설분할합병으로 구분)

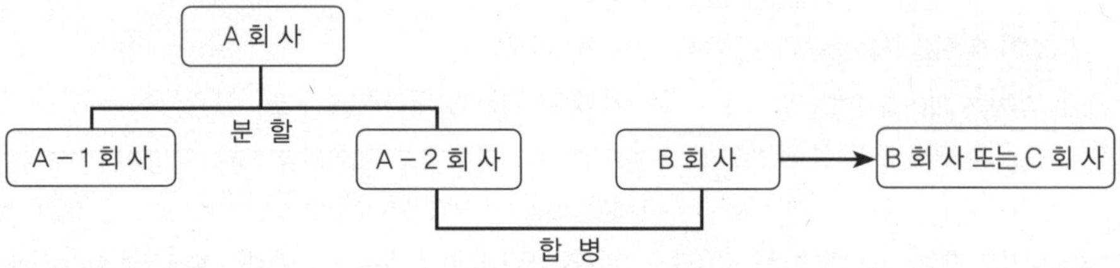

* 분할합병후 B회사가 되는 경우: 흡수분할합병
* 분할합병후 C회사가 되는 경우: 신설분할합병

합병을 통하여 합병당사법인[37] 일방의 주주가 상대방 법인의 주주로부터 경제적 이익(특수관계에 있는 법인 간 합병시 합병당사법인의 주당 평가액이 서로 다름에도 합병비율을 불공정하게 적용함으로써 상대적으로 주식가치가 과대평가된 법인의 주주가 상대방 법인의 주주로부터 무상으로 받게 되는 경제적 이익)을 얻은 경우에는 그 합병등기일을 증여일로 하여 이익에 상당하는 금액을 대주주등의 증여재산가액으로 한다(상증법 제38조).

<합병 전 · 후에 주주 간 이전된 이익이 있는지 비교[38]>

① 비상장법인인 A법인과 B법인은 특수관계에 있으며, 합병 전 주식가치는 다음과 같다.

· 합병법인 A의 주식가치: 600,000,000원

- 발행주식수: 20,000주, 1주당 주식가치: @30,000원

· 피합병법인 B의 주식가치: 300,000,000원

- 발행주식수: 20,000주, 1주당 주식가치: @15,000원

---

36. A 회사를 합병법인, B 회사를 피합병법인이라고 한다.
37. 합병당사법인이란 법인 합병으로 인하여 소멸 · 흡수되는 법인 또는 신설 · 존속하는 법인을 말한다.
38. 상증집행기준 38-28-1

② 합병비율에 따른 합병당사법인의 주식가치 비교

(단위: 주, 원)

합병비율	합병 전 · 후 주식수				합병전 전 주식가치		합병후 주식가치		주가 과대 평가 법인	판별
	합병전		합병후		A	B	A	B		
	A	B	A	B						
1:1	20,000	20,000	20,000	20,000	6억	3억	4.5억	4.5억	B	A→B 1.5억원 이전
1:0.5	20,000	20,000	20,000	10,000	6억	3억	3억	3억	없음	변동없음
1:0.1	20,000	20,000	20,000	2,000	6억	3억	8.19억	0.81억	A	B→A 2.19억원 이전

* 합병비율: 피합병법인 1주당 합병법인의 주식교부비율

* 합병 후 주식가치 = $\frac{\text{(합병 전 합병법인 주식가치+합병 전 피합병법인 주식가치)}}{\text{합병 후 발행주식 총수}}$

1. 과세대상

다음 요건을 모두 충족하는 경우에는 특수관계에 있는 법인 간 합병(분할합병을 포함한다)으로 소멸하거나 흡수되는 법인 또는 신설되거나 존속하는 법인의 대주주등이 합병으로 인하여 얻은 이익을 증여재산가액으로 하여 증여세를 과세한다.

○ 특수관계에 있는 법인 간 합병(분할합병)일 것
○ 주가가 과대평가된 합병당사법인에 대주주가 존재할 것
○ 대주주등이 얻은 이익이 기준금액 이상일 것

가. 특수관계에 있는 법인 간 합병

특수관계에 있는 법인 간 합병이란 합병등기일이 속하는 사업연도의 직전 사업연도 개시일(개시일이 서로 다른 법인이 합병한 경우에는 먼저 개시한 날)부터 합병등기일까지의 기간 중 다음 어느 하나에 해당하는 법인 간 합병을 말한다. 이 경우, 합병등기일이 속하는 사업연도의 직전 사업연도 개시일부터 합병등기일까지 기간 중 1회라도 특수관계에 해당한 사실이 있는 경우의 법인을 말한다(상증 집행기준 38-28-3).

1) 법인법상 특수관계에 있는 법인(법인령 제2조제5항)

○ 법인령 제2조제5항

⑤ 법 제2조제12호에서 "경제적 연관관계 또는 경영지배관계 등 대통령령으로 정하는 관계에 있는 자"란 다음 각 호의 어느 하나에 해당하는 관계에 있는 자를 말한다.

1. 임원(제40조제1항에 따른 임원을 말한다. 이하 이 항, 제10조, 제19조, 제38조 및 제39조에서 같다)의 임면권의 행사, 사업방침의 결정 등 해당 법인의 경영에 대해 사실상 영향력을 행사하고 있다고 인정되는 자(「상법」 제401조의2제1항에 따라 이사로 보는 자를 포함한다)와 그 친족(「국세기본법 시행령」 제1조의2제1항에 따른 자를 말한다. 이하 같다)
2. 제50조제2항에 따른 소액주주등이 아닌 주주 또는 출자자(이하 "비소액주주등"이라 한다)와 그 친족
3. 다음 각 목의 어느 하나에 해당하는 자 및 이들과 생계를 함께하는 친족
   가. 법인의 임원 · 직원 또는 비소액주주등의 직원(비소액주주등이 영리법인인 경우에는 그 임원을, 비영리법인인 경우에는 그 이사 및 설립자를 말한다)
   나. 법인 또는 비소액주주등의 금전이나 그 밖의 자산에 의해 생계를 유지하는 자
4. 해당 법인이 직접 또는 그와 제1호부터 제3호까지의 관계에 있는 자를 통해 어느 법인의 경영에 대해 「국세기본법 시행령」 제1조의2제4항에 따른 지배적인 영향력을 행사하고 있는 경우 그 법인
5. 해당 법인이 직접 또는 그와 제1호부터 제4호까지의 관계에 있는 자를 통해 어느 법인의 경영에 대해 「국세기본법 시행령」 제1조의2제4항에 따른 지배적인 영향력을 행사하고 있는 경우 그 법인
6. 해당 법인에 100분의 30 이상을 출자하고 있는 법인에 100분의 30 이상을 출자하고 있는 법인이나 개인
7. 해당 법인이 「독점규제 및 공정거래에 관한 법률」에 따른 기업집단에 속하는 법인인 경우에는 그 기업집단에 소속된 다른 계열회사 및 그 계열회사의 임원

2) 기업집단의 소속기업(상증령 제2조의2제1항제3호나목)

○ 상증령 제2조의2(특수관계인의 범위)

① (생략)

3. 다음 각 목의 어느 하나에 해당하는 자

나. 본인이 법인인 경우: 본인이 속한 기획재정부령으로 정하는 기업집단의 소속 기업(해당 기업의 임원과 퇴직임원을 포함한다)과 해당 기업의 임원에 대한 임면권의 행사 및 사업방침의 결정 등을 통하여 그 경영에 관하여 사실상의 영향력을 행사하고 있는 자 및 그와 제1호에 해당하는 관계에 있는 자

○ 상증규칙 제2조(특수관계인의 범위)

① 「상속세 및 증여세법 시행령」(이하 "영"이라 한다) 제2조의2제1항제3호 및 영 제38조제13항제1호에서 "기획재정부령으로 정하는 기업집단의 소속 기업"이란 「독점규제 및 공정거래에 관한 법률 시행령」제3조 각 호의 어느 하나에 해당하는 기업집단에 속하는 계열회사를 말한다.

② 기획재정부장관은 제1항을 적용할 때 필요한 경우에는 「독점규제 및 공정거래에 관한 법률 시행령」 제3조 제2호라목에 따른 사회통념상 경제적 동일체로 인정되는 회사의 범위에 관한 기준을 정하여 고시할 수 있다.

3) 동일인이 임원 임면권의 행사 또는 사업방침 결정 등을 통하여 합병당사법인의 경영에 대하여 영향력을 행사할 수 있다고 인정되는 관계에 있는 법인

자본시장과 금융투자업에 관한 법률에 따른 주권상장법인이 다른 법인[39]과 같은 법 제165조의4 및 같은 법 시행령 제176조의5에 따라 행하는 합병은 특수관계에 있는 법인 간 합병으로 보지 아니한다.[40]

나. 주가가 과대평가된 합병당사법인에 대주주가 존재

합병에 따른 이익의 증여규정 적용시 대주주등이란, 해당 주주 등의 지분 및 그와 상증령 제2조 의2제1항 각 호의 어느 하나에 규정된 특수관계에 있는 자의 지분을 포함하여 해당 법인 발행주식총수 등의 100분의 1 이상을 소유하고 있거나, 소유한 주식등 액면가액이 3억원 이상인 주주등을 말한다.

합병법인이 피합병법인 주식을 100% 소유하여 합병법인 대주주들이 보유하고 있는 각자의 합병 전 · 후 주식가치에 변동이 발생하지 아니하며, 당해 대주주들이 합병으로 인하여 다른 주주로부터 얻은 이익이 없는 경우에는 증여세가 과세되지 아니한다(서일46014-10564, 2001.12.4.)

다. 대주주등이 얻은 이익이 기준금액 이상일 것

합병으로 대주주등이 얻은 이익의 증여재산가액이 다음의 기준금액 미만인 경우, 증여세를 부과하지 아니한다.

1) 합병대가를 주식등으로 교부받은 경우 과세대상에서 제외되는 기준금액

기준금액 = Min(①, ②)
① 합병 후 신설 또는 존속하는 법인의 주식등 평가가액의 30% 상당액
② 3억원

2) 합병대가를 주식등 외의 재산으로 지급받은 경우 과세대상에서 제외되는 기준금액

합병대가를 주식 등 외의 재산으로 지급받은 경우로 대주주등의 증여재산가액이 3억원 미만인 경우는 증여세를 부과하지 아니한다. 다만, 합병당사법인의 1주당 평가가액이 액면가액에 미달하는 경우로 그 평가가액을 초과하여 지급받은 경우로 한정한다.

---

39. 다른 법인에는 비상장법인도 포함한다.
40. 상장 · 코스닥상장법인은 「자본시장과 금융투자업에 관한 법률」에 따라 평가한 가액으로 합병비율을 정하도록 제한을 받는 등 다른 법률에서 통제를 받고 있어 변칙적인 증여행위가 발생하기 어려운 점을 감안했다.

예시

(문) 갑법인이 을법인을 흡수합병하면서 합병비율을 1:1로 한 경우 주가과대평가된 법인은?

○ 갑법인: @40,000원(총 발행주식수: 100주)

○ 을법인: @20,000원(총 발행주식수: 100주)

(답) 을법인

공정합병을 위해서는 합병비율을 1:0.5로 하여 을법인 주식 2주당 존속법인 갑법인 주식 1주를 교부하여야 하나, 합병비율을 1: 1로 산정함으로써 을법인주식 1주당 갑법인주식 1주를 교부하여 을법인 주식가액을 과대평가함.

2. 증여재산가액의 계산

특수관계에 있는 법인 간 합병으로 소멸하거나 흡수되는 법인 또는 신설되거나 존속하는 법인의 대주주등이 합병으로 인하여 얻은 이익의 증여재산가액은 다음 산식에 따라 계산된 금액으로 한다. 이 경우, 합병에 따라 이익을 증여한 자가 대주주등 외의 주주로 2인 이상인 경우에는 주주 1인으로부터 이익을 얻은 것으로 본다.

가. 합병대가를 주식등으로 교부받은 경우

증여재산가액 = (1) - 2)) × 3)

1) 합병 후 신설 또는 존속하는 법인의 1주당 평가가액

2) 합병 전 1주당 평가가액

$$\text{주가가 과대평가된 합병당사 법인의 합병 전 1주당 평가액} \times \frac{\text{주가가 과대평가된 합병당사법인의 합병 전 주식등의 수}}{\text{주가가 과대평가된 합병당사법인의 주주등이 합병으로 교부받은 신설 또는 존속하는 법인의 주식등의 수}}$$

3) 주가가 과대평가된 합병당사법인의 대주주등이 합병으로 인하여 교부받은 신설 또는 존속하는 법인의 주식등의 수

가) 합병 후 신설 또는 존속하는 법인의 1주당 평가가액 계산

(1) 주권상장법인 또는 코스닥상장법인으로 유가증권시장 또는 코스닥시장에서 거래되는 법인(주권상장법인 등)인 경우. 아래 ①, ② 중 적은 가액을 말한다.

① 합병등기일부터 2월이 되는 날까지 기간의 최종시세가액의 평균액

$$② \frac{(\text{과대평가법인의 합병 직전 주식가액} + \text{과소평가법인의 합병 직전 주식가액})}{\text{합병 후 신설 또는 존속하는 법인의 주식수}}$$

(2) 그 외 비상장법인인 경우 ➜ 위 가)의 ② 가액

이 경우 합병 직전 주식등의 가액의 평가기준일은 상법 제522조의2에 따른 대차대조표 공시일 또는 자본시장과 금융투자업에 관한 법률 제119조 및 같은 법 시행령 제129조에 따라 합병의 증권신고서를 제출한 날 중 빠른 날이며, 주권상장법인 등에 해당하지 아니하는 법인인 경우에는 상법 제522조의2에 따른 대차대조표 공시일을 적용한다.

위에서 계산한 금액에 소득법 제17조제2항제4호의 의제배당금액이 포함된 경우에는 이를 차감하여 계산한다(상증통칙 38-28…2).

나) 주가가 과대평가된 합병당사법인의 합병 전 1주당 평가액(합병직전 주식등의 가액) 계산

(1) 주권상장법인 등의 경우

공시일 등 이전 2개월간 최종시세가액 종가평균액을 말한다. 이 경우, 공시일 등 이전 2개월간 기간 최종시세가액의 종가평균액과 아래 비상장법인 평가가액 중 큰 금액을 적용할 수 있다.

(2) 비상장법인의 경우

대차대조표 공시일 현재 상증법 제60조(시가) 및 상증법 제63조제1항제1호다목(보충적평가액)에 따른 평가액

다) 분할합병시 분할사업부문에 대한 합병 전 1주당 평가가액

분할합병을 하기 위하여 분할하는 법인의 분할사업부문에 대한 합병 직전 주식등의 가액은 상증법 제63조제1항제1호다목에 따른 방법을 준용하여 분할사업부문을 평가한 가액으로 한다. 2016.2.5. 신설 규정으로 기존에 시행규칙에서 분할법인의 분할 직전 주식가액을 분할사업부분의 순자산가액 비율로 안분하여 계산하던 것을 특정분할사업부문의 상대적 형평성 문제[41]를 해소하기 위해 분할사업부문을 비상장법인의 보충적 평가방법으로 평가하는 것(순손익가치와 순자산가치를 3:2로 가중평균)으로 상증령에 새로이 규정했다.

---

41. 예를 들어, 개발사업부문의 경우 소프트웨어 인력의 노하우 등의 가치가 순자산가액에 포함되지 않으면 다른 부문과의 형평성 문제가 발생할 수 있다.

<분할합병시 합병 직전 주식등의 가액 계산방법 개정연혁>

2016.2.4. 이전(상증규칙 제10조의2)	2016.2.5. 이후(상증령 제28조제7항)
분할법인의 분할직전주식등의 가액 × 분할사업부문의 순자산가액 / 분할법인의 순자산가액	상증법 제63조제1항다목에 따른 방법을 준용하여 분할사업부문을 평가한 가액

4) 주가가 과대평가된 법인의 합병 후 주식수는 합병으로 인하여 새로 취득하는 주식수를 말한다.

5) 합병대가를 주식등으로 교부받은 경우 과세대상에서 제외되는 기준금액

기준금액 = Min(① 합병 후 신설 · 존속하는 법인의 주식등 평가가액 × 30% 상당액, ② 3억원)

① 합병 후 신설 또는 존속하는 법인의 주식등 평가가액 × 30% 상당액

합병 후 신설 또는 존속하는 법인의 주식등 평가가액은 아래와 같이 계산한다.

$$\frac{\text{합병 후 신설·존속법인의 1주당 평가가액(a)} - \text{주가 과대평가법인의 합병 전 1주당 평가가액(b)}}{\text{합병 후 신설·존속법인의 1주당 평가가액}}$$

(a) 합병 후 신설 · 존속법인의 1주당 평가가액

주권상장 · 코스닥상장 법인	그 외 법인
Min[①, ②] ① 합병등기일 이후 2개월간 최종시세가액 평균액 ② 단순평균 = $\frac{\text{합병 전 합병 · 피합병법인의 주식가액 합계액}}{\text{합병 후 주식수}}$	② 단순 평균액

(b) 합병비율을 반영한 주가 과대평가법인의 합병 전 1주당 평가액

$$\text{주가가 과대평가된 합병당사법인의 합병 전 1주당 평가액} \times \frac{\text{주가가 과대평가된 합병당사법인의 합병 전 주식수}}{\text{주가가 과대평가된 합병당사법인의 합병 후 주식수}}$$

= 주가과대평가법인 합병 전 1주당 가치 × 합병 전 주식수 ÷ (합병 전 주식수 × 합병비율*)

= 주가과대평가법인 합병 전 총 주식가치 ÷ 합병 후 주식수

* 합병비율: 주가 과대평가법인 1주당 합병법인주식 교부비율

구 분	주권상장 · 코스닥상장 법인	그 외 법인
주가 과대평가 법인 합병 전 1주당 평가액	Max[①, ②] ① 다음 중 빠른날 이전 2개월간 최종시세가액의 평균액 ㉮ 합병대차대조표 공시일 ㉯ 금융감독위원회 합병신고서 제출일 ② 비상장주식 평가방법에 의한 평가액	합병대차대조표 공시일의 비상장주식 평가방법에 의한 평가액(시가와 보충적 평가액 중 큰 금액)

② 3억원

나. 합병대가를 주식등 외의 재산(현금 등)으로 지급한 경우

합병당사법인의 1주당 평가가액이 액면가액에 미달하는 경우로 그 평가가액을 초과하여 지급받은 경우에 한정한다.

1) 합병대가가 액면가액 이하인 경우

(1주당 합병대가 - 1주당 평가가액) × 합병당사법인의 대주주등 주식수

2) 합병대가가 액면가액을 초과하는 경우

(1주당 액면가액 - 1주당 평가가액) × 합병당사법인의 대주주등 주식수

3) 합병대가를 주식등 외의 재산(현금등)으로 지급한 경우 과세대상에서 제외되는 기준금액: 3억원

다. 최대주주등의 주식할증평가 배제

1) 상증령 제28조에 따른 대주주등이 얻은 이익을 계산하는 경우에는 최대주주등의 할증평가 규정을 적용하지 아니한다(상증령 제53조제7항제3호).

2) 2021.2.17. 이후 신고분부터 평가대상인 주식등을 발행한 법인이 다른 법인이 발행한 주식등을 보유함으로써 그 다른 법인의 최대주주등에 해당하는 경우로 그 다른 법인의 주식등 평가시 최대주주등의 할증평가규정을 적용하지 아니한다(상증령 제53조제7항제4호).

2021.2.16. 이전에는 할증평가한다고 해석한 바 있다. 합병 전 합병당사법인의 순자산가액을 계산하는 경우 합병당사법인이 보유하고 있는 다른 비상장법인의 주식가액은 할증평가규정을 적용한다(재삼46014-1411, 1999.7.23).

3. 증여시기

합병에 따른 이익의 증여시기는 당해 합병등기일(합병등기를 한 날)이다.

4. 증여세 납세의무

합병에 따른 이익의 증여규정에 있어 납세의무자는 그 이익을 얻은 자이다. 다만, 수증자가 영리법인인 경우에는 납부할 증여세는 면제하며, 주가가 과대평가된 법인의 대주주 요건에 해당되어야 하므로 소액주주에 대해서는 합병으로 경제적 이익을 얻은 경우에도 증여세 납세의무는 발생하지 않는다.

5. 증여자의 증여세 연대납부의무의 면제

합병에 따른 이익의 증여에 해당하는 경우, 수증자가 증여세 납부 능력이 없다고 인정될 때도 증여자는 수증자가 납부할 증여세를 연대하여 납부할 의무가 없다(상증법 제4조의2제6항 단서).

예시

○ 합병비율이 1:1인 경우

(1) A법인이 특수관계에 있는 B법인을 흡수합병(A · B : 비상장법인)

(2) 합병 전 · 후 주주구성 및 주식평가액

구분	A(합병법인)			B(피합병법인)			A′(합병후 존속법인)		
총발행주식수 1주당평가액 총주식평가액	2,000,000주 35,000원 700억원			2,000,000주 25,000원 500억원			4,000,000주 30,000원 1,200억원		
주주	주주	주식수	지분율	주주	주식수	지분율	주주	주식수	지분율
	갑	1,000,000	50%	병	1,200,000	60%	갑	1,000,000	25%
	을	600,000	30%	정	800,000	40%	을	600,000	15%
	소액주주	400,000	20%				병	1,200,000	30%
							정	800,000	20%
							소액주주	400,000	10%

(3) 합병비율(1:1): B법인 주식 1주당 합병 후 A'법인 주식을 1주씩 교부함

(4) 증여세 과세대상 검토

① 합병 후 존속법인의 1주당 평가가액

$$\frac{(35{,}000\text{원} \times 2{,}000{,}000\text{주}) + (25{,}000\text{원} \times 2{,}000{,}000\text{주})}{2{,}000{,}000\text{주} + 2{,}000{,}000\text{주}} = 30{,}000\text{원}$$

② 1주당 평가가액 차이 비율

$$\frac{(30,000원 - 25,000원)}{30,000원} = 16.67\% \le 30\%$$

③ B 법인의 각 주주가 얻은 이익

병: (30,000원-25,000원)×1,200,000주=6,000,000,000원

정: (30,000원-25,000원)×800,000주=4,000,000,000원

1주당 평가가액 차이 비율이 16.67%로 30% 미만으로 과세요건을 갖추지 못했으나 대주주 병 · 정이 얻은 이익이 3억원 이상이므로 증여세 과세대상임

(5) 증여세 과세방법

병이 얻은 60억원은 갑으로부터 30억원(50%)을, 을로부터 18억원(30%)을, 소액주주로부터 12억원(20%)을 각각 증여받은 것으로 보아 증여세를 과세한다.

정이 얻은 40억원은 갑으로부터 20억원(50%)을, 을로부터 12억원(30%)을, 소액주주로부터 8억원(20%)을 각각 증여받은 것으로 보아 증여세를 과세한다.

* 합병으로 인한 이익을 증여한 자가 대주주등이 아닌 주주등으로 2명 이상인 경우, 주주등 1명으로부터 이익을 얻은 것으로 본다

예시

○ 합병비율이 1:0.5인 경우

(1) A법인이 특수관계에 있는 B법인을 흡수합병(A · B : 비상장법인)

(2) 합병 전 · 후 주주구성 및 주식평가액

구 분	A(합병법인)			B(피합병법인)			A′(합병후 존속법인)		
총발행주식수 1주당평가액 총주식평가액	2,000,000주 30,000원 600억원			2,000,000주 10,000원 200억원			3,000,000주 26,666원 9,000억원		
주 주	주주	주식수	지분율	주주	주식수	지분율	주주	주식수	지분율
	갑	800,000	40%	병	1,400,000	70%	갑	1,500,000	50%
	을	800,000	40%	정	600,000	30%	을	800,000	26.7%
	소액 주주	400,000	20%				병	300,000	10%
							소액 주주	400,000	13.3%

(3) 합병비율(1:0.5): B법인 주식 2주당 합병 후 A법인의 주식을 1주씩 교부함

(4) 증여세 과세대상 검토

① B법인의 합병 전 주식평가액 환산금액

$$10{,}000원(합병\ 전\ 1주가액) \times \frac{2{,}000{,}000주(합병\ 전\ 총주식수)}{1{,}000{,}000주(합병\ 후\ 총주식수)} = 20{,}000원$$

② 합병 후 존속법인의 1주당 평가가액(합병 전 A+B 총주식가치 / 합병후발행주식총수)

$$\frac{(30{,}000원 \times 2{,}000{,}000주) + (10000원 \times 2{,}000{,}000주)}{2{,}000{,}000주 + 1{,}000{,}000주} = 26{,}666원$$

③ 1주당 평가가액 차이 비율: $\frac{(26{,}666원\ -\ 20{,}000원)}{26{,}666원} = 24.9\% \geq 30\%$

④ B법인의 각 주주가 얻은 이익

갑: (26,666원 - 20,000원)×700,000주(=1,400,000주×0.5)=4,666,200,000원

병: (26,666원 - 20,000원)×300,000주(=600,000주×0.5)=1,999,800,000원

⑤ '갑'이 자기로부터 증여받은 금액 차감(재재산46014-46,1997.2.12., 국심2001서245,01.7.4)

[관련 질의회신·판례 등]

○ 포합주식(피합병법인이 보유한 합병법인의 주식)

(자기증여 여부) 법인이 소유한 주식을 주주가 소유한 것으로 볼 수 없으므로 불공정합병으로 분여한 이익을 자기증여 이익이라고 볼 수도 없음(대법원2017두66244, 2021.9.30. 요지).

(할증평가) 피합병법인의 주주가 합병대가로 받는 합병법인의 주식과 관련하여 피합병법인이 보유한 합병법인의 주식에 대하여는 상증법 제63조제3항 규정을 적용하지 않음(재경부재산-23, 2007.1.5.).

○ 과대평가된 합병당사법인의 주주가 증여이익을 반환하는 경우

상증법 §38 규정에 의한 이익을 받은 합병당사법인 주주가 합병등기일부터 3개월 이내에 당해 이익에 상당하는 주식을 주가가 과소평가된 상대방 법인의 주주들에게 무상으로 이전하는 경우 상증법 §31④ 규정에 의하여 처음부터 증여가 없었던 것으로 봄(서면4팀-1085, 2007.4.3.).

○ 합병 후 신설 또는 존속하는 법인이 상장 또는 협회등록법인인 경우 평가기준일

합병 후 신설 또는 존속하는 법인의 1주당 평가가액을 산정함에 있어 평가기준일은 상증령 §28⑤1호 규정을 선택한 경우에는 합병등기일이며, 동항 제2호 규정을 선택한 경우에는 대차대조표공시일(상법 제522조의2의 규정에 의한 날) 또는 합병신고일(증권거래법 제190조의2의 규정에 의한 날) 중 빠른 날임(재경부재산46014-68, 2002.3.28.).

○ 합병당사법인의 합병 직전 주식가액의 합계액 계산방법

합병당사법인의 합병 직전 주식가액 합계액을 계산함에 있어 합병법인이 피합병법인 주식을 100% 소유한 상태에서 합병함에 따라 합병 후 신설 또는 존속하는 법인이 합병 전에 보유하고 있던 피합병법인

주식을 소각한 경우에는 소각한 동 주식 가액을 합병당사법인의 합병 직전 주식가액 합계액에서 차감함(재경부재산46014-67, 2002.3.28.).

A법인이 B법인을 흡수합병하면서 합병 전(前) A법인이 보유한 B법인 주식에 대해 합병 후 주식을 교부하지 아니하고 소각한 경우로 아래 산식에 따라 합병 후 1주당 가액을 계산하는 경우 산식에서 합병 전 주식가액 합계액은 해당 소각된 피합병법인의 주식수를 합병 전 피합병법인의 주식수에서 차감하여 계산함

$$\frac{(\text{합병법인 1주당가액} \times \text{합병 전 주식수}) + (\text{피합병법인 1주당가액} \times \text{합병 전 주식수})}{\text{합병 후 신설·존속하는 법인의 발행주식 총수}}$$

○ 이익의 계산

(동일인 보유) 동일인 갑이 합병당사법인의 주식을 동시에 소유하고 있는 경우 합병 전후 차익이 3억원 이상인지 여부는 본인으로부터 증여에 해당하는 금액을 차감한 순이익을 기준으로 판단함(서일46014-10427, 2002.3.30).

(3억원 판단) 대주주 1인의 이익을 기준으로 함(재삼46014-1974, 1999.11.15.)

(다자간 합병시) 다자간 합병의 경우에도 주가가 과대평가된 합병당사법인별로 그 비율을 산정하여 위 요건에 해당하는지 판단하는 것이 자연스러우며, 이에 비추어보면 제2호의 경우에도 합병당사법인별로 그 요건 해당 여부를 판단함이 상당함(대법원2011두18427, 2013.10.31.).

○ 불공정합병의 이익을 반환

상증법 제38조 규정에 의한 이익을 받은 합병당사법인 주주가 합병등기일부터 3개월 이내에 당해 이익에 상당하는 주식을 주가가 과소평가된 상대방 법인 주주들에게 무상으로 이전하는 경우에는 같은 법 제31조제4항 규정에 의하여 처음부터 증여가 없었던 것으로 봄(서면4팀-1085, 2007.4.3.).

○ 동일인이 합병법인과 피합병법인의 주주인 경우

합병하는 A사와 B사에 갑이 동시에 주식을 소유한 경우, 본인(갑)으로부터 증여받은 금액은 증여세 과세가액에서 제외하며, 이때 제외할 금액은 아래와 같이 계산함[42](재경부 재산46014-46, 1997.2.12.).

$$\text{갑이 얻은 전체 증여이익} \times \frac{\text{주가가 과소평가된 합병당사법인의 갑 소유지분율}}{\text{주가가 과대평가된 합병당사법인의 갑 소유지분율}}$$

○ 평가액

합병당사법인의 주식 1주당 평가가액이 "0" 이하인 경우에는 "0"으로 보고 상증법 §38 및 상증령 §28 규정을 적용함(서면4팀-1079, 2005.6.28.).

○ 무상이전

합병당사법인 주주가 합병등기일부터 3개월 이내에 해당 이익에 상당하는 주식을 주가가 과소평가된 상대방 법인 주주들에게 무상 이전하는 경우, 상증법 §31④ 규정에 의하여 처음부터 증여가 없었던 것으로 봄(서면4팀-1085, 2007.4.3.).

---

42. 갑이 얻은 전체이익을 초과할 수 없다. 이는 합병 후 순이익에 대해 증여세를 과세하되, 타인으로부터 얻은 이익이 타인에게 준 이익보다 적은 경우에는 증여가액이 부수로 계산되지 않도록 하기 위한 것이다.

제8절 증자에 따른 이익의 증여

□ 증자시 저가발행
○ (실권주 재배정) 실권주를 재배정하는 경우에 해당 법인의 주주 중에 실권주를 배정받음으로써 얻는 이익
○ (실권주 실권처리) 실권주를 실권처리한 후 해당 법인의 주주가 신주인수로 인하여 얻은 이익
○ (제3자 배정 · 주주 초과배정) 제3자 직접배정이나 해당 법인의 주주가 배정받을 수 있는 수를 초과하여 신주를 직접 배정받음으로써 얻은 이익
□ 증자시 고가발행
○ (실권주 재배정) 실권주를 재배정함으로써 신주인수포기자가 얻은 이익
○ (실권주 실권처리) 실권주를 실권처리함으로써 신주인수포기자가 얻은 이익
○ (제3자 배정 · 주주 초과배정) 제3자 직접배정이나 해당 법인의 주주가 배정받을 수 있는 수를 초과하여 신주를 직접 배정받음으로써 그의 특수관계인이 얻은 이익

회사는 성립 후 수권자본 범위 내에서 신주를 발행하고 자본을 조달할 수 있다. 이것을 증자[43] 또는 신주 발행이라고도 한다.

일반적으로 법인이 증자하면서 주식가치보다 낮은 가액으로 신주를 발행하면 구 주식의 가액은 증자액 비율에 따라 희석되어 감소되고 신 주식의 가액은 거꾸로 증가하게 되므로 증자하기 전의 주식 비율에 따른 신주인수를 하지 아니하면 신주의 전부 또는 일부를 인수하지 아니한 자가 소유하고 있는 구 주식 가액은 증자한 비율만큼 감소된다. 반면, 비율을 초과하여 신주를 인수한 자의 주식가치는 구 주식 가액이 감소한 만큼 증가하게 되므로 실권주를 인수한 자는 신주인수를 포기한 자로부터 그 차액에 상당하는 이익을 취득한 것으로 볼 수 있다.

따라서 법인이 자본금(출자액 포함)[44]을 증가시키기 위하여 새로운 주식 또는 지분(이하 "신주"라 한다)을 발행할 때에 주식가치보다 낮은 가액이나 높은 가액으로 발행하면서 기존 주주들이 증자 전 주식소유 비율대로 신주를 인수하지 아니함에 따라 증자 후에 지분율이 변동되거나 주식가치가 증감됨으로 인하여 얻는 이익등에 대하여 증여세를 과세하며, 증자 유형 및 신주인수가액이 증자 전 주식평가액보다 낮은지 높은지에 따라 과세요건을 다르게 규정하고 있다(상증법 제39조).

법인의 유상증자시 주주가 신주인수권을 포기하여 그 포기한 실권주를 제3자가 배정받게 함으로써 제3자가 이익을 얻은 경우 엄격한 의미에서 민법상 증여로 보기 어렵지만 실질적으로는 실권주를 포기한 자가 그 실권주를 배정받은 자에게 일정가액만큼 증여한 것과 다름없으므로 이 법률조항은 위와 같은 이익을 증여로 보아 증여세를 과세하기 위한 규정으로 실질적 소득 · 수익이

---

43. 자본금을 늘리는 방법으로 유상증자, 전환사채 등도 있지만, 상증법 제39조는 전환사채의 전환을 규정한 조문으로 보이지 않는다.
44. 2015.12.31. 이전 자본

있는 곳에 과세한다고 하는 실질과세 원칙을 관철하기 위한 규정이라 할 수 있다(헌재2001헌바13, 2002.1.31.).

법인이 자본을 증가시키기 위하여 신주를 발행함에 있어 신주인수권이 없는 자기주식을 제외한 각 주주의 지분비율대로 균등하게 증자를 실시함으로써 특정주주가 얻은 이익이 없는 경우에는 상증법 제39조 규정이 적용되지 않는다(서면2015상속증여-2216 〔상속증여세과-01218〕, 2015.11.23.).

<증자 전 · 후에 주주간 이전된 이익이 있는지 비교>

○ 균등증자의 경우

구분	증자 전	신주발행	증자 후	증자 후 주식가액 차이		
1주당 가액	10,000	5,000	7,500	증자 시	증자 후	차 이
주주 갑	6주	6주	12주	90,000*	90,000**	0
주주 을	4주	4주	8주	60,000	60,000	0
합계	10주	10주	20주	150,000	150,000	0

* 10,000×6+5,000×6
** 7,500×12

○ 증자전 주식평가액과 신주인수가액이 동일한 증자

구분	증자 전	신주발행	증자 후	증자 후 주식가액 차이		
1주당 가액	10,000	10,000	10,000	증자 시	증자 후	차 이
주주 갑	6주	10주	16주	160,000	160,000	0
주주 을	4주	-	4주	40,000	40,000	0
합계	10주	10주	20주	200,000	200,000	0

○ 증자전 주식평가액보다 낮은 신주를 발행한 불균등증자

구분	증자 전	신주발행	증자 후	증자 후 주식가액 차이		
1주당 가액	10,000	5,000	7,500	증자 시	증자 후	차 이
주주 갑	6주	10주	16주	110,000	120,000	10,000
주주 을	4주	-	4주	40,000	30,000	-10,000
합계	10주	10주	20주	150,000	150,000	0

○ 증자전 주식평가액보다 높게 신주를 발행한 불균등증자

구분	증자 전	신주발행	증자 후	증자 후 주식가액 차이		
1주당 가액	10,000	20,000	15,000	증자 시	증자 후	차 이
주주 갑	6주	10주	16주	260,000	240,000	-20,000
주주 을	4주	-	4주	40,000	60,000	20,000
합계	10주	10주	20주	300,000	300,000	0

1. 증자에 따른 이익의 증여 요약

가. 과세대상

구 분	과세 대상
① 저가 실권주 기존주주 재배정 (1호 가목)	그 실권주를 배정받은 자가 실권주를 배정받음으로써 얻은 이익
② 저가 실권주 실권처리 (1호 나목)	그 신주 인수를 포기한 자의 특수관계인이 신주를 인수함으로써 얻은 이익
③ · 저가 신주 제3자 직접배정 (1호 다목) · 저가 신주 기존주주 초과배정 (1호 라목)	신주를 직접 배정받음으로써 얻은 이익(기존주주 초과배정의 경우에는 균등한 조건으로 배정받을 수 있는 수를 초과하여 신주를 직접 배정받음으로써 얻은 이익)
④ 고가 실권주 재배정 (2호 가목)	그 실권주를 배정받은 자가 실권주 인수함으로써 그의 특수관계인에 해당하는 신주 인수 포기자가 얻은 이익
⑤ 고가 실권주 실권처리 (2호 나목)	그 신주를 인수함으로써 특수관계인에 해당하는 신주 인수 포기자가 얻은 이익
⑥ · 고가 신주 제3자 직접배정 (2호 다목) · 고가 신주 기존주주 초과배정 (2호 라목)	신주를 직접 배정받아 인수함으로써 특수관계인인 주주등이 얻은 이익(기존주주 초과배정의 경우에는 균등 조건으로 배정받을 수 있는 수를 초과하여 신주를 직접 배정받아 인수함으로써 그의 특수관계인인 주주등이 얻은 이익)
⑦ 전환주식 저가발행	교부받았거나 교부받을 주식 가액이 전환주식 발행 당시 전환주식의 가액을 초과함으로써 그 주식을 교부받은 자가 얻은 이익
⑧ 전환주식 고가발행	교부받았거나 교부받을 주식 가액이 전환주식 발행 당시 전환주식 가액보다 낮아짐으로써 그 주식을 교부받은 자의 특수관계인이 얻은 이익

나. 용어 해설

1) 신주인수권이란 우선적으로 신주 배정을 받을 권리를 말한다. 통상 주식회사가 신주를 발행할 경우 정관에 다른 정함이 없는 한 주주가 소유하고 있는 주식 수에 비례한다.

2) 시가란 상증법 제60조와 제63조에 따라 평가한 가액을 말한다.

3) 실권주란 신주를 배정받을 수 있는 권리의 전부 또는 일부를 포기한 경우로 그 포기한 신주를 말한다.

4) 소액주주등이란 당해 법인의 발행주식 총수등의 100분의 1 미만을 소유하는 경우로 소유한 주식등의 액면가액이 3억원 미만인 주주등을 말한다(상증령 제29조제5항).

5) 증자 전 1주당 평가가액이란 유가증권시장 · 코스닥시장 상장주식은 증자에 따른 권리락[45]일 전 2개월간의 종가평균액에 의하며, 비상장주식은 증자일 현재 시가 또는 보충적 평가가액을 말한다.

'증자 전의 1주당 평가가액' 평가방법에 관하여 상증령에서 명시적인 규정을 두지는 않았으나, 관련 규정 및 문언 해석상 증자 직전 시점을 기준으로 상증령 제54조 내지 제56조 규정에 의하여 산정한 금액을 의미한다고 봄이 상당하다(대법원2005두2063, 2007.1.25.).

증자에 따른 주식 취득 효과는 신주인수인이 그 주금을 납입함으로써 생기므로 신주인수인이 인수한 주식 가액은 특별한 사정이 없는 한 주금납입 시점을 기준으로 산정할 것 등을 종합하여 보면, 제3자 배정방식 증자에 따른 이익 계산방법에 관하여 구 상증령 제29조제3항제1호가목에 정한 산식 중 '증자 전의 1주당 평가가액'을 평가함에 있어 원칙적으로 증자에 관한 이사회결의일이 아니라 주금납입일 전날을 기준으로 하여 그 이전 기간을 대상으로 함이 상당하다(대법원2007두7949, 2009.8.20.).

6) 증자 후 1주당 평가가액이란 아래 산식에 따른 이론주가를 말한다. 유가증권시장 · 코스닥시장 상장주식의 증자시에는 권리락일 이후 2개월간의 종가평균액과 이론주가 중 작은 금액(고가증자의 경우에는 높은 금액)에 따른다.

$$\frac{(\text{증자 전 1주당가액} \times \text{증자 전 주식수}) + (\text{신주 1주당 인수가액} \times \text{증자 주식수})}{\text{증자 전 주식수} + \text{증자 주식수}}$$

7) 신주 1주당 인수가액은 1주당 주식대금 납입액을 말한다.

8) 30% · 3억원 요건이란 증자 후 1주당 평가가액과 신주인수가액 차액이 증자 후 1주당 평가액의 30% 이상 차이가 있거나 1인별 증여가액이 3억원 이상인 경우 증여세 과세요건이 성립된다는 의미다.

ⓐ 증자 후 1주당 평가가액, ⓑ 신주 1주당 인수가액

저가증자시: $\frac{ⓐ - ⓑ}{ⓐ} \geq 30\%$ 또는 주주 1인 총이익이 3억원 이상인 경우

---

45. 권리락: 신주배정기준일(주식을 배정받을 수 있는 기준일)이 경과되어 구주에 부여되어 있는 신주인수권 등이 소멸됨에 따라 이론적으로 계산된 가격(권리부 가격과 권리락 가격의 차이)만큼 주가를 떨어뜨리는 조치를 말하며, 권리락 조치 시기는 신주배정기준일의 전일이다. 예를 들어 신주배정기준일이 9월 3일이면, 권리락일은 9월 2일이다(우리나라의 주식매도 후 결제가 당일 포함 3거래일째에 되기 때문).

$$\text{고가증자시: } \frac{ⓑ - ⓐ}{ⓐ} \geq 30\%\text{ 또는 주주 1인 총이익이 3억원 이상인 경우}$$

증여의제가액이 1억원(현재 3억원) 이상인지 여부는 신주를 인수한 자(수증자)가 얻은 전체이익을 기준으로 판단한다(재삼46014-2573, 1998.12.31.).

9) "실권주 재배정"은 기존주주가 지분비율에 따라 배정된 신주를 인수하지 아니하여 발생한 실권주를 이사회 결의를 통해 다른 기존주주 또는 제3자에게 배정하는 것을 말한다.

10) "직접배정"은 주주평등의 원칙에 대한 예외로서 기존주주의 지분비율에 관계없이 주주총회 특별결의 등을 통해 기존주주 또는 제3자에게 신주를 인수시키는 것을 말한다.

11) "실권주 실권처리"란 기존주주가 지분비율에 따라 배정된 신주를 인수하지 아니하여 발생한 실권주를 다시 배정하지 아니함으로써 실권처리한 주식수만큼 증자가 이루어지지 않는 경우를 말한다.

12) "전환주식"은 상법 제346조에 따른 종류주식을 말하며, 종류주식은 이익 배당, 의결권 행사 등이 보통주와 다른 주식을 말한다.

우선주, 보통주, 후배주 등 다른 종류의 주식으로 전환할 수 있는 권리가 부여되어 있으며, 전환권이 부여된 주식 또는 정관에 일정한 사유가 발생할 때 회사가 주주의 인수주식을 다른 종류주식으로 전환(우선주를 보통주로 바꾸거나 그 반대의 경우 등)할 수 있다.

신주인수권 포기 방법으로서, 이론적으로는 신주인수권자가 적극적으로 신주인수권 포기 의사표시를 하는 것을 예상할 수 있으나, 실제로는 신주인수권자가 청약기일까지 청약을 하지 않거나 청약을 한 후에도 납입기일에 주금을 납입하지 아니함으로써 실권하는 경우(상법 제419조제4항, 제423조제2항)가 대부분이다. 그리고 위 신주의 발행 · 배정을 전적으로 원고 단독으로 처리하여 ○○ 등의 신주인수권을 침해함으로써 신주발행에 법률상 무효원인이 존재하더라도 그 무효는 상법 제429조가 정하는 바에 따라 신주발행무효의 소에 의해서만 주장할 수 있는 바, 신주발행무효 소 제기나 그 판결확정에 대한 아무런 주장, 입증이 없으므로 위 신주발행이 법률상 무효라고 할 수 없으며, 실권주의 배정을 증권거래법 제2조제3항 규정에 의한 유가증권 모집방법으로 배정하는 경우가 아니라면, 즉 연고배정 방식에 의한 경우에는 실권한 주주와의 특수관계 유무에도 불구하고 위 증여의제규정이 적용됨은 이 사건 규정의 문언상 명백하고, 이 경우에 실권한 주주가 신주의 저가차익을 실권주 인수자에게 실질적으로 증여한 것으로 볼 수 있어 증여로 의제하는 데 합리적인 이유가 있으므로 위헌이라고 볼 수 없다고 보았다(대법원2002두10100, 2003.3.14.).

다. 과세제외

1) 자본시장과 금융투자업에 관한 법률에 따른 공모방식으로 신주배정 상장법인 · 코스닥상장

법인이 「자본시장과 금융투자업에 관한 법률」 제9조제7항에 따른 유가증권 모집방법(같은 법 시행령 제11조제3항[46]에 따라 모집("간주모집")하는 경우는 제외)으로 배정하는 경우에는 증자 전후 주식평가액의 과다 또는 지분율 변동에 관계없이 증여세를 과세하지 아니한다. 비상장법인의 경우 2000. 12. 31. 이전 증자분은 모집방법에 의하는 경우 증여세를 과세하지 아니하였으나, 2001. 1. 1. 이후 증자분은 예외없이 과세하도록 하였다.

○ 자본시장과 금융투자업에 관한 법률 제9조(그 밖의 용어의 정의)

⑦ 이 법에서 "모집"이란 대통령령으로 정하는 방법에 따라 산출한 50인 이상의 투자자에게 새로 발행되는 증권의 취득의 청약을 권유하는 것을 말한다.

○ 자본시장과 금융투자업에 관한 법률 시행령 제11조(증권의 모집 · 매출)

① 법 제9조제7항 및 제9항에 따라 50인을 산출하는 경우에는 청약의 권유를 하는 날 이전 6개월 이내에 해당 증권과 같은 종류의 증권에 대하여 모집이나 매출에 의하지 아니하고 청약의 권유를 받은 자를 합산한다. 다만, 다음 각 호의 어느 하나에 해당하는 자는 합산 대상자에서 제외한다.

1. 다음 각 목의 어느 하나에 해당하는 전문가
   가. 전문투자자
   나. 삭제 〈2016. 6. 28.〉
   다. 「공인회계사법」에 따른 회계법인
   라. 신용평가회사(법 제335조의3에 따라 신용평가업인가를 받은 자를 말한다. 이하 같다)
   마. 발행인에게 회계, 자문 등의 용역을 제공하고 있는 공인회계사 · 감정인 · 변호사 · 변리사 · 세무사 등 공인된 자격증을 가지고 있는 자
   바. 그 밖에 발행인의 재무상황이나 사업내용 등을 잘 알 수 있는 전문가로서 금융위원회가 정하여 고시하는 자
2. 다음 각 목의 어느 하나에 해당하는 연고자
   가. 발행인의 최대주주[「금융회사의 지배구조에 관한 법률」 제2조제6호가목에 따른 최대주주를 말한다. 이 경우 "금융회사"는 "법인"으로 보고, "발행주식(출자지분을 포함한다. 이하 같다)"은 "발행주식"으로 본다. 이하 같다]와 발행주식 총수의 100분의 5 이상을 소유한 주주
   나. 발행인의 임원(「상법」 제401조의2제1항 각 호의 자를 포함한다. 이하 이 호에서 같다) 및 「근로복지기본법」에 따른 우리사주조합원
   다. 발행인의 계열회사와 그 임원
   라. 발행인이 주권비상장법인(주권을 모집하거나 매출한 실적이 있는 법인은 제외한다)인 경우에는 그 주주
   마. 외국 법령에 따라 설립된 외국 기업인 발행인이 종업원의 복지증진을 위한 주식매수제도 등에 따라

46. ○ 자본시장과 금융투자업에 관한 법률 시행령 제11조(증권의 모집 · 매출)
③ 제1항 및 제2항에 따라 산출한 결과 청약의 권유를 받는 자의 수가 50인 미만으로서 증권의 모집에 해당되지 아니할 경우에도 해당 증권이 발행일부터 1년 이내에 50인 이상의 자에게 양도될 수 있는 경우로서 증권의 종류 및 취득자의 성격 등을 고려하여 금융위원회가 정하여 고시하는 전매기준에 해당하는 경우에는 모집으로 본다. 다만, 해당 증권이 법 제165조의10제2항에 따라 사모의 방법으로 발행할 수 없는 사채인 경우에는 그러하지 아니하다.

국내 계열회사의 임직원에게 해당 외국 기업의 주식을 매각하는 경우에는 그 국내 계열회사의 임직원
바. 발행인이 설립 중인 회사인 경우에는 그 발기인
사. 그 밖에 발행인의 재무상황이나 사업내용 등을 잘 알 수 있는 연고자로서 금융위원회가 정하여 고시하는 자

② 제1항 각 호 외의 부분 단서에도 불구하고 법률 제11845호 자본시장과 금융투자업에 관한 법률 일부개정법률 부칙 제15조제1항에 따라 거래소허가를 받은 것으로 보는 한국거래소(이하 "한국거래소"라 한다)가 「중소기업기본법」 제2조에 따른 중소기업이 발행한 주권 등을 매매하기 위하여 개설한 증권시장으로서 금융위원회가 정하여 고시하는 증권시장(이하 "코넥스시장"이라 한다)에 주권을 상장한 법인(해당 시장에 주권을 상장하려는 법인을 포함한다)이 발행한 주권 등 또는 제178조제1항제2호에 따른 장외매매거래가 이루어지는 지분증권의 경우에는 다음 각 호의 어느 하나에 해당하는 자를 합산 대상자에서 제외한다〈신설 2013.6.21., 2013. 8. 27., 2019.8.20.〉.

1. 전문투자자
2. 제1항제1호다목부터 바목까지의 어느 하나에 해당하는 자
3. 제1항제2호 각 목의 어느 하나에 해당하는 자
4. 제6조제1항 각 호의 어느 하나에 해당하는 법률에 따라 설립되거나 설정된 집합투자기구
5. 그 밖에 중소기업 또는 벤처기업 등에 대한 투자의 전문성 등을 고려하여 금융위원회가 정하여 고시하는 자

③ 제1항 및 제2항에 따라 산출한 결과 청약의 권유를 받는 자의 수가 50인 미만으로서 증권의 모집에 해당되지 아니할 경우에도 해당 증권이 발행일부터 1년 이내에 50인 이상의 자에게 양도될 수 있는 경우로서 증권의 종류 및 취득자의 성격 등을 고려하여 금융위원회가 정하여 고시하는 전매기준에 해당하는 경우에는 모집으로 본다. 다만, 해당 증권이 법 제165조의10제2항에 따라 사모의 방법으로 발행할 수 없는 사채인 경우에는 그러하지 아니하다〈개정 2013.6.21., 2016.6.28.〉.

④ 제1항 및 제2항을 적용할 때 매출에 대하여는 증권시장 및 다자간매매체결회사 밖에서 청약의 권유를 받는 자를 기준으로 그 수를 산출한다.

<간주모집 개정연혁>

2016.2.4. 이전	2016.2.5. 이후
○ 유가증권 모집방법으로 배정하는 경우 과세제외 (간주모집도 포함)	○ 유가증권 모집방법에서 간주모집은 제외 (간주모집시 증여세 과세대상)

2) 우리사주조합에 우선 배정하는 경우

내국법인의 종업원으로서 우리사주조합에 가입한 소액주주가 그 법인의 주식을 우리사주조합을 통하여 시가보다 낮은 가액으로 취득한 경우이다(상증법 제46조2호).

3) 증자 전후의 주식 1주당 가액이 모두 '0' 이하인 경우, 증여이익은 없는 것으로 본다(서면4팀-1155, 2005.7.8.).

4) 회사정리계획안등

「회사정리법」에 의거 법원에서 인가한 회사정리계획안에 따라 주주의 의결권이 법률상 또는 사실상 제한된 상태에서 유상증자를 실시하여 신주를 발행한 경우로 증여세 회피 목적으로 신주를 발행한 것에 해당하지 않으면 증여세 과세대상에서 제외한다(서면4팀-200, 2006.2.6.).

「채무자 회생 및 파산에 관한 법률」에 따른 회생절차에 따라 금융기관 등의 출자전환 등으로 주식가치가 상승한 사실만으로는 그 증가이익에 대하여 증여세를 과세하지 않는 것이 타당하나, 이 경우에도 증여세를 회피할 목적 등 부당한 방법으로 증여세를 감소시킨 경우에 해당하는 경우에는 그러하지 않으며 해당 여부는 상호관계, 주식증여 경위, 채권자와의 합의내용 등을 확인하여 판단할 사항이다(재산세과-244, 2012.6.28.).

라. 증여시기

법인이 자본금을 증가시키기 위하여 신주를 발행할 때 주식가치보다 낮은 가액이나 높은 가액으로 발행하면서 증자 후에 지분율이 변동되거나 주식가치가 증감됨으로 인하여 이익을 얻었다면 주식대금납입일 등 다음에 해당하는 날을 증여일로 한다(상증령 제29조제1항).

1) 유가증권시장에 주권이 상장된 법인 또는 코스닥시장상장법인이 해당법인의 주주에게 신주를 배정하는 경우: 권리락이 있는 날

2) 전환주식을 다른 종류의 주식으로 전환한 경우: 전환주식을 다른 종류의 주식으로 전환한 날(2017.1.1. 이후 신주발행분부터 적용)

3) 그 외의 경우: 주식대금 납입일(주식대금 납입일 이전에 실권주를 배정받은 자가 신주인수권증서를 교부받은 경우에는 신주인수권증서 교부일)

마. 유형별 과세요건 및 증여재산가액 계산방법 등[47]

ⓐ 증자 후 1주당 평가가액, ⓑ 신주 1주당 인수가액

증여유형	과세 요건		납세자	증여재산가액 계산 산식
	특수관계	30% 요건		
① 저가 실권주 기존주주 재배정(1호 가목)	×	×	실권주 인수자	(ⓐ - ⓑ) × 배정받은 실권주수
② 저가 실권주 실권처리 (1호 나목)	○	○	신주 인수자	(ⓐ - ⓑ) × 실권주총수 × 증자 후 신주인수자 지분비율 × (신주인수자의 특수관계인의실권주수 ÷ 실권주총수)
③ · 저가 신주 제3자 직접배정(1호 다목) · 저가 신주 기존주주 초과배정(1호 라목)	×	×	신주 인수자	(ⓐ - ⓑ) × 균등조건 초과 인수한 신주수
④ 고가 실권주 기존주주 재배정(2호 가목)	○	×	신주 인수 포기자	(ⓑ - ⓐ) × 신주인수 포기자의 실권주수 × (특수관계인이 인수한 실권주수 ÷ 실권주 총수)
⑤ 고가 실권주 실권처리 (2호 나목)	○	○	신주 인수 포기자	(ⓑ - ⓐ) × 신주인수 포기자의 실권주수 × (특수관계인이 인수한 신주수 ÷ 당초 증자 주식 총수)
⑥ · 고가 신주 제3자 직접배정(2호 다목) · 고가 신주 기존주주 초과 배정(2호 라목)	○	×	신주 인수 포기자	(ⓑ - ⓐ) × 균등증자시보다 미달하게 배정받은 신주수 × (특수관계인이 인수한 신주수 ÷ 균등증자시 주식수를 초과하여 인수한 신주의 총수)
⑦ 전환주식 저가발행	×	×	교부 받은자	참여주주의 증여재산가액 × 교부받은 주식수
⑧ 전환주식 고가발행	○	×	교부 받은자의 특수 관계인	실권주주의 증여재산가액 × 증자에 의하여 증가한 주식수 × 증자 전 지분비율

---

47. ①~⑥을 간략하게 나타내면 아래와 같다. '증자 후 1주당 평가가액'을 시가로, '신주 1주당 인수가액'을 대가로 생각하고, 인수자와 포기자를 매매거래(저가양수, 고가양도)로 가정하면 이해가 빠르다. 또, 고가의 경우 특수관계등 조건이 필요하다.

증여유형	수증자	비고
배정(직접 이익) (재배정, 제3자 배정, 초과배정)	저가: 인수자 고가: 포기자	특수관계 × 특수관계○
실권처리(간접 이익)	저가: 인수자 고가: 포기자	특수관계○, 30% 요건 적용 특수관계○, 30% 요건 적용

증여자별 수증자별로 증여가액을 산정하되, 위 ① 내지 ③의 경우 신주인수를 포기한 자가 2인 이상 의 소액주주일 때 1인이 포기한 것으로 보아 증여이익을 계산한다. 소액주주가 2인 이상인 경우에 소액주주 1인의 이익을 증여한 것으로 보는 상증법 제39조제2항은 헌법에 위배되지 아니 한다[48](헌재2014헌바468, 2016.6.30.).

이는 증여자별로 증여이익을 계산하는 것이 복잡하고 그 증여가액이 과세 최저한에 미달하여 과세를 못하게 되면 증여세 회피 수단으로 악용될 우려가 있다는 점을 고려한 것이다(대법원2014두14976, 2017.5.17.). 또한, 증자의 증여이익 계산시에는 최대주주등 할증평가 규정을 적용하지 않는다.

[관련 질의회신 · 판례 등]

○ 균등증자

법인이 각 주주의 지분비율대로 균등하게 증자를 실시함으로써 특정주주가 얻은 이익이 없는 경우에는 증자에 따른 증여의제 규정이 적용되지 아니함(서면4팀-513, 2004.4.19.).

○ 회사정리계획안에 따른 증자

회사정리계획안에 따라 주주 의결권이 법률상 또는 사실상 제한된 상태에서 유상증자를 실시하여 신주를 발행한 경우로 증여세 회피 목적으로 신주를 발행한 것에 해당하지 아니하다면 증여세 과세대상에서 제외함(서면4팀-200, 2006.2.6.).

○ 법인이 고가로 증자를 실시한 경우 법인에게 증여세 과세여부

법인이 자본을 증가시키기 위하여 신주를 발행함에 있어 당해 신주를 시가보다 고가로 발행하여 당해 법인이 얻은 이익에 대하여는 당해 법인에게 증여세를 과세하지 아니함(서면4팀-3720, 2007.12.28.).

○ 주식매수선택권의 행사에 따른 증자

상법 또는 증권거래법에 따라 법인의 임직원에게 부여한 신주발행형 주식매수선택권 행사에 따라 당해 법인이 신주를 발행하는 경우 상증법 제39조 증자에 따른 이익의 증여규정을 적용하지 아니함(서면4팀-55, 2008.1.9.).

2. 증여유형 ①: 저가의 실권주를 기존주주에게 재배정한 경우

실권주 재배정은 기존주주가 지분비율에 따라 배정된 신주를 인수하지 아니하여 발생한 실권주를 이사회 결의를 통해 다른 기존주주 또는 제3자에게 배정하는 것을 말한다. 저가로 신주를 발행하면서 발생한 실권주를 배정받은 자(특수관계인의 요건 미적용, 소액주주 포함)가 실권주를 배정받음으로써 이익을 얻었다면 다음 금액을 실권주를 배정받은 자의 증여재산가액으로 한다.

48. 합산배제 증여재산에 포함되어 있지 않다. 입법적인 보완이 필요하다.

다만, 주권상장법인 또는 코스닥상장법인이 유가증권의 모집방법(일반공모)에 따라 배정하는 경우에는 증여세 과세대상에서 제외한다. 이 경우 실권한 소액주주가 2인 이상이라면 소액주주 1인이 실권한 것으로 보아 증여재산가액을 계산한다.

가. 과세요건(특수관계요건 ×, 30% 요건 ×)

다음 요건을 모두 충족하는 경우에는 증여세를 과세한다.

1) 자본 또는 출자액 증가를 위한 신주 발행일 것
2) 신주를 시가보다 낮은 가액으로 발행하는 경우일 것
3) 해당 법인의 주주가 신주를 배정받을 수 있는 권리의 전부 또는 일부를 포기함으로써 실권주가 발생할 것
4) 그 실권주를 다시 배정할 것
5) 재배정은 연고배정방식에 의할 것
 가) 주권상장법인 또는 코스닥상장법인이 유가증권 모집방법(일반공모)에 따라 배정하는 경우, 증여세 과세대상에서 제외
 나) 비상장법인인 경우에는 실권주의 재배정방법에 관계없이 주식 시가와 증자대금 납입금액의 차액에 대하여 증여세 과세
6) 본래의 자기지분율을 초과하여 신주를 배정받은 자가 있을 것
 가) 신주인수권을 포기한 자와 그 실권주를 배정받은 자간에 특수관계인의 요건 미적용
 나) 30% 룰〔현저한 이익(30% 이상 이익과 증여재산가액 3억원 이상)〕 요건 미적용

나. 증여재산가액

ⓐ 증자 후 1주당 평가가액 - ⓑ 신주 1주당 인수가액) × 배정받은 실권주수

ⓐ 증자 후 1주당 평가가액

비상장주식은 아래 산식에 따른 ㉠ 주식평가가액에 의하되, 주권상장법인 · 코스닥상장법인이 증자한 경우에는 ㉠과 ㉡ 중 작은 금액에 따른다.

㉠ 이론적 권리락 주식평가가액

$$\frac{(\text{증자 전 1주당가액} \times \text{증자 전 주식수}) + (\text{신주 1주당 인수가액} \times \text{증자 주식수})}{\text{증자 전 주식수} + \text{증자 주식수}}$$

㉡ 권리락일 이후 2개월간의 최종시세가액의 평균액

예시

(1) A사의 증자 전 발행주식 총수: 40,000주(자본금 4억원)

(2) A사의 유상증자 내용

○ 유상증자일: 202×.10.31.

○ 증자금액: 4억원 (증자주식수: 40,000주, 1주당 인수가액: 10,000원)

○ 갑주주에게 배정된 신주 20,000주: 인수포기하여 발생한 실권주를 을이 모두 인수

주 주	증 자 전		당초배정 (주식수)	당초인수 (주식수)	재배정 (주식수)	증 자 후	
	주식수	지분율				주식수	지분율
갑	20,000	50%	20,000	(실 권)		20,000	25%
을	10,000	25%	10,000	10,000	20,000	40,000	50%
병	4,000	10%	4,000	4,000		8,000	10%
소액주주	6,000	15%	6,000	6,000		12,000	15%
합 계	40,000	100%	40,000	20,000	20,000	80,000	100%

(3) A사의 증자 전 주식가격 현황

구 분	상장법인일 경우	비상장법인일 경우
증자 전 1주당 평가가격	권리락일 전 2개월부터 권리락일 전일까지 최종시세가격 평균가격: 20,000원	보충적평가액 : 15,000원

(4) A사의 증자 후 주식가격 현황

구 분	상장법인일 경우	비상장법인일 경우
증자 후 1주당 평 가 가 격	① 권리락일 이후 2개월간 최종시세 가액의 평균액: 18,000원 ② 이론적 권리락 주가: 15,000원 $= \frac{20,000원 \times 40,000주 + 10,000원 \times 40,000주}{40,000주 + 40,000주}$ = 15,000원	② 이론적 권리락 주가 : 12,500원 $= \frac{15,000원 \times 40,000주 + 10,000원 \times 40,000주}{40,000주 + 40,000주}$ = 12,500원

(5) 증여이익의 계산

가. 상장법인의 경우

을의 증여이익 = (15,000원 (Min [①, ②]) - 10,000원) × 20,000주 = 100,000,000원

나. 비상장법인의 경우

을의 증여이익 = (12,500원 - 10,000원) × 20,000주 = 50,000,000원

$$\frac{(15,000원 \times 40,000주) + (10,000원 \times 40,000주)}{40,000주 + 40,000주} = 12,500원$$

3. 증여유형 ②: 저가의 실권주를 실권처리한 경우

신주를 저가 발행하면서, 기존주주가 지분비율에 따라 배정된 신주를 인수하지 아니하여 발생한 실권주를 이사회 결의를 통해 재배정하지 아니하고 실권처리함에 따라 신주 인수를 포기한 자와 특수관계에 있는 자가 실권주 외의 신주를 인수함으로써 얻은 이익에 대해 증여로 보아 증여세를 과세한다. 실권주를 재배정하지 아니한 경우에도 해당 신주의 인수를 포기한 자와 특수관계에 있는 자가 실권주 외의 신주를 인수함에 따라 얻은 경제적 이익이 1주당 주가차액이 증자 후의 1주당 평가가액의 30% 이상이거나 증여재산가액이 3억원 이상일 경우 이를 증여재산으로 하여 증여세를 과세하는 것으로, 변칙적인 출자지분율의 변동에 따라 형성된 반사적 이익을 과세하기 위한 규정이다.

가. 과세요건(특수관계요건 ○, 30% 요건 ○)

다음 요건을 모두 충족하는 경우에는 증여세를 과세한다.

1) 자본 또는 출자액의 증가를 위한 신주 발행일 것
2) 신주를 시가보다 낮은 가액으로 발행하는 경우일 것
3) 해당 법인의 주주가 신주를 배정받을 수 있는 권리의 전부 또는 일부를 포기함으로써 실권주가 발생할 것
4) 그 실권주를 배정하지 아니할 것
5) 신주 인수를 포기한 주주와 특수관계에 있는 주주가 신주를 인수할 것
6) 1주당 주가차액이 증자 후의 1주당 평가가액의 30% 이상이거나 증여재산가액이 3억원 이상일 것

나. 증여재산가액

$$[\text{ⓐ 증자 후 1주당 평가가액} - \text{ⓑ 신주 1주당 인수가액}] \times \text{실권주 총수} \times \text{증자 후 신주 인수자의 지분비율} \times \frac{\text{신주인수자와 특수관계에 있는 자의 실권주수}}{\text{실권주 총수}}$$

ⓐ 증자 후 1주당 평가가액

비상장주식은 아래 산식에 따른 ㉠ 주식평가액에 의하되, 주권상장법인 · 코스닥상장법인이 증자한 경우에는 ㉠과 ㉡ 중 작은 금액에 따른다.

㉠ 주식평가액

$$\frac{\left(\text{증자 전 1주당 평가가액} \times \text{증자 전의 발행 주식 총수}\right) + \left(\text{신주 1주당 인수가액} \times \text{증자전 지분대로 균등하게 증자하는 경우의 증가주식수}\right)}{\text{증자 전의 발행주식 총수+증자전 지분대로 균등하게 증자하는 경우의 증가 주식수}}$$

㉡ 권리락일 이후 2개월간의 최종시세가액의 평균액

상증법 제39조제1항에 따라 법인이 유상증자를 하면서 실권주 중 일부를 실권한 주주와 특수관계에 있는 주주에게 배정하고 나머지는 배정하지 아니함으로써 특수관계에 있는 자가 얻은 증여이익은 상증령 제29조제3항제1호 및 제2호에 따라 계산한 가액을 합산하여 산정하는 것이며, 이 경우 제2호의 증여이익을 산정함에 있어 다목의 '증자 후 신주인수자의 지분비율'은 재배정받은 주식을 차감한 신주인수자의 주식수를 증자 후의 발행주식 총수로 나누어 계산한 비율을 말한다(재산세과-60, 2010.2.1.).

예시

(1) A사의 증자 전 현황

○ 발행주식 총수: 200,000주(자본금 20억원)

○ 증자전 1주당 평가가액: 40,000원

(2) A사의 유상증자 내용

○ 유상증자일: 202×.10.31.

○ 증자금액: 20억원(증자주식수: 200,000주, 1주당 인수가액: 10,000원)

○ 갑주주에게 배정된 신주 80,000주: 인수포기하여 발생한 실권주를 다시 배정하지 아니함

주주	증자전		당초배정(주식수)	당초인수(주식수)	재배정(주식수)	증자후	
	주식수	지분율				주식수	지분율
갑(부)	80,000	40%	80,000	(실권)	-	80,000	25%
을(자)	60,000	30%	60,000	60,000	-	120,000	37.5%
병(자)	40,000	20%	40,000	40,000	-	80,000	25%
소액주주	20,000	10%	20,000	20,000	-	40,000	12.5%
합계	200,000	100%	200,000	120,000	0	320,000	100%

(3) A사의 증자 전 주식가격 현황

구분	상장법인일 경우	비상장법인일 경우
증자 전 1주당 평가가격	권리락일 전 2개월부터 권리락일 전일까지 최종시세 가격 평균가격: 30,000원	보충적 평가액: 40,000원

(4) A사의 증자 후 주식가격 현황

구 분	상장법인일 경우	비상장법인일 경우
증자 후 1주당 평 가 가 격	① 권리락일 이후 2개월간 최종 시세가액의 평균액: 18,000원 ② 이론적 권리락 주가 $= \frac{30{,}000원 \times 200{,}000주 + 10{,}000원 \times 200{,}000주}{200{,}000주 + 200{,}000주}$ = 20,000원	② 이론적 권리락 주가 $= \frac{40{,}000원 \times 200{,}000주 + 10{,}000원 \times 200{,}000주}{200{,}000주 + 200{,}000주}$ = 25,000원

(5) 증여이익의 계산

구 분	상장법인인 경우	비상장법인인 경우
30% 요건 검토	(18,000 - 10,000) / 18,000 = 44.4% ≧ 30% 충족	(25,000 - 10,000)/25,000 = 60% ≧ 30% 충족
을의 증여이익	증여이익: 240,000,000원 ① A: (18,000 - 10,000) × 80,000 = 640,000,000원 ② B: 640,000,000 × 37.5% = 240,000,000원 ③ C: 240,000,000 × 80,000 / 80,000 = 240,000,000원	증여이익: 450,000,000원 ① A: (25,000 - 10,000) × 80,000 = 1,200,000,000원 ② B: 1,200,000,000 × 37.5% = 450,000,000원 ③ C: 450,000,000 × 80,000 / 80,000 = 450,000,000원
병의 증여이익	증여이익: 160,000,000원 ① A: (18,000 - 10,000) × 80,000 = 640,000,000원 ② B: 640,000,000 × 25% = 160,000,000원 ③ C: 160,000,000 × 80,000 / 80,000 = 160,000,000원	증여이익: 300,000,000원 ① A: (25,000 - 10,000) × 80,000 = 1,200,000,000원 ② B: 1,200,000,000 × 25% = 300,000,000원 ③ C: 300,000,000 × 80,000 / 80,000 = 300,000,000원

A: [증자 후 1주당 평가가액 - 신주 1주당 인수가액] × 실권주 총수
B: A × 증자 후 신주 인수자의 지분비율
C: B × 신주인수자와 특수관계에 있는 자의 실권주수 / 실권주 총수

4. 증여유형 ③: 저가의 신주를 제3자 직접배정 · 기존주주에게 초과배정한 경우

직접배정은 주주평등 원칙에 대한 예외로, 기존주주의 지분비율에 관계없이 정관상 규정 또는 주주총회 특별결의를 통해 기존주주 또는 제3자에게 신주를 인수시키는 것을 말한다.

본래 신주인수권은 기존주주들의 지분비율에 따라 균등하게 배정하는 것이 원칙이다. 그럼에

도 해당 법인의 주주가 아닌 자가 신주를 직접 배정(해당 주식의 인수회사로부터 인수 · 취득하는 경우와 2017.1.1. 이후 제3자에게 증권을 취득시킬 목적으로 그 증권의 전부 또는 일부를 취득한 자로부터 인수 · 취득한 경우 포함)받거나 해당 법인의 주주가 지분비율에 따라 배정받을 신주수를 초과하여 배정 받은 경우에는 이익의 무상이전이 일어나므로 증여세를 과세한다. 이 경우 신주를 배정받지 아니하거나 미달되게 배정받은 소액주주가 2인 이상인 경우에는 소액주주 1인이 배정받지 아니하거나 미달되게 배정받은 것으로 본다(상증법제39조제2항).

가. 과세요건(특수관계요건 ×, 30% 요건 ×)

다음 요건을 모두 충족하는 경우에는 증여세를 과세한다.

1) 자본 또는 출자액의 증가를 위한 신주 발행일 것
2) 신주를 시가보다 낮은 가액으로 발행하는 경우일 것
3) 해당 법인의 주주 등이 아닌 제3자가 해당법인으로부터 신주를 직접 배정받거나, 해당 법인의 주 주가 지분비율에 따라 배정받을 신주수를 초과하여 배정받은 경우일 것

   직접배정에는 자본시장과 금융투자업에 관한 법률 제9조제12항에 따른 인수인으로부터 인수 · 취득하는 경우와 각각 제3자에게 증권을 취득시킬 목적으로 그 증권의 전부 또는 일부를 취득한 자에게서 인수 · 취득한 경우[49]를 포함한다.
4) 신주를 배정받지 아니하거나 미달되게 배정받은 주주가 있을 것

   신주를 배정받지 아니한 자(미달되게 배정받은 자)와 신주를 직접 배정받은 자(초과하여 배정받은 자) 간에 특수관계인의 요건을 적용하지 않고, 30% 룰〔현저한 이익(30% 이상 이익과 증여재산가액 3억원 이상)〕 요건을 적용하지 않는다.

나. 증여재산가액

〔ⓐ 증자 후 1주당 평가가액 - ⓑ 신주 1주당 인수가액〕× 배정받은 신주수

'배정받은 신주 수'란 균등한 조건에 의하여 배정받을 신주 수를 초과하여 배정받은 자의 경우, 그 초과 부분의 신주 수를 말한다.

ⓐ 증자 후 1주당 평가가액

비상장주식은 아래 산식에 따른 ㉠ 주식평가액에 의하되, 주권상장법인 · 코스닥상장법인이

49. 2017.1.1. 이후 전환사채 등을 인수 · 취득하는 경우부터 적용한다.

증자한 경우에는 ㉠과 ㉡ 중 작은 금액에 따른다.

㉠ 주식평가액

$$\frac{\left(\text{증자 전 1주당 평가가액} \times \text{증자 전의 발행 주식 총수}\right) + \left(\text{신주 1주당 인수가액} \times \text{증자에 의하여 증가한 주식수}\right)}{\text{증자 전의 발행주식 총수} + \text{증자에 의하여 증가한 주식수}}$$

㉡ 권리락일 이후 2개월간의 최종시세가액 평균액

예시 1

(1) A사의 증자 전 현황

○ 발행주식 총수: 200,000주(자본금 20억원)

○ 증자 전 1주당 평가가액: 40,000원

(2) A사의 유상증자 내용

○ 유상증자일: 202×.10.31.

○ 증자금액: 20억원(증자주식수: 200,000주, 1주당 인수가액: 10,000원)

○ 갑주주에게 배정될 신주 120,000주를 을에게 40,000주, 병에게 80,000주 직접 배정

주 주	증 자 전		신주배정 (주식수)	초과배정부분 (주식수)	증 자 후	
	주식수	지분율			주식수	지분율
갑(부)	120,000	60%	-	-	120,000	30%
을(자)	60,000	30%	100,000	40,000	160,000	40%
병(자)		-	80,000	80,000	80,000	20%
소액주주	20,000	10%	20,000	-	40,000	10%
합 계	200,000	100%	200,000	120,000	400,000	100%

(3) 증여세 과세가액 계산

① 증자 후 1주당 평가가액

$$\frac{(40{,}000\text{원} \times 200{,}000\text{주}) + (10{,}000\text{원} \times 200{,}000\text{주})}{200{,}000\text{주} + 200{,}000\text{주}} = 25{,}000\text{원}$$

② 증여세 과세가액

· 을 = (25,000원 - 10,000원) × 40,000주 = 600백만원

· 병 = (25,000원 - 10,000원) × 80,000주 = 1,200백만원

예시 2

(1) 증자내역: 총 20,000주 증자, 부에게 배정될 신주 만주를 장남 2천주, 차남 8천주 직접배정

주주별	증자전	증자	증자후
부	10,000주	×	10,000주
장남	6,000주	8,000주	14,000주
차남	×	8,000주	8,000주
타인	4,000주	4,000주	8,000주
계	20,000주	20,000주	20,000주

(2) 주식가치 변동내역

구분	증자전	증자금액	증자후
1주당가액	@30,000	@10,000	@20,000
주식가액	6억원	2억원	8억원

○ 장남, 차남이 추가 배정된 신주에 의하여 얻은 이익

1) 장남의 경우: (@20,000 - @10,000) × 2,000주 = 20,000,000원(증여세 과세)

2) 차남의 경우: (@20,000 - @10,000) × 8,000주 = 80,000,000원(증여세 과세)

5. 증여유형 ④: 고가의 실권주를 기존주주에게 재배정한 경우

시가보다 고가의 발행가액으로 증자하면서 실권주를 재배정하는 경우를 말한다.

저가로 발행하는 신주의 경우와는 반대로 증자 전의 주식평가액보다 높은 가액으로 발행된 신주를 기존주주들이 인수하지 아니하여 발생된 실권주를 특수관계에 있는 자가 배정받아 신주인수를 포기한 주주가 자본금을 납입하지 아니하고도 증자 후 주식가치가 높아짐으로써 얻은 이익을 증여받은 것으로 보아 과세한다.

가. 과세요건(특수관계요건 ○, 30% 요건 ×)

다음 요건을 모두 충족하는 경우에는 증여세를 과세한다.

1) 자본 또는 출자액의 증가를 위한 신주 발행일 것

2) 신주를 시가보다 높은 가액으로 발행할 것

3) 해당 법인의 주주가 신주를 배정받을 수 있는 권리의 전부 또는 일부를 포기함으로써 실권

주가 발생할 것

4) 그 실권주를 다시 배정할 것

5) 재배정은 연고배정방식에 의할 것

가) 주권상장법인 또는 코스닥상장법인이 유가증권의 모집방법(일반공모)에 따라 배정하는 경우에는 증여세 과세대상에서 제외

나) 비상장법인인 경우에는 실권주 재배정방법에 관계없이 증자대금 납입금액과 주식의 시가차액에 대하여 증여세 과세

6) 본래의 자기지분율을 초과하여 신주를 배정받은 자가 있을 것

가) 이익을 얻은 신주인수 포기자는 실권주를 배정받아 인수한 자와 특수관계인일 것

나) 현저한 이익(30% 이상 이익과 증여재산가액 3억원) 요건은 미적용

나. 증여재산가액

$$\left(\text{ⓑ 신주 1주당 인수가액} - \text{ⓐ 증자 후 1주당 평가가액}\right) \times \text{신주인수를 포기한 주주의 실권주수} \times \frac{\text{신주인수를 포기한 주주와 특수관계에 있는 자가 인수한 실권주수}}{\text{실권주 총수}}$$

ⓐ 증자 후 1주당 평가가액

비상장주식은 아래 산식에 따른 ㉠ 주식평가액에 의하되, 주권상장법인 · 코스닥상장법인이 증자한 경우에는 ㉠과 ㉡ 중 큰 금액에 따른다.

㉠ 이론적 권리락 주식평가액

$$\frac{\left(\text{증자 전 1주당 평가가액} \times \text{증자 전의 발행 주식 총수}\right) + \left(\text{신주 1주당 인수가액} \times \text{증자에 의하여 증가한 주식수}\right)}{\text{증자 전의 발행주식 총수} + \text{증자에 의하여 증가한 주식수}}$$

㉡ 권리락일 이후 2개월간의 최종시세가액 평균액

6. 증여유형 ⑤: 고가의 실권주를 실권처리한 경우

증자 전 주식평가액보다 높은 가액으로 발행된 신주를 기존주주들이 인수하지 아니하여 발생한 실권주를 다시 배정하지 아니하고 실권처리하여 신주인수를 포기한 주주가 자본금을 납입하지 아니하고도 증자 후 주식가치가 높아짐으로써 얻은 이익을 증여받은 것으로 보아 과세한다.

가. 과세요건(특수관계요건 O, 30% 요건 O)

다음 요건을 모두 충족하는 경우에는 증여세를 과세한다.

1) 자본 또는 출자액의 증가를 위한 신주 발행일 것
2) 신주를 시가보다 높은 가액으로 발행할 것
3) 해당 법인의 주주가 신주를 배정받을 수 있는 권리의 전부 또는 일부를 포기함으로써 실권주가 발생할 것
4) 그 실권주를 배정하지 아니할 것
5) 신주인수를 포기한 주주와 특수관계에 있는 주주가 신주를 인수할 것
6) 1주당 주가차액이 증자 후의 1주당 평가가액의 30% 이상이거나 증여재산가액이 3억원 이상일 것

나. 증여재산가액

$$\left(\text{ⓑ 신주 1주당 인수가액} - \text{ⓐ 증자 후 1주당 평가가액}\right) \times \text{신주인수를 포기한 주주의 실권주수} \times \frac{\text{신주인수를 포기한 주주와 특수관계에 있는 자가 인수한 신주수}}{\text{증자 전의 지분비율대로 균등하게 증자하는 경우의 증자 주식 총수}}$$

ⓐ 증자 후 1주당 평가가액

비상장주식은 아래 산식에 따른 ㉠ 주식평가액에 의하되, 주권상장법인 · 코스닥상장법인이 증자한 경우에는 ㉠과 ㉡ 중 큰 금액에 따른다.

㉠ 이론적 권리락 주식평가액

$$\frac{\left(\text{증자 전 1주당 평가가액} \times \text{증자 전의 발행 주식 총수}\right) + \left(\text{신주 1주당 인수가액} \times \text{증자에 의하여 증가한 주식수}\right)}{\text{증자 전의 발행주식 총수} + \text{증자에 의하여 증가한 주식수}}$$

㉡ 권리락일 이후 2개월간 최종시세가액의 평균액

예시

(1) A사의 증자 전 현황

○ 발행주식 총수: 200,000주(자본금 20억원)

○ 증자 전 1주당 평가가액: 5,000원

(2) A사의 유사증자 내용

○ 유상증자일: 202×.10.31.

○ 증자금액: 16억원(증자주식수: 160,000주, 1주당 인수가액: 10,000원)

○ 병주주에게 배정된 신주 40,000주의 인수를 포기하여 발생한 실권주를 다시 배정하지 아니함

주 주	증 자 전		당초배정 (주식수)	신주인수 (주식수)	재배정 (주식수)	증 자 후	
	주식수	지분율				주식수	지분율
갑(부)	80,000	40%	80,000	80,000	-	160,000	44.45%
을(자)	60,000	30%	60,000	60,000	-	120,000	33.33%
병(자)	40,000	20%	40,000	(실 권)	-	40,000	11.11%
소액주주	20,000	10%	20,000	20,000	-	40,000	11.11%
합 계	200,000	100%	200,000	160,000	0	360,000	100%

(3) 증여세 과세대상 검토

① 증자 후 1주당 평가가액

$$\frac{(5{,}000\text{원} \times 200{,}000\text{주}) + (10{,}000\text{원} \times 160{,}000\text{주})}{200{,}000\text{주} + 160{,}000\text{주}} = 7{,}222\text{원}$$

② 30% 요건 해당 여부:

$$\frac{(10{,}000\text{원} - 7{,}222\text{원})}{7{,}222\text{원}} = 38.46\% \geq 30\%$$

③ 병의 증여세 과세가액 = 77,784,000원

$$(10{,}000\text{원} - 7{,}222\text{원}) \times 40{,}000\text{주} \times \frac{80{,}000\text{주(갑)} + 60{,}000\text{주(을)}}{200{,}000\text{주}}$$

7. 증여유형 ⑥: 고가의 신주를 제3자 직접배정 · 기존주주에게 초과배정한 경우

증자 전의 주식평가액보다 높은 가액으로 발행된 신주를 기존주주들이 지분비율대로 균등하게 인수하지 아니하고 특수관계인에게 직접 배정하여 신주인수를 포기하거나 균등하게 배정받지 아니한 주주가 자본금을 납입하지 아니하고도 증자 후 주식가치가 높아짐으로써 얻은 이익을 증여받은 것으로 보아 과세한다.

가. 과세요건(특수관계요건 ○, 30% 요건 ×)

다음 요건을 모두 충족하는 경우에는 증여세를 과세한다.

1) 자본 또는 출자액 증가를 위한 신주 발행일 것

2) 신주를 시가보다 높은 가액으로 발행할 것

3) 해당 법인의 주주 등이 아닌 제3자가 해당법인으로부터 신주를 직접 배정받거나, 해당 법인의 주주가 지분비율에 따라 배정받을 신주수를 초과하여 배정받은 경우일 것

직접배정에는 자본시장과 금융투자업에 관한 법률 제9조제12항에 따른 인수인으로부터 인수 · 취득하는 경우와 각각 제3자에게 증권을 취득시킬 목적으로 그 증권의 전부 또는 일부를 취득한 자로부터 인수 · 취득한 경우[50]를 포함한다.

4) 신주를 배정받지 아니하거나 미달되게 배정받은 주주가 있을 것

가) 신주를 배정받지 아니한 자(미달되게 배정받은 자)와 신주를 직접 배정받은 자(초과하여 배정받은 자)간에 특수관계인 요건 적용

나) 30% 룰〔현저한 이익(30% 이상 이익과 증여재산가액 3억원 이상)〕 요건 미적용

나. 증여재산가액

$$\left(\begin{matrix}\text{ⓑ 신주}\\\text{1주당}\\\text{인수}\\\text{가액}\end{matrix} - \begin{matrix}\text{ⓐ 증자}\\\text{후}\\\text{1주당}\\\text{평가}\\\text{가액}\end{matrix}\right) \times \begin{matrix}\text{신주를 배정받지 아니하거나}\\\text{균등한 조건에 의하여 배정받}\\\text{을 신주수에 미달하게 신주를}\\\text{배정받은 주주의 배정받지 아}\\\text{니하거나 그 미달하게 배정받}\\\text{은 부분의 신주수}\end{matrix} \times \frac{\begin{matrix}\text{신주인수를 배정받지 아니하거나 미}\\\text{달되게 배정받은 주주와 특수관계에}\\\text{있는 자가 인수한 신주수}\end{matrix}}{\begin{matrix}\text{주주가 아닌 자에게 배정된 신주 및}\\\text{당해 법인의 주주가 균등한 조건에 의}\\\text{하여 배정받을 신주수를 초과하여 인}\\\text{수한 신주의 총수}\end{matrix}}$$

ⓐ 증자 후 1주당 평가가액

비상장주식은 아래 산식에 따른 ㉠ 주식평가액에 의하되, 주권상장법인 · 코스닥상장법인이 증자한 경우에는 ㉠과 ㉡ 중 큰 금액에 따른다.

㉠ 이론적 권리락 주식평가액

$$\frac{\left(\begin{matrix}\text{증자 전 1주당}\\\text{평가가액}\end{matrix} \times \begin{matrix}\text{증자 전의 발행}\\\text{주식 총수}\end{matrix}\right) + \left(\begin{matrix}\text{신주 1주당}\\\text{인수가액}\end{matrix} \times \begin{matrix}\text{증자에 의하여}\\\text{증가한 주식수}\end{matrix}\right)}{\text{증자 전의 발행주식 총수 + 증자에 의하여 증가한 주식수}}$$

㉡ 권리락일 이후 2개월간의 최종시세가액 평균액

---

50. 2017.1.1. 이후 전환사채 등을 인수 · 취득하는 경우부터 적용한다.

예시 1

(1) A사의 증자 전 현황

○ 발행주식 총수: 200,000주(자본금 20억원)

○ 증자전 1주당 평가가액: 10,000원

(2) A사의 유상증자 내용

○ 유상증자일: 202×.10.31.

○ 증자금액: 60억원(증자주식수: 200,000주, 1주당 인수가액: 30,000원)

○ 병 주주에게 배정할 신주 120,000주를 갑에게 직접 배정함

주 주	증 자 전		당초배정(주식수)	신주인수(주식수)	초과배정(주식수)	증 자 후	
	주식수	지분율				주식수	지분율
갑(부)	×	-		120,000	120,000	120,000	30%
을(자)	60,000	30%	60,000	60,000	-	120,000	30%
병(자)	120,000	60%	120,000	-	-	120,000	30%
소액주주	20,000	10%	20,000	20,000	-	40,000	10%
합 계	200,000	100%	200,000	200,000	120,000	400,000	100 %

(3) 증여세 과세대상 검토

① 증자 후 1주당 평가가액

$$\frac{(10{,}000\text{원} \times 200{,}000\text{주}) + (30{,}000\text{원} \times 200{,}000\text{주})}{(200{,}000\text{주} + 200{,}000\text{주})} = 20{,}000\text{원}$$

② 병의 증여세 과세가액

(30,000원 - 20,000원) × 120,000주 × (120,000주 ÷ 120,000주) = 1,200,000,000원

예시 2

○ 장남에게 배정될 신주 6,000주를 부에게 4,000주, 타인에게 2,000주를 직접 배정함

(1) 증자내역

주주별	증 자 전	증 자	증 자 후
부	4,000주	8,000주	12,000주
장남	6,000주	×	6,000주
차남	6,000주	6,000주	12,000주
타인	4,000주	6,000주	10,000주
합 계	20,000주	20,000주	40,000주

(2) 주식가치 변동내역

구분	증자전	증자금액	증자후
1주당가액 주식가액	@10,000 2억원	@30,000 6억원	@20,000 8억원

○ 장남이 얻은 이익 = 40,000,000원(증여세 과세대상)

$$= (@30,000 - @20,000) \times 6,000주 \times \frac{4,000주}{6,000주}$$

○ 타인이 얻은 이익: 비특수관계자에 해당하므로 증여세 과세대상 아님

8. 증여유형 ⑦: 전환주식을 시가보다 낮은 가액으로 발행한 경우

상법 제346조에 따른 종류주식(전환주식)을 발행할 때, 전환주식을 시가보다 낮은 가액으로 발행한 경우에는 교부받았거나 교부받을 주식의 가액이 전환주식 발행 당시 전환주식의 가액을 초과함으로써 그 주식을 교부받은 자가 얻은 이익에 대해서는 증여세를 과세한다. 2017.1.1. 이후 전환주식을 발행하는 분부터 증여세 과세한다.

가. 과세요건(특수관계요건 ×, 30% 요건 ×)

다음의 요건을 모두 충족하는 경우에는 증여세를 과세한다.

1) 2017.1.1. 이후의 전환주식 발행분일 것

2) 전환주식을 시가보다 낮은 가액으로 발행하는 경우일 것

3) 교부받았거나 교부받을 주식의 가액〉 전환주식 발행 당시 전환주식의 가액

주주간에 특수관계인 요건 미적용하고, 30% 룰〔현저한 이익(30% 이상 이익과 증여재산가액 3억원 이상)〕 요건을 적용하지 않는다.

나. 증여재산가액

증여재산가액 = ①-② ① 전환주식을 다른 종류의 주식으로 전환함에 따라 교부받은 주식을 신주로 보아 상증령 제29조제2항제1호부터 제5호까지의 규정에 따라 계산한 이익 ② 전환주식 발행 당시 상증령 제29조제2항제1호부터 5호까지의 규정에 따라 계산한 이익. 이 경우, ①에서 ②를 차감한 금액이 0 이하인 경우에는 이익이 없는 것으로 본다.

9. 증여유형 ⑧: 전환주식을 시가보다 높은 가액으로 발행한 경우

상법 제346조에 따른 종류주식(전환주식)을 발행할 때, 전환주식을 시가보다 높은 가액으로 발행한 경우에는 교부받았거나 교부받을 주식 가액이 전환주식 발행 당시 전환주식 가액보다 낮아짐으로써 그 주식을 교부받은 자의 특수관계인이 얻은 이익에 대해서는 증여세를 과세한다. 2017.1.1. 이후 전환주식을 발행하는 분부터 증여세 과세한다.

가. 과세요건(특수관계요건 ○, 30% 요건 ×)

다음 요건을 모두 충족하는 경우에는 증여세를 과세한다.

1) 2017.1.1. 이후의 전환주식 발행분일 것

2) 전환주식을 시가보다 높은 가액으로 발행하는 경우일 것

3) 교부받았거나 교부받을 주식의 가액 〈 전환주식 발행 당시 전환주식의 가액

전환주식을 교부받은 자와 특수관계인[51] 요건을 적용하지 않고, 30% 룰〔현저한 이익(30% 이상 이익과 증여재산가액 3억원 이상)〕 요건을 적용하지 않는다.

51. 상증령 제2조의2제1항 각 호의 어느 하나에 해당하는 자를 말한다.

나. 증여재산가액

증여재산가액 = ①-②

① 전환주식을 다른 종류의 주식으로 전환함에 따라 교부받은 주식을 신주로 보아 상증령 제29조제2항제1호부터 제5호까지의 규정에 따라 계산한 이익

② 전환주식 발행 당시 상증령 제29조제2항제1호부터 5호까지의 규정에 따라 계산한 이익. 이 경우, ①에서 ②를 차감한 금액이 0 이하인 경우에는 이익이 없는 것으로 본다.

[관련 질의회신 · 판례 등]

○ 자기주식

(자기주식을 제외하고 균등증자한 경우) 법인이 자본을 증가시키기 위하여 신주를 발행함에 있어 신주인수권이 없는 자기주식을 제외한 각 주주의 지분비율대로 균등하게 증자를 실시함으로써 특정주주가 얻은 이익이 없는 경우에는 상증법 제39조 규정이 적용되지 않음(서면2015상속증여-2216, 2015.11.23.).

(신주를 배정받지 못한 자기주식이 있는 경우) 신주를 고가로 인수한 주주와 실권주주 사이의 분여이익 계산시 상법상 자기주식 취득이 제한되어 신주를 배정받지 못한 자기주식이 있는 경우에는 이를 제외하고 '증자 전의 1주당 평가가액'이나 '증자 전의 발행주식총수'를 계산하여야 함(대법원2007두5363, 2009.11.26.).

○ 간주모집

간주모집은 상장주식 신주저가인수 이익을 과세하지 아니하는 유가증권의 모집 방법임(간주모집 해당여부는 청약 권유받은 자의 수가 아닌 전매 가능성 유무를 기준으로 판단)(대법원2012두14866, 2014.3.13., 대법원2011두198, 2014.2.27.).

☞ 상증법 제39조제1항제1호가목 개정 및 상증령 제29조제3항을 개정하여 2016.1.1. 이후 자본시장법 시행령 제11조제3항(간주모집)에 따라 모집하는 경우는 증여세 과세대상임.

이 사건 유상증자는 실제 투자인원이 50명을 초과하였다 할지라도 유가증권신고서가 금융감독원에 수리되지 않아 모집에 해당하지 않고, 이 사건 주식의 시가 산정시 증자 등의 사유에 주식분할도 포함됨(대법원2015두41531, 2015.12.10.).

○ 과세대상

(우선주 불균등 증자) 비상장법인이 상환전환우선주를 고가 또는 저가로 발행하여 상증법 제39조에 따른 이익의 증여가 있는 경우에는 증여세가 과세되며, 증여이익은 상증령 제29조제4항에 따라 주식대금 납입일(주식대금 납입일 이전에 실권주를 배정받은 자가 신주인수권증서를 교부받은 경우에는 그 교부일)을 기준으로 계산함. 상증령 제29조제3항을 적용함에 있어 상환전환우선주의 주식수는 발행당시 보

통주 전환비율을 반영하여 증자에 따른 이익의 증여를 계산함(기획재정부 재산세제과-82, 2015.2.9.).[52]

(외국소재 법인의 유상증자) 외국에 소재하는 법인의 유상증자시 당해 법인의 주주가 아닌 자가 신주(실권주를 포함한다)를 배정받음에 따라 당해 신주를 배정받은 자 또는 당해 법인의 기존 주주가 이익을 얻은 경우에는 상증법 제39조 및 제42조제1항제3호의 규정에 따라 증여세가 과세됨(재산세과-1582, 2008.7.10.).

(입사조건으로 배정) 임원으로 입사하는 조건으로 저가로 발행된 신주를 직접 배정받은 경우, 증여세가 과세될 수 있음(서일46014-10040, 2003.1.14.).

(포기 후 지분 초과한 경우) 종전의 증자과정에서 신주인수권을 포기한 주식이 있다 하더라도 그 후의 증자에서 지분비율을 초과하여 신주를 배정받은 경우 증여 의제 적용함(대법원93누1343, 1993.7.27.).

(의결권이 제한된 상태에서 신주 발행한 경우) 회사정리계획안에 따라 주주 의결권이 법률상 또는 사실상 제한된 상태에서 유상증자를 실시하여 신주를 발행한 경우로, 증여세 회피 목적으로 신주를 발행한 것에 해당되지 아니한 경우에는 증여세 과세대상에서 제외함이 타당함(서면4팀-200, 2006.2.6.).

(우리사주조합) 「근로자복지기본법」 및 「증권거래법」에 의하여 우리사주조합에 우선 배정된 신주의 20%를 조합원이 인수하지 아니함에 따라 발생한 실권주를 대표이사(기존주주) 1인이 전부 인수한 경우에 증여자는 우리사주조합이 아니라 신주인수를 포기한 조합원으로 하여 증여세를 과세하는 것이 타당함(국심90중209, 1990.5.8.; 대법원90누8473 1991.2.12. 같은 뜻).

(사내근로복지기금) 주주인 사내근로복지기금이 신주를 배정받을 수 있는 권리의 전부 또는 일부를 포기하는 경우에도 상증법 제39조제1항제1호 규정이 적용됨(재삼46014-2619, 1997.11.6.).

(합자회사) 합자회사에서는 출자증액규모 결정이나 출자방법등이 사원총회결의(총사원의 동의)에 의해 결정되는 것은 사실이나 합자회사 사원도 자기 출자비율에 따라 회사에 대한 일정권리를 가지고 있으므로 증자(출자금 증액)시 자기 지분율을 유지할 수 있도록 증자에 참여할 권리는 있다 할 것인 바, 사원총회에서 출자금 증액규모 및 출자방법 등을 결정할 때 이러한 권리를 일부 사원이 포기하여 다른 사원이 증액출자하여 법소정의 경제적 이익을 받았다면 이를 증여의제 대상에 포함하는 것이 앞에서 살펴본 구 상속세법 제34조의 5의 규정취지에 부합한다. 한편 이때 무한책임사원의 포기지분을 유한책임사원이 인수하였더라도 무한책임사원과 유한책임사원은 상법상 회사채무에 대한 책임 범위가 다를 뿐 출자지분에 대한 경제적 가치는 동일하다 할 것인 바, 유한책임사원이 인수하는 것은 출자지분에 내재된 경제적 가치이지 출자자의 지위에 따른 무한책임까지 인수하는 것은 아니므로 인수 대상이 된 출자지분의 당초 권리자가 유한책임사원인지 무한책임사원인지에 따라 위 법 규정의 해석을 달리할 이유가 없음(국심1997구1473, 1998.12.12.).

○ 가장납입의 방법으로 주금납입을 대신한 경우

신주에 관하여 수증자 명의의 신주인수 및 신주인수대금 납입이 적법하게 마쳐졌고 그 대금이 실제로는 증여된 것이라면 가장납입 방법으로 이루어졌더라도 그 신주인수대금을 증여받은 때 증여세 납세의무가 적법하게 성립하였다고 할 것이므로, 그 이후에 감자절차를 밟았다거나 과세처분 후에 수증자가 회사를 상대로 신주발행부존재확인을 구하는 소송을 제기하여 승소판결을 받아 그 판결이 확정되었더라도 증여가 부존재하거나 무효가 아닌 이상 증여세 과세처분에 아무런 영향이 없음(대법원99두8039, 2001.3. 27.)

---

52. 상환전환우선주 증자시 증가된 주식수는 발행당시를 기준으로 함(기획재정부 재산세제과-457, 2016.7.8.).

○ 증자 전의 1주당 평가가액

(증자 후 거래가액) 증자 전 1주당 평가가액이라 함은 증자 전 시점을 기준으로 한 주식의 평가가액을 의미하므로 증자 후 3월 중 이루어진 매매거래가액을 증여세가 부과되는 재산의 시가로 볼 수 있다고 하여 이를 "증자 전의 1주당 평가가액"으로 볼 수는 없음(대법원2007두5110, 2009.6.25.).

(기준일) 제3자배정방식의 증자에 따른 이익 계산방법에 관하여 '증자 전의 1주당 평가가액'을 평가함에 있어서는 원칙적으로 증자에 관한 이사회결의일이 아니라 주금납입일 전날을 기준으로 하여 그 이전 기간을 대상으로 함이 상당함(대법원2007두7949, 2009.8.20.).

○ 증여시기

신주의 저가발행 여부를 판단하는 기준이 되는 '시가'의 평가기준일은 주금납입일로 봄이 상당하므로 그 기준일을 신주 발행을 결정한 이사회 결의일로 보아야 한다는 원고들의 주장을 배척한 것은 정당함(대법원2013두22437, 2015.9.10.).

○ 증여자가 소액주주인 경우

상증법 제39조제2항에서 신주를 배정받을 있는 권리를 포기하거나 그 소유주식수에 비례하여 균등한 조건으로 배정받을 수 있는 수에 미달되게 신주를 배정받은 소액주주가 2명 이상인 경우에는 소액주주 1명이 그 권리를 포기하거나 신주를 미달되게 배정받은 것으로 보고 이익을 계산함(서울고법2014누60377, 2015.3.17.).

○ 증자 · 감자시 최대주주 할증평가 규정 적용 않음(재산세과-62, 2011.2.1.).

○ 1억원 판단기준

증여의제가액이 1억원(현재 3억원) 이상인지 여부는 신주를 인수한 자(수증자)가 얻은 전체이익을 기준으로 하여 판단(재삼 46014-2573, 1998.12.31.).

○ 명의신탁시

명의신탁한 경우 실질주주(명의신탁자)를 기준으로 판단(재삼46014-2459, 1998.12.16., 대법원93누3974, 1993.11.23.).

제9절 감자에 따른 이익의 증여

〈법인이 자본금을 감소시키기 위해 주식등을 소각하면서 일부 주주등의 주식등을 소각하는 경우〉

① 주식등을 시가보다 낮은 대가로 소각한 경우

○ (납세의무자) 대주주등

○ (증여시기) 주주총회결의일

○ (증여재산가액) Min(감자한 주식등의 평가액×30%, 3억원) 이상인 경우로 한정

(ⓐ − ⓑ) × ⓒ

ⓐ 감자한 주식등의 1주당 평가액

ⓑ 주식등 소각시 지급한 1주당 금액

$$ⓒ\ \text{총감자 주식수} \times \text{대주주등 의 감자 후 지분비율} \times \frac{\text{대주주등과 특수관계인의 감자주식수}}{\text{총 감자주식수}}$$

② 주식등을 시가보다 높은 대가로 소각한 경우

○ (납세의무자) 대주주등의 특수관계인에 해당하는 주식등을 소각한 주주등

○ (증여시기) 주주총회결의일

○ (증여재산가액) Min(감자한 주식등의 평가액×30%, 3억원) 이상인 경우로 한정

(주식등의 소각시 지급한 1주당 금액 − 감자한 주식등의 1주당 평가액) × 해당 주주등의 감자한 주식등의 수

감자란 자본 감소, 즉 회사의 자본금(발행주식의 액면총액)을 감소시키는 것을 말하며 회사의 순자산을 감소시켜 그 감소분을 주주등에게 반환하는 실질상 감자와 회사의 순자산 감소없이 이월결손금을 보전하기 위한 형식상 감자로 분류된다. 회사 자본이 감소하면 회사채권자와 주주등에게 영향을 미치게 되므로 감자는 특별결의, 채권자보호절차 등 엄격한 규정을 요건으로 한다.

감자 방법은 주금액 감소방법(주금액 일부를 환급하는 방법과 주금액 일부를 버리는 방법)과 주식수를 줄이는 방법(주식을 병합하는 방법과 주식을 소각하는 방법)이 있다.

주식병합은 수개의 주식을 병합하는 경우를 말한다. 주식소각은 주식수를 소각하는 경우이며, 소각하는 주식의 주주승낙을 요하는지 여부에 따라 임의소각(임의로 주식을 매입하여 소각)과 강제소각(일방적으로 소멸시키는 소각)으로 구분된다.

감자에 따른 이익 증여는 법인이 자본금을 감소시키기 위하여 주식을 소각할 때 특정 주주의 주식을 감자 전 주식평가액보다 낮은 가액으로 소각시킴으로써 주식을 소각하지 않거나 균등비율보다 적게 소각시킨 주주의 경우에는 감자 후 지분율과 주식평가액이 증가되는 결과가 발생하며, 이때 해당 주주가 얻은 이익에 대하여 증여세를 과세하고자 하는 규정이다. 또한, 2004.1.1.부터는 감자 전 주식평가액보다 소각대가를 더 많이 지급함으로써 이익을 얻은 경우에도 증여세 과세대상에 추가하였다(상증법 제29조의2).

1. 주식 등을 시가보다 낮은 대가로 소각한 경우

가. 과세대상

다음 요건을 모두 충족하는 경우에는 주식등을 소각한 주주등의 특수관계인에 해당하는 대주주등이 얻은 이익을 증여재산가액으로 하여 증여세를 과세한다.

1) 법인이 자본금을 감소시키기 위하여 주식등을 소각하는 경우
2) 일부 주주등의 주식등을 시가보다 낮은 대가로 소각하는 경우(불균등 감자 및 저가소각)
3) 주식등을 소각한 주주등의 특수관계인에 해당하는 대주주가 이익을 얻은 경우
4) 이익에 상당하는 금액이 기준금액 이상

나. 납세의무자

주식등을 소각한 주주등의 특수관계인에 해당하는 "대주주등".

이 경우 대주주등은 주주등 1인과 상증령 제2조의2(특수관계인의 범위)제1항 각 호의 어느 하나에 해당하는 관계에 있는 자(이하 "특수관계인")로서 해당 주주 등의 지분 및 특수관계인 지분을 포함하여 당해 법인의 발행주식 총수 등의 1% 이상을 소유하고 있거나, 소유 주식등의 액면가액이 3억원 이상인 주주 등을 말한다.[53]

다. 증여재산가액

감자에 따른 이익의 증여재산가액은 다음 산식에 따라 계산된 금액으로 한다. 다만 계산된 금액미만인 경우는 제외한다.

1) 증여재산가액의 계산

증여재산가액 = (ⓐ−ⓑ) × ⓒ

ⓐ 감자한 주식등의 1주당 평가액

ⓑ 주식등 소각시 지급한 1주당 금액

ⓒ $\text{총감자 주식등의 수} \times \text{대주주등의 감자 후 지분비율} \times \dfrac{\text{대주주등과 특수관계인의 감자 주식등의 수}}{\text{총 감자주식등의 수}}$

---

53. "대주주등"의 범위는 상증법 제38조(합병에 따른 이익의 증여)제1항과 상증령 제28조(합병에 따른 이익의 계산방법 등)제2항에서 규정하고 있다.

2) 감자한 주식등의 1주당 평가액

감자에 따른 이익의 증여규정 적용시 "감자한 주식 1주당 평가액"은 증여일(감자를 위한 주주총회 결의일)을 기준으로 같은 법 제60조 및 제63조제1항 규정에 의하여 평가한다(재산세과-115, 2012.3.20.).

3) 과세대상에서 제외되는 기준금액

기준금액 = Min(①, ②)

① $\frac{(\text{ⓐ 감자한 주식등의 1주당 평가액} - \text{ⓑ 주식등 소각시 지급한 1주당 금액})}{\text{ⓐ 감자한 주식등의 1주당 평가액}} \times 30\%$

② 3억원

4) 감자에 따라 대주주가 얻은 이익을 계산시 최대주주 할증평가 규정은 적용하지 않는다.

2. 주식 등을 시가보다 높은 대가로 소각한 경우

가. 과세대상

다음 요건을 모두 충족하는 경우에는 대주주등의 특수관계인에 해당하는 주식등을 소각한 주주등이 얻은 이익을 증여재산가액으로 하여 증여세를 과세한다. 다만, 주식등의 1주당 평가액이 액면가액(대가가 액면가액에 미달하는 경우에는 해당 대가)에 미달하는 경우로 한정한다.

1) 법인이 자본금을 감소시키기 위하여 주식등을 소각하는 경우일 것
2) 일부 주주등의 주식등을 시가보다 높은 대가로 소각하는 경우일 것(불균등 감자 및 고가소각)
3) 대주주등의 특수관계인에 해당하는 주식등을 소각한 주주등이 이익을 얻은 경우일 것
4) 이익에 상당하는 금액이 기준금액 이상일 것

나. 납세의무자

대주주등의 특수관계인에 해당하는 "주식등을 소각한 주주등".

이 경우 대주주등은 주주등 1인과 상증령 제2조의2(특수관계인의 범위)제1항 각 호의 어느 하나에 해당하는 관계에 있는 자(이하 "특수관계인")로 해당 주주 등의 지분 및 특수관계인 지분을 포함하여 당해 법인 발행주식 총수 등의 1% 이상을 소유하고 있거나, 소유한 주식등의 액면가액이 3억원 이상인 주주 등을 말한다.

다. 증여재산가액

감자에 따른 이익의 증여재산가액은 다음 산식에 따라 계산된 금액으로 한다. 다만 계산된 금액이 기준금액 미만인 경우는 제외한다.

1) 증여재산가액의 계산

증여재산가액=(주식등 소각시 지급한 1주당 금액-감자한 주식등의 1주당 평가액)

× 해당 주주등의 감자한 주식등 수

2) 과세대상에서 제외되는 기준금액

기준금액 = Min (①, ②)

$$① \frac{\text{(주식등 소각시 지급한 1주당 금액 - 감자한 주식등의 1주당 평가액)}}{\text{감자한 주식등의 1주당 평가액}} \times 30\%$$

② 3억원

3) 감자에 따른 대주주가 얻은 이익을 계산하는 경우 최대주주 할증평가 규정은 적용하지 않는다.

예시

□ 2004.1.1. 이후 주식평가액보다 소각대가를 많이 지급한 경우 과세방법

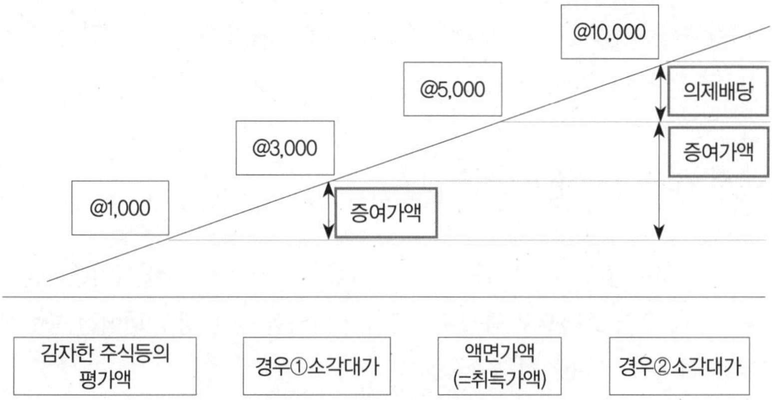

① 소각대가(3,000원)가 액면가액(=취득가액 5,000원[54]이하인 경우

- 2003.12.31. 이전: 소득세 및 증여세 과세대상 아님
- 2004.1.1. 이후: 평가액(1,000원)을 초과하는 소각대가 2,000원에 대해 증여세 과세

54. 계산편의상 액면가액과 취득가액을 같다고 가정

② 소각대가(10,000원)가 액면가액(=취득가액 5,000원)을 초과하는 경우
- 당초 취득가액 초과부분 5,000원에 대해 소득세 과세(의제배당)
- 평가액(1,000원)과 액면가액(5,000원)의 차액에 대한 증여세 과세내용
(2003.12.31. 이전) 증여세 과세제외
(2004.1.1. 이후) 소득세 과세되지 않는 4,000원에 대해 증여세 과세

3. 증여시기

감자에 따른 이익의 증여일은 감자를 위한 주주총회결의일로 한다.

4. 감자에 따른 이익의 증여 예외

가. 공개매수방식등으로 취득한 자기주식을 소각하는 경우

법인이 자본을 감소시키기 위하여 주식을 소각한 때에 당해 감자전에 각 주주들이 소유하고 있는 주식수대로 균등하게 주식을 매입하여 소각하지 아니한 경우에는 상속세및증여세법 제39조의2(감자에 따른 이익의 증여) 및 같은 법 제42조(기타이익의 증여 등) 규정에 의하여 증여세가 과세되나, 상장법인이 한국증권거래소에서 경쟁매매방식의 장내거래를 통하여 취득하거나 증권거래법 제21조제3항에서 규정하는 공개매수방식으로 취득한 자기주식을 소각하는 경우에는 그러하지 아니한다(서면4팀-211, 2005.2.1.).

나. 합병으로 취득한 자기주식을 소각하는 경우

법인 합병 후 존속하는 법인이 합병과정에서 소각을 목적으로 취득한 자기주식을 정상적으로 소각하는 경우에 당해 주식 소각으로 특정주주에게만 이익을 주는 경우 외에는 증여세가 과세되지 아니한다(서면4팀-3631, 2006.11.2.).

5. 증여자의 증여세 연대납부의무의 면제

감자에 따른 이익의 증여에 해당하는 경우에는 수증자가 증여세를 납부할 능력이 없다고 인정되는 등의 경우에도 증여자는 수증자가 납부할 증여세를 연대하여 납부할 의무가 없다(상증법 제4조의2제6항 단서).

예시

(문1) 아래와 같이 무상으로 감자한 경우 감자에 따른 이익을 계산하시오.

(1) 을주주 소유주식 1,000주 무상감자

(2) 감자한 주식 1주당 평가액 15,000원

(3) 증자 전 · 후 주주 지분율 현황

구 분	당 초		을주식 감자	
	주식수	지분율(%)	주식수	지분율(%)
갑(부)	2,400	60%	2,400	80%
을(자)	1,000	25%	0	0%
병(자)	600	15%	600	20%
합 계	4,000	100%	3,000	100%
1주당액면가액(원)	5,000		5,000	
액면가액합계(원)	20,000,000		15,000,000	

(답1)

1) 과세요건 검토

① 특정주주인 을주주만 불균등감자하여 다른 특수관계에 있는 갑, 병의 소유주식 지분율이 증가하고 (갑 60% → 80%, 병 15% → 20%)

② 소각시 지급대가 없는 무상감자로 차액비율이 100%로 증여세 과세대상임

2) 증여재산가액 계산

① 갑의 증여재산가액

$$(15{,}000\text{원} - 0) \times 1{,}000\text{주} \times \frac{80}{100} \times \frac{1{,}000\text{주}}{1{,}000\text{주}} = 12{,}000{,}000\text{원}$$

② 병의 증여재산가액

$$(15{,}000\text{원} - 0) \times 1{,}000\text{주} \times \frac{20}{100} \times \frac{1{,}000\text{주}}{1{,}000\text{주}} = 3{,}000{,}000\text{원}$$

(문2) 아래와 같이 액면가액으로 감자한 경우 감자에 따른 이익을 계산하시오.

(1) 갑주주 소유주식 3,000주(지분율 50%) 감자

(2) 감자한 주식 1주당 평가액 15,000원

(3) 감자 전 · 후 주주의 지분율 현황

구 분	당 초		갑주식 액면가액으로 감자	
	주 식 수	지분율(%)	주 식 수	지분율(%)
갑(부)	3,000	50%	0	0%
을(자)	1,800	30%	1,800	60%
병(자)	1,200	20%	1,200	40%
합 계	6,000	100%	3,000	100%
1주당액면가액(원)	5,000		5,000	
액면가액 합계(원)	30,000,000		15,000,000	

(답2)

1) 과세요건 검토

① 특정주주인 갑주주만 불균등감자하여 다른 특수관계에 있는 을, 병의 소유주식지분율이 증가하고 (을 30% → 60%, 병 20% → 40%)

② 소각시 지급대가가 1주당 5,000원(액면가액)으로 주당 평가액 15,000원과의 차액 10,000원은 평가액의 66%이므로 증여에 해당함

2) 증여재산가액의 계산

① 을의 수증가액

$$(15{,}000\text{원} - 5{,}000\text{원}) \times 3{,}000\text{주} \times \frac{60}{100} \times \frac{3{,}000\text{주}}{3{,}000\text{주}} = 18{,}000{,}000\text{원}$$

② 병의 수증가액

$$(15{,}000\text{원} - 5{,}000\text{원}) \times 3{,}000\text{주} \times \frac{40}{100} \times \frac{3{,}000\text{주}}{3{,}000\text{주}} = 12{,}000{,}000\text{원}$$

쟁점

자기주식 취득의 제한

주식발행법인은 항상 자기주식을 취득할 수 있을까? 상법규정을 살펴보자.

상법에서는 자기주식 취득과 관련해서 2011.4.14. 개정(1년 후 시행)한 바 있으며, 자기주식 취득요건은 정해져 있다. 그 경우를 제외하고 취득하면 어떻게 될까? 법원에서는 2012.4.14. 이전에는 상법에서 열거한 자기주식 취득 허용시를 제외하고는 법인의 자기주식 취득을 무효로 보았다(대법원2001다44109, 2003.5.16. 외).

○ 상법(2011.4.14. 개정 전의 것) 제341조(자기주식의 취득) 회사는 다음의 경우 외에는 자기의 계산으로 자기의 주식을 취득하지 못한다.
1. 주식을 소각하기 위한 때

2. 회사의 합병 또는 다른 회사의 영업전부의 양수로 인한 때
3. 회사의 권리를 실행함에 있어 그 목적을 달성하기 위하여 필요한 때
4. 단주의 처리를 위하여 필요한 때
5. 주주가 주식매수청구권을 행사한 때

법원이 무효로 보는 이유는 주식회사가 자기 계산으로 자기 주식을 취득하는 것은 회사의 자본적 기초를 위태롭게 하여 회사와 주주 및 채권자의 이익과 주주평등의 원칙을 해하며 대표이사 등에 의한 불공정한 회사지배를 초래하는 등의 여러 폐해를 생기게 할 우려가 있기 때문이다. 상법은 일반 예방적인 목적에서 이를 일률적으로 금지하는 것을 원칙으로 하면서, 예외적으로 자기주식의 취득이 허용되는 경우를 유형적으로 분류하여 명시하였다.

2012.4.15. 이후에는 특정목적에 의한 자기주식 취득 외에도 자기주식 취득을 허용(배당가능이익 한도)하였다. 이때 특정목적 외에 자기주식을 취득하는 방법은, 시세(時勢)가 있는 주식은 거래소에서 취득하거나, 각 주주가 가진 주식 수에 따라 균등한 조건으로 취득하는 것으로 회사가 모든 주주에게 자기주식의 취득을 통지하거나 공개매수하는 방법을 말한다.

○ 상법(2011.4.14. 개정된 것) 제341조(자기주식의 취득) ① 회사는 다음의 방법에 따라 자기의 명의와 계산으로 자기의 주식을 취득할 수 있다. 다만, 그 취득가액의 총액은 직전 결산기의 대차대조표상의 순자산액에서 제462조제1항 각 호의 금액을 뺀 금액을 초과하지 못한다.
1. 거래소에서 시세(時勢)가 있는 주식의 경우에는 거래소에서 취득하는 방법
2. 제345조제1항의 주식의 상환에 관한 종류주식의 경우 외에 각 주주가 가진 주식 수에 따라 균등한 조건으로 취득하는 것으로서 대통령령으로 정하는 방법
○ 상법(2011.4.14. 개정된 것) 제341조의2(특정목적에 의한 자기주식의 취득) 회사는 다음 각 호의 어느 하나에 해당하는 경우에는 제341조에도 불구하고 자기의 주식을 취득할 수 있다.
1. 회사의 합병 또는 다른 회사의 영업전부의 양수로 인한 경우
2. 회사의 권리를 실행함에 있어 그 목적을 달성하기 위하여 필요한 경우
3. 단주(端株)의 처리를 위하여 필요한 경우
4. 주주가 주식매수청구권을 행사한 경우
○ 상법 시행령 제9조(자기주식 취득 방법의 종류 등) ① 법 제341조제1항제2호에서 "대통령령으로 정하는 방법"이란 다음 각 호의 어느 하나에 해당하는 방법을 말한다.
1. 회사가 모든 주주에게 자기주식 취득의 통지 또는 공고를 하여 주식을 취득하는 방법
2. 「자본시장과 금융투자업에 관한 법률」 제133조부터 제146조까지의 규정에 따른 공개매수의 방법

그러면 상법 시행령에서 규정하지 않은 방법으로 법인이 특정목적 외의 자기주식을 취득하는 경우에도 무효로 볼까? 법원은 아래와 같이 보고 있다.

회사가 특정 주주와 사이에 특정한 금액으로 주식을 매수하기로 약정함으로써 사실상 매수청구를 할 수 있는 권리를 부여하여 주주가 그 권리를 행사하는 경우는 개정 상법 제341조의2제4호가 적용되지 않으므로, 개정 상법 제341조에서 정한 요건하에서만 회사의 자기주식취득이 허용된다. 다만 이처럼 개정 상법이 자기주식 취득 요건을 완화하였더라도 여전히 법이 정한 경우에만 자기주식취득이 허용된다는 원칙에는 변함이 없고 따라서 위 규정에서 정한 요건 및 절차에 의하지 않은 자기주식취득 약정은 효력이 없다(대법원2020다208058, 2021.10.28.).

쟁점

증여 후 자기주식을 취득하고 감자하는 경우

예를 들어 남편이 100% 지분을 갖고 있는 법인의 주식 20% 지분을 아내에게 증여한 다음, 법인이 아내로부터 주식을 취득하고 소각하였다. 증여시 증여재산공제 미달로 증여세를 부담하지는 않았다.

남편의 주식을 법인이 취득하였다면, 법인의 주식소각은 자본감소의 경우 남편의 배당소득(대가-취득가액)이며, 단순한 매매시 양도소득(대가-취득가액)을 구성한다. 증여 후 법인이 아내로부터 주식을 취득하게 되면 대가와 취득가액의 차이가 없어 배당소득이나 양도소득을 구성하지 않게 된다.

이러한 거래[55]에 대해 국세청은 세금 회피 목적으로 증여하였다고 본다. 쟁점거래는 통상적인 절세를 위한 일방 증여가 아닌 양도소득세나 종합소득세 등의 조세 부담을 회피할 목적으로 과세요건사실에 관하여 실질과 괴리되는 비합리적인 형식이나 외관을 취하는 경우에 해당한다고 볼 수 있다(심사소득 2020-0001, 2020.5.6.).

법원 또한 국기법 제14조에 따라 과세할 수 있다고 보았다. 납세의무자는 동일한 경제적 목적을 달성하기 위하여 여러 거래형식이나 법률관계 중 하나를 선택할 수 있으므로, 과세관청으로서는 특별한 사정이 없는 한 그러한 법률관계를 존중하여야 하고, 조세 부담 경감이라는 결과가 발생하였다는 사정만으로 납세의무자가 선택한 거래형식을 함부로 부인해서는 안 된다. 그러나 납세의무자가 그와 같은 선택의 자유를 남용하여 조세부담을 회피할 목적으로 과세요건사실에 관하여 실질과 괴리되는 비합리적인 형식이나 외관을 취한 경우라면, 과세관청으로서는 국기법 제14조가 천명하고 있는 실질과세 원칙에 따라 그 형식이나 외관이 아니라 그 뒤에 숨어 있는 실질에 따라 과세할 수 있다(창원지법2020구합52335, 2021.1.14.).

[관련 질의회신·판례 등]

○ 평가기준일

감자한 주식 1주당 평가액은 증여일(감자를 위한 주주총회 결의일)을 기준으로 상증법 제60조 및 제63조제1항에 따라 평가함(서면4팀-1698, 2004.10.22.).

○ 과세대상

(불균등) 법인이 자본을 감소하기 위하여 주식을 소각한 때 당해 감자 전에 각 주주들이 소유하고 있는 주식수대로 균등하게 주식을 소각하지 아니한 경우에는 상증법 제39조의2 및 상증법 제42조 규정에 의하여 증여세가 과세됨(서면4팀-3248, 2006.9.25.).

(불균등) 법인의 주식을 소각함에 있어 일부 주주의 주식만을 소각함에 따라 다른 주주가 이익을 얻은 경우에는 증여재산가액을 계산함(재경부재산-745, 2007.6.27.).

(시가 소각) 주식을 시가로 소각하는 경우에는 상증법 제39조의2에 따른 증여세 과세대상에 해당하지 아니함(서면2020자본거래-3107 [자본거래관리과-366], 2020.7.16.).

(장내거래) 상장법인이 한국증권거래소에서 경쟁매매방식의 장내거래를 통하여 취득하거나 증권거래법 제21조 제3항에서 규정하는 공개매수방식으로 취득한 자기주식을 소각하는 경우에는 적용되지 아니함 (서면4팀-211, 2005.2.1.).

---

55. 가지급금을 줄이기 위해 이러한 거래를 하는 경우도 있다.

(합명회사) 정관에서 사원의 손익분배율은 사원의 출자비율에 의하여 분배 또는 손해를 보전하도록 규정하고 있고, 사원은 출자비율에 따른 일정한 권리와 함께 감자시에는 자기 지분비율대로 감자에 참여할 의무가 있으므로 일부 사원의 입사 및 퇴사로 인하여 특수관계에 있는 본인이나 다른 사원의 지분비율이 증가하여 경제적 이익을 받았다면 증여의제(현재 증여예시)로 볼 수 있음(국심2004서4166, 2005.7.20.).

○ 자기주식 소각

(합병) 출자관계에 있는 법인 간 합병으로 취득한 자기주식을 상법(제343조)에 따라 적정하게 소각한 경우에는 상증법 제39조의2 및 상증법 제42조 규정이 적용되지 않음(재경부재산-767, 2007.6.29.).

(자기주식 소각) 법인이 주식을 소각함에 있어 일부주주의 주식만을 소각함에 따라 다른 주주가 이익을 얻은 경우에는 상증법 제39조의2 및 같은 법 제42조제1항제3호 규정에 의하여 증여재산가액을 계산하며, 귀 질의의 경우가 이에 해당되는지 여부는 자기주식의 매입목적, 매입가액, 소각 등 매입 · 소각에 관한 구체적인 사실에 따라 판단함(재경부재산-745, 2007.6.27.).

○ 이익의 계산

감자에 따른 이익의 증여시 증여재산가액이 상증법 제39조의2제1항에 따른 기준금액 미만인지 여부는 수증자별 증여이익을 기준으로 판단함(기획재정부 재산세제과-476, 2017.8.1.).

○ 감자대가가 1주당 평가액보다 큰 경우

법인이 자본을 감소시키기 위하여 주식을 소각함에 있어 그 주식의 1주당 소각대가가 감자한 주식 1주당 평가액을 초과하여 지급되는 경우에는 주식을 소각한 주주에게 당해 주식의 소각대가와 감자한 주식의 평가액과의 차액 상당액에 대한 증여세를 과세하며, 이 경우 증여재산의 가액은 당해 주식의 소각에 따른 의제배당으로 소득세가 과세되는 금액을 차감하여 계산하는 것이 타당함. 다만, 주식을 소각한 주주와 소각하지 않은 주주 간에 특수관계가 없는 경우로 주식의 소각 대가가 감자한 주식의 평가액을 초과하는 것이 거래 관행상 정당한 사유가 있다고 인정되는 경우에는 상증법 제42조제3항 규정에 의하여 증여세를 과세하지 아니하는 것이 타당함(서면4팀-1310, 2008.5.29.).

제10절 현물출자에 따른 이익의 증여

① 현물출자에 의하여 주식등을 저가로 인수하는 경우

○ (납세의무자) 현물출자자

○ (증여시기) 현물출자 납입일

○ 증여재산가액 = (현물출자 후 1주당 가액 – 신주 1주당 인수가액) × 현물출자자가 배정받은 신주수

* 현물출자자가 아닌 주주등 중 소액주주가 2명 이상인 경우에는 소액주주가 1명인 것으로 봄

② 현물출자에 의하여 주식등을 고가로 인수하는 경우

○ (납세의무자) 현물출자자의 특수관계인에 해당하는 주주등

○ (증여시기) 현물출자 납입일

○ (과세요건) 30% 룰, 3억원 조건 있음

○ (증여재산가액) (ⓐ–ⓑ)×ⓒ

ⓐ 신주1주당 인수가액

ⓑ 현물출자 후 1주당 평가가액

ⓒ 현물출자자의 인수한 신주수 × (현물출자자와 특수관계인에 해당하는 주주등의 출자 전 주식수 / 출자 전 발행주식총수)

현물출자란 금전 외 재산을 출자목적으로 하여 주식을 배정받는 것을 말한다. 현물출자는 그 출자재산의 평가문제가 발생하고, 평가액에 따라 자본평가와 주주 · 채권자에게 손해를 끼칠 우려가 있어 상법에서는 현물출자에 대하여 엄격한 검사와 책임을 규정[56]하고 있다.

현물출자에 의하여 주식 등을 시가보다 낮거나 높은 가액으로 인수함으로써 현물출자자 또는 현물출자자의 특수관계인에 해당하는 주주등이 이익을 얻은 경우에는 그 이익에 상당하는 금액을 그 이익을 얻은 자의 증여재산가액으로 한다(상증법 제39조의3).

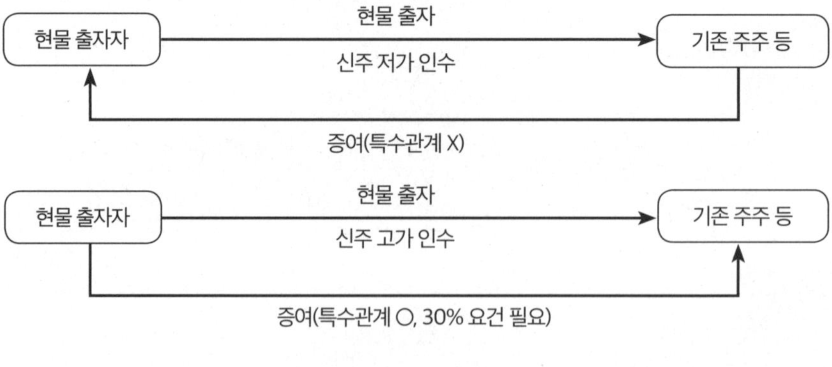

56. ○ 상법 제295조(발기설립의 경우의 납입과 현물출자의 이행)

② 현물출자를 하는 발기인은 납입기일에 지체없이 출자의 목적인 재산을 인도하고 등기, 등록 기타 권리 설정 또는 이전을 요할 경우에는 이에 관한 서류를 완비하여 교부하여야 한다.

○ 상법 제299조(검사인의 조사, 보고)

① 검사인은 제290조 각 호의 사항과 제295조의 규정에 의한 현물출자의 이행을 조사하여 법원에 보고하여야 한다.

2003.12.30. 현물출자에 따른 이익의 증여를 예시규정으로 신설하여 2004.1.1 이후 현물출자 분부터 적용하도록 하였다. 현물출자에 따른 이익의 증여는 증자에 따른 이익의 증여와 경제적 실질이 동일하므로, 증자에 따른 이익의 계산방법에서 "증자"는 각각 "현물출자"로 보아 이익을 계산한다. 또한, 증자에 따른 이익의 증여와 동일하게 현물출자에 의하여 저가 신주배정시는 차이 비율 및 차액의 많고 적음에 관계없이 모두 과세대상이며, 신주 고가배정시는 현물출자 전 1주당가액과 신주인수가액의 차이 비율이 30% 이상이거나 주주 1인이 얻은 이익이 3억원 이상 차이가 있는 경우에 과세한다.

구 분	증여 요건		납세의무자	증여재산가액 계산 산식
	특수관계	30% 요건		
현물출자에 의하여 주식을 저가인수한 경우	×	×	현물출자자	(ⓑ - ⓐ) × 현물출자자가 배정받은 신주수
현물출자에 의하여 주식을 고가인수한 경우	○	○	현물출자자의 특수관계인에 해당하는 주주 등	(ⓐ* - ⓑ**) × 현물출자자가 인수한 주식수 × 현물출자자의 특수관계인인 주주의 현물출자 전 지분비율

* 신주 1주당 인수가액
** 현물출자 후 1주당 가액

2013.2.15. 이후 현물출자분부터는 「자본시장과 금융투자업에 관한 법률」에 따른 주권상장법인이 같은 법 제165조의6에 따른 "일반공모증자" 방법으로 배정하는 경우에는 과세대상에서 제외하였다(상증령 제29조의3제1항제1호). 2022.2.15. 「자본시장과 금융투자업에 관한 법률」이 개정됨에 따라 같은 법 제165조의6제1항제3호[57]에 따른 증자로 조문은 개정되었다.

2014.1.1. 이후 증여 분부터는 증여자 중 소액주주가 2인 이상일 때에는 소액주주 1인이 증여한 것으로 보아 증여재산가액을 계산한다.

---

57. 「자본시장과 금융투자업에 관한 법률」 제165조의6(주식의 발행 및 배정 등에 관한 특례)
① 주권상장법인이 신주(제3호의 경우에는 이미 발행한 주식을 포함한다. 이하 이 항 및 제4항에서 같다)를 배정하는 경우 다음 각 호의 방식에 따른다.
1. 주주에게 그가 가진 주식 수에 따라서 신주를 배정하기 위하여 신주인수의 청약을 할 기회를 부여하는 방식
2. 신기술의 도입, 재무구조의 개선 등 회사의 경영상 목적을 달성하기 위하여 필요한 경우 제1호 외의 방법으로 특정한 자(해당 주권상장법인의 주식을 소유한 자를 포함한다)에게 신주를 배정하기 위하여 신주인수의 청약을 할 기회를 부여하는 방식
3. 제1호 외의 방법으로 불특정 다수인(해당 주권상장법인의 주식을 소유한 자를 포함한다)에게 신주인수의 청약을 할 기회를 부여하고 이에 따라 청약을 한 자에 대하여 신주를 배정하는 방식

1. 주식등을 시가보다 낮은 가액으로 인수한 경우

현물출자에 의하여 주식등을 시가보다 낮은 가액으로 인수함으로써 현물출자자가 이익을 얻은 경우에는 그 이익에 상당하는 금액을 그 이익을 얻은 자의 증여재산가액으로 한다.

가. 과세요건

다음 요건을 모두 충족하는 경우에는 증여세를 과세한다. 현물출자자와 기존주주등 간에 특수관계인의 요건 적용하지 않으며, 30% 룰〔현저한 이익(30% 이상 이익과 증여재산가액 3억원 이상)〕 요건을 적용하지 않는다.

1) 현물출자에 의하여 주식등을 인수할 것
2) 현물출자자가 주식등을 시가보다 저가로 인수하는 경우일 것

나. 증여재산가액

현물출자에 따른 이익의 증여재산가액은 다음 산식에 따라 계산된 금액으로 한다.

(현물출자 후 1주당 가액 – 신주 1주당 인수가액) × 현물출자자가 배정받은 신주수*

1) 용어의 의미
'현물출자 후 1주당 가액'은 비상장주식은 아래 산식에 따른 주식평가액에 의하되, 주권상장법인등의 경우에는 현물출자한 날의 다음 날부터 2월이 되는 날까지의 기간 중 한국거래소 최종시세가액의 평균액과 위 산식에 의한 가액 중 적은 가액으로 한다.

$$\frac{(\text{현물출자 전 1주당 평가가액} \times \text{현물출자 전 발행주식 총수}) + (\text{신주 1주당 인수가액} \times \text{현물출자로 증가한 주식수})}{(\text{현물출자 전 발행주식수} + \text{현물출자에 의하여 증가한 주식수})}$$

현물출자 전 1주당 평가가액의 경우 주권상장주식은 현물출자 전 2개월의 종가평균액으로 하며, 비상장주식은 시가에 의하되 시가를 산정하기 어려운 경우에는 보충적 평가가액으로 한다.
'신주 1주당 인수가액'은 신주 1주당 인수가액이란 신주 1주당 주금납입액을 말한다.

2) 평가시 주의할 사항
가) 2013.2.15. 이후부터 현물출자자가 배정받은 주식 수에서 「자본시장과 금융투자업에 관

한 법률」에 따른 주권상장법인이 같은 법 제165조의6에 따른 일반공모증자의 방법으로 배정하는 경우는 제외한다.

나) 2014.1.1. 이후 증여분부터 증여자 중 소액주주가 2명 이상인 경우에는 소액주주[58]가 1명인 것으로 보고 이익을 계산한다(상증법 제39조의3제2항). 소액주주란 발행주식 총수 등의 100분의 1 미만을 소유하는 경우로 주식등의 액면가액 합계액이 3억원 미만인 주주 등을 말한다.

다) 현물출자 전 · 후 1주당 주식평가가액이 모두 "0" 이하라면 이익이 없는 것으로 본다.

라) 현물출자에 따른 현물출자자가 얻은 이익을 계산하는 경우 최대주주 할증평가 규정은 적용하지 않는다.

2. 주식등을 시가보다 높은 가액으로 인수한 경우

현물출자에 의하여 주식등을 시가보다 높은 가액으로 인수함으로써 현물출자자의 특수관계인에 해당하는 주주등이 이익을 얻은 경우에는 그 이익에 상당하는 금액을 그 이익을 얻은 자의 증여재산가액으로 한다.

가. 과세요건(특수관계요건 O, 30% 요건 O)

다음 요건을 모두 충족하는 경우에는 증여세를 과세한다.

1) 현물출자에 의하여 주식등을 인수할 것

2) 현물출자자가 주식등을 시가보다 고가로 인수하는 경우

3) 현물출자자에 특수관계인에 해당하는 주주등이 이익을 얻은 경우

4) 이익에 상당하는 금액이 기준금액 이상일 것

나. 증여재산가액

현물출자에 따른 이익의 증여재산가액은 다음 산식에 따라 계산된 금액으로 한다. 다만 계산된 금액이 기준금액 미만인 경우는 제외한다.

증여재산가액 = [(가) − 나)) × 다)]

가) 신주1주당 인수가액

---

58. 소액주주가 2명 이상인 경우에는 소액주주가 1명인 것으로 보고 이익을 계산하는 경우 증여세 납세지는 증여재산의 소재지로 한다(상증법 제6조제3항). 2인 이상을 1인의 증여자로 보지만, 상증법 제47조(증여세 과세가액)에서는 합산배제증여재산에 포함하지 않고 있다. 2인 이상을 1인으로 보는 경우 증여세 과세가액 계산시 일반 증여재산과 합산하지 않아야 한다.

나) 현물출자 후 1주당 평가가액

$$\text{다) } \text{현물출자자의 인수한 신주수} \times \frac{\text{현물출자자와 특수관계인에 해당하는 주주등의 출자 전 주식수}}{\text{출자 전 발행주식총수}}$$

1) 용어의 의미

가) 현물출자 후 1주당 가액

비상장주식은 아래 산식에 따른 주식평가액에 의하되, 주권상장법인등의 경우에는 현물출자한 날의 다음 날부터 2월이 되는 날까지의 기간 중 한국거래소 최종시세가액의 평균액과 위 산식에 의한 가액 중 적은 가액으로 한다.

$$\frac{(\text{현물출자 전 1주당 평가가액} \times \text{현물출자 전 발행주식 총수}) + (\text{신주 1주당 인수가액} \times \text{현물출자로 증가한 주식수})}{(\text{현물출자 전 발행주식수} + \text{현물출자에 의하여 증가한 주식수})}$$

현물출자 전 1주당 평가가액의 경우 주권상장주식은 현물출자 전 2개월의 종가평균액으로 하며, 비상장주식은 시가에 의하되 시가를 산정하기 어려운 경우에는 보충적 평가가액으로 한다.

나) 신주 1주당 인수가액

신주 1주당 인수가액이란 신주 1주당 주금납입액을 말한다.

2) 과세대상

"신주 1주당 인수가액-현물출자 후 1주당 평가가액"이 "현물출자 후 1주당 평가가액의 30% 이상"이거나 3억원 이상인 경우

3) 평가시 주의할 사항

가) 2013.2.15. 이후부터 현물출자자가 배정받은 주식 수에서 「자본시장과 금융투자업에 관한 법률」에 따른 주권상장법인이 같은 법 제165조의6에 따른 일반공모증자의 방법으로 배정하는 경우는 제외한다.

나) 현물출자 전 · 후의 1주당 주식평가가액이 모두 "0" 이하라면 이익이 없는 것으로 본다.

다) 2014.1.1. 이후 증여분부터 증여자 중 소액주주가 2명 이상인 경우에는 소액주자가 1명인 것으로 보고 이익을 계산한다(상증법 제39조의3제2항).

라) 현물출자에 따른 현물출자자의 특수관계인에 해당하는 자가 얻은 이익을 계산하는 경우 최대주주 할증평가 규정은 적용하지 않는다.

3. 증여시기

현물출자에 따른 이익의 증여일은 현물출자 납입일로 한다. 다만, 주금 납입일 이전에 실권주를 재배정받은 자가 신주인수권증서를 교부받은 경우에는 그 교부일이다(서면4팀-4140, 2006.12.21.).

예시

① 현물출자에 의한 신주 저가발행

○ 현물출자 전 발행주식총수: 20,000주

○ 출자전 1주당 평가가액: 35,000원

○ 출자내용: 1억원을 현물출자하면서 1주당 ㉡ 20,000원에 ㉢ 10,000주 발행

<현물출자자가 얻은 이익 계산>

○ 현물출자 후 1주당 가액(상증령 제29조제3항제1호가목 산식으로 계산)

[(35,000원 × 20,000주) + (20,000원 × 10,000주)]/(20,000주 + 10,000주) = ㉠ 30,000원

○ 현물출자자가 얻은 이익(증여재산가액)

(㉠ 30,000원 - ㉡ 20,000원) × ㉢ 10,000주 = 100,000,000원

② 현물출자에 의한 신주 고가발행

○ 현물출자 전 발행주식총수: 20,000주(갑 10,000주, 갑의 자 10,000주 소유)

○ 출자 전 1주당 평가가액: 20,000원

○ 출자내용: 갑은 8억원을 현물출자하면서 1주당 ㉠ 40,000원에 ㉢ 20,000주 발행

<현물출자자와 특수관계에 있는 주주가 얻은 이익>

○ 출자 후 1주당 가액(상증령 제29조제3항제3호가목 산식으로 계산)

[(20,000원 × 20,000주 + (40,000원 × 20,000주)]/(20,000주 + 20,000주) = ㉡ 30,000원

○ 현물출자자와 특수관계에 있는 기존주주 자가 얻은 이익

(㉠ 40,000원 - ㉡ 30,000원) × 20,000주 × 10,000주 / 20,000주 = 100,000,000원

[관련 질의회신 · 판례 등]

○ 현물출자에 따른 이익의 증여 규정 적용시 할증평가 여부

현물출자에 따른 이익의 증여 규정에 의하여 현물출자자 또는 그와 특수관계에 있는 자가 얻은 이익을 계산할 때, 최대주주등의 할증평가규정이 적용되지 않음(서면4팀–1284, 2004.8.13.).

○ 최대주주 소유주식을 현물출자하는 경우 할증평가 여부[59]

최대주주등이 소유하는 주식을 다른 비상장법인에 현물출자하는 경우 그 현물출자하는 주식에 대해서는 상증법 제63조제3항 규정에 의하여 할증평가함(서면4팀-1180, 2004.7.27.).[60]

59. "현물출자를 받은 법인이 발행한 주식"은 할증평가하지 않지만, 최대주주등이 현물출자한 주식에 대해서는 할증평가 한다.

60. 세법해석정비

요지	유지사례	삭제사례
현물출자에 따른 증여이익 계산시 최대주주등이 현물출자한 주식의 할증평가 여부	기준2021법령해석재산-0143, 2021.9.17. 서면4팀-1180, 2004.7.27. 서면2팀-1865 2005.11.21. 기준2016법령해석법인-0093, 2016.7.4.	서면2017상속증여-2420, 2018.4.11.

제11절 전환사채등의 주식전환 등에 따른 이익의 증여

ㅇ (과세대상) 전환사채등을 인수 · 취득 · 양도하거나, 전환사채등에 의하여 주식으로 전환 · 교환 또는 주식을 인수("주식전환등")함으로써 일정한 이익[61]을 얻은 경우
ㅇ (유형별 과세요건)
① 전환사채등을 인수 · 취득 · 양도: (시가 – 인수 · 취득가액) ≥ 시가의 30% 이상 또는 1억원
② 전환사채등의 주식전환:
(교부받은 주식가액 – 주식 1주당 전환가액) × 주식수 – (이자손실분+①에 따른 이익) ≥ 1억원
③ 고가 주식전환: 아래 산식에 따른 증여이익이 '0' 이상이면 과세
(전환가액 – 교부받은 주식가액) × 증가한 주식수 × 특수관계인의 전환 전 지분비율
④ 전환사채등의 고가양도: (양도가액 – 시가) ≥ 시가의 30% 이상 또는 1억원

전환사채, 신주인수권부사채 또는 그 밖의 주식으로 전환 · 교환하거나 주식을 인수할 수 있는 권리가 부여된 사채를 인수 · 취득 · 양도하거나, 전환사채등에 의하여 주식으로 전환 · 교환 또는 주식을 인수("주식전환등")함으로써 일정한 이익을 얻은 경우, 그 이익에 상당하는 금액을 그 이익을 얻은 자의 증여재산가액으로 한다(상증법 제40조).

1. 전환사채등

전환사채등이란 전환사채 · 신주인수권부사채[62](신주인수권증권이 분리된 경우에는 신주인수권증권을 말함) 또는 그 밖의 주식으로 전환 · 교환하거나 주식을 인수할 수 있는 권리가 부여된 사채(이하 "전환사채등")를 말한다.

가. 전환사채(CB)

전환사채(CB)란 일정한 조건에 따라 채권을 발행한 회사의 주식으로 전환할 수 있는 권리(전환권)가 부여된 채권으로 사채권자가 주식 전환을 청구하면 채권이 소멸한다. 전환 전에는 사채로서 확정이자를 받을 수 있고 전환 후에는 주식으로서 이익을 얻을 수 있는 채권이다.

나. 신주인수권부사채(BW)

신주인수권부사채(BW)란 신주를 인수할 수 있는 권리(신수인수권)가 부여된 사채로 사채 기

61. 취득인수시 얻은 이익과 전환등에 따른 이익으로 구분하고 있다.
62. 신주인수권증서는 포함하지 않고 있다. 신주인수권증서는 상증법 제35조(저가양수 · 고가양도에 따른 이익의 증여)를 적용한다(재산세과-81, 2010.2.5.).

능은 그대로 유지하면서 새로 주금을 납입하여 신주를 인수할 수 있는 권리가 부여된 사채를 말한다.

다. 교환사채(EB)

교환사채(EB)란 사채권 보유자에게 일정기간 내에 사전 합의된 조건으로 발행 법인이 소유하고 있는 타사 유가증권과 교환을 청구할 수 있는 권리(교환권)가 부여된 사채를 말한다.

구 분	전환사채(CB)	신주인수권부사채 (BW)	교환사채(EB)
공통점	· 미리 정한 조건(전환 · 행사 · 교환가격, 배당률)과 비율(전환 · 행사 · 교환 · 참가비율)에 의거 사채권자가 권리를 행사 · 보통주를 구입할 수 있는 옵션(call option)을 갖고 있음 · 이자율이 일반사채보다 저렴 · 만기시 원금에 일정프리미엄을 더한 금액을 지급		
권리 행사시 신주대금	· 사채 소멸 · 신주에 대한 주금을 납입 아니함	· 사채는 만기까지 존속 · 신주 구입시 주금 납입	· 상장법인이 발행하는 회사채 · 교환권 청구시 자금 납입 안 함
신주발행 가액	· 신주발행가격 = 전환사채 최초발행	· 신주발행가액 ≤ 최초의 발행가격	· 교환가격 ≥ 기준가격 × 90%
주주 시기	· 즉시 주주가 됨	· 신주 주금납입시 주주가 됨	· 타상장회사 주식 교환시 교환을 청구한 때
상환의무	· 상환의무가 소멸	· 상환의무 있음	· 상환의무 소멸
외화환산	· 비화폐성 항목	· 화폐성 항목	-
자본금	· 자본금 증가	· 자본금 증가	· 자본금 증가 안 됨

2. 거래단계별 과세요건 및 증여재산가액 계산방법 등

가. 거래단계별 수증자 및 증여재산가액 계산방법 요약

거래단계 및 수증자			증여재산가액
인수 취득 제1항 제1호	가목	① 특수관계인으로부터 저가로 취득한 자가 얻은 이익	(ⓐ-ⓑ) : 기준금액(30% 또는 1억원 중 적은 금액) 이상
	나목	② 발행법인의 최대주주 및 그의 특수관계인인 주주가 그 법인으로부터 배정비율을 초과하여 저가로 인수취득함으로써 얻은 이익	
	다목	③ 발행법인의 최대주주의 특수관계인(그 법인의 주주는 제외)이 그 법인으로부터 저가로 인수 · 취득함으로써 얻은 이익	

[다음 쪽에 계속]

거래단계 및 수증자			증여재산가액
주식전환 제1항제2호	가목	④ 특수관계인으로부터 취득한 자가 주식전환 등을 함으로써 얻은 이익	[(ⓒ 또는 ⓓ - ⓔ) × 교부받은 주식수] - ⓕ - 기과세된 가액(①의 증여가액) : 기준금액 1억원 이상(2004.1.1. 이후분)
	나목	⑤ 최대주주 및 그의 특수관계인인 주주로서 배정비율을 초과하여 인수 · 취득한 자가 주식전환 등을 함으로써 얻은 이익	[(ⓒ또는ⓓ - ⓔ) × 자기 지분 초과하여 교부받은 주식수] - ⓕ - 기과세된 가액(②의 증여가액) : 기준금액 1억원 이상(2004.1.1. 이후분)
	다목	⑥ 최대주주의 특수관계인(그 법인의 주주는 제외)으로서 발행회사로부터 인수 · 취득한 자가 주식전환 등을 함으로써 얻은 이익	[(ⓒ또는ⓓ - ⓔ) × 교부받은 주식수] - ⓕ - 기과세된 가액(③의 증여가액) : 기준금액 1억원 이상(2004.1.1. 이후분)
	라목	⑦ 교부받은 주식 가액이 전환가액등보다 낮게 됨으로써 그 주식을 교부받은 자의 특수관계인이 얻은 이익	(ⓔ - ⓒ) × (전환 등에 의하여 증가한 주식수) × (주식을 교부받은 자의 특수관계인의 전환 전 지분비율)
양도 제1항제3호		⑧ 특수관계인에게 시가보다 높은 가액으로 양도한 자가 얻은 이익	(양도가액 - 전환사채등의 시가) : 기준금액(30% 또는 1억원 중 적은 금액) 이상

ⓐ 전환사채등의 시가 ⓑ 전환사채등의 인수 · 취득가액 ⓒ 교부받은 주식가액

ⓓ 교부받을 주식가액 ⓔ 주식 1주당 전환가액 등 ⓕ 이자손실분

나. 용어에 대한 설명

ⓐ 전환사채등의 시가

상증법 제60조 및 제63조제1항제2호(국채 · 공채 · 사채 및 그 밖의 유가증권의 평가)에 따라 평가한 가액

ⓑ 전환사채등의 인수 · 취득가액

전환사채등의 인수 · 취득시 지급한 금액

ⓒ 교부받은 주식가액(상증령 제30조제4항제1호)

전환사채등에 의하여 주식으로 전환 · 교환하거나 주식을 인수("전환등")한 경우 다음 산식에 의하여 계산한 1주당 가액. 이 경우 주권상장법인등의 주식으로 전환등을 한 경우로 전환등 후의 1주당 평가가액(전환일 이후 2개월 종가평균)이 다음 산식에 의하여 계산한 1주당 가액보다 적은 경우(상증법 제40조제1항제2호 라목의 경우에는 높은 경우를 말함)에는 당해가액

$$\frac{[(\text{전환등 전의 1주당 평가가액} \times \text{전환등 전의 발행주식총수}) + (\text{주식 1주당 전환가액등} \times \text{전환등에 의하여 증가한 주식수})]}{(\text{전환등 전의 발행주식총수} + \text{전환등에 의하여 증가한 주식수})}$$

ⓓ 교부받을 주식가액(상증령 제30조제4항제2호)

양도일 현재 주식으로의 전환등이 가능한 전환사채등을 양도한 경우로, 당해 전환사채등의 양

도일 현재 주식으로 전환등을 할 경우 다음 산식에 의하여 계산한 1주당 가액. 이 경우 주권상장법인등의 경우로 양도일 기준 1주당 평가가액이 다음 산식에 의하여 계산한 1주당 가액보다 적은 경우에는 당해가액

$$\frac{[(\text{양도전의 1주당 평가가액} \times \text{양도전의 발행주식총수}) + (\text{주식 1주당 전환가액등} \times \text{전환등을 할 경우 증가하는 주식수})]}{(\text{양도전의 발행주식총수} + \text{전환등을 할 경우의 증가하는 주식수})}$$

ⓔ 주식 1주당 전환가액 등

인수 · 취득한 전환사채등에 의하여 주식으로 전환하는 경우, 그 주식 1주당 전환가액 · 교환가액 · 인수가액을 말함

ⓕ 이자손실분(상증규칙 제10조의2)

주식전환 등에 의한 증여이익(상증법 제40조제1항제2호 가목 내지 다목의 이익) 계산시 차감하는 이자손실분이란 아래 ㉠에서 ㉡을 뺀 가액을 말한다. 다만, 신주인수권증권에 의하여 전환등을 한 경우에는 상증령 제58조의2제2항제1호가목에 따라 평가한 가액으로 계산한다.

㉠ 전환사채등의 만기상환금액을 사채발행이율에 의한 취득당시 현재가치로 할인한 금액

상증령 제58조의2제2항제1호나목의 만기상환금액 계산에 있어서, 주식으로의 전환이 불가능한 기간 중인 전환사채를 만기상환하는 경우 전환사채 발행자가 발행조건에 따라 일정 수준의 수익률을 보장하기 위하여 지급하기로 한 상환할증금은 만기상환금액에 포함한다(기획재정부 재산세제과-678, 2010.7.14.).

사채발행이율이란 사채의 발행가액과 사채발행에 따라 만기일까지 지급할 액면이자와 만기상환금액의 현재가치를 일치시키는 이자율을 말한다(기획재정부 재산세제과-1036, 2011.12.2.).

㉡ 전환사채등의 만기상환금액을 상증규칙 제18조의3에 따른 이자율(현재 연 8%)에 의하여 취득당시의 현재가치로 할인한 금액

<이자율 개정연혁>

2002.11.8.~ 2010.11.4.	2010.11.5.~2016.3.20.	2016.3.21. 이후
연 6.5% (국세청 고시)	연 8% (기재부 고시)	8% (상증규칙)

ⓖ 기준금액(상증령 제30조제2항)

㉠ 전환사채등 인수 · 취득 · 양도시: 다음의 금액 중 적은 금액

$$\frac{\text{ⓐ 시가} - \text{ⓑ 인수 · 취득가액}}{\text{ⓐ 시가}} \geq 30\%$$

또는 "ⓐ 시가 - ⓑ 인수 · 취득가액"이 1억원

㉡ 전환사채등 주식전환: 1억원

㉢ 고가 주식전환: 0원

다. 전환사채등의 발행 · 취득 · 전환 과정별 과세여부 요약

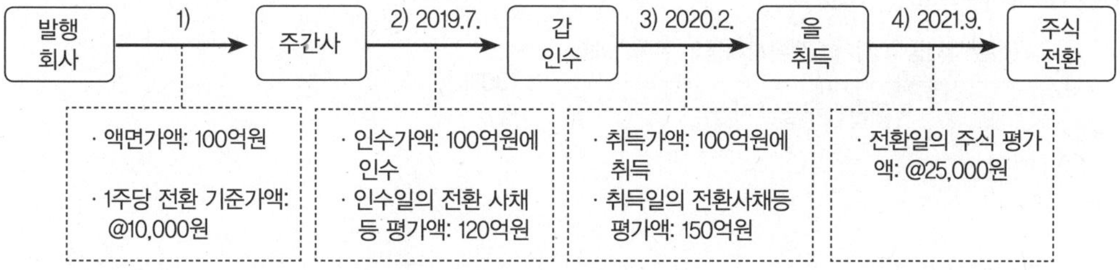

(ⓕ 이자손실분은 1억원으로 가정)

1) 시점: 과세문제 발생 안 함(주간회사는 수수료만 받음)

2) 시점: 갑이 발행회사의 최대주주나 그와 특수관계에 있는 자인 경우 - 과세

증여재산 가액=120억원−100억(인수가액)=20억(표의 ②)

3) 시점: 을이 갑의 특수관계자인 경우: 차액 50억 과세

증여재산 가액=150억원−100억(취득가액)=50억(표의 ①)

4) 시점: 주식으로 전환하여 얻은 이익 99억 과세

〔(@25,000-@10,000)×(100억 / @10,000)〕- 1억(ⓕ) - 50억(기과세된 금액)=99억(표의 ④)

3. 특수관계인으로부터 전환사채등을 저가로 취득한 경우

특수관계인으로부터 전환사채등을 시가보다 낮은 가액으로 취득함으로써 이익을 얻은 경우에는 그 이익에 상당하는 금액을 전환사채등을 저가로 취득한 자의 증여재산가액으로 한다(상증법 제40조제1항제1호가목). 다만, 그 이익에 상당하는 금액이 기준금액 미만인 경우는 제외한다. 전환사채는 1997.1.1. 이후 분부터, 신주인수권부사채 등은 1997.11.10. 이후 분부터 과세대상에 포함하였다.

가. 과세요건(특수관계요건 ○, 30% 요건 ○, 1억원 요건 ○)

다음 요건을 모두 충족하는 경우에는 증여세를 과세한다.

1) 특수관계인으로부터 저가로 취득하는 경우일 것

상증령 제2조의2제1항 각 호의 어느 하나에 해당하는 특수관계인으로부터 전환사채등을 시가

보다 낮은 가액으로 취득하는 경우일 것

2) 증여재산가액이 기준금액 이상일 것

기준금액 = Min (①, ②)

$$① \frac{(\text{전환사채등의 시가} - \text{전환사채등의 취득가액})}{\text{전환사채등의 시가}} \geq 30\%$$

② 1억원

나. 증여재산가액

특수관계인으로부터 전환사채등을 저가로 취득한 경우의 이익은 전환사채등의 시가에서 전환사채등의 인수 · 취득가액을 차감한 가액으로 한다(상증령 제30조제1항제1호).

증여재산가액=전환사채등의 시가-전환사채등의 인수·취득가액

다. 증여시기

특수관계인으로부터 전환사채등을 시가보다 낮은 가액으로 취득함으로써 얻은 이익의 증여시기는 전환사채등의 인수 · 취득일로 한다. 이 경우, 전환사채등의 취득일은 대금을 청산한 날(대금청산일 전에 전환사채를 교부받은 경우에는 그 교부일)을 말한다.

[관련 질의회신 · 판례 등]

○ 공모 취득

증권거래법에 의한 주권상장법인 또는 협회등록법인이 동법 제2조제3항 규정에 의한 유가증권 모집방법으로 발행한 전환사채 등을 최초로 인수 · 취득(증권거래법에 의한 인수인으로부터 인수 · 취득한 경우를 포함한다)함으로써 이익을 얻거나 당해 전환사채 등에 의하여 주식으로의 전환 등을 함으로써 이익을 얻은 경우에는 증여세가 과세되지 않으나, 유가증권의 모집방법으로 발행한 전환사채 등을 최초로 인수 · 취득한 자로부터 시가보다 낮은 가액으로 당해 전환사채 등을 취득하거나 당해 전환사채 등에 의하여 주식으로 전환 등을 한 자가 얻은 이익에 대하여는 상증법 제40조제1항제1호가목 · 제2호 가목 및 제42조제1항제3호 규정에 의하여 증여세가 과세됨(서면4팀-460, 2005.3.29.).

4. 최대주주등이 발행법인으로부터 전환사채등을 저가로 초과 인수·취득한 경우

전환사채등을 발행한 법인의 최대주주나 그의 특수관계인인 주주("최대주주등")가 그 법인으로부터 전환사채등을 시가보다 낮은 가액으로 그 소유주식 수에 비례하여 균등한 조건으로 배정받을 수 있는 수를 초과하여 인수 · 취득("인수등")함으로써 이익을 얻은 경우에는 그 이익에 상당하는 금액을 전환사채등을 저가로 초과 인수등을 한 최대주주등의 증여재산가액으로 한다(상증법 제40조제1항제1호나목). 다만, 그 이익에 상당하는 금액이 기준금액 미만인 경우는 제외한다.

전환사채등을 발행한 법인은 「자본시장과 금융투자업에 관한 법률」에 따른 주권상장법인으로서 같은 법 제9조[63]제7항에 따른 유가증권의 모집방법(간주모집하는 경우는 제외)으로 전환사채등을 발행한 법인은 제외하며, 인수 등에는 「자본시장과 금융투자업에 관한 법률」 제9조제12항에 따른 인수인으로부터 인수 · 취득하는 경우와 각각 제3자에게 증권을 취득시킬 목적으로 그 증권의 전부 또는 일부를 취득한 자로부터 인수 등을 한 경우[64]를 포함한다.

가. 과세요건(특수관계요건 ○, 30% 요건 ○, 1억원 요건 ○)

다음 요건을 모두 충족하는 경우에는 증여세를 과세한다.

1) 발행법인의 최대주주등이 그 법인으로부터 저가로 초과 인수 등을 한 경우일 것

전환사채등을 발행한 법인의 최대주주나 그의 특수관계인인 주주가 그 법인으로부터 전환사채등을 시가보다 낮은 가액으로 그 소유주식 수에 비례하여 균등한 조건으로 배정받을 수 있는 수를 초과하여 인수 등을 하는 경우일 것.

---

63. 「자본시장과 금융투자업에 관한 법률」 제9조(그 밖의 용어의 정의)
⑦ 이 법에서 "모집"이란 대통령령으로 정하는 방법에 따라 산출한 50인 이상의 투자자에게 새로 발행되는 증권의 취득의 청약을 권유하는 것을 말한다.
⑧ 이 법에서 "사모"란 새로 발행되는 증권의 취득의 청약을 권유하는 것으로서 모집에 해당하지 아니하는 것을 말한다.
⑨ 이 법에서 "매출"이란 대통령령으로 정하는 방법에 따라 산출한 50인 이상의 투자자에게 이미 발행된 증권의 매도의 청약을 하거나 매수의 청약을 권유하는 것을 말한다.
⑩ 이 법에서 "발행인"이란 증권을 발행하였거나 발행하고자 하는 자를 말한다. 다만, 증권예탁증권을 발행함에 있어서는 그 기초가 되는 증권을 발행하였거나 발행하고자 하는 자를 말한다.
⑪ 이 법에서 "인수"란 제삼자에게 증권을 취득시킬 목적으로 다음 각 호의 어느 하나에 해당하는 행위를 하거나 그 행위를 전제로 발행인 또는 매출인을 위하여 증권의 모집 · 사모 · 매출을 하는 것을 말한다.
1. 그 증권의 전부 또는 일부를 취득하거나 취득하는 것을 내용으로 하는 계약을 체결하는 것
2. 그 증권의 전부 또는 일부에 대하여 이를 취득하는 자가 없는 때에 그 나머지를 취득하는 것을 내용으로 하는 계약을 체결하는 것
⑫ 이 법에서 "인수인"이란 증권을 모집 · 사모 · 매출하는 경우 인수를 하는 자를 말한다.
64. 2017.1.1. 이후 전환사채등을 인수 · 취득하는 경우부터 적용한다.

최대주주와 특수관계인인 주주는 최대주주와 상증령 제2조의2제1항 각 호의 어느 하나에 해당하는 관계에 있는 주주를 말한다. 이 경우 최대주주란 각각 최대주주등 중 보유주식등의 수가 가장 많은 1인을 말한다(상증령 제30조제3항).

2) 증여재산가액이 기준금액 이상일 것

기준금액 = Min (①, ②)

① $\frac{(\text{전환사채등의 시가} - \text{전환사채등의 취득가액})}{\text{전환사채등의 시가}} \geq 30\%$

② 1억원

나. 증여재산가액

발행법인으로부터 최대주주등이 전환사채등을 저가로 초과 인수 등을 한 경우의 이익은 전환사채등의 시가에서 전환사채등의 인수 · 취득가액을 차감한 가액으로 한다(상증령 제30조제1항 제1호).

증여재산가액 = 전환사채등의 시가 - 전환사채등의 인수·취득가액

다. 증여시기

최대주주등이 발행법인으로부터 전환사채등을 저가로 초과 인수 등을 함으로써 얻은 이익의 증여시기는 전환사채등의 인수 · 취득일로 한다. 이 경우, 전환사채등의 취득일은 대금을 청산한 날(대금청산일 전에 전환사채를 교부받은 경우에는 그 교부일)을 말한다.

<인수인의 범위 개정연혁[65]>

2016.12.31. 이전	2017.1.1. 이후 전환사채 등을 인수 · 취득부터
□ 전환사채 등의 주식 전환에 따른 이익 증여 ○ (과세요건) 최대주주등이 균등 배정받을 수 있는 수를 초과하여 저가로 전환사채 등을 인수 · 취득 - 인수 · 취득에는 「자본시장과 금융투자업에 관한 법률」에 따른 인수인(금융투자업 인가를 받은 증권회사)으로부터 인수 · 취득한 것을 포함	□ 인수인의 범위 보완 ○ (좌 동) -「자본시장과 금융투자업에 관한 법률」에 따른 인수인 외에 실질적으로 인수행위를 하는 자로부터 인수 · 취득한 것 포함 * 금융투자업 인가를 받은 증권회사는 아니지만, 증권을 모집 · 매출 · 사모하는 경우 이를 인수하는 자

65. 『2017 국세청 개정세법해설』, p.137.

[관련 질의회신 · 판례 등]

○ 우회거래

전환사채등을 발행한 법인의 최대주주나 그의 특수관계인인 주주가 그 법인으로부터 전환사채등을 시가보다 낮은 가액으로 그 소유주식 수에 비례하여 균등한 조건으로 배정받을 수 있는 수를 초과하여 인수 · 취득함으로써 얻은 이익에 대하여는 상증법 제40조제1항제1호나목을 적용하며, 이 경우 「자본시장과 금융투자업에 관한 법률」 제9조 제12항에 따른 인수인으로부터 인수 · 취득하거나 제3자에게 증권을 취득시킬 목적으로 그 증권의 전부 또는 일부를 취득한 자로부터 인수 · 취득한 경우에도 상증법 제40조제1항제1호나목이 적용됨(서면2021자본거래-4363 [자본거래관리과-437], 2021.9.6.).

○ 배정 초과 판단일

신주인수권부사채를 발행한 법인 최대주주가 신주인수권부사채 발행 당시 약정에 따라 신주인수권부사채를 인수한 제3자로부터 신주인수권을 인수하는 경우로 상증법 제40조제1항제1호나목 및 제2호나목이 적용되는 경우 최대주주가 그 소유주식수에 비례하여 균등한 조건에 의하여 배정받을 수 있는 수를 초과하였는지 여부는 신주인수권부사채를 발행한 날을 기준으로 함(서면-2017-법령해석재산-1527 [법령해석과-3440], 2017.11.28.).

5. 주주가 아닌 자가 발행법인으로부터 전환사채등을 저가로 인수 등을 한 경우

전환사채등을 발행한 법인 최대주주의 특수관계인(그 법인의 주주는 제외)이 그 법인으로부터 전환사채등을 시가보다 낮은 가액으로 인수 등을 함으로써 이익을 얻었다면 그 이익에 상당하는 금액을 전환사채등을 저가로 인수 등을 한 최대주주 특수관계인(주주 제외)의 증여재산가액으로 한다(상증법 제40조제1항제1호다목). 다만, 그 이익에 상당하는 금액이 기준금액 미만이면 제외한다. 1997.11.10. 이후부터 증여세 과세대상에 포함되었다.

가. 과세요건(특수관계요건 ○, 30% 요건 ○, 1억원 요건 ○)

다음 요건을 모두 충족하는 경우에는 증여세를 과세한다.

1) 발행법인의 주주가 아닌 자로서 최대주주의 특수관계인이 그 법인으로부터 전환사채등을 시가보다 낮은 가액으로 인수 등을 하는 경우일 것

전환사채등을 발행한 법인의 주주가 아닌 최대주주와 특수관계에 있는 자는 최대주주와 상증령 제2조의2제1항 각 호의 어느 하나에 해당하는 관계에 있는 자를 말한다.

2) 증여재산가액이 기준금액 이상일 것

기준금액 = Min (①, ②)

① $\frac{(\text{전환사채등의 시가} - \text{전환사채등의 취득가액})}{\text{전환사채등의 시가}} \geq 30\%$

② 1억원

나. 증여재산가액

주주가 아닌 자로 최대주주의 특수관계인이 발행법인으로부터 전환사채등을 저가로 인수 등을 한 경우, 이익은 전환사채등 시가에서 전환사채등 인수 · 취득가액을 차감한 가액으로 한다(상증령 제30조제1항제1호).

증여재산가액 = 전환사채등의 시가 - 전환사채등의 인수 · 취득가액

다. 증여시기

주주가 아닌 자로 최대주주의 특수관계인이 발행법인으로부터 전환사채등을 저가로 인수 등을 함으로써 얻은 이익의 증여시기는 전환사채등의 인수 · 취득일로 한다. 이 경우, 전환사채등의 취득일은 대금을 청산한 날(대금청산일 전에 전환사채를 교부받은 경우에는 그 교부일)을 말한다.

6. 특수관계인으로부터 전환사채등을 취득한 자가 주식전환 등을 한 경우

전환사채등을 특수관계인으로부터 취득한 자가 전환사채등에 의하여 교부받았거나 교부받을 주식의 가액이 전환 · 교환 또는 인수 가액("전환가액등")을 초과함으로써 이익을 얻었다면, 그 이익에 상당하는 금액을 전환사채등을 주식등으로 전환한 자의 증여재산가액으로 한다(상증법 제40조제1항제2호가목). 다만, 그 이익에 상당하는 금액이 기준금액 미만인 경우는 제외한다.

가. 과세요건(특수관계요건 ○, 30% 요건 ×, 1억원 요건 ○)

다음 요건을 모두 충족하는 경우에는 증여세를 과세한다.

1) 전환사채등을 특수관계인으로부터 취득한 경우일 것

2) 전환사채등에 의하여 교부받았거나 교부받을 주식 가액이 전환가액을 초과할 것

3) 증여재산가액이 기준금액 1억원 이상일 것

(30% 요건은 적용하지 아니하며, 1억원 요건은 2004.1.1. 이후 증여 분부터 적용한다.)

나. 증여재산가액

전환사채등을 특수관계인으로부터 취득한 자가 전환사채등에 의하여 교부받았거나 교부받을 주식의 가액이 전환가액등을 초과하는 경우의 이익은 다음에 따라 계산한 금액으로 한다(상증령 제30조제1항제2호).

증여재산가액 = [ⓒ 교부받거나 교부받을 주식가액 - ⓔ 주식 1주당 전환가액 등] × 교부받은 주식수 - ⓕ 이자손실분 - 인수·취득시의 증여이익

다. 증여시기

전환사채등을 특수관계인으로부터 취득한 자가 전환사채등에 의하여 교부받았거나 교부받을 주식 가액이 전환가액등을 초과함으로써 얻은 이익의 증여시기에 관해서는 주식전환등을 한 날에 이익을 얻은 것으로 본다.

7. 전환사채등을 초과 인수한 최대주주등이 주식전환 등을 한 경우

전환사채등을 발행한 법인의 최대주주나 그의 특수관계인인 주주가 그 법인으로부터 전환사채등을 그 소유주식 수에 비례하여 균등한 조건으로 배정받을 수를 초과하여 인수등을 한 경우로, 전환사채등에 의하여 교부받았거나 교부받을 주식 가액이 전환가액등을 초과하여 이익을 얻은 경우에는 그 이익에 상당하는 금액을 전환사채등을 주식등으로 전환한 최대주주등의 증여재산가액으로 한다(상증법 제40조제1항제2호나목). 다만, 그 이익에 상당하는 금액이 기준금액 미만인 경우는 제외한다. 2001. 1. 1. 이후 증여분부터 증여세 과세대상에 포함하였다.

가. 과세요건(특수관계요건 ○, 30% 요건 ×, 1억원 요건 ○)

다음 요건을 모두 충족하는 경우에는 증여세를 과세한다.

1) 전환사채등을 발행한 법인의 최대주주나 그의 특수관계인인 주주가 그 법인으로부터 전환사채등을 소유주식 수에 비례하여 균등한 조건으로 배정받을 수 있는 수를 초과하여 인수등을 한 경우
2) 전환사채등에 의하여 교부받았거나 교부받을 주식 가액이 전환가액을 초과할 것
3) 증여재산가액이 기준금액 1억원 이상일 것
(30% 요건은 적용하지 아니하며, 1억원 요건은 2004.1.1. 이후 증여분부터 적용한다.)

나. 증여재산가액

전환사채등을 발행회사로부터 초과 인수한 최대주주등이 전환사채등에 의하여 교부받았거나 교부받을 주식 가액이 전환가액등을 초과하는 경우, 이익은 다음에 따라 계산한 금액으로 한다(상증령 제30조제1항제2호).

증여재산가액 = [ⓒ 교부받거나 교부받을 주식가액 - ⓔ 주식 1주당 전환가액 등] × 교부받은 주식수 - ⓕ 이자손실분 - 인수·취득시의 증여이익

다. 증여시기

전환사채등을 발행회사로부터 초과 인수한 최대주주등이 전환사채등에 의하여 교부받았거나 교부받을 주식 가액이 전환가액등을 초과함으로써 얻은 이익의 증여시기는 주식전환등을 한 날에 이익을 얻은 것으로 본다.

[관련 질의회신 · 판례 등]

○ 발행법인의 최대주주가 발행법인으로부터 전환사채를 받은 경우
주식발행법인의 최대주주가 그 법인으로부터 전환사채 등을 시가보다 낮은 가액으로 그 소유주식수에 비례하여 균등한 조건으로 배정받을 수 있는 수를 초과하여 인수 등(상증법 제40조제1항제1호나목의 "인수 등")을 한 이후 그 전환사채를 주식으로 전환하여 얻은 이익에 대하여 상증법 제40조제1항제2호 나목을 적용함(기준2020법령해석재산-0276 [법령해석과-3435], 2021.10.1.).

○ 일부만을 주식으로 전환
상증법 제40조를 적용함에 있어 최대주주 등이 신주인수권부사채를 발행한 법인(「자본시장과 금융투자업에 관한 법률」 제9조 제12항에 따른 인수인으로부터 인수 · 취득한 경우를 포함한다)으로부터 그 소유 주식수에 비례하여 균등한 조건에 의하여 배정받을 수 있는 수를 초과하여 인수한 경우로서, 초과하여 인수한 신주인수권에 의하여 일부만을 주식으로 전환했다면 증여재산가액은 주식전환 주식수에서 본인 지분 초과율을 안분하여 계산함(재산세과-9, 2011.1.5.).

8. 주주가 아닌 자가 발행법인으로부터 전환사채등을 인수 후 주식전환 등을 한 경우

전환사채등을 발행한 법인의 주주가 아닌 자로서 최대주주의 특수관계인이 그 법인으로부터 전환사채등의 인수등을 한 후 전환사채등에 의하여 교부받았거나 교부받을 주식의 가액이 전환가액등을 초과함으로써 이익을 얻은 경우에는 그 이익에 상당하는 금액을 전환사채등을 인수 등을 한 최대주주의 특수관계인(주주 제외) 증여재산가액으로 한다(상증법 제40조제1항제2호다

목). 다만, 그 이익에 상당하는 금액이 기준금액 미만인 경우는 제외한다. 2001. 1. 1. 이후 증여분부터 증여세 과세대상에 포함하였다.

가. 과세요건(특수관계요건 O, 30% 요건 X, 1억원 요건 O)

다음 요건을 모두 충족하는 경우에는 증여세를 과세한다.

1) 전환사채등을 발행한 법인의 주주가 아닌 자로서 최대주주의 특수관계인이 그 법인으로부터 전환사채등의 인수등을 한 경우
2) 전환사채등에 의하여 교부받았거나 교부받을 주식의 가액이 전환가액을 초과
3) 증여재산가액이 기준금액 1억원 이상
   (30% 요건은 적용하지 아니하며, 1억원 요건은 2004.1.1. 이후 증여분부터 적용한다.)

나. 증여재산가액

주주가 아닌 자로서 최대주주의 특수관계인이 발행법인으로부터 전환사채 인수 후 전환사채등에 의하여 교부받았거나 교부받을 주식 가액이 전환가액등을 초과하는 경우, 이익은 다음에 따라 계산한 금액으로 한다(상증령 제30조제1항제2호).

증여재산가액 = [ⓒ 교부받거나 교부받을 주식가액 - ⓔ 주식 1주당 전환가액 등] × 교부받은 주식수 - ⓕ 이자손실분 - 인수·취득시의 증여이익

다. 증여시기

주주가 아닌 자로서 최대주주의 특수관계인이 발행법인으로부터 전환사채 인수 후 전환사채등에 의하여 교부받았거나 교부받을 주식의 가액이 전환가액등을 초과함으로써 얻은 이익의 증여시기는 주식전환등을 한 날에 이익을 얻은 것으로 본다.

9. 교부받은 주식의 가액이 전환가액등보다 낮은 경우

전환사채등에 의하여 교부받은 주식의 가액이 전환가액등보다 낮게 됨으로써 그 주식을 교부받은 자의 특수관계인이 이익을 얻은 경우에는 그 이익에 상당하는 금액을 주식을 교부받은 자의 특수관계인의 증여재산가액으로 한다(상증법 제40조제1항제2호라목). 2001.1.1. 이후 증여분부터 증여세 과세대상에 포함하였다.

가. 과세요건(특수관계요건 ○, 30% 요건 ×, 1억원 요건 ×)

다음 요건을 모두 충족하는 경우에는 증여세를 과세한다.

1) 전환사채등에 의하여 교부받은 주식의 가액이 전환가액등보다 낮은 경우일 것

2) 그 주식을 교부받은 자의 특수관계인이 이익을 얻을 것

주식을 교부받은 자와 상증령 제2조의2제1항 각 호의 어느 하나에 해당하는 관계에 있는 자가 이익을 얻은 경우를 말한다.

3) 기준금액 30% 요건 및 1억원 요건 미적용

나. 증여재산가액

전환사채등에 의하여 교부받은 주식 가액이 전환가액등보다 낮게 되는 경우, 주식을 교부받은 자의 특수관계인이 얻는 이익은 다음에 따라 계산한 금액으로 한다(상증령 제30조제1항제3호).

> 증여재산가액 = [ⓔ 주식 1주당 전환가액 등 - ⓒ 교부받은 주식가액] ×
> 전환등에 의하여 증가한 주식수 ×
> 당해 주식을 교부받은 자의 특수관계인이 전환등을 하기 전에 보유한 지분비율

다. 증여시기

전환사채등에 의하여 교부받은 주식 가액이 전환가액등보다 낮게 됨으로써 그 주식을 교부받은 자의 특수관계인이 얻은 이익의 증여시기는 주식전환등을 한 날에 이익을 얻은 것으로 본다.

10. 특수관계인에게 시가보다 높은 가액으로 양도한 경우

전환사채등을 특수관계인에게 시가보다 높은 가액으로 양도함으로써 양도인이 이익을 얻은 경우에는 그 이익에 상당하는 금액을 양도인의 증여재산가액으로 한다(상증법 제40조제1항제3호).

가. 과세요건(특수관계요건 ○, 30% 요건 ×, 1억원 요건 ×)

다음 요건을 모두 충족하는 경우에는 증여세를 과세한다.

1) 전환사채등을 특수관계인에게 양도하는 경우

상증령 제2조의2제1항 각 호의 어느 하나에 해당하는 관계에 있는 자에게 양도하는 경우를 말한다.

2) 전환사채등을 시가보다 높은 가액으로 양도하는 경우

'전환사채등의 시가'는 상증법 제60조와 제63조에 따라 평가한 가액을 말한다.

3) 증여재산가액이 기준금액 이상

기준금액 = Min(①, ②)

$$① \frac{(\text{전환사채등의 시가} - \text{전환사채등의 취득가액})}{\text{전환사채등의 시가}} \geq 30\%$$

② 1억원

나. 증여재산가액

전환사채등을 특수관계인에게 시가보다 높은 가액으로 양도하는 경우, 양도인이 얻는 이익은 다음에 따라 계산한 금액으로 한다(상증령 제30조제1항제4호).

증여재산가액 = 전환사채등의 양도가액 - 전환사채등의 시가

다. 증여시기

전환사채등을 특수관계인에게 시가보다 높은 가액으로 양도함으로써 양도인이 얻은 이익의 증여시기는 전환사채등을 양도한 날에 이익을 얻은 것으로 본다.

11. 증여세 과세제외

2001.1.1. 이후부터 주권상장 법인이 「자본시장과 금융투자업에 관한 법률」 제9조제7항에 따른 유가증권의 모집방법(같은 법 시행령 제11조제3항에 따른 모집의 경우 제외)으로 전환사채등을 발행한 경우에는 전환사채등의 주식전환 등에 따른 이익의 증여규정을 적용하지 않는다.

12. 기타사항

가. 다른 증여재산과 합산배제

상증법 제40조제1항제2호 및 제3호 전환사채등에 의하여 주식전환등을 하거나 전환사채등을 고가로 양도함으로써 얻은 이익의 증여재산가액은 다른 증여재산가액과 합산하지 아니한다(상증법 제47조제1항). 2004.1.1. 이후 증여 분부터 적용한다.

나. 10년간 동일인에 대한 증여재산과 합산배제

해당 증여일 전 10년 이내에 동일인(증여자가 직계존속인 경우에는 그 직계존속의 배우자를 포 함한다)으로부터 받은 증여재산가액을 합친 금액이 1천만원 이상인 경우에는 그 가액을 증여세 과세가액에 가산한다. 다만, 상증법 제40조제1항제2호 및 제3호 전환사채등에 의하여 주식전환등을 하거나 전환사채등을 고가로 양도함으로써 얻은 이익은 합산배제증여재산에 해당하므로 동일인으로부터 받은 다른 증여재산가액과 합산하지 아니한다(상증법 제47조제2항).

다. 증여세 과세표준 계산

상증법 제40조제1항제2호 및 제3호 전환사채등에 의하여 주식전환등을 하거나 전환사채등을 고가로 양도함으로써 얻은 이익의 증여세 과세표준은 그 증여재산가액에서 3천만원을 공제한 금액에서 감정평가 수수료를 뺀 금액으로 한다(상증법 제55조제1항).

라. 증여자의 증여세 연대납부의무의 면제

전환사채등의 주식전환 등에 따른 이익의 증여에 해당할 시에는, 수증자가 증여세를 납부할 능력이 없다고 인정되는 등의 경우에도 증여자는 수증자가 납부할 증여세를 연대하여 납부할 의무가 없다(상증법 제4조의2제6항 단서).

[관련 질의회신 · 판례 등]

○ 전환사채등의 인수 · 취득

전환사채등을 발행한 법인의 주주인 자가 그 법인으로부터 전환사채등을 시가보다 낮은 가액으로 그 소유주식 수에 비례하여 균등한 조건으로 배정받을 수 있는 수를 초과하여 인수 · 취득함으로써 얻은 이익에 대해 상증법 제40조를 적용하며, 이 경우 이익의 계산 시기는 전환사채의 취득일임(서면2014상속증여-21000, 2015.5.19.).

○ 전환사채등의 주식전환

특수관계자로부터 신주인수권증권을 취득하여 저가전환에 따라 증여이익을 얻은 경우 증여이익은 해당 신주인수권증권에 의하여 교부받은 전체 주식수를 기준으로 하여 계산함(기준2015법령해석재산-0286, 2016.2.19.).

○ 초과인수한 전환사채등의 주식전환

증여이익은 최대주주등이 그 소유주식수에 비례하여 균등한 조건에 의하여 배정받을 수 있는 수를 초과하여 인수한 전환사채등 및 그 초과하여 인수한 전환사채등에 의하여 주식으로 전환 등을 한 주식수를 기준으로 계산함(서면4팀-3398, 2007.11.23.).

○ (2015.12.31. 이전) 우회거래

전환사채등을 발행한 법인으로부터 직접 취득하지 아니하고 제3자를 통한 간접적인 방법이나 둘 이상의 행위 또는 거래를 거치는 방법(이하 "우회거래")에 의하여 취득한 경우에도 상증법제40조 제1항 제1호 나목 및 제2호 나목이 적용되는 것이며, … 다만, 우회거래에 해당하지 않고 특수관계인이 아닌 자로부터 전환사채등을 취득한 후 주식으로 전환하여 이익을 얻은 경우로 거래의 관행상 정당한 사유가 있다고 인정되지 아니한 경우에는 상증법(2015.12.15. 법률 제13557호로 개정되기 전의 것) 제2조 및 제42조제1항제3호를 적용함(기준2015법령해석재산-0175, 2016.9.9.).

○ 신주인수권증서

타인으로부터 신주인수권증서를 저가 양수 또는 고가 양도하는 경우에는 상증법 제35조에 따라 그 대가와 시가와의 차액에 상당하는 금액에 대하여 증여세가 과세됨(재산세과-81, 2010.2.5.).

제12절 초과배당에 따른 이익의 증여

○ (과세대상) 최대주주등이 배당등의 금액 전부 또는 일부를 포기하거나 불균등배당에 따라 최대주주등의 특수관계인이 보유주식등에 비하여 높은 배당등을 얻은 경우
○ (납세의무자) 최대주주등의 특수관계인
○ (증여재산가액) 초과배당금액 – 해당 초과배당금액에 대한 소득세 상당액
○ (증여시기) 배당 또는 분배한 금액을 지급한 날
○ (증여세 과세방법)
  – 초과배당등을 한 시점에 소득세상당액을 반영한 증여세액을 가계산(당초증여세액)
  – 초과배당금액에 대한 소득세를 납부할 때 실제 소득세를 반영한 정산증여재산가액의 증여세액과 당초증여세액의 차액 정산
  – 당초증여세액 < 정산증여재산가액의 증여세액: 증여세 추가납부
  – 당초증여세액 > 정산증여재산가액의 증여세액: 증여세 환급
  – 정산 증여세 신고기한: 초과배당금액이 발생한 연도의 다음연도 5.1.~5.31.(성실신고확인대상사업자는 5.1.~6.30.)

주주평등 원칙에 따라 이익배당은 각 주주가 가진 주식의 수에 따라 한다(상법 제464조). 따라서 주식의 종류가 동일한 경우에는 차등배당이 인정되지 않는다.[66] 초과배당 또는 차등배당은 법인 주주들이 지분비율에 따라 균등하게 배당받지 않고 주주간 배당금 또는 배당률을 달리한 배당을 의미한다.

초과배당(또는 차등배당)은 법인 주주등이 본인이 지급받을 배당등의 금액을 포기하거나 불균등조건으로 과소배당등을 받는 경우로, 보유한 주식등에 비하여 높은 금액의 배당을 받은 다른 주주가 있으면 높은 배당을 받은 주주가 배당을 포기한 주주등으로부터 증여를 받는 것과 같은 효과가 있다.

상증법은 이러한 초과배당에 대해 2016.1.1. 이후 초과배당에 따른 이익의 증여 규정을 신설하여, 초과배당금액에 대한 증여세와 소득세상당액을 비교 후 증여세가 소득세상당액보다 큰 경우에 과세하였다가, 2021.1.1. 이후부터 초과배당금액에 소득세 및 증여세를 모두 과세하는 것으로 개정하였다.

법인이 이익이나 잉여금을 배당 또는 분배(이하 "배당등")하는 경우로 그 법인의 최대주주 또는 최대출자자(이하 "최대주주등")가 본인이 지급받을 배당등 금액의 전부 또는 일부를 포기하거나 본인이 보유한 주식등에 비례하여 균등하지 아니한 조건으로 배당등을 받음에 따라 그 최대주주등의 특수관계인이 본인 보유 주식등에 비하여 높은 금액의 배당등을 받은 경우에는 초과배당등을 받은 금액에서 초과배당금액에 대한 소득세 상당액을 공제한 금액을 그 최대주주등의 특수관계인의 증여재산가액으로 한다(상증법 제41조의2).

---

66. 다만, 우선주 등과 같이 수종의 주식을 발행한 경우에는 정관에 따라 주식의 종류도 차별하여 배당할 수 있다.

1. 과세대상

다음 요건을 모두 충족하는 경우에는 초과배당금액에서 소득세 상당액을 공제한 금액을 그 최대주주등의 특수관계인의 증여재산가액으로 한다.

가. 법인이 배당등을 하는 경우로 그 법인의 최대주주등이 배당등을 포기하거나 불균등조건으로 과소배당 등을 받을 것.

나. 그 최대주주등의 특수관계인이 본인 보유 주식등에 비하여 높은 금액의 배당등을 받은 경우일 것. 이 경우, 최대주주등은 상증령 제19조제2항에 따른 최대주주등[67]을 말한다.

2. 증여시기

법인이 배당 또는 분배한 금액을 지급한 날을 증여일로 한다.

2021.12.31. 이전에는 '배당등을 한 날'이며, 국세청은 실제 배당금을 지급한 날을 증여일로 보았고(서면2016법령해석재산-3790, 2016.10.12., 적부국세청2020-0085, 2020.7.15.), 심판원은 주총결의일로 보았다(조심2020서8533. 2021.11.15.).

<증여시기 개정연혁>

2021.12.31. 이전	2022.1.1. 이후
배당등을 한 날	배당 또는 분배한 금액을 지급한 날

3. 증여세 과세방법

가. 당초 증여재산가액 계산(초과배당등을 한 시점에 소득세상당액을 기준으로 증여세액 가계산)

2021.1.1. 이후부터 초과배당금액에서 소득세 상당액을 공제한 금액을 증여재산가액으로 한다.

1) 초과배당금액 계산

$$\text{최대주주등의 특수관계인의 (배당금액 − 균등배당액)} \times \frac{\text{최대주주등의 (균등배당액 − 배당금액)}}{\text{과소배당 받은 주주 전체의 (균등배당액 − 배당금액)}}$$

---

67. 주주등 1인과 그의 특수관계인의 보유주식등을 합하여 그 보유주식등의 합계가 가장 많은 경우, 해당 주주등 1인과 그의 특수관계인 모두(상증령 제19조제2항).

배당금액은 실제 배당받은 금액을 말하고 균등배당액은 본인이 보유한 주식등에 비례하여 배당등을 받을 경우의 그 배당등 금액을 말한다.

2) 소득세 상당액

소득세 상당액은 다음의 구분에 따른 금액으로 한다.

가) 초과배당금액에 대한 증여세 신고기한이 해당 초과배당금액이 발생한 연도의 다음연도 6월 1일(성실신고확인대상자의 경우에는 7월 1일) 이후

(1) 소득령 제26조의3제6항에 따라 배당소득이 포함되지 않는 경우 등 소득세 과세대상에서 제외되거나 비과세 대상인 초과배당금액: 0

(2) 소득법 제14조제5항에 따른 분리과세 배당소득에 해당하는 경우 등 초과배당금액이 분리과세된 경우: 해당 분리과세된 세액

(3) 소득법 제14조제2항에 따라 종합과세되는 경우: 다음 중 큰 금액

(가) 다음에 따라 계산한 금액

초과배당금액이 발생한 연도의 종합소득과세표준에 종합소득세율을 적용하여 계산한 금액	−	해당연도의 종합소득과세표준에서 초과배당금액을 뺀 금액에 종합소득세 세율을 적용하여 계산한 금액 (0보다 작은 경우 0으로 한다)

(나) 초과배당금액에 14%를 곱한 금액

나) 그 밖의 경우

초과배당금액에 아래의 비율을 곱하여 계산한다.

초과배당금액	율
5,220만원 이하	초과배당금액×14%
5,220만원 초과 8,800만원 이하	731만원+(5,220만원을 초과하는 초과배당금액×24%)
8,800만원 초과 1억5천만원 이하	1,590만원+(8,800만원을 초과하는 초과배당금액×35%)
1억5천만원 초과 3억원 이하	3,760만원+(1억5천만원을 초과하는 초과배당금액×38%)
3억원 초과 5억원 이하	9,460만원+(3억원을 초과하는 초과배당금액×40%)
5억원 초과 10억원 이하	1억7,460만원+(5억원을 초과하는 초과배당금액×42%)
10억원 초과	3억8,460만원+(10억원을 초과하는 초과배당금액×45%)

나. 정산(실제 소득세액을 반영한 정산증여재산가액의 증여세액과 당초증여세액의 차액정산)

정산증여재산가액은 초과배당금액에서 실제 소득세 상당액을 공제한 금액으로 한다.

1) 초과배당금액 계산

$$\text{최대주주등의 특수관계인의 (배당금액 - 균등배당액)} \times \frac{\text{최대주주등의(균등배당액 - 배당금액)}}{\text{과소배당 받은 주주 전체의 (균등배당액 - 배당금액)}}$$

배당금액은 실제 배당받은 금액을 말하고 균등배당액은 본인이 보유한 주식등에 비례하여 배당등을 받을 경우의 그 배당등의 금액을 말한다.

2) 실제 소득세액 상당액

실제 소득세 상당액은 다음 구분에 따른 금액으로 한다.

가) 소득령 제26조의3제6항에 따라 배당소득이 포함되지 않는 경우 등 소득세 과세대상에서 제외되거나 비과세 대상인 초과배당금액: 0

나) 소득법 제14조제5항에 따른 분리과세 배당소득에 해당하는 경우 등 초과배당금액이 분리과세된 경우: 해당 분리과세된 세액

다) 소득법 제14조제2항에 따라 종합과세되는 경우: 다음 중 큰 금액

라) 다음 계산식에 따라 계산한 금액

(1) 다음에 따라 계산한 금액

초과배당금액이 발생한 연도의 종합소득과세표준에 종합소득 세율을 적용하여 계산한 금액	−	해당연도의 종합소득과세표준에서 초과배당금액을 뺀 금액에 종합소득세 세율을 적용하여 계산한 금액(0보다 작은 경우 0으로 한다)

(2) 초과배당금액에 14%를 곱한 금액

3) 증여세 정산

초과배당금액에 대하여 증여세를 부과받은 자는 해당 초과배당금액에 대한 소득세를 납부(납부세액이 없는 경우 포함)할 때 당초 증여재산가액을 기준으로 증여세액에서 "실제 소득세액을 반영한 증여재산가액(정산증여재산가액)을 기준으로 계산한 증여세액"을 뺀 금액을 관할 세무서장에게 납부하여야 한다. 다만, 당초증여세액이 정산증여재산가액의 증여세액을 초과하는 경우에는 그 초과되는 금액을 환급받을 수 있다.

4) 정산증여재산가액의 증여세 신고기한

정산증여재산가액의 증여세 신고기한은 초과배당금액이 발생한 연도의 다음연도 5.1.~5.31. 까지로 한다. 다만, 성실신고확인대상사업자에 대한 증여세 과세표준의 신고기한은 초과배당금액이 발생한 연도의 다음연도 5.1.~6.30.까지로 한다.

4. 납세의무자

초과배당을 하는 경우로 본인이 보유한 주식등에 비하여 높은 금액의 배당등을 받은 최대주주의 특수관계인이다.

5. 세대생략 할증과세

2017.12.19. 상증법 개정(제41조의2제2항)을 통해 초과배당 이익을 자녀가 아닌 직계비속이 얻은 경우 세대생략 할증과세를 적용함을 명확화하였다.

수증자가 증여자의 자녀가 아닌 직계비속이면 상증법 제57조에 따라 증여세산출세액에 100분의 30(수증자가 증여자의 자녀가 아닌 직계비속이면서 미성년자인 경우로 증여재산가액이 20억원을 초과한다면 100분의 40)에 상당하는 금액을 가산한다.

6. 2016.1.1.~2020.12.31.까지 적용

초과배당금액에 대한 소득세와 증여세를 비교하여 큰 금액을 과세한다. 초과배당금액에 대한 증여세액이 초과배당금액에 대한 소득세 상당액보다 적은 경우에는 초과배당에 따른 이익의 규정을 적용하지 아니한다. 초과배당금액에 대하여 증여세를 부과할 때 초과배당금액에 대한 소득세 상당액은 상증법 제56조에 따른 증여세 산출세액에서 공제한다.

소득세 상당액은 초과배당금액에 아래의 율을 곱한 금액을 말한다.

초과배당금액	율
5,220만원 이하	초과배당금액×14%
5,220만원 초과 8,800만원 이하	731만원+(5,220만원을 초과하는 초과배당금액×24%)
8,800만원 초과 1억5천만원 이하	1,590만원+(8,800만원을 초과하는 초과배당금액×35%)
1억5천만원 초과 3억원 이하	3,760만원+(1억5천만원을 초과하는 초과배당금액×38%)
3억원 초과 5억원 이하	9,460만원+(3억원을 초과하는 초과배당금액×40%)
5억원 초과[68]	1억7,060만원+(5억원을 초과하는 초과배당금액×42%)

<초과배당에 따른 이익의 증여 개정연혁>

구분	2016.1.1.~2020.12.31.	2021.1.1. 이후
과세방식	Max(증여세, 소득세)	증여세, 소득세
증여재산가액	초과배당금액	초과배당금액-소득세상당액
증여세액	증여세액-소득세 상당액	증여세액
정산여부	부	여

쟁점

정산과 초과배당 이익의 증여

법인 최대주주가 자신이 받아야 할 배당을 포기함으로써 최대주주의 특수관계인이 원래 받아야 할 배당보다 초과하여 받은 배당을 초과배당 또는 차등배당이라고 부른다.

초과배당에 대해 2015년 이전에는 소득세와 증여세 이중과세 문제가 있기 때문에 증여세를 과세할 수 없다고 기재부는 해석한 바 있고(기획재정부 재산세제과-927, 2011.10.31.), 2016년부터 소득세와 증여세를 계산하여 둘 중 큰 세액을 과세하였다. 초과배당금액에 대해 소득세, 증여세를 계산하여 증여세가 소득세보다 큰 경우에만 증여세 계산시 소득세를 차감하여 증여세를 계산하였다.

2021년부터는 초과배당금액에서 소득세 상당액을 차감한 금액을 증여재산가액으로 보아 증여세를 계산한다. 소득세와 증여세를 둘 다 과세하는 방식으로 바뀐 것인데, 2020년 이전과는 완전히 다른 과세방식이다.

한편, 소득세 상당액은 상증 시행규칙 비율에 따라 계산하는데, 이 금액은 실제 소득세 납부할 때 금액과 다를 수 있다. 소득세 세율의 변동이나 금융소득 종합과세 여부에 따라 소득세 납부금액과 다를 수 있으므로 증여세 납부 후 소득세 실제 납부시 증여세를 정산한다.

정산의 사전적 의미는 정확한 계산, 정밀한 계산을 의미하고, 흔히 쓰는 말로는 연말정산이 있다. 배당할 때 증여시기가 있고, 소득세 납부시 증여세를 정산한다. 상증법에서는 정산시 금액을 정산증여재산가액으로 구분하고 정산시기는 그 다음연도 5월 31일 또는 6월 30일(성실신고확인대상자)이다.

정산개념이 들어왔고, 초과배당에 따른 이익 증여가 합산배제 증여재산이 아니기 때문에 아래 문제들이 발생할 수 있다.

① 국세부과제척기간의 기산일은 초과배당시점일까? 정산시점 각각일까?

② 초과배당과 정산 사이에 일반증여가 있는 경우에, 일반증여시 초과배당을 증여재산가산액으로 신고하였는데 정산하여 그 가액이 달라진 경우 일반증여에 대해서 증여세를 경정해야 할까? 경정한다면 가산세를 부과하여야 할까?

③ 초과배당하고 정산 후 일반증여가 있는 경우, 증여재산 가산하기 위한 10년의 기준은 초과배당일까 정산시점일까?

④ '초과배당하고 증여자가 사망한 경우'와 '정산 후 증여자가 사망한 경우'에 상속세 과세가액에 가산하는 증여재산가액은 같아야 할까 달라야 할까?

이러한 쟁점들은 과세방식 변경으로 초과배당 자체가 감소하여 다툼이 생길 여지가 적어 보인다. 그런데 이번 개정으로 2015년 이전이 과세대상으로 보일 수도 있다. 2015년 이전에 기재부에서는 소득세와 증여세 이중

68. 5억원 초과구간은 2018.3.19. 신설되었다.

과세로 인해 증여세를 과세할 수 없다고 보았는데, 2021년 개정 규정은 이중과세를 조정하는 방식이 아니라 증여로 보아 과세하는 방식을 취한다. 그렇다면 2015년 이전에 대해서도 증여세를 과세대상으로 보아야 하지 않을까?

또, 정산시 계산하는 소득세액은 상증규칙 제10조의3제2항에 따라 계산하는데, 이때 소득세액은 소득세법 제62조(이자소득 등에 대한 종합과세시 세액 계산의 특례)가 아니라, 소득세법 제55조(세율)에 따라 계산하는 것(종합소득세액–해당 초과배당금액을 제외하고 계산한 종합소득세액)임에 주의하여야 한다.

쟁점

일반증여와 '초과배당에 따른 이익의 증여'

증여세는 증여순서와 관계없이 10년간 금액이 모두 합산하여 동일한 세액이 계산된다고 생각하지만, 초과배당에 따른 이익 증여의 경우에는 증여순서에 따라 증여세액 차이가 날 수 있다. 주주가 자신이 받아야 할 배당을 포기하면, 그 배당금액을 받은 자는 배당을 포기한 자로부터 이익을 얻었다고 볼 수 있다.

2016.1.1. 이후부터는 최대주주가 배당을 포기하고, 최대주주 특수관계인이 보유주식에 비하여 높은 배당을 받은 경우 증여세를 과세하고 있다(상증법 제41조의2). 증여순서에 따른 세부담은 2020년 이전과 2021년 이후로 구분하여야 한다.

1. 2016년부터 2020년 이전

① 초과배당에 대한 증여세와 ② 초과배당금액에 대한 소득세 상당액하고 비교하여 ①의 가액이 ②보다 클 경우에만 적용한다. 즉 초과배당금액에 대한 증여세액이 초과배당금액에 대한 소득세 상당액보다 적으면 적용하지 않는다. 또, 초과배당금액에 대한 소득세 상당액은 초과배당금액에 일정율을 곱하여 계산하기 때문에 실제 소득세 납부여부와는 다른 개념이다.

그렇다면 초과배당에 대한 증여세액을 계산할 때, 초과배당이 아닌 일반증여가 있을 때에는 어떻게 계산할까? 두 가지 경우가 있다. 초과배당 후에 일반증여를 할 수도 있고, 일반증여 후 초과배당을 할 수 있다.

가. 초과배당 후 일반증여

매년 초과배당을 하더라도 초과배당에 따른 증여세액이 초과배당금액에 대한 소득세 상당액보다 적으면 초과배당에 따른 이익 증여를 적용할 수 없으니까 합산문제가 없다(법령해석과–3392, 2016.10.25.).

> ○ 상증법 제41조의2(초과배당에 따른 이익의 증여)(2020.12.22. 개정되기 전의 것)
> ③ 초과배당금액에 대한 증여세액이 초과배당금액에 대한 소득세 상당액보다 적은 경우에는 제1항을 적용하지 아니한다.

나. 일반증여 후 초과배당

이 경우의 증여세액은 종전의 증여재산가액을 증여세 과세가액에 가산하여 계산한 증여세액을 말한다(법령해석과–2681, 2016.8.19., 서울행법2020구합74580, 2021.4.23.). 초과배당에 따른 이익 증여의 경우에는 전후 증여에 따라 증여세액이 달리 계산된다.

2. 2021년 이후

2021년 이후에는 소득세와 증여세 비교 방식이 아니라 증여재산가액이 초과배당금액에서 소득세를 차감하는 방식으로 개정되었다. 그래서 위의 상증법 제41조의2제3항이 다른 내용으로 바뀌었고, 제1항을 적용하지 않는다는 규정이 없으므로 2021년 이후에는 초과배당하고 일반증여한 경우 합산하여야 한다.

[관련 질의회신 · 판례 등]

○ 2015.12.31. 이전

법인이 현금배당을 지급함에 있어 각 주주들이 소유하고 있는 주식 수에 따라 배당금을 지급하지 않은 경우로, 균등한 조건에 의하여 지급받을 배당금을 초과하는 금액을 소득세법상 배당소득으로 보아 소득세가 과세되는 경우에는 상증법 제2조제2항(현재 상증법 제4조의2)에 따라 증여세를 과세하지 않음(기획재정부 재산세제과-927, 2011.10.31.).[69]

○ (2020.12.31. 이전) 초과배당금액에 대한 증여세액 계산

(일반증여 후 초과배당한 경우) 초과배당금액에 대한 증여세액은 초과배당금액을 증여재산가액으로 하여 계산된 증여세액을 말하며, 해당 증여일 전 10년 이내에 초과배당하는 해당 법인의 최대주주로부터 받은 증여재산가액을 합친 금액이 1천만원 이상인 경우, 그 가액을 증여세 과세가액에 가산하여 증여세액을 계산함(기준2016법령해석재산-0157, 2016.8.19.).

(초과배당을 매년 하는 경우) 초과배당금액에 대한 증여세액이 초과배당금액에 대한 소득세 상당액보다 적어 상증법 제41조의2제1항이 적용되지 않으면 해당 초과배당금액에 대하여 증여재산가액의 합산 규정을 적용하지 않음(서면2016법령해석재산-4195, 2016.10.25.).

○ 해산에 따른 불균등 의제배당

법인 해산으로 잔여재산을 주주에게 분배하는 경우로, 최대주주가 본인이 분배받을 금액 일부를 포기함에 따라 그 최대주주의 자녀가 본인이 보유한 주식에 비하여 높은 금액의 분배를 받는 경우 그 최대주주의 자녀가 본인이 보유한 주식에 비례하여 균등하지 아니한 조건으로 분배받은 금액에 대한 소득법 제17조제2항제3호에 따른 의제배당 금액은 초과배당금액에 해당함(서면2020법령해석재산-0219, 2020.9.29.).

○ 소득세상당액

(1년 이내 2회 이상 초과배당[70]) 초과배당금액에 대한 증여일부터 소급하여 1년 이내에 동일한 거래 등이 있어 각각의 거래 등에 따른 이익을 해당 이익별로 합산하여 계산하는 경우에 상증법 제41조의2제2항 및 제3항의 초과배당금액에 대한 소득세 상당액은 합산한 초과배당금액에 상증규칙 제10조의3에서

69. 세법해석정비

요지	유지사례	삭제사례	
차등배당으로 인하여 배당소득세가 과세되는 경우 증여세는 과세하지 않음	기획재정부 재산세제과-927, 2011.10.31.	서면2팀-10410, 2002.3.7. 서면4팀-2079, 2004.12.17. 서면4팀-2428, 2005.12.5. 서면4팀-265, 2005.2.18.	서면4팀-303, 2005.2.25. 서면4팀-1667, 2005.9.16. 서면4팀-2350, 2005.11.28. 서면4팀-3955, 2006.12.6. 재산세과-505, 2009.10.20.

70. 2020.12.31. 이전에 배당한 경우이다.

정하는 율을 곱하여 계산함(서면2021법령해석재산-4837법령해석과-4691], 2021.12.24.).

○ (2021.12.31. 이전) 배당등을 한 날

(국세청) "법인이 배당등을 한 날"은 법인이 배당금 또는 분배금을 실제로 지급한 날임(서면-2016-법령해석재산-3790 [법령해석과-3274], 2016.10.12.).

(심판원) '배당'의 사전적 의미는 "주식회사가 이익금의 일부를 현금이나 주식으로 할당하여 자금을 낸 사람이나 주주에게 나누어주는 일"을 의미하므로, 쟁점규정에서 "배당등을 한 날"의 의미 역시 '실제 배당금을 지급한 날'이라기보다는 회사가 주주들에게 재산권을 확정적으로 나누어준 날인 '주주총회 결의일'임(조심2020서8533, 2021.11.15.).

⇒ 2022.1.1. 이후 증여시기를 "배당 또는 분배한 금액을 지급한 날"로 개정하였다.

제13절 주식등의 상장 등에 따른 이익의 증여[71]

○ (과세요건) 증여일 · 취득일로부터 5년 이내에 유가증권시장 또는 코스닥시장에 상장될 것
- 최대주주등으로부터 증여 또는 유상취득할 것
- 최대주주등으로부터 증여받은 재산으로 최대주주등이 아닌 자로부터 취득할 것
- 주식등을 증여받거나 취득한 후 그 법인이 자본금을 증가시키기 위하여 신주를 발행함에 따라 신주를 인수하거나 배정받은 경우를 포함

○ (납세의무자) 취득자(수증자, 유상취득자)

○ (과세대상) 증여재산가액≥Min(①, ②)
① (증여일 1주당 증여세 과세가액 등+1주당 기업가치 실질증가액) × 증여 · 유상 취득주식수 × 30%
② 3억원

○ (정산시기) 상장일로부터 3개월이 되는 날

○ (증여재산가액)

{ 정산기준일 현재 1주당 평가액 − (증여일 현재 1주당 증여세과세가액 등 + 1주당 기업가치 실질증가액) } × 증여 · 유상 취득주식수

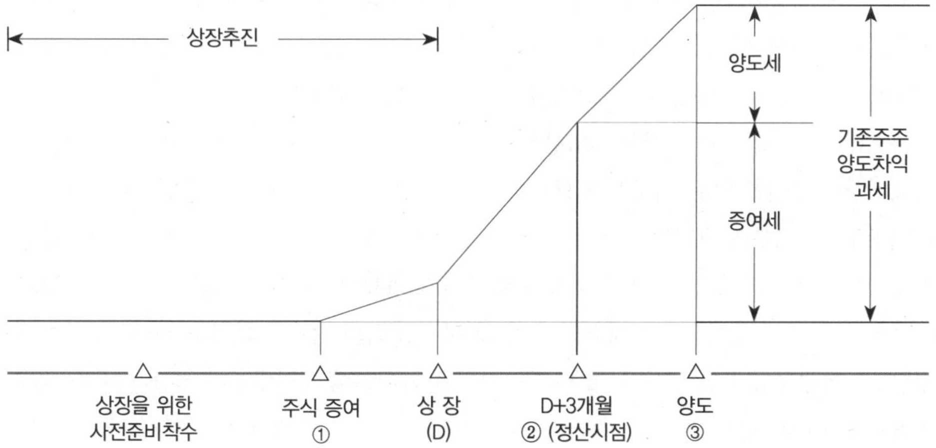

기업의 경영 등에 관하여 공개되지 아니한 정보를 이용할 수 있는 지위에 있다고 인정되는 최대주주등으로부터 특수관계인이 해당 법인의 주식등을 증여받거나 유상으로 취득한 경우로서 증여 · 취득일부터 5년 이내에 해당 법인이 상장됨에 따라 그 가액이 증가된 경우 증여 · 취득시점과 정산기준일의 주식가액이 일정금액 이상 차이가 나는 경우 해당 이익을 그 이익을 얻은 자의 증여재산가액으로 한다(상증법 제41조의3).

기업 상장 등 기업 내부정보를 가진 최대주주등이 주식등을 상장 전에 미리 자녀 등 특수관계

71. 실무에서는 상장시세차익이라고 부른다.

인에게 증여하거나 매각한 후 가까운 장래에 이를 상장하여 거액의 이익, 이른바 '상장 프리미엄'을 그 특수관계인으로 하여금 얻게 할 수 있는데, 이러한 거래는 상장 후에 해당 주식등의 가치증가가 현저한 상태에서 증여한 것과 동일한 경제적 효과를 가져오므로, 그 상장이익을 증여세 과세대상으로 삼도록 한 것이다. 이 제도는 위와 같은 상장이익에 대하여 과세하여 최대주주등의 특수관계인에 대한 변칙적인 증여를 차단하고, 수증자 또는 취득자가 이를 양도하지 아니하고 계속 보유하면서 사실상 세금부담 없이 계열사를 지배하는 것을 규율함으로써 조세정의를 실현하기 위하여 마련되었다(헌재2012헌가5, 2015.9.24.).

'주식상장이익 증여 과세제도'는 1999.12.28. 상증에 최초로 규정되고 2000.1.1. 시행되었다. 최초 입법 당시, 이 제도는 최대주주 또는 지분율 25% 이상인 대주주가 특수관계인에게 주식등을 상장일로부터 소급하여 3년 이내에 증여하거나 유상취득하게 한 경우, 상장에 따른 이익을 당해 주식등의 상장일부터 3월이 되는 날의 시장가격을 기준으로 계산하여 증여세를 부과하거나 환급하도록 함으로써 상장이익이 발생할 경우뿐만 아니라 손실이 발생할 경우에도 반영하는 정산개념을 도입하였고, 나아가 이 경우 상장 이외의 요인, 즉 경영개선 등에 의한 실질적 기업가치의 증가에 의한 이익은 과세대상에서 제외되도록 하였다.

이처럼 최초 입법 당시에는 특수관계인이 최대주주등으로부터 주식등을 증여받거나 유상으로 취득하고 그 주식등이 3년 이내에 상장 또는 등록됨에 따라 그 가액이 증가된 경우에만 증여세를 과세하도록 규정하였다. 그 후 상증세법 제41조의3은 2002.12.18. 법률 제6780호로 개정되었는데, 제1항을 개정하여 특수관계인이 최대주주등으로부터 증여받은 재산으로 주식등을 취득한 경우를 과세대상에 추가함과 동시에, 제6항을 신설하여 신주를 발행함에 따라 신주를 취득한 경우도 과세대상에 추가하였다. 이러한 제1항 개정과 제6항 신설은 종래에 상증법 제41조의3 제1항이 최대주주등으로부터 직접 증여받거나 유상으로 취득한 주식등의 상장이익만을 과세대상으로 삼고 있었기에 그와 동일한 경제적 효과가 있음에도 과세대상에서 제외됨으로써 조세회피수단으로 악용될 수 있는 주식등 취득자금의 증여 및 신주 취득의 경우를 과세대상으로 추가함으로써 과세범위를 확대하고자 한 것이다. 또한 위 제1항을 개정하여 상장일부터 소급하는 주식등의 취득 기간도 3년에서 5년으로 확대하였다(헌재2012헌가5, 2015.9.24.).

1. 과세요건

가. 증여 또는 유상취득

1) 취득 유형

가) 최대주주등의 특수관계인이 최대주주등으로부터 증여 또는 유상취득

나) 최대주주등의 특수관계인이 최대주주등으로부터 증여받은 재산으로 최대주주등이 아닌 자로부터 해당 법인의 주식등을 취득

이 경우, 증여받은 재산은 주식등을 유상으로 취득한 날부터 소급하여 3년 이내에 최대주주등으로부터 증여받은 재산을 말한다.

2) 취득 범위

주식등의 취득에는 주식등을 증여받거나 취득한 후 그 법인이 자본금을 증가시키기 위하여 신주를 발행함에 따라 신주를 인수하거나 배정받은 경우를 포함한다.

증여받은 재산과 다른 재산이 섞여 있어 증여받은 재산으로 주식등을 취득한 것이 불분명한 경우에는 그 증여받은 재산으로 주식등을 취득한 것으로 추정한다. 증여받은 재산을 담보로 한 차입금으로 주식등을 취득한 경우에는 증여받은 재산으로 취득한 것으로 본다.

<상장시세차익 적용범위[72]>

취득 구분	내용
최대주주등으로부터 증여받는 경우	최대주주등이 법인 주식 등을 특수관계자에게 증여한 후 당해 주식 등이 5년 이내 상장되어 일정 기준 이상의 이익(손실)이 있는 경우
최대주주등으로부터 취득하는 경우	최대주주등이 법인 주식 등을 특수관계자에게 양도한 후 당해 주식 등이 5년 이내에 상장되어 일정 기준 이상의 이익(손실)이 있는 경우
최대주주등으로부터 증여받은 자금으로 취득	최대주주등이 특수관계자에게 재산을 증여하고 특수관계자가 동 재산(3년 이내 수증분)으로 최대주주가 아닌 자로부터 법인 주식을 취득한 후 당해 주식 등이 5년 이내에 상장되어 일정기준 이상의 이익(손실)이 있는 경우
법인의 신주발행	위의 증여 · 취득에는 주식등을 증여받거나 취득한 후 그 법인이 자본을 증가시키기 위하여 신주를 발행함에 따라 인수 · 배정받는 신주를 포함

쟁점

신주

세법해석이 쟁점이 되면 국세청 해석이 나온 후 과세관청은 일관성 있는 세법 적용을 한다. 그런데 상장시세차익의 신주 논란은 국세청 해석이 아니라 법원 판결로 시작되었다.

상증법 제41조의3 제6항에서 신주에 대해 내린 법원(부산지법2011구합4672, 2012.4.5.) 판결은 이렇다.

> ⑥ 제1항을 적용할 때 주식등의 취득에는 법인이 자본(출자액을 포함한다)을 증가시키기 위하여 신주를 발행함에 따라 인수하거나 배정받은 신주를 포함한다.

당초 증여받은 주식에 대해 유상증자를 한 경우를 신주에 포함할 것인지, 최대주주등으로 취득하지 않고 제3자배정으로 유상증자를 한 경우에도 신주에 포함하는 지가 쟁점이 되었다.

당초 증여받거나 취득한 주식의 유상증자는 신주로 보아 증여세를 과세하는 것이 타당[73]해보였지만, 제3자

72. 상증집행기준 41의3-0-2.

73. '주식상장이익 증여 과세제도'는 최대주주등이 특수관계인에게 주식 증여 등을 통하여 '상장이익'을 취득할 기회를

배정 유상증자도 포함하는지는 명확하지 않았다. 이에 대해 법원은 "그 신주가 유상증자 또는 무상증자에 의한 것인지 여부, 유상증자의 경우에도 주주배정인지 또는 제3자 배정인지 여부도 구별하지 않고 있다. 그러므로 위 조항의 문언에 의하면 주식 상장차익에 대한 증여세 과세대상에 무상증자, 주주배정 유상증자, 제3자배정으로 유상증자 받은 주식이 모두 포함되는 것으로 해석된다"라고 판결하였다. 부산지법 사건은 제3자배정 유상증자등이 아니었음에도 판결문에는 제3자배정 유상증자 등이 신주에 포함된다고 하자, 국세청은 신주에 제3자배정 유상증자등 포함된다고 보아 증여세를 과세하였다.

그러다가 기재부가 위 규정을 2015.12.15. 아래와 같이 개정하였고, 법원도 이를 감안하여 제3자배정 유상증자 등이 신주가 포함하지는 않는 것으로 판결(대법원2016두55926, 2017.3.30.)하였다.

> ⑦ 제2항을 적용할 때 주식등을 증여받거나 취득한 후 그 법인이 자본금을 증가시키기 위하여 신주를 발행함에 따라 신주를 인수하거나 배정받은 경우를 포함한다.

개정 이후 기재부는 재배정 실권주 및 제3자 배정 유상신주 방식으로 주식을 취득하고 5년 이내 상장되는 경우 구 상증법상 포괄주의(제2조, 제42조)에 따라 증여세를 과세할 수 없다고 해석하여(기획재정부 재산세제과-931, 2018.10.31.), 신주 논란을 해소하였다.

3) 최대주주등[74]

기업 경영 등에 관하여 공개되지 아니한 정보를 이용할 수 있는 아래의 자를 말한다.

가) 최대주주 또는 최대출자자

주주 1인과 그의 특수관계인의 보유주식을 합하여 보유주식 합계가 가장 많은 해당 주주 1인과 그의 특수관계인 모두를 말한다.

나) 내국법인의 발행주식총수 또는 출자총액의 특수관계인 소유주식을 합하여 25% 이상을 소유한 경우의 해당 주주 등

나. 5년 이내 상장 요건

증여·취득일부터 5년 이내에 유가증권시장과 코스닥시장에 상장되어야 한다. 2016.12.31. 이전에는 자본시장과 금융투자업에 관한 법률에 따라 거래소 허가를 받은 거래소에 상장[75]되어야 한다.[76]

제공하고 장래 상장이익이 실제로 발생하였다는 이유로 과세하는 제도인데, 최대주주등으로부터 증여받은 재산으로 신주인수대금을 납입함으로써 기존 주식에서 분할되어 신주로 이전된 상장이익을 유지할 수 있었다는 점에서, 기존 주식 증여나 이를 토대로 한 신주 취득의 경우와 그 경제적 효과가 모두 동일하다(헌재2012헌바183, 2015.9.24.).

74. 금융재산상속공제의 최대주주등과 그 범위가 다르다.

75. 증권시장에 상장된 것을 말하지만, 해석으로 이전상장의 경우는 포함되지 않는 것으로 보았다(기획재정부 재산세제과-44, 2017.1.17).

76. 법률 제14388호 부칙 제16조(주식등의 상장 등에 따른 이익의 증여에 관한 경과조치) 이 법 시행 전에 주식등을 상장한 경우에 대해서는 제41조의3제1항 개정 규정에도 불구하고 종전 규정에 따른다.

쟁점

2016.12.31. 이전의 상장 범위

예를 들어 취득 후 5년 이내 코넥스시장에 상장하고, 코스닥시장에 상장[77]하는 경우 상증법 제41조의3에 따라 과세하는 경우 상장할 때마다 과세할까 한 번만 과세되는 걸까?

2016.12.31. 이전에는 자본시장법의 거래소에 상장되어야 한다고 규정하고 있으니까 2번 상장(이를 이전상장이라고 한다)되었더라도 과세대상이 되는 것이 맞아 보인다. 하지만 상증법 제41조의3 입법 당시에는 코넥스시장이 없었고, 코넥스시장과 코스닥시장은 상장 조건에 차이가 있어서 이를 비교하는 것은 맞지 않아 보인다. 무엇보다 조문의 입법취지가 상장에 대한 미공개정보를 이용한 시세차익인데 두 번 상장하였다고 과세하는 것은 입법취지에 맞지 않는다.

이에 대해 기재부는 유가증권시장 또는 코스닥시장에 상장하는 경우로 한정한다고 해석(기획재정부 재산세제과-44, 2017.1.17.)하고, 2017.1.1. 이후 상장시장 범위를 유가증권시장, 코스닥시장으로 상증법령에 명확히 개정하였다.

> 상증령 제31조의3(주식등의 상장 등에 따른 이익의 계산방법 등)
> ② 법 제41조의3제1항 각 호 외의 부분 본문에서 "대통령령으로 정하는 증권시장"이란 유가증권시장 및 코스닥시장을 말한다.

[관련 질의회신 · 판례 등]

○ 취득

(법인 설립 전) 법인설립 전 발기인이 자금을 증여받아 신설 법인의 주식을 인수한 경우에 대해서까지 규율한 것이라고 볼 수 없음(대법원2015두40941, 2018.12.23.).

(근로 제공) '유상으로 취득한 경우'란 주식 취득이 대가관계에 있는 반대급부 이행으로 이루어졌음을 의미하므로, 최대주주등과 특수관계에 있는 자가 최대주주등으로부터 근로제공에 대한 대가로 주식을 취득하였다면 이 역시 '유상으로 취득한 경우'에 해당한다고 봄이 타당함(대법원2016두39726, 2016.10.27.).

(상장 전 양도) 상증법 제41조의3을 적용함에 있어 최대주주등으로부터 증여 등으로 취득한 주식을 상장되기 전에 양도한 경우는 같은 법 같은 조에서 정한 주식 또는 출자지분 상장 등에 따른 이익 증여에 해당하지 아니함. 다만, 주식을 증여받은 후 5년 이내에 해당 법인의 주식이 상장되고, 상장 등의 사유로 인하여 해당 법인 주식의 가치가 증가한 경우로 직업 · 연령 · 소득 · 재산상태로 보아 자신의 계산으로 재산가치를 증가시키는 행위를 하지 아니하였다고 인정되는 경우에는 해당 주식을 양도한 날을 재산가치증가사유 발생일로 보아 상증법 제42조제4항[78]이 적용됨(법규재산2014-152, 2014.7.2.).

---

77. 이러한 상장(코넥스상장기업이 코스닥상장하거나, 코스닥상장기업이 유가증권시장에 상장)을 이전상장이라고 한다.
78. 현 상증법 제42조의3(재산 취득 후 재산가치 증가에 따른 이익의 증여)에서는 재산가치증가 사유에 상장은 제외되어 있으나, 상증법 제4조제1항제6호(증여예시규정과 경제적 실질이 유사한 경우등)에 따라 증여세 과세대상으로 판단한다.

○ 특수관계인

주주 1인 및 그와 특수관계에 있는 자가 30% 이상 출자하여 지배하고 있는 법인의 사용인은 특수관계가 있는 것이며, 최대주주등의 주식을 유상으로 취득하는 과정에서 한 번이라도 특수관계가 성립하는 경우에는 같은 법 제41조의3 규정이 적용됨(서면4팀-3135, 2006.9.13.).[79]

다. 과세요건

증여재산가액≥Min(①, ②)

① (증여일 1주당 증여세 과세가액 등 + 1주당 기업가치 실질증가액) × 증여 · 유상 취득주식 수 × 30%

② 3억원

2. 정산기준일

해당 주식등의 상장일부터 3개월이 되는 날을 기준으로 계산한다. 상장일이란 자본시장과 금융투자업에 관한 법률 제8조의2제4항제1호에 따른 증권시장에서 최초로 주식 매매거래를 개시한 날을 말한다. 다만, 그 주식등을 보유한 자가 상장일부터 3개월 이내에 사망하거나 그 주식등을 증여 또는 양도한 경우에는 그 사망일 · 증여일 또는 양도일을 기준으로 계산한다.

[관련 질의회신 · 판례 등]

○ 합산배제 증여재산 판정일[80]

합병상장이익이 합산배제증여재산에 해당하는지 여부는 정산기준일을 기준으로 함(대법원2015두3096, 2017.9.26.).

3. 증여재산가액

{ 정산기준일 현재 1주당 평가액 − (증여일 현재 1주당 증여세과세가액 등 + 1주당 기업가치 실질증가액) } × 증여 · 유상 취득주식수

79. 상증법 제35조(저가양수 고가양도에 따른 이익의 증여)의 경우 거래 당사자 간 특수관계 성립 여부는 원칙적으로 매매계약일을 기준으로 판단하므로(기획재정부 재산세제과-83, 2015.2.3.), 이 해석은 현재 적용하기 어려워 보인다.

80. 당초 증여로 취득한 시기가 증여시기이며, 국세부과제척기간의 기산일이 된다.

위 금액이 아래 금액 중 적은 금액 미만인 경우에는 적용하지 않는다.

① (증여일 현재 1주당 증여세 과세가액 등 + 1주당 기업가치 실질증가액) × 증여 · 유상 취득주식수 × 30%

② 3억원

가. 정산기준일 현재 1주당 평가가액

정산기준일 현재 1주당 평가가액은 상증법 제63조에 따라 평가한 가액을 말한다.

나. 증여일 현재 1주당 증여세 과세가액 등

주식등을 증여받은 날 현재의 1주당 증여세 과세가액이며, 취득한 경우 취득일 현재의 1주당 취득가액을 말한다.

다. 1주당 기업가치의 실질증가액: 1)×2)

납세자가 제시하는 재무제표 등 기업가치의 실질적인 증가로 인한 것으로 확인되는 이익은 증여재산가액에 포함하지 아니한다.

1) 1주당 순손익액 합계액을 해당 기간 월수로 나눈 금액

(가) 해당 주식의 증여일 또는 취득일이 속하는 사업연도 개시일부터 상장일 전일까지 사이, 1주당 순손익액 합계액을 해당 기간 월수로 나눈 금액(1개월 미만 월수는 1개월로 본다)

(나) 순손익액은 상증령 제56조제4항에 따라 각 사업연도 단위별로 계산한 1주당 순손익액으로 한다.

(다) 비상장주식 상장일 등이 속하는 사업연도 개시일부터 상장일 등 전일까지의 1주당 순손익액을 산정하기 어려운 경우는 아래와 같이 산정할 수 있다.

〔(상장일이 속하는 사업연도의 직전 사업연도 1주당 순손익액)÷12 (12월 미만이면 해당 월수)〕 × 상장일이 속하는 사업연도 개시일부터 상장일 전일까지의 월수

2) 당해 주식등의 증여일 또는 취득일부터 정산기준일까지의 월수 1개월 미만이면 1개월로 본다.

3) 기업가치의 실질적인 증가로 인한 이익임을 확인받기 위하여 납세자는 다음 서류를 제시하여야 한다.

(가) 대차대조표

(나) 손익계산서

(다) 그 밖에 기업가치의 실질적인 증가를 확인할 수 있는 서류

4) 결손금 등이 발생하여 1주당 순손익액으로 계산하는 것이 불합리한 경우[81]에는 상증령 제55조에 따라 계산한 1주당 순자산가액 증가분으로 해당 이익을 계산할 수 있다. '상장일 이전 유상증자가 있는 경우'는 '불합리한 경우'에 해당하지 않는다(기준2019법령해석재산-0311, 2020.6.8.).

라. 무상주가 발행된 경우의 발행주식 총수 계산

증여이익 계산에 있어 각 사업연도 주식수는 각 사업연도 종료일 현재의 발행주식 총수에 의하나, 주식등의 증여일 또는 취득일부터 상장일 전일까지 사이에 무상주를 발행한 경우에는 각 사업연도 종료일 현재 발행주식 총수를 다음과 같이 환산한다(상증령 제31조의3제6항).

$$\text{무상증자 전 각사업연도 말 주식수} \times \frac{(\text{무상증자 직전 사업연도 말 주식수} + \text{무상증자 주식수})}{\text{무상증자 직전 사업연도 말 주식수}}$$

예시

(문) 아래의 경우 증여이익은?

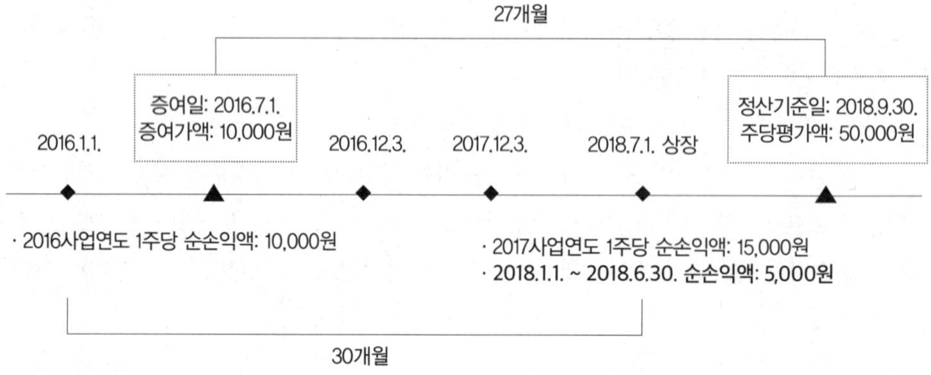

(답) 13,000원

① 정산기준일 주당 평가액: 50,000원

② 증여일 현재 주당 증여재산가액: 10,000원

③ 1주당 기업가치 실질적 증가로 인한 이익: 27,000원

㉮ 1개월당 순손익액=(10,000+15,000+5,000)÷30개월=1,000원

㉯ 1주당 기업가치 실질적 증가분=1,000×27개월=27,000원

④ 증여이익=50,000-10,000-27,000=13,000원

* 13,000원≥10,000×30%: 기준요건 충족

---

81. 순손익액으로 하는 것이 불합리한 경우를 결손금 발생으로 한정하였다고 보기는 어렵다.

[관련 질의회신 · 판례 등]

○ 주식수 계산

(국세청) 상증법 제41조의3에 따른 증여재산가액을 계산하는 때, 상장일부터 정산기준일 사이에 상법 제461조에 따른 무상증자가 있는 경우의 상증령 제31조의6제4항 각 호의 '증여받거나 유상으로 취득한 주식수'는 상증령 제56조제3항 단서규정에 따라 산정함(법규재산2014-153, 2014.7.2.).

(심판원) 문언상 주식등 증여일로부터 상장일 전일까지 발행한 무상주에 대하여 발행주식총수를 환산하도록 되어 있고, 상장 후에는 재무자료가 모두 공개되고 적법한 절차에 따라 무상증자된 주식을 상장 전 주식과 동일하게 적용하는 것은 해당 규정의 취지에 부합되지 않음(조심2014중5737, 2015.5.18.).

마. 특수관계인이 아닌 자 간 거래

거짓이나 그 밖의 부정한 방법으로 증여세를 감소시킨 것으로 인정되는 경우, 특수관계인이 아닌 자간의 증여에 대하여 해당 규정을 적용하고 기간에 관한 규정(5년 내 상장)은 이를 없는 것으로 본다(상증법 제42조의3제3항).

4. 증여세액의 정산 등

가. 증여세 정산

상장에 따른 이익은 당초의 '증여세 과세가액'에 가산하여 증여세 과세표준과 세액을 정산한다. 정산기준일 현재의 주식등 가액이 당초 증여세 과세가액보다 적은 경우로 증여이익이 발생한 경우에는 그 차액에 상당하는 증여세액을 환급받을 수 있다. '그 차액에 상당하는 증여세액'이란 증여받은 때에 납부한 당초의 증여세액을 말한다.

위의 증여세 과세가액이란 증여받은 재산으로 주식등을 취득한 경우 그 증여받은 재산에 대한 증여세 과세가액을 말한다.

나. 다른 증여재산과 합산과세 배제

2004.1.1. 이후 증여하는 분부터 주식등 상장에 따른 이익의 증여이익은 증여자 및 그 원천을 구분하기 어려우므로 개별 건별로 과세하고 다른 증여재산가액과 합산과세를 하지 아니하며, 과세표준 계산시 3천만원을 공제한다 (상증법 제47조제2항, 제55조제1항제3호).[82]

---

82. 상장시세차익은 2004년부터 합산배제증여재산에 해당한다. 따라서 당초 증여로 취득한 경우 합산하여 정산하는지,

5. 전환사채 등의 취득에 대한 간주규정

전환사채 등을 증여받거나 유상으로 취득(발행법인으로부터 직접 인수 · 취득 포함)한 경우로 그 전환사채 등의 취득일로부터 5년 이내 주식등으로 전환된 경우에는 해당 전환사채 등을 증여받거나 취득한 때 그 전환된 주식등을 증여받거나 취득한 것으로 보아 이 규정을 적용한다(상증법 제41조의3제8항).

이 경우 정산기준일까지 주식등으로 전환되지 아니하면 정산기준일에 주식등으로 전환된 것으로 보아 적용하고, 해당 전환사채 등의 만기일까지 주식등으로 전환되지 아니하면 정산기준일을 기준으로 과세한 증여세액을 환급한다.

[관련 질의회신 · 판례 등]

○ 취득의 범위-취득 후 유상증자

'신주'에는 당초 최대주주등으로부터 증여나 양도로 취득한 주식에 기초한 무상신주는 물론 유상신주도 포함된다고 봄(대법원2012두25187, 2015.10.29.).

○ 취득의 범위-제3자배정 등

(기재부) 비상장법인의 최대주주등으로부터 증여받거나 유상취득하지 않고, 재배정 실권주 및 제3자 배정 유상신주 방식으로 주식을 취득하고 5년 이내 상장되는 경우 구 상증법상 포괄주의(제2조, 제42조)에 따라 증여세를 과세할 수 없음(기획재정부 재산세제과-931, 2018.10.31.).

(법원) '신주'에는 최대주주등으로부터 증여받거나 유상으로 취득한 주식에 기초하지 아니하고 또한 증여받은 재산과도 관계없이 인수하거나 배정받은 신주가 포함되지 아니하며, 이러한 신주에 의하여 합병에 따른 상장이익을 얻었더라도 위 조항이 준용되는 제41조의5제1항에서 정한 증여재산가액에 해당한다고 해석할 수 없음(대법원2016두55926, 2017.3.30.).

○ 취득의 범위 - 무상주

협회등록 전 5년 이내에 법인이 자본을 증가시키기 위하여 무상주를 발행함에 따라 신주를 배정받은 경우 협회등록 전 5년 이내 증여받은 주식수에 당해 무상증자 신주배정 비율을 곱하여 계산한 주식수의 신주는 상증법 제41조의3 규정이 적용됨(서면4팀-335, 2007.1.24.).

○ 취득가액의 범위

상증령 제31조의6제3항제2호에서 규정하는 "취득일 현재의 1주당 취득가액"에는 취득 시점에 상증법 제35조(저가 · 고가양도에 따른 이익의 증여 등)의 규정에 의하여 증여세가 과세된 이익을 포함함(서면4팀-3984, 2006.12.8.).

합산을 배제하는지 문언상 명확하지 않다. 합산배제증여재산은 증여자나 증여재산 원천을 확인하기 어려우므로 당초 증여재산을 가산하여 정산하는 것은 합리적이지 않다. 여기에 대한 회신은 서면4팀-3984(2006.12.8.)이 있지만 법령 문구가 그대로 회신하여 이 쟁점에 대한 해석으로 보이지 않는다.

○ 과세표준의 계산

(다른 증여재산과 합산 여부) 주식 또는 출자지분의 상장 등에 따른 이익은 합산배제 증여재산에 해당되는 것이므로 해당해 증여일 전 10년 이내에 동일인으로부터 증여받은 다른 증여재산가액과 합산하지 아니함(서면4팀-3984, 2006.12.8.).

(증여재산공제 적용하지 않음) 주식 또는 출자지분 상장 등에 따른 이익의 증여규정 적용시 증여세 과세표준은 증여자별 구분없이 수증자별로 정산한 증여재산가액에서 3천만원과 감정평가수수료를 공제한 금액으로 함(재산세과-330, 2011.7.11.).

○ 최대주주등의 범위

(특수관계인 포함 여부) 최대주주 범위에는 관련법에 최대주주등을 정의하면서 일정한 경우에 "당해주주등"이라고 규정하는데 특수관계에 있는 자의 보유주식등을 합하여 그 보유주식등의 합계가 가장 많은 경우 당해주주등 1인을 의미하고 그와 특수관계에 있는 자는 포함하지 아니함(대법원2010두11559, 2012.5.10.).

(위임입법 무효여부) 구 상증령 제19조제2항 각호의 1의 관계에 있는 자의 소유 주식등을 합하여 구 상증법 제41조의3제1항제2호의 최대주주등에 해당하는지 여부를 판단하도록 규정한 구 상증령 제31조의6 제2항은 위임입법 한계를 벗어나 무효라고 할 수 없음(대법원2012두25187, 2015.10.29.)

○ 신설법인 최대주주 예정자의 특수관계인이 증여받은 자금으로 신설법인주식을 인수한 경우

특수관계인이 법인 주식등을 증여받거나 유상으로 취득한 경우에 그 주식등의 상장 등에 따른 이익을 증여재산으로 정하고 있을 뿐이고, 법인설립 전 발기인이 자금을 증여받아 신설 법인 주식을 인수한 경우에 대해서까지 규율한 것이라고 볼 수는 없음(대법원2015두40941, 2018.12.13.).

○ 우리사주조합원이 취득한 경우

법인의 주주가 아닌 우리사주조합원이 우리사주조합을 통하여 당해 법인으로부터 저가의 신주를 직접 배정받은 경우 "최대주주등과 특수관계에 있는 자가 최대주주등으로부터 당해 법인의 주식을 유상으로 취득한 경우"에 해당되지 아니함(재산세과-894, 2009.12.2.).

○ 신고관련 가산세 부과대상여부

주식 상장 등에 따른 이익의 증여규정은 증여 당시 적법하게 시행된 규정이므로 이중과세에 해당하지 아니하며, 상장차익에 대하여 증여세 과세표준 정산신고의무를 이행하지 아니하였으므로 신고불성실가산세를 부과한 처분은 정당함(조심2010서3723, 2010.12.23.).

○ 상증법 제42조 적용대상여부

유상증자 신주의 인수대금을 부(부)로부터 증여받은 금전으로 취득한 비상장주식을 취득 후 5년 이내에 상장으로 인한 상장차익은 "그 밖의 이익의 증여"에 해당하나, 자신의 계산으로 당해 행위를 할 수 없다고 인정되는 자 및 타인의 재산증여로 취득한 재산 또는 특수관계자로부터 내부정보를 받아 유상취득한 재산인지 여부 등은 구체적 사실관계에 따라 판단함(기재부 재산-1044, 2010.10.28.).

⇒ 2015.12.15. 상증법 제42조의3으로 개정하면서, 재산가치증가사유에 상장은 제외되었다.

○ (2016.12.31. 이전) 코넥스 상장 후 코스닥상장(이전상장)하는 경우

상증법 제41조의3(2016.12.20. 법률 제14388호로 개정되기 전의 것)은 주식을 증여받거나 취득한 날부터 5년 이내에 유가증권시장 또는 코스닥시장에 상장하는 경우에 적용됨(기획재정부 재산세제과-44, 2017.1.17).

⇒ (2017.1.1. 이후) 상장시장 범위를 유가증권시장, 코스닥시장으로 명확히 함

○ (수회에 걸쳐 취득 · 증여받은 경우)
수회에 걸쳐 유상취득 또는 증여받은 경우 주식이 같은 날 상장되어 이익이 발생한 경우, 상장 등에 따른 이익을 합산하여 증여세 과세표준 및 세액을 계산함(기획재정부 재산세제과-102, 2015.2.10.).

제14절 금전무상 대출 등에 따른 이익의 증여

○ (과세대상) 타인으로부터 금전을 무상으로 또는 적정 이자율보다 낮은 이자율로 대출받은 경우
○ (증여재산가액) 증여재산가액이 1천만원 이상일 것(종전에는 무상(저율)대출금액 1억원)
① (무상대출) 대출금액 × 적정이자율(4.6%, 2016.3.20. 이전 8.5%)
② (저율대출) 대출금액 × 적정이자율 – 실제 지급한 이자상당액
○ (증여시기) 금전을 대출받은 날
○ (대출기간의 계산)
① 대출기간이 정해지지 아니한 경우에는 그 대출기간을 1년으로 봄
② 대출기간이 1년 이상인 경우에는 1년이 되는 날의 다음 날에 매년 새로 대출받은 것으로 봄

금전을 무상 또는 적정 이자율보다 낮은 이자율로 대출받은 경우, 대출받은 자에게 적정이자율과의 차이 상당액만큼 경제적 이익이 발생하므로 증여세를 과세한다. 즉, 타인(2012.12.31. 이전에는 특수관계인)으로부터 금전을 무상으로 또는 적정 이자율보다 낮은 이자율로 대출받은 경우 그 금전을 대출받은 날에 적정이자율과의 차액을 그 금전을 대출받은 자의 증여재산가액으로 한다(상증법 제41의4, 2000.1.1. 이후 최초로 증여받은 분부터 적용[83]).

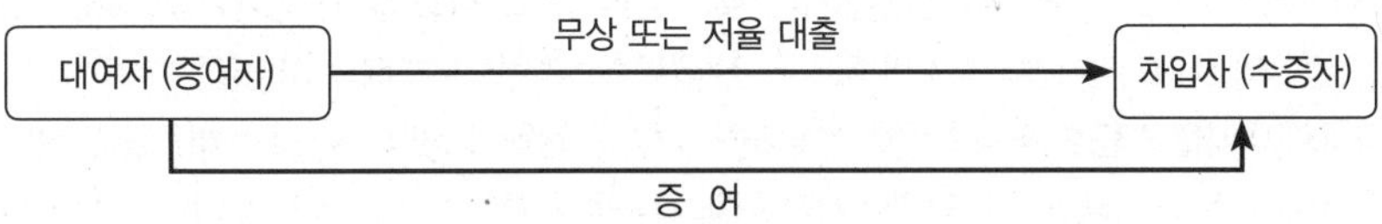

1. 과세요건

가. 증여재산가액이 1천만원 이상일 것

증여세 과세요건은 2015.12.31. 이전에는 무상(저율)대출금액 1억원이었으나 2016.1.1. 이후부터는 증여재산가액 1천만원 이상으로 개정하였다. 증여이익이 1천만원 이상 계산될 때만 합산 문제가 생긴다. 예를 들어 부가 자에게 2018.1월 1억원을 무상대출하고, 2021.2월 1억원을 증여한 경우 금전무상대출에 따른 이익 4.6백만원은 1천만원이 넘지 않으므로 증여재산가액이 없어 2021.2월 증여세 과세가액 계산시 가산되지 않는다.[84]

무상(저율)대출에 따른 이익을 계산할 때 그 증여일부터 소급하여 1년 이내에 동일한 거래 등

83. 2000.1.1. 이전에 금전을 대출받은 자에 대하여는 2000.1.1. 새로 대출받은 것으로 본다.
84. 반면, 상증법 제41조의2(초과배당에 따른 이익의 증여)의 경우 상증법 개정으로 2021.1.1. 증여부터 합산되는 것으로 보인다(당초 소득세상당액과 비교하여 큰 경우에만 증여이익을 보았는데, 개정시 초과배당 금액에서 소득세액을 차감한 금액으로 증여재산가액으로 한다).

이 있는 경우에는 각각의 거래 등에 따른 이익(시가와 대가의 차액을 말한다)을 해당 이익별로 합산하여 계산한다(상증법 제43조제2항).

<금전무상대출 이익의 과세대상 개정연혁>

2000.1.1.~2012.12.31.	2013.1.1.~ 2015.12.31.	2016.1.1. 이후
특수관계인으로부터 1억원 이상의 금전을 무상 또는 저율로 대출	타인으로부터 1억원 이상의 금전을 무상 또는 저율로 대출(비특수관계인 간 거래로서 정당한 사유가 인정되는 경우 제외)	타인으로부터 금전을 무상 또는 저율로 대출(증여재산가액 1천만원 이상)(비특수관계인간 거래로서 정당한 사유가 인정되는 경우 제외)

나. 금전을 무상 또는 적정이자율보다 낮은 이자율로 대출받은 경우일 것

적정이자율이란 당좌대출이자율을 고려하여 기획재정부령으로 정하는 이자율(상증규칙 제10조의5)을 말하며, 기획재정부령으로 정하는 이자율은 법인규칙 제43조제2항에 따른 이자율을 말한다.

> ○ 법인규칙 제43조(가중평균차입이자율의 계산방법 등)
> ① 영 제89조제3항 각 호 외의 부분 본문에서 "기획재정부령으로 정하는 가중평균차입이자율"이란 자금을 대여한 법인의 대여시점 현재 각각의 차입금 잔액(특수관계인으로부터의 차입금은 제외한다)에 차입 당시의 각각의 이자율을 곱한 금액의 합계액을 해당 차입금 잔액의 총액으로 나눈 비율을 말한다. 이 경우 산출된 비율 또는 대여금리가 해당 대여시점 현재 자금을 차입한 법인의 각각의 차입금 잔액(특수관계인으로부터의 차입금은 제외한다)에 차입 당시의 각각의 이자율을 곱한 금액의 합계액을 해당 차입금 잔액의 총액으로 나눈 비율보다 높은 때에는 해당 사업연도의 가중평균차입이자율이 없는 것으로 본다.
> ② 영 제89조제3항 각 호 외의 부분 단서에서 "기획재정부령으로 정하는 당좌대출이자율"이란 연간 1,000분의 46을 말한다.

<금전무상대출 이익의 이자율 개정연혁>

구 분	2000.1.1.~ 2001.12.31.	2002.1.1.~2010.11.4.	2010.11.5.~ 2016.3.20.	2016.3.21. 이후
이자율	11%	9%	8.5%	4.6%
근 거	국세청고시 제1999-17호 (1999.6.30.)	국세청고시 제2001-31호, 제2002-41호, 2009-27호 (2009. 7. 31)	기획재정부고시 제2010-18호 (2010.11.5.)	상증 시행규칙 제10조의5 (법인 시행규칙 제43조제2항)

2014.2.21. 이후 개인이 법인으로부터 대출받는 경우, 법인령 제89조제3항 이자율(가중평균차입이자율, 당좌대출이자율)을 적정이자율로 보아 상증법상 적정이자율과 법인법 간 시가 차이를 해소하였다.

다. 원칙적으로 특수관계인 여부와 관계없이 증여세 과세

금전을 대출받은 자와 대여한 자의 특수관계인 여부에 관계없이 증여세 과세대상이다. 특수관계인이 아닌 자 간의 거래로 거래 관행상 정당한 사유가 있다고 인정되는 경우에는 증여세를 과세하지 아니한다.

2012.12.31. 이전 특수관계인이 아닌 자로부터 무상 대출받는 경우에도 국세청은 특수관계 없는 자로부터 거래 관행상 정당한 사유없이 금전을 무상으로 대부받음으로써 얻은 이익상당액은 상증법 제42조제3항 등에 따라 증여세 과세대상에 해당한다고 보았으나(서면4팀-1208, 2006.5.2.), 법원은 비특수관계자 간 금전무상대출에 따른 이익이 증여세 과세대상이 아니라고 보았다(대법원14두37924, 2015.10.15., 조심2016서1374, 2016.8.25. 같은 뜻).[85]

> **[관련 질의회신 · 판례 등]**
>
> ○ (정당한 사유의 입증책임)
> 특수관계 없는 자 사이에는 거래 관행상 정당한 사유가 없는 경우에만 무상대부이익 증여세 과세를 할 수 있고, 이는 과세관청이 입증하여야 함(서울행정법원-2018-구합-75665, 2020.3.6.).

2. 특수관계인의 범위

특수관계인이란 본인과 친족관계, 경제적 연관관계 또는 경영지배관계 등 본인과 상증령 제2조의2제1항 각 호의 어느 하나에 해당하는 관계에 있는 자를 말한다.

3. 증여시기

가. 금전을 대출받은 날을 증여시기로 한다(상증법 제41조의4제1항).
나. 1년 이내에 여러 차례 나누어 대부받은 경우, 각각의 대출받은 날을 말한다(상증령 제31조의4제3항).
다. 대출기간이 1년 이상인 경우, 1년이 되는 날의 다음 날에 매년 새로 대출받은 것으로 본다(상증법 제41조의4제2항).

---

85. 대법원14두37924 판결 이후 국세청 해석사례는 없다.

4. 증여재산가액

가. 무상대출의 경우

증여재산가액 = 대출금액 × 적정이자율 (연4.6%, 2016.3.20. 이전은 8.5%)

나. 저율대출의 경우

증여재산가액 = (대출금액 × 적정이자율) − 실제 지급한 이자상당액

다. 대출기간 계산

대출기간은 계약내용에 따른다. 대출기간이 정해지지 않은 경우에는 그 대출기간을 1년으로 보고, 대출기간이 1년 이상인 경우에는 1년이 되는 날의 다음날에 매년 새로 대출받은 것으로 보아 해당 금액을 계산한다.

대부기간이 정해지지 않아 대부기간을 1년으로 보고 증여세를 신고 납부한 후 대부기간이 1년이 되기 전에 대부금액을 상환한 경우에는 상환일까지 계산한 금액을 금전무상 대부이익으로 본다(재산세과-623, 2009.3.25.).

예시

(문1) 2022.5.1. 2억원의 금전을 부로부터 무상대출받은 경우 증여세 과세여부는?

(답1) 과세대상 아님

증여재산가액: 2억원×4.6%=9,200,000으로 1천만원 미만임

(문2) 자가 부로부터 10억원을 2021.5.1.~2022.12.31.까지 연 2% 이자율로 차용한 경우 증여재산가액은?

(답2) 2021.5.1. 증여재산가액 = 10억×(4.6%-2%) = 26,000,000원(1천만원 이상)

2022.5.1. 증여재산가액 = 10억×(4.6% - 2%) × 245/365 = 17,452,054원(1천만원 이상)

(문3) 부로부터 2022.6.10. 4억원(지급이자율 3.6%), 2022.8.20. 1억원(무상), 2022.9.10. 2억원(지급이자율 1%)로 대출받은 경우 증여세 과세여부와 증여재산가액은?

(답3) 과세대상, 증여재산가액 15,800,000원, 증여시기: 2022.9.10.

* 각각은 증여세 과세대상이 아니나, 1년 내[86] 합계액이 1천만원 이상이므로 증여세가 과세됨

2022.6.10. 400,000,000원 × (4.6%-3.6%) = 4,000,000원

2022.8.20. 100,000,000원 × 4.6% = 4,600,000원

2022.9.10. 200,000,000원 × (4.6%-1%) = 7,200,000원

쟁점

타인의 계좌에 이체한 경우 증여세

예를 들어, 부가 자의 계좌에 이체한 경우 사실관계에 따라 증여세 결정유형은 5가지가 생긴다.

1. 증여

무상으로 이전받은 재산에 해당하면, 증여세 과세대상이다. 관련 조문은 상증법 제4조(증여세 과세대상)제1항제1호이다. 증여재산가액은 상증법 제31조제1항제1호에 따른다.

> ○ 상증법 제4조(증여세 과세대상) ① 다음 각 호의 어느 하나에 해당하는 증여재산에 대해서는 이 법에 따라 증여세를 부과한다. 〈개정 2016.12.20.〉
> 1. 무상으로 이전받은 재산 또는 이익
> ○ 상증법 제31조(증여재산가액 계산의 일반원칙) ① 증여재산의 가액(이하 "증여재산가액"이라 한다)은 다음 각 호의 방법으로 계산한다.
> 1. 재산 또는 이익을 무상으로 이전받은 경우: 증여재산의 시가(제4장에 따라 평가한 가액을 말한다. 이하 이 조, 제35조 및 제42조에서 같다) 상당액

2. 증여추정

금융실명거래 및 비밀보장에 관한 법률 제3조에 따라 실명이 확인된 계좌 등을 보유하고 있는 재산은 명의자가 그 재산을 취득한 것으로 추정한다. 따라서 자가 증여받은 것으로 추정하여 증여세를 과세할 수 있다. 관련 조문은 상증법 제45조(재산 취득자금 등의 증여 추정)이다.

> ○ 상증법 제45조(재산 취득자금 등의 증여 추정) ① 재산 취득자의 직업, 연령, 소득 및 재산 상태 등으로 볼 때 재산을 자력으로 취득하였다고 인정하기 어려운 경우로서 대통령령으로 정하는 경우에는 그 재산을 취득한 때에 그 재산의 취득자금을 그 재산 취득자가 증여받은 것으로 추정하여 이를 그 재산 취득자의 증여재산가액으로 한다.
> ④ 「금융실명거래 및 비밀보장에 관한 법률」 제3조에 따라 실명이 확인된 계좌 또는 외국의 관계 법령에 따라 이와 유사한 방법으로 실명이 확인된 계좌에 보유하고 있는 재산은 명의자가 그 재산을 취득한 것으로 추정하여 제1항을 적용한다.

3. 증여재산의 반환

증여했던 재산을 반환한 경우이다. 금전을 제외한 다른 증여재산은 반환시기에 따라 반환 · 재증여 재산에 과세여부가 달라지는데, 증여재산이 금전인 경우 반환시기와 관계없이 증여세 과세대상이다. 관련 조문은 상증법 제4조(증여세 과세대상) 제4항이다.

> ○ 상증법 제4조(증여세 과세대상) ④ 수증자가 증여재산(금전은 제외한다)을 당사자 간의 합의에 따라 제68조에 따른 증여세 과세표준 신고기한까지 증여자에게 반환하는 경우(반환하기 전에 제76조에 따라 과세표준과 세액을 결정받은 경우는 제외한다)에는 처음부터 증여가 없었던 것으로 보며, 제68조에 따른 증여세 과세표준 신고기한이 지난 후 3개월 이내에 증여자에게 반환하거나 증여자에게 다시 증여하는 경우에는 그 반환하거나 다시 증여하는 것에 대해서는 증여세를 부과하지 아니한다.

---

86. 상증법 제43조제2항에 따라 동일 거래가 있는 경우 합산하여 계산한다.

4. 금전소비대차

차입금을 상환하였다면, 원금에 대해서는 증여세를 과세할 수 없다. 무상으로 빌렸거나, 저율(4.6% 기준)이라면 1년 단위로 이익을 계산하여 증여세를 과세할 수 있다. 관련 조문은 상증법 제41조의4(금전 무상대출 등에 따른 이익의 증여)이다. 또, 부에게 소득세 문제(원천징수와 종합과세)도 발생한다.

5. 차명계좌

실제 부의 계좌라고 한다면 계좌이체를 이유로 증여세를 과세할 수 없다. 다만, 금융실명거래 및 비밀보장에 관한 법률에 따라 형사처벌 문제가 있다. 관련 조문은 금융실명거래 및 비밀보장에 관한 법률 제3조(금융실명거래) 등이다.

○ 금융실명거래 및 비밀보장에 관한 법률 제3조(금융실명거래)
⑤ 제1항에 따라 실명이 확인된 계좌 또는 외국의 관계 법령에 따라 이와 유사한 방법으로 실명이 확인된 계좌에 보유하고 있는 금융자산은 명의자의 소유로 추정한다.

참고로, 금전 대여자의 소득세 및 법인세 과세문제는 아래와 같다.

구분	대여자가 개인인 경우	대여자가 법인인 경우
무상 대출	소득세법상 이자소득에 대한 부당행위계산부인 규정 없음 (증여자에게 이자소득에 대한 소득세를 과세할 수 없음)	특수관계인이 경우, 부당행위계산부인 검토 필요 (비영리법인의 경우, 증여세 과세)
저율 대출	실제 지급한 이자상당액에 대하여 소득세법상 비영업대금에 해당 (원천징수세율 27.5%, 증여자 소득세 종합과세대상 검토필요)	특수관계인이 경우, 부당행위계산부인 검토 필요 (비영리법인의 경우, 증여세 과세)

5. 경정 등의 특례 (상증법 제79조제2항제2호)

금전무상대출 등에 따른 이익의 증여규정에 따라 증여세를 결정 또는 경정받은 자가 대출기간 중에 금전 대출자의 사망 등으로 무상대출 등이 종료된 경우에는 그 사유가 발생한 날부터 3개월 이내에 결정 또는 경정을 청구할 수 있다.[87]

6. 납부의무 면제

가. 수증자의 납세의무 면제

금전 무상대출 등에 따른 이익 증여에 해당하는 경우로, 수증자가 증여세를 납부할 능력이

87. 2010.1.1. 이후 최초로 결정 또는 경정하는 분부터 적용한다.

없다고 인정되어 강제징수를 하여도 증여세에 대한 조세채권을 확보하기 곤란한 경우(상증법 제4조의2제6항제2호)에는 그에 상당하는 증여세 전부 또는 일부를 면제한다(상증법 제4조의2 제5항).

나. 증여자의 증여세 연대납부의무 면제

금전 무상대출 등에 따른 이익 증여에 해당하는 경우에는 수증자가 증여세를 납부할 능력이 없다고 인정되는 등의 경우에도 증여자는 수증자가 납부할 증여세를 연대하여 납부할 의무가 없다(상증법 제4조의2제6항 단서).

[관련 질의회신 · 판례 등]

○ 매매잔금을 장기간 지급하지 않은 경우 무상대여로 증여세 과세여부

이 사건 매매계약은 현재까지 해지되지 않고 그대로 유효한 것으로 보이는데, 이 사건 매매계약 상에는 지연손해금 약정이 명시되어 있으므로, 약정된 매매대금 지급 기일이 경과한 경우 약정 내용에 따라 이 사건 매매잔금의 지급 지체(이행지체)로 인한 지연손해금을 부담하게 되는 것이지, 이 사건 매매잔금을 지급하지 않았다고 하여 이 사건 매매잔금 상당액을 무상대여하였다고 단정하는 것은 합리적 이유 없이 과세요건을 확장해석하거나 유추해석 하는 것으로 조세법률주의 원칙에 반할 여지가 있는 점(이행지체로 인한 지연손해금 발생과 자금 무상대여는 법률상 엄격히 구분된다), 통상의 사법상 매매계약과는 달리 잔금 상당 부분을 미지급했음에도 계약해지 등을 하지 않는 것은 이례적인 것으로 보이나, 이 역시 사적자치의 영역으로 존중될 필요가 있는 점 등에 비추어보면, 앞서 본 인정사실만으로는 이 사건 토지의 매매잔금에 대하여 무상대여 약정이 이루어졌다고 인정하기 어렵고, 달리 이를 인정할 증거가 없음(부산지법2014구합21852(2015.2.5.)–대법원2015두51101(2015.12.24. 심불)).

○ 사업자금에 사용

부로부터 무상으로 대부받은 금전을 사업자금으로 사용한 경우에도 상증법 제41조의4에서 규정하는 금전대부에 따른 증여의제 과세대상(현재는 증여예시)이 됨(서일46014–10966, 2002.7.24.).

○ 투자

경험칙과 사회통념에 비추어 무상대여라기보다는 투자로, 원금의 반환이라기보다는 투자금 반환으로 봄이 타당하므로 원금 반환으로 보아 증여세를 과세하는 것은 부당함(심사증여2012–0015, 2012.3.19. 요지).

제15절 합병에 따른 상장 등 이익의 증여[88]

○ (과세요건) 증여일 · 취득일로부터 5년 이내에 특수관계 있는 상장법인과 합병될 것
- 최대주주등으로부터 증여 또는 유상취득할 것
- 최대주주등으로부터 증여받은 재산으로 최대주주등이 아닌 자로부터 취득할 것
- 증여받은 재산으로 최대주주등이 주식등을 보유하고 있는 다른 법인의 주식등을 최대주주등이 아닌 자로부터 취득함으로써 최대주주등과 그의 특수관계인이 보유한 주식등을 합하여 그 다른 법인의 최대주주등에 해당할 것
- 주식등을 증여받거나 취득한 후 그 법인이 자본금을 증가시키기 위하여 신주를 발행함에 따라 신주를 인수하거나 배정받은 경우를 포함

○ (납세의무자) 취득자(수증자, 유상취득자)

○ (과세대상) 증여재산가액≥Min(①, ②)
① (증여일 1주당 증여세 과세가액 등 + 1주당 기업가치 실질증가액) × 증여 · 유상 취득주식수 × 30%
② 3억원

○ (정산시기) 합병등기일로부터 3개월 되는 날

○ (증여재산가액)

$$\left\{ \begin{matrix}\text{합병등기일}\\\text{1주당 평가액}\end{matrix} - \left(\begin{matrix}\text{증여일 1주당}\\\text{증여세과세가액 등}\end{matrix} + \begin{matrix}\text{1주당 기업가치}\\\text{실질증가액}\end{matrix} \right) \right\} \times \begin{matrix}\text{증여 · 유상}\\\text{취득주식수}\end{matrix}$$

최대주주등 특수관계인이 최대주주등으로부터 해당 법인의 주식등을 증여받거나 유상으로 취득한 경우 등 증여 · 취득일부터 5년 이내에 그 법인 또는 다른 법인이 특수관계에 있는 주권상장법인 등과 합병됨에 따라 그 가액이 증가된 경우, 증여 · 취득시점과 정산기준일의 주식가액이 일정금액 이상 차이나는 경우에는, 해당 이익을 그 이익을 얻은 자의 증여재산가액으로 한다(상증법 제41조의5).[89]

주식 또는 출자지분(이하 '주식등'이라 한다) 합병에 따른 이익에 대한 증여세 과세제도(이하 '합병상장이익 증여과세제도'라 한다)는 기업 합병 등 기업의 내부정보를 가진 최대주주등이 미리 자녀 등 특수관계인에게 주식등을 증여하거나 매각한 후 가까운 장래에 주권상장법인 또는 협회등록법인과의 합병을 실행하여 거액의 이익, 이른바 '합병으로 인한 우회상장 프리미엄'을 그 특수관계인으로 하여금 얻도록 하는 경우, 합병 후에 해당 주식 등의 가치 증가가 현저한 상태에서 증여한 것과 동일한 경제적 효과가 있으므로, 그 합병상장이익을 증여세 과세대상으로 삼도록 한 것이다. 즉, 이 제도는 주식등 재산 증여 또는 취득 시점에 사실상 무상으로 이전된 재산 가액

---

88. 실무에서는 합병상장시세차익이라고 부른다.
89. 합병에 따른 상장 등 이익 증여에 관하여는 주식등 상장 등에 따른 이익 증여 규정을 준용하고 있으며(상증법 제41조의5제2항) 최대주주등의 범위는 주식등의 상장 등에 따른 이익 증여 규정과 같다.

을 실질적으로 평가하여 과세함으로써 조세부담 불공평을 시정하고 과세 평등을 실현하기 위한 것이다(대법원2010도10968, 2011.6.30.).

기업 합병에 관한 정보를 알고 이용할 수 있는 최대주주등이 특수관계인에게 실질적으로 합병상장이익을 증여한 것으로 평가할 수 있는 경우에도 증여세를 부과하여야 한다. 최대주주등으로부터 주식등을 증여받은 경우는 물론, 유상으로 취득한 경우도 비록 주식 그 자체에 대한 증여로는 볼 수 없으나 그 주식등은 결국 합병상장이익을 포함하고 있다는 점에서 최대주주등이 합병상장이익을 증여한 것과 경제적 효과가 같다. 최대주주등으로부터 증여받은 재산으로 최대주주등 외의 사람으로부터 주식등을 취득하는 경우도 최대주주등이 주식등을 유상으로 취득하여 증여한 것과 그 경제적 효과가 동일하므로, 마찬가지로 증여세를 부과하는 것이 타당하다(헌재2013헌바372, 2016.3.31.).

1. 과세요건

가. 증여받거나 유상취득

1) 취득 유형

가) 최대주주등으로부터 해당법인 주식을 증여 또는 유상취득

나) 증여받은 재산으로 최대주주등이 아닌 자로부터 해당 법인의 주식등을 취득한 경우

이때, '증여받은 재산'이란 주식등을 유상 취득한 날로부터 소급하여 3년 이내에 최대주주등으로부터 증여받은 재산을 말한다.

다) 증여받은 재산으로 최대주주등이 주식등을 보유한 다른 법인의 주식등을 최대주주등이 아닌 자로부터 취득함으로써 최대주주등과 그의 특수관계인이 보유한 주식등을 합하여 그 다른 법인의 최대주주등에 해당하게 되는 경우

2) 취득 범위

주식등의 취득에는 주식등을 증여받거나 취득한 후 그 법인이 자본금을 증가시키기 위하여 신주를 발행함에 따라 신주를 인수하거나 배정받은 경우를 포함한다. 증여받은 재산과 다른 재산이 섞여 있어 증여받은 재산으로 주식등을 취득한 것이 불분명한 경우에는 그 증여받은 재산으로 주식등을 취득한 것으로 추정한다. 증여받은 재산을 담보로 한 차입금으로 주식등을 취득한 경우에는 증여받은 재산으로 취득한 것으로 본다.

3) 최대주주등[90]

기업 경영 등에 관하여 공개되지 아니한 정보를 이용할 수 있는 아래의 자를 말한다.

가) 최대주주 또는 최대출자자

주주 1인과 그의 특수관계인의 보유주식을 합하여 그 보유주식 합계가 가장 많은 경우, 해당 주주 1인과 그의 특수관계인 모두를 말한다.

나) 내국법인의 발행주식총수 또는 출자총액의 특수관계인 소유주식을 합하여 25% 이상을 소유한 경우, 해당 주주 등

2012.2.2. 상증령 개정 전 "최대주주등"을 판단함에 있어 특수관계인은 주주 또는 출자자인 증여자를 기준으로 일방관계에 따라 판단한다(기획재정부 재산세제과-659, 2018.8.3.).

4) 특수관계에 있는 주권상장법인 등

특수관계에 있는 주권상장법인이란 합병등기일이 속하는 사업연도의 직전 사업연도 개시일(그 개시일이 서로 다른 법인이 합병한 경우에는 먼저 개시한 날)부터 합병등기일까지의 기간 중 다음에 해당하는 법인을 말한다(상증령 제31조의5제3항).

가) 상증법 제41조의5제1항에 따라 해당 법인 또는 다른 법인의 주식등을 취득한 자와 그의 특수관계인이 주권상장법인 또는 코스닥시장상장법인 최대주주등에 해당하는 경우의 해당 법인

나) 상증령 제28조제1항제2호에 따른 법인[91]

다) 상증령 제28조제1항제3호에 따른 법인[92]

[관련 질의회신 · 판례 등]

○ 취득

(법인 설립 전) 법인설립 전 발기인이 자금을 증여받아 신설 법인의 주식을 인수한 경우에 대해서까지 규율한 것이라고 볼 수 없음(대법원2015두40941, 2018.12.23.).

(근로 제공) '유상으로 취득한 경우'란 주식 취득이 대가관계에 있는 반대급부 이행으로 이루어진 경우를 의미하므로, 최대주주등과 특수관계에 있는 자가 최대주주등으로부터 근로제공에 대한 대가로 주식을 취득하였다면 이 역시 '유상으로 취득한 경우'에 해당함(대법원2016두39726, 2016.10.27.).

---

90. 금융재산상속공제의 최대주주등과 그 범위가 다르다.
91. 상증령 제2조의2제1항제3호나목에 따른 법인
92. 동일인이 임원 임면권 행사 또는 사업방침 결정등을 통하여 합병당사법인(합병으로 인하여 소멸 · 흡수되는 법인 또는 신설 · 존속하는 법인을 말한다)의 경영에 대하여 영향력을 행사하고 있다고 인정되는 관계에 있는 법인

나. 5년 이내 상장 등 요건

증여 · 취득일부터 5년 이내에 합병하여야 한다.

다. 증여 · 취득시점과 상장 후 주식가액의 차액 요건

2. 정산기준일

해당 주식등의 합병등기일부터 3개월 되는 날을 기준으로 계산한다.

[관련 질의회신 · 판례 등]

○ 합산배제 증여재산 판정일[93]
합병상장이익이 합산배제증여재산에 해당하는지 여부는 정산기준일을 기준으로 함(대법원2015두3096, 2017.9.26.).

○ 특수관계 있는 주권상장법인
(2013.12.31. 이전) 비상장법인의 주식등을 취득한 자와 그 특수관계인이 주권상장법인 최대주주등에는 해당하지 않으나, 비상장법인과 주권상장법인이 합병함에 따라 합병법인인 주권상장법인의 최대주주등에 해당하게 된 경우, 비상장법인과 주권상장법인 간 합병은 특수관계에 있는 주권상장법인과의 합병에 해당하지 아니함(기준2017법령해석재산-0106, 2018.8.17.).

3. 증여재산가액

$$\left\{ \text{합병등기일 현재 1주당 평가액} - \left(\text{증여일 현재 1주당 증여세과세가액 등} + \text{1주당 기업가치 실질증가액} \right) \right\} \times \text{증여 · 유상 취득주식수}$$

위 금액이 아래 금액 중 적은 금액 미만이라면 적용하지 않는다.

① (증여일 현재 1주당 증여세 과세가액 등+1주당 기업가치 실질증가액)×증여 · 유상 취득주식수×30%

② 3억원

93. 당초 증여로 취득한 시기가 증여시기이며, 국세부과제척기간의 기산일이 된다.

가. 합병등기일 현재 1주당 평가가액

합병등기일 현재 1주당 평가가액은 상증법 제63조에 따라 평가한 가액을 말한다.

나. 증여일 현재 1주당 증여세 과세가액 등

주식등을 증여받은 날 현재의 1주당 증여세 과세가액이며, 취득의 경우에는 취득일 현재의 1주당 취득가액을 말한다.

다. 1주당 기업가치 실질증가액: 1)×2)

납세자가 제시하는 재무제표 등 기업가치의 실질적인 증가로 인한 것으로 확인되는 이익은 증여재산가액에 포함하지 아니한다.

1) 1주당 순손익액의 합계액을 해당 기간의 월수로 나눈 금액

(가) 해당 주식의 증여일 또는 취득일이 속하는 사업연도 개시일부터 합병등기일 전일까지, 그 사이의 1주당 순손익액 합계액을 해당 기간 월수로 나눈 금액(1월 미만의 월수는 1월로 본다)

(나) 순손익액은 상증령 제56조제4항에 따라 각 사업연도 단위별로 계산한 1주당 순손익액으로 한다.

(다) 비상장주식 상장일 등이 속하는 사업연도 개시일부터 합병등기일 등 전일까지의 1주당 순손익액을 산정하기 어려운 경우는 아래와 같이 산정할 수 있다.

[(합병등기일이 속하는 사업연도의 직전 사업연도 1주당 순손익액)÷12 (12월 미만이면 해당 월수)]× 합병등기일이 속하는 사업연도의 개시일부터 합병등기일의 전일까지의 월수

2) 당해 주식등의 증여일 또는 취득일부터 정산기준일까지의 월수 1월 미만인 경우에는 1월로 본다.

3) 기업가치의 실질적인 증가로 인한 이익임을 확인받기 위하여 납세자는 다음 서류를 제시하여야 한다.

(가) 대차대조표

(나) 손익계산서

(다) 그 밖에 기업가치의 실질적인 증가를 확인할 수 있는 서류

4) 결손금 등이 발생하여 1주당 순손익액으로 계산하는 것이 불합리한 경우에는 상증령 제55조에 따라 계산한 1주당 순자산가액 증가분으로 해당 이익을 계산할 수 있다.

라. 무상주가 발행된 경우의 발행주식 총수 계산

증여이익 계산에 있어 각 사업연도의 주식수는 각 사업연도 종료일 현재의 발행주식 총수에 의하나, 주식 등의 증여일 또는 취득일부터 합병등기일 전일까지 사이에 무상주를 발행한 경우에는 각 사업연도 종료일 현재 발행주식 총수를 다음과 같이 환산한다(상증령 제31조의3제6항).

$$\text{무상증자 전 각사업연도 말 주식수} \times \frac{(\text{무상증자 직전 사업연도 말 주식수} + \text{무상증자 주식수})}{\text{무상증자 직전 사업연도 말 주식수}}$$

마. 특수관계인이 아닌 자 간 거래

거짓이나 그 밖의 부정한 방법으로 증여세를 감소시킨 것으로 인정되는 경우에는 특수관계인이 아닌 자 간의 증여에 대하여 해당 규정을 적용하고 기간에 관한 규정(5년 내 합병)은 이를 없는 것으로 본다(상증법 제42조의3제3항).

4. 증여세액의 정산 등

가. 증여세 정산

상장에 따른 이익은 당초의 '증여세 과세가액'에 가산하여 증여세 과세표준과 세액을 정산한다. 정산기준일 현재의 주식등 가액이 당초 증여세 과세가액보다 적은 경우로 증여이익이 발생한 경우에는 그 차액에 상당하는 증여세액을 환급받을 수 있다. '그 차액에 상당하는 증여세액'이란 증여받은 때에 납부한 당초 증여세액을 말한다.

위의 증여세 과세가액에서 증여받은 재산으로 주식등을 취득한 경우에는 그 증여받은 재산에 대한 증여세 과세가액을 말한다.

나. 다른 증여재산과 합산과세 배제

2004.1.1. 이후 증여하는 분부터 주식등 상장에 따른 이익에 관한 증여이익은 증여자 및 그 원천을 구분하기 어려우므로 개별 건별로 과세하고 다른 증여재산가액과 합산과세를 하지 아니하며, 과세표준 계산시 3천만원을 공제한다(상증법 제47조제2항, 제55조제1항제3호).[94]

---

94. 합병상장시세차익은 2004년부터 합산배제증여재산에 해당한다. 따라서 당초 증여로 취득한 경우 합산하여 정산하는지, 합산을 배제하는지 문언상 명확하지 않다. 합산배제증여재산은 증여자나 증여재산 원천을 확인하기 어려운 경우

5. 전환사채 등의 취득에 대한 간주규정

전환사채 등을 증여받거나 유상으로 취득(발행법인으로부터 직접 인수 · 취득 포함)한 경우로 그 전환사채 등의 취득일로부터 5년 이내 주식등으로 전환된 경우에는 해당 전환사채 등을 증여받거나 취득시 그 전환 주식등을 증여받거나 취득한 것으로 보아 이 규정을 적용한다(상증법 제41조의3제8항).

이 경우 합병등기일까지 주식등으로 전환되지 아니하면 합병등기일에 주식등으로 전환된 것으로 보아 적용하고, 해당 전환사채 등 만기일까지 주식등으로 전환되지 아니하면 합병등기일 기준으로 과세한 증여세액을 환급한다.

[관련 질의회신 · 판례 등]

○ 신주의 범위

'신주 취득 범위 등'에 질의회신 · 판례 등은 '주식등의 상장 등에 따른 이익의 증여' 편을 참고

○ 재산권 침해 여부

이 사건 심판대상조항은 합병으로 인하여 드러난 가치로부터 증여 당시 재산의 시가를 역산해내어, 애초에 덜 납부한 세액을 추징하거나 더 낸 세액을 환급하도록 하는, 증여세의 정산에 관한 것임. 따라서 이 사건 심판대상조항은 부의 무상이전에 과세하도록 하는 증여세의 본질에 반한다고 보기 어려움(헌재2013헌바372, 2016.3.31.)

이므로 당초 증여재산을 가산하여 정산하는 것은 합리적이지 않다. 여기에 대한 회신은 서면4팀-3984(2006.12.8.)이 있지만 법령 문구가 그대로 회신되어 이 쟁점에 대한 해석으로 보이지 않는다.

제16절 재산사용 및 용역제공 등에 따른 이익의 증여

> ○ (과세대상) 재산사용 및 용역제공에 의하여 다음 이익을 얻은 경우(특수관계인이 아닌 자 간의 거래시 정당한 사유가 없는 경우에 한정하여 적용)
>
> – 타인에게 시가보다 낮은 대가를 지급하거나 무상으로 타인의 재산(부동산과 금전은 제외)을 사용함으로써 얻은 이익
>
> – 타인으로부터 시가보다 높은 대가를 받고 재산을 사용하게 함으로써 얻은 이익
>
> – 타인에게 시가보다 낮은 대가를 지급하거나 무상으로 용역을 제공받음으로써 얻은 이익
>
> ○ (증여시기) 재산사용일 또는 용역제공일(1년 이상인 경우 1년이 되는 날의 다음 날)
>
> ○ (증여재산가액) (①≥1천만원, ② · ③≥(시가×30%))에 한정
>
> ① 무상으로 재산 사용, 용역 제공
>
> – 무상으로 담보로 제공하고, 금전 등 차입한 경우: 차입금×적정이자율 – 실제로 지급했거나 지급할 이자
>
> – 그 외: 지급하여야 할 시가 상당액
>
> ② 시가보다 낮은 대가를 지급하고 재산사용 · 용역제공: 시가 – 대가
>
> ③ 시가보다 높은 대가를 받고 재산사용 · 용역제공: 대가 – 시가

2004.1.1.부터 완전포괄주의 증여세 과세제도를 도입함으로써 일반적인 증여 · 증여의제와 증여추정규정을 증여 유형과 증여재산가액 계산에 관한 예시규정으로 전환하고, 예시되지 않은 재산의 무상이전 등에 대하여도 포괄적으로 증여세를 과세하기 위하여 상증법 제42조(그 밖의 이익의 증여 등)를 신설하였다.

2016.1.1. 이후 상증법 제42조(그 밖의 이익의 증여 등)를 "재산사용 및 용역제공 등에 따른 이익의 증여"(상증법 제42조), "법인의 조직 변경 등에 따른 이익의 증여"(상증법 제42조의2), "재산 취득 후 재산가치 증가에 따른 이익의 증여"(상증법 제42조의3)로 조문을 세분화[95]하여 완전포괄주의의 적용범위를 명확히 하였다.

1. 과세대상 거래유형

재산(부동산과 금전은 제외) 사용 또는 용역 제공에 의하여 다음 어느 하나에 해당하는 이익을 얻은 경우에는 그 이익에 상당하는 금액(시가와 대가의 차액)을 그 이익을 얻은 자의 증여재산가액으로 한다. 다만, 그 이익에 상당하는 금액이 기준금액 미만인 경우는 제외한다(상증법 제42조).

이 경우, 특수관계인이 아닌 자 간의 거래인 경우, 거래 관행상 정당한 사유가 없는 경우에 한정하여 적용한다.

---

95. 구 상증법 제42조에 통합적으로 규정되어 있는 이익의 증여를 개별 유형별로 분류, 별도 조문으로 구성하여 각각 증여 예시적 성격의 규정임을 명확히 함(상증법 개정안 검토보고서, 국회 기재위, 2015.10.).

가. 타인에게 시가보다 낮은 대가를 지급하거나 무상으로 타인의 재산을 사용함으로써 얻은 이익
나. 타인으로부터 시가보다 높은 대가를 받고 재산을 사용하게 함으로써 얻은 이익
다. 타인에게 시가보다 낮은 대가를 지급하거나 무상으로 용역을 제공받음으로써 얻은 이익
라. 타인으로부터 시가보다 높은 대가를 받고 용역을 제공함으로써 얻은 이익

2. 증여시기 등

가. 증여시기: 재산 사용일 또는 용역제공일

나. 과세기간 계산(1년 단위 과세)

재산 사용기간 또는 용역 제공기간이 정해지지 아니한 경우에는 그 기간을 1년으로 하고, 그 기간이 1년 이상이면 1년이 되는 날의 다음 날에 매년 새로 재산을 사용 또는 사용하게 하거나 용역을 제공 또는 제공받은 것으로 본다.

3. 증여재산가액의 계산

무상 또는 시가보다 낮은(높은) 대가를 지급하고 타인의 재산을 사용하거나 용역을 제공받음으로써 얻은 이익은 다음과 같이 계산한다(상증령 제32조).

가. 무상으로 타인 재산을 사용하거나 용역을 제공받은 경우

1) 타인 재산을 무상으로 담보 제공하고 금전 등을 차입한 경우

증여재산가액 = [차입금 × 적정이자율(4.6%)] − 지급이자

<담보제공 개정연혁>

2015.2.2. 이전	2015.2.3. 이후[96]
○ 타인 재산을 무상으로 제공받아 금전 등 차입시 담보 제공한 경우 - 증여재산가액 산정방법 없음(대법원2011두18458, 2013.11.14. 국패)	○ 담보제공시 증여재산가액 계산방법 명확화- (무상사용 재산가액×적정이자율)-지급이자

96. (적용시기) 타인 재산을 무상으로 사용한 경우의 증여이익계산에 대한 개정규정(종전 상증령 제31조의9제1항제1호가목)은 2015.2.3. 이후 새로 타인의 재산을 무상으로 사용하는 경우부터 적용하며, 2015.2.3. 당시 타인의 재산을 무상으로 사용하고 있는 경우로서 그 기간이 1년 이상이 되는 경우에는 2015.2.3. 이후 종전 상증법 제42조제2항에 따라 새로 사용한 것으로 보는 경우부터 적용한다(상증령 제26069호, 부칙 제4조).

2) 1) 외 무상으로 재산을 사용하거나 용역을 제공받은 경우

증여재산가액 = 지급하여야 할 시가 상당액 전체

나. 시가보다 낮은 대가를 지급하고 재산을 사용하거나, 용역을 제공받은 경우

증여재산가액 = 시가 - 대가

다. 시가보다 높은 대가를 받고 재산을 사용하게 하거나, 용역을 제공한 경우

증여재산가액 = 대가 - 시가

한편, 2016.1.1. 현재 1억원 미만의 재산을 타인에게 무상 또는 시가보다 낮은 대가를 지급하고 사용하거나 타인으로부터 시가보다 높은 대가를 받고 사용하게 한 경우로, 재산 사용기간이 1년 이상이면 2016.1.1. 이후 종전의 상증법에 따라 새로 재산을 사용한 것으로 보는 날부터 제42조 개정규정을 적용한다.

2016.1.1. 현재 불특정 다수인 간에 통상적인 지급 대가가 1천만원 미만인 용역을 타인에게 무상 또는 시가보다 낮은 대가를 지급하고 제공받고 있거나 타인으로부터 시가보다 높은 대가를 받고 제공하고 있는 경우로, 용역 제공기간이 1년 이상이면 2016.1.1. 이후 종전의 상증법 제42조제2항에 따라 새로 용역을 제공받은 것으로 보는 날부터 상증법 제42조 개정규정을 적용한다.

쟁점

소득세와 증여세

무상으로 용역을 제공한 자는 소득법 제41조(부당행위계산의 부인)에 따라 소득세와 부가법 제12조(용역공급의 특례)에 따른 부가세가 과세되는데, 용역을 제공받은 자에게 상증법 제42조에 따라 증여세를 과세할 수 있을까? 이중과세에 해당하지는 않을까?

여기에 대해 심판원은 세법상 부당행위계산부인 규정은 거래자 쌍방의 세금 총량을 가지고 조세 부담을 부당히 감소시킨 것인가 여부를 가리는 것이 아니고 거래자 중 일방이 세금을 부당히 감소시킨 경우에 적용되는 것으로 보이므로 처분청이 쟁점토지 임대에 대하여 부당행위계산부인하여 부가세 및 소득세를 과세하고, 상증법 제42조(그 밖의 이익의 증여 등)에 따라 계산한 금액에 대하여 증여세를 과세한 이 처분은 잘못이 없는 것으로 판단된다(조심2012서3914, 2012.11.13.)라고 보았다.

4. 과세에서 제외되는 기준금액

무상 또는 시가보다 낮은 또는 높은 대가를 지급하고 타인 재산을 사용하거나 용역을 제공받음으로써 얻은 이익이 다음 기준금액 미만이면 증여세를 과세하지 아니한다(상증령 제32조제2항).

가. 무상으로 타인 재산을 사용하거나 용역을 제공받은 경우: 1천만원
나. 저가로 타인 재산을 사용하거나 용역을 제공받은 경우: 시가의 100분의 30에 상당하는 가액
다. 고가로 타인 재산을 사용하거나 용역을 제공받은 경우: 시가의 100분의 30에 상당하는 가액

5. 시가

가. 재산의 시가

상증법 제4장 "재산의 평가"에 따라 평가한 가액(이하 상증법상 평가액)으로 한다.

나. 용역의 시가

용역의 시가는 해당 거래와 유사한 상황에서 불특정 다수인 간 통상적인 지급대가로 한다. 다만, 시가가 불분명한 경우에는 다음 어느 하나에 따라 계산한 금액에 따른다.

1) 부동산 임대용역의 경우
부동산가액(상증법상 평가액)×연 2%

2) 부동산 임대용역 외의 경우
법인령 제89조④ 2호에 따라 계산한 금액
⇨ 용역제공 원가 + (원가 × 수익률[(매출액 - 원가) / 원가])

쟁점

부동산 임대차와 용역제공

상증법에서는 부동산을 무상사용한 경우 상증법 제37조(부동산 무상사용에 따른 이익의 증여)에 따라 증여세를 부과한다. 그렇다면 부동산을 시가보다 저가 또는 고가로 사용하여 발생한 이익에는 증여세를 부과할 수 있을까?

부동산을 시가보다 저가 또는 고가로 사용시 재산의 사용으로 보아야 할까, 용역으로 보아야 할까? 용역으

로 보아야 한다. 일반적으로 용역은 노무 제공이지만, 부가법[97]에서는 임대차도 용역으로 보고 있다.

상증법 제42조(재산사용 및 용역제공 등에 따른 이익의 증여)에서는 재산에서 부동산과 금전을 제외하고 있다. 상증법 제42조제1항제3호에서 "타인에게 시가보다 낮은 대가를 지급하거나 무상으로 용역을 제공받음으로써 얻은 이익"을 증여재산가액으로 한다. 상증법령에서는 부동산 임대를 용역[98]으로 보고 있다. 상증령에서 용역 시가를 부동산임대용역과 그 외 용역으로 구분하는 것으로 보아 부동산임대는 용역으로 보고 있음을 알 수 있다. 그렇다면 부동산을 저가 또는 고가로 사용하여 발생한 이익은 상증법 제42조에 따라 증여세 과세대상이다.

국세청은 2015.12.15. 상증법 개정 전[99] 상증법 제42조에 대해 비특수관계인 사이에 무상 또는 저가로 대가를 지급하고 부동산임대용역을 제공받은 경우에 상증법 제42조(그 밖의 이익의 증여)가 적용된다고 해석한 바 있다.

> 특수관계인이 아닌 자간의 거래로서 거래의 관행상 정당한 사유 없이 무상 또는 시가보다 낮은 대가를 지급하고 부동산 임대용역(불특정 다수인 간에 통상적인 지급 대가가 1천만원 이상인 것만 해당함)을 제공받음으로써 이익을 얻은 경우에는 상증법 제42조제1항제2호 · 제3항이 따라 증여세가 과세되는 것이며, 이때 증여재산가액은 상증령 제31조의9제1항, 부동산 임대용역의 시가는 같은 조 제8항에 따라 각각 계산하는 것이다(재산세과-259, 2012.7.13.).

6. 경정 등의 청구특례

타인 재산을 무상으로 담보 제공하고 금전 등을 차입함에 따라 상증법 제42조에 따라 증여세를 결정 또는 경정받은 자가 재산 사용기간 중에 재산 제공자로부터 해당 재산을 상속 또는 증여받거나 담보제공자가 사망한 경우 또는 해당 재산을 담보로 사용하지 아니하게 된 경우 그 사유가 발생한 날부터 3개월 이내에 결정 또는 경정을 청구할 수 있다(상증법 제79조).

7. 증여자의 증여세 연대납부의무의 면제

재산사용 및 용역제공 등에 따른 이익 증여에 해당하는 경우, 수증자가 증여세를 납부할 능력이 없다고 인정되는 등의 경우에도 증여자는 수증자가 납부할 증여세를 연대하여 납부할 의무가 없다(상증법 제4조의2제6항 단서).

---

97. 부가법 제2조(정의) "용역"이란 재화 외에 재산 가치가 있는 모든 역무(役務)와 그 밖의 행위를 말한다.
98. 상증령 제32조(재산사용 및 용역제공 등에 따른 이익의 계산방법 등) ③ 제1항을 적용할 때 용역의 시가는 해당 거래와 유사한 상황에서 불특정다수인 간 통상적인 지급대가로 한다. 다만, 용역의 시가가 불분명한 경우에는 다음 각 호의 어느 하나에 따라 계산한 금액으로 한다.
   1. 부동산 임대용역의 경우: 부동산가액(법 제4장에 따라 평가한 가액을 말한다)×1년간 부동산 사용료를 고려하여 기획재정부령으로 정하는 율
99. 2015.12.15. 개정 전에는 상증법 제42조가 다른 예시규정을 적용할 수 없는 경우에 적용하는 그 밖의 예시규정이기 때문에 상증법 제37조(부동산 무상사용)가 적용되는 경우에는 상증법 제42조(기타이익의 증여 등) 규정을 적용하지 않음(재산세과-3954, 2008.11.25.).

[관련 질의회신 · 판례 등]

○ 타인의 재산을 담보 제공하고 자금을 차입한 경우 증여세 과세여부

(국세청) 타인 재산을 담보로 제공하고 자금을 차입한 경우 타인으로부터 담보를 제공받음으로써 얻은 이익상당액(불특정 다수 사이에 통상적인 지급대가가 1천만원 이상인 것에 한함)에 대하여는 상증법 제42조제1항제2호 규정에 의하여 증여세가 과세됨(서면4팀-2222, 2007.7.20.).

(법원) 일종의 용역 제공으로 인한 이익 증여에 해당한다고 전제한 다음, 그에 따른 증여재산가액은 상증법 제42조제1항제2호, 상증령 제31조의9제2항제1호 등 규정에 따라 원칙적으로 당해 거래와 유사한 상황에서 불특정 다수 사이에 통상적으로 지급되는 대가인 시가에 의하여 산정하여야 한다는 이유로, 그와 달리 피고가 금전의 저리 대부에 따른 증여이익 계산에 관한 상증법 제41조의4제1항 제2호를 유추 적용하여 "이 사건 대출금액에 적정이자율을 곱하여 계산한 금액에서 원고가 실제 지급한 이자 상당액을 뺀 금액"을 증여재산가액으로 산정하여 원고에게 증여세를 부과한 이 사건 처분은 위법함(대법원 2011두18458, 2013.11.14.).[100]

⇒ 2015.2.3.[101] 이후 증여이익 계산방법(상증령 제31조의9제1항제1호가목)에 따라 과세가능

○ 타인으로부터 부동산 임대용역을 무상 또는 저가로 제공받은 경우

특수관계인이 아닌 자 간의 거래로 거래 관행상 정당한 사유 없이 무상 또는 시가보다 낮은 대가를 지급하고 부동산 임대용역(불특정다수인 간에 통상적인 지급 대가가 1천만원 이상인 것만 해당)을 제공받음으로써 이익을 얻은 경우, 상증법 제42조제1항제2호 · 제3항에 따라 증여세가 과세됨(재산세과-259, 2012.7.13.).

○ 임대보증금의 대가

임대보증금의 대가는 임대보증금에 법인령 제89조제4항제1호 규정에 의한 정기예금이자율을 곱하여 산출한 가액으로 함(재산세과-110, 2011.3.2.).

---

100. 증여는 맞지만, 이익 계산방법이 없다고 판결한 것이다.

101. 2015.2.3. 상증령 제31조의9(그 밖의 이익의 증여 등, 2016.2.5. 개정되기 전의 것)에서 타인 재산을 무상으로 사용하여 금전 등을 차입할 때 담보 제공한 경우를 규정하였고, 2016.1.1. 상증법 제37조(부동산 무상사용에 따른 이익의 증여)에서 부동산 담보제공에 따른 이익에 대한 과세방법을 규정하였다.

제17절 법인의 조직 변경 등에 따른 이익의 증여

○ (과세대상) 주식의 포괄적 교환 및 이전, 사업의 양수 · 양도, 사업교환 및 법인 조직변경 등에 의하여 소유지분이나 그 가액이 변동됨에 따라 이익을 얻은 경우
 * 비특수관계자 간 거래인 경우, 정당한 사유가 없을 때만 적용
○ (증여재산가액) 소유지분이나 그 가액의 변동 전 · 후 재산의 평가차액
 증여재산가액≥Min(변동 전 해당 재산가액×30%, 3억원 이상인 경우에만 적용)
 ① 소유지분이 변동된 경우
 (변동 후 지분 – 변동 전 지분) × 지분변동 후 1주당 가액
 ② 평가액이 변동된 경우
 변동 후 가액 – 변동 전 가액

2004.1.1.부터 완전포괄주의 증여세 과세제도를 도입함으로써 일반적인 증여 · 증여의제와 증여추정규정을 증여 유형과 증여재산가액 계산에 관한 예시규정으로 전환하고, 예시되지 않은 재산의 무상이전 등에 대하여도 포괄적으로 증여세를 과세하기 위하여 상증법 제42조(그 밖의 이익의 증여 등)를 신설하였다.

2016.1.1. 이후 상증법 제42조(그 밖의 이익의 증여 등)를 "재산사용 및 용역제공 등에 따른 이익의 증여"(상증법 제42조), "법인의 조직 변경 등에 따른 이익의 증여"(상증법 제42조의2), "재산 취득 후 재산가치 증가에 따른 이익의 증여"(상증법 제42조의3)로 조문을 세분화[102]하여 완전포괄주의의 적용범위를 명확히 하였다.

2015.12.31. 이전과 비교해보면 "출자 · 감자, 합병(분할합병을 포함한다. 이하 이 조에서 같다) · 분할, 제40조제1항에 따른 전환사채등에 의한 주식 전환 · 인수 · 교환(이하 이 조에서 "주식전환등"이라 한다) 등 법인 자본(출자액 포함)을 증가시키거나 감소시키는 거래로 얻은 이익"이 2016.1.1. 개정시 "주식의 포괄적 교환 및 이전"으로 개정되었다. 이는 상증법 제4조제1항제6호에 각 예시규정과 경제적 실질이 유사한 경우 등이 증여세 과세대상으로 개정되었기 때문에 상증법 제42조의2에서 규정할 필요가 없으므로 개정한 것으로 보인다.

---

102. 구 상증법 제42조에 통합적으로 규정되어 있는 이익의 증여를 개별 유형별로 분류하여 별도 조문으로 구성하여 각각 증여 예시적 성격의 규정임을 명확히 함(상증법 개정안 검토보고서, 국회 기재위, 2015.10월).

<구 상증법 제42조와 제42조의3 비교>

2015.12.31. 이전	2016.1.1.
제42조(그 밖의 이익의 증여 등) ① 제33조부터 제39조까지, 제39조의2, 제39조의3, 제40조, 제41조, 제41조의3부터 제41조의5까지, 제44조 및 제45조에 따른 증여 외에 다음 각 호의 어느 하나에 해당하는 이익으로서 대통령령으로 정하는 기준 이상의 이익을 얻은 경우에는 그 이익을 그 이익을 얻은 자의 증여재산가액으로 한다. 3. 출자 · 감자, 합병(분할합병을 포함한다. 이하 이 조에서 같다) · 분할, 제40조제1항에 따른 전환사채등에 의한 주식의 전환 · 인수 · 교환(이하 이 조에서 "주식전환등"이라 한다) 등 법인의 자본(출자액을 포함한다)을 증가시키거나 감소시키는 거래로 얻은 이익 또는 사업 양수 · 양도, 사업 교환 및 법인의 조직 변경 등에 의하여 소유지분이나 그 가액이 변동됨에 따라 얻은 이익. 이 경우 그 이익은 주식전환등의 경우에는 주식전환등 당시의 주식가액에서 주식전환등의 가액을 뺀 가액으로 하고, 주식전환등이 아닌 경우에는 소유지분이나 그 가액의 변동 전 · 후 재산의 평가차액으로 한다.	제42조의2(법인의 조직 변경 등에 따른 이익의 증여) ① 주식의 포괄적 교환 및 이전, 사업의 양수 · 양도, 사업 교환 및 법인의 조직 변경 등에 의하여 소유지분이나 그 가액이 변동됨에 따라 이익을 얻은 경우에는 그 이익에 상당하는 금액(소유지분이나 그 가액의 변동 전 · 후 재산의 평가차액을 말한다)을 그 이익을 얻은 자의 증여재산가액으로 한다. 다만, 그 이익에 상당하는 금액이 대통령령으로 정하는 기준금액 미만인 경우는 제외한다.

1. 과세대상 거래유형

주식의 포괄적 교환 및 이전, 사업 양수 · 양도, 사업 교환 및 법인 조직 변경 등에 의하여 소유지분이나 그 가액이 변동됨에 따라 이익을 얻은 경우 그 이익에 상당하는 금액(소유지분이나 그 가액 변동 전 · 후 재산의 평가차액)을 그 이익을 얻은 자의 증여재산가액으로 한다. 다만, 그 이익에 상당하는 금액이 기준금액 미만인 경우는 제외한다(상증법 제42조의2).

이 경우, 특수관계인이 아닌 자 간의 거래인 경우, 거래 관행상 정당한 사유가 없는 경우에 한정하여 적용한다. 이때 거래 관행상 정당한 사유는 과세관청의 입증책임이지만, 합리적인 경제인이라면 그와 같은 거래조건이라면 거래하지 않았을 것임이 입증되면 그 입증책임은 거래 당사자에게 있다고 보아야 한다.

정당한 사유에 대해 법원은 신주인수권 양도인이 자신의 이익을 극대화하려는 노력도 전혀 하지 아니한 채 자신이 쉽게 이익을 얻을 수 있는 기회를 포기하고 특정한 거래상대방으로 하여금 신주인수권 취득과 행사로 인한 이익을 얻게 하는 등 합리적인 경제인이라면 거래 당시 상황에서 그와 같은 거래조건으로는 거래하지 않았으리라는 객관적 사유가 있는 경우에는, 특별한 사정이 없는 한 구 상증법 제42조제3항(현재 제42조의2)에서 정한 "거래의 관행상 정당한 사유가 있다"라고 보기 어렵다(대법원2013두24495, 2015.2.12.)라고 했다.

2. 증여재산가액의 계산

법인의 조직 변경 등에 의하여 소유지분이나 그 가액이 변동됨으로써 얻은 이익은 다음과 같이 계산한다(상증령 제32조의2).

가. 소유지분이 변동된 경우

증여재산가액 = (변동 후 지분 - 변동 전 지분) × 지분 변동 후 1주당 가액

지분 변동 후 1주당 가액은 상증령 제28조(합병에 따른 이익의 계산방법 등), 상증령 제29조(증자에 따른 이익의 계산방법 등), 상증령 제29조의2(감자에 따른 이익의 계산방법 등) 및 상증령 제29조의3(현물출자에 따른 이익의 계산방법 등)을 준용하여 계산한 가액을 말한다.

나. 평가액이 변동된 경우

증여재산가액 = 변동 후 가액 - 변동 전 가액

3. 과세대상에서 제외되는 기준금액

법인의 조직 변경 등에 의하여 소유지분이나 그 가액이 변동됨으로써 얻은 이익이 다음 기준금액 미만이면 증여세를 과세하지 아니한다(상증령 제32조의2).

기준금액＝Min(①, ②)

① 변동 전 해당 재산가액의 100분의 30에 상당하는 가액

② 3억원

4. 증여자의 증여세 연대납부의무의 면제

재산사용 및 용역제공 등에 따른 이익 증여에 해당하는 경우에는 수증자가 증여세를 납부할 능력이 없다고 인정되는 등의 경우에도 증여자는 수증자가 납부할 증여세를 연대하여 납부할 의무가 없다(상증법 제4조의2제6항 단서).

[관련 질의회신 · 판례 등]

○ 조직변경 등 해당여부

(100% 주식 증여) 이 사건에서 주식 증여는 상증법 제42조제1항제3호의 "사업양수도 또는 법인의 조직변경 등"에 해당하지 아니함(대법원2016두285, 2016.6.23.).

(100% 미만 주식 증여) 자산수증이익에 대한 법인세를 부담하였으므로 그로 인하여 법인 주주들이 얻는 이익에 대해 상증법 제2조제3항 등에 의하여 증여세를 부과할 수 없고, 법인에 대한 부동산, 주식등의 증여는 단순한 자산거래에 불과할 뿐, 상증법 제42조에서 정한 "사업양수도, 조직변경 등"에 해당한다고 볼 수 없음(대법원2014두1864, 2015.10.29.).

(주식회사⇒유한회사) 주식회사에서 유한회사로 조직을 변경함에 따라 소유지분 또는 그 가액이 변동됨으로써 이익을 얻은 경우에는 증여세가 과세됨(서면4팀-1778, 2007.5.30.).

○ 입증책임

구 상증법 제42조제1항제3호, 제3항의 "거래의 관행상 정당한 사유"의 입증책임은 납세자가 아니라 과세관청에 있으며, 향후 신주인수권 취득으로 인해 이익이 발생하리라는 점을 예측하였던 것으로 보이는 점 등의 사정을 종합하면 신주인수권 취득 및 행사를 통해 주식을 취득함에 있어 거래관행상 정당한 사유가 있었다고 보기 어려움(부산고법2013누1761, 2014.8.21.).

○ 제3자배정 등으로 취득한 경우 증여세 과세대상

(기재부) 비상장법인의 최대주주등에게서 증여받거나 유상취득하지 않고, 재배정 실권주 및 제3자 배정 유상신주 방식으로 주식을 취득하고 5년 이내 상장되는 경우 구 상증법상 포괄주의(제2조제42조)에 따라 증여세를 과세할 수 없음(기획재정부 재산세제과-931, 2018.10.31.).[103]

○ 주식의 포괄적 교환

상법상 주식의 포괄적 교환에 의하여 완전자회사가 되는 회사의 주주가 얻은 이익에 대하여는 "재산의 고가양도에 따른 이익의 증여"에 관한 상증법 제35조제1항제2호, 제2항이나 "신주의 저가발행에 따른 이익의 증여"에 관한 상증법 제39조제1항1다목을 적용하여 증여세를 과세할 수는 없고, "법인의 자본을 증가시키는 거래에 따른 이익의 증여"에 관한 상증법 제42조제1항제3호를 적용하여 증여세를 과세하여야 함(대법원2011두23047, 2014.4.24.).

○ 정당한 사유

(정당한 사유에 해당) 쟁점자기주식 거래 당시 증여자들과 청구인들 간에 특수관계나 경제적 또는 사회적 연관관계가 없었던 것으로 보이고, 청구외법인은 건설업 면허 유지를 위한 최소자본금 확보 필요성

---

103. 세법해석정비

요지	유지사례	삭제사례
상증법 §41의3 과세요건을 충족하지 않는 경우 포괄주의(§2, §42)를 적용할 수 없음	기획재정부 재산세제과-931 2018.10.31.	법규과-212, 2012.3.6. 서면법규과-979, 2013.9.10. 법규과-190, 2012.2.27. 재산세과-234, 2012.6.22. 서면법규과-945, 2013.9.3. 재산세과-592 2010.8.13.

으로 인하여 감자를 할 수 없었던 것으로 보이는바, 쟁점자기주식 취득 및 소각을 자본거래를 통한 주주 간 이익의 증여를 목적으로 한 거래로 보기 어려운 점 등, 특수관계인이 아닌 자간의 거래로 거래 관행상 정당한 사유가 있다고 인정되는 경우에 해당하고, 쟁점자기주식의 감자로 청구인들이 상증법 제42조제1항제3호에 따른 증여이익을 얻은 것으로 보아 청구인들에게 증여세를 과세한 처분은 잘못이 있다고 판단된다(조심2015구0324, 2015.4.10.).

(정당한 사유에 해당하지 않음) 쟁점주식 취득 후 즉시 소각하지 아니하고, 5년 이상 경과한 시점에 소각한 것과 이로 인하여 쟁점 주식의 취득당시와 소각당시 가치가 달라져 청구인들이 상증법 제42조제1항 이익을 얻은 데 대하여 거래 관행상 정당한 사유가 있다고 인정하기는 어렵다고 판단됨(조심2011전1715, 2013.11.18.).

○ (2015.12.31. 이전) 비특수관계인으로부터 취득한 전환사채 전환시[104] 증여세

구 상증법 제42조제1항제3호는 구 상증법 제40조제1항과 마찬가지로 구 상증법 제2조제3항에서 증여세 과세대상으로 포괄적으로 정의한 증여에 관한 가액산정규정 중 하나이고, 구 상증법 제40조제1항 과세요건을 충족하지 않더라도 구 상증세법 제42조제1항제3호 과세요건을 충족하면 구 상증세법 제42조제1항제3호에 의하여 증여재산가액을 산정하여 증여세를 과세할 수 있음(대법원2018두65538, 2020.11.12.).

○ (2015.12.31. 이전) 합병의 이미

구 상증법 제42조제4항에서 규정된 재산가치증가사유의 하나인 "주식 · 출자지분의 상장 및 합병"은 구 상증법 제41조의3에서 규정하는 "주식 또는 출자지분의 상장 등에 따른 이익의 증여", 같은 법 제41조의5에서 규정하는 "합병에 따른 상장 등 이익의 증여"에 대한 포괄적인 예시규정을 신설한 것이다. … (생략) … 법문상 "주식 및 출자지분의 상장 및 합병"으로 되어 있어 '합병'은 '주식 및 출자지분의'와 연결된 것으로 볼 수 있는바, 이 경우 주식 등의 합병은 적절한 표현이 아니므로 결국 "주식 및 출자지분의 합병에 따른 상장"으로 읽는 것이 자연스러운 표현으로 보이며, 위 조항에 함께 열거된 개발사업 시행, 형질변경, 공유물 분할, 사업의 인 · 허가, 상장, 구 상증법 시행령 제31조의9제5항에 열거된 한국금융투자협회에의 등록, 보험사고 발생 등은 모두 일반적으로 재산가치가 증가되는 사유로 볼 수 있음에 반해 회사의 단순 합병은 일반적으로 그와 같이 보기는 어려움(서울고법2016누50503(2017.2.10.)—대법원2017두37376(2021.9.30.).

---

104. 취득시에는 특수관계인 X, 전환시에는 특수관계인 O

제18절 재산 취득 후 재산가치 증가에 따른 이익의 증여

○ (과세대상)

① 직업, 연령, 소득 및 재산상태로 보아 자력으로 해당 행위를 할 수 없다고 인정되는 자가

② 일정한 '재산취득유형'에 따라 재산을 취득하고

③ 그 재산을 취득한 날부터 5년 이내에 '재산가치 증가사유'로 인하여 이익을 얻은 경우

〈재산취득유형〉

○특수관계인으로부터 재산을 증여받은 경우

○특수관계인으로부터 기업의 경영 등에 관하여 공표되지 아니한 내부 정보를 제공받아 그 정보와 관련된 재산을 유상으로 취득한 경우

○특수관계인으로부터 차입한 자금 또는 특수관계인의 재산을 담보로 차입한 자금으로 재산을 취득한 경우

〈재산가치 증가사유〉 개발사업의 시행, 형질변경, 공유물분할, 사업의 인가 · 허가 등

○ 거짓이나 그 밖의 부정한 방법으로 증여세를 감소시킨 것으로 인정되는 경우에는 비특 수관계자간의 증여에 대해서도 적용하며, 이 경우 기간 규정은 없는 것으로 본다.

○ (증여재산가액) 재산취득 후 타인의 기여 등에 의한 재산가치상승금액 상당액

증여재산가액 ≥ Min[(해당 재산의 취득가액+통상적인 가치상승분 + 가치상승기여분) × 30%, 3억원]의 경우에만 적용

증여재산가액 = 해당재산가액 – (해당 재산의 취득가액 + 통상적인 가치상승분 + 가치상승기여분)

2004.1.1.부터 완전포괄주의 증여세 과세제도를 도입함으로써 일반적인 증여 · 증여의제와 증여추정규정을 증여의 유형과 증여재산가액의 계산에 관한 예시규정으로 전환하고, 예시되지 않은 재산의 무상이전 등에 대하여도 포괄적으로 증여세를 과세하기 위하여 상증법 제42조(그 밖의 이익의 증여 등)를 신설하였다.

2016.1.1. 이후 '재산사용 및 용역제공 등에 따른 이익의 증여'(상증법 제42조), '법인의 조직변경 등에 따른 이익의 증여'(상증법 제42조의2), '재산 취득 후 재산가치 증가에 따른 이익의 증여'(상증법 제42조의3)로 조문을 세분화[105]하여 완전포괄주의의 적용범위를 명확히 하였다.

1. 과세대상

직업, 연령, 소득 및 재산상태로 보아 자력으로 해당 행위를 할 수 없다고 인정되는 자가 타인 증여, 기업경영에 관한 내부정보 이용, 특수관계인 담보 등으로 재산을 취득한 후 5년 이내에 개

105. 종전의 상증법 제42조는 증여예시규정, 증여추정규정 외의 경우 같은 조 ① 각 호에 해당하는 경우 적용하나, 개정 조문 규정(상증법 제42조, 제42의2, 제42의3)은 증여예시규정 중 하나인 점이 다르다.

발사업 시행 등 재산가치 증가사유로 인하여 이익을 얻은 경우 그 이익에 상당하는 금액을 그 이익을 얻은 자의 증여재산가액으로 한다(상증법 제42조의3).

거짓이나 그 밖의 부정한 방법으로 증여세를 감소시킨 것으로 인정되는 경우, 특수관계인이 아닌 자 간의 증여에 대해서도 적용한다. 이 경우 5년에 관한 기간규정은 없는 것으로 본다(상증법 제42조의3제3항).

과세요건은 주체, 재산취득, 재산가치 증가사유로 구분된다.

가. (주체요건) 자력으로 해당 행위를 할 수 없다고 인정되는 자의 범위

미성년자 등 직업 · 연령 · 소득 및 재산 상태로 보아 자력으로 해당 행위를 할 수 없다고 인정되는 자를 말한다.

나. (재산취득 요건) 증여세가 과세되는 일정한 재산취득 유형

1) 특수관계인으로부터 재산을 증여받은 경우

2) 특수관계인으로부터 기업 경영 등에 관하여 공표되지 아니한 내부정보를 제공받아 그 정보와 관련된 재산을 유상 취득한 경우

3) 특수관계인으로부터 차입한 자금 또는 특수관계인 재산을 담보로 차입한 자금으로 재산을 취득한 경우

다. (재산가치 증가사유 요건)

1) 개발사업 시행, 형질변경, 공유물(共有物) 분할, 지하수개발 · 이용권 등의 인가 · 허가 및 그 밖에 사업의 인가 · 허가

2) 「자본시장과 금융투자업에 관한 법률」 제283조에 따라 설립된 비상장주식 한국금융투자협회 등록[106]

3) 그 밖에 1) 및 2)의 사유와 유사한 것으로 재산가치를 증가시키는 사유

---

106. 한국금융투자협회는 증권시장에서 상장되지 아니한 주권의 장외매매거래를 운영한다.

○ 자본시장과 금융투자업에 관한 법률 제286조(업무) ① 협회는 정관이 정하는 바에 따라 다음 각 호의 업무를 행한다. 5. 증권시장에 상장되지 아니한 주권의 장외매매거래에 관한 업무

쟁점

한국금융투자협회에의 등록의 의미

직업, 연령, 소득 및 재산상태로 보아 자력으로 해당 행위를 할 수 없다고 인정되는 자가 재산을 취득하고 상증령이 정하는 사유로 이익을 얻은 경우, 그 이익을 증여재산가액으로 한다(상증법 제42조의3). 상증령이 정하는 사유에는 "비상장주식의 한국금융투자협회에의 등록"이 있다. 한국금융투자협회는 「자본시장과 금융투자업에 관한 법률」에 따라 설립된 협회인데, 비상장장주식의 한국금융투자협회 등록은 어떤 의미일까?

○ 상증령 제32조의3(재산 취득 후 재산가치 증가에 따른 이익의 계산방법 등) ① 법 제42조의3제1항 각 호 외의 부분 본문에서 "대통령령으로 정하는 사유"란 다음 각 호의 어느 하나에 해당하는 사유를 말한다. 1. 개발사업의 시행, 형질변경, 공유물(共有物) 분할, 지하수개발 · 이용권 등의 인가 · 허가 및 그 밖에 사업의 인가 · 허가 2. 비상장주식의 「자본시장과 금융투자업에 관한 법률」 제283조에 따라 설립된 한국금융투자협회에의 등록 3. 그 밖에 제1호 및 제2호의 사유와 유사한 것으로서 재산가치를 증가시키는 사유

우선 한국금융투자협회는 자본시장과 금융투자업에 관한 법률(이하 자본시장법) 제283조에 설립된 협회를 말한다.

○ 자본시장법 제283조(설립) ① 회원 상호 간의 업무질서 유지 및 공정한 거래를 확립하고 투자자를 보호하며 금융투자업의 건전한 발전을 위하여 한국금융투자협회를 설립한다.

자본시장법은 한국금융투자협회의 업무에 대해 규정하고 있는데, 자본시장법 제286조제1항제5호에서 증권시장에 상장되지 아니한 주권의 장외매매거래에 관한 업무를 한다고 규정한다.

○ 자본시장법 제286조(업무) ① 협회는 정관이 정하는 바에 따라 다음 각 호의 업무를 행한다. 5. 증권시장에 상장되지 아니한 주권의 장외매매거래에 관한 업무

"증권시장에 상장되지 아니한 주권의 장외매매거래"는 K-OTC 시장을 말한다(K-OTC 운영규정).

즉, 비상장장주식의 한국금융투자협회 등록은 K-OTC 시장의 등록을 말한다.

한국거래소의 증권시장은 유가증권시장, 코스닥시장, 코넥스시장이 있다. 그러면 코넥스시장에 상장된 경우 해당 규정(상증령 제32조의3)을 적용할 수 있을까? 기업경영 등의 공개되지 아니한 정보를 이용할 수 있는 지위에 있다고 인정되는 최대주주등으로부터 특수관계인이 주식을 취득 후 해당 법인이 직접 상장하거나, 합병을 통하여 상장한 경우 그 가격변동에 대해서 증여세를 과세한다(상증법 제41조의3, 상증법 제41조의5). 이 경우 상증법 제41조의3, 상증법 제41조의5의 상장법인은 유가증권시장과 코스닥시장으로 한정한다.

하지만 코넥스시장에 상장된 경우에는 상증령 제32조의3제1항제3호와 유사하다고 볼 여지가 있고, 상증법 제4조제1항제6호에 따라 상증법 제41조의3(주식등의 상장 등에 따른 이익의 증여)와 경제적 실질이 유사한 경우로 볼 수도 있다. 여기에 대한 과세관청의 해석은 현재 없다.[107]

---

107. 조문을 만들었을 때 한국투자협회(전 한국증권업협회)의 등록은 아마도 코스닥시장을 의미(상증령 제57조제2항 등)하였을 것이지만, 추후 조문 개정으로 현재 문언상은 코넥스시장 상장으로 보인다.

2. 증여재산가액의 계산

증여재산가액 = 해당 재산가액 － (해당 재산의 취득가액 + 통상적인 가치상승분 + 가치상승 기여분)

가. 해당 재산가액

재산가치증가사유가 발생한 날 현재 가액(상증법 제4장에 따라 평가한 가액)을 말한다. 다만, 해당가액에 재산가치증가사유에 따른 증가분이 반영되지 아니한 것으로 인정되면 개별공시지가·개별주택가격 또는 공동주택가격이 없는 경우로 보아 표준지나 표준주택을 이용하여 평가하거나, 둘 이상의 감정기관에 의뢰하여 해당 감정기관의 감정가액을 참작하여 평가한 가액을 말한다.

나. 해당 재산의 취득가액

실제 취득하기 위하여 지급한 금액으로, 증여받은 재산의 경우에는 증여세 과세가액을 말한다.

다. 통상적인 가치 상승분

상증령 제31조의3제5항에 따른 기업가치의 실질적인 증가로 인한 이익과 연평균 지가상승률·연평균 주택가격상승률 및 전국소비자물가상승률 등을 감안하여 해당 재산의 보유기간 중 정상적인 가치상승분에 상당하다고 인정되는 금액을 말한다.

1주당 기업가치의 실질적인 증가로 인한 이익은 납세자가 제시하는 재무제표 등 기획재정부령으로 정하는 서류에 의하여 확인되는 것으로서 1)에 따른 금액에 2)에 따른 월수를 곱하여 계산한다. 이 경우 결손금등이 발생하여 1주당 순손익액으로 당해이익을 계산하는 것이 불합리한 경우에는 상증령 제55조에 따라 계산한 1주당 순자산가액의 증가분으로 당해이익을 계산할 수 있다(상증령 제31조의3제5항).

1) 해당 주식등의 증여일 또는 취득일이 속한 사업연도 개시일부터 상장일 전일까지의 1주당 순손익 합계액(기획재정부령으로 정하는 바에 따라 사업연도 단위로 계산한 순손익 합계액)을 해당 기간의 월수(1개월 미만은 1개월로 본다)로 나눈 금액

2) 해당 주식등의 증여일 또는 취득일부터 정산기준일까지의 월수(1개월 미만은 1개월로 본다)

라. 가치상승기여분

개발사업 시행, 형질변경, 사업 인 · 허가 등에 따른 자본 지출액 등 해당 재산가치를 증가시키기 위하여 지출한 비용을 말한다.

3. 과세대상에서 제외되는 기준금액

재산 취득 후 재산가치 증가에 따라 얻은 이익(증여재산가액)이 다음의 기준금액 미만이면 증여세를 과세하지 아니한다(상증령 제32조의3).

기준금액=Min(①, ②)
① (해당 재산의 취득가액+통상적인 가치상승분+가치상승기여분)×30%
② 3억원

4. 증여시기

재산가치 증가사유가 발생한 날이 증여시기가 된다. 이 경우, 재산가치 증가사유 발생일 전에 당해 재산을 양도한 경우에는 그 양도한 날을 재산가치 증가사유 발생일로 본다.

5. 기타사항

가. 다른 증여재산과 합산배제

재산 취득 후 재산가치 증가에 따른 이익의 증여재산가액은 다른 증여재산가액과 합산하지 아니한다(상증법 제47조제1항).

나. 10년간 동일인에 대한 증여재산과 합산배제

해당 증여일 전 10년 이내에 동일인(증여자가 직계존속이면 그 직계존속의 배우자 포함)으로부터 받은 증여재산가액을 합친 금액이 1천만원 이상이면 그 가액을 증여세 과세가액에 가산한다. 다만, 재산 취득 후 재산가치 증가에 따른 이익의 증여재산가액은 합산하지 아니한다(상증법 제47조제2항).

다. 증여세 과세표준의 계산

재산 취득 후 재산가치 증가에 따른 이익의 증여세 과세표준은 그 증여재산가액에서 3천만원을 공제한 금액에서 감정평가 수수료를 뺀 금액으로 한다(상증법 제55조제1항).

쟁점

재산가치 증가시 과세근거 유형

재산가치가 증가하였을 때 증여세를 과세할 수 있는 근거 규정(또는 유형)에는 몇 가지가 있을까?

우선, 상증법 제42조의3(재산 취득 후 재산가치 증가에 따른 이익의 증여)이 떠오른다.

상증법 제42조의3은 ① 직업, 연령, 소득 및 재산상태로 보아 자력으로 해당 행위를 할 수 없다고 인정되는 자가 ② 특수관계인으로터 증여 등 재산을 취득하고 ③ 5년 이내에 재산가치증가사유로 인하여 ④ 기준금액 이상의 이익을 얻은 경우 과세할 수 있다.

이 경우 재산가치 증가사유는 ① 개발사업 시행, 형질변경, 공유물 분할, 지하수개발 · 이용권 등의 인가 · 허가 및 그 밖에 사업의 인가 · 허가, ② 비상장주식의 한국금융투자협회 등록, ③ 그 밖에 ① 및 ②의 사유와 유사한 것으로 재산가치를 증가시키는 사유를 말한다. 상증법 제42조의3 외에도 재산 취득 후에 재산가치 증가에 따라 증여세를 과세할 수 있는 근거는 2가지 더 있다.

1. 경제적 실질이 유사한 경우

상증법 제4조(증여세 과세대상)에서는 증여예시 각 규정의 경우와 경제적 실질이 유사한 경우 등에는 예시규정 등을 준용하여 증여재산가액을 계산할 수 있는 경우 그 재산 또는 이익을 과세대상으로 하고 있다. 상증법 제42조의3과 경제적 실질이 유사한 경우에 과세할 수 있다는 것이다. 이 경우 증여이익은 상증법 제42조의3에 따라 계산한다.

2. 증여정의에 해당하는 경우

상증법 제4조(증여세 과세대상)에서는 재산 취득 후 해당 재산 가치가 증가한 경우(비특수관계인 간 거래시에는 정당한 사유가 없는 경우로 한정)에 증여세를 과세할 수 있다. 이 규정은 증여정의인 “타인의 재산가치를 증가시키는 것”을 포괄적으로 규정하였다고 보면 된다. 이 경우, 증여이익은 상증법 제31조(증여재산가액 계산의 일반원칙)에 따라 계산할 수 있다.

쟁점

2016년 이후 주주에게 재산가치 증가사유로 증여세를 과세할 수 있는지

2016년 이후 상증법 제42조의3(재산 취득 후 재산가치 증가에 따른 이익의 증여) 규정을 주주에게 적용할 수 있는지에 대해 논란이 있다. 즉, 법인에게 재산가치 증가사유가 발생하였는데, 증여세를 주주에게 과세할 수 있는지 여부가 다툼의 원인이다.

2015.12월 상증법을 개정하면서, 상증법 제4조의2제4항에서 영리법인이 증여받은 재산 또는 이익에 대하여 「법인세법」에 따른 법인세가 부과되는 경우(법인세가 「법인세법」 또는 다른 법률에 따라 비과세되거나 감면되

는 경우를 포함한다) 해당 법인의 주주등에 대해 제45조의3부터 제45조의5까지 규정에 따른 경우를 제외하고는 증여세를 부과하지 아니한다고 규정하였기 때문에 상증법 제42조의3은 개인 대상이라는 주장이 있다.

여기에 대해 기재부는 상증법 제42조의3을 적용할 때 취득 재산이 주식 또는 출자지분인 경우에도 같은 조 제1항에 따른 재산가치 증가사유는 같은 법 시행령 제32조의3제1항 각 호의 어느 하나에 해당하는 사유를 말한다고 보아 그 사유에 해당하면 증여세를 과세할 수 있다고 보았다(기획재정부 재산세제과-759, 2019.11.7.).

상증법 제4조의2제4항을 적용하기 위해서는 영리법인이 증여받은 재산 또는 이익이 있어야 하는데, 재산가치 증가사유로 주주의 주식가치는 증가하였지만, 영리법인이 증여받은 재산 또는 이익이 없기 때문에 상증법 제4조의2제4항을 적용하지 않는다고 본 것이다.

<2004년 전후 증여이익의 이해>[108]

1. 형질변경에 따른 이익
○ 갑은 5살짜리 자녀에게 임야(1천평, 시가 1억원)을 증여하고 그 증여일부터 3년이 되는 해에 대지로 형질변경
○ 형질변경 후 토지면적 및 가액: 800평, 시가 20억원으로 상승
(종전) 당초 임야 증여에 대한 증여세 850만원 부담으로 종결
(개정) 형질변경에 의한 재산가치 증가는 부의 기여에 의한 것이므로 그 가치증가분(18억원)에 대한 증여세 5.5억원 정도 추가 과세
〈가치증가분 계산〉: 18억원(①-②-③-④)
① 형질변경 후 토지가액: 20억원
② 임야 증여시 과세가액: 1억원
③ 3년간 평균지가 상승율 누계: 10%(1억원×10%=1천만원)
④ 형질변경 소요된 비용: 9천만원

2. 신주인수권부사채에 의한 신주인수
○ 갑은 A그룹 구조조정본부장을 역임하다가 퇴직하였음
○ 갑은 A그룹 계열사인 S사의 대주주가 인수포기한 신주인수권부사채(10억원, 1주당 1만원에 신주인수가능)를 배정받았음
○ 6개월 후 신주 10만주를 인수(인수당시 주가 5만원)하였음
(종전) 신주인수당시 갑은 S사를 퇴직하였으므로 S사 대주주와는 특수관계가 성립하지 아니하므로 증여세 과세 곤란
(개정) 기업집단 내 임원으로 근무하다가 퇴사한 경우도 특수관계에 해당하므로 신주인수권부사채에 의한 주식인수이익(40억원)에 대해 증여세 15억원 과세 [(5만원)-(1만원)]×10만주=40억원

3. 공유물 분할에 따른 이익
○ 부 · 자 공동소유의 토지를 분할하면서 도로에 접면된 토지는 자 소유로, 그 후면 토지를 부소유로 함으로써 면적은 동일하나 자소유 토지가격이 증가

---

108. 2003.12.16. 기획재정부 보도자료
109. 2015.12.15. 상증법 개정하면서 주식 · 출자지분의 상장 및 합병은 제외하였다.

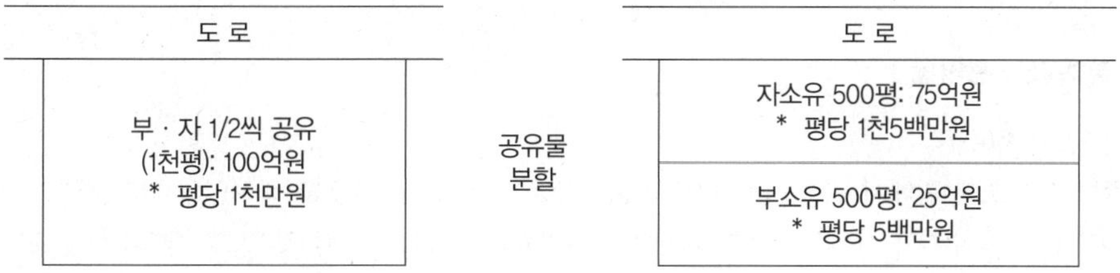

(종전) 당초 지분비율에 의한 공유물 분할은 소유형태의 변경에 불과하므로 재산 이전으로 보지 아니함
(개정) 공유물을 자에게 유리한 조건으로 분할하여 자 소유 토지가액이 증가했으므로 그 증가된 이익(25억원)에 대해 증여세 8.3억원 과세

4. 비상장주식의 상장에 따른 이익[109]
○ 갑은 부가 대주주로 있는 A법인(비상장법인)으로부터 10억원 차입하여 A법인 주식 취득
○ 주식취득일부터 1년 뒤 A법인이 한국증권거래소에 상장됨(상장 후 주가 100억원)
(종전) 자금차입 그 자체는 재산의 증여가 아니므로 차입한 자금으로 비상장주식을 취득하고 해당 법인이 상장되더라도 시세차익에 대해 증여세 과세 곤란
(개정) 갑과 부가 대주주로 있는 A법인은 특수관계에 해당. 갑은 A법인의 도움(자금대여)과 상장이 예정되어 있는 내부정보를 이용하여 비상장주식을 취득하고 시세차익을 얻었으므로 그 시세차익(90억원)에 대해 증여세 40억원 과세

5. 사업의 인 · 허가
○ 부의 부동산을 담보로 10살짜리 자녀 명의로 1억원의 자금을 차입하여 임야 1천평(시가 1억원)을 취득한 후 양질의 지하수 개발
○ 지하수개발권(온천)을 관할관청에 허가를 받자 땅값이 50억원으로 상승
(종전) 자금차입은 증여세 과세대상이 아님
(개정) 부동산 증여 후 5년 내 지하수개발이용권 허가를 받은 경우 이에 따른 가치상승분에 대해 증여세 과세
– 재산가치 증가사유 발생일 현재 재산가액 50억원에서 당초 증여받은 재산가액 1억원과 지하수개발권 허가에 소요된 비용(5천만원 가정) 및 보유기간 중 평균지가상승분(5천만원 가정) 등을 차감한 금액(48억원)에 대해 증여세 23억원 과세

6. 증여자의 증여세 연대납부의무의 면제

재산 취득 후 재산가치 증가에 따른 이익 증여에 해당하는 경우에는 수증자가 증여세를 납부할 능력이 없다고 인정되는 등의 경우에도 증여자는 수증자가 납부할 증여세를 연대하여 납부할 의무가 없다(상증법 제4조의2제6항 단서).

[관련 질의회신 · 판례 등]

○ 과세요건 충족여부

상증법 제42조제4항에서 규정하는 재산가치증가사유가 발생하지 않았고 증여인의 기여행위도 인정되지 않고, 양수자가 자신의 특별한 사업여건에 의하여 고가로 양수한 것이므로 쟁점주식 양도가액은 실질거래가액에 해당될 뿐 증여재산가액 산정에 적용되는 '시가'로 볼 수 없음(서울고법2012누28010(2013.12.27.)-대법원2014두4238(2014.7.10. 심불)).

○ 개발사업의 의미

(심판원) '개발사업'이란 같은 항에서 열거하는 형질변경, 공유물 분할, 사업의 인가 · 허가 등과 유사한 정도로 장래의 재산가치 증가발생이 객관적으로 예상되는 개발사업을 의미하는 것으로 보아야 하고, 「개발이익환수에 관한 법률」 제2조제1호에 따른 개발사업 등과 같이 장래의 재산가치 증가 발생이 객관적으로 예상되는 개발사업을 그 대상으로 봄이 타당함(조심2014서1982, 2015.12.3., 조심2020중1104, 2020.12.2.).

(법원) '개발사업'이란 구 개발이익환수에 관한 법률의 개발사업을 의미하는 것으로 해석됨(서울고법2017누86721, 2018.12.12.).

○ 주주가 해당 행위를 할 수 없다고 인정되는 자인지

(기재부-2016년 이후) 상증법 제42조의3을 적용할 때 취득 재산이 주식 또는 출자지분인 경우에도 재산가치 증가사유는 상증령 제32조의3제1항 각 호의 어느 하나에 해당하는 사유를 말함(기획재정부 재산세제과-759, 2019.11.7.).

(법원-2015년 이전) 이 사건 사업이 개발사업 시행이나 이와 유사한 것에 해당하더라도, 이로 인하여 재산가치가 직접 증가하는 이익을 얻은 것은 이 사건 사업을 시행한 법인이고, 이에 따라 원고가 이 사건 사업과 관련한 미공표 정보를 제공받아 취득한 이 사건 법인의 주식 가치가 증가하였다고 하더라도, 이는 법인 주주로서 재산가치 증가에 따른 간접 이익을 얻은 것에 불과하다고 할 것이므로, 이 사건 사업의 시행이 원고가 보유한 주식가치 증가와 직접적인 관련성이 있다고 볼 수 없음(부산고법2017누23841, 2018.4.6.).

○ 재산가치 증가사유 발생일

(개발사업) 재산가치 증가사유가 발생한 날은 재산가치 증가사유를 고려하여 그에 따른 기대이익이 상당 부분 재산 시세에 반영될 수 있는 날을 말함. 재산가치 증가사유에 해당하는 개발사업과 유사한 사유가 있었는지 여부는 당해 재산의 증여, 용지취득, 사업승인, 분양, 준공 등 분양 사업의 시행 단계별로 부의 기여로 인하여 법인의 재산가치가 증가하였는지 여부 등 구체적인 사실관계에 따라 판단할 사항임(기준2016법령해석재산-0300, 2017.2.2.).

(합병) 합병시 재산가치 증가사유가 발생했다 함은 합병등기를 한 날을 말함(서면4팀-1411, 2008.6.12.).

○ 형질변경

토지를 취득한 날부터 5년 이내에 형질변경으로 인하여 그 재산가치가 증가함(서울행법2015구합5283, 2015.12.17.).

제8장 증여추정 및 증여의제

ㅇ (증여추정)
① 배우자 등에 양도한 재산의 증여추정
② 재산취득자금 등의 증여추정
ㅇ (증여의제)
① 명의신탁재산 증여의제
② 특수관계법인과의 거래를 통한 이익의 증여의제
③ 특수관계법인으로부터 제공받은 사업기회로 발생한 이익의 증여의제
④ 특정법인과의 거래를 통한 이익의 증여의제

먼저 '의제'(간주)와 '추정'에 대해 살펴본다.

'의제'는 본질은 똑같지는 않지만, 법률에서 동일한 것으로 보고 동일한 효과를 주는 것을 말하며, 반대되는 사실을 제시하더라도 법률이 정한 효력에는 변함이 없다. 반면 '추정'은 확실하지 않은 사실을 그 반대 증거가 제시될 때까지 진실한 것으로 인정하여 법적 효과를 발생시키는 것을 말한다.

상증법령에서는 3개의 추정제도(상속1, 증여2)가 있고, 의제는 7개(상속3, 증여4)가 있다. 의제상속재산(또는 간주상속재산)은 법령상 표현은 아니며, 상속세는 "상속재산으로 보는 보험금" 등으로 표현하고 있으며, 증여세는 "명의신탁재산의 증여의제" 등으로 표현하고 있다.

증여추정은 "배우자 등에 양도한 재산의 증여추정"과 "재산취득자금 등의 증여추정"이 있고, 증여의제 규정으로는 "명의신탁재산의 증여의제", 2011.12.31. 신설된 "특수관계법인과의 거래를 통한 이익의 증여의제", 2016.12.15. 신설된 "특수관계법인으로부터 제공받은 사업기회로 발생한 이익의 증여의제"와 증여예시규정에서 의제규정으로 전환된 "특정법인과의 거래를 통한 이익의 증여의제"가 있다.

제1절 배우자 등에 양도한 재산의 증여추정

○ (대상)
  ① 배우자 또는 직계존비속에게 양도한 경우
  ② 특수관계인에게 양도한 재산을 그 특수관계인이 3년 이내에 당초 양도자의 배우자 또는 직계존비속에게 양도한 경우
  – (적용배제) (양도자 + 양수자의 소득세 결정세액) > 증여세액
○ (증여시기) 해당 재산을 양도한 때(등기접수일)
○ (재산평가) 상증법 제60조~제66조에 따라 평가

외형상 양도에 해당하지만 증여혐의가 있는 거래에 대해서는 증여로 추정한다. 배우자 또는 직계존비속(이하 "배우자 등")에게 양도하거나 특수관계인에게 양도한 재산을 그 특수관계인이 3년 이내에 당초 양도자의 배우자 등에게 양도한 경우에는 그 재산가액을 배우자 등이 증여받은 것으로 추정한다(상증법 제44조).

정상적인 상거래에 따라 배우자에게 판매하는 상품에 대하여 소득법에 따라 소득세가 부과되는 때는 당해 상품을 배우자 등에게 증여한 것으로 추정하지 아니한다(상증 집행기준 44-33-3).

<추정제도의 비교>

구분	상속개시 전 처분 재산의 상속추정	배우자 등에 대한 양도시의 증여추정	재산취득자금 등의 증여추정
입증 금액	처분금액 - Min (처분재산 20%, 2억원)	양도금액 전체	취득금액 등 - Min (취득재산 등 20%, 2억원)
추정 금액	미입증 금액 - Min (처분재산 20%, 2억원) * 변제의무 없는 채무액 전체(차감없음)	미입증 금액 (차감없음)	미입증 금액 (차감없음)

1. 배우자 또는 직계존비속에게 양도시 증여추정

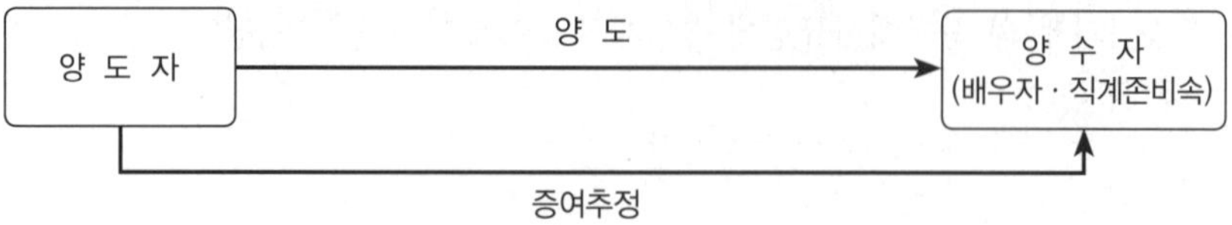

배우자 또는 직계존비속에게 양도한 재산은 양도자가 해당 재산을 양도한 때 그 재산 가액을 배우자 또는 직계존비속이 증여받은 것으로 추정한다. 다만, 양도한 사실이 명백한 경우에는 제

외한다. 배우자는 혼인관계에 의한 배우자(사실혼 배우자 제외)를 말하며[1], 직계존비속의 경우에는 법정혈족(양자)을 포함한다.

가. 증여추정의 배제

배우자 등에게 대가를 지급받고 양도한 사실이 명백히 인정되는 경우 등 아래의 경우에는 증여추정을 적용하지 않는다. 아래는 예시적 규정[2]이다.

1) 법원 결정으로 경매절차에 따라 처분된 경우

2) 파산선고로 처분된 경우

3) 국세징수법에 따라 공매된 경우

4) 「자본시장과 금융투자업에 관한 법률」 제8조의2제4항제1호에 따른 증권시장을 통하여 유가증권이 처분된 경우

   다만, 불특정다수인 간의 거래에 의해 처분된 것으로 볼 수 없으면 제외한다. 증권시장에서 이루어지는 유가증권 매매 중 「자본시장과 금융투자업에 관한 법률」 제393조제1항에 따른 거래소 증권시장업무규정에 따라 시간외대량매매 방법으로 매매된 것(당일 종가로 매매된 것은 제외한다)을 말한다.

5) 배우자 등에게 아래와 같이 대가를 지급받고 양도한 사실이 명백히 인정되는 경우

가) 권리 이전이나 행사에 등기 · 등록을 요하는 재산을 서로 교환한 경우

나) 해당 재산의 취득을 위하여 이미 과세(비과세 · 감면 포함)받았거나 신고한 소득금액 또는 상속재산 및 수증재산 가액으로 그 대가를 지급한 사실이 입증되는 경우

다) 해당 재산 취득을 위하여 소유재산을 처분한 금액으로 그 대가를 지급한 사실이 입증되는 경우

나. 증여시기: 해당 재산을 양도한 때

부동산의 경우 증여시기는 등기접수일이다(재일46014-1813, 1997.7.24.). 대금청산일이 아니다.

---

1. 상증 집행기준 44-0-2, 대법원90누6897, 1991.4.26.
2. 상증령 제41조제3항이 권리 이전이나 행사에 등기나 등록을 요하는 재산을 서로 교환한 경우를 말한다고 하여 이를 예시한 것은, 위와 같은 교환이나 이에 준하는 정도로 대가를 지급하고 양도된 사실이 명백히 인정된다면 증여로 보지 않는다는 취지이다(대법원90누7012, 1991.2.26.).

다. 증여추정가액

증여시기를 평가기준일로 하여 상증법 제60조~제66조에 따라 평가한 가액이다.

[관련 질의회신 · 판례 등]

○ 직계존비속 간 양도시

직계존비속에게 양도한 재산은 그 재산을 양도한 때 증여한 것으로 추정하나, 직계존비속에게 대가를 지급받고 양도한 사실이 상증령 제33조제3항 각호에 의하여 명백히 인정되는 경우 그러하지 아니함. 증여추정규정이 적용되지 아니하는 재산은 양도소득세 과세대상이 되며, 해당 재산 시가보다 높거나 낮은 대가를 지급하는 경우에는 상증법 제35조(저가 · 고가 양도에 따른 이익의 증여) 규정이 적용됨(재산세과-441, 2011.9.27.).

○ 거래의 입증책임

거래실질이 '양도'에 해당하는지 '증여'에 해당되는지 여부는 계약내용 및 대금지급관계 등 구체적인 사실을 확인하여 판단할 사항으로 거래실질이 사실상 양도에 해당한다면 이를 주장하는 자가 입증하여야 함(서면4팀-4069, 2006.12.14.).

2. 배우자 등에게 우회양도한 재산의 증여추정

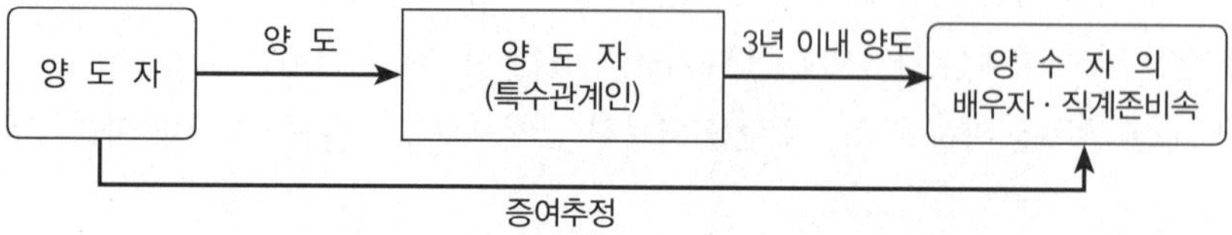

특수관계인에게 양도한 재산을 그 특수관계인(양수자)이 3년 이내에 당초 양도자의 배우자 또는 직계존비속에게 양도한 경우에는 양수자가 그 재산을 양도한 당시의 재산가액을 배우자 또는 직계존비속이 증여받은 것으로 추정한다. 이 경우 양도자 및 양수자가 부담한 소득세법에 따른 결정세액을 합친 금액이 그 배우자 등이 증여받은 것으로 추정시 증여세액보다 큰 경우에는 적용하지 않는다.

배우자 등에게 증여세가 부과되는 경우, 당초 양도자 및 양수자에게 그 재산 양도에 따른 양도소득세를 부과하지 않는다.

가. 특수관계인 범위

상증령 제2조의2에 따라 판단한다.

나. 양도기간

양수자가 양도일로부터 3년 이내에 양도한 경우에 적용한다.

다. 증여추정의 배제

앞의 2. 가.와 같다(상증법 제44조제3항).

<소득세 부당행위계산>

○ 소득세법 제101조(양도소득의 부당행위계산)

② 거주자가 제1항에서 규정하는 특수관계인(제97조의2제1항을 적용받는 배우자 및 직계존비속의 경우는 제외한다)에게 자산을 증여한 후 그 자산을 증여받은 자가 그 증여일부터 5년 이내에 다시 타인에게 양도한 경우로서 제1호에 따른 세액이 제2호에 따른 세액보다 적은 경우에는 증여자가 그 자산을 직접 양도한 것으로 본다. 다만, 양도소득이 해당 수증자에게 실질적으로 귀속된 경우에는 그러하지 아니하다.

1. 증여받은 자의 증여세(「상속세 및 증여세법」에 따른 산출세액에서 공제 · 감면세액을 뺀 세액을 말한다)와 양도소득세(이 법에 따른 산출세액에서 공제 · 감면세액을 뺀 결정세액을 말한다. 이하 제2호에서 같다)를 합한 세액
2. 증여자가 직접 양도하는 경우로 보아 계산한 양도소득세

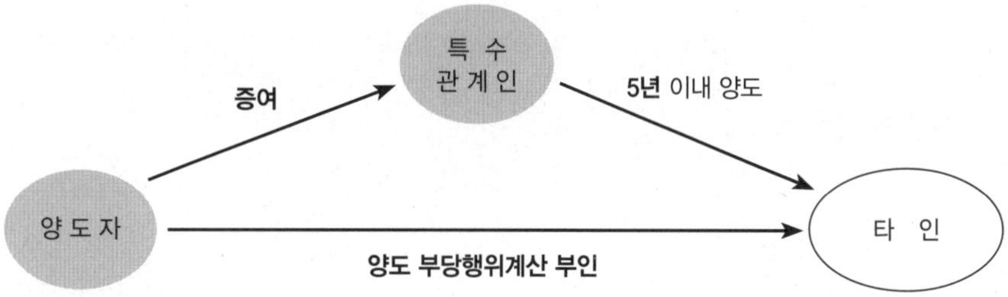

예시

(문) 을은 2021.1.15. 갑 소유부동산을 10억원에 취득(갑은 1.3억원 양도세 납부)하였다가 2022.1.14. 갑의 아들 병에게 10억원에 다시 양도하였고, 을은 갑이 30% 보유한 법인의 임원인 경우 증여세 등 과세여부는?

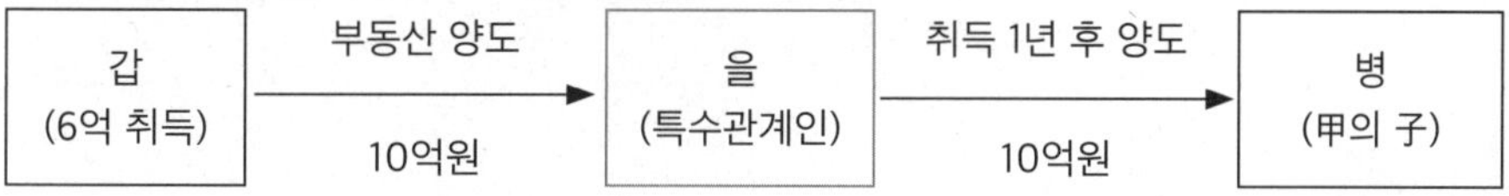

(답)

① 을의 양도세: 없음

② 병의 증여세 2.25억원

양도소득세 결정세액(갑 1.3억원 + 을 0원) < 증여추정에 따른 증여세 2.25억원

증여추정에 따른 증여세: (10억원 - 0.5억원) × 30% = 2.25억원

③ 갑이 기납부한 1.3억원은 경정청구할 경우 양도세 환급

제2절 재산취득자금 등의 증여추정

증여추정 배제	미입증 금액 ≤ Min (취득재산등 × 20%, 2억원)
증여추정 과세	미입증 금액 > Min (취득재산등 × 20%, 2억원)
	증여재산가액 = 미입증 금액(취득재산의 가액 등 – 입증된 금액)

직업 · 연령 · 소득 및 재산상태 등으로 볼 때 재산을 자력으로 취득하였다고 인정하기 어려운 경우 또는 채무를 자력으로 상환하였다고 인정하기 어려운 경우에는 그 가액을 증여받은 것으로 추정한다(상증법 제45조). 이 경우, 일정금액 이하에 해당하는 경우와 출처에 관한 충분한 소명이 있는 경우에는 적용하지 않는다.

<추정제도의 비교>

구분	상속개시 전 처분 재산의 상속추정	배우자 등에 대한 양도시의 증여추정	재산취득자금 등의 증여추정
입증 금액	처분금액-Min (처분 재산 20%, 2억원)	양도금액 전체	취득금액 등-Min (취득재산 등 20%, 2억원)
추정 금액	미입증 금액-Min (처분 재산 20%, 2억원) * 변제의무 없는 채무액 전체(차감없음)	미입증 금액 (차감없음)	미입증 금액 (차감없음)

1. 재산을 자력으로 취득하였다고 인정하기 어려운 경우

직업 · 연령 · 소득 및 재산상태 등으로 볼 때 재산을 자력으로 취득하였다고 인정하기 어려운 경우 당해 재산의 취득자금을 취득자가 증여받은 것으로 추정한다.

가. 재산의 자력 취득을 인정하기 어려운 경우

입증된 금액의 합계액이 취득재산의 가액에 미달하는 경우를 말한다. 이 경우, 입증되지 아니하는 금액이 취득재산 가액의 100분의 20에 상당하는 금액과 2억원 중 적은 금액에 미달하는 경우에는 제외한다. 취득재산 가액이란 그 재산의 취득에 실제로 소요된 자금을 말하는 것으로 부동산 취득의 경우, 거래가액에 취득세, 등기비용, 중개수수료 등 부대비용을 합한 금액을 의미한다.

증여추정 배제	미입증 금액 ≤ Min (취득재산 × 20%, 2억원)
증여추정 과세	미입증 금액 > Min (취득재산 × 20%, 2억원)
	증여재산가액 = 미입증 금액(취득재산의 가액 – 입증된 금액)

1) 입증된 금액은 아래와 같다.

가) 신고하였거나 과세(비과세 · 감면 포함)받은 소득금액

나) 신고하였거나 과세(비과세 · 감면 포함)받은 상속 또는 수증재산의 가액

다) 재산 처분한 대가로 받은 금전이나 부채를 부담 후 받은 금전으로 해당 재산 취득에 직접 사용한 금액

2) 재산취득일이 속하는 사업년도의 소득금액 중 자금출처로 인정되는 금액은 비치 · 기장한 장부 등에 의하여 재산취득일까지 발생한 사실이 확인되는 금액으로 하되, 그 금액을 산정하기 어려운 경우, 당해 연도의 소득금액을 재산취득일까지 기간에 대하여 안분한 금액으로 한다(서일46014-11461, 2003.10.16.).

나. 자금출처로 인정되는 경우(상증통칙 45-34…1)

1) 본인 소유재산의 처분사실이 증빙에 의하여 확인되는 경우 그 처분금액(그 금액이 불분명한 경우에는 상증법 제60조부터 제66조까지에 따라 평가한 가액)에서 양도소득세 등 공과금 상당액을 뺀 금액

2) 기타 신고하였거나 과세받은 소득금액은 그 소득에 대한 소득세 등 공과금 상당액을 뺀 금액

3) 농지경작소득

4) 재산취득일 이전에 차용한 부채로 상증령 제10조에 따라 입증된 금액. 다만, 원칙적으로 배우자 및 직계존비속간의 소비대차는 인정하지 아니한다.

5) 재산취득일 이전에 자기 재산의 대여로 받은 전세금 및 보증금

6) 1)부터 5)까지 외 경우, 자금출처가 명백하게 확인되는 금액

예시

재산취득가액 (①)	자금출처 입증금액	미입증금액	증여추정판정기준 Min(①×20%, 2억원)	과세여부 (증여재산가액)
8억원	7.5억원	0.5억원	1.6억원	추정배제
10억원	5억원	5억원	2억원	추정 과세(5억원)
25억원	22억원	3억원	2억원	추정 과세(3억원)

다. 해당 재산의 취득자금을 증여받은 재산으로 하여 자금출처를 입증하는 경우에는 상증령 제34조제1항 단서 규정을 적용하지 아니한다(상증통칙 45-34…1).[3]

예시

(문1) 재산취득자금이 10억원, 자금출처 입증시 8억원 증여받았다고 소명하는 경우
(답1) 전체 10억원 (8억원+2억원)에 대하여 증여세 과세
(문2) 재산취득자금이 15억원, 입증금액 11억원, 2억원은 증여받았다고 소명하는 경우
(답2) 4억원 (15억원 – 11억원)에 대하여 증여세 과세

라. 차명계좌에 대한 증여추정 적용 명확화

「금융실명거래 및 비밀보장에 관한 법률」 제3조에 따라 실명 확인된 계좌 또는 외국 관계 법령에 따라 이와 유사한 방법으로 실명이 확인된 계좌에 보유한 재산은 명의자가 그 재산을 취득한 것으로 추정하여 상증법 제45조제1항(재산취득 자금의 증여추정)을 적용한다(상증법 제45조제4항). 이 경우, 명의자가 차명재산임을 입증하는 경우에는 그러하지 않는다.

종전에는 차명계좌를 개설하여 현금을 입금하여도 계좌명의자가 당해 금전을 인출하여 실제 사용하지 않는 한, 계좌명의자가 차명재산임을 주장하는 경우 증여세 과세가 곤란한 점이 있었으나, 2013.1.1. 이후 신고 · 결정 · 경정분[4]부터는 해당 계좌가 차명계좌라는 사실은 명의자가 명백히 입증하여야 하며, 입증하지 못하는 경우에는 입금 시점에서 명의자가 취득한 것으로 보아 과세할 수 있게 되었다.

<증여시기 개정연혁>

2012.12.31. 이전	2013.1.1. 이후
명의자가 자금을 인출하여 사용한 경우 적용	금융계좌에 자산이 입금되는 시점에 계좌 명의자가 재산을 취득한 것으로 추정

1) 차명계좌의 증여세 부과제척기간 연장

수증자 명의로 되어 있는 증여자 금융자산(이 금융자산을 포함 차명재산을 50억원 초과한 경

3. 상증통칙에는 있지만, 상증집행 기준에는 없다. 실무상 증여로 받았다고 확인되는 경우에는 자금출처 해명으로 보기 때문이다.
4. 조문 개정 전에도 대법원 판례에 따라 국세청은 과세하였으며, 해당 조항은 소급효가 있다고 보았다. 법원은 예금은 납세자에게 증여된 것으로 추정되므로, 납세명의로 예금 등이 증여가 아닌 다른 목적으로 행한 것이라는 등 특별한 사정이 있다면 이에 대한 입증 필요는 납세자에게 있다고 보았다(대법원96누3272, 1997.2.11.).

우에 한함)을 수증자가 보유하고 있거나 사용 · 수익한 경우에는 해당 재산의 증여가 있음을 안 날로부터 1년 이내에 증여세를 부과하는 것이 가능하도록 하여 차명계좌를 통한 증여세 포탈행위를 방지하였다(국기법 제26조의2제4항).

2) 「금융실명거래 및 비밀보장에 관한 법률」(법률 제12711호, 2014.5.28. 개정, 2014.11.29. 시행) 개정

금융자산 실소유자와 예금 명의자가 다른 경우 범죄수익 은닉, 자금세탁, 조세포탈 등 불법행위나 범죄 수단으로 악용될 수 있기 때문에 이러한 차명거래를 방지하기 위해 개정하였으며, 주요 개정내용은 다음과 같다.

(가) 불법행위[5] 목적의 차명 금융거래 금지(다만, 선의의 차명계좌는 허용). 위반시 차명계좌 실소유자 · 명의자 및 알선 · 중개한 금융회사 종사자 형사처벌(5년 이하의 징역 또는 5천만원 이하 벌금)

(나) 실명이 확인된 계좌에 보유한 금융자산은 "명의자 소유"로 추정

(다) 금융회사 종사자에게 불법 차명거래 금지에 대한 설명의무 부여(위반시 3천만원 이하 과태료 부과)

쟁점

재산 취득자금 등의 증여추정 적용시 증여자를 특정하여야 하는가

재산 취득자의 직업, 연령, 소득 및 재산 상태 등으로 볼 때 재산을 자력으로 취득하였다고 인정하기 어려운 경우에는 그 재산을 취득한 때 취득자금을 재산 취득자가 증여받은 것으로 추정한다. 그러면 이때 증여자를 특정해야 할까?

예를 들면, 30대가 소득이나 재산 처분없이 60억의 부동산을 취득하였는데, 부와 모, 형제자매 등에게는 재산을 증여할 만한 재력이 없는 경우이다. 개정연혁을 살펴보면 아래와 같다. 2003.12.31. 이전에는 "다른 자로부터 취득자금을 증여받은 것으로 추정한다"라고 규정하였다가 2004.1.1. 이후에는 "다른 자로부터"를 삭제하였다.

2003.12.31. 이전	2004.1.1. 이후
제45조【재산취득자금등의 증여추정】 ①직업·연령·소득 및 재산상태등으로 보아 재산을 자력으로 취득하였다고 인정하기 어려운 경우로서 대통령령이 정하는 경우에는 당해 재산을 취득한 때에 당해 재산의 취득자가 다른 자로부터 취득자금을 증여받은 것으로 추정한다.	제45조【재산취득자금 등의 증여추정】 ① 직업·연령·소득 및 재산상태 등으로 보아 재산을 자력으로 취득하였다고 인정하기 어려운 경우로서 대통령령이 정하는 경우에는 당해 재산을 취득한 때에 당해 재산의 취득자금을 그 재산의 취득자가 증여받은 것으로 추정하여 이를 그 재산취득자의 증여재산가액으로 한다.

5. 「특정금융거래정보의보고및이용등에관한법률」(FIU법)에서 규정하는 불법재산 은닉, 자금세탁행위(조세포탈 등), 공중협박자금조달행위, 강제집행의 면탈 등

즉, 입법자의 개정의도는 "다른 자"를 특정하지 않아도 증여추정을 적용할 수 있다고 한 것이다. 하지만 법원은 개정 전, 개정 후 모두 증여자를 특정하여야 한다고 보았다.

2003.12.31. 이전에는 증여를 추정하기 위하여는 수증자에게 일정한 직업이나 소득이 없다는 점 외에도 증여자[6]에게 재산을 증여할 만한 재력이 있다는 점을 과세관청이 입증하여야 한다고 보았고(대법원2003두10732, 2004.4.16.), 2004.1.1. 이후에도 법원은 다른 자를 특정하여야 한다고 보았는데 그 이유는 개정 후 법 제2조제1항은 개정 전 법과 마찬가지로 타인의 증여로 인하여 증여재산이 있는 경우에는 그 증여재산에 대하여 증여세를 부과한다라고 규정할 뿐 아니라 개정 후 상증법 제4조제4항 단서도 개정 전 법과 마찬가지로 증여자의 연대납세의무 제외 대상에 개정 후 규정을 포함시키지 아니함으로써 개정 후 규정이 적용되는 경우에도 여전히 증여자의 존재를 전제로 하는 점 등을 고려하면, 위와 같은 개정이 있었다고 하여 재산취득자의 직계존속이나 배우자 등에게 재산을 증여할 만한 재력이 있다는 점에 관한 과세관청의 증명책임이 소멸되었다고 볼 것은 아니라고 보았기 때문이다(대법원2008두20598, 2010.7.22.).

2010년 법원의 판결 이후 기재부 등의 해석은 없었다가, 2021년 기재부는 증여자를 특정하지 않아도 증여추정을 적용할 수 있다고 보았다.

이 건의 사실관계를 보면, 갑은 국내에 소득이 전혀 없고 엔화를 휴대하여 국내로 반입하여 부동산과 자동차 등을 취득하였는데, 갑은 국내외에서 동거하고 있는 가족이 없는 경우이다.

상증법 제45조에 따라 직업, 연령, 소득 및 재산상태 등으로 볼 때 재산취득자금의 출처에 대해 소명하지 못하여 증여받은 것으로 추정하는 경우, '증여자'의 특정이 과세요건에 해당하는지 여부(증여자에 대한 입증책임이 과세관청에 있는지 여부) (제1안) 증여자를 특정하여야 과세가능 (제2안) 증여자를 특정하지 않아도 과세가능 【회신】 귀청의 질의에 대해서는 제2안이 타당합니다. (기획재정부 재산세제과-200, 2021.3.5.)

한편, 2021.12.21. 상증법을 개정하면서 재산취득자금 증여 추정 규정에 대해 연대납세의무 적용 제외 및 증여재산 합산배제를 추가하였다.

현 행	개 정 안
□ 연대납세의무 적용 제외 ○ 부동산 무상사용 이익의 증여, 합병 · 증자 · 감자 · 현물출자에 따른 이익 증여 등 〈추 가〉	□ 연대납세의무 적용 제외 추가 ○ (좌 동) ○ 재산취득자금의 증여 추정
□ 합산배제 증여재산 ○ 전환사채 전환 이익 · 주식 상장 이익 · 합병 상장 이익의 증여, 명의신탁재산 증여의제 등 〈추 가〉	□ 합산배제 증여재산 추가 ○ (좌 동) ○ 재산취득자금의 증여 추정

적용시기는 쟁점이 될 수 있다. 당초 기재부 세법개정 보도자료(2021.7.26.)에서 개정안 적용시기를 2022.1.1.

---

6. 증여자의 범위를 직계존속이나 배우자 등으로 한정하지 않고 있다. '특정해야 할 증여자의 범위'(예를 들면 4촌 이내의 친족)가 법원에서 제시된 바는 없다.

이후 증여받는 분부터 적용한다고 하였기 때문에 해당 개정규정은 창설적 규정[7]으로 보인다. 이 책의 원고를 작성하는 시점에서는 국세청 개정세법 해설책자나 기재부의 간추린 개정세법 발간 전으로, 창설적 규정인지 확인적 규정인지 알기 어렵다.

창설적 규정으로 보면, 기획재정부 재산세제과-200(2021.3.5.) 해석이 2021년에 적용[8]될 수 없고, 선언적 규정으로 보면, 2004년 이후 동일 쟁점에 대해 국세청에서 과세하지 않은 건에 대해 과세할 여지[9]가 있다.

아래와 같이 해설할 수도 있다.

2021.12.31. 이전	2022.1.1. 이후
증여자 특정(○) 또는 증여자 특정(×) ⇒ 합산배제, 연대납부 배제	증여자 특정(×) ⇒ 합산배제, 연대납부 배제

이 책의 원고를 작성하는 시점에서는 기재부의 입법의도를 명확히 알지 못하므로 반드시 확인하기를 바란다.

2. 채무를 자력으로 상환하였다고 인정하기 어려운 경우

직업 · 연령 · 소득 및 재산상태 등으로 보아 채무를 자력으로 상환하였다고 인정하기 어려운 경우 당해 상환자금을 채무자가 증여받은 것으로 추정한다.

가. 채무를 자력으로 상환하였다고 보기 어려운 경우

증여추정 배제	미입증 금액 ≤ Min(채무상환 × 20%, 2억원)
증여추정 과세	미입증 금액 > Min(채무상환 × 20%, 2억원)
	증여재산가액 = 미입증 금액(채무상환금액 – 입증된 금액)

입증된 금액 합계액이 채무상환금액에 미달하는 경우를 말한다. 다만, 입증되지 아니하는 금액이 채무 상환금액의 100분의 20에 상당하는 금액과 2억원 중 적은 금액에 미달하는 경우 제외한다.

입증된 금액은 아래와 같다.

1) 신고하였거나 과세(비과세 또는 감면 포함)받은 소득금액
2) 신고하였거나 과세(비과세 또는 감면 포함)받은 상속 또는 수증재산의 가액

---

7. 창설적 규정이면 2021년 이전에 대해 과세하기 어렵다. "증여자 특정하지 않아도 과세 가능, 2022년부터", 조세일보, 고경희, 2021.8.11.
8. 2021년에 적용되지 않는다면 증여자를 특정하지 않아도 증여추정을 적용할 수 있다고 해석할 이유가 없다.
9. 대법원 판례를 근거로 과세하지 않았던 건에 과세할 여지가 있다. 하지만 중복조사 문제가 있고, 과세하였을 때 소송에서 과세유지될 가능성이 높지 않아 보인다.

3) 재산을 처분한 대가로 받은 금전이나 부채를 부담하고 받은 금전으로 해당 채무의 상환에 직접 사용한 금액

나. 자금출처로 인정되는 경우(상증통칙 45-34-1)

앞의 설명과 같다.

다. 해당 재산의 취득자금을 증여받은 재산으로 하여 자금출처를 입증하는 경우에는 상증령 제34조제1항 단서 규정을 적용하지 아니한다(상증통칙 45-34…1).

앞의 설명과 같다.

3. 증여추정의 배제기준[10]

재산취득일전 또는 채무상환일 전 10년 이내에 주택과 기타재산의 취득가액 및 채무상환금액이 각각 아래 기준에 미달하고, 주택취득자금, 기타재산 취득자금 및 채무상환자금 합계액이 총액한도 기준에 미달하는 경우, 상증법 제45조제1항과 제2항을 적용하지 않는다.

2020.7.20. 현재[11] 상증 사무처리규정 제31조 증여추정 배제기준[12]은 아래와 같다. 기준금액에 관계없이 취득가액 또는 채무상환금액이 타인으로부터 증여받은 사실이 확인될 경우, 증여세 과세대상이 된다. 이 경우 입증책임은 과세관청에 있다. 또한, 증여재산 취득시기별로 그에 대응되는 자금원을 해명받아 증여세 과세여부를 판단할 사항이지, 일정 기간의 총 취득재산가액과 총 해명금액을 가지고서 입증 여부를 판단하는 것이 아니다(서일46014-10766, 2003.6.12.).

---

10. 2020.2.11. 결정부터 세대주를 삭제하였다.

11. 2020.7.19. 이전의 증여추정 배제기준

구분	취득재산		채무상환	총액한도
	주택	기타재산		
1. 세대주인 경우				
가. 30세 이상인 자	1억 5천만원	5천만원	5천만원	2억원
나. 40세 이상인 자	3억원	1억원		4억원
2. 세대주가 아닌 경우				
가. 30세 이상인 자	7천만원	5천만원	5천만원	1억 2천만원
나. 40세 이상인 자	1억5천만원	1억원		2억 5천만원
3. 30세 미만인 자	5천만원	5천만원	5천만원	1억원

12. 증여추정 배제기준은 비과세, 증여재산공제와는 성격이 다르다. 실무상 과세관청에서 자금출처조사대상 선정등이 사용될 뿐 납세자와는 직접 관련이 없다. 증여추정 배제기준 금액 이하로 취득하였더라도 과세관청에서 증여를 확인한 경우 증여세를 부과할 수 있다.

구 분	취 득 재 산		채무상환	총액한도
	주택	기타재산		
30세 미만	5천만원	5천만원	5천만원	1억원
30세 이상	1억 5천만원	5천만원	5천만원	2억원
40세 이상	3억원	1억원	5천만원	4억원

예시

(문) 갑, 을 각각 재산취득에 대한 자금출처를 아래와 같이 해명한 경우, 갑과 을의 증여추정 적용 여부는?

(단위: 백만원)

구분	취득일	취득 가액	갑의 소명 내용			을의 소명 내용		
			입증금액	미입증액	입증률	입증금액	미입증액	입증률
재산(a)	2020.6.21.	500	420	80	84.0%	450	50	90.0%
재산(b)	2020.7.5.	100	10	90	10%	80	20	80.0 %
재산(c)	2020.12.4.	95	10	85	10.5%	65	30	68.4 %
합 계		695	420	255	60.4%	595	100	91.0%

(답) 갑 (b), (c) / 을 (c)

4. 증여시기

재산취득은 그 재산을 취득한 때, 채무상환은 그 채무를 상환하였을 때가 곧 증여시기이다.

[관련 질의회신 · 판례 등]

○ (2004.1.1. 이후) 증여자 추정

(법원) 원고의 직계존속이나 배우자 등에게 증여할 만한 재력이 있는지를 증명하였는지 여부에 관하여 살펴보지 않고 이 사건 처분이 적법하다고 판단하였으나, 이러한 원심판단에는 재산취득자금의 증여추정에 있어 증명책임 소재나 범위에 관한 법리를 오해하여 필요한 심리를 다하지 아니함으로써 판결에 영향을 미친 위법이 있음(대법원2008두20598, 2010.7.22.).[13]

(기재부) 직업, 연령, 소득 및 재산상태 등으로 볼 때 재산취득자금의 출처에 대해 소명하지 못하여 증

13. "당해 재산의 취득자가 다른 자로부터 취득자금을 증여받은 것으로 추정한다"를 "당해 재산의 취득자금을 그 재산의 취득자가 증여받은 것으로 추정하여 이를 그 재산 취득자의 증여재산가액으로 한다"로 2003.12.30. 상증법 제45조를 개정한 것에 대한 판례이다.

여받은 것으로 추정하는 경우, 증여자를 특정하지 않아도 과세가능함(기획재정부 재산세제과-200, 2021.3.5.).

○ 수차례에 걸쳐 부동산을 취득한 경우

(국세청) 국세청장이 정하는 금액 이하여서 증여추정규정을 적용하지 아니하는 경우 취득자금 등은 10년 이내의 재산취득자금 등 합계액에 의하며, 재산취득자금 등의 80% 상당액 이상을 해명함으로써 증여추정규정을 적용하지 아니하도록 규정한 상증령 제34조제1항 단서 규정은 재산취득 또는 채무상환이 있을 때마다 그 해당여부를 판단함(서일46014-10766, 2003.6.12.).

(심판원) 재산취득자금 등 증여추정 규정을 적용함에 있어 개별 취득재산별로 취득자금을 소명하게 한다는 것이 현실적으로 어렵거나 다수의 취득재산을 한 건의 취득재산으로 보아 자금출처를 소명하는 것이 합리적일 경우에는 동 취득재산 전체를 하나의 재산으로 보는 것이 타당함(국심2004서15, 2004.5.19., 조심2016서3287, 2016.11.28.).

○ 일정 직업이나 소득이 있는 경우

일정한 직업 또는 소득이 없는 사람이 해당 재산에 관하여 납득할 만한 자금출처를 대지 못하고, 그 직계존속이나 배우자 등 그와 가까운 자가 증여할 만한 재력이 있는 경우에는 그 취득자금을 그 재력 있는 자로부터 증여받았다고 추정함이 옳다고 할 것이며, 이는 일정한 직업이나 소득이 있다고 할지라도 소득금액에 비해 현저히 많은 재산을 취득한 사람이 해당 재산에 관하여 납득할 만한 자금출처를 대지 못하는 경우에도 마찬가지임(대법원2009두2085, 2009.4.9.).

○ 배우자 간 증여추정과 명의신탁

(증여추정) 부부 사이에서 일방 배우자 명의의 예금이 인출되어 타방 배우자 명의의 예금계좌로 입금되는 경우에는 증여 외에도 단순한 공동생활의 편의, 일방 배우자 자금의 위탁 관리, 가족을 위한 생활비 지급 등 여러 원인이 있을 수 있으므로, 그와 같은 예금 인출 및 입금사실이 밝혀졌다는 사정만으로는 경험칙에 비추어 해당 예금이 타방 배우자에게 증여되었다는 과세요건사실이 추정된다고 할 수 없음(대법원2015두41937, 2015.9.10.).

(추정의 입증책임) 부부 사이에서 일방 배우자 명의의 예금이 인출되어 타방 배우자 명의의 예금계좌로 입금되는 경우에는 증여 외에도 단순한 공동생활의 편의, 일방 배우자 자금의 위탁 관리, 가족을 위한 생활비 지급 등 여러 원인이 있을 수 있으므로, 그와 같은 예금의 인출 및 입금사실이 밝혀졌다는 사정만으로는 경험칙에 비추어 해당 예금이 타방 배우자에게 증여되었다는 과세요건사실이 추정된다고 할 수 없다. 따라서 원고 명의의 예금채권의 자금 출처가 남편인 ○○○로 밝혀진 이상 과세관청은 이 사건 금전에 관하여 증여로 과세하려면 위 금전이 ○○○에게서 원고에게 무상으로 이전되었다는 사실을 증명하여야 함(서울고법2015누57286(2016.5.18.)-대법원2016두41590(2016.8.24. 심불)).[14]

(명의신탁) 단순히 다른 일방 배우자가 그 매수자금의 출처라는 사정만으로는 무조건 특유재산 추정이 번복되어 당해 부동산에 관하여 명의신탁이 있었다고 볼 것은 아니고, 관련 증거들을 통하여 나타난 모든 사정을 종합하여 다른 일방 배우자가 당해 부동산을 실질적으로 소유하기 위하여 그 대가를 부담했는지 여부를 개별적 · 구체적으로 가려 명의신탁 여부를 판단하여야 함(대법원2006두8068, 2008.9.25.).

---

14. 피상속인 예금이 상속인 계좌로 예치된 이상 그 예금은 상속인에게 증여된 것으로 추정되므로 사전증여가 아니라는 입증책임은 상속인에게 있다(조심2011서2086, 2011.10.31.).

○ 입증책임

과세관청에 의하여 증여자로 인정된 자 명의의 예금이 인출되어 납세자명의의 정기예금으로 예치되거나 기명식수익증권 매입에 사용된 사실이 밝혀진 이상 그 예금은 납세자에게 증여된 것으로 추정되므로, 그와 같은 예금 인출과 납세명의로 예금 등이 증여가 아닌 다른 목적으로 행하여진 것이라는 등 특별한 사정이 있다면 이에 대한 입증 필요는 납세자에게 있음(대법원96누3272, 1997.2.11.).

○ 차명계좌의 이자소득 배당소득에 대한 차등과세 적용 여부

금융위원회 유권해석(은행과-1515, 2017.11.15)에 따라 검찰 수사, 국세청 조사 또는 금감원 검사결과에 의해 명의인이 실소유자가 아닌 것으로 밝혀진 "금융실명거래 및 비밀보장에 관한 법률"에 의한 금융자산이 동법 제5조의 "실명에 의하지 아니하고 거래한 금융자산"에 해당하는 경우 동 자산에서 발생한 이자 및 배당소득에 대하여는 100분의 90의 원천징수세율 적용. 원천징수의무자에게 부과하는 국세는 국기법 제26조의2 제1항에 따라 원천징수의무자가 사기나 그 밖의 부정한 행위로 국세를 포탈한 경우 같은 법 시행령 제12조의3 제2항 제1호에 규정한 날부터 10년간 그 국세를 부과할 수 있으며, 사기나 그 밖의 부정한 행위로 국세를 포탈하였는지 여부는 구체적인 사실관계에 따라 판단할 사항임(금융세제과-266, 2017.11.21.).

* 실소유자 합산과세 ⇒ 완납적 분리과세

○ 자금출처

(부당행위계산 부인) 양도소득에 대한 소득세를 부당하게 감소시키고자 특수관계자에게 자산을 증여한 후 그 자산을 증여받은 자가 그 증여일로부터 3년 이내에 타인에게 이를 양도하여 소득법 제101조 규정에 의한 양도소득의 부당행위계산규정이 적용되어 증여자가 타인에게 그 자산을 직접 양도한 것으로 보아 양도소득세를 계산하고 당초 증여받은 재산에 대하여 증여세를 부과하지 아니하는 경우에도, 수증자가 당해 증여받은 재산의 처분가액으로 다른 재산을 취득하거나 사용한 경우 수증자의 다른 재산의 취득자금 등의 출처로 인정됨(서면4팀-2119, 2004.12.28.).

(당해 취득재산의 대여) 당해 취득재산의 대여로서 받은 임대보증금 또는 전세금 등의 채무를 당해 재산의 취득자금으로 사용한 경우에도 자금출처로 인정받을 수 있음(소득1264-2798, 1983.8.12.).

(타인 명의) 금융기관으로부터 타인명의로 대출받았으나 그 대출금에 대한 이자지급 및 원금 변제상환과 담보제공 사실 등에 의하여 사실상 채무가 그 재산취득자임이 확인되는 경우 당해 대출금은 재산취득자금의 출처로 인정받을 수 있음(서면4팀-2535, 2007.8.30.).

(공동취득) 2인이 공동으로 부동산을 취득한 경우 그 2인은 당해 부동산의 실제 총 취득자금 중 각자 지분에 해당하는 취득자금에 대한 출처를 소명하여야 함(재삼46014-89, 1999.1.15.).

○ 당해 재산의 취득자금

"당해 재산의 취득자금"이라 함은 당해 재산을 취득하기 위하여 실제로 소요된 총 취득자금을 말하며, 실제 소요된 총 취득자금을 확인할 수 없으면 부동산의 경우 상증법 제61조의 규정에 의하여 평가한 가액에 의함(서면4팀-2450, 2005.12.8.).

쟁점

배우자 명의로 취득한 경우

부부 사이의 재산관계를 규율하는 제도를 부부재산제라고 한다. 부부재산제는 부부별산제와 부부공유제로 구분할 수 있다. 부부별산제는 혼인 중에 부부 중 한 명으로 취득했으면 그 사람 재산이고, 부부공유제는 명의가 남편 또는 아내 명의로 되어 있더라도 공유한다는 뜻이다.

우리나라 민법에서는 혼인 중 취득한 재산은 특유재산으로 보고 있는데, 특유재산은 혼인 전부터 가진 고유재산과 혼인 중 자기 명의로 취득한 재산을 말한다.

소득등이 없는 배우자가 재산을 취득한 경우 증여세 관련은 ① 증여 ② 증여추정 ③ 명의신탁 이렇게 3가지로 나누어 생각할 수 있다.

① 증여와 ③ 명의신탁에 대해

부동산 매수자금이 다른 일방이 소유하고 있던 돈에서 충당된 경우 법원은 단순히 다른 일방 배우자가 그 매수자금의 출처라는 사정만으로는 무조건 특유재산의 추정이 번복되어 당해 부동산에 관하여 명의신탁이 있었다고 볼 것은 아니라고 본다(대법원2006두8068, 2008.09.25.)

또, 부부의 일방이 혼인 중 단독 명의로 취득한 부동산은 그 명의자의 특유재산으로 추정되므로, 다른 일방이 그 실질적인 소유자로서 편의상 명의신탁한 것이라고 인정받기 위하여는 자신이 실질적으로 당해 재산의 대가를 부담해 취득하였음을 증명하여야 하고, 단지 그 부동산을 취득함에 있어 자신의 협력이 있었다거나 혼인생활에 있어서 내조의 공이 있었다는 것만으로는 위 추정이 번복되지 아니한다고 보았으며, 혼인 중 부부의 일방 명의로 취득되어 그의 특유재산으로 추정되는 부동산을 다른 일방이 형식적인 재판절차를 통하여 명의신탁해지를 원인으로 한 소유권이전등기를 경료받았다고 한다면, 그 특유재산의 추정을 번복할 만한 주장 · 입증이 없는 이상, 그 등기시에 명의신탁해지의 형식을 빌어 부부 사이에 당해 부동산의 증여가 이루어진 것으로 봄이 상당한다고 보았다(대법원98두15177, 1998.12.22.)

한편, 부동산 실권리자명의 등기에 관한 법률 제8조제2호에 따라 배우자 명의로 부동산 명의신탁을 한 것에 대해서는 과징금 등의 대상이 아니지만, 조세 포탈의 경우에는 과징금 등의 대상이다.

> 부동산 실권리자명의 등기에 관한 법률 제8조【종중, 배우자 및 종교단체에 대한 특례】
> 다음 각 호의 어느 하나에 해당하는 경우로서 조세 포탈, 강제집행의 면탈 또는 법령상 제한의 회피를 목적으로 하지 아니하는 경우에는 제4조부터 제7조까지 및 제12조제1항부터 제3항까지를 적용하지 아니한다.
> 2. 배우자 명의로 부동산에 관한 물권을 등기한 경우

② 증여추정에 대해

상증법 제45조제4항에 따라 실명이 확인된 계좌에 보유하고 있는 재산은 명의자가 그 재산을 취득한 것으로 추정하는데, 법원은 부부 사이에서 일방 배우자 명의 예금이 인출되어 타방 배우자 명의 예금계좌로 입금되는 경우에 증여 외에도 단순한 공동생활의 편의, 일방 배우자 자금의 위탁 관리, 가족을 위한 생활비 지급 등 여러 원인이 있을 수 있으므로, 그와 같은 예금 인출 및 입금 사실이 밝혀졌다는 사정만으로는 경험칙에 비추어 해당 예금이 타방 배우자에게 증여되었다는 과세요건 사실이 추정된다고 할 수 없다고 보았다(대법원2015두41937, 2015.9.10.).

정리하면, 배우자가 취득한 재산이 증여인지, 증여추정인지, 명의신탁인지는 여러 가지 정황과 사실관계에 따라 다르다.

재산을 자력으로 취득하였다고 인정하기 어려운 경우에는 당해재산을 취득한 때, 채무를 자력으로 상환하였다고 인정하기 어려운 경우에는 그 채무를 상환한 때를 증여시기로 본다.

취득자금 등이 직업 · 연령 · 소득 · 재산상태 등을 감안하여 국세청장이 정하는 금액 이하여서 증여추정규정을 적용하지 아니하는 경우 취득자금 등은 10년 이내의 재산취득자금 등의 합계액에 의하며, 재산취득자금 등의 80% 상당액 이상을 소명함으로써 증여추정규정을 적용하지 아니하도록 규정한 상증령 제34조제1항 단서의 규정은 재산취득 또는 채무상환이 있을 때마다 그 해당여부를 판단한다(서일46014-10766, 2003.6.12.).

제3절 명의신탁재산의 증여의제

○ (과세대상) 권리의 이전이나 행사에 등기, 등록, 명의개서 등이 필요한 재산
○ (과세요건) ① 실제소유자와 명의자가 다름
② 조세회피 목적이 있어야 함
③ 당사자 간의 합의가 있어야 함
○ (증여시기) ① 명의개서를 한 날
② 장기미명의개서(명의개서 해태)–취득일이 속하는 해의 다음 해 말일의 다음 날
* 장기미명의개서의 경우 소유권취득일을 기준으로 재산평가
○ (과세표준 계산) 증여재산공제를 적용하지 않음

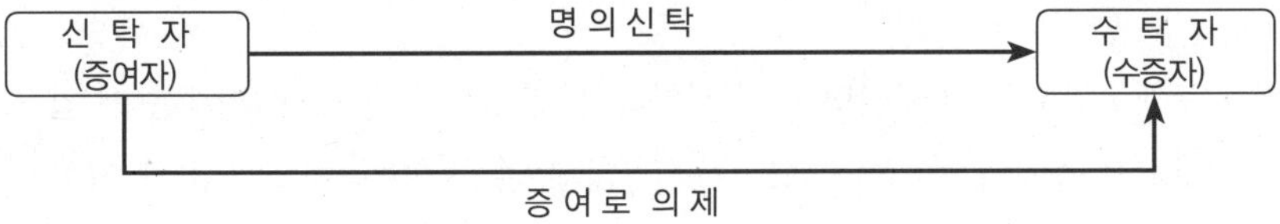

'의제(간주)'와 '추정'에 대해 살펴보자. '의제'는 본질은 똑같지는 않지만 법률에서 동일한 것으로 보아 동일한 효과를 주는 것을 말하며, 반대되는 사실을 제시하더라도 법률이 정한 효력은 변함이 없다. 반면 '추정'은 확실하지 않은 사실을 그 반대 증거가 제시될 때까지 진실한 것으로 인정하여 법적효과를 발생시키는 것을 말한다.

상속세의 간주상속재산을 '상속재산으로 보는 보험금' 등으로 규정하지만, 증여세는 명의신탁재산의 '증여의제'로 규정하고 있다.

명의신탁재산 증여의제란 권리 이전이나 행사에 등기등을 요하는 재산에 있어 실제소유자와 명의자가 다른 경우에는 국기법 제14조(실질과세)의 규정에도 불구하고 그 명의자로 등기등을 한 날에 실제소유자가 그 명의자에게 그 재산가액을 증여한 것으로 본다. 이 경우 조세회피 목적이 없는 경우 등은 제외한다(상증법 제45조의2). 2019.1.1. 이후 증여로 의제되는 분[15]부터 명의신탁재산 증여의제 납부의무자는 실제소유자이다.

명의신탁재산 증여의제는 다른 증여의제와는 성격이 다르다. 상증법에서는 4개의 증여의제[16]가 있는데, 이 중 상증법 제45조의3(특수관계법인과의 거래를 통한 이익의 증여 의제), 제45조의4(특수관계법인으로부터 제공받은 사업기회로 발생한 이익의 증여 의제), 제45조의5(특정법인과의 거래를 통한 이익의 증여 의제)는 상증법상 증여는 맞지만 정밀한 증여이익을 산정하는 데 어

---

15. 실제소유자가 소유권을 취득하였으나 명의개서를 하지 아니하여 2019.1.1. 이후 증여로 의제되는 분에 대해서는 수탁자가 증여세 납부의무자이다. 여기에 대한 자세한 설명은 "〈쟁점〉 2019.1.1. 이후 명의신탁재산은 항상 실제소유자가 증여세 납부의무자인가"에서 하였다.
16. 민법상 상속재산은 아니지만 상증법상 상속재산으로 보는 보험금, 신탁재산, 퇴직금 등은 "상속재산으로 보는 보험금, 신탁재산, 퇴직금 등"으로 조문제목에 의제를 사용하지 않고 있다. 반면 증여의제에서는 '의제'로 사용하고 있다.

려움이 있어 증여의제로 규정한 반면, 명의신탁재산 증여의제는 명의신탁이라는 원인에 증여가 내재되어 있지 않다. 그래서 납세자 측에서는 세금[17]이 아니라 과징금으로 부과하는 것이 맞다고 주장하고 다툼도 많은 편이다. 여기에 대해 헌재는 여러 번 합헌 결정[18]을 하였는데, 명의신탁을 내세워 조세를 회피하려는 것을 방지하여 조세정의와 조세형평 등을 관철하기 위한 것으로 그 입법목적이 정당하고, 조세회피 목적을 가진 명의신탁에 대하여 증여세를 부과하는 것은 그러한 입법목적을 달성하기 위한 적절한 수단이며, 입법자가 입법목적을 달성하기 위하여 가능한 여러 가지 수단 가운데 무엇이 덜 침해적인 것이라고 단정하기 어려운 상황에서 어떠한 수단을 선택할 것인가는 입법자 형성의 권한 내에 있다고 보았다(헌재2012헌바173, 2012.8.23. 등).

1. 주요 개정연혁

이 책에서는 개정연혁을 내용 설명 뒤에 배치하고, 명의신탁재산 증여의제는 맨 앞으로 배치하였다. 명의신탁재산 증여의제는 다른 증여예시 · 의제와는 달리 증여세 신고가 거의 이루어지지 않으며, 상속세 조사나 증여세 조사[19]에서 확인되는데, 명의신탁이 확인되는 경우 최근 명의신탁이 아니라 보다 오래전 명의신탁일 가능성이 크기 때문에 종전 규정에 대한 설명이 필요하다.

가. 1975년부터 2002년[20]

1975.1.1. 증여의제가 처음 규정되었다. 재산에 대하여 신탁을 설정한 경우 신탁법 규정에 의하여 신탁재산 사실을 등기 또는 등록하지 아니하거나 증권에 표시하지 아니하거나 주권과 사채권 또한 주주명부나 사채원부에 기재하지 아니하고 수탁자 명의로 등기 · 등록 · 표시 또는 기재된 신탁재산은 당해 등기 · 등록 · 표시 또는 기재한 날에 위탁자가 그 신탁재산을 수탁자에게 증여한 것으로 보았다. 여기에 대해 법원은 "소유권의 명의만이 이전되는 이른바 명의신탁은 신탁법 제1조제2항이 규정하는 신탁법상의 신탁이라고 할 수 없으므로 신탁법에 따라서 등기하지 않았다 하여 그 명의신탁을 증여로 볼 수 없다"라고 판결(대법원78누396, 1979.1.16)하여 명의만 신탁한 경우에는 실제 적용이 되지 않았다.

1982.1.1. 권리 이전이나 그 행사에 등기 · 등록 · 명의개서등을 요하는 재산에 있어 실질소유자와 명의자가 다른 경우에는 국세기본법 제14조 규정에도 불구하고 그 명의자로 등기등을 한 날

---

17. 과징금이라면 증여세 최고세율 50%가 적용되지 않을 가능성이 더 크다.
18. 헌재2002헌바66, 2004.11.25., 헌재2004헌바40, 2005.6.30., 헌재2009헌바170, 2012.5.31., 헌재2012헌바173, 2012.8.23., 헌재2012헌바259, 2013.9.26., 헌재2017헌바130, 2017.12.28., 헌재2017헌바403, 2019.8.29., 헌재2017헌바440, 2019.8.29., 2021헌바475, 2021.9.30. 등
19. 자금출처조사와 주식변동조사를 포함한다.
20. "노형철의 세법강의: 명의신탁의 증여의제", 세정일보, 2020.4.2. 내용을 기초로 하였다.

에 실질소유자가 그 명의자에게 증여한 것으로 본다고 상증법을 개정하였다. 여기에 대해 헌재는, "명의신탁 증여의제제도는 조세회피목적 없이 명의신탁한 경우에는 적용되지 않는다고 해석되어야 하며, 이렇게 해석하는 한 헌법에 위반되지 않는다"라고 한정합헌결정을 하였다(헌재89헌마38, 1989.7.21.).

1991.1.1. 타인 명의를 빌려 소유권 이전등기를 한 것 중 부동산등기특별조치법 제7조제2항 규정에 의한 명의신탁에 해당하는 경우 및 조세회피 목적없이 타인 명의를 빌려 등기등을 한 경우로 대통령령이 정하는 때에는 그러하지 아니하다고 상증법을 개정하였다.

1997.1.1. 증여의제를 증여추정으로 개정하였다. 또 1995.7.1.부터 「부동산 실권리자명의 등기에 관한 법률」이 시행되어 토지와 건물의 명의신탁에 대해서는 과징금이 부과되면서, 1997.1.1. 이후 토지, 건물의 명의신탁에 대해서는 증여세를 과세하지 않았다.

1999.1.1. 증여추정을 증여의제로 개정하였다.

나. 2003년 이후

2003.1.1. 이후 소유권 취득분부터는 소유자가 바뀌었는데도 명의개서하지 않은 경우에 대해서도 명의신탁으로 보아 증여세를 과세한다. 이를 장기미명의개서 또는 명의개서해태라고 부른다. 예를 들어 A가 B에게 주식을 매매하였는데, 명의가 계속 A 앞으로 있는 경우를 말한다. 상증법에서는 '명의개서를 하여야 하는 재산'이라고 규정되어 있다.

2016.1.1. 이후 실제소유자 명의로 명의개서를 하지 아니한 경우로 조세회피 목적이 있는 것으로 추정하지 아니한 사유에 상속으로 소유권을 취득한 경우로 상속인이 상속세 신고기한 내 신고·수정신고·기한후신고와 함께 명의신탁 재산을 상속세 과세가액에 포함하여 신고한 경우를 추가하였다. 이 경우, 상속세 과세표준과 세액을 결정 또는 경정할 것을 미리 알고 수정신고하거나 기한 후 신고를 하는 경우는 제외한다. 2016.1.1. 이후 증여로 의제하는 경우부터 장기미명의개서재산은 소유권 취득일을 기준으로 평가한다.

2016.2.5. 이후 평가하는 분부터 최대주주 할증평가 규정을 적용하지 않는다(상증령 제53조제6항제8호).

2019.1.1. 이후 증여로 의제하는 경우부터는 조세회피 목적으로 명의신탁을 활용하는 주체는 실제소유자라는 점을 감안하여 납세의무자를 실제소유자로 변경하였다(상증법 제4조의2제2항). 이에 실제소유자의 다른 재산으로 증여세·가산금 또는 강제징수비를 모두 징수하지 못할 경우 명의자에게 증여한 것으로 보는 재산으로도 증여세·가산금 또는 강제징수비를 징수할 수 있도록 하였고, 합산하는 재산에서 제외하였다. 다만, 이 법 시행 전에 실제소유자가 소유권을 취득하였으나 명의개서를 하지 아니하여 이 법 시행 이후 증여로 의제되는 분에 대해서는 종전 규정에 따른다(상증법 부칙(법률 제16102호, 2018.12.31.) 제6조). 또, 2019.1.1. 이후 증여받은 것으로 보는 분부터 명의신탁재산을 증여세 합산과세 대상에서 제외한다(상증법 제47조).

<명의신탁재산 증여의제 납부의무자 등 개정연혁>

구분	2018.12.31. 이전	2019.1.1. 이후
납부의무자	명의자(명의수탁자)	실제소유자(명의신탁자)
연대납부의무	증여자	삭제
과세관할	명의자 주소지 관할	실제소유자 주소지 관할
물적납세의무	없음	있음

쟁점

2019.1.1. 이후 명의신탁재산은 항상 실제소유자가 증여세 납부의무자인가?

권리 이전이나 행사에 등기 등이 필요한 재산에 대해 ① 실제소유자와 명의자가 다르고, ② 조세회피목적이 있고, ③ 당사자 간 합의가 있는 경우에는 신탁자(증여자)가 수탁자(수증자)에게 증여한 것으로 보아 증여세를 부과한다.

2018.12.31. 이전까지는 수증자에게 증여세 납부의무가 있었지만, 2019.1.1. 이후에는 증여자에게 증여세 납부의무가 있다. 그렇다면 2019.1.1. 이후 명의신탁은 실제소유자가 항상 증여세 납부의무자일까?

아니다. 예외가 있다. 장기미명의개서(법원에서는 명의개서해태라고 표현[21]한다)의 경우에는 아닐 수 있다. 장기미명의개서는 매매 등에 따라 소유권을 취득하였음에도 명의개서를 하지 않아 이전 소유자 명의로 있는 경우를 말한다. 이 경우의 증여 시기는 취득일이 속하는 해의 다음 해 말일의 다음 날이다.

예를 들어, 2018.2.4. 주식을 취득하였으나 명의개서를 하지 않아 전 소유자 명의인 경우 명의신탁재산 증여시기는 2020.1.1.이 된다. 이 경우 증여세 납부의무자는 전 소유자(명의자)일까, 아니면 소유자(실제소유자)일까?

여기에 대해 상증법 부칙(제16102호,2018.12.31.) 제6조에서 개정규정에도 불구하고 이 법 시행 전에 실제 소유자가 소유권을 취득하였으나 명의개서를 하지 않은 경우에는 종전규정에 따른다고 규정하고 있어 전 소유자에게 증여세 납부의무가 있다고 규정하고 있다. 즉, 증여시기만으로 개정규정이 적용되지 않음에 주의하여야 한다. 결국 장기미명의개서(명의개서해태)의 경우에는 취득 시기가 2019.1.1. 이후이어야 실제소유자에게 증여세 납부의무가 있는 것이다.

○ 상증법 부칙 〈제16102호,2018.12.31〉

제3조(증여가 의제되는 명의신탁재산에 대한 증여세 납부의무 등에 관한 적용례) 제4조의2제2항 · 제6항 · 제9항, 제6조제2항, 제45조의2제1항 · 제2항, 제47조제1항 및 제55조제1항제3호의 개정규정은 이 법 시행 이후 증여로 의제되는 분부터 적용한다.

제6조(증여가 의제되는 명의신탁재산에 대한 증여세 납부의무 등에 관한 경과조치) 이 법 시행 전에 실제소유자가 소유권을 취득하였으나 명의개서를 하지 아니하여 이 법 시행 이후 증여로 의제되는 분에 대해서는 제4조의2제2항 · 제6항 · 제9항, 제6조제2항, 제45조의2제1항 · 제2항, 제47조제1항 및 제55조제1항제3호의 개정규정에도 불구하고 종전의 규정에 따른다.

---

21. 실질은 재산취득일의 다음연도 말일까지 명의개서를 하지 않으면 그 역시 증여로 의제한다는 취지를 규정한 것이다. 이하 이 경우의 증여의제 규정을 '명의개서해태 증여의제 규정'이라고 한다(대법원2014두43653, 2017.1.12.).

2. 증여의제 대상[22]

명의신탁재산 증여의제 대상은 권리 이전이나 행사에 등기등[23]이 필요한 재산이다. 등기등이란 등기, 등록, 명의개서 등을 말한다. 이 경우 등기등이 효력발생 요건 내지 대항요건으로 법률상 요구되는 경우만을 말한다(대법원84누341, 1987.3.24.). 즉 대장이나 명부에 소유자[24]임이 확인되어야 한다. 따라서 대장이나 명부에 소유자가 확인되지 않는 예금, 분양권 등은 대상이 아니다.

가. 등기

등기부상에 소유권이 등기되어야 할 물건을 말한다. 예를 들면 공장재단, 광업재단, 선박등기법에 따른 선박 등이다. 1995.7.1.부터 "부동산 실권리자 명의등기에 관한 법률"[25] 시행으로 1997.1.1. 이후 토지와 건물 등을 명의신탁재산에서 제외하였다.

나. 등록

행정관청의 등록원부에 등록하는 재산을 말한다. 예를 들면, 특허권 · 실용신안권 · 의장권 · 상

---

22. 골프회원권에 대해서는 명의신탁재산 증여의제 과세대상에 해당한다는 판례(대법원86누486, 1987.4.28.)와 과세대상이 아니라는 판례(대법원84누341, 1987.3.24.)가 있다. 과세대상이 아닌 이유는 거래당사자 사이의 계약에 의하여 채무자가 채권자 명단을 기재한 장부를 비치하고 채권자의 변동상황 등을 장부에 기재하도록 약정한 경우 그 채권은 권리 이전이나 행사에 등기등을 요하는 재산에 포함되지 않기 때문이다.
23. '등기등'의 상증법 정의는 상증법 제4조에서 규정하고 있다. 상증법 제4조(증여세 과세대상) ③ 상속개시 후 상속재산에 대하여 등기 · 등록 · 명의개서 등(이하 "등기등"이라 한다)으로 ….
24. 대장이나 명부 소유자가 실제소유자를 의미하는 것은 아니다. 예를 들면 부동산등기부등본상의 소유자는 실제소유자가 아닐 수 있다.
25. 부동산 실권리자 명의등기에 관한 법률 위반(부동산 명의신탁 행위)시 제재
① 과징금 (부동산가액의 10~30%이며, 부동산가액(과징금 부과일 현재)은 기준시가 등으로 계산)
② 이행강제금(과징금부과일을 기준으로 1년 넘은 경우와 2년 넘은 경우로 구분하여 부동산평가액의 10%, 20% 부과)
③ 벌칙(명의신탁자 등은 5년 이하의 징역 또는 2억원 이하 벌금, 명의수탁자는 3년 이하의 징역 또는 1억원 이하 벌금)
* 해당 법률은 부동산에 관한 소유권과 그 밖의 물권을 대상으로 한다. 과징금 부과기준(제3조의2 · 제4조의4 및 제8조 관련) 과징금 금액은 제1호와 제2호의 과징금 부과율을 합한 과징금 부과율에 그 부동산평가액을 곱하여 산정한다.
1. 부동산평가액을 기준으로 하는 과징금 부과율

부동산평가액	과징금 부과율
5억원 이하	5%
5억원 초과 30억원 이하	10%
30억원 초과	15%

2. 의무위반 경과기간을 기준으로 하는 과징금 부과율

의무위반 경과기간	과징금 부과율
1년 이하	5%
1년 초과 2년 이하	10%
2년 초과	15%

표권 · 저작권 · 수산업법에 따른 어업권 · 광업법에 따른 광업권 등이다.

다. 명의개서 등

명부 등에 명의인 표시를 고쳐 쓰는 것을 말한다. 주권과 사채권 등이 있다. 사실 명의신탁재산 증여의제의 대부분은 주권이다.

라. 장기미명의개서[26]

매매에 의하여 주식등의 소유권을 취득하였음에도 명의개서를 하지 아니하는 경우에는 그 실질이 명의를 신탁한 경우와 같으므로 이를 명의신탁으로 보는 경우를 말한다. 예를 들어 A가 B에게 주식을 매매하였는데, 명의가 계속 A 앞으로 있는 경우를 말한다. 상증법에서는 "명의개서를 하여야 하는 재산"으로 규정[27]되어 있다. 이 책에서는 오래된 관행인 '장기미명의개서'라고 표현한다.

장기미명의개서는 일반적인 명의신탁재산과 증여시기와 평가규정을 달리 두고 있어 이 책에서는 과세대상으로 표현하였다.

쟁점

명의신탁은 맞지만 명의신탁재산 증여의제는 적용할 수 없다

최근 몇 년간 명의신탁재산의 증여의제에서 이슈는 신주에게 적용할 수 있는지 여부였다. 신주는 쉽게 설명하기 위해 사용한 표현이긴 하다. 구체적으로, ① 명의신탁 주식의 매도대금으로 취득한 주식을 재신탁한 경우 ② 주식 포괄적 교환으로 신주를 취득한 경우 ③ 합병으로 신주를 취득하는 경우 등에는 기존의 명의신탁 주식과 구분하기 위해서 신주라고 표현하겠다.

국세청은 신주가 새로운 명의신탁이기 때문에 증여의제 대상이라고 보았다. 처음에 법원은 새로운 명의신탁이 맞고, 증여의제 대상이라고 보았다. 주식의 명의신탁을 받은 자가 주식의 포괄적 교환으로 인하여 그의 명의로 완전모회사의 신주를 교부받아 명의개서를 마친 경우 그 신주에 관하여는 명의신탁자와 명의수탁자 사이에 종전의 명의신탁관계와는 다른 새로운 명의신탁 관계가 형성되므로 그에 관하여 새로운 조세회피 목적이 없다는 등의 특별한 사정이 없는 한 명의신탁재산 증여의제의 적용대상(대법원2013두5791, 2013.8.23.)이라고 보았다.

---

26. ○ 상증법 제45조의2(명의신탁재산의 증여 의제) ① 권리의 이전이나 그 행사에 등기등이 필요한 재산(토지와 건물은 제외한다. 이하 이 조에서 같다)의 실제소유자와 명의자가 다른 경우에는 「국세기본법」 제14조에도 불구하고 그 명의자로 등기등을 한 날(그 재산이 명의개서를 하여야 하는 재산인 경우에는 소유권취득일이 속하는 해의 다음 해 말일의 다음 날을 말한다)에 그 재산의 가액(그 재산이 명의개서를 하여야 하는 재산인 경우에는 소유권취득일을 기준으로 평가한 가액을 말한다)을 실제소유자가 명의자에게 증여한 것으로 본다. 다만, 다음 각 호의 어느 하나에 해당하는 경우에는 그러하지 아니하다.
27. 법원에서는 '명의개서 해태'라고 한다.

2017년 판결을 기준으로 새로운 명의신탁은 맞지만 명의신탁재산 증여의제는 적용할 수 없다고 보았다. 위의 ①, ②, ③ 사례 모두 국패하였다. ① 명의신탁 주식의 매도대금으로 취득한 주식을 재신탁한 경우(대법원2011두10232, 2017.2.21.) ② 주식 포괄적 교환으로 신주를 취득한 경우(대법원2012두27787, 2018.3.29.) ③ 합병으로 신주를 취득하는 경우(대법원2016두30644, 2019.1.31.) 모두 국가 패소하였는데 이를 자세히 살펴보자.

① 대법원2011두10232, 2017.2.21.에서 ㉠ 해당 규정은 조세회피행위를 방지하기 위하여 필요하고도 적절한 범위 내에서만 적용, ㉡ 다시 명의개서된 다른 주식에 대하여 제한없이 증여세를 부과하는 것은 최초 명의신탁 주식에 대한 증여의제 효과를 부정, ㉢ 주식이나 그 매입자금이 수탁자에게 증여된 경우에 비하여 지나치게 많은 증여세액이 부과될 수 있어 형평[28]에 어긋난다라고 보았다.

② 대법원2012두27787, 2018.3.29.에서는 ㉠ 조세회피행위를 방지하기 위하여 필요하고도 적절한 범위 내에서만 적용, ㉡ 다시 명의개서된 다른 주식에 대하여 제한없이 증여세를 부과하는 것은 최초 명의신탁 주식에 대한 증여의제의 효과를 부정, ㉢ 주식이나 그 매입자금이 수탁자에게 증여된 경우에 비하여 지나치게 많은 증여세액이 부과될 수 있어서 형평에 어긋난다고 보았다.

③ 대법원2016두30644, 2019.1.31.에서 ㉠ 해당 규정은 조세회피행위를 방지하기 위하여 필요하고도 적절한 범위 내에서만 적용 ㉡ 합병신주에 대하여 제한없이 증여세를 부과하는 것은 최초 명의신탁 주식에 대한 증여의제의 효과 부정 ㉢ 합병전후로 보유한 주식의 경제적 가치에 실질적인 변동이 있다고 보기 어려움 ㉣ 주식이나 그 매입자금이 수탁자에게 증여된 경우에 비하여 지나치게 많은 증여세액이 부과될 수 있어서 형평에 어긋난다고 보았다.

법원은 이러한 신주가 새로운 명의신탁은 맞지만 최초의 명의신탁 주식과 시기상 또는 성질상 단절되어 별개의 새로운 명의신탁 주식으로 인정되는 등의 특별한 사정이 있는 경우에만 증여의제로 과세할 수 있다고 보았다.

이 판례 이후 국세청 · 기재부의 해석에 대한 정비는 없었다. 기존의 국세청, 기재부 해석은 신주가 새로운 명의신탁이냐 아니냐가 초점이라서, 새로운 명의신탁이라는 해석(기획재정부 재산세제과-257, 2011.4.12., 기획재정부 재산세제과-722, 2013.10.23.등)은 법원 입장과 다르지 않았기 때문이다. 지금의 대법원 판례는 새로운 명의신탁은 맞지만 증여의제 대상이 아니라는 입장이기 때문에 해석 변경이 아니라 해석을 새롭게 해야 할 것으로 보인다.

[관련 질의회신 · 판례 등]

〈신주〉

○ 유상증자

그 명의신탁 당시에나 장래에 회피될 조세가 없었다는 점에 관하여 증명이 부족하다는 이유로, 당초 명의신탁에 따른 주식 지분율에 비례하여 그 유상증자 과정에서 이루어진 이 사건 명의신탁은 추가적인 조세회피 목적이 없으므로 명의신탁 증여 의제의 과세대상이 아니라는 취지의 원고들 주장을 배척한 원심 판단은 정당함(대법원 2015두38238, 2018.2.8.).

---

28. 법원 입장과 다르게 반대 주장도 가능하다. 예를 들어 10억원을 명의신탁하였는데 사고팔아 100억원이 된 경우와 처음부터 100억원을 명의신탁한 경우에 부담하는 증여세에는 차이가 있다.

○ 명의신탁 주식의 매도대금으로 취득한 주식을 재신탁한 경우

(기재부) 명의신탁 증여의제 과세대상이 되는 주식의 매도대금으로 취득하여 다시 동일인 명의로 명의개서된 주식은 그것이 최초의 명의신탁 주식과 시기상 또는 성질상 단절되어 별개의 새로운 명의신탁으로 인정되지 않으면 명의신탁재산에 대한 증여의제 과세대상에 해당하지 아니함(기획재정부 재산세제과-538, 2017.8.25.).

(법원) 최초로 증여의제 대상이 되어 과세되었거나 과세될 수 있는 명의신탁 주식의 매도대금으로 취득하여 다시 동일인 명의로 명의개서된 주식은 그것이 최초의 명의신탁 주식과 시기상 또는 성질상 단절되어 별개의 새로운 명의신탁 주식으로 인정되는 등의 특별한 사정이 없는 한 다시 증여세가 과세될 수는 없음(대법원2011두10232, 2017.2.21.).

○ 합병신주

(기재부-증여의제대상) 흡수합병에 따라 교부받은 합병법인 주식을 실제소유자가 아닌 타인 명의로 다시 명의개서를 하는 경우 새로운 명의신탁에 해당함(기획재정부 재산세제과-722, 2013.10.23. 외).

(법원-증여의제 대상 아님) 명의신탁 증여의제로 이미 과세되었던 구 주식에 대하여 합병에 따라 신 주식이 배정된 경우, 이 합병신주에 대해 다시 명의신탁 증여의제를 적용하여 과세할 수 없음(대법원2016두30644, 2019.1.31.).

○ 주식의 포괄적 교환

(증여의제 대상) 명의수탁자가 주식의 포괄적 교환으로 인하여 그의 명의로 완전모회사의 신주를 교부받아 명의개서를 마친 경우 그 신주는 종전주식의 대체물이나 변형물이라고 할 수 없고, 새로운 조세회피의 목적이 없다는 등의 특별한 사정이 없는 한 명의신탁재산 증여의제의 적용대상임(대법원2013두5791, 2013.8.23.).

(증여의제 대상 아님) 주식의 포괄적 교환의 경우에도 최초 명의신탁 주식과 명의수탁자가 완전모회사가 되는 회사로부터 배정받은 신주에 대하여 각각 별도의 증여의제 규정을 적용하게 되면, 증여세 부과와 관련하여 최초의 명의신탁 주식에 대한 증여의제 효과를 부정하는 모순을 초래하고 형평에 어긋나는 부당한 결과가 발생함(대법원2012두27787, 2018.3.29.).[29]

○ 잉여금 자본전입(증여의제 대상 아님)

(이익잉여금) 이익잉여금 자본전입에 따라 기존 명의수탁자에게 그 보유주식에 비례하여 배정된 무상주는 명의신탁 증여의제 규정 적용대상이 아님(대법원2009두21352, 2011.7.14.).

(자본잉여금) 의제배당 과세대상인 자본잉여금 또는 이익잉여금 자본전입으로 기존 명의신탁 주식에 배정된 무상주에 대해서는 명의신탁 증여의제 규정이 적용되지 아니함(기획재정부 재산세제과-739, 2014.11.14.).[30]

○ 인적분할

(기재부) 인적분할로 신설된 분할신설법인 주식이 실제소유자와 명의수탁자 간에 새로운 명의신탁 약정 없이 당초 명의수탁자인 주주에게 분할 전 법인의 주식보유 비율에 따라 무상으로 배정되는 경우에는 명의신탁재산의 증여의제에 해당되지 않음(기재부 재산-376, 2010.4.22.).

---

29. 2017년 대법원 판결 이후 법원은 명의신탁은 맞지만 증여의제로 과세할 수 없다고 판결하고 있다.
30. 종전 예규(기획재정부 재산세제과-929, 2007.7.27.)를 변경하였다. 변경 후 예규는 기획재정부 재산세제과-739는 예규변경일 이후 결정·경정하는 분부터 적용한다.

(국세청) 명의수탁자들이 분할당시 분할전법인 대표이사 등 임원으로 재직하고, 분할계획을 수립하여 실제소유자에게 보고하였으며, 주주총회에서 실제소유자 의사에 따라 회사분할에 찬성하는 것으로 의결권을 행사하는 등 묵시적으로 새로운 명의신탁의 약정이 있었다고 볼 수 있는 경우에는 해당 명의수탁자에게 배정된 분할신설법인 주식에 대해 명의신탁재산의 증여의제에 해당함(기준2015법령해석재산-0157, 2015.8.26.).

(명의수탁자가 바뀐 경우) 동일한 주식에 대하여 종전의 명의신탁과 동일성이 유지되지 않는 별개의 새로운 명의신탁이 이루어진 이상, 명의신탁자에게 조세회피 목적이 있었던 것으로 추정되어 연대납세의 무자에게 한 증여세 및 가산세 고지처분은 적법함(의정부지법2018구합16982(2020.10.20. 요지)-대법원 2021두50512(2021.12.16. 심불)).

〈국외주식 등〉

○ 거주자가 국외주식을 거주자에게 명의신탁한 경우

(국세청) 명의신탁 증여의제 적용대상(기준2015법령해석재산-0121, 2015.9.1.)

(심판원) 명의신탁 증여의제 적용대상(조심2015중1443, 2015.12.22.)

○ 거주자가 국외주식을 '비거주자 또는 외국법인'에게 명의신탁한 경우

(국세청) 명의신탁 증여의제 적용대상(기준2015법령해석국조-0012, 2015.3.12.)

(법원) 명의신탁 증여의제 적용대상 아님. 국조법 제21조[31]에서 상증법 명의신탁재산 증여의제 규정을 준용하지 않음(대법원2018두35025, 2018.6.28.).

○ 내국법인 주식을 외국법인에 신탁한 경우

거주자가 내국법인이 발행한 주식을 외국법인명의로 명의신탁한 재산에 대하여 조세회피 의도가 없었다는 입증이 없는 한 명의신탁 증여세 과세예고는 정당함(국세청적부2013-0555, 2013.10.29.).

〈명의신탁재산 증여의제 대상〉

○ ELS와 ELW

(ELW) 타인 명의로 개설한 계좌를 통해 차익실현 목적으로 만기 이전에 단기매매한 주식워런트증권(ELW)은 권리이전이나 행사에 있어 등기·등록·명의개서를 필요로 하는 재산에 해당하지 않음(법규과-1281, 2013.11.27.).

(ELS) 「자본시장과 금융투자업에 관한 법률」(2013.5.28. 법률 제11845호로 개정되기 전의 것) 제4조제7항에 따른 파생결합증권인 주가연계증권(ELS)은 권리 이전이나 그 행사에 있어 등기·등록·명의개서를 필요로 하는 재산에 해당하지 않음(서면2015법령해석재산-1631, 2015.11.18.).

○ 가장납입

법인의 유상증자에 참여하여 교부받은 신주를 타인 명의로 명의개서한 경우에는 명의수탁자에게 증여세를 과세함. 이 경우 주식대금의 납입이 가장납입이라 하여 과세대상에서 제외하는 것은 아님(재산상속46014-216, 2002.7.29.).

---

31. 현 국조법 제35조

○ 기타 명의신탁 증여의제 대상이 아닌 재산
(보험금, 예금) 권리 이전이나 행사에 등기등을 요하는 재산에 보험금, 예금은 포함 안 됨(재삼46014-166, 1997.1.29.).
(지명채권) 권리행사에 명의개서를 요하지 않는 지명채권은 증여의제 대상이 아님(국심83서1177, 1983.8.6.).
(보통예금청구권) 은행의 보통예금청구권은 권리이전이나 행사에 등기등을 요하는 재산이 아님(대법원 84누613, 1984.12.26.).
(아파트당첨권) 아파트당첨권은 권리 이전이나 행사에 등기등을 요하는 재산에 해당하지 않음(대법원 87누118, 1987.10.13.).
(담보권) '명의'란 '소유권 명의'를 의미하므로 소유권이 아닌 담보권 명의는 증여의제 대상이 아님(대법원85누934,1986.9.9.).
(무효) 명의신탁재산 증여의제에 의하여 증여세를 과세한 후 원인무효에 의하여 취득무효판결이 나면 그 재산상 권리가 말소되므로 이미 부과한 증여세는 취소함(상증 집행기준45의2-0-7).

3. 증여의제 제외

타인 명의로 재산 등기등을 하거나 소유권을 취득한 실제소유자 명의로 명의개서를 하지 아니한 경우에도 조세회피목적이 없는 것으로 인정되거나 실명전환 유예기간 중에 주식등을 실명전환한 경우 등에는 과세제외된다.

가. 조세회피목적 없이 타인 명의로 재산 등기등을 하거나 소유권을 취득한 실제소유자 명의로 명의개서를 하지 아니한 경우

나. 자본시장과 금융투자업에 관한 법률(구: 신탁업법 또는 간접투자자산운용업법)에 따른 신탁재산인 사실의 등기등을 하는 경우

다. 비거주자가 법정대리인 또는 재산관리인 명의로 등기등을 하는 경우

라. 실명전환 유예기간 중에 주식등을 실명 전환한 경우[32]

주식등 중 1996.12.31. 이전에 신탁 또는 약정에 따라 타인 명의로 주주명부 또는 사원명부에

32. 2015.12.15. 상증법 개정시 본문에서 삭제되었으나, 부칙에 따라 종전 규정을 적용. 부칙 제11조(명의신탁재산의 증여 의제 예외 사유에 관한 경과조치) 이 법 시행 전에 종전의 제45조의2제1항제2호에 해당한 경우의 명의신탁재산에 대해서는 제45조의2의 개정규정에도 불구하고 종전의 규정에 따른다.

기재되어 있거나 명의개서 되어있는 주식등에 대하여 1997.1.1.부터 1998.12.31.까지 기간(유예기간) 중 실제소유자 명의로 전환한 경우에는 증여세를 부과하지 않는다. 이 경우, 해당 주식등을 발행한 법인의 주주와 특수관계인 및 1997.1.1. 현재 미성년자인 자의 명의로 전환하는 경우에는 그러하지 아니한다.

마. 장기미명의개서재산으로 2004.12.31. 이전에 양도한 경우

2002.12.31. 이전에 소유권을 취득하고 2003.1.1. 현재 명의개서를 하지 아니한 경우에는 2005.1.1.을 명의신탁 증여의제 시기로 보아 증여세를 과세하는 것이나, 2004.12.31. 이전에 제3자에게 양도한 경우에는 증여세를 과세하지 않는다.

4. 증여의제 요건

가. 실제소유자와 명의자가 달라야 한다

실제소유자는 애초 주식의 명의신탁 당시 나이 · 직업 · 소득 및 재산상태 등으로 보아 해당 주식의 실제소유자임이 사실조사에 따라 객관적으로 입증되는 자를 말한다(재경부재산46014-145, 1997.5.1.).

나. 조세회피 목적이 있어야 한다

조세회피 유형에 대해 헌재는 아래와 같이 보았다. ① 명의신탁에 의하여 재산이 없는 상태를 허위로 작출하고 결손처분을 받아 조세 납부를 면탈할 수 있다. ② 명의신탁을 이용하여 주식을 미리 상속인에게 이전하여 상속세를 회피할 수 있다. ③ 명의신탁을 이용하여 주식 소유를 분산함으로써 주식배당소득에 대한 합산과세를 회피하여 누진적 소득세 부담을 회피할 수 있다. ④ 명의신탁을 통하여 과점주주의 지위를 벗어나면 누진적 소득세부담을 경감, 회피할 수 있다. ⑤ 명의신탁을 통하여 과점주주가 되는 것을 방지하면 과점주주로 주식취득에 대하여 부담할 취득세를 회피할 수 있다. ⑥ 명의신탁을 이용하여 특수관계인이 되는 범위를 벗어나게 되면 상속세 및 증여세법상 특수관계인에게 적용되는 각종 조세회피 방지규정들을 회피하여 상속세와 증여세를 회피할 수 있으며, 소득세법, 법인세법, 부가가치세법 등에 존재하는 특수관계자에게 적용되는 조세회피방지규정을 회피하여 소득세, 법인세, 부가가치세 등을 회피할 수 있다. ⑦ 명의신탁을 통하여 제2차납세의무자가 되지 않도록 하거나 지분율을 줄여 조세를 회피 또는 경감할 수 있다(헌재2004헌바40, 2005.6.30.).

1) 조세의 범위

조세란 상속세 또는 증여세에 한정하지 않고, 국기법 제2조제1호 및 제7호의 국세, 지방세, 관세법에 따른 관세를 말한다.

2) 입증책임

차명주식에 대해 조세회피목적이 있는 것으로 추정되는 경우 명의자가 이러한 추정을 벗어나려면 그가 조세회피 목적이 없었다는 점을 주장하거나 입증할 책임을 지며(대법원2005두3882, 2005.7.22.), 실질적으로 조세를 회피한 사실이 있을 때뿐 아니라 조세회피 개연성이 있는 경우까지를 포함하여 판단하여야 한다(대법원2002두5351, 2002.9.10.).

3) 판단시기 등

명의신탁이 조세회피 목적이 아닌 다른 이유에서 이루어졌음이 인정되고 그 명의신탁에 부수하여 사소한 조세경감[33]이 생기는 것에 불과하다면 '조세회피 목적'이 있었다고 볼 수는 없고(대법원2004두7733, 2006.5.12[34]), 조세회피 목적 유무는 명의신탁 당시를 기준으로 한다(대법원2012두546, 2013.11.28.).

4) 조세회피 추정

타인 명의로 재산 등기등을 한 경우 및 실제소유자 명의로 명의개서를 하지 아니한 경우에는 조세회피 목적이 있는 것으로 추정한다. 다만, 실제소유자 명의로 명의개서를 하지 아니한 경우로 아래에 해당한다면 조세회피 목적이 있는 것으로 추정하지 아니한다.[35]

가) 매매로 소유권을 취득한 경우로 종전 소유자가 소득법 제105조 및 제110조에 따른 양도소득 과세표준신고 또는 증권거래세법 제10조에 따른 신고와 함께 소유권 변경 내용을 신고하는 경우

주식 양도자가 기한 후 과세표준신고서를 소유권양도일이 속하는 연도의 다음 연도 말일까

---

33. 사소한 조세경감이 무엇을 가리키는지, 그 양적 기준이 무엇인지에 관한 대법원의 입장은 지금껏 제시되지 않고 있다(김세현, 『차명명의신탁 규제론』, 박영사).
34. 명의신탁재산 증여의제에 대해 불복이 많아진 원인은 이 판례에 있다.
35. "조세회피 목적이 없는 것으로 추정"하는 것이 아니라 "조세회피 목적이 있는 것으로 추정하지 않는 것"이다.

지 제출한 경우에는 명의자에 대하여 명의신탁 증여의제로 과세하지 않는다(재산세과-1408, 2009.7.10.).

나) 2016.1.1. 이후 상속으로 소유권을 취득한 경우로 상속인 신고(상증법 제67조에 따른 상속세 과세표준신고, 국기법 제45조에 따른 수정신고, 국기법 제45조의3에 따른 기한후신고)와 함께 해당 재산을 상속세 과세가액에 포함하여 신고한 경우

다만, 상속세 과세표준과 세액을 결정 또는 경정할 것을 미리 알고 수정신고하거나 기한 후 신고를 하는 경우는 제외한다.

다. 당사자 간 합의가 있어야 한다

명의신탁이란 실제소유자와 공부상 명의자 사이의 계약으로 성립되는 것으로, 당사자 간 합의 없이 명의를 도용한 경우에는 증여세를 부과할 수 없다. 이 경우 합의가 없었다는 사실을 납세자가 입증하여야 한다.

이 경우 과세관청이 그 실질소유자가 명의자와 다르다는 점만을 입증하면 그 명의자로 등기등이 명의자 의사와는 관계없이 실질소유자의 일방적인 행위로 이루어졌다는 입증은 이를 주장하는 명의자가 하여야 한다(대법원90누5023, 1990.10.10.).

또한, 명의신탁관계는 반드시 신탁자와 수탁자 간의 명시적 계약에 의해서만 성립되는 것이 아니라 묵시적 합의에 의해서도 성립될 수 있는 것이므로, 당사자 사이에 차명계좌 개설과 관련한 명시적인 합의가 없었다고 하여 달리 볼 것도 아니다(대법원2000다49091, 2001.1.5.).

과세요건	입증책임
실제소유자와 명의자가 다름	명의신탁 여부는 과세관청이 입증
조세회피 목적	조세회피 목적 없음은 명의자가 입증
당사자 간 합의	명의도용은 명의자가 입증

명의신탁재산의 증여의제의 규정은 실지소유자와 명의자가 다른 경우라도 실지소유자와 명의자간 합의나 명의자의 승낙에 따라서 그 명의자의 명의로 등기된 경우에 적용되는 것이지, 실지소유자가 명의자 의사와 관계없이 일방적으로 명의자 명의로 등기 등을 한 경우에는 적용되지 않는다(국심2004중2829, 2006.4.19.).

쟁점

신탁자 또는 수탁자가 사망한 경우의 명의신탁재산 증여의제

명의신탁자가 사망한 경우에는 신탁자의 상속인과 수탁자 사이에 새로운 신탁관계가 성립된다고 보아 증여의제를 과세할 수 있을까? 수탁자가 사망한 경우에는 신탁자와 '수탁자의 상속인' 사이에 새로운 신탁관계가 성립된다고 보아 증여의제를 과세할 수 있을까?

1. 신탁자가 사망한 경우

법원(대법원2014두43653, 2017.1.12.)은 증여의제로 과세할 수 없다고 보았다. ① 주식 양도인은 명의개서의 해태로 인하여 명의신탁과 같은 외관이 형성되는 데에 직접 관여하였다고 볼 수 있고, 구 상속증여세법 제41조의2제2항 단서에 따라 양도소득세 또는 증권거래세의 과세표준 등과 소유권변경내역을 신고함으로써 조세회피목적 추정이 번복되어 증여의제 대상에서 벗어날 수 있는 길도 열려 있다. 반면 명의신탁된 주식이 상속된 경우에는 기존 명의수탁자는 당초 명의개서일에 이미 명의신탁 증여의제 규정의 적용 대상이 될 뿐만 아니라, 명의신탁된 주식에 관하여 상속으로 인하여 상속인과 사이에 법적으로 명의신탁관계가 자동 승계되는 것을 넘어 그와 같은 법률관계를 형성하기 위하여 어떠한 새로운 행위를 한 것이 아니며, 명의수탁자 스스로 상속인의 명의개서를 강제할 수 있는 마땅한 수단이 없고, 주식 양도인의 경우와 같은 증여의제 배제 규정도 마련되어 있지 않다. 그런데도 주식의 명의신탁자가 사망한 후 일정 기간 내에 상속인이 명의개서를 하지 않았다고 하여 명의개서해태 증여의제 규정에 의하여 명의수탁자가 다시 증여세 과세 대상이 된다고 보는 것은 지나치게 가혹할 뿐만 아니라 자기책임 원칙에 반하여 부당하다. ② 「부동산 실권리자명의 등기에 관한 법률」 제10조 및 「부동산등기 특별조치법」 제2조 제1항에 의하면 부동산에 관한 장기미등기로 인한 과징금은 "소유권 이전을 내용으로 하는 계약을 체결한 자"에 한하여 부과하도록 규정하고 있으므로 상속으로 인한 취득의 경우는 과징금 부과대상에 해당하지 않음이 명백하다(판결문에는 ①, ② 표시가 없지만 편의상 ①, ②를 붙였다).

하지만 ①의 경우 신탁자의 상속인이 상속세를 신고할 수 있고, 2015.12.15. 상증법 개정하면서 조세회피 목적이 있는 것으로 추정하지 아니한 경우에 상속의 경우를 포함하도록 개정한 바 있어서 "상속인의 명의개서를 강제할 수 있는 마땅한 수단이 없고, 양도와 같이 증여의제 배제규정도 없다"라는 내용은 논리적으로 보이지 않는다. ② 경우 부동산 실권리자 명의 등기에 관한 법률은 "부동산에 관한 소유권과 그 밖의 물권"을 대상으로 하고 있고, 상증법은 명의신탁재산 증여의제대상에서 토지와 건물만 제외하고 있어 각각의 법률이 적용하는 대상이 다름에도 부동산 실명법과 상증법이 보완하는 법률로 보는 것은 맞지 않아 보인다.

대법원 판결 이후 기재부는 상속 취득에 대한 조세회피 목적을 배제하는 규정 신설 후인 2016.1.1. 이후 상속분부터 증여의제 규정을 적용한다고 해석(기획재정부 재산세제과-880, 2019.12.17.)하였고, 종전의 국세청 해석(법규과-129, 2012.2.8.)은 세법해석정비[36]하였다.

2. 수탁자가 사망한 경우

국세청은 상속인 명의로 명의개서한 때 실제소유자로부터 증여받은 것으로 보았으나(서면4팀-1384, 2008.6.10.), 법원에서는 국패(부산고법2012누2702, 2013.1.30.)한 바 있다. 신탁자가 사망한 경우에 적용하지 않기 때문에 수탁자가 사망한 경우에도 명의신탁재산 증여의제가 적용될 수 없어 보인다.

---

36. 세법해석정비

요지	유지사례	삭제사례
상속받은 명의신탁 주식에 대한 명의개서해태 증여의제 적용 가능 여부	기획재정부 재산세제과-880, 2019.12.27.	법규과-969, 2011.7.22. 법규과-1562, 2011.11.28.

5. 증여의제 시기

○ 명의개서일
  – 장기미명의개서의 경우 취득일이 속하는 해의 다음 해 말일의 다음날

등기 · 등록 또는 명의개서를 한 날에 실제소유자가 그 명의자에게 증여한 것으로 의제한다. 그러나 주식등 명의개서를 필요로 하는 재산의 소유권을 취득한 자가 본인 명의로 명의개서를 하지 않고 종전소유자의 명의로 두고 있는 경우에는 그 소유권 취득일이 속하는 연도의 다음연도 말 일 다음날에 종전 소유자에게 명의신탁한 것으로 보아 증여세를 과세[37]한다.

예시

(문1) 2021.10.1. 갑이 을로부터 주식을 취득하였으나 2021.10.5. 정의 명의로 명의개서한 경우 증여 시기는?

(답1) 2021.10.5. 실소유자가 명의자로 명의개서 한 날을 증여시기로 보므로 2021.10.5. 정에게 명의 신탁한 것으로 본다.

(문2) 2002.4.1. 갑이 을로부터 주식을 취득하였으나 갑의 명의로 개서하지 않은 경우 소유권 취득 일과 증여시기는?

(답2) 소유권 취득일: 2003.1.1., 증여시기: 2005.1.1.

(문3) 2013.4.3. 갑이 을로부터 주식을 취득하였으나 갑의 명의로 개서하지 않은 경우 증여시기는?

(답3) 2015.1.1. 취득일이 속하는 연도의 다음연도 말일 다음날

가. 증여시기

제3자 명의로 명의개서를 한 날이며, 이는 상법 제337조에 따라 취득자의 주소와 성명을 주주 명부(자본시장과 금융투자업에 관한 법률 제316조에 따른 실질주주[38] 명부 포함)에 기재한 때를 말한다(상증통칙 45의2-0…3).

상장주식의 명의신탁(타인 명의의 증권 예탁계좌를 통하여 거래하는 경우) 증여의제 시기는

---

37. 2002.12.31. 이전에 소유권을 취득하고 2003.1.1. 현재 명의개서를 하지 아니한 경우에는 2003.1.1.(의제 취득일)에 소유권을 취득한 것으로 보아 다음연도 말일 다음날인 2005.1.1.에 명의신탁 증여한 것으로 본다(상증법 부칙(법률 제6780호, 2002.12.18.) 제9조).
38. 실질주주명부는 발행법인 등이 배당 등을 위하여 주주명부를 폐쇄하는 경우 폐쇄기준일 현재 주주의 성명 · 주소 · 주식의 종류와 수량을 증권예탁원으로부터 받아 작성하는 주주명부를 말한다(상증집행기준 45의2-0-9).

실질주주명부를 작성한 날[39]이다(재재산-1721, 2004.12.30.). 상장주식 취득일 또는 예탁계좌에 입고한 날이 아님에 주의해야 한다.

나. 유상증자를 한 경우

유상증자로 인하여 교부받은 신주를 실제 소유자가 아닌 제3자 명의로 명의개서한 경우 명의신탁재산의 증여시기는 그 제3자 명의로 명의개서한 날이 되며, 주식 가액은 명의개서한 날을 기준으로 상증법 제60조 및 제63조에 따라 평가한 가액이다(서면4팀-109, 2008.1.14., 대법원 2014두2331, 2020.4.29.). 불입금액으로 평가하지 않는다.

다. 주주명부가 작성되지 않은 경우

2004.1.1. 이후 제출하는 분부터 주주명부 또는 사원명부가 작성되지 아니한 경우에는 법인법 제109조제1항 및 제119조에 따라 납세지 관할세무서장에게 제출한 주주 등에 관한 서류 및 주식등변동상황명세서에 의하여 명의개서 여부를 판정한다.

이는 주주명부 또는 사원명부 자체가 없는 경우가 있어 주식등변동상황명세서 등에 의하여 타인 명의로 등재된 사실이 확인됨에도 주주명부 또는 사원명부상 명의개서가 아니어서 증여세 과세에 대한 논란이 있어 법인설립시 제출하는 주주 등의 명세 또는 법인세 과세표준신고시 제출하는 주식등변동상황명세서에 의하여 명의개서 여부를 판정하도록 명확히 규정한 것이다.

2020.1.1. 이후 증여시기는 다음 순서에 따라 정했다.

1) 양도소득세, 증여세 등 과세표준 신고서에 기재된 소유권 이전일

2) 주식등변동상황명세서에 기재된 거래일

[관련 질의회신 · 판례 등]

○ 증여시기

(명의개서를 한 날) '명의개서를 한 날'이라 함은 취득자 주소, 성명을 주주명부에 등재한 때를 말함(재삼46014-166, 1997.1.29.).

(장기미명의개서) 명의개서가 필요한 주식의 소유권을 취득하고도 실제소유자 명의로 명의개서를 하지 아니한 경우 상증법 제45조의2에 따라 소유권 취득일이 속하는 해의 다음 해 말일 다음날에 그 주식 가액을 명의자가 실제소유자로부터 증여받은 것으로 봄(기획재정부 재산세제과-306, 2012.4.20.).

---

39. 주식의 이전은 취득자의 주소와 성명을 주주명부에 기재하지 아니하면 회사에 대항하지 못한다(상법 제337조제1항).

○ 유상증자를 명의신탁한 경우 증여시기

(국세청) 증여시기는 실제소유자가 명의자로 등기 · 등록 또는 명의개서를 한 날(질의의 경우, A와 B 명의로 각각 명의개서를 한 날 및 유상증자 주식을 명의개서한 날)을 말함(재산세과-86, 2013.3.19.).

(법원) ① (주금납입일) 신주 인수에 있어서는 신주인수인이 납입기일에 인수가액을 납입하면 납입기일 다음날부터 주주의 권리의무가 생기는 것이므로(상법 제423조제1항) 주식회사가 상법상의 주주명부를 작성, 비치하지 아니하였다고 하여도 권리 이전 등에 명의개서 등을 요하는 재산에 있어 실질소유자와 명의자가 다른 경우에 해당함(대법원99두3843, 1999.9.3., 서울고법2009누33289, 2010.10.7.).

② (명의개서일) 유상증자에 기한 신주인수에 있어서도 그 증여의제과세의 과세표준시기는 그 주식의 명의개서일임(부산지법2011구합3303, 2012.8.17.).

○ (2019.12.31. 이전) 주주명부가 작성되지 않은 경우의 증여시기

(기재부) 주주명부 확인이 불가능하여 주식등변동상황명세서 등에 의하여 명의개서 여부를 판단하는 경우, 실제 소유권 이전 처리일 등(소유권 이전 처리일이 확인되지 않는 경우 주식등변동상황명세서 등의 거래일)을 기준으로 함(기획재정부 재산세제과-489, 2018.6.11.).

(법원) 주식등변동상황명세서 등이 제출되면 주식등 변동상황이 회사를 비롯한 외부에 명백하게 공표되어 명의신탁으로 인한 증여의제 여부가 판정될 수 있으므로, 위 명세서 등의 제출일을 증여의제일로 보아야 함(대법원2017두32395, 2017.5.11., 대법원2018두36172, 2018.6.28.).

⇒ 상증법 개정하여 2020.1.1. 이후 증여일은 증여세 또는 양도소득세 등의 과세표준신고서에 기재된 소유권이전일 등으로 한다.

6. 명의신탁재산 증여의제의 증여재산가액

가. 증여의제 당시의 가액

증여의제일 현재를 기준으로 상증법 제60조부터 제66조까지에 따라 평가한 가액에 따른다. 2016.1.1. 이후 증여로 의제하는 경우부터 장기미명의개서 재산은 소유권취득일을 기준으로 평가한다.

나. 과세표준의 계산 특례

명의신탁재산의 증여의제에 있어서는 당해 명의신탁재산 금액에서 감정평가수수료를 뺀 금액을 증여세 과세표준으로 한다. 즉, 증여재산공제 및 재해손실공제를 적용하지 않는다(상증법 제55조[40]).

---

40. 상증법 제55조(증여세의 과세표준 및 과세최저한) ① 증여세의 과세표준은 다음 각 호의 어느 하나에 해당하는 금액에서 대통령령으로 정하는 증여재산의 감정평가 수수료를 뺀 금액으로 한다.
 1. 제45조의2에 따른 명의신탁재산의 증여 의제: 그 명의신탁재산의 금액

2019.1.1. 이후 증여받은 것으로 보는 분부터 명의신탁재산을 증여세 합산과세 대상에서 제외한다(상증법 제47조[41]).

다. 최대주주등 할증평가

2016.2.5. 이후 평가하는 분부터 최대주주등 할증평가 규정을 적용하지 않는다(상증령 제53조제6항제8호).[42]

2016.2.5. 개정된 구 상증령 시행 전에 해당 주식 가액을 평가하였다면, 그 전 법령에 따라 최대주주 할증가액이 가산된다고 보아야 한다(대법원 2017두48451, 2018.2.8.).

예시

(문) 2022.4.5. 을의 증여세 과세표준은?

증여시기	증여재산	비고(을은 갑의 배우자)
2020.1.3.	부동산 3억원	갑이 을에게 증여
2022.4.5.	주식 2억원	갑이 을에게 명의신탁

(답) 2억원 (명의신탁재산 증여의제의 경우 증여세 과세가액 계산시 다른 재산과 합산하지 않고, 증여재산공제를 적용하지 않음)

7. 명의신탁의 해지(환원)

가. 의의 및 과세여부

명의신탁 해지는 명의수탁자 명의로 되어 있는 공부상의 소유명의를 명의신탁자인 실제소유자 명의로 환원하는 것을 말한다. 명의신탁 해지는 당초 명의신탁된 재산의 소유권이 실제소유자 앞으로 환원되는 것이므로 해당 환원 행위에 대해 증여세나 양도소득세를 과세하지 않는다. 다만, 실제소유자가 아닌 제3자(배우자 및 자녀 등)에게 무상으로 명의이전하는 경우에는 그 명

---

41. 상증법 제47조(증여세 과세가액) ① 증여세 과세가액은 증여일 현재 이 법에 따른 증여재산가액을 합친 금액[제31조제1항제3호, 제40조제1항제2호 · 제3호, 제41조의3, 제41조의5, 제42조의3 및 제45조의2부터 제45조의4까지의 규정에 따른 증여재산(이하 "합산배제증여재산"이라 한다)의 가액은 제외한다]에서 그 증여재산에 담보된 채무(그 증여재산에 관련된 채무 등 대통령령으로 정하는 채무를 포함한다)로서 수증자가 인수한 금액을 뺀 금액으로 한다.
42. 종전에는 최대주주등 할증평가의 규정을 적용하였다(재경부재산46014-39, 2002.2.15., 수원지법2008 구합10912, 2009.9.9.).

의를 이전한 날에 실제소유자가 그 명의를 이전받은 자에게 증여한 것으로 본다(상증통칙 45의 2-0…2).

명의신탁된 재산을 유상 이전하는 경우에는 양도소득세 과세대상[43]이 되며, 해당 재산 취득시기는 당초 재산의 취득일이다.

나. 명의신탁주식을 처분하여 3개월 내에 주식매각대금으로 반환한 경우

증여의제 재산은 금전(매각대금)이 아닌 명의신탁 주식 자체이므로 명의신탁주식 매도대금의 반환을 증여받은 재산의 반환으로는 볼 수 없다(대법원 2005두10200, 2007.2.8.).

다. 명의신탁주식 실제소유자 확인제도

국세청은 2014년부터 중소기업을 대상으로 「명의신탁주식 실제소유자 확인제도」를 시행하고 있다.[44] 내국법인의 주식등을 실제소유자가 신탁이나 약정에 의하여 다른 사람 명의로 주주명부 등에 등재하였거나 명의개서한 주식을 실제소유자 명의로 전환한 경우로 다음 요건을 모두 충족하는 경우에 그 실제소유자는 「법인세법」 제119조에 따른 주식등변동상황명세서가 제출되기 전이라도 명의신탁주식 실명전환에 따른 실제소유자 확인을 신청할 수 있다(상증 사무처리규정 제12조(명의신탁주식 실제소유자 확인신청 및 처리)).

1) 주식발행법인이 2001년 7월 23일 이전에 설립된 법인으로 조특령 제2조에서 정하는 중소기업에 해당
2) 실제소유자와 명의수탁자(실명전환 전 주주명부 등에 주주로 등재되어 있던 자로서 국내에 주소를 두고 있는 거주자)가 법인설립 당시 발기인으로 설립 당시에 명의신탁한 주식을 실제소유자에게 환원하는 경우
3) 2)의 설립 당시 명의신탁주식에는 법인설립 이후에 「상법」 제418조제1항 및 「자본시장과 금융투자업에 관한 법률」 제165조의6제1항제1호에서 정하는 주주배정방식으로 배정된 신주를 기존주주가 실권 없이 인수하는 증자("균등증자"라고 하며, 무상증자 또는 주식배당을 원인으로 증자한 경우를 포함한다)를 원인으로 명의수탁자가 새로 취득한 주식을 포함한다.

확인신청을 하는 실제소유자는 주소지를 관할하는 세무서장(재산제세 담당과장)에게 다음 서류를 첨부하여 제출하여야 한다.

---

43. 명의신탁 부동산을 매각한 경우 양도 주체 및 납세의무자는 명의신탁자이다(국기법 통칙 14-0…6).
44. "중소기업 명의신탁주식, 간소한 절차로 실제 소유자 환원을 도와드리겠습니다"(국세청 보도자료, 2014.6.18.).

1) 명의신탁주식 실제소유자 확인신청서

2) 중소기업 등 기준검토표(「법인세법 시행규칙」 별지 제51호 서식을 말한다)

3) 주식발행법인이 당초 명의자와 실제소유자 인적사항, 실명전환(명의개서)일, 실명전환주식 수 등을 확인하여 발행한 주식 명의개서 확인서. 이 경우 주식발행법인에는 한국예탁결제원등에 주식을 예탁한 경우에는 명의개서 대행기관을 포함한다.

4) 주식등을 명의신탁한 사유·경위 등에 관한 실제소유자와 명의수탁자의 확인서 또는 진술서 및 명의수탁자의 신분증 사본

세무서는 실명전환주식가액이 20억원 이상이거나, 실제소유자 여부가 불분명한 경우, 명의신탁주식 실명전환 자문위원회[45]의 자문을 받아 실제소유자 인정여부를 결정한다.

[관련 질의회신 · 판례 등]

○ 재산평가

주식 가액은 실제소유자가 아닌 제3자 명의로 명의개서한 날 현재 상증법 제60조 및 제63조 규정에 의하여 평가한 가액임(서면4팀-2171, 2007.7.13.).

○ 신탁자가 대납한 경우 증여세 과세여부

명의신탁한 재산에 대하여 명의수탁자에게 부과된 증여세를 그 실질소유자(증여자)가 납부한 경우에는 대신 납부한 증여세액에 대하여 다시 증여세를 과세하지 않음(재삼46014-1128, 1997.5.8.).

○ (2018.12.31. 이전) 다른 증여재산과 합산여부[46]

10년 이내 재차증여 가산규정의 입법취지와 체계 및 개정 연혁 등을 종합적으로 고려하면, 10년 이내 재차 동일인의 명의신탁이 있어 증여로 의제되는 경우에도 재차증여 가산규정이 적용됨(대법원2016두50792, 2019.6.13.).

⇒ 2019.1.1. 이후 증여받은 것으로 보는 분부터 명의신탁재산을 증여세 합산과세 대상에서 제외하였다.

---

45. 「명의신탁주식 실명전환자문위원회 운영규정」 제2조(위원회 구성)
① 위원회는 세무서별 인원현황 등 실정을 고려하여 위원장(세무서장)을 포함한 7명 이상 10명 이내의 내부위원으로 구성한다.
③ 자문위원은 각 과의 과장 및 팀장 또는 세무경력이 10년 이상이거나 재산세분야 세무경력이 2년 이상인 국세공무원 중에서 위원장이 임명한다.
④ 위원장은 자문위원에 다음 각 호와 같이 과장 및 팀장을 반드시 포함하여야 한다.
1. 1급지 세무서: 과장 및 팀장 각 2명 이상
2. 2급지 세무서: 과장 1명 이상, 팀장 2명 이상
⑤ 자문위원의 임기는 1년으로 하되, 특별한 사유가 없는 한 연임할 수 있다

46. 다른 증여재산과 합산여부는 상증법 제55조와 연계해 다툼이 생겼다. 즉, 상증법 제55조에서는 명의신탁재산 증여의제 과세표준이 "그 명의신탁재산 금액 – 감정평가수수료"로 규정되어 다른 증여재산과 합산되지 않는 것처럼 보였지만, 법원 개정취지 등을 감안할 때 다른 증여재산과 합산한다고 보았다.

○ 명의신탁재산 증여의제 과세시 부당무신고가산세

(국세청) 부정행위 여부는 사실판단 할 사항임(징세과-469, 2011.5.16.).

(심판원) 부당무신고가산세 대상임(조심2013중4791, 2014.3.25., 조심2016전3654, 2016.11.28.).

(법원) 명의신탁 결과 명의수탁자가 부담할 증여세 부과와 징수를 불가능하게 하거나 현저히 곤란하게 하는 정도에 이르렀다는 등의 특별한 사정이 없는 한, 증여세 부당무신고가산세 요건인 '사기나 그 밖의 부정한 행위' 또는 '부정행위'에 해당한다고 볼 수 없음(대법원2017두69977, 2021.7.8.).

○ 명의신탁재산 양도시 부당무신고가산세

명의신탁재산 증여의제의 경우, 명의신탁자가 명의수탁자에게 주식을 명의신탁하면서 주식 매매 등이 있었던 것과 같은 외관을 형성하여 그 형식에 따른 계약서나 계좌거래내역 등을 토대로 과세관청에 신고하는 것은 주식의 명의신탁에 통상 뒤따르는 부수행위에 불과하다고 볼 수 있다고 할 때, 명의신탁 결과 명의수탁자가 부담할 증여세 부과와 징수를 불가능하게 하거나 현저히 곤란하게 하는 정도에 이르렀다는 등의 특별한 사정이 없는 한, 증여세 부당무신고가산세 요건인 '사기나 그 밖의 부정한 행위' 또는 '부정행위'에 해당한다고 볼 수 없음(대법원2017두69977, 2021.7.8.).

〈신탁자 또는 수탁자가 사망한 경우〉

○ (2015.12.31. 이전) 명의신탁자 사망시 장기미명의개서 사유에 상속에 포함되는지 여부

(법원) 명의신탁주식이 상속된 경우에는 명의개서해태 증여의제 규정(괄호 부분) 적용대상에 해당하지 않고, 명의신탁 증여의제 규정(괄호밖 부분) 과세요건인 상속인과 명의수탁자들 사이에 새로운 명의신탁 합의가 있었던 것으로 추정할 수 없어 과세는 위법함(대법원2014두43653, 2017.1.12.).

⇒ 상속 취득에 대한 조세회피 목적을 배제하는 규정을 신설 후인 2016.1.1. 이후 과세하며 2016.1.1. 이후 상속하는 분부터 명의개서해태 증여의제 규정을 적용함(기획재정부 재산세제과-880, 2019.12.27.).[47]

○ 명의수탁자가 사망한 경우

피상속인이 명의수탁한 주식을 상속개시 후 상속인(명의수탁자의 상속인) 명의로 명의개서한 경우에는 당초 피상속인 명의로 명의개서한 때와 그 상속인 명의로 명의개서한 때에 각각 그 명의자가 실제소유자로부터 증여받은 것으로 보아 명의신탁 증여의제 규정을 적용함. 이 경우, 실제 소유자와 상속인 간에 새로운 명의신탁 약정이 없었다고 인정되면 그러하지 아니함(서면4팀-1384, 2008.6.10.).[48]

〈명의수탁자를 증여자로 증여세 신고 후, 실제소유자로 증여자를 결정 · 경정하는 경우〉

○ 신고여부

(심판원 - 무신고) 증여세를 부과함에 있어 증여자가 누구인지에 따라 증여재산공제 · 재차증여재산합산 등 증여세 과세표준과 세액 계산이 달라지고, 증여원인에 따라 증여세 부과 근거 및 과세표준과 세액 계산 근거가 되는 법령이 달라지는 등 증여자와 증여원인은 수증자, 증여시기, 증여재산 등과 함께 증

47. 세법해석정비

요지	유지사례	삭제사례
상속받은 명의신탁 주식에 대한 명의개서해태 증여의제 적용 가능 여부	기획재정부 재산세제과-880, 2019.12.27.	법규과-969, 2011.7.22. 법규과-1562, 2011.11.28.

48. 관련 판례로 부산고법2012누2702, 2013.1.30.이 있다.

여세 과세요건사실의 중요 부분을 구성하는 점을 볼 때 세법에 따른 과세표준신고서를 제출하고 그 세액을 납부한 것으로 보기 어려움(조심2014부0978, 2015.10.15.).

(법원 – 신고) 명의수탁자를 증여자로 한 증여세 과세가액 및 과세표준 신고가 "실제 증여자인 명의신탁자의 수증자에 대한 증여사실"을 원인으로 한 증여세 부과처분에 대한 증여세 신고로 효력이 없다고 보기는 어려움(대법원2017두68417, 2019.7.11.).

○ 부당과소신고가산세 여부

(기재부) 명의신탁된 주식을 명의수탁자로부터 형식상 증여받은 후 명의신탁자가 아닌 명의수탁자를 증여자로 하여 증여세 신고를 한 경우, 동 행위가 부당한 방법에 따른 것인지 여부는 사실관계를 종합적으로 고려하여 판단할 사항임(조세법령운용과-122, 2016.3.14.).

(국세청) 신고세액공제 적용되지 아니하며, 이 경우 과소신고한 과세표준에 대하여는 부당과소신고가산세를, 무납부 · 미달납부세액에는 납부불성실가산세를 부과함(법규과-1575, 2011.11.29.).

제4절 특수관계법인과의 거래를 통한 이익의 증여의제[49]

<과세요건 판단 및 증여의제이익 계산 흐름도>

01 지배주주 확정

① 최대주주(그룹) 확정
② 그중 직간접 주식보유비율이 가장 높은 개인주주 선정. 다만, 수혜법인의 최대주주등 중에서 본인과 본인 친족등 주식보유비율이 사용인의 주식보유비율보다 많으면 본인과 본인 친족 중 지배주주 선정

02 특수관계법인과의 매출액 정상거래비율 초과여부 확인

① 지배주주와 특수관계에 있는 법인 선정
② 특수관계법인과의 매출액 중 과세제외매출액 포함여부 확인
③ 그 법인들에 대한 매출액 합계액이 총매출액에서 차지하는 비율이 30%(중소기업 50%, 중견기업 40%)를 초과하는지 여부 확인
→ 비율계산시 과세제외매출액은 분자, 분모에서 모두 제외

30%(중소 50%, 중견 40%) 초과 ↓ / 이하 → 과세제외

03 수증자가 한계보유비율 초과여부 확인

① 지배주주와 그 친족 선정
② 그들 중 직간접 주식보유비율이 3%(중소 · 중견기업 10%)를 초과하는 개인주주 확정

30%(중소 · 중견 40%) 초과 ↓ / 이하 → 과세제외

04 증여의제이익 산정

- 증여의제이익: ①×②×③
  ① 세후영업이익
  ② 특수관계법인들과의 거래비율 − 5%(중소기업 50%, 중견기업 20%)
  ③ 수증자의 직간접 주식보유비율 − 0%(중소기업 10%, 중견기업 5%)
- 주식 직간접보유 구분에 따라 계산(㉠+㉡)
  ㉠ 주식 직접보유분 관련 이익
  ㉡ 주식 간접보유분 관련 이익
- 신고기한 내 배당소득에 대한 공제
  - 수혜법인 배당: ㉠에서 차감, 간접출자법인 배당: ㉡에서 차감

---

49. 상증법 제45조의3를 일감몰아주기로, 상증법 제45조의4를 일감떼어주기로 언론 등에서 표현하며, 일감몰아주기와 일감떼어주기 증여세 관련은 국세청 발간책자를 참고하였다.

2012.1.1. 이후 최초로 개시하는 사업연도 거래분부터 특수관계법인을 이용하여 부를 이전하는 사례에 대한 증여세 과세를 위해 특수관계법인 간의 일감 몰아주기로 발생한 이익을 증여로 의제하는 규정이다(상증법 제45조의3).[50]

2014.1.1. 상증법 개정시 중소기업인 수혜법인과 중소기업인 특수관계법인 간의 거래에서 발생하는 매출액을 제외하는 등 중소 · 중견기업에 대한 과세를 완화하였다.

한편, 2017.12.19. 상증법 개정시 공시대상기업집단 간의 담합에 의하여 제3자를 통한 간접적인 둘 이상의 거래를 거치는 방법에 의해 발생한 수혜법인 매출액 등을 과세대상에 포함하여 과세대상을 확대하였으며, 대기업과 중견기업의 정상거래비율과 한계보유비율을 축소해 과세를 강화하였다.

헌법재판소에서 합헌결정(헌재2016헌바347, 2018.6.28.)하였다. 주요 내용은 아래와 같다.

① 특수관계법인과 수혜법인 사이의 거래를 통해 지배주주 등에게 발생한 이익에는 정상적인 거래에 따른 소득, 시장상황 등에 따른 이익, 특수관계법인이 제공한 사업기회의 경제적 가치 등이 혼재되어 있고, 그 가운데 증여와 증여 아닌 부분을 분리 · 입증해내는 것은 불가능에 가까운 일이다. 불가피하게 입법자는 일정한 비율을 초과하는 특수관계법인과 수혜법인 사이의 거래가 있으면 지배주주 등이 일정한 이익을 증여받은 것으로 의제하되, 증여의제이익 계산에 필요한 '특수관계법인', '특수관계법인거래비율', '정상거래비율', '한계보유비율'의 구체적 내용을 대통령령으로 정하도록 위임하고 거래 성격 등을 고려하여 특정한 유형의 거래를 과세 대상에서 제외할 수 있도록 하였다. 이와 달리 '정당한 사유'와 같은 불확정 개념을 사용하여 증여의제의 일반적 예외를 법률에 규정하는 방법은 그 예외 사유의 해석과 적용에 관하여 다툼을 초래하게 되므로, 조세법률관계의 명확성과 안정성을 저해할 우려가 있어 명백히 덜 침해적인 대안이라 보기 어렵다.

② 현행 소득세법하에서는 일감 몰아주기로 수혜법인의 지배주주 등에게 발생한 이익에 대하여 적정한 과세가 이루어지기 어렵다. 독점규제 및 공정거래에 관한 법률, 상법, 형법 등에 일감 몰아주기를 규제할 수 있는 수단이 존재하고 이들 수단이 중첩적으로 활용되지만, 위 법률들은 조세법과는 입법목적 · 규제대상 · 규제수단을 달리한다. 뿐만 아니라 위 법률은 구 상증세법 제45조의3제1항 제정 당시 일감 몰아주기로 인한 이익 귀속주체인 수혜법인의 지배주주 등에 대한 직접적이고 실효적인 규제수단을 갖추고 있지 않았다. 결국, 특수관계법인과 수혜법인 사이에 일정한 비율을 초과하는 거래에 관하여 수혜법인의 지배주주 등에게 증여세를 과세하더라도 그 경제적 불이익이 앞서 본 공익에 비하여 더 크다고 할 수 없다.

③ 기간과세 방식을 택하고, 그 과세기간을 기업들이 통상적으로 작성하는 재무자료의 시간적 단위가 되는 사업연도로 정하였다. 이는 증여세액 산출을 위한 별도의 회계처리 없이 쉽게 증여

---

50. 2011.12.31. 이전에 특수관계기업 간 정상가격에 의한 '일감 몰아주기'를 이용하여 수혜받은 법인의 주주의 주식가치 증가에 대한 증여세 과세 곤란함(기획재정부 재산세제과-664, 2014.9.24.).

의제이익을 계산하기 위한 것으로, 수혜법인과 특수관계법인에 별도의 납세협력비용을 발생시키지 않는다는 장점이 있다. 특수관계법인과 수혜법인 간의 거래에 관하여 특정 사업연도에 발생한 영업이익과 다른 사업연도에 발생한 영업손실의 통산을 허용할 경우, 특수관계법인과 수혜법인 사이의 거래에 따른 영업손실을 보전해 주는 결과로 되어 증여과세를 통해 간접적으로 일감 몰아주기를 제한하려는 입법목적에 반한다.

사업연도 종료일 이후 수혜법인 주가가 하락하는 경우 증여세액을 환급한다면, 특수관계법인과 수혜법인 간의 거래와 무관한 사정에 따라 증여과세 여부 및 세액이 좌우될 가능성이 높아 마찬가지로 앞서 본 입법목적의 달성을 저해한다. 기간과세 방식을 택함으로써 같은 사업연도 내에서는 영업이익과 손실이 상계된다는 점, 구 상증세법 제45조의3에 따른 증여의제이익은 합산배제증여재산에 해당하여 누진세율의 적용을 피할 수 있다는 점(상증세법 제47조제2항 단서) 등을 고려하면, 구 상증세법 제45조의3제3항으로 인한 납세의무자의 경제적 불이익이 적정한 소득 재분배를 촉진하고 일감 몰아주기를 억제한다는 공익에 비하여 더 크다고 볼 수 없다.

1. 과세요건(아래 요건 모두 충족)

- ○ 수혜법인의 세후영업이익이 있을 것
- ○ 특수관계법인거래비율이 정상거래비율(30%, 중소기업은 50% · 중견기업은 40%) 초과
- ○ 지배주주와 그 친족의 주식보유비율이 한계보유비율(3%, 중소 · 중견기업은 10%) 초과

가. 용어에 대한 설명

수혜법인은 법인의 사업연도 매출액 중에서 그 법인의 지배주주와 특수관계 있는 법인에 대한 매출액이 차지하는 비율이 정상거래비율을 초과하는 내국법인을 말한다(상증법 제45조의3제1항).

특수관계법인거래비율은 아래와 같다.

$$\text{특수관계법인거래비율} = \frac{\text{특수관계법인에 대한 매출액} - \text{과세제외매출액}}{\text{수혜법인의 사업연도 매출액} - \text{과세제외매출액}} \times 100$$

지배주주는 수혜법인의 최대주주등 중에서 주식보유비율이 가장 높은 개인을 말한다. 뒤에서 다시 설명한다. 중소기업은 조특법 제6조제1항(조특령 제2조)에 따른 중소기업을 말한다. 단, 공시대상기업집단(자산 5조원) 소속 기업은 제외한다. 중견기업은 조특령 제9조제4항에 따른 중견기업(상증령 제34조의2제5항)을 말한다. 단, 공시대상기업집단(자산 5조원) 소속 기업은 제외한다. 수혜법인에서 제외되는 법인은 외국법인, 외국인투자기업(외국인이 의결권 있는 주식총수 등의 50% 이상 소유하는 법인)이다.

나. 수혜법인의 세후영업이익이 있어야 한다

수혜법인의 세후영업이익은 영업손익(기업회계기준에 따라 계산한 매출액에서 매출원가 및 판매비와 관리비를 차감한 영업손익)에 법인법에 따른 세무조정사항을 반영한 후 가액(이하 '세무조정 후 영업손익'이라 함)을 구하고, 이에 대한 법인세상당액을 뺀 금액에 과세매출비율을 곱하여 계산한다.

(세무조정 후 영업손익 - 세무조정 후 영업손익에 대한 법인세 상당액 - 법인세상당액) × 과세매출비율

다. 수혜법인의 지배주주와 특수관계에 있는 법인과의 거래비율이 30%(중소기업은 50%, 중견기업은 40%)를 초과해야 한다

수혜법인의 사업연도 매출액 중에서 그 법인의 지배주주와 특수관계에 있는 법인들에 대한 매출액이 차지하는 비율(특수관계법인거래비율)이 정상거래비율을 초과하는 경우에 해당되어야 한다(상증법 제45조의3제1항).

$$\text{특수관계법인거래비율} = \frac{\text{특수관계법인에 대한 매출액 - 과세제외매출액}}{\text{수혜법인의 사업연도 매출액 - 과세제외매출액}} \times 100$$

정상거래비율은 30%(중소기업 50%, 중견기업 40%)이다(상증령 제34조의2제5항). 2018년 상증령 개정으로 수혜법인이 중소기업 및 중견기업에 해당하지 아니하는 경우에는 특수관계법인과 거래비율이 20%를 초과하면서 특수관계법인과의 거래금액이 1천억원을 초과하는 경우도 과세대상에 포함되었다.

또한, 일감몰아주기 과세 또는 총수일가 사익편취 금지를 회피할 목적으로 「독점규제 및 공정거래에 관한 법률」 제14조에 따른 공시대상기업집단 간의 교차거래 등으로 발생한 매출액도 수혜법인의 지배주주와 특수관계에 있는 법인들에 대한 매출액에 포함시켜 일감몰아주기 과세대상을 확대하였다.

<정상거래비율 및 한계보율 개정연혁>

구분	정상거래비율(상증령 제34조의2제5항)			한계보유비율 (상증령 제34조의2제7항)	
	2012.1.1. 이후 개시사업연도분	2014.1.1. 이후 신고기한도래분	2017.2.7. 이후 개시사업연도분	2012.1.1. 이후 개시사업연도분	2014.1.1. 이후 신고기한도래분
대기업	30%	30%	30%	3%	3%
중견기업	30%	50%	40%	3%	10%
중소기업	30%	50%	50%	3%	10%

1) 수혜법인의 사업연도 매출액 중 특수관계법인과의 거래비율 계산

특수관계법인이 둘 이상인 경우 각각의 매출액을 모두 합하여 계산하며 제3자를 통한 간접적인 방법이나 둘 이상의 행위 또는 거래를 거치는 방법으로 증여세를 부당하게 감소시킨 것으로 인정되는 경우에는 그 경제적 실질 내용에 따라 직접 거래한 것으로 보거나 연속된 하나의 거래로 보아 거래비율을 계산한다.

특수관계법인거래비율 계산시 과세제외매출액(상증령 제34조의2제8항, 7가지 유형)은 특수관계법인에 대한 매출액과 수혜법인의 사업연도 매출액에서 각각 제외하여 비율을 계산한다(상증령 제34조의2제9항, 2014.2.21. 개정).

예시

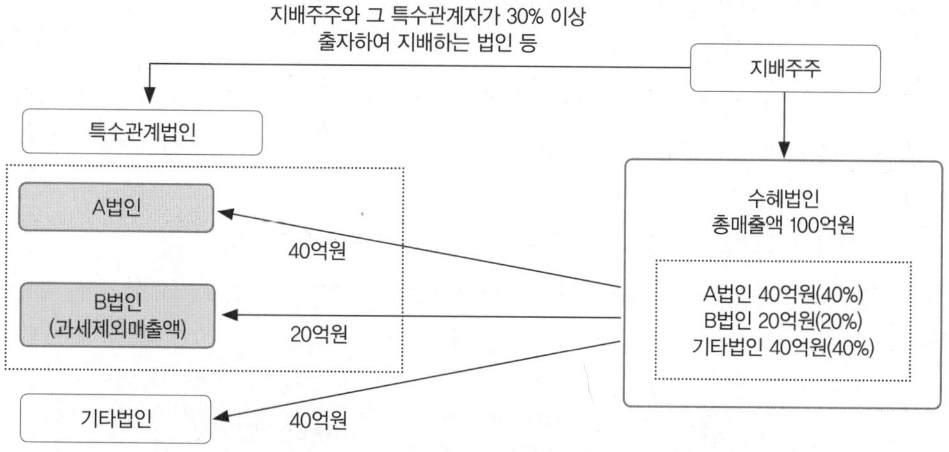

$$\text{특수관계법인거래비율(50\%)} = \frac{\text{A · B법인에 대한 매출액(60억원)} - \text{과세제외매출액(20억원)}}{\text{수혜법인의 사업연도 매출액(100억원)} - \text{과세제외매출액(20억원)}} \times 100$$

가) 지배주주와 특수관계법인 해당 여부 판단기준일

특수관계법인거래비율 계산시 지배주주와 특수관계에 있는 법인에 해당하는지 여부는 수혜법인의 사업연도 종료일을 기준으로 판단한다.

나) 사업연도 중에 지배주주와 특수관계법인에 해당하게 된 경우

수혜법인의 사업연도 중에 지배주주와 특수관계법인에 해당하게 된 경우로 사업연도 종료일 현재 특수관계법인에 해당한다면 "특수관계법인거래비율"은 그 법인과의 사업연도 전체 매출액을 기준으로 산정한다(서면법규과-1487, 2012.12.14.).

예시

(문) 2021.12.31. 현재 지배주주인 [갑]과 A법인은 특수관계에 해당하나, 그 특수관계 성립일이 2021.7.1.이고 수혜법인의 A법인에 대한 매출액이 아래와 같다면 특수관계법인거래비율 계산 시 특수관계법인(A법인)에 대한 매출액은?

구분	2021.1.1.~6.30.	2021.7.1.~12.31.	연간매출액 합계
A법인에 대한 매출	20억원	30억원	50억원

(답) 특수관계 성립일 이후 매출액 30억원이 아닌 연간 전체매출액 50억원을 적용

2) 특수관계법인거래비율 계산시 "과세제외매출액" 해당 여부 판단

매출액비율 계산시 제외하는 과세제외매출액은 다음의 어느 하나에 해당하는 금액을 말하며, 이 중 두 개 이상이 동시에 해당하는 경우에는 더 큰 금액을 적용한다(상증령 제34조의2제8항).

가) 중소기업인 수혜법인이 중소기업인 특수관계법인과 거래한 매출액

수혜법인이 중소기업이며, 지배주주와 특수관계에 있는 중소기업 법인과 거래한 경우, 해당 매출액을 분모, 분자 제외한다.

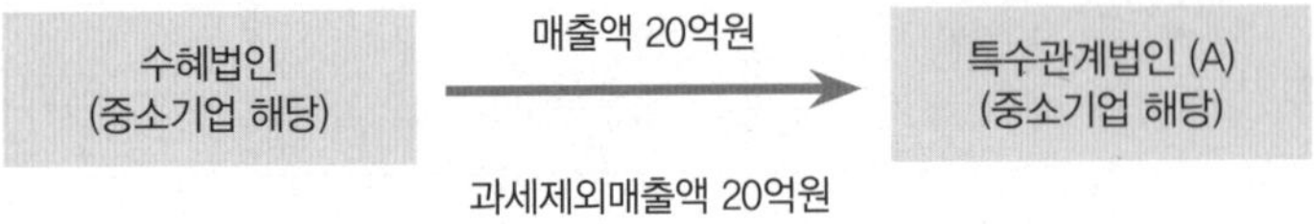

나) 수혜법인이 본인 주식보유비율이 100분의 50 이상인 특수관계법인과 거래한 매출액

수혜법인이 50% 이상 직·간접 출자한 특수관계법인과 거래한 경우 해당 매출액은 전액 제외한다. 2014년 개정 전에 특수관계법인에서 제외하였다.

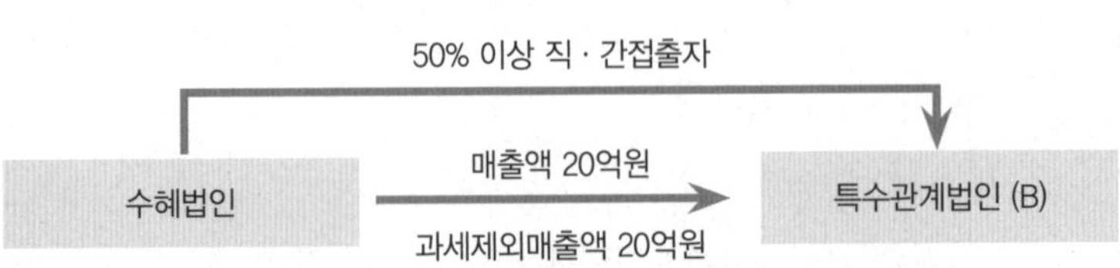

다) 수혜법인이 본인 주식보유비율이 100분의 50 미만인 특수관계법인과 거래한 매출액에 그 특수관계법인에 대한 수혜법인의 주식보유비율을 곱한 금액

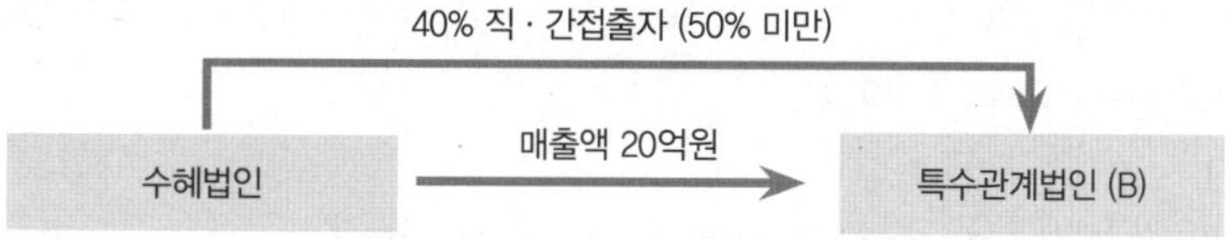

과세제외매출액: 20억원 X 40% = 8억원

라) 수혜법인이 「독점규제 및 공정거래에 관한 법률」 제2조제1호의2에 따른 지주회사인 경우로, 수혜법인이 같은 법 제2조제1호의3에 따른 자회사 및 같은 법 제2조제1호의4에 따른 손자회사(같은 법 제8조의2제5항에 따른 증손회사를 포함한다)와 거래한 매출액

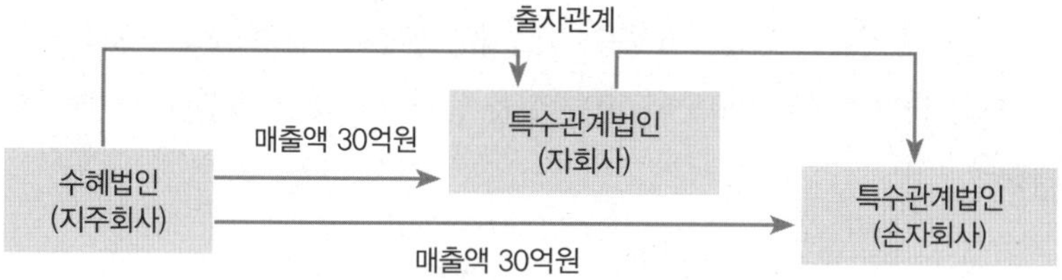

과세제외매출액 : 30억원 + 30억원 = 60억원

마) 수혜법인이 제품 · 상품의 수출을 목적으로 특수관계법인(수혜법인이 중소기업 또는 중견기업에 해당하지 아니하는 경우에는 국외에 소재하는 특수관계법인으로 한정)과 거래한 매출액

수출 범위에는 「대외무역관리규정」 제2조제11호의 정의에 따른 '중계무역'도 포함하고(서면법규과-1392, 2013.12.23.), 해당 과세제외매출액은 부가법상 내국신용장이나 구매확인서를 통해 제품 · 상품의 수출을 목적으로 거래한 사실이 확인되는 경우에 한한다(법규재산2014-150, 2014.6.11.).

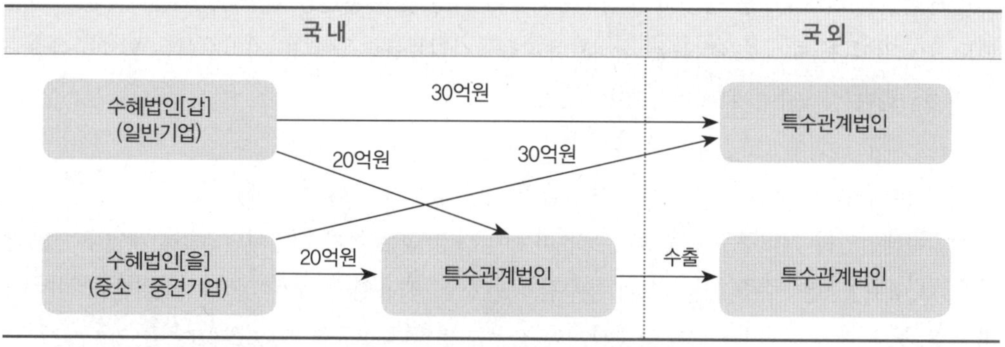

* 수혜법인 [갑]의 과세제외매출액: 국외수출분 30억원(국내수출분 20억원은 과세매출)
* 수혜법인 [을]의 과세제외매출액: 국외수출분 30억원, 국내수출분 20억원

바) 수혜법인이 다른 법률에 따라 의무적으로 특수관계법인과 거래한 매출액

「집단에너지사업법」상 집단에너지사업자가 해당 법률 규정에 따라 허가받은 구역에 있는 특수

관계법인에게 그 에너지를 공급하는 경우 해당 매출액은 특수관계법인에 대한 매출액에서 제외한다(서면법규과-624, 2013.5.30.).

사) 한국표준산업분류에 따른 스포츠 클럽 운영업 중 프로스포츠구단 운영을 주된 사업으로 하는 수혜법인이 특수관계법인과 거래한 광고 매출액

아) (2020.2.11. 이후 신고부터) 수혜법인이 국가, 지방자치단체, 「공공기관의 운영에 관한 법률」에 따른 공공기관 또는 「지방공기업법」에 따른 지방공기업(이하 "국가등")이 운영하는 사업에 참여함에 따라 국가등이나 「국가재정법」 별표2에서 규정하는 법률에 따라 설립된 기금(이하 "공공기금") 또는 공공기금이 발행주식총수나 출자총액의 100분의 100을 출자하고 있는 법인이 발행주식총수 또는 출자총액의 100분의 50 이상을 출자하고 있는 법인에 출자한 경우 해당 법인과 거래한 매출액

<동시에 2개 이상 유형에 해당하는 경우>

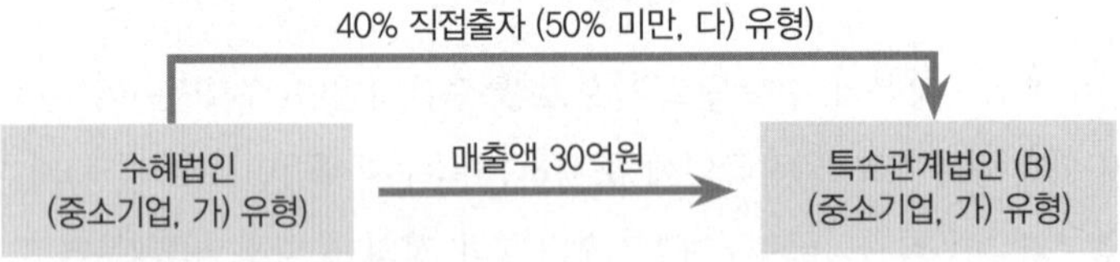

과세제외매출액 : 30억원 [Max(가), 다)]
가) 중소기업 간 거래 30억원
다) 50% 미만 출자 30억원X40%=12억원

3) 지배주주의 판정

수혜법인의 최대주주등 중에서 주식보유비율이 가장 높은 개인을 말한다. 판단기준일은 사업연도 종료일이다. 주식보유비율은 직접보유비율+간접보유비율이다. 자기주식은 발행주식총수에서 제외한다(상속증여세과-383, 2013.7.22.).

가) 지배주주: 아래 (1) 또는 (2)의 개인을 말한다(상증령 제34조의2제1항).

(1) 수혜법인의 최대주주등 중 직접보유비율이 가장 높은 자가 개인이면, 해당 개인주주를 말한다. 최대주주등은 주주 1인과 그의 특수관계인(친족, 사용인 등 포함)의 보유주식을 합하여 가장 많은 경우 그 주주 1인과 그의 특수관계인 모두를 말한다(상증령 제19조제2항).

수혜법인의 최대주주등 중에서 본인과 그 친족의 주식등 보유비율 합계가 상증령 제2조의2제1항제2호에 따른 사용인의 주식등 보유비율보다 많은 경우에는 본인과 본인 친족등 중에서 지배주주를 판정한다.

(2) 수혜법인의 최대주주등 중 직접보유비율이 가장 높은 자가 법인인 경우, 수혜법인에 대한 직

접보유비율과 간접보유비율을 합하여 그 비율이 가장 높은 개인을 말한다. 다만, 아래에 해당하는 자는 제외한다. 이는 실질 지배력이 없는 주주가 지배주주가 되는 경우를 방지하기 위함이다.

(가) 수혜법인의 주주이면서 최대주주등에 해당하지 않는 자

(나) 수혜법인의 최대주주등 중 직접보유비율이 가장 높은 법인주주의 주주이면서 최대주주등에 해당하지 않는 자

간접보유비율은 개인과 해당 법인 사이에 주식보유를 통하여 한 개 이상의 법인("간접출자법인")이 개재되어 있는 경우("간접출자관계"), 각 단계의 직접보유비율을 모두 곱하여 산출한 비율을 말한다. 이 경우 개인과 해당 법인 사이에 둘 이상의 간접출자관계가 있는 경우에는 개인의 해당 법인에 대한 간접보유비율은 각각의 간접출자관계에서 산출한 비율을 모두 합하여 산출한다.

나) 지배주주가 2명 이상인 경우 수혜법인에 임원 임면권의 행사와 사업 방침 결정 등을 통하여 그 경영에 관하여 사실상 영향력이 더 큰 자로, 다음 순서에 따른 자를 지배주주로 본다(상증령 제34조의2제1항 후단, 상증규칙 제10조의7).

(가) 본인과 그 친족의 주식보유비율 합계가 더 높은 경우, 그 본인

(나) 본인과 특수관계에 있는 법인에 대한 수혜법인의 매출액이 더 많은 경우, 그 본인

(다) 사업연도 종료일을 기준으로 가장 최근에 수혜법인의 대표이사였던 자

예시

(문) 아래와 같이 주식을 보유한 경우 개인별 주식보유비율과 지배주주는?

수혜법인		
법인 A	60%	본인
개인 을	25%	기타
개인 병	15%	기타

법인 A(간접출자법인)		
개인 정	40%	본인
개인 무	30%	정의 배우자
개인 기	30%	정의 자

(답)

○ 개인 을: 25% ○ 개인 병: 15%

○ 개인 정: 40% × 60% = 24%

○ 개인 무: 30% × 60% = 18%

○ 개인 기: 30% × 60% = 18%

○ 지배주주: 정, 전체 지분은 개인 [을]이 가장 높으나, 수혜법인의 최대주주에 해당하지 않음

예시

(문) 아래와 같이 주식을 보유한 경우 개인별 주식보유비율과 지배주주는?

수혜법인		
법인 A	70%	본인
개인 을	25%	A의 사용인
개인 병	5%	기타

법인 A(간접출자법인)		
개인 정	40%	본인
개인 무	30%	정의 배우자
개인 기	30%	사용인

(답)

○ 개인 을: 25% + (30% × 70%) = 46%

○ 개인 병: 5%

○ 개인 정: 40% × 70% = 28%

○ 개인 무: 30% × 70% = 21%

○ 지배주주: 정, 전체 지분은 개인 [을]이 가장 높으나, 개인 [정]과 개인[무]의 주식보유비율 합계가 개인[을]의 주식보유비율보다 많음

4) 특수관계법인

수혜법인의 지배주주와 특수관계에 있는 법인(사업연도 종료일 기준, 상증령 제2조의2제1항 제3호~제8호에 해당하는 법인(비영리법인 포함))을 말한다.

○ 상증령 제2조의2(특수관계인의 범위) ① 법 제2조제10호에서 "본인과 친족관계, 경제적 연관관계 또는 경영지배관계 등 대통령령으로 정하는 관계에 있는 자"란 본인과 다음 각 호의 어느 하나에 해당하는 관계에 있는 자를 말한다.

3. 다음 각 목의 어느 하나에 해당하는 자

가. 본인이 개인인 경우: 본인이 직접 또는 본인과 제1호에 해당하는 관계에 있는 자가 임원에 대한 임면권의 행사 및 사업방침의 결정 등을 통하여 그 경영에 관하여 사실상의 영향력을 행사하고 있는 기획재정부령으로 정하는 기업집단의 소속 기업[해당 기업의 임원(「법인세법 시행령」 제40조제1항에 따른 임원을 말한다. 이하 같다)과 퇴직 후 3년(해당 기업이 「독점규제 및 공정거래에 관한 법률」 제14조에 따른 공시대상기업집단에 소속된 경우는 5년)이 지나지 않은 사람(이하 "퇴직임원"이라 한다)을 포함한다]

나. 본인이 법인인 경우: 본인이 속한 기획재정부령으로 정하는 기업집단의 소속 기업(해당 기업의 임원과 퇴직임원을 포함한다)과 해당 기업의 임원에 대한 임면권의 행사 및 사업방침의 결정 등을 통하여 그 경영에 관하여 사실상의 영향력을 행사하고 있는 자 및 그와 제1호에 해당하는 관계에 있는 자

4. 본인, 제1호부터 제3호까지의 자 또는 본인과 제1호부터 제3호까지의 자가 공동으로 재산을 출연하여 설립하거나 이사의 과반수를 차지하는 비영리법인

5. 제3호에 해당하는 기업의 임원 또는 퇴직임원이 이사장인 비영리법인
6. 본인, 제1호부터 제5호까지의 자 또는 본인과 제1호부터 제5호까지의 자가 공동으로 발행주식총수 또는 출자총액(이하 "발행주식총수등"이라 한다)의 100분의 30 이상을 출자하고 있는 법인
7. 본인, 제1호부터 제6호까지의 자 또는 본인과 제1호부터 제6호까지의 자가 공동으로 발행주식총수등의 100분의 50 이상을 출자하고 있는 법인
8. 본인, 제1호부터 제7호까지의 자 또는 본인과 제1호부터 제7호까지의 자가 공동으로 재산을 출연하여 설립하거나 이사의 과반수를 차지하는 비영리법인

5) 지배주주 판정시 간접출자법인의 범위 및 간접보유비율의 계산

지배주주 해당여부 판정시 수혜법인에 대한 간접보유비율은 개인과 수혜법인 사이에 주식보유를 통하여 한 개 이상의 법인("간접출자법인"이라 한다)이 개재되어 있는 경우("간접출자관계"라 한다)에 각 단계의 직접보유비율을 모두 곱하여 산출한 비율을 말한다.

개인과 수혜법인 사이에 둘 이상의 간접출자관계가 있는 경우에는 개인의 수혜법인에 대한 간접보유비율은 각각의 간접출자관계에서 산출한 비율을 모두 합하여 산출하며, 여기에서 둘 이상의 간접출자관계란 병렬적인 간접출자관계를 말한다(상증령 제34조의2제2항).

지배주주 판정시 간접출자법인은 증여의제이익 계산을 위한 간접보유비율 계산시 간접출자법인의 범위와 다르다. 수혜법인의 지배주주 및 그의 친족이 지배하는 법인에 해당하는지 여부와 관계없이 모든 간접출자관계에 있는 법인을 대상으로 한다.

다. 지배주주와 그 친족의 주식보유비율이 3(10)%를 초과하여야 한다.

1) 판단시기

수혜법인의 사업연도 종료일 기준으로, 지배주주와 지배주주의 친족(배우자, 6촌 이내 혈족, 4촌 이내 인척) 중 수혜법인에 대한 직접보유비율과 간접보유비율을 합하여 계산한 비율이 한계보유비율을 초과하여야 한다.

2) 한계보율비율

이 경우 한계보유비율이란 3%를 말하는 것이나 수혜법인이 중소기업 또는 중견기업에 해당하는 경우에는 10%로 한다(상증령 제34조의2제7항).

3) 간접보유비율의 계산

한계보유비율 초과여부 판단시 간접보유비율은 상증령 제34조의2제16항 각 호의 어느 하나에 해당하는 간접출자법인(30% 이상 출자법인 등)을 통하여 수혜법인에 간접적으로 출자하는 경우의 간접보유비율을 말한다(상증령 제34조의2제16항).

이는 수혜법인에 직접출자한 경우만 고려할 경우 제3법인을 이용한 조세회피 우려가 있어 간접출자비율을 포함하되 소수 지분을 출자한 경우까지 확대되는 경우 과세실익은 미미하면서 계산만 복잡해지므로 아래와 같은 일정 범위의 법인으로 제한하였으며, 지배주주 판정시 간접보유비율 계산방법과 구분해야 한다.

(가) 지배주주 등이 발행주식 총수 등의 100분의 30 이상을 출자하고 있는 법인
(나) 지배주주 등 및 (가)에 해당하는 법인이 발행주식 총수 등 100분의 50 이상을 출자하고 있는 법인
(다) (가) 및 (나) 법인과 수혜법인 사이에 주식등의 보유를 통하여 하나 이상의 법인이 개재되어 있는 경우에는 해당 법인

2. 증여시기와 증여세 신고납부기한

가. 증여시기

특수관계법인과의 거래를 통한 이익의 증여의제규정 적용시 증여시기는 수혜법인의 해당 사업연도 종료일이다(상증법 제45조의3제3항). 이 경우 수혜법인의 사업연도는 법인법 제6조(사업연도), 제7조(사업연도의 변경), 제8조(사업연도의 의제)를 준용하므로 연도 중에 합병되는 경우 등에는 그 합병등기일 등이 증여시기가 된다.

나. 신고납부기한

수혜법인의 법인법 제60조제1항에 따른 과세표준 신고기한이 속하는 달의 말일부터 3개월이 되는 날[51]이다(상증법 제68조제1항).

---

51. 2017년 12월 결산법인의 경우, 법인세 신고기한이 2018.4.2.이므로 증여세 신고·납부기한은 2018.7.31.이다.

3. 증여자

수혜법인의 사업연도 매출액 중에서 수혜법인의 지배주주와 상증령 제2조의2제1항제3호부터 제8호까지 관계에 있는 특수관계 법인들에 대한 매출액 합계액이 차지하는 비율이 정상거래비율(30%, 중소 · 중견기업의 경우 50%)을 초과하는 경우의 해당 법인들이 증여자에 해당하며 특수관계법인이 둘 이상인 경우에도 하나의 법인으로부터 이익을 얻은 것으로 본다.

4. 수증자

수증자는 수혜법인의 사업연도 종료일 기준으로, 지배주주와 지배주주의 친족(배우자, 6촌 이내 혈족, 4촌 이내 인척 등) 중 수혜법인에 대한 직접보유비율과 간접보유비율을 합하여 계산한 비율이 한계보유비율(3%, 중소 · 중견기업의 경우 10%)을 초과하는 자이다.

5. 증여의제 이익의 계산[52]

○ 수혜법인이 중소 · 중견기업이 아닌 경우
  세후영업이익 × [특수관계법인거래비율 − 5%] × [주식보유비율]
○ 수혜법인이 중견기업인 경우
  세후영업이익 × [특수관계법인거래비율 − 20%] × [주식보유비율 − 5%]
○ 수혜법인이 종소기업인 경우
  세후영업이익 × [특수관계법인거래비율 − 50%] × [주식보유비율 − 10%]

가. 수혜법인의 세후영업이익 계산

수혜법인의 세후영업이익은 다음 1)의 가액에서 2)의 가액을 뺀 금액에 3)의 과세매출비율을 곱하여 계산한 금액으로 한다(상증령 제34조의2제10항).

1) 수혜법인의 영업손익(법인법 제43조 기업회계기준에 따라 계산한 매출액에서 매출원가 및 판매비와 관리비를 차감한 영업손익)에 대해 아래 항목에 따른 세무조정사항을 반영한 가액("세무조정 후 영업손익").

가) 법인법 제23조에 따른 감가상각비 관련 세무조정사항

---

52. 2018.1.1. 이후 증여받은 분부터 적용한다.

나) 법인법 제33조에 따른 퇴직급여충당금 관련 세무조정사항
다) 법인법 제34조에 따른 대손충당금 관련 세무조정사항
라) 법인법 제40조에 따른 손익의 귀속사업연도 관련 세무조정사항
마) 법인법 제41조에 따른 자산의 취득가액 관련 세무조정사항
바) 법인령 제44조의2 퇴직보험료 등 관련 세무조정사항
사) 법인령 제74조 재고자산의 평가 관련 세무조정사항

2) 다음 가)의 세액에 나)의 비율을 곱하여 계산한 금액

가) 법인법 제55조에 따른 수혜법인의 산출세액(법인법 제55조의2에 따른 토지 등 양도소득에 대한 법인세액은 제외)에서 법인세액의 공제 · 감면액을 뺀 세액
나) 세무조정 후 영업손익÷법인법 제14조에 따른 각 사업연도 소득금액(해당 비율이 1을 초과하는 경우에는 1)

3) 과세매출비율

1 − (과세제외매출액 ÷ 과세제외매출액이 포함된 사업연도의 매출액)

위 과세매출비율 산정시 "과세제외매출액" 7가지 유형 중 어느 하나에 해당하지 아니하여 지배주주 등 출자관계별로 다음 어느 하나에 해당하는 금액(이하 "추가되는 과세제외매출액")이 있는 경우, 그 금액(동시에 해당하는 경우에는 더 큰 금액)을 "과세제외매출액"에 포함하여 계산한다(상증령 제34조의2제12항).

가) 수혜법인이 상증령 제34조의2제16항에 따른 간접출자법인인 특수관계법인과 거래한 매출액

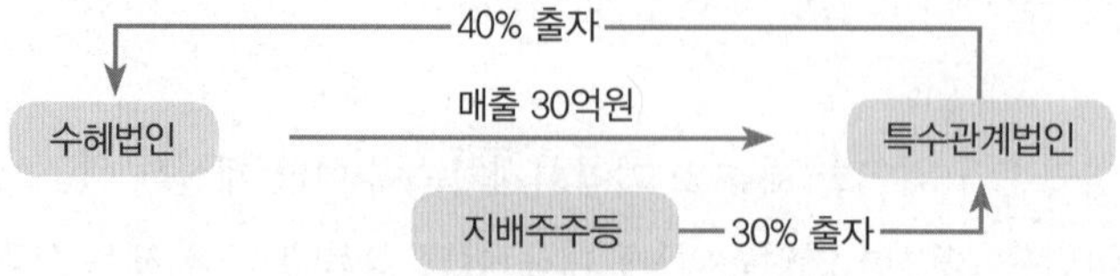

과세제외매출액 : 30억원

나) 지주회사의 자회사 또는 손자회사에 해당하는 수혜법인이 그 지주회사의 다른 자회사 또는 손자회사에 해당하는 특수관계법인과 거래한 매출액에 그 지주회사의 특수관계법인에 대한 주식보유비율을 곱한 금액. 다만, 지배주주 등이 수혜법인 및 특수관계법인과 지주회사를 통하여 각각 간접출자관계에 있는 경우로 한정한다.

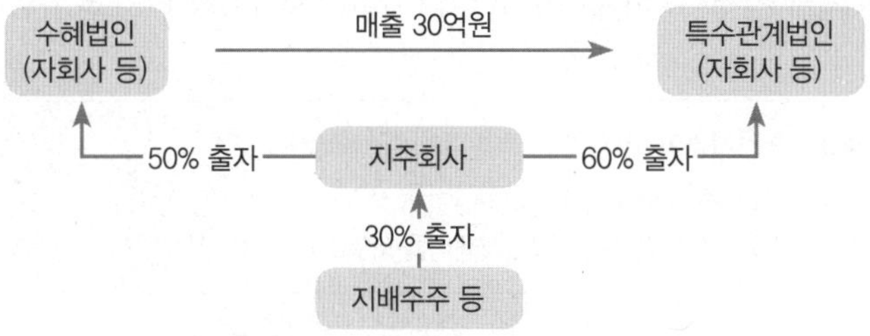

과세제외매출액 : 18억원 (= 30억원 X 60%)

다) 수혜법인이 특수관계법인과 거래한 매출액에 지배주주 등의 그 특수관계법인에 대한 주식보유비율을 곱한 금액

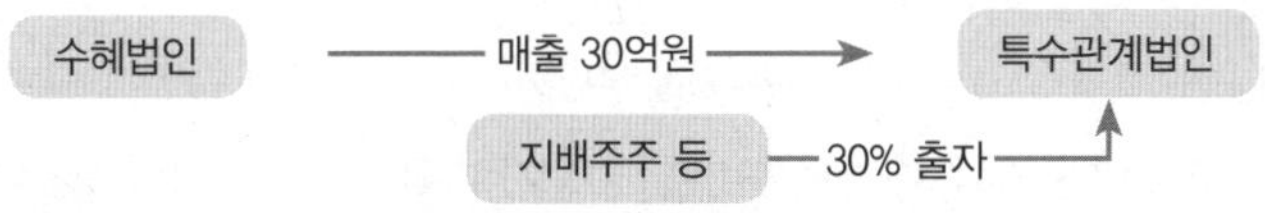

과세제외매출액 : 9억원(= 30억원 X 30%)

증여의제이익 계산식에서 상증령 제34조의2제12항 각 호의 "추가되는 과세제외 매출액"은 지배주주 등의 출자관계별로 수혜법인의 세후영업이익 계산할 때와 정상거래비율을 초과하는 특수관계법인거래비율을 계산할 때 모두 같은 조 ⑧의 과세제외매출액에 포함하여 계산한다(상속증여세과-82, 2014.4.2.).

라) 간접출자법인(상증령 제34조의3제16항)의 자법인(특정 법인이 어느 법인의 최대주주등에 해당하는 경우 그 법인을 특정 법인의 자법인이라 한다)에 해당하는 수혜법인이 그 간접출자법인의 다른 자법인에 해당하는 특수관계법인과 거래한 경우로 다음을 모두 충족하는 경우에는 해당 거래에 따른 매출액에 그 간접출자법인의 특수관계법인에 대한 주식보유비율을 곱한 금액(2020.2.11. 이후 신고부터)

(1) 지배주주등 및 지배주주의 특수관계인(그 간접출자법인은 제외)이 수혜법인 및 특수관계법인의 주식등을 보유하지 않을 것

(2) 특수관계법인이 수혜법인의 주식등을 직접 또는 간접으로 보유하지 않고 수혜법인이 특수관계법인의 주식등을 직접 또는 간접으로 보유하지 않을 것

(3) 수혜법인 및 특수관계법인이 지배주주등과 수혜법인 및 특수관계법인 사이에 주식보유를 통하여 개재되어 있는 법인의 주식을 직접 또는 간접으로 보유하지 않을 것

나. 정상거래비율을 초과하는 특수관계법인과의 거래비율 계산

수혜법인의 사업연도 매출액(법인법 제43조 기업회계기준에 따라 계산한 매출액) 중 그 법인의 지배주주와 특수관계에 있는 법인들에 대한 매출액이 차지하는 비율("특수관계법인거래비율")에서 중소기업·중견기업 아닌 기업의 경우 5%를 차감하며, 중소기업의 경우 정상거래비율

50%, 중견기업의 경우 정상거래비율 20%(정상거래비율 40%의 1/2)를 차감하여 계산한다.

> ○ 수혜법인이 중소 · 중견기업이 아닌 경우: 특수관계법인거래비율-5%
> ○ 수혜법인이 중소기업인 경우: 특수관계법인거래비율-50%
> ○ 수혜법인이 중견기업인 경우: 특수관계법인거래비율-20%

다. 한계보유비율을 초과하는 주식보유비율 계산

지배주주와 그 친족이 수혜법인에 직접 출자하는 동시에 다음과 같이 간접출자법인을 통하여 수혜법인에 간접적으로 출자하는 경우에는 각각의 증여의제이익을 계산한 후 합산하도록 하고 있으며, 이때 "한계보유비율을 초과하는 주식보유비율" 계산시 수혜법인에 대한 간접보유비율이 있는 경우 해당 간접보유비율에서 한계보유비율(중소기업 10%, 중견기업 5%)을 먼저 빼고 간접출자관계가 두 개 이상인 경우에는 각각의 간접보유비율 중 작은 것에서부터 뺀다(상증령 제34조의2제11항).

한계보유비율(중소기업 10%, 중견기업 5%) 초과 여부는 수혜법인의 사업연도 종료일 기준으로 주주별 ①과 ②를 합하여 판정하며, 증여의제이익은 1)과 2)로 각각 구분하여 계산한 후 합산한다.

1) 직접출자한 경우: 수혜법인에 대한 주식보유비율
2) 간접출자한 경우: 수혜법인에 대한 간접보유비율

라. 지배주주 등의 간접보유비율이 0.1% 미만이면 증여의제이익 제외

수혜법인 사업연도 종료일 현재 지배주주와 지배주주의 친족이 간접출자법인을 통해 수혜법인에 간접적으로 출자하는 경우로, 수혜법인에 대한 간접보유비율이 1000분의 1 미만이면 해당 출자관계에 따른 간접보유비율은 제외한다. 즉, 2013.2.15. 이후 개시하는 사업연도 거래분부터 각각의 간접출자관계에서 각 간접보유비율이 0.1% 미만이라면 해당 증여의제이익은 없는 것으로 한다.

예시

○ 수혜법인에 20% 출자한 주주(甲)의 증여재산가액 (2014.1.1. 이후 신고분)

① 출자관계: 갑은 수혜법인에 20% 출자한 대주주

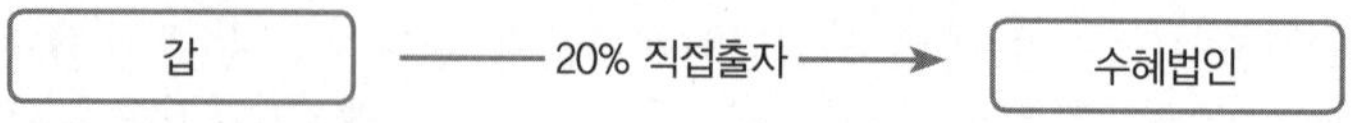

[거래관계 및 영업손익 등]

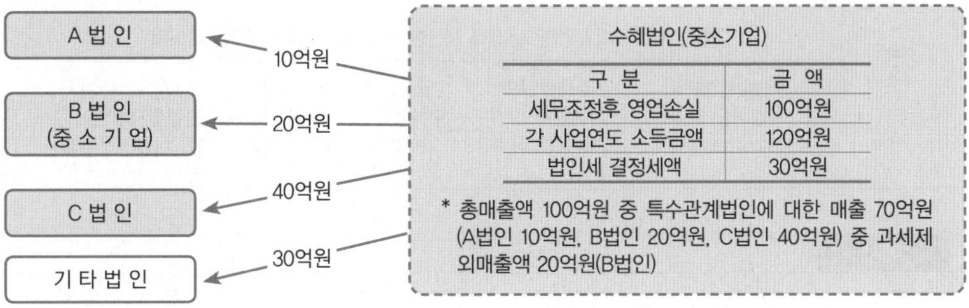

* A, B, C 법인은 특수관계법인에 해당함

② 갑 주주의 증여의제이익 계산시 특수관계법인거래비율: 62.5%

(특수관계법인 매출액 70억원-과세제외매출액 20억원) / (총매출액 100억-과세제외매출액 20억원)×100=62.5%

③ 증여의제이익

◈ 세후영업이익=60억원

[100억원 - 30억원×(100억원 / 120억원)]×[1-(20억원 / 100억원)]

◈ 특수관계법인거래비율(②) - 50%(중소기업)=12.5%

62.5%-50%=12.5%

◈ 주식보유비율 - 10%(중소기업)=10%

20%(직접출자비율) - 10%=10%

◈ 증여의제이익=60억원×12.5%×10%=0.75억원

마. 신고기한 내 배당받은 경우, 증여의제이익에서 공제

지배주주 등이 수혜법인의 사업연도 말일부터 상증법 제68조제1항에 따른 증여세 과세표준 신고기한까지 수혜법인 또는 간접출자법인으로부터 배당받은 소득이 있는 경우에는 다음 구분에 따른 금액을 해당 출자관계의 증여의제이익에서 공제한다. 다만, 공제 후 금액이 음수(陰數)이면 영으로 본다(상증령 제34조의2제13항).

1) 수혜법인으로부터 받은 배당소득: 다음 계산식에 따라 계산한 금액. 이 경우 배당가능이익은 법인령 제86조의3제1항에 따른 배당가능이익("배당가능이익")으로 한다.

$$\text{배당소득} \times \frac{\text{상증령 제34조의2제11항에 따라 계산한 직접 출자관계의 증여의제이익}}{\text{수혜법인의 사업연도 종료일 배당가능이익} \times \text{지배주주 등의 수혜법인에 대한 직접보유비율}}$$

2) 간접출자법인으로부터 받은 배당소득: 다음 계산식에 따라 계산한 금액

$$\text{배당소득} \times \frac{\text{상증령 제34조의2제11항에 따라 계산한 간접 출자관계의 증여의제이익}}{\left[\text{간접출자법인의 사업연도 말일 배당가능이익} + \left(\text{수혜법인의 사업연도 말일 배당가능이익} \times \text{간접출자법인의 수혜법인에 대한 주식보유비율}\right)\right] \times \text{지배주주 등의 간접출자법인에 대한 직접보유비율}}$$

예시

□ 사실관계

○ 지배주주인 [갑]은 수혜법인(A)에 대하여 40% 직접출자하고 있으며 간접출자법인(B)에는 40%, B법인은 수혜법인에 50% 출자하고 있음

○ 증여의제이익

- 직접출자관계 증여의제이익: 20억원
- 간접출자관계 증여의제이익: 10억원
- 증여세 신고기한 전인 2014년 3월에 수혜법인과 간접출자법인이 각각 배당 실시

· A법인: 배당소득 10억원, 전체 배당가능이익 100억원

· B법인: 배당소득 5억원, 전체 배당가능이익 80억원

1. 수혜법인(A)으로부터 배당을 받은 경우 증여의제이익 계산

   ○ 직접 증여의제이익 20억원-[배당소득 10억원×(직접증여의제이익 20억원 / (A법인배당가능이익 100억원×직접보유비율 40%))]

   = 20억원-[10억원×(20억원/40억원)]=15억원

2. 간접출자법인(B)으로부터 배당을 받은 경우 증여의제이익 계산

   ○ 간접 증여의제이익 10억원-[배당소득 5억원×[간접증여의제이익 10억원 / {B법인배당가능이익 80억원+(A법인 배당가능이익 100억원×B법인의 A법인 지분율 50%)}×지배주주의 B법인 지분율 40%]]

   =10억원-[5억원×[10억원/{80억원+(100억원×50%)}×40%]]= 9.04억원

바. 기타

1) 특수관계법인이 둘 이상인 경우 증여의제이익 계산

이익을 준 특수관계법인이 둘 이상인 경우에도 하나의 법인으로부터 이익을 얻은 것으로 보아 증여의제이익을 계산한다(상증령 제34조의2제15항).

2) 지배주주가 다수의 수혜법인을 보유한 경우 증여의제이익 계산

어느 한 지배주주가 다수의 수혜법인을 보유한 경우 과세대상 증여의제이익은 수혜법인별 · 지배주주별로 각각 산정한다(서면법규과-1487, 2012.12.14.).

6. 증여세 합산과세 배제

가. 증여세 과세가액 계산방법

증여재산에 대하여 증여일 전 10년 이내에 동일인(증여자가 직계존속인 경우 그 직계존속의 배우자를 포함)으로부터 받은 증여재산가액을 합한 금액이 1천만원 이상이면 그 가액을 증여세 과세가액에 가산하나(상증법 제47조제2항), 특수관계법인과의 거래를 통한 이익의 증여의제는 개별 건별로 과세하는 합산배제증여재산으로 분류되어 합산과세를 하지 아니한다(상증법 제47조제1항).

나. 증여세의 과세표준 계산방법

증여세 과세표준은 특수관계법인과의 거래를 통한 이익의 증여의제이익에서 증여재산의 감정평가 수수료를 뺀 금액으로 한다(상증법 제55조제1항제2호).

7. 증여세가 과세된 주식 양도시 이중과세 조정

소득법 제97조(양도소득의 필요경비 계산)제1항제1호(취득가액)가목 본문은 다음에 따라 적용한다. 상증법 제3조의2제2항, 제33조부터 제39조까지, 제39조의2, 제39조의3, 제40조, 제41조의2부터 제41조의5까지, 제42조, 제42조의2, 제42조의3, 제45조의3부터 제45조의5까지의 규정에 따라 상속세나 증여세를 과세받은 경우에는 해당 상속재산가액이나 증여재산가액(상증법 제45조의3부터 제45조의5까지의 규정에 따라 증여세를 과세받은 경우에는 증여의제이익을 말한다) 또는 그 증감액을 취득가액에 더하거나 뺀다(소득령 제163조제10항제1호).

$$\text{양도차익} = \text{양도가액} - \left\{ \text{취득가액} + \left(\text{증여의제이익} \times \frac{\text{양도 주식수}}{\text{보유 주식수}} \right) \right\}$$

예시

(문) 지배주주 갑은 해당 수혜법인의 보유주식(20만주, 취득가 10억원) 중 1/2을 을에게 50억원에 양도하였다. 양도 직전까지 일감몰아주기로 증여세가 과세된 증여의제이익이 6억원일 경우, 갑의 주식양도차익은?

(답) 42억원 = 50억원 - [5억원 + (6억원 × 10만주/20만주)]

[관련 질의회신 · 판례 등]

○ 기업의 주된 영업활동 관련 배당금수익, 로열티수익이 일감몰아주기 과세대상인지 여부
상증령 제34조의2제8항의 수혜법인 세후영업이익 계산에 있어 기업의 주된 영업활동으로부터 발생한 배당금수익 · 지분법이익은 같은 조 같은 항 제1호의 법인법 제43조 기업회계기준에 따라 계산한 매출액에서 제외하며, 기업의 주된 영업활동으로부터 발생한 상표사용에 따른 로열티수익은 동 매출액에 포함함(서면법규과-1301, 2013.11.29.).

○ 특수관계법인에 의한 지분법이익이 존재하는 경우 특수관계 거래비율 및 세후영업이익 계산시 지분법이익을 제외하는지 여부
상증령 제34조의2제8항 수혜법인 세후영업이익 계산에 있어 기업의 주된 영업활동으로부터 발생한 배당금수익 · 지분법이익은 같은 조 같은 항 제1호의 법인법 제43조 기업회계기준에 따라 계산한 매출액에서 제외함(서면법규과-1305, 2013.11.29.).

○ 일감몰아주기 증여의제 규정의 적용방법
지배주주 등의 보유지분 산정시 자기주식은 발행주식 총수에서 제외하며, 증여의제이익 계산은 수혜법인의 사업연도 단위로 하고, 수혜법인의 해당 사업연도종료일을 증여시기로 봄(서면법규과-1487, 2012.12.14.).

○ 다른 법률에 따라 의무적으로 특수관계법인과 거래한 경우
「여객자동차 운수사업법」에 따른 여객자동차터미널사업자가 같은 법에 따라 특수관계법인이 운영하는 여객자동차운송사업자에게 시설 사용료, 승차권 위탁 판매 수수료 등을 지급받는 경우 다른 법률에 따라 의무적으로 특수관계법인과 거래한 경우에 해당하여 특수관계법인 거래비율 계산시 매출액에서 제외됨(서면법규과-1128, 2013.10.17.).

○ 특수관계법인
구 상증법(2014.1.1. 법률 제12168호로 개정되기 전의 것) 제45조의3제1항 및 구 상증령(2014.2.21. 대통령령 제25195호로 개정되기 전의 것) 제34조의2제3항에 따른 '법인의 지배주주와 특수관계 있는 법인'이란 같은 령 같은 조 제1항에 따른 지배주주(개인)를 기준으로 상증령 제12조의2제1항제3호부터 제8호까지의 관계에 있는 법인을 말하는 것으로, 을 기업집단의 경영에 관하여 사실상 영향력을 행사하고 있지 않는 갑 법인의 지배주주가을 기업집단에 속한 법인 임원인 귀 질의의 경우 해당 지배주주와 을 기업집단의 소속기업은 같은 령 제34조의2제3항 단서 외의 본문에 따른 특수관계에 있는 자에 해당하지

아니함(기획재정부 재산세제과-307, 2016.5.2.).

○ 주식보유비율

1. 상증령 제34조의2제12항제3호를 적용함에 있어 지배주주등의 특수관계법인에 대한 주식보유비율은 지배주주등의 그 특수관계법인에 대한 직접보유비율과 간접보유비율을 합하여 계산한 비율을 말함.

2. 상증령 제34조의2제8항제2호 및 제3호를 적용함에 있어 수혜법인의 특수관계법인에 대한 주식보유비율은 수혜법인의 특수관계법인에 대한 직접보유비율과 간접보유비율을 합하여 계산한 비율을 말하며 같은 조 제12항제2호를 적용함에 있어 지주회사의 특수관계법인에 대한 주식보유비율은 지주회사의 그 특수관계법인에 대한 직접보유비율과 간접보유비율을 합하여 계산한 비율을 말함(기획재정부 재산세제과-4, 2016.1.4.).[53]

○ 수혜법인이 외국법인일 경우(2019.2.12. 이후 개시하는 사업연도부터, 상증령 제34조의2제1항)

「상속세 및 증여세법 시행령」제34의2제1항을 적용함에 있어 거주자 및 내국법인이 외국법인의 의결권 있는 발행주식총수 또는 출자총액 100분의 30 이상 소유 여부는 거주자 및 내국법인이 직접 보유한 의결권 있는 발행주식총수 또는 출자총액을 기준으로 판단함(기획재정부 재산세제과-24, 2019.1.4.).

○ 합병

법인법제8조제2항에 따라 사업연도 개시일부터 합병등기일까지의 기간을 해산한 법인의 1사업연도로 보는 것이므로 합병등기일이 증여시기가 되며, 증여의제 이익에 대한 납세의무자는 그 증여시기를 기준으로 판정한 지배주주가 됨(상속증여세과-172, 2013.5.31.).

○ 특수관계법인과의 매출액

수혜법인(납품업체)의 대규모유통업 거래 공정화에 관한 법률 제2조제5호에 따른 특약매입거래로 발생한 매출액은 상증법 제45조의3제1항제1호가목에 따른 특수관계법인(백화점등)에 대한 매출액에서 제외하지 않음(기준2021법령해석재산-0117[법령해석과-3681], 2021.10.25.).

---

53. 세법해석정비

요지	유지사례	삭제사례
일감몰아주기 증여의제 적용의 과세제외매출액 계산시 주식보유비율은 직접보유비율과 간접보유비율을 합하여 계산한 비율을 말함	기획재정부 재산세제과-4, 2016.1.4.	서면2015상속증여-1933, 2015.10.23.

제5절 특수관계법인으로부터 제공받은 사업기회로 발생한 이익의 증여의제[54]

ㅇ (과세대상) 특수관계법인(중소기업 제외)으로부터 사업기회를 제공받은 수혜법인 주주의 이익
ㅇ (사업기회제공) 특수관계법인이 직접 수행하거나 다른 사업자가 수행하고 있던 사업기회를 임대차계약, 입점계약 등의 방법으로 제공받는 경우. 방법은 임대차계약, 입점계약, 대리점계약 및 프랜차이즈 계약 등 명칭여하 불문
ㅇ (증여이익)
① 수혜법인의 3년간 영업이익×지배주주등의 지분율
② 3년 후 실제 손익을 반영하여 증여세 재계산
ㅇ (증여세 신고기한)
① 개시사업연도의 법인세 신고기한이 속하는 달의 말일부터 3개월이 되는 날
② 정산사업연도의 법인세 신고기한이 속하는 달의 말일부터 3개월이 되는 날

2016.1.1. 이후 개시하는 사업연도에 사업기회를 제공받은 분부터 특수관계법인(중소기업은 제외)으로부터 사업기회를 제공받은 수혜법인의 지배주주에게 증여세를 과세할 수 있도록 증여의제규정을 신설하였다(상증법 제45조의4).

감사원은 국세청에 대해 2013년 증여세 완전포괄주의 운용실태에 대한 감사를 실시한 후, 예상하지 못한 다양한 형태로 발생할 수 있는 재산의 변칙적인 무상이전에 대해, 증여시기 및 증여재산가액을 산정할 수 있는 법령상 근거나 집행기준이 제대로 마련되어 있지 않기 때문에, 국세청에서 증여세 과세대상으로 판단되는 행위에 대해 증여세를 부과하지 못하고 있거나 집행과정에서 혼선이 발생하고 있다고 지적하였다.[55] 특히, 자녀 등이 지배주주로 있는 특수관계법인에 계속 일감을 몰아주거나 사업기회를 떼어주는 등의 내부거래를 통해 수년간 지속해서 부가 이전되는 경우, 사실상 증여가 이루어지고 있음에도, 법령상 직접 유추해서 적용할 만한 증여시기, 증여재산가액에 대한 규정이 미흡하여 증여세가 제대로 부과되지 못하고 있으므로, 입법적 보완이 필요하다는 의견을 제시하였다.

감사원이 지적했던 특수관계자 간 내부거래를 이용한 편법증여 중, 일감몰아주기의 경우는 2011년 법 제45조의3이 신설되어 증여세가 과세되고 있으나, 사업기회 제공을 통한 편법증여(일감떼어주기)에 대해서는 아직 과세근거가 없으므로, 감사원의 지적을 반영하여 일감떼어주기에 대한 과세근거를 신설하였다.[56]

---

54. 상증법 제45조의3을 일감몰아주기로, 상증법 제45조의4를 일감떼어주기로 언론 등에서 표현한다. 일감몰아주기와 일감떼어주기 증여세 관련은 국세청 발간책자를 참고하였다.
55. 감사원, 주식변동 및 자본거래 실태 감사결과보고서, 2013.3월
56. 「2015년 상증법 검토보고서」, 국회

1. 사업기회제공

특수관계법인이 직접 수행하거나 다른 사업자가 수행하고 있던 사업기회를 임대차계약, 입점계약 등의 방법으로 제공받는 경우를 말한다. 방법은 임대차계약, 입점계약, 대리점계약 및 프랜차이즈계약 등 명칭여하를 불문한 약정을 말한다.

2. 과세요건

지배주주와 그 친족의 주식보유비율이 100분의 30 이상인 법인이 지배주주와 특수관계에 있는 법인으로부터 사업기회를 제공받아야 한다. 이 경우 주식보유비율은 직접보유비율에 간접보유비율이 포함됨을 2020.1.1. 개정시 명확히 하였다.

가. 지배주주

지배주주는 상증법 제45조의3제1항에 따른다.

나. 특수관계법인

지배주주와 상증령 제2조의2제1항제3호부터 제8호까지의 규정에 따른 관계에 있는 자를 말하며, 조특법 제6조제1항에 따른 중소기업과 수혜법인의 주식보유비율이 50% 이상인 법인은 제외한다.

3. 증여의제이익

[{(제공받은 사업기회로 인하여 발생한 개시사업연도의 수혜법인의 이익 × 지배주주등 주식보유비율) − 개시사업연도분의 법인세 납부세액 중 상당액} ÷ 개시사업연도의 월수 × 12] × 3

증여의제이익에 대한 증여세는 사업기회를 최초로 제공받은 사업연도에 일시에 납부하고, 사업기회를 제공받은 사업연도를 포함한 3개 사업연도가 경과하면, 실제로 발생한 영업이익에 따라 증여의제이익을 다시 계산하여 최종적으로 증여세를 정산한다. 실제 발생한 증여의제이익이 증여세 납부당시 계산했던 증여의제이익보다 작은 경우에는 납부했던 증여세를 환급받을 수 있다. 사업기회를 통해 계속 이익이 발생하더라도 3년간 발생한 이익에 대해서만 과세된다.

가. 사업기회를 제공받은 해당 사업부문의 영업이익

법인법 제43조 기업회계기준에 따라 계산한 매출액에서 매출원가 및 판매비와 관리비를 차감한 영업이익에 법인법 제23조 · 제33조 · 제34조 · 제40조 · 제41조 및 법인령 제44조의2 · 제74조에 따른 세무조정사항을 반영한 금액을 말한다.

2017.2.7. 이후 증여세 과세표준을 신고하는 경우부터 해당 사업부문의 영업이익을 계산할 수 없는 경우 해당 사업부문의 영업이익은 세무조정 이후 전체 영업이익에서 해당 사업 부문의 매출액이 전체 매출액에서 차지하는 비율을 곱하여 계산한다.

나. 법인세 납부세액 중 상당액

1)의 세액에 2)의 비율을 곱하여 계산한 금액을 말한다.

1) 법인법 제55조에 따른 수혜법인의 산출세액(법인법 제55조의2에 따른 토지등 양도소득에 대한 법인세액은 제외)에서 법인세액 공제 · 감면액을 뺀 세액

2) 위 영업이익이 수혜법인의 법인법 제14조에 따른 각 사업연도의 소득금액에서 차지하는 비율(1을 초과하는 경우에는 1로 한다)

다. 배당소득이 있는 경우

지배주주 등이 수혜법인의 사업연도 말일부터 증여세 과세표준 신고기한까지 수혜법인으로부터 배당받은 소득이 있는 경우에는 다음 계산식에 따라 계산한 금액을 증여의제이익에서 공제한다. 이 경우 공제 후의 금액이 음수(陰數)이면 영으로 본다.

$$\text{배당소득} \times \frac{\text{상증법 제45조의4제1항에 따라 계산한 증여의제이익}}{\left(\begin{array}{c}\text{수혜법인의 사업연도 말일의 법인령}\\\text{제86조의3제1항에 따른 배당가능이익}\end{array}\right) \times \left(\begin{array}{c}\text{지배주주등의 수혜법인에}\\\text{대한 주식보유비율}\end{array}\right)}$$

<증여의제이익 비교>

상증법 제45조의3	상증법 제45조의4
(수혜법인 영업이익-수혜법인 영업손익에 관련 법인세)×[특수관계법인거래비율 - 15%(중소기업 50%, 중견기업 40%)]×[주식보유비율 - 0%(중소기업 10%, 중견기업 5%)]	(개시사업연도) [{(제공받은 사업기회로 인하여 발생한 개시사업연도의 수혜법인의 이익×지배주주등의 주식보유비율)-개시사업연도분의 법인세 납부세액 중 상당액}÷개시사업연도의 월 수×12]×3 (정산사업연도) [(제공받은 사업기회로 인하여 개시사업연도부터 정산사업연도까지 발생한 수혜법인의 이익 합계액)×지배주주등의 주식보유비율]-개시사업연도분부터 정산사업연도분까지의 법인세 납부액 중 상당액

4. 정산

증여의제이익이 발생한 수혜법인의 지배주주등은 개시사업연도부터 사업기회제공일 이후 2년이 지난 날이 속하는 사업연도("정산사업연도")까지 수혜법인이 제공받은 사업기회로 인하여 발생한 실제 이익을 반영하여 다음 계산식에 따라 계산한 금액("정산증여의제이익")에 대한 증여세액과 당초 납부한 증여의제이익에 대한 증여세액과의 차액을 관할 세무서장에게 납부하여야 한다. 이 경우, 정산증여의제이익이 당초 증여의제이익보다 적은 경우에는 그 차액에 상당하는 증여세액(당초 납부한 세액을 한도로 한다)을 환급받을 수 있다.

> [(제공받은 사업기회로 인하여 개시사업연도부터 정산사업연도까지 발생한 수혜법인의 이익 합계액) × 지배주주등의 주식보유비율] − 개시사업연도분부터 정산사업연도분까지의 법인세 납부액 중 상당액

지배주주 등이 수혜법인의 개시사업연도 말일부터 정산사업연도 증여세 과세표준 신고기한까지 수혜법인으로부터 배당받은 소득이 있는 경우에는 다음 계산식에 따라 계산한 금액을 정산증여의제이익에서 공제한다. 이 경우 공제 후의 금액이 음수(陰數)이면 영으로 본다.

$$\text{상증법 제45조의4제1항에 따른 개시사업연도 말일부터 같은 조 제5항에 따른 과세표준 신고기한 종료일까지 수혜법인으로부터 배당받은 소득의 합계} \times \frac{\text{상증법 제45조의4제3항에 따라 계산한 증여의제이익}}{\left(\text{수혜법인의 상증법 제45조의4제1항에 따른 개시사업연도 말일부터 같은 조 제3항에 따른 정산사업연도 말까지의 기간에 각 사업연도 말일을 기준으로 각 사업연도 단위로 계산한 법인령 제86조의3제1항에 따른 배당가능이익의 합계}\right) \times \left(\text{지배주주등의 수혜법인에 대한 주식보유비율}\right)}$$

5. 증여세 신고기한

개시사업연도의 법인법 제60조제1항에 따른 과세표준 신고기한이 속하는 달의 말일부터 3개월이 되는 날로 한다. 정산한 경우에는 증여세 과세표준의 신고기한은 정산사업연도의 법인법 제60조제1항에 따른 과세표준 신고기한이 속하는 달의 말일부터 3개월이 되는 날로 한다.

[관련 질의회신 · 판례 등]

○ 사업기회

(의미) "특수관계법인이 직접 수행하는 사업기회"란 특수관계법인이 직접 수행하는 사업과 밀접한 관련이 있는 사업에 대한 기회를 말하고, 밀접한 관련이 있는지 여부는 특수관계법인과 수혜법인의 업종, 특수관계법인이 수혜법인을 지원한 내용 등 구체적 사실관계에 따라 판단할 사항임(기획재정부 재산세제과-882, 2019.12.27.).

(임대차계약) 수혜법인의 지배주주와 특수관계에 있는 법인으로부터 그 특수관계법인이 직접 수행하거나 다른 사업자가 수행하던 사업기회를 임대차계약, 입점계약 등 기획재정부령으로 정하는 방법으로 제공받는 경우에는 상증법 제45조의4가 적용됨(서면2017상속증여-2557 [상속증여세과-73], 2020.2.6.).

제6절 특정법인과의 거래를 통한 이익의 증여의제

○ (특정법인) 지배주주와 그 친족이 직접 또는 간접으로 보유하는 주식보유비율이 30% 이상인 법인
○ (거래유형) 재산이나 용역을 무상으로 제공하는 것 등
○ (증여이익)

$$[\ \text{해당 거래이익} - (\ \text{법인세산출세액} \times \frac{\text{해당 거래이익}}{\text{각 사업연도 소득금액}}\ )\ ] \times \text{주주등의 지분율}$$

* 한도액 (직접증여 증여세액×주주등의 지분율)–(법인세상당액×주주등의 지분율)

특정법인 주주의 특수관계인이 그 법인에게 재산(용역)을 증여하거나 현저한 저가·고가거래 등으로 특정법인의 최대주주등에게 나누어준 이익에 대해서는 해당 이익을 증여로 의제하여 증여세를 과세한다(상증법 제45조의5).[57]

이는 결손법인이나 휴면법인 등의 주식을 낮은 가격으로 자녀에게 취득시킨 후 당해 법인에 재산을 증여하거나 채무 대신변제 등으로 지원하여 우량기업으로 성장시켜 법인세 및 증여세 부담 없이 부를 이전하는 변칙적 증여행위를 방지하기 위하여 1996.12.30. 신설되어 그 후 과세대상 범위가 계속 확대되었다.

예를 들어 특정법인 주주의 특수관계인이 결손법인등에게 증여한 것에 대해 특수관계인이 특정법인의 주주에게 이익을 증여하였다고 볼 수 있는지, 또 이익을 계산하는 방법에 대해 계속 논란이 계속되었다. 또, 대법원에서 해당 상증령 조항이 무효라고 판결하고 논란이 계속되자, 2016.1.1. 이후 증여예시규정에서 증여의제규정으로 전환하였고, 2020.1.1. 이후에는 특정법인의 범위를 증여세 과세 지분율 요건 및 과세대상 주주범위 등에 대해 법인 결손여부 등과 관계없이 일원화하여 지배주주와 그 친족이 직접 또는 간접으로 보유하는 주식보유비율 30% 이상인 법인으로 개정하였다.

그래서 "결손법인등의 범위와 증여이익 계산"에 대한 개정연혁과 관련 법원 판결을 알아야 한다. 먼저 현재 법령을 살펴보고 2015년 이전 논란에 대해서는 개정연혁 등을 통해 살펴본다.

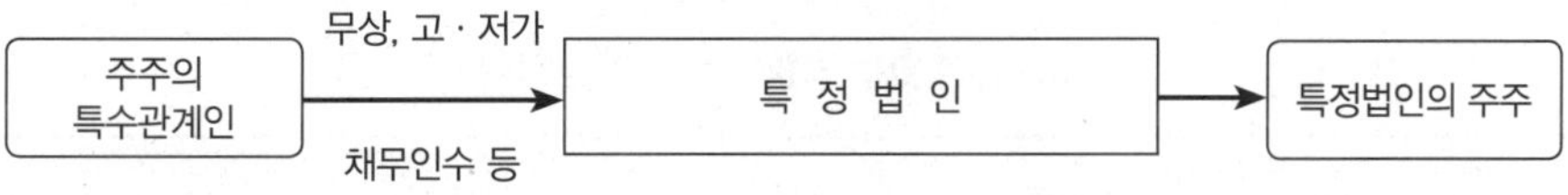

57. 2015.12.31. 이전에는 상증법 제41조

1. 과세요건

가. 특정법인과의 거래

특정법인은 2020.1.1. 이후 지배주주와 그 친족이 직접 또는 간접으로 보유하는 주식보유비율이 30% 이상인 법인을 말한다. 이 경우 지배주주는 상증령 제34조의3(특수관계법인과의 거래를 통한 이익의 증여의제)①에 따라 판단한다.

2019.12.31. 이전 특정법인은 아래와 같다.

1) 증여일이 속하는 사업연도의 직전 사업연도까지 법인령 제18조제1항제1호에 따른 결손금이 있는 법인
2) 증여일 현재 휴업중이거나 폐업상태인 법인
3) 증여일 현재 1) 및 2)에 해당하지 아니한 법인으로 상증법 제45조의3제1항에 따른 법인의 지배주주와 그 지배주주의 친족 주식보유비율(직접보유비율+간접보유비율)이 100분의 50 이상인 법인

2019.12.31. 이전 "지배주주의 친족"은 특정법인에 대한 직·간접 보유비율을 합산한 비율이 "한계보유비율"을 초과하는 주주에 한정한다(기획재정부 재산세제과-570, 2020.7.22.).

2014.2.20. 이전에는 상장법인을 제외하였으나, 2014.2.21. 이후에는 상장법인을 제외하지 않는다.

<특정법인의 범위 개정연혁>

2013년 이전	2014~2019년	2020년 이후
① 결손법인 ② 휴폐업법인	① 결손법인 ② 휴폐업법인 ③ 흑자영리법인(50%)	지배주주등이 주식보유비율(직접 + 간접)이 30% 이상 법인

<결손금이 있는 법인의 범위 개정연혁>

2016.2.4. 이전	2016.2.5.~2019.12.31.
증여일이 속하는 사업연도까지 결손금이 있는 법인	증여일이 속하는 사업연도의 직전 사업연도까지 결손금이 있는 법인

나. 과세대상

1) 재산 또는 용역을 무상 제공하는 것

2) 재산 또는 용역을 통상적인 거래관행에 비추어볼 때 현저히 낮은 대가로 양도 · 제공하는 거래
3) 재산 또는 용역을 통상적인 거래관행에 비추어볼 때 현저히 높은 대가로 양도 · 제공받는 거래
4) 해당 법인의 채무를 면제 · 인수 또는 변제하는 것
   해산(합병 또는 분할에 의한 해산을 제외) 중인 법인의 주주 또는 출자자 및 그와 특수관계에 있는 자가 해당 법인 채무를 면제 · 인수 또는 변제한 경우로 주주 등에게 분배할 잔여재산이 없는 경우는 제외한다.
5) 시가보다 낮은 가액으로 해당 법인에 현물출자 하는 것

다. 현저히 낮은 대가 또는 높은 대가의 범위

각각 해당 재산 및 용역의 시가와 대가(현물출자이면 출자 재산에 대하여 교부받은 주식등의 액면가액 합계액)와의 차액이 시가의 100분의 30 이상이거나 3억원 이상인 경우의 해당 가액을 말한다. 이 경우 금전을 대부하거나 대부받는 경우, 상증법 제41조의4를 준용하여 계산한 이익으로 한다. 재산 또는 용역의 시가가 불분명하다면 그 시가는 법인령 제89조에 따른다.

○법인령 제89조(시가의 범위 등)
① 법 제52조제2항을 적용할 때 해당 거래와 유사한 상황에서 해당 법인이 특수관계인 외의 불특정다수인과 계속적으로 거래한 가격 또는 특수관계인이 아닌 제3자 간에 일반적으로 거래된 가격이 있는 경우에는 그 가격에 따른다. 다만, 주권상장법인이 발행한 주식을 다음 각 호의 어느 하나에 해당하는 방법으로 거래한 경우 해당 주식의 시가는 그 거래일의 「자본시장과 금융투자업에 관한 법률」 제8조의2제2항에 따른 거래소(이하 "거래소"라 한다) 최종시세가액(거래소 휴장 중에 거래한 경우에는 그 거래일의 직전 최종시세가액)으로 하며, 기획재정부령으로 정하는 바에 따라 사실상 경영권의 이전이 수반되는 경우에는 「상속세 및 증여세법」 제63조제3항을 준용하여 그 가액의 100분의 20을 가산한다.
   1. 「자본시장과 금융투자업에 관한 법률」 제8조의2제4항제1호에 따른 증권시장 외에서 거래하는 방법
   2. 대량매매 등 기획재정부령으로 정하는 방법
② 법 제52조제2항을 적용할 때 시가가 불분명한 경우에는 다음 각 호를 차례로 적용하여 계산한 금액에 따른다.
   1. 「감정평가 및 감정평가사에 관한 법률」에 따른 감정평가법인등이 감정한 가액이 있는 경우 그 가액(감정한 가액이 2 이상인 경우에는 그 감정한 가액의 평균액). 다만, 주식등은 제외한다.
   2. 「상속세 및 증여세법」 제38조 · 제39조 · 제39조의2 · 제39조의3, 제61조부터 제66조까지의 규정을 준용하여 평가한 가액. 이 경우 「상속세 및 증여세법」 제63조제1항제1호나목 및 같은 법 시행령 제54조에 따라 비상장주식을 평가할 때 해당 비상장주식을 발행한 법인이 보유한 주식(주권상장법인이 발행한 주식으로 한정한다)의 평가금액은 평가기준일의 거래소 최종시세가액으로 하며, 「상속세 및 증여세법」 제63조제2항제1호 · 제2호 및 같은 법 시행령 제57조제1항 · 제2항을 준용할 때 "직전 6개월(증여세가 부과되는 주식등의 경우에는 3개월로 한다)"은 각각 "직전 6개월"로 본다.
③ 제88조제1항제6호 및 제7호에 따른 금전의 대여 또는 차용의 경우에는 제1항 및 제2항에도 불구하고 기

획재정부령으로 정하는 가중평균차입이자율(이하 "가중평균차입이자율"이라 한다)을 시가로 한다. 다만, 다음 각 호의 경우에는 해당 각 호의 구분에 따라 기획재정부령으로 정하는 당좌대출이자율(이하 "당좌대출이자율"이라 한다)을 시가로 한다.

1. 가중평균차입이자율의 적용이 불가능한 경우로서 기획재정부령으로 정하는 사유가 있는 경우: 해당 대여금 또는 차입금에 한정하여 당좌대출이자율을 시가로 한다.

1의2. 대여기간이 5년을 초과하는 대여금이 있는 경우 등 기획재정부령으로 정하는 경우: 해당 대여금 또는 차입금에 한정하여 당좌대출이자율을 시가로 한다.

2. 해당 법인이 법 제60조에 따른 신고와 함께 기획재정부령으로 정하는 바에 따라 당좌대출이자율을 시가로 선택하는 경우: 당좌대출이자율을 시가로 하여 선택한 사업연도와 이후 2개 사업연도는 당좌대출이자율을 시가로 한다.

④ 제88조제1항제6호 및 제7호에 따른 자산(금전은 제외한다) 또는 용역을 제공할 때 제1항 및 제2항을 적용할 수 없는 경우에는 다음 각 호에 따라 계산한 금액을 시가로 한다.

1. 유형 또는 무형의 자산을 제공하거나 제공받는 경우에는 당해 자산시가의 100분의 50에 상당하는 금액에서 그 자산의 제공과 관련하여 받은 전세금 또는 보증금을 차감한 금액에 정기예금이자율을 곱하여 산출한 금액

2. 건설 기타 용역을 제공하거나 제공받는 경우에는 당해 용역의 제공에 소요된 금액(직접비 및 간접비를 포함하며, 이하 이 호에서 "원가"라 한다)과 원가에 해당 사업연도 중 특수관계인 외의 자에게 제공한 유사한 용역제공거래 또는 특수관계인이 아닌 제3자간의 일반적인 용역제공거래를 할 때의 수익률(기업회계기준에 따라 계산한 매출액에서 원가를 차감한 금액을 원가로 나눈 율을 말한다)을 곱하여 계산한 금액을 합한 금액

⑤ 제88조의 규정에 의한 부당행위계산에 해당하는 경우에는 법 제52조제1항의 규정에 의하여 제1항 내지 제4항의 규정에 의한 시가와의 차액 등을 익금에 산입하여 당해 법인의 각 사업연도의 소득금액을 계산한다. 다만, 기획재정부령이 정하는 금전의 대여에 대하여는 이를 적용하지 아니한다.

⑥ 제88조제1항제8호 및 제8호의2의 규정에 의하여 특수관계인에게 이익을 분여한 경우 제5항의 규정에 의하여 익금에 산입할 금액의 계산에 관하여는 그 유형에 따라 「상속세 및 증여세법」 제38조 · 제39조 · 제39조의2 · 제39조의3 · 제40조 · 제42조의2와 같은 법 시행령 제28조제3항부터 제7항까지, 제29조제2항, 제29조의2제1항 · 제2항, 제29조의3제1항, 제30조제5항 및 제32조의2의 규정을 준용한다. 이 경우 "대주주" 및 "특수관계인"은 이 영에 의한 "특수관계인"으로 보고, "이익" 및 "대통령령으로 정하는 이익"은 "특수관계인에게 분여한 이익"으로 본다.

<현저히 낮은 대가 또는 높은 대가의 범위 개정연혁>

2015.12.31. 이전	2016.1.1. 이후
차액이 시가의 30% 또는 1억원 이상	차액이 시가의 30% 또는 3억원 이상

2. 특수관계인의 범위

지배주주의 특수관계인을 말한다.

<특수관계인 범위의 개정연혁>

2019.12.31. 이전	2020.1.1. 이후
① 결손 ② 휴폐업법인: 특정법인 최대주주등의 특수관계인 ③ 흑자영리법인: 지배주주 등의 배우자 · 직계존비속 또는 그 배우자 · 직계존비속이 최대주주등으로 있는 법인	지배주주의 특수관계인

3. 증여재산가액

가. 유형별 증여재산가액의 계산

각 주주의 증여이익은 2014.1.1. 이후 증여분부터는 아래와 같이 계산한다. 다만, 각 주주별 증여이익이 1억원 이상인 경우에 한하여 증여세가 과세된다. 2020.1.1. 이후 지배주주등이 직접 증여받았다면, 증여세상당액에서 특정법인이 부담한 법인세 상당액을 차감한 금액을 초과하는 경우 그 초과액은 없는 것으로 본다.

$$\left[\text{해당 거래이익} - \left(\text{법인세산출세액} \times \frac{\text{해당 거래이익}}{\text{각 사업연도 소득금액}}\right)\right] \times \text{주주등의 지분율}$$

법인세 산출세액은 공제 · 감면액을 뺀 금액이며, 토지 등 양도소득에 대한 법인세액은 제외한다.

유형별로 산식을 구분하면 아래와 같고, 법인세상당액을 계산할 때(해당 거래이익 / 각 사업연도 소득금액) 비율이 1을 초과하는 경우에는 1로 한다.

2022.2.15. 이후 거래부터 직접 증여받은 경우의 증여세상당액[58]은 법인세 상당액을 차감하지 않는 증여재산가액에 지분율을 곱한 금액에 해당 주주가 직접 증여받은 것을 볼 때의 증여세를 말하고, 법인세 상당액은 "법인세 산출세액에서 각 사업연도 소득금액에서 해당 거래이익이 차지하는 비율을 곱하여 계산한 금액"에 해당 지배주주등의 주식보유비율을 곱한 금액으로 한다(상증령 제34조의5제9항).

---

58. 2022.2.14. 이전 특정법인과의 거래가 발생한 경우 해당 거래에 대한 증여세 상당액의 계산에 관하여는 종전 규정(주식보유비율을 반영하지 않음)에 따른다(상증령 제32414호 부칙 제6조).

1) 재산증여

증여이익＝(해당 법인이 얻은 증여재산가액 － 법인세상당액)×지분율

2) 채무면제 · 인수 · 변제

증여이익＝(해당 법인이 얻은 증여재산가액 － 법인세상당액)×지분율

3) 저가양도

증여이익＝(시가 － 대가 － 법인세상당액)×지분율

4) 고가양수

증여이익＝(대가 － 시가 － 법인세상당액)×지분율

5) 저가 현물출자

증여이익＝(시가 － 교부받은 주식의 액면가액 합계 － 법인세상당액)×지분율

<증여재산가액 계산 개정연혁>

구분	2013.12.31. 이전	2014~2019	2020.1.1. 이후	2022.2.15. 이후
이익	해당거래이익×지분율	(해당거래이익－법인세상당액)×지분율	(해당거래이익－법인세상당액)×지분율	
한도	결손금	한도규정 삭제	직접증여 증여세액[59]－법인세상당액×지분율	직접증여 증여세액[60]×지분율－법인세상당액×지분율

나. 주주 등의 지분율

다음 구분에 따른 지분율을 말한다.

1) 결손법인이나 휴업 · 폐업 중인 법인: 그 특정법인 최대주주등의 주식등 비율

2) 지배주주 등의 지분율이 50% 이상인 법인: 그 특정법인 지배주주 등의 주식보유비율

예시

(문) 아래의 사실관계가 확인된 경우 주주의 증여세 과세여부 등

○ 2017.10.31. 갑이 A법인에 10억원의 부동산을 증여함

○ A법인은 2015, 2016 사업연도에 이월결손금 15억원 있음

- 갑 20,000주, 을(갑의 장남) 40,000주, 병(갑의 차남) 5,000주, 정(타인) 35,000주

- 법인세 상당액은 1억으로 가정

59. 지분율을 감안하지 않는다.

60. 지분율을 감안한다. (거래이익×지분율)

(답)

성명	관계	주식수	지분율(①)	증여가액(②)	증여금액(②×①)
갑	본인	20,000	20%	9억 (10억-1억)	과세제외(본인)
을	장남	40,000	40%		3.6억
병	차남	5,000	5%		과세제외(1억 미만)
정	타인	35,000	35%		과세제외(타인)
합 계		100,000	100%		

○ 갑은 본인으로부터 증여받은 재산에 해당되고, 병은 1억원 미만으로, 정은 갑과 특수관계가 없으므로 증여세 과세제외함.

○ 본인으로부터 증여받은 금액을 차감하여 증여세를 과세함(서면4팀-1078, 2007.4.3.).

4. 증여시기

증여이익이 발생하는 유형, 즉 재산 증여, 무상제공, 채무 면제 · 인수 등에 따라 개별적으로 증여시기를 판단한다. 부동산을 특정법인에 증여한 경우 해당 "거래를 한 날"을 증여일로 하며, 이때 "거래를 한 날"은 계약 내용과 토지 사용현황 등 제반 사정을 종합하여 소득법 제98조 및 소득령 제162조제1항에 따라 판정한다(기준2020법령해석재산-0018, 2020.6.30.).

5. 증여세 신고기한

특정법인의 법인법 제60조제1항에 따른 과세표준 신고기한이 속하는 달의 말일부터 3개월이 되는 날로 한다.

6. 2015년 이전 결손법인 과세논란

가. 2003년 대법원 판결

1997년 증여의제규정으로 신설하였다. 이익은 증가된 주식의 1주당 가액에 주식수를 곱하여 계산하였다. 예를 들면 증여를 받기 전 주식가치와, 증여를 받은 후 주식가치 차이에 대해 과세한다는 뜻이다.

○ 상증령 제31조 (특정법인의 범위등)

⑤ 법 제41조제1항의 규정에 의하여 특정법인의주주 또는 출자자가 증여받은 것으로 보는 이익은 다음 각호의 1에 해당하는 이익의 상당액으로 인하여 증가된 주식 또는 출자지분 1주당 가액에 제4항에 규정된 지배주주등의 주식수를 곱하여 계산한 금액에 의한다.

1. 재산을 증여하거나 당해 법인의 채무를 면제 · 인수 또는 변제하는 경우에는 증여재산가액 또는 그 면제 · 인수 또는 변제로 인하여 얻는 이익에 상당하는 금액
2. 제2항제2호 및 제3호의 경우에는 제3항의 규정에 의한 시가와 대가와의 차액에 상당하는 금액

여기에 대해 법원은 보충적 평가방법에 따라 1주당 가액을 산정한 결과 그 가액이 증여 등 거래를 전후하여 모두 부수인 경우에는 증가된 주식 등의 1주당 가액은 없는 것으로 보아야 합리적이라 할 것이며, 거래 전후하여 1주당 가액이 부수로 산정되는데도 증여재산가액이나 채무면제액 등 거래로 인한 가액만을 주식수로 나누거나 단순히 부수 절대치가 감소하였다는 이유로 주식 등의 1주당 가액이 증가된 것으로 보는 것은 증여세가 부과되는 재산의 가액평가에 관한 관계규정을 전혀 감안하지 아니하는 결과가 되어 관계규정 해석상 허용될 수 없다고 보았다(대법원2003두4249, 2003.11.28.). 즉 증여를 받기 전후의 주식가치가 (-)라고 한다면 이익이 발생하지 않았다고 본 것이다. 예를 들어 증여를 받기 전 주식가치가 -500,000원이고, 증여를 받은 후 주식가치가 -100,000원이면 국세청은 400,000원 이익이 발생하였다고 본 것이고 법원은 인정하지 않은 것이다.

나. 2009년 대법원 판결

2004년 증여의제규정에서 증여예시규정으로 전환되었고, 대법원 패소 이후 증여이익 계산방법도 변경하였다. 증여이익은 발생한 해당 거래이익에 주식수를 곱하여 계산한다.

○ 상증령 제31조(특정법인과의 거래를 통한 이익의 계산방법 등)

⑥ 법 제41조제1항의 규정에 의한 이익은 다음 각호의 1에 해당하는 이익(제1항제1호의 규정에 해당하는 법인의 경우에는 당해 결손금을 한도로 한다)에 제5항에 규정된 자의 주식 또는 출자지분의 비율을 곱하여 계산한 금액(당해 금액이 1억원 이상인 경우에 한한다)으로 한다.

1. 재산을 증여하거나 당해 법인의 채무를 면제 · 인수 또는 변제하는 경우에는 증여재산가액 또는 그 면제 · 인수 또는 변제로 인하여 얻는 이익에 상당하는 금액
2. 제1호 외의 경우에는 제3항의 규정에 의한 시가와 대가와의 차액에 상당하는 금액

여기에 대해 법원은 해당 상증령 조항이 무효라고 보았다. 특정법인과의 재산 무상제공 등 거래를 통하여 최대주주등이 이익을 얻은 경우에 이를 전제로 그 이익의 계산만을 시행령에 위임하고 있음에도, 개정 시행령 제31조제6항은 특정법인이 얻은 이익은 바로 주주 등이 얻은 이익이

된다고 보아 증여재산가액을 계산하도록 하고 있고, 또한 개정법 제41조 제1항에 의하면 특정법인에 대한 재산 무상제공 등이 있더라도 주주 등은 실제로 이익을 얻은바 없다면 증여세 부과대상에서 제외될 수 있으나 개정 시행령 제31조제6항은 특정법인에 재산 무상제공 등이 있다면 그 자체로 주주 등이 이익을 얻은 것으로 간주하여 증여세 납세의무를 부담하게 되므로, 결국 개정 시행령 제31조 제6항 규정은 모법인 개정법 제41조제1항, 제2항의 규정취지에 반할 뿐 아니라 그 위임범위를 벗어난 것으로 무효라고 봄이 상당하다(대법원2006두19693, 2009.3.19.).

다. 2017년 대법원 판결

2010년 상증법 개정시 '이익'을, '대통령령으로 정하는 이익'으로 개정하면서 위임범위를 명확히 규정하였다.

종전	개정
제41조(특정법인과의 거래를 통한 이익의 증여) ①결손금이 있거나 휴업 또는 폐업중인 법인(이하 이 條에서 "特定法人"이라 한다)의 주주 또는 출자자와 특수관계에 있는 자가 당해 특정법인과 다음 각호의 1에 해당하는 거래를 통하여 당해 특정법인의 주주 또는 출자자가 이익을 얻은 경우에는 그 이익에 상당하는 금액을 당해 특정법인의 주주 또는 출자자의 증여재산가액으로 한다.	제41조(특정법인과의 거래를 통한 이익의 증여) ① 결손금이 있거나 휴업 또는 폐업 중인 법인(이하 이 조에서 "특정법인"이라 한다)의 주주 또는 출자자와 특수관계에 있는 자가 그 특정법인과 다음 각 호의 어느 하나에 해당하는 거래를 하여 그 특정법인의 주주 또는 출자자가 대통령령으로 정하는 이익을 얻은 경우에는 그 이익에 상당하는 금액을 그 특정법인의 주주 또는 출자자의 증여재산가액으로 한다.

○ 상증령 제31조(특정법인과의 거래를 통한 이익의 계산방법 등)

⑥ 법 제41조제1항의 규정에 의한 이익은 다음 각호의 1에 해당하는 이익(제1항제1호의 규정에 해당하는 법인의 경우에는 당해 결손금을 한도로 한다)에 제5항에 규정된 자의 주식 또는 출자지분의 비율을 곱하여 계산한 금액(당해 금액이 1억원 이상인 경우에 한한다)으로 한다.

1. 재산을 증여하거나 당해 법인의 채무를 면제 · 인수 또는 변제하는 경우에는 증여재산가액 또는 그 면제 · 인수 또는 변제로 인하여 얻는 이익에 상당하는 금액
2. 제1호외의 경우에는 제3항의 규정에 의한 시가와 대가와의 차액에 상당하는 금액

법원은 여전히 무효라고 보았다. 개정 법률 조항은 그 문언의 일부 개정에도 불구하고 개정 전 법률 조항과 마찬가지로 재산 무상제공 등 특정법인과의 거래를 통하여 특정법인의 주주 등이 이익을 얻었음을 전제로 하여 그 이익, 즉 "주주 등이 보유한 특정법인 주식 등의 가액 증가분"의 정당한 계산방법에 관한 사항만을 대통령령에 위임한 규정이라고 볼 것이다. 따라서 특정법인의 주주 등과 특수관계에 있는 자가 특정법인에 재산을 증여하는 거래를 하였더라도 그 거래를 전후하여 주주 등이 보유한 주식 등의 가액이 증가하지 않은 경우에는 그로 인하여 주주 등이 얻은 증여이익이 없으므로 개정 법률 조항에 근거하여 증여세를 부과할 수는 없다고 보아야 한다. 그런데 이 사건 시행령 조항은, 특정법인에 재산의 무상제공 등이 있으면 그 자체로 주주 등이 이익을 얻

은 것으로 간주함으로써 주주 등이 실제로 얻은 이익 유무나 다과와 무관하게 증여세 납세의무를 부담하도록 정하고 있으므로, 결국 이 사건 시행령 조항은 모법인 개정 법률 조항의 규정취지에 반할 뿐만 아니라 그 위임범위를 벗어난 것으로 2010.1.1. 상증법 개정에도 불구하고 여전히 무효라고 봄이 타당하다(대법원2015두45700, 2017.4.20.).

라. 2014~2020년 개정내용

1) 2014년 특정법인의 범위에 흑자영리법인("지배주주 등의 주식보유비율이 50% 이상인 법인")을 추가하였다. 결손금 한도규정을 삭제하고, 법인세 상당액을 차감하여 이익을 계산하도록 개정하였다.

2) 2016년 증여예시규정에서 증여의제규정으로 전환[61]하였다.

3) 2020년 특정법인 범위를 지배주주와 그 친족이 직접 또는 간접으로 보유하는 주식보유비율이 30% 이상인 법인으로 하고, 한도를 신설하였다.

마. 2017년 대법원 판결 이후 논란

1) 왜 대법원은 법률이 아닌 시행령을 무효로 했을까?

2003년, 2009년, 2017년 법원 판결은 일관되게 그 거래를 전후하여 주주 등이 보유한 주식 등의 가액이 증가하지 않은 경우에는 그로 인하여 그 주주 등이 얻은 증여이익이 없다는 것이다. 그런데 왜 법원은 법률이 아닌 시행령을 무효로 했을까? 그것은 업무범위의 차이이다. 헌법재판소는 법률에 대해 위헌여부를 결정할 수 있고, 대법원은 시행령을 무효로 결정할 수 있다. 판결의 의미는 법률 문제가 있다는 것이지만, 법률을 무효로 할 수 없으니 시행령을 무효로 한 것이다.

2) 시행령 무효이면 다른 조항을 근거로 과세할 수 있지 않을까?

시행령은 무효이지만, 법률은 유효하므로 여전히 증여세를 과세할 수 있어 보인다. 국세청은 2009년 대법원 판결 이후 특정법인과의 거래를 통하여 이익을 증여하는 경우, 해당 특정법인의 주주 또는 출자자가 이익을 얻은 경우에는 상증법 제2조 및 제42조에 따라 증여세가 과세될 수 있다고 보았다(법규과-1416, 2012.11.30.). 하지만 2017년 판결 이후 기재부는 특정법인과의 거래를 통한 이익 증여에 대해 구 상증법 제41조를 적용할 수 없는 경우 상증법 제2조, 제42조 등

---

61. 이익의 본질에 반하는 것을 이익으로 의제하는 것이므로 위헌 시비가 있을 수 있다. … 그래서 위 의제규정이 위헌인지 여부에 대한 판단은 간단하지 않아 보인다(강석규, 『2021년 조세법쟁론』, 삼일인포마인, p.1397).

을 적용하여 증여세 과세 가능 여부에 대해 과세할 수 없다고 회신(기획재정부 재산세제과-499, 2018.6.14.)하였고 법규과-1416 해석은 정비하였다.

3) 2014.2.21.~2016.2.4. 거래에 대해 과세할 수 있는가?

2014.2.21.~2016.2.4. 거래에 대해 이익 계산시 법인세 상당액을 차감하도록 개정하였다. 2017년 대법원 판결 시행령은 이익 계산시 법인세 상당액을 차감하기 전 규정이고, 2017년 대법원 판결은 2014.2.21.~2016.2.4. 상증령 규정에 대한 판결은 아니므로 2014.2.21.~2016.2.4.에 대해 증여세를 과세할 수 있는지가 다툼이 될 수 있다.

이에 대해 기재부는 과세할 수 없다고 보았고(기획재정부 재산세제과-499, 2018.6.14.), 법원 또한 무효라고 보았다(대법원2020두46226, 2021.9.30.).

4) 무효인 시행령을 근거로 처분한 경우 무효로 볼 수 있는지?

무효인 시행령을 근거로 처분한 경우 무효로 볼 수 있을까? 취소로 볼 수 있을까? 행정법상 무효와 취소의 차이는, 무효라면 불복여부에 관계없이 환급을 해주어하고, 취소라면 불복한 자만 구제를 받을 수 있다. 시행령 무효가 자주 발생하는 케이스가 아니니 관련 대법원 판결[62]도 많지는 않다.

이에 대해 기재부는 취소 사유로 보았다. 국세청은 기재부의 질의[63]시 무효인 시행령을 근거로 한 처분이 취소인지, 무효인지를 묻지 않고 국세부과제척기간 경과시 경정할 수 있는지로 물어보았는데 무효라면 국세부과제척기간 경과에 관계없이 결정취소하여야 하기 때문이다. 기재부는 국세부과제척기간이 경과한 경우 무효인 구 상증령 제31조를 근거로 한 과세처분을 상증법 제76조에 따라 경정할 수 없다고 보았다(기획재정부 재산세제과-499, 2018.6.14.)

법원은 1심과 2심이 달리 판단하였다. 1심은 취소로 보았다. 2010.1.1. 상증법이 개정된 후 2010년 개정 시행령 제31조제6항의 위헌 · 위법여부에 관하여 다수의 행정소송이 제기되었다. 하급심 판결은 같은 견해를 취하지 않고 서로 의견을 개진하였다(2010년 개정 시행령이 적법 · 유효하다고 본 것은 서울고등법원 2015.5.19. 선고 2014누68715 판결, 서울행정법원 2014.10.8. 선고2014구합7206 판결, 서울고등법원 2016.1.13. 선고 2015누49377 판결, 서울행정법원 2015.6.11. 선고 2014구합74480 판결 등, 2003년 개정 시행령이 위헌이라고 본 것은 서울행정법원 2016.4.7. 선고 2015구합74586 판결). 이러한 판단에 합리적인 근거가 없다고는 보이지 않는다. 비록 대법원이 2017.4.20. 위와 같은 상증법 개정에도 불구하고 2010년 개정 시행령 제31조 제6항은 여전히 무효라는 선언을 하였으나, 그전까지는 위와 같이 2010년 개정 시행령 제31조제6항의 위헌 · 위법여부에 관하여 다툼의 여지가 있었다(서울행법2017구합-82260,

---

62. 임승순, 『조세법 제19판』, 박영사 p.353~356.
63. 국세청의 질문은 현명하다. 행정부가 법령의 무효, 취소 여부를 판단하는 것은 일반적이지 않다.

2018.11.2.).

2심은 무효로 보았다. 과세처분이 당연무효라고 하려면 그 처분에 위법사유가 있다는 것만으로는 부족하고 그 하자가 법규의 중요한 부분을 위반한 중대한 것으로 객관적으로 명백해야 하며, 하자가 중대하고 명백한지를 판별할 때에는 과세처분 근거가 되는 법규의 목적 · 의미 · 기능 등을 목적론적으로 고찰함과 동시에 구체적 사안 자체의 특수성에 관하여도 합리적으로 고찰하여야 한다. … (생략) …

행정청은 대법원에서 직접적 판단대상으로 삼아 무효라고 판단한 2003년 시행령 조항과 내용이 동일한 2010년 시행령 조항의 내용상 하자가 명백하였음에도 시행령을 개정하지 않고 2010년 개정 시행령 제31조제6항을 그대로 유지하고 적용하였다. … (생략) …

이러한 입법자의 개정 이유는 특정법인과의 거래를 통한 이익의 증여를 증여 예시적 성격의 규정에서 증여의제규정으로 전환하면서, 증여의제이익 계산방법을 명확화하기 위한 것이었다. 이는 특정법인의 주주에게 실제로는 주식가치의 증가라는 이익이 없음에도 증여세가 과세될 수 있는 가능성이 존재하여 상증법상 증여에 해당하지 않음에도 증여세가 과세되는 것을 방지하기 위하여 제41조를 삭제하고, 증여로 '의제'하여 증여세를 과세하겠다는 것이다(서울고법2018누74954, 2019.9.27.).

쟁점

특정법인의 이익 적용시 "지배주주의 친족"의 범위

상증법 역사 중에서 가장 우여곡절이 많은 조문으로는 상증법 제45조의5(특정법인과의 거래를 통한 이익의 증여의제)를 1순위로 꼽는다. 대법원 판결 후에 조문을 정비하면 패소하고, 조문을 정비하면 다시 패소하고, 조문을 정비하면 다시 패소하였다.

입법 취지는 결손법인이나 휴면법인등의 주식을 낮은 가격으로 자녀에게 취득시킨 후 해당법인에 재산을 증여하는 등 지원하여 우량기업으로 성장시켜 법인세 및 증여세 부담없이 부를 이전하는 변칙적 증여행위를 방지하기 위함이었는데, 증여이익의 계산방법에 대해 법원 패소가 있었다.

<특정법인의 범위 개정연혁>

2013년 이전	2014~2019년	2020년 이후
① 결손법인 ② 휴폐업법인	① 결손법인 ② 휴폐업법인 ③ 흑자영리법인(50%)	지배주주등이 주식보유비율(직접 + 간접)이 30% 이상 법인

2019.12.31. 흑자영리법인이 특정법인에 추가되었는데, 결손법인 · 휴폐업법인이 아니면서 지배주주등과 그 친족의 주식보유비율이 50% 이상인 법인을 말한다.

상증법 제45조의5【특정법인과의 거래를 통한 이익의 증여의제】
① 생략
3. 증여일 현재 제1호 및 제2호에 해당하지 아니하는 법인으로서 제45조의3제1항에 따른 지배주주와 그 친족의 주식보유비율이 100분의 50 이상인 법인

여기서 지배주주등은 상증령 제34조의3제5항에서 규정하고 있는데, 결국은 상증법 제45조의4(특수관계법인으로부터 제공받은 사업기회로 발생한 이익의 증여의제)제1항에서 상증법 제45조의3 제1항에 따른 지배주주를 말한다.

○ 상증령 제34조의3【특수관계법인으로부터 제공받은 사업기회로 발생한 이익의 증여의제】
⑤ 법 제45조의4제1항에 따른 지배주주등(이하 이 조 및 제34조의4에서 "지배주주등"이라 한다)이 수혜법인의 사업연도 말일부터 … (생략)
○ 상증법 제45조의4【특수관계법인으로부터 제공받은 사업기회로 발생한 이익의 증여의제】
① 제45조의3제1항에 따른 지배주주와 그 친족(이하 이 조에서 "지배주주등"이라 한다)의 주식보유비율이 ~

그러면 친족의 범위는 어떻게 될까? 특정법인과의 거래를 통한 증여의제의 경우에 적용하는 한계보유비율을 고려해야 할까? 기재부 해석은 고려하는 것으로 보았다. 상증법(2019.12.31. 법률 제16846호로 개정되기 전의 것) 제45조의5에 따른 특정법인 거래를 통한 이익 증여 의제 적용시 "지배주주의 친족"은 특정법인에 대한 직 · 간접 보유비율을 합산한 비율이 상증법 제45조의3제1항에 따른 "한계보유비율"을 초과하는 주주에 한정된다고 해석했다(기획재정부 재산세제과-570, 2020.7.22.).

쟁점

특정법인과 금전무상대출

지배주주의 특수관계인이 지배주주와 친족이 30% 이상한 보유한 법인(특정법인)에게 금전을 무상으로 대여했다. 증여세는 어떻게 과세될까? 기준금액, 이자율, 증여의제가액 계산에 대해 살펴보자.

1. 기준금액

타인으로부터 금전을 무상 대출받은 경우, 그 금전을 대출받은 날에 대출금액에 적정 이자율(개인 4.6%)을 곱하여 계산한 금액을 대출받은 자의 증여재산가액으로 한다(상증법 제41조의4). 이 경우 1천만원 미만에는 적용하지 않는다.

상증법 제45조의5(특정법인과의 거래를 통한 이익의 증여 의제)에서는 증여의제이익이 1억원 이상인 경우에 적용한다. 그러면 특정법인에게 대여한 경우에도 1천만원 기준을 적용할까? 1억원 기준을 적용할까? 특정법인에게 대여한 경우에는 1억원 기준을 적용한다(서면2018상속증여-2262, 2018.8.14.).

2. 1억원의 계산

예를 들면, 지배주주의 부와 조부가 동시에 대여한 경우 증여의제이익을 어떻게 계산할까? 증여자가 다르니 각각 증여자 · 수증자별로 계산할까? 아니면 수증자를 기준으로 계산할까? 문언상 보았을 때에는 증여자 · 수증자별로 보인다. 금전무상대출 관련 해석에서도 1천만원 판단시 증여자 · 수증자별로 판단한다고 보았다(서면

2018상증-2137, 2019.1.23.).

기존 해석에서는 수증자를 기준으로 하는 것처럼 보인다(서면4팀-2012, 2005.10.31.). 이 해석과 상증법 제43조제2항을 생각해보아야 한다.

○ 서면4팀-2012, 2005.10.31.
2인 이상의 특정법인의 최대주주가 당해 특정법인에게 동시에 재산을 증여하여 해당 최대주주가 증여받은 것으로 보는 이익은 각 증여재산가액을 합한 가액에 당해 최대주주의 주식비율을 곱하여 계산한 금액(당해 금액이 1억원 이상인 경우에 한함)으로 하는 것이 타당함
○ 상증법 제43조【증여세 과세특례】
② 제31조제1항제2호, 제35조, 제37조부터 제39조까지, 제39조의2, 제39조의3, 제40조, 제41조의2, 제41조의4, 제42조 및 제45조의5에 따른 이익을 계산할 때 그 증여일부터 소급하여 1년 이내에 동일한 거래 등이 있는 경우에는 각각의 거래 등에 따른 이익(시가와 대가의 차액을 말한다)을 해당 이익별로 합산하여 계산한다.

동일한 거래 등이 있을 때 합산하여 1억원을 판단한다. 동일한 거래 등이 어떠한 거래를 말하는 것인지는 법령에서 규정되어 있지 않는데, 상증법 제47조에서 증여자가 같을 때 증여세 과세가액에 합산한다는 규정을 감안해보면 상증법 제47조와 달리 동일한 거래 등의 범위에는 증여자가 다를 때에도 적용할 수 있어 보인다.

즉, 동일 거래 등의 범위에 증여자가 다를 때에도 적용한다면 위의 부, 조부가 동시에 무상으로 대여하였거나, 순차로 대여한 경우에도 합산하여 1억원 여부를 판단할 수 있다는 뜻이다.

3. 이자율

개인이 대여받은 경우에는 4.6%를 적용하지만, 법인이 대여받은 경우에는 가중평균차입이자율(당좌대출이자율)을 적용한다. 그러면 특정법인에게 대여한 경우에는 어떤 이자율을 적용할까? 이 경우 이자율은 가중평균차입이자율(당좌대출이자율)을 적용한다(사전-2016-법령해석재산-0511, 2016.12.22.).

상증령 제31조의4【금전 무상대출 등에 따른 이익의 계산방법 등】
① 법 제41조의4제1항 각 호 외의 부분 본문에서 "적정 이자율"이란 당좌대출이자율을 고려하여 기획재정부령으로 정하는 이자율을 말한다. 다만, 법인으로부터 대출받은 경우에는 「법인세법 시행령」 제89조제3항에 따른 이자율을 적정 이자율로 본다.

정리하면, 특정법인에게 금전을 무상으로 대여한 경우 1억원 기준을 적용하며, 1억원의 계산은 상증법 제43조제2항 해석에 따라 증여자가 다른 경우에도 합산하여 판단할 수 있는지가 쟁점이 되며, 이자율은 가중평균차입이자율(당좌대출이자율)을 적용한다.

쟁점

2016.1.1. 거래한 경우

2016년 증여예시규정에서 증여의제규정으로 전환하였다. 의제규정에 대한 상증령 규정은 2016.2.5. 개정되었다. 그러면 2016.1.1. 거래한 경우 증여세를 과세할 수 있을까? 없을까?

관련 부칙은 아래와 같다.

○ 상증법 부칙 <법률 제13557호, 2015. 12. 15.>
제1조(시행일) 이 법은 2016년 1월 1일부터 시행한다.
제2조(일반적 적용례) 이 법은 이 법 시행 이후 상속이 개시되거나 증여받는 경우부터 적용한다.
제10조(특정법인과의 거래를 통한 이익의 증여에 관한 경과조치) 이 법 시행 전에 특정법인의 주주등과 특수관계가 있는 자가 해당 특정법인과 거래한 경우에 대해서는 제45조의5의 개정규정에도 불구하고 종전의 제41조에 따른다. 이 경우 증여세 과세표준의 신고기한에 대해서는 제68조제1항 본문에도 불구하고 제68조제1항 단서의 개정규정을 적용한다.
○ 상증령 부칙 <대통령령 제26960호, 2016. 2. 5.>
제1조(시행일) 이 영은 공포한 날부터 시행한다.
제2조(일반적 적용례) 이 영은 이 영 시행 이후 상속이 개시되거나 증여받는 경우부터 적용한다.

과세할 수 있다는 측의 주장은 관련 상증령 부칙에 별다른 부칙이 없으므로 상증법 부칙을 적용할 수 있고, 만약 상증령 부칙의 일반적 적용례에 따른다고 하면 시행령이 법률을 제한하기 때문에 논리상 맞지 않다고 주장하였다.

이에 대해 법원은 과세할 수 없다고 보았다. 2016년 증여분에 대한 증여세 부과처분은 소외인의 금전 무상대여로 2016.1.1. 원고에 대한 이익 증여가 있는 것으로 보아 2015년 개정 상증세법 제45조의5를 근거로 2016년 개정 상증세법 시행령 제34조의4를 적용하여 이루어진 것이다. 그러나 위 증여일 당시에는 아직 2016년 개정 상증세법 시행령 제34조의4가 시행되지 않고 있었다. 그리고 당시 시행되던 2014년 개정 상증세법 시행령 제31조제6항이 무효임은 앞에서 본 바와 같다. 결국 2016년 증여분에 대한 증여세 부과처분은 2015년 개정 상증세법 제45조의5에 관한 시행령이 마련되지 않은 상태에서 과세를 위한 일부 요건을 시행령에 위임한 위 법 규정만을 근거로 이루어진 것이므로, 조세법률주의의 원칙이나 소급과세금지의 원칙 등에 비추어 위법하다(대법원 2019두39635, 2021.10.28.)라고 보았다.

이 판결은 많은 사건에 영향을 미칠 수 있어 보인다. 상증법과 상증령은 동시에 개정되는 경우가 많지 않고 대부분은 법률 개정 후 시행령이 개정된다. 시행령 부칙에서 명확히 부칙을 규정하지 않는 경우 적용시기에 대해 다툼이 생길 수 있어 보인다. 대법원 판결로 보면, 증여예시나 증여의제규정을 신설한 경우 과세할 수 있는 시기는 상증령 부칙에서 결정된다.

[관련 질의회신 · 판례 등]

○ (2014.2.21. 전) 특정법인과의 거래시 증여세 과세 방법
특정법인에 재산의 무상제공 등이 있으면 그 자체로 주주 등이 이익을 얻은 것으로 간주함으로써, 주주 등이 실제로 얻은 이익의 유무나 다과와 무관하게 증여세 납세의무를 부담하도록 정하고 있어 모법인 개정 법률 조항의 규정 취지에 반할 뿐만 아니라 그 위임범위를 벗어남(대법원2015두45700, 2017.4.20.).

○ 시행령이 무효인 조문을 근거로 처분한 경우
(기재부–무효 아님) 국세부과제척기간이 경과한 경우 무효인 구 상증령 제31조를 근거로 한 과세처분을

상증법 제76조에 따라 경정할 수 없음(기획재정부 재산세제과-499, 2018.6.14.).[64]

(법원-무효 아님) 서울행법2017구합82260, 2018.11.2.

(법원-무효) 서울고법2018누74954, 2019.9.27.

○ (2014.2.21. 개정~2016.2.4.) 특정법인과 거래시 증여세 과세방법

(기재부) 구 상증령 제31조제6항을 적용하여 과세할 수 없음(기획재정부 재산세제과-499, 2018.6.14.).

(심판원) 2014.2.21. 이후 증여분에 대하여는 개정 규정에 따라 과세표준 및 세액을 경정하는 것이 타당함(조심2017서0070, 2017.10.16.).

(법원) 2014년 개정 상증세법 시행령 제31조제6항 역시 모법인 2014년 개정 상증세법 제41조 제1항의 규정 취지에 반할 뿐만 아니라 그 위임범위를 벗어나 조세법률 주의 원칙에 따라 마땅히 국회가 법률로 정하여야 할 사항인 과세요건을 창설한 것으로 무효라고 봄이 타당함(대법원2019두35695, 2021.9.9.).

○ 2009.12.31. 이전 특정법인과의 거래시 증여세 과세 방법

특정법인과의 무상제공 등 거래를 통하여 최대주주등이 이익을 얻은 경우 그 이익의 계산만을 시행령에 위임하고 있음에도 특정법인이 얻은 이익이 바로 주주 등이 얻은 이익이 된다는 규정과 무상제공 그 자체만으로 주주 등이 이익을 남긴 것으로 보는 시행령 규정은 무효라고 봄이 상당함(대법원2006두19693, 2009.3.19.). ⇒ 2010.1.1. 상증법 제41조제1항 개정

○ 2013.12.31. 이전 흑자영리법인의 주주에 대한 증여세 과세

(법원) 개별 가액산정규정에서 규율하고 있는 거래 · 행위 중 증여세 과세대상에서 제외된 거래행위에 대해서는 증여세를 과세할 수 없음(대법원2014두5408, 2015.10.15.).

(과세관청) 상증법(2014.1.1. 법률 제12168호로 개정되기 전의 것) 제41조의 특정법인이 아닌 법인의 주주와 특수관계에 있는 자가 2013.12.31. 이전 해당 법인에 자산을 증여하는 경우 해당 법인의 주주에 대해서는 증여세가 과세되지 아니함(기획재정부 재산세제과-273, 2016.4.20.).

○ 특정법인의 주주가 증여받은 이익은 결손금을 한도로 함.

특정법인의 최대주주등과 특수관계에 있는 자가 당해 특정법인에 금전을 무상으로 대여 등을 함으로써 특정법인의 주주가 증여받은 것으로 보는 이익은 결손금을 한도로 함(서면4팀-1078, 2007.4.3.).

○ 본인 증여

(법인의 주주가 증여자 개인인 경우) 특정법인에 증여한 자가 당해 특정법인의 지배주주에 해당하는 경우 본인으로부터 증여에 해당하는 금액은 증여세 과세 제외(서면4팀-328, 2006.2.17.).

(법인과 법인이 거래한 경우) 특정법인의 주주인 자가 주주로 있는 법인이 특정법인에 증여한 경우에는 증여세 과세대상에 해당함(기준2015법령해석재산-0087, 2015.6.01).

○ 주식보유비율 등에 간접보유비율 포함 여부

상증법(2015.12.15. 법률 제13557호로 개정된 것) 제45조의5제1항의 주식보유비율은 특정법인 유형에 따

---

64. 세법해석정비

요지	유지사례	삭제사례
구 상증법 제41조에 따라 특정법인 이익의 증여의제 적용 불가한 경우 같은 법 제2및제42조에 따라 포괄주의 과세불가	기획재정부 재산세제과-499, 2018.6.14.	재산세과-542, 2010.7.26. 재산세과-948, 2010.12.15. 재산세과-139, 2011.3.17.

라 각각 판단하며, 상증령 제34조의4제5항제1호 최대주주등의 주식등 비율은 직접 보유한 주식을 기준으로 판단함(기획재정부 재산세제과-968, 2018.11.7.).

○ 이익의 계산

(1년 이내 합산) 상증법 제41조제1항 각 호의 행위에 따른 이익별로 구분하여 당해 그 이익과 관련한 행위 등을 한날로부터 소급하여 1년 이내에 동일한 행위 등이 있는 경우에는 각각의 행위 등에 따른 이익을 해당 이익별로 합산하여 1억원 이상인지를 판단함(서면4팀-1457, 2006.5.24.).[65]

○ 해당 거래

(초과배당) 초과배당은 재산을 무상으로 제공한 거래에 해당함(기획재정부 재산세제과-434, 2019.6.18.).

(불균등 유상감자) 상증법 제45조의5(2015.12.15. 법률 제13557호로 개정된 것) 제1항제3호에 규정된 특정법인(이하 "특정법인")이 주주인 법인A가 유상감자를 실시하는 경우로 법인A 주주 중 을(특정법인 주주인 갑과 특수관계에 있는 자)만 저가 유상감자에 참여하여 특정법인이 이익을 분여받은 경우 특정법인 주주인 갑에 대해서는 같은 법 제45조의5의 증여의제 규정을 적용하여 증여세를 과세할 수 없음(사전2017법령해석재산-0150, 2017.5.17.).

○ (2020.1.1. 이후) 특정법인 증여 후 일반증여

증여세 산출세액에서 공제하는 증여세액은 당해 한도가 적용되기 전의 증여임. 당시의 해당 증여이익에 대한 증여세 산출세액을 말함(서면2021자본거래-4522 [자본거래관리과-441], 2021.9.8.).

65. 금전무상대출의 경우에도 같다. 상증법 제45조의5제2항 각 호 거래에 따른 이익별로 구분하여 그 거래일부터 소급하여 1년 이내에 동일 거래 등이 있는 경우에는 각각의 거래 등에 따른 이익별로 합산하여 1억원 이상인지 여부를 판단함(서면2018상속증여-2262 [상속증여세과-772], 2018.8.14.).

제9장 증여세 계산 및 신고서 작성 사례[1]

○ 〈신고서 작성 전에 확인할 사항〉

① 수증자가 거주자인지를 검토

비거주자는 증여재산공제를 적용받지 못한다.

② 증여재산공제는 한도가 있다.

증여재산공제는 증여받을 때마다 적용받는 것은 아니다. 증여자 그룹별로 10년간 공제받을 수 있는 한도가 있다.

③ 첫 번째 증여인지 확인

첫 번째 증여받는 것이 아니라면 동일인 합산, 증여재산공제, 납부세액공제 등을 검토하여야 한다. 증여세 과세가액은 증여자가 동일인(증여자가 직계존속이면 그 배우자를 포함)이면 종전 증여를 합산하고, 증여재산공제는 증여자 그룹별로 적용한다.

④ 부담부증여라면 증여자의 양도세를 검토해야 한다.

---

1. 국세청 홈페이지의 사례이며, 국세청 홈페이지의 신고서 작성요령 및 사례는 저자가 2008.5월에 처음 게재하였다.

사례 1.

가. 증여현황

○ 수증자: 한민주 (760105-2******, 거주자임)

· 주소: 제주특별자치도 서귀포시 서호중로 00

· 전화번호: 064-731-****　· 전자우편 주소: jasan@○○○.com

○ 증여자: 김증여 (750511-1******, 수증자의 배우자임)

· 주소: 제주특별자치도 서귀포시 서호중로 **　· 전화번호: 064-731-****

○ 증여재산: 제주도 서귀포시 신서로 ** 납세아파트 101-101(대지 25.5m^2, 건물 87.3m^2)

· 증여일: 2021.2.15.　· 증여세 신고일: 2021.5.31.

나. 증여재산의 평가현황

종류	증여재산의 공동주택가격	증여재산의 매매거래가액	유사한 재산의 매매거래가액
일자	2020.4.30. (최근 공시일)	2020.12.20. (매매계약일)	2021.1.10. (매매계약일)
금액	7억 6천만원	8억원	8억 1천만원

다. 증여세액의 계산

구분	금액(원)	계산방법
(17) 증여재산가액*	800,000,000	
(24) 증여세 과세가액	800,000,000	
(25) 증여재산공제-배우자공제	600,000,000	
(30) 과세표준	200,000,000	
(31) 세율	20%	
(32), (34) 산출세액	30,000,000	200,000,000×20%-10,000,000
(40) 신고세액공제	900,000	30,000,000×3%
(45) 자진납부 할 세액	29,100,000	

* 증여재산가액: "증여일 전 6월부터 증여일 후 3월 이내(평가기간)에 증여한 재산의 매매등 가액"과 "해당 증여재산과 유사한 재산의 매매 등의 가액"이 있는 경우, 해당 증여재산의 매매등의 가액을 우선 적용하므로 증여재산가액은 800,000,000원임.

[별지 제10호서식] <개정 2020. 3. 13.>

증여세과세표준신고 및 자진납부계산서
(기본세율 적용 증여재산 신고용)

관리번호	-

[v]기한 내 신고 [ ]수정신고 [ ]기한 후 신고

※ 뒤쪽의 작성방법을 읽고 작성하시기 바랍니다. (앞쪽)

수증자	① 성 명	한민주	② 주민등록번호	760105-2******	③ 거 주 구 분	[v] 거주자 [ ]비거주자
	④ 주 소	제주특별자치도 서귀포시 서호중로 **			⑤ 전자우편주소	jasan@○○○.com
	⑥ 전화번호	(자 택) 064-731-****	(휴대전화)		⑦ 증여자와의 관계	배우자
증여자	⑧ 성 명	김증여	⑨ 주민등록번호	750511-1*******	⑩ 증 여 일 자	2021.2.15.
	⑪ 주 소	제주특별자치도 서귀포시 서호중로 **			⑫ 전 화 번 호	(자 택) 064-731-**** (휴대전화)
세 무 대리인	⑬ 성 명		⑭ 사업자등록번호		⑮ 관 리 번 호	
	⑯ 전화번호	(사무실)	(휴대전화)			

구 분		금 액	구 분		금 액
⑰ 증 여 재 산 가 액		800,000,000	세액공제	㊲ 세 액 공 제 합 계 (㊳ + ㊴ + ㊵ + ㊶)	900,000
⑱ 비 과 세 재 산 가 액				㊳ 기 납 부 세 액 (「상속세 및 증여세법」 제58조)	
과세가액 불산입	⑲ 공익법인 출연재산가액 (「상속세 및 증여세법」 제48조)			㊴ 외 국 납 부 세 액 공 제 (「상속세 및 증여세법」 제59조)	
	⑳ 공 익 신 탁 재 산 가 액 (「상속세 및 증여세법」 제52조)			㊵ 신 고 세 액 공 제 (「상속세 및 증여세법」 제69조)	900,000
	㉑ 장애인 신탁재산가액 (「상속세 및 증여세법」 제52조의2)			㊶ 그 밖의 공제·감면세액	
㉒ 채 무 액			㊷ 신 고 불 성 실 가 산 세		
㉓ 증 여 재 산 가 산 액 (「상속세 및 증여세법」 제47조제2항)			㊸ 납 부 지 연 가 산 세		
㉔ 증 여 세 과 세 가 액 (⑰ - ⑱ - ⑲ - ⑳ - ㉑ - ㉒ + ㉓)		800,000,000	㊹ 공익법인 등 관련 가산세 (「상속세 및 증여세법」 제78조)		
증여재산공제	㉕ 배 우 자	600,000,000	㊺ 자진납부할 세액(합계액) (㉞ + ㉟ - ㊱ - ㊲ + ㊷ + ㊸ + ㊹)		29,100,000
	㉖ 직 계 존 비 속		납부방법	납부 및 신청일	
	㉗ 그 밖 의 친 족		㊻ 연 부 연 납		
㉘ 재 해 손 실 공 제 (「상속세 및 증여세법」 제54조)			현금	㊼ 분 납	
㉙ 감 정 평 가 수 수 료				㊽ 신고납부	
㉚ 과세표준(㉔ - ㉕ - ㉖ - ㉗ - ㉘ - ㉙)		200,000,000	「상속세 및 증여세법」 제68조 및 같은 법 시행령 제65조제1항에 따라 증여세의 과세가액 및 과세표준을 신고하며, 위 내용을 충분히 검토하였고 신고인이 알고 있는 사실을 그대로 적었음을 확인합니다. 2021년 5월 31일 신고인 한민주 (서명 또는 인)		
㉛ 세 율		20%			
㉜ 산 출 세 액		30,000,000			
㉝ 세 대 생 략 가 산 액 (「상속세 및 증여세법」 제57조)					
㉞ 산 출 세 액 계 (㉜ + ㉝)		30,000,000	세무대리인은 조세전문자격자로서 위 신고서를 성실하고 공정하게 작성하였음을 확인합니다. 세무대리인 (서명 또는 인)		
㉟ 이 자 상 당 액					
㊱ 박물관자료 등 징수유예세액			**세무서장** 귀하		

신청(신고)인 제출서류	1. 증여재산 및 평가명세서(부표) 1부 2. 채무사실 등 그 밖의 입증서류 1부	수수료 없음
담당공무원 확인사항	1. 주민등록표등본 2. 증여자 및 수증자의 관계를 알 수 있는 가족관계등록부	

행정정보 공동이용 동의서

본인은 이 건 업무처리와 관련하여 담당 공무원이 「전자정부법」 제36조제1항에 따른 행정정보의 공동이용을 통하여 위의 담당 공무원 확인 사항을 확인하는 것에 동의합니다. * 동의하지 않는 경우에는 신청인이 직접 관련 서류를 제출하여야 합니다.

신청인 (서명 또는 인)

210mm×297mm[백상지 80g/㎡]

(뒤쪽)

작성방법

※ 이 서식은 아래 증여세 세율표 다목의 세율이 적용되는 증여재산에 대하여 증여세신고를 하는 경우에 사용하며, 증여일자별로 각각 신고서를 작성하여야 합니다.

1. "② 주민등록번호" 및 "⑨ 주민등록번호"란: 외국인은 외국인등록번호(외국인등록번호가 없는 경우 여권번호)를 적습니다.
2. "③ 거주구분"란: 거주자와 비거주자 중 ✔ 표시합니다.

* "거주자" 및 "비거주자": 「상속세 및 증여세법」 제2조제8호에 해당하는 자를 말합니다.

3. "⑦ 증여자와의 관계코드"란: 수증자 기준으로 적습니다. (예시: 부모(증여자)가 자녀(수증자)에게 증여하는 경우: 자)
4. "⑬ 성명"부터 "⑯ 전화번호"란: 세무대리인이 기장한 경우 작성합니다.
5. "⑰ 증여재산가액"란: 증여재산 및 평가명세서(상속세 및 증여세법 시행규칙 서식10 부표)의 "⑩ 증여재산가액"과 다음 각 목의 구분의 가액을 합한 금액을 적습니다.

가. 「조세특례제한법」 제30조의5에 따른 창업자금에 대한 증여세 과세가액[창업자금 증여재산평가 및 과세가액 계산명세서(별지 제10호의2서식 부표 1) "⑬ 계"의 금액]이 30억원을 초과하는 경우: 별지 제10호의2서식 부표 1의 "⑱ 증여재산가액"

나. 「조세특례제한법」 제30조의6에 따른 가업승계 주식 등에 대한 증여세과세가액[가업승계 주식 등 증여재산평가 및 과세가액 계산명세서(별지 제10호의2서식 부표 2) "⑧ 합계액"]이 100억원을 초과하는 경우: 별지 제10호의2서식 부표 2의 "⑬ 증여재산가액"

6. "㉒ 채무액"란: 해당 증여재산에 담보된 채무액 중 수증자가 인수한 채무액과 「조세특례제한법」 제30조의5에 따른 창업자금에 대한 증여세 과세가액[창업자금 증여재산평가 및 과세가액 계산명세서(별지 제10호의2서식 부표 1) "⑬ 계"의 금액이 30억원을 초과하는 경우: 별지 제10호의2서식 부표 1의 "⑲ 채무액"을 합한 금액을 적습니다.
7. "㉕ 배우자"란부터 "㉗ 그 밖의 친족"란: 증여자와의 관계에 따라 다음 각 목의 구분에 따라 적습니다.

가. 배 우 자	:	10년간 6억원	(2008.1.1. 이후 증여분부터)
나. 직 계 존 비 속	:	직계존속이 직계비속에게 증여한 경우 10년간 5천만원 / 직계비속이 미성년자인 경우 2천만원	(2014.1.1. 이후 증여분부터)
다. 그 밖의 친족*	:	10년간 1천만원	(2016.1.1. 이후 증여분부터)

* 배우자와 직계존비속을 제외한 6촌 이내의 혈족, 4촌 이내의 인척

8. "㉛ 세율", "㉜ 산출세액"란: 증여세 세율표에 따라 세율을 적고 과세표준에 세율을 곱한 금액에서 누진공제액을 빼서 산출세액을 계산합니다.

* 산출세액=(과세표준×세율)-누진공제액

<증여세 세율표>

증여재산 구분	과세표준	세율	누진공제액
가. 창업자금(「조세특례제한법」 제30조의5)	25억원 이하*	10%	-
나. 가업승계 주식 등(「조세특례제한법」 제30조의6)	30억원 이하	10%	-
	30억원 초과 95억원 이하	20%	30,000만원
다. 가목 및 나목 외의 자산	1억원 이하	10%	-
	1억원 초과 5억원 이하	20%	1,000만원
	5억원 초과 10억원 이하	30%	6,000만원
	10억원 초과 30억원 이하	40%	16,000만원
	30억원 초과	50%	46,000만원

* 창업을 통하여 10명 이상을 신규 고용한 경우: 45억원 이하

9. "㉟ 이자상당액"란: 「조세특례제한법」 제30조의5제6항 및 같은 법 제30조의6제3항에 따라 계산한 금액을 적습니다.
10. "㊷ 신고불성실가산세"란부터 "㊹ 공익법인 등 관련 가산세"란: 「국세기본법」 제47조, 제47조의2부터 제47조의5까지 및 제48조에 따라 부담할 가산세를 적고, 「상속세 및 증여세법」 제78조에 따른 가산세를 각각 적습니다.
11. "㊻ 연부연납"란: 「상속세 및 증여세법」 제71조에 따라 납부세액이 2천만원을 초과하는 경우에 한해 연부연납을 신청할 수 있으며 연부연납 신청세액과 신청일자를 적습니다. 이 때, 상속세(증여세) 연부연납 허가신청서(별지 제11호서식)를 제출하여야 합니다.
12. "㊼ 분납"란: 「상속세 및 증여세법」 제70조제2항에 따라 납부할 금액이 1천만원을 초과하는 경우 다음 구분에 따른 금액과 납부(예정)일자를 적습니다. 다만, 「상속세 및 증여세법」 제71조에 따라 연부연납을 허가받은 경우에는 분납을 신청할 수 없습니다.

가. 납부할 세액이 2천만원 이하인 경우에는 1천만원을 초과하는 금액

나. 납부할 세액이 2천만원을 초과하는 경우에는 그 세액의 100분의 50 이하의 금액

13. "㊽ 신고납부"란: 「상속세 및 증여세법」 제68조에 따라 증여세과세표준 신고할 때 납부할 세액을 적습니다.

210mm×297mm[백상지 80g/㎡]

[별지 제10호서식 부표] <개정 2020. 3. 13.>

관리번호	-

증여재산 및 평가명세서

※ 뒤쪽의 작성방법을 읽고 작성하시기 바랍니다. (앞쪽)

① 재산구분 코드	② 재산종류 코드	③ 소재지 · 법인명 등			④ 사업자등록 번호 (지분율)	⑤ 수량 (면적)	⑥ 단가	⑦ 평가 가액	⑧ 평가기준 코드
		국외자산 여부	국외재산 국가명						
A11	05	[ ]여 [V]부		제주특별자치도 서귀포시 신서로 ** 납세아파트 101-101		대지 25.5㎡ 건물 87.3㎡		800,000,000	01
		[ ]여 [ ]부							
		[ ]여 [ ]부							
		[ ]여 [ ]부							
		[ ]여 [ ]부							
		[ ]여 [ ]부							
		[ ]여 [ ]부							
		[ ]여 [ ]부							
		[ ]여 [ ]부							

계	⑨ 증여재산가액				800,000,000
	⑩ 비과세재산가액				
	과세가액 불산입액	⑪ 공익법인 출연재산가액			
		⑫ 공익신탁 재산가액			
		⑬ 장애인 신탁재산가액			
	⑭ 증여재산가산액				
	⑮ 합계				800,000,000

첨부서류	증여재산 증명서류 [예: 주주(증권계좌)번호 및 잔고증명서, 예금통장 사본 등]	수수료 없음

210mm×297mm[백상지 80g/㎡]

(뒤쪽)

작성방법

1. "① 재산구분코드"란: 아래의 재산구분에 해당하는 코드를 적습니다.

재산구분	증여재산	증여재산 (영농농지)	증여재산가산	비과세재산 (금양임야)	비과세재산 (문화재 등)	비과세재산 (기타)	과세가액불산입 (공익법인 출연재산)	과세가액불산입 (공익신탁 재산)	과세가액불산입 (장애인 신탁재산)
코드	A11	A14	A21	B11	B12	B13	B21	B22	B23

2. "② 재산종류코드"란: 아래의 재산구분에 해당하는 코드를 적습니다.

재산구분	현금	토지 I (순수토지)	토지 II [일반건물(07)의 부수토지]	개별주택 (부수토지 포함)	공동주택 (부수토지 포함)	오피스텔・상업용건물 (부수토지 포함)	일반건물* (부수토지 제외)	부동산을 취득할 수 있는 권리	유가증권 (상장)	유가증권 (비상장)	금융재산 (현금, 유가증권 제외)	기타재산 (01~11유형 제외)
코드	01	02	03	04	05	06	07	08	09	10	11	12

* 일반건물은 재산구분코드 04~06 유형을 제외한 건물을 말함

3. "③ 소재지・법인명 등"란: 재산의 소재지 또는 법인명 등을 적습니다. 국외자산의 경우 국외자산여부에 ✔ 표시하고 해당 국가명을 별도 기재하고 소재지・법인명 등은 한글 또는 영문으로 적습니다. 부득이한 경우 해당 국가의 언어로 적습니다.

가. 소재지를 기재할 경우: 해당 물건의 소재지번(예시: 세종특별자치시 나성동 457)을 적습니다.

나. 법인명 등을 기재할 경우: 유가증권인 경우에는 해당 주식을 발행한 법인의 법인명을 적습니다. 그 외의 경우에는 작품명 등 재산명(예시: 보험금인 경우 □□생명 △△보험 / 유가증권인 경우 ㈜○○건설)을 적습니다.

4. "④ 사업자등록번호(지분)"란: "② 재산종류"가 유가증권인 경우에는 해당 주식을 발행한 법인의 사업자등록번호, 부동산인 경우에는 해당 수증자가 증여받은 부동산지분(예시: 증여자가 보유한 50% 지분 중 2분의1을 수증자에게 증여하는 경우 25%로 기재)을 각각 작성합니다.

5. "⑧ 평가기준코드"란: 아래의 평가기준에 해당하는 코드를 적습니다.

평가기준	해당 재산의 매매거래가액 (「상속세 및 증여세법」 제 60조)	해당 재산의 감정가액 (「상속세 및 증여세법」 제 60조)	해당 재산의 수용보상가액 (「상속세 및 증여세법」 제 60조)	해당 재산의 경매공매가액 (「상속세 및 증여세법」 제 60조)	유사재산의 매매사례가액 등 (「상속세 및 증여세법」 제 60조)	현금 등 가액 (「상속세 및 증여세법」 제 60조)	저당권 등 평가특례가액 (「상속세 및 증여세법」 제 66조)	기준시가 등 보충적 평가가액 (「상속세 및 증여세법」 제 61조부터 제65조)
코드	01	02	03	04	05	06	07	08

210mm×297mm[백상지 80g/㎡]

사례2.

가. 증여현황

○ 수증자: 강민주 (850105-2******, 거주자임)

· 주소: 제주특별자치도 서귀포시 서호중로 **

· 전화번호: 064-731-****

· 전자우편 주소: jasan@○○○.com

○ 증여자: 강민성 (580511-1******, 수증자의 父임)

· 주소: 제주특별자치도 제주시 수목원길 ***

· 전화번호: 064-731-****

○ 증여재산: 2021.2.15. 현금 4천만원

· 증여세 신고일: 2021.5.31.

나. 김수증이 종전에 증여받은 재산

○ 2013.2.1. 강철수(강민주의 할아버지)로부터 주식 2천만원(시가)을 증여받음

다. 증여세액의 계산

구 분	금 액(원)	계 산 방 법
(17) 증여재산가액	40,000,000	
(23) 증여재산가산액 1)	0	
(24) 증여세 과세가액	40,000,000	
(26) 증여재산공제 - 직계존속공제 2)	30,000,000	
(30) 과세표준	10,000,000	
(31) 세율	10%	
(32) · (34) 산출세액	1,000,000	10,000,000×10%
(38) 기납부세액공제	0	
(40) 신고세액공제	30,000	1,000,000×3%
(45) 자진납부 할 세액	970,000	

1) 증여재산가산액: 부와 조부는 동일인이 아니므로 조부로부터 받은 종전 증여가액은 합산하지 않는다.

2) 증여재산공제 – 직계존속공제: 직계존비속으로부터 증여받은 경우에 2013.12.31. 이전 증여분은 10년간 3천만원(수증자가 미성년자 15백만원)을, 2014.1.1. 이후 증여분은 10년간 5천만원(수증자가 미성년자 20백만원)의 공제로 개정되었다. 2013.2.1. 조부로부터 주식 2천만원을 증여받을 때 당시 증여재산공제액 한도액 3천만원 중 2천만원을 공제받았으므로, 나머지 1천만원은 공제가능하고 2014.1.1. 이후 증여재산공제액 한도액이 5천만원으로 상향되어 추가로 2천만원이 공제가능하여 이번에 부로부터 증여받을 때는 3천만원의 증여재산공제가 적용된다.

[별지 제10호서식] <개정 2020. 3. 13.>

증여세과세표준신고 및 자진납부계산서

(기본세율 적용 증여재산 신고용)

관리번호	-

[v]기한 내 신고 [ ]수정신고 [ ]기한 후 신고

※ 뒤쪽의 작성방법을 읽고 작성하시기 바랍니다. (앞쪽)

수증자	① 성 명	강민주	② 주민등록번호	850105-2******	③ 거 주 구 분	[v] 거주자 [ ]비거주자
	④ 주 소	제주특별자치도 서귀포시 서호중로 **			⑤ 전자우편주소	jasan@○○○.com
	⑥ 전화번호	(자 택) 064-731-****	(휴대전화)		⑦ 증여자와의 관계	자
증여자	⑧ 성 명	강민성	⑨ 주민등록번호	580511-1*******	⑩ 증 여 일 자	2021.2.15.
	⑪ 주 소	제주특별자치도 제주시 수목원길 **			⑫ 전 화 번 호	(자 택) 064-731-**** (휴대전화)
세 무 대리인	⑬ 성 명		⑭ 사업자등록번호		⑮ 관 리 번 호	
	⑯ 전화번호	(사무실)	(휴대전화)			

구 분	금 액	구 분	금 액
⑰ 증여재산가액	40,000,000	㊲ 세액공제 합계 (㊳ + ㊴ + ㊵ + ㊶)	30,000
⑱ 비과세재산가액		세액공제 ㊳ 기납부세액 (「상속세 및 증여세법」 제58조)	
과세가액 불산입 ⑲ 공익법인 출연재산가액 (「상속세 및 증여세법」 제48조)		세액공제 ㊴ 외국납부세액공제 (「상속세 및 증여세법」 제59조)	
과세가액 불산입 ⑳ 공익신탁 재산가액 (「상속세 및 증여세법」 제52조)		세액공제 ㊵ 신고세액공제 (「상속세 및 증여세법」 제69조)	30,000
과세가액 불산입 ㉑ 장애인 신탁재산가액 (「상속세 및 증여세법」 제52조의2)		세액공제 ㊶ 그 밖의 공제·감면세액	
㉒ 채무액		㊷ 신고불성실가산세	
㉓ 증여재산가산액 (「상속세 및 증여세법」 제47조제2항)		㊸ 납부지연가산세	
㉔ 증여세과세가액 (⑰ - ⑱ - ⑲ - ⑳ - ㉑ - ㉒ + ㉓)	40,000,000	㊹ 공익법인 등 관련 가산세 (「상속세 및 증여세법」 제78조)	
증여재산공제 ㉕ 배우자		㊺ 자진납부할 세액(합계액) (㉞ + ㉟ - ㊱ - ㊲ + ㊷ + ㊸ + ㊹)	970,000
증여재산공제 ㉖ 직계존비속	30,000,000	납부방법 / 납부 및 신청일	
증여재산공제 ㉗ 그 밖의 친족		㊻ 연부연납	
㉘ 재해손실공제 (「상속세 및 증여세법」 제54조)		현금 ㊼ 분납	
㉙ 감정평가수수료		현금 ㊽ 신고납부	
㉚ 과세표준(㉔ - ㉕ - ㉖ - ㉗ - ㉘ - ㉙)	10,000,000	「상속세 및 증여세법」 제68조 및 같은 법 시행령 제65조제1항에 따라 증여세의 과세가액 및 과세표준을 신고하며, 위 내용을 충분히 검토하였고 신고인이 알고 있는 사실을 그대로 적었음을 확인합니다. 2021년 5월 31일 신고인 강민주 (서명 또는 인)	
㉛ 세율	10%		
㉜ 산출세액	1,000,000		
㉝ 세대생략가산액 (「상속세 및 증여세법」 제57조)			
㉞ 산출세액계(㉜ + ㉝)	1,000,000	세무대리인은 조세전문자격자로서 위 신고서를 성실하고 공정하게 작성하였음을 확인합니다. 세무대리인 (서명 또는 인)	
㉟ 이자상당액			
㊱ 박물관자료 등 징수유예세액		세무서장 귀하	

신청(신고)인 제출서류	1. 증여재산 및 평가명세서(부표) 1부 2. 채무사실 등 그 밖의 입증서류 1부	수수료 없음
담당공무원 확인사항	1. 주민등록표등본 2. 증여자 및 수증자의 관계를 알 수 있는 가족관계등록부	

행정정보 공동이용 동의서

본인은 이 건 업무처리와 관련하여 담당 공무원이 「전자정부법」 제36조제1항에 따른 행정정보의 공동이용을 통하여 위의 담당 공무원 확인 사항을 확인하는 것에 동의합니다. * 동의하지 않는 경우에는 신청인이 직접 관련 서류를 제출하여야 합니다.

신청인 (서명 또는 인)

210mm×297mm[백상지 80g/㎡]

[별지 제10호서식 부표] <개정 2020. 3. 13.>

관리번호	-

증여재산 및 평가명세서

※ 뒤쪽의 작성방법을 읽고 작성하시기 바랍니다. (앞쪽)

① 재산구분 코드	② 재산종류 코드	③ 소재지 · 법인명 등			④ 사업자등록 번호 (지분율)	⑤ 수량 (면적)	⑥ 단가	⑦ 평가 가액	⑧ 평가기준 코드
		국외자산 여부	국외재산 국가명						
A11	01	[ ]여 [V]부						40,000,000	06
		[ ]여 [ ]부							
		[ ]여 [ ]부							
		[ ]여 [ ]부							
		[ ]여 [ ]부							
		[ ]여 [ ]부							
		[ ]여 [ ]부							
		[ ]여 [ ]부							
		[ ]여 [ ]부							

계	⑨ 증여재산가액				40,000,000
	⑩ 비과세재산가액				
	과세가액 불산입액	⑪ 공익법인 출연재산가액			
		⑫ 공익신탁 재산가액			
		⑬ 장애인 신탁재산가액			
	⑭ 증여재산가산액				
	⑮ 합계				40,000,000

첨부서류	증여재산 증명서류 [예: 주주(증권계좌)번호 및 잔고증명서, 예금통장 사본 등]	수수료 없음

210mm×297mm[백상지 80g/㎡]

사례3.

가. 증여현황

○ 수증자: 강민성 (850105-1******, 거주자임)

· 주소: 제주특별자치도 서귀포시 서호중로**

· 전화번호: 064-731-****

· 전자우편 주소: jasan@○○○.com

○ 증여자: 강부친 (580511-1******, 수증자의 父임)

· 주소: 제주특별자치도 제주시 수목원길 **

· 전화번호: 064-731-****

○ 증여재산: 2021.2.15. (주)성실기업 주식 2억원(시가)
(비상장주식, 1주당 가액 100,000원)

· 증여세 신고일: 2021.5.31.

나. 강민성이 종전에 증여받은 재산

○ 2013.2.1. 정성희(김수증의 모)로부터 현금 1억원을 증여받고 적법하게 증여세신고함
- 증여세 과세표준 70,000,000원, 증여세산출세액 7,000,000원, 자진납부세액 6,300,000원

다. 증여세액의 계산

구분	금 액(원)	계 산 방 법
(17) 증여재산가액	200,000,000	
(23) 증여재산가산액 1)	100,000,000	
(24) 증여세 과세가액	300,000,000	
(26) 증여재산공제 - 직계존속 2)	50,000,000	
(30) 과세표준	250,000,000	
(31) 세율	20%	
(32) · (34) 산출세액	40,000,000	250,000,000×20%-10,000,000
(38) 기납부세액공제	7,000,000	Min(①, ②) ① 7,000,000 ② 11,200,000=40,000,000×70,000,000÷ 250,000,000
(40) 신고세액공제	990,000	(40,000,000 - 7,000,000) × 3%
(45) 자진납부 할 세액	32,010,000	

1) 증여재산가산액: 동일인(직계존속의 배우자 포함)으로부터 해당 증여 전 10년 이내에 증여받은 재산가액의 합계액이 1천만원 이상이면 그 종전 증여재산가액을 합산한다. 부와 모는 동일인이므로 모의 증여세 과세가액을 합산한다.
2) 증여재산공제: 2014.1.1. 이후 직계존속으로부터 증여받으면 10년간 5천만원(수증자가 미성년자 2천만원)을 공제한다.

[별지 제10호서식] <개정 2020. 3. 13.>

관리번호	-

증여세과세표준신고 및 자진납부계산서
(기본세율 적용 증여재산 신고용)

[v]기한 내 신고 [ ]수정신고 [ ]기한 후 신고

※ 뒤쪽의 작성방법을 읽고 작성하시기 바랍니다. (앞쪽)

수증자	① 성 명	강민성	② 주민등록번호	850105-1******	③ 거 주 구 분	[v] 거주자 [ ]비거주자
	④ 주 소	제주특별자치도 서귀포시 서호중로 **			⑤ 전자우편주소	jasan@○○○.com
	⑥ 전화번호	(자 택) 064-731-****		(휴대전화)	⑦ 증여자와의 관계	자
증여자	⑧ 성 명	강부친	⑨ 주민등록번호	580511-1*******	⑩ 증 여 일 자	2021.2.15.
	⑪ 주 소	제주특별자치도 제주시 수목원길 **			⑫ 전 화 번 호	(자 택) 064-731-**** (휴대전화)
세 무 대리인	⑬ 성 명		⑭ 사업자등록번호		⑮ 관 리 번 호	
	⑯ 전화번호	(사무실)		(휴대전화)		

구 분		금 액	구 분		금 액
⑰ 증 여 재 산 가 액		200,000,000	세액공제	㊲ 세 액 공 제 합 계 (㊳ + ㊴ + ㊵ + ㊶)	7,990,000
⑱ 비 과 세 재 산 가 액				㊳ 기 납 부 세 액 (「상속세 및 증여세법」 제58조)	7,000,000
과세가액 불산입	⑲ 공익법인 출연재산가액 (「상속세 및 증여세법」 제48조)			㊴ 외 국 납 부 세 액 공 제 (「상속세 및 증여세법」 제59조)	
	⑳ 공 익 신 탁 재 산 가 액 (「상속세 및 증여세법」 제52조)			㊵ 신 고 세 액 공 제 (「상속세 및 증여세법」 제69조)	990,000
	㉑ 장애인 신탁재산가액 (「상속세 및 증여세법」 제52조의2)			㊶ 그 밖의 공제 · 감면세액	
㉒ 채 무 액			㊷ 신 고 불 성 실 가 산 세		
㉓ 증 여 재 산 가 산 액 (「상속세 및 증여세법」 제47조제2항)		100,000,000	㊸ 납 부 지 연 가 산 세		
㉔ 증 여 세 과 세 가 액 (⑰ - ⑱ - ⑲ - ⑳ - ㉑ - ㉒ + ㉓)		300,000,000	㊹ 공익법인 등 관련 가산세 (「상속세 및 증여세법」 제78조)		
증여재산공제	㉕ 배 우 자		㊺ 자진납부할 세액(합계액) (㉞ + ㉟ - ㊱ - ㊲ + ㊷ + ㊸ + ㊹)		32,010,000
	㉖ 직 계 존 비 속	50,000,000	납부방법	납부 및 신청일	
	㉗ 그 밖 의 친 족		㊻ 연 부 연 납		
㉘ 재 해 손 실 공 제 (「상속세 및 증여세법」 제54조)			현금	㊼ 분 납	
㉙ 감 정 평 가 수 수 료				㊽ 신고납부	
㉚ 과세표준(㉔ - ㉕ - ㉖ - ㉗ - ㉘ - ㉙)		250,000,000	「상속세 및 증여세법」 제68조 및 같은 법 시행령 제65조제1항에 따라 증여세의 과세가액 및 과세표준을 신고하며, 위 내용을 충분히 검토하였고 신고인이 알고 있는 사실을 그대로 적었음을 확인합니다. 2021년 5월 31일 신고인 강민성 (서명 또는 인)		
㉛ 세 율		20%			
㉜ 산 출 세 액		40,000,000			
㉝ 세 대 생 략 가 산 액 (「상속세 및 증여세법」 제57조)					
㉞ 산 출 세 액 계 (㉜ + ㉝)		40,000,000	세무대리인은 조세전문자격자로서 위 신고서를 성실하고 공정하게 작성하였음을 확인합니다. 세무대리인 (서명 또는 인)		
㉟ 이 자 상 당 액					
㊱ 박물관자료 등 징수유예세액			세무서장 귀하		

신청(신고)인 제출서류	1. 증여재산 및 평가명세서(부표) 1부 2. 채무사실 등 그 밖의 입증서류 1부	수수료 없음
담당공무원 확인사항	1. 주민등록표등본 2. 증여자 및 수증자의 관계를 알 수 있는 가족관계등록부	

행정정보 공동이용 동의서

본인은 이 건 업무처리와 관련하여 담당 공무원이 「전자정부법」 제36조제1항에 따른 행정정보의 공동이용을 통하여 위의 담당 공무원 확인 사항을 확인하는 것에 동의합니다. * 동의하지 않는 경우에는 신청인이 직접 관련 서류를 제출하여야 합니다.

신청인 (서명 또는 인)

210mm×297mm[백상지 80g/㎡]

[별지 제10호서식 부표] <개정 2020. 3. 13.>

관리번호	-

증여재산 및 평가명세서

※ 뒤쪽의 작성방법을 읽고 작성하시기 바랍니다.

(앞쪽)

① 재산구분 코드	② 재산종류 코드	③ 소재지·법인명 등 국외자산 여부	국외재산 국가명	소재지·법인명 등	④ 사업자등록번호 (지분율)	⑤ 수량 (면적)	⑥ 단가	⑦ 평가가액	⑧ 평가기준 코드
A11	10	[ ]여 [V]부		㈜ 성실기업	***-**-*****	2,000	100,000	200,000,000	01
A21	01	[ ]여 [V]부						100,000,000	06
		[ ]여 [ ]부							
		[ ]여 [ ]부							
		[ ]여 [ ]부							
		[ ]여 [ ]부							
		[ ]여 [ ]부							
		[ ]여 [ ]부							
		[ ]여 [ ]부							

구분			금액
계	⑨ 증여재산가액		200,000,000
	⑩ 비과세재산가액		
	과세가액 불산입액	⑪ 공익법인 출연재산가액	
		⑫ 공익신탁 재산가액	
		⑬ 장애인 신탁재산가액	
	⑭ 증여재산가산액		100,000,000
	⑮ 합계		300,000,000

첨부서류	증여재산 증명서류 [예: 주주(증권계좌)번호 및 잔고증명서, 예금통장 사본 등]	수수료 없음

210mm×297mm[백상지 80g/㎡]

사례 4.

가. 증여현황

○ 수증자: 김수증 (850105-2******, 거주자임)
- 주소: 제주특별자치도 서귀포시 서호중로 00
- 전화번호: 064-731-****
- 전자우편 주소: jasan@○○○.com

○ 증여자 1: 김부친 (580511-1******, 수증자의 父임)
- 주소: 제주특별자치도 제주시 수목원길 00
- 전화번호: 064-731-****

○ 증여자 2: 김조부 (350512-1******, 수증자의 祖父임)
- 주소: 제주특별자치도 제주시 수목원길 00
- 전화번호: 064-731-****

○ 증여재산: 김수증은 2021.2.15. 김증여(父)로부터 현금 28,000,000원을 증여받고 같은 날에 김조부(祖父)로부터 현금 42,000,000원을 증여받음
- 2건의 증여에 대한 증여세 신고일: 2021.5.31.

나. 증여세액의 계산

구분 \ 증여자	부(父)	조부(祖父)
(17) 증여재산가액	28,000,000	42,000,000
(24) 증여세 과세가액	28,000,000	42,000,000
(26) 증여재산공제 - 직계존속 1)	20,000,000	30,000,000
(30) 과세표준	8,000,000	12,000,000
(31) 세율	10%	10%
(32) 산출세액	800,000	1,200,000
(33) 세대생략가산액 2)	0	360,000
(34) 산출세액합계	800,000	1,560,000
(40) 신고세액공제 (3%)	24,000	46,800
(45) 자진납부할 세액	776,000	1,513,200

☞ 증여자가 동일인이 아닌 경우 증여세 신고서는 증여자 · 수증자별로 작성하는 것이므로 부의 증여재산과 조부의 증여재산을 각각 구분하여 2장의 증여세 신고서를 작성하여야 한다.

1) 증여재산공제: 같은 날에 동일인이 아닌 2 이상의 직계존속으로부터 동시에 증여받은 경우 총 증여재산공제액(직계존속 증여분 5천만원)을 각각의 증여자별 증여세 과세가액을 기준으로 안분하여 각각의 증여재산공제액으로 한다.
   - 부 증여분 증여재산공제 안분액=50,000,000×28,000,000 / (28,000,000+42,000,000) = 20,000,000
   - 조부 증여분 증여재산공제 안분액=50,000,000×42,000,000 / (28,000,000+42,000,000) = 30,000,000

2) 세대생략가산액: 부(김부친)의 생존상태에서 조부(김조부)로부터 손자(김수증)가 증여받은 사례이므로 세대생략증여에 해당하여 할증과세대상임. 산출세액×30%의 금액을 할증과세액으로 하여 산출세액에 더한다.

[별지 제10호서식] <개정 2020. 3. 13.>

관리번호	-

증여세과세표준신고 및 자진납부계산서
(기본세율 적용 증여재산 신고용)

[v]기한 내 신고 [ ]수정신고 [ ]기한 후 신고

※ 뒤쪽의 작성방법을 읽고 작성하시기 바랍니다. (앞쪽)

구분						
수증자	① 성 명	김수증	② 주민등록번호	850105-1******	③ 거 주 구 분	[v] 거주자 [ ]비거주자
	④ 주 소	제주특별자치도 서귀포시 서호중로 **			⑤ 전자우편주소	jasan@○○○.com
	⑥ 전화번호	(자 택) 064-731-****	(휴대전화)		⑦ 증여자와의 관계	자
증여자	⑧ 성 명	김부친	⑨ 주민등록번호	580511-1*******	⑩ 증 여 일 자	2021.2.15.
	⑪ 주 소	제주특별자치도 제주시 수목원길 **			⑫ 전 화 번 호	(자 택) 064-731-**** (휴대전화)
세 무 대리인	⑬ 성 명		⑭ 사업자등록번호		⑮ 관 리 번 호	
	⑯ 전화번호	(사무실)	(휴대전화)			

구 분		금 액
⑰ 증여재산가액		28,000,000
⑱ 비과세재산가액		
과세가액 불산입	⑲ 공익법인 출연재산가액 (「상속세 및 증여세법」 제48조)	
	⑳ 공익신탁 재산가액 (「상속세 및 증여세법」 제52조)	
	㉑ 장애인 신탁재산가액 (「상속세 및 증여세법」 제52조의2)	
㉒ 채무액		
㉓ 증여재산가산액 (「상속세 및 증여세법」 제47조제2항)		
㉔ 증여세과세가액 (⑰ - ⑱ - ⑲ - ⑳ - ㉑ - ㉒+㉓)		28,000,000
증여재산공제	㉕ 배우자	
	㉖ 직계존비속	20,000,000
	㉗ 그 밖의 친족	
㉘ 재해손실공제 (「상속세 및 증여세법」 제54조)		
㉙ 감정평가수수료		
㉚ 과세표준(㉔ - ㉕ - ㉖ - ㉗ - ㉘ - ㉙)		8,000,000
㉛ 세율		10%
㉜ 산출세액		800,000
㉝ 세대생략가산액 (「상속세및증여세법」 제57조)		
㉞ 산출세액계(㉜+㉝)		800,000
㉟ 이자상당액		
㊱ 박물관자료 등 징수유예세액		

구 분		금 액
세액공제	㊲ 세액공제합계 (㊳+㊴+㊵+㊶)	24,000
	㊳ 기납부세액 (「상속세 및 증여세법」 제58조)	
	㊴ 외국납부세액공제 (「상속세 및 증여세법」 제59조)	
	㊵ 신고세액공제 (「상속세 및 증여세법」 제69조)	24,000
	㊶ 그 밖의 공제·감면세액	
㊷ 신고불성실가산세		
㊸ 납부지연가산세		
㊹ 공익법인 등 관련 가산세 (「상속세 및 증여세법」 제78조)		
㊺ 자진납부할 세액(합계액) (㉞+㉟ - ㊱ - ㊲+㊷+㊸+㊹)		776,000
납부방법		납부 및 신청일
㊻ 연부연납		
현금	㊼ 분납	
	㊽ 신고납부	

「상속세 및 증여세법」 제68조 및 같은 법 시행령 제65조제1항에 따라 증여세의 과세가액 및 과세표준을 신고하며, 위 내용을 충분히 검토하였고 신고인이 알고 있는 사실을 그대로 적었음을 확인합니다.

2021년 5월 31일

신고인 김수증 (서명 또는 인)

세무대리인은 조세전문자격자로서 위 신고서를 성실하고 공정하게 작성하였음을 확인합니다.

세무대리인 (서명 또는 인)

세무서장 귀하

구분	내용	수수료
신청(신고)인 제출서류	1. 증여재산 및 평가명세서(부표) 1부 2. 채무사실 등 그 밖의 입증서류 1부	수수료 없음
담당공무원 확인사항	1. 주민등록표등본 2. 증여자 및 수증자의 관계를 알 수 있는 가족관계등록부	

행정정보 공동이용 동의서

본인은 이 건 업무처리와 관련하여 담당 공무원이 「전자정부법」 제36조제1항에 따른 행정정보의 공동이용을 통하여 위의 담당 공무원 확인 사항을 확인하는 것에 동의합니다. * 동의하지 않는 경우에는 신청인이 직접 관련 서류를 제출하여야 합니다.

신청인 (서명 또는 인)

210mm×297mm[백상지 80g/㎡]

[별지 제10호서식 부표] <개정 2020. 3. 13.>

관리번호	-

증여재산 및 평가명세서

※ 뒤쪽의 작성방법을 읽고 작성하시기 바랍니다.

(앞쪽)

① 재산구분 코드	② 재산종류 코드	국외자산 여부	국외재산 국가명	③ 소재지 · 법인명 등	④ 사업자등록번호 (지분율)	⑤ 수량 (면적)	⑥ 단가	⑦ 평가가액	⑧ 평가기준 코드
A11	01	[ ]여 [V]부						28,000,000	06
		[ ]여 [V]부							
		[ ]여 [ ]부							
		[ ]여 [ ]부							
		[ ]여 [ ]부							
		[ ]여 [ ]부							
		[ ]여 [ ]부							
		[ ]여 [ ]부							
		[ ]여 [ ]부							

계	⑨ 증여재산가액			28,000,000
	⑩ 비과세재산가액			
	과세가액 불산입액	⑪ 공익법인 출연재산가액		
		⑫ 공익신탁 재산가액		
		⑬ 장애인 신탁재산가액		
	⑭ 증여재산가산액			
	⑮ 합계			28,000,000

첨부서류	증여재산 증명서류 [예: 주주(증권계좌)번호 및 잔고증명서, 예금통장 사본 등]	수수료 없음

210mm×297mm[백상지 80g/㎡]

[별지 제10호서식] <개정 2020. 3. 13.>

증여세과세표준신고 및 자진납부계산서
(기본세율 적용 증여재산 신고용)

관리번호	-

[v]기한 내 신고 [ ]수정신고 [ ]기한 후 신고

※ 뒤쪽의 작성방법을 읽고 작성하시기 바랍니다. (앞쪽)

수증자	① 성 명	김수증	② 주민등록번호	850105-1******	③ 거 주 구 분	[v] 거주자 [ ]비거주자
	④ 주 소	제주특별자치도 서귀포시 서호중로 **			⑤ 전자우편주소	jasan@○○○.com
	⑥ 전화번호	(자 택) 064-731-****	(휴대전화)		⑦ 증여자와의 관계	손자
증여자	⑧ 성 명	김조부	⑨ 주민등록번호	350512-1*******	⑩ 증 여 일 자	2021.2.15.
	⑪ 주 소	제주특별자치도 제주시 수목원길 **			⑫ 전 화 번 호	(자 택) 064-731-**** (휴대전화)
세 무 대리인	⑬ 성 명		⑭ 사업자등록번호		⑮ 관 리 번 호	
	⑯ 전화번호	(사무실)	(휴대전화)			

구 분		금 액	구 분		금 액
⑰ 증 여 재 산 가 액		42,000,000	세액공제	㊲ 세 액 공 제 합 계 (㊳+ ㊴+ ㊵+ ㊶)	46,800
⑱ 비 과 세 재 산 가 액				㊳ 기 납 부 세 액 (「상속세 및 증여세법」 제58조)	
과세가액 불산입	⑲ 공 익 법 인 출 연 재 산 가 액 (「상속세 및 증여세법」 제48조)			㊴ 외 국 납 부 세 액 공 제 (「상속세 및 증여세법」 제59조)	
	⑳ 공 익 신 탁 재 산 가 액 (「상속세 및 증여세법」 제52조)			㊵ 신 고 세 액 공 제 (「상속세 및 증여세법」 제69조)	46,800
	㉑ 장 애 인 신 탁 재 산 가 액 (「상속세 및 증여세법」 제52조의2)			㊶ 그 밖의 공제·감면세액	
㉒ 채 무 액			㊷ 신 고 불 성 실 가 산 세		
㉓ 증 여 재 산 가 산 액 (「상속세 및 증여세법」 제47조제2항)			㊸ 납 부 지 연 가 산 세		
㉔ 증 여 세 과 세 가 액 (⑰ - ⑱ - ⑲ - ⑳ - ㉑ - ㉒+㉓)		42,000,000	㊹ 공익법인 등 관련 가산세 (「상속세 및 증여세법」 제78조)		
증여재산공제	㉕ 배 우 자		㊺ 자진납부할 세액(합계액) (㉞+㉟ - ㊱ - ㊲+㊷+㊸+㊹)		1,513,200
	㉖ 직 계 존 비 속	30,000,000	납부방법	납부 및 신청일	
	㉗ 그 밖의 친 족		㊻ 연 부 연 납		
㉘ 재 해 손 실 공 제 (「상속세 및 증여세법」 제54조)			현금	㊼ 분 납	
㉙ 감 정 평 가 수 수 료				㊽ 신고납부	
㉚ 과세표준(㉔ - ㉕ - ㉖ - ㉗ - ㉘ - ㉙)		12,000,000	「상속세 및 증여세법」 제68조 및 같은 법 시행령 제65조제1항에 따라 증여세의 과세가액 및 과세표준을 신고하며, 위 내용을 충분히 검토하였고 신고인이 알고 있는 사실을 그대로 적었음을 확인합니다. 2021년 5월 31일 신고인 김수증 (서명 또는 인)		
㉛ 세 율		10%			
㉜ 산 출 세 액		1,200,000			
㉝ 세 대 생 략 가 산 액 (「상속세 및 증여세법」 제57조)		360,000			
㉞ 산 출 세 액 계 (㉜+ ㉝)		1,560,000	세무대리인은 조세전문자격자로서 위 신고서를 성실하고 공정하게 작성하였음을 확인합니다. 세무대리인 (서명 또는 인)		
㉟ 이 자 상 당 액					
㊱ 박물관자료 등 징수유예세액			**세무서장** 귀하		

신청(신고)인 제출서류	1. 증여재산 및 평가명세서(부표) 1부 2. 채무사실 등 그 밖의 입증서류 1부	수수료 없음
담당공무원 확인사항	1. 주민등록표등본 2. 증여자 및 수증자의 관계를 알 수 있는 가족관계등록부	

행정정보 공동이용 동의서

본인은 이 건 업무처리와 관련하여 담당 공무원이 「전자정부법」 제36조제1항에 따른 행정정보의 공동이용을 통하여 위의 담당 공무원 확인 사항을 확인하는 것에 동의합니다. * 동의하지 않는 경우에는 신청인이 직접 관련 서류를 제출하여야 합니다.

신청인 (서명 또는 인)

210mm×297mm[백상지 80g/㎡]

[별지 제10호서식 부표] <개정 2020. 3. 13.>

관리번호	-

증여재산 및 평가명세서

※ 뒤쪽의 작성방법을 읽고 작성하시기 바랍니다.

(앞쪽)

① 재산구분 코드	② 재산종류 코드	국외자산 여부	국외재산 국가명	③ 소재지 · 법인명 등	④ 사업자등록번호 (지분율)	⑤ 수량 (면적)	⑥ 단가	⑦ 평가가액	⑧ 평가기준 코드
A11	01	[ ]여 [V]부						42,000,000	06
		[ ]여 [ ]부							
		[ ]여 [ ]부							
		[ ]여 [ ]부							
		[ ]여 [ ]부							
		[ ]여 [ ]부							
		[ ]여 [ ]부							
		[ ]여 [ ]부							
		[ ]여 [ ]부							

계				
	⑨ 증여재산가액			42,000,000
	⑩ 비과세재산가액			
	과세가액 불산입액	⑪ 공익법인 출연재산가액		
		⑫ 공익신탁 재산가액		
		⑬ 장애인 신탁재산가액		
	⑭ 증여재산가산액			
	⑮ 합계			42,000,000

첨부서류	증여재산 증명서류 [예: 주주(증권계좌)번호 및 잔고증명서, 예금통장 사본 등]	수수료 없음

210mm×297mm[백상지 80g/㎡]

사례 5.

가. 증여현황

○ 수증자: 김수증 (850105-2******, 거주자임)

· 주소: 제주특별자치도 서귀포시 서호중로 00

· 전화번호: 064-731-****

· 전자우편 주소: jasan@○○○.com

○ 증여자: 김부친 (580511-1******, 수증자의 父임)

· 주소: 제주특별자치도 제주시 수목원길 00

· 전화번호: 064-731-****

○ 증여재산: 제주도 서귀포시 신서로 00 단독주택(대지 330m^2, 건물 150m^2)

· 증여일: 2021.2.15.

· 증여세 신고일: 2021.5.31.

· 위 증여물건에 대한 매매 등 가액은 확인되지 않음

· 기준시가에 의한 보충적 평가액(개별주택가격) 5억원

· 증여일 현재 증여재산의 임대보증금채무 3억원, 월세 3백만원

- 위 임대보증금채무 3억원은 증여와 동시에 김수증이 인수하여 승계받음

· 증여일 현재 증여재산의 근저당 설정된 금융채무 4억원

- 위 금융채무 4억원은 김수증이 승계받지 아니함

나. 증여세액의 계산

구분	금액(원)	계산방법
(17) 증여재산가액 1)	700,000,000	
(22) 채무액 2)	300,000,000	
(24) 증여세과세가액	400,000,000	
(26) 증여재산공제-직계존속	50,000,000	
(30) 과세표준	350,000,000	
(31) 세율	20%	
(32), (34) 산출세액	60,000,000	350,000,000×20% - 10,000,000
(40) 신고세액공제	1,800,000	60,000,000×3%
(45) 자진납부할세액	58,200,000	

1) 증여재산가액=7억원 [Max(①보충적 평가액, ②증여물건에 담보된 채권액)]

① 보충적 평가액=6억원 [Max(ⓐ기준시가에 의한 보충적평가액, ⓑ임대료등의 환산가액)]

ⓐ 기준시가에 의한 보충적평가액=5억원

ⓑ 임대료등의 환산가액=6억원 [=임대보증금 3억원+(월세 3백만원×12개월÷12%)]

② 증여물건에 담보된 채권액=7억원 (금융채무 4억원+임대보증금채무 3억원)

2) 채무액: 증여재산가액에서 차감하는 채무액(3억원)은 양도소득세 과세대상이므로 채무액에 상당 양도차익을 계산하여 증여자(양도자)가 양도소득세를 신고 · 납부해야 함.

[별지 제10호서식] <개정 2020. 3. 13.>

관리번호	-

증여세과세표준신고 및 자진납부계산서
(기본세율 적용 증여재산 신고용)

[v]기한 내 신고 [ ]수정신고 [ ]기한 후 신고

※ 뒤쪽의 작성방법을 읽고 작성하시기 바랍니다. (앞쪽)

수증자	① 성 명	김수증	② 주민등록번호	850105-1******	③ 거 주 구 분	[v] 거주자 [ ] 비거주자
	④ 주 소	제주특별자치도 서귀포시 서호중로 **			⑤ 전자우편주소	jasan@○○○.com
	⑥ 전화번호	(자 택) 064-731-****	(휴대전화)		⑦ 증여자와의 관계	자
증여자	⑧ 성 명	김부친	⑨ 주민등록번호	580511-1*******	⑩ 증 여 일 자	2021.2.15.
	⑪ 주 소	제주특별자치도 제주시 수목원길 **			⑫ 전 화 번 호	(자 택) 064-731-**** (휴대전화)
세 무 대리인	⑬ 성 명		⑭ 사업자등록번호		⑮ 관 리 번 호	
	⑯ 전화번호	(사무실)	(휴대전화)			

구 분		금 액
⑰ 증 여 재 산 가 액		700,000,000
⑱ 비 과 세 재 산 가 액		
과세가액 불산입	⑲ 공익법인 출연재산가액 (「상속세 및 증여세법」 제48조)	
	⑳ 공익신탁 재산가액 (「상속세 및 증여세법」 제52조)	
	㉑ 장애인 신탁재산가액 (「상속세 및 증여세법」 제52조의2)	
㉒ 채 무 액		300,000,000
㉓ 증 여 재 산 가 산 액 (「상속세 및 증여세법」 제47조제2항)		
㉔ 증 여 세 과 세 가 액 (⑰ - ⑱ - ⑲ - ⑳ - ㉑ - ㉒+㉓)		400,000,000
증여재산공제	㉕ 배 우 자	
	㉖ 직 계 존 비 속	50,000,000
	㉗ 그 밖의 친 족	
㉘ 재 해 손 실 공 제 (「상속세 및 증여세법」 제54조)		
㉙ 감 정 평 가 수 수 료		
㉚ 과세표준(㉔ - ㉕ - ㉖ - ㉗ - ㉘ - ㉙)		350,000,000
㉛ 세 율		20%
㉜ 산 출 세 액		60,000,000
㉝ 세 대 생 략 가 산 액 (「상속세 및 증여세법」 제57조)		
㉞ 산 출 세 액 계 (㉜+ ㉝)		60,000,000
㉟ 이 자 상 당 액		
㊱ 박물관자료 등 징수유예세액		

구 분		금 액
세액공제	㊲ 세 액 공 제 합 계 (㊳+ ㊴+ ㊵+ ㊶)	1,800,000
	㊳ 기 납 부 세 액 (「상속세 및 증여세법」 제58조)	
	㊴ 외 국 납 부 세 액 공 제 (「상속세 및 증여세법」 제59조)	
	㊵ 신 고 세 액 공 제 (「상속세 및 증여세법」 제69조)	1,800,000
	㊶ 그 밖의 공제·감면세액	
㊷ 신 고 불 성 실 가 산 세		
㊸ 납 부 지 연 가 산 세		
㊹ 공익법인 등 관련 가산세 (「상속세 및 증여세법」 제78조)		
㊺ 자진납부할 세액(합계액) (㉞+㉟ - ㊱ - ㊲+㊷+㊸+㊹)		58,200,000
납부방법		납부 및 신청일
㊻ 연 부 연 납		
현금	㊼ 분 납	
	㊽ 신고납부	

「상속세 및 증여세법」 제68조 및 같은 법 시행령 제65조제1항에 따라 증여세의 과세가액 및 과세표준을 신고하며, 위 내용을 충분히 검토하였고 신고인이 알고 있는 사실을 그대로 적었음을 확인합니다.

2021년 5월 31일

신고인 김수증 (서명 또는 인)

세무대리인은 조세전문자격자로서 위 신고서를 성실하고 공정하게 작성하였음을 확인합니다.

세무대리인 (서명 또는 인)

세무서장 귀하

신청(신고)인 제출서류	1. 증여재산 및 평가명세서(부표) 1부 2. 채무사실 등 그 밖의 입증서류 1부	수수료 없음
담당공무원 확인사항	1. 주민등록표등본 2. 증여자 및 수증자의 관계를 알 수 있는 가족관계등록부	

행정정보 공동이용 동의서

본인은 이 건 업무처리와 관련하여 담당 공무원이 「전자정부법」 제36조제1항에 따른 행정정보의 공동이용을 통하여 위의 담당 공무원 확인 사항을 확인하는 것에 동의합니다. * 동의하지 않는 경우에는 신청인이 직접 관련 서류를 제출하여야 합니다.

신청인 (서명 또는 인)

210mm×297mm[백상지 80g/㎡]

[별지 제10호서식 부표] <개정 2020. 3. 13.>

관리번호	-

증여재산 및 평가명세서

※ 뒤쪽의 작성방법을 읽고 작성하시기 바랍니다. (앞쪽)

① 재산구분 코드	② 재산종류 코드	국외자산 여부	국외재산 국가명	③ 소재지 · 법인명 등	④ 사업자등록번호 (지분율)	⑤ 수량 (면적)	⑥ 단가	⑦ 평가가액	⑧ 평가기준 코드
A11	04	[ ]여 [V]부				토지 330㎡ 건물 150㎡		700,000,000	07
		[ ]여 [ ]부							
		[ ]여 [ ]부							
		[ ]여 [ ]부							
		[ ]여 [ ]부							
		[ ]여 [ ]부							
		[ ]여 [ ]부							
		[ ]여 [ ]부							
		[ ]여 [ ]부							

계	⑨ 증여재산가액			700,000,000
	⑩ 비과세재산가액			
	과세가액 불산입액	⑪ 공익법인 출연재산가액		
		⑫ 공익신탁 재산가액		
		⑬ 장애인 신탁재산가액		
	⑭ 증여재산가산액			
	⑮ 합계			700,000,000

첨부서류	증여재산 증명서류 [예: 주주(증권계좌)번호 및 잔고증명서, 예금통장 사본 등]	수수료 없음

210mm×297mm[백상지 80g/㎡]

사례 6.

○ 김수증은 아래와 같이 부동산, 현금을 증여받았다. 각각의 증여일자별로 증여세 신고서를 작성하시오. 단, 증여세는 법정신고기한 내 적법하게 신고한 것으로 가정한다.

가. 기본사항

성 명	주민등록번호	관 계	주 소
김조부	390101-1234567	할아버지	제주도 서귀포시 서호중로 00
박조모	430101-2345678	할머니	
김부친	650101-1234567	아버지	서울 종로구 종로5길 00
정모친	690101-2345678	어머니	
김수증	911001-1234567	본 인	상동(jasan@ooo.com)

나. 김수증이 증여받은 재산 내용

① 김수증은 2016.3.8. 김부친으로부터 A토지를 증여(당시 시가 2억원) 받았다.

② 김수증은 2017.1.17. 김조부로부터 제주도 서귀포시 서호동 1번지 국세APT 101동 101호를 증여받으면서, 해당 아파트를 담보한 김조부의 증여일 현재의 금융채무 3억원도 김수증이 인수하여 승계받았다(증여 당시 부는 살아있음).

- 위 증여재산에 대해 시가로 보는 기간 내에 감정된 2개의 감정가액 평균액은 6억원이며, 김수증은 해당 감정평가수수료로 7백만원 지출하였다.
- 위 증여재산과 모든 조건이 유사한 유사아파트(국세APT 101동 108호)에 대한 매매거래가액이 5.5억원(2017.1.10. 거래계약)으로 확인되었다.
- 증여자는 금융채무 3억원 승계에 따른 양도소득세는 적법하게 신고납부함

③ 김수증은 2021.4.5. 정모친으로부터 현금 50백만원을 증여받았다.

다. 증여세액의 계산

구 분 \ 증 여 자	부(父) 2016.3.8.증여분	조부(祖父) 2017.1.17.증여분	모(母) 2021.4.5.증여분
증여재산가액	200,000,000	600,000,000	50,000,000
채무액		300,000,000	
증여재산가산액			200,000,000
증여세 과세가액	200,000,000	300,000,000	250,000,000
증여재산공제 - 직계존속	50,000,000	0	50,000,000
감정평가수수료		5,000,000	
과세표준	150,000,000	295,000,000	200,000,000
세율	20%	20%	20%
산출세액	20,000,000	49,000,000	30,000,000
세대생략가산액	0	㉡14,700,000	
산출세액 합계	20,000,000	63,700,000	30,000,000
기납부세액			㉣20,000,000
신고세액공제	㉠2,000,000	㉢4,459,000	㉤300,000
자진납부할 세액	18,000,000	59,241,000	9,700,000

㉠ (20,000,000−0)×10%(2016.12.31. 이전 신고세액공제율)=2,000,000

㉡ 49,000,000×30%(할증과세율)=14,700,000

㉢ (63,700,000−0)×7%(2017년 신고세액공제율)=4,459,000

㉣ Min (ⓐ, ⓑ)

ⓐ 가산한 증여재산의 산출세액 20,000,000

ⓑ 합산한 산출세액(할증세액 제외)

30,000,000×(가산 증여재산과표 150,000,000÷합산 과표 200,000,000)=22,500,000

㉤ (30,000,000−20,00,000)×3%(2020년 신고세액공제율)=300,000

사례 7.

○ 김수증이 2021.5.3. 증여받은 재산에 대한 증여세 신고서를 작성하시오. 단, 증여세는 법정신고기한 내 적법신고한 것으로 가정한다.

가. 기본사항

성 명	주민등록번호	관 계	주 소
김 수 증	820329-1234567	본 인	제주도 서귀포시 서호중로 00
김 부 친	520329-1234567	아 버 지	상동
정 모 친	570622-2345678	어 머 니	상동
정 조 부	330202-1456789	외할아버지	경기 수원시 장안구 경수대로 00

나. 김수증이 이번에 증여받은 재산의 내용

○ 김수증은 2021.5.3. 아버지 김부친으로부터 서울 종로구 인사동 ** 대지 150m^2(개별공시지가 350,000,000원), 상가건물 80m^2(건물기준시가 100,000,000원)을 증여받으면서, 해당 상가의 임대보증금채무 1억원도 함께 승계받았다.

- 시가는 확인되지 않음
- 증여일 현재 임대차계약이 체결된 내용 : 임대보증금 1억원, 월세 4백만원

다. 종전에 증여받은 재산의 내용

① 김수증은 2013.2.5. 외할아버지 정조부로부터 현금 50백만원을 증여받고, 관련 증여세는 법정신고기한 내에 적법하게 자진신고 · 납부하였다.

② 김수증은 2015.7.6. 어머니 정모친으로부터 경기 수원시 파장동 B상가(당시 시가 1억원)를 증여받고, 증여세는 법정신고기한 내에 적법하게 자진신고 · 납부하였다.

* 증여세 과세표준 80,000,000원, 증여세 산출세액 8,000,000원, 자진납부세액 7,200,000원

라. 증여세액의 계산

구분 \ 증여자	부(父) 2021.5.3.증여분
(17) 증여재산가액	㉠500,000,000
(22) 채무액	100,000,000
(23) 증여재산가산액	100,000,000
(24) 증여세 과세가액	500,000,000
(26) 증여재산공제 - 직계존속	20,000,000
(30) 과세표준	480,000,000
(31) 세율	20%
(32), (34) 산출세액	86,000,000
(38) 기납부세액	㉡8,000,000
(40) 신고세액공제	㉢2,340,000
(45) 자진납부할 세액	74,100,000

㉠ 증여재산가액=500,000,000 [Max(ⓐ 시가 또는 보충적평가액, ⓑ 담보채권액)]
　ⓐ 보충적평가액=500,000,000 [Max(Ⓒ 공시가격, Ⓓ 임대료등환산가액)]
　Ⓒ 공시가격=450,000,000 (350,000,000(토지)+100,000,000(건물))
　Ⓓ 임대료등환산가액=500,000,000 [=100,000,000+(4,000,000 ×12÷12%)]
　ⓑ 담보채권액=100,000,000(임대보증금)
㉡ Min(ⓐ, ⓑ)
　ⓐ 가산한 증여재산의 산출세액 8,000,000
　ⓑ 합산한 산출세액(할증세액 제외)
　86,000,000×(가산 증여재산 과표 80,000,000÷합산 과표 480,000,000)=14,333,333
㉢ (86,000,000−8,000,000)×3%=2,340,000

사례 8.

가. 증여재산

증여자와의 관계	증여재산의 종류	증여재산가액	증여일	신고일
자(거주자 46세)	토지(농지)	300,000,000	2021.2.15.	2021.5.31.

○ 증여자인 부와 수증자인 자 모두 2010년부터 농지 소재지에 거주하면서 직접 경작하고 있음

나. 증여세액의 계산

구 분	금 액(원)	계 산 방 법
증여재산가액	300,000,000	
증여세과세가액	300,000,000	
증여재산공제-직계존비속	50,000,000	
과세표준	250,000,000	
세 율	20%	
산출세액	40,000,000	250,000,000×20% − 10,000,000
그 밖의 공제 · 감면세액 1)	40,000,000	
자진납부할 세액	0	

1) 감면세액(영농자녀가 증여받은 농지 등에 대한 증여세의 감면): 증여자인 자경농민이 감면요건에 해당하는 농지 · 초지 · 산림지 등을 자기의 직계비속 영농자녀에게 2020.12.31.까지 증여하는 경우에는 100%를 감면합니다.

- 증여세 신고기한 내에 감면신청을 하는 경우에만 적용되며, 한도액은 5년간 1억원입니다.
- 다만, 영농자녀가 당해농지를 5년 이내에 양도하거나 직접 영농에 종사하지 않는 경우에는 당초 감면세액에 이자 상당액을 가산하여 징수합니다.

[별지 제10호서식] <개정 2020. 3. 13.>

관리번호	-

증여세과세표준신고 및 자진납부계산서
(기본세율 적용 증여재산 신고용)

[v]기한 내 신고 [ ]수정신고 [ ]기한 후 신고

※ 뒤쪽의 작성방법을 읽고 작성하시기 바랍니다. (앞쪽)

수증자	① 성 명	강영농	② 주민등록번호	700820-1******	③ 거 주 구 분	[v] 거주자 [ ]비거주자
	④ 주 소	충남 예산군 오가면 윤봉길로 **			⑤ 전자우편주소	jasan@○○○.com
	⑥ 전화번호	(자 택) 043-397-****	(휴대전화)		⑦ 증여자와의 관계	자
증여자	⑧ 성 명	강자경	⑨ 주민등록번호	440518-1*******	⑩ 증 여 일 자	2021.2.15.
	⑪ 주 소	충남 예산군 오가면 윤봉길로 **			⑫ 전 화 번 호	(자 택) 043-397-**** (휴대전화)
세 무 대리인	⑬ 성 명		⑭ 사업자등록번호		⑮ 관 리 번 호	
	⑯ 전화번호	(사무실)	(휴대전화)			

구 분		금 액	구 분		금 액
⑰ 증 여 재 산 가 액		300,000,000	세액공제	㊲ 세 액 공 제 합 계 (㊳+㊴+㊵+㊶)	40,000,000
⑱ 비 과 세 재 산 가 액				㊳ 기 납 부 세 액 (「상속세 및 증여세법」 제58조)	
과세가액 불산입	⑲ 공익법인 출연재산가액 (「상속세 및 증여세법」 제48조)			㊴ 외 국 납 부 세 액 공 제 (「상속세 및 증여세법」 제59조)	
	⑳ 공 익 신 탁 재 산 가 액 (「상속세 및 증여세법」 제52조)			㊵ 신 고 세 액 공 제 (「상속세 및 증여세법」 제69조)	
	㉑ 장애인 신탁재산가액 (「상속세 및 증여세법」 제52조의2)			㊶ 그 밖의 공제·감면세액	40,000,000
㉒ 채 무 액			㊷ 신 고 불 성 실 가 산 세		
㉓ 증 여 재 산 가 산 액 (「상속세 및 증여세법」 제47조제2항)			㊸ 납 부 지 연 가 산 세		
㉔ 증 여 세 과 세 가 액 (⑰ - ⑱ - ⑲ - ⑳ - ㉑ - ㉒+㉓)		300,000,000	㊹ 공익법인 등 관련 가산세 (「상속세 및 증여세법」 제78조)		
증여재산공제	㉕ 배 우 자		㊺ 자진납부할 세액(합계액) (㉞+㉟ - ㊱ - ㊲+㊷+㊸+㊹)		
	㉖ 직 계 존 비 속	50,000,000	납부방법	납부 및 신청일	
	㉗ 그 밖 의 친 족		㊻ 연 부 연 납		
㉘ 재 해 손 실 공 제 (「상속세 및 증여세법」 제54조)			현금	㊼ 분 납	
㉙ 감 정 평 가 수 수 료				㊽ 신고납부	
㉚ 과세표준(㉔ - ㉕ - ㉖ - ㉗ - ㉘ - ㉙)		250,000,000	「상속세 및 증여세법」 제68조 및 같은 법 시행령 제65조제1항에 따라 증여세의 과세가액 및 과세표준을 신고하며, 위 내용을 충분히 검토하였고 신고인이 알고 있는 사실을 그대로 적었음을 확인합니다. 2021년 5월 31일 신고인 강영농 (서명 또는 인)		
㉛ 세 율		20%			
㉜ 산 출 세 액		40,000,000			
㉝ 세 대 생 략 가 산 액 (「상속세 및 증여세법」 제57조)					
㉞ 산 출 세 액 계 (㉜+㉝)		40,000,000	세무대리인은 조세전문자격자로서 위 신고서를 성실하고 공정하게 작성하였음을 확인합니다. 세무대리인 (서명 또는 인)		
㉟ 이 자 상 당 액					
㊱ 박물관자료 등 징수유예세액			세무서장 귀하		

신청(신고)인 제출서류	1. 증여재산 및 평가명세서(부표) 1부 2. 채무사실 등 그 밖의 입증서류 1부	수수료 없음
담당공무원 확인사항	1. 주민등록표등본 2. 증여자 및 수증자의 관계를 알 수 있는 가족관계등록부	

행정정보 공동이용 동의서

본인은 이 건 업무처리와 관련하여 담당 공무원이 「전자정부법」 제36조제1항에 따른 행정정보의 공동이용을 통하여 위의 담당 공무원 확인 사항을 확인하는 것에 동의합니다. * 동의하지 않는 경우에는 신청인이 직접 관련 서류를 제출하여야 합니다.

신청인 (서명 또는 인)

210mm×297mm[백상지 80g/㎡]

[별지 제10호서식 부표] <개정 2020. 3. 13.>

관리번호	-

증여재산 및 평가명세서

※ 뒤쪽의 작성방법을 읽고 작성하시기 바랍니다.

(앞쪽)

① 재산구분 코드	② 재산종류 코드	③ 소재지 · 법인명 등			④ 사업자등록 번호 (지분율)	⑤ 수량 (면적)	⑥ 단가	⑦ 평가 가액	⑧ 평가기준 코드
		국외자산 여부	국외재산 국가명						
A14	02	[ ]여 [V]부		충남 예산군 오가면 윤봉길로 **		100㎡		300,000,000	08
		[ ]여 [ ]부							
		[ ]여 [ ]부							
		[ ]여 [ ]부							
		[ ]여 [ ]부							
		[ ]여 [ ]부							
		[ ]여 [ ]부							
		[ ]여 [ ]부							
		[ ]여 [ ]부							

계	⑨ 증여재산가액		300,000,000
	⑩ 비과세재산가액		
	과세가액 불산입액	⑪ 공익법인 출연재산가액	
		⑫ 공익신탁 재산가액	
		⑬ 장애인 신탁재산가액	
	⑭ 증여재산가산액		
	⑮ 합계		300,000,000

첨부서류	증여재산 증명서류 [예: 주주(증권계좌)번호 및 잔고증명서, 예금통장 사본 등]	수수료 없음

210mm×297mm[백상지 80g/㎡]

■ 조세특례제한법 시행규칙 [별지 제52호서식] <개정 2015.3.13.>

증여농지등의 세액감면신청서

접수번호	접수일	처리기간 즉시

신청인	성명 강영농	주민등록번호 700820-1*******
	주소 충남 예산군 오가면 윤봉길로 ** (전화번호:)	

신 청 내 용

증 여 자	성명 강자경		주민등록번호 440511-1*******
	영농 종사기간 2010.1.1. ~ 2020.2.14.		
	주소 충남 예산군 오가면 윤봉길로 **		
영 농 자 녀	성명 강영농		주민등록번호 700820-1*******
	증여자와의 관계 자		영농 종사기간 2015.1.1. ~ 2020.5.31.
	주소 충남 예산군 오가면 윤봉길로 **		
증 여 물 건	소재지 충남 예산군 오가면 윤봉길로 **		증여일자 2020.2.15.
	면적	농지 100㎡	초지 / 산림지
증여재산 가액 300,000,000원		감면받으려는 세액 40,000,000원	

「조세특례제한법 시행령」 제68조제9항에 따라 위와 같이 농지등의 증여에 대한 증여세 세액감면신청서를 제출합니다.

2020년 5월 31일

신청인 강영농 (서명 또는 인)

세무서장 귀하

신고인 제출서류	1. 자경농민 및 영농자녀의 농업소득세 납세증명서 또는 영농사실 확인서류 1부 2. 해당 농지등 취득시의 매매계약서 사본 1부 3. 해당 농지등에 대한 증여계약서 사본 1부 4. 영농조합법인에 출자한 증서(해당 농지등을 영농조합법인에 현물출자한 경우에만 제출합니다) 1부 5. 증여받은 농지등의 명세서(이 서식 부표) 1부 6. 자경농민의 가족관계증명서 1부	수수료 없 음
담당공무원 확인사항	1. 자경농민의 주민등록표 등본 1부 2. 신청인의 주민등록표 등본 1부 3. 증여받은 농지등의 등기부 등본 1부 4. 증여받은 농지등의 토지이용계획 확인서 1부	

행정정보 공동이용 동의서

본인은 이 건 업무처리와 관련하여 담당 공무원이 「전자정부법」 제36조에 따른 행정정보의 공동이용을 통하여 위의 담당공무원 확인사항을 확인하는 것에 동의합니다. * 동의하지 아니하는 경우에는 신청인이 직접 제1호 및 제2호의 서류를 제출해야 합니다.

자경농민 (서명 또는 인) － 29 － 신청인 (서명 또는 인)

210㎜×297㎜[백상지 80g/㎡(재활용품)]

[별지 제52호서식 부표]

증여받은 농지 등의 명세서

① 성 명	강영농	② 주 민 등 록 번 호	700820-1******
③ 주 소	충남 예산군 오가면 윤봉길로 00 (☎: 043)397-0000)		

증여받는 농지 등의 명세

일련번호	④ 소재지	지 목		⑦ 면적 (㎡)	영농자녀(수증자)		자경농민(증여자)		
		⑤ 공부	⑥ 실제		⑧취득 일자	⑨취득 원인	⑩취득일자	⑪취득원인	⑫취득가액 (원)
1	충남 예산군 오가면 윤봉길로 00	답	답	100	'21.2.15.	증여	'10.1.1.	매매	200,000,000
2									
3									
4									
5									
6									
7									
8									

※ 작성방법

1. 2필지 이상을 동시에 증여받은 경우에는 감면받고자 하는 순서에 따라 농지등의 명세를 기재합니다.
2. 지목의 ⑥란은 공부상 지목에 관계없이 실제 이용상황을 농지, 초지, 산림지로 구분하여 기재합니다.
3. 자경농민의 ⑩란은 취득일이 1985.1.1. 이전인 경우에는 1985.1.1.로 기재하고, 취득가액의 기재를 생략할 수 있습니다.
4. 증여자인 자경농민의 취득가액(⑫)은 취득원인에 따라 상속·증여당시의 가액, 취득당시 실지거래가액을 기재합니다.

※구비서류: 증여자인 자경농민의 취득가액을 확인할 수 있는 서류(예: 매매계약서 등)

8210㎜×297㎜(신문용지 54g/㎡)

제3편

신고
납부

제1장 상속세 · 증여세 신고납부

부과과세방식의 조세인 상속세에 있어 납세의무자가 과세표준과 세액을 과세관청에 제출하는 상속세신고는 과세관청의 과세표준 및 세액결정을 위한 참고자료에 불과하므로 신고가 없거나 신고세액에 탈루 또는 오류가 있으면 과세관청이 직접 조사하여 과세표준과 세액을 결정함으로써 납세의무를 확정하면 된다(서울고법2002누4282, 2003.12.4.).

국세의 납세의무 확정방식은 크게 3가지로 구분되는데, 소득세 · 법인세등은 납세의무자가 과세표준과 세액을 정부에 신고했을 때 확정되고, 상속세 · 증여세는 정부가 결정하는 때 확정된다. 인지세 등은 납세의무 성립과 동시에 확정된다(국기법 제22조). '정부가 결정하는 때'란 조사[1]하여 결정한다는 뜻이다.

상속세와 증여세는 정부가 결정하는 때에 확정된다. 상속이 개시되거나 증여에 의하여 재산을 취득함에 따라 납세의무가 성립되면, 납세의무자는 납세의무가 성립된 상속 · 증여세에 관계되는 사항을 정부에 신고하여야 하고, 정부는 신고하지 않았더라도 조사하여 구체적으로 상속 · 증여세 납세의무를 확정시키고 그 결과를 통지한다. 조사하여 납세의무가 확정되기는 하지만, 상속세나 증여세는 소득세등과 같이 수정신고 · 경정청구 · 기한후신고가 가능하고 신고하지 않았을 때 무신고가산세를 부과한다. 즉 납세자 입장에서 보았을 때에는 소득세등과 다르지 않는데 조사한다는 점만 다르다. 납세의무 확정방식의 차이는 조사대상 선정방식에서 차이가 있다. 소득세 등은 무신고했거나, 오류 · 탈루 등이 있을 때 조사하지만, 상속세 · 증여세는 조사하여 결정하는 것이 원칙이다.

---

1. 국세청의 인력 한계상 모두를 조사하는 것은 아니다.

제1절 상속세 신고납부

1. 상속세 과세가액과 과세표준 신고

○ (신고기한) 상속세 납부의무가 있는 상속인 또는 수유자는 상속개시일이 속하는 달의 말일부터 6개월 이내
○ (신고기한 특례) 피상속인 또는 상속인 전원이 외국에 주소를 둔 경우에는 9개월 이내

가. 상속세 신고의무자의 범위

1) 상속세 신고의무자

상속세 납부의무가 있는 상속인 또는 수유자는 상속세의 과세가액과 과세표준을 신고기한 내에 납세지 관할세무서장에게 신고하여야 한다.

'상속인'은 민법상의 법정상속인 · 대습상속인 · 상속을 포기한 자 · 특별연고자 등을 말하며, '수유자'(受遺者)는 유증(遺贈)으로 재산을 취득한 자, 사인 증여로 재산을 취득하는 자, 증여채무의 이행 중에 증여자가 사망한 경우 그 증여로 재산을 취득하는 자, 유언대용신탁 및 수익자연속신탁에 의하여 신탁 수익권을 취득한 자를 말한다.

이 경우, 특별연고자 및 수유자가 영리법인인 경우에는 해당 영리법인이 납부할 상속세가 면제되므로 상속세 신고의무가 없으나, 그 영리법인의 주주등이 상속인과 그 직계비속인 경우에는 그의 지분상당액을 그 상속인과 직계비속이 신고할 의무가 있다(상증법 제3조의2).

2) 상속 포기자

상속인은 상속개시가 있음을 안 날로부터 3개월 이내에 단순 승인이나 한정 승인 또는 상속을 포기할 수 있다(민법 제1019조). 상속인이 상속을 포기하면 상속이 개시된 때에 소급하여 그 효력이 있으므로(민법 제1042조) 민법상으로 상속포기자는 상속인에 해당하지 않는다. 그러나 상증법에서는 민법상 상속포기자도 상증법상 상속인에 해당하고, 상속세 납부의무 및 연대납부의무가 있으므로 상속포기자도 상속세 신고의무자에 포함될 수 있다. 이때, 상속재산에 보험금 등 간주상속재산과 상속재산에 가산하는 추정상속재산이 없어, 상속포기자가 상속개시 전 10년 이내에 사전 증여받은 재산이나 유증 · 사인 증여받은 재산도 없다면 해당 상속포기자는 상속세 납부의무가 없으므로 신고의무도 없다.

상속인 중 상속세 신고를 하지 않았더라도 상속인이 상속신고서를 요구할 때 납세의무자에 해당하는 이상 제공하여야 한다(법규과-4811, 2006.11.9.).

나. 상속세 신고·납부기한[2]

구분	상속개시지[3]	상속세 신고납부기한
피상속인	국내	국내
피상속인 또는 상속인 전원	국외	상속개시일이 속하는 달의 말일부터 9개월

상속개시일이 속하는 달의 말일부터 6개월이며, 피상속인 또는 상속인이 외국에 주소를 둔 경우에는 9개월 이내에 신고하여야 한다. 이 경우 유언집행자 또는 상속재산관리인이 상속세 신고기한까지 지정 · 선임된 경우에는 지정 · 선임되는 날[4]부터 계산한다(상증법 제67조). 상속인이 외국에 주소를 둔 경우를 상속인 전원이 외국에 주소를 둔 경우로 국세청은 보고 있다(상증 집행기준67-64-1).

상속세 신고기한 이내에 상속인이 확정되지 아니한 경우에도 상속세 신고는 위의 신고기한 내에 하여야 하고, 이와 별도로 상속인이 확정된 날부터 30일 이내에 확정된 상속인의 상속관계를 기재한 서류를 납세지 관할세무서장에게 제출하여야 한다(재산세과-2095, 2008.8.1.).

〈상속세 신고납부기한 개정연혁〉

구분	2008.12.31. 이전 상속분	2009.1.1. 이후 상속분
피상속인이 국내에 주소를 둔 경우	상속개시일부터 6개월	상속개시일이 속하는 달의 말일부터 6개월
피상속인 또는 상속인 전원이 외국에 주소를 둔 경우	상속개시일부터 9개월	상속개시일이 속하는 달의 말일부터 9개월

2. 피상속인의 소득세 신고기한과 취득세 신고기한도 상속개시일이 속하는 달의 말일부터 6개월 이내이다.
3. 상속세 신고기한은 피상속인의 거주자 여부에 따라 구분되지 않고, 피상속인이 주소를 국내에 두었는지 국외에 두었는지에 따라 구분한다.

> ○ 상증법 제67조(상속세 과세표준신고) ① 제3조의2에 따라 상속세 납부의무가 있는 상속인 또는 수유자는 상속개시일이 속하는 달의 말일부터 6개월 이내에 제13조와 제25조제1항에 따른 상속세의 과세가액 및 과세표준을 대통령령으로 정하는 바에 따라 납세지 관할세무서장에게 신고하여야 한다.
> ④ 피상속인이나 상속인이 외국에 주소를 둔 경우에는 제1항의 기간을 9개월로 한다.

4. 2013.12.31. 이전에는 직무시작일부터 계산한다.

예시

(문) 피상속인의 상속개시지가 국내이고, 상속개시일이 2022.2.2.이라면 상속세 신고기한은?

(답) 2022.8.31.

다. 납세지(과세관할)

1) 상속개시지가 국내인 경우

상속세는 상속개시지를 관할하는 세무서장(국세청장이 특히 중요하다고 인정하는 것에 대해서는 관할 지방국세청장으로 하며, 이하 "세무서장등"이라 한다)이 과세한다. 여기에서 '상속개시지'란 피상속인의 주소지를 말하나, 주소지가 없거나 분명하지 않은 경우에는 거소지로 한다. 거소란 주소지 외의 장소 중 상당기간에 걸쳐 거주하는 장소이며 주소와 같이 밀접한 일반적 생활관계가 형성되지 아니하는 장소를 말한다(소득령 제2조).

2) 상속개시지가 국외인 경우

상속개시지가 국외인 경우 상속재산 소재지를 관할하는 세무서장 등이 과세하고, 상속재산이 둘 이상의 세무서장 등의 관할구역에 있으면 주된 재산의 소재지를 관할하는 세무서장 등이 과세한다. 이 경우 "주된 재산의 소재지"란 과세 관할별로 계산한 상속재산가액 합계액이 가장 큰 곳을 말한다.

[관련 질의회신 · 판례 등]

○ 결정시 과세관할 판단시점
과세표준 및 세액결정시 납세지 관할 판단기준일은 고지서 수령 당시가 아니라 과세표준과 세액이 결정될 당시임(국심97서2466, 1998.8.19.).

라. 상속세 신고방법

국세청(또는 국세법령정보시스템)에서 서식을 다운받아 신고할 수 있고, 홈택스(www.hometax.go.kr)[5]를 통해 상속세 전자신고를 할 수 있다. 홈택스를 통해 상속세 신고가 가능하며, 기한 내 신고뿐만 아니라 기한 후 신고 및 수정신고도 전자신고가 가능하다. 홈택스에는 피상속인이 생전에 증여한 재산 정보[6]를 제공하고 있다.

마. 상속세 신고서와 첨부할 서류

상속세 과세가액 및 과세표준을 신고할 때에는 상속세 신고서와 그 과세표준 계산에 필요한 상속재산의 종류 · 수량 · 평가가액 · 재산분할 및 각종 공제 등을 입증할 수 있는 서류 등을 첨부하여 제출하여야 한다.

1) 상속세 신고서식

가) 상속세 과세표준 신고 및 자진납부계산서(별지 제9호서식)

나) 부표
(1) 상속인별 상속재산 및 평가명세서(별지 제9호서식 부표2)
(2) 채무 · 공과금 · 장례비용 및 상속공제명세서(별지 제9호서식 부표3)
(3) 배우자상속공제명세서(별지 제9호서식 부표3의2)
(4) 상속개시 전 1(2)년 이내 재산처분 · 채무부담 내역 및 사용처 소명명세서(별지 제9호서식 부표4(갑), (을))
(5) 가업상속공제 등 사후관리추징사유 신고 및 자진납부계산서(별지 제9호서식 부표6)

2018.1.1. 이후부터는 가업 · 영농상속공제 사후관리 위반시 "가업상속공제 등 사후관리추징사유 신고 및 자진납부계산서"를 사유가 발생한 날이 속하는 달의 말일부터 6개월 이내 신고 · 납부하여야 한다. 다만, 신고 · 납부 이전에 세무서장등이 먼저 부과하는 경우는 제외한다.

2) 신고서에 첨부할 서류

가) 해당시 추가 제출서식
(1) 가업상속공제(상증법 제18조제3항) → 가업상속공제신고서(부표 가업상속재산명세서, 가업용자산명세)
(2) 영농상속공제(상증법 제18조제3항) → 영농상속공제신고서

---

5. "홈택스-신고/납부-세금신고-상속세"로 접근한다.
6. 피상속인이 생전에 증여한 재산정보를 제공(홈택스-신청/제출-민원서류화면-상속세 합산대상 사전증여재산 확인 신청) (2018.12.27. 국세청 보도자료 참고)

(3) 배우자상속공제(상증법 제19조제2항) → 배우자 상속재산 미분할 신고서
(4) 장애인공제(상증법 제20조) → 장애인증명서
(5) 금융재산상속공제(상증법 제22조) → 금융재산 상속공제 신고서
(6) 동거주택상속공제(상증법 제22조의2) → 동거주택 상속공제 신고서
(7) 재해손실공제(상증법 제23조) → 재해손실 공제신고서
(8) 외국납부세액공제(상증법 제29조) → 외국납부세액공제신청서
(9) 연부연납(상증법 제71조) → 상속세(증여세) 연부연납허가신청서
(10) 물납(상증법 제73조) → 상속세 물납(변경) 신청서

나) 사실관계 증빙제출

(1) 피상속인의 가족관계증명서. 단 상속인이 행정정보이용에 동의한 경우 생략 가능
(2) 상속개시 당시 피상속인의 채무로 상속인이 부담한 사실을 입증하는 서류
(3) 배우자의 상속재산이 분할된 경우에는 상속재산분할명세 및 그 평가명세서
(4) 가업상속공제 등 공제요건 입증서류
(5) 공과금, 장례비, 평가수수료 등 증빙서류

2. 상속세 자진납부

상속세 신고서의 제출과 함께 납부하여야 할 세액을 자진납부하여야 한다(상증법 제70조). 상속세는 일시에 납부하는 것이 원칙이나 일시납부에 따른 과중한 세부담을 분산하여 납부의무의 이행을 쉽게 이행하기 위하여, 일정 요건이 성립되는 경우에 분할 납부할 수 있다. 2회에 나누어 내는 것을 분납, 장기간에 나누어 내는 것을 연부연납이라고 한다.[7]

가. 자진납부세액 계산

자진납부할 세액=(상속세 산출세액) - (1)~7)의 금액)

1) 박물관자료의 징수유예(상증법 제74조)
2) 증여세액공제(상증법 제28조)
3) 외국납부세액공제(상증법 제29조)
4) 단기재상속에 대한 세액공제(상증법 제30조)
5) 신고세액공제(상증법 제69조제1항)

7. 국세청 누리집

6) 연부연납을 신청한 금액(상증법 제71조)

7) 물납을 신청한 금액(상증법 제73조)

나. 상속인별 납부의무 및 연대납부의무

상속세의 자진납부세액은 피상속인의 상속재산 전체에 대한 세금이지만, 상증법 제3조의2(상속세 납부의무)에 따라 각 상속인 또는 수유자는 그 전체 상속세액에 대해 상속재산 중 각자가 받았거나 받을 재산의 비율에 따라 상속세 납부의무를 진다. 또한, 각 상속인 또는 수유자는 상속재산 중 각자가 받았거나 받을 재산을 한도로 하여 상속세를 연대하여 납부할 의무가 있다.

한편, 상속인 각자가 받은 상속재산을 초과하여 대신 납부한 상속세액은 연대납부의무를 초과하여 다른 상속인에게 증여한 것이므로 증여세가 과세(제도46014-10886, 2001.4.30.)되고, 상속인 또는 수유자가 아닌 자가 상속인 또는 수유자를 대신하여 납부한 상속세도 상증법 제36조(채무면제 등에 따른 증여)에 따라 증여세 과세대상이다(서면4팀-3050, 2006.9.5.).

다. 납부방법

국세청(또는 국세법령정보시스템)에서 자진납부서 서식을 다운받아 작성하여 상속세 신고기한 이내에 가까운 은행(국고수납대리점)이나 우체국에 납부하면 된다. 신용카드(www.cardrotax.kr) 납부하거나, 홈택스를 통해 국세 전자납부도 가능하다.

라. 상속세의 분납

상속세를 분할하여 납부하는 유형에는 분납과 연부연납이 있는데, 분납은 별도의 허가나 담보제공할 필요가 없으며 연부연납은 허가와 담보제공을 필요로 한다. 분납은 별도의 분납신청서가 없다. "상속세 과세표준 신고 및 자진납부계산서"의 '분납'란에 기재하는 것으로 분납신청을 대신한다.

납부할 금액이 1천만원을 초과하면 다음과 같이 납부 금액 일부를 납부기한이 지난 후 2개월 이내에 분납할 수 있다. 다만 연부연납을 허가받은 경우에는 분납할 수 없다.

1) 분납 세액이 2천만원 이하인 때는 1천만원을 초과하는 금액

2) 분납 세액이 2천만원을 초과하는 때는 그 세액의 50% 이하 금액

마. 상속세의 연부연납

상속세 신고시 납부세액이나 납세고지서상 납부세액이 2천만원을 초과하는 때는 아래 요건을 모두 충족하는 경우에 수증자의 주소지를 관할하는 세무서장으로부터 연부연납을 허가받아 일정 기간 분할납부할 수 있다. 자세한 설명은 절을 달리하여 설명한다.

연부연납 신청요건은 ① 상속세 납부세액 2천만원 초과 ② 연부연납 신청한 세액에 상당하는 납세담보 제공(납세보증보험증권 등 납세담보가 확실한 경우에는 신청일에 세무서장의 허가를 받은 것으로 간주) ③ 상속세 연부연납 신청기한 내[8] 연부연납허가신청서 제출이다.

연부연납을 허가받은 경우에는 상속세 분납이 허용되지 않는다.

3. 신고·납부하지 않았을 때 불이익

상속세 신고기한 내에 상속세 신고서를 제출하면 신고세액공제 3%를 적용받을 수 있다. 상속세 신고기한까지 상속세를 신고하지 않거나 과소신고하는 경우에는 세액공제 혜택을 적용받을 수 없을 뿐만 아니라 가산세를 추가로 부담하게 된다. 상속세를 납부하지 않거나 납부 세액에 미달하게 납부하면 납부지연가산세를 추가로 부담해야 한다.

[관련 질의회신 · 판례 등]

○ 신고 효력

상속인이 하는 상속세 신고는 과세처분을 하기 위한 참고자료로 제공될 뿐 세액을 확정하거나 신고한 납세의무자를 기속하는 등의 효력이 발생하는 것이 아님(대법원91다16952, 1991.9.10.).

○ 신고기한의 예외

상속세 과세표준 신고기한은 상속개시일이 속하는 달의 말일부터 6개월 이내이며, 상속개시일은 피상속인이 사망한 날(실종선고로 인하여 상속이 개시되는 경우에는 실종선고일)을 말하는 것으로, 이에 대한 예외규정은 없음(재산세과-192, 2010.3.30.).

8. (신고시) 신고기한까지, (고지 시) 고지서의 납부기한까지.

제2절 증여세 신고납부

ㅇ (신고기한) 증여세 납부의무가 있는 자는 증여일이 속하는 달의 말일부터 3개월 이내
ㅇ (신고기한 특례)
① 상증법 제41조의3(주식등의 상장 등에 따른 이익의 증여), 상증법 제41조의5(합병에 따른 상장 등 이익의 증여) ⇒ 정산기준일 속하는 달의 말일부터 3개월 이내
② 상증법 제45조의3(특수관계법인과의 거래를 통한 이익의 증여의제), 상증법 제45조의4(특수관계법인으로부터 제공받은 사업기회로 발생한 이익의 증여의제), 상증법 제45조의5(특정법인과의 거래를 통한 이익의 증여의제) ⇒ 법인세 신고기한이 속하는 달의 말일부터 3개월 이내

1. 증여세 과세가액과 과세표준 신고

가. 증여세 신고의무자

증여세 납부의무가 있는 자가 증여세 신고의무자이다. 증여세 과세가액과 과세표준을 신고기한 내에 납세지 관할세무서장에게 신고하여야 한다.

나. 증여세 신고·납부기한

증여세 납부의무가 있는 자는 증여받은 날이 속하는 달 말일부터 3개월 이내에 증여세의 과세가액 및 과세표준을 증여세 신고서에 의하여 납세지 관할세무서장에게 신고 · 납부하여야 한다(상증법 제68조). 증여일이 속하는 달의 말일부터 3월이 되는 날이 공휴일 · 토요일 · 근로자의 날에 해당되면 그 공휴일 등의 다음날까지 신고 · 납부한다(국기법 제5조).

증여세 신고서는 신고서 제출일 현재 수증자의 주소지를 관할하는 세무서에 제출해야 한다. 다만, 수증자가 비거주자이거나 수증자의 주소 및 거소가 분명하지 아니한 경우 및 명의신탁재산의 증여의제의 경우에는 증여자 주소지를 관할하는 세무서에 제출해야 한다. 수증자와 증여자 모두 비거주자에 해당하거나 주소 및 거소가 분명하지 아니한 경우 등에는 증여재산 소재지를 관할하는 세무서에 증여세 신고서를 제출해야 한다.

〈증여세 신고납부기한 개정연혁〉

1997.1.1. ~ 2008.12.31.	2009.1.1. 이후[9]
증여일로부터 3개월 이내	증여일이 속하는 달의 말일부터 3개월 이내

예시

(문) 증여일이 2022년 6월 10일인 경우 증여세 신고기한은?

(답) 2022.9.30.

(문) 증여일이 2022년 4월 10일인 경우 증여세 신고기한은?

(답) 2022.8.2.[10](2022.7.31. 일요일)

다. 증여세 신고·납부기한의 특례

1) 정산기준일

가) 상장이익

"주식등의 상장등에 따른 이익의 증여"(상증법 제41조의3) 및 "합병에 따른 상장 등 이익의 증여"(상증법 제41조의5)에 따른 상장이익은 상장일로부터 3개월 되는 날인 정산기준일을 기준으로 증여이익을 계산한다. 이 경우의 증여세 과세표준 정산 신고기한은 정산기준일이 속하는 달의 말일로부터 3개월이 되는 날이다(상증법 제68조제1항).

'정산기준일'은 해당 주식등의 상장일로부터 3개월이 되는 날이며, 만약 상장일로부터 3개월이 되는 날까지의 사이에 해당 주식등 보유자가 사망하거나 해당 주식등을 증여 또는 양도한 경우에는 그 사망일 · 증여일 또는 양도일이 정산기준일이 된다.

나) 정산[11]

정산과 관련된 증여세 신고기한은 상증법 제68조(증여세 과세표준 신고)에서 규정하지 않고 있다. "초과배당에 따른 이익의 증여"(상증법 제41조의2제3항)와 "특수관계법인으로부터 제공받은 사업기회로 발생한 이익의 증여의제"(상증법 제45조의4)에서 각각 규정하고 있다.

초과배당에 따른 이익의 정산 신고기한은 초과배당금액이 발생한 연도의 다음연도 5.1.~5.31.(성실신고확인대상사업자는 6.30.)이고, 일감떼어주기의 정산 신고기한은 정산사업연도의 법인세 신고기한이 속하는 달의 말일부터 3월이다.

---

9. 2009.1.1. 이후, 평가기준일 이후 기준으로 증여세 신고기한과 증여세 평가기간이 달라졌다.
10. 분납기한도 2022.10.2.이 된다.
11. 정산의 사전적 의미는 정확한, 정밀한 계산인데, 세법에서 연말정산등이 있다.

구분	초과배당 이익(상증법 제41조의2제3항)	일감떼어주기(상증법 제45조의4제5항)
당초	증여일이 속하는 달의 말일부터 3개월	법인세 신고기한이 속하는 달의 말일부터 3개월
정산	초과배당금액이 발생한 연도의 다음연도 5.1.~5.31. (성실신고확인대상사업자 6.30.)	정산사업연도의 법인세 신고기한이 속하는 달의 말일부터 3월

2) 법인세 신고기한

"특수관계법인과의 거래를 통한 이익의 증여의제"(상증법 제45조의3), "특수관계법인으로부터 제공받은 사업기회로 발생한 이익의 증여의제"(상증법 제45조의4)와 "특정법인과의 거래를 통한 이익의 증여의제"(상증법 제45조의5)에 따른 증여세 과세표준 신고기한은 수혜법인 또는 특정법인의 법인세법 제60조제1항에 따른 과세표준 신고기한이 속하는 달 말일부터 3개월이 되는 날로 한다(상증법 제68조제1항).

라. 납세지(과세관할)

1) 수증자가 거주자인 경우

수증자의 주소지를 관할하는 세무서장(국세청장이 특히 중요하다고 인정하는 것에 대해서는 관할 지방국세청장으로 하며, 이하 "세무서장등"이라 한다)이 과세한다.

2) 수증자가 비거주자인 경우 등

수증자가 비거주자이고, 주소(거소)가 분명하지 아니한 경우, 명의신탁재산 증여의제[12]의 경우에는 증여자의 주소지를 관할하는 세무서장등이 과세한다.

3) 수증자와 증여자가 모두 비거주자인 경우 등

① 수증자 및 증여자 모두가 비거주자인 경우, ② 수증자 및 증여자 모두의 주소 또는 거소가 분명하지 아니한 경우, ③ 수증자가 비거주자이거나 주소 또는 거소가 분명하지 아니하고, 증여자가 상증법 제38조(합병에 따른 이익의 증여)제2항, 제39조(증자에 따른 이익의 증여)제2항, 제39조의3(현출물자에 다른 이익의 증여)제2항의 경우 및 제45조의3(특수관계법인과의 거래를 통한 이익의 증여의제), 제45조의4(특수관계법인으로부터 제공받은 사업기회로 발생한 이익의 증여의제)에 따라 의제된 경우[13]에는 증여재산 소재지를 관할하는 세무서장 등이 과세한다.

---

12. 2019.1.1. 이후 증여로 의제되는 분부터 적용한다.

[관련 질의회신 · 판례 등]

○ 결정시 과세관할 판단시점

과세표준 및 세액결정시 납세지 관할 판단기준일은 고지서 수령 당시가 아니라 과세표준과 세액이 결정될 당시임(국심97서2466, 1998.8.19.).

마. 증여세 신고방법

국세청(또는 국세법령정보시스템)에서 서식을 다운받아 신고를 할 수도 있고, 홈택스(www.hometax.go.kr)[14]를 통해 증여세 전자신고를 할 수 있다. 홈택스를 통해 기본세율 적용 증여재산과 특례세율 적용 증여재산 증여세 신고가 가능하며, 기한내 신고뿐만 아니라 기한 후 신고 및 수정신고도 전자신고가 가능한다. 홈택스에는 증여세 결정정보[15]와 증여세 자동계산 프로그램[16]을 제공하고 있다.

바. 증여세 신고서와 첨부할 서류

증여세 과세가액 및 과세표준을 신고할 때에는 증여세 신고서와 그 과세표준의 계산에 필요한 증여재산의 종류 · 수량 · 평가가액 및 각종 공제 등을 입증할 수 있는 서류 등을 첨부하여 제출하여야 한다.

동시에 둘 이상의 재산을 증여받고서 그중 일부 증여재산에 대하여는 신고서에 기재함이 없이 증여계약서, 등기부등본 등의 첨부서류만 제출한 경우에는 그 누락 기재한 증여재산은 무신고한 것으로 본다(서면4팀-2926, 2006.8.24.).

---

13. 증자 및 현물출자에 따른 증여 등에서 소액주주들을 1인의 증여자로 보는 경우와 일감몰아주기, 일감떼어주기 증여의제가 적용되는 경우를 말한다. 2인 이상을 1인의 증여자로 보지만, 상증법 제47조(증여세 과세가액)에서는 합산배제증여재산에 포함하지 않고 있다. 2인 이상을 1인으로 보는 경우 증여세 과세가액 계산시 일반 증여재산과 합산하지 않아야 한다.
14. "홈택스-신고/납부-세금신고-증여세"로 접근한다.
15. 수증자가 증여일 전 10년 내 증여받은 재산에 대한 결정정보 및 창업자금 · 가업승계주식 결정정보를 제공한다. (홈택스 - 조회/발급 - 세금 신고 납부 - 증여세 결정정보 조회, 국세청 보도자료 2016.10.5. 참고)
16. 자동계산 프로그램은 간편계산과 자동계산으로 구분된다.
(간편계산) 수증자가 증여받은 재산의 가액을 알고 있는 경우 세액 계산
(자동계산) 부동산, 주식, 기타재산의 증여에 따른 세액 계산

1) 증여세 신고서

증여재산 종류에 따라 증여세 신고서는 4종류로 구분된다.

구분	서식
기본세율 적용 증여재산	증여세 과세표준 신고 및 자진납부계산서(별지 제10호 서식)와 증여재산 및 그 평가명세서(별지 제10호 서식 부표)
특례세율 적용 증여재산(창업자금(조특법 제30조의5), 가업승계(조특법 제30조의6)	증여세 과세표준 신고 및 자진납부계산서(별지 제10호의2 서식)와 증여재산평가 및 과세가액 계산명세서(별지 제10호의2 서식부표)
일감몰아주기 증여재산	증여세 과세표준 신고 및 자진납부계산서(별지 제10호의3 서식)와 수증자 등 및 과세가액 계산명세서(별지 제10호의3 서식부표 1, 2, 3)
일감떼어주기 증여재산	증여세 과세표준 신고 및 자진납부계산서(별지 제10호의4 서식)와 수증자 등 및 과세가액 계산명세서(별지 제10호의4 서식부표 1, 2, 3, 4)

2) 신고서에 첨부할 서류

가) 해당시 추가제출 서식

(1) 재해손실공제(상증령 제47조) → 재해손실공제신고서

(2) 외국납부세액공제(상증법 제59조) → 외국납부세액공제신청서

(3) 연부연납신청(상증법 제71조) → 상속세 또는 증여세 연부연납허가신청서

나) 사실관계 증빙 제출

(1)증여자와 수증자의 관계를 알 수 있는 가족관계증명서

(2) 증여재산에서 공제되는 채무의 경우 채무사실을 입증할 수 있는 서류

(3) 그 밖의 입증할 서류

쟁점

증여자를 달리하여 신고한 경우 무신고일까? 과소신고일까?

예를 들어 A가 B에게 명의신탁 후, B는 'A의 자'에게 증여하였다고 증여세 신고하였다. 그 후에 세무서등이 실제소유자를 A로 확인한 경우 증여자는 A인데, B로 신고된 경우에 무신고로 봐야 할까? 과소신고로 보아야 할까?[17]

여기에 대해 심판원과 국세청은 입장을 달리하였다. 심판원은 증여자가 누구인지 여부는 증여세의 중요한 과세요건이자 그 과세표준 계산시 증여재산공제 및 합산과세 등에 대한 중요한 기준에 해당하므로 무신고로 보았다(조심2010서1363, 2010.12.2.). 그 후 동일 쟁점에 대해 국세청은 과소신고로 보았으나(법규과-1575,

2011.11.29.), 심판원은 여전히 무신고로 보았다(2014서0979, 2015.10.2.)

법원은 증여자 외의 다른 사항을 충실히 신고하였다면 과세관청은 세무조사 등의 방법으로 정당한 증여세액을 결정하여 이를 부과 · 징수할 수 있다고 여겨 신고의 효력을 부인할 수 없다고 보았다(서울행법2015구합83313, 2016.12.27.).[18] 대법원도 또한 증여세 신고로서 효력이 없다고 보기는 어렵다라고 보았다(대법원2017두68417, 2019.7.11.)

2. 증여세 납부

증여세 신고서의 제출과 함께 납부하여야 할 세액을 자진 납부하여야 한다(상증법 제70조). 증여세는 일시에 납부하는 것이 원칙이나 일시납부에 따른 과중한 세부담을 분산하여 납부의무의 이행을 쉽게 이행하기 위하여, 일정요건이 성립되는 경우에 분할하여 납부할 수 있다. 2회에 나누어 내는 것을 분납, 장기간에 나누어 내는 것을 연부연납이라고 한다.[19]

가. 자진납부세액 계산

자진납부할 세액=(증여세 산출세액) - (1)~6)의 금액)

1) 박물관자료의 징수유예(상증법 제75조)

2) 납부세액공제(상증법 제58조)

3) 외국납부세액공제(상증법 제59조)

4) 영농자녀가 증여받은 농지 등 감면(조특법 제71조) 등 감면세액

5) 신고세액공제(상증법 제69조제2항)

6) 연부연납을 신청한 금액(상증법 제71조)

나. 납부방법

국세청(또는 국세법령정보시스템)에서 자진납부서 서식을 다운받아 작성하여 증여세 신고기

---

17. 무신고, 과소신고에 따라 가산세가 달라진다.
18. 서울행정법원 판결 전에 법원은 과세관청은 처분의 동일성을 해하지 아니하는 범위 내에서는 당초의 과세처분 당시 인정한 사실의 일부에 착오나 오류가 있는 경우 경정처분으로서 종전의 사실인정의 착오나 오류를 바로 잡을 수 있는 것이고 이 경우 종전의 부과처분을 취소하고 새로운 부과처분을 하여야 하는 것은 아니다(대법원93누14059, 1993.12.21.)라는 보았다.
19. 국세청 누리집(홈페이지)

한 이내에 가까운 은행(국고수납대리점)이나 우체국에 납부하면 된다. 신용카드(www.cardrotax.kr) 납부하거나, 홈택스를 통해 국세 전자납부가 가능하다.

다. 증여세 분납

증여세를 분할 납부하는 유형은 분납과 연부연납이 있는데, 분납은 별도의 허가나 담보제공할 필요가 없으며 연부연납은 허가와 담보제공을 필요로 한다. 분납은 별도의 분납신청서가 없다. '증여세 과세표준 신고 및 자진납부계산서'의 '분납'란에 기재하는 것으로 분납신청을 대신한다.

납부할 금액이 1천만원을 초과하면 다음과 같이 납부할 금액 일부를 납부기한이 지난 후 2개월 이내에 분납할 수 있다. 다만 연부연납을 허가받은 경우에는 분납할 수 없다.

1) 분납할 세액이 2천만원 이하인 때에는 1천만원을 초과하는 금액

2) 분납할 세액이 2천만원을 초과하는 때에는 그 세액의 50% 이하의 금액

라. 증여세 연부연납

증여세 신고시 납부해야 할 세액이나 납세고지서 상의 납부세액이 2천만원을 초과하는 때에는 아래 요건을 모두 충족하는 경우에 수증자의 주소지를 관할하는 세무서장으로부터 연부연납을 허가받아 일정기간 동안 분할하여 납부할 수 있다. 자세한 설명은 절을 달리하여 설명한다.

연부연납 신청요건은 ① 증여세 납부세액이 2천만원 초과, ② 연부연납을 신청한 세액에 상당하는 납세담보 제공(납세보증보험증권 등 납세담보가 확실한 경우에는 신청일에 세무서장의 허가 받은 것으로 간주), ③ 증여세 연부연납 신청기한 내[20] 연부연납허가신청서 제출이다.

연부연납을 허가받은 경우에는 증여세 분납이 허용되지 않는다. 연부연납기간은 5년 이내에 수증자가 신청한 기간으로 한다.

3. 신고·납부하지 않았을 때 불이익

증여세 신고기한 내에 증여세 신고서를 제출하면 신고세액공제 3%를 적용받을 수 있다. 증여세 신고기한까지 증여세를 신고하지 않거나 과소신고하는 경우에는 세액공제 혜택을 적용받을 수 없을 뿐만 아니라 가산세를 추가로 부담하게 된다. 증여세를 납부하지 않거나 납부할 세액에 미달하게 납부하면 납부지연가산세를 추가로 부담하게 된다.

---

20. (신고시) 신고기한까지 / (고지시) 고지서의 납부기한까지

제3절 수정신고, 기한후신고 및 경정청구

상속세 · 증여세도 소득세 · 법인세 등과 같이 수정신고, 기한후신고, 경정청구 등이 가능하다. 또한 국기법에 따른 경정등 청구 외에도 상증법에서 별도의 경정청구 특례규정을 두고 있다. 물론 신고 · 납부기한 연장도 가능하지만, 이 책에서는 신고 · 납부기한 연장은 다루지 않는다.

1. 수정신고

가. 수정신고 대상

과세표준 신고서를 법정신고기한 내에 제출한 자가, 과세표준 신고서에 기재된 과세표준 및 세액이 세법에 따라 신고하여야 할 과세표준 및 세액에 미달하는 때에는, 당해 국세 과세표준과 세액을 결정 또는 경정하여 통지하기 전으로 국세부과제척기간이 끝나기 전까지는 과세표준 수정신고서를 제출할 수 있다(국기법 제45조).

나. 과세표준 수정신고서의 기재사항 및 신고절차

과세표준 수정신고서에는 다음 각 호의 사항을 기재하여야 하며, 수정한 부분에 관하여 당초 과세표준 신고서에 첨부하여야 할 서류가 있는 때에는 이를 수정한 서류를 첨부하여야 한다.

1) 당초 신고한 과세표준과 세액
2) 수정 신고하는 과세표준과 세액
3) 기타 필요한 사항

다. 수정신고 효과

수정신고를 하더라도 그 수정신고분에 대해서는 상속세 · 증여세 신고세액공제는 적용되지 않는다. 법정신고기한 경과 후 2년 이내에 수정신고를 하는 경우 기간에 따라 아래와 같이 가산세를 감면한다(국기법 제48제2항).[21] 이 경우, 과세표준 수정신고서를 제출한 과세표준과 세액에 관하여 경정이 있을 것을 미리 알고 제출한 경우에는 가산세 감면이 적용되지 않는다.

---

21. 2014.12.31. 이전에는 수정신고, 기한 후 신고시 신고 · 납부한 경우에만 가산세를 감면하였다.

〈수정신고 과소신고가산세 감면율 개정연혁〉

2019.12.31. 이전	2020.1.1. 이후
법정신고기한 경과 후 - 6개월 이내: 50% 감면 - 6개월~1년 이내: 20% 감면 - 1~2년 이내: 10% 감면	법정신고기한 경과 후 - 1개월 이내: 90% 감면 - 1~3개월 이내: 75% 감면 - 3~6개월 이내: 50% 감면 - 6개월~1년 이내: 30% 감면 - 1년~1년 6개월 이내: 20% 감면 - 1년 6개월~2년 이내: 10% 감면

2. 기한 후 신고

가. 기한 후 신고대상

법정 신고기한까지 과세표준 신고서를 제출하지 아니한 자는 해당 국세의 과세표준과 세액(가산세 포함)을 결정하여 통지하기 전까지는 기한 후 과세표준 신고서를 제출할 수 있다. 기한 후 과세표준 신고서를 제출한 자로서 납부하여야 할 세액이 있는 자는 기한 후 과세표준 신고서 제출과 동시에 해당 세액을 납부하여야 한다(국기법 제45조의3).

나. 기한 후 신고의 효과

기한 후 신고를 하는 경우에는 기한 후 신고분에 대해 상속세 · 증여세의 신고세액공제는 적용되지 않는다. 법정신고기한 경과 후 6개월 이내에 기한 후 신고를 한 경우에는 그 기한 후 신고에 대한 무신고 가산세액을 아래와 같이 감면한다(국기법 제48조제2항).

〈기한 후 신고 무신고가산세 감면율 개정연혁〉

2019.12.31. 이전	2020.1.1. 이후
법정신고기한 경과 후 - 1개월 이내: 50% 감면 - 1개월~6개월 이내: 20% 감면	법정신고기한 경과 후 - 1개월 이내: 50% 감면 - 1~3개월 이내: 30% 감면 - 3~6개월 이내: 20% 감면

다. 기한 후 신고의 결정통지

납세자가 기한 후 과세표준신고서를 제출한 경우 관할 세무서장은 신고일부터 3개월 이내에 과세표준과 세액을 결정하도록 하고, 조사 등 부득이한 사유로 3개월[22] 이내에 결정할 수 없는 경우에는 신고인에게 그 사유를 통지하여야 한다(국기법 제45의3).

3. 경정 등의 청구

가. 일반적인 경정 등의 청구

과세표준 신고서를 법정신고기한 내에 제출한 자는 과세표준 신고서에 기재된 과세표준 및 세액(결정 또는 경정이 있는 경우에는 당해 결정 또는 경정 후의 과세표준 및 세액)이 세법에 따라 신고하여야 할 과세표준 및 세액을 초과하는 때에는 최초신고 및 수정신고한 국세의 과세표준 및 세액 결정을 법정신고기한이 지난 후 5년 이내에 관할세무서장에게 청구할 수 있다.

이 경우, 결정 또는 경정으로 인하여 증가된 과세표준 및 세액에 대하여는 해당 처분이 있음을 안 날(처분의 통지를 받은 때에는 그 받은 날)부터 90일 이내(법정신고기한이 지난 후 5년 이내에 한한다)에 경정을 청구할 수 있다(국기법 제45조의2제1항).

나. 후발적 사유로 인한 경정 등의 청구

과세표준 신고서를 법정신고기한 내에 제출한 자 또는 국세의 과세표준 및 세액 결정을 받은 자는 다음 어느 하나에 해당하는 사유가 발생한 때에는 그 사유가 발생한 것을 안 날부터 3개월 이내에 결정 또는 경정을 청구할 수 있다(국기법 제45조의2제2항, 국기령 제25조의2).

1) 최초의 신고 · 결정 또는 경정에서 과세표준 및 세액의 계산근거가 된 거래 또는 행위 등이 그에 관한 소송에 대한 판결(판결과 동일한 효력을 가지는 화해 그 밖의 행위 포함)에 의하여 다른 것으로 확정된 때
2) 소득이나 그 밖의 과세물건의 귀속을 제3자에게로 변경시키는 결정 또는 경정이 있을 때
3) 조세조약에 따른 상호합의가 최초 신고 · 결정 또는 경정 내용과 다르게 이루어졌을 때
4) 결정 또는 경정으로 인하여 그 결정 또는 경정 대상이 되는 과세기간 외의 과세기간에 대하

22. 상증법의 상속세 법정 결정기한은 9개월이지만, 국기법의 기한 후 신고의 상속세 결정기한은 3개월이다.

○ 국기법 제45조의3(기한 후 신고) ③ 제1항에 따라 기한후과세표준신고서를 제출하거나 제45조제1항에 따라 기한후과세표준신고서를 제출한 자가 과세표준수정신고서를 제출한 경우 관할 세무서장은 세법에 따라 신고일부터 3개월 이내에 해당 국세의 과세표준과 세액을 결정 또는 경정하여 신고인에게 통지하여야 한다. 다만, 그 과세표준과 세액을 조사할 때 조사 등에 장기간이 걸리는 등 부득이한 사유로 신고일부터 3개월 이내에 결정 또는 경정할 수 없는 경우에는 그 사유를 신고인에게 통지하여야 한다.

여 최초 신고한 국세 과세표준 및 세액이 세법에 따라 신고하여야 할 과세표준 및 세액을 초과할 때

5) 1)부터 4)까지와 유사한 사유로 아래 사유가 해당 국세의 법정신고기한이 지난 후에 발생하였을 때

가) 최초의 신고 · 결정 또는 경정을 할 때 과세표준 및 세액의 계산근거가 된 거래 또는 행위 등의 효력과 관계되는 관청의 허가나 그 밖의 처분이 취소된 경우

나) 최초의 신고 · 결정 또는 경정을 할 때 과세표준 및 세액의 계산근거가 된 거래 또는 행위 등의 효력과 관계되는 계약이 해제권의 행사에 의하여 해제되거나 해당 계약의 성립 후 발생한 부득이한 사유로 해제되거나 취소된 경우

다) 최초의 신고 · 결정 또는 경정을 할 때 장부 및 증거서류의 압수, 그 밖의 부득이한 사유로 과세표준 및 세액을 계산할 수 없었으나 그 후 해당 사유가 소멸한 경우

라) 가)부터 다)까지의 규정과 유사한 사유에 해당하는 경우

다. 경정 등의 통지

결정 또는 경정청구를 받은 세무서장은 그 청구를 받은 날부터 2개월 이내에 과세표준 및 세액을 결정 또는 경정하거나 결정 또는 경정하여야 할 이유가 없다는 뜻을 그 청구를 한 자에게 통지하여야 한다.

[관련 질의회신 · 판례 등]

○ 경정청구 도과 후 제기된 경정청구
경정청구기간이 도과한 후에 제기된 경정청구는 부적법하여 과세관청이 과세표준 및 세액을 결정 또는 경정하거나 거부 처분을 할 의무가 없으므로, 과세관청이 경정을 거절하였더라도 이를 항고소송의 대상이 되는 거부처분으로 볼 수 없음(대법원2014두44830, 2015.3.12.).

○ 당초 증여세 신고에 대한 경정청구기한이 경과한 증여재산가액을 합산하여 신고한 경우
증여세 신고시 해당 증여일 전 10년 이내에 동일인으로부터 받은 재산가액(이하 "최초증여")을 증여세 과세가액에 합산하여 신고하였더라도, 최초증여에 대한 증여세 과세표준 및 세액 결정 및 경정청구는 국기법 제45조의2제1항에 따라 최초증여에 대한 증여세 법정신고기한이 지난 후 5년 이내에 할 수 있음(기준2019법령해석기본-0569, 2019.11.28.).

○ 기초공제 등을 적용한 상속세 신고 후 일괄공제로 경정청구 가능
상속세 일괄공제(5억원)를 적용받을 수 있음에도, 5억원에 미달되는 기초공제 및 그 밖의 인적공제 합계액을 적용하여 상속세 과세표준과 세액을 계산하여 신고한 경우에는 국기법 제45조의2에 의한 경정 등의 청구를 할 수 있음(재산상속46014-222, 2000.2.29.).

○ 개별공시지가 수정은 감액 경정청구 해당

당초 상속세 결정에 있어 과세표준 및 세액의 계산근거가 된 공시지가가 관할구청에 의하여 경정결정되어 수정된 경우에는 국기법 제45조의2제2항에 따른 후발적 경정청구 사유에 해당되어 그 사유가 발생한 것을 안 날부터 2개월 이내에 결정 또는 경정을 청구할 수 있음(제도46019-10261, 2001.3.26.).

○ 후발적 경정청구

(조세심판원의 결정) 조세심판원의 결정은 국기법 제45조의2제2항에서 규정하는 후발적 경정청구 사유에 해당되지 않으므로 국기법 제45조의2제1항에서 규정하는 일반적 사유에 의한 경정청구기간이 도과한 경우에는 경정청구를 할 수 없음(서면2015법령해석기본-2639, 2016.2.11.).

(상속인간 분쟁) 장부 및 증거서류 압수 등 외부적 요인이 아닌 상속인 간 분쟁으로 인한 자료 확보의 어려움 등 납세의무자의 개인적인 사정에 의하여 과세표준 및 세액을 계산할 수 없는 것은 후발적 경정청구 사유 중 하나인 국기령 제25조의2제3호에서 규정한 "그 밖의 부득이한 사유"에 해당하지 않음(기준2016법령해석기본-0229, 2016.10.25.).

○ 유류분

(국세청) 수유자 민법제1115조 규정에 따른 법원 판결에 의하여 법정상속인에게 당해 상속재산을 유류분으로 반환하는 경우에는 그에 따라 상속세를 경정하는 것이나, 당초 결정한 상속세액(총세액) 감액 변동이 없는 경우에는 수유자가 당초 납부한 상속세는 환급되지 아니함(재산세과-1467, 2009.7.17.).[23]

(심판원) 법원조정결정에 따라 유류분 반환이 되었더라도 총 상속세액에는 변동이 없으며, 청구인이 유류분을 반환 후에도 청구인이 납부한 상속세액이 청구인의 총 상속재산가액을 초과하지 아니하여 청구인의 연대납부의무 한도액 범위 내에 있어 청구인은 공동상속인으로서 연대납부의무를 이행한 것으로 볼 수 있으므로 처분청이 상속인 간 지분변동 내역을 반영하여 청구인이 납부한 상속세를 환급하여 달라는 청구인의 경정청구를 거부한 것은 잘못이 없음(조심2010서2338, 2011.5.4.).

4. 상속·증여세 경정청구 특례

가. 상속세

상속세 과세표준 및 세액을 신고한 자 또는 결정 또는 경정을 받은 자로 경정 등 청구사유가 발생한 경우에는 그 사유가 발생한 날부터 6개월 이내에 결정 또는 경정청구서를 제출하여 결정 또

23. 유류분 반환으로 상속인의 지위에 해당하지 않으면 상속세를 환급하여야 한다. 법정상속인들이 제기한 유류분 반환청구 소송결과에 따라 쟁점 부동산을 상실하게 되었는바, 반환한 쟁점 부동산 부분에 관하여는 청구인이 상속인(대습상속인)의 지위에 있다고 볼 수 없으므로 청구인에게 그 부분에 대한 상속세 납부의무를 지울 수는 없다(국심2007전2204, 2007.11.8.).

는 경정을 청구할 수 있다.

경정청구 특례사유는 아래와 같다.

1) 상속재산에 대하여 피상속인 또는 상속인과 그 외 제3자와의 분쟁으로 인한 상속회복청구소송 또는 유류분반환청구소송 확정판결이 있어 상속개시일 현재 상속인 간 상속재산가액의 변동이 있는 경우

2) 다음의 사유로 인하여 상속재산의 가액이 크게 하락한 경우

가) 상속개시 후 1년 이내에 상속재산이 수용 · 민사집행법상 경매 또는 국세징수법상 공매된 경우로 그 보상가액 · 경매가액 또는 공매가액이 상속세 과세가액보다 하락한 경우

나) 상증법 제63조제3항에 따라 주식등을 할증 평가하였으나 상속개시 후 1년 이내에 피상속인 및 상속인의 친족 외 제3자에게 일괄하여 매각하여 최대주주 등의 주식등에 해당하지 아니하는 경우. 이 경우에도 "실제 매각가액"이 아닌 "할증평가 전의 주식등 평가가액"으로 경정청구 할 수 있다. 이는 일반주식등과의 과세형평을 고려하기 위한 것이다. 그러나 당초 할증 평가되지 아니한 주식은 위의 경정청구 특례 적용대상이 아니다.

다) 2021.2.17. 이후 경정을 청구하는 경우부터 상속재산이 다음 주식에 해당하여 그 주식을 의무적으로 보유해야 하는 기간의 만료일부터 2개월 이내에 매각한 경우로 그 매각가액이 상속세 과세가액보다 낮은 경우. 이 경우 보유하고 있었던 사실을 증명할 수 있는 서류를 국세청장에게 제출한 경우로 한정한다.

(1) 「자본시장과 금융투자업에 관한 법률」에 따라 처분이 제한되어 의무적으로 보유해야 하는 주식

(2) 「채무자 회생 및 파산에 관한 법률」 및 「기업구조조정 촉진법」에 따른 절차에 따라 발행된 주식으로 법원 결정에 따라 보호예수해야 하는 주식

나. 증여세

부동산 무상사용에 따른 이익의 증여(상증법 제37조), 금전무상대출이익의 증여(상증법 제41조의4), 타인 재산을 무상담보로 제공하고 금전 등을 차입함에 따라 상증법 제42조에 따른 증여세를 결정 또는 경정 받은 자가 경정청구 사유가 발생한 경우에는 그 사유가 발생한 날부터 3개월 이내에 결정 또는 경정을 청구할 수 있다(상증법 제79조).

경정청구 특례사유는 아래와 같다.

1) 부동산 무상사용이익에 대한 증여세(상증법 제37조)는 부동산 무상사용 개시시점에서 5년간 임대료 상당액을 증여세 과세하는 바, 5년 기간 내에 아래와 같은 사유 등으로 무상 사용

하지 아니하게 되는 경우

가) 부동산 소유자로부터 당해 부동산을 상속 또는 증여받는 경우

나) 부동산 소유자가 당해 토지를 양도한 경우

다) 부동산 소유자가 사망한 경우

라) 위와 유사한 경우로 부동산 무상사용자가 당해 부동산을 무상 사용하지 아니하게 되는 경우

2) 금전무상대출이익에 대한 증여세(상증법 제41조의4)는 대부기간 중에 대부자로부터 해당 금전을 상속 또는 증여받거나, 해당 금전에 대한 채권자 지위가 이전된 경우, 금전대출자가 사망한 경우, 이와 유사한 경우로 금전을 무상 또는 적정이자율보다 낮은 이자율로 대출받은 자가 해당 금전을 무상으로 또는 적정이율보다 낮은 이자율로 대출받지 아니하게 되는 경우

3) 타인 재산을 무상으로 담보 제공하고 금전 등을 차입(借入)함에 따라 상증법 제42조에 따른 증여세를 결정 또는 경정받은 자가 재산 사용기간 중에 재산 제공자로부터 해당 재산을 상속 또는 증여받거나, 담보제공자가 사망한 경우 또는 해당 재산을 담보로 사용하지 아니하게 된 경우

예시

(문) 2019.9.1. 시가 15억원의 토지(소유자: 부)에 자(성년, 거주자)가 건물을 신축하여 당해 토지를 무상사용하였음. 2022.10.10.에 토지를 양도한 경우 자의 경정청구 금액은?

(답) 2019년 증여세액: (113,723,700원*-5천만원)×10%=6,372,370원

2022년 경정청구세액: 6,372,370×(23월/60월)=2,442,740원

*15억원×2%×3.7909

다. 경정 등 청구방법

결정 또는 경정청구를 하려는 자는 다음 사항을 기재한 결정 또는 경정청구서를 제출해야 한다.

1) 청구인의 성명과 주소 또는 거소
2) 결정 또는 경정 전의 과세표준과 세액
3) 결정 또는 경정 후의 과세표준과 세액
4) 결정 또는 경정 청구 사유에 해당됨을 입증하는 서류
5) 1)부터 4)까지 이외의 기타 필요한 사항

[관련 질의회신 · 판례 등]

○ 확정판결의 의미

"피상속인 또는 상속인과 그 외의 제3자와의 분쟁으로 인한 상속회복청구소송 또는 유류분반환청구소송의 확정판결이 있는 경우"에서 '확정판결'에는 재판상 화해, 조정 기타 판결과 동일한 효력이 있는 것을 포함하며, 다만, 형식적인 재판절차만 경유한 사실이 확인되면 증여재산에 포함되고, 경정청구대상에 해당하지 않음(서면2015법령해석재산-0363, 2015.08.19.).

○ 상속회복청구소송의 의미

상속회복청구소송이라 함은 민법 제999조 소정의 상속회복의 소를 의미한다 할 것인바, 상속회복의 소는 상속권이 참칭상속인으로 인하여 침해된 때에 진정한 상속권자가 그 회복을 청구하는 소를 가리키나, 재산상속에 관하여 진정한 상속인임을 전제로 그 상속으로 인한 소유권 또는 지분권 등 재산권의 귀속을 주장하고, 참칭상속인 또는 자기들만이 재산상속을 하였다는 일부 공동상속인들을 상대로 상속재산인 부동산에 관한 등기의 말소 등을 청구하는 경우에도 그 소유권 또는 지분권이 귀속되었다는 주장이 상속을 원인으로 하는 것이면 그 청구원인 여하에도 불구하고 이는 상속회복청구의 소라고 해석함이 상당함(대법원2005두10743, 2007.11.29.).

제4절 고충민원

'고충민원'은 세무관서장의 처분이 완료된 사항으로, 위법 또는 부당한 처분을 받았거나 필요한 처분을 받지 못하여 납세자의 권리 · 이익이 침해되었거나 불편 또는 부담을 준 사항에 관한 민원을 말한다(납세자보호사무처리규정 제2조제1항제5호)

다음의 어느 하나에 해당하는 경우 고충민원 대상에서 제외한다. 다만, '1' 및 '2'의 경우 본안 심리를 거치지 않은 각하결정 또는 「국세기본법」에 따른 불복청구 및 과세전적부심사로 결정이 완료되어 확정된 것으로, 불복청구 등의 주된 이유와 고충민원의 주된 이유가 확연히 구분되고 정당한 근거, 사유가 있는 사항 등은 고충민원 대상에 포함한다.

1. 「국세기본법」, 「감사원법」, 「행정소송법」 등에 따른 불복절차가 진행 중이거나 결정이 완료되어 확정된 사항
2. 「국세기본법」에 따른 과세전적부심사가 진행 중이거나 결정 완료된 사항
3. 감사원장, 국세청장, 지방국세청장의 감사결과에 따른 시정지시에 의하여 처분하였거나 처분할 사항
4. 탈세제보, 외화도피 신고, 세금계산서 미발행 등 세금 관련 고소 · 고발
5. 「조세범처벌절차법」 제15조에 따른 통고처분 및 제17조에 따른 고발
6. 「국세기본법」 등에 따른 경정청구, 불복 및 과세전적부심사 청구 기한이 지나지 아니한 사항
7. 「민사소송법」 등 법률에 따른 소송 등이 진행 중인 사항으로 쟁점에 대한 사실관계를 확정할 수 없는 경우
8. 「조세특례제한법 시행령」 제2조에 따른 중소기업에 속하지 않는 법인이 신청하는 경우
9. 「국세징수법」 제106조에 따라 국세체납정리위원회가 설치된 세무관서의 경우 국세체납정리위원회의 심의 대상에 해당하는 사항.

세무관서의 처분에 대하여 고충민원을 신청하려는 자는 국세 부과 제척기간이 지나기 30일 전까지 할 수 있다. 세무관서의 처분이 중대하고 명백한 잘못이 있어 당연무효에 해당하는 경우에는 30일 기간을 적용하지 아니하되, 국가를 상대로 한 부당이득반환청구의 성격이 포함되어 있는 경우에는 부당이득반환청구권 소멸시효기간(5년)이 경과하기 30일 전까지 신청할 수 있다.

고충민원은 이를 접수한 날부터 14일(초일은 산입하되, 공휴일 · 토요일은 산입하지 아니한다) 이내에 처리하고 그 결과를 민원인에게 회신하여야 한다. 다만 사실 확인, 납세자보호위원회 심의, 세무관서 간 의견 조회, 법령자문 또는 실지조사 등에 상당한 시간이 소요되는 등 부득이한 사유로 처리기간 내에 처리가 곤란한 경우에는 접수일로부터 30일이 초과되지 아니한 범위 내에서 1회에 한하여 그 처리 기간을 연장할 수 있다.

[관련 질의회신 · 판례 등]

○ 고충민원의 성격

청구인이 처분청에 제기한 고충민원은 「국세기본법」이 정하는 불복절차에 해당하지 아니하고, 위 고충민원은 처분청이 청구인에게 회신한 공문 내용과 유사하며, 처분청의 민원회신은 불복의 대상이 되는 처분에 해당하지 아니하고, 이미 당초 상속세고지서 송달일부터 불복기간(처분이 있는 것을 안 날로부터 90일 이내)도 도과하였으므로 이 건 심판청구는 부적법한 청구에 해당함(조심2017부-4886, 2017.12.21.).

○ 고충민원의 국세환급가산금

경정청구 기간 또는 불복청구 기간 경과 등으로 과세표준과 세액이 확정된 후에 처분청이 납세자의 고충민원으로 당해 세액을 환급하는 경우에는 국세기본법 제52조의 국세환급가산금을 지급하지 아니함(징세과-1370, 2009.3.11.).

⇒ 해석으로 운용하다가 2021.1.1. 국기법에 포함하였다(국기법 제52조).

제2장 연부연납과 물납

제1절 연부연납

상속세와 증여세는 일시에 납부하는 것이 원칙이지만, 납세의무 이행을 쉽게 이행하기 위하여 일정 요건이 성립되는 경우에 분할하여 납부할 수 있다. 이 경우 2회에 나누어 내는 것을 분납, 연 단위로 분할하여 납부하는 것을 연부연납이라고 한다. 분납은 담보와 허가가 필요하지 않지만, 연부연납은 담보제공과 허가를 필요로 한다.

연부연납제도는 상속세 또는 증여세인 경우에는 세액이 거액인 경우가 많고, 취득재산도 부동산 등 환가에 상당한 기간이 필요한 재산인 경우가 많은데, 그러한 경우까지 징수 편의만을 내세워 일시납부 원칙을 고수하면 납세의무자에게 과중한 부담을 주고, 경우에 따라서는 짧은 납기 내에 상속 또는 수증받은 재산 자체의 처분을 강요하는 결과가 되어 납세의무자의 생활기초마저 위태롭게 할 우려가 있으므로, 국세수입을 해하지 않는 한도에서 납세의무자에게 분할 납부 및 기한유예 편익을 제공하려는 데 그 취지가 있다(대법원91누9374, 1992.4.10.)라고 법원은 보았다.

〈연부연납 허가현황 통계[1]〉

(단위 : 백만원)

구분	상속세		증여세		합계	
	건수	금액	건수	금액	건수	금액
2016년	723	484,540	2,168	555,780	7,232	1,040,320
2017년	931	1,086,762	2,852	1,247,775	3,783	2,334,537
2018년	1,210	1,736,198	4,108	1,360,827	5,318	3,097,025
2019년	1,406	1,424,896	3,866	1,200,243	5,272	2,625,139
2020년	1,695	2,067,454	7,232	1,740,045	8,927	3,807,499

1. 국세통계(stats.nts.go.kr).

1. 연부연납 신청요건

다음 요건에 해당하는 경우에는 신청을 받아 연부연납을 허가할 수 있다.

가. 상속세 납부세액 또는 증여세 납부세액이 2천만원을 초과하여야 한다

2천만원 초과여부 계산 기준은 국세청과 심판원 입장이 다르다. 증여 시기가 다르지만 고지서의 납부기한이 같은 경우 국세청은 각 고지서별 납부기한 내의 납부세액을 기준으로 2천만원을 판단하고(법규과-26, 2014.1.13.), 심판원은 납부기한이 같다면 고지세액 합계액을 기준으로 2천만원을 판단한다고 보았다(조심2014서1304, 2014.5.28.).

나. 상속세 또는 증여세 과세표준 신고기한이나 결정통지에 의한 납부고지서상 납부기한까지 연부연납신청서를 제출하여야 한다. 이 경우 기한 후 신고나 수정신고의 경우에도 연부연납 신청이 가능하다

상속인 전부가 연부연납을 신청하되, 연부연납 신청 상속인이 다른 공동상속인에게 공동신청을 요청했으나 그 공동상속인의 거부 또는 주소불명 등 사유로 공동신청이 곤란하다고 인정되면 상속인이 상속재산 중 본인이 받았거나 받을 재산에 대한 상속세를 한도로 연부연납을 신청할 수 있다.[2] 국징법에 의한 징수유예의 경우에도 당해 기간내에 연부연납신청서를 제출하지 아니한 경우에는 연부연납 허가를 받을 수 없다(재재산46014-26, 1999.10.6.).

다. 연부연납 신청 세액에 상당하는 납세담보를 제공하여야 한다

연부연납 신청시 제공한 담보재산 가액이 연부연납 신청세액에 미달하면 담보 제공된 재산 가액에 상당하는 세액 범위 내에서 연부연납을 허가할 수 있다(상증집행기준 71-67-2).

---

2. 2013.2.23. 법정서식 연부연납 허가신청서 작성방법 6번 내용을 개정하였다. 그 이전에는 상속인 전부가 연부연납을 신청한 경우로 한정하였다가 특정 상속인도 할 수 있도록 개정한 것이다. '서식의 작성방법'을 개정하는 것보다 시행규칙 본문이나, 시행령 본문을 개정하는 것이 맞아 보인다.

> 6. 상속인 전부가 연부연납을 신청하되, 연부연납을 신청하려는 상속인이 다른 공동상속인에게 공동신청을 요청했으나 그 공동상속인의 거부 또는 주소불명 등의 사유로 공동신청이 곤란하다고 인정되는 경우에는 상속인이 상속재산 중 본인이 받았거나 받을 재산에 대한 상속세를 한도로 연부연납을 신청할 수 있습니다.
> 신청인들을 대리하여 세무대리인이 이 신청서를 제출하는 경우에는 세무대리인의 명칭(성명) 및 관리번호를 신청인란의 신청인 다음에 적고, 해당 세무대리인이 서명 또는 날인하여 제출합니다.

〈연부연납 신청금액 개정연혁〉

2007.12.31. 이전	2008.1.1. 이후
1천만원 초과	2천만원 초과

2. 연부연납 신청 및 허가

<table>
<tr><th>연부연납 신청대상 세액 구분</th><th>신청기한</th><th>허가통지 기한</th></tr>
<tr><td>과세표준 신고시 납부할 세액</td><td>신고기한 이내</td><td>상속세 : 신고기한부터 9개월
증여세 : 신고기한부터 6개월</td></tr>
<tr><td>수정 신고시 납부할 세액
기한후 신고시 납부할 세액</td><td>수정 신고시
기한 후 신고시
(결정통지 전)</td><td>상속세 : 신고일이 속하는 달 말일 부터 9개월
증여세 : 신고일이 속하는 달 말일 부터 6개월</td></tr>
<tr><td>신고 후 무납부에 대한 고지세액
무신고자나 미달신고자의 신고 세액을 초과한 고지세액</td><td>고지서상 납부기한</td><td rowspan="2">납부기한 경과일부터 14일 이내</td></tr>
<tr><td>상증법 제4조의2제6항 증여자 연대납세 의무에 따라 납부하는 증여세</td><td>납부고지서상 납부기한</td></tr>
<tr><td>연부연납신청시 특정 납세담보물을 함께 제공한 경우</td><td colspan="2">연부연납신청일에 허가된 것으로 간주</td></tr>
</table>

연부연납 신청은 상속세 또는 증여세 과세표준 신고서를 신고기한 또는 기한 후 신고서, 수정 신고서 제출시와 결정에 의한 납부고지서상 납부기한 내에 신청할 수가 있다.

상속 · 증여세 신고는 하였으나 납부하지 않은 경우에도 무납부에 대한 납부고지서 납부기한까지 연부연납 신청이 가능하도록 연부연납 신청요건을 완화하였다.

〈연부연납 대상 개정연혁〉

구분	내용
2003.1.1. 이후	증여세 연대 납세의무자의 연부연납 허용
2010.2.18. 이후	무납부 고지에 대해 연부연납 허용
2011.1.1. 이후	기한 후 신고에 대해 연부연납 허용
2013.2.23. 이후	(부득이한 사유) 일부 상속인이 자기지분에 한해 연부 연납 신청 가능
2020.2.11. 이후	수정 신고시에도 연부연납 허용 기한 후 신고시 연부연납 통지기한을 상속 6개월에서 9개월, 증여 3개월에서 6개월로 연장

가. 과세표준 신고시 납부할 세액의 연부연납

상속 · 증여세 신고시 납부해야 할 세액에 대하여 연부연납을 신청하려는 자는 그 신고기한까지 과세표준 신고와 함께 연부연납신청서를 납세지 관할세무서장에게 제출하여야 한다.

이 경우 신청서를 받은 세무서장은 신고기한이 경과한 날부터 상속세는 9개월, 증여세는 6개월 이내에 신청인에게 그 허가여부를 서면으로 결정 · 통지하여야 한다. 이 경우 당해 기간까지 그 허가여부에 대한 서면을 발송하지 않은 때는 허가한 것으로 본다.

나. 수정 신고시 납부할 세액의 연부연납

2020.2.11. 이후 상속 · 증여세 수정 신고분부터는 신고시 납부해야 할 세액에 대하여 연부연납을 신청하고자 하는 자는 그 수정 신고와 함께 연부연납신청서를 납세지 관할세무서장에게 제출하여야 한다.

이 경우 신청서를 받은 세무서장은 수정 신고일이 속하는 달 말일부터 상속세는 9개월, 증여세는 6개월 이내에 신청인에게 그 허가여부를 서면으로 결정 · 통지하여야 한다. 이 경우 당해 기간까지 그 허가여부에 대한 서면을 발송하지 않은 때는 허가한 것으로 본다.

다. 기한 후 신고시 납부할 세액의 연부연납

상속 · 증여세 기한 후 신고시 납부해야 할 세액에 대하여 연부연납을 신청하려는 자는 그 기한 후 신고와 함께 연부연납신청서를 납세지 관할세무서장에게 제출하여야 한다. 이 경우 신청서를 받은 세무서장은 기한 후 신고일이 속하는 달 말일부터 상속세는 9월, 증여세는 6월 이내에 신청인에게 그 허가여부를 서면으로 결정 · 통지하여야 한다. 이 경우 당해 기간까지 허가여부에 대한 서면을 발송하지 않은 때는 허가한 것으로 본다.

라. 납세고지 세액에 대한 연부연납

상속세나 증여세를 무신고하거나 당초 신고내용에 탈루나 오류가 있는 경우에는 정부에서 과세표준과 세액을 결정하여 납부고지서를 통지한다.

이처럼 신고시 납부해야 할 세액 외의 세액에 대하여 정부로부터 납부고지서를 받은 자가 연부연납신청을 하려면 납부고지서상 납부기한(증여세 연대납부의무자가 납부하는 증여세는 납부고지서상 납부기한까지임)까지 연부연납신청서를 관할 세무서장에게 제출하여야 한다.

종전에는 신고시 납부하여야 할 세액을 납부하지 않은 경우 연부연납신청이 가능하지 않았으나, 2010.2.18. 이후 납부고지서상 납부기한이 도래하는 분부터는 신고 후 무납부한 경우에도 연부연납 신청이 가능하게 되었다.

이 경우 신청서를 받은 세무서장은 납부고지서상 납부기한이 경과한 날부터 14일 이내에 신청인에게 그 허가 여부를 서면으로 결정 · 통지하여야 하고, 당해 기간까지 그 허가 여부를 서면발송하지 않은 때는 허가한 것으로 본다.

또한, 납부기한을 경과하여 연부연납 허가여부를 통지하는 경우에는 그 연부연납액에 상당한 세액 징수에 있어서는 연부연납 허가여부 통지일 이전에 한하여 국기법상 납부지연가산세를 부과하지 아니한다.

마. 특정 납세담보제공과 함께 연부연납 신청시 연부연납 자동허가

2009.1.1. 이후 연부연납을 신청하는 분부터는 국징법 제18조제1호부터 제4호까지 납세담보(금전, 국채 · 지방채, 세무서장 인정하는 유가증권, 납세보증보험증권, 세무서장이 인정하는 보증인의 납세보증서)를 제공하면서 연부연납 허가를 신청하는 경우에는 그 신청일에 허가받은 것으로 본다(상증법 제71조제1항후단). 이에 해당하면 그 신청일이 허가일이 되고, 별도로 연부연납 허가통지 절차는 불필요하다.

바. 상속세 연부연납 신청방법 개선

상속세는 공동상속인이 연대하여 납부하므로 상속인 전부가 연부연납을 신청해야 한다. 2013.2.23. 이후부터 유류분반환청구소송 등을 통해 상속재산을 회복하는 경우 다른 상속인들의 협의를 받아 신청하기 어려운 경우 등 부득이한 사유로 상속인 전부 신청이 어려운 경우에는 일부 상속인이 자기지분에 한해 연부연납을 신청할 수 있다.

3. 연부연납과 납세담보의 제공

연부연납을 신청하는 경우 납세의무자는 연부연납 신청세액(연부연납가산금 포함)에 상당하는 납세담보를 제공하여야 하며, 연부연납 신청시 제공한 담보재산 가액이 연부연납 신청세액 미만인 경우 그 담보로 제공된 재산 가액에 상당하는 세액 범위 내에서 연부연납을 허가할 수 있다.

또한, 연부연납을 허가받은 자가 연부연납세액 각 회분을 납부한 경우 동 금액에 상당하는 담보를 순차로 해제할 수 있다(상증집행기준 71-67-2).

담보 제공 및 해제에 관하여는 국징법 제18조부터 제23조까지 규정을 준용[3]한다.[4]

---

3. 2021.2.16. 이전은 국기법 제29조부터 제34조까지 규정을 준용한다.

4. 연부연납기간

세목			연부연납 기간
증여세			허가받은 날부터 5년
상속세	일반 재산		허가받은 날부터 10년
	가업상속재산 (사립유치원에 직접 사용하는 재산 등 포함)	50% 미만	10년 또는 연부연납 허가 후 3년이 되는 날부터 7년 이내 범위에서 납세의무자가 신청한 기간
		50% 이상	20년 또는 연부연납 허가 후 5년이 되는 날부터 15년 이내 범위에서 납세의무자가 신청한 기간

가. 상속세 중 가업상속재산이 포함된 경우

상속재산 중 가업상속재산이 포함된 경우에는 그 비율에 따라 연부연납 기간이 다르다. 가업상속재산의 비율은 상속재산(상속인이 아닌 자에게 유증한 재산을 제외) 중 가업상속재산이 차지하는 비율을 말한다.

연부연납 기간 특례 활용을 통한 원활한 가업승계를 지원하기 위해 가업상속공제를 받지 않았더라도 아래 1)의 상속재산을 아래 2)의 요건을 충족한 중소기업 또는 중견기업이 상속받은 경우에는 연부연납 기간 특례를 적용받을 수 있도록 하였다. 이 경우 중견기업 판정시 매출액 기준은 적용하지 않는다.

2019.12.31. 이전의 연부연납 특례(10년 등)를 적용받기 위한 가업상속재산은 가업상속공제를 받은 경우이며 신설된 중견기업 "상속세 납부능력 요건"(2019.1.1. 상속분부터 적용)은 제외한다. 가업상속재산에는 사립유치원에 직접 사용하는 재산으로 유아교육법 제7조제3호에 따른 교지, 실습지, 교사 등의 상속재산을 포함한다.

〈가업상속재산의 연부연납 특례 개정연혁〉

2018.1.1. 이후	2020.2.11. 이후	2021.2.17. 이후
가업상속공제 요건과 동일[5]	가업상속공제 요건과 다름	사업용 자산가액 산정시 임대용부동산 제외

---

4. 국징령 제19조(납세담보의 평가) 제2항제1호에서 토지 또는 건물은 상증법 제60조 및 제61조에 따라 평가한다고 규정하고 있다. 그런데 상증법 규정은 상속세 또는 증여세에 따라 평가기간이 다르고, 평가기간 밖 가액이라도 평가심의위원회에 심의를 거쳐 평가할 수 있기 때문에 평가기간을 한정하는 등의 입법적인 보완이 필요하다.
5. 가업상속공제를 받지 않은 경우, 연부연납 특례를 적용한다. 자세한 설명은 "〈쟁점〉 가업상속공제 받지 않아도 연부연납 특례가 적용되는 경우"를 참고하기 바란다.

2018.1.1. 상속부터 연부연납 특례를 적용할 수 있으며(가업상속공제 요건과 동일), 2020.2.11.부터 가업상속공제 요건과 다른 특례 요건을 충족시 적용하고, 2021.2.17.부터 사업용 자산가액 산정시 임대용 부동산은 제외한다.

1) 가업상속재산

가업상속재산이란 다음 구분에 따라 위 1)의 ③ 요건을 모두 갖춘 상속인이 받거나 받을 상속재산을 말한다.

가) 소득법을 적용받는 기업: 기업활동에 직접 사용되는 토지, 건축물, 기계장치 등 사업용 자산[2021.1.1. 이후 상속부터 타인에게 임대하는 부동산(지상권, 부동산임차권 등 부동산에 관한 권리 포함)은 제외] 가액에서 해당 자산에 담보된 채무액을 뺀 가액

나) 법인법을 적용받는 기업: 법인의 주식등 가액[해당 주식등 가액에 그 법인의 총자산가액(상속개시일 현재 법 제4장에 따라 평가한 가액) 중 상속개시일 현재 사업무관자산을 제외한 자산가액]이 차지하는 비율을 곱하여 계산한 금액에 해당하는 것을 말한다.

2) 중소기업 또는 중견기업을 상속받은 경우

중소기업 또는 중견기업을 상속받은 경우란 다음 요건을 모두 갖춘 경우를 말한다.

가) 조특령제2조제1항에 따른 중소기업 또는 같은 영 제9조제4항에 따른 중견기업을 상속받은 경우

나) 피상속인이 다음 요건을 모두 갖춘 경우

(1) 중소기업 또는 중견기업의 최대주주등인 경우로 피상속인과 그 특수관계인의 주식등을 합하여 해당 기업 발행주식총수등의 100분의50[「자본시장과 금융투자업에 관한 법률」 제8조의2제2항에 따른 거래소에 상장되어 있는 법인이면 100분의 30] 이상을 5년 이상 계속 보유할 것

(2) 피상속인이 해당 기업을 5년 이상 계속 경영한 경우로 해당 기업의 영위기간 중 다음 어느 하나에 해당하는 기간을 대표이사등으로 재직할 것

- 100분의 30 이상의 기간
- 5년 이상의 기간(상속인이 피상속인의 대표이사등의 직을 승계하여 승계한 날부터 상속개시일까지 계속 재직한 경우로 한정한다)
- 상속개시일부터 소급하여 5년 중 3년 이상의 기간

(3) 상속인이 다음 요건을 모두 갖춘 경우. 상속인의 배우자가 다음 요건을 모두 갖추었다

면 상속인이 그 요건을 갖춘 것으로 본다.

- 상속개시일 현재 18세 이상일 것
- 상속세과세표준 신고기한까지 임원으로 취임하고, 상속세 신고기한부터 2년 이내에 대표이사등으로 취임할 것

3) 연부연납 기간

가) 가업상속재산 비율이 50% 미만인 경우

2018.1.1. 이후 가업을 상속받은 분부터 연부연납 허가일부터 10년 또는 연부연납 허가 후 3년이 되는 날부터 7년 이내 범위에서 납세의무자가 신청한 기간으로 한다.

나) 가업상속재산 비율이 50% 이상인 경우

2018.1.1. 이후 가업을 상속받은 분부터 연부연납 허가일부터 20년 또는 연부연납 허가 후 5년이 되는 날부터 15년 이내의 범위에서 납세의무자가 신청한 기간으로 한다.

〈가업상속재산 연부연납기간 개정연혁〉

2017.12.31. 이전	2008.1.1. ~ 2017.12.31.	2018.1.1. 이후
가업상속재산비율 50% 미만	2년 거치 5년 납부	10년 또는 3년 거치 7년 이내
가업상속재산비율 50% 이상	3년 거치 12년 납부	20년 또는 5년 거치 15년 이내

쟁점

가업상속공제 받지 않아도 연부연납 특례가 적용되는 경우

상속세 또는 증여세는 거액인 경우가 많고, 부동산 · 주식을 상속 또는 증여받으면 환가하는 데 시간이 걸려 분할 납부할 수 있도록 하고 있다. 이 중 연 단위로 나누어 납부하는 것을 연부연납이라고 한다. 연부연납 기간은 매년 납부 세액이 1천만원을 넘는 범위에서 허가받은 날로부터 5년 이내다.

가업상속재산을 받은 경우에는 그 비율에 따라 최대 20년(연부연납 특례)까지 공제 가능하다. 그러면 가업상속재산은 가업상속공제를 받은 재산만을 의미할까? 그렇지 않다. 가업상속공제를 받지 않았더라도 연부연납 특례가 가능하다. 그럼 언제부터 이렇게 적용했을까?

국세청의 2018년 개정세법 해설에는 이렇게 나와 있다.

18 가업상속재산에 대한 연부연납 확대

(상속세 및 증여세법 제71조, 같은 법 시행령 제68조)

가. 개정취지

○ 가업상속에 대한 연부연납 지원 확대

나. 개정내용

종전	개정
□ 가업상속재산에 대한 연부연납 ○ 가업상속 연부연납 요건 : 가업상속공제 요건과 동일 ○ 연부연납 가능한 금액 상속세납부세액 × $\frac{\text{가업상속재산가액}}{\text{총상속재산가액}}$	□ 연부연납 확대 및 합리화 ○ 연부연납 요건: 가업상속공제 요건과 동일하게 규정하되, 신설된 중견기업 '상속세 납부능력 요건'은 제외 ○ 연부연납 가능한 금액 조정 상속세납부세액 × $\frac{\text{(가업상속재산가액 - 가업상속공제액)}}{\text{(총상속재산가액 - 가업상속공제액)}}$
○ 연부연납 기간 - 가업상속재산비율 50% 미만: 2년 거치 5년 납부 - 가업상속재산비율 50% 이상: 3년 거치 12년 납부	○ 연부연납 기간 연장 및 거치기간 선택 적용 - 가업상속재산비율 50% 미만: 총 10년(3년 거치 가능) - 가업상속재산비율 50% 이상: 총 20년(5년 거치 가능)

위 개정사항만 보면 가업상속공제를 받은 경우에 연부연납 특례가 적용되는 것인지, 받지 않아도 적용되는 것인지 잘 판단되지 않는다. 상증법 제71조제2항을 살펴보자

2017.12.31. 이전	2018.1.1. 이후
② 제1항에 따른 연부연납의 기간은 다음 각 호의 구분에 따른 기간의 범위에서 해당 납세의무자가 신청한 기간으로 한다. 다만, 각 회분의 분할납부 세액이 1천만원을 초과하도록 연부연납기간을 정하여야 한다. <개정 2015.12.15.> 1. 가업상속재산(「유아교육법」 제7조제3호에 따른 사립유치원에 직접 사용하는 재산 등 대통령령으로 정하는 재산을 포함한다. 이하 이 조에서 같다)의 경우에는 연부연납 허가 후 2년이 되는 날부터 5년. 다만, 상속재산(상속인이 아닌 자에게 유증한 재산은 제외한다) 중 가업상속재산이 차지하는 비율이 100분의 50 이상인 경우에는 연부연납 허가 후 3년이 되는 날부터 12년으로 한다.	② 제1항에 따른 연부연납의 기간은 다음 각 호의 구분에 따른 기간의 범위에서 해당 납세의무자가 신청한 기간으로 한다. 다만, 각 회분의 분할납부 세액이 1천만원을 초과하도록 연부연납기간을 정하여야 한다. <개정 2015.12.15., 2017.12.19.> 1. 제18조제2항제1호에 따라 가업상속 공제를 받았거나 대통령령으로 정하는 요건에 따라 가업을 상속받은 경우 대통령령으로 정하는 가업상속재산(「유아교육법」 제7조제3호에 따른 사립유치원에 직접 사용하는 재산 등 대통령령으로 정하는 재산을 포함한다. 이하 이 조에서 같다): 연부연납 허가일부터 10년 또는 연부연납 허가 후 3년이 되는 날부터 7년. 다만, 상속재산(상속인이 아닌 자에게 유증한 재산은 제외한다) 중 가업상속재산이 차지하는 비율이 100분의 50 이상인 경우에는 연부연납 허가일부터 20년 또는 연부연납 허가 후 5년이 되는 날부터 15년으로 한다.

상증령 제68조(연부연납금액등의 계산)제3항을 보면,

> ③ 법 제71조제2항제1호 본문에서 "대통령령으로 정하는 요건에 따라 가업을 상속받은 경우"란 가업상속으로서 제15조제3항의 요건을 모두 갖춘 경우를 말한다. 〈개정 2018.2.13.〉

즉, 가업상속공제 요건을 충족하였지만, 가업상속공제를 받지 않은 경우 연부연납 특례를 적용한다. 하지만 연부연납대상금액 계산시 가업상속공제받은 금액을 가업상속재산가액에 차감함으로써 가업상속공제를 받았다면 그 부분에 상당하는 부분은 특례를 적용할 수 없다.

이러한 특례는 2020.2.11.부터 가업상속공제요건과 달리한다. 그전에는 가업상속공제 요건과 연부연납 특례요건이 같았지만, 2020.2.11.부터 가업상속공제요건보다 완화된 조건[6]을 충족한 경우 특례를 적용할 수 있다. 2021.2.17. 이후 상속부터는 연부연납 대상자산가액 산정시, 사업용 자산가액 산정에서는 임대용 부동산은 제외하도록 개정하였다.

요약하면 가업상속공제를 받지 않아도 2018.1.1. 상속부터 연부연납 특례를 적용할 수 있으며(가업상속공제요건과 동일), 2020.2.11.부터 가업상속공제 요건과 다른 특례 요건을 충족시 적용하고, 2021.2.17.부터 사업용 자산가액 산정시 임대용 부동산은 제외한다.

6. 예를 들면 피상속인이 지분유지가 5년 이상, 가업영위기간 5년 등

나. '가' 외 상속세의 경우

'가업상속재산이 아닌 재산의 연부연납기간'은 연부연납을 허가받은 날부터 10년 이내 범위에서 납세의무자가 신청한 기간으로 한다. 다만, 각 회분의 분할납부 세액이 1천만원을 초과하도록 연부연납기간을 정하여야 한다.

〈가업상속재산 외의 연부연납 기간 개정연혁〉

2021.12.31. 이전	2022.1.1. 이후
5년	10년

다. 증여세의 경우

연부연납을 허가받은 날부터 5년 이내 범위에서 납세의무자가 신청한 기간으로 한다. 다만, 각 회분의 분할납부 세액이 1천만원을 초과하도록 연부연납기간을 정하여야 한다.

라. 연부연납기간의 변경

연부연납허가를 신청하여 허가통지를 받은 자가 연부연납기간 중에 연부연납세액의 전부 또는 일부를 일시에 납부하기 위하여 그 사실을 서면으로 신청하는 경우 관할세무서장은 연부연납세액의 전부 또는 일부를 일시에 납부하도록 허가할 수 있다. 이 경우 연부연납가산금은 변경된 연부연납기간에 따라 계산하여 징수한다(상증통칙 71-0-1).

5. 연부연납에 의한 분할 납부세액

연부연납하는 경우 납부 금액은 매년 납부할 금액이 1천만원을 초과하는 금액 범위에서 다음에 따라 계산된 금액으로 납부한다(상증령 제68조).

가. 증여세 및 일반 상속재산

신고납부기한 또는 납부고지서에 따른 납부기한과 납부기한 경과 후 연부연납 기간에 매년 납부할 금액	→ 연부연납 대상금액 / (연부연납기간 + 1)

나. (상속세)가업상속재산이 50% 미만인 경우

연부연납허가 후 3년이 되는 날부터 연부연납 기간에 매년 납부할 금액	→	연부연납 대상금액 / (연부연납기간 + 1)

다. (상속세)가업상속재산이 50% 이상인 경우

연부연납허가 후 5년이 되는 날부터 연부연납 기간에 매년 납부할 금액	→	연부연납 대상금액 / (연부연납기간 + 1)

'나'와 '다'에 따른 연부연납할 수 있는 상속세 납부세액의 계산은 아래와 같다.

$$\text{상속세 납부세액} \times \frac{(\text{가업상속재산가액} - \text{가업상속공제액})}{(\text{총상속재산가액} - \text{가업상속공제액})}$$

6. 연부연납기간 중 경정으로 세액이 변경된 경우 연부연납 방법

연부연납 기간 중 행정소송 등에 따라 세액이 감액 결정된 때에는 최종 확정된 연부연납 각 회분의 납부기한이 지난 분납세액을 뺀 잔액에 대하여 나머지 분납할 회수로 평분한 금액을 각 회분의 연납금액으로 한다(상증통칙 71-68-4).

7. 연부연납의 취소와 징수

가. 연부연납허가 취소 또는 변경 사유

연부연납을 허가받은 납세의무자가 다음 어느 하나의 사유가 발생하면 그 연부연납 허가를 취소 또는 변경하고, 그에 따라 연부연납과 관계되는 세액 전액 또는 일부를 징수할 수 있다. 연부연납 허가를 취소한 경우에는 납세의무자에게 그 뜻을 통지하여야 한다.

1) 연부연납세액을 지정된 납부기한까지 납부하지 아니한 경우

납세담보를 제공하면서 연부연납신청하여 그 신청일에 허가받은 것으로 보는 경우, 납부예정일자를 말한다.

2) 담보 변경 기타 담보 보전에 필요한 관할세무서장의 명령에 따르지 아니한 경우

3) 납기 전 징수사유(국징법 제9조제1항 각 호)에 해당되어 그 연부연납기한까지 그 연부연납과 관계되는 세액 전액을 징수할 수 없다고 인정되는 경우

4) 다음 가업상속공제 금액 추징사유(상증령 제68조제6항)에 해당하는 경우. 이는 가업상속공제 사후관리와 동일하지 않음에 주의해야 한다.
  가) 상증령 제68조제4항에 따른상속재산의 50% 이상을 처분하는 경우. 다만, 상증령 제15조제8항제1호 각 목의 어느 하나에 해당하는 경우는 제외
  나) 상속인(상속인의 배우자)이 대표이사등으로 종사하지 아니하는 경우나 해당 사업을 1년 이상 휴업(실적이 없는 경우를 포함)하거나 폐업하는 경우. 다만, 상증령 제15조제8항제2호 각 목의 어느 하나에 해당하는 경우는 제외
  다) 상속인이 최대주주등에 해당되지 아니하는 경우. 다만, 상증령 제15조제8항제3호다목 및 라목에 해당하는 경우는 제외

5) 사립유치원에 직접 사용하는 재산을 해당 사업에 직접 사용하지 아니하는 경우 등
  가) 사립유치원이 폐쇄되는 경우
  나) 상속받은 사립유치원 재산을 사립유치원에 직접 사용하지 아니하는 경우

나. 연부연납허가 취소 또는 변경 방법

연부연납 허가 후 연부연납 허가취소 또는 변경사유에 해당하면 다음과 같은 방법으로 당초 허가한 연부연납을 취소하거나 변경한다.

1) 허가일부터 5년 이내에 가업상속공제금액 추징사유(상증법 제18조제5항제1호) 발생시 허가일부터 5년에 미달하는 잔여 기간에 한하여 연부연납을 변경하여 허가하되, 그 연부연납 금액에 관하여는〔연부연납 대상금액 /(연부연납기간+1)〕으로 계산한다.

2) 그 밖의 경우
연부연납 허가를 취소하고 연부연납과 관계되는 세액을 일시에 징수한다.

8. 연부연납 가산금

연부연납 허가를 받은 자는 각 회 분 분납세액에 대하여 연부연납 가산율로 계산한 가산금을 본세에 합산하여 부과한다. 이 경우 연부연납 가산율은 각 회분 분할납부세액의 납부일 현재 이자율을 적용한다(2020.2.11. 이후 신청하는 분부터).

연부연납 허가세액의 전부 또는 일부를 일시 납부하고자 하는 경우 관할세무서장에게 신청하여 고지서를 발부받아 납부할 수 있으며, 이자상당액은 당해 고지서상 납부기한까지 다시 계산한다(재삼46014-1793, 1998.9.18.).

가. 연부연납가산금의 가산율

연부연납 이자율은 2020.2.10. 이전까지는 신청일 현재의 이자율을 적용하였으나 2020.2.11. 이후 신청분부터는 각 회분 분할납부세액의 납부일 현재 국기령 제43조의3제2항 본문에 따른 가산율을 적용한다.

2010.4.1. ~2011.4.10.	2011.4.11. ~2012.2.29.	2012.3.1. ~2013.2.28.	2013.3.1. ~2014.3.13.	2014.3.14. ~2015.3.5.	2015.3.6. ~2016.3.6.
연 4.3%	연 3.7%	연 4.0%	연 3.4%	연 2.98%	연 2.5%
2016.3.7. ~2017.3.14.	2017.3.15. ~2018.3.18.	2018.3.19. ~2019.3.19.	2019.3.20. ~2020.3.12.	2020.3.13. ~2021.3.15.	2021.3.16.~
연 1.8%	연 1.6%	연 1.8%	연 2.1%	연 1.8%	연 1.2%

2020.2.10. 이전에 연부연납 기간 중이라면 2020.2.11. 이후 납부하는 분부터 상증령 제69조 개정규정(납부일 현재 이자율)을 적용할 수 있으며, 같은 개정규정 적용 이후 연부연납 기간에 대해서는 개정규정을 계속 적용해야 한다(상증령 부칙 제30391호, 2020.2.11.).

이 경우, 납부일 현재 이자율을 적용하고자 하는 납세의무자는 분할납부세액의 납부기한이 속하는 달의 전전월 말일까지(다만, 2020.4.30. 이전에 납부기한이 도래하는 분에 대하여 신청시 납부기한까지) 신청하여야 하며, 신청받은 관할세무서장은 납세자에게 납부일 현재 이자율에 따라 가산금을 납부하여야 함을 통지하여야 한다(상증규칙 부칙 제5조).

〈연부연납 가산금 가산율 개정연혁〉

2010.2.18.	2016.2.5.	2020.2.11.
국세청 고시에서 국기령으로 이관	신청일 현재 이자율이 적용됨을 상증령에서 규정	납부일 현재 이자율 적용 (2020.2.11. 전에 연부연납기간 중에 있는 분에 대해서는 신청에 의해 납부일 현재 가산율 적용 가능)

나. 연부연납 가산금의 계산

1) 첫 회분 납부 가산금

연부연납허가 총세액	×	신고기한 또는 납세고지서의 납부기한의 다음날부터 첫 회 분납세액의 납부기한까지의 일수	×	납부일 현재 가산율

2) 2회분부터 납부할 가산금

{ 연부연납허가 총세액	-	직전 회까지 납부한 분납세액 합계액 }	×	직전회의 분납세액 납부기한의 다음날부터 당해 분납기한까지 일수	×	납부일 현재 가산율

예시[7]

□ 다음과 같은 경우 연부연납시 납부할 세액을 계산하면?

총 납부할 상속세액: 600,000,000원(가업상속재산 없음)

상속세 신고기한(연부연납신청): 2019.6.30.

연부연납 신청시 연부연납기간: 1회분(2020.12.31)~5회분(2024.12.31)

연부연납 허가일: 2019.12.31(기간: 5년)

(문1) 납부일 현재 이자율 적용을 신청하지 않는 경우

회분	납부연월일	연부연납세액	가산금	납부할 세액
신고시	2019.6.30.	100,000,000	-	100,000,000
1	2020.12.31.	100,000,000	15,793,150	115,793,150
2	2021.12.31.	100,000,000	8,400,000	108,400,000
3	2022.12.31.	100,000,000	6,300,000	106,300,000
4	2023.12.31.	100,000,000	4,200,000	104,200,000
5	2024.12.31.	100,000,000	2,100,000	102,100,000
	합계	600,000,000	36,793,150	636,793,150

(답1) ※ 1회차 계산:(5억원×연 21/1,000)×(184/365)(2019.7.1. ~ 2019.12.31.) = 5,293,150원

(5억원×연 21/1,000)×(366/366) (2020.1.1. ~ 2020.12.31.) = 10,500,000원

※ 2회차(3, 4, 5회분): 4억(3억, 2억, 1억)×연 21/1,000 = 8,400,000원

(6,300,000원, 4,200,000원, 2,100,000원)

(문2) 1회차(2020.10.31.까지 신청)에 납부일 현재 이자율로 신청한 경우

회분	납부연월일	연부연납세액	가산금	납부할 세액
신고시	2019.6.30.	100,000,000	-	100,000,000
1	2020.12.31.	100,000,000	13,536,980	113,536,980
2	2021.12.31.	100,000,000	납부일 현재 이자율	연부연납세액 + 납부일 현재 이자율로 계산한 가산금
3	2022.12.31.	100,000,000	"	
4	2023.12.31.	100,000,000	"	
5	2024.12.31.	100,000,000	"	
	합 계	600,000,000		

(답2) ※ 1회차 계산: (5억원×연 18/1,000)×(184/365)(2019.7.1.~2019.12.31.) = 4,536,980원

(5억원×연 18/1,000)×(366/366)(2020.1.1.~2020.12.31.) = 9,000,000원

※ 2회차(3, 4, 5회차): 4억(3억, 2억, 1억)×납부일 현재 이자율

(문3) 3회차(2022.10.31.까지 신청)에 이자율을 신청한 경우

회분	납부연월일	연부연납세액	가산금	납부할 세액
신고시	2019.6.30.	100,000,000	-	100,000,000
1	2020.12.31.	100,000,000	15,793,150	115,793,150
2	2021.12.31.	100,000,000	8,400,000	108,400,000
3	2022.12.31.	100,000,000	납부일 현재 이자율	연부연납세액 + 납부일 현재 이자율로 계산한 가산금
4	2023.12.31.	100,000,000	"	
5	2024.12.31.	100,000,000	"	
	합 계	600,000,000		

(답3) ※ 1회차 계산: (5억원×연 21/1,000)×(184/365)(2019.7.1.~2019.12.31.) = 5,293,150원

(5억원×연 21/1,000)×(366/366)(2020.1.1.~2020.12.31.) = 10,500,000원

※ 2회차: 4억(3억, 2억, 1억)×연 21/1,000 = 8,400,000원

※ 3회분(4, 5회차): 3억(2억, 1억)×납부일 현재 이자율

7. 『2021 상속세 및 증여세법』, 국세공무원교육원

쟁점

연부연납 가산금 적용시 적용하는 가산율

연부연납은 년 단위로 납부하고, 각 회 분할 납부세액에 대하여 연부연납 가산율로 계산한 가산금을 본세에 합산하여 부과한다. 이 경우 연부연납 가산금을 계산하기 위한 가산율은 2020.2.11. 연부연납 신청부터 각 회분 분할납부세액의 납부일 현재 이자율을 적용한다. 2020.2.11. 전에는 신청일 현재 이자율이었는데 납부일 현재 이자율로 개정된 것이다. 연부연납 가산금 가산율의 개정연혁을 보면 2016.2.5. 상증령을 개정하면서 신청일 현재 이자율이 적용되고 2020.2.11.부터 납부일 현재 이자율이 적용됨을 알 수 있다.

그러면 2016.2.5. 전에는 어떤 이자율을 적용하였을까? 이 쟁점은 법원에서 납부일 현재 이자율이 적용된다고 결론이 났지만 여기서는 그 과정을 살펴보자.

연부연납 가산금 가산율은 지금은 상증령과 상증규칙에서 규정하고 있지만, 예전에는 국세청 고시(연부연납가산금의 가산율 고시)에서 가산율을 고시하였고, 고시 부칙에서 신청일부터 적용한다고 규정하고 있었다. 2010.2.18. 가산율을 국기령 이자율을 적용한다고 상증령을 개정하였고 여기에 대해 다툼이 있었다. 납세자는 국기령의 이자율(국세환급금 이자율)이 납부일 현재 이자율로 보았고, 과세관청은 위 개정이 이자율 적용방법이 변경된 것이 아니라 이자율의 근거가 고시에 국기령으로 바뀐 것이므로 신청일 현재 이자율이 적용된다고 보았다.

한편, 이에 대한 연부연납 처분은 부과처분이 아닌 징수처분이라서 불복 대상이 아니었는데 심판원에서 심판청구를 각하하지 않고, 납부일 현재 이자율로 결정하였다(조심2015부4511, 2015.12.8. 등). 또, 심판원은 심판원 합동회의를 통해 납부일 현재 이자율에서 신청일 현재 이자율로 입장(조심2017서3716, 2017.10.23.)을 바꾸게 된다.

연부연납 가산금에 대해 대법원은 납부일 현재 이자율을 적용한다(대법원2019다228247, 2019.8.14.)라고 판결하였다. 지난 시간을 돌아보면, 국세청은 심판원의 납부일 현재 이자율 적용한다는 결정에도 기재부의 신청일 현재 이자율이 적용된다는 해석(기획재정부 재산세제과-336, 2017.5.23.)에 따라 신청일 현재 이자율을 적용하였고, 이에 조세심판원 등에 불복한 납세자만 납부일 현재 이자율이 적용되는 등 납세자 및 세무서의 혼란이 있었다. 한편 심판원은 불복청구 대상이 아님에도 각하 결정하지 않은 책임이 있다. 결국 상증령을 개정하면서 현재는 납부일 현재 이자율을 적용한다.

[관련 질의회신 · 판례 등]

○ (2016.2.4. 이전) 연부연납가산금 가산율 적용시기
(기재부) 각 회분 연부연납가산금 가산율은 연부연납 신청 당시 국기령 제43조의3제2항에 따른 이자율이 적용됨(기획재정부 재산세제과-336, 2017.5.23.).
(법원) 납부일 현재 이자율을 적용함(대법원2019다228247, 2019.8.14.).
⇒ 2016.2.5. 이후 신청일 현재 이자율로 적용하는 것으로 개정
⇒ 2020.2.11. 이후 납부일 현재 이자율로 적용하는 것으로 개정

○ 연부연납기간 중 1회분 분납세액 납부시 연부연납세액 전액에 대해 물납 신청 가능 여부
상속세 연부연납 허가를 받은 자가 연부연납 세액의 전부를 일시에 납부하도록 허가받은 경우에는 연부연납 세액 전부에 대하여 당초 첫회분 분납세액 납부기한 30일 전까지 물납신청 가능(법규재산2013-541, 2014.1.13.).

○ 2천만원 초과 계산기준

(국세청-각 고지서별) 재산 증여가 증여시기를 달리하여 수차례 발생함에 따라 각 증여시기별로 산출된 여러 건의 증여세 고지서가 동일한 납부기한으로 고지된 경우 상증법 제71조제1항에서 규정하는 납부세액이 2천만원을 초과하는지 여부는 각 고지서별 납부기한 내 납부세액을 기준으로 판단함(법규과-26, 2014.1.13.).

(심판원-합산) 연부연납허가 요건 중 납부세액 2천만원 초과 여부를 고지세액 합계액을 기준으로 판단(조심2014서1304, 2014.5.28.).

○ 연부연납시 특수관계인 소유 재산을 납세담보로 제공하는 경우

내국인이 연부연납시 특수관계인이 소유하는 재산을 납세담보로 제공하는 것은 증여세 과세대상에 해당하지 아니함(기획재정부 재산세제과-158, 2018.02.27.).

○ 연부연납 신고납부기한까지 납부하지 아니한 경우

연부연납하는 경우, 상속세 신고납부기한까지 상속세액의 4분의 1(현재 6분의 1)에 상당하는 금액을 납부하도록 규정하고 있으나 이는 위 기한까지 위 금액을 납부하지 아니하면 연부연납 허가를 취소하고 연부연납에 관계된 세액을 일시 징수할 수 있다는 것이지, 위 기한까지 위 금액을 납부하는 것이 연부연납의 허가요건이 되는 것은 아님(대법원2003두4973, 2004.10.28.).

○ 연부연납 가산금의 성격

세무서장은 상속세 납부세액이 1천만원을 초과하는 경우에는 대통령령이 정하는 방법에 의하여 납세의무자의 신청을 받아 연부연납을 허가할 수 있고, 이처럼 연부연납 허가를 받아 분납세액을 납부할 경우 상증법 제28조의2의 규정에 따른 이자세액을 합하여 납부하여야 하는바, 이때 이자세액의 성격은 조세의무 이행지체에 따른 지연손해금이라 할 수 있는 가산금과는 달리 기한을 연기받음에 따른 약정이자에 상당하는 것임은 상고이유에서 주장하는 바와 같지만(대법원 1995.3.14. 선고 94다49816 판결 참조), 이자세액은 위와 같이 상속세 납부기한을 연기받음에 따른 약정이자의 의미로 부과되는 부대세의 일종이고, 연부연납 허가를 받아 상속세를 분납하는 납세자의 경우 분납세액과 함께 이자세액을 납부함으로써 비로소 일시 납부한 납세자와 동일한 세액을 부담하는 결과가 되는 점에 비추어보면, 연부연납이 허가된 경우에 그 부대세로 납부하는 이자세액도 국기법 제35조제1항 소정의 국세 또는 가산금에 포함되어 조세우선권이 인정된다고 보아야 함(대법원99다22311, 2001.11.27.).

○ 감액경정시 순서

연부연납 기간 중 행정소송 등에 의하여 세액이 감액결정된 때에는 최종 확정된 세액에서 기납부(감액결정전 기고지한 세액 포함)한 세액을 차감한 잔액에 대하여 나머지 분납할 회수로 평분한 금액을 각 회분 연부연납세액으로 하며, 귀 질의와 같이 기납부 세액이 최종 확정된 세액을 초과하는 경우 그 초과하는 세액은 최종 납부한 세액에서부터 순차 차감함(재산상속46014-2157, 1999.12.27.).

■ 상속세 및 증여세법 시행규칙 [별지 제11호서식] <개정 2021. 3. 16.>

상속세(증여세) 연부연납허가신청서

(앞쪽)

관리번호	-									
신청인	① 성 명					② 주민등록번호				
	③ 주 소 (☎ :)					전자우편주소				
④ 신고(고지납부)기한		⑤총납부 세 액		⑥ 최초 납부세액		⑦ 연부연납 대상금액(⑤-⑥)				
구 분	1 회	2 회	3 회	4 회	5 회	6 회	7 회	8 회	9 회	10회
납부예정일										
납부예정 세액										
구 분	11회	12회	13회	14회	15회					
납부예정일										
납부예정 세액										

「상속세 및 증여세법」 제71조 및 같은 법 시행령 제67조 · 제68조에 따라 위와 같이 연부연납 허가를 신청합니다.

년 월 일

신청인 (서명 또는 인)

신청인 (서명 또는 인)

신청인 (서명 또는 인)

신청인 (서명 또는 인)

등 기 승 낙 서

년 월 일 납세담보제공서에 표시된 부동산에 대하여 납세담보의 목적으로 저당권을 설정할 것을 승낙합니다.

년 월 일

신청인 (서명 또는 인)

세무서장 귀하

신청인 제출서류	1. 유가증권인 경우 공탁영수증 1부 2. 은행의 지급보증서 1부 3. 납세담보제공서 1부	수수료 없음
담당공무원 확인사항	1. 토지 등기사항증명서 2. 건물 등기사항증명서	

행정정보 공동이용 동의서

본인은 이 건 업무처리와 관련하여 담당 공무원이 「전자정부법」 제36조제1항에 따른 행정정보의 공동이용을 통하여 위의 담당 공무원 확인사항을 확인하는 것에 동의합니다. ＊ 동의하지 아니하는 경우에는 신청인이 직접 관련 서류를 제출하여야 합니다.

신청인 (서명 또는 인)

210㎜×297㎜[백상지 80g/㎡]

(뒤쪽)

작성방법

1. ⑥란에는 상속세(증여세) 신고납부기한(기한 후 신고 포함) 또는 납세고지서에 따른 납부기한까지 납부하였거나 납부할 상속세(증여세)액을 적습니다.

2. 연부연납기간은 다음 각 목의 구분에 따른 기간의 범위로 합니다.
   가. 「상속세 및 증여세법」제71조제2항제1호 본문에 따른 가업상속공제를 받았거나 중소기업 또는 중견기업을 상속받은 경우: 연부연납 허가일부터 10년 또는 연부연납 허가 후 3년이 되는 날부터 7년. 다만, 상속재산(상속인이 아닌 자에 유증한 재산은 제외합니다) 중 가업상속재산이 차지하는 비율이 50퍼센트 이상인 경우에는 연부연납 허가일부터 20년 또는 연부연납 허가 후 5년이 되는 날부터 15년으로 합니다.
   나. 그 밖의 경우: 연부연납 허가일부터 5년

3. 가업상속재산이 아닌 경우로서 신고납부(납세고지서의 납부)기한과 신고납부(납세고지서의 납부)기한 경과 후 연부연납기간에 매년 납부할 금액은[연부연납 대상금액 / (연부연납기간 + 1)]으로 하며, 이 경우 각 회분의 납부예정 세액은 1천만원을 초과하도록 적어야 합니다.

4. 가업상속재산에 해당하는 경우로서 연부연납 허가 후 3년 또는 5년[상속재산(상속인이 아닌 자에게 유증한 재산은 제외합니다) 중 가업상속재산이 차지하는 비율이 50퍼센트 이상인 경우]이 되는 날부터 연부연납기간에 매년 납부할 금액은 [연부연납 대상금액 / (연부연납기간 + 1)]로 합니다. 이 경우 각 회분의 납부예정 세액은 1천만원을 초과하도록 적어야 합니다.

5. 납부예정세액은 연부연납신청세액에 연부연납 각 회분의 분할납부세액의 납부일 현재 「국세기본법 시행령」 제43조의3 제2항 본문에 따른 이자율을 적용하여 계산한 연부연납 가산금을 더한 가액을 적습니다.

6. 상속인 전부가 연부연납을 신청하되, 연부연납을 신청하려는 상속인이 다른 공동상속인에게 공동신청을 요청했으나 그 공동상속인의 거부 또는 주소불명 등의 사유로 공동신청이 곤란하다고 인정되는 경우에는 상속인이 상속재산 중 본인이 받았거나 받을 재산에 대한 상속세를 한도로 연부연납을 신청할 수 있습니다.

   신청인들을 대리하여 세무대리인이 이 신청서를 제출하는 경우에는 세무대리인의 명칭(성명) 및 관리번호를 신청인란의 신청인 다음에 적고, 해당 세무대리인이 서명 또는 날인하여 제출합니다.

7. 상속세 또는 증여세 납부세액이 2천만원 이하인 경우에는 연부연납을 신청할 수 없습니다.

210㎜×297㎜[백상지 80g/㎡]

[별지 제12호서식] <개정 2020. 3. 13.>

국세청
National Tax Service

상속세(증여세) 연부연납허가통지서

관리번호	-				
신청인	성 명		생년월일		
	주 소	(☎)			
상속개시(증여)일		상속세(증여세) 결정연월일		연부연납 허가일	

허 가 사 항

납 부 연 월 일	① 연 부 연 납 세 액	② 연부연납가산금	③ 납 부 할 금 액
1차		각 회분의 분할납부세액 납부일 현재 「국세기본법 시행령」 제43조의3제2항 본문에 따른 이자율을 적용하여 산정한 가산금	① 연부연납 세액과 ② 연부연납 가산금을 합산한 금액
2차			
3차			
4차			
5차			
6차			
7차			
8차			
9차			
10차			
11차			
12차			
13차			
14차			
15차			
합 계			

귀하께서 년 월 일 신청한 상속세(증여세) 연부연납을 「상속세 및 증여세법」 제71조 및 같은 법 시행령 제67조제2항에 따라 위와 같이 허가 결정ㆍ통지합니다.

년 월 일

세 무 서 장 [인]

귀하

210mm×297mm[백상지 80g/㎡]

제2절 물납

상속세와 증여세는 일시납부가 원칙이지만, 납세의무 이행을 쉽게 이행하기 위하여 일정요건이 성립되는 경우에 납부 방법을 달리하고 있다. 이 경우 연 단위로 분할하여 납부하는 것을 연부연납이라고 하고, 금전이 아닌 부동산 등 물건으로 대신 납부하는 것을 물납이라 한다. 연부연납과 물납은 허가를 필요로 한다.

예를 들어 상속재산의 경우 대부분 부동산, 유가증권 등 현금이 아닌 물건으로 구성되어 있어 납세의무 이행을 현금납부로만 강제한다면 그 이행이 매우 곤란하기에, 현금 대신 상속받은 부동산 등으로 세액을 납부하는 것을 허용하고 있다.

하지만 유가증권 중 비상장주식에 대해 물납가액과 매각가격과의 차이로 인하여 국고손실이 초래되었고 물납허가를 받은 수증자 측이 이러한 가격 차이를 이용함으로써 물납제도를 악용하였다. 그래서 증여세의 경우 비상장주식으로 물납할 수 없도록 개정하였으며, 2016.1.1. 이후부터는 증여세는 물납할 수 없도록 개정하였다. 비상장주식을 물납대상에서 제외하는 것에 대해 헌재는 비상장주식을 물납하지 못하여 그 비상장주식을 낮은 가격에 처분한다거나 수증자의 다른 재산으로 증여세를 납부하여야 하는 것은 비상장주식을 물납하지 못하게 된 결과 세금납부를 그 원칙적인 방법인 현금납부 방법으로 하는 것에 불과하므로 납세자의 헌법상 재산권을 제한하는 것이라고 볼 수 없다고 보았다(헌재2013헌바137, 2015.4.30.).

2018.4.1. 이후 물납 신청하는 분부터는 상속세 납부세액 중 현금화가 용이한 금융재산과 상장주식등을 초과하는 세액만 물납을 허용하였고, 선순위 물납재산인 부동산에 근저당권을 설정하여 부동산 대신 비상장주식으로 물납하는 것을 방지하기 위해 상속세액이 비상장주식 및 상속받은 주택으로, 상속개시일 현재 상속인이 거주하는 주택가액을 제외한 상속세 과세가액보다 큰 경우 그 차액에 한해 비상장주식 물납을 할 수 있도록 개정하였다.

2020.2.11. 이후 물납 신청분부터, 물납 신청 후 물납이 허가되기 전에 물납 불허 요건에 해당하거나, 물납신청 철회 의무와 물납신청 후 수납가액 재평가 사유에 해당하는 경우 재평가의무를 부여하여 납세자의 자기시정 및 성실신고를 유도하였다.

〈물납 현황 통계[8]〉

구분	상속세		증여세		합계	
	건수	금액	건수	금액	건수	금액
2016년	85	133,984	4	1,091	89	135,075
2017년	68	77,070	1	113	69	77,183
2018년	62	64,410			62	64,410
2019년	59	142,510			59	142,510
2020년	70	86,378			70	86,378

8. 국세통계(stats.nts.go.kr).

1. 물납 신청요건

① 상속재산(사전증여재산 포함) 중 부동산과 유가증권 1/2 초과
② 상속세 납부세액이 2천만원 초과
③ 상속세 납부세액이 상속재산가액 중 금융재산의 가액을 초과

2016.1.1. 이후 증여분부터는 증여세를 물납할 수 없고, 다음 요건을 모두 충족하여야 상속세를 물납할 수 있다.

가. 상속재산 중 부동산과 유가증권 가액이 해당 재산가액의 2분의 1을 초과할 것

유가증권 범위에 상장주식과 비상장주식을 제외하지만, 상장주식의 경우 최초로 거래소에 상장되어 물납허가통지서 발송일 현재 「자본시장과 금융투자업에 관한 법률」에 따라 처분이 제한된 경우는 포함하고, 비상장주식의 경우는 비상장주식 외에는 상속재산이 없거나, 상증령 제74조제2항제1호부터 제3호까지의 상속재산으로 상속세 물납에 충당하더라도 부족한 경우 포함한다.

상속재산에는 상속재산에 가산한 증여재산을 포함한다. 이 경우 상속인 · 수유자외의 자에게 증여한 재산을 제외한다.

나. 상속세 납부세액이 2천만원을 초과할 것

다. 상속세 납부세액이 상속재산가액 중 금융재산(상속재산에 가산하는 증여재산 가액은 불포함) 가액을 초과할 것

금융재산은 금전과 금융회사등이 취급하는 예금 · 적금 · 부금 · 계금 · 출자금 · 특정금전신탁 · 보험금 · 공제금 및 어음을 말한다. 이 경우 상속재산가액에는 상속재산에 가산하는 증여재산은 포함되지 않는다(기획재정부 재산세제과-248, 2017.3.27.).

〈물납 신청금액 개정연혁〉

2013.12.31. 이전	2014.1.1. 이후
1천만원	2천만원

〈물납 대상 개정연혁〉

2007.12.31. 이전	2008.1.1. 이후	2016.1.1. 이후
비상장주식 물납 가능	상속 - 비상장주식 물납 제한적으로 허용 증여 - 비상장주식 물납 제외	증여세는 물납 불가

2. 물납의 신청 및 허가

가. 물납 신청

물납의 신청기간은 연부연납 신청기간을 준용한다(상증령 제70조).

1) 신고기한 내 신고하는 세액의 물납신청

신고기한 내에 상속세 신고시 납부하여야 할 세액에 대하여는 그 신고와 함께 납세지 관할세무서장에게 물납허가신청서를 제출하여야 한다.

2) 수정 신고시 납부할 세액의 물납신청

2020.2.11. 이후 상속세 수정 신고시 납부하여야 할 세액을 물납하려면 그 수정 신고와 함께 물납허가신청서를 납세지 관할세무서장에게 제출하여야 한다.

3) 기한 후 신고시 신고하는 세액의 물납신청

기한 후 신고시 납부하여야 할 세액에 대하여는 그 신고와 함께 납세지 관할세무서장에게 물납허가신청서를 제출하여야 한다.

4) 납부고지세액의 물납 신청

신고기한 내 신고시 물납 신청한 세액 외 세액에 대하여는 과세표준과 세액 결정통지를 받은 후 해당 납부고지서에 따른 납부기한까지 그 신청서를 제출할 수 있다. 종전에는 신고시 납부할 세액을 납부하지 않은 경우 물납신청이 불가능했으나, 2010.2.18. 이후 납부고지서상 납부기한이 도래하는 분부터는 신고 후 무납부한 경우에도 물납 신청이 가능해졌다(상증령 제67조).

이 경우 고지서상 납부기한을 경과하여 물납허가여부 통지를 하는 경우 그 물납액에 상당한 세액 징수에 있어서는 물납재산 수납일 이전에 한하여 납부지연가산세를 부과하지 아니한다.

법정신고기한 내에 과세표준 신고서를 제출하지 아니한 자가 기한 후 신고와 함께 물납을 신청하여 허가된 경우, 신고기한 다음날부터 기한 후 신고서 접수일까지의 기간에 대한 납부불성실가산세(현재 납부지연가산세)를 적용한다(서면4팀-457, 2008.2.25).

5) 연부연납 분납세액의 물납 신청

연부연납기간 중 분납세액〔첫 회분 분납세액(중소기업자는 5회분 분납세액)으로 한정하되 연부연납가산금을 제외한 세액〕에 대하여 물납하려는 경우, 분납세액 납부기한 30일 전까지 납세지 관할세무서장에게 신청할 수 있다.

2013.2.14. 이전에는 연부연납 기간 중 각 회분 분납세액에 대해 물납신청이 가능하였으나, 2013.2.15. 이후 연부연납시에는 현금으로 납부하도록 하였으며, 첫 회분(중소기업자는 5회분)의 분납세액에 한정하여 물납을 허가하였다.

〈연부연납 분납세액 물납 개정연혁〉

2013.2.14. 이전	2013.2.15. 이후
연부연납 분납세액에 대하여 물납 가능	첫 회분 분납세액(소비성서비스업을 제외한 사업을 영위하는 「중소기업기본법」에 의한 중소기업자[9]는 5회분까지)

6) 물납신청 철회의무 부여

2020.2.11. 이후 물납신청 분부터 물납을 신청한 납세자는 물납이 허가되기 전에 신청한 물납재산이 관리 · 처분이 부적당한 재산(상증령 제71조제1항 각 호)에 해당하는 사유가 발생하는 경우 물납신청을 철회해야 한다(상증령 제71조제8항).

7) 재평가 신청 의무 부여

2020.2.11. 이후 물납신청 분부터 물납을 신청한 납세자는 물납이 허가되기 전에 신청한 물납재산이 물납 기간 중 유가증권을 발행한 회사가 합병 또는 분할하는 경우 등 재평가 사유에 해당하는 경우(상증령 제75조제1항제3호 각목)에는 물납 재산 수납가액 재평가를 신청해야 한다(상증령 제71조제8항, 2020.2.11. 신설).

나. 물납 허가

1) 신고기한 내 신고하는 세액의 물납허가 기한

상속세 신고기한이 경과한 날부터 법정결정 기한(상속세는 신고기한부터 9개월) 이내에 신청인에게 그 허가여부를 서면으로 결정 · 통지하여야 한다.

9. 신청일 현재 중소기업자인지, 상속개시일 현재 중소기업자인지는 현재 해석이 없으나, 부칙 등을 감안해보면 신청일 현재 중소기업자로 보인다.

2) 수정 신고하는 세액의 물납허가 기한

2020.2.11. 이후 상속세 수정신고 분에 대한 물납신청을 한 경우에는 수정 신고일이 속하는 달의 말일부터 9개월 이내에 신청인에게 그 허가여부를 서면으로 결정 · 통지하여야 한다.

3) 기한 후 신고하는 세액의 물납허가 기한

기한 후 신고일이 속하는 달 말일부터 상속세는 9개월 이내에 신청인에게 그 허가여부를 서면으로 결정 · 통지하여야 한다.

4) 납부고지세액의 물납허가 기한

납부고지서에 의한 납부기한이 경과한 날부터 14일 이내에 신청인에게 그 허가여부를 서면으로 결정 · 통지하여야 한다.

5) 물납허가 기한의 연장

물납 신청한 재산의 평가 등에 소요되는 시일을 감안하여 물납허가 기간을 연장하고자 하는 때에는 그 기간 연장에 관한 서면을 발송하고 1회 30일의 범위 내에서 연장할 수 있다.

이 경우 당해 기간까지 그 허가 여부에 대한 서면을 발송하지 아니한 때에는 허가를 한 것으로 본다. 다만, 물납 신청한 재산이 사권(私權)이 설정된 재산에 해당하여 국유 재산으로 취득할 수 없는 재산이라면 자동허가 규정을 적용하지 아니한다.

6) 재산을 분할하여 물납해야 하는 경우

재산을 분할하거나 재산 분할을 전제로 하여 물납신청을 하는 경우에는 물납을 신청한 재산 가액이 분할 전보다 감소되지 아니하는 경우에만 물납을 허가할 수 있다.

다. 물납 재산의 수납

물납을 허가하는 때는 그 허가를 한 날부터 30일 이내에 물납재산의 수납일을 지정하여야 한다. 이 경우 물납재산 분할 등의 사유로 당해 기간 내에 물납재산 수납이 어렵다고 인정되는 경우 1회에 한하여 20일 범위 내에서 물납재산 수납일을 다시 지정할 수 있다. 그러나 물납재산 수납일까지 수납이 이루어지지 아니하는 때에는 당해 물납 허가는 그 효력을 상실한다.

쟁점

연부연납과 물납은 동시에 적용할 수 있는가

연부연납과 물납은 기한내 현금납부의 예외적인 규정으로 각각의 신청 조건을 법률에서 규정하고 있다. 상속세 신고기한까지 자진납부할 금액은 산출세액에서 상증법 제70조(지잔납부) 각 호의 어느 하나에 해당하는 규정을 빼서 계산하는데, 제4호에서 연부연납 신청 금액을 제5호에서 물납 신청 금액을 규정하고 있다.

> ○ 상증법 제70조(자진납부) ① 제67조나 제68조에 따라 상속세 또는 증여세를 신고하는 자는 각 신고기한까지 각 산출세액에서 다음 각 호의 어느 하나에 규정된 금액을 뺀 금액을 대통령령으로 정하는 바에 따라 납세지 관할 세무서, 한국은행 또는 우체국에 납부하여야 한다.
> 1. 제69조제1항제1호 및 제2호에 규정된 금액
> 2. 상속세의 경우에는 제69조제1항 각 호 외의 부분에 따라 공제하는 금액
> 3. 증여세의 경우에는 제69조제2항에 따라 공제하는 금액
> 4. 제71조에 따라 연부연납(年賦延納)을 신청한 금액
> 5. 제73조에 따라 물납(物納)을 신청한 금액

한편, 상증령 제70조(물납의 신청 및 허가)제2항(2013.2.15. 대통령령 제24358호로 개정된 것, 이하 쟁점규정)에서는 연부연납을 허가받은 자는 연부연납 기간 중 '첫 회분 분납세액'(중소기업자는 5회분까지 허용)에 대해 물납을 신청할 수 있다.

> ○ 상증령 제70조(물납의 신청 및 허가) ②법 제71조에 따라 상속세의 연부연납허가를 받은 자가 연부연납기간 중 분납세액[첫 회분 분납세액(「조세특례제한법 시행령」 제28조제1항 각 호 외의 부분 전단에 따른 중소기업자는 5회분 분납세액)으로 한정하되 법 제72조에 따른 연부연납가산금을 제외한 것을 말한다]에 대하여 법 제73조에 따라 물납하려는 경우에는 분납세액 납부기한 30일전까지 납세지 관할세무서장에게 신청할 수 있다.

연부연납과 물납은 동시에 적용할 수 있을까? 물납을 신청하는 경우에도 연부연납을 허가할 수 있다고 해석된 바 있다(재삼46014-1107, 1997.5.6.). 이 해석은 위의 상증령 규정이 생기기 전 해석이고, 쟁점규정의 입법 배경을 살펴볼 필요가 있다.

2012년 국회에서는 물납의 축소를 검토하고 있었고, 일본의 경우 연부연납과 물납이 동시 적용할 수 없다는 보고서를 제출한다. 일본은 연부연납에 의하더라도 금전납부가 곤란한 경우에만 물납을 허용하고 있다(「현행 조세징수 수단인 물납제도의 문제점과 개선방안」, 2012년 국회예산정책처 연구용역보고서).

기재부는 세법개정을 발표하면서, 상증령 제70조를 개정하는 이유가"연부연납을 통해 5년간 분납할 수 있는 편의를 제공하였으므로 연부연납시에는 현금납부 원칙으로 전환하는 것"이라고 하였다("2012년 세법개정 후속 시행령 개정", 2013.1.18. 기재부 보도자료).

현행	개정안
□ 연부연납시 물납 신청 · 허가 ○ 연부연납기간 중 각 회분의 분납세액에 대해 물납신청 가능	(삭제)

쟁점규정은 당초(안)과 달리 첫 회분 분납세액에 한해서만 물납을 허용하도록 개정되었다. 이는 연부연납과

물납을 병행하려던 납세자의 기대를 일정 수준 보호하기 위함이다.

* 2012년 간추린 개정세법(기재부)

현행	개정안
□ 연부연납시 물납 신청 · 허가 ○ 연부연납기간 중 각 회분의 분납세액에 대해 물납신청 가능	○ 첫 회분 분납세액에 한해 물납허용 - 중소기업자는 5회분까지 허용

이와 같은 쟁점규정의 입법취지를 감안해보면, 연부연납과 물납은 동시에 신청할 수 없고, 연부연납시 첫 회분 분납세액에 대해서만 물납을 신청할 수 있다고 볼 수 있는 듯하다. 연부연납에 대해 물납이 동시 신청이 가능한다면, 쟁점규정이 적용되는 경우와 물납이 허용되는 금액이 달라지는데, 물납 신청기한이 언제인지에 따라 물납 금액의 범위가 달라지는 것은 불합리해 보이기도 하다.

(예) 상속세 10억, 연부연납 기간 5년
1안)(동시 신청) 물납 3억(납세자의 선택 가능), 연부연납 7억
2안)(연부연납 허가 후 분납세액에 대해 물납신청)
연부연납 10억(첫회분 물납 1.7억=10억원/6)

하지만 아래 측면에서 보면 연부연납과 물납을 동시에 적용할 수 없다는 것은 불합리하다.

① 문언상 조정하는 조항이 없다.

조세법률주의 원칙상 조세법규 해석은 특별한 사정이 없는 한 법문대로 해석하여야 하고 합리적 이유없이 확장해석하거나 유추해석하는 것은 허용되지 않는다. 상증법 제70조(지잔납부), 제71조(연부연납), 제73조(물납) 규정에서 연부연납시 물납 신청을 금한다는 규정이 없다.

② 상증령 제70조제2항을 근거로 볼 수 없다.

쟁점규정을 근거로 연부연납과 물납을 동시에 적용할 수 없다고 보면 시행령이 법률을 제한하는 효과를 가져오게 되고 이는 법 체계상 맞지 않다.

요약하면, 연부연납과 물납이 동시 적용이 가능한지에 대해 논란의 여지가 있지만, 현재는 가능해보인다.

3. 관리 · 처분이 부적당한 재산

물납 신청을 받은 재산이 관리 · 처분이 부적당하다고 인정되는 경우에는 그 재산에 대한 물납 허가를 하지 아니하거나 관리 · 처분이 가능한 다른 물납대상 재산으로의 변경을 명할 수 있다. 이 경우 부적당하다고 인정한 사유를 납세의무자에게 통보하여야 한다(상증령 제71조).

○ 징수사무처리규정 제49조(물납에 관한 허가여부 검토 및 업무지휘 등)

① 세무서장(부과과장)은 부동산에 대한 물납(허가)신청서가 접수되면 즉시 신청내용(국세물납 재산명세 포함)을 전산입력하고, 물건 소재지에 현지출장하여 신청내용, 공부상 현황과 실제 현황

을 비교·검토하여 물납재산점검표를 작성하는 등 관리·처분의 적정성 여부를 검토하여야 한다. 다만, 물납재산의 관리·처분의 적정성이 불확실한 경우 한국자산관리공사에 공동현장확인을 요청하여야 한다.

② 세무서장(부과과장)은 비상장주식에 대한 물납(허가)신청서가 접수되면 즉시 신청내용(국세물납 재산명세 포함)을 전산입력하고, 한국자산관리공사와 공동으로 기업 소재지에 현지출장하여 기업실사 및 경영진 면담을 실시하여 물납재산점검표를 작성하는 등 관리·처분의 적정성 여부를 검토하여야 한다. 또한, 한국자산관리공사에 공동현지확인을 요청하기 전에 다음 각 호의 자료를 인계하여 사전 점검을 요청하여야 한다. 다만, 한국자산관리공사와 공동확인을 기실시한 물납 신청 건에 대하여 추가 결정고지가 있는 경우 해당 물납 신청 건은 허가여부 검토시 자산관리공사와의 공동확인 절차를 생략할 수 있다.

1. 물납허가신청서 및 물납자 사실확인서
2. 법인 정관
3. 법인등기사항전부증명서
4. 발행법인 최근 3개년도 결산 재무제표 사본(외감법인의 경우 감사보고서 포함) 및 법인세 결손금 확인을 위한 증빙서류

가. 관리 · 처분이 부적당한 재산

관리 · 처분이 부적당한 경우(상증령 제71조제1항)를 예시하면 아래와 같다. 관리처분이 부적당한 재산을 재산별로 규정하였으며, 유가증권(상증령 제71조제2항)의 경우 2020.2.11. 이후 물납신청부터 적용한다.

1) 국내에 소재하는 부동산의 경우
가) 지상권 · 지역권 · 전세권 · 저당권등 재산권이 설정된 경우
나) 물납신청한 토지와 그 지상건물의 소유자가 다른 경우
다) 토지의 일부에 묘지가 있는 경우
라) 건축허가를 받지 아니하고 건축된 건축물 및 그 부수 토지
마) 소유권이 공유로 되어 있는 재산

2) 국채 · 공채 · 주권 및 내국법인이 발행한 채권 또는 증권 등의 유가증권의 경우
가) 유가증권을 발행한 회사의 폐업 등으로 사업자등록을 말소한 경우
나) 유가증권을 발행한 회사가 해산사유가 발생하거나, 회생절차 중에 있는 경우
다) 유가증권을 발행한 회사의 물납신청일 전 2년 이내 또는 물납신청시부터 허가시까지의 기

간이 속하는 사업연도에 결손금이 발생한 경우

라) 유가증권을 발행한 회사가 물납신청일 전 2년 이내 또는 물납신청시부터 허가시까지의 기간이 속하는 사업연도에 회계감사 대상임에도 불구하고 감사인의 감사의견이 표명되지 않는 경우

마) 자본시장과 금융투자업에 관한 법률에 따라 상장이 폐지된 경우의 해당 주식등

〈관리·처분이 부적당한 유가증권 개정연혁〉

2020.2.10. 이전	2020.2.11. 이후
자본시장과 금융투자업에 관한 법률에 따라상장이 폐지된 경우의 해당 주식등	상장폐지된 경우의 해당 주식등 뿐만 아니라 유가증권을 발행한 회사가 사업자 등록이 말소된 경우, 해산 사유가 발생한 경우 등의 사유를 추가

나. 물납 재산의 변경 등

물납 신청한 재산이 관리 · 처분이 부적당하다고 인정되어 관리 · 처분이 가능한 다른 물납대상 재산으로의 변경 명령을 받은 자는 그 통보를 받은 날부터 20일 이내(납세의무자가 국외에 주소를 둔 때에는 3월)에 상속재산 중 물납에 충당하고자 하는 다른 재산의 명세서를 첨부하여 납세지 관할세무서장에게 신청하여야 한다. 이 경우 변경신청 기간 내에 신청이 없는 경우에는 당해 물납의 신청은 그 효력을 상실한다.

또한, 물납허가기간 내 물납 허가 후 물납재산의 수납일까지의 기간 중 관리 · 처분이 부적당하다고 인정되는 사유가 발견되는 때에는 다른 재산으로의 변경을 명할 수 있다.

4. 물납 세액의 범위

가. 물납을 신청할 수 있는 세액의 한도

물납한도=Min(①, ②)

① $\text{상속세 납부세액} \times \dfrac{\text{부동산} + \text{유가증권의 가액}}{\text{상속재산가액}}$

② 상속세 납부세액 - 순금융재산가액 - 상장유가증권가액(처분제한 주식은 제외)

물납을 신청할 수 있는 세액은 다음의 금액 중 적은 금액을 초과할 수 없다(상증령 제73조제1항).

1) 당해 상속재산인 부동산 및 유가증권 가액에 대한 상속세 납부세액

유가증권 범위에는 상장주식과 비상장주식을 제외하되, 상장주식의 경우 최초로 거래소에 상장되어 물납허가통지서 발송일 현재 「자본시장과 금융투자업에 관한 법률」에 따라 처분이 제한된 경우는 포함한다. 비상장주식의 경우는 비상장주식 외에는 상속재산이 없거나, 상증령 제74조제2항제1호부터 제3호까지의 상속재산으로 상속세 물납에 충당하더라도 부족한 경우에는 비상장주식을 포함한다.

2) 상속세 납부세액 중 현금화가 용이한 금융재산(금융채무 차감)과 상장주식등 상장유가증권 가액을 초과하는 금액

상속재산인 부동산 및 유가증권 중 납부세액을 납부하는데 적합한 가액의 물건이 없을 때에는 해당 납부세액을 초과하는 납부세액에 대하여도 물납을 허가할 수 있다.

예시[10]

(문1) 상속세 납부세액 30억원, 상속재산 85억원(오피스텔 10억원, 토지 35억원, 금융재산 40억원), 물납여부 및 물납한도는?

(답1) 물납 불가

Min(①, ②)

① 30억원×[45억원(10억원+35억원)/85억원]=15.88억원

② 30억원-40억원(금융재산)=△10억원

(문2) 상속세 납부세액 45억원, 상속재산 100억원(토지 30억원, 비상장주식 30억원, 상장주식 10억원[처분제한 없음], 금융재산 30억원), 물납한도는?

(답2) 5억원=Min(①, ②)

① 45억원×[60억원(30억원+30억원)/100억원]=27억원

② 45억원-(30억원+10억원)[11]=5억원

나. 물납을 신청할 수 있는 납부세액 계산

상속개시일 이후 물납신청 이전까지의 기간 중에 당해 상속재산이 정당한 사유 없이 관리 · 처분이 부적당한 재산으로 변경되는 경우에는 당해 관리 · 처분이 부적당한 재산가액에 상당하는 상속세 납부세액은 물납한도 산정시 제외한다.

---

10. 2018.4.1. 이후
11. 현금전환이 용이한(금융재산 30억원＋상장주식 10억원)

다. 비상장주식등 물납 가능 범위

상속세 납부세액에서 상속세 과세가액을 차감한 금액까지 비상장주식등으로 물납할 수 있다. 이 경우, 상속세 과세가액은 비상장주식등과 상속개시일 현재 상속인이 거주하는 주택 및 그 부수토지의 가액(해당 자산에 담보된 채무를 차감한 가액을 말함)을 차감한 금액을 말한다.

비상장주식등 물납 가능 범위	=	상속세 납부세액	–	비상장주식등을 제외한 상속세 과세가액

예시[12]

(문1) 상속세 납부세액 45억원, 상속재산 100억원: 토지(30억원), 비상장주식(40억원), 기타 상속재산(30억원, 물납대상 아님), 물납 가능여부?

(답1) 비상장주식을 제외한 상속재산(60억원)[13]으로 상속세(45억원) 납부가 가능하므로 비상장주식으로 물납 불가능

(문2) 상속세 납부세액 20억원, 상속재산 60억원: 토지(30억원, 저당권 1억원 설정), 비상장주식(20억원), 기타 상속재산(10억원, 물납대상 아님), 물납 가능여부?

(답2) 비상장주식을 제외한 상속재산(39억원)[14]으로 상속세(20억원) 납부가 가능하므로 비상장주식 물납 불가능

〈물납 한도 개정연혁〉

2018.3.31. 이전	2018.4.1. 이후
물납한도 = 상속세 납부세액 × $\frac{\text{부동산 + 유가증권의 가액}}{\text{상속재산가액}}$	물납한도=Min(①, ②) ① 상속세 납부세액 × $\frac{\text{부동산 + 유가증권의 가액}}{\text{상속재산가액}}$ ② 상속세 납부세액 — 순금융재산가액 — 상장유가증권가액 (처분제한 주식은 제외)

---

12. 2018.4.1. 이후
13. 토지(30억원)+기타 상속재산(30억원)
14. 토지(30억원-저당권 설정액 1억원)+기타 상속재산(10억)

5. 물납에 충당할 수 있는 재산의 범위 등

가. 물납에 충당할 수 있는 재산의 범위

물납에 충당할 수 있는 부동산 및 유가증권의 종류는 다음과 같다(상증령 제74조제1항).

1) 부동산 : 국내에 소재하는 부동산에 한하여 물납 충당이 가능

2) 유가증권
  가) 국채 · 공채 · 주권 및 내국법인이 발행한 채권 또는 증권
  나) 「자본시장과 금융투자업에 관한 법률」에 따른 신탁업자가 발행하는 수익증권, 집합투자증권, 종합금융회사가 발행하는 수익증권
  다만, 다음 어느 하나에 해당하는 유가증권은 물납할 수 없다.
   (1) 한국거래소에 상장된 것
   이 경우, 최초로 한국거래소에 상장되어 물납허가통지서 발송일 전일 현재 「자본시장과 금융투자업에 관한 법률」에 따라 처분이 제한된 경우에는 물납으로 충당 가능하다.
   (2) 비상장주식
   이 경우, 상속세로서 그 밖의 다른 상속재산이 없거나 아래 "나. ①~③"의 선순위 상속재산으로 상속세 물납에 충당했지만 여전히 부족하면 물납가능하다.

나. 물납 충당 순서

상기 물납에 충당하는 재산은 세무서장이 인정하는 정당한 사유가 없는 한 다음 순서에 따라 신청 및 허가하여야 한다(상증령 제74조제2항).

① 국채 및 공채
② 물납 충당이 가능한 한국거래소에 상장된 유가증권(위 ① 재산 제외)
③ 국내에 소재하는 부동산(아래 ⑥ 재산 제외)
④ 주권, 내국법인이 발행한 채권 또는 증권 등(위 ①, ②, 아래 ⑤ 재산 제외)
⑤ 물납 충당이 가능한 비상장주식등
⑥ 상속개시일 현재 상속인이 거주하는 주택 및 그 부수토지

[관련 질의회신 · 판례 등]

○ 사전증여재산의 물납대상재산 해당 여부

피상속인이 상속개시일 전 10년 이내에 상속인에게 증여하여 상증법 제13조제1항에 따라 상속세 과세가액에 포함되는 사전증여재산가액은 상증법 제73조 제1항에서 규정하고 있는 상속받은 재산에 해당하며, 물납 신청 가능한 납부세액은 상증령 제73조제1항에 따름(기획재정부 재산세제과-772, 2015.11.20.).[15]

○ 물납대상

(간접투자증권) 상증령 제74조제2항에 따라 물납 충당 순서를 정함에 있어 「간접투자자산 운용업법」에 의한 간접투자증권은 상증령 제74조제2항의 '비상장주식등'에 포함됨(재산세과-711, 2009.4.8.).

(골프회원권) 골프회원권은 물납에 충당할 수 있는 재산이 아님(재삼46014-165, 1997.2.2.).

(도로) 상속재산 중 도로, 하천 등도 시가 등이 확인되어 상속세가 과세되는 경우 당해 상속재산으로 물납을 신청할 수 있음(재산상속46014-2088, 1999.2.10.).[16]

(공동소유) 피상속인과 타인이 공동소유하고 있던 토지도 상속세 물납이 가능한 재산으로 이에 따라 이를 상속받은 상속자는 당해 토지 중 피상속인의 지분을 분할하여 상속세 물납을 신청할 수 있음(재삼46014-1871, 1995.7.22.).

(임대차) 물납신청한 재산이 국가로 소유권 이전되는 날 현재 공가가 아니더라도 상속세 납세의무자인 임대인이 임차인에게 임대보증금 채무를 반환하여 임대차계약 등이 해지된 상태에서는 물납을 허가할 수 있으며, 이 경우 세무서장은 임차인으로부터 임대보증금 등을 반환받아 납세의무자와 남은 채권채무가 없다는 확인서 등을 첨부하여 물납재산을 인수함(재삼46014-84, 1999.1.14.).

(건설 중) 상속개시일 현재 건설중인 부동산이 추후 완공되고 다른 물납요건 등을 만족한 경우 전체 부동산 중 상속재산가액에 포함된 구분등기된 재산 상당액에 한하여 물납이 가능한 것임(기획재정부 재산세제과-27, 2015.1.9.).[17]

(도시공원) 처분청은 "도시공원 및 녹지에 있는 국가소유의 토지는 도시 · 군관리계획으로 정한 목적 외의 용도로 매각하거나 양도할 수 없다"(「도시공원 및 녹지 등에 관한 법률」 제52조)는 규정을 주된 이유로 하여 쟁점토지에 대한 물납신청을 거부하였는데, 해당 내용은 위 규정에서 물납 불허가 대상으로 규정한 '관리 · 처분이 부적당한 재산'에 포함되어 있지 않고, 물납된 이후에 도시공원 내의 국가소유의 토지로 매각이 제한되더라도 재산적 가치가 없거나 소유권 이전이 불가능하다고 보기도 어려움(조심2017전4936, 2018.5.31.).

---

15. 세법해석정비

요지	유지사례	삭제사례
사전증여재산의 물납대상재산 해당 여부	기획재정부 재산세제과-772, 2015.11.20.	재산세과-423, 2012.11.23. 재산세과-2004, 2008.7.30. 서면4팀-1189, 2007.4.11. 서면4팀-2421, 2005.12.5. 서일46014-10197, 2003.2.20.

16. 물납대상재산이 토지 내에 지목과 달리 도로가 존재한다는 것은 관리 · 처분이 부적당한 재산의 범위로 열거하고 있거나 열거된 사유에 해당되지 않음(조심2020부7754, 2021.1.28.).

○ 증여 후 상장된 주식의 물납

상증법 제39조에 따라 증여세가 과세된 비상장주식이 물납신청 당시에 「자본시장과 금융투자업에 관한 법률」에 따라 상장된 경우 상장된 해당 주식이외의 다른 증여재산이 없는 경우에 상장된 그 해당 주식은 물납신청 증여재산에 해당되며, 이 경우 물납에 충당할 재산의 수납가액은 상증령 제75조의 각 호의1에 해당하지 아니한 경우에는 증여재산의 가액으로 함(기획재정부 재산세제과-804, 2011.9.27.).

○ 사전증여 받은 후 양도한 부동산 포함 여부

상증법 제73조제1항제1호에 따라 상속재산 중 부동산과 유가증권 가액이 해당 상속재산가액의 2분의 1을 초과하는지 여부를 판단할 때, 사전증여재산을 상속개시일 전 양도한 경우에도 상증법 제73조제1항제1호 및 상증령 제74조제1항제1호의 부동산에 포함됨(서면2018법령해석재산-1664, 2018.7.2.).

○ 물납신청 요건 중 유가증권의 범위

상속세의 물납 신청요건 중 부동산과 유가증권 가액이 상속재산가액의 2분의 1을 초과하는지 여부를 판단할 때, 비상장주식은 그 비상장주식 외에는 다른 상속재산이 없거나 「상속세 및 증여세법 시행령」제74조제2항제1호부터 제3호까지의 선순위 물납대상재산으로 상속세 물납에 충당하더라도 부족한 경우에 한정하여 유가증권에 포함하여 같은 법 제73조제1항에 따라 비상장주식으로 물납을 신청할 수 있음(상속증여세과-636, 2013.12.31.).

○ 관리처분이 부적당한 재산

(예시규정) 상증규칙 제19조의4 각 호의 사유는 '재산의 관리 · 처분이 적당하지 아니한 경우'를 예시한 것이라고 봄이 타당함(대구고법2018누2156, 2018.8.24.).

(가치하락 예상) 쟁점주식이 물납신청시에 증여당시보다 그 가치가 하락하였다거나, 발행법인의 경영부실로 인하여 그 주식 가격이 현저히 하락될 것으로 예상된다 하여 곧바로 이를 관리 · 처분상 부적당하다고 판단하여 물납허가를 거부한 것은 합리성을 결여한 것으로 재량권의 범위를 일탈한 것임(국심2005서1041, 2005.7.20.).

(납세담보) 부동산이 연부연납에 대한 납세담보로 제공된 사실만으로는 물납신청에 있어 관리 · 처분상 부적당하다고 인정되는 경우에 해당되지 아니하며, 국내 소재 부동산(상속개시일 현재 상속인이 거주하는 주택 및 그 부수토지는 제외), 비상장주식의 순서로 물납에 충당함(재산세과-153, 2012.4.19.).

(물납신청 이전까지 상속재산 매각) 상속개시일 이후 물납신청 이전까지의 기간 중 당해 상속재산을 매각한 경우 관리 · 처분이 부적당한 재산으로 변경되는 경우에 해당됨(기획재정부 재산세제과-40, 2005.8.3.).

(분묘와 송전철탑) 그 토지 위에 위치한 분묘로 인하여 분묘기지권 주장 등 법률적 분쟁 발생의 위험이 있고, 이 사건 토지 가장자리에 위치한 송전 철탑과 그 상공을 통과하는 고압송전선으로 인하여 그 사용, 수익과 처분의 어려움이 예상될 뿐 아니라 사실상 매각전망도 불투명할 것으로 보이므로 위 물납신

---

17. 세법해석정비

요지	유지사례	삭제사례
건설중인 자산이 물납허가시점에 완공되어 물납요건을 갖춘 경우에는 상속재산가액에 포함된 구분등기된 재산 상당액에 한해 물납이 가능함	기획재정부 재산세제과-27, 2015.1.9.	서면법규과-1177, 2014.11.7.

청 부동산들은 그 관리 · 처분상 부적당한 것으로 보임(대전지법2004구합1881, 2006.9.15.).
(주권 발행이 불가능한 상태) 이 사건 처분 당시 주식에 대하여 소유권 귀속에 관한 소송이 계속 진행 중이었기 때문에 보○○○은 이에 대한 주권을 발행하여 교부할 수 없었다. 2) 주권 물납은 상속세를 금전으로 납부하는 것에 갈음하여 주권으로 납부하는 것으로 납세의무자는 그에 따라 상속세 채무를 면하게 되므로 이는 공법상 대물변제적 성격을 가진 유상양도에 해당한다고 볼 수 있는데, 주식 양도에 있어서는 주권을 교부하여야 하고, 이는 효력발생요건이므로(상법 제336조제1항), 이 사건 처분 당시 이 사건 주식에 대한 주권 발행이 이루어지지 않아 피고로서는 이 사건 주식을 유효하게 양수할 수 없다. 또한 피고가 이 사건 주식을 양수하더라도 주주명부에 개서할 수 없어 회사에 대항할 수도 없다(상법 제337조 제1항). 이와 같이 이 사건 주식에 대하여 상법상 유효한 양도, 양수가 가능하지 않고, 그 양도, 양수에 대한 대항력을 갖출 수도 없다면, 이 사건 주식은 그 취득, 운용 및 매각 등이 현저히 곤란하여 관리 및 처분이 부적당한 재산에 해당한다고 보아야 함(대구지법2017구합20486, 2017.12.22.).[18]

6. 물납재산의 수납가액

물납에 충당할 부동산 및 유가증권의 수납가액은 다음 각 호의 어느 하나의 경우를 제외하고는 원칙적으로 상속재산의 평가가액으로 한다(상증령 제75조). 상속재산가액에 가산하는 증여재산의 수납가액은 상속개시일 현재 상증법 제4장(상증법 제60조부터 제66조)에 따라 평가한 가액으로 한다.

가. 주식의 경우

물납에 충당할 주식의 수납가액은 원칙적으로 상속세 과세가액에 의한다. 그러나 상속개시일부터 수납일까지의 기간 중에 증자 또는 감자가 있는 경우에는 주식수 변동에 따른 1주당 가치가 변동하기 때문에 수납가액을 조정하여 조정 후 1주당 가액을 기준으로 수납하여야 한다. 납세의무 성립일 이후 수납일 전에 주식발행 법인이 신주를 발행하거나 주식을 감소시킨 때에는 아래와 같이 계산한 가액을 수납가액으로 하는 것이다. 여기서 주식이란 상장주식 및 비상장주식을 모두 포함하는 개념이다(상증령 제75조제1항, 상증규칙 제20조의2제1항제1호 및 제2호).

---

18. 동일 사건을 대구고법(대구고법2018누2156, 2018.8.24.)에서는 다음과 같이 보았다. "상증규칙 제19조의4 각호의 사유는 '재산의 관리 · 처분이 적당하지 아니한 경우'를 예시한 것이라고 봄이 타당하다. 따라서 위 각 규정이 '재산의 관리 · 처분이 적당하지 아니한 경우'를 제한적 · 열거적으로 규정한 것임을 전제로 한 원고들의 위 주장은 받아들일 수 없고, 나아가 이 사건 처분 당시 이 사건 주식의 소유권에 관한 분쟁으로 인한 소송이 진행되고 있어 이 사건 주식의 매각 등에 어려움이 있을 것으로 충분히 예상할 수 있으므로, 이 사건 주식이 관리 · 처분이 적당하지 아니한 재산에 해당한다는 이유로 원고들의 물납 신청을 허가하지 아니한 이 사건 처분은 적법하다."

1) 무상으로 주식을 발행한 경우

구주식 1주당 수납가액 = 구주식 1주당 과세가액 ÷ (1 + 구주식 1주당 신주 배정 수)

2) 유상으로 주식을 발행한 경우

구주식 1주당 수납가액 = [구주식 1주당 과세가액 + (신주 1주당 주금납입금액 × 구주식 1주당 신주배정수)] ÷ (1 + 구주식 1주당 신주 배정수)

공모증자 · 조특법 제49조에 의한 합병(금융기관구조조정법에 의한 합병) · 특별법에 의한 증자로 인한 신주발행시에는 수납가액을 재계산하지 않고 과세표준 결정당시의 상속재산 가액에 의한다.

3) 무상으로 주식을 감소시킨 경우

구주식 1주당 수납가액 = 구주식 1주당 과세가액 ÷ (1 - 구주식 1주당 감자주식수)

4) 유상으로 주식을 감소시킨 경우

구주식 1주당 수납가액 = [구주식 1주당 과세가액 - (1주당 지급금액 × 구주식 1주당 감자주식수)] ÷ (1 - 구주식 1주당 감자주식수)

그러나 다음 경우에는 위 산식에 따른 수납가액 결정방식은 적용되지 아니하므로(상증령 제75조제1항제1호 단서 및 상증규칙 제20조의2제2항), 상속세 과세표준 결정할 때의 주당 평가액대로 수납하여야 한다.

가) 자본시장과 금융투자업에 관한 법률 제119조에 따라 공모 증자하는 경우의 신주 발행

나) 특별법에 따라 증자하는 경우의 신주 발행

2018.8. 상속개시	① 무상증자	② 유상증자	2020.11. 물납수납
▲	△	△	▲
과세가액 @10,000 주식총수 100주	1:0.5 신주 50주	1:1 주금납입액 @5,000	

- 무상증자만 있는 경우

$$\frac{\text{구주식 1주당 과세가액=@10,000}}{\text{1+구주식 1주당 신주배정수=1+0.5}} = @6,666$$

- 유상증자만 있는 경우

$$\frac{@10,000+(@5,000\times 1\text{주})}{1+1} = @7,500$$

- 무상증자 후 유상증자가 있는 경우

$$\frac{@6,666+(@5,000\times 1\text{주})}{1+1} = @5,833$$

나. 연부연납세액을 물납하는 경우

상속세 연부연납기간 중 분납세액〔첫 회분 분납세액(조특령 제28조제1항 각 호 외의 부분 전단에 따른 중소기업자는 5회분 분납세액)〕에 대하여 물납에 충당하는 부동산 및 유가증권의 수납가액은 상속세 과세표준과 세액 결정시 해당 부동산 및 유가증권에 대하여 적용한 평가방법에 따라 다음 어느 하나에 해당하는 가액으로 한다.

1) 상증법 제60조제2항에 따라 시가로 상속세 과세가액을 산정한 경우에는 물납허가통지서 발송일 전일 같은 항에 따라 평가한 가액
2) 상증법 제60조제3항에 따라 보충적 평가방법으로 상속세 과세가액을 산정한 경우에는 물납허가통지서 발송일 전일 현재 같은 항에 따라 평가한 가액

종전까지는 연부연납에 의한 분납세액을 물납하는 경우 물납재산 평가를 수납일 현재 평가한 가액으로 규정하고 있어 물납허가 통지시점과 수납일 사이에 물납재산가액 변동이 있는 경우 환급(가격이 상승하는 경우 과다 물납) 또는 추가 납부(가격이 하락한 경우 과소 물납) 등의 문제가 있어 물납재산 평가 시점을 물납허가통지일 전일 현재 가액으로 하였다(1998.12.31. 개정).

다. 유가증권 가액이 30% 이상 하락한 경우 수납가액 특례

물납재산인 유가증권의 가액이 현저히 하락한 경우에는 물납 당시의 평가가액으로 수납함으로써 물납재산의 가격하락에 따른 국고손실을 최소화하도록 하였다.

물납에 충당할 유가증권의 가액이 평가기준일부터 물납허가통지서 발송일 전일까지의 기간('물납기간') 중 정당한 사유없이 유가증권을 발행한 회사가 합병 또는 분할하는 경우, 주요 재산을 처분하는 경우, 배당금이 물납을 신청하기 직전 사업연도의 배당금에 비해 증가한 경우 등 사유(상증령 제75조제1항제3호)로 해당 유가증권 가액이 평가기준일 현재의 상속재산 또는 증여재산 가액에 비하여 30% 이상 하락한 경우에는 다음과 같이 평가한 가액으로 수납한다.

1) 상증법 제60조제2항[19](시가)에 따라 상속세 과세가액을 산정하는 경우에는 물납허가통지서 발송일 전일 현재 같은 항에 따라 평가한 가액
2) 상증법 제60조제3항[20](보충적 평가방법)에 따라 상속세 과세가액을 산정하는 경우에는 물납허가통지서 발송일 전일 현재 같은 항에 따라 평가한 가액

이 경우 물납 신청한 유가증권(물납 신청한 것과 동일한 종목의 유가증권을 말함)의 전체 평가액이 물납신청세액에 미달하는 경우로 물납 신청한 유가증권 외 상속받은 다른 재산의 가액을 합산하더라도 해당 물납신청 세액에 미달하는 경우에는 해당 미달 세액을 물납 신청한 유가증권의 전체 평가액에 가산한다.

위 사유가 발생하는 경우에는 납세지 관할세무서장에게 물납 재산 수납가액 재평가[21]를 신청해야 한다(상증령 제78조제10항).

〈물납 주식 재평가 개정연혁〉

2020.2.10. 이전	2020.2.11. 이후
물납기간 중 해당 법인의 주요 재산을 처분하는 등 상속인의 부실경영으로 인하여 상속개시 당시의 가액에 비하여 50% 이상 하락	물납기간 중 유가증권을 발행한 회사의 합병 또는 분할 등 물납재산에 대해 수납가액을 재평가하는 사유를 구체화하고 가격 기준을 30%로 하향 조정

19. 상증법 제60조 ② 제1항에 따른 시가는 불특정 다수인 사이에 자유롭게 거래가 이루어지는 경우에 통상적으로 성립된다고 인정되는 가액으로 하고 수용가격 · 공매가격 및 감정가격 등 대통령령으로 정하는 바에 따라 시가로 인정되는 것을 포함한다.
20. 상증법 제60조 ③ 제1항을 적용할 때 시가를 산정하기 어려운 경우에는 해당 재산의 종류, 규모, 거래 상황 등을 고려하여 제61조부터 제65조까지에 규정된 방법으로 평가한 가액을 시가로 본다.
21. 물납재산 재평가 신청서(상증 법령서식 별지 제13호의2)

7. 물납재산의 환급

납세자가 상증법 제73조에 따라 상속세 및 증여세를 물납한 후 그 부과처분의 전부 또는 일부를 취소하거나 감액하는 경정결정에 의하여 환급시 다음 순서에 따라 해당 물납재산으로 환급한다(국기법 제51조의2).

1) 납세자 신청이 있는 경우에는 그 신청한 순서에 따라 환급한다.
2) 납세자 신청이 없는 경우에는 상증령 제74조제2항에서 규정한 물납충당 재산의 허가 순서의 역순으로 환급한다.

8. 물납과 양도소득세, 증권거래세

가. 양도소득세

양도소득세가 과세되는 "자산의 양도"라 함은 양도소득세 과세대상 자산이 그 자산에 대한 등기 또는 등록에 관계없이 매도, 교환, 법인에 대한 현물출자등으로 인하여 유상으로 사실상 이전되는 것을 말하는 것으로, 납부할 상속세를 상속받은 부동산 및 비상장주식 등으로 물납하는 경우 유상이전에 해당하여 양도소득세가 과세된다(재일46014-2445, 1997.10.16.).

주식 물납에 따른 양도소득이 있는 경우에 부과되는 양도소득세는 증여세 부과와는 별개 원인에 기초하여 과세하는 것으로, 동일한 과세대상사실에 대해 이중 과세되는 것으로 볼 수 없다(서울고법2020누57198, 2021.5.26.).

보통의 경우 양도가액과 취득가액이 같아 양도차익이 발생하지 않지만, 연부연납세액에 대한 물납시 양도소득세가 발생할 수 있다.

나. 증권거래세

증권거래세는 유상으로 주권의 소유권이 이전되는 경우 이익 발생 여부에 관계없이 과세되는 유통세인 점 등을 종합하면, 주권 물납은 증권거래세법 제1조 및 제2조제3항이 규정하는 '주권의 양도'에 해당하여 증권거래세 과세대상에 포함된다(대법원2007두14695, 2009.9.10.).

9. 물납증권의 처분제한

물납된 증권의 경우 물납한 본인 및 대통령령으로 정하는 자에게는 수납가액보다 적은 금액으로 처분할 수 없다. 다만, 「자본시장과 금융투자업에 관한 법률」 제8조의2제4항제1호에 따른 증권시장에서 거래되는 증권을 그 증권시장에서 매각하는 경우에는 그러하지 아니하다(국유재산법 제44조의2(물납 증권의 처분 제한))

대통령령으로 정하는 자는 다음의 어느 하나에 해당하는 자를 말한다.

가. 물납한 본인과 다음의 관계에 있는 사람

1) 배우자
2) 직계혈족
3) 형제자매
4) 배우자의 직계혈족
5) 배우자의 형제자매
6) 직계혈족의 배우자

나. 물납한 본인 및 물납한 본인과 제1호 각 목의 관계에 있는 사람이 물납 증권 처분 당시 보유한 지분증권의 합계가 그 외 각 주주가 보유한 지분증권보다 많은 법인

[관련 질의회신 · 판례 등]

○ 납부지연가산세

(물납요건 미충족) 납세의무자가 법 제29조에서 규정하는 물납요건에 해당하지 아니하는 물납신청을 하면서 그 물납신청금액을 납부하지 아니한 때에는 납부불성실가산세의 부과대상임(대법원97누12853, 1998.9.8.).

(물납재산변경신청) 물납신청이 관련규정에 의하여 적법하게 이루어졌다면 설사 청구인들이 처분청의 물납재산 변경명령을 이행하지 못하였다 하더라도 청구인들이 한 당초 물납신청 효력은 물납재산 변경명령에 따른 물납재산 변경신청기한까지는 유효한 것으로 보는 것이 타당하며, 처분청에서 청구인들의 물납신청 이후 상당기간 경과한 후에 물납재산 변경명령을 발하여 동 기간의 납부불성실가산세의 발생요인에 대하여는 청구인들에게 귀책사유가 없음(국심1997서1491, 1999.1.14.).

제3절 문화재 등에 대한 물납

1. 물납 요건

2023.1.1. 이후 상속 개시[22] 분부터 다음 요건을 모두 갖춘 납세의무자는 상속재산에 대통령령으로 정하는 문화재 및 미술품(이하 "문화재 등"이라 한다)이 포함된 경우 납세지 관할세무서장에게 해당 문화재 등에 대한 물납을 신청할 수 있다(상증법 제73조의2).

1) 상속세 납부세액이 2천만원을 초과할 것
2) 상속세 납부세액이 상속재산가액 중 대통령령으로 정하는 금융재산의 가액(제13조에 따라 상속재산에 가산하는 증여재산의 가액은 포함하지 아니한다)을 초과할 것

2. 물납절차

1) 납세의무자가 문화재 등에 대한 물납을 납세지 관할세무서장에게 신청할 수 있다.
2) 납세지 관할세무서장은 제1항에 따른 물납 신청이 있는 경우 대통령령으로 정하는 방법에 따라 해당 물납 신청 내역 등을 문화체육관광부장관에게 통보하여야 한다.
3) 문화체육관광부장관은 물납을 신청한 문화재 등이 역사적 · 학술적 · 예술적 가치가 있는 등 물납이 필요하다고 인정[23]되는 경우 납세지 관할세무서장에게 대통령령으로 정하는 절차에 따라 해당 문화재 등에 대한 물납을 요청하여야 한다.
4) 납세지 관할세무서장은 제3항에 따른 요청을 받은 경우 해당 문화재 등이 대통령령으로 정하는 절차에 따라 국고 손실의 위험이 크지 아니하다고 인정되는 경우 물납을 허가한다.

22. 상증법 부칙(법률 제18591호, 2021.12.21.)
제1조(시행일) 이 법은 2022년 1월 1일부터 시행한다. 다만, 제35조제3항(「소득세법」 제87조의27에 따라 준용되는 경우에 관한 부분에 한정한다) 및 제73조의2의 개정규정은 2023년 1월 1일부터 시행한다.
제5조(문화재 등에 대한 물납에 관한 적용례) 제73조의2의 개정규정은 같은 개정규정 시행 이후 상속이 개시되는 경우부터 적용한다.

23. 문체부 물납심의위원회의에서 논의할 예정이다("논란 많던 '미술품 물납' 허용… 물납심의위원회 신설해 엄격히 평가할 것", 이데일리, 2021.12.1.).

3. 물납 신청 납부세액

물납을 신청할 수 있는 납부세액은 상속재산 중 물납에 충당할 수 있는 문화재 등의 가액에 대한 상속세 납부세액을 초과할 수 없다.

쟁점

문화재 등의 물납

2021.12월에 문화재 등의 물납제도가 상증법에 신설되었다. 개정된 규정에서 살펴볼 부분은 3가지이다.

1. 강행규정

절차적으로 보면, 납세지 관할세무서장은 문화체육관광부장관에게 통보하여야 하며, 문화체육관광부장관은 관할 세무서장에게 물납을 요청하여야 한다고 규정하고 있다. 여기서 '하여야 한다'를 강행규정으로 볼지 여부다. 세법에서 '하여야 한다'는 임의규정으로 보는 경우가 있지만, 여기서는 강행규정으로 보인다. 세무서장이 판단할 수 있다면 문화체육관광부장관에게 보낼 이유가 없다.

2. 문화체육관광부장관의 판단기준

역사적 · 학술적 · 예술적 가치가 있는 등 물납이 필요하다고 인정하는 경우를 어떻게 볼지 여부다. 예를 들면 100년 전의 문화재는 물납이 안 되고, 200년 전의 문화재는 물납이 가능하다고 기준을 만들 수 있는지 여부이다. 물론 이러한 판단은 국세청의 업무는 아니다. 기사에 따르면 문화체육관광부는 물납심의위원회를 신설하여 판단할 것으로 보인다.

3. 관할세무서장의 판단

문화체육관광부장관이 물납을 요청하더라도 물납 허가여부는 관할세무서장이 판단한다. 이때 판단기준은 국고 손실 위험이 크지 아니하다고 인정되는 경우이다. 국고손실이 발생하는 경우를 생각보면 다른 물납과 마찬가지로 '수납가액'과 '국고 귀속 후 처분가액 차이'에서 발생한다. 그런데 문화재 등을 처분시 손실이 발생할지, 수익이 발생할지를 관할세무서장이 어떻게 판단할 수 있을까?

관할세무서장이 이를 판단할 것이 아니라 국유재산법이나 다른 법률에서 국립중앙박물관 등에서 구입할 수 있도록 입법적으로 보완하는 것이 타당해 보인다.

제3장 상속 · 증여세의 결정 · 경정

제1절 결정과 경정

1. 상속 · 증여세 과세표준과 세액의 결정

가. 상속세 또는 증여세의 결정

상속세 · 증여세 납세의무 확정방식은 소득세 · 법인세등과 달리 세무서등의 부과결정이다. 상속세 · 증여세는 재산이전에 대한 세금이다 보니 그 시점의 재산평가가 중요하고, 재산과 채무의 적정여부를 세무서등이 판단해야 한다.

납세의무 확정방식은 3가지로 구분되는데, 소득세 · 법인세등은 납세의무자가 과세표준과 세액을 정부에 신고했을 때 확정되고, 상속세 · 증여세는 정부가 결정하는 때 확정된다. 인지세 등은 납세의무 성립과 동시에 확정된다(국기법 제22조). '정부가 결정하는 때'의 의미는 조사[1]하여 결정한다는 뜻이다.

조사하여 납세의무가 확정되기는 하지만, 상속세나 증여세는 소득세등과 마찬가지로 수정신고 · 경정청구 · 기한 후 신고가 가능하고, 신고하지 않았을 때 무신고가산세를 부과한다. 즉 납세자 입장에서 보았을 때 소득세 등과 크게 다르지 않는데 조사한다는 점만 차이가 있다. 상속세 · 증여세 납세의무 확정방식의 차이는 조사대상 선정방식에서 차이가 있다. 소득세 등은 무신고했거나, 오류 · 탈루 등이 있을 때 조사대상으로 선정하지만, 상속세 · 증여세는 신고 여부나 무작위 추출등에 관계없이 전체를 조사대상으로 선정하여 결정한다(국기법 제81조의6).

세무서장등은 신고에 의하여 과세표준과 세액을 결정한다. 다만, 신고를 하지 아니하였거나 그 신고한 과세표준이나 세액에 탈루(脫漏) 또는 오류가 있으면 그 과세표준과 세액을 조사하여 결정한다(상증법 제76조). 신고한 과세표준 및 세액이 조사내용과 동일하다면 정부는 신고내용에 따라 과세표준 및 세액을 결정하고, 신고하지 아니하였거나 신고내용에 탈루 또는 오류가 있어 조사한 내용과 다른 경우에는 조사내용으로 결정하고 조사결과 추가로 납부할 세액은 가산세를

1. 국세청의 인력 한계상 모두를 조사하는 것은 아니다.

포함하여 부과한다.

나. 수시 결정

아래의 수시부과 사유(국징법 제9조(납부기한 전 징수))에 해당하면 신고기한 전이라도 수시로 상속세 또는 증여세를 결정할 수 있다.

1) 국세, 지방세 또는 공과금 체납으로 강제징수 또는 체납처분이 시작된 경우
2) 「민사집행법」에 따른 강제집행 및 담보권 실행 등을 위한 경매가 시작되거나 「채무자 회생 및 파산에 관한 법률」에 따른 파산선고를 받은 경우
3) 어음법 및 수표법에 따른 어음교환소에서 거래정지 처분을 받은 때
4) 법인이 해산한 경우
5) 국세를 포탈(逋脫)하려는 행위가 있다고 인정되는 경우
6) 납세관리인을 정하지 아니하고 국내에 주소 또는 거소를 두지 아니하게 된 경우

다. 신고 분에 대한 법정결정기한

세무서장 또는 지방국세청장은 법정신고기한 내 상속세 또는 증여세 신고를 받은 경우에는 그 신고를 받은 날부터 법정결정기한 이내에 과세표준과 세액을 결정하여야 한다(상증법 제76조). 다만, 상속재산 또는 증여재산 조사, 가액 평가 등에 장기간이 소요되는 등 부득이한 사유가 있어 그 기간 이내에 결정할 수 없는 경우에는 그 사유를 상속인 · 수유자 또는 수증자에게 통지하여야 한다.

법정결정기한은 상속세는 상속세 과세표준 신고기한으로부터 9개월이고, 증여세의 경우 증여세 과세표준 신고기한으로부터 6개월이다.

쟁점

상속세 · 증여세의 법정결정기한과 국세부과제척기간

상속세와 증여세의 납세의무 확정방식이 정부부과이므로 상증법에서는 상속세 신고 또는 증여세 신고한 경우 납세의무를 조기에 확정하도록 법정결정기한을 두고 있다. 법정결정기한은 상속세는 상속세 과세표준 신고기한으로부터 9개월이고, 증여세는 증여세 과세표준 신고기한으로부터 6개월이다.

상속세 · 증여세의 법정결정기한 경과 후 상속세 · 증여세 결정 또는 경정은 가능할까?

우선 국세부과제척기간을 생각해보자. 국세부과제척기간은 국세부과권을 행사할 수 있는 법정기간으로 그 부과제척기간이 경과하면 정부 부과권이 소멸되어 일정한 특례를 제외하고 과세표준이나 세액을 변경하는 어떠한 결정이나 경정도 할 수 없다(국기법 제26조의2).

상속세 · 증여세의 법정결정기한은 훈시규정으로 보아야 한다. 즉 법정결정기한이 지났더라도 국세부과제척기간 이내라면 결정 · 경정할 수 있다. 그래서, 국세청은 세무서장등이 법정결정기한 내에 결정을 하지 않고 부득이한 사유를 통지하지 않았다 하여 법정결정기한 종료일에 과세표준과 세액이 결정된 것으로 보는 것은 아니다(재산세과-527, 2010.7.19.)고 보았고, 법원 또한 납세의무자의 증여세 납부의무를 조속히 확정하여야 한다는 취지에서 규정한 훈시규정이라고 하였으며, 가산세 적용을 제한하는 규정으로 해석할 수는 없다(서울행법 2011구합28509, 2012.2.3.)고 보았다.

논란이 될 수 있는 부분[2]은 국기법 제3조(세법 등과의 관계)에서 법정결정기한이 먼저 적용하는지 여부이다. 2020.1.1. 이후 세법에 별도 규정이 있는 경우를 국기법보다 우선 적용한다. 위의 해석과 판례는 모두 2019.12.31. 이전의 것이고, 개정 이후 국기법 제3조 관련 판례는 형성되지 않았다. 하지만 국기법 제3조를 감안하더라도 법정결정 기한이 국세부과제척기간의 특례규정으로 보기 어려우므로 기존 해석과 판례가 유지될 것으로 보인다.

〈상속세 · 증여세 법정결정기한 개정연혁〉

2018.2.12. 이전	2018.2.13. 이후 상속증여부터
상속세: 신고기한부터 6월 증여세: 신고기한부터 3월	상속세: 신고기한부터 9월 증여세: 신고기한부터 6월

라. 상속세 또는 증여세의 경정결정

세무서장 등은 당초 결정 후 그 과세표준과 세액에 탈루 또는 오류가 있는 것을 발견한 경우에는 즉시 그 과세표준과 세액을 조사하여 경정한다.

납세의무자의 신고 또는 과세자료에 의하여 과세관청이 처음으로 결정하는 처분을 결정 또는 당초 결정이라 하고, 당초 결정에 오류 또는 탈루가 있어서 다시 고쳐 결정하는 처분을 경정결정이라 한다.

1) 증액 경정의 효력

세법에 따라 당초 확정된 세액을 증가시키는 경정은 당초 확정된 세액에 관한 국세기본법 또는 세법에서 규정하는 권리 · 의무 관계에 영향을 미치지 아니한다(국기법 제22조의3제1항).

2) 감액 경정의 효력

세법에 따라 당초 확정된 세액을 감소시키는 경정은 그 경정에 의하여 감소되는 세액 외의 세

2. 상증법에서 국세부과제척기간 논란이 되는 부분은 증여세액공제 또는 납부세액공제이다. 가산하는 증여재산의 부과제척기간이 경과한 경우 납부세액공제 또는 증여세액공제를 적용하지 않는데, 이 경우 당초 증여에 대해 사실상 국세부과제척기간이 연장된다고 볼 수 있다.

액에 관한 국세기본법 또는 세법에서 규정하는 권리 · 의무 관계에 영향을 미치지 아니한다(국기법 제22의3제2항).

2. 고액 상속인 사후관리

상속세 과세 방식은 유산세와 유산취득세로 구분할 수 있으며, 유산세 과세방식은 세수가 상대적으로 크며 조세행정 측면에서 더 용이하다. 유산세 과세방식의 장점으로는 1인에게 이전하거나 다수인에게 이전하거나 관계없이 조세총액이 동일하다는 점이 꼽히지만 이는 사실이 아니다. 우리나라는 배우자에게 분할한 금액에 따라 배우자 상속공제(최대 30억원) 적용으로 상속세 부담이 달라지므로 거짓으로 배우자 상속 후 추후 상속재산을 분할 수 있다.

또, 피상속인 사망 시점에 상속재산을 은닉하였다가 추후 상속재산을 분할할 수도 있다. 그러한 이유로 상속인들 간의 상속재산에 변동에 대해 확인하는데 이것을 고액상속인 사후관리라고 부른다(상증 사무처리규정 제51조).

세무서장등은 고액 상속인의 주요 재산이 상속개시 후 5년 내에 현저하게 증가하였을 경우 그 정당성 여부를 조사하여야 한다. 이는 당초 결정에서 발생할 수 있는 오류 또는 탈루를 시정하기 위해서이다(상증법 제76조제5항).

가. 사후관리대상

세무서장 등이 당초 결정한 상속재산 가액이 30억원 이상인 경우로 상속개시일부터 5년이 되는 날("조사기준일"이라 함)까지의 기간 이내에 상속인이 보유한 주요 재산 가액이 상속개시 당시에 비하여 현저히 증가한 경우에는 그 결정한 과세표준과 세액에 탈루 또는 오류가 있지는 않았는지를 조사하여야 한다.

해당 사후관리는 상속인이 보유한 주요 재산의 가액이 상속개시일부터 조사기준일까지의 경제상황 등의 변동에 비추어 정상적인 증가 규모를 현저하게 초과하였다고 인정되는 경우로 그 증가 요인이 객관적으로 명백하지 아니한 경우에 한하여 실시한다.

○ 상증 사무처리규정 제51조(고액상속인의 사후관리)
지방국세청장(조사국장) 또는 세무서장(재산제세 담당과장)은 법 제76조제5항의 고액상속인에 대하여 연 1회 이상 자체 계획을 수립하여 사후관리하여야 한다.

나. 관리 대상 주요 재산의 범위

부동산, 주식, 금융재산, 서화, 골동품, 그 밖의 유형재산, 무체재산권[3]등을 말한다.

다. 경정조사 적용 배제

자금출처의 입증규정을 준용한다. 상속인이 그 증가한 주요 재산에 관한 자금출처를 다음의 1)~3)과 같은 방법에 따라 입증하는 경우에는 조사에서 제외한다.

1) 신고하였거나 과세받은(비과세 또는 감면받은 경우 포함) 소득금액
2) 신고하였거나 과세받은 상속 또는 수증재산 가액
3) 재산을 처분한 대가로 받은 금전이나 부채를 부담하고 받은 금전으로 당해 재산 취득 또는 당해 채무 상환에 직접 사용한 금액

3. 과세표준과 세액의 결정통지

세무서장 등은 결정한 상속세 또는 증여세 과세표준과 세액은 상속인 · 수유자 또는 수증자에게 통지하여야 한다.

과세표준과 세액 통지시 납부고지서에 과세표준과 세액의 산출 근거를 적어야 한다. 이 경우 지방국세청장이 과세표준과 세액을 결정한 것에 대하여 지방국세청장이 조사 · 결정하였음을 적어야 한다. 고지세액이 없는 경우[4]에도 통지해야 한다.

상속인 또는 수유자가 2인 이상인 경우, 상속인이나 수유자 모두에게 통지하여야 한다.

---

3. 영업권, 공업소유권, 어업권, 특허권, 실용신안권, 상표권, 디자인권, 저작권, 광업권, 채석권 등
4. 상증 사무처리규정 제45조(결정의 통지) ① 세무서장(재산제세 담당과장)은 다음 각 호의 구분에 따라 상속세의 경우에는 상속인(상속인 모두를 말한다)과 수유자 또는 납세관리인에게 결정 통지를 하고, 증여세의 경우에는 수증자에게 결정 통지를 하여야 한다.
   1. 고지세액이 있는 경우
      가. 상속세: 납세고지서, 「상속세 과세표준 및 세액 계산내용 통지(별지 제9호 서식)」, 「상속인 또는 수유자별 납부할 상속세액 및 연대납세의무자 통지(별지 제10호의 2 서식)」, 「재산평가명세서(별지 제10호의3 서식)」
      나. 증여세: 납세고지서, 「증여세 과세표준 및 세액 계산내용 통지(별지 제16호 서식)」, 「재산평가명세서(별지 제10호의3 서식)」. 단, 법 제4조의2제6항에 따라 증여세 연대납세의무자에게 고지하는 경우에는 「증여세 연대납세의무자 통지(별지 제10호의2 서식)」를 함께 통지
   2. 고지세액이 없는 경우
      상속세 및 증여세 과세표준신고서(수정 및 기한후신고서를 포함한다)를 제출한 자에 대하여 「상속세 결정통지(별지 제8호 서식)」 또는 「증여세 결정통지(별지 제15호 서식)」, 「재산평가명세서(별지 제10호의3 서식)」

〈통지대상 개정연혁〉

2015.12.31. 이전 통지분	2016.1.1. 이후 통지분
상속인, 수유자가 2인 이상인 경우 1인에게 통지 (통지 효력은 상속인 또는 수유자 모두에게 미침)	상속인, 수유자 모두에게 통지

[관련 질의회신 · 판례 등]

○ 연대납부의무자

납세고지서에 납부할 총세액과 그 산출 근거인 과세표준과 세율, 공제세액 등을 기재함과 아울러 공동상속인 각자의 상속재산 점유비율(상속분)과 그 비율에 따라 산정한 각자가 납부할 상속세 등을 기재한 연대납세의무자별 고지세액명세서를 그 납세고지서에 첨부하여 납세고지서에 납세자로 표시된 공동상속인에게 저마다 교부한 납세처분은 적법한 부과고지와 징수고지의 효력을 지님(대법원93누10316, 1993.12.21.).

○ 연부연납 허가통지를 하지 않은 경우

세무서장이 연부연납 허가통지 기간까지 그 허가여부에 대한 서면을 발송하지 아니하여 연부연납신청자가 연부연납 허가를 받은 것으로 볼 수 있는 경우라도 과세표준과 세액의 결정통지를 한 것으로 볼 수 없음(기획재정부 재산세제과-328, 2010.4.8.).

○ 상속포기

세무서장이 법에 따라 상속세를 결정 · 통지하였으나, 법원의 판결에 따라 상속인 중 1인이 상속을 포기한 사실이 확인되는 경우에도 당초 결정과 통지의 효력은 변동이 없음. 다만, 당초 각 상속인에게 고지한 상속세 중 상속을 포기한 상속인이 납부해야 할 상속세는 이를 취소하고, 취소한 상속세는 다른 상속인의 상속지분에 따라 배분하여 추가 고지함(재삼46330-4573, 1993.12.21.).

○ 상속인별 구체적 세액을 표시하지 않은 경우

납세의무자를 '갑 외 7인'으로 기재하고 공동상속인들의 성명과 각 상속지분 등이 기재된 상속지분명세서를 첨부한 납세고지서를 호주상속인인 갑에게만 송달한 경우, 갑에 대한 납세고지의 효력은 다른 공동상속인들에게도 미치므로 상속세 부과처분이 나머지 공동상속인들에 대한 관계에서 부존재한다고 할 수 없고, 각 상속인별 부담 세액을 기재하거나 그러한 계산명세서를 첨부하지 아니한 납세고지절차상의 하자는 중대 · 명백한 하자라고 볼 수 없어 상속세 부과처분이 당연무효라고도 할 수 없음(대법99두3089, 2000.11.28.).

○ 정보제공

상속세 단독고지신청과 연부연납신청을 하였다고 하더라도 원고의 납세의무나 연대납세의무가 면제되는 것은 아님. 그렇다면 원고는 이 사건 세무조사 결과에 따른 상속세의 납세의무 또는 연대 납세의무를 부담하는 자로서 국기법 제81조의14에서 정한 '납세자'에 해당하고 납세의무에 관련된 것으로서 원고의 권리행사에 필요한 정보를 피고는 국기법 제81조의14에 따라 원고에게 위 정보를 제공해야 함(서울고법2012누31375, 2013.5.24.).

제2절 금융재산 일괄조회

금융재산 일괄조회[5]란 상속세 또는 증여세 과세의 실효성 확보와 행정력 소모를 줄이기 위하여 상속인 · 피상속인 또는 증여자 · 수증자의 금융재산에 관한 과세자료를 금융기관의 장에게 일괄하여 조회할 수 있는 제도를 말한다.

세무서장 또는 지방국세청장이 상속세 또는 증여세를 결정 · 경정하기 위하여 조사하는 경우, 국세청장(지방국세청장 포함)[6]은 금융기관의 장에게 「금융실명거래 및 비밀보장에 관한 법률」 제4조(금융거래의 비밀보장) 규정에 불구하고 다음 어느 하나에 해당하는 자의 금융재산에 관한 과세자료를 일괄하여 조회할 수 있다.

1) 직업, 연령, 재산 상태, 소득신고 상황 등으로 볼 때 상속세나 증여세의 탈루 혐의가 있다고 인정되는 자
2) 상증법 제85조제1항을 적용받는 상속인 · 피상속인 또는 증여자 · 수증자

○ 상증법 제85조(납세자별 재산 과세자료의 수집 · 관리)

① 국세청장은 재산 규모, 소득수준 등을 고려하여 대통령령으로 정하는 자에 대해서는 상속세 또는 증여세의 부과 · 징수 업무를 효율적으로 수행하기 위하여 세법에 따른 납세자 등이 제출하는 과세자료나 과세 또는 징수의 목적으로 수집한 부동산 · 금융재산 등의 재산자료를 그 목적에 사용할 수 있도록 납세자별로 매년 전산조직에 의하여 관리하여야 한다.

국세청장은 금융기관의 장에게 다음 각 호의 사항을 기재한 문서에 의하여 금융재산에 관한 자료를 요구하여야 한다.

1) 피상속인등(상속인 · 피상속인 또는 증여자 · 수증자)의 인적사항
2) 사용목적
3) 요구하는 자료 등의 내용

이 경우 금융재산에 대한 조회를 받은 금융기관의 장은 그 조회받은 과세자료를 지체없이 국세청장에게 제출하여야 한다.

---

5. 상속인이 피상속인의 금융재산 및 채무를 확인하기 위하여 신청하는 금융감독원의 "상속인 금융거래 통합조회 시스템"(안심상속 원스톱 서비스)과 다르다. 상속인 금융거래 조회는 계좌유무와 예금액 · 채무액을 통지하고, 정확한 잔액, 거래내역 등 상세한 내역(사망 후 해지계좌 포함)은 해당 금융회사를 방문하여 별도의 절차를 거쳐 확인하여야 한다("상속인 금융거래조회서비스 안내문", 금융감독원).
6. 금융재산 일괄조회는 국세청장, 지방국세청장이 할 수 있고, 금융재산 개별조회는 세무서장도 할 수 있다. 금융재산의 개별조회에 대한 법적 근거는 「금융실명거래 및 비밀보장에 관한 법률」 제4조제1항제2호이다.

제3절 질문조사

1. 질문조사의 대상

세무에 종사하는 공무원은 상속세 또는 증여세에 관한 조사 및 그 직무수행상 필요한 경우에는 다음의 어느 하나에 해당하는 자에 대하여 질문하거나 관련 장부 · 서류 기타 물건을 조사하거나 그 제출을 명할 수 있다. 이 경우 세무에 종사하는 공무원은 질문 · 조사하거나 장부 · 서류 등의 제출을 요구할 때 직무수행에 필요한 범위 외의 다른 목적 등을 위하여 그 권한을 남용해서는 아니 된다(상증법 제84조).

1) 납세의무자 또는 납세의무가 있다고 인정되는 자
2) 피상속인 또는 '가'의 자와 재산의 수수관계가 있거나 수수할 권리가 있다고 인정되는 자
3) 상증법 제82조(지급명세서 등의 제출)에 규정된 지급조서 등을 제출할 의무가 있는 자

2. 조사원증 제시

세무에 종사하는 공무원이 상속세 또는 증여세에 관한 조사를 하는 경우에 장부 · 서류 · 기타 물건의 검사를 할 때에는 조사원증을 관계자에게 제시하여야 한다(상증령 제86조).

3. 공신력 있는 감정가액에 대한 조회

상속재산 및 증여재산에 대하여 공신력 있는 감정기관의 감정가액이 있는 경우 상증법 제84조에 따라 세무서장은 그 감정가액을 조회할 수 있다(상증통칙 84-0-1).

4. 과태료 부과

세법의 질문 · 조사권 규정에 따른 세무공무원의 질문에 대하여 거짓으로 진술하거나 그 직무집행을 거부 또는 기피한 자에 대해 과태료를 부과한다(2022.2.15 국기법 시행령 별표1). 과태료의 금액은 2천만원을 초과하지 못한다.

수입금액 등	과태료 금액
1,000억원 초과	2,000만원
500억원 초과 1,000억원 이하	1,500만원
100억원 초과 500억원 이하	1,000만원
100억원 이하	500만원

수입금액 등을 계산하는 경우 과태료가 부과되는 행위에 대한 세법의 질문 · 조사권의 대상이 되는 과세기간에 대한 1년간의 수입금액 등을 기준으로 계산한다. 상증법 제84조에 따른 질문 · 조사권에 대한 과태료 부과시, 상속세 및 증여세 과세가액을 기준으로 한다.

수입금액 등을 계산할 때 그 금액은 신고한 금액을 기준으로 한다. 다만, 결정 · 경정된 금액이 있는 경우에는 그 결정 · 경정된 금액을 기준으로 계산한다. 과태료 부과 대상자가 국기법 제26조의2제2항제2호에 따른 부정행위("부정행위")와 다음 구분에 따라 관련된 경우 가목부터 바목에 따라 부과하는 과태료를 500만원 범위 내에서 증액할 수 있다.

1) 과태료 부과 대상자가 납세의무자등으로서 부정행위로 조세를 포탈한 경우
2) 과태료 부과 대상자가 납세의무자등이 아닌 자로서 부정행위에 가담한 경우

[관련 질의회신 · 판례 등]

○ 질문조사 대상자

(감정평가법인) 사업시행자에게 분양을 신청한 자가 분양대금 충당을 위한 대출목적으로 감정평가법인에 감정평가를 의뢰한 경우 감정평가를 의뢰받은 감정평가법인은 납세의무가 있다고 인정되는 자와 재산의 수수관계에 있거나 수수할 권리가 있다고 인정되는 자 또는 거래가 있다고 인정되는 자에 해당되므로 세무에 종사하는 자는 소득법 제170조, 상증법 제84조 및 국기법 제85조의 규정에 의하여 감정평가법인에 분양계약서 등의 제출을 요구할 수 있음(서면1팀-542, 2006.4.28.).

(주택건설회사) 분양청약자로부터 청약금을 수수한 주택건설회사는 납세의무가 있다고 인정되는 자와 재산의 수수관계에 있거나 수수할 권리가 있다고 인정되는 자 또는 거래가 있다고 인정되는 자에 해당하므로 세무에 종사하는 자는 상속세 및 증여세법 제84조, 소득세법 제170조 및 국세기본법 제85조 규정에 의하여 주택건설회사에 청약자명단의 제출을 요구할 수 있음(서삼46019-11010, 2003.6.24.).

(금융기관) 『피상속인 또는 납세의무자 또는 납세의무가 있다고 인정되는 자(이하 "피상속인 등이라 함")와 재산의 수수관계가 있거나 수수할 권리가 있다고 인정되는 자』에는 피상속인 등에게 금전을 대출하거나 피상속인 등으로부터 금전을 예입받은 금융기관이 포함됨(서면4팀-2065, 2004.12.16.).

제4절 납세관리인

납세자가 국내에 주소 또는 거소를 두지 아니하거나 국외로 주소 또는 거소를 이전할 때에는 국세에 관한 사항을 처리하기 위하여 납세관리인을 정하여야 한다. 납세자는 국세에 관한 사항을 처리하게 하기 위하여 변호사, 세무사 또는 세무사법 제20조의2제1항에 따라 등록한 공인회계사를 납세관리인으로 둘 수 있다(국기법 제82조).

납세관리인은 다음 사항에 관하여 납세자를 대리할 수 있다(국기령 제64조의2).

1) 국기법 및 세법에 따른 신고, 신청, 청구, 그 밖의 서류 작성 및 제출
2) 세무서장 등이 발급한 서류의 수령
3) 국세 등의 납부 또는 국세환급금의 수령

1. 추정상속인·유언집행자 또는 상속재산관리인

세무서장 또는 지방국세청장은 상증법에 따라 상속세를 부과할 때에 납세관리인이 있는 경우를 제외하고 상속인이 확정되지 아니하였거나 상속인이 상속재산을 처분할 권한이 없는 경우에는 특별한 규정이 없는 한 추정상속인 · 유언집행자 또는 상속재산관리인에 대하여 상증법 중 상속인 또는 수유자에 관한 규정을 적용하여 상속세 납세의무를 지울 수 있다.

즉 상속세 납부의무자는 상속인과 수유자이지만, 예외적으로 ① 특별연고자 또는 수유자가 영리법인인 경우로서 그 영리법인의 주주 또는 출자자 중 상속인과 그 직계비속이 있는 경우에는 그 상속인과 직계비속이 상속세 납부의무가 있으며 ② 납세관리인 있는 경우를 제외하고는 추정상속인등이 상속세 납부의무가 있다.

2. 상속세 납세관리인 신고확인서 발급

비거주자인 상속인이 금융기관에 상속재산의 지급 · 명의개서 또는 변경을 청구하려면 먼저 납세관리인을 정하여 납세지 관할세무서장에게 신고하고, 그 사실에 관한 납세관리인 신고확인서(국기규칙 서식 제43호의2)를 교부받아 금융기관에 제출하여야 한다.

제4장 상속 · 증여세의 가산세

가산세는 국기법 및 세법에서 규정하는 의무의 성실한 이행을 확보하기 위하여 세법에 따라 산출한 세액에 가산하여 징수하는 금액을 말한다(국기법 제2조제4호).

2006.12.31. 이전에는 각 세법마다 다르게 규정된 가산세 체계를 전면 개정하여 2007.1.1.이후에는 국기법에 공통적인 가산세를 일괄하여 규정하였다. 또 2020.1.1. 이후 납세의무가 성립하는 분부터 납부지연가산세와 가산금을 납부지연가산세로 통합하였다.

제1절 신고관련 가산세[1] · 납부지연 가산세

1. 무신고 가산세

2015.7.1. 이후 가산세율은 무신고납부세액의 일반무신고 20%, 부정무신고 40%, 역외거래에서 발생한 부정행위인 경우에는 60%을 적용한다.

가. 일반무신고 가산세

납세의무자가 법정신고기한까지 상속세 또는 증여세 과세표준 신고를 하지 아니한 경우에는 그 신고로 납부하여야 할 세액(국세기본법 및 세법에 따른 가산세와 세법에 따라 가산하여 납부하여야 할 이자 상당 가산액이 있는 경우 그 금액은 제외하며, 이하 "무신고납부세액"이라 함)의 20%를 가산세로 한다(국기법 제47조의2제1항)

무신고납부세액 = 산출세액(할증세액 포함) - 징수유예액 - 공제 · 감면세액

둘 이상의 재산을 동시에 증여받고, 일부 증여재산만 증여세를 신고하고 다른 증여재산은 신고하지 않은 경우에는 무신고로 본다(서면4팀-2926, 2006.8.24.).

1. 무신고 가산세, 과소신고 · 초과환급신고 가산세

나. 부정무신고 가산세

"부정행위"로 법정신고기한까지 상증법에 따라 국세의 과세표준 신고를 하지 아니한 경우에는 무신고납부세액의 100분의 40(국제거래에서 발생한 부정행위로 국세의 과세표준 신고를 하지 아니한 경우에는 100분의 60)에 상당하는 금액을 가산세로 한다(국기법 제47조의2제1항).

부정 무신고가산세 = 산출세액(할증세액 포함) × 40%(역외거래 60%)

부정행위는 국기법 제26조의2제1항제1호에 따라 「조세범 처벌법」 제3조제6항 각 호의 어느 하나에 해당하는 행위(국기령 제12조의2)로서 조세의 부과와 징수를 불가능하게 하거나 현저히 곤란하게 하는 적극적 행위를 말한다.

1) 이중장부의 작성 등 장부의 거짓 기장

예를 들면[2] 최대주주 등 이중장부 작성을 알 수 있다고 인정되는 지위에 있는 자가 당해 이중장부를 근거로 주식 · 출자지분 등을 실질과 다르게 평가한 경우, 상속재산 및 증여재산 평가와 관련된 장부를 실질거래 내용과 다르게 작성하거나 거짓 기록한 경우를 말한다.

2) 거짓 증빙 또는 거짓 문서의 작성 및 수취

예를 들면 부당한 방법으로 재산을 평가하여 작성하거나, 상속 · 증여계약서 등을 거짓으로 작성, 재산평가기관과 통모하여 시가에 비해 낮게 평가한 감정 서류를 근거로 상속 · 증여세 과세표준 신고를 한 경우, 당해 재산에 대한 매매사실이 있는 경우 그 거래가액에 대한 거짓계약서를 작성 제출한 경우, 거래사실 없이 또는 거래사실과 다르게 계약서 · 입금표 등을 수취(단, 거짓임을 알고 수취한 경우에 한함)한 경우를 말한다.

3) 장부와 기록의 파기

예를 들면 장부, 기록 · 문서 및 증빙을 고의로 파기 · 삭제 · 소각하여 거래 사실을 확인할 수 없는 경우를 말한다.

4) 재산의 은닉, 소득 · 수익 · 행위 · 거래의 조작 또는 은폐

예를 들면 조세탈루 및 증거인멸 등의 목적으로 상속재산을 은닉하거나 등기원인 등을 다르게 하여 증여행위를 은폐, 부동산 · 주식 · 예금 등을 미등기 · 명의신탁 · 차명계좌 등의 방법으로 재

---

2. 『가산세 집행실무 해설』, 국세청, 2007년, 본문의 '예를 들면'은 모두 국세청 책자를 참고하였다.

산을 은닉하여 상속 · 증여세를 탈루한 경우, 특수관계인 간의 증여행위를 매매 행위로 가장하여 상속 · 증여세를 탈루한 경우, 기타 위와 유사하게 재산을 은닉하거나 소득 · 수익 · 행위 · 거래를 조작 · 은폐하여 사실과 다르게 신고한 경우

5) 고의적으로 장부를 작성하지 아니하거나 비치하지 아니하는 행위 또는 계산서, 세금계산서 또는 계산서합계표, 세금계산서합계표의 조작

6) 조특법 제5조의2제1호에 따른 전사적 기업자원관리설비의 조작 또는 전자세금계산서의 조작

7) 그 밖에 위계(僞計)[3]에 의한 행위 또는 부정한 행위

다. 사전증여 및 재차증여 합산과세 누락시 기납부세액 차감

2015.7.1. 이후 상속 · 증여분부터는 무신고 가산세 적용시 기납부세액〔상속세 또는 증여세의 경우 상증법 제28조(상속세 계산시 증여세액 공제) 또는 제58조(증여세 계산시 납부세액 공제)에 따라 공제되는 증여세액〕이 있는 경우에는 산출세액에서 기납부세액을 뺀다(국기법 제47조의 2제2항).

〈무신고가산세 개정연혁〉

2011.1.1. 이후	2012.1.1. 이후
○ 가산세율 • 일반무신고: 20% • 부정무신고: 전체산출세액×40%	○ 가산세율 • 일반무신고: 20% • 부당무신고: ①+② ① 부당무신고분 40% ② 일반무신고분 20%
○ 면제사유 신설 등 • 추가납부세액이 없는 경우 • 산출세액에서 기납부세액을 빼고 적용	○ 면제사유 신설 등 • 좌동 • 좌동(단, 부정행위 무신고시는 공제제외)

3. 행위자의 행위목적을 이루기 위해 상대방에게 오인 · 착각 · 부지를 이용하는 것을 말한다.

[관련 질의회신 · 판례 등]

○ 명의신탁재산 증여의제 과세시 부당무신고가산세
(국세청) 부정행위 여부는 사실판단할 사항임(징세과-469, 2011.5.16.).
(심판원) 부당무신고가산세 대상임(조심2013중4791, 2014.3.25., 조심2016전3654, 2016.11.28.).
(법원) 명의신탁의 결과 명의수탁자가 부담할 증여세의 부과와 징수를 불가능하게 하거나 현저히 곤란하게 하는 정도에 이르렀다는 등의 특별한 사정이 없는 한, 증여세 부당무신고가산세의 요건인 '사기나 그 밖의 부정한 행위' 또는 '부정행위'에 해당한다고 볼 수 없음(대법원2017두69977, 2021.7.8.).

○ 명의신탁재산 양도시 부당무신고가산세
명의신탁재산 증여의제의 경우 명의신탁자가 명의수탁자에게 주식을 명의신탁하면서 주식의 매매 등이 있었던 것과 같은 외관을 형성하여 그 형식에 따른 계약서나 계좌거래내역 등을 토대로 과세관청에 신고하는 것은 주식의 명의신탁에 통상 뒤따르는 부수행위에 불과하다고 볼 수 있는 경우에는 명의신탁의 결과 명의수탁자가 부담할 증여세의 부과와 징수를 불가능하게 하거나 현저히 곤란하게 하는 정도에 이르렀다는 등의 특별한 사정이 없는 한, 증여세 부당무신고가산세의 요건인 '사기나 그 밖의 부정한 행위' 또는 '부정행위'에 해당한다고 볼 수 없음(대법원2017두69977, 2021.7.8.).

2. 과소신고 가산세

가. 일반과소신고 가산세

납세의무자가 법정신고기한까지 상증법에 따른 국세의 과세표준 신고를 한 경우로서 납부할 세액을 신고하여야 할 세액보다 적게 신고(이하 "과소신고")한 경우에는 과소신고한 납부세액(국세기본법 및 세법에 따른 가산세와 세법에 따라 가산하여 납부하여야 할 이자 상당 가산액이 있는 경우 그 금액은 제외하며, 이하 "과소신고납부세액등"이라 함)의 100분의 10에 상당하는 금액을 가산세로 한다(국기법 제47조의3제1항).

일반과소신고 가산세 = "과소신고납부세액등" × 10%
과소신고납부세액 등(가산세·이자상당액 제외) = 신고하여야 할 납부세액 - 신고한 납부세액

나. 부정과소신고 가산세

"부정행위"(국기법 제26조의2제1항제1호)로 과소신고한 경우에는 ㉠ 부정과소신고가산세와 ㉡ 일반과소신고가산세의 금액을 합한 금액을 가산세로 한다(국기법 제47조의3제2항제1호).

1) 부정과소신고가산세

부정행위로 인한 과소신고납부세액등 100분의 40(국제거래에서 발생한 부정행위로 과소신고하거나 초과신고한 경우에는 100분의 60)에 상당하는 금액을 가산세로 한다.

부정과소신고가산세 = 부정행위로 인한 과소신고납부세액 등 × 40%(국제거래 부정행위는 60%)

2) 일반과소신고가산세

총과소신고납부세액등에서 부정행위로 인한 과소신고납부세액등을 뺀 금액의 100분의 10에 상당하는 금액을 가산세로 한다.

일반과소신고가산세 = [총과소신고납부세액 - 부정행위로 인한 과소신고납부세액 등] × 10%

다. (2013.1.1.~2014.12.31.) 부정감면 가산세

부정행위로 상속세 · 증여세의 세액감면 또는 세액공제를 신청한 경우 부정행위로 세액감면 또는 세액공제를 받은 금액의 100분의 40에 상당하는 금액을 가산세로 한다(구 국기법 제47조의3제2항제1호의2호).

부정 세액감면·공제 가산세 = 부정행위로 세액감면·세액공제를 받은 금액 × 40%

3. 과소신고가산세의 면제[4]

상속재산 또는 증여받은 재산에 대하여 아래와 같은 공제적용 착오나 평가액 차이 등으로 인하여 상속세 · 증여세를 과소신고하거나 초과신고한 부분에 대해서는 일반과소신고 가산세 또는 부정과소신고가산세를 적용하지 아니한다(국기법 제47조의3제4항).

이는 2009.2.6. 이후 최초로 부과하는 과소신고 가산세부터 적용하며, 그전에는 기획재정부 해석에 의하여 가산세를 부과하지 않았다.

4. 국기법 가산세 면제(국기법 제48조) 규정과 과소신고가산세 면제 규정이 별도로 있다.

1) 신고 당시 소유권에 대한 소송 등의 사유로 상속재산 또는 증여재산으로 확정되지 아니하였던 경우
2) 상증법 제18조(기초공제)부터 제23조(재해손실공제)까지, 제23조의2(동거주택 상속공제), 제24조(공제적용의 한도), 제53조(증여재산공제) 및 제54조(재해손실공제)에 따른 공제의 적용에 착오가 있었던 경우
3) 상증법 제60조제2항(시가) · 제3항(보충적 평가방법에 따른 평가) 및 제66조(저당권 등이 설정된 재산 평가의 특례)에 따라 평가한 가액으로 과세표준을 결정한 경우
4) 2015.1.1. 이후 증여세 결정분부터 법인법 제66조에 따라 법인세 과세표준 및 세액의 결정 · 경정으로 상증법 제45조의3(특수관계법인과의 거래를 통한 이익의 증여 의제), 제45조의4(특수관계법인으로부터 제공받은 사업기회로 발생한 이익의 증여 의제), 제45조의5(특정법인과의 거래를 통한 이익의 증여 의제)의 규정에 따른 증여 의제 이익이 변경되는 경우

'명의신탁재산 증여의제외 증여의제'는 법인세 결정 · 경정에 따라 증여세액이 달라질 수 있지만, 수증자에게 책임을 부과하는 것은 합리적이지 않으므로 제외한다. 부정행위로 인하여 법인세의 과세표준 및 세액을 결정 · 경정하는 경우는 제외한다.

4. 추가납부세액이 없는 경우 과소신고가산세 미부과

2015.6.30. 이전 상증법 제76조에 따라 결정 또는 경정하는 경우로서 추가로 납부할 세액(가산세액은 제외)이 없는 경우 국기법 제47조의3의 일반과소신고 가산세와 부정과소신고 가산세를 적용하지 아니하였다(구 국기법 제47조의2제3항제1호). 이는 산출세액은 있으나, 납부할 세액이 없는 경우 신고하지 않은 납세자들의 가산세부담을 완화하기 위하여 신설한 규정으로 2011.1.1. 이후 최초로 신고 · 결정 · 경정하는 분부터 적용한다.

5. 2015.6.30. 이전 합산신고누락분에 대한 신고관련 가산세

상속세 과세가액 또는 증여세 과세가액 계산시 가산하는 증여재산에 대해 신고하지 않은 경우 가산세를 부과하지는지에 대한 다툼들이 있었다.

2011.1.1. 이후 최초로 신고 · 결정 또는 경정하는 분부터 상속세 · 증여세 결정 · 경정시 이미 무신고 등으로 신고관련 가산세가 부과된 증여재산에 대해서는 합산신고를 누락하더라도 중복적으로 신고관련 가산세가 부과되지 않도록 개선하였다(국기법 제47조의2제8항, 제47조의3제3항).

가. 증여세 과세가액 계산시 누락

2010.12.27. 개정된 국기법 제47조의2제8항, 제47조의3제3항은 국기법 부칙 제4조에 따라 2011.1.1. 이후 최초로 신고 · 결정 또는 경정하는 분부터 적용하는 것이며, 증여세 합산신고를 누락한 것에 대하여 2010.12.31. 이전에 증여세 결정 · 경정시 상증법 제78조제1항에 따라 신고불성실가산세가 적용된 분에 대하여 2011.1.1. 이후 증여세를 경정하거나, 2011.1.1. 이후 상증법 제78조제1항에 따라 신고불성실가산세를 적용하여 증여세를 결정 · 경정하는 분의 경우에도 2010.12.27. 개정된 국기법 제47조의2제8항(재차증여 합산과세무신고가산세 부과시 기납부세액 차감), 제47조의3제3항(과소신고가산세 부과시 기납부세액 차감)을 적용한다(기획재정부 조세정책과-663, 2011.6.3).

2012.1.1. 이후에는 무신고(과소신고) 가산세 부과기준을 합리화하여 조문을 개정하면서 위 내용을 국기법 제47조의2제5항, 제47조의3제5항, 국기령 제27조제1항제4호로 규정하여 상속세 산출세액 또는 증여세 산출세액에서 상증법 제28조(상속세 계산시의 증여세액 공제) 또는 제58조(증여세 계산시의 납부세액 공제)에 따라 공제되는 증여세액을 기납부세액으로 뺀 금액에 대하여 가산세율을 적용하도록 하였다.

일반과소신고산출세액에서 기납부세액을 빼고 계산하며, 부정행위로 인한 과소신고분 과세표준에 대해서는 기납부세액을 빼지 않고 가산세를 계산한다.

나. 상속세 과세가액 계산시 누락

2011.1.1. 이후 최초로 신고 · 결정 또는 경정하는 분부터 상속세 신고시 사전증여재산에 대하여 합산신고불이행으로 과소신고가산세를 적용하는 경우, 상속세 산출세액에 과소신고한 과세표준이 결정과세표준에서 차지하는 비율을 곱하여 계산한 금액에서 상증법 제28조제1항에 따라 공제되는 증여세액을 차감한 후 과소신고 가산세율을 곱하여 계산한다(서면법규과-27, 2013.1.14.).

$$\left\{ \text{산출세액} \times \frac{\text{일반과소신고 과세표준}}{\text{결정 과세표준}} - \text{증여세액 공제액} \right\} \times 10\%$$

종전	개정(2010.12.27)
□ 상증법 제13조제1항에 따른 사전증여재산 및 같은 법 제47조제2항에 따른 합산대상 동일인 증여재산을 합산하여 신고하지 않은 경우 ○ 합산신고 누락시 상증법에 따른 산출세액의 10~20% 가산세 부과 *산출세액은 사전 증여재산가액을 합한 금액을 기초로 계산	□ 합산신고불이행가산세 적용방법 ('산출세액'의 계산방식 변경) ○ 상속세: 상증법에 따른 산출세액-사전 증여재산에 대한 증여세액 → 산출세액에서 공제되는 증여세액을 차감한 금액을 산출세액으로 보아 가산세 적용 ○ 증여세: 상증법에 따른 산출세액-사전 증여재산에 대한 증여세액 → 산출세액에서 공제되는 증여세액을 차감한 금액을 산출세액으로 보아 가산세 적용

〈과소신고가산세 개정연혁〉

2007.1.1. 이후	□ 국세기본법에 일률적으로 규정(과소신고)	○ 가산세율 • 일반과소신고: 10% • 부당과소신고: ①+② ① 부당과소신고분 40% ② 일반과소신고분 10%
2011.1.1. 이후	□ 과소신고가산세의 면제 사유 신설	○ 가산세율: 상동 ○ 면제사유 • 추가납부세액이 없는 경우 • 산출세액에서 기납부세액을 빼고 적용 → 산출세액 × (과소신고과세표준/과세표준) – 기납부 증여세액
2012.1.1. 이후	□ 제도 단순 · 합리화 부정과소신고시 불이익 강화	○ 가산세율: 상동 • 부정과소신고: 40% • 일반과소신고: 10% ○ 부정행위분은 가산세 계산시 기납부세액을 빼지 않음
2013.1.1. 이후	□ 거짓증빙 등 부정행위로 세액감면 · 공제받은 경우 부당감면가산세 신설	○ 가산세율: 상동 • 부정과소신고: 40% • 일반과소신고: 10% ○ 부정감면 · 공제세액×40%
2015.7.1. 이후	□ 과소신고납부세액과 초과신고환급세액을 합한 금액에 대해 가산세 부과	○ 가산세율: 상동 • 부정과소신고납부세액등: 40% • 일반과소신고납부세액등: 10% ○ 부정감면 · 공제세액: 삭제

[관련 질의회신 · 판례 등]

○ 가업상속공제 사후관리 추징사유를 신고하지 않은 경우
'가업상속공제 사후관리 추징사유 신고'를 하지 않은 경우라 하더라도 무신고 · 과소신고가산세는 적용되지 않는 것이나, 가업상속공제 사후관리 추징사유 신고 · 납부기한까지 해당 추징세액을 납부하지 않은 경우에는 납부지연가산세를 적용함(기준2021법령해석기본-15, 2021.2.22.).

<명의수탁자를 증여자로 증여세 신고 후, 실제소유자로 증여자를 결정 · 경정하는 경우>

○ 신고여부
(심판원 - 무신고) 증여세를 부과함에 있어서 증여자가 누구인지에 따라 증여재산공제 · 재차증여재산합산 등 증여세 과세표준과 세액 계산이 달라지고, 증여원인에 따라 증여세 부과 근거 및 과세표준과 세액 계산 근거가 되는 법령이 달라지는 등 증여자와 증여원인은 수증자, 증여시기, 증여재산 등과 함께 증여세 과세요건 사실의 중요 부분을 구성하는 점, 이러한 경우를 세법에 따른 과세표준신고서를 제출하고 그 세액을 납부한 것으로 보기 어려움(조심2014부0978, 2015.10.15.).
(법원 - 신고) 명의수탁자를 증여자로 한 증여세 과세가액 및 과세표준 신고가 '실제 증여자인 명의신탁자의 수증자에 대한 증여사실'을 원인으로 한 증여세 부과처분에 대한 증여세 신고로서 효력이 없다고 보기는 어려움(대법원2017두68417, 2019.7.11.).

○ 부당과소신고가산세 여부
(기재부) 명의신탁된 주식을 명의수탁자로부터 형식상 증여받은 후 명의신탁자가 아닌 명의수탁자를 증여자로 하여 증여세 신고를 한 경우, 동 행위가 부당한 방법에 따른 것인지 여부는 사실관계를 종합적으로 고려하여 판단할 사항임(조세법령운용과-122, 2016.3.14.).
(국세청) 신고세액공제가 적용되지 아니하며, 이 경우 과소신고한 과세표준에 대하여는 부당과소신고가산세를, 무납부 · 미달납부세액에는 납부불성실가산세를 부과함(법규과-1575, 2011.11.29.).

6. 납부지연 가산세

가. 납부지연 가산세의 계산

납세의무자(연대납세의무자, 납세자를 갈음하여 납부할 의무가 생긴 제2차 납세의무자 및 보증인을 포함)가 법정납부기한까지 국세(「인지세법」 제8조제1항에 따른 인지세는 제외)의 납부(중간예납 · 예정신고납부 · 중간신고납부를 포함)를 하지 아니하거나 납부하여야 할 세액보다 적게 납부(이하 "과소납부")하거나 환급받아야 할 세액보다 많이 환급(이하 "초과환급"이라 한다)받은 경우에는 다음의 금액을 합한 금액을 가산세로 한다(국기법 제47조의4).

1) 납부하지 아니한 세액 또는 과소납부분 세액(세법에 따라 가산하여 납부하여야 할 이자 상당 가산액이 있는 경우에는 그 금액을 더함)×법정납부기한 다음 날부터 납부일까지의 기

간(납부고지일부터 납부고지서에 따른 납부기한까지의 기간은 제외)×금융회사 등이 연체대출금에 대하여 적용하는 이자율 등을 고려하여 대통령령으로 정하는 이자율(1일 10만분의 22)

2) 초과환급받은 세액(세법에 따라 가산하여 납부하여야 할 이자상당가산액이 있는 경우에는 그 금액을 더함)×환급받은 날 다음 날부터 납부일까지의 기간(납부고지일부터 납부고지서에 따른 납부기한까지의 기간은 제외)×금융회사 등이 연체대출금에 대하여 적용하는 이자율 등을 고려하여 대통령령으로 정하는 이자율(1일 10만분의 22)[5]

3) 법정납부기한까지 납부하여야 할 세액(세법에 따라 가산하여 납부하여야 할 이자 상당액이 있는 경우 그 금액을 더함) 중 납부고지서에 따른 납부기한까지 납부하지 아니한 세액 또는 과소납부분 세액×100분의 3(국세를 납부고지서에 따른 납부기한까지 완납하지 아니한 경우에 한정)

납부지연가산세를 적용하는 경우 납세고지일을 포함한 그 날부터 납세고지서에 따른 납부기한까지의 기간은 제외한다(서면2020법령해석기본-1801, 2020.5.12.).

〈가산금을 납부지연 가산세로 통합[6]〉

2019.12.31. 이전	2020.1.1. 납세의무 성립 분부터
□ 세금미납에 대한 금전적 제재 ○ (납부고지 전: 납부불성실가산세ⓐ) - 미납세액×(납부기한 다음날~자진납부일 또는 납부고지일)×1일 0.03% ○ (납부고지 후: 가산금) - (미납세액×3%)(ⓑ)+매월 1.2%(ⓒ)	□ 납부지연가산세(①+②)로 통합 ① 지연이자 성격(ⓐ+ⓒ)은 통합 - 미납세액×(납부기한 다음날~납부일)×1일 0.025% ② 체납에 대한 제재(ⓑ)는 유지 - 납부고지 후 미납세액×3%

나. 납부지연가산세의 면제

1) 법인법 제66조에 따라 법인세 과세표준 및 세액의 결정 · 경정으로 상증법 제45조의3(특수관계법인과의 거래를 통한 이익의 증여 의제), 제45조의4(특수관계법인으로부터 제공받은 사업기회로 발생한 이익의 증여 의제), 제45조의5(특정법인과의 거래를 통한 이익의 증여 의제) 규정에 따른 증여의제이익이 변경되는 경우

5. 2022.2.14. 이전에는 25/100,000
6. 『2019 국세청 개정세법해설』, p.12.

'명의신탁재산 증여의제외 증여의제'는 법인세 결정 · 경정에 따라 증여세액이 달라질 수 있지만, 수증자에게 책임을 부과하는 것은 합리적이지 않으므로 제외한다. 부정행위로 인하여 법인세 과세표준 및 세액을 결정 · 경정하는 경우는 제외한다.

2) 2021.1.1. 이후 결정 · 경정하는 분부터 상속세 · 증여세를 법정신고기한 내에 신고납부한 이후 평가심의위원회를 통해 평가한 가액으로 과세표준을 결정 · 경정하는 경우 납부지연 가산세 면제

[관련 질의회신 · 판례 등]

○ 평가차이 납부지연 가산세 면제

(기재부) 가산세 감면 등의 정당한 사유에는 증여세 과세표준을 과소신고한 경우는 해당하지 아니하므로 납부불성실가산세는 감면되지 아니함(기재부 조세정책과-1084, 2012.12.17.).[7]

(법원) 증여세를 신고 · 납부하는 과정에서 비교대상 아파트의 거래가액을 시가로 보고 증여세를 신고 · 납부할 것을 기대하는 것은 무리이므로 증여세의 신고 · 납부 의무해태를 탓할 수 없는 정당한 사유가 있어 납부불성실가산세 부과처분은 위법함(서울고법2013누6079, 2013.9.11. 요지).

(기준시가 신고 후 평가심의위원회 심의를 통해 결정된 경우) 납세자가 법정신고기한까지 상속 · 증여재산의 시가를 확인하기 어려워 기준시가로 상속세 · 증여세를 정상 신고함에 있어 세법상 정해진 주의의무를 다한 것으로 볼 수 있고, 이후 과세관청이 평가심의위원회 심의를 거쳐 감정가액을 시가로 산정하여 납부지연가산세를 부과하는 경우 가산세 감면을 적용할 수 있음(조세법령운용과-154, 2020.1.30.).[8]

⇒ 2021.1.1. 이후 결정 · 경정하는 분부터 상속세 · 증여세를 법정신고기한 내에 신고납부한 이후 평가심의위원회를 통해 평가한 가액으로 과세표준을 결정 · 경정하는 경우 납부지연가산세를 면제하는 것으로 국기법 제47조의4제3항을 개정하였다.

○ 가업상속공제 사후관리 추징사유를 신고하지 않은 경우

'가업상속공제 사후관리 추징사유 신고'를 하지 않은 경우라 하더라도 무신고 · 과소신고가산세는 적용되지 않으나, 가업상속공제 사후관리 추징사유 신고 · 납부기한까지 해당 추징세액을 납부하지 않은 경우에는 납부지연가산세를 적용함(기준2021법령해석기본-15, 2021.2.22.).

○ 기한후 신고와 함께 물납신청하는 경우

법정신고기한 내에 과세표준신고서를 제출하지 아니한 자가 국기법 제45조의3의 규정에 의한 기한 후 신고와 함께 물납을 신청하여 허가된 경우에는 신고기한 다음날부터 기한 후 신고서 접수일까지의 기간에 대하여 납부불성실가산세를 적용함(서면4팀-457, 2008.2.25.).

---

7. 법원도 같은 뜻이다. 상속세 납부불성실가산세는 납세의무자로 하여금 성실하게 납부하도록 유도하고 그 납부의무 이행을 확보함과 아울러 신고납부기한까지 미납한 금액에 대하여는 금융혜택을 받은 것으로 보아 그 납부의무 위반에 대하여 가하는 행정상 제재인 점 등을 종합하여 보면, 신고기한 내에 상속재산을 신고하였으나 그 평가상 차이로 인하여 미납부한 세액이라고 하더라도 납부불성실가산세의 부과대상에서 제외된다고 할 수는 없고, 나아가 위와 같은 사정만으로는 납부하여야 할 세액에 미달되게 납부한 데 대하여 정당한 사유가 있다고 볼 수도 없다(대법원96누16308, 1998.11.27.).
8. 이 해석은 납세자가 평가심의위원회에 신청한 경우는 아니다.

7. 가산세의 면제·감면(국기법 제48조)

국기법 또는 세법에 따라 가산세를 부과하는 경우 그 부과 원인이 되는 사유가 국기법 제6조 제1항 규정(천재 등으로 인한 기한의 연장)에 따른 기한연장 사유에 해당하거나 납세자가 의무를 불이행한 것에 대하여 정당한 사유가 있는 때에는 해당 가산세를 부과하지 아니한다.

가산세의 감면을 받으려는 자는 당해 의무를 이행할 수 없었던 사유 및 증명 서류 등을 첨부하여 관할 세무서장에게 가산세 감면 신청서를 제출하여야 한다.

가. 정당한 사유가 있는 경우의 가산세

납세자가 의무를 불이행한 것에 대하여 정당한 사유가 있는 때에는 가산세를 부과하지 않으며 정당한 사유에 대한 입증책임은 납세자에 있다(2007.2.28. 이후 가산세 감면신청서를 제출하는 분부터 적용).

세법상 의무 위반이 있다 하여 개별적 · 구체적인 의무위반 정도나 원인 등을 살피지 않고 가산세를 부과하는 것은 과세 형평에 맞지 않고 불합리한 결과를 초래할 수 있다는 대법원 판례의 취지를 감안하여 판례에 의하여 확립된 정당한 사유가 있는 경우에는 위법성 또는 책임이 작다고 보아 가산세를 감면하는 법적 근거를 마련하였다.

[관련 질의회신 · 판례 등][9]

○ 정당한 사유로 보지 않은 경우

(부지 · 착오) 세법상 가산세는 과세권의 행사 및 조세채권의 실현을 용이하게 하기 위하여 납세자가 정당한 이유 없이 법에 규정된 신고, 납세의무 등을 위반한 경우에 법이 정하는 바에 의하여 부과하는 행정상의 제재로서 납세자의 고의 과실은 고려되지 아니하는 것이며 법령의 부지 따위는 위의 정당한 사유에 해당한다고 볼 수 없음(대법원93누20467, 1994.8.26.).

(자기 나름의 해석) 세법 해석상 의의로 인한 견해의 대립 등이 있다고 할 수 없음에도 납세의무자가 자기 나름의 해석에 의하여 납세 등의 의무가 면제된다고 잘못 판단한 것은 단순한 법령의 부지 내지 오해에 불과하여 그 의무위반을 탓할 수 없는 정당한 사유에 해당하지 아니함(대법원2011두17776, 2013.6.27.).

(국세상담센터의 답변) 원고가 피고의 인터넷 국세종합 상담센터의 답변에 따라 세액을 과소신고 · 납부하게 되었다 하더라도 그 답변은 과세 관청의 공식적인 견해표명이 아니라 상담직원의 단순한 상담에 불과하다는 이유로 원고에게 신고 · 납세의무의 위반을 탓할 수 없는 정당한 사유가 있다고 보기 어려움(대법원2007두3107, 2009.4.23.).

---

9. 기본 집행기준 48-0-2

(비공식적 자문) 원고가 세무당국에 비공식적으로 자문을 한 결과 이 사건 출연의 경우 증여세 과세대상이 아니라는 응답을 받고, 이에 따라 출연재산에 관하여 증여세 신고를 하지 아니함과 아울러 이를 전제로 세무당국에 출연재산명세서와 출연재산사용계획서를 제출하였으며, 세무당국도 감사원의 시정요구가 있기 전까지 위 출연재산에 대한 증여세부과처분을 하지 아니하였더라도 그러한 사정만으로는 이 사건 증여세 신고의무 해태를 탓할 수 없는 정당한 사유가 있다고 볼 수 없음(대법원2001두7886, 2003.1.10.).

○ 정당한 사유로 인정한 경우

(기준시가 신고 후 평가심의위원회 심의를 통해 결정된 경우) 납세자가 법정신고기한까지 상속 · 증여재산의 시가를 확인하기 어려워 기준시가로 상속세 · 증여세를 정상 신고함에 있어 세법상 정해진 주의의무를 다한 것으로 볼 수 있고, 이후 과세관청이 평가심의위원회의 심의를 거쳐 감정가액을 시가로 산정하여 납부지연가산세를 부과하는 경우 가산세 감면을 적용할 수 있음(조세법령운용과-154, 2020.1.30.).[10]

(증여세 무신고한 경우) 납부지연가산세 면제 요건으로 납세자의 최초 증여세 신고 여부나 이에 따른 과세관청의 증여세 경정 또는 결정을 규정하고 있지 아니하는 점, 국기법 제47조의4제3항제4호의 개정취지가 사후적으로 증가한 법인의 세후영업이익을 예상해 증여세를 신고하는 것이 어렵기 때문에 가산세를 배제하도록 한 데 있는 점 등에서 당초 증여세 신고나 처분청의 결정이 있었는지 여부와 상관없음(조심2021소0785, 2021.10.21.).

○ 면제의 판단시기

가산세는 세법에서 규정한 신고 · 납세 등 의무 위반에 대한 제재인 점, 구 국세기본법이 세법에 따른 신고기한이나 납부기한까지 과세표준 등의 신고의무나 국세의 납부의무를 이행하지 않은 경우에 가산세를 부과하도록 정하고 있는 점 등에 비추어보면, 가산세를 면할 정당한 사유가 있는지 여부는 특별한 사정이 없는 한 개별 세법에 따른 신고 · 납부기한을 기준으로 판단하여야 함(대법원2017두41108, 2022.1.14.).

나. 기한연장 등으로 인한 가산세의 감면(국기법 제48조제2항)

1) 수정신고

법정신고기한 경과 후 2년 이내에 수정신고를 하는 경우 기간에 따라 아래와 같이 가산세를 감면한다(국기법 제48조제2항).[11] 이 경우, 과세표준 수정신고서를 제출한 과세표준과 세액에 관하여 경정이 있을 것을 미리 알고 제출한 경우에는 가산세 감면이 적용되지 않는다.

---

10. 이 해석은 납세자가 평가심의위원회에 신청한 경우는 아니다.
11. 2014.12.31. 이전에는 수정신고, 기한 후 신고시 신고 · 납부한 경우에만 가산세를 감면하였다.

〈수정신고 과소신고가산세 감면율 개정연혁〉

2019.12.31. 이전	2020.1.1. 이후
법정신고기한 경과 후 - 6개월 이내: 50% 감면 - 6개월~1년 이내: 20% 감면 - 1~2년 이내: 10% 감면	법정신고기한 경과 후 - 1개월 이내: 90% 감면 - 1~3개월 이내: 75% 감면 - 3~6개월 이내: 50% 감면 - 6개월~1년 이내: 30% 감면 - 1년~1년 6개월 이내: 20% 감면 - 1년 6개월~2년 이내: 10% 감면

2) 기한 후 신고를 한 경우

법정신고기한 경과 후 6개월 이내에 기한 후 신고를 한 경우에는 그 신고에 대한 무신고 가산세액을 아래와 같이 감면한다(국기법 제48조제2항).

〈기한 후 신고 무신고가산세 감면율 개정연혁〉

2019.12.31. 이전	2020.1.1. 이후
법정신고기한 경과 후 - 1개월 이내: 50% 감면 - 1개월~6개월 이내: 20% 감면	법정신고기한 경과 후 - 1개월 이내: 50% 감면 - 1~3개월 이내: 30% 감면 - 3~6개월 이내: 20% 감면

3) 과세전 적부심사 결정 · 통지기간 이내에 그 결과를 통지하지 아니한 경우

결정 · 통지가 지연됨으로써 해당 기간에 부과되는 납부지연 가산세등에 한한다. 2007.1.1. 이후 최초로 과세전 적부심사 결정 통지를 받는 분부터 적용한다.

4) 세법에 따른 제출 · 신고 · 가입 · 등록 · 개설 기한이 지난 후 1개월 이내에 해당 세법에 따른 제출 등의 의무를 이행하는 경우

제출 등의 의무위반에 대하여 세법에 따라 부과하는 가산세에 한한다.

8. 가산세의 한도

다음의 어느 하나에 해당하는 가산세에 대하여는 그 의무 위반 종류별로 각각 5천만원(중소기업이 아닌 기업은 1억원)을 한도로 한다. 다만, 해당 의무를 고의적으로 위반한 경우에는 그러하지 아니하다.

가. 상증법 제78조제3항, 제5항(상증법 제50조제1항 및 제2항에 따른 의무를 위반한 경우만 해당), 제12항, 제13항, 제14항에 따른 가산세

○ 상증법 제78조(가산세)

③ 세무서장등은 공익법인등이 제48조제5항에 따라 제출하여야 할 보고서를 제출하지 아니하였거나 제출된 보고서의 내용이 대통령령으로 정하는 바에 따라 불분명한 경우에는 그 미제출분 또는 불분명한 부분의 금액에 상당하는 상속세액 또는 증여세액의 100분의 1에 상당하는 금액을 징수하여야 한다.

⑤ 세무서장등은 공익법인등이 다음 각 호에 해당하는 경우에는 대통령령으로 정하는 소득세 과세기간 또는 법인세 사업연도의 수입금액과 그 과세기간 또는 사업연도에 출연받은 재산가액을 합친 금액에 1만분의 7을 곱하여 계산한 금액(제1호에 해당되어 계산된 금액이 100만원 미만인 경우에는 100만원으로 한다)을 상속세 또는 증여세로 징수한다. 다만, 공익법인등의 특성, 출연받은 재산의 규모, 공익목적사업 운용 실적 등을 고려하여 대통령령으로 정하는 경우에는 그러하지 아니하다.

1. 제50조제1항 및 제2항에 따른 외부전문가의 세무확인에 대한 보고의무 등을 이행하지 아니한 경우
2. 제51조에 따른 장부의 작성 · 비치 의무를 이행하지 아니한 경우
3. 제50조제3항에 따른 회계감사를 이행하지 아니한 경우

⑫ 세무서장등은 제82조제1항 · 제3항 · 제4항 또는 제6항에 따라 해당 지급명세서 등을 제출하여야 할 자가 지급명세서 등을 제출하지 아니하거나 누락한 경우 또는 제출한 지급명세서 등에 대통령령으로 정하는 불분명한 부분이 있는 경우에는 미제출분, 누락분 또는 불분명한 부분에 해당하는 금액의 1천분의 2(제82조제3항 및 제4항의 경우에는 1만분의 2)에 상당하는 금액을 소득세나 법인세에 가산하여 징수한다. 이 경우 산출세액이 없을 때에도 가산세는 징수한다.

⑬ 제12항을 적용할 때 지급명세서 등을 제출기한이 지난 후 1개월 이내에 제출하는 경우에는 1천분의 1(제82조제3항 및 제4항의 경우에는 1만분의 1)에 상당하는 금액을 소득세나 법인세에 가산하여 징수한다. 이 경우 산출세액이 없을 때에도 가산세는 징수한다.

⑭ 세무서장등은 공익법인등이 제48조제13항에 따라 신고하지 아니한 경우에는 신고해야 할 과세기간 또는 사업연도의 종료일 현재 그 공익법인등의 자산총액의 1천분의 5에 상당하는 금액으로서 대통령령으로 정하는 금액을 대통령령으로 정하는 바에 따라 그 공익법인등이 납부할 세액에 가산하여 부과한다.

나. 조특법 제30조의5제5항의 규정에 따른 가산세

창업자금을 증여받은 자가 창업자금 사용 내역을 관할세무서장에게 제출하지 아니하거나 불분명한 자료를 제출한 경우 그 금액의 3/1,000을 창업자금사용명세서 미제출가산세로 부과한다.

제2절 상증법상의 가산세

상증법령에서 규정한 가산세는 '공익법인등의 사후관리와 납세협력의무'와 '자료제출' 관련 가산세로 구분할 수 있다(상증법 제78조).

1. 출연재산 계획·진도보고서 제출불성실 가산세

공익법인등이 재산을 출연받은 경우 그 출연받은 재산의 사용에 대한 계획 및 진도에 관한 보고서를 제출하여야 한다. 보고서를 제출하지 아니하였거나 제출된 보고서에 출연재산 등의 명세를 누락 또는 잘못 기재하여 사실을 확인할 수 없는 경우 그 제출하지 아니한 부분 또는 불분명한 분의 금액에 상당하는 상속세액 또는 증여세액의 100분의 1에 상당하는 금액을 징수한다(상증법 제48조제5항 · 제78조제3항).

국기법 제49조제1항에 따라 중소기업은 5천만원을 한도로, 중소기업이 아닌 경우에는 1억원을 한도로 한다.[12] 다만, 해당 의무를 고의적으로 위반한 경우에는 그러하지 아니하다. 중소기업은 중소기업기본법 제2조제1항에 따른 중소기업을 말한다.

Min(①, ②) ① 보고서 미제출 · 불분명한 분의 금액에 상당하는 상속세액 또는 증여세액 × 1% ② 1억원

2. 공익법인등 주식등의 보유기준 초과가산세[13]

1996.12.31.현재 공익법인등이 특정법인의 주식을 20% 초과하여 보유하고 있는 경우에는 5년(2001.12.31.까지) 내에, 5% 초과 20% 이하 보유하고 있는 경우에는 3년(1999.12.31.까지) 내에 그 초과분을 다른 주식으로 대체하여 보유하거나 처분하도록 하였다.

공익법인등이 주식처분 유예기간 경과 후에도 그 보유기준(5%)을 초과하여 보유하는 경우에

---

12. 국기법 제49조(가산세 한도) ① 다음 각 호의 어느 하나에 해당하는 가산세에 대해서는 그 의무위반의 종류별로 각각 5천만원(「중소기업기본법」 제2조제1항에 따른 중소기업이 아닌 기업은 1억원)을 한도로 한다. 다만, 해당 의무를 고의적으로 위반한 경우에는 그러하지 아니하다.
    4. 「상속세 및 증여세법」 제78조제3항 · 제5항(같은 법 제50조제1항 및 제2항에 따른 의무를 위반한 경우만 해당한다) · 제12항 · 제13항 및 제14항에 따른 가산세
13. 주식을 초과하여 보유하는 경우 증여세로 과세한다.

는 초과하는 주식에 대하여 매 사업연도말 현재 시가의 5%에 상당하는 금액을 가산세 과세한다. 이 경우 가산세 부과기간은 10년을 초과하지 못한다. 나중에 취득한 주식부터 가산세를 부과한다(상증법제49조, 상증령 제78조제4항).

가산세 = 5% 초과보유주식의 매 사업연도 말 현재 시가 × 5%

3. 외부전문가의 세무확인 등 가산세

가. 외부전문가의 세무확인 불이행 가산세

공익법인등은 과세기간별 또는 사업연도별로 출연받은 재산의 공익목적사업 사용 여부에 대하여 2명 이상의 변호사 · 공인회계사 · 세무사를 선임하여 세무확인을 받아야 한다. 다만, 과세기간 종료일 현재 대차대조표상 총자산가액이 5억원 미만 법인이면서 수입금액+출연재산가액 3억원 미만인 법인, 불특정다수인으로부터 재산을 출연받는 공익법인등, 감사원의 회계감사를 받는 공익법인등은 외부전문가의 세무확인 및 보고의무 대상에서 제외된다(상증법 제50조제1항 · 상증령 제43조제2항).

공익법인등이 외부전문가의 세무확인에 대한 보고의무 등을 이행하지 아니한 경우에는 소득세 과세기간 또는 법인세 사업연도의 수입금액과 당해 과세기간(사업연도)에 출연받은 재산가액 합계액에 1만분의 7을 곱하여 계산한 금액을 상속세 또는 증여세로 징수한다(상증법 제78조제5항).

2014.1.1.에 개시하는 사업연도분부터는 세무확인을 미이행한 경우 최소 100만원의 가산세를 부과하며, 국기법 제49조에 따라 1억원(중소기업기본법제2조제1항에 따른 중소기업인 경우 5천만원)을 한도로 한다. 다만, 고의적으로 위반한 경우에는 그러하지 아니하다.

Max[(해당 사업연도 수입금액 + 출연재산가액) × 0.07%, 100만원]

나. 외부 회계감사 불이행 가산세

공익법인등은 과세기간별 또는 사업연도별로 주식회사의 외부감사에 관한 법률 제3조에 따른 감사인에게 회계감사를 받아야 한다. 다만, 회계감사를 받아야 하는 과세기간 또는 사업연도의 직전 과세기간 또는 직전 사업연도 종료일의 대차대조표상 총자산가액(부동산인 경우 법 제60조 · 제61조 및 제66조에 따라 평가한 가액이 대차대조표상의 가액보다 크면 그 평가한 가액)의 합계액이 100억원 미만인 공익법인등과 상증령 제12조제1호, 제2호의 사업을 영위하는 공익법인등은 제외한다.

2017.1.1. 이후 개시하는 사업연도부터 회계감사를 미이행한 경우 아래 산식에 따라 가산세를 부과한다.

(해당 사업연도 수입금액 + 출연재산가액) × 0.07%

4. 출연자 등의 이사 · 임직원 초과 가산세

출연자 또는 그와 특수관계에 있는 자가 공익법인등의 이사 현원(이사 현원이 5인에 미달하는 경우에는 5인으로 본다)의 5분의 1을 초과하여 이사가 되거나 당해 공익법인등의 임 · 직원(이사 제외)이 되는 경우 당해 이사 또는 임직원을 위하여 지출한 급료, 판공비, 차량유지비 등 직접 또는 간접 경비에 상당하는 금액 전액을 매년 당해 공익법인등이 납부할 세액에 가산하여 부과한다(상증법 제48조제8항 · 제78조제6항, 상증령 제80조제10항).

가산세 = 당해 이사 또는 임직원과 관련하여 지출된 직접 · 간접경비

직접경비 또는 간접경비에는 의사, 학교 교직원(교직원 중 직원은 「사립학교법」 제29조에 따른 학교에 속하는 회계로 경비를 지급하는 직원만 해당), 아동복지시설 보육사, 도서관 사서, 박물관 · 미술관 학예사, 사회복지시설의 사회복지사 자격을 가진 사람, 「국가과학기술 경쟁력 강화를 위한 이공계지원 특별법」 제2조제3호에 따른 연구기관의 연구원[14]으로서 기획재정부령으로 정하는 연구원과 관련된 경비는 제외한다.

이 경우, 이사 취임시기가 다른 경우에는 나중에 취임한 이사에 대한 분부터, 취임시기가 같은 경우에는 지출 경비가 큰 이사에 대한 분부터 가산세를 부과한다.

2016.1.1. 이후 결정 또는 경정하는 분부터 부득이한 사유 발생시 이사 구성요건 위반에 대한 유예기간을 부여하여, 2개월 내 보충 · 개임(改任)시 계속 요건 충족으로 간주한다. 부득이한 사유는 이사의 사망 또는 사임, 특수관계없는 이사가 특수관계인에 해당하는 경우를 말한다(상증령 제38조제12항).

---

14. 연구원 경비는 2021.2.17.이 속하는 과세기간 또는 사업연도에 경비를 지출하는 분부터 적용한다.

5. 특수관계에 있는 법인의 주식보유에 대한 가산세

공익법인등이 특수관계에 있는 내국법인의 주식등을 보유하는 경우로서 내국법인 주식등의 가액이 총재산가액 100분의 30을 초과하는 경우에는 매 사업연도 말 현재 그 초과하여 보유하는 주식등 시가의 100분의 5에 상당하는 당해 공익법인등이 납부할 세액에 가산하여 부과한다(상증법 제48조제9항 · 제78조제7항).

가산세=매 사업연도 말 현재 초과하여 보유하는 주식등의 시가×5%

2009.1.1. 이후 개시하는 과세기간(사업연도) 분부터 적용하며, 공익법인등 중 국가 · 지방자치단체가 설립한 공익법인등, 성실공익법인등은 제외하며, 외부감사, 전용계좌 개설 및 사용과 결산서류 공시를 이행하는 공익법인등에 해당하는 경우에는 총재산가액의 100분의 50 초과시 가산세를 부과한다.

6. 특수관계에 있는 법인의 광고 등 행위에 대한 가산세

공익법인등이 특수관계에 있는 내국법인의 이익을 증가시키기 위하여 정당한 대가를 받지 아니하고 광고 · 홍보를 하는 경우에는 가산세를 부과한다(상증법제48조제10항).

가산세를 부과하는 광고 · 홍보는 다음에 해당한다.

1) 신문 · 잡지 · 텔레비전 · 라디오 · 인터넷 또는 전자광고판 등을 이용, 내국법인을 위하여 홍보하거나 내국법인의 특정상품에 관한 정보를 제공하는 행위(다만, 내국법인의 명칭만을 사용하는 홍보는 제외)
2) 팜플렛 · 입장권 등에 내국법인의 특정상품에 관한 정보를 제공하는 행위(다만, 내국법인의 명칭만을 사용하는 홍보는 제외)

광고 · 홍보에 대한 가산세는 아래와 같다(상증법제78조제8항, 상증령제80조제12항)

위의 1)의 경우: 당해 광고 · 홍보매체 이용 비용

위의 2)의 경우: 당해 행사비용 전액

7. 장부의 작성 · 비치의무 불이행 가산세

공익법인등은 소득세 과세기간 또는 법인세 사업연도별로 출연받은 재산 및 사업운용 명세 등에 대한 장부를 작성하고, 장부와 관계있는 중요한 증빙서류를 비치하여야 하며, 과세기간(사업연도) 종료일로부터 10년간 보존하여야 한다(상증법 제51조 · 제78조제5항, 상증령 제44조 · 제80조제7항~제9항).

다만, 과세기간 종료일 현재 대차대조표상 총자산가액 합계액이 5억원(2013.12.31. 이전 10억원) 미만인 법인, 해당 과세기간 또는 사업연도 수입금액과 그 과세기간 또는 사업연도에 출연받은 재산가액 합계액이 3억원(2013.12.31. 이전 5억원) 미만인 공익법인등, 불특정다수인으로부터 재산을 출연받는 공익법인등, 감사원 회계감사를 받는 공익법인등은 일정 요건에 해당되면 제외한다.

장부를 작성 · 비치하여야 할 공익법인등이 장부 작성 · 비치 의무를 이행하지 아니한 경우에는 소득세 과세기간 또는 법인세 사업연도의 수입금액과 출연받은 재산가액 합계액의 1만분의 7을 곱하여 계산한 금액을 상속세 또는 증여세로 징수한다.

(해당 사업연도 수입금액+출연재산가액)×0.07%

8. 출연재산 운용소득의 미달사용 가산세

출연받은 재산을 수익용 또는 수익사업용으로 운용하는 경우로 그 운용소득을 소득이 발생한 과세기간 또는 사업연도 종료일부터 1년 이내에 직접 공익목적사업에 사용한 실적이 사용기준 금액(운용소득의 70%)에 미달한 경우, 그 사용하지 아니한 금액의 100분의 10에 상당하는 금액을 공익법인등이 납부할 세액 분에 가산하여 부과한다(상증법 제48조제2항제4호의2호 · 제78조제9항, 상증령 제38조제5항 · 제80조제13항).

가산세=사용기준금액에 미달하게 사용한 금액×10%

운용소득=①+②−③

① 당해 과세기간(사업연도) 수익사업에서 발생한 소득금액과 출연재산을 수익 원천에 사용함으로써 생긴 소득 합계액−출연재산 매각금액+고유목적준비금+고유목적사업비로 지출된 금액으로서 손금 산입액

② 직전 과세기간(사업연도) 운용소득 사용기준 금액에 미달 사용한 금액-가산세

③ 당해 소득에 대한 법인세 또는 소득세 · 농어촌특별세 · 주민세 및 이월결손금

9. 출연재산 매각대금의 미달사용 가산세

공익법인등이 출연받은 재산의 매각대금 중 직접 공익목적사업에 사용한 실적이 매각한 날이 속하는 과세기간 또는 사업연도 종료일부터 1년 이내에 매각대금 30%, 2년 이내에 매각대금의 60%에 미달하게 사용한 경우에는 공익법인등이 납부할 세액에 가산하여 부과한다(상증법 §48② · §78⑨, 상증령 §38⑦).

매각한 날이 속하는 과세기간 종료일부터 3년 이내에 매각대금 중 공익목적사업에 사용한 실적이 매각대금의 90%에 미달하는 경우에는 증여세를 부과한다.

가산세=매각대금 중 사용기준에 미달하게 사용한 금액×10%

10. 공익법인등의 전용계좌 미개설 · 미사용 가산세

가. 전용계좌 의무거래

2009.1.1. 이후 개시하는 과세기간(사업연도) 분부터 공익법인등은 직접 목적사업과 관련하여 지급받거나 지급하는 수입과 지출의 경우로 다음 어느 하나에 해당하는 경우에는 직접 공익목적 사업용 전용계좌를 사용하여야 한다(상증법 §50의2① · §78⑩, 상증령 §43의2).

1) 직접 공익목적 사업과 관련된 수입과 지출을 금융기관을 통하여 결제하거나 결제받는 경우
2) 기부금 · 출연금 또는 회비를 지급받는 경우
   다만, 현금을 직접 지급받은 기부금 · 출연금 또는 회비를 지급받는 날부터 5일까지 전용계좌에 입금한 경우에는 전용계좌를 사용하지 않아도 되나, 현금수입명세를 작성 · 보관하여야 한다.
3) 인건비 · 임차료를 지급하는 경우
4) 기부금 · 장학금 · 연구비 등 대통령령으로 정하는 직접 공익목적사업비를 지출하는 경우. 다만, 100만원을 초과하는 경우로 한정한다.
5) 수익용 또는 수익사업용 자산의 처분대금, 그 밖의 운용소득을 고유목적사업회계에 전입(현금 등 자금의 이전이 수반되는 경우만 해당)하는 경우

나. 가산세

공익법인등이 다음의 어느 하나에 해당하는 경우에는 각 호의 금액을 공익법인등이 납부할 세

액에 가산하여 부과한다.

1) 상증법 §50의2①(위 1)~5))의 어느 하나에 해당하는 경우로, 전용계좌를 사용하지 아니한 경우에는 전용계좌를 사용하지 아니한 금액의 1천분의 5에 해당하는 금액을 가산세로 부과한다.

> 가산세=전용계좌를 사용하지 않은 금액×(5/1,000)

2) 공익법인등에 해당하게 된 날부터 3개월 이내에 전용계좌를 개설하여 납세지 관할세무서에 신고하여야 하는데 전용계좌의 개설 · 신고를 하지 아니한 경우에는 다음의 금액 중 큰 금액을 가산세로 부과한다.

> Min(①, ②)
>
> ① A×B / C×5/1,000
> A : 해당 각 과세기간 또는 사업연도의 직접 공익목적사업과 관련한 수입금액 총액
> B : 해당 각 과세기간 또는 사업연도 중 전용계좌를 개설 · 신고하지 아니한 기간으로 신고기한 다음 날부터 신고일 전날까지의 일수
> C : 해당 각 과세기간 또는 사업연도의 일수
>
> ② 상증법 §50의2① 각 호에 따른 거래금액의 합계액×(5/1,000)

〈전용계좌 개설 · 신고하지 아니한 경우 가산세 개정연혁〉

2021.12.31. 이전	2022.1.1. 이후[14]
Max(①, ②) ① 개설 · 신고하지 아니한 각 사업연도의 수입금액 총액×(5/1,000) ② 상증법 §50의2① 각 호에 따른 거래금액 합계액×(5/1,000)	Max(①, ②) ① A×B / C×5/1,000 A : 해당 각 과세기간 또는 사업연도의 직접 공익목적사업과 관련한 수입금액 총액 B : 해당 각 과세기간 또는 사업연도 중 전용계좌를 개설 · 신고하지 아니한 기간으로 신고기한 다음 날부터 신고일 전날까지의 일수 C: 해당 각 과세기간 또는 사업연도의 일수 ② 상증법 §50의2① 각 호에 따른 거래금액의 합계액 ×(5/1,000)

Max(①, ②)
① 개설 · 신고하지 아니한 각 사업연도의 수입금액 총액×(5/1,000)
② 상증법 §50의2① 각 호에 따른 거래금액 합계액×(5/1,000)

11. 결산서류 등의 공시의무 불이행 가산세

결산서류 등을 공시하지 아니하거나 공시내용에 오류가 있는 경우로 공시 또는 시정요구를 지정된 기한 이내에 이행하지 아니하는 경우에는 공시대상 과세기간 종료일 현재 자산총액의 1천분의 5에 상당하는 금액을 납부할 세액에 가산하여 부과한다(상증법 §78⑪, 상증령 §80⑮). 다만, 상증령 제50조의3제1항 각 호 외의 부분 단서에 따른 공익법인등의 2022년 12월 31일 이전에 개시하는 과세기간 또는 사업연도분의 공시에 대하여는 본문에 따른 가산세를 부과하지 아니한다.

가산세=공시하여야 할 과세기간(사업연도) 종료일 현재 공익법인등의 자산총액×(5/1,000)

12. 공익법인등 사후관리 미신고시 가산세 부과

2021.1.1. 이후 개시하는 과세기간 또는 사업연도부터 공익법인등이 상증법 §48⑬에 따라 신고하지 아니한 경우에는 신고해야 할 과세기간 또는 사업연도 종료일 현재 그 공익법인등의 자산총액 0.5%에 상당하는 금액을 공익법인등이 납부할 세액에 가산하여 부과한다.

가산세=신고해야 할 과세기간(사업연도)의 종료일 현재 공익법인등의 자산총액×(5/1,000)

13. 지급명세서 미제출 등에 대한 가산세 부과

지급명세서 등을 제출하여야 할 자가 지급명세서 등을 미제출(누락)하거나 불분명한 경우에는 아래 상당하는 금액을 소득세 또는 법인세에 가산하여 징수한다. 이 경우 산출세액이 없을 때도 가산세는 징수한다.

---

14. 2022.1.1. 전에 제50조의2제3항에 따른 전용계좌의 개설 · 신고를 하지 아니한 공익법인등에 대하여 2022.1. 이후에 가산세를 부과하는 경우에도 적용한다(상증법 부칙(법률 제18591호, 2021.12.21.) 제6조).

지급명세서 구분	미(누락)제출 · 불분명	제출기한 경과 후 1개월 이내 제출
보험, 퇴직금 등, 전환사채 (상증법 §82① · ⑥)	2/1,000	1/1,000
주식, 공채 · 사채 · 채권 · 특정시설물 (골프회원권 등), 신탁재산(상증법 §82③ · ④)	2/10,000	1/10,000

"불분명 제출"이란 제출된 지급명세서 등에 지급자(소득자) 주소, 성명, 고유번호(주민등록번호), 사업자등록번호, 소득 종류, 소득귀속연도 또는 지급액을 기재하지 아니하였거나 잘못 기재하여 지급사실을 확인할 수 없는 경우 및 제출된 지급명세서와 이자 · 배당소득지급명세서에 유가증권표준코드를 기재하지 아니하였거나 잘못 기재한 경우를 말한다. 다만, 다음 어느 하나에 해당하는 경우는 제외한다(상증령 §80).

① 지급일 현재 사업자등록증을 교부받은 자 또는 고유번호를 부여받은 자에게 지급한 경우

② ①외의 지급으로, 지급 후 그 지급받은 자가 소재불명으로 확인된 경우

제4편

재산
평가

제1장 상속 · 증여재산의 평가원칙

제1절 재산평가의 이해

1. 재산평가의 의의

재산평가란 특정 재산의 경제적 가치를 화폐로 표현하는 것을 말한다. 상속재산과 증여재산은 물건, 권리, 이익이며, 다양한 재산의 경제적 가치를 화폐로 표현하는 것은 매우 어려운 일이다. 또한, 재산평가의 크기에 따라 세 부담이 달라지므로 국세청과 납세자와의 다툼이 많은 부분이다.

상속재산 또는 증여재산은 시가평가를 원칙으로 하고 있으며, 시가를 산정하기 어려운 경우에 적용할 수 있는 각 재산별 평가방법을 규정하고 있다.

"상증법 제4장 재산의 평가"는 상증법 제60조부터 제66조까지인데, 상증법 제60조가 시가평가, 제61조부터 제65조까지가 시가를 산정하기 어려운 경우의 평가방법을, 상증법 제66조에서는 저당권등이 설정된 재산의 평가특례를 규정하고 있다.

제1장에서는 재산평가 원칙과 평가기준일 등을 설명하고, 제2장에서 시가를, 제3장과 제4장은 시가 산정이 어려운 경우 평가방법을, 제5장에서는 저당권등이 설정된 재산의 평가특례를 설명한다.

2. 재산평가의 원칙

재산평가=Max[시가, 저당권 채권액등의 합계액]

시가는 불특정다수인 사이에 자유롭게 거래가 이루어지는 경우 통상적으로 성립된다고 인정되는 가액을 말하며, 아래 가액을 시가로 봄

① (해당 재산) 평가기간 내에 매매 · 감정 · 수용 · 공매 또는 경매 가액

- 평가기준일 전 2년에서 법정결정기한까지(평가기간 제외) 가액은 재산평가심의위원회를 통해 인정

② (동일 · 유사 재산) 해당 재산과 동일 · 유사한 재산의 평가기간 내에 매매 · 감정 · 수용 · 공매 또는 경매 가액

- 과세표준을 신고한 경우에는 평가기준일 전 6개월부터 신고일까지의 가액을 말함
- 평가기준일 전 2년에서 법정결정기한까지(평가기간 제외) 가액은 재산평가심의위원회를 통해 인정

③ 위 ①, ②의 가액을 산정하기 어려운 경우 상증법 제61조~제65조(보충적평가방법)에 따라 평가

④ 유가증권 · 코스닥 상장주식, 가상자산은 평균액으로 평가

상속재산 또는 증여재산 평가의 원칙은 시가평가이다. 상속세 또는 증여세가 부과되는 재산의 가액은 상속개시일 또는 증여일 현재 시가에 따른다(상증법 제60조제1항).

시가란 불특정다수인 사이에 자유롭게 거래가 이루어지는 경우에 통상적 성립된다고 인정되는 가액으로 하고, 평가기간 이내에 매매 · 감정 · 수용 · 공매 또는 경매(이하 "매매등")가 있는 경우 그 가액을 시가로 본다. 평가기간은, 상속은 평가기준일 전 · 후 6개월, 증여재산의 경우에는 평가기준일 전 6개월 후 3개월로 한다. 평가기준일은 상속개시일, 증여일을 말한다.

시가 산정이 어려운 경우에는 "상증법 제61조부터 제65조"에 따라 평가한 가액을 시가로 본다. 상증법 제61조부터 제65조에 따라 평가한 가액을 위의 매매등 가액과 구분하기 위하여 이 책에서는 "보충적 평가방법에 따른 평가액"[1]이라고 사용한다.

한편 상속재산 또는 증여재산에 저당권 등이 설정된 재산은 시가(보충적 평가방법에 따른 평가액 포함)와 해당 재산이 담보하는 채권액등의 합계액과 비교하여 큰 가액으로 평가한다. 상증법 일부 조문[2]에서는 상증법 제4장에 따라 평가한 가액을 시가로 표현하고 있으므로 시가가 항상 상증법 제60조에 따른 시가가 아님에 주의해야 한다.

가. 시가평가

시가에 해당하는 가액은 아래와 같이 순차로 적용한다.

1) 해당 재산의 매매등 가액

평가기간 내에 매매 · 수용 · 공매 · 경매 또는 감정가액 평균액을 시가로 본다. 예외적으로 평

---

1. 2010년부터 상증법 제61조부터 제65조에 따라 평가한 가액 시가로 보는 것으로 개정하였다. 개정 후 보충적 평가방법이라는 표현은 적당하지 않지만, 실무에서 여전히 사용되고 있다. 간주시가라는 표현이 더 맞아 보인다.
2. 상증법 제31조(증여재산가액 계산의 일반원칙) ① 증여재산의 가액(이하 "증여재산가액"이라 한다)은 다음 각 호의 방법으로 계산한다.
   1. 재산 또는 이익을 무상으로 이전받은 경우: 증여재산의 시가(제4장에 따라 평가한 가액을 말한다. 이하 이 조, 제35조 및 제42조에서 같다) 상당액

가기간 이내에 매매등 가액이 없으면 기간을 확대하여 평가기준일 전 2년에서 법정결정기한까지(평가기간 제외)의 매매 등 가액을 재산평가심의위원회를 통해 시가로 본다.

유가증권시장 · 코스닥시장 상장주식은 평가기준일 이전 이후 각 2개월의 거래소 최종시세가액 평균액을 시가로 본다.

2) 동일 · 유사 재산의 매매 등 가액

1)의 가액이 없는 경우 해당 재산과 동일 · 유사한 재산의 평가기간 내 매매 등 가액을 시가로 본다. 이 경우 과세표준을 신고한 경우 평가기준일 전 6개월부터 신고일까지의 가액을 적용한다. 이러한 가액이 없으면 기간을 확대하여 평가기준일 전 2년에서 법정결정기한까지(평가기간 제외) 가액은 재산평가 심의위원회를 통해 시가로 본다.

3) 가액 산정이 어려운 경우

1), 2)의 가액을 산정하기 어려운 경우 보충적 평가방법에 따라 평가한 가액을 시가로 본다. 예를 들면 보충적 평가방법에 따라 평가한 가액은 개별공시지가와 공동주택가격 등이며, 부동산 등은 개별공시지가 등과 임대료등의 환산가액과 비교하여 큰 가액으로 평가한다.

나. 보충적 평가방법

보충적 평가방법은 상속재산 또는 증여재산의 시가를 산정하기 어려운 경우에 제한적으로 적용하는 평가방법이다. 상증법 제61조부터 제65조까지 재산종류별로 평가방법을 규정하고 있다.

보충적 평가방법에 의존할 수밖에 없었다는 점은 과세관청이 주장 · 입증하여야 하고 그에 대한 입증을 다하지 못하는 한 과세처분은 위법하다(대법97누8502, 1997.9.26. 외 다수).

그 거래가액을 상속재산의 객관적 교환가치를 적정하게 반영하는 정상적인 거래로 인하여 형성된 가격이라고 할 수 없는 경우에는 시가를 산정하기 어려운 것으로 보아 보충적 평가방법에 따라 그 가액을 산정할 수 있다(대법원2012두7905, 2015.2.12.).

헌재는 아래와 같이 보충적 평가방법의 한계가 있다고 보았다. 특별한 사정이 없는 이상 세무공무원이 현장조사 내지 시장조사(자료조사 포함)를 통하여 이를 조사, 파악하는 것이 원칙이고 이는 세법에서 특별히 규정할 필요가 없는 당연한 일이다. 그러나 현장조사나 시장조사는 시간, 인력 및 비용 소모가 크고 상속개시 당시라고 하는 과거시점으로 회귀하여 소급조사를 하여야 한다는 어려움 때문에 조사자에 따라 큰 차이가 나거나 조사자의 자의가 개입될 우려가 있다. 그러므로 이러한 우려가 없는 통일적인 시가파악의 행정지침이 필요하고 이에 응하여 등장한 것이 구 법시행령 제5조 제1항 내지 제6항이 규정하는 보충적 평가방법이다. 그러므로 보충적 평가방법을 규정하는 위 구 상증령 조항들은 집행명령에 해당하고 이 방법에 의하여 평가된 상속재산의 가액은 시가를 초과할 수 없다는 본래적이고 내재적인 한계를 갖는다. 따라서 보충적 평가방법에 의한 상속재산 가액이 시가를 초과하는 경우 상속인은 이를 주장 · 입증하여 보충적 평가방법 적용을 거부할 수 있는 것이다(헌재2003헌바26, 2004.8.26.)

〈보충적 평가방법의 '시가' 개정 연혁〉

2009.12.31. 이전	2010.1.1. 이후
제1항의 규정을 적용함에 있어서 시가를 산정하기 어려운 경우에는 당해 재산의 종류 · 규모 · 거래상황등을 감안하여 제61조 내지 제65조에 규정된 방법에 의하여 평가한 가액에 의한다.	제1항을 적용할 때 시가를 산정하기 어려운 경우에는 해당 재산의 종류, 규모, 거래 상황 등을 고려하여 제61조부터 제65조까지에 규정된 방법으로 평가한 가액을 시가로 본다.

쟁점

보충적 평가와 기준시가

'상증법의 보충적 평가방법에 따른 평가한 가액'을 통상 기준시가로 부르기도 한다. 이것이 기준시가와 같은 표현일까? 그렇지 않다. 상당 부분이 같은 내용이긴 하지만, 상증법에서는 소득법 규정을 전체 인용하거나 준용하지 않고, 소득법도 상증법 규정을 전체 준용하거나 인용하지는 않는다. 물론 재산 종류별로 준용하기도 한다. 예를 들면 소득세법 비상장주식은 상증법 규정을 준용한다.

상증법에서는 기준시가라는 표현을 사용하지 않는다. 기준시가는 소득세법의 표현이다.

상증법의 재산평가는 시가평가를 원칙으로 하지만, 시가를 산정하기 어려운 경우에는 해당 재산의 종류, 규모, 거래 상황 등을 고려하여 상증법 제61조부터 제65조까지에 규정된 방법으로 평가한 가액을 시가로 본다. "상증법 제61조부터 제65조까지의 규정된 방법으로 평가한 가액"을 우리는 보충적 평가방법에 따른 평가액이라고 부른다. 법령 표현은 아니지만, 이 표현을 관행적으로 사용하고 있다.

부동산의 보충적 평가방법인 개별공시지가, 개별주택가격, 공동주택가격 등은 소득법의 기준시가 범위와 같지만, 다른 부분도 있다. 예를 들면, 일반건물과 비상장주식등이 있다.

1. 일반건물

일반건물은 지수를 이용하여 계산하는데, 소득세법은 건물신축가격기준액에 구조지수, 용도지수, 위치지수, 경과연수별잔가율을 곱하여 계산하지만, 상증법은 여기에 개별건물특성에 따른 조정률을 추가로 곱하여 계산한다.

2. 주식

비상장주식은'순자산가치와 순손익가치의 가중평균가액'과 순자산가치 80%와 비교하여 큰 가액으로 평가한다.

상증법은 평가기준일 평가이지만, 소득법은 직전 사업연도로 계산하는 것이 다르며, 상증법은 3개 사업연도의 순손익이지만, 소득세법은 1개 사업연도로 하는 것이 다르다. 또, 상장주식에 대해서는 상증법은 평가기준일 전후 2월 종가 평균액으로 평가하지만, 소득법은 양도(취득)일 이전 1월 평균액으로 평가한다.

3. 부동산

상증법에서는 부동산과 유형재산이 임대차계약이 체결된 경우 개별공시가액등과 임대료등의 환산가액과 비교하여 큰 가액으로 평가하는데, 소득법의 기준시가에는 임대료등의 환산가액이 없다.

정리하면, 소득세법의 기준시가와 상증법의 보충적 평가방법에 따른 평가액은 재산 종류별로 같을 수도 있고, 다를 수도 있다.

다. 구체적인 평가방법이 규정되지 않은 재산의 평가

1) 준용

상증법에서 따로 평가방법을 규정하지 아니한 재산의 평가는 상증법 제65조제1항과 상증법 제60조부터 제64조까지 규정된 평가방법을 준용하여 평가한다(상증법 제65조제3항).

2) 기획재정부장관의 결정

기획재정부장관은 상속 · 증여재산을 평가함에 있어서 평가의 공정성을 확보하기 위하여 재산별 평가기준 · 방법 · 절차 등에 관한 세부사항을 정할 수 있다(상증령 제49조제11항)[3]

라. 둘 이상의 재산가액이 포함되어 있는 경우

매매등 가액에 둘 이상의 재산가액이 포함됨으로써 각각의 재산가액이 구분되지 아니하는 경우에는 각각의 재산을 상증법 제61조부터 제65조까지의 규정에 따라 평가한 가액에 비례하여 안분 계산한다.

각각의 재산에 대하여 감정가액(동일감정기관이 동일한 시기에 감정한 각각의 감정가액)이 있는 경우에는 감정가액에 비례하여 안분 계산한다. 다만, 토지와 그 토지에 정착된 건물 기타 구축물의 가액이 구분되지 아니하는 경우에는 부가령 제64조[4]에 따라 안분 계산한다(상증령 제49조제3항).

○ 부가령 제64조(토지와 건물 등을 함께 공급하는 경우 건물 등의 공급가액 계산) 법 제29조제9항 각 호 외의 부분 단서 및 같은 항 제2호에 따른 안분계산한 금액은 다음 각 호의 구분에 따라 계산한 금액으로 한다.

1. 토지와 건물 또는 구축물 등(이하 이 조에서 "건물등"이라 한다)에 대한 「소득세법」 제99조에 따른 기준시가(이하 이 조에서 "기준시가"라 한다)가 모두 있는 경우: 공급계약일 현재의 기준시가에 따라 계산한 가액에 비례하여 안분(按分) 계산한 금액. 다만, 감정평가가액[제28조에 따른 공급시기(중간지급조건부 또는 장기할부판매의 경우는 최초 공급시기)가 속하는 과세기간의 직전 과세기간 개시일부터 공급시기가 속하는 과세기간의 종료일까지 「감정평가 및 감정평가사에 관한 법률」 제2조제4호에 따른 감정평가업자가 평가한 감정평가가액을 말한다. 이하 이 조에서 같다]이 있는 경우에는 그 가액에 비례하여 안분 계산한 금액으로 한다.
2. 토지와 건물등 중 어느 하나 또는 모두의 기준시가가 없는 경우로서 감정평가가액이 있는 경우: 그 가액에 비례하여 안분 계산한 금액. 다만, 감정평가가액이 없는 경우에는 장부가액(장부가액이 없는 경우에는 취득가액)에 비례하여 안분 계산한 후 기준시가가 있는 자산에 대해서는 그 합계액을 다시 기준시가에 의

3. 2022.2월 현재까지 기획재정부 장관이 결정한 것은 없다.
4. 감정가액, 기준시가, 장부가액, 취득가액을 순차적으로 적용한다.

하여 안분 계산한 금액으로 한다.
3. 제1호와 제2호를 적용할 수 없거나 적용하기 곤란한 경우: 국세청장이 정하는 바에 따라 안분하여 계산한 금액

마. 평가단위

상증법 제60조부터 제66조까지를 적용할 때 배율에 따른 부동산의 제곱미터당 가액, 상장주식의 1주당 최종시세가액 평균액과 비상장주식 1주당가액, 1주당 순손익액 및 이의 가중평균액 등의 계산에 있어 원 단위 미만 금액은 이를 버린다(상증기본통칙 60-0-1).

쟁점

상속재산평가준칙은 평가의 근거규정인가

상속증여에 관한 전문서적을 읽다 보면 '상속재산평가준칙'을 근거로 한 내용을 볼 수 있다. 하지만 국세법령정보시스템에서 '상속재산평가준칙'을 검색할 수는 없다. 국세청은 1987년 상속재산평가 요령을 담은「상속재산평가준칙」을 제정[5]하였는데, 이 평가준칙에서 보충적 평가방법이라는 표현과 공유재산 평가, 원물과 과실, 비상장주식 평가방법 등을 규정하고 있었다.

○ 상속재산평가준칙 제7조(보충적 평가방법)
시가에 의하여 평가하기 어려운 상속재산에 대하여 이 준칙 제2장 내지 제4장에 규정하는 방법에 의하여 평가한다.

우리나라의 상증법이 일본 상속세법의 영향을 받은 것처럼, '상속재산평가준칙'은 일본 '법령해석통달'[6]의 영향을 받은 것으로 보인다. 한편, '상속재산평가준칙'은 1997.1.1. 상증법 전부개정시 상증법령에 준칙 내용이 포함되면서 점차 사문화된 것으로 보인다. 국세청은 2000년 대 후반 훈령, 고시 등을 모두 정비하였고, 훈령 안에 일몰 규정[7]을 추가하였다. 현재 국세법령정보시스템에서 '상속재산평가준칙'을 검색할 수는 없다. 따라서, 상속재산평가준칙은 현재 유효하지 않는 훈령으로 보이므로 평가의 근거규정이 될 수 없다.

---

5. '상속재산평가준칙'은 국세청 훈령이다.
6. 일본의 상속세 법령해석통달(www.nta.go.jp/law/tsutatsu/kihon/sisan/hyoka_new/01/01.htm#a-1) 내용과 우리나라의 상속재산평가준칙은 비슷하다.
7. 훈령은 재검토기한이 명시되어 있고, 재검토시 훈령의 폐지 또는 훈령의 지속여부를 검토한다. 예를 들어 '상증사무처리규정(국세청 훈령 제2476호(2021.12.13.) 제74조(재검토기한) 이 규정은 「훈령 · 예규 등의 발령 및 관리에 관한 규정」(대통령훈령 제394호)에 따라 이 규정을 발령한 후의 법령이나 현실여건의 변화 등을 검토하여야 하는 2024년 11월 30일까지 재검토한다.'으로 규정되어 있다.

제2절 재산평가 기준일

○ (상속재산) 상속개시일 현재 가액
○ (증여재산) 증여일 현재 가액
* 가산하는 증여재산은 각각의 증여일 현재 가액

재산의 가액은 시간의 흐름에 따라 변화하므로 어느 시점에서 평가하냐에 따라 그 가액은 달라진다. 상속재산 또는 증여재산을 평가하려면 재산평가 시점을 명확하게 규정할 필요가 있다. 상증법에서는 상속재산 또는 증여재산 가액의 평가시점을 원칙적으로 상속개시일 또는 증여일로 규정하고, 상속세 과세가액 또는 증여세 과세가액에 가산하는 증여재산은 증여일 현재 가액을 기준으로 한다. 예외적으로 2016.1.1. 이후 증여로 의제되는 장기미명의개서의 경우에는 소유권취득일을 기준[8]으로 평가한다.

1. 상속재산의 평가시점은 상속개시일

상속재산 평가는 상속개시일 현재의 가액으로 평가한다. 상속개시일이란 통상 자연인의 사망일을 말하며, 사망한 것으로 간주되는 실종선고일, 인정사망일도 상속개시일에 포함된다.

2. 증여재산의 평가시점은 증여일

증여재산 평가는 증여일 현재의 가액으로 평가한다. 상증법에서는 증여재산의 취득시기(증여시기)는 증여예시, 증여추정, 증여의제 규정 외에는 상증령 제24조에 규정된 날[9]을 증여시기로 본다. 증여시기와 증여재산의 평가기준일은 동일하지만, 2016.1.1. 이후 증여로 의제되는 장기미명의개서의 경우에는 소유권취득일을 기준으로 평가한다.

---

8. 상증법 제45조의2(명의신탁재산의 증여 의제) ① 권리의 이전이나 그 행사에 등기등이 필요한 재산(토지와 건물은 제외한다. 이하 이 조에서 같다)의 실제소유자와 명의자가 다른 경우에는 「국세기본법」 제14조에도 불구하고 그 명의자로 등기등을 한 날(그 재산이 명의개서를 하여야 하는 재산인 경우에는 소유권취득일이 속하는 해의 다음 해 말일의 다음 날을 말한다)에 그 재산의 가액(그 재산이 명의개서를 하여야 하는 재산인 경우에는 소유권취득일을 기준으로 평가한 가액을 말한다)을 실제소유자가 명의자에게 증여한 것으로 본다. 다만, 다음 각 호의 어느 하나에 해당하는 경우에는 그러하지 아니하다.

3. 과세가액에 가산하는 증여재산평가

가. 상속세

상속개시일 전 10년 이내에 피상속인이 상속인에게 증여한 재산과 상속개시일 전 5년 이내에 상속인 외의 자에게 증여한 재산가액은 상속세 과세가액에 가산하여 상속세를 과세하고, 이 경우 상속세과세가액에 가산하는 사전증여재산 가액은 당초 증여일 현재 시가로 평가한다(상증법 제60조제4항).

나. 증여세

해당 증여일 전 10년 이내에 동일인(증여자가 직계존속인 경우에는 그 직계존속의 배우자를 포함)으로부터 받은 증여재산가액 합계액이 1천만원 이상인 경우 그 가액은 해당 증여세과세가액에 합산하여 과세하며, 이 경우 가산되는 각각의 증여재산 평가가액은 각각의 증여일 현재 재산가액에 따른다(상증집행기준 47-36-5③).

4. 상속재산으로 추정하는 상속개시 전 처분 재산의 평가

피상속인이 상속개시 전 일정기간 내에 재산을 처분(인출)하거나 채무를 부담한 경우로 그 처분(인출)가액이나 채무 부담액 사용처가 명백하지 않은 금액은 상속받은 것으로 추정하여 상속세를 과세하고 있다. 이때, 해당 재산의 처분가액 평가는 실제 수입한 금액을 기준으로 하되, 그 금액이 확인되지 아니한 경우에는 해당 재산 처분당시를 기준으로 상증법 제60조부터 제66조까지에 따라 평가한 가액으로 한다.

---

9. 상증법 제32조(증여재산의 취득시기) 증여재산의 취득시기는 제33조부터 제39조까지, 제39조의2, 제39조의3, 제40조, 제41조의2부터 제41조의5까지, 제42조, 제42조의2, 제42조의3, 제44조, 제45조 및 제45조의2부터 제45조의5까지가 적용되는 경우를 제외하고는 재산을 인도한 날 또는 사실상 사용한 날 등 대통령령으로 정하는 날로 한다.

〈상속재산 · 증여재산평가 규정〉

시가 평가원칙

§60①	시가평가 - 유가증권상장 · 코스닥주식은 전 · 이후 각 2월간 종가평균액 - 가상자산은 전 · 이후 각 1월간
§60②	시가 정의, 상증령 §49 가액을 시가에 포함

해당재산 매매등 가액(평가심의위원회)
* 매매등가액-거래가액, 수용 · 공매 · 경매가액, 감정가액 평균액

동일 · 유사재산 매매등 가액(평가심의위원회)

시가가 없거나 시가산정이 어려운 경우

⬇

보충적 평가방법

§60③	§61에서부터 §65에 따름
§61	- 토지: 개별공시지가 - 건물: 개별주택가격, 공동주택가격, 국세청 고시가액, 일반건물 기준시가 등 -지상권 및 부동산 취득에 관한 권리 등
§62	- 선박 · 항공기등: 재취득가액 ⇨ 장부가액 ⇨ 지방세 시가표준액 -상품 · 제품: 재취득가액 ⇨ 장부가액 -서화 · 골동품: 전문가 감정가액
§63	- ①1호 가목: 유가증권 · 코스닥시장 상장주식 평가 - ①1호 나목: 비상장주식의 보충적 평가 - ①2호: 국채 · 공채 · 회사채, CB · BW 등 평가 - ②기업공개중인 주식, 미상장주식의 평가특례 - ③최대주주의 ① · ②주식 할증평가(중소기업주식은 제외): 20%
§64	- 무체재산권 평가: 영업권, 저작권, 광업권 등
§65	- 그 밖의 조건부권리 등 평가: 신탁이익, 정기금, 가상자산 등 - 평가방법이 규정되지 않은 재산의 평가방법

(§61 · §62 관련)
임대차계약 체결시 임대료등 환산가액과 비교

- 환산가액은 선박 등과 그 외로 구분

(§63 ①1호 나목 관련)
ⓐ: 1주 순손익가치
ⓑ: 1주 순자산가치
■ 원칙:(ⓐ×3+ⓑ×2)÷5
■ 부동산 과다법인: (ⓐ×2+ⓑ×3)÷5
■ 하한액: 순자산가치 ×80%
■ 3년 미만 법인등: ⓑ

저당권등 평가특례

§66	담보하는 채권액등과 시가 또는 보충적 평가액과 비교하여 큰 금액으로 평가 - 저당권등이 담보하는 채권액 - 전세금 및 임대보증금

제2장 재산의 시가평가

재산평가=Max(시가, 저당권 채권액등의 합계액)
시가는 불특정다수인 사이에 자유롭게 거래가 이루어지는 경우 통상적으로 성립된다고 인정되는 가액을 말하며, 아래 가액을 시가로 봄
① (해당 재산) 평가기간 이내 매매 · 감정 · 수용 · 공매 또는 경매 가액
 – 평가기준일 전 2년에서 법정결정기한(평가기간 제외)까지의 가액은 재산평가심의위원회를 통해 인정
② (동일 · 유사 재산) 해당 재산과 동일 · 유사한 재산의 평가기간 이내 매매 · 감정 · 수용 · 공매 또는 경매 가액
 – 과세표준을 신고한 경우에는 평가기준일 전 6개월부터 신고일까지의 가액을 말함
 – 평가기준일 전 2년에서 법정결정기한(평가기간 제외)까지의 가액은 재산평가심의위원회를 통해 인정
③ 위 ①, ② 가액을 산정하기 어려운 경우 상증법 제61조~제65조(보충적 평가방법)에 따라 평가
④ 유가증권 · 코스닥 상장주식, 가상자산은 평균액으로 평가

제1절에서는 시가에 대한 설명과 제2절은 시가에 포함되는 가액을, 제3절에서는 시가의 적용기준에 대해 설명한다.

제1절 시가의 이해

상속세 또는 증여세가 부과되는 재산의 가액은 평가기준일(상속개시일 또는 증여일) 현재의 시가에 따른다(상증법 제60조제1항). 시가란 불특정다수인 사이에 자유롭게 거래가 이루어지는 경우에 통상적으로 성립된다고 인정되는 가액으로 하고, 평가기간 이내에 매매 · 감정 · 수용 · 공매 또는 경매("매매등")가 있는 경우, 해당 매매가액 등이 시가에 포함된다. 평가기간은 상속은 평가기준일 전 · 후 6개월, 증여는 증여일 전 6개월 · 후 3개월을 말한다. 매매등 거래가 이루어진 가액 5개는 '매매 · 수용 · 공매 · 경매가액'과 '감정가액의 평균액'으로 구분된다.

〈시가 개정 연혁〉

기간	평가방법
2003년 이전	해당 재산의 매매등가액
2004년~2010년	해당재산과 동일유사재산과 비교 평가심의위원회: 평가기준일 2년 전
2011.1.1. 이후	해당 재산의 매매등 가액우선 적용
2014.2.21. 이후	해당 재산의 매매등 가액에 자본적 지출액을 가산
2019.2.12. 이후	평가심의위원회: 평가기준일 후 법정결정기한까지

〈평가기간 개정 연혁〉

1997.1.1. 이후	2019.2.12. 이후
○ 상속: 상속개시일 전후 6개월 ○ 증여: 증여일 전후 3개월	○ 상속: 상속개시일 전후 6개월 ○ 증여: 증여일 전 6개월, 증여일 후 3개월

제2절 시가에 포함되는 가액

재산평가=Max(시가, 저당권 채권액등의 합계액)
시가는 불특정다수인 사이에 자유롭게 거래가 이루어지는 경우 통상적으로 성립된다고 인정되는 가액을 말하며, 아래의 가액을 시가로 봄
① (해당 재산) 평가기간 이내 매매 · 감정 · 수용 · 공매 또는 경매 가액
 – 평가기준일 전 2년에서 법정결정기한(평가기간 제외)까지의 가액은 재산평가심의위원회를 통해 인정
② (동일 · 유사 재산) 해당 재산과 동일 · 유사한 재산의 평가기간 이내 매매 · 감정 · 수용 · 공매 또는 경매 가액
 – 과세표준을 신고한 경우에는 평가기준일 전 6개월부터 신고일까지의 가액을 말함
 – 평가기준일 전 2년에서 법정결정기한(평가기간 제외)까지의 가액은 재산평가심의위원회를 통해 인정
③ 위 ①, ②의 가액을 산정하기 어려운 경우 상증법 제61조~제65조(보충적 평가방법)에 따라 평가
④ 유가증권 · 코스닥 상장주식, 가상자산은 평균액으로 평가

시가는 불특정다수인 사이에 자유롭게 거래가 이루어지는 경우 통상적으로 성립된다고 인정되는 가액을 말한다. 하지만 이 범위가 추상적이어서 상증령 제49조제1항에서 시가의 범위를 규정하고 있다. 매매 · 감정가액의 평균액 · 수용 · 경매 또는 공매 등의 가액을 '매매등 가액'이라고 한다.

시가의 범위를 규정하고 있는 상증법 제60조와 상증령 제49조는 문언에서 차이가 있다.

○ 상증법 제60조(평가의 원칙 등)
② 제1항에 따른 시가는 불특정다수인 사이에 자유롭게 거래가 이루어지는 경우에 통상적으로 성립된다고 인정되는 가액으로 하고 수용가격 · 공매가격 및 감정가격 등 대통령령으로 정하는 바에 따라 시가로 인정되는 것을 포함한다.

○ 상증령 제49조(평가의 원칙등)
① 법 제60조제2항에서 "수용가격 · 공매가격 및 감정가격 등 대통령령으로 정하는 바에 따라 시가로 인정되는 것"이란 평가기준일 전후 6개월(증여재산의 경우에는 평가기준일 전 6개월부터 평가기준일 후 3개월까지로 한다. 이하 이 항에서 "평가기간"이라 한다)이내의 기간 중 매매 · 감정 · 수용 · 경매(「민사집행법」에 따른 경매를 말한다. 이하 이 항에서 같다) 또는 공매(이하 이 조 및 제49조의2에서 "매매등"이라 한다)가 있는 경우에 다음 각 호의 어느 하나에 따라 확인되는 가액을 말한다.

상증법 제60조제2항에서는 '매매등 가액'을 시가에 포함한다고 규정하고 있으므로 매매 등 가액이 예시적으로 보이는데, 상증령 제49조제1항에서는 다음 각 호의 어느 하나에 따라 확인되는 가액으로 한정, 열거하고 있는 것처럼 보인다.[1]

그래서 시가를 바라보는 법원과 과세관청은 입장에 차이가 있다. 법원은 매매등 가액을 예시의 성격으로 보고, 국세청과 기재부는 열거의 성격으로 본다. 예를 들면 '1개의 감정가액 또는 평가기간 밖의 감정가액'을 시가로 볼지에 대해 과세관청과 법원은 입장을 달리한다.

그러나 상증법령의 시가를 상증령 제49조를 감안하더라도 열거 규정으로 보기는 어렵다. 예를 들면, 부동산을 취득할 수 있는 권리(분양권)의 보충적 평가방법이 '불입금액+프리미엄'인데 이는 사실상 거래될 수 있는 가액인 시가 정의로 평가한 것이고, 건물을 신축한 경우 건설에 소요된 비용 합계액은 매매 등 가액이 아님에도 신축비용으로 평가(재삼46014-277, 1997.2.11.)한다.

법원은 시가의 범위를 예시로 보며 객관적인 교환가치를 반영하였는지로 판단한다. 비상장주식의 경우에도 그에 관한 객관적인 교환가치를 적정하게 반영한 매매 실례가 있으면 그 가격을 시가로 보아야 할 것이고, 그러한 실례가 없더라도 당해 거래가 일반적이고 정상적인 방법으로 이루어져 당시의 객관적 교환가치를 적정하게 반영하고 있다고 볼 수 있는 경우에는 그 가격을 시가로 볼 수 있다. 따라서 보충적 평가방법에 의하여 평가한 가액을 시가로 보고 적용하는 것은 위와 같은 매매 실례가 없고 또 당해 거래가 객관적 교환가치를 적정하게 반영하고 있다고 보기도 어려우며 다른 방법으로 그 시가를 산정하기 어려울 때 비로소 허용되는 것이다(대법원2011두11181, 2012.11.29.).

헌재도 예시적 규정으로 보았다. 상증법 제60조제2항의 위임에 따라 대통령령에 정해질 내용은 시가를 한정하는 것이 아니라 시가로 볼 수 있는 대표적인 경우를 예시하는 것에 불과하므로, 대통령령에 정해질 내용은 상증법 제60조제2항이 이미 명확하게 규정하고 있는 시가의 의미와 범위를 전제로 하여 이를 구체적으로 분류하거나 예시하여 일반 국민에 대하여는 예측가능성을 제고하고, 과세관청에 대하여는 실무운영을 위한 지침을 주면서 경우에 따라 경제현실 및 조세환경 변화에 탄력적으로 대응하기 위한 것일 뿐, 새로운 과세요건을 규정한 것이 아니다.

시가로 보는 가액은 해당 재산의 매매등 가액과 동일 · 유사재산의 매매등 가액으로 구분한다. 해당 재산의 매매등 가액을 우선 적용하고 해당 가액이 없는 경우에 동일 · 유사재산 매매등 가액을 적용한다. 신고한 경우에는 평가기간 내 신고일까지의 동일 · 유사재산 매매등의 가액만 적용한다.

다만, 해당 재산의 매매등 가액과 동일 · 유사 재산의 매매등 가액이 평가기간에 해당하지 아니하는 기간으로서 평가기준일 전 2년 이내의 기간 중에 매매등이 있거나 평가기간이 경과한 후부터 법정결정기한까지 매매등이 있는 경우에는 가격변동의 특별한 사정이 없다고 인정되는 때에는 재산평가심의위원회의 심의를 거쳐 시가에 포함시킬 수 있다(상증령 제49조제1항).

---

1. 『2019년 상속증여세 실무해설』, 박훈 · 채현석 · 허원, 삼일인포마인

[관련 질의회신 · 판례 등]

○ 매매등의 가액 의미

(국세청, 기재부-열거) 상속개시일 후 6개월을 경과하여 매매가액이 있는 경우에는 시가로 보지 아니함(서면4팀-1230, 2006.5.2.). 하나의 감정기관이 평가한 감정가액은 '시가'의 범위에 포함되지 아니함(재재산-582, 2007.5.18.).

(법원-예시) 문언상 시가가 수용 · 공매가격 및 감정가격 등 대통령령이 정하는 바에 의하여 시가로 인정되는 것에 한정되지는 않는다고 할 것이므로 위 규정의 위임에 의한 상증령 제49조제1항 각 호는 상속재산의 시가로 볼 수 있는 대표적인 경우를 예시한 것에 불과함(대법원2000두5098, 2001.8.21.).

1. 평가대상 재산의 거래가액

해당 재산에 대한 매매사실이 있는 경우에는 그 실지거래가액을 시가로 본다. 다만, 다음 어느 하나에 해당하는 경우에는 시가로 보지 아니한다.

가. 특수관계인과의 거래 등으로 그 거래가액이 객관적으로 부당하다고 인정되는 경우

그 가액이 객관적으로 부당하다고 인정되는 경우는 증여일부터 매매계약일까지의 가격변동 요인과 거래당사자 사이의 관계, 거래경위 및 가격결정 과정과 거래규모 등을 종합적으로 고려하여 당해 가액이 불특정다수인 사이에 자유로이 거래가 이루어질 때 통상 성립된다고 인정되는 가액에 해당하는지 여부를 사실판단하여 정한다(재산세과-3043, 2008.09.30.).

즉, 특수관계인과의 거래라고 무조건 시가에서 제외하는 것은 아니다. 평가기준일 전후 일정한 기간 내에 비상장주식의 매매사실이 있더라도 그것이 민법상 친족과의 매매이면, 곧바로 그 매매가액은 상증법상 객관적으로 부당하다고 인정되며, 그렇지 아니하다고 주장하는 자가 있는 경우 그가 이를 입증하여야 한다(대법원2006두18461, 2007.12.13., 조심2018서3647, 2019.1.8. 같은 뜻).

나. 거래된 비상장주식의 가액(액면가액의 합계액)이 다음 금액 중 적은 금액 미만인 경우

2012.2.2. 이후 상속 · 증여분부터 재산평가심의위원회 심의를 거쳐 그 거래가액이 거래 관행상 정당한 사유가 있다고 인정되는 경우는 제외한다.

(1) 액면가액의 합계액으로 계산한 해당 법인의 발행주식총액 또는 출자총액의 100분의 1에 해당하는 금액

(2) 3억원

쟁점

해제와 시가

상속 · 증여재산의 평가는 시가평가를 원칙으로 하고, 시가는 불특정다수인 사이에 자유롭게 거래가 이루어지는 경우에 통상적으로 성립된다고 인정되는 가액으로 하며 매매가액 등 시가로 인정되는 것을 포함한다. 그러면 계약 해제시 그 가액을 시가로 볼 수 있을까?

시가로 볼 수 없다면 이러한 이유에서다.

① 상증령 제49조제1항제1호에 따라 해당 재산에 대한 매매사실이 있는 경우에는 그 거래가액을 시가로 보는데, 해제는 소급효가 있으므로 매매사실이 있다고 볼 수 없다. 즉, 열거주의 입장에서는 매매가액이 없으니까 시가가 없다.

② 시가로 인정할 경우, 시가 조작이 있을 수 있다. 시가를 만들기 위해 거래를 만들고, 그 후에 해제하여 대금을 반환할 수 있다. 법원 판례를 보면, 매매사실이 있는 경우 그 거래가액이라 함은 실제 객관적인 매매사실과 함께 통상적이고 적정한 거래가액이 인정되는 사례를 말하므로, 이러한 매매사례가 있다면 그것이 사후에 해제되었더라도 위 규정상 시가 판단기준으로 삼을 수 있다고 보았다(서울고법2013누14834(2014.4.16.)-대법원2010두27936(2012.7.12.(심불)). 여기서 중요한 키워드는 '적정한 거래가액'이다. 해제 여부에 따라 시가로 판단하는 것이 아니라 그 가액이 객관적 교환가치라면 시가로 보아야 한다.

그래서 상속개시일로부터 2년 8개월 전 거래로 그사이 토지의 상황변화와 부동산 시세하락이 있었으며, 그 후 매매계약이 합의해제 되었으므로, 위 매매대금을 상속개시일 현재의 시가로 볼 수 없다고 본 것이다(대법원2012두21109, 2013.2.14. 요지).

국세청과 기재부의 질의회신 등을 보면 해제한 경우는 무조건 그 거래가액을 시가로 보지 않는 것 같지만, 관련 사실관계에 따라 답변하고 있는 것으로 보인다.

(사실판단) 귀 질의의 경우 붙임과 같은 질의회신 사례(재산 46014-1204, 1996.5.16.; 재산 46014-1456,1995.6.16.)를 참고하시기 바라며, 귀 질의가 이에 해당하는지 여부는 소관 세무서장이 당초 매매계약서 내용, 매매계약 불이행 여부 및 매매계약의 해제 유무 등 구체적인 사실을 조사하여 판단할 사항임(서일46014-10859, 2003.6.28.).

(특수관계인) 상속재산에 대하여 상속개시일부터 6개월 이내에 체결된 상속인과 특수관계자 간 매매계약이 중도해제된 경우 그 매매계약서상의 거래가액은 시가에 해당하지 아니함(법규과-3619, 2008.8.25.).

(대리 계약) 증여자가 부동산을 수증자에게 증여하기 전에 증여자의 친족이 증여자를 대리하여 제3자와 해당 부동산 매매계약을 체결하였으나 증여자의 해당 부동산 증여로 인하여 부동산 매매계약이 해제된 경우, 해제된 부동산매매계약의 거래가액은 시가로 인정되는 금액에 해당하지 아니함(기준-2016-법령해석재산-0097[법령해석과-2317], 2016.7.14.).

유사한 사례로 장기간 매매계약 상태인 경우에도 무조건 시가로 보지 않는 것이 아니라, 사실관계를 확인하여 답변하고 있다.

매매계약 후 계약금의 일부만을 수령한 상태에서 장기간 매매계약이 이행되지 않고 있는 경우 해당 매매계약상 가액은 같은 법 시행령 제49조제1항제1호에 따른 매매사실이 있는 경우의 거래가액에 해당하지 않음(기획재정부 재산세제과-658, 2017.9.26.).

[관련 질의회신 · 판례 등]

○ 시가 여부

(평가기간 밖의 가액) 상속개시 후 6개월을 경과하여 매매가액이 있는 경우에는 시가로 보지 아니함(서면4팀-1230, 2006.5.2.).

(허위의 매매가액) 형식상 매매를 원인으로 하여 소유권이전등기를 하였으나 사실상 증여받은 주택에 해당하므로 등기를 위하여 작성된 매매계약서상 매매가액은 시가에 해당되지 아니함(서면4팀-3656, 2006.11.6.).

(특수관계인과의 거래가액) 특수관계인 사이의 1회적인 거래가격은 이 사건 주식의 객관적인 교환가치를 적정하게 반영한 시가라고 인정하기는 어려움(대법원2005두11913, 2007.12.13.).

○ 시가의 판단기준

어떠한 거래가 그 거래대상의 객관적인 교환가치를 적정하게 반영하는 일반적이고 정상적인 거래인지 여부는 ① 거래당사자들이 각기 경제적 이익의 극대화를 추구하는 대등한 관계에 있는지, ② 거래당사자들이 거래 관련 사실에 관하여 합리적인 지식이 있으며 강요에 의하지 아니하고 자유로운 상태에서 거래를 하였는지 등 거래를 둘러싼 제반 사정을 종합적으로 검토하여 결정하여야 함. 따라서 특수 관계에 있는 자와의 거래라 하더라도 위와 같은 제반 사정을 고려하여 객관적 교환가치가 적정하게 반영된 정상적인 거래라고 판단되면 그 거래가격(거래연도 2000년)을 시가로 보아 그 거래가격으로 평가하여야 하되, 특수관계자와의 거래가 정상적인 거래에 해당된다는 입증은 이를 주장하는 자에게 그 책임이 있음(대법원2006두17055, 2007.1.11.).

○ 계약만 체결된 상태의 거래가액

매매계약 후 계약금의 일부만을 수령한 상태에서 장기간 매매계약이 이행되지 않고 있는 경우 해당 매매계약상 가액은 상증령 제49조제1항제1호에 따른 매매사실이 있는 경우의 거래가액에 해당하지 않음(기획재정부 재산세제과-658, 2017.9.26.).

○ 평가기간 내에 있는 소액의 비상장주식 거래가액[2]

평가심의위원회의 심의대상으로 "거래가액이 소액인 비상장주식의 거래에 관행상 정당한 사유가 있는지 여부"를 별도로 규정하고 있지는 않더라도 평가심위위원회가 소액 비상장주식 거래와 관련하여 관행상 정당한 사유가 있는지 여부에 대해 심의할 권한이 있다고 봄이 타당함(조심2019서4288, 2020.10.15.).

---

2. 상증령 제49조제1항제1호에서는 상증령 제49조의2제1항에 따른 평가심의위원회의 심의를 거쳐 그 거래가액이 거래의 관행상 정당한 사유가 있다고 인정되는 경우는 제외한다고 규정하는 반면에, 상증령 제49조의2(평가심의위원회의 구성 등)에서는 상증령 제49조제1항제1호를 규정하고 있지 않다.

○ 상증령 제49조의2(평가심의위원회의 구성 등)

① 다음 각 호의 심의를 위하여 국세청과 지방국세청에 각각 평가심의위원회를 둔다.

1. 제49조제1항 각 호 외의 부분 단서에 따른 매매등의 가액의 시가인정

1의2. 제49조제8항에 따른 시가불인정 감정기관의 지정

2. 제54조제1항에 따른 비상장주식등(이하 이 조에서 "비상장주식등"이라 한다)의 같은 조 제6항에 따른 가액평가 및 평가방법

3. 제15조제11항제2호나목 및 「조세특례제한법 시행령」 제27조의6제6항제2호나목에 따른 업종의 변경

4. 법 제61조제1항제2호 및 제3호에 따른 건물, 오피스텔 및 상업용 건물 가치의 산정 · 고시를 하기 위한 자문

○ 소액거래

갑과 을이 부모로부터 비상장주식을 증여받은 후 평가기간 이내의 기간 중에 다른 주주로부터 같은 주식을 공동 매수한 경우 해당 거래가 같은 항 상증령 제49조제1호나목에 해당하는지는 갑과 을이 취득한 주식별로 각각 판정함(기준2021법령해석재산-0003 [법령해석과-1426], 2021.4.22.).

○ 부가가치세

증여가액은 부가가치세를 포함한 매매가액이 됨(재삼01254-2255, 1992.9.3.).

2. 평가대상 재산에 대한 둘 이상 감정가액의 평균액

둘 이상의 감정기관이 평가한 감정가액이 있을 때 그 감정가액 평균을 시가로 본다. 매매등 가액에서 감정가액을 제외한 매매 · 수용 · 공매 · 경매 가액은 당사자가 있는 가액이지만, 감정가액은 그러하지 아니하다.

2018.4.1. 이후 감정의뢰하는 분부터 소득법 제99조제1항제1호에 따른 부동산(토지, 건물, 오피스텔 및 상업용 건물, 주택) 중 기준시가[3] 10억원 이하 부동산의 경우에는 하나의 감정기관이 평가한 감정가액도 시가로 인정한다.

상장 · 코스닥상장 주식 및 비상장주식의 감정가액은 시가로 인정하지 아니한다. 감정평가방법을 달리함에 따라 다양한 감정가액이 산출됨으로써 조세공평의 원칙에 반하는 결과가 초래되는 것을 방지하기 위함이다.

여기에 대해 법원은 비상장주식의 경우에는 통상적으로 불특정다수인 사이에서 거래가 이루어지지 아니하고 또한 시가를 평가하는 방법이 정립되어 있지 아니함에 따라 감정평가방법별로 현저히 다른 감정가액이 산출될 수 있으므로 이를 시가로 인정하면 조세공평의 원칙에 반하는 결과가 초래될 수 있음을 고려하여, 특별한 사정이 없는 한 시가에 해당하지 아니하도록 규정한 것으로 해석된다. 이러한 사정들을 종합하면, 원칙적으로 비상장주식에 대한 시가를 감정가액으로 인정하는 것에서 제외한 상증령 규정이 상증법 제60조제2항에 따른 위임의 범위와 한계를 벗어난 무효의 규정이라고 할 수 없다(대법원2015두53558, 2016.2.18.)고 보았다.

2014.2.21. 평가부터는 소급감정 방지를 위해 감정가액의 가격산정 기준일과 감정가액평가서 작성일 모두 평가기간 이내에 있어야 한다.

감정기관이란 「감정평가 및 감정평가사에 관한 법률」 제2조제4호에 따른 감정평가법인등[4]을 말하며, 감정평가법인등은 같은 법 제21조에 따라 신고를 한 감정평가사와 같은 법 제29조에 따라

---

3. 개별공시지가 등은 '소득법의 기준시가'와 '상증법의 보충적 평가방법'이 같지만, 기준시가와 보충적 평가방법은 같지 않으며, 상증법령에서는 개별공시지가 등을 기준시가로 표현하지 않는다.
4. 이 책에서는 '감정평가법인등'을 서술편의상 '감정평가업자'로 표현한 부분도 있다.

인가를 받은 감정평가법인을 말한다.

〈감정가액의 개정연혁〉

기간별	내 용
1997.1.1 이후	상속세 및 증여세 납부 외의 목적으로 재산을 평가한 경우에만 그 감정가액을 시가로 인정
2000.1.1. 이후	감정평가 목적에 관계없이 둘 이상 감정가액을 시가로 인정하며, 감정가액 평균액이 공시지가 등의 80%에 미달할 경우에는 세무서장이 다른 감정기관에 재감정을 의뢰하여 감정한 재감정가액과 납세자가 신고한 가액 중 높은 감정가액을 시가로 인정(추가 신설)
2005.1.1. 이후	감정가액 평균액이 공시지가 등의 80% 이상인 경우에도, 국세청 평가심의위원회 자문을 거쳐 감정평가 목적 등에 비추어 해당 감정가액을 시가로 보는 것이 부적정하다고 인정된다면 세무서장이 다른 감정기관에 의뢰하여 평가한 가액을 시가로 인정(추가 신설)
2011.1.1. 이후	감정가액 평균액이 보충적평가액과 유사재산 매매등 가액의 90% 중 적은 금액("기준금액")에 미달하는 경우 또는 기준금액 이상인 경우에도 평가심의위원회 자문을 거쳐 감정평가 목적 등에 비추어 해당 감정가액을 시가로 보는 것이 부적정하다고 인정되는 경우에는 세무서장이 다른 감정기관에 의뢰하여 평가한 가액을 시가로 인정
2014.2.21. 이후	가격산정 기준일과 감정평가서 작성일 모두 평가기간 이내에 있어야 감정가액으로 인정
2014.3.14. 이후	감정평가업자의 범위에 감정평가사를 확대(종전에는 감정평가법인만 해당)
2016.2.5. 이후	① (상증규칙⇒상증법) 감정기관이 평가한 감정가액이 다른 감정기관이 평가한 감정가액의 100분의 80에 미달하는 등의 경우에는 1년의 범위에서 기간을 정하여 해당 감정기관을 시가불인정 감정기관으로 지정할 수 있으며, 시가불인정 감정기관으로 지정된 기간 동안 해당 시가불인정 감정기관이 평가하는 감정가액은 시가로 보지 아니함 ② (자문⇒심의) 감정가액 평균액이 보충적평가액과 유사재산 매매등 가액의 90% 중 적은 금액("기준금액")에 미달하는 경우 또는 기준금액 이상인 경우에도 재산평가심의위원회 심의를 거쳐 감정평가 목적 등에 비추어 해당 감정가액을 시가로 보는 것이 부적정하다고 인정되는 경우에는 세무서장이 다른 감정기관에 의뢰하여 평가한 가액을 시가로 인정
2018.4.1. 이후	기준시가 10억원 이하 부동산(소득법 제99조제1항제1호)에 대해 하나의 감정기관 감정가액도 시가로 인정

가. 시가로 인정하지 아니하는 감정가액

아래의 감정가액은 시가로 인정하지 않는다.

1) 일정한 조건이 충족될 것을 전제로 해당 재산을 평가하는 등 상속세 및 증여세 납부 목적에 적합하지 아니한 감정가액

2) 평가기준일 현재 해당 재산의 원형대로 감정하지 아니한 경우의 해당 감정가액

3) 해당 감정가액 < 기준금액〔Min(㉠ 상증법 제61조 · 제62조 · 제64조 및 제65조에 따라 평가한 가액, ㉡ 동일 · 유사재산 매매등 가액의 100분의 90인 경우)〕

4) 시가불인정 감정기관이 시가불인정 기간 동안에 감정한 가액

1), 2)에 해당하는 가액은 제외하며, 해당 감정가액이 기준금액에 미달하는 경우에는 세무서장등이 다른 감정기관에 의뢰하여 감정한 가액에 의하되, 그 가액이 상속세 또는 증여세 납부의무자가 제시한 감정가액보다 낮은 경우에는 그러하지 아니하다.

5) 감정가액이 기준금액 이상인 경우로서 부적정한 경우

기준금액에 미달하는 경우뿐 아니라, 기준금액 이상이라도 재산평가심의위원회 심의를 거쳐 감정평가목적 등을 감안하여 그 가액이 부적정하다고 인정되는 경우를 포함한다(상증령 제49조제2항제2호 단서).

나. 시가불인정 감정기관

감정기관이 평가한 감정가액이 다른 감정기관이 평가한 감정가액의 100분의 80에 미달하는 등의 경우에는 1년 범위에서 기간을 정하여 해당 감정기관을 시가불인정 감정기관[5]으로 지정할 수 있으며, 시가불인정 감정기관으로 지정된 기간 동안 해당 기관이 평가하는 감정가액은 시가로 보지 아니한다(상증법 제60조제5항). 이 경우 시가불인정 기간은 세무서장등이 원감정기관을 시가불인정 감정기관으로 지정하여 통지한 날부터 기산한다(상증령 제49조제7항).

세무서장등은 시가불인정 감정기관 지정 전에 다음 내용 등을 해당 감정기관에 통지하고 의견을 청취[6]하여야 한다. 이 경우 통지를 받은 감정기관은 통지를 받은 날부터 20일 이내에 의견을 제출하여야 하며, 정당한 사유 없이 의견을 제출하지 아니한 경우에는 의견이 없는 것으로 본다.

1) 시가불인정 감정기관 지정내용 및 법적근거
2) 1)에 대하여 의견을 제출할 수 있다는 뜻과 의견을 제출하지 아니하는 경우의 처리방법
3) 의견제출기한
4) 그 밖에 의견제출에 필요한 사항

---

5. 국세청 홈페이지 공지사항 등에서 확인할 수 있다.
6. 청취조항이 신설되기 전에 법원은 원고들의 권익을 침해하는 처분임에도 행정절차법상 거치게 되어 있는 처분의 사전통지, 의견청취 절차 등의 절차를 거치치 않았고 그 처분 방식 또한 문서로 이루어지지 않았는 바 이 사건 처분은 절차적으로 위법하다(서울행법2011구합33709(2012.4.18.)-대법원2012두27497(2013.3.28. 심불))고 보았다.

시가불인정 기간은 다음 구분에 따른 기간으로 하되, 1), 2)에 모두 해당하는 경우에는 해당 기간 중 가장 긴 기간으로 한다(상증규칙 제15조제3항).

1) 고의 또는 중대한 과실로 다음 각 목의 어느 하나에 해당하는 부실감정을 한 경우: 1년

가) 평가대상 재산의 위치 · 지형 · 이용상황 · 주변환경 등 객관적 가치에 영향을 미치는 요인을 사실과 다르게 조사한 경우
나) 「감정평가 및 감정평가사에 관한 법률」 제2조 및 제25조제2항을 위반한 경우
다) 납세자와 담합하여 상속세 및 증여세를 부당하게 감소시킬 목적으로 감정평가한 경우

2) 원감정가액이 재감정가액에 미달하는 경우: 재감정가액에 대한 원감정가액 비율에 따른 다음 각 목의 기간

가) 100분의 70 이상 100분의 80 미만인 경우: 6개월
나) 100분의 60 이상 100분의 70 미만인 경우: 9개월
다) 100분의 60 미만인 경우: 1년

쟁점

소급감정과 시가

상속 · 증여재산 평가는 시가평가를 원칙으로 하고, 시가는 불특정다수인 사이에 자유롭게 거래가 이루어지는 경우에 통상적으로 성립된다고 인정되는 가액으로 하며, 수용가격 · 공매가격 및 감정가격 등 대통령령으로 정하는 바에 따라 시가로 인정되는 것을 포함한다(상증법 제60조 제2항)

대통령으로 정하는 가액을 상증령 제49조에서는 "매매등 가액"이라고 부르며, 매매 등 가액은 거래가액과 감정가액으로 구분되고, 거래가액은 매매가액, 수용가액, 공매가액, 경매가액을 말한다. 이 경우 감정가액은 감정평가업자의 평균액을 말한다.

감정가액으로 평가하기 위해서는 비교 대상이 둘 이상이어야 하고, 평가기간 이내에 가격산정기준일과 감정가액평가서 작성일이 포함되어야 한다.

그러면 1개의 감정가액 또는 평가기간 밖의 감정가액을 시가로 인정할 수 있을까?

여기에 대해 과세관청과 법원은 입장을 달리한다.

구분	과세관청	법원
단 하나의 감정가액	하나의 감정기관이 평가한 감정가액은 시가의 범위에 포함되지 아니함(재재산-582, 2007.5.18.).	대출을 위한 감정평가액을 시가로 보는 것은 타당하며 감정평가기관이 단 하나일지라도 달리 볼 이유는 없음(광주고법 2006누2694, 2007.9.27.).
평가기간 밖	평가기준일 전 2년을 경과하였거나 또는 평가기준일 후 6개월(증여 3개월)을 경과하여 둘 이상의 공신력 있는 감정기관이 평가한 감정가액 평균액 또는 매매된 가액은 시가에 포함되지 아니함(서면4팀-2153, 2007.7.12.).	시가에 거래를 통한 교환가격이 없는 경우에는 공신력 있는 감정기관의 감정가격도 시가로 볼 수 있고, 그 가액이 소급감정에 의한 것이라도 달라지지 않음(대법원2014두3204, 2014.5.29.).

과세관청과 법원은 왜 달리 볼까? 그 이유는 상증법 제60조와 상증령 제49조에 관한 해석 문제이다. 즉, 법원은 상증법 제60조 제2항에"시가로 인정되는 가액을 포함한다"라고 하였으니까, 상증령 제49조 매매등의 가액이 시가를 표현하는 예시규정이라고 보는 반면, 과세관청은 상증령 제49조 제1항에서 "다음 각 호의 어느 하나에 따라 확인되는 가액을 말한다"라고 하였으니 시가 범위를 제한하는 열거규정[7]이라고 보는 것이다. 또, 소급감정을 시가로 인정할 경우 납세자가 신고기한 이내에 상증법 제61조부터 제65조까지의 가액을 신고하더라도, 과세관청이 이를 감정하여 신고가액과 비교하여 과세할 수 있는 문제도 발생할 수 있다. 그래서 과세관청은 소급감정 등을 시가로 인정하지 않는다.

2018.4.1. 이후 감정 의뢰부터는 부동산 기준시가 10억원 이하인 경우 단일 감정가액도 시가로 인정하도록 개정하였다. 한편, 소급감정 등의 문제는 상속세에서 발생하기보다 상속재산을 양도할 때 취득가액 계산시 문제가 되는 부분이다. 개별공시지가 등으로 상속세 신고 · 결정되었는데, 양도시에는 양도차익이 크니까 소급감정하여 취득가액을 높이는 데 활용한 것이다. 이에 대해 2020.2.11. 이후 양도부터 상속 · 증여재산 양도시 취득가액은 상속개시일 · 증여일 현재 시가를 적용하되, 세무서장이 결정 · 경정한 가액이 있는 경우에는 그 금액을 시가로 보도록 개정하여(소득령 제163조 제9항[8]) 앞으로는 소급감정의 다툼은 적어지지 않을까 생각한다.

---

7. 국세청 매매등 가액 외 시가로 인정한 해석들도 있다.
 ○상속개시일 전 '6개월내에' 건축한 상속재산인 건물의 신축가액이 확인되는 경우에는 그 가액을 시가로 볼 수 있음(재삼46014-1981, 1993.7.13.).
 ○당초 주택을 멸실하고 다세대주택을 신축하던 중 당초 주택과 그 부수토지를 취득한 날부터 6개월 이내에 사망한 경우 신축 중인 주택과 그 부수토지의 상속재산가액은 당초 주택과 그 부수토지의 취득가액에 상속개시일까지 발생한 공사비를 가산한 금액으로 평가함(재산세과-501, 2011.10.21.).
8. 소득령 제163조(양도자산의 필요경비) ⑨상속 또는 증여(법 제88조제1호 각 목 외의 부분 후단에 따른 부담부증여의 채무액에 해당하는 부분도 포함하되, 상증법 제34조부터 제39조까지, 제39조의2, 제39조의3, 제40조, 제41조의2부터 제41조의5까지, 제42조, 제42조의2 및 제42조의3에 따른 증여는 제외한다)받은 자산에 대하여 법 제97조제1항제1호 가목을 적용할 때에는 상속개시일 또는 증여일 현재 상증법 제60조부터 제66조까지의 규정에 따라 평가한 가액(같은 법 제76조에 따라 세무서장등이 결정 · 경정한 가액이 있는 경우 그 결정 · 경정한 가액으로 한다)을 취득당시의 실지거래가액으로 본다.

[관련 질의회신 · 판례 등]

○ 1개의 감정가액

(기재부) 하나의 감정기관이 평가한 감정가액은 시가의 범위에 포함되지 아니함(재재산-582, 2007.5.18.).

(법원) 대출을 위한 감정평가액을 시가로 보는 것은 타당하며 감정평가기관이 단 하나일지라도 달리 볼 이유는 없음(광주고등법원2006누2694, 2007.9.27.).

⇒ (2018.4.1. 이후 감정을 의뢰하는 분부터) 소득법 제99조제1항제1호에 따른 부동산이 기준시가 10억원 이하인 경우 하나의 감정기관 감정가액도 시가로 인정.

○ 소급감정

(국세청) 평가기준일 이전 2년이 경과하였거나 또는 평가기준일 후 6개월(증여 3개월)이 경과하여 둘 이상의 공신력 있는 감정기관이 평가한 감정가액 평균액 또는 매매 가액은 시가에 포함되지 아니함(서면4팀-2153, 2007.7.12.).

(법원) 시가에 거래를 통한 교환가격이 없는 경우에는 공신력 있는 감정기관의 감정가격도 시가로 볼 수 있고, 그 가액이 소급감정에 의한 것이라 하여도 달라지지 않음(대법원2014두3204, 2014.5.29.).

⇒ (2020.2.11. 이후 양도부터) 상속 · 증여재산을 양도시 세무서장등이 결정 · 경정한 가액이 있는 경우 그 결정 · 경정한 가액을 취득당시 실지거래가액으로 본다.

○ 평가기간 밖의 감정가액

(평가기간 후) 상속개시일로부터 6개월이 경과한 후에 작성된 감정가액은 해당 재산의 시가로 적용하지 아니함(서면4팀-2876, 2007.10.8.).

○ (2016.2.5. 상증령 제49조제7항 신설 전) 시가불인정 인정기간의 기산일

세무서장 등이 시가불인정 감정기관으로 지정 통지하는 경우에는 해당 통지서를 수령한 날 이후 최초로 다른 의뢰인의 감정가액평가서를 작성하는 분부터 국세청장이 정하는 기한까지 감정된 가액은 시가로 인정하지 아니함(재재산46014-239, 2001.9.26.).

○ 공유토지의 지분 일부 증여시

공유토지의 일부 지분을 증여하는 경우, 당해 토지 전체의 개별공시지가가 10억원 이하인 경우에 한해 하나의 감정기관 감정가액도 시가로 인정함(서면2018법령해석재산-2719, 2020.2.4.).

○ 분양권 일부 증여받은 경우

분양권 일부 지분을 증여받는 경우, 상증령 제49조제1항 각 호의 시가로 볼 수 있는 가액이 없는 경우에는 해당 재산과 면적 · 위치 · 용도 · 종목 및 기준시가가 동일하거나 유사한 다른 재산의 감정가액을 시가로 볼 수 있음(사전2021법령해석재산-0904 [법령해석과-3789], 2021.10.29.).

○ 1개의 감정가액

(다세대) 다세대주택을 상속받는 경우, 당해 다세대주택 호당 공동주택가격이 10억원 이하인 경우에는 하나의 감정기관 감정가액도 시가로 인정함(사전2020법령해석재산-1051 [법령해석과-3337], 2021.9.28.).

○ 감정가액의 존재를 모른 경우

그 감정가액 평균액은 상증법 제60조제2항 및 상증령 제49조제1항제2호 규정에 의하여 "시가"에 포함

되는 것으로, 상속인들이 당해 감정가액 존재여부를 알았는지에 관계없이 시가로 봄(재삼46014-1225, 1999.6.25.).

3. 평가대상 재산의 수용보상가액, 공매 · 경매가액

해당 재산에 수용 · 공매 · 민사집행법에 따른 경매 사실이 있는 경우에는 그 보상가액 · 공매가액 · 경매가액을 시가로 본다. 평가기간 이내에 해당하는지 여부는 보상가액 · 공매가액 · 경매가액이 결정된 날을 기준으로 적용하고 보상가액이 결정된 날이라 함은 수용보상계약 체결일을 말한다.

「공익사업을 위한 토지 등의 취득 및 보상에 관한 법률」 제17조에 따라 협의매수된 경우로서 상속개시일 후 6개월을 경과하여 보상가액이 결정된 경우, 그 가액은 "시가"의 범위에 포함되지 아니한다(서면4팀-2244, 2007.7.24).

가. 시가로 인정하지 아니하는 공매가액 등

1) 상속 · 증여세 물납재산을 상속인 · 증여자 · 수증자 또는 그와 특수관계인이 경매 또는 공매로 취득한 경우의 해당 경매 · 공매가액

물납한 비상장주식등을 상속인 · 증여자 · 수증자 또는 그와 특수관계인이 낮은 가액으로 공매를 받고, 그 이후에 해당 주식등과 동일 종목의 주식을 증여하면서 그 공매가액을 시가로 보아 증여세 등을 부당하게 감소시키는 것을 방지할 목적이다.

2) 경매 또는 공매로 취득한 비상장주식 가액(액면가액의 합계액) 〈 Min(㉠ 액면가액 합계액으로 계산한 해당 법인의 발행주식총액 또는 출자총액의 1%에 해당하는 금액, ㉡ 3억원)

3) 경매 또는 공매절차 개시 후 관련 법령이 정한 바에 따라 수의계약에 따라 취득하는 경우

4) (2020.2.11. 이후 상속개시 · 증여분을 평가하는 분부터)최대주주 등의 상속인 또는 특수관계인이 최대주주등이 보유하던 비상장주식등을 경매 또는 공매로 취득한 경우

[관련 질의회신 · 판례 등]

○ 부동산 중 일부가 수용된 경우 평가방법

상속개시일 이후 상속재산이 수용되는 경우로, 수용되지 아니한 토지 시가를 수용된 일부토지의 보상가액으로 볼 수 있는지 여부는 관련 토지가 동일하거나 유사한 재산에 해당하는지 여부를 확인하여 판단할 사항이며, 건물의 경우는 상속개시일 현재 상황에 따라 수용보상 내역 등을 확인하여 위에 해당하는지 여부를 판단할 사항임(재산세과-4169, 2008.12.10.).

○ 공매가 무효된 경우

증여일 전후 3개월 이내에 증여재산에 대하여 공매사실이 있는 경우 그 공매가액은 당해 증여재산의 시가로 볼 수 있으나, 계약이 성사되지 않음으로써 공매가 무효가 된 경우에는 그러하지 아니함(제도46014-10507, 2001.4.11.).

○ 특수관계인이 낙찰받는 경우

당해 재산이 경매(이하 민사소송법에 의한 경매를 말함) 또는 공매된 사실이 있는 경우에는 같은 법 시행령 제49조제1항제3호 각목에서 규정하는 것을 제외하고 그 경매가액 또는 공매가액을 시가로 보나, 귀 질의의 경우 그 공매가액을 시가로 볼 수 있는지 여부는 공매에 이르게 된 경위 및 공매절차 등을 감안하여 사실 판단할 사항임(재산세과-749, 2010.10.13.).

4. 유가증권시장 · 코스닥시장 상장주식

유가증권시장 · 코스닥시장에 상장된 주식의 경우 증권시장에서 불특정다수인 간에 자유로이 거래가 이루어지므로 해당 거래가액은 시가로 볼 수 있겠으나, 통상 주식의 거래가액은 시시각각 변화하여 특정 시점의 가액을 시가로 할 때 공평과세에 문제점이 있으므로 평가기준일 이전 · 이후 각 2개월간의 최종시세가액 평균액을 시가로 보고 있다(상증법 제63조제1항제1호가목 · 나목).

코넥스시장에 상장된 법인 주식에 대하여는 위 평균액을 적용하지 않는다(서면법규과-1021, 2013.9.16.). 코넥스시장에 상장된 주식은 비상장주식과 같은 방법으로 평가한다.

5. 동일 · 유사 재산의 매매등 가액

상속 · 증여재산과 면적 · 위치 · 용도 · 종목 및 기준시가가 동일하거나 유사한 재산의 매매등 가액(거래가액, 감정가액의 평균액, 수용 · 공매 · 경매가액)이 있는 경우에는 그 가액을 시가로 본다.

해당 재산의 매매등 가액이 아닌 동일[9] · 유사 재산 매매등 가액을 시가로 보는 것이 적정한지에 대해 법원은 유사한 다른 재산에 대한 거래가액 등을 시가로 보도록 규정한 것은 상증법의 시가범

9. 주식 · 회원권 등을 말한다.

위를 구체화 · 명확화한 것으로 조세법률주의 또는 평등 원칙 등에 위배되거나 위임입법의 한계를 벗어난 무효 규정이라고 할 수 없다(대법원 2008두8505, 2010.1.28. 외)고 보았다.

또, 증여일 이후 유사재산의 매매등 가액을 시가로 보는 것이 적정한지에 대해 법원은 상증법이 시가주의를 원칙으로 삼는 이유가 실질과세 원칙에 따라 담세능력에 상응한 세금을 부과하고자 함에 있고, 증여재산과 동일하거나 유사한 다른 재산의 매매 사례가 증여일 전에는 없다가 증여일 후에야 있게 된 경우라 하더라도 그 매매사례가 정상적인 거래에 의하여 형성된 객관적 교환가격이라면 이를 시가로 보아 증여재산을 평가하는 것이 시가주의 원칙에 부합한다는 점 등을 고려하면, '증여일 후 3개월'을 대상거래의 기간에 포함한 것을 들어 이 사건 시행령 조항이 헌법 제23조제1항(재산권의 보장), 제10조(행복추구권), 제11조제1항(평등의 원칙), 제37조제2항(과잉금지의 원칙)에 위반된다거나 모법의 위임범위를 벗어난 위법한 규정이라고 볼 수는 없다(광주고법 2012누1395(2013.1.28.)-대법원2013두4521(2013.6.14. 심불))[10]고 보았다.

이 규정에 대해서는 다툼이 많다. 논리상 타당해 보이지만, 납세자 입장에서는 받아들이기 어렵다. 납세자 입장에서 동일 · 유사 재산 매매등 가액은 제3자 매매등의 가액이므로 그 가액의 존재여부와 적정여부[11]를 알아내는 데 한계가 있다. 이 규정이 가장 많이 적용되는 재산이 공동주택(아파트)인데, 국세청 · 국토부에서 실시간으로 공동주택 거래자료가 수집되고 있지 않은 상황에서 납세자는 유사 재산의 가액으로 신고하고 싶더라도 신고 시점에서 이를 알기 어렵다.[12] 또, 평가기간 이내에 유사재산의 매매가액이 있더라도 해당 재산 감정가액을 평가심의위원회 심의를 통해 평가할 수 있다는 해석(기준2020법령해석재산-0170〔법령해석과-2826〕, 2021.8.18.)은 납세자 입장에서는 이해하기 힘든 규정이다. 입법적인 보완이 필요하다.

가. 개정연혁

기간별	내 용
2003.12.31. 이전	해당 재산의 매매등 가액
2004.1.1. 이후	동일 · 유사 재산의 매매등 가액을 시가 적용 (비교하여 평가하지 않음)
2011.1.1. 이후	해당 재산의 매매등 가액이 없는 경우에만 동일 · 유사재산 매매등 가액을 적용하고, 법정 신고기한 이내에 상속세 및 증여세를 신고한 경우에는 그 신고일까지의 동일 · 유사재산 매매등 가액을 적용
2017.3.10. 이후	공동주택의 경우 유사성 판단기준 마련(동일단지 내, 전용면적 · 공동주택가격 차이가 5% 내)
2019.3.20. 이후	공동주택의 경우 위 조건을 만족한 주택이 둘 이상인 경우, 해당 주택과 공동주택 가격차이가 가장 작은 주택을 유사 주택으로 봄

---

10. 증여일은 2010.8.27.이고 비교대상 아파트의 매매계약일은 2010.10.11.이다.
11. 개별성(인테리어)이 있는지, 양도인와 양수자가 특수관계인지, 대가가 특별한 사정으로 낮게 또는 높게 거래되었는지 등.

2004.1.1. 이후 동일 · 유사 재산의 매매등 가액을 시가로 보았다. 평가기간 이내에 해당 재산의 매매등 가액과 동일 · 유사 재산의 매매등 가액이 있는 경우에는 평가기준일과 가장 가까운 날의 가액을 적용하였다.

2011.1.1. 이후 상속 · 증여분부터는 해당 재산에 대한 매매등 가액이 없는 경우에만 동일 · 유사 재산의 매매등 가액을 시가로 적용한다. 그리고 동일 · 유사재산 매매등의 가액은 신고일까지 가액만 인정한다. 예를 들어 증여일이 2020.2.2.이면 증여세 신고기한은 2020.6.1.이지만, 증여세 신고를 2020.4.30.에 한 경우 2020.5.1.부터 2020.5.2.까지의 동일 · 유사재산 매매등의 가액은 시가로 적용할 수 없는 것으로 보완하였다.

나. 공동주택[13]

동일 · 유사재산 매매등 가액을 시가로 보는 부분은 납세자와 과세관청 사이에 다툼이 많은 영역이다. 납세자는 ① 납세자와 과세관청은 비대칭적으로 정보를 보유[14]하고 있고, ② 재산은 개별성이 강하기 때문에 동일 · 유사재산 매매등 가액은 해당 재산의 시가를 반영하지 못한다고 주장한다. 실무상 가장 다툼이 많은 재산은 공동주택이다.

이에 상증법에서는 2017.3.10.부터 동일 · 유사재산의 범위를 상증규칙에서 규정하였다. 이전에는 유사성의 범위를 각각 판단하였는데, 상증규칙에서 유사재산의 범위를 규정하였다. 해당 재산과 면적 · 위치 · 용도 · 종목 및 기준시가가 동일하거나 유사한 다른 재산이란 다음 구분에 따른 재산을 말한다(상증규칙 제15조제3항).

1) 평가대상 주택과 동일한 공동주택단지(「공동주택관리법」에 따른 공동주택단지) 내에 있을 것
2) 평가대상 주택과 주거전용면적(「주택법」에 따른 주거전용면적)의 차이가 평가대상 주택의 주거전용면적의 100분의 5 이내일 것
3) 평가대상 주택과 공동주택가격의 차이가 평가대상 공동주택가격의 100분의 5 이내일 것

공동주택의 유사주택 범위를 상증규칙으로 한정하였음에도 다툼은 계속 생겼다. 위의 범위에

---

12. 납세자가 신고시점에서 몰랐더라도 증여세를 과세한다(조심2018서3996, 2018.12.13.). 이 경우 재산평가차이로 인한 과소신고가산세는 부과하지 않고, 납부지연가산세는 부과한다.
13. 「부동산 가격공시에 관한 법률」에 따른 공동주택가격(새로운 공동주택가격이 고시되기 전에는 직전의 공동주택가격)이 있는 공동주택을 말한다.
14. 정확히는 정보의 비대칭이 아니다. 납세자 신고시점에서는 납세자나 국토부(지자체), 과세관청 어떤 곳도 모든 거래정보를 가지고 있지 못하다. 부동산 거래신고는 거래계약 체결일부터 30일 이내에 신고하기 때문이다(부동산 거래신고 등에 관한 법률 제3조).

있는 주택들이 둘 이상인 경우에는 평가기준일과 가장 가까운 날의 주택가격을 시가로 보았는데, 공동주택가격 5% 차이가 상대적으로 큰 주택에서는 다툼의 여지가 컸다.

2019.3.20. 해당 주택이 둘 이상인 경우에는 평가대상 주택과 공동주택가격 차이가 가장 작은 주택을 유사 재산으로 보는 것으로 상증규칙을 개정하였다. 공동주택의 거래정보는 국토부의 '부동산 실거래가 조회'와 국세청 홈택스의 상속 · 증여재산 평가하기에서 조회할 수 있다.

한편, 해당 재산의 매매등 가액과 동일 · 유사 재산의 매매등 가액이 평가기간에 해당하지 아니하는 기간으로서 평가기준일 전 2년 이내 기간에 매매등이 있거나 평가기간이 경과한 후부터 법정결정기한까지 매매등이 있는 경우, 가격변동의 특별한 사정이 없다고 인정되면 재산평가심의위원회의 심의를 거쳐 시가에 포함시킬 수 있다(상증령 제49조제1항).

예시

(문) A동 501호를 2021.7.10. 증여받은 경우 시가는? (501호의 공동주택가격은 3억원이고, 면적은 모두 같음)

구분	공동주택가격	계약일	거래가액
A동 502호	3억원	2021.5.10.	4.7억원
A동 503호	3.1억원	2021.8.10.	4.9억원

(답) 4.7억원 (증여일과 가장 가까운 날의 가액을 적용하는 것이 아니라, 평가대상의 공동주택가격과 차이가 가장 작은 주택을 유사 재산으로 판단한다.

다. 공동주택 외

대상 재산과 면적 · 위치 · 용도 · 종목 및 기준시가가 동일하거나 유사한 다른 재산을 말한다.

쟁점

매매등 가액과 매매사례가액

양도, 상증 업무에서 매매사례가액이라는 단어가 자주 사용된다. 매매사례가액은 어느 법령에서 나온 것일까?

이 표현은 소득법에서 나온다. 실지거래가액이 확인되지 않아 양도소득세 추계결정을 할 때 어떤 가액을 적용할지에 대해 소득세법 시행령 제176조의2제3항제1호에서 양도일 또는 취득일 전후 각 3개월 이내에 해당 자산(주권상장법인의 주식등은 제외)과 동일성 또는 유사성이 있는 자산의 매매사례가 있는 경우 그 가액이라고 규정하고 있다.

한편, 상증법에서는 시가의 범위에 해당 재산의 거래가액, 감정가액 평균액 등을 포함한다. 해당 재산의 거래가액 등이 없다면, 상증령 제49조제4항에서 재산과 면적 · 위치 · 용도 · 종목 및 기준시가가 동일하거나 유사한 다른 재산에 대한 제1항 각 호의 어느 하나에 해당하는 가액을 시가로 본다. 각 호의 어느 하나에 해당하는 가액에 거래가액이 들어가 있다. 상증법 평가기간은 양도 기간과 다르지만, 거래가액이라는 측면에서 양도와 상증법에서 같은 뜻으로 사용된 것으로 보인다.

그러면 둘 이상이 있을 때 어떤 가액을 적용할까? 상증법에서는 상증령 제49조제2항에 따라 평가기준일을 전후하여 가장 가까운 날에 해당하는 가액을 적용한다(법령해석과-2420, 2018.9.3.).

반면 소득세법의 매매사례가액은 그러한 규정을 두고 있지 않다. 소득세법 제101조 부당행위계산의 부인의 시가를 적용할 때에는 상증법 재산평가규정을 준용하기 때문에 이때 시가는 평가기준일 전후로 판단할 수 있지만, 매매사례가액 관련해서는 관련 규정이 없다. 매매사례가액이 둘 이상 있을 때는 보다 유사한 재산의 가액을 적용할 수 있는 듯 보이지만, 이에 대한 국세청 해석은 없다.

정리하면, 매매사례가액은 상증법령에 없는 단어[15]이다.

[관련 질의회신 · 판례 등]

○ 증여세 신고 후 확인된 유사재산 거래가액의 시가 인정 여부

(국세청) 상증령 제49조제4항에 따라 시가로 보는 매매가액은 상속세 또는 증여세 과세표준을 신고한 경우 평가기준일 전 6개월부터 같은 조 제1항에 따른 평가기간 이내의 신고일까지 매매계약이 체결된 가액을 말함(사전2021법령해석재산-0213, 2021.3.8.).

(심판원) 쟁점주택 증여일은 2020.5.22.이고 증여세 신고일은 2020.6.1.이며, 비교대상주택 매매계약일은 2020.5.23.이므로 비교대상주택 매매사례가액은 평가기준일 전 6개월부터 평가기준일 후 3개월까지 평가기간 이내 신고일까지의 거래가액에 해당하므로 이를 쟁점주택의 증여일 현재 시가로 적용하는 것은 타당한 것으로 보이는 점, 청구인이 증여세 신고 현재 유사주택의 매매사례가액을 확인할 수 있는 방법이 불충분한 측면이 있더라도 쟁점주택 증여당시 시세는 주변 부동산중개업소나 인터넷 등 각종 매체를 통하여 상당 정도 확인할 수 있었다고 보이는 점 등에 비추어 청구인의 주장을 받아들이기 어려운 것으로 판단됨(조심2021중3156, 2021.11.3.).

○ 2017.3.9. 이전 유사재산 여부

(비교대상의 기준시가보다 높은 경우) 쟁점 아파트와 비교 아파트가 같은 동에 위치하여 방향 · 면적 · 용도가 동일한 점, 쟁점 아파트의 기준시가가 오히려 비교대상 아파트의 기준시가보다 높은 점 등으로 볼 때 처분청이 면적 · 위치 · 용도 등이 동일하거나 유사한 비교대상 아파트의 매매가액을 쟁점아파트 시가로 보고 재산가액을 산정하여 상속세를 부과한 처분은 잘못이 없음(조심2007서4053, 2008.6.30.).

(비교대상의 면적보다 큰 경우) 비교대상 아파트의 경우 쟁점아파트와 비교할 때 면적은 작고 다른 건은 유사하지만 납세자에게 불리하지 않은 과세처분이라고 하여 제한없이 비교대상으로 사용할 수 있는 것은 아니라고 할 것이고, 만일 매매사례가액을 시가로 채택함에 있어서 비교대상 재산의 유사성보다는 기준시가가 낮다는 것만을 주된 판단기준으로 삼을 경우, 상속 · 증여재산 평가에 관하여 처분청의 재량

---

15. 그럼에도 불구하고, 국세청(법규재산2012-466, 2012.11.28.등), 심판원(조심2020서8391, 2021.4.21.등) 등에서 사용하고 있다. 매매사례가액보다 '매매등 가액 중 거래가액'이 정확한 표현이다.

권이 지나치게 확대되어 과세상 예측가능성이 줄어들고, 납세자는 상속세 등 신고시 유사성이 적은 경우의 매매사례가액까지 수집하여 신고에 반영하여야 하는 부담을 지게 됨(조심2009중301, 2009.10.14.).

(비교대상의 기준시가보다 낮은 경우) 쟁점 아파트는 17층 아파트의 꼭대기 층에 위치하고 있고 비교아파트는 5층에 위치하고 있어 비교 아파트가 층별 효용 등 공동주택 가격형성요인에서 우위에 있다고 보이며, 증여 당시 고시되어 있는 국세청 기준시가도 비교 아파트가 쟁점 아파트보다 5,000천원 높게 산정된 사실을 보면 위와 같은 층수 및 호수에 따른 아파트의 재산적 가치 차이를 반영하여 고시한 것으로 보이며 기준시가도 높고 시세가 급등한 시기에 거래된 비교 아파트의 매매가액을 증여 당시 쟁점 아파트의 시가로 평가한 것은 합리적이고 타당한 증여재산가액 평가방법이라고 하기 어려움(국심2007중3559, 2007.12.18.).

(인테리어) 쟁점 아파트는 발코니 확장과 인테리어 등 수리한 사실이 확인되지 않는 반면에, 매매사례 아파트는 매매 이전에 인테리어 공사를 실시하고 인테리어 공사대금을 필요경비로 포함하여 양도소득세를 신고 · 납부한 사실이 확인되어 쟁점 아파트와 차이가 있음(국심2007중5295, 2008.5.29.).

(분양권과의 비교) 비교대상 아파트의 매매계약일은 2005.6.30.이고 쟁점 아파트 분양권의 증여일은 2005.3.18.로 증여일 전 · 후 3개월 이내의 매매가액에 해당하지 아니하므로 이를 해당 증여재산의 증여 당시 시가로 보기 어려움(국심2007서2563, 2007.10.23).

(유일한 거래) 처분청이 시가로 산정한 비교대상 아파트의 매매사례가액은 평가기준일 전후 시세와 비교해 보았을 때 유일하게 13억원을 초과하고, 쟁점 아파트가 소속된 단지 내 같은 평형의 경우 44세대 밖에 없어 매매사례가 연간 1건 내외에 불과하며, 비교대상 아파트의 경우 당시 시세(평균 11.3억원)나 1년 후 거래사례(12.5억원)에 비해 예외적으로 높게 거래된 것으로 보이는 점 등을 고려할 때 이를 시가로 보아 증여가액으로 산정하는 것을 타당하다고 보기 어려움(국심2007중1029, 2007.9.27.).

○ 동일 · 유사재산 매매등 가액이 둘 이상일 때

(2017.3.10. 전) 동일하거나 유사한 다른 재산에 대한 매매등의 가액이 둘 이상인 경우에는 평가기준일을 전후하여 가장 가까운 날에 해당하는 가액을 시가로 보는 것임(재산세과-1665, 2009.8.12.).

(2017.3.10. 이후) 상증규칙 제15조제3항제1호 각 목의 요건을 모두 충족하는 공동주택의 매매가액이 여러 개인 경우에는 평가기준일을 전후하여 가장 가까운 날에 해당하는 가액을 적용함(기준2018법령해석재산-0197, 2018.9.3.).

⇒ 2019.3.20. 유사범위를 만족하는 공동주택이 둘 이상인 경우에는 평가대상 주택과 공동주택가격 차이가 가장 작은 주택을 유사 재산으로 보는 것으로 상증규칙을 개정하였다.

○ 분할된 토지의 매매등 가액이 있는 경우

(사실판단) 다른 재산의 보상가액을 증여재산의 시가로 볼 수 있는지 여부는 관련 토지의 특성, 이용상황, 위치, 용도, 기준시가, 가격변동상황 등 구체적인 사실을 확인하여 판단할 사항임(재산세과-210, 2012.5.29.).

(시가 인정) 쟁점토지와 모번지토지는 지목이 답으로 기존 도로에 일부가 연접하면서 화훼재배용으로 사용되고 있어 평가기준일 현재 이용상황과 형태가 유사하게 보이며 공공목적 수용대상토지로 사용이 제한되어 있어 토지가격 변동폭이 클 수 없고 개별공시지가가 유사하게 고시되어 모번지토지 수용가액을 시가로 볼 수 있음(조심2009중2860, 2009.9.16., 요지).

(시가 부인) 협의매수가액은 구체적인 산정 근거 없이 작성된 감정평가결과에 터잡은 것이어서 일반적이고 정상적인 교환가치를 적정하게 반영하고 있다고 보기 어려워 그 가액이 객관적으로 부당하다고 인

정됨(대구지법원2007구합2137, 2008.5.21.).

○ 분양권 일부 증여받은 경우
분양권 일부 지분을 증여받는 경우, 상증령 제49조제1항 각 호의 시가로 볼 수 있는 가액이 없는 경우에는 해당 재산과 면적 · 위치 · 용도 · 종목 및 기준시가가 동일하거나 유사한 다른 재산의 감정가액을 시가로 볼 수 있음(사전2021법령해석재산-0904 [법령해석과-3789], 2021.10.29.).

6. 재산평가심의위원회

평가심의위원회는 재산평가의 객관성과 공정성을 기하고자 운영하지만, 2019.2월 세법개정으로 다툼의 원인이 되고 있다.

최근의 재산평가와 관련된 다툼은 위원회를 통해 평가기준일 후 과세관청의 감정가액을 시가 적용하는 것이 타당한지 여부다. 2019.2월 상증령 개정시 해당 재산의 매매등 가액과 동일 · 유사 재산의 매매등 가액이 평가기간에 해당하지 아니하는 기간으로서 평가기준일 전 2년 이내 기간에 매매등이 있거나 평가기간이 경과한 후부터 법정결정기한까지 매매등이 있는 경우, 가격변동의 특별한 사정이 없다고 인정되는 때에는 재산평가심의위원회의 심의를 거쳐 시가에 포함시킬 수 있다고 개정하였다(상증령 제49조제1항).

한편, 국세청은 2020.1월 보도자료를 통해 비주거용 건물의 감정평가사업을 시행함을 안내하였다. 부동산의 경우 아파트 · 오피스텔 등은 면적 · 위치 · 용도 등이 유사한 물건이 많아 매매사례가액 등을 상속 · 증여재산의 시가로 활용할 수 있지만, 비주거용 부동산은 아파트 등과 달리 물건별로 개별적 특성이 강해 비교대상 물건이 거의 없고, 거래도 빈번하지 않아 매매사례가액 등을 확인하기 어려워서, 일부 자산가들이 저평가된 꼬마빌딩 등 비주거용 부동산을 편법 증여 수단으로 악용하는 등과세형평성 논란이 지속적으로 제기되어 왔기 때문에 비주거용 부동산에 대한 불공정한 평가관행을 개선하고, 시가에 근접하게 평가함으로써 과세형평성을 높이기 위해 감정평가사업을 시행한다고 하였다.[16]

〈평가심의위원회 개정연혁〉

2019.2.12. 이전	2019.2.12. 이후
아래 기간 내 발생한 매매등 가액 (원칙) 전·후 6개월(증여 전·후 3개월) 시가 (예외) ①평가기간 외 평가기준일 전 2년 내	아래 기간 내 발생한 매매등 가액 (원칙) 전·후 6개월(증여 전6·후3개월) 시가 (예외) ① 평가기간 외 평가기준일 전 2년 내 ② 평가기간 경과 후 법정결정기한까지(추가)

16. 꼬마빌딩등의 감정평가사업 관련해서는 국세청 보도자료(2020.1.31.) 참조

2019.2월 개정 이후 과세관청이 법정결정기한까지 해당 재산을 감정하여 평가할 수 있다는 사실을 인지하지 못해 혼란이 있었다. 이에 국세청은 1년 뒤에 보도자료를 통해 비주거용 부동산에 대해 감정평가사업을 시행한다고 안내하였지만, 보도자료에는 주거용 건물에 대해 감정평가를 하지 않는다는 내용이 없고 상증령 제49조에서도 대상 재산을 비주거용 부동산으로 제한하고 있지 않다. 실제로 주거용 건물에 대해서도 과세[17]가 되고 있다. 이에 대해서는 "〈쟁점〉 꼬마빌딩의 재산평가"에서 설명한다.

한편, 상증령 개정이 적법하지 않다는 주장[18]도 있지만, 대법원이 내린 관련 판결은 현재까지는 없다.

가. 심의대상

아래 심의를 위하여 국세청[19]과 지방국세청에 각각 평가심의위원회를 둔다(상증령 제49조의2).

1) 상증령 제49조제1항 각 호 외의 부분 단서에 따른 매매등 가액의 시가 인정[20]
2) (2017.7.1. 이후 상속증여부터) 상증령 제54조제1항에 따른 비상장주식등의 같은 조 제6항에 따른 가액평가 및 평가방법
3) (2017.7.1. 이후 세무서장 등이 원감정기관이 아닌 감정기관에 시가 감정을 의뢰하는 분부터) 상증령 제49조제7항에 따른 시가불인정 감정기관 지정
4) (2020.2.11. 신설) 가업상속, 가업승계 사후관리시 업종 변경

---

17. "국세청 감정평가사업은 참! 나쁜 세정"(박영범 세무사, 세정일보, 2021.5.14.).
18. "과세관청이 임의로 감정평가를 하여 상속 · 증여세를 과세하는 것이 적법한가?"(법률신문, 2021.9.10.).
19. 국세법령정보시스템(업무도우미)에 평가심의위원회의 심의사례가 공개되어 있다.
20. 평가심의위원회 운영규정 제34조(재산의 가액에 대한 시가인정 심의 대상) ② 제1항제1호를 적용함에 있어 납세자와 세무서장 등은 다음 각 호의 사항을 증명하여야 하고, 지방청평가심의위원회는 증명내용의 신빙성 및 객관적 교환가치 등을 감안하여 시가인정 여부에 대한 심의에 응하여야 한다.
 1. 재산의 형태 및 이용상태 등에 대한 동일성이 유지되고 있다는 점
 2. 부동산의 경우 주위환경의 변화가 없다는 점
 3. 주식의 경우 주식발행회사의 재무상태, 경영상태 및 주요업종의 변동 등이 없다는 점
 4. 그 밖에 거래당시와 평가기준일 사이에 가격변동의 특별한 사정이 없다는 점

5) (2020.2.11. 신설) 건물 · 오피스텔 · 상업용 건물 기준시가 산정 · 고시를 위한 자문

나. 신청기한

재산평가심의위원회는 세무서등 뿐만 아니라 납세자도 신청할 수 있다. 납세자는 위 대상에 대해 심의가 필요한 경우에는 상증법 제67조에 따른 상속세 과세표준 신고기한 만료 4개월 전(증여의 경우에는 상증법 제68조에 따른 증여세 과세표준 신고기한 만료 70일 전)까지 다음 구분에 따른 자료를 첨부하여 평가심의위원회에 신청하여야 한다.

1)에 해당하는 경우: 매매등의 가액 입증자료

2)에 해당하는 경우

가) 상증령 제54조제1항 · 제4항, 제55조 및 제56조에 따라 평가한 비상장주식등 평가액 및 그 평가 부속서류

나) 보충적 평가방법에 따른 주식평가액이 불합리하다고 인정할 수 있는 근거자료

다) 상증령 제54조제6항 각 호의 어느 하나의 방법에 따라 평가한 비상장주식등의 평가액 및 그 평가 부속서류

라)에 해당하는 경우: 업종 변경의 승인 필요성을 인정할 수 있는 근거자료

신청을 받은 평가심의위원회는 해당 상속세 과세표준 신고기한 만료 1개월 전(증여의 경우에는 증여세 과세표준 신고기한 만료 20일 전)까지 그 결과를 납세자에게 서면으로 통지하여야 한다.

평가심의위원회는 공정하고 객관적인 심의를 위하여 필요하다고 인정되는 경우에는 상증령 제56조제2항에 따른 신용평가전문기관에 평가를 의뢰하거나 심의에 앞서 관계인의 증언을 청취할 수 있다. 이 경우 납세자가 신용평가전문기관 평가에 따른 수수료를 부담하여야 한다.

〈매매등 가액의 평가심의위원회 신청자 범위 개정연혁〉

2016.2.4. 이전	2016.2.5. 이후
국세청장, 지방국세청장, 세무서장 자문	납세자, 세무서장, 지방국세청장 심의

쟁점

꼬마빌딩의 재산평가

2020년부터 꼬마빌딩 상속세 · 증여세 인상을 내용으로 한 언론기사를 종종 볼 수 있었다. 기사 내용을 살펴보면 2020년부터 꼬마빌딩을 상속 · 증여시 일반건물 기준시가 등의 방법으로 평가하지 않고 감정평가하기 때문에 상속 · 증여세가 많이 오른다는 내용이다. 여기에는 두 가지 오해가 있다.

첫 번째는 시행시기이다. 2020년부터가 아니라 상증령(제49조 제1항)이 2019.2.12. 개정되었다는 사실이다. 2019.2.12. 상속증여부터 평가기간 밖(평가기준일 전 2년 이내와 '평가기간 후 법정결정기한까지)에서 발생한 '매매등의 가액'을 평가심의위원회 심회를 거쳐 시가로 인정할 수 있다. 법정결정기한은 상속세는 신고기한으로부터 9개월, 증여세는 신고기한으로부터 6개월이다. 매매등의 가액은 매매, 감정, 수용, 경매 또는 공매가액을 말하는데, 제일 조심해야 봐야 할 것은 감정가액이다. 평가심의위원회는 납세자와 과세관청이 신청할 수 있기 때문에 납세자가 개별공시지기나 일반건물기준시가로 평가하여 신고하였더라도 과세관청은 감정평가하여 그 가액을 평가심의위원회를 통해 시가로 볼 수 있다. 법정결정기한까지 기한이 정해져 있으므로 재산평가시 유의하여야 한다.

두 번째는 대상이다. 언론기사에는 꼬마빌딩이 대상이라고 보았는데, 꼬마빌딩뿐만 아니라 모든 상속 · 증여재산(주식은 감정평가할 수 없음)이 여기에 해당한다. 상증법령에서는 건물의 경우에 주택(개별주택, 공동주택), 고시하는 상업용건물 · 오피스텔, 그 외 건물으로 구분하고 있으나, 개정 규정(상증령 제49조 제1항)은 특정 대상으로 한정하지 않고 있다.

납세자의 상속세 또는 증여세 신고 후 평가심의위원회를 통해 시가로 인정한 경우 가산세 면제여부에 대해 살펴보자. 가산세는 정당한 사유가 있는 경우 면제된다(국기법 제48조). 과소신고 가산세는 부과 대상이 아니다(국기법 제47조의3 제4항 제1호).즉, 평가차이로 인한 과소신고가산세를 부과하지 않는다. 평가 차이로 인한 납부지연가산세는 가산세 대상이다.

> 「국세기본법」 제48조 제1항에 따른 가산세 감면 등의 정당한 사유에는「상속세 및 증여세법」 제60조제2항, 제3항 및 제66조에 따라 평가한 가액으로 증여세 과세표준을 과소신고한 경우는 해당하지 아니하므로 납부불성실가산세는 감면되지 아니합니다(기획재정부 조세정책과-1084, 2012.12.17.).

하지만 과세관청이 감정가액을 신청한 경우에는 국세청 보도자료(상속증여세 과세형평성 제고를 위한 꼬마빌딩 등 감정평가사업 시행 안내, 2020.1.31.) 붙임3의 (9)에서 아래와 같이 면제한다.

> 납세자가 상속증여재산에 대해 보충적 평가방법에 따라 신고하였으나, 과세관청이 평가심의위원회를 거쳐 감정가액을 시가로 평가함에 따라 추가납부할 세액이 발생하는 경우 가산세를 면제합니다.

보도자료의 근거 질의회신은 조세법령운용과-154(2020.1.30.)[21]이다. 납세자가 법정신고기한까지 상속 · 증여재산의 「상속세 및 증여세법」 제60조제1항에 따른 시가를 확인하기 어려워 같은 법 제60조제3항에 따라 기준시가로 상속세 · 증여세를 정상 신고함에 있어 세법상 정해진 주의의무를 다한 것으로 볼 수 있고, 이후 과세관청이 같은 법 시행령 제49조 제1항에 따라 평가심의위원회 심의를 거쳐 감정가액을 시가로 산정하여 국세기본법 제47조의4에 따른 납부지연가산세를 부과하는 경우 국세기본법 제48조제1항제2호에 따른 가산세 감면을

21. 이 해석은 납세자가 평가심의위원회에 신청한 경우는 아니다.

적용할 수 있는 것이다.

이 해석 이후 국기법령(국기법 제47조의4제3항)을 개정하였다. 2021.1.1. 이후 결정 · 경정하는 분부터 상속세 · 증여세를 법정신고기한 내에 신고납부한 이후 평가심의위원회를 통해 평가한 가액으로 과세표준을 결정 · 경정하는 경우 납부지연가산세를 면제한다.

[관련 질의회신 · 판례 등]

○ 재산평가심의위원회

(기재부) 납세자 또는 과세관청이 평가 기간 다음날을 가격산정기준일[22]로 하고 감정가액평가서 작성일을 상증령 제78조제1항에 따른 법정결정기한 전까지로 하여 감정평가한 가액[23]이 있는 경우 그 감정가액은 평가심의위원회 심의대상에 해당된다(기획재정부 재산세제과-480, 2020.6.29.).

(심판원) 처분청이 제출한 감정평가액은 증여세 결정기한 이내 2곳의 감정평가가액으로 국세청 평가심의위원회의 심의 결과 증여일부터 가격산정 기준일까지 기간 중에 가격변동의 특별한 사정이 없어 시가로 인정된 점, 증여세 결정기한까지의 기간 중에 매매 등이 있는 경우에 처분청이 직권으로 평가한 감정평가액을 제외한다고 해석하기 어려운 점, 상증법 제60조제2항의 감정가액이 있는 경우에는 제3항의 보충적 평가방법인 기준시가보다 우선 시가로 적용되어야 하는 점 등에 비추어 처분청이 쟁점부동산의 쟁점감정평가액을 시가로 하여 청구인들에게 증여세를 부과한 이 건 처분은 달리 잘못이 없다고 판단됨(조심2021서1860, 2021.11.3.).

22. 가격산정기준일을 평가기간 다음 날로 선정하는 것이 타당한 지에 대한 다툼이 있다.
23. 납세자가 기준시가로 신고한 경우에도 적용한다(기획재정부 재산세제과-92, 2021.1.27.).

제3절 시가의 적용 기준

○ 2개 이상의 시가 ⇒ 평가기준일로부터 가장 가까운 날에 해당하는 가액
○ 가장 가까운 날의 판단기준
  – 거래가액: 매매계약일
  – 감정가액: 감정가액평가서 작성일
  – 수용 · 보상 · 경매가액: 가액 결정일
○ 유사 공동주택의 경우에는 공동주택가격 차이가 가장 적은 주택

1. 2개 이상의 시가가 있는 경우

평가기간 중 시가로 보는 가액이 둘 이상인 경우에는 평가기준일을 전후하여 가장 가까운 날에 해당하는 가액을 시가로 본다(상증령 제49조제2항). 해당재산의 매매등 가액이 확인되는 경우에는 유사재산 매매등 가액이 있는 경우에도 해당재산의 매매등 가액을 우선하여 적용한다.

2019.3.20. 평가분부터는 평가대상 주택과 동일단지, 면적 · 공동주택가격 차이가 5% 이내인 주택을 유사재산으로 보며, 유사재산 매매등 가액이 2개 이상이 있는 경우에는 해당 재산과 공동주택가격 차이가 가장 작은 주택의 매매등 가액을 시가로 본다(상증규칙 제15조제3항).

2019.2.12.부터 가장 가까운 날에 해당하는 가액이 둘 이상인 경우 그 평균액을 시가로 본다. 예를 들어 평가기준일은 2021.5.1.이고, 거래가액이 2021.6.1. 100원, 110원이 있다면 평균액인 105원으로 평가한다.

쟁점

매매등 가액이 둘 이상일 때 적용기준

상증령 제49조에서는 시가로 보는 가액이 둘 이상이면 평가기준일을 전후하여 가장 가까운 날에 해당하는 가액을 적용한다고 규정하고 있다. 그렇다면 평가기간 안, 평가기간 밖의 가액은 어떤 기준을 적용할까?

1. 평가기간 이내 해당 재산의 매매등 가액이 둘 이상인 경우

해당 재산 매매등 가액이 여러 개 있을 때 평가기준일을 전후하여 가장 가까운 날에 해당하는 가액을 적용한다. 예를 들어 평가기준일 2021.7.1.이고, 해당 재산의 매매계약일이 2021.4.1.에 5억 2천만원, 매매계약일 2021.9.1.에 5억원인 경우 평가기준일과 가장 가까운 날 2021.9.1. 5억원으로 평가한다. 비교하여 큰 가액으로 평가하거나 평균액으로 평가하지 않는다.

상증령 제49조【평가의 원칙등】
② (생략) 다음 각 호의 구분에 따른 날을 기준으로 하여 판단하며, 제1항에 따라 시가로 보는 가액이 둘 이상인 경우에는 평가기준일을 전후하여 가장 가까운 날에 해당하는 가액(그 가액이 둘 이상인 경우에는 그 평균액

을 말한다)을 적용한다. 다만, 해당 재산의 매매등의 가액이 있는 경우에는 제4항에 따른 가액을 적용하지 아니한다.

1. 제1항제1호의 경우에는 매매계약일
2. 제1항제2호의 경우에는 가격산정기준일과 감정가액평가서 작성일
3. 제1항제3호의 경우에는 보상가액 · 경매가액 또는 공매가액이 결정된 날

2. 평가기간 이내 유사 재산의 매매등 가액이 둘 이상인 경우

해당 재산과 유사한 재산의 매매등 가액이 여러 개 있을 때 평가기준일을 전후하여 가장 가까운 날에 해당하는 가액을 적용한다. 예를 들어 평가기준일이 2021.7.1.이고, 유사 재산의 매매계약일이 2021.4.1.에 5억 2천만원, 유사 재산의 매매계약일 2021.9.1.에 5억원인 경우 평가기준일과 가장 가까운 날 2021.9.1. 5억원으로 평가한다. 비교하여 큰 가액으로 평가하거나 평균액으로 평가하지 않는다.

3. 평가기간 이내 해당 재산 매매등 가액과 유사 재산의 매매등 가액이 둘 이상인 경우

해당 재산의 매매등 가액이 있으면 유사 재산의 매매등 가액을 적용하지 않는다. 예를 들어 평가기준일이 2021.7.1.이고, 해당 재산의 매매계약일이 2021.4.1.에 5억 2천만원, 유사 재산의 매매계약일이 2021.9.1. 5억원인 경우 해당 재산의 매매가액이 5억 2천만원으로 평가한다.

4. 평가기간 이내 유산 재산의 매매등 가액과 평가기간 밖의 매매등 가액이 있는 경우

시가 평가시 평가기간과 평가대상 중 어떤 것을 우선 적용할 것인가에 대해 국세청은 항상 해당 재산의 매매등가액을 우선 적용한다고 보았다.

해당 재산의 매매등 가액이 평가심의위원회 심의를 거쳐 시가로 보는 경우에는 해당 재산의 매매등 가액을 우선 적용한다. 상증령 제49조제1항 각 호 외의 부분 단서에 따른 해당 재산의 가액이 있는 경우에는 같은 조 제2항 각 호 외의 부분 단서에 따라 같은 조 제4항에 따른 가액을 적용하지 아니한다(기준2020법령해석재산-0170[법령해석과-2826], 2021.8.18.).

평가심의위원회 심의대상기간은 평가기간을 제외하고 '평가기준일 전 2년'과 '평가기준일 후 법정결정기한까지'로 구분된다. 평가기준일 전 2년 이내의 기간 중에 발생한 해당 재산의 매매등 가액을 평가기준일과 가격변동이 없다고 한다면 시가로 적용하는 것이 타당해 보인다.

하지만 법정결정기한까지의 경우라고 신고기한에서 확대한 경우에는 해당 재산이 매매등 가액이 '유사 재산의 매매등 가액'보다 우선 적용된다고 보는 것은 합리적으로 보이지 않는다. 현재 국세청은 납세자가 개별공시지가 등으로 보충적 평가방법에 따라 신고하였더라도 세무서등이 법정결정기한까지 해당 재산에 대해 감정하여 평가할 수 있다고 보고 있다.

보충적 평가방법에 따라 평가한 가액과 매매등 가액 차이에 대해서는 인정할 수 있겠지만, 유사재산이 있는 경우에도 해당 재산의 매매등 가액을 우선 적용하는 것은 평가기준일과 가장 가까운 날의 가액을 적용한다는 상증령과 맞지 않다.[24] 또 매매등 가액 중 매매 · 공매 · 경매 · 보상 가액과 감정가액 평균액은 거래당사자 유

24. 예를 들면 2022.3.1. 증여받은 비상장주식을 2022.6.1. 100원에 양도하였고, 다른 사람이 2022.4.1. 110원 매매한 가액이 있을 때 어떤 가액이 시가를 반영하고 있을까의 문제다.

무로 구분할 수 있으며, 매매 · 공매 · 경매 · 보상 가액을 평가기준일 후의 시가로 보더라도 과세관청의 감정가액까지 시가로 인정하면 납세자의 법정안정성과 예측가능성이 보호되지 않는 측면이 있다. 사실상 상증법 제61조부터 제65조까지의 규정이 사문화된다.

5. 동일 · 유사재산의 매매등 가액

가. 공동주택 ⇒ 공동주택가격 차이가 가장 작은 주택

해당 주택이 공동주택인 경우 유사 재산인지 여부는 상증규칙 제15조 제3항에 따라 판단하며, 유사재산은 해당 재산과 같은 단지, 면적 · 공동주택가격 차이가 5% 이내이어야 한다. 이때 해당하는 주택이 둘 이상이라면 평가대상 주택과 공동주택가격 차이가 가장 적은 주택을 말한다. 예를 들어 아래의 경우 평가대상과 공동주택가격 차이가 가장 적은 503호 가액을 시가로 본다.

구분	공동주택가격	매매계약일
101동 501호(해당 주택)	5억원	2021.7.1.(증여일)
101동 502호	5억1천만원	2021.7.10.
101동 503호	5억5백만원	2021.9.1.

상증규칙 제15조【평가의 원칙등】

③ (생략)

1. 「부동산 가격공시에 관한 법률」에 따른 공동주택가격(새로운 공동주택가격이 고시되기 전에는 직전의 공동주택가격을 말한다. 이하 이 항에서 같다)이 있는 공동주택의 경우: 다음 각 목의 요건을 모두 충족하는 주택. 다만, 해당 주택이 둘 이상인 경우에는 평가대상 주택과 공동주택가격 차이가 가장 작은 주택을 말한다.

상증규칙 제15조제3항제1호의 단서규정은 사실상 상증령 제49조제2항(평가기준일 기준)을 제한하고 있다. 규칙이 시행령을 제한하고 있어 조문을 상향하여 입법할 필요가 있다.

나. 공동주택 외 ⇒ 평가기준일 전후하여 가장 가까운 날에 해당하는 가액

해당 재산과 유사한 재산의 매매등 가액이 여러 개 있을 때 평가기준일을 전후하여 가장 가까운 날에 해당하는 가액을 적용한다. 예를 들어 평가기준일이 2021.7.1.이고, 유사 재산의 매매계약일이 2021.4.1.에 5억 2천만원, 유사 재산의 매매계약일이 2021.9.1.에 5억원인 경우 평가기준일과 가장 가까운 날인 2021.9.1. 5억원으로 평가한다. 비교하여 큰 가액으로 평가하거나 평균액으로 평가하지 않는다.

상증령 제49조【평가의 원칙등】

② (생략) 다음 각 호의 구분에 따른 날을 기준으로 하여 판단하며, 제1항에 따라 시가로 보는 가액이 둘 이상인 경우에는 평가기준일을 전후하여 가장 가까운 날에 해당하는 가액(그 가액이 둘 이상인 경우에는 그 평균액을 말한다)을 적용한다. 다만, 해당 재산의 매매등의 가액이 있는 경우에는 제4항에 따른 가액을 적용하지 아니한다.

2. 평가기간 내의 적용기준

매매등 가액이 평가기간 이내에 있는지, 평가기준일과 가까운지를 판정하는 기준일은 아래 날짜를 기준으로 한다.

가. 거래가액: 매매계약일

나. 감정가액: 가격산정기준일과 감정가액 평가서 작성일

가격산정기준일과 감정가액 평가서 작성일이 모두 평가기간 이내여야 한다. 현재 평가기준일과 이 중 어떤 날짜와 비교할지는 명확하지 않다. 예를 들어 평가기준일이 2021.7.1.이고, 감정가액 1개만 인정되는 경우라고 가정하자. 과세관청의 해석이 필요하다.

구분	가격산정기준일	감정가액 평가서 작성일
a 감정가액	2021.6.1.	2021.10.1.
b 감정가액	2021.5.1.	2021.8.1.

평가기준일과 감정가액 평가서 작성일을 비교하였는데, 가격산정기준일이 들어간 이유는 소급감정을 방지하기 위함이다.

〈감정가액 기준일 개정연혁〉

2014.2.20. 이전	2014.2.21. 이후
감정가액 평가서 작성일	가격산정기준일과 감정가액 평가서 작성일

다. 수용 · 경매 · 공매: 보상가액 · 경매가액 · 공매가액이 결정된 날

수용의 경우에는 보상계약이 결정된 날(수용보상계약 체결일)을 기준으로 평가기간 내 여부를 판단하며(재삼46014-1989, 1998.10.15.). '경매가액이 결정된 날'은 「민사집행법」 제128조에 따라 매각허가를 결정하는 날을 의미한다(서면2015법령해석재산-0757, 2015.6.12.).

제3장 재산종류별 평가

상속 · 증여재산의 가액은 평가기준일 현재 시가로 평가하는 것이 원칙이지만 시가를 산정하기 어려운 경우에는 상증법 제61조부터 제65조까지 규정하고 있는 평가방법에 따라 평가한다(상증법 제60조제3항). 상증법령에서는 재산종류별로 규정하고 있다. 이 책 제3장에서는 실무에서 가장 많이 발생하는 부동산과 부동산외 재산(기타재산)을 설명하고, 제4장에서 주식 및 출자지분에 대해 설명한다.

재산종류		상증법령
부 동 산	토지	상증법 §61①1, 상증령 §50①
	건물	상증법 §61①2~4, 상증령 §50③
	구축물	상증법 §61④, 상증령 §51④
	지상권, 부동산을 취득할 수 있는 권리, 특정시설물을 이용할 수 있는 권리	상증법 §61③, 상증령 §51①~③
	임대차계약이 체결되거나 임차권이 등기된 재산	상증법 §61⑤, 상증령 §50⑦
선박 등 기타 유형 자산	선박, 항공기, 차량, 기계장치, 입목[1]	상증법 §62①, 상증령 §52①
	상품 · 제품 등	상증법 §62②, 상증령 §52②1
	판매용이 아닌 서화 · 골동품	상증법 §62②, 상증령 §52②2
	소유권 대상이 되는 동물 그 밖의 유형자산	상증법 §62②, 상증령 §52②3
	임대차계약이 체결되거나 임차권이 등기된 재산	상증법 §62③, 상증령 §50⑦
유가증권	상장주식	상증법 §63①1가
	코스닥 상장 주식	상증법 §63①1나, 상증령 §53
	비상장 주식	상증법 §63①1다, 상증령 §54~56
	국 · 공채, 전환사채 등	상증법 §63①2, 상증령 §58, §58의2
	기업공개 준비 중인 주식	상증법 §②, 상증령 §57
	예금, 저금, 적금 등	상증법 §63④

1. 「입목에 관한 법률」의 적용을 받는 입목을 말한다.

무체재산권	무체재산권	상증법 §64①, 상증령 §59①
	영업권	상증법 §64②, 상증령 §59②~③
	어업권	상증법 §64, 상증령 §59④
	특허권, 실용신안권, 상표권, 디자인권, 저작권 등	상증법 §64, 상증령 §59⑤
	광업권, 채석권 등	상증법 §64, 상증령 §59⑥

조건부 권리	조건부 권리	상증법 §65①, 상증령 §60①
	신탁의 이익을 받을 권리	상증법 §65①, 상증령 §61
	정기금을 받을 권리	상증법 §65①, 상증령 §62
	가상자산	상증법 §65②, 상증령 §60②

국외재산	국외재산	상증령 §58의3

저당권 등이 설정된 재산	저당권 등	상증법 §66, 상증령 §63① 1~4
	전세권	상증법 §66, 상증령 §63① 5

제1절 부동산의 평가

Max(①~⑥, ⑦ 임대료등의 환산가액)
① 토지: 개별공시지가/개별공시지가가 없는 경우 납세지 관할세무서장이 평가
② 건물(③, ④는 제외): 국세청장이 산정 · 고시하는 가액
– ③ 오피스텔 · 상업용건물: 고시가액(토지와 건물 일괄 고시, m²당 가액 고시)
– ④ 주택: 개별주택가격, 공동주택가격/개별주택가격 · 공동주택가격이 없는 경우 납세지관할세무서장이 평가
⑤ 분양권: 불입금액 + 프리미엄
⑥ 시설물, 구축물: 다시 건축하거나 취득할 때 소요되는 가액
⑦ 임대료등 환산가액 = 임대보증금 + (1년간 임대료 합계액 × 12%)[2]
* 1년간 임대료 합계액: 평가기준일이 속하는 월의 임대료 × 12월

1. 토지의 평가

가. 개별공시지가에 따른 평가

토지는 「부동산가격공시에 관한 법률」에 따라 국토교통부장관이 매년 1월 1일을 가격산정 기준일로 하여 고시하는 개별공시지가에 따라 평가한다.

평가기준일에 적용하는 시기는 가격산정 기준일이 아니라 고시일을 기준으로 한다. 개별공시지가는 평가기준일 현재 고시되어 있는 개별공시지가를 적용하고, 해당 개별공시지가가 경정된 경우에는 경정 고시된 개별공시지가를 적용한다(재삼46014-1774, 1998.9.17.). 증여일과 개별공시지가 고시일이 같은 날이면 새로운 개별공시지가에 의한다(재삼46014-25, 1999.1.7.). 개별공시지가 경정결정된 경우에는 경정결정된 개별공시지가를 적용한다(재삼46014-1774, 1998.9.17.).

〈개별공시지가 공시일자〉[3]

기준연도	산정기준일	공시일자	기준연도	산정기준일	공시일자
1990	01월 01일	1990-08-30	2006	01월 01일	2006-05-31
1991	01월 01일	1991-06-29	2007	01월 01일	2007-05-31
1992	01월 01일	1992-06-01	2008	01월 01일	2008-05-31
1993	01월 01일	1993-05-22	2009	01월 01일	2009-05-29

[다음 쪽에 계속]

2. 실무상 '임대보증금+월 임대료×100'으로 계산한다.

기준연도	산정기준일	공시일자	기준연도	산정기준일	공시일자
1994	01월 01일	1994-06-30	2010	01월 01일	2010-05-31
1995	01월 01일	1995-06-30	2011	01월 01일	2011-05-31
1996	01월 01일	1996-06-29	2012	01월 01일	2012-05-31
1997	01월 01일	1997-06-30	2013	01월 01일	2013-05-31
1998	01월 01일	1998-06-30	2014	01월 01일	2014-05-30
1999	01월 01일	1999-06-30	2015	01월 01일	2015-05-29
2000	01월 01일	2000-06-30	2016	01월 01일	2016-05-31
2001	01월 01일	2001-06-30	2017	01월 01일	2017-05-31
2002	01월 01일	2002-06-29	2018	01월 01일	2018-05-31
2003	01월 01일	2003-06-30	2019	01월 01일	2019-05-31
2004	01월 01일	2004-06-30	2020	01월 01일	2020-05-29
2005	01월 01일	2005-05-31	2021	01월 01일	2021-05-31

〈개별공시지가 예시〉

신청대상 토지			확인내용			
가격기준년도	토지소재지	지번	개별공시지가	기준일자	공시일자	비고
2021	제주특별자치도 서귀포시 강정동	00번지	13,300 원	01월 01일	2021/05/31	
2020	제주특별자치도 서귀포시 강정동	00번지	17,000 원	01월 01일	2020/05/29	

공시되는 개별공시지가는 단위면적(m^2)당 산정가격이다.

개별공시지가 조회는 부동산공시가격알리미를 통해 전국 지자체 사이트에서 할 수 있고, 개별공시지가 확인은 "정부24 – 개별공시지가 확인"에서 가능하다.

---

3. 정기공시와 수시(추가)공시로 구분된다.

○ 부동산 가격공시에 관한 법률 시행령 제21조(개별공시지가의 결정 및 공시) ① 시장 · 군수 또는 구청장은 매년 5월 31일까지 개별공시지가를 결정 · 공시하여야 한다. 다만, 제16조제2항제1호의 경우에는 그해 10월 31일까지, 같은 항 제2호의 경우에는 다음 해 5월 31일까지 결정 · 공시하여야 한다.

○ 부동산 가격공시에 관한 법률 시행령 제16조(개별공시지가 공시기준일을 다르게 할 수 있는 토지) ② 법 제10조제3항에서 "대통령령으로 정하는 날"이란 다음 각 호의 구분에 따른 날을 말한다.
1. 1월 1일부터 6월 30일까지의 사이에 제1항 각 호의 사유가 발생한 토지: 그해 7월 1일
2. 7월 1일부터 12월 31일까지의 사이에 제1항 각 호의 사유가 발생한 토지: 다음 해 1월 1일

나. 지정지역의 토지

지가가 급등하고 "각종 개발사업등으로 지가가 급등하거나 급등할 우려가 있는 지역으로서 국세청장이 지정한 지역"의 토지가액은 배율방법(倍率方法)으로 평가한 가액으로 한다(상증령 제50조제2항). 2022.2월 현재 국세청장 지정 지역은 없다.

다. 개별공시지가가 없는 토지의 평가

개별공시지가가 없는 토지가액은 개별공시지가가 없는 해당 토지와 지목 · 이용 상황 등 지가형성요인이 유사한 인근 토지를 표준지로 보고 「부동산가격공시에 관한 법률」 제9조제2항에 따른 비교표에 따라 납세지 관할세무서장이 평가한다. 납세지 관할세무서장과 해당 토지의 소재지를 관할하는 세무서장이 서로 다른 경우로 납세지 관할세무서장의 요청이 있는 경우에는 해당 토지의 소재지를 관할하는 세무서장이 평가한다.

이 경우 납세지 관할세무서장은 지방세법 제4조제1항 단서에 따라 시장 · 군수가 산정한 가액 또는 둘 이상의 감정기관에 의뢰하여 감정한 가액의 평균액을 평가가액으로 할 수 있다(상증령 제50조).

○ 지방세법 제4조(부동산 등의 시가표준액) ① 이 법에서 적용하는 토지 및 주택에 대한 시가표준액은 「부동산 가격공시에 관한 법률」에 따라 공시된 가액(價額)으로 한다. 다만, 개별공시지가 또는 개별주택가격이 공시되지 아니한 경우에는 특별자치시장 · 특별자치도지사 · 시장 · 군수 또는 구청장(자치구의 구청장을 말한다. 이하 같다)이 같은 법에 따라 국토교통부장관이 제공한 토지가격비준표 또는 주택가격비준표를 사용하여 산정한 가액으로 하고, 공동주택가격이 공시되지 아니한 경우에는 대통령령으로 정하는 기준에 따라 특별자치시장 · 특별자치도지사 · 시장 · 군수 또는 구청장이 산정한 가액으로 한다.

개별공시지가가 없는 토지는 아래와 같다.

1) 「공간정보의 구축 및 관리 등에 관한 법률」에 따른 신규 등록 토지
2) 「공간정보의 구축 및 관리 등에 관한 법률」에 따라 분할 또는 합병된 토지
3) 토지의 형질변경 또는 용도변경으로 인하여 「공간정보의 구축 및 관리 등에 관한 법률」상의 지목이 변경된 토지
4) 개별공시지가의 결정 · 고시가 누락된 토지(국 · 공유지를 포함)

〈개별공시지가가 없는 토지의 평가방법 개정연혁〉

2016.2.4. 이전	2016.2.5. 이후
둘 이상의 감정기관에 의뢰하여 해당 감정기관의 감정가액을 참작하여 평가	지방세법 제4조제1항 단서에 따라 시장 · 군수가 산정한 가액 또는 둘 이상의 감정기관에 의뢰하여 감정한 가액의 평균으로 평가

라. 특수한 경우 토지의 보충적 평가방법[4]

1) 토지 형질이 변경된 경우

토지 평가시 환지 및 택지개발 등에 의하여 토지 형질이 변경된 경우로 평가기준일 현재 고시되어 있는 개별공시지가를 적용하는 것이 불합리하다고 인정되는 경우에는 개별공시지가가 없는 토지의 평가방법을 준용하여 평가한다.

2) 분할 또는 합병된 토지

분할 또는 합병된 토지는 개별공시지가가 없는 경우의 토지 평가방법을 준용하여 평가하되 분할 또는 합병 전후 당해 토지 지목변경 및 이용상태 등으로 보아 종전의 개별공시지가를 적용하는 것이 합리적이라고 인정되는 경우에는 다음 방법에 의한다.

분할된 토지는 분할 전 토지에 대한 개별공시지가를 적용하고, 합병된 토지는 합병 전 토지에 대한 각 개별공시지가 합계액을 총면적으로 나눈 금액에 의한다.

3) 환지예정지

환지예정지 가액은 환지권리면적에 의하여 산정한 가액에 의한다.

4) 불특정다수인이 공용하는 사실상 도로 등

불특정다수인이 공용하는 사실상 도로 및 하천 · 제방 · 구거 등은 상속재산 또는 증여재산에 포함되나, 평가기준일 현재 도로 등 외의 용도로 사용할 수 없는 경우로서 보상가격이 없는 등 재산적 가치가 없다고 인정되는 때는 그 평가액을 영(0)으로 한다.

5) 조성중인 토지

조성중인 토지의 가액은 그 지목에 대한 개별공시지가로 평가한 가액에 그 조성과 관련된 비용(차입금에 대한 이자비용 포함)을 가산한 가액에 의하여 평가한다.

---

4. 상증 집행기준 61-50-2

예시

(문) A토지(2,000m²)를 상속받은 경우(상속개시일 2022.3.11.), 재산평가액은?

A토지의 개별공시지가 공시현황	
2021.5.31. 고시(2021.1.1. 기준)	2022.5.31. 고시(2022.1.1. 기준)
13,000	14,000

(답) 26백만원(2,000m²×13,000) (평가기준일 현재 고시가액)

예시

○ A토지를 상속받은 경우(상속개시일 2022.3.11.), 재산평가액은?

평가기간 이내 해당 재산의 거래가액	A토지의 개별공시지가(면적×개별공시지가)		
	2021.5.31. 고시 (2021.1.1. 기준)	2022.5.31. 고시 (2022.1.1. 기준)	2022.11.31. 경정고시[5] (2021.1.1. 기준)
3억원	2억5천만원	2억9천만원	2억7천만원

(문1) A토지의 평가액은?

(답1) 4억원

(문2) 2021.9.30. 현재 평가 기간 이내에 해당 재산의 거래가액이 없는 경우 평가액은?

(답2) 2억5천만원

(문3) 2022.11.31. 경정고시 이후에 A토지의 평가액은?

(답3) 2억7천만원

---

5. 수시(추가)공시의 사유는 토지의 분할 · 합병 등의 사유이고, 경정공시의 사유는 토지가격비준표의 적용에 오류가 있는 경우 등이다.

○ 부동산 가격공시에 관한 법률 시행령 제23조(개별공시지가의 정정사유) ① 법 제12조에서 "대통령령으로 정하는 명백한 오류"란 다음 각 호의 어느 하나에 해당하는 경우를 말한다.
1. 법 제10조에 따른 공시절차를 완전하게 이행하지 아니한 경우
2. 용도지역 · 용도지구 등 토지가격에 영향을 미치는 주요 요인의 조사를 잘못한 경우
3. 토지가격비준표의 적용에 오류가 있는 경우
② 시장 · 군수 또는 구청장은 법 제12조에 따라 개별공시지가의 오류를 정정하려는 경우에는 시 · 군 · 구부동산가격공시위원회의 심의를 거쳐 정정사항을 결정 · 공시하여야 한다. 다만, 틀린 계산 또는 오기(誤記)의 경우에는 시 · 군 · 구부동산가격공시위원회의 심의를 거치지 아니할 수 있다.

[관련 질의회신 · 판례 등]

○ 증여일과 고시일이 같은 경우

증여일과 새로운 개별공시지가의 고시일이 같은 날짜이면 새로운 개별공시지가에 의함(재삼46014-35, 1999.1.7.).

○ 기준시가가 경정된 경우

상속재산인 토지를 구 상증령(1996.12.31. 대통령령 제15193호로 개정되기 전의 것) 제5조제2항제1호 가목의 규정에 의하여 평가할 때 "개별토지가격 합동조사지침"(국무총리령 제281호) 제12조의3의 규정에 따라 개별공시지가 경정결정된 경우에는 경정결정된 개별공시지가를 적용함(재삼46014-1774, 1998.9.17.).

○ 증여일 현재 고시된 개별공시지가를 적용하는 것이 불합리하다고 인정되는 경우

토지의 형질변경 또는 용도변경으로 인하여 지적법상 지목이 변경된 경우로서 증여일 현재 고시된 개별공시지가를 적용하는 것이 불합리하다고 인정되는 경우에는 개별공시지가가 없는 토지의 평가방법에 따름(서면4팀-14, 2008.1.4.).

○ 도로 - 재산여부

단순히 도로 또는 공원 등 도시계획시설로 결정 고시된 사유만으로 상속재산에서 이를 제외할 수는 없음(재재산46014-93, 1999.12.31.).

○ 도로 - 재산적 가치를 인정한 사례

(심판원) 주택 또는 공장과 연접한 골목길로 불특정다수인이 공용하는 도로로 보기 어려운 점, 매년 개별공시지가가 고시되고 있는 점, 쟁점토지 일대가 도시환경정비사업이 추진되고 있어 향후 수용시 보상이 있을 것으로 예상되는 점, 쟁점토지 인근 도로로 이용되고 있는 토지의 매매사례가 확인되고 있는 점 등을 감안함(조심2011서3407, 2012.1.2.).

(심판원) 피상속인이 운영하다가 현재 상속인이 운영하는 주유소의 진입로로 이용되고 있고, 개별공시지가도 위 주유소와 같은 가액으로 산정되어 있으며, 수용 등에 따른 보상도 예상되어 있음(국심2005전1254, 2006.5.30.).

○ 도로-재산적 가치를 부정한 사례

(국세청) 불특정다수인이 공용하는 사실상 도로는 상속재산에 포함되나, 평가기준일 현재 도로 외 용도로 사용할 수 없는 경우로 보상가격이 없는 등 재산적 가치가 없다고 인정되는 때에는 그 평가액을 영(0)으로 하며, 귀 질의의 토지가 이에 해당하는지 여부는 구체적인 사실을 확인하여 판단할 사항임(상속증여세과-164, 2013.5.29.).

(법원) 이 사건 토지의 공부상 지목이 대 또는 전이거나, 도로법 등에 의하여 도로로 편입되는 등 그 소유권 행사의 법률상 장애사유가 발생한 바 없다거나 또는 원고들이 이 사건 토지의 일부를 상속재산으로 신고하였다고 하여 달리 볼 것은 아님(대법원93누6249, 1993.8.27.).

(심판원) 쟁점토지에 개별공시지가가 고시되어 있으나, 지목이 도로이고 종합토지세 등 재산세가 비과세되었으며 불특정다수인이 이용하고 있는 사실상 도로로 사용되어 재산적 가치가 없다고 보아야 함(조심2010서1134, 2010.10.12.).

○ 겸용주택의 부수토지만을 일부 증여하는 경우 증여한 토지의 평가방법

그 겸용주택의 부수토지를 주택의 부수토지와 주택 외 건물의 부수토지로 구분한 후 ① 주택의 부수토지에 대해서는 개별주택가격을 평가기준일 현재 상증법 제61조제1항제1호(개별공시지가) 및 제2호(건물 기준시가)의 규정에 의한 가액으로 안분하여 주택과 그 부수토지의 가액을 구분한 후 주택부수토지의 가액에 증여받은 지분율을 곱하여 계산한 금액으로 하고, ② 주택 외 건물의 부수토지에 대해서는 개별공시지가로 평가한 가액에 증여받은 지분율을 곱하여 계산한 금액으로 하는 것으로 ①과 ②를 합하여 증여한 토지를 평가함(재산세과-383, 2012.10.26.).

○ 분할 후 재산평가

(국세청) 한 필지의 토지를 분할하여 그중 일부를 증여받은 경우 당해 토지를 분할후 각 필지의 지목 · 이용상황 등이 분할 전과 동일한 때에는 토지 분할 전의 개별공시지가를 기준으로 하여 평가하는 것이나, 분할 전과 분할 후 각 필지의 토지특성이 유사하지 않은 경우에는 개별공시지가가 없는 토지로 보아 당해 토지와 지목 · 이용 상황 등이 유사한 인근 토지의 개별공시지가를 기준으로 지가공시 및 토지등의 평가에 관한 법률 제10조제2항 규정에 따른 비교표에 의하여 세무서장이 평가한 가액에 의함(재산상속46014-74, 2000.1.18.).

(법원) 쟁점 토지는 분할 전 토지에서 그 면적의 약 7% 정도를 차지하는 비교토지가 분할되고 남은 것으로 분할 전 토지 면적의 약 93%에 가까워 쟁점 토지와 분할 전 토지는 면적에 있어 거의 유사한 점, 쟁점 토지와 분할 전 토지는 모두 산의 저지대부터 고지대에 걸쳐 위치하고 있는데, 고지대와 중지대 부분에는 수목이 심겨 있고, 저지대 부분은 인근 논밭에 접해있으며 묘지 2기가 존재하고 있는 등 이용 상황에 있어 별다른 차이가 없는 점, 분할 전 토지와 쟁점 토지의 지목은 모두 임야이며 규제상황 또한 자연녹지지역과 개발제한구역으로 동일한 점, 위 감정평가법인들은 분할 전 토지와 비교토지 및 쟁점 토지는 동일한 단가로 감정평가하였다고 하는 점 등에 비추어보면, 분할 전 토지에 대한 감정가격을 쟁점 토지의 시가로 볼 수 있음(서울고법2020누46235, 2021.2.4.; 대법원2021두35148, 2021.6.24., 심불).

2. 건물의 평가

시가 없는 건물은 국토교통부장관 또는 국세청장이 고시하는 가격에 따라 평가한다.

가. 주택의 평가

「부동산 가격공시에 관한 법률」에 따른 개별주택가격 및 공동주택가격으로 평가한다. 다만, 공동주택가격의 경우에는 국세청장이 결정 · 고시한 공동주택가격이 있는 때에는 그 가격에 따른다.

또한, 2010.1.1. 이후 상속 · 증여분부터는 개별주택가격 및 공동주택가격이 없는 주택 가격은 납세지 관할세무서장이 인근 유사주택의 개별주택가격 및 공동주택가격을 고려하여 평가한 금액으로 한다.

1) 개별주택가격

「부동산 가격공시에 관한 법률」에 따른 개별주택가격으로 평가한다. 개별주택가격은 부수토지와 주택 가격을 포함한 산정가격이다. 개별주택가격 조회는 부동산공시가격알리미를 통해 전국 지자체 사이트에서 조회할 수 있고, 개별주택가격 확인은 "정부24 – 개별주택가격 확인발급신청"에서 가능하다.

2) 공동주택가격

「부동산 가격공시에 관한 법률」에 따른 공동주택가격으로 평가한다. 다만, 국세청장이 국토교통부장관과 협의하여 공동주택가격(아파트 및 165m² 이상의 연립주택)을 별도 결정 · 고시[6]하는 경우에는 해당 공동주택가격으로 평가한다. 공동주택가격은 부수토지와 주택의 가격을 포함한 산정가격이다. 공동주택가격 조회는 부동산공시가격알리미를 통해 전국 지자체 사이트에서 조회할 수 있고, 공동주택가격 확인은 "정부24 – 공동주택가격 확인발급신청"에서 가능하다.

공동주택은 주택법 제2조제3호에 따른 주택을 말하며, 주택법에서는 건축물의 벽 · 복도 · 계단이나 그 밖의 설비 등의 전부 또는 일부를 공동으로 사용하는 각 세대가 하나의 건축물 안에서 각각 독립된 주거생활을 할 수 있는 구조로 된 주택으로 규정하고 있다. 주택법 시행령에서는 별표1 용도별 건축물의 종류에서 아파트, 연립주택, 다세대주택을 공동주택으로 규정하고 있다.

아파트: 주택으로 쓰는 층수가 5개 층 이상인 주택
연립주택: 주택으로 쓰는 1개 동의 바닥면적 합계가 660제곱미터를 초과하고, 층수가 4개 층 이하인 주택(2개 이상의 동을 지하주차장으로 연결하는 경우에는 각각의 동으로 본다)
다세대주택: 주택으로 쓰는 1개 동의 바닥면적 합계가 660제곱미터 이하이고, 층수가 4개 층 이하인 주택(2개 이상의 동을 지하주차장으로 연결하는 경우에는 각각의 동으로 본다)

〈개별주택가격 · 공동주택가격 공시일자〉[7]

기준연도	산정기준일	공시일자	기준연도	산정기준일	공시일자
2005년	01월 01일	2005.4.30.	2014년	01월 01일	2014.4.30.
2006년	01월 01일	2006.4.28.	2015년	01월 01일	2015.4.30.
2007년	01월 01일	2007.4.30.	2016년	01월 01일	2016.4.29.
2008년	01월 01일	2008.4.30.	2017년	01월 01일	2017.4.28.
2009년	01월 01일	2009.4.30.	2018년	01월 01일	2018.4.30.
2010년	01월 01일	2010.4.30.	2019년	01월 01일	2019.4.30.

[다음 쪽에 계속]

6. 2021.10월 현재 국세청이 고시한 주택은 없다.

기준연도	산정기준일	공시일자	기준연도	산정기준일	공시일자
2011년	01월 01일	2011.4.29.	2020년	01월 01일	2020.4.29.
2012년	01월 01일	2012.4.30.	2021년	01월 01일	2021.4.29.
2013년	01월 01일	2013.4.30.			

예시

(문) A아파트를 상속받은 경우(상속개시일 2022.3.11.)로서 재산평가액은?

A아파트의 공동주택가격 공시현황	
2021.4.29. 고시(2021.1.1. 기준)	2022.4.29. 고시(2022.1.1. 기준)
240,000,000	260,000,000

(답) 240백만원(평가기준일 현재 고시가액)

3) 개별주택가격 또는 공동주택가격이 없거나 2014.1.1. 이후 상속·증여분으로써 주택가격 공시 후 대수선 또는 리모델링이 있는 경우

개별주택가격이 없는 경우 등에는 해당 주택과 구조·용도·이용 상황 등 이용가치가 유사한 인근주택을 표준주택으로 보고 주택가격 비준표에 따라 납세지 관할세무서장(납세지 관할세무서장과 해당 주택의 소재지를 관할하는 세무서장이 서로 다른 상황에서 납세지 관할세무서장의 요청이 있는 경우에는 해당 주택 소재지를 관할하는 세무서장)이 평가하거나 지방세법 제4조제1항 단서에 따라 시장·군수가 산정한 가액이나 둘 이상의 감정평가기관에 해당 주택에 대한 감정을 의뢰하여 산정된 감정가액을 고려하여 납세지 관할세무서장이 평가한 가액으로 평가한다.

공동주택가격이 없는 경우 등에는 인근 유사 공동주택의 거래가격·임대료 및 해당 공동주택과 유사한 이용가치를 지닌다고 인정되는 공동주택 건설에 필요한 비용추정액 등을 종합적으로 고려하여 납세지 관할세무서장(납세지 관할세무서장과 해당 주택의 소재지를 관할하는 세무서장이 서로 다른 상황에서 납세지 관할세무서장의 요청이 있는 경우에는 해당 주택의 소재지를 관할하는 세무서장)이 평가하거나, 지방세법 제4조제1항 단서에 따라 시장·군수가 산정한 가액이나

7. 정기공시와 수시(추가)공시로 구분된다.

○ 부동산 가격공시에 관한 법률 시행령 제38조(개별주택가격의 결정 및 공시) ① 시장·군수 또는 구청장은 매년 4월 30일까지 개별주택가격을 결정·공시하여야 한다. 다만, 제34조제2항제1호의 경우에는 그해 9월 30일까지, 같은 항 제2호의 경우에는 다음 해 4월 30일까지 결정·공시하여야 한다.

○ 부동산 가격공시에 관한 법률 시행령 제43조(공동주택가격의 산정 및 공시) ① 국토교통부장관은 매년 4월 30일까지 공동주택가격을 산정·공시하여야 한다. 다만, 제44조제2항제1호의 경우에는 그해 9월 30일까지, 같은 항 제2호의 경우에는 다음 해 4월 30일까지 공시하여야 한다.

둘 이상의 감정평가기관에 해당 주택에 대한 감정을 의뢰, 산정된 감정가액을 고려하여 납세지 관할세무서장이 평가한 가액으로 평가한다.

〈개별주택가격 · 공동주택가격이 없는 주택의 평가 개정연혁〉

2009.12.31. 이전	2010.1.1. 이후
토지: 개별공시지가 건물: 일반건물 기준시가	표준주택 선정하여 비준표에 따라 평가

[관련 질의회신 · 판례 등]

○ 토지만 상속 · 증여하는 경우

개별주택가격이 공시된 단독주택을 평가함에 있어 건물과 부수토지 가액을 구분하여야 하는 경우 평가액은 개별주택가격을 토지 개별공시지가와 일반건물 기준시가로 안분 계산함(서면4팀-1462, 2007.5.2., 서면4팀-858, 2008.3.31.).

○ 겸용주택

(포함되지 않은 부분) 「부동산 가격공시 및 감정평가에 관한 법률」에 의한 개별주택가격과 이에 포함되지 않은 부분에 대한 상증법 제61조제1항제1호 및 제2호 규정에 의한 가액 합계액으로 평가함(재산세과-4295, 2008.12.17.).

(부수토지 중 일부 증여) 하나의 건물이 주택과 주택외 부분으로 복합되어 있는 겸용주택의 부수토지만을 일부 증여하는 경우 상증법 제61조제1항에 따라 평가할 때, 그 겸용주택의 부수토지를 주택 부수토지와 주택외 건물 부수토지로 구분한 후 ① 주택 부수토지에 대해서는 개별주택가격을 평가기준일 현재 상증법 제61조제1항제1호(개별공시지가) 및 제2호(건물 기준시가) 규정에 의한 가액으로 안분하여 주택과 그 부수토지 가액을 구분한 후 주택부수토지 가액에 증여받은 지분율을 곱하여 계산한 금액으로 하고, ② 주택외 건물 부수토지에 대해서는 개별공시지가로 평가한 가액에 증여받은 지분율을 곱하여 계산한 금액으로 하는 것으로 ①과 ②를 합하여 증여한 토지를 평가함(재산세과-383, 2012.10.26.).

○ 공부상 용도와 사실상 용도가 다른 경우

주택 및 그에 부수되는 토지에 대하여 시가에 해당하는 가액이 없어 상증법제61조 제1항 제4호에 따라 주택을 평가하는 경우에는 개별주택가격 또는 공동주택가격에 의하나 귀 질의와 같이 해당 건물이 공부상 주택이나 사실상 펜션으로 사용된 경우 토지는 개별공시지가로 건물은 국세청 기준시가에 의하여 평가함이 타당함(재산세과-551, 2011.11.22.).

○ 신축중인 공동주택의 부수토지를 증여하는 경우

자녀에게 신축 중인 공동주택의 부수토지를 증여한 경우에는 부동산을 취득할 수 있는 권리의 증여로 보며, 이 경우 증여재산가액은 출자한 토지 및 건물의 평가금액과 증여일까지 불입한 부담금과 증여일 현재의 프리미엄에 상당하는 금액을 합한 금액임(서면4팀-969, 2008.4.17.).

○ 신축건물 - 지급이자

(국세청) 상속개시일 전 6개월 내에 건축한 상속재산인 건물 신축가액이 확인되는 경우 그 가액을 당해

재산 시가로 볼 수 있으며, 이때 '6개월'에 대한 판단은 준공일을 기준으로 함. '신축가액'은 건설에 소요된 비용의 합계액으로 평가하며 건설에 소요되는 차입금 이자 또는 유사한 성질의 지 · 출금은 가산하나, 등록세 및 취득세는 포함하지 아니함(재삼46014-277, 1997.2.11.).
(심판원) 특정시점의 건물 시가는 일응 하나밖에 없다고 보는 것이 상당한 것임에도 불구하고 지급이자를 건물가액에 가산하게 되면 소유자의 자금 능력이나 공사대금의 지불방법에 따라 건물 시가가 달라지는 모순이 생기고 또한 양도소득세법상 양도차익 계산방식과 달리 이 건은 상속재산의 시가 평가에 관련된 사안임을 감안할 때, 지급이자를 상속재산인 쟁점건물가액에 가산한 금액을 쟁점건물 시가로 본 처분은 부당함(국심1997중0046, 1997.6.20.).

나. 오피스텔 및 상업용 건물[8]의 평가

국세청장이 산정 · 고시한 m²당 가액 × 건물면적(전유면적 + 공용면적)[9]
* m²당 가액에는 토지와 건물에 대하여 일괄하여 산정 · 고시함

건물에 부수되는 토지를 공유로 하고 건물을 구분 소유하는 것으로 건물의 용도 · 면적 및 구분 소유하는 건물 수 등을 감안하여 국세청장이 지정하는 오피스텔 및 상업용 건물(이들에 부수되는 토지)에 대해서는 건물의 종류 · 규모 · 거래상황 · 위치 등을 참작하여 매년 1회 이상 국세청장이 토지와 건물에 대하여 일괄하여 산정 · 고시[10]한 m²당 가액으로 평가한다.

'오피스텔'은 「건축법」 제2조제2항에서 정한 업무시설 중 오피스텔(이들에 부수되는 토지를 포함한다)을 말하고, '상업용 건물'은 「건축법」 제2조제2항에서 정한 근린생활시설, 판매시설 용도로 사용되는 건물(이들에 부수되는 토지 포함)을 말한다(2022년 오피스텔 및 상업용 건물에 대한 기준시가 고시, 국세청 고시 제2021-58호, 2021.12.31.).

고시대상은 수도권(서울, 경기, 인천)과 5대 광역시(대전, 광주, 대구, 부산, 울산)에 소재하는 구분 소유된 오피스텔과 일정규모(판매 및 영업시설 등 면적이 3,000m² 또는 100호) 이상인 상업용 건물이다.

개별 상업용 건물 및 오피스텔 기준시가는 〈국세청 홈택스 – 조회/발급 – 기타조회 – 기준시가

8. 국세청에서 현재 고시하고 있으나, 2016년 부동산 가격공시에 관한 법률 개정으로 국토부에서 고시가 가능하다. 국토부는 인력과 예산의 한계로 비주거용 부동산 가격공시제도를 시행하지 않고 있다("비주거용 부동산 기준시가, 국토부와 적극 협의해야", 세정일보, 2021.8.12.).
9. 건축물대장에서 확인할 수 있다.
10. 국세청 고시내용은 "국세법령정보시스템 – 법령 – 고시 – 재산– '상업용 건물 및 오피스텔 기준시가 고시' 또는 '오피스텔 및 상업용 건물 기준시가 고시'"에서 확인할 수 있다.

조회 – 상업용건물/오피스텔〉에서 조회가 가능하다. 건물면적(m^2)은 공부상 전용면적과 공유면적을 합한 면적이다.

예시

(문) 아래의 오피스텔의 2022.4.1. 증여한 경우 기준시가는?

고시일자	단위면적당(㎡) 기준시가(원)	건물면적(㎡)
2022.1.1.	8,000,000	65
2021.1.1.	7,500,000	65

(답) 520백만원 (8,000,000×65m^2) (평가기준일 현재 고시가액)

국세청장이 고시하지 아니하는 오피스텔 등은 토지는 개별공시지가를 건물은 '다. 일반건물의 평가'를 적용한다.

기준시가 고시 전 의견을 청취하여야 한다. 국세청장이 기준시가를 산정하였을 때에는 이를 고시하기 전에 인터넷을 통한 게시 등 기획재정부령으로 정하는 방법에 따라 공고하여 20일 이상 소유자나 그 밖의 이해관계인의 의견을 들어야 한다(소득법 제99조제4항). 소유자나 그 밖의 이해관계인으로부터 의견을 제출받았을 때 국세청장은 의견 제출기간이 끝난 날부터 30일 이내에 그 처리 결과를 알려야 한다.

고시한 기준시가에 이의가 있는 소유자나 그 밖의 이해관계인은 기준시가 고시일부터 30일 이내에 서면으로 국세청장에게 재산정 및 고시를 신청할 수 있다. 국세청장은 신청기간이 끝난 날부터 30일 이내에 그 처리 결과를 신청인에게 서면으로 알려야 한다. 이 경우 국세청장은 신청 내용이 타당하다고 인정될 때에는 기준시가를 다시 산정하여 고시하여야 한다. 국세청장은 기준시가 산정 · 고시가 잘못되었거나 오기 또는 그 밖에 명백한 오류를 발견한 경우에는 지체없이 다시 산정하여 고시하여야 한다.

[관련 질의회신 · 판례 등]

○ 국세청장이 지정하는 오피스텔 기준시가가 공시지가에 의한 평가가액보다 낮은 경우

오피스텔 및 상업용 건물을 보충적 평가방법으로 평가하면서 고시가액이 있는 경우에는 해당 가액을 적용함(재산세과–390, 2011.8.23., 요지).

○ 기준시가를 정정한 경우

쟁점상가 평가의 기초로 삼은 쟁점상가의 호별 단위면적당 가액(OOO원/m^2)은 쟁점상가 현황을 정확하게 반영하지 못하였던 것으로, 이 건 과세 후 국세청장도 청구인의 기준시가 재산정 신청을 계기로 쟁점상가 현황에 대한 조사를 실시하여 재산정한 쟁점상가의 호별 단위면적당 가액(OOO원/m^2)을 국세청 홈페이지에 정정하여 수록한 사실이 확인되므로 처분청이 쟁점상가의 호별 단위면적당 가액을 OOO원/m^2으로 하여 쟁점상가의 상속재산가액을 평가한 처분은 잘못이 있음(조심2012서5252, 2013.5.3.).

다. 일반 건물[11]의 평가

일반건물은 '가'와 '나'를 제외한 건물을 말한다. 국세청은 매년 건물신축가격 기준액을 공시하고, 건물신축가격 기준액에 구조지수 · 용도지수 · 위치지수 등 지수를 곱하여 계산한다.

> ① 기준시가 = m²당 금액 × 평가대상 건물의 면적
> ② m²당 금액 = 건물신축가격 기준액 × 구조지수 × 용도지수 × 위치지수 × 경과연수별잔가율 × 개별 건물의 특성에 따른 조정률[12]
> * 공동주택, 개별주택, 고시된 오피스텔 및 상업용 건물을 제외
> * m²당 금액이 1,000원 단위 미만은 절사하며, 건물 면적은 전유 · 공용면적을 포함한 연면적임

일반건물(공동주택, 개별주택, 국세청에서 고시하는 오피스텔 및 상업용 건물 제외)의 평가는 신축가격 · 구조 · 용도 · 위치 · 신축년도 등을 참작하여 매년 1회 이상 국세청장이 산정 · 고시하는 가액으로 평가한다.

국세청이 고시하는 건물 기준시가 계산방법은 「건축법 시행령」 별표1의 '용도별 건축물의 종류'에서 공공업무시설(제1종 근린생활시설 중 공공업무시설 등 포함), 교정 및 군사시설을 제외한 모든 용도의 건물(무허가 건물 포함)에 대하여 적용한다. 다만, 「부동산 가격공시에 관한 법률」 제17조 및 제18조와 「소득세법」 제99조제1항제1호다목, 상증법 제61조제1항제3호에 따라 토지와 건물 가액을 일괄하여 산정 · 공시(또는 고시)한 개별주택 · 공동주택 · 오피스텔 및 상업용 건물의 경우에는 이를 적용하지 아니한다(국세청 건물 기준시가 계산방법 고시, 국세청 고시 제 2021-59호, 2021.12.31.).

건물 기준시가는 건물가격만을 말하며, 건물 부속토지 가격과 영업권 등 각종 권리 가액은 포함되지 아니한다. 즉 개별주택가격 · 공동주택가격 · 오피스텔 · 상업용건물의 고시가액은 토지가액을 포함한 건물가격이지만, 일반건물 기준시가는 토지가액을 제외한 건물가액이다.

개별건물에 대한 기준시가는 해당 건물을 기준시가 계산식에 따라 산출된 가액으로 한다. 이때

---

11. 국세청에서 현재 고시하고 있으나, 2016년 부동산 가격공시에 관한 법률 개정으로 국토부에서 고시가 가능하다. 국토부는 인력과 예산의 한계로 비주거용 부동산 가격공시제도를 시행하지 않고 있다(비주거용 부동산 기준시가, "국토부와 적극 협의해야", 세정일보, 2021.8.12.).

12. 소득법의 기준시가를 적용하는 경우에는 개별건물 특성에 따른 조정률을 곱하지 않는다(2021년 「오피스텔 및 상업용 건물 기준시가」 및 「건물 기준시가 계산방법」 정기 고시, 국세청 보도자료, 2020.12.30.). 양도재산과 상속 · 증여재산의 평가방법이 달라야 하는 합리적 이유는 없어 보인다.

> 건물 기준시가 = m²당 금액 × 평가대상 건물 면적
> m²당 금액 = 건물 신축가격기준액 × 구조지수 × 용도지수 × 위치지수 × 경과연수별 잔가율 × 개별특성조정률
> *개별특성조정률은 상속 · 증여세만 적용하고, 양도소득세는 적용하지 않음.

산출된 가액은 그 건물 기준시가로 고시한 것과 같은 효력을 갖는다.

국세청은 매년 건물기준시가 계산방법 해설책자를 발간하고 있다.

〈개별주택가격 · 공동주택가격이 없는 주택의 평가 개정연혁〉

(단위: 원)

2015년	2016년	2017년	2018년	2019년	2020년	2021년	2022년
650,000	660,000	670,000	690,000	710,000	730,000	740,000	780,000

예시[13]

○기본사항

- 소재지: 대전광역시 서구 ○○○
- 구조: 1층 철근콘크리트조, 2층 경량철골조, 패널지붕
- 용도: 1층 공장 2,100m², 2층 창고 1,300m²
- 공시지가: 2020.5.31. m²당 560,000원 · 신축연도: 1998년
- 상속개시일: 2021.1.2.

○ 건물기준 시가계산

구분	1층	2층
신축가격기준액	740,000	740,000
구조지수	1.00	0.77
용도지수	0.80	0.80
위치지수	0.98	0.98
잔가율	0.586(I그룹)	0.310(III그룹)
조정률	1.0 (1천m²이상~5천m²미만)	1.0×0.80 (패널지붕, 1천m²이상~5천m²미만)
m²당 크기	339,000	110,000
면적	2,100m²	1,300m²
평가액	711,900,000	143,000,000
합계	854,900,000	

* 개별건물의 특성에 따른 조정률은 여러 구분(I ~ VII)에 중복 해당되더라도 각각의 조정률을 곱하여 중복으로 적용함

---

13. (국세청) 『건물 기준시가 계산방법 해설』, p.71에 나온 사례인데(2021.1.1. 시행), 국세청 책자에서는 위치지수를 잘못 계산하였다.

〈건물기준시가 적용대상 개정연혁〉

연도별 (상속 · 증여일)	적용대상 지역 및 건물 유형
1998.1.1.~1998.12.31.	서울, 인천, 대전, 광주, 대구, 부산, 울산, 고양, 의정부, 남양주, 구리, 하남, 성남, 과천, 안양, 광명, 부천시내
	위 지역에 소재하는 상업용 건물 또는 특수용도 건물, 즉 단독주택, 공동주택, 근린공공시설, 공공업무시설, 발전소, 교정시설, 군사시설을 제외한 모든 용도 건물(무허가건물 포함)에 대하여 적용
1999.1.1.~2000.6.30.	기준시가 적용대상 지역을 전국 확대 적용
2000.7.1.~2000.12.31.	일반주택 및 공동주택에 대한 기준시가를 추가 고시하여 적용
2001.1.1.~현재	상업용 건물 등과 일반주택 등에 대한 기준시가를 통합 고시. 따라서 현재는 공공업무시설, 발전시설, 교정시설, 군사시설을 제외한 전국의 모든 용도 건물(무허가건물을 포함)에 대하여 일반건물 기준시가를 적용한다. 다만, 토지와 건물 가액을 일괄하여 기준시가를 산정 · 고시한 아파트 등 공동주택과 개별주택, 상업용 건물, 오피스텔 등의 건물에 대해서는 그 기준시가를 적용한다.

[관련 질의회신 · 판례 등]

○ 개별건물 특정조정률

'개별건물의 특성에 따른 조정률'은 상증법 제61조 제1항제2호에 따라 기준시가를 계산하는 경우 적용하는 것으로, 타법에서 이를 준용하는 경우 해당 법률에 따라 판단해야 함(서면-2016-상속증여-3150[상속증여세과-845], 2016.7.25.).

○ 증축된 경우 경과연수별잔가율의 적용

'경과연수별잔가율'을 적용할 때 평가대상 건물이 증축된 건물인 경우 신축연도는 증축일이 속하는 연도를 적용함(서면4팀-845, 2007.3.12.).

○ 겸용주택

겸용주택을 상증법 제61조제1항 규정에 따라 평가하는 경우 같은 항 제4호에서 규정하는 개별주택가격이 있는 경우에는 해당 가액을 적용하고, 그 외의 부분은 같은 항 제1호 규정에 의한 토지의 평가방법과 제2호 규정에 의한 건물의 평가방법에 의한 가액을 적용함. 이 경우 제2호에 따른 건물의 평가는 건축물대장상 연면적을 기준으로 산정함(법령해석재산-0527, 2019.2.18.).

라. 철거대상 건물의 평가

평가기준일 현재 다른 법령에 따라서 철거대상에 해당하는 건물의 평가액은 그 재산의 이용도, 철거 시기 및 철거에 따른 보상 유무 등 제반 상황을 감안한 적정가액에 따라서 평가한다(상증통칙 61-50…2).

[관련 질의회신 · 판례 등]

○ 멸실 후 신축 중 사망한 경우

피상속인이 당초 주택과 그 부수토지를 취득한 후 당초 주택을 멸실하고 다세대주택을 신축하던 중 당초 주택과 그 부수토지를 취득한 날부터 6개월 이내에 사망한 경우 신축 중인 주택과 그 부수토지의 상속재산가액은 당초 주택과 그 부수토지의 취득가액에 상속개시일까지 발생한 공사비를 가산한 금액으로 평가함(재산세과–501, 2011.10.21.).

마. 신축 중인 건물의 평가

당초 주택을 멸실하고 다세대주택을 신축하던 중 당초 주택과 그 부수토지를 취득한 날부터 6개월 이내에 사망한 경우 신축 중인 주택과 그 부수토지의 상속재산가액은 당초 주택과 그 부수토지의 취득가액에 상속개시일까지 발생한 공사비를 가산한 금액으로 평가한다(재산세과–501, 2011.10.21.).

3. 지상권의 평가

$$\sum_{n=1}^{잔존연수} \frac{지상권이\ 설정된\ 토지가액 \times 2\%}{(1+0.1)^n}$$, n: 평가기준일로부터 잔존연수

지상권[14]이란 타인의 토지에 건물, 기타의 공작물이나 수목을 소유하기 위하여 그 토지를 사용할 수 있는 물권(物權)을 말하며, 지상권 가액은 지상권이 설정되어 있는 토지 가액에 2%를 곱하여 계산한 금액을 이자율 10%로 할인한 가액으로 평가한다. 이 경우 그 잔존연수에 관하여는 민법 제280조 및 제281조에 따른 지상권 존속기간을 준용한다(상증령 제51조제1항).

지상권의 잔존연수는 아래와 같다(민법 제280조, 제281조).

① 석조, 석회조, 연와조 또는 이와 유사한 견고한 건물, 수목의 소유목적: 30년

② 그 외 건물 소유목적: 15년

③ 건물 외의 공작물 소유목적: 5년

---

14. 지상권은 공작물이나 수목을 소유하기 위하여 타인의 토지를 이용하는 권리인 점에서 타 물건의 소유를 목적으로 하지 않는 지역권이나 전세권과 차이가 있다.

[관련 질의회신 · 판례 등]

○ 상속재산에서 지상권 가액 차감 여부

쟁점토지에 대한 지상권 설정계약이 체결되지도 아니하였을 뿐만 아니라 지상권 설정등기도 하지 아니하여 건물 소유자가 민법상 약정에 의한 지상권을 취득하였다고 보기 어려운 점, 피상속인의 자녀들 소유 건물의 존립을 목적으로 하는 대지 사용을 피상속인이 승낙하였다고 하여도 그 사실만으로 그 건물이 노후되어 멸실될 때까지 그 대지를 사용할 수 있는 지상권이 설정되었다고 볼 수 없음(조심2015서1797, 2015.7.13.).

○ 지상권이 설정된 재산의 평가

(심판원–차감○) 상증법의 규정은 지상권 등 권리에 관한 평가방법에 대하여만 규정하고 있고 지상권이 설정된 재산에 대하여 그 권리에 상당하는 가액을 상속재산가액에서 차감하여야 한다는 직접적인 규정은 별도로 두고 있지 아니함. 그러나 지상권은 상속세및증여세법상 재산적인 가치가 있는 법률상 권리로 상속재산에 포함되는 점, 지상권을 설정하면 지상권자는 토지 위에 권리가 발생하는 반면, 토지소유자에게는 그에 상당하는 수인의무가 발생하게 되고, 지상권은 상속세및증여세법령이 정하는 산식에 의거 평가하여 상속세를 부과하므로 상대방인 토지소유자는 그에 상당하는 수인의무에 관하여 토지 평가액에서 공제하는 것이 합리적인 점 등을 종합해볼 때 상속인의 토지를 평가할 때 그 지상에 설정된 지상권 상당액을 상속재산가액에서 공제하여 평가함이 타당함(국심2000서1698, 2001.2.5.).

(심판원 – 차감×) 쟁점부동산은 ○○시(○○공사)가 지하에 도시철도를 설치함에 따라 김○○에게 보상금을 지급함과 동시에 지상권자가 되었고, 쟁점부동산 개별공시지가 산정시 도시계획시설인 도시철도가 반영된 것은 결국 쟁점부동산 개별공시지가는 도시철도와 관련한 지상권 평가액이 반영된 것과 같다고 볼 수 있음. 따라서 쟁점부동산의 상속재산가액을 개별공시지가로 산정하면서 쟁점부동산 상의 지상권 평가액을 상속재산가액에서 차감하게 되면 도시철도 설치에 따른 가액이 이미 개별공시지가에 반영된 상태에서 이중으로 차감하는 결과가 되므로 지상권 평가액을 차감하여 달라는 청구인의 경정청구를 처분청이 거부한 처분은 잘못이 없음(조심2008서2819, 2008.10.29.).

4. 부동산을 취득할 수 있는 권리[15]와 특정시설물을 이용할 수 있는 권리의 평가

부동산을 취득할 수 있는 권리는 취득시기가 도래하기 전에 해당 부동산을 취득할 수 있는 권리를 말하는 것으로 건물이 완성되는 때에 그 건물과 이에 딸린 토지를 취득할 수 있는 권리를 포함한다. 예를 들어 부동산매매계약을 체결한 자가 계약금만 지급한 상태에서 양도하는 경우, 아파트당첨권 등이 이에 속한다(상증집행기준 61-51-3).

부동산을 취득할 수 있는 권리 및 특정시설물을 이용할 수 있는 권리의 가액은 평가기준일까지 불입한 금액과 평가기준일 현재의 프레미엄[16]에 상당하는 금액을 합한 금액으로 평가한다. 다만,

15. 분양권
16. 매매등 가액에는 거래되지 않은 가액은 포함되지 않지만, 부동산을 취득할 수 있는 권리를 보충적 평가방법으로 평가하는 경우에는 프레미엄 상당액을 반영하여 평가한다.

해당 권리에 대하여 소득령 제165조(토지 · 건물 외의 자산의 기준시가 산정)제8항제3호 따른 가액[17]이 있는 경우에는 해당 가액으로 평가한다(상증령 제51조제2항).

부동산을 취득할 수 있는 권리 = 불입금액 + 프레미엄

2020.2.11. 상증령을 개정하여 조합원입주권의 평가방법을 명확히 규정하였다. 소득법 제89조제2항에 따른 조합원 입주권의 경우 「도시 및 주거환경정비법」 제74조제1항에 따른 관리처분계획을 기준으로 하여 조합원권리가액과 평가기준일까지 납입한 계약금, 중도금 등을 합한 금액을 말한다

조합원권리가액 = 분양대상자의 종전 토지 및 건축물가격 × 〔(사업완료 후의 대지 및 건축물의 총수입 – 총사업비) ÷ 종전의 토지 및 건축물의 총 가액〕

특정시설물을 이용할 수 있는 권리라 함은 특정시설물이용권 · 회원권 기타 명칭여하를 불문하고 해당 시설물을 배타적으로 이용하거나 일반 이용자에 비하여 유리한 조건으로 이용할 수 있도록 약정한 단체의 일원이 된 자에게 부여되는 권리[18]를 말한다.

특정시설물 = 지방세법상 시가표준액

〈특정시설물 간주시가 개정연혁〉

2009.2.3. 이전	2009.2.4. 이후
국세청 고시가액	지방세법상 시가표준액

[관련 질의회신 · 판례 등]

○ 증여시기

부동산을 취득할 수 있는 권리의 증여시기는 권리의무승계일임(서면4팀-1348, 2008.6.3.)

○ 조합원 입주권

(국세청) 재개발조합원으로서 아파트를 분양받을 수 있는 권리를 증여하는 경우 "평가기준일까지 불입

17. 지방세법에 따라 고시한 시가표준액을 말한다.
18. 골프회원권, 콘도회원권 등

한 금액" 산정은 조합원으로서 출자한 토지와 건물의 감정가액 등을 감안하여 재개발조합이 산정한 조합원의 권리가액과 평가기준일까지 불입한 계약금, 중도금 등을 합한 금액으로 평가함(서면4팀-634, 2007.2.20).

(법원) 피고가 그 권리를 평가한 방법은 시행령 제51조제2항에서 규정하고 있는 평가방법에 해당하지도 아니하고 달리 이를 정당화할 수 있는 근거규정이 존재하지 아니하여 허용될 수 없으므로 이 사건 처분이 위법하다고 본 원심의 결론은 정당함(대법원 2012두18615, 2014.7.12.).

⇒ (2020.2.11. 상증령 제51조제2항 개정) 도시정비법상 재개발 · 재건축사업에 따른 조합원입주권은 평가기준일까지 납입한 금액은 조합원 권리가액과 불입한 계약금 등을 합한 금액으로 평가

○ 프리미엄

"평가기준일 현재의 프리미엄에 상당하는 금액"은 그 당시 불특정다수인 간의 거래에서 통상 지급되는 프리미엄[19]이며, "평가기준일까지 불입한 금액"에는 소득령 제163조제5항2호 규정에 따른 채권매각차손을 포함함(재산세과-119, 2009.9.3.).

○ 부동산을 취득할 수 있는 권리를 완공 후 매매가액으로 평가한 경우

부동산을 취득할 수 있는 권리는 평가기준일까지 불입한 금액과 평가기준일 현재의 프레미엄에 상당하는 금액을 합한 금액으로 평가하여야 함에도 평가기준일로부터 약 6개월이 지난 완공된 아파트의 매매사례가액으로 평가하는 것은 합리적이지 못함(국심2006서0632, 2006.6.29.).

5. 기타 시설물 및 구축물의 평가

기타 시설물 및 구축물(토지와 건물 일괄평가 제외)에 대해서는 평가기준일에 다시 건축하거나 다시 취득할 때 소요되는 가액(이하 "재취득가액 등" 이라 함)에서 그것의 설치일로부터 평가기준일까지의 법인법상 감가상각비 상당액을 뺀 가액을 말한다(상증령 제51조제4항). 법인법상 감가상각비상당액은 법인법 제23조 및 법인령 제24조 · 제26조 및 제28조의 규정에 따라 계산한 금액을 말한다. 이 경우 감가상각자산의 내용연수는 법인령 제28조제1항제2호의 규정에 의한 기준내용연수를 적용한다(상증규칙 제16조제4항).

이 경우 재취득가액 등을 산정하기 어려운 경우에는 「지방세법 시행령」 제4조제1항에 따른 가액을 해당 시설물 및 구축물 가액으로 할 수 있다(상증령 제51조제4항). 또한, 공동주택에 부속 또는 부착된 시설물 및 구축물은 토지 또는 건물과 일괄하여 평가한 것으로 본다(상증령 제51조제5항).

---

19. 해석 당시의 법령에서는 프리미엄, 현재는 프레미엄으로 규정하고 있다.

○ 지방세 제4조(건축물 등의 시가표준액 결정 등) ① 법 제4조제2항에서 "대통령령으로 정하는 기준"이란 과세대상별 구체적 특성을 고려하여 다음 각 호의 방식에 따라 행정안전부장관이 정하는 기준을 말한다.

10. 토지에 정착하거나 지하 또는 다른 구조물에 설치하는 시설: 종류별 신축가격 등을 고려하여 정한 기준가격에 시설의 용도 · 구조 및 규모 등을 고려하여 가액을 산출한 후, 그 가액에 다시 시설의 경과연수별 잔존가치율을 적용한다.

11. 건축물에 딸린 시설물: 종류별 제조가격(수입하는 경우에는 수입가격을 말한다), 거래가격 및 설치가격 등을 고려하여 정한 기준가격에 시설물의 용도 · 형태 · 성능 및 규모 등을 고려하여 가액을 산출한 후, 그 가액에 다시 시설물의 경과연수별 잔존가치율을 적용한다.

6. 임대차 계약이 체결된 재산의 평가특례

○ 평가액 = Max(① 가.~마. 평가가액, ② 임대료등 환산가액)

○ 임대료등 환산가액 = 임대보증금 + (1년간 임대료 합계액 × 12%[20])[21]

* 1년간 임대료 합계액: 평가기준일이 속하는 월의 임대료 × 12월

평가기준일 현재 상증법 제60조제2항에 따른 시가가 없는 경우로, 사실상 임대차계약이 체결되거나 임차권이 등기된 부동산은 위 평가금액(가.~마.의 평가금액)과 임대료등 환산가액을 비교하여 큰 가액으로 평가한다.

'임대료'는 부동산을 임대하는 조건으로 임차인에게서 실제 수입하는 금액을 말한다. 1년간의 임대료는 평가기준일 당시의 월임대료를 1년으로 환산한 금액이다(재산세과-810, 2010.11.1.). 자기가 사용하거나 임대하지 않은 면적에 대한 적정임대료 상당액을 포함하지는 않는다. 일정액으로 고정된 관리비 중 사실상 임차인이 부담할 관리비가 아닌 것으로 구분되는 금액과 건물 내 주차장으로써 임대인과 임차인의 계약에 따라 주차료는 임대료에 포함한다(재산세과-204, 2012.5.24.).

임대료등의 환산가액과 비교하여 평가하는 것에 대해 헌재는 시가주의 관점에서 보았을 때, 임차권에 대한 평가액도 시가를 반영하는 하나의 지표가 되는 것이며, 임차권 설정 여부에 따라 과세상 달리 취급하는 이 법률조항을 입법자의 자의적 차별이라 할 수 없다(헌재2005헌바39, 2006.6.29.)고 보았다.

---

20. 본문은 '기획재정부령이 정하는 율'이라고 규정하였다.
21. 실무상 '임대보증금+월 임대료×100'으로 계산한다.

가. 토지와 건물의 소유현황에 따른 임대료 등 환산가액 적용방법

1) 토지와 건물의 소유자가 동일한 경우

토지 및 건물 소유자가 임차인으로부터 받은 임대료등의 환산가액을 상증법 제61조제1항부터 제4항까지의 규정으로 평가한 토지와 건물 가액으로 나누어 계산한 금액을 각각 토지와 건물의 평가가액으로 한다.

2) 토지와 건물의 소유자가 다른 경우

가) 토지 소유자와 건물 소유자가 제3자와의 임대차계약 당사자인 경우에는 토지 소유자와 건물 소유자에게 구분되어 귀속되는 임대료 등의 환산가액을 각각 토지와 건물의 평가가액으로 한다.

나) 토지 소유자와 건물 소유자 중 어느 한 사람만이 제3자와의 임대차계약 당사자인 경우, 토지 소유자와 건물 소유자 사이의 임대차계약 존재 여부 및 그 내용에 상관없이 제3자가 지급하는 임대료와 임대보증금을 토지와 건물 전체에 대한 것으로 보아 제3자가 지급하는 임대료 등의 환산가액을 토지와 건물의 기준시가로 나누어 계산한 금액을 각각 토지와 건물의 평가가액으로 한다.

예시

(문1) 시가(매매가액) 1억5천만원, 평가기준일 현재 임대보증금 1억원, 임대료가 3백만원일 때 재산평가액은?

(답1) 1억5천만원(상증법 제60조제2항에 따른 시가가 없는 경우에만 임대료등의 환산가액 적용)

(문2) 상증법 제60조제2항에 따른 시가가 없고, 상업용 건물 고시가액 1억5천만원, 평가기준일 현재 임대보증금 2억원, 월 임대료 1백만원일 때 재산평가액은?

(답2) 3억원(Max[1억5천만원, (2억원+1백만원×12/12%)])

(문3) 시가(매매가액) 5억원, 평가기준일 현재 근저당권 설정된 금융채무 2억5천만원, 평가기준일 현재 임대보증금 3억원 및 월 임대료 1백만원일 때 재산평가액은?

(답3) 5억5천만원 (Max[5억원, (2억5천만원+3억원)]

* 저당권 등이 설정된 재산은 시가와 저당권등 채권액과 비교하여 큰 가액으로 평가

(문4) 상업용 건물 고시가액 5억원, 평가기준일 현재 근저당권이 설정된 금융채무 4억원, 평가기준일 현재 임대보증금 3억원, 월 임대료 3백만원 일 때 재산평가액은?

(답4) 7억원 Max=(①, ②)

① 고시가액과 임대보증금 환산가액 비교: 6억원

Max=[5억, (3억원+3백만원×12/12%)]

② 임대보증금 환산가액과 저당권등[22] 채권액과 비교: 7억원

Max=[6억원, (4억원+3억원)]

〈기획재정부령이 정하는 율 개정연혁〉

1997.4.19.~2009.4.22.	2009.4.23. 이후 상속증여
18%	12%

쟁점

구분등기되지 않은 건물의 보충적 평가

층별, 호별로 구분등기되지 않은 4층짜리 상업용 건물이 있다. 이 건물은 3층만 임대차계약이 있는 경우, 건물 평가는 어떻게 해야 할까? 가령, 다음을 생각해보자.

구분	일반건물 평가	임대차
4층	3억원	
3층	3억원	보증금 2억원, 월임대료 2백만원
2층	3억원	
1층	3억원	
계	12억원	

부동산 시가를 산정하기 어려운 경우에는 상증법 제61조에 따라 평가하며, 일반건물의 경우 ① 지수 이용 방법과 ② 임대료등 환산가액과 비교하여 큰 가액으로 평가한다.

임대료등 환산가액 = 임대보증금 + 1년간의 임대료/0.12

구분등기되어 있다면 재산별로 평가하는데, 구분등기되어 있지 않은 건물에 일부만 임대차계약이 있는 경우 평가를 어떻게 할지가 다툼이 될 수 있다. 즉, 일부만 임대했더라도, 임대료등의 환산가액을 전체 건물의 평가액으로 볼 수 있느냐이다.

여기에 대해, 국세청은 층별 호수별로 구분 등기되어 있지 않은 경우에는 토지 및 건물 전체(자기가 사용하거나 임대하지 아니한 면적을 포함)에 대하여 임대료 등을 기준으로 상증령 제50조제7항이 정하는 바에 따라 평가한 가액과 상증법 제61조제1항 내지 제6항 규정에 의하여 평가한 가액 중 큰 금액을 당해 부동산 가액으로

22. 상증법 제66조(저당권 등이 설정된 재산 평가의 특례) 다음 각 호의 어느 하나에 해당하는 재산은 제60조에도 불구하고 그 재산이 담보하는 채권액 등을 기준으로 대통령령으로 정하는 바에 따라 평가한 가액과 제60조에 따라 평가한 가액 중 큰 금액을 그 재산의 가액으로 한다.
3. 전세권이 등기된 재산(임대보증금을 받고 임대한 재산을 포함한다)

한다고 해석한 바 있다(재산세과-197, 2011.4.19. 외). 재산평가는 구분되는 각각의 재산을 평가단위별로 평가해야 하므로 구분등기되지 않았다면 하나의 단위로 보아 평가한다고 본 것이다.

하지만 법원은 임대된 부분과 임대되지 아니한 부분을 구분하여 평가한다고 보았다(서울고법2015누35170(2015.11.18.)-대법원2015두60242(2016.4.15. 심불)). 임대차계약이 체결된 부동산의 경우에는 해당 재산의 객관적인 교환가치 범위 안에서 임대보증금이나 월 임대료가 정하여지므로 그 임대보증금 등에 의하여 시가에 가장 근접한 재산을 평가할 수 있으므로 임대된 부분과 임대되지 않은 부분을 나누어 평가해야 한다는 뜻이다.

국세청은 최근 아래 내용으로 회신하면서, 위의 해석을 2021.6.14. 정비[23]하였다.

> 평가기준일 현재 1동의 건물 중 일부가 임대되고 일부가 임대되지 않은 경우 해당 재산을 상증법 제61조에 따라 평가할 때, 임대된 부분과 임대되지 않은 부분을 구분하여 전자의 가액은 같은 조 제5항 및 같은 법 시행령 제7항에 따라 평가하고, 후자의 가액은「상속세 및 증여세법」제61조제1항 및 같은 법 시행령 제50조제1항 내지 제6항에 정한 방법에 의하여 평가하는 것입니다(사전2020법령해석재산-1133, 2021.6.4.).

법원 입장과 동일하게 해석하였다. 그래서 앞의 사례를 계산하면, 12억원이 아닌 13억원으로 평가된다.

구분	일반건물 평가	임대차	평가액
4층	3억원		3억원
3층	3억원	보증금 2억원, 월임대료 2백만원	4억원
2층	3억원		3억원
1층	3억원		3억원
계	12억원		13억원

[관련 질의회신 · 판례 등]

○ 일부만 임대한 건물을 평가하는 경우
임대된 부분은 임대료 환산가액, 임대되지 아니한 부분은 일반건물 기준시가 계산 등에 따라 평가하여야 함(서울고법2015누35170(2015.11.18.)-대법원2015두60242(2016.4.15. 심불)).

○ 구분등기된 경우 임대료 환산가액 적용
평가기준일 현재 1동의 건물 중 일부가 임대되고 일부가 임대되지 않은 경우 해당 재산을 상증법 제61조에 따라 평가할 때, 임대된 부분과 임대되지 않은 부분을 구분하여 전자의 가액은 같은 조 제5항 및

23. 세법해석정비

요지	유지사례	삭제사례
평가기준일 현재 일부만 임대 중인 건물의 상증법상 보충적 평가방법	사전2020법령해석재산 - 1133, 2021.6.4.	재산세과-197, 2011.4.19. / 서면4팀-3731, 2007.12.31. 재산세과-859, 2010.11.18. / 서면4팀-792, 2008.3.25. 서면4팀-3694, 2007.12.27. / 서면4팀-606, 2005.4.22. 서면4팀-1751, 2005.9.27. / 서일46014-10073, 2002.1.17. 제도46014-10302, 2001.3.28. / 서면4팀-1352, 2007.4.26.

같은 법 시행령 제7항에 따라 평가하고, 후자의 가액은 상증법 제61조제1항 및 상증령 제50조제1항 내지 제6항에 정한 방법에 의하여 평가함(사전2020법령해석재산-1133, 2021.6.4.).

○ 일괄등기 건물 중 일부만 증여받은 경우

일괄하여 등기된 건물 일부를 특정하여 그에 상당하는 부수토지와 함께 증여받은 경우로, 증여받은 후에는 해당 건물을 현실적으로 각자가 구분하여 관리 · 처분할 수 있고, 계약 등에 따라 그 사실이 확인되어 사실상 해당 건물과 그 부수토지를 공유물로 볼 수 없는 경우, 건물과 토지에 대한 각각의 임대보증금 등 환산가액은 해당 증여받은 부분에 대한 전체 임대보증금 등 환산가액을 상증법 제61조제1항부터 제6항 규정에 따라 평가한 건물과 토지 가액으로 안분한 가액으로 함(서면4팀-2866, 2007.10.5.).

○ 임대료의 범위

임대료는 해당 재산을 임대하는 조건으로 임차인이 지급하는 금액을 말하므로 부가법에 따라서 임대사업자가 임차인으로부터 거래징수한 부가가치세는 임대료에서 제외되나, 간이과세 규정을 적용받는 임대사업자가 납부한 부가가치세는 임대료에 포함됨(서면4팀-3722, 2006.11.9.).

○ 임대료등 환산가액의 적용기준일

(평가기준일 현재) "사실상 임대차계약이 체결된 재산"은 상속 · 증여일 현재 임대차 계약기간 이내인 재산에 대하여 적용함(서면4팀-778, 2006.3.31.).

(평가기준일 이후 임대차계약이 개시) 평가기준일 현재 사실상 임대차계약이 체결된 경우에는 상속 · 증여일 이후 임대차계약이 개시되더라도 상증법 제61조제7항에 따른 가액으로 평가하며 다만, 상속 · 증여일 현재 2개의 임대차계약이 체결된 경우에는 평가기준일 현재 임대차 계약기간 내인 임대차계약을 기준으로 적용함(재재산-624, 2005.12.9.).

○ 토지 · 건물 소유자가 다른 상가건물의 건물분 평가방법

임대료 등의 환산가액을 계산할 때 상가건물과 그 부수토지 소유자가 다른 경우로 토지 소유자와 건물 소유자 중 어느 한 사람만이 제3자와의 임대차계약 당사자인 경우에는 제3자가 지급하는 임대료 등의 환산가액을 토지와 건물 기준시가로 나누어 계산한 금액을 각각 토지와 건물 평가가액으로 함(재산세과-284, 2012.8.6).

○ 상가분양권 평가

부동산을 취득할 수 있는 권리를 평가함에 있어 평가기준일 이후에 완성될 건물에 대하여 평가기준일 현재 임대차계약이 체결되어 있는 경우에는 제61조제7항의 "사실상 임대차계약이 체결"된 재산에 해당하며, 이때 상가 분양대금 중 상속개시일 현재 미지급한 금액이 있는 경우 임대료 등의 환산가액은 그 미지급한 금액을 임대료 등의 환산가액에서 뺀 금액으로 계산함(재산세과-21, 2013.1.17.).

○ 전대

임대차계약에는 그 임대계약이 체결된 재산을 임차한 임차인이 전대인에게 전대를 하는 경우 전대부분에 대한 전대계약은 포함되지 아니함(상속증여세과-21, 2014.1.28.).

제2절 유형자산의 평가

〈선박, 항공기 등 그 밖의 유형자산의 평가방법 요약〉

자산종류	평가금액
선박, 항공기, 차량, 기계장비, 입목(立木)	① 재취득가액 ② 재취득가액이 확인되지 않을 경우: 가, 나를 순차 적용 가. 장부가액(취득가액-감가상각비 누계액) 나. 지방세법 시행령 제4조제1항 시가표준액에 따른 가액
상품 · 제품 · 반제품 · 재공품 · 원재료등, 소유권 대상이 되는 동산	① 재취득가액 ② 재취득 가액이 확인되지 않을 경우: 장부가액 ⇒ 사업용 재고자산인 경우 재취득가액에 부가가치세 불포함
판매용이 아닌 서화 · 골동품 등 예술적 가치가 있는 유형재산	Max [가, 나] 가. 전문분야별로 2인 이상의 전문가가 감정한 가액 평균액 나. 국세청장이 위촉한 3인 이상 전문가로 구성된 감정평가심의회의 감정가액 ☐ 전문분야별 구분: ㉠ 서화·전적 ㉡ 도자기·토기·철물 ㉢ 목공예·민속장신구 ㉣ 선사유물 ㉤ 석공예 ㉥ 기타 골동품 ㉦ 기타 미술품
소유권 대상이 되는 동물, 따로 평가방법이 규정되지 않은 기타 유형자산	상품 · 제품 등 평가방법 준용 평가가액 : 재취득가액 → 장부가액 순으로 평가

* 선박 · 기계장치 등 평가시 장부가액은 취득가액을 말하며, 취득가액에서 차감하는 감가상각비는 법인이 관할세무서장에게 신고한 상각방법에 의하여 기준내용연수를 적용해 계산한 취득일부터 평가기준일까지의 감가상각비를 말함(사전2017법령해석재산-0641, 2017.12.18.).

1. 선박 · 항공기 등 기타 유형재산의 평가

Max(①, ②)

① 재취득가액, 장부가액, 시가표준액 순차 적용

② $$\sum_{n=1}^{\text{경과연수}} \frac{\text{각 연도에 받을 임대료}}{(1+30/1000)^n} + \text{임대보증금}$$

– 각 연도의 임대료: 임대차계약에 따라 각 연도에 받을 임대료. 다만, 사용가능기한(「법인세법 시행령」 제26조의3제2항제1호에 따른 기준내용연수를 말한다. 이하 이 계산식에서 같다) 도래 전에 임대차계약이 종료되는 경우 임대차계약 종료일이 속하는 연도 후의 각 연도의 임대료는 임대차계약 종료일이 속하는 연도의 임대료로 계산한다.

– n: 평가기준일부터 사용가능기한까지의 경과연수

선박 · 항공기 · 차량 · 기계장비 및 「입목에 관한 법률」의 적용을 받는 입목에 대해서는, 그것을 처분할 때 다시 취득할 수 있다고 예상되는 가액, 그 가액이 확인되지 않을 경우에는 장부가액

(취득가액에서 감가상각비를 뺀 가액) 및 지방령 제4조제1항에 따른 시가표준액을 순차로 적용한다(상증령 제52조제1항).

> ○ 지방세법 시행령 제4조(건축물 등의 시가표준액 결정 등) ① 법 제4조제2항에서 "대통령령으로 정하는 기준"이란 과세대상별 구체적 특성을 고려하여 다음 각 호의 방식에 따라 행정안전부장관이 정하는 기준을 말한다.
>
> 2. 선박: 선박의 종류 · 용도 및 건조가격을 고려하여 톤수 간에 차등을 둔 단계별 기준가격에 해당 톤수를 차례대로 적용하여 산출한 가액의 합계액에 다음 각 목의 사항을 적용한다.
>   가. 선박의 경과연수별 잔존가치율
>   나. 급랭시설 등의 유무에 따른 가감산율
> 3. 차량: 차량의 종류별 · 승차정원별 · 최대적재량별 · 제조연도별 제조가격(수입하는 경우에는 수입가격을 말한다) 및 거래가격 등을 고려하여 정한 기준가격에 차량의 경과연수별 잔존가치율을 적용한다.
> 4. 기계장비: 기계장비의 종류별 · 톤수별 · 형식별 · 제조연도별 제조가격(수입하는 경우에는 수입가격을 말한다) 및 거래가격 등을 고려하여 정한 기준가격에 기계장비의 경과연수별 잔존가치율을 적용한다.
> 5. 입목(立木): 입목의 종류별 · 수령별 거래가격 등을 고려하여 정한 기준가격에 입목의 목재 부피, 그루 수 등을 적용한다.
> 6. 항공기: 항공기의 종류별 · 형식별 · 제작회사별 · 정원별 · 최대이륙중량별 · 제조연도별 제조가격 및 거래가격(수입하는 경우에는 수입가격을 말한다)을 고려하여 정한 기준가격에 항공기의 경과연수별 잔존가치율을 적용한다.

사실상 임대차계약이 체결되거나 임차권이 등기된 재산의 경우에는 위의 가액과 비교하여 큰 가액으로 평가한다. 임대료등의 환산가액은 부동산의 환산가액[24](부동산의 평가 3. 임대차 계약이 체결된 재산의 평가특례)의 적용과 달리 적용한다.

〈선박 · 항공기 · 차량 · 기계장치 보충적 평가방법 개정연혁〉

2022.2.14. 이전	2022.2.15. 이후[25]
Max(①, ②) ① 재취득가액, 장부가액, 시가표준액 순차 적용 ② 임대료등의 환산가액	Max(①, ②) ① 재취득가액, 장부가액, 시가표준액 순차 적용 ② $\sum_{n=1}^{경과연수} \frac{각\ 연도에\ 받을\ 임대료}{(1+3\%)^n}$ + 임대보증금

24. 임대료등의 환산가액 = 보증금 + (월임대료 × 12 ÷ 0.12)
25. 2022.2.14. 이전 상속 또는 증여부분에 대해서는 종전규정을 적용한다(상증령 제32414호 부칙 제8조).

[관련 질의회신 · 판례 등]

○ 장부가액을 적용함에 있어 취득가액에서 빼는 감가상각비 계산방법

선박, 기계장치 등의 유형재산을 평가함에 있어 재취득가액을 확인할 수 없어 장부가액으로 평가할 경우 장부가액은 취득가액에서 감가상각비를 뺀 가액을 말하며, 감가상각비는 법인이 납세지 관할세무서장에게 신고한 상각방법(법인령 제27조에 따라 납세지 관할세무서장의 승인을 얻어 상각방법을 변경한 경우에는 변경 전과 변경 후 각각의 상각방법을 말한다)에 따라 법인법상 기준내용 연수를 적용하여 계산한 취득일부터 평가기준일까지의 감가상각비를 말함(재산세과-386, 2012.10.31.).

○ 폐차

쟁점차량은 2009.3.13. 상속개시 후 6개월 이내인 2009.5.28.에 400천원에 폐차된 사실이 확인되고 특별한 사정이 없는 한 위 폐차가액도 시가에 해당함(조심2010서3950, 2011.2.22.).

2. 상품 · 제품 등의 평가

Max(①, ② 임대료등의 환산가액)

① 재취득가액, 장부가액 순차 적용

② 임대료등의 환산가액 = 임대보증금 + (1년간 임대료 합계액 × 12%)[26]

* 1년간 임대료 합계액: 평가기준일이 속하는 월의 임대료 × 12개월

상품 · 제품 · 반제품 · 재공품 · 원재료 기타 이에 준하는 동산 및 소유권 대상이 되는 동산의 평가는 그것을 처분할 때에 취득할 수 있다고 예상되는 가액으로 평가한다. 다만 그 가액이 확인되지 않을 경우에는 장부가액으로 한다(상증령 제52조제2항제1호).

이 경우 "그것을 처분할 때에 취득할 수 있다고 예상되는 가액"이라 함은 재취득가액을 말하며, 사업용 재고자산인 경우 재취득가액에는 부가가치세를 제외한 금액을 말한다(상증통칙 62-52-1).

[관련 질의회신 · 판례 등]

○ 장부가액의 의미

상품 등 평가액은 그것을 처분할 때에 취득할 수 있다고 예상되는 가액으로 하며, 그 가액이 확인되지 아니하는 경우에는 장부가액(취득가액에서 감가상각비를 뺀 가액)으로 평가함. 이 경우 장부가액은 기업회계기준 등에 따라 작성된 재무상태표상 장부가액에 의하며 자본금과 적립금조정명세서(을)상의 유보금액을 자산가액에 가감[27]함(서면2016상속증여-5455 [상속증여세과-1196], 2016.11.7.).

---

26. 실무상 "임대보증금+월 임대료×100"으로 계산한다.

3. 판매용이 아닌 서화 · 골동품 등의 평가

Max(①, ② 임대료등의 환산가액)
① 감정가액의 평균액(감정평가심의위원회의 감정가액보다 미달한 경우 위원회의 감정가액)
② 임대료등의 환산가액=임대보증금+(1년간 임대료 합계액×12%)[28]
* 1년간 임대료 합계액: 평가기준일이 속하는 월의 임대료×12개월

판매용이 아닌 서화 · 골동품 등 예술적 가치가 있는 유형재산의 평가는 다음 구분에 따른 전문 분야별로 2인 이상의 전문가가 감정한 가액 평균액으로 한다. 이때 전문가는 감정평가업자로 등으로 상증법령에서 제한하는 규정이 없다.[29] 다만, 그 가액이 국세청장이 위촉한 3인 이상의 전문가로 구성된 감정평가심의회에서 감정한 감정가액에 미달하는 경우에는 그 감정가액에 따른다(상증령 제52조제2항제2호).

① 서화 · 전적 ② 도자기 · 토기 · 철물 ③ 목공예 · 민속장신구
④ 선사유물 ⑤ 석공예 ⑥ 기타 골동품 ⑦ 기타미술품

쟁점

미술품의 평가

상속재산 중 미술품이 있는 경우 미술품으로 물납을 허용하도록 하자는 기사들[30]이 있었다. 물납은 상속재산 중 부동산과 유가증권만 가능한데, 미술품은 해외유출되어 문화적 손실을 초래할 수 있으므로 미술품으로 물납을 허용하자는 의견이다.

그런데 상속재산 중 미술품이 있을 때 재산평가는 어떻게 할까?

---

27. 비상장주식을 보충적 평가시 장부가액은 취득가액에서 감가상각비를 뺀 가액으로 회신(사전2017법령해석재산-0641, 2017.12.18.)이 나가는 것을 감안하면, 이 해석의 의미는 전단(취득가액)으로 파악해야 한다.
28. 실무상 "임대보증금+월 임대료×100"으로 계산한다.
29. ○ 서화 골동품 감정평가심의회 운영규정 제3조(설치) 국세청장은 서화 · 골동품 등의 공정하고 객관적인 평가를 위해 영 제52조제2항의 규정에 의하여 국세청에 감정평가심의회를 설치한다.
○ 서화 골동품 감정평가심의회 운영규정 제4조(구성 및 운영)
① 감정평가심의회는 위원장 1인 및 전문분야별 3인 이상의 감정평가위원으로 구성한다.
1. 감정평가위원은 매회 다음 각 목에 해당하는 전문지식과 경험이 풍부한 분야별 외부전문가 중에서 국세청장이 위촉한다.
가. 국 · 공립박물관 및 국 · 공립미술관 소속의 학예사 이상의 자격을 가진 자
나. 문화재청의 문화재전문위원
다. 기타 서화 · 골동품 방면의 전문지식과 학식을 겸비한 자로서 국세청장이 지정하는 자
30. "세금 납부, 현금 대신 미술품으로… 물납제 급물살 타나?", 머니투데이, 2021.8.18., 문화재등의 물납이 허용되었다(상증법 제73조의2).

1. 상증법의 재산평가는 시가평가를 원칙으로 한다.

시가에는 해당 재산의 매매등 가액을 시가로 보는데, 매매등의 가액은 거래가액, 공매가액, 경매가액, 수용가액, 감정가액의 평균가액등을 말한다. 미술품의 거래가액이 없다면, 감정가액으로 평가할 수 있다. 감정가액은 감정평가업자(감정평가법인 또는 감정평가사)의 감정가액을 말한다.

감정평가업자가 토지와 부동산 말고 미술품도 감정평가를 할 수 있을까? 가능하다. 감정평가 및 감정평가사에 관한 법률 제2조에서 감정평가는 토지등의 경제적 가치를 판정하는 것이고, 토지등은 토지 및 그 정착물, 동산 등을 말한다고 규정하고 있다.

> ○ 감정평가 및 감정평가사에 관한 법률 제2조【정의】
> 이 법에서 사용하는 용어의 뜻은 다음과 같다.
> 1. "토지등"이란 토지 및 그 정착물, 동산, 그 밖에 대통령령으로 정하는 재산과 이들에 관한 소유권 외의 권리를 말한다.
> 2. "감정평가"란 토지등의 경제적 가치를 판정하여 그 결과를 가액(價額)으로 표시하는 것을 말한다.
> 3. "감정평가업"이란 타인의 의뢰에 따라 일정한 보수를 받고 토지등의 감정평가를 업(業)으로 행하는 것을 말한다.

2022년 현재 우리나라에서 활동하는 미술품 전문 감정평가사가 많아 보이지는 않는다.[31]

2. 매매등 가액이 없다면 보충적 평가방법에 따라 평가한다.

상증법 제62조(선박 등 그 밖의 유형재산의 평가), 상증령 제52조(그 밖의 유형재산의 평가)제2항제2호에 따라 분야별 2인 이상의 전문가가 감정한 가액의 평균액으로 평가한다. 여기서 전문가 범위는 법령에서 규정하고 있지 않다. 이와 관련하여 다툼이 생길 수 있다.

3. 위원회를 통해 평가한다.

상증법령 위원회는 상증령 제49조의2에 따른 재산평가심의위원회와 상증령 제52조에 따른 감정평가심의위원회가 있는데 미술품 평가는 이 두 위원회가 관련이 생길 수 있다.

가. 감정평가심의위원회

감정평가심의위원회는 2번에 언급한 전문가의 감정가액 평균액과 관련되어 있다. 그 가액이 국세청장이 위촉한 3인 이상 전문가로 구성된 감정평가심의위원회에서 감정한 감정가액에 미달하는 경우에는 그 감정가액에 의한다고 규정하고 있다. "감정평가심의위원회에서 감정한 가액"은 미술품 감정가액으로 선행되는 것이 아니다. 2번 전문가의 감정가액 평균액과 비교할 때 필요하다.

나. 재산평가심의위원회[32]

평가기간 이내에 매매등 가액이 없으면 기간을 확대하여 평가기준일 전 2년에서 법정결정기한까지(평가기

---

31. "국내 첫 미술전문 감평사 김지효씨, '미술품 객관적 가치 산정 고민 커'", 뉴시스, 2020.11.14.
32. 상증령에서는 평가심의위원회로 규정하지만, 실무상 재산평가심의위원회라고 부른다(관련 훈령은 평가심의위원회 운영규정이다).

간 제외)의 매매 등 가액을 재산평가심의위원회[33]를 통해 시가로 본다. 재산평가심의위원회는 1번의 감정가액과 관련이 있다. 그 가액이 "상증법 제62조에 따라 평가한 가액과 동일유사재산의 따른 가액의 90%에 해당하는 가액 중 적은 금액(기준금액)"에 미달하는 경우 세무서장등이 다른 감정기관에 의뢰할 수 있고, 기준금액 이상인 경우에도 재산평가심의위원회 심의를 거쳐 부적정하다고 인정되는 경우를 포함한다.

또한, '세무서등 또는 납세자'가 감정하여 그 가액을 평가심의위원회 심의를 통해 시가로 본다. 미술품도 다른 상속재산과 같이 시가평가가 원칙이고, 시가에는 거래가액, 감정평가업자의 감정가액 평균액이 포함된다. 앞의 가액이 없다면, 전문가의 감정가액으로 평가할 수 있다.

상증령 제49조【평가의 원칙등】
① (생략)
1. (생략)
2. 해당 재산(법 제63조제1항제1호에 따른 재산을 제외한다)에 대하여 둘 이상의 기획재정부령으로 정하는 공신력 있는 감정기관(이하 "감정기관"이라 한다)이 평가한 감정가액이 있는 경우에는 그 감정가액의 평균액. 다만, 다음 각 목의 어느 하나에 해당하는 것은 제외하며, 해당 감정가액이 법 제61조 · 제62조 · 제64조 및 제65조에 따라 평가한 가액과 제4항에 따른 시가의 100분의 90에 해당하는 가액 중 적은 금액(이하 이 호에서 "기준금액"이라 한다)에 미달하는 경우(기준금액 이상인 경우에도 제49조의2제1항에 따른 평가심의위원회의 심의를 거쳐 감정평가목적 등을 고려하여 해당 가액이 부적정하다고 인정되는 경우를 포함한다)에는 세무서장(관할지방국세청장을 포함하며, 이하 "세무서장등"이라 한다)이 다른 감정기관에 의뢰하여 감정한 가액에 의하되, 그 가액이 납세자가 제시한 감정가액보다 낮은 경우에는 그렇지 않다.
가. ~ 나. (생략)

상증 규칙 제15조【평가의 원칙등】
① 영 제49조제1항제2호 각 목외의 부분 본문에서 "기획재정부령이 정하는 공신력 있는 감정기관"이란 「감정평가 및 감정평가사에 관한 법률」에 따른 감정평가업자를 말한다.

상증령 제52조【그 밖의 유형재산의 평가】
② 법 제62조제2항의 규정에 의한 평가는 다음 각 호의 어느 하나에 의한다.
1. (생략)
2. 판매용이 아닌 서화 · 골동품 등 예술적 가치가 있는 유형재산의 평가는 다음 각목의 구분에 의한 전문분야별로 2인 이상의 전문가가 감정한 가액의 평균액. 다만, 그 가액이 국세청장이 위촉한 3인 이상의 전문가로 구성된 감정평가심의회에서 감정한 감정가액에 미달하는 경우에는 그 감정가액에 의한다.
가. 서화 · 전적
나. 도자기 · 토기 · 철물
다. 목공예 · 민속장신구
라. 선사유물
마. 석공예
바. 기타 골동품
사. 가목부터 바목까지에 해당하지 아니하는 미술품

33. 재산평가심의위원회 쟁점은 별도로 다룬다.

4. 동물 및 별도로 평가방법을 규정하지 않은 유형재산의 평가

Max(①, ② 임대료등의 환산가액)
① 재취득가액, 장부가액 순차 적용
② 임대료등의 환산가액=임대보증금+(1년간 임대료 합계액×12%)[34]
* 1년간 임대료 합계액: 평가기준일이 속하는 월의 임대료×12개월

소유권의 대상이 되는 동물 및 평가방법을 규정하지 아니한 기타 유형재산의 평가는 그것을 처분할 때 취득할 수 있다고 예상되는 가액에 따른다. 다만, 그 가액이 확인되지 않을 경우에는 장부가액으로 평가한다(상증령 제52조제2항제3호).

34. 실무상 "임대보증금+월 임대료×100"으로 계산한다.

제3절 유가증권의 평가

유가증권 중 상장주식등 및 비상장주식등을 제외한 유가증권의 평가방법이다. 유가증권은 아니지만 채권과 채무에 관한 평가방법을 상증령 제58조제2항에서 규정하고 있다.

1. 국채 · 공채 · 사채 및 기타 유가증권의 평가

가. 상장된 국채 등의 평가

○ Max (①, ②) ① 평가기준일 이전 2개월간 공표된 최종시세가액의 평균액 ② 평가기준일 이전 최근일의 최종시세가액

한국거래소에서 거래되는 유가증권 중 국채 · 공채 · 사채(전환사채 등 제외)("국채 등")의 평가는 평가기준일 이전 2개월간 매일 공표된 한국거래소 최종시세가액의 평균액과 평가기준일 이전 최근일의 최종시세가액 중 큰 가액으로 평가한다(상증령 제58조제1항제1호).

거래소에서 거래되는 국민주택채권 가액은 상증령 제58조제1항제1호에 따라 평가한다(재삼46014-2451, 1997.10.16.).

나. 상장되어 있지 아니한 경우

○ 타인으로부터 매입한 국채등=매입가액+평가기준일까지의 미수이자상당액 ○ 그 외의 국채=처분예상금액. 처분예상금액을 산정하기 어렵다면, 투자매매업자등의 평가액의 평균액

상장되어 있지 아니하거나 평가기준일 이전 2개월 기간 중 거래실적이 없는 국채 등은 다음과 같이 평가한다(상증령 제58조제1항제2호).

1) 타인으로부터 매입한 국채 등: 매입가액+평가기준일까지의 미수이자상당액

이 경우 국채 등의 발행기관 및 발행회사로부터 액면가로 직접 매입한 것은 제외한다(상증령 제58조제1항제2호).

2) 그 외의 국채 등: 평가기준일 현재 이를 처분하는 경우에 받을 수 있다고 예상되는 금액(처분예상금액)

다만, 처분예상금액을 산정하기 어려우면 해당 국채 등의 상환기간 · 이자율 · 이자지급 방법

등을 참작하여 「자본시장과 금융투자업에 관한 법률」에 따라 인가받은 둘 이상의 투자매매업자 등이 평가한 금액의 평균액으로 할 수 있다. 투자매매업자 등은 「자본시장과 금융투자업에 관한 법률」에 따라 인가를 받은 투자매매업자, 투자중개업자, 「공인회계사법」에 따른 회계법인과 「세무사법」에 따른 세무법인을 말한다.

〈투자매매업자 등의 개정연혁〉

2010.3.30. 이전	2010.3.31. 이후
투자매매업자, 투자중개업자	투자매매업자, 투자중개업자, 회계법인, 세무법인

2. 전환사채(Convertible Bond)의 평가

전환사채란 사채의 형태로 발행되지만 일정기간이 지나면 사채권자의 청구에 따라 미리 결정된 조건대로 발행회사의 주식으로 전환할 수 있는 사채를 말한다.

가. 한국거래소에서 거래되는 전환사채

국채 등의 평가방법을 준용하여 평가한다.

1) 거래실적이 있는 경우

○ 전환사채의 평가액=Max (①, ②)
① 평가기준일 이전 2개월간 공표된 최종시세가액의 평균액
② 평가기준일 이전 최근일의 최종시세가액

평가기준일 이전 2개월간 매일 공표된 유가증권시장 최종시세가액의 평균액과 평가기준일 이전 최근일의 최종시세가액 중 큰 가액으로 평가한다(상증령 제58조의2제1항).

2) 평가기준일 이전 2개월 중 거래실적이 없는 경우

○ 타인으로부터 매입한 전환사채=매입가액+평가기준일까지의 미수이자상당액
○ 그 외의 전환사채=처분예상금액. 처분예상금액을 산정하기 어려운 경우에는 투자매매업자등의 평가액의 평균액

가) 타인으로부터 매입한 전환사채

매입가액＋평가기준일까지의 미수이자상당액. 이 경우 국채 등의 발행기관 및 발행회사로부터 액면가로 직접 매입한 것은 제외한다(상증령 제58조제1항제2호).

나) 그 외의 전환사채

평가기준일 현재 이를 처분하는 경우에 받을 수 있다고 예상되는 금액(처분예상금액). 다만, 처분예상금액을 산정하기 어려운 경우에는 해당 전환사채의 상환기간 · 이자율 · 이자지급 방법 등을 참작하여 투자매매업자 등이 평가한 금액의 평균액으로 할 수 있다.

나. 한국거래소에서 거래되지 않는 전환사채

다음 가액에 따라서 평가하되, 둘 이상의 투자매매업자 등이 평가한 금액의 평균액으로 평가할 수 있다.

1) 전환 금지기간 중에 평가하는 경우

만기상환금액(이자 포함)을 사채발행이율과 적정할인율 중 낮은 이율에 따라 발행 당시의 현재가치로 할인한 가액에서 발행 후 평가기준일까지 발생한 이자상당액을 가산한 가액으로 평가한다(상증령 제58조의2제2항제1호나목).

전환사채의 평가액={만기상환금액 / $[1+Min(R, r)]^n$}+평가기준일까지의 이자상당액 R: 사채발행이율, r: 기획재정부령이 정하는 이자율(“적정할인율”) 8%

2) 전환 등이 가능한 기간 중에 있는 전환사채의 평가

전환 등이 불가능한 기간 중에 평가하는 경우의 평가액과 해당 전환사채로 전환할 수 있는 주식가액에서 배당차액을 뺀 가액 중 큰 가액으로 평가한다.

전환사채의 평가액=Max(①, ②) ① {만기상환금액 / $[1+Min(R, r)]^n$}+평가기준일까지의 이자상당액 R: 사채발행이율, r: 적정할인율 ② 전환할 수 있는 주식가액 - 배당차액 배당차익=[주식 또는 출자지분 1주당 액면가액×직전기 배당률×신주발생일이 속하는 사업연도 개시일부터 배당기산일 전일까지의 일수] / 365

예시

2019.1.1	2019.1.1	2020.2.1	2020.4.1
◆	▲	◆	▲
전환사채발행	평가기준일(Ⅰ)	전환가능기간 개시시점	평가기준일(Ⅱ)

○ 사채 발행내역

- 사채발행가액: 500,000,000원 액면발행(액면금액 1좌당 5,000원) 상환할증조건 아님
- 전환사채 만기: 발행 후 3년
- 사채발행이자율: 3% 이자지급 매년말 1회
- 전환권 내용: 발행 후 1년 후부터 사채 액면금액@5,000당 신주 1주로 전환 가능
- 법인의 발행주식총수 및 1주당 액면가액: 100만주, @5,000
- 2020.4.1. 현재 법인의 주식의 시가: @20,000
- 직전기 배당률: 5%

가. 평가기준일이 주식전환 금지기간에 있는 비상장 전환사채(I)의 평가액

① 발행일(2019.1.1.) 현재의 전환사채 가액(아래 다.): 500,000,000

ⅰ) 이자의 현재가치: 5억×연3%×연금현가계수 2.8286(n=3, r=3%)=42,429,170

ⅱ) 원금의 현재가치: 5억×현가계수 0.9151(n=3, r=3%)=457,570,830

ⅲ) 발행일 현재의 전환사채 가치(i+ii)=500,000,000

② 발행일부터 평가기준일까지(19.1.1.~19.11.1.)의 발생 이자상당액: 5억×3%×304/365=12,493,150

③ 평가기준일(19.11.1) 현재의 비상장 전환사채(Ⅰ)의 현재가치 (①+②): 512,493,150

나. 평가기준일이 전환가능기간에 있는 비상장 전환사채(II)의 평가액

Max[①, ②]=1,987,619,771

① 평가기준일(2020.4.1.) 현재의 비상장 전환사채(II)의 현재가치((a)+(b)): 503,770,491

(a) 발행일(2019.1.1.) 현재의 전환사채가액

i) 이자의 현재가치: 5억×연3%×연금현가계수 2.8286 (n=3, r=3%)=42,429,170

ii) 원금의 현재가치: 5억×현가계수 0.9151(n=3, r=3%)=457,570,830

iii) 발행일 현재의 전환사채 가치(i+ii): 500,000,000

(b) 발행일부터 평가기준일까지(20.1.1.~20.4.1.) 발생 이자상당액: 5억×3%×92/366=3,770,491

② 평가기준일(20.4.1)에 주식전환시 주식가치=전환주식가액(a)-배당차액(b)=1,987,619,771

(a) 전환시 주식가액: @20,000(1주 시가)×100,000주(5억÷@5,000)=2,000,000,000

(b) 배당차액: 100,000주×@5,000×5%×91/366=6,215,846

3. 신주인수권증권(warrants)의 평가

신주인수권증권이란 신주인수권부사채에서 신주인수권만 떼어낸 것으로 일정기간에 미리 정해진 가격으로 새로 주식을 발행해달라고 요구할 수 있는 권리를 나타내는 증서이다.

가. 한국거래소에서 거래되는 경우

평가기준일 이전 2개월간 매일의 유가증권시장 최종시세가액의 평균액과 평가기준일 이전 최근일의 최종시세가액 중 큰 가액으로 평가한다(상증령 제58조의2제1항).

> Max(①, ②)
> ① 평가기준일 이전 2개월간 공표된 최종시세가액의 평균액
> ② 평가기준일 이전 최근일의 최종시세가액

나. 한국거래소에서 거래되지 않는 경우

다음 가액에 따라 평가하되, 둘 이상의 투자매매업자 등이 평가한 금액의 평균액으로 평가할 수 있다.

1) 전환 등이 불가능한 기간 중에 평가하는 경우

> 신주인수권증권의 평가액(a)={[만기상환금액 / (1+R)^n] - [만기상환금액 / (1+r)^n]}
> 만기상환금액(이자 포함)
> R: 사채발행이율, r: 기획재정부령이 정하는 이자율(적정할인율) 8%

사채발행이율이란, 사채의 발행가액과 사채발행에 따라 만기일까지 지급할 액면이자와 만기상환금액의 합계액 현재가치를 일치시키는 이자율을 말하며, 만기상환금액에는 상환할증금이 포함된다(재재산-1036, 2011.12.2., 재재산-678, 2010.7.14.).

예시

> (문) 발행가액: 5,000백만원, 표면이자율 3%, 매년말 지급, 사채의 만기: 발행 후 3년 상환할증금: 1,000백만원일 때 사채발행이율은?

(답) 사채발행이율: 9%

(∴) 각 연도의 이자와 원금+상환할증금의 현재가치가 발행가액인 5,000백만원에 일치되게 하는 이자율을 말함

기간 말	이자	원금+할증금	합계
1	150	-	150
2	150	-	150
3	150	6,000	6,150

2) 전환 등이 가능한 기간 중에 평가하는 경우

위 1)의 평가액과 해당 신주인수권증권으로 인수할 수 있는 주식가액에서 배당차액과 신주인수가액을 뺀 가액 중 큰 가액으로 평가한다(상증령 제58조의2제2항제2호).

Max(①, ②)

① {[만기상환금액 / $(1+R)^n$] - [만기상환금액/$(1+r)^n$]}

R: 사채발행이율, 만기상환금액: 이자포함 금액, r: 적정할인율

② 신주인수권증권으로 인수할 수 있는 주식가액 - (배당차액+신주인수가액)

배당차익=[주식 또는 출자지분 1주당 액면가액×직전기 배당률×신주발행일이 속하는 사업연도 개시일부터 배당기산일 전일까지의 일수]/365

4. 신주인수권부사채(bond with warrants)의 평가

신주인수권부사채는 사채권자에게 신주인수권이 부여된 사채를 말한다.

가. 한국거래소에서 거래되는 경우

평가기준일 이전 2개월간에 매일의 유가증권시장 최종시세가액의 평균액과 평가기준일 이전 최근일의 최종시세가액 중 큰 가액으로 평가한다(상증령 제58조의2제1항).

Max(①, ②)

① 평가기준일 이전 2개월간 공표된 최종시세가액의 평균액

② 평가기준일 이전 최근일의 최종시세가액

나. 한국거래소에서 거래되지 않는 경우

다음 가액에 따라 평가하되, 둘 이상의 투자매매업자 등이 평가한 금액의 평균액에 의할 수 있다.

1) 전환 등이 불가능한 기간 중에 평가하는 경우

만기상환금액을 사채발행이율과 적정할인율 중 낮은 이율에 따라 발행당시의 현재가치로 할인한 가액에서 발행 후 평가기준일까지 발생한 이자상당액을 가산한 가액으로 평가한다(상증령 제58조의2제2항제1호).

> 신주인수권부사채 평가액(c)={만기상환금액/$[1+\min(R, r)]^n$}+평가기준일까지 이자상당액
>
> 만기상환금액: 이자포함 금액
>
> R: 사채발행이율, r: 적정할인율

2) 전환 등이 가능한 기간 중에 평가하는 경우

> Max(①, ②)
>
> ① (c)
>
> ② (c) — (a)+(b)
>
> (a) 전환금지기간 중 신주인수권증권 평가액 (3. 나 - (1))
>
> (b) 전환가능기간 중 신주인수권증권 평가액 (3. 나 - (2))
>
> (c) 전환금지기간 중 신주인수권부사채 평가액 (4. 나 - (1))

예시

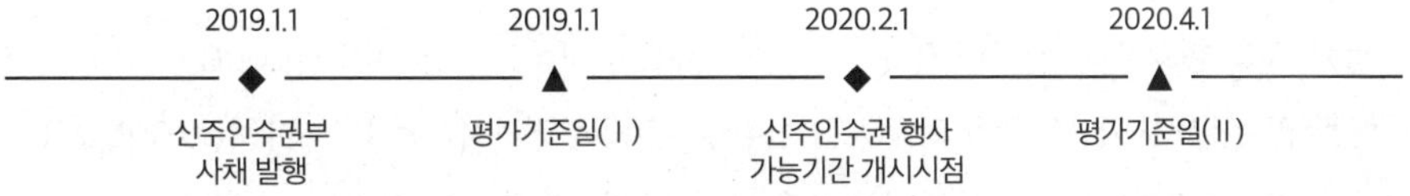

○ 사채 발행내역

- 채발행가액: 10억 액면발행(액면금액 1좌당 10,000원) 상환할증조건 아님
- 신주인수권부사채 만기: 발행 후 3년 · 사채발행이자율: 연 3%

- 신주인수권 내용: 발행 후 1년 후부터 사채 액면금액 @10,000당 신주 1주를 8,000원에 매입할 수 있음.
- 법인 발행주식총수 및 1주당 액면가액: 100만주, @5,000
- 2020.4.1. 현재 법인의 주식 시가: @12,000 · 직전기 배당률: 없음.

가. 평가기준일이 신주인수권행사 금지기간에 있는 비상장 신주인수권부사채(I)의 평가액 =(①+②+③)=1,024,986,301원

① 이자의 현재가치: 10억×연3%×연금현가계수2.8286(n=3, r=3%)=84,858,341

② 원금의 현재가치: 10억×현가계수0.9151(n=3, r=3%)=915,141,659

③ 발행일부터 평가기준일까지(19.1.1-11.1.) 발생 이자상당액: 10억×3%×304/365=24,986,301

나. 평가기준일이 신주인수권행사 가능기간에 있는 비상장 신주인수권부사채(II)의 평가액 max((a),(b))=1,278,653,983

(a) 평가기준일(2020.4.1.) 현재의 비상장 신주인수권부사채의 현재가치(①+②)=1,007,540,983

① 2019.1.1.의 신주인수권부사채가액

i) 이자의 현재가치: 10억×연3%×연금현가계수 2.8286(n=3, r=3%)=84,858,341

ii) 원금의 현재가치: 10억×현가계수 0.9151(n=3, r=3%)=915,141,659

iii) 발행일(2019.1.1.)의 신주인수권부사채 가치: 10억

② 발행일부터 평가기준일까지(20.1.1-20.4.1.) 발생 이자상당액: 10억×3%×92/366=7,540,983

(b) (평가기준일 현재 비상장 신주인수권부사채의 현재가치+신주인수권증권 평가 차이=(①-②+③)=1,278,653,983

① 평가기준일 현재의 비상장 신주인수권부사채의 현재가치(위 나의 (a))=1,007,540,983

② 신주인수권행사 금지기간 중의 비상장 신주인수권증권의 평가액: ⓐ-ⓑ=128,887,000

ⓐ 사채발행이율을 적용한 신주인수권부사채의 발행당시 현재가치: 10억(액면발행)

ⓑ 적정할인율*을 적용한 신주인수권부사채의 발행당시 현재가치(i+ii): 871,113,000

i) 원금의 현재가치: 10억×현가계수0.7938(n=3, r=8%)=793,800,000

ii) 이자의 현재가치: 10억×연3%×연금현가계수2.5771(n=3, r=8%)=77,313,000

③ 신주인수권행사 가능기간 중의 비상장 신주인수권증권 평가액: Max[ⓐ, ⓑ]=400,000,000

ⓐ 신주인수권행사 금지기간 중의 비상장 신주인수권증권 평가액(위 ②): 128,887,000

ⓑ 신주 인수할 경우 자본소득: 1,200,000,000-800,000,000=400,000,000

i) 인수할 경우 주식가액: @12,000×100,000=1,200,000,00

ii) 배당차액: 없음

iii) 인수가액: @8,000×100,000=800,000,000

5. 신주인수권증서의 평가

신주인수권증서란 신주를 인수할 수 있는 권리에 대해 매매를 할 수 있도록 증서화한 것을 말한다. 다음 가액에 따라서 평가하되, 둘 이상의 투자매매업자 등이 평가한 금액의 평균액에 의할 수 있다.

가. 한국거래소에서 거래되는 경우

거래소에 상장되어 거래되는 전체 거래일의 종가 평균으로 한다.

나. 한국거래소에서 거래되지 않는 경우

신주인수권증서가 거래소에서 거래되지 않는 경우에는 "해당 신주인수권증서로 인수할 수 있는 주식의 권리락 전 가액-(배당차액+신주인수가액)"으로 평가한다. 다만 해당 주식이 주권상장법인 등의 경우로 권리락 후 주식가액이 권리락 전 주식가액에서 배당차액을 뺀 금액보다 작으면 권리락 후 주식가액에서 신수인수가액을 뺀 금액으로 평가한다.

Min[권리락 후 주식가액, (권리락 전 주식가액 — 배당차액)] — 신주인수가액

6. 대부금 · 외상매출금 및 받을어음 등 채권가액과 입회금 · 보증금 등의 채무가액 평가

대부금 · 외상매출금 및 받을어음 등의 채권가액은 원본 회수기간 · 약정이자율 및 금융시장에서 형성되는 평균이자율 등을 감안하여 평가한다. 다만, 채권의 전부 또는 일부가 평가기준일 현재 회수 불가능한 것으로 인정되는 경우에는 그 가액을 산입하지 아니한다(상증령 제58조제2항).

가. 회수기간이 5년을 초과하거나 회사정리절차 등으로 내용이 변경된 경우

$$평가액=\sum \frac{각\ 연도별로\ 회수할\ 금액(원본+이자상당액)}{(1+8\%)^{n}}$$

n=평가기준일로부터 회수일이 속하는 연수

대부금 등의 원본 회수기간이 5년을 초과하거나 회사정리절차 개시 등의 사유로 당초 채권 내용이 변경된 경우, 각 연도에 회수할 금액(원본+이자상당액)을 이자율(8%)에 따라 현재가치로 할인한 금액의 합계액으로 평가한다(상증규칙 제18조의2). 이 경우 소득법 제94조제1항제4호나목에 따른 시설물이용권에 대한 입회금 · 보증금 등으로 원본 회수기간이 정해지지 아니한 것은 그 회수기간을 5년으로 본다.[35]

나. 회수기간이 5년 이내인 대부금 등의 경우

원본가액에 평가기준일까지의 미수이자 상당액을 가산한 금액으로 평가한다(상증규칙 제18조의2제2항).

[관련 질의회신 · 판례 등]

○ 5년 경과의 판단

(원본) 원본 회수기간이 5년을 초과하는지 여부는 평가기준일부터 원본을 반환받기로 약정한 날까지의 기간을 기준으로 판단함(서면4팀-1981, 2007.6.26.).

(입회금 · 보증금 등) 평가기준일부터 입회금 등을 반환하기로 약정한 날까지의 기간을 말하며, 원본 회수기간이 정하여지지 아니한 경우에는 그 회수기간을 5년으로 봄(서면4팀-3537, 2007.12.11.).

(특정시설물이용권) 특정시설물이용권에 대한 입회금 · 보증금 등의 회수기간은 평가기준일부터 입회금을 반환하기로 약정한 날까지의 기간을 말하며, 해당 입회금 · 보증금 등에는 잔금 납부 전의 계약금과 중도금을 포함함(서면4팀-1083, 2007.4.3.).

○ 골프회원권

시설물이용권인 골프장 입회금은 일반적인 경우 원본 회수기간이 정해져 있지 않은 채무로 보나, 예외적으로 원본 회수기간이 정해져 있는 채무로 볼 수 있는 경우도 있으므로 이에 해당하는지는 입회계약서상 보증금 반환에 관한 약정 및 실제 반환사례 등 구체적인 사실관계에 따라 판단함(기획재정부 재산세제과-69, 2012.1.30.).

---

35. 원본 회수기간이 정해지지 아니한 경우 5년으로 본다는 것만 보면 제2호에 따라 원본 가액에 미수이자상당액을 가산하여 더하여 계산할 것 같지만, 조문 위치(제2호가 아니라 제1호에 있다)와 국세청 해석은 현재가치로 할인하여 계산하는 것으로 보인다.
   ○ 상증규칙 제18조의2(액면가액으로 직접 매입한 국채등의 평가) ②영 제58조제2항 본문에서 "기획재정부령으로 정하는 바에 따라 평가한 가액"이란 다음 각호의 1의 방법에 의하여 평가한 가액을 말한다.
   1. 원본의 회수기간이 5년을 초과하거나 회사정리절차 또는 화의절차의 개시 등의 사유로 당초 채권의 내용이 변경된 경우에는 각 연도에 회수할 금액(원본에 이자상당액을 가산한 금액을 말한다)을 영 제58조의2제2항제1호가목에 따른 적정할인율에 의하여 현재가치로 할인한 금액의 합계액. 이 경우 「소득세법」 제94조제1항제4호 나목의 규정에 의한 시설물이용권에 대한 입회금 · 보증금 등으로서 원본의 회수기간이 정하여지지 아니한 것은 그 회수기간을 5년으로 본다.
   2. 제1호외의 채권의 경우에는 원본의 가액에 평가기준일까지의 미수이자상당액을 가산한 금액

7. 집합투자증권의 평가

집합투자란 2인 이상에게 투자권유를 하여 모은 금전 등을 투자증권, 파생상품, 부동산, 실물자산 등에 운용하고 그 결과를 투자자에게 귀속시키는 것을 말한다.

가. 집합투자증권의 평가

집합투자증권이란 집합투자기구에 출자한 지분(투자신탁의 경우는 수익권)이 표시된 증권을 말하며, 이러한 집합투자증권의 평가는 평가기준일 현재의 한국거래소 기준가격[36]이나 집합투자업자 또는 투자회사가 자본시장법에 따라 산정·공고한 기준가격으로 평가한다. 다만, 평가기준일 현재의 기준가격이 없는 경우에는 평가기준일 현재의 환매가격 또는 평가기준일 전 가장 가까운 날의 기준가격으로 평가한다(상증령 제58조제3항).

수익증권의 기준가격은 신탁재산을 주식이나 채권, 유동성자산 등에 투자한 자산의 평가액에 그 투자에 따른 배당, 이자 등을 가산하고 부채나 운용에 소요된 비용을 차감한 순자산가액에 투자한 총좌수로 나누어 계산한다. 기준가격에는 원천징수세액 상당액을 차감하지 않는다(서일 46014-10330, 2003.3.18.).

나. 뮤추얼펀드의 평가

뮤추얼펀드[37]란 투자신탁의 일종으로 우리나라에서는 유가증권 투자를 목적으로 설립된 법인회사로 주식발행을 통해 투자자를 모집하고 모집된 투자자산을 전문 운용회사에 맡겨 그 운용수익을 투자자에게 배당금 형태로 되돌려주는 투자회사를 의미한다.

평가는 앞의 "가. 수익증권의 평가방법"과 동일한 방법으로 한다.

[관련 질의회신 · 판례 등]

○ 상속받은 상장주식 등의 평가

(질의) 상속개시일부터 6개월 이내에 당해 재산(펀드)을 처분한 경우

36. 자본시장과 금융투자업에 관한 법률 시행령 제262조(기준가격의 계산과 공고) ① 법 제238조제6항에서 "대통령령으로 정하는 방법"이란 법 제238조제7항에 따른 기준가격의 공고·게시일(사모집합투자기구의 집합투자증권의 경우에는 기준가격의 산정일로 한다. 이하 이 항에서 같다) 전날의 재무상태표상에 계상된 자산총액(법 제238조제1항에 따른 평가방법으로 계산한 것을 말한다)에서 부채총액을 뺀 금액을 그 공고·게시일 전날의 집합투자증권 총수로 나누어 계산하는 방법을 말한다.
37. 쉽게 말하면, 모은 돈으로 펀드투자를 하는 새로운 회사를 만든 경우 그 투자회사를 뮤추얼펀드라고 한다.

(회신) 간접투자자산 운용업법에 의한 간접투자증권의 평가는 상증령 제58조제3항 규정에 의하여 상속개시일 현재의 한국증권선물거래소 기준가격에 의하거나 자산운용회사 또는 투자회사가 산정 · 공고한 기준가격에 의함(재산세과-3769, 2008.11.14.).

○ 뮤추얼 펀드

(개방형) 상증령 제58조제3항 규정에 의하여 증권투자신탁 수익증권의 가액을 평가기준일 현재의 거래소 기준가격으로 평가하는 경우에 당해 기준가격에서 원천징수세액 상당금액을 차감하지 아니함(서일46014-10330, 2003.3.18.).

○ "환매금지투자회사"가 발행한 상장주식의 평가

"환매금지투자회사"가 발행한 상장 주식은 상증법 제63조제1항제1호가목 규정에 의하여 평가기준일 이전 · 이후 각 2개월간 매일 공표된 한국증권선물거래소 최종시세가액(거래실적 유무 불문) 평균액으로 평가함(재산세과-68, 2009.1.8.).

8. 예금 · 저금 · 적금 등의 평가

평가액=예입금액+미수이자상당액 - 원천징수세액 상당액

예금 · 저금 · 적금 등의 평가는 평가기준일 현재 예입 총액과 같은 날 현재 이미 지난 미수이자 상당액을 합친 금액에서 소득법 제127조(원천징수의무)제1항에 따른 원천징수세액 상당 금액을 뺀 가액으로 한다(상증법 제63조제4항).

"미수이자 상당액"은 평가기준일까지 발생한 이자상당액 중 피상속인이 수령하지 아니한 금액을 말한다(재삼46014-2351, 1998.12.3.).

제4절 무체재산권의 평가

Max(①, ②)

① 취득가액 — 감가상각비상당액

② 개별 평가가액

무체재산권은 영업권 · 어업권 · 특허권 · 실용신안권 · 상표권 · 디자인권 · 저작권 등을 말한다. 상증법에서는 무체재산권으로 규정하고, 상증령 제59조제2항에서는 영업권, 제4항에서는 어업권 및 양식업권, 제5항에서는 특허권 · 실용신안권 · 상표권 · 디자인권 · 저작권 등, 제6항에서는 광업권 및 채석권등으로 구분하여 규정하고 있다.

2014.1.1. 이후 상속 · 증여분부터는 아래 개정연혁의 ①과 ②의 평가방법 중 큰 가액을 평가하며, 2013.12.31. 이전에는 매입한 경우에는 "가"의 방법으로, 매입하지 않은 경우에는 "나"의 방법으로 평가하였다.

매입한 무체재산권은 취득가액에서 취득한 날부터 평가기준일까지 법인법상의 감가상각비를 뺀 금액으로 평가한다(상증법 제64조제1항, 상증령 제59조제1항)

감가상각비 상당액=매입가액×{(매입시기에서 평가기준일까지 총월수)/(법인법상 무형고정자산의 내용연수(총월수))}

월수는 역에 따라 계산하되 1개월 미만인 경우 1개월로 한다.

〈무체재산권 평가 개정연혁〉

2013.12.31. 이전	2014.1.1. 이후
매입: 취득가액-감가상각비 그 외: 개별 평가가액	Max(①, ②) ① 취득가액-감가상각비상당액 ② 개별 평가가액

개별 평가가액은 아래와 같다.

1. 특허권 · 실용신안권 · 상표권 · 디자인권 · 저작권 등

특허권은 설정등록을 통해 발생하며 존속기간은 출원일로부터 20년이다. 특허권을 받기 위해서 출원발명은 산업에 이용할 수 있어야 하며(산업상 이용가능성), 출원하기 전에 이미 알려진 기술(선행기술)이 아니어야 하고(신규성), 선행기술과 다른 것이더라도 그로부터 쉽게 생각해 낼 수 없는 것이어야 한다(진보성)[38].

실용신안권은 설정등록을 통해 발생하며, 실용신안은 산업상 이용할 수 있는 물품의 형상 · 구조 또는 조합에 관한 고안을 말한다(실용신안법 제4조).

상표권은 설정등록에 의하여 발생하며, "상표"란 자기 상품(지리적 표시가 사용되는 상품의 경우를 제외하고는 서비스 또는 서비스 제공에 관련된 물건을 포함)과 타인의 상품을 식별하기 위하여 사용하는 표장(標章)을 말한다(상표법 제2조).

디자인권은 설정등록에 의하여 발생하며, 디자인은 "디자인"이란 물품[물품의 부분, 글자체 및 화상 포함]의 형상 · 모양 · 색채 또는 이들을 결합한 것으로 시각을 통하여 미감(美感)을 일으키게 하는 것을 말한다(디자인보호법 제2조)

저작권은 등록할 수 있으며, 저작물은 인간의 사상 또는 감정을 표현한 창작물을 말한다(저작권법 제2조).

특허권 · 실용신안권 · 상표권 · 디자인권 등은 그 권리에 따라 장래에 받을 각 연도의 수입금액을 현재가치로 환산하여 평가한다.

$$\sum_{n=1}^{n} \frac{\text{각 연도의 수입금액}}{\left(1+\frac{10}{100}\right)^{n}}, \text{ n: 평가기준일로부터 경과연수}$$

평가기준일부터 최종 경과연수는 해당권리의 존속기간에서 평가기준일 전일까지 경과된 연수를 차감하여 계산한다. 이 경우 평가기준일부터의 최종 경과연수가 20년을 초과하는 때에는 20년으로 한다(상증규칙 제19조제3항).

각 연도의 수입금액이 확정되지 아니한 경우에는 평가기준일 전 최근 3년간(3년에 미달하는 경우 그 미달하는 연수) 각 연도의 수입금액 합계액을 평균한 금액을 각 연도의 수입금액으로 하되, 최근 3년간 수입금액이 없거나 저작권(저작인접권 포함)으로서 평가기준일 현재 장래에 받을 각 연도의 수입금액이 하락할 것이 명백한 경우 세무서장 등이 둘 이상의 공신력 있는 감정기관("감정평가 및 감정평가사에 관한 법률"에 따른 감정평가법인등을 말한다) 또는 전문가의 감정가액 및 해당 권리의 성질 기타 제반사정을 감안하여 적정한 가액으로 평가할 수 있다.

38. 특허청 누리집 – 지식재산제도 – 특허의 이해

〈감정기관의 범위 개정연혁〉

2016.2.4. 이전	2016.2.5. 이후
감정평가법인	감정평가업자(개인+법인)

[관련 질의회신 · 판례 등]

○ 전문가

(특허법인) 무체재산권인 특허권을 평가함에 있어, 특허법인은 상증규칙 제19조제4항에 따른 수입금액이 없는 특허권을 평가할 수 있는 전문가에 해당함(서면2017법령해석재산-2305, 2017.10.25.(요지)).

(한국발명진흥회 등) 무체재산권을 평가함에 있어 수입금액이 없는 경우에는 세무서장 등이 둘 이상의 감정평가법인 또는 「발명진흥법」 제32조에 의하여 설립된 한국발명진흥회 및 「벤처기업육성에 관한 특별조치법 시행령」 제4조제1항의 기술평가기관 감정가액으로 평가할 수 있음(재산세과-951, 2010.12.15.).

(발명의 평가기관) 무체재산권을 평가함에 있어 평가기준일 전 최근 3년간 수입금액이 없는 경우에는 세무서장 등이 둘 이상의 공신력 있는 감정기관(「감정평가 및 감정평가사에 관한 법률」에 따른 감정평가업자를 말한다) 또는 「발명진흥법」 제28조제1항에 따라 특허청장이 지정한 발명 평가기관이 낸 감정가액 및 해당 권리의 성질 기타 제반사정을 감안하여 적정한 가액으로 평가할 수 있음(서면2021법령해석재산-5708 [법령해석과-4350], 2021.12.13.).

○ 각 연도의 수입금액 합계액

출판물 판매에 따른 수입금액에 저작권 등의 권리에 의한 수입금액이 포함된 경우, "평가기준일 전 최근 3년간 각 연도의 수입금액 합계액"의 수입금액이란 '저작권 등의 권리에 의한 수입금액'만을 말함(법규과-1271, 2012.10.31.).

○ 비상장주식을 보충적 평가시 '발전사업권'의 감정가액을 순자산가액에 합산하는지 여부

비상장주식의 순자산가액 계산시 장부에 계상되어 있지 않은 발전사업권에 대한 상증령 제49조제1항에 따른 감정가액이 있는 경우 해당 감정가액을 자산가액에 합산함(기획재정부 재산세제과-345, 2021.4.6.).

2. 영업권의 평가

$$\sum_{n=1}^{\text{지속연수}} \frac{\text{자기자본 이익률 초과 순손익액}}{(1+0.1)^n}$$, n: 평가기준일로부터 경과연수

영업권이라 함은 그 기업의 전통, 사회적 신용, 입지조건, 특수한 제조기술 또는 거래관계의 존재 등 영업상 기능 내지 특성으로 인하여 동종 사업을 영위하는 다른 기업의 통상수익보다 높은 수익을 올릴 수 있는 초과수익력이라는 무형의 재산적 가치를 말한다(대법원95누18697, 1997.5.28.).

영업권 평가는 초과이익금액을 평가기준일 이후의 영업권 지속연수(원칙적으로 5년)를 감안

한 환산가액에 따른다(상증령 제59조제2항). 다만, 매입한 무체재산권으로서 그 성질상 영업권에 포함해 평가되는 무체재산권은 이를 별도로 평가하지 아니하되 해당 무체재산권 평가액이 환산한 가액보다 큰 경우에는 해당 가액을 영업권 평가액으로 한다.

영업권을 매입한 경우, 그 평가액(취득가액 - 감가상각비)이 아래 계산식에 따라 산정한 금액보다 큰 경우에는 그 평가액으로 한다(상증규칙 제16조).

> 자기자본 이익률을 초과하는 순손익액 = {최근 3년간(3년에 미달시는 당해 연수(가))의 순손익액의 가중 평균액(나) × 50/100} − {평가기준일 현재의 자기 자본(다) × 10/100}

가. 평가기준일 이전 각 사업연도가 2개 또는 1개의 사업연도밖에 없는 경우에도 그 2개 또는 1개 사업연도의 순손익액을 기준으로 가중 평균하여 영업권을 평가한다

이 경우 평가기준일이 속하는 사업연도에 사업을 개시하여 평기기준일 이전 사업연도의 순손익액이 없는 경우에는 영업권가액은 0원이 되며, 영업권 포함 전 순자산가액인 자기자본이 0 이하인 경우에도 0으로 한다.

자기자본을 확인할 수 없으면 (사업소득금액/자기자본이익률)과 (수입금액/자기자본회전율) 중 큰 가액으로 한다.

법인전환 사업장의 경우 최근 3년간의 순손익액 계산시 1), 2) 요건을 모두 충족하는 경우 개인사업자였던 기간을 포함하며, 3년에 미달하는 경우에는 당해 연수로 한다.

1) '개인기업+법인' 영위기간을 합한 기간이 3년 이상인 경우
2) 개인 사업 영위기간 중 소유 · 사업에 실제 사용한 특허권 등 무형자산을 법인에 출자하고, 해당 자산을 그 법인이 사용하는 경우

나. 비상장주식의 평가시 1주당 순손익가치 가중평균액은 상증령 제56조제1항 및 제2항을 준용하여 평가한다. 이 경우 같은 조 제1항 중 "1주당 순손익액"과 같은 조 제2항 중 "1주당 추정이익"은 "순손익액"으로 본다(상증령 제59조제3항)

다. 자기자본은 상증령 제55조제1항에 따라 계산한 순자산가액을 말하며, 자산총계에서 부채총계를 공제하여 계산한다[39]

---

39. 영업권을 평가함에 있어서 자기자본이 부수인 경우 그 부분은 없는 것으로 한다(재산01254-4363, 1989.11.29.).

영업권 평가에 있어 제시한 증빙에 의하여 자기자본을 확인할 수 없는 경우, 다음 산식에 의하여 계산한 금액 중 많은 금액으로 한다(상증령 제59조제7항).

1) 사업소득금액÷소득령 제165조제10항제1호에서 규정하는 자기자본이익률[40]

2) 수입금액÷소득령 제165조제10항제2호에서 규정하는 자기자본회전율

〈영업권 평가방식 개정연혁〉

2003.12.31. 이전	2004.1.1. 이후
[(최근 3년간(3년에 미달시는 해당 연수) 순손익액의 가중평균액×50%) — (평가기준일 현재의 자기자본×10%)]×5년	$\sum_{n=1}^{지속연수} \frac{자기자본\ 이익률\ 초과\ 순손익액}{(1+0.1)^n}$ 자기자본 이익률 초과 순손익액 = {최근 3년간(3년에 미달시는 해당 연수) 순손익액 가중평균액 × 50% — (평가기준일 현재의 자기자본×10%)}

라. 그 밖의 사항

1) 비상장주식을 상증령 제54조제4항에 따라 순자산가치로 평가하는 경우 영업권평가액은 해당 법인의 자산가액에 이를 합산한다. 다만, 다음 경우에는 그러하지 아니하다.

가) 상증령 제54조제4항제1호[41] 또는 제3호에 해당하는 경우

나) 상증령 제54조제4항제2호에 해당하는 경우. 다만, 다음에 모두 해당하는 경우는 제외한다.

(1) 개인사업자가 상증령 제59조에 따른 무체재산권을 현물출자하거나 조특령 제29조제2항에 따른 사업 양도·양수 방법에 따라 법인으로 전환하는 경우로 그 법인이 해당 사업용 무형자산을 소유하면서 사업용으로 계속 사용하는 경우

(2) 가목에 따른 개인사업자와 법인의 사업 영위기간 합계가 3년 이상인 경우

다) 해당 법인이 평가기준일이 속하는 사업연도 전 3년 내의 사업연도부터 계속하여 「법인

---

40. 자기자본이익률 및 자기자본회전율은 한국은행이 업종별, 규모별로 발표한 자기자본이익률 및 자기자본회전율을 말한다(소득규칙 제81조제6항).

41. 상증령 제54조(비상장주식등의 평가) ④ (생략)

1. 법 제67조 및 법 제68조에 따른 상속세 및 증여세 과세표준신고기한 이내에 평가대상 법인의 청산절차가 진행 중이거나 사업자의 사망 등으로 인하여 사업의 계속이 곤란하다고 인정되는 법인의 주식등

2. 사업개시 전의 법인, 사업개시 후 3년 미만의 법인 또는 휴업·폐업 중인 법인의 주식등. 이 경우 「법인세법」 제46조의3, 제46조의5 및 제47조의 요건을 갖춘 적격분할 또는 적격물적분할로 신설된 법인의 사업기간은 분할 전 동일 사업부분의 사업개시일부터 기산한다.

3. 법인의 자산총액 중 「소득세법」 제94조제1항제4호다목 1) 및 2)의 합계액이 차지하는 비율이 100분의 80 이상인 법인의 주식등

세법」에 따라 각 사업연도에 속하거나 속하게 될 손금 총액이 그 사업연도에 속하거나 속하게 될 익금 총액을 초과하는 결손금이 있는 법인인 경우

2) 개인의 자가창설 영업권

피상속인이 개인으로서 경영하던 사업체(부동산임대업 포함)를 평가함에 있어 영업권 가액도 상속재산가액에 포함한다(서면4팀-1282, 2005.7.21.).

개인으로서 경영하는 사업체 영업권을 평가할 때, "최근 3년간 순손익액의 가중평균액"은 평가기준일 이전 1년, 2년 및 3년이 되는 사업연도의 사업소득금액을 기준으로 하여 계산한다(서면4팀-3279, 2006.9.26.).

자기자본은 평가 기준일 현재 당해 사업과 관련된 자산을 상증법 제60조 내지 제66조 규정에 의하여 평가한 가액에서 부채를 차감한 가액으로 한다. 이 경우 증빙에 의하여 자기자본을 확인할 수 없는 경우 상증령 제59조제7항의 규정에 의하여 계산한 금액 중 많은 금액으로 평가한다(서면1팀-488, 2005.5.9.).

[관련 질의회신 · 판례 등]

○ 영업장이 2개 이상일 때 영업권 평가액의 통산 여부

부수(−)의 영업권가액과 정수(+)의 영업권가액을 통산할 수 없다. 즉, 영업권 평가시 영업장이 2개 이상이라 하더라도 각 영업권의 평가가액을 통산하여 산정할 수는 없음(대법원2000두7766, 2002.4.12.).

○ 자기자본

영업권을 평가할 때 자기자본은 평가기준일 현재 해당 사업과 관련된 자산을 상증법 제60조부터 제66조까지의 규정에 따라 평가한 가액에서 부채를 차감한 가액으로 함(서면4팀-896, 2008.4.3.).

○ 개인 사업체의 영업권[42]

(상속재산 포함여부) 피상속인이 개인으로서 경영하던 사업체(부동산임대업 포함)를 평가함에 있어 영업권 가액도 상속재산가액에 포함함(서면4팀-1282, 2005.7.21.).

(계산방법 - 순손익액의 가중평균액) 개인으로서 경영하는 사업체 영업권을 평가할 때, "최근 3년간 순손익액의 가중평균액"은 평가기준일 이전 1년, 2년 및 3년이 되는 사업연도의 사업소득금액을 기준으로 하여 계산함(서면4팀-3279, 2006.9.26.).

(계산방법-자기자본) 자기자본은 평가기준일 현재 당해 사업과 관련된 자산을 상증법 제60조 내지 제66조의 규정에 의하여 평가한 가액에서 부채를 차감한 가액으로 한다. 이 경우 증빙에 의하여 자기자본을 확인할 수 없는 경우에는 상증령 제59조제7항의 규정에 의하여 계산한 금액 중 많은 금액으로 평가함(서면1팀-488, 2005.5.9.).

---

42. 해석사례는 있지만, 불복사례는 확인하기 어렵다. 즉 개인사업체의 경우 논리상 계산이 가능해 보이지만, 실제로 영업권을 계산할 수 있는지는 의문이다.

3. 어업권 및 양식업권의 평가

어업권 및 양식업권의 가액은 영업권에 포함하여 계산한다.

4. 광업권 및 채석권의 평가

가. 조업할 수 있는 광업권 등의 평가

$$\sum_{n=1}^{n} \frac{\text{평가기준일 전(前) 3년간 평균소득}}{(1+0.1)^n}$$, n: 평가기준일로부터 채굴 가능연수

광업권 및 채석권 등은 평가기준일 이후의 채굴가능연수에 대하여 평가기준일 전 3년간 평균소득(실적이 없는 경우 예상 순소득)을 각 연도마다 환산한 금액의 합계액을 그 가액으로 한다. 다만, 조업할 가치가 없는 경우에는 설비 등에 의하여만 평가한 가액으로 한다(상증령 제59조제6항).

평가기준일 전 3년간 평균소득은 광물의 매출액에서 그 광물의 채굴까지 소요되는 생산비용을 뺀 금액을 말한다. 이 경우 평가기준일 전 3년간 평균소득 실적이 없는 경우에는 예상되는 광물의 매출액에서 그 광물의 채굴까지 소요되는 비용을 뺀 금액으로 한다.

[관련 질의회신 · 판례 등]

○ 평균소득

평균소득에 관하여 명문 규정이 없어 영업권평가시 적용되는 순손익 개념을 차용하여 광업권 평가시 평균소득도 소득금액의 개념이므로 평균소득 산출시 매출액에서 매출원가와 판매비 및 일반관리비를 제외하여야 함(대법원2008두7625, 2008.8.21.).

제5절 그 밖의 조건부 권리 및 가상재산 등의 평가

1. 조건부 권리의 평가

조건부 권리, 존속기간이 불확정한 권리 및 소송 중인 권리의 가액은 다음과 같이 평가한 가액에 따른다(상증령 제60조).

가. 조건부 권리는 본래 권리의 가액을 기초로, 평가기준일 현재의 조건내용을 구성하는 사실, 조건성취의 확실성, 기타 제반사정을 감안한 적정가액으로 평가

나. 존속기간이 불확정한 권리의 가액은 평가기준일 현재의 권리의 성질, 목적물의 내용연수 기타 제반사항을 감안한 적정가액으로 평가

다. 소송중인 권리의 가액은 평가기준일 현재의 분쟁관계의 진상을 조사하고 소송 진행 상황을 감안한 적정가액으로 평가

법인의 자산 속에 '소송 중의 권리'가 포함되어 있는 경우 그 순자산가액은 "분쟁관계의 진상을 조사하고 소송진행 상황을 참작한 적정한 가액"으로 평가하여야 할 것이고, 이때 '소송 중의 권리'는 상속재산평가의 일반원칙에 따라 상속개시 당시의 현황, 즉 상속개시 당시의 시가에 의하여 산정할 수밖에 없는데, 상속개시 당시에는 '소송 중의 권리'가 그 권리의 존부나 범위를 둘러싸고 다툼이 있어 분쟁관계에 있었더라도 그 후 당해 과세처분취소소송의 변론종결 이전에 법원 판결 등을 통하여 '소송 중의 권리'의 내용과 범위가 구체적으로 확정되었다면, 다른 특별한 사정이 없는 한, 판결에 따라 확정된 권리의 가액을 기초로 상속개시 당시 현황에 의하여 '소송 중의 권리' 가액을 평가하여야 한다(대법원2003두6153, 2005.5.26.).

2. 가상자산의 평가

2022.1.1. 이후[43] 상증법 제65조제2항에 따른 가상자산 가액은 다음 구분에 따라 평가한 가액으로 한다(상증령 제60조제2항). 이 경우 가상자산은「특정 금융거래정보의 보고 및 이용 등에 관한 법률」제2조제3호의 가상자산을 말한다.

---

43. 가상자산 양도 · 대여로 발생하는 소득(기타소득)에 대해서는 과세시행이 2023년 이후로 연기되었다.

○ 평가기준일 전 · 이후 1개월의 가상자산사업자가 공시하는 일평균가액 평균액
○ 그 밖의 가상자산: 거래일의 일평균가액 or 종료시각에 공시된 시세가액

가. 「특정 금융거래정보의 보고 및 이용 등에 관한 법률」 제7조에 따라 신고가 수리된 가상자산사업자 중 국세청장이 고시하는 가상자산사업자의 사업장에서 거래되는 가상자산: 평가기준일 전 · 이후 각 1개월 동안 해당 가상자산사업자가 공시하는 일평균가액 평균액

나. 그 밖의 가상자산: 1)에 해당하는 가상자산사업자 외의 가상자산사업자 및 이에 준하는 사업자의 사업장에서 공시하는 거래일의 일평균가액 또는 종료시각에 공시된 시세가액 등 합리적으로 인정되는 가액

○ 「특정 금융거래정보의 보고 및 이용 등에 관한 법률」 제2조(정의)제3호[44]의 가상자산의 범위는 아래와 같다.

3. 가상자산이란 경제적 가치를 지닌 것으로서 전자적으로 거래 또는 이전될 수 있는 전자적 증표(그에 관한 일체의 권리를 포함한다)를 말한다. 다만, 다음 각 목의 어느 하나에 해당하는 것은 제외한다.
  가. 화폐 · 재화 · 용역 등으로 교환될 수 없는 전자적 증표 또는 그 증표에 관한 정보로서 발행인이 사용처와 그 용도를 제한한 것
  나. 게임산업진흥에 관한 법률 제32조제1항제7호에 따른 게임물의 이용을 통하여 획득한 유 · 무형의 결과물
  다. 전자금융거래법 제2조제14호에 따른 선불전자지급수단 및 같은 조 제15호에 따른 전자화폐
  라. 주식 · 사채 등의 전자등록에 관한 법률 제2조제4호에 따른 전자등록주식등
  마. 전자어음의 발행 및 유통에 관한 법률 제2조제2호에 따른 전자어음
  바. 상법 제862조에 따른 전자선하증권
  사. 거래의 형태와 특성을 고려하여 대통령령으로 정하는 것

〈가상자산 평가를 위한 가상자산사업자, 국세청 고시 제2021-58호, 2021.12.28.〉

상호	서비스명	비고
두나무 주식회사	업비트	금융정보분석원 신고수리 완료
주식회사 빗썸코리아	빗썸	
주식회사 코빗	코빗	
주식회사 코인원	코인원	

44. 2021.3.25. 시행

〈가상자산의 평가 개정연혁[45]〉

2021.12.31. 이전	2022.1.1. 이후	
	국세청장 고시 사업자의 사업장에서 거래되는 가상자산	그 외 사업장에서 거래되는 가상자산
평가기준일 현재 시가* *거래일 최종시세가액, 거래시점 가액 등 합리적으로 인정되는 가액	평가기준일 전 · 이후 각 1개월 동안의 일평균가액 평균액	거래일의 일평균가액 또는 최종시세가액 등 합리적으로 인정되는 가액

예시[46]

(문1) 평가기준일이 2022.2.5.이고, 국세청장 고시 사업자의 사업장(업비트, 빗썸, 코빗, 코인원) 모두에서 거래되는 가상자산 A의 평가방법

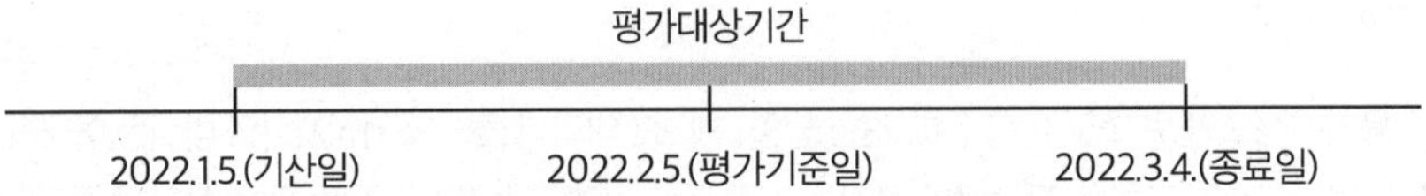

일자	가상자산 사업장	가상자산	일평균 가액(원)	일평균가액의 평균액(원)	A가상자산 평가액
2022.1.5.	업비트	A	11,000	12,250*	$\frac{12,250 + \cdots + 21,750}{59일}$ = 15,500원(가정) 2022. 1. 5.~2022. 3. 4.까지의 일평균액 가액의 평균액으로 계산 → 평가기준일 전 · 이후 각 1개월 간 일평균가액의 평균액
2022.1.5.	빗썸	A	12,000		
2022.1.5.	코빗	A	13,000		
2022.1.5.	코인원	A	13,000		
⋮	⋮	⋮	⋮	⋮	
2022.3.4.	업비트	A	21,000	21,750	
2022.3.4.	빗썸	A	22,000		
2022.3.4.	코빗	A	23,000		
2022.3.4.	코인원	A	21,000		

*2022.1.5. A가상자산의 일평균가액: (11,000+12,000+13,000+13,000)÷4=12,250원

(문1) 평가기준일이 2022.2.5.이고, 국세청장 고시 사업자의 사업장 중 일부 사업장(업비트, 빗썸, 코인원)에서 거래되는 가상자산 A의 평가방법

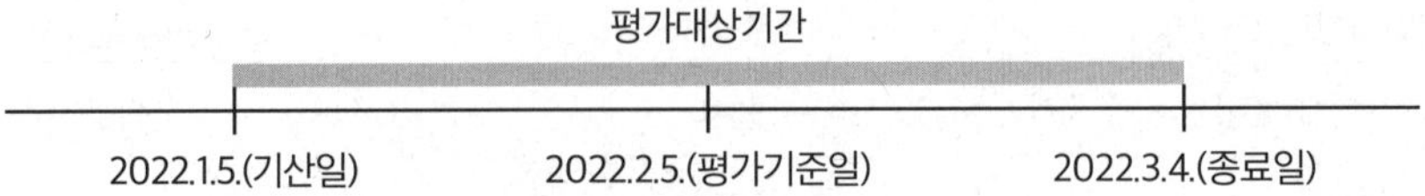

45. 가상자산 평가를 위한 가상자산사업자 고시, 국세청 보도자료, 2021.12.28.
46. 가상자산 평가를 위한 가상자산사업자 고시, 국세청 보도자료, 2021.12.28.

일자	가상자산 사업장	가상자산	일평균 가액(원)	일평균가액의 평균액(원)	A가상자산 평가액
2022.1.5.	업비트	A	11,000	12,000*	$\frac{12,000 + \cdots + 22,000}{59일}$ = 15,000원(가정)
2022.1.5.	빗썸	A	12,000		
2022.1.5.	코빗	A	13,000		
⋮	⋮	⋮	⋮	⋮	2022. 1. 5.~2022. 3. 4.까지의 일평균액가액의 평균액으로 계산 → 평가기준일 전 · 이후 각 1개월 간 일평균가액의 평균액
2022.3.4.	업비트	A	21,000	22,000	
2022.3.4.	빗썸	A	22,000		
2022.3.4.	코인원	A	21,000		

*2022.1.5. A가상자산의 일평균가액: (11,000+12,000+13,000)÷3=12,000원

쟁점

2021.12.31. 이전 가상자산의 평가

비트코인 등을 자산으로 볼 것이냐, 화폐로 볼 것이냐 논쟁이 최근 몇 년 전부터 있었고, 그것과 별개로 세금을 어떻게 과세할 수 있는지 논란이 있었다. 상증법에서는 가상자산으로 볼 것이냐, 가상화폐로 볼 것이냐는 중요하지 않다. 재산적 가치가 있으면 상속재산 또는 증여재산으로 보기 때문에 자산, 화폐 구분의 실익은 상증법에서는 없다.

하지만 평가의 문제가 있다. "특정 금융거래정보의 보고 및 이용 등에 관한 법률"에서 가상자산 개념을 정의하였는데 그 시행시기는 2021.3.25.(공포는 2020.3.24.)이다. 가상자산에 대해 정의가 내려지면서 관련 세법도 개정되었다. 소득법에서는 "거주자의 가상자산소득에 대한 과세방법(기타소득)과 가상자산 사업자에 대한 과세자료 제출"을 상증법에서는 '평가'와 관련하여 개정하였다. 그 적용시기는 2022.1.1. 이후이다.[47]

그렇다면 2021.12.31. 이전 상속받거나 증여받은 경우 가상자산을 어떻게 평가해야 할까?

상속 · 증여재산의 평가는 상속개시일(증여일) 현재 시가로 평가하며, 시가에는 해당 재산의 매매가액과 동일재산의 매매가액이 포함된다. 여기서의 문제는 다음과 같다.

① 일정기간 해당 재산의 매매가액과 동일재산의 매매가액이 둘 다 있는 경우 해당 재산의 매매가액을 우선 적용해야 하는데, 해당 재산과 동일 재산의 구분실익이 전혀 없음에도 해당 재산의 매매가액을 적용해야 하는지 여부다. 상장주식의 경우는 평균액으로 평가하기 때문에 그러한 문제가 발생하지 않지만, 가상자산은 거래가 빈번하다.

② 근거규정도 문제이다. 거래가 빈번하므로 평균액으로 평가하는 것이 합리적이다. 상증법 제65조제2항에서는 평가방법을 규정하지 아니한 재산 평가에 대해서는 상증법 평가규정을 준용하여 평가할 수 있도록 규정하고 있어서 가상자산은 상장주식처럼 일정기간의 평균액으로 평가할 수 있어 보인다.

하지만 상증법 제65조는 시가를 산정하기 어려운 경우에 적용하는 규정이다. 가상자산은 시가가 없는 것이 아니라, 많은 매매가액 중 어떤 가액을 어떻게 시가로 적용할 수 있느냐의 문제이기 때문에 상증법 제65조를 근거 조항으로 적용할 수 없어 보인다.

47. 가상자산의 양도 · 대여소득에 대한 과세(기타소득)는 2023년으로 유예되었다.

그러나 개정 전 상증법 제65조제2항에서는 이 법에서 따로 평가방법을 규정하지 아니한 재산의 평가에 대해서는 제1항 및 제60조부터 제64조까지에 규정된 평가방법을 준용하여 평가할 수 있다고 규정하고 있고, 제60조는 결국 시가평가를 규정하고 있기 때문에 제2항이 시가를 산정하기 어려운 경우에만 적용할 수 있는 규정인지는 의문이 있다.

○ 상증법 제60조(평가의 원칙 등)(2020.12.22. 개정되기 전의 것)
③ 제1항을 적용할 때 시가를 산정하기 어려운 경우에는 해당 재산의 종류, 규모, 거래상황 등을 고려하여 제61조부터 제65조까지에 규정된 방법으로 평가한 가액을 시가로 본다.
○ 상증법 제65조(그 밖의 조건부 권리 등의 평가) (2020.12.22. 개정되기 전의 것)
② 그 밖에 이 법에서 따로 평가방법을 규정하지 아니한 재산의 평가에 대해서는 제1항 및 제60조부터 제64조까지에 규정된 평가방법을 준용하여 평가한다.

③ 평균액으로 하더라도 어떻게 적용할지가 쟁점이다. 가상자산 거래소의 종가는 상장주식과는 차이가 있다. 상장주식 거래소는 하나인데 반해, 가상자산 거래소는 복수이다. 복수가 되면 국세청이 모든 자료를 수집할 수 있는지는 논외라 하더라도 해당 거래소의 평균액으로 적용할지, 모든 거래소[48]의 평균액으로 할지라는 문제가 발생한다.

평균액을 적용할 때 평가기간에 관한 법령이 없어 상장주식처럼 전후 2개월로 할지가 불분명하다. 2022.1.1. 이후 적용되는 가상자산의 평가는 전후 1개월이다.

이러한 문제가 있어서 실제 과세관청에서 가상자산을 과세하는 것은 쉽지 않아 보인다. 여기에 참고할 만한 판례로 대법원2011두18458가 있다. 타인의 재산을 무상으로 제공받아 금전 차입시 담보로 제공한 경우 증여세 과세여부에 대해 법원은 상증법상 증여에는 해당하지만 증여재산가액 산정방법이 없어 증여세를 과세할 수 없다고 보았다(대법원2011두18458, 2013.11.14.). 가상자산도 재산적 가치는 있지만 그 가액을 산정할 수 있는 법령[49]이 없어 증여세를 과세할 수 없는 것으로 보인다.

3. 신탁의 이익을 받을 권리의 평가

신탁의 이익을 받을 권리의 가액은 다음에 따라 평가한 가액으로 한다. 다만, 평가기준일 현재 신탁계약의 철회, 해지, 취소 등을 통해 받을 수 있는 일시금이 다음 각 호에 따라 평가한 가액보다 큰 경우에는 그 일시금의 가액으로 한다.

48. 모든 거래소라면 납세자가 그 거래소 가액을 확인할 수 있는 방법이 있어야 한다. 국세청은 홈택스를 통해 거래소 가격(종가)을 2022.3월에 제공할 예정이다(가상자산 평가를 위한 가상자산사업자 고시, 국세청 보도자료, 2021.12.28.)
49. 납세자가 가액을 예측할 수 있어야 한다.

가. 원본을 받을 권리와 수익을 받을 권리의 수익자가 동일한 경우

Max(①, ②) ① 신탁재산 가액 ② 신탁계약의 철회·해지·취소 등을 통해 받을 수 있는 일시금

평가기준일 현재 법에 따라 평가한 신탁재산의 가액과 평가기준일 현재 신탁계약의 철회 · 해지 · 취소 등을 통해 받을 수 있는 일시금 중 큰 가액으로 한다. 평가기준일 현재 법에 따라 평가한 신탁재산 가액은 시가를 의미하며 시가 산정이 어려운 경우 보충적 평가 방법을 적용하여 산정한 가액으로 한다.

나. 원본을 받을 권리와 수익을 받을 권리의 수익자가 다른 경우

1) 원본을 받을 권리를 수익하는 경우

Max(①, ②) ① 신탁재산 가액 — 신탁의 수익 평가액 ② 신탁계약의 철회·해지·취소 등을 통해 받을 수 있는 일시금

평가기준일 현재 법에 따라 평가한 신탁재산 가액에서 신탁 수익 평가액을 차감한 금액과 평가기준일 현재 신탁계약의 철회 · 해지 · 취소 등을 통해 받을 수 있는 일시금 중 큰 가액으로 한다.

2) 수익을 받을 권리를 수익하는 경우

Max(①, ②) ① (각 연도에 받을 수익의 이익-원천징수세액)/(1+신탁 재산 평균수익률)^n n: 평가기준일부터 수익시기까지의 연수 ② 신탁계약의 철회·해지·취소 등을 통해 받을 수 있는 일시금

평가기준일 현재 기획재정부령이 정하는 방법에 따라 추산한 장래 받을 각 연도의 수익금에 대하여 수익의 이익에 대한 원천징수세액 상당액 등을 고려하여 위의 계산식에 따라 계산한 금액 합계액으로 평가한다.

이때 수익시기가 정해지지 않은 경우 평가기준일부터 수익시기까지 연수는 20년 또는 기대 여명 연수로 계산한다. 현재 신탁재산의 수익에 대한 수익률이 확정되지 아니한 경우 원본 가액에

3%를 곱하여 계산한 금액을 말한다.

〈신탁의 이익 평가시 할인율 개정연혁〉

2017.3.9. 이전	2017.3.10. 이후
10/100	30/1000

4. 정기금을 받을 권리의 평가

정기금이란 정기적으로 반복하여 금전 기타 물건을 지급하는 것을 목적으로 하는 채권으로 연금 등이 이에 해당한다. 정기금을 받을 권리의 가액은 다음 정기금별 각 연도에 받을 정기금액을 아래 현재가치할인 계산식에 따라 할인한 가액 합계액으로 평가한다.

2019.2.12. 이후 상속 · 증여분 평가부터는 평가기준일 현재 계약의 철회, 해지, 취소 등을 통해 받을 수 있는 일시금이 아래 평가한 가액보다 큰 경우에는 그 일시금의 가액에 의한다.

가. 유기정기금

Max(①, ②)

① $\sum_{n=1}^{n}$ 〔각 연도에 받을 정기금액 / (1+이자율(현재 3%)^{n}〕, n=평가기준일부터의 경과연수

② 계약의 철회·해지·취소 등을 통해 받을 수 있는 일시금

유기정기금은 일정기간 정기적으로 금전 기타 물건을 받을 권리로, 평가기준일 현재 정기금의 급부 잔존 기간에 각 연도에 받을 정기금액을 기준으로 계산한 금액의 합계액으로 평가한다. 다만, 1년분 정기금액의 20배를 초과할 수 없다.

〈정기금 평가시 적용할 이자율 개정연혁〉

2010.11.4. 이전	2010.11.5.	2017.3.10. 이후
6.5% 기재부고시 제2010-21호, 2010.11.5.	3.5% (상증규칙 제19조의2제2항)	3.0% (상증규칙 제19조의2제3항)

나. 무기정기금

무기정기금이란 정기금 급부사유가 발생한 이후에 장래 무기한 정기적으로 금전 기타 물건을

받게 되는 권리를 말하며, 그 1년분 정기금액의 20배에 상당하는 금액으로 평가한다.

Max(①, ②)

① 1년분 정기금액×20

② 계약의 철회·해지·취소 등을 통해 받을 수 있는 일시금

다. 종신정기금

Max(①, ②)

① $\sum_{n=1}^{n}$〔각 연도에 받을 정기금액 / (1+이자율(현재 3%)^{n}〕, n=평가기준일부터의 경과연수

② 계약의 철회, 해지, 취소 등을 통해 받을 수 있는 일시금

종신정기금이란 당사자 일방이 자기, 상대방 또는 제3자의 종신까지 정기로 금전 및 기타 물건을 상대방 또는 제3자에게 지급할 것을 약정하여 그 효력이 발생하는 것으로, 상대방 또는 제3자 사망시까지 정기적으로 금전 기타 물건을 받을 권리를 말한다.

종신정기금의 평가는 그 목적으로 된 자의 기대여명(2010.12.31. 이전 상속·증여분은 75세까지 기간) 중 각 연도에 받을 정기금액을 기준으로 위의 유기정기금 평가 계산식과 같이 계산한 금액의 합계액으로 평가한다.

[관련 질의회신 · 판례 등]

○ 정기금 평가

(정기적금) 부모가 증여목적으로 부모 명의 계좌에서 자녀 명의 자산관리계좌로 예금을 대체하는 경우에는 자녀 명의 계좌로 대체될 때마다 증여한 것으로 보나, 부모가 일정 기간 매월 일정액을 정기적으로 부모 명의 계좌에서 자녀 명의 자산관리계좌에 대체하기로 자녀와 약정한 경우로 그 사실을 최초 대체일부터 증여세과세표준 신고기한 이내에 납세지 관할 세무서장에게 신고한 경우에는 상증령 제62조에 따라 평가한 가액을 최초 대체일에 증여한 것으로 보아 증여세 과세표준을 계산할 수 있음(서면법규과-1049, 2014.10.2.).

(복권당첨금) 「복권 및 복권기금법」에 따른 복권당첨금을 당첨금지급 기간(20년) 동안 매월 일정액으로 수령하던 자가 사망으로 인하여 상속인에게 잔여복권당첨금을 매월 지급하는 경우 해당 금액은 상속세 과세대상이며, 이 경우 상속재산 평가는 상증령 제62조제1호에 따라 평가함. 다만, 상속인이 복권 당첨금을 일시금으로 수령하는 경우 기획재정부 복권위원회가 정하여 실제 수령하는 금액으로 평가함(재산세과-767, 2010.10.19.).

○ 정리채권

상속재산 또는 증여재산에 포함된 정리채권을 평가하는 경우에는 법원에서 결정된 회사정리계획을 확인하여 변제받을 수 있는 원본 및 이자 금액, 회수기간, 금융시장 평균이자율 등을 파악한 후에 아래 계산식과 같이 각 연도에 회수할 수 있는 금액을 평가기준일 현재가치로 할인한 금액을 합계하여 평가함(재산46330-1557, 2000.12.29.).

$$\sum_{n=1}^{n} \frac{\text{각 연도에 회수할 금액(원본의 가액 + 이자금액)}}{(1+\text{이자율})^{n}}, \text{ n: 평가기준일부터의 경과연수}$$

○ 연금개시 전 계약자가 변경된 경우

(국세청) 1. 일시납 연금보험의 연금지급이 개시되기 전에 보험계약 계약자를 변경하는 경우, 상증법 제4조에 따라 계약자 변경시점에 변경 후 계약자가 변경 전 계약자로부터 보험금을 지급받을 수 있는 권리를 증여받은 것으로 보아 변경 후 계약자에게 증여세가 과세됨. 2. 이후 연금 지급이 개시되어 그 연금 수령자가 해당 연금보험의 변경 후 계약자와 다른 경우에는 같은 법 제34조에 따라 연금 수령자에게 증여세가 과세됨. 다만, 그 연금 수령자가 사실상 변경 후 계약자에 해당하는 경우에는 계약자 변경시점에 과세된 증여재산가액을 차감하여 증여세가 과세됨(서면2020상속증여-3039, 2020.10.20.).

(법원) 즉시연금보험의 보험료 환급권의 가액은 청약철회 기간 내에 증여가 이루어진 경우에는 납입보험료 전액이고 그 이후에 증여가 이루어진 경우에는 약관에 따라 계산되는 해지환급금 상당액임(대법원 2015두59303, 2016.10.13.).

(기재부) 상속형 즉시연금보험의 연금지급 개시 전에 연금보험 계약자 및 수익자를 타인으로 변경한 경우 그 타인이 증여받은 재산가액은 즉시연금보험 약관에 의하여 산출되는 해지환급금 상당액임(기획재정부 재산세제과-929, 2018.10.26.).[50]

○ 연금 개시 후 계약자가 변경된 경우

(국세청: 정기금 평가액과 해약환급금 상당액 중 큰 가액) 상증법 제2조에 따라 변경시점에 변경 후 수익자에게 증여세가 과세되며, 이 경우 증여재산가액은 정기금 할인평가 금액과 해약환급금 상당액 중 큰 금액으로 평가함(상속증여세과-152, 2014.5.22.).

(심판원: 정기금평가) 연금지급이 개시된 후 계약자가 변경된 경우 관련 법령에 해약환급금으로 평가하여야 한다는 근거규정이 없는 점, 연금보험의 경우 연금과 적립금 평가는 유기정기금의 평가방법에 의하는 것이 타당해 보이는 점 등에 비추어 쟁점보험은 유기정기금 평가방법에 따라 증여재산가액을 산정하는 것이 타당함(조심2014서0198, 2014.8.11.).

○ 타인의 자금으로 보험료 납부 후 연금개시전 보험을 해약한 경우

즉시연금보험 계약자가 타인 자금으로 보험료를 납부한 후 해당 보험의 연금지급이 개시되기 전에 보

---

50. 세법해석정비

요지	유지사례	삭제사례
즉시연금보험의 연금지급 개시 전 계약자 등 변경시 증여재산가액은 해지환급금으로 평가	기획재정부 재산세제과-929, 2018.10.26.	법규과-177, 2013.2.18. 서면법규과-166, 2013.2.14. 서면법규과-1127, 2013.10.17.

험을 해약하고, 계약자가 해약환급금을 수령하여 사용하는 경우에는 해당 보험의 보험료 납입시점에 보험료 상당액을 증여받은 것으로 보아 그 계약자에게 증여세를 과세함(법규과-164, 2003.2.14.).

○ 매월 단위로 지급받는 경우 정기금을 받을 권리의 평가방법
종신정기금을 매월 단위로 지급받는 경우 정기금을 받을 권리는 첫 회 수령일로부터 1년 미만의 기간 중 지급받을 금액의 단순 합계액과 첫 회 수령일로부터 1년 이후부터 수령할 금액을 상증규칙 제19조의2제2항에 따라 평가한 가액을 합계하는 방식으로 평가함. 이 경우 각 연도에 받을 정기금액은 1년 동안 지급받을 금액의 합계액을 적용하며, 경과연수(n)는 상증령 제62조제3호의 기대여명 연수에서 1년을 차감한 연수를 적용함(재산세과-313, 2011.6.29.).

5. 국외재산

외국에 소재하는 상속 또는 증여재산으로서 상증법 제60조부터 제65조까지의 규정을 적용하는 것이 부적당한 경우에는 해당 재산이 소재하는 국가에서 양도소득세 · 상속세 · 증여세 등의 부과 목적으로 평가한 가액을 평가액으로 한다(상증령 제58조의3제1항).

그러나 위에 해당하는 평가액이 없는 경우에는 세무서장 등이 둘 이상의 국내 또는 국외의 감정기관(상속 또는 증여재산이 주식등인 경우 신용평가전문기관, 회계법인, 세무법인을 포함)에 의뢰하여 감정한 가액[51]을 참작하여 평가한 가액을 평가액으로 한다. 신용평가전문기관은 자본시장과 금융투자업에 관한 법률 제335조의3에 따라 신용평가업인가를 받은 자를 말한다.

외화자산 및 부채는 평가기준일 현재 「외국환거래법」 제5조제1항에 따른 기준환율 또는 재정환율에 따라 환산한 가액을 기준으로 평가한다(상증령 제58조의4, 2012.2.2. 신설).

기준환율은 외국환은행이 고객과 원화와 미달러화를 매매할 때 기준이 되는 환율을 말하고, 재정환율은 원화와 미달러화 이외 외국통화를 매매할 때 기준이 되는 환율을 말한다.

---

51. 국외재산 중 국외주식을 감정하여 평가(국내주식은 감정평가할 수 없다)할 수 있는지가 쟁점인데, 2022.2.15. 이후. 감정기관에 회계법인, 세무법인 등을 포함하는 것으로 상증령을 개정함으로써 감정평가를 할 수 있도록 개정하였다. 하지만 이는 국내주식과 형평성 측면에서 맞지 않는다. 국내주식의 경우 법인 자산을 감정평가할 수 있고 순이익계산 시 추정이익을 감정평가할 수 있지만, 국외주식은 주식 자체를 감정평가할 수 있다.

〈국외재산 평가방법 개정연혁〉

2022.2.14. 이전[52]	2022.2.15. 이후
① 상증법 제60조~제65조 ② 해당 재산이 소재하는 국가에서 양도소득세 · 상속세 · 증여세 등의 부과 목적으로 평가한 가액 ③ 세무서장 등이 둘 이상의 국내 또는 국외의 감정기관에 의뢰하여 감정한 가액을 참작하여 평가한 가액	① (좌동) ② (좌동) ③ 세무서장 등이 둘 이상의 국내 또는 국외의 감정기관(상속 또는 증여재산이 주식등인 경우 신용평가전문기관, 회계법인, 세무법인을 포함한다)에 의뢰하여 감정한 가액을 참작하여 평가한 가액

[관련 질의회신 · 판례 등]

○ 입증책임

외국에 있는 비상장주식을 보충적 평가방법으로 평가하여 적용하는 것이 부적당하지 아니하다는 점에 대한 입증책임은 과세관청에 있음(부산고법2020누20392(2021.5.12.)-대법원2021두41945(2021.9.30. 심불)).[53]

○ 국외 상장주식

외국법인이 발행한 주식의 가액은 내국법인이 발행한 주식의 평가방법을 준용해 평가하며, 이 경우 한국거래소에 해당되는 외국의 증권거래소등에서 거래되는 주식의 가액은 평가기준일 이전 · 이후 각 2개월 동안 매일 공표된 한국거래소 최종 시세가액 평균액을 준용하여 평가함(상속증여세과-497, 2013.8.23.).

○ 비상장 외국법인 주식

주식매수선택권 행사에 따라 취득한 외국법인이 발행한 비상장주식도 내국법인과 동일하게 평가기준일 현재 시가에 의하되 시가를 산정하기 어려운 경우에는 상증법 제63조제1항제1호나목 및 상증령 제54조에 따라 평가하나, 해당규정을 적용하는 것이 부적당한 경우에는 상증령 제58조의3에 따라 당해 재산이 소재하는 국가에서 양도소득세 · 상속세 또는 증여세 등의 부과목적으로 평가한 가액을 평가액으로 하며, 동 평가액이 없는 경우에는 세무서장 등이 둘 이상의 국내 또는 외국 감정기관에 의뢰하여 감정한 가액을 참작하여 평가한 가액에 의함(사전2020법령해석재산-0161, 2020.6.18.).

52. 2022.2.14. 이전 상속 또는 증여받은 경우의 국외재산 주식등의 평가에 대해서는 종전규정을 적용한다(상증령 제32414호 부칙 제9조).

53. 관련 세목은 법인세이다. 국외주식의 평가쟁점은 상속, 증여보다 법인파트에 많이 발생한다. 법인법의 시가가 상증법을 준용하도록 규정하고 있어 판례등 검토시 법인파트도 같이 검토하여야 한다.

제4장 주식의 평가방법

제1절 주식등과 거래시장

1. 주식과 출자지분

가. 회사와 주식회사

상법에서는 회사를 합명회사, 합자회사, 유한회사, 유한책임회사 및 주식회사로 구분한다. 이 중 주식회사는 자본을 주식으로 분할하여 주권이라는 유가증권 형태로 자금을 조달하고, 주권을 취득한 투자자들은 이를 자유롭게 유통시킴으로써 필요할 때 환금할 수 있는 형태이다. 주식회사는 자본조달을 쉽게 할 수 있어 많은 기업이 주식회사 형태를 취하고 있다.

나. 주식과 출자지분

주식과 출자지분을 상증법에서는 '주식등'[1]이라고 한다.

주식(Shares, Stock)은 주식회사의 주주가 출자자로서 회사에 대하여 갖는 지분권을 말한다. 주식은 자본을 조달하는 회사 입장에서는 자본의 구성 부분을 말하고, 투자자인 주주 입장에서는 회사에 대하여 갖는 권리의무의 기초인 사원의 지위 또는 자격을 의미한다. 따라서 주주는 출자한 회사에 대하여 이익배당청구권, 잔여재산분배청구권 등의 자익권과 회사경영의 중요한 사항에 대한 의결권을 그 지분소유 비율대로 갖게 된다.

이른바 '주주평등의 원칙'이다. 주주평등의 원칙이란, 주주는 회사와의 법률관계에서는 그가 가진 주식 수에 따라 평등한 취급을 받아야 함을 의미한다. 이를 위반하여 회사가 일부 주주에게만 우월한 권리나 이익을 부여하기로 하는 약정은 특별한 사정이 없는 한 무효이다(대법원2018다

---

1. 상증법 제5조 (상속재산 등의 소재지) ① 상속재산과 증여재산의 소재지는 다음 각 호의 구분에 따라 정하는 장소로 한다.
   6. 주식 또는 출자지분(이하 이 조, 제22조, 제39조, 제39조의2, 제39조의3, 제41조의2, 제41조의3, 제41조의5, 제60조 및 제63조에서 "주식등"이라 한다)

9920, 2018.9.13.[2]).

출자지분이란 상법에 따라 설립된 합명회사, 합자회사, 유한회사 및 유한책임회사의 사원으로서 지위 또는 출자자로서의 권리의무를 말한다.

2. 주식등 거래 시장

거래시장은 한국거래소[3]의 유가증권시장 · 코스닥시장 · 코넥스시장, K-OTC시장과 한국금융투자협회의 K-OTC시장, 장외시장으로 구분할 수 있다. 「자본시장과 금융투자업에 관한 법률」에 따른 상장주식은 유가증권시장 · 코스닥시장 · 코넥스시장을 말하지만, 상증법에서는 유가증권 시장에서 거래되는 주식의 종류에 따라 각각 평가방법을 구분하고 있다.

가. 유가증권시장[4]

1956년 유가증권시장본부가 처음 개설되었을 당시에는 상장회사가 12개사였고, 매매거래도 국채매매가 주류를 이루고 있었으나, 효율적인 산업자금 조달을 위한 정부의 자본시장 육성정책과 기업공개정책에 힘입어 우리나라 증권시장은 짧은 기간에 많은 발전을 하였다.

한국거래소는 증권 및 장내파생 상품의 공정한 가격 형성과 매매, 그 밖의 거래 안정성 및 효율성을 도모하기 위하여 증권거래소, 선물거래소, 코스닥위원회, (주)코스닥증권시장 등 4개 기관이 통합되어 2005.1.27. 설립되었다.[5] 한국거래소는 유가증권시장 · 코스닥시장 · 코넥스시장 및 파생상품시장의 개설 · 운영에 관한 업무, 증권 및 장내파생상품 매매에 관한 업무 등을 하고 있다.

유가증권시장에는 삼성전자, 현대자동차 등이 상장되어 거래되고 있다. 상증법에서는 유가증권시장에 상장된 주식의 경우 일정기간 동안 매일의 최종시세가액 평균액을 시가로 보도록 규정하고 있다.

나. 코스닥시장

코스닥시장은 IT · 벤처 위주로, 규모가 작아도 성장가능성이 높은 회사들이 상장되어 거래되

---

2. 상법 관련 판결이다.
3. 「자본시장과 금융투자업에 관한 법률」에 따라 거래소 허가를 받은 거래소
4. 법률상은 유가증권시장이지만, '코스피시장'이라는 용어를 사용하기도 한다.
5. 한국거래소(www.krx.co.kr) 누리집

고 있다. 종전에 한국증권업협회에서 시장을 개설하고 운영하던 것을 2005.1.27. 출범한 한국거래소가 그 권한을 이어받았고, 코스닥시장 운영본부가 위임받아 운영하고 있다. 이에 따라 종전의 협회중개시장이 코스닥시장으로 명칭이 변경되었다.

상증법에서는 코스닥시장 상장주식도 유가증권시장 상장주식과 마찬가지로 일정기간 매일의 최종시세가액 평균액을 시가로 보도록 규정하고 있다.

다. 코넥스시장

자본시장을 통한 초기 중소 · 벤처기업의 성장지원 및 모험자본 선순환 체계 구축을 위해 개설된 초기 · 중소기업전용 신시장이다.

상증법에서는 평균액으로 평가하지 않고, 비상장주식 평가방법[6]에 따라 평가(서면법규과-1021, 2013.9.16)하도록 하고 있다.

> 「자본시장과 금융투자업에 관한 법률 시행령」 제11조제2항에 따른 코넥스시장에 상장된 법인의 주식에 대하여는 상증법 제63조제1항제1호가목 및 나목에 규정된 평가방법을 적용할 수 없음(서면법규과-1021, 2013.9.16.).

라. K-OTC(한국장외시장)[7]

한국금융투자협회는 비상장 중소 · 벤처기업의 직접금융 활성화를 위해 2005.7월부터 프리보드를 운영하여 왔으나, 주식거래 대상기업이 소수의 중소기업 위주로 한정되어 시장 역할이 크게 저하되었고, 2013.7월 중소기업 전용 주식시장인 코넥스시장이 개설되면서 그 역할이 모호해졌다.

이에 중소 · 벤처기업의 직접금융 활성화에 중점을 두던 시장운영방식을 개선하여 중소기업을 포함한 모든 비상장법인의 주식을 투명하고 원활하게 거래할 수 있도록 시장개편을 추진하게 되었다.

K-OTC시장은 비상장주식 매매거래를 위하여 한국금융투자협회가 「자본시장과 금융투자업에 관한 법률」에 따라 개설 · 운영하는 제도화 · 조직화된 장외시장이다. K-OTC는 한국장외시장의 영문(Korea Over-The-Counter) 약칭이다.

---

6. 매매등 가액(감정가액은 제외)과 저당권등 채권액 합계액과 비교하여 평가
7. K-OTC(www.k-otc.or.kr) 누리집

상증법에서는 비상장주식 평가방법에 따라 평가한다. 평가기간 내에 객관적 교환가치를 반영한 매매거래가 있는 경우 이를 시가로 볼 수 있지만, 시가가 없는 경우에는 '주식발행법인의 순자산가치와 순손익가치 가중평균액'과 '순자산가치의 80%'를 비교하여 큰 가액으로 평가한다.

마. 장외시장

장외시장이란 한국거래소등과 같이 조직화된 시장 외에 증권회사의 창구에서 이루어지는 거래 및 투자자 상호 간의 직접적인 접촉과 협상으로 이루어지는 거래 등의 시장을 뜻한다.

유가증권 상장주식이나 코스닥시장 상장주식은 장외에서 거래하는 경우에도 일정 기간 최종 시세가액 평균액을 시가로 보도록 하고 있으며, 유가증권 상장 또는 코스닥 상장 주식외의 주식은 비상장주식 평가방법에 따라 평가한다. 평가 기간 내에 객관적 교환가치를 반영한 매매거래가 있는 경우 이를 시가로 볼 수 있지만, 시가가 없는 경우에는 주식발행법인의 순자산가치와 순손익가치 가중평균액과 순자산가치의 80%를 비교하여 큰 가액으로 평가한다.

쟁점

코넥스 상장주식의 세법상 취급

자본시장과 금융투자업에 관한 법률에 따르면 상장 시장은 유가증권(코스피)시장, 코스닥시장, 코넥스 시장 등으로 구분할 수 있으며, 코넥스 시장은 코스닥시장 상장 요건을 충족시키지 못하였지만 기술이나 성장성이 높은 벤처 및 중소기업이 성장할 수 있는 주식거래 시장을 말한다(출처: 『매일경제 용어사전』). 이러한 코넥스 시장은 흔히 이야기하는 유가증권 · 코스닥 상장주식과는 다른 취급을 받고 있다.

1. 코넥스상장 주식을 상속받거나 증여받을 때

상증법은 시가평가를 원칙으로 하되, 유가증권 · 코스닥상장주식의 경우에는 평균액으로 평가하는 것을 원칙으로 한다. 매일, 매시간 변동이 있는 재산은 매매가액 평가보다는 일정 기간의 평균액으로 평가하는 것이 보다 합리적이기 때문이다(상증법 제63조).

헌재는 평균액 평가에 관해, 평가기준일 하루만을 기준으로 코스닥상장법인 주식을 평가하게 되면, 증여 이후 주가의 단기적인 변동에 따라 증여계약을 해제하고 하락한 주가를 기준으로 재차 증여하는 행위를 반복하거나, 법인 내부정보에 쉽게 접근할 수 있는 사람들이 주가상승이 임박한 시점에 주식을 양도하는 등 과세행정에 혼란이 초래되며, 주식 양도가 증여세 부담을 회피하면서 거액을 증여하기 위한 수단으로 악용될 가능성이 있다고 보았다(헌재2014헌바363, 2016.2.25.).

평균액으로 평가하는 상장주식은 유가증권시장과 코스닥시장 주식으로 한정하고 있다. 코넥스시장 주식은 비상장주식 평가방법에 따라 평가한다(서면법규과-1021, 2013.9.16.). 평가기간 이내에 매매등 가액(감정가액은 제외)이 있으면 그것을 적용하고, 매매등 가액이 없다면 순자산가치와 순손익가치를 이용한 가중평균액과 순자산가치 80%와 비교하여 큰 가액으로 평가한다.

2. 상장시세차익

기업경영 등의 공개되지 아니한 정보를 이용할 수 있는 지위에 있다고 인정되는 최대주주등으로부터 특수관계인이 해당 법인에 관한 정보를 취득 후 해당 법인이 직접 상장하거나, 합병을 통하여 상장한 경우 그 가격변동에 대해 증여세를 과세한다(상증법 제41조의3, 상증법 제41조의5).

이 경우 상증법 제41조의3, 상증법 제41조의5의 상장법인은 유가증권시장과 코스닥시장으로 한정한다.

하지만 코넥스시장에 상장된 경우에 대해 해당 규정(상증령 제32조의3)을 적용할 수 있는지는 쟁점이 될 수 있다. 코넥스 시장 상장이 상증령 제32조의3제1항제3호에 유사하다고 볼 여지가 있고, 상증법 제4조제1항제6호에 따라 상증법 제41조의3(주식등의 상장 등에 따른 이익의 증여)과 경제적 실질이 유사한 경우로 볼 수도 있기 때문이다. 현재 여기에 대한 해석은 없다.

> ㅇ 상증령 제32조의3(재산 취득 후 재산가치 증가에 따른 이익의 계산방법 등)
> ① 법 제42조의3제1항 각 호 외의 부분 본문에서 "대통령령으로 정하는 사유"란 다음 각 호의 어느 하나에 해당하는 사유를 말한다.
> 2. 비상장주식의 「자본시장과 금융투자업에 관한 법률」 제283조에 따라 설립된 한국금융투자협회에의 등록
> 3. 그 밖에 제1호 및 제2호의 사유와 유사한 것으로서 재산가치를 증가시키는 사유

3. 소득세 대주주 판정시

소득세법 제88조 정의에서 주권상장법인은 「자본시장과 금융투자업에 관한 법률」 제9조제15항제3호에 따른 주권상장법인을 말한다. 즉 유가증권시장, 코스닥시장, 코넥스시장 등을 모두 말한다. 그래서 양도소득세 대주주를 판정할 때에는 그 비율은 다르지만, 유가증권시장, 코스닥시장, 코넥스시장을 모두 고려한다.

4. 소득세 부당행위계산 부인시

특수관계인 사이에 저가양도한 경우, 양도자는 소득세법상 부당행위부인 규정 검토를, 양수자는 상증법상 저가양수에 따른 이익 증여를 검토해야 한다.

양도소득세 부당행위계산 부인규정시 시가규정은 소득법 시행령 제167조제5항에 따르며, 제5항에서는 상증법을 준용하다고 하고 있다. 그러면 코넥스시장 주식은 평균액으로 평가해야 할까? 아니면 비상장주식처럼 평가해야 할까? 여기에 대해서는 현재 해석은 없지만 평균액으로 평가해야 하는 것으로 보인다. 해당 규정은 시가(재산평가방법)만 준용하다고 규정하고 있기 때문이다.

그러면 저가양도한 경우에 소득법상 시가로 하면 상증법이 과세되고, 상증법 시가로 하면 소득세가 과세된다. 상증령 제26조에서는 제1항에서는 저가양수 또는 고가양도시 증여세를 과세하지 않는 경우를 열거하고 있는데 그 제2호가 "「자본시장과 금융투자업에 관한 법률」에 따라 거래소에 상장되어 있는 법인의 주식 및 출자지분으로서 증권시장에서 거래된 것"이다. 따라서 코넥스시장 상장주식은 상증법 제35조에 따른 증여세가 과세되지 않는다.[8]

---

8. 문언상 해석은 상증법 제35조가 적용되지 않지만, 관련 국세청 해석은 아직 없다.

제2절 유가증권시장 및 코스닥시장 상장주식등의 평가

> ○ 평가기준일 이전 · 이후 2개월의 거래소 최종 시세가액 평균액
>   – 평가기준일 이전 · 이후 2개월 중에 증자 등의 사유발생시 고려하여 적용
> ○ 평가기준일 전후 2개월 이내에 매매거래 정지 또는 관리종목 지정 기간이 있는 경우 보충적 평가방법을 적용

1. 유가증권시장 및 코스닥시장 상장주식등의 평가 원칙

상속재산 또는 증여재산은 시가평가를 원칙으로 하고 있다. 「자본시장과 금융투자업에 관한 법률」에 따른 증권시장인 유가증권시장 및 코스닥시장에서 거래되는 주권상장법인의 주식등은 상증법 제63조제1항제1호가목에 규정된 평가방법으로 평가한 가액을 시가로 보도록 규정하고 있다(상증법 제60조제1항).

상증법 제63조제1항제1호가목에 규정된 평가방법은 유가증권시장에서 거래되는 주권상장법인의 주식 및 출자지분 가액은 평가기준일 이전 · 이후 각 2개월 동안 매일 공표된 거래소 최종시세가액(거래실적 유무 불문) 평균액으로 평가하는 것을 말한다(상증법 제63조제1항제1호가목). 거래소 최종시세가액은 거래소뿐 아니라, 국세청 홈택스[9]에서도 제공한다.

매매등 가액이 아닌 평균액으로 평가하는 것에 대해 헌재는 "평가기준일 하루만을 기준으로 코스닥상장법인 주식을 평가하게 되면, 증여 이후 주가의 단기적인 변동에 따라 증여계약을 해제하고 하락한 주가를 기준으로 재차 증여하는 행위를 반복하거나, 법인 내부정보에 쉽게 접근할 수 있는 사람들이 주가상승이 임박한 시점에 주식을 양도하는 등 과세행정에 혼란이 초래되고, 주식의 양도가 증여세 부담을 회피하면서 거액을 증여하기 위한 수단으로 악용될 가능성이 있다. 또한 평가기준일 이전, 이후 2개월, 총 4개월을 평가기간으로 정한 것은 평가의 안정성과 객관성을 높이기 위하여 기간을 늘린 것으로 주식의 내재적인 가치를 평가함에 있어 적절한 기간으로 보인다"라고 보았다(헌재2014헌바363, 2016.2.25.).

미국 뉴욕증권거래소에 상장된 외국법인의 주식은 우리나라 한국거래소에 상장된 주식의 평가방법을 준용하여 평가기준일 이전 · 이후 각 2개월 동안 공표된 매일의 최종 시세가액 평균액으로 평가한다(상속증여세과-497, 2013.8.23.).

---

9. 국세청 홈택스 – 조회/발급 – 세금신고납부 – 상속증여재산 평가하기

〈유가증권시장 상장주식 평가방법 개정연혁〉

1997.1.1.~1999.12.31.	2000.1.1. 이후~현재
평가기준일 이전 3개월간의 최종시세가액 평균액	평가기준일 이전 · 이후 각 2개월간의 최종시세가액 평균액

가. 평가방법

1) 평가기준일 이전 · 이후 각 2개월의 기간 계산(초일산입)은 월력에 따라 계산한다.

예시

(문) 평가기준일이 2022.1.2.인 경우 이전 · 이후 각 2개월은?

(답) 2021.11.3.부터 2022.3.1.까지임(총 4개월간)

평가기준일 이후 2개월은 2022.3.2.의 전일인 3.1.이고, 평가기준일 이전 2개월은 2021.11.2.의 다음날인 11.3.임

2) 평가기준일 전후 기간이 4개월에 미달하는 경우, 그 기간에 대한 최종시세가액의 평균액으로 평가한다.

상속개시일에 상장되는 주식의 평가도 상장주식 평가방법에 따라 평가한다(재삼46014-1263, 1994.5.9.).

3) 최종시세가액 평균액 계산시 평가기준일의 최종시세가액도 포함된다.

4) 평가기준일이 공휴일, 매매거래 정지일, 납회기간 등인 경우에는 그 전일을 기준으로 하여 계산한다.

평가기준일 이전 · 이후 각 2개월이 되는 날이 공휴일 등이더라도 그 전일이나 후일은 평가대상 기간에 산입하지 아니한다(서면4팀-1646, 2004.10.18).

5) 상증법 제38조에 따라 합병으로 인한 이익을 계산할 때 합병(분할합병 포함)으로 소멸하거나 흡수되는 법인 또는 신설되거나 존속하는 법인이 보유한 상장주식의 시가는 평가기준일 현재의 거래소 최종 시세가액으로 한다.

6) 최종시세가액 평균액으로 평가함에 있어 원단위 미만의 금액은 절사한다.[10]

---

10. 상증통칙 60-0-1(재산평가시 계산단위) 상증법 제60조부터 제66조까지를 적용할 때 배율에 따른 부동산의 제곱미터당 가액, 상장주식 1주당 최종시세가액의 평균액과 비상장주식 1주당가액, 1주당 순손익액 및 이의 가중평균액 등의 계산에 있어 원단위 미만 금액은 이를 버린다.

예시

(문1) 평가기준일이 2022.4.9.(매매거래가 없는 토요일)인 경우 이전 · 이후 2개월 기간은?

(답2) 2022.2.9.~2022.6.7.

(∵) 평가기준일은 전일 2022.4.8.이 되고, 이를 기준으로 이전 2개월은 2022.2.9, 이후 2개월은 2022.6.7.임

(문2) 평가기준일이 2022.4.5.(거래가 있는 평일)인 경우 이전 · 이후 2개월 기간은?

(답2) 2022.2.6.(일요일)~2022.6.4.

(∵) 2022.2.6.이 일요일이라도 이전 2개월은 2022.2.6.부터이며, 이후 2개월은 2022.6.4.(토요일)임(서면4팀-1646, 2004.10.18.).

(문3) 평가기준일(2022.12.31.)이 납회 기간(2022.12.29.~2022.12.31.) 내에 있는 경우

(답3) 2022.10.29.~2023.2.27.

(∵) 평가기준일은 2022.12.28.이 되고, 이전 2개월은 2022.10.29.로, 이후 2개월은 2023.2.27.임(서일46014-10598, 2002.5.7.)

2. 관리종목으로 지정된 경우의 평가

2017.2.7. 이후 평가기준일 전후 2개월 이내에 거래소가 정하는 기준에 따라 매매거래가 정지되거나 관리종목으로 지정된 기간의 일부 또는 전부가 포함되는 주식등(적정하게 시가를 반영하여 정상적으로 매매거래가 이루어지는 경우는 제외)은 보충적 평가방법을 적용한다.

다만, 공시의무 위반 및 사업보고서 제출의무 위반 등으로 인하여 관리종목으로 지정 · 고시되거나 등록신청서 허위기재 등으로 인하여 일정기간 매매거래가 정지된 경우로 적정하게 시가를 반영하여 정상적으로 매매거래가 이루어지는 경우에는 상장주식과 동일한 방법(평가기준일 이전 · 이후 각 2개월 동안 공표된 매일의 거래소 최종시세가액의 평균액)으로 평가한다.

〈매매거래정지 주식의 평가방법 개정연혁〉

2017.2.6. 이전	2017.2.7. 이후
평가기준일 전후 6개월(증여 3개월) 이내에 매매거래가 정지되거나 관리종목으로 지정된 경우 보충적 평가방법 적용	평가기준일 전후 2개월 이내에 매매거래 정지 · 관리종목으로 지정된 기간이 있는 경우 보충적 평가방법 적용

예시

□ 평가기준일이 5.15.이고, 상장주식 최종시세가액이 아래 표와 같은 경우

(문1) 상증법상 평가 가액은?

(답1) 28,204(평가기준일 이전 · 이후 2개월간의 종가 평균액)

(문2) 법인법상 부당행위계산부인 규정 적용시 시가는?

(답2) 26,000(평가일의 최종시세가액)

(문3) 소득세법상(양도분야) 부당행위계산부인 규정 적용시 시가는?

(답3) 28,204(상증법 준용)

구분	평가기준일 이전 2월				평가기준일 이후 2월			
	월일	종가	월일	종가	월일	종가	월일	종가
1	5.15.	26,000	4.14.	22,000	5.15.		6.15.	일요일
2	5.14.	27,000	4.13.	일요일	5.16.	27,000	6.16.	33,000
3	5.13.	26,000	4.12.	토요일	5.17.	토요일	6.17.	34,000
4	5.12.	25,000	4.11.	23,000	5.18.	일요일	6.18.	35,000
5	5.11.	일요일	4.10.	24,000	5.19.	28,000	6.19.	36,000
6	5.10.	토요일	4.9.	23,000	5.20.	29,000	6.20.	35,000
7	5.9.	26,000	4.8.	22,000	5.21.	30,000	6.21.	토요일
8	5.8.	공휴일	4.7.	21,000	5.22.	31,000	6.22.	일요일
9	5.7.	26,000	4.6.	일요일	5.23.	32,000	6.23.	34,000
10	5.6.	27,000	4.5.	공휴일	5.24.	토요일	6.24.	33,000
11	5.5.	공휴일	4.4.	22,000	5.25.	일요일	6.25.	32,000
12	5.4.	일요일	4.3.	21,000	5.26.	31,000	6.26.	33,000
13	5.3.	토요일	4.2.	20,000	5.27.	32,000	6.27.	34,000
14	5.2.	28,000	4.1.	19,000	5.28.	33,000	6.28.	토요일
15	5.1.	28,000	3.31.	18,000	5.29.	34,000	6.29.	일요일
16	4.30.	27,000	3.30.	일요일	5.30.	32.000	6.30.	35,000
17	4.29.	26,000	3.29.	토요일	5.31.	토요일	7.1.	36,000
18	4.28.	25,000	3.28.	19,000	6.1.	일요일	7.2.	36,000
19	4.27.	일요일	3.27.	20,000	6.2.	31,000	7.3.	37,000
20	4.26.	토요일	3.26.	21,000	6.3.	32,000	7.4.	35,000
21	4.25.	24,000	3.25.	22,000	6.4.	33,000	7.5.	토요일

[다음 쪽에 계속]

구분	평가기준일 이전 2월				평가기준일 이후 2월			
	월일	종가	월일	종가	월일	종가	월일	종가
22	4.24.	25,000	3.24.	21,000	6.5.	34,000	7.6.	일요일
23	4.23.	26,000	3.23.	일요일	6.6.	공휴일	7.7.	36,000
24	4.22.	25,000	3.22.	토요일	6.7.	토요일	7.8.	37,000
25	4.21.	24,000	3.21.	22,000	6.8.	일요일	7.9.	38,000
26	4.20.	일요일	3.20.	23,000	6.9.	34,000	7.10.	37,000
27	4.19.	토요일	3.19.	21,000	6.10.	33,000	7.11.	36,000
28	4.18.	23,000	3.18.	20,000	6.11.	32,000	7.12.	토요일
29	4.17.	22,000	3.17.	19,000	6.12.	33,000	7.13.	일요일
30	4.16.	21,000	3.16.	일요일	6.13.	32,000	7.14.	35,000
31	4.15.	21,000			6.14.	토요일		
소 계		528,000		443,000		633,000		737,000
일 수		21일		21일		20일		21일
종가합계	2,341,000원							
일수합계	83일							
종가평균액	28,204원(원 미만 버림: 상증통칙 60-0…1)							

3. 전 · 후 2개월 중에 증자 등의 사유발생시 평가

증자 · 합병 등의 사유로 신주가 발행되면 권리락이 생기고 이에 따라 권리락[11] 전과 그 후의 주가가 달라진다. 증자 · 합병 등의 사유로 신주가 발행되면 주가 변동이 있기 때문에 이를 고려하여 평가기준일 현재 주식과 동일한 상태의 주식에 대한 최종시세가액평균액을 적용할 필요가 있다.

따라서 상장주식 평가시 평균액 계산에 있어 평가기준일 이전 · 이후 각 2개월 기간 중에 증자 · 감자, 회사의 합병 · 분할, 주식등의 액면분할 또는 병합 등 사유가 발생하여 해당 평균액에 의하는 것이 부적당한 경우에는 증자 등의 사유 발생일에 따라 다음과 같은 기간의 최종시세가액 평균액으로 상장주식을 평가한다.

---

11. 권리락은 신주배정기준일이 경과되어 구주에 부여된 신주인수권 등이 소멸됨에 따라 이론적으로 계산된 가격(권리부 가격과 권리락 가격의 차이)만큼 주가를 떨어뜨리는 조치를 말한다.권리락 조치 시기는 배정기준일의 전일(前日)이다. 유상증자를 할 때는 먼저 신주인수권을 확정하기 위하여 신주배정 기준일을 정하는데 이때 그 기준일 이후에 결재되는 주권에는 신주인수권이 없게 된다. 따라서 거래소에서는 배당락의 경우와 마찬가지로 신주배정기준일 전일에 실제로 해당종목에 권리락조치를 취함으로써 주가가 합리적으로 형성되도록 관리한다. 즉, 신주배정기준일 이틀 전까지가 권리부가 되어 신주인수권을 가진다.

가. 평가기준일 이전에 증자 등이 있는 경우

평가기준일 이전에 증자 · 합병 등의 사유가 발생한 경우, 동 사유가 발생한 날(증자 · 합병 등의 사유가 2회 이상 발생한 경우에는 평가기준일과 가장 가까운 날을 말함)의 다음 날(권리락일)부터 평가기준일 이후 2개월이 되는 날까지 기간의 매일 최종시세가액의 평균액으로 평가한다.

나. 평가기준일 이후에 증자 등이 있는 경우

평가기준일 이후에 증자 · 합병 등의 사유가 발생한 경우, 평가기준일 이전 2개월이 되는 날부터 동 사유가 발생한 날의 전일까지 기간의 매일 최종시세가액의 평균액으로 평가한다.

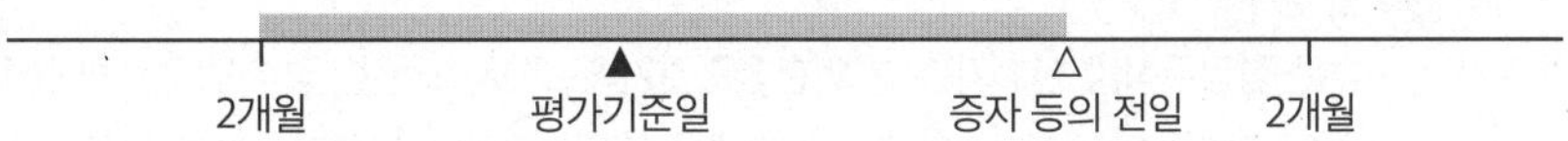

다. 평가기준일 전 · 후에 증자 등이 있는 경우

평가기준일 이전 · 이후에 증자 · 합병 등의 사유가 발생한 경우, 평가기준일 이전 동 사유가 발생한 날의 다음날부터 평가기준일 이후 동 사유가 발생한 날의 전일까지 기간의 매일 최종시세가액의 평균액으로 평가한다.

예시

(문) 아래의 경우 증자 있는 날의 다음 날은?

① 평가기준일: 2022.4.17.(공휴일)

② 증자절차

• 신주배정 및 주주명부 폐쇄 기준일: 2022.4.13.

• 주금납입일: 2022.5.10.

• 신주상장예정일: 2022.6.8.

(답) 2022.4.12.(권리락 시기는 배당락과 마찬가지로 보통거래의 결제시한을 감안하여 신주배정기준일 전일임. 따라서 증자 있는 날의 다음날은 권리락 발생일인 2022.4.12.이 됨.)

[관련 질의회신 · 판례 등]

○ 상장주식을 양도한 경우

소액주주가 상속받은 상장주식을 신고기한 내에 한국증권거래소에서 처분한 경우에도 당해 상장주식의 시가는 상증법 제60조제1항 및 같은법 제63조제1항제1호 가목 규정에 의하여 상속개시일 이전 · 이후 각 2개월간의 종가평균액이 됨(서일46014-11491, 2002.11.11.).

○ 매매계약 이행 중에 사망한 경우

상속개시 전 피상속인이 상장주식에 대한 매도계약을 체결하고 잔금을 영수하기 전에 사망한 경우에는 매도대금에서 상속개시 전에 영수한 계약금과 중도금을 차감한 잔액을 당해 상속재산의 가액으로 함(서면4팀-893, 2008.4.2.).

○ 평가기간 안에 매매거래 정지기간이 포함된 경우

상장주식 매매거래가 정지된 기간에는 유가증권시장에서 불특정다수인의 거래에 따라 정상적으로 형성된 주가가 존재할 수 없고, 상증령 제52조의2 각 호도 평가기준일 이전 · 이후 각 2개월간의 합산기간이 4개월에 미달하더라도, 당해 합산기간 주가만으로 상장주식을 평가하도록 하고 있으므로, 상증법 제63조제1항제1호가목, 상증령 제52조의2 각 호가 정한 평가기간에 매매거래정지기간이 포함되어 있다면 원칙적으로 이를 제외하고 나머지 기간만을 평가기간으로 삼아야 함(대법원2013두23058, 2016.6.9.).

○ 사유발생일의 다음 날

"증자 · 합병 등의 사유가 발생한 날의 다음날"이란 권리락 일을 말함(상증통칙 63-0…2).

○ 증자등의 사유

(액면분할 등) "증자 · 합병 등의 사유"에는 감자, 주식등의 액면분할 또는 병합, 상법 제530조의2에 따른 회사의 분할 · 분할합병이 포함됨(상증통칙63-0…2, 서일46014-11315, 2002.10.9.).

(신주인수권 행사) 원고는 제3자 배정방식의 유상증자는 구 상증법 제63조제1항제1호가목 단서에 해당하나, 신주인수권부 사채권자의 신주인수권 행사로 인한 유상증자는 위 단서에 해당하지 않는다고 주장하나, 권리락이라는 개념이 존재하지 않는 제3자 배정방식의 유상증자와 신주인수권부 사채권자의 신

주인수권 행사로 인한 유상증자 모두 그 자체로 주가 변동에 영향을 미치므로, 양자를 달리 볼 합리적인 이유가 없음(서울행법2013구합2433, 2013.9.6.).

○ 변경 상장하는 경우

평가기준일 이전 2개월간에 해당 법인의 1주당 액면가액을 분할 · 병합하여 새로운 주식을 변경 상장하는 경우에는 그 변경 상장일부터 평가기준일 이후 2개월이 되는 날까지의 기간에 대한 평균액으로 함(서일46014-10382, 2002.3.21.).

○ 1년간 보호예수된 주식

1년간 보호예수되었더라도 그 시가는 1년간 보호예수되지 아니한 주식과 마찬가지로 상증법 제63조제1항제1호가목과 나목에 따라 평가하여야 한다고 판단한 것은 위법이 없음(대법원2015두47362, 2015.12.10.).

○ 투자유의종목

주식분산 기준미달로 투자유의종목(현재 관리종목)으로 지정 · 고시된 경우에도 시가를 반영하여 정상적으로 매매거래가 이루어진다고 볼 수 있는 경우에는 평가기준일 이전 · 이후 각 2개월간 공표된 매일의 유가증권시장 최종시세가액의 평균액으로 평가함(서면4팀-1720, 2004.10.26.., 재재산46014-95, 2003.4.4.).

○ 상장주식 처분

(처분) 상속받은 상장주식을 신고기한 내에 한국증권거래소에서 처분한 경우에도 당해 상장주식 시가는 상증법 제60조제1항 및 같은법 제63조제1항제1호 가목의 규정에 의하여 상속개시일 이전 · 이후 각 2개월간의 종가평균액이 됨(서일46014-11491, 2002.11.11., 서면4팀-893, 2008.4.2.).

○ 합병

상장주식 평가에 있어 평가기준일 이전에 합병 사유가 발생한 날의 다음 날이란 「상법」 제523조제6호에 따른 합병할 날의 다음 날을 말하는 것임(기획재정부 조세법령운용과-814, 2021.9.23.).

제3절 상장 추진 중인 주식의 평가

1. 유가증권시장 상장 추진 중인 주식의 평가

> Max (①, ②)
>
> ① 자본시장과 금융투자업에 관한 법률에 따라 금융위원회가 정하는 기준에 따라 결정된 공모가격
>
> ② 코스닥시장 상장법인 주식등의 평가방법에 따라서 평가한 해당 주식등의 가액(그 가액이 없으면 비상장주식 평가규정에 따른 평가액)

법인이 기업공개를 하기 위하여 금융위원회에 유가증권신고를 한 경우, 아직은 상장된 주식이 아니므로 비상장주식이라고 할 수 있다. 그러나 상장 추진 중인 주식은 비상장주식이라 하더라도 공모가액에 따라 시가확인이 가능하므로 비상장주식과는 다르게 평가한다(상증법 제63조제2항, 상증령 제57조).

기업공개를 목적으로 금융위원회에 유가증권신고를 한 법인의 주식에 대해서는 해당 법인의 사업성, 거래상황 등을 고려하여 상장추진 중에 있는 코스닥시장 상장주식 및 비상장주식의 평가를 공모가격과 비교하여 평가한다.

가. "상장 추진기간 중"이란

기업공개를 목적으로 금융감독위원회에 유가증권 신고를 한 법인의 주식으로 평가기준일 현재 유가증권신고일(유가증권신고를 하지 아니하고 상장신청을 한 경우에는 상장신청일) 직전 6개월(증여세가 부과되는 주식은 3개월)부터 한국거래소에 최초로 주식을 상장하기 전까지의 기간으로 평가기준일이 그 기간에 포함되어 있는 경우에는 해당 기간을 말한다. "유가증권 신고"의 의미는 유가증권신고서 접수일을 말한다(재산상속46014-514, 2000.4.2.)

나. "상장 추진기간 중" 평가

1) 유가증권신고를 한 경우로 평가기준일이 ①~②의 기간 중에 있으면 본 규정에 적용하여 평가

〈상장 추진기간 중 (①~②)〉

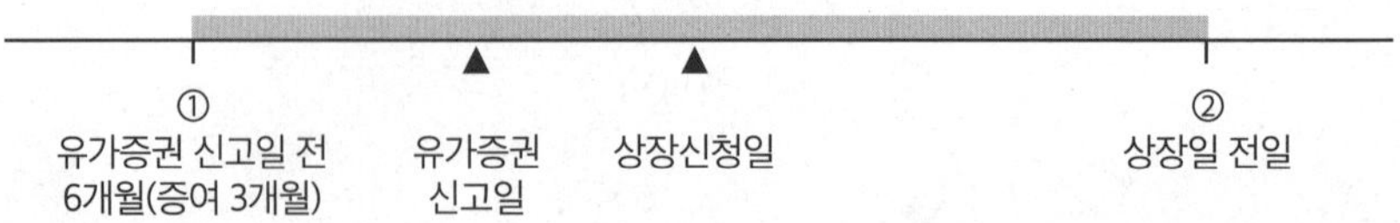

2) 유가증권 신고 없이 직접 상장하는 경우로 평가기준일이 ①~②의 기간 중에 있는 경우는 본 규정에 적용하여 평가

〈기업공개 준비기간 중 (①~②)〉

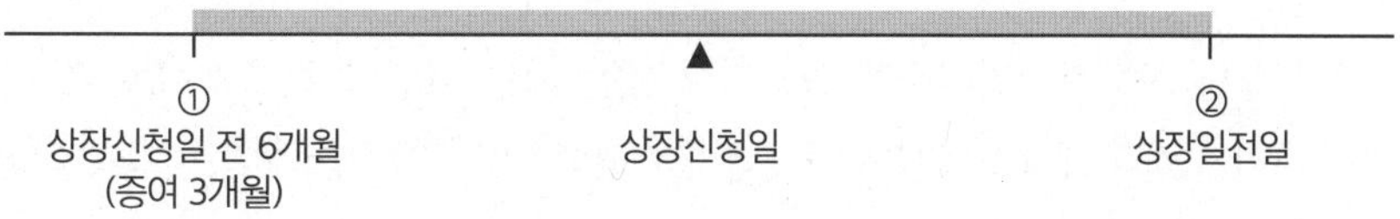

2. 코스닥시장 상장 추진 중인 주식의 평가

> Max (①, ②)
>
> ① 자본시장과 금융투자업에 관한 법률에 따라 금융위원회가 정하는 기준에 따라 결정된 공모가격
>
> ② 상증법 제63조제1항제1호나목(비상장주식)에 따라 평가한 해당 주식의 가액

'상장 추진기간'은 비상장주식 중 코스닥시장에서 주식등을 거래하고자 유가증권신고를 한 법인의 주식으로서 평가기준일 현재 유가증권신고일(유가증권신고를 하지 아니하고 등록신청을 한 경우에는 등록신청일) 직전 6개월(증여세가 부과되는 주식은 3개월)부터 한국금융투자협회에 등록하기 전까지의 기간을 말한다.

한국거래소에 상장 신청을 한 법인의 주식등의 평가는 공모가격과 비교하여 평가한다.

3. 미상장 주식등의 평가

> 미상장주식의 평가액=① - ②
>
> ① 한국거래소에 상장되어 있는 해당 법인 주식에 대한 평가기준일 이전 · 이후 각 2개월간 한국거래소의 최종시세가액(거래실적 유무 불문) 평균액
>
> ② 배당차액(상증규칙 제18조제2항)
>
> 배당차액 = 1주당액면가액 × 직전 기배당률 × {신주발행일이 속하는 사업연도 개시일부터 배당기산일 전일까지의 일수} ÷ 365
>
> - '배당기산일'이란 신주발행 효력발생시기인 '주금납입일의 익일'(상법 제423조제1항)
> - 법인정관에 따라 해당 법인 증자로 인하여 취득한 새로운 주식에 대한 이익을 배당할 때 평가기준일 현재 상장되어 있는 해당법인 주식과 배당기산일을 동일하게 정하는 경우에는 배당차액이 없는 것임

미상장 주식은한국거래소에 상장(코스닥시장 상장 포함)되어 있는 법인의 주식 중 해당 법인의 증자로 인하여 취득한 새로운 주식으로서 평가기준일 현재 상장되지 아니한 주식을 말한다.

가. 미상장 주식의 평가

미상장 주식의 평가는 한국거래소에 상장되어 있는 해당 법인의 주식에 대한 평가기준일 이전 · 이후 각 2개월간 한국거래소 최종시세가액의 평균액에서 기획재정부령이 정하는 배당차액을 뺀 가액으로 평가한다(상증령 제57조제3항).

나. 증자 기준일부터 상장되기 전까지의 기간 중 평가방법

1) 신주의 주금을 피상속인(증여자)이 납입한 경우

상장법인이 유 · 무상증자를 하고 신주를 아직 상장하지 않은 시점에서 신주의 주금을 피상속인(증여자)이 납입한 후에 상속개시(증여)가 이루어진 경우에는 이미 상장되어 있는 구주식과 아직 상장되지 않은 신주식 모두가 과세대상이 되며, 이 경우 평가액은 다음과 같이 구분된다.

가) 구주식 평가: 상장주식 평가방법(평가기준일 전 · 후 2개월간 최종시세가액 평균액)
나) 신주식 평가: 구주식 평가액 – 배당차액

2) 신주의 주금을 상속인(수증자)이 납입한 경우

상장법인이 유 · 무상증자를 하고 신주를 아직 상장하지 않은 시점에서 신주의 주금을 납입하지 않은 상태로 상속개시(증여)가 이루어져 상속인(수증자)이 주금을 납입한 경우에는 이미 상장되어 있는 구주식과 신주인수권이 과세대상이 되며, 이 경우 평가액은 다음과 같이 구분된다.

가) 구주식 평가: 상장주식 평가방법(평가기준일 전 · 후 2개월간 최종시세가액 평균액)
나) 신주식 평가: 구주식 평가액 – 배당차액 – 주금납입액 = 신주인수권

예시

(문) 다음의 경우 상장주식(구주식)과 미상장주식의 평가액은?

ㅇ 상속개시일: 2022.4.10.
ㅇ 평가대상 주식 및 주식수: 상장법인(중소기업) 주식 500,000주
ㅇ 평가대상 주식은 최대주주등의 주식에 해당하며, 지분율은 35%임
ㅇ 신주배정기준일(유상증자 20%): 2022.3.23.
ㅇ 인수한 주식수: 100,000주
ㅇ 주금 납입일(배당기산일): 2022.3.31.
ㅇ 상장예정일: 2022.5.3.
ㅇ 전기배당률: 10%, 액면가액 @10,000
ㅇ 증자가 있는 날의 다음날(권리락일)부터 상속개시일 이후 2개월이 되는 날까지 종가평균액: @43,000원
*신주발행일이 속하는 사업연도 개시일부터 배당기산일(주금납입일) 전일까지의 일수(1.1.~3.30.)

(답) 구주식평가액: 500,000주×@43,000원=21,500,000,000원
미상장주식평가액: 4,275,616,439
=(100,000주×@43,000원)-(100,000주×@10,000×10%×89/365)

쟁점

성격이 다른 주식의 평가

"유가증권시장 · 코스닥시장의 상장주식"은 비상장주식과 다르게 평가하고, 상장된 주식과 미상장주식과도 구분하여 평가한다. 그렇다면 성격이 다른 주식은 어떻게 평가할까? 예를 들면 보통주와 우선주가 발행된 경우에 그 법인의 주식은 어떻게 평가할까?

상증통칙 63-0…3(배당 내용을 달리하는 주식을 발행한 법인의 주식평가)에서는 법인이 우선주 등 이익배당에 관하여 내용이 다른 수종의 주식을 발행한 경우, 그 내용을 감안하여 적정한 가액으로 평가하여야 한다고 보았으며, 이는 국세청(서면4팀-3346, 2006.9.29.), 기재부(기획재정부 재산세제과-23, 2017.1.11.)[12]도 마찬가지이다.

하지만 상증법령에 보통주와 우선주를 구분하여 평가한다는 규정[13]이 없고, 국세청은 여러 종류의 주식을 발행한 비상장법인 주식을 보충적 평가방법에 따라 평가하는 경우 보통주, 우선주 구분없이 일괄하여 평가한다고 해석(상속증여세과-145, 2013.5.24.)하였다. 이론상 보통주와 우선주를 구분하여 평가하는 것이 맞지만, 보통주와 우선주를 구분하여 순자산가치와 순손익가치를 평가할 수 없기 때문에 일괄하여 평가하는 것으로 보인다.

또, 보통주 · 우선주의 평가문제는 전환권이 부여된 주식에서 발생한다. 전환우선주의 경우 주식 취득시점과

12. 상증기본통칙63-0-3(배당의 내용을 달리하는 주식을 발행한 법인의 주식평가)은 비상장법인의 주식을 포함한 유가증권 평가 전체에 적용됨(기획재정부 재산세제과-23, 2017.1.11.).
13. 보충적 평가방법으로 평가시 평가방법도 없다.

권리 행사시점 차이로 인해 전환이익이 발생할 수 있다. 전환이익에 대해 과세하는 근거 법률은 상증법 제39조(증자에 따른 이익의 증여)[14] 제1항제3호이다.

[관련 질의회신 · 판례 등]

○ 비상장법인이 공모방식으로 유상증자 상장하는 경우

비상장법인이 일반공모증자방식으로 유상증자를 통해 신규 상장하는 경우 공모가격이 상증령 제57조제1항 및 제2항에 따라 평가한 가액보다 낮은 경우에는 상증법 제39조 증자에 따른 이익의 증여규정을 적용함(재산세과-356, 2010.6.3.).

14. 2017.1.1. 이후 전환주식을 발행하는 분부터 종류 주식(전환권 등 특수한 권리가 부여된 주식) 증자이익에 대해 과세하도록 개정하였다.

제4절 비상장주식등의 평가

1. 비상장주식등의 평가원칙

한국거래소에서 거래되는 유가증권시장 상장법인의 주식과 코스닥상장시장 상장법인의 주식 외 주식등을 비상장주식등이라고 한다(상증령 제54조).[15] 비상장주식등도 부동산 등과 마찬가지로 평가한다. 즉, 해당 재산의 매매 등 가액으로 평가하고, 해당 재산 가액이 없다면 동일재산의 매매등 가액으로 평가하고, 해당 재산의 매매등 가액과 동일재산의 매매등 가액이 없다면 순손익가치와 순자산가치를 이용하여 평가한다. 매매등 가액 중 감정가액은 시가로 포함되지 않는다.[16]

> **[관련 질의회신 · 판례 등]**
>
> ○ 증자시 주금 납입액
> 법인의 증자시에 불입한 1주당 주금 납입액은 시가로 인정하는 거래가액에 해당되지 아니함(서면4팀-2563, 2006.7.28.).
>
> ○ 재산분배 등에 제한이 있는 주식 평가방법
> 상증 기본통칙 63-0-3(배당의 내용을 달리하는 주식을 발행한 법인의 주식평가)는 비상장법인의 주식을 포함한 유가증권 평가 전체에 적용됨(기획재정부 재산세제과-23, 2017.1.1.).

2. 시가를 산정하기 어려운 경우의 평가방법

$$1\text{주당 평가액} = \text{Max}\left\{\frac{1\text{주당 순손익가치}\times 3 + 1\text{주당 순자산가치}\times 2}{5},\ \text{순자산가치}\times 80\%\right\}$$

○ 부동산과다보유법인은 순손익가치 2, 순자산가치 3의 비율을 사용한다.

○ 1주당 순손익가치 또는 1주당 순자산가치가 0 이하인 경우에는 0으로 적용한다.

○ 사업개시 전 법인, 사업개시 후 3년 미만 법인 또는 휴폐업 중인 법인 등은 순자산가치로 평가한다.

○ 순자산가치로 평가할 때 영업권을 가산하여 평가하지만 순자산가치로만 평가하는 경우에는 영

---

15. 자본시장법상 상장주식은 코넥스시장의 주식도 포함되지만, 상증법에서는 코넥스시장 상장주식을 비상장주식으로 본다.
16. 비상장주식의 경우에는 통상적으로 불특정 다수인 사이에서 거래가 이루어지지 아니하고 또한 시가를 평가하는 방법이 정립되어 있지 아니함에 따라 감정평가방법별로 현저히 다른 감정가액이 산출될 수 있으므로 이를 시가로 인정하면 조세공평의 원칙에 반하는 결과가 초래될 수 있음을 고려하여, 특별한 사정이 없는 한 시가에 해당하지 아니한다(대법원2015두53558, 2016.2.18.)

업권을 가산하지 않는다.

○ 납세자가 현금흐름할인법 등을 평가심의위원회에 제시하고, 평가심의위원회에서 심의하여 제시하는 평가가액에 의하거나 그 위원회가 제시하는 평가방법 등을 고려하여 평가할 수 있다.

가. 평가방법

시가를 확인하기 어려운 비상장주식은 "순자산가치와 순손익가치의 가중평균"과 "순자산가치의 80%"와 비교하여 큰 가액으로 평가한다. '순자산가치와 순손익가치의 가중평균'은 1주당 순자산가치와 1주당 순손익가치의 가중에 따라 평가하는데, 이때 '1주당 순자산가치'는 기업을 청산하였을 때에 자산에서 부채를 지급하고 남아 주주에게 분배할 수 있는 잔여재산이 얼마인가를 측정하는 청산가치 개념[17]이고 '1주당 순손익가치'는 계속기업을 전제로 하는 장래 수익력이 얼마 정도되는가를 측정하는 개념으로 볼 수 있다.[18]

'순자산가치와 순손익가치의 가중평균'은 1주당 순손익가치와 1주당 순자산가치를 각각 3과 2의 비율로 가중평균하여 계산한다. 다만, 부동산 과다보유법인(소득법 제94조제1항제4호다목에 해당하는 법인)은 1주당 순손익가치와 순자산가치의 비율을 각각 2와 3으로 한다. 2018.4.1. 이후 가중평균과 순자산가치의 80%[19]와 비교하여 평가한다.

비상장주식 평가는 실무상 비상장주식등 평가서(평가심의위원회 운영규정, 별지 제4호 서식 부표3)를 이용하여 계산한다.

1주당 최근 3년간 순손익액의 가중평균액이 음수(陰數)인 경우, 영으로 한다(상증령 제56조제1항). 1주당 순손익가치가 영(0)으로 평가되는 경우에도 가중치합계는 5로 한다(서면4팀-1351, 2004.8.27.). 순자산가액이 0원 이하인 경우에는 0원으로 한다(상증령 제55조제1항).

---

17. 순자산가치는 법인이 청산될 것을 가정하는 이른바 청산가치에 의한 평가를 전제로 하는 것으로 보아야 할 것임(대법원94누16243, 1996.2.15.).
18. 순손익가치는 과거 실적을 기초로 미래수익을 예측하여 현재의 주식가치를 정확히 파악하려는 취지임(서울고법2019누30920, 2019.10.2.).
19. 2017.4.1.~2018.3.31. 상속증여 순자산가치의 70%, 2018.4.1. 이후부터 순자산가치의 80%

<비상장주식등의 보충적 평가방법 개정연혁>

2000년~2003년	2004. 1. 1. 이후	2017.4.1. 이후	2018.4.1. 이후
Max(순손익가치, 순자산가치)	가중평균 *순손익가치와 순자산 가치의 3:2 가중평균[20] (부동산과다보유 법인은 2:3)	Max(가중평균, 순자산가치×70%)	Max(가중평균, 순자산가치×80%)

나. 부동산과다보유 법인

소득법 제94조제1항제4호다목에 해당하는 법인을 말한다.

○ 소득법 제94조제1항제4호다목

법인의 자산총액 중 다음의 합계액이 차지하는 비율이 100분의 50 이상인 법인의 과점주주(소유 주식등의 비율을 고려하여 대통령령으로 정하는 주주를 말하며, 이하 이 장에서 "과점주주"라 한다)가 그 법인의 주식등의 100분의 50 이상을 해당 과점주주 외의 자에게 양도하는 경우(과점주주가 다른 과점주주에게 양도한 후 양수한 과점주주가 과점주주 외의 자에게 다시 양도하는 경우로서 대통령령으로 정하는 경우를 포함한다)에 해당 주식등

1) 제1호 및 제2호21에 따른 자산(이하 이 조에서 "부동산등"이라 한다)의 가액

2) 해당 법인이 직접 또는 간접으로 보유한 다른 법인의 주식가액에 그 다른 법인의 부동산등 보유비율을 곱하여 산출한 가액. 이 경우 다른 법인의 범위 및 부동산등 보유비율의 계산방법 등은 대통령령으로 정한다.

○ 소득령 제158조

⑦ 법 제94조제1항제4호다목2) 전단에 따른 다른 법인의 부동산등 보유비율은 다음 계산식에 따라 계산한 부동산등 보유비율로 한다.

$$\text{다른 법인의 부동산등 보유비율} = \frac{A+B+C}{D}$$

A: 다른 법인이 보유하고 있는 법 제94조제1항제1호의 자산가액

B: 다른 법인이 보유하고 있는 법 제94조제1항제2호의 자산가액

C: 다른 법인이 보유하고 있는 국기령 제1조의2제3항제2호 및 같은 조 제4항에 따른 경영지배관계에 있는 법인이 발행한 주식가액에 그 경영지배관계에 있는 법인의 부동산등 보유비율을 곱하여 산출한 가액

D: 다른 법인의 자산총액

---

20. (1주당 순가치가치×2+1주당 순손익가치×3) / 5

21. 1. 토지 또는 건물(건물에 부속된 시설물과 구축물을 포함)
2. 부동산을 취득할 수 있는 권리(건물이 완성되는 때에 그 건물과 이에 딸린 토지를 취득할 수 있는 권리를 포함), 지상권, 전세권과 등기된 부동산임차권

자산총액 및 자산가액은 해당 법인의 장부가액(2011.1.1. 이후 토지 · 건물은 기준시가와 장부가액 중 큰 금액, 2010.12.31. 이전 토지는 기준시가)에 의하며, 다음은 자산 가액에 포함하지 아니한다(소득령 제158조제4항).

1) 개발비
2) 사용수익기부 자산가액
3) 평가기준일부터 소급하여 1년이 되는 날부터 평가기준일까지 기간 중 차입금 또는 증자에 따라 증가한 현금 · 금융자산(상증법 제22조에 따른 금융자산) 및 대여금의 합계

[관련 질의회신 · 판례 등]

○ 건설 중인 자산의 평가방법
법인 장부가액 중 "건설 중인 자산"의 금액은「소득세법」제94조제1호 및 제2호의 자산가액에 포함되지 아니하나, "건설 중인 자산"의 준공일(사용검사필증교부일), 임시사용승인일, 실제 사용개시일 중 가장 빠른 날이 양도일 현재 같은 법 제94조제1항제1호 및 제2호의 자산으로 포함되는 경우에는 그러하지 아니함(부동산거래관리과-134, 2010.01.27., 부동산거래관리과-573, 2012.10.25.).

○ 골프장 영위법인
토지를 임차하여 골프장업을 영위하는 법인의 부동산 자산가액은 토지와 일체가 되어 코스를 구성하는 시설의 조성비용과 건물에 부속된 시설물 · 구축물 가액을 포함함(서면법규과-223, 2014.3.12.).

다. 평가기준일

비상장주식의 상속 및 증여와 관련하여 평가 기준시점인 평가기준일은 '재산평가의 기준시점'과 동일하다.

라. 다른 비상장법인의 주식을 10% 이하로 소유하는 경우

비상장주식을 상증법 제63조제1항제1호나목으로 평가함에 있어 다른 비상장법인의 주식(자기주식과 자기출자지분은 제외)을 10% 이하로 소유하는 경우에는 그 다른 비상장주식의 평가는 법인령 제74조제1항제1호마목(이동평균법)에 따른 취득가액에 의할 수 있다. 다만, 2009.2.4. 이후 최초로 비상장주식을 평가하는 분부터 상증법 제60조제1항에 따른 시가가 있으면 시가를 우선하여 적용한다(상증령 제54조제3항).

〈소량 보유주식 판정장법 개정연혁〉

2016.2.4. 이전	2016.2.5. 이후
평가대상법인이 다른 비상장법인 발행주식 총수등의 100분의 10 이하 보유	다른 비상장법인 발행주식총수 등에서 그 비상장법인이 보유하는 자기주식등을 제외하여 보유비율 판단

마. 순자산가치로만 평가하는 경우

2005.1.1. 이후 상속 또는 증여 분부터는 장래 수익력을 측정할 필요가 없는 청산법인 또는 휴·폐업법인이거나 계속하여 결손이 발생하는 등으로 경상적인 순손익가치를 측정하기 곤란한 아래 유형 법인에 대해서는 순자산가치로만 평가하도록(의무규정) 하였다.

1) 상속·증여세 신고기한 이내에 평가대상 법인의 청산절차가 진행 중이거나 사업자의 사망 등으로 사업의 계속이 곤란하다고 인정되는 법인

이 사건 회사가 청산절차가 진행 중인 법인 내지 사업자가 사망한 법인에 준할 정도로 조속한 시일 내에 폐업이 확정적·단정적으로 예정되는 경우에 해당한다고 보기도 어렵다(서울행법 2017구합58793, 2017.11.16.).

2) 사업개시 전의 법인, 사업개시 후 3년 미만 법인과 휴·폐업 중에 있는 법인

이 경우 법인법 제46조의3, 제46조의5 및 제47조의 요건을 갖춘 적격분할 또는 적격물적분할로 신설된 법인의 사업기간은 분할 전 동일 사업부분의 사업개시일부터 기산한다.

"사업개시 후 3년 미만의 법인"은 당해 법인의 사업개시일부터 평가기준일까지 역에 의하여 계산한 기간이 3년 미만인 법인을 말하며, 개인사업자가 법인으로 전환한 경우의 사업개시일은 법인전환 후 처음으로 재화 또는 용역의 공급을 개시한 때를 말한다(재산세과-873, 2009.11.27.).

3) 소득법 제94조제1항제4호다목 1) 및 2)의 합계액이 차지하는 비율이 80% 이상인 법인

2018.2.13. 이후 평가하는 분부터 업종 관계없이 자산총액 중 부동산 등이 80% 이상인 법인을 말한다.

4) 2017.2.7. 이후 상속증여부터 법인의 자산총액 중 주식등 가액의 합계액에서 차지하는 비율이 80% 이상인 법인의 주식등

5) 2017.2.7. 이후 상속증여부터 법인 설립 시 정관에 존속기한이 확정된 법인으로 평가기준일 현재 잔여 존속기한이 3년 이내인 법인의 주식등

쟁점

부동산평가액이 80% 이상 법인의 비상장주식 보충적 평가방법 개정연혁

부동산 평가액이 80% 이상인 법인의 주식을 보충적 평가방법으로 평가할 때 개정연혁에 대해 살펴보자. 최근 10년 동안 평가방법이 계속 개정되어 평가방법을 잘못 적용할 수 있다. 현재는 가중평균법을 사용하지 않고, 순자산가치로만 평가한다.

1. 2012.2.1. 이전 상속 · 증여

가중평균법을 적용한다. 가중치는 순손익가치와 순자산가치의 비율이 2:3이다. 가중치는 순손익가치와 순자산가치의 비율은 3:2이지만, 부동산 평가액이 총자산의 50% 이상인 법인은 순손익가치와 순자산가치를 2:3으로 하고, 부동산 평가액이 80% 이상인 법인도 2: 3으로 평가한다.

2. 2012.2.2.~2017.2.6.

순자산가치로 평가한다. 이는 부동산 임대법인 등의 주식가치가 해당 법인의 순자산가치보다 낮게 평가되는 경우를 방지하기 위해서이다.[22]

종전	개정
□ 비상장주식 보충적 평가방법	□ 순자산가치로만 평가하는 사유 추가
○ (원칙)순손익가치와 순자산가치를 3:2의 비율로 가중평균한 가액	○ (좌 동)
* 부동산과다보유법인(부동산 평가액이 총자산의 50% 이상인 법인)은 순손익가치와 순자산가치를 2:3의 비율로 가중평균	
○ (예외)순자산가치로만 평가	
- 평가대상 법인이 청산절차 중이거나, 사업의 계속이 곤란한 경우	- (좌 동)
- 3년 미만 법인, 휴 · 폐업 중인 법인	- (좌 동)
- 3년간 계속하여 결손인 법인	- (좌 동)
<추가>	- 부동산 평가액이 총자산의 80% 이상인 법인

3. 2017.2.7.~2017.3.31.

이 기간에는 법인 업종에 따라 평가방법이 다르다.[23]

① 특정사업을 하는 법인으로 부동산평가액이 100분의 80 이상인 법인의 주식등은 2017.2.7.~2018.2.12.까지 순자산으로 평가한다. 여기서 특정사업은 골프장, 스키장, 휴양콘도미니엄, 전문휴양시설을 건설 또는 취득하여 직접 경영하거나 분양 또는 임대하는 사업을 말한다.

---

22. 『2012 개정세법 해설』, 국세청

23. 소득법이 개정되면서 상증법령을 같이 개정하지 못한 입법 미비로 보인다.

종전	개정
○ 상증령 제54조【비상장주식등의 평가】 ④ 다음 각 호의 어느 하나에 해당하는 경우에는 제1항에도 불구하고 제2항에 따른 순자산가치에 따른다. 4. 「소득세법 시행령」 제158조제1항제5호가목에 해당하는 법인의 주식등	○ 상증령 제54조【비상장주식등의 평가】 ④ 다음 각 호의 어느 하나에 해당하는 경우에는 제1항에도 불구하고 제2항에 따른 순자산가치에 따른다. 4. 「소득세법」 제94조제1항제4호라목에 해당하는 법인의 주식등
○ 소득령 제158조【기타 자산의 범위】 ① 법 제94조제1항제4호 다목에서 "대통령령으로 정하는 자산"이란 다음 각 호의 어느 하나에 해당하는 것을 말한다. 5. 다음 가목 및 나목에 해당하는 법인의 주식등을 양도하는 경우의 해당 주식등 가. 해당 법인의 자산총액 중 법 제94조제1항제1호 및 제2호의 자산가액과 다음 계산식에 따라 계산한 해당 법인이 보유한 다른 법인(제158조제1항제1호 또는 제5호의 요건에 해당하는 법인에 한정한다)의 주식가액의 합계액이 차지하는 비율이 100분의 80 이상인 법인	○ 소득법 제94조【양도소득의 범위】 ① 양도소득은 해당 과세기간에 발생한 다음 각 호의 소득으로 한다. 4. 다음 각 목의 어느 하나에 해당하는 자산(이하 이 장에서 "기타자산"이라 한다)의 양도로 발생하는 소득 라. 대통령령으로 정하는 사업을 하는 법인으로서 자산총액 중 다목1) 및 2)의 합계액이 차지하는 비율이 100분의 80 이상인 법인의 주식등

② ①의 업종을 제외하고 가중평균법으로 평가한다.

4. 2017.4.1.~2018.2.12.

3. ①의 업종을 하는 법인의 주식은 순자산으로 평가한다.

3. ①의 업종을 제외한 법인의 주식은 가중평균액과 순자산가치의 70%와 비교하여 평가한다.

> ○ 상증령 제54조【비상장주식등의 평가】①~다만, 그 가중평균한 가액이 1주당 순자산가치에 100분의 80을 곱한 금액보다 낮은 경우에는 1주당 순자산가치에 100분의 80을 곱한 금액을 비상장주식등의 가액으로 한다.
>
> ○ 상증령 부칙 〈제27835호, 2017.2.7〉
>
> 제7조(비상장주식등의 평가에 관한 특례) 2017년 4월 1일부터 2018년 3월 31일까지의 기간 동안에 상속이 개시되거나 증여받는 비상장주식등에 대해서는 제54조제1항 단서의 개정규정을 적용할 때 100분의 80을 100분의 70으로 한다.

5. 2018.2.13. 이후

순자산으로 평가한다.

종전	개정
□ 비상장주식 평가 시 다음의 경우 순자산가치로만 평가 ○ 사업개시 후 3년 미만, 휴업 · 폐업, 청산철자 진행 중인 법인 등의 주식 ○ 자산총액 중 주식이 80% 이상인 법인 ○ 골프장업, 부동산업, 부동산개발업 등을 하는 법인으로 자산총액 중 부동산이 80% 이상인 법인 ○ 최근 3년내 사업연도에 계속 결손 법인의 주식	□ 평가방법 합리화 (좌 동) ○ 업종에 관계없이 자산총액 중 부동산이 80% 이상인 법인

> 상증령 부칙 〈제28638호, 2018.2.13〉
> 제8조(비상장주식등의 평가에 관한 적용례) 제54조제4항의 개정규정은 이 영 시행 이후 평가하는 경우부터 적용한다.

정리하면, 부동산평가액이 80% 이상인 법인의 주식을 보충적 평가시 아래와 같이 기간별로 달리 적용한다. 관련 부칙을 주의하여야 한다. 상증령 부칙 (제28638호, 2018.2.13.) 제8조는 2018.2.13. 이후 평가하는 경우부터 적용한다.

기간		평가방법
2012.2.1. 이전		가중평균(순자산 3: 순손익 2)
2012.2.2.~2017.2.6.		순자산
골프장업등외	2017.2.7.~2017.3.31.	가중평균(순자산 3: 순손익 2)
	2017.4.1.~2018.2.12.	Max(가중평균, 순자산가치×70%)
골프장업등	2017.2.7.~2018.2.12.	순자산
2018.2.13.~		순자산

[관련 질의회신 · 판례 등]

○ 자산총액 및 주식등가액

상증령 제54조제4항제5호의 "법인의 자산총액 중 주식등의 가액의 합계액이 차지하는 비율" 산정시 '자산총액' 및 '주식등의 가액'은 상증법 제60조 내지 제66조에 따라 평가한 가액임(기획재정부 재산세제과-943, 2020.10.27.).[24]

○ 신설법인의 사업개시일

신설법인이 다른 법인의 사업부문을 포괄적 양수시 신설법인 주식을 평가할 때 사업영위기간은 신설법인의 사업개시일로부터 기산함(법규과-1033, 2013.9.24.).

○ 비상장주식을 순자산가치로만 평가하는 업종의 범위

상증령(2017.2.7. 대통령령 제27835호로 개정된 것) 제54조에 따라 비상장주식을 평가함에 있어 비상장법인의 부동산등 비율이 80% 이상이더라도 골프장, 스키장, 휴양콘도미니엄, 전문휴양시설의 경영 · 분양 · 임대 사업에 해당하지 않는 경우에는 순자산가치로만 평가 불가함(기획재정부 재산세제과-362, 2018.4.25. 요지).

○ 사업개시 후 3년 미만

(합병) 사업개시 후 3년 미만인 내국법인이 합병법인이 되어 사업개시 후 3년 이상인 내국법인을 합병한 경우, 당해 합병법인은 "사업개시 후 3년 미만의 법인"에 해당함(기획재정부 재산세제과-364, 2018.4.25.).

(분할) 인적분할의 경우 분할신설법인의 사업영위기간은 분할 전 분할법인의 사업개시일부터 기산하며, 인적분할되는 사업부문의 사업영위기간이 분할 전 당해 사업개시일부터 기산하여 3년 미만인 경우에는 당해 분할신설법인은 '사업개시후 3년 미만의 법인'으로 봄(기획재정부 재산세제과-118, 2009.1.21.).

(비적격 인적분할) 법인법(2015.12.15. 법률 제13555호로 개정된 것) 제46조제2항 요건을 갖추지 않은 인적분할에 의하여 신설된 분할신설법인이 '사업 개시 후 3년 미만의 법인'에 해당하는지 여부는 분할신설법인이 처음으로 재화 또는 용역의 공급을 개시하는 날부터 기산하여 판단함(기준2020법령해석재산-0206 [법령해석과-4043], 2020.12.9.).

(업종변경) 사업개시일은 업종변경 여부에 관계없이 당해 법인이 처음으로 재화 또는 용역의 공급을 개시한 때를 말함(서면4팀-1210, 2005.7.14.).

(법인전환) "사업개시후 3년 미만의 법인"은 당해 법인의 사업개시일부터 평가기준일까지 역에 의하여 계산한 기간이 3년 미만인 법인을 말하며, 개인사업자가 법인으로 전환한 경우의 사업개시일은 법인전환 후 처음으로 재화 또는 용역의 공급을 개시한 때를 말함(재산세과-873, 2009.11.27.).

3. 순자산가치의 산정

$$1주당\ 순자산가치 = \frac{평가기준일\ 현재\ 순자산가액}{평가기준일\ 현재\ 발행주식\ 총수\ 등}$$

○ 순자산가액=자산총액 - 부채총계+영업권평가액

---

24. 세법해석정비

요지	유지사례	삭제사례
비상장주식을 순자산가치로만 평가하는 경우 자산총액 및 주식등의 가액 산정방법	기획재정부 재산세제과-943, 2020.10.27.	사전2019법령해석재산-0052, 2019.6.25. 서면2018법령해석재산-1633, 2019.6.25. 서면2018법령해석재산-2796, 2019.6.25. 서면2017법령해석재산-3343, 2019.6.25. 서면2020자본거래-1488, 2020.3.30. 서면2018법령해석재산-3663, 2019.12.26.

가. 순자산가치의 계산방법

순자산가치는 법인 청산시를 가정하여 청산가치를 측정하는 것으로, 1주당 순자산가치는 평가기준일 현재 가결산을 하여 비상장법인의 자산총액에서 부채총액을 차감한 순자산가액을 발행주식 총수로 나누어 계산한다. 순자산가치가 0원 이하이면 0원으로 평가한다(상증령 제55조제1항, 2009.2.4. 개정, 서면4팀-2578, 2007.9.4.).

1) 순자산가액은 평가기준일 현재 시점으로 평가[25]

순자산가액 산정은 평가기준일 현재 시점으로 평가한다. 평가기준일이 사업연도말일과 일치하지 않는다면 평가기준일 현재를 기준으로 가결산한 후 순자산가치를 산정하여야 한다.

2) 발행주식 총수 계산

1주당 순자산가치를 계산할 때 발행주식 총수 등은 평가기준일 현재의 발행주식 총수에 따른다. 이때 발행주식 총수에는 보통주뿐만 아니라 배당 우선주식 및 상환우선주가 포함되나, 평가기준일 현재 발행되지 않은 신주는 포함하지 않는다(재산46014-3209, 1995.12.13., 서면4팀-1894, 2004.11.23.).

3) 자기주식

가) 법인이 합병으로 인하여 취득한 자기주식 중 주식을 소각하기 위하여 보유하는 자기주식은 발행주식 총수에 포함하지 아니한다.

나) 주식소각 목적에 따라 다르다(재재산-1494, 2004.11.10.).

구분	발행주식 총수 포함여부	자산 포함여부
주식소각 · 감자 목적	포함하지 않음	포함하지 않음
일시보유 목적	포함	포함

25. 소득령 비상장주식의 기준시가 계산시 순자산가치는 양도일 또는 취득일이 속하는 사업연도의 직전 사업연도 종료일 현재 해당 법인의 장부가액으로 계산한다(소득령 제165조제4항제1호나목).

(1) 주식을 소각하거나 자본을 감소시키기 위하여 보유하는 자기주식인 경우

자기주식을 자본에서 차감할 항목으로 보아 발행주식 총수에서 동 자기주식을 차감하여 1주당 순자산가치와 순손익가치를 평가한다.

(2) 일시적으로 보유한 후 처분할 자기주식인 경우

자기주식을 자산으로 보아 동 자기주식은 발행주식 총수에 포함시키고, 자기주식 가액은 아래 계산식과 같이 계산하여 평가기준일 현재의 평가액을 순자산가액에 가산한다. 부동산과다보유법인은 3:2를 적용한다.

$$\frac{\left\{\frac{(\text{자기주식을 제외한 순자산가액}) + (\text{자기주식수} \times 1\text{주당 평가액}(x))}{\text{총 발행주식수}} \times 2 + \frac{1\text{주당 순손익액}}{10\%} \times 3\right\}}{5}$$

예시

(문) 자기주식 10,000주를 매각목적으로 취득하여 보유중일 때 1주당 보충적 평가액은?

〈재무상태표〉

(단위: 원)

토지	1,200,000,000	부채	1,600,000,000
기타	800,000,000	자본	500,000,000
		자본조정(자기주식)	(100,000,000)
자산총계	2,000,000,000	부채 및 자본총계	2,000,000,000

- 총발행주식수: 100,000주
- 자기주식수: 10,000주(액면가액 @5,000원, 취득가액 1억원)
- 1주당 순손익가치: 20,000원, 영업권은 '0'으로 가정함

(답) 11,063원

1주당평가액(x) = [(2×20,000원)+3×{(20억원-16억원)+10,000주×x}/100,000주]/5

쟁점

지분율 계산시 자기주식 포함여부

지분율 계산시 자기주식을 포함하는지를 살펴보자.

○ (최대주주등 할증평가) 해당 법인의 발행주식총수와 최대주주의 보유주식수에는 평가기준일 현재 의결권이 제한되는 자기주식은 포함되지 아니한다(서면4팀-3801, 2006.11.17.).

○ (가업상속공제 피상속인 요건) 피상속인과 그의 특수관계인 주식등을 합하여 해당 기업의 발행주식총수

의 100분의 50(상장 30%) 이상을 계속하여 보유하는지 여부를 판정할 때 주식발행법인이 보유하는 자기주식은 발행주식총수에서 제외함(서면법규과-1386, 2013.12.22.).

○ (가업상속공제 사후관리 상속인의 지분감소) 주식발행법인이 자기주식을 처분한 후에도 상속인이 최대주주등에 해당하는 경우에는 위 "상속인의 지분이 감소한 경우"에 해당하지 않음(서면법규과-763, 2014.7.18.).

○ (공익법인등의 주식보유한도) 의결권 있는 발행주식총수에서 자기주식 제외(상증법 제16조, 제48조, 2017.1.1. 이후 출연하는 분부터)

나. 순자산가액의 평가

순자산가액은 해당 법인의 자산을 상증법 제60조부터 제66조까지 규정에 따라 평가한 가액에서 부채를 차감하여 계산한다.

평가기준일 현재 시가로 평가함을 원칙으로 하되, 시가가 불분명한 경우에는 공시지가 등 보충적 방법으로 평가한다. 그러나 2004.1.1. 이후 상속 또는 증여 분부터는 보충적 평가방법에 의하더라도 최소한 취득원가로는 평가되어야 한다는 취지에서 보충적 평가방법에 따른 평가액이 장부가액(취득가액에서 감가상각비를 뺀 가액)보다 적은데도 정당한 사유가 없는 경우에는 장부가액에 따라서 평가한다.

또한, 영업권 평가가액도 자산가액에 합산하여 계산하지만 아래의 경우에는 자산가액에 합산하지 않는다.

1) 순자산가치로 평가하는 경우(사업개시 전 법인, 사업개시 후 3년 미만 법인 또는 휴폐업 중인 법인은 제외)

2) 사업개시 전 법인, 사업개시 후 3년 만의 법인 또는 휴폐업 중인 법인.

다만, 다음 모두에 해당하는 경우는 제외한다.

가) 개인사업자가 무체재산권을 현물출자하거나 사업의 양도 · 양수 방법에 따라 법인으로 전환하는 경우로 그 법인의 해당 사업용 무형자산을 소유하면서 사업용으로 계속 사용하는 경우

나) 위의 개인사업자로서 법인의 사업 영위기간 합계가 3년 이상인 경우

3) 평가기준일이 속하는 사업연도 전 3년 내의 사업연도부터 계속하여 결손금이 있는 법인인 경우(2018.2.13. 신설)

쟁점

비상장주식 평가시 장부가액의 의미

비상장주식을 상속 · 증여받은 경우 그 재산은 시가평가를 원칙으로 한다. 시가를 산정하기 곤란한 경우에는 상증법 제63조에 따라 평가한 가액을 시가로 본다. 즉, ① 순자산가치와 순손익가치를 가중평균한 가액과 ② 순자산가치의 80%와 비교하여 큰 가액으로 평가하는 것이다.

순자산가치를 계산하기 위한 순자산가액은 평가기준일 현재 해당 법인의 자산을 상증법에 따라 평가한 가액에서 부채를 차감한 가액으로 한다. 이때, 자산 평가액(상증법 제60조제3항 및 제66조 규정에 따라 평가한 가액)이 장부가액보다 적으면 장부가액으로 한다. 정당한 사유가 있다면 적용하지 않는다.

장부가액의 의미에 대해 그 가액이 유보를 반영한 가액이냐 아니냐의 논쟁이 있었다. 앞의 가액을 세무상 장부가액, 뒤의 가액을 회계상 장부가액으로 부른다.

예를 들어 취득가액이 100원이고, 재평가액이 300원이면, 재평가로 늘어난 자산가액은 법인세법상 △유보 200원이 되는데, 이 시점에서 세무상 장부가액은 100원이고, 회계상 장부가액은 300원이 되는 것이다.

국세청의 종전 해석들을 보면, 장부가액이란 기업회계기준 등에 의해 작성된 대차대조표상 장부가액에 의하는 것이나, 순자산가액 계산시 장부가액을 적용하는 경우에는 자본금과 적립금조정명세서(을)상 유보금액을 자산가액에 가감한다고 회신하였다(법령해석과-3355, 2015.12.15. 외). 장부가액은 세무상 장부가액을 의미하지만, 전단을 보면 기업회계기준에 따른 작성된 대차대조표상 장부가액으로 보여 어떤 가액으로 하는 것인지 불분명해보였다. 또, 어떤 회신은 세무상 장부가액이라고 회신한 적도 있다. 양도소득세와 관련하여 부동산 과다보유법인 주식 등의 양도인지 여부 판정시 부동산 보유비율 판단기준이 되는 장부가액 의미에 대해서는 세무상 장부가액으로 해석한 바 있다(기획재정부 재산세제과-343, 2013.5.16.).

여기에 대해 법령해석과는 '기업회계기준에 따라 작성된 대차대조표상 가액'이라는 해석을 한 바 있다(서면4팀-1091, 2004.7.14.등을 정비(2019.6.20.등)). 현재 국세청은 "상증법 제60조제3항 및 제66조 규정에 따라 평가한 가액"이 장부가액(취득가액에서 감가상각비를 차감한 가액)보다 적은 경우에는 장부가액으로 한다고 일관되게 회신하고 있다(사전2017법령해석재산-0641, 2017.12.18.). 즉, 자산가액과 비교하는 장부가액은 취득가액에서 감가상각비를 차감한 가액을 말하는 것이다.

이 문구는 아래와 같이 이유로 합리적이다.

1. **문언상 타당하다.** 취득가액에서 감가상각비를 차감한다는 표현은 상증령 규정 그대로이다. 법령해석은 특별한 사정이 없는 한 법문대로 엄격하게 해석하는 것이 원칙이고, 유보 등을 반영한 표현이 오히려 혼란을 주고 있었으므로 법령 문구 표현을 사용하는 것이 더 타당하다.

2. **입법의도이다.** 기재부 간추린 개정세법에 따르면 이 규정의 입법의도에서 자산가치는 해당 법인의 자산을 평가기준일 현재 시가로 평가하되, 시가가 불분명한 경우 보충적 방법에 의하더라도 최소한 취득원가(장부가액)로 평가한다고 하였다.

3. **법원도 같은 입장이다.** 토지와 건물의 장부가액으로 인정한 가액은 취득가액이 아닌 2009.4.3. 기준 이 사건 토지와 건물에 관한 감정평가법인 감정가액을 반영하여 산정된 이 회사의 2009.12.31. 기준 대차대조표상 토지와 건물 가액임은 앞서 본 바와 같다. 따라서 이 사건 회사의 2009.12.31. 기준 대차대조표상 이 사건 토지와 건물 가액은 상증령 제55조가 규정하고 있는 "장부가액"에 해당하지 않는다고 보았다(인천지법2014구합31173(2015.1.8.)[26]-대법원2015두58775(2016.3.24. 심불)).

그럼에도 논란이 있다. 예를 들어 2010년 비상장주식의 취득가액은 100억원인데, 2021년 자산 평가시에는 60억원이 되었다면 취득가액과 비교하는 것이 불합리해보인다. 부동산의 경우 취득가액과 평가기준일 현재 시가는 대체적으로 평가기준일 가격이 높을 수 있지만, 비상장주식의 경우에는 비상장주식의 가치가 법인의 영업활동 등과 직접적인 연관이 있고, 주식의 평가시점과 가액과 큰 차이가 날 수 있다.

2016.2.5.부터 비상장주식의 시가를 보다 정확하게 반영하기 위해 평가심의위원회를 통해 현금흐름할인법 등을 반영하여 평가할 수 있도록 개정하여 이러한 논란이 없으면 좋겠지만 국세청에서 인정한 것은 많지 않아 보인다.[27] 차라리 취득가액을 적용할 수 없는 정당한 사유에 대한 입법적인 보완이 필요해 보인다.

[관련 질의회신 · 판례 등]

○ 장부가액의 의미

내국법인이 자산을 현물출자하고 현물출자 받은 법인의 주식을 취득한 후 법인법 제47조의2에 따라 현물출자로 발생한 자산의 양도차익에 대해 압축기장충당금을 설정한 경우, 현물출자를 통해 취득한 주식을 상증법 제60조제3항 및 제66조 규정에 의하여 평가한 가액이 장부가액(취득가액에서 감가상각비를 차감한 가액)보다 적은 경우, 장부가액으로 함(사전2017법령해석재산-0641, 2017.12.18.).[28]

○ 장부가액의 의미(지분법)

A법인(비상장법인) 주식의 순자산가액을 계산하는 경우, A법인의 자회사주식(지분법 적용투자 주식)을 상증법 제60조제3항 및 제63조에 따라 평가한 가액이 장부가액보다 적다면 장부가액으로 하며(장부가액보다 적은 정당한 사유가 없는 경우에 한함), 이 경우 장부가액은 취득가액에서 감가상각비를 차감한 가액을 말함(사전2019법령해석재산-0276, 2019.6.21.).

---

26. 각 규정의 취지는 증여일 현재 시가에 따라 순자산가치를 평가함을 원칙으로 하되, 증여재산 시가가 불분명한 경우 보충적 평가방법에 의하여 평가하더라도 순자산가액을 산정하는 경우에 있어서도 가능한 한 그 시가를 적정하게 반영함으로써 증여재산의 시가를 합리적으로 추정하기 위한 것이다(인천지법2014구합31173, 2015.1.8.).
27. 국세청은 국세법령정보시스템에서 평가심의사례를 공개하고 있다(국세법령정보시스템-게시판-평가심의사례).
28. 세법해석정비

요지	유지사례	삭제사례	
비상장주식 순자산 가치 평가시 상증령 제55조제1항에 따른 장부가액의 의미	사전2017법령 해석재산-0641, 2017.12.18.	서면4팀-1091, 2004.7.14. 서면4팀-1644, 2004.10.18. 서면4팀-1068, 2005.6.28. 서면4팀-3580, 2007.12.17. 재산세과-300, 2009.1.28.	재산세과-716, 2009.4.9. 재산세과-306, 2009.9.24. 재산세과-386, 2010.6.8. 재산세과-554, 2011.11.22.
	사전2019법령 해석재산-0276, 2019.6.21	재산상속46014-1639, 1999.9.6. 서면4팀-1852, 2004.11.16. 서면4팀-1960, 2005.10.24. 서면4팀-509, 2008.2.29. 재산세과-2785, 2008.9.11. 재산세과-1116, 2009.6.5. 재산세과-1664, 2009.8.12. 재산세과-324, 2010.5.25.	재산세과-344, 2010.5.28. 법규과-5742, 2011.12.30. 재산세과-396, 2012.11.8. 서면2016상속증여-5087, 2016.9.27. 서면2017상속증여-1174, 2017.6.15. 기준2015법령해석재산-0131, 2015.12.15. 서면2017상속증여-1175, 2017.6.15.

○ 비상장법인이 보유한 상장주식의 평가

비상장주식을 보충적 평가방법으로 평가하는 경우, 순자산가액은 평가기준일 현재로 가결산하여 평가하며, 평가대상 법인이 보유하는 상장주식은 평가기준일 이전 · 이후 각 2개월간의 한국거래소 최종시세가액 평균액에 의함(재산세과-1144, 2009.12.29.).

○ 여러 필지를 보유하고 있는 경우

해당 법인이 여러 필지의 토지를 소유하고 있는 경우에는 각 필지별로 상증법 제60조제3항 및 제66조에 따라 평가한 가액과 장부가액 중 큰 금액으로 평가함. 다만, 골프장용지 등과 같이 용도상 불가분의 관계가 있어 각 필지별로 평가하는 것이 불합리한 경우에는 그 용도별로 평가함(서면4팀-1557, 2004.10.5.).

○ 환산가액과 비교

해당 건물과 그 부수토지의 임대료 등 환산가액(임대료 환산가액을 토지와 건물의 기준시가로 나누어 계산)을 자산별로 각각 장부가액과 비교 평가함(상속증여세과-34, 2014.2.26).

○ 조특법 이월과세액

(기재부) 조특법 제32조에 따른 이월과세액은 상증령 제55조제1항, 제2항 및 상증규칙 제17조의2제3호에 따라 순자산가액을 계산할 때 자산가액에서 차감하는 '부채'에 해당하지 아니함(기획재정부 재산세제과-498, 2018.6.14.).

(기재부) 순자산가액 계산시 조특법 제31조에 따른 사후관리 기간(5년)이 경과한 이월과세액을 법인의 부채에 가산함(기획재정부 재산세제과-125, 2021.2.4.).

○ 사업개시 후 3년 미만인 합병법인이 비적격 합병 직후 발행한 비상장주식 평가방법

사업개시 후 3년 미만인 내국법인이 합병법인이 되어 사업개시 후 3년 이상인 내국법인을 합병한 경우, 당해 합병법인은 상증령 제54조제4항제2호의 "사업개시 후 3년 미만의 법인"에 해당함(기획재정부 재산세제과-364, 2018.4.25.).

○ 개인사업에 사용하던 부동산 장부가액이 기준시가보다 큰 경우

개인사업에 사용하던 부동산을 상속받는 경우에는 해당 부동산 가액은 상증법 제60조제1항에 따라 상속개시일 현재 시가에 의하나, 시가 산정이 어려운 경우에는 상증법 제61조에 따라 평가한 가액을 시가로 봄(서면2016법령해석재산-5848, 2017.10.26.).

○ 정당한 사유

평가대상법인이 보유한 다른 비상장법인 발행주식 평가액이 장부가액보다 적은 것만으로 장부가액보다 적은 정당한 사유가 있는 것으로 보지는 아니함(재재산-1491, 2004.11.10. 요지).

다. 순자산가액의 계산(순자산가액 계산서 양식 참조)

순자산가액은 '비상장주식등 평가서'(평가심의위원회운영규정 별지 제4호 서식 부표3)[29] 제2쪽에 따라 산정하는 것이 편리하다. 이하에서는 각 항목에 대하여 구체적으로 서술하기로 한다.

〈평가심의위원회 운영규정 별지 제4호 서식 부표3〉 (2018.04.25. 개정)

(단위: 원) (제2쪽)

4. 순자산가액		
가. 자산총액		
① 재무상태표상의 자산가액		
② 평가차액		제4쪽 5. 평가차액 "가"
③ 법인세법상 유보금액		
④ 기타(평가기준일 현재 지급받을 권리가 확정된 가액 등)		
⑤ 선급비용등		
⑥ 증자일 전의 잉여금의 유보액		
⑦ 소계 (① + ② + ③ + ④ - ⑤ - ⑥)		
나. 부채총액		
⑧ 재무상태표상의 부채액		
⑨ 법인세		
⑩ 농어촌특별세		
⑪ 지방소득세		
⑫ 배당금 · 상여금		
⑬ 퇴직급여추계액		
⑭ 기타(충당금 중 평가기준일 현재 비용으로 확정된 것 등)		
⑮ 제준비금		
⑯ 제충당금		
⑰ 기타(이연법인세대 등)		
⑱ 소계(⑧ + ⑨ + ⑩ + ⑪ + ⑫ + ⑬ + ⑭ - ⑮ - ⑯ - ⑰)		
다. 영업권포함전 순자산가액(⑦-⑱)		
라. 영업권		제5쪽 6. 영업권 "자"
마. 순자산가액(다 + 라)		

---

29. 평가심의위원회 운영규정은 유사상장 비교평가등을 규정하고 있었는데, 비상장주식 평가방법을 규정하는 것으로 확대하였다.

2016.8.15. 이전	2016.8.16. 이후
이 규정은 「상속세 및 증여세법 시행령」 제56조의2에 따른 재산평가심의위원회의 설치 및 운영, 비상장중소기업의 주식에 대한 평가신청대상 및 반려의 기준, 평가방법, 평가신청 절차, 상속재산 및 증여재산 평가에 대한 자문 등에 필요한 사항을 규정하는 것을 …	이 규정은 「상속세 및 증여세법 시행령」 제49조의2에 따른 재산평가심의위원회의 설치 및 운영, 재산의 가액에 대한 시가인정 심의 신청절차, 비상장주식의 가액평가 및 평가방법 등에 필요한 사항을 규정하는 것을 목적으로 한다. (2016.8.16. 개정)

1) 재무상태표상의 자산가액

평가기준일 현재의 기업회계기준에 따라서 가결산된 평가대상 법인의 재무상태표상 장부가액을 말한다.

> 서식의 ②~⑤ 자산에 가산하는 항목으로는 ② 평가차액가 · 감분, ③ 법인법상 유보금액, ④ 기타 평가기준일 현재 지급받을 권리가 확정된 금액, 영업권 평가액 등의 금액이 있다.

2) 평가차액의 계산

비상장법인의 재무상태표는 기업회계기준에 따라 작성되어 있으므로 재무상태표상 자산을 상증법 규정에 따라 평가하여 그 차액을 가 · 감하여야 한다. '비상장주식등 평가서'(평가심의위원회 운영규정 별지 제4호 서식 부표3) 제4쪽 서식은 다음과 같다.

(단위: 원) (제4쪽)

<table>
<tr><td colspan="8">5. 평가차액</td></tr>
<tr><td colspan="3">가. 평가차액 계산 (① - ②)</td><td colspan="2"></td><td colspan="3">제2쪽 4. 순자산가액 “가”의 ② 기재</td></tr>
<tr><td colspan="4">자산금액</td><td colspan="4">부채금액</td></tr>
<tr><td>계정
과목</td><td>상증법에
따른 평가액</td><td>재무상태
표상 금액</td><td>차액</td><td>계정
과목</td><td>상증법에
따른 평가액</td><td>재무상태
표상 금액</td><td>차액</td></tr>
<tr><td></td><td></td><td>① 합계</td><td>A</td><td></td><td></td><td>② 합계</td><td>B</td></tr>
<tr><td></td><td></td><td></td><td></td><td></td><td></td><td></td><td></td></tr>
<tr><td></td><td></td><td></td><td></td><td></td><td></td><td></td><td></td></tr>
<tr><td></td><td></td><td></td><td></td><td></td><td></td><td></td><td></td></tr>
</table>

상기 평가차액 작성요령은 아래와 같다.

가) 계정과목에는 평가대상 자산 또는 부채를 재무상태표에 기재된 계정명을 기입하되, 재무상태표상 미계상된 경우에는 추가로 기재한다.

나) 자산가액은 상증법 제60조제2항(시가)에 따라 평가하고, 상증법 제60조제3항(상증법 제61조~제65조) 및 상증법 제66조(저당권 등 채권액)에 따라 평가한 가액이 장부가액(취득가액에서 감가상각비를 뺀 가액)보다 적은 경우로 정당한 사유가 없는 때에는 장부가액에 따라 평가한다. 이 경우 정당한 사유가 있는지에 대한 입증 책임은 납세자에게 있다.

다) 자산별 상증법에 따른 평가방법

계정과목 별 자산에 대해서는 다음과 같이 상증법상 평가방법으로 평가하고, 그 평가가액과 재무상태표상 가액 차액은 비상장주식등 평가서 제4쪽 "5. 평가차액" 서식 자산금액의 "차액"란에 기재한다.

(1) 유동자산 중 당좌자산

(가) 현금 및 현금성자산, 단기투자자산

예금, 저금, 적금 등의 평가와 같이 평가기준일 현재 예입 총액과 이미 경과한 미수이자 상당액의 합계액에서 원천징수 상당액을 뺀 가액으로 평가한다. 상증법 제63조제4항에 따라 평가한 가액(예입총액-미수이자상당액-원천징수상당액)이 장부가액보다 적은 경우에는 정당한 사유가 있는 것으로 보아 그 가액으로 평가한다(서면4팀-133, 2004.2.25.).

(나) 매출채권, 단기대여금, 미수수익, 미수금, 선급금, 선급비용

매출채권액 등(대손충당금을 차감하기 전 금액) + 평가기준일까지의 미수이자 상당액 – 평가기준일 현재 비용으로 확정된 금액 등을 말한다.

대손충당금은 순자산가치 계산시 부채로 보지 않는 충당금이므로 재무상태표상 매출채권 등에서 차감되는 대손충당금은 해당 매출채권에서 이를 차감하지 아니한다. 대손충당금이란 대차대조표에 자산으로 표기되는 받을 어음 · 외상매출금 · 대출금등 채권에 대한 차감 형식으로 계상되는 회수불능 추산액으로, 향후 실제로 대손이 발생하였을 때는 대손충당금과 먼저 상계하고 그 충당금이 부족하면 채권금액에서 차감하는 방식으로 처리한다. 그런데 상증규칙 제17조의2제4호 가목에서 법인 자산에 대한 평가에 있어 평가기준일 현재의 대손충당금을 부채에서 차감하도록 하면서 '충당금 중 평가기준일 현재 비용으로 확정된 것'을 제외하도록 하는데, 그 취지는 대손충당금은 아직 대손이 확정된 부분이 아니기 때문에 채권액을 평가할 때 자산인 채권액에서 차감하지 못하도록 한 것이며, 다만 대손이 확정되어 비용으로 처리할 수 있는 부분은 예외로 한다는 것이다(서울행법2015구합63586, 2016.12.8.).

예시

(문) 재무상태표의 매출채권 1,000,000원, 관련 대손충당금 100,000원일 때 매출채권 평가액은?

(답) 1,000,000원

(∴) 장부상 매출채권 잔액은 900,000원이지만, 대손충당금은 단순히 장래 회수불능을 예상하고 추정한 금액에 불과하므로 실제 대손금은 아니다. 따라서 매출채권에서 차감되지 않으므로 상증법상 평가액은 1,000,000원이 되며, 그 차액을 '차액'란에 적는다.

(2) 유동자산 중 재고자산

상품, 제품, 원재료, 재공품 기타 이에 준하는 동산을 말한다. 평가기준일 현재의 재취득가액으로 평가하되, 부가가치세는 포함하지 아니한다. 다만, 그 가액이 확인되지 아니하는 경우에는 장부가액으로 한다.

(3) 비유동자산 중 투자자산

(가) 유가증권, 투자유가증권

유가증권, 투자유가증권 등의 가액은 상증법 제63조제1항에 따른 평가방법에 따라 평가하며, 이와 같이 평가한 가액과 재무상태표상 가액과의 차액을 "차액"란에 기재한다. 또한, 주식평가대상인 비상장법인이 다른 법인의 최대주주등에 해당되는 경우에는 할증평가 규정을 적용하여야 한다.

(나) 장기금융상품, 장기투자증권, 장기매출채권

대부금, 외상매출금, 받을어음 등의 채권가액은 원본 가액에 평가기준일까지의 미수이자 상당액을 더하고 채권 전부 또는 일부가 평가기준일 현재 회수 불가능한 것으로 확정된 채권 가액을 차감하여 평가한다.

보충적 평가방법에 의하여 비상장주식 가액을 평가함에 있어 그 산정요소의 하나인 평가기준일 현재의 법인 순자산가액에는 평가기준일 당시 회수불능인 채권은 포함되지 않는다고 할 것이고(대법원2005두5574, 2007.8.23.), 여기서 회수불능 채권인지의 여부는 채무자 재산상태, 자금조달능력, 사회적 신분, 직업 등 채무자의 변제능력과 회사 경영상태, 채권 발생원인, 액수, 시기 등 회사의 채권행사에 관련된 사정을 참작하여 결정하여야 한다(대법원90누2338, 1990.10.26.).

대부금의 평가는 원본 가액에 평가기준일까지의 미수이자 상당액을 가산한 금액에 의하는 것이나, 당해 미수이자 상당액에 대하여 평가기준일 현재 지급받을 권리가 없는 것으로 명백히 확인되는 경우에는 가산하지 않는다(재산세과-699, 2010.9.17.).

원본 회수기간이 5년을 초과하거나 회사정리절차 또는 화의절차 개시 등의 사유로 당초 채권내용이 변경된 경우에는 각 연도에 회수할 금액(원본액+이자상당액)을 현재가치로 할인한 금액의 합계액으로 평가하며, 그 가액이 장부가액보다 적은 경우에는 정당한 사유가 있는 것으로 보아 그 가액으로 평가한다.

(다) 보증금

입회금, 보증금으로서 원본 회수기간이 정해지지 않은 경우에는 그 회수기간을 5년으로 보아 현재가치로 평가한 가액에 따른다.

(4) 비유동자산 중 유형자산

(가) 토지

기업회계기준상 토지의 취득원가는 매입가액에 취득부대비용을 가산한 가액으로 하나, 상증법 토지의 평가는 상증법 제60조부터 제66조까지에 따라 평가한다. 평가기준일 현재 시가로 평가하되, 시가를 산정하기 어려운 경우에는 개별공시지가나 임대료등 환산가액 중 큰 가액으로 평가하며, 저당권 채권액이 있는 경우 시가와 비교하여 큰 가액을 적용한다.

(나) 건물, 구축물 등

재무상태표상 건물, 구축물 등의 가액은 취득가액에서 평가기준일까지의 감가상각비 누계액을 차감하여 표시되나, 상증법상 건물 등의 평가액은 건물의 신축가격, 구조, 용도, 위치, 신축연도 등을 참작하여 매년 1회 이상 국세청장이 산정하여 고시하는 금액으로 한다.

취득가액에서 차감하는 감가상각비는 법인이 납세지 관할세무서장에게 신고한 상각방법에 따라 계산한 감가상각비 상당액을 말하며, 감가상각자산의 내용연수는 법인령 제28조제1항제1호에 따른 기준내용연수를 적용한다.

구축물(토지 또는 건물과 일괄하여 평가하는 것을 제외한다)의 가액은 상증령 제51조제4항에 따라 그것을 다시 건축할 경우에 소요되는 가액에서 감가상각비 상당액을 뺀 가액으로 평가하며, 그 가액을 산정하기 어려운 경우에는 지방세법 시행령 제80조제1항에 따른 가액(시가표준액)으로 평가할 수 있다. 다만, 같은 령 제80조제1항에 따른 가액이 없는 경우에는 장부가액(취득가액에서 감가상각비를 뺀 가액)으로 평가한다.

법인령 제24조제1항제1호사목에 따른 사용수익 기부자산은 장부가액(취득가액에서 법인법상 감가상각비를 뺀 가액)으로 평가하는 것으로 상증법 제61조제7항 및 상증법 제62조제3항(임대료등 환산가액)은 적용되지 아니한다.

(5) 비유동자산 중 무형자산

(가) 무체재산권

2014.1.1. 이후 상속 증여분부터는 각 연도에 수입할 금액을 현재가치로 평가한 금액과 매입한 무체재산권 평가방법 중 큰 가액으로 평가하며, 그 이전에는 매입한 경우 매입 무체재산권의 평가방법으로, 매입하지 않은 경우 각 연도에 수입할 금액을 현재가치로 평가하였다.

매입한 무체재산권은 매입가액에서 평가기준일까지의 법인법상 감가상각비를 공제한 가액으로 평가하며, 매입가액은 매입 당시 부대비용을 포함한다.

감가상각비 = 매입가액 × (매입일~평가기준일의 월수 ÷ 법인규칙 별표4의 무형고정자산 내용연수의 월수)

(나) 개발비

개발비는 자산에서 차감할 항목으로 “평가차액” 계산 서식에 재무상태표상 금액을 기재하고 “순자산가액” 계산서식 ⑤번 “선급비용 등”에 기재한다.

예시

(문) 시가 등이 아래와 같을 경우 자산의 평가차액을 계산하면?

구분	재무상태표상 가액	시가	공시지가 등	담보채권액
매출채권 대손충당금	100,000,000 (2,000,000)			
제품 제품평가손실충당금	100,000,000 (2,000,000)			
토지	1,000,000,000	1,500,000,000	1,100,000,000	1,200,000,000
건물 (감가상각누계액)	1,000,000,000 (300,000,000)	-	300,000,000	
기계장치 (감가상각누계액)	500,000,000 (100,000,000)			

* 건물과 기계장치에 대해 신고한 감가상각방법에 법인법상 기준내용연수를 적용하여 계산한 감가상각비 한도초과액 및 시인부족액은 아래와 같음

- 건물 감가상각비 한도초과액: 100,000,000원
- 기계장치의 감가상각비 시인부족액: 50,000,000원

(답)

(단위: 원) (제4쪽)

5. 평가차액							
가. 평가차액 계산 (①-②)				제2쪽 4. 순자산가액 “가”의 ② 기재			
자산금액				부채금액			
계정과목	상증법에 따른 평가액	재무상태표상 금액	차액	계정 과목	상증법에 따른 평가액	재무상태표 상 금액	차액
		① 합계	554,000,000			② 합계	
매출채권	100,000,000	98,000,000	2,000,000				
제품	100,000,000	98,000,000	2,000,000				
토지	1,500,000,000	1,000,000,000	500,000,000				
건물	800,000,000	700,000,000	100,000,000				
기계장치	350,000,000	400,000,000	-50,000,000				
계	2,850,000,000	2,296,000,000	554,000,000				

라) 부채별 상증법에 따른 평가방법

계정과목별 부채에 대해서는 다음과 같이 상증법상 평가방법으로 평가하고, 동 평가가액과 재무상태표상 가액의 차액은 비상장주식등 평가서(제4쪽) "평가차액" 서식의 부채금액의 "차액"란에 기재한다.

(1) 유동부채

매입채무, 미지급금, 단기차입금, 예수금, 부가가치세예수금, 선수금, 미지급법인세, 미지급비용 등은 평가기준일 현재 확정된 금액으로 평가한다.

(2) 비유동부채 중 사채

사채는 평가기준일 현재 확정된 부채 등을 기준으로 산정하며, 사채할인(할증)발행차금은 가감하지 않는다.

예시

(문) 재무상태표의 사채 1,000,000원, 사채할인발행차금 100,000원일 때 사채의 평가액은?

(답) 1,000,000원

(∵) 장부가액은 900,000원이지만 상증법상 평가액은 1,000,000원으로 기재하여 그 100,000원을 '차액'란에 기재한다.

(3) 비유동부채 중 장기차입금, 영업보증금 등

지급기간이 5년을 초과하는 경우에는 현재가치로 할인한 금액으로 평가한다. 조세채무에 대해서는 상증규칙 제18조의2제2항이 적용되지 아니한다(재재산-1263, 2007.10.17.). 즉, 현재가치로 할인하지 아니한다.

(4) 비유동부채 중 퇴직급여충당금

퇴직급여충당금(퇴직보험예치금 등을 차감하기 전의 금액)은 부채에서 차감하고, 평가기준일 현재 재직하는 임원, 사용인 전원 퇴직시 지급하여야 할 퇴직금 추계액을 부채에 가산한다. 평가차액명세서가 아닌 순자산가액 계산서에 기재한다.

마) 평가시 유의사항

(1) 외화자산 및 부채의 평가

국외재산 가액은 평가기준일 현재 외국환거래법에 따른 기준환율 또는 재정환율에 따라서 환산한 가액을 기준으로 평가한다(상증령 제58조의4).

(2) 국외재산 평가

비상장법인이 외국법인에 출자한 주식의 평가는 내국법인 주식과 동일한 방법으로 평가하되, 상증법 제60조부터 제65조까지의 규정을 적용하는 것이 부적당한 경우, 해당 재산 소재국가에서 양도소득세 · 상속세 또는 증여세 등의 부과목적으로 평가한 가액으로 한다.

그러한 평가액도 없는 경우에는 세무서장 등이 둘 이상의 국내 또는 외국의 감정기관(상속 또는 증여재산이 주식등인 경우 신용평가전문기관, 회계법인, 세무법인을 포함)에 의뢰하여 감정한 가액[30]을 참작하여 평가한다.

외국법인이 발행한 비상장주식[31]을 상증법 제63조제1항제1호다목 및 같은 법 시행령 제54조 규정에 따라 평가하는 경우 순자산가액 및 순손익액 계산은 원칙적으로 국내법인과 같이 한국 기업회계기준과 법인세법을 기준으로 재조정하여 계산한다(재산세과-296, 2011.6.17.).

(3) 담보 제공된 재산의 평가

상증법 제66조에 따른 평가특례를 적용하여 평가한다.

3) 법인법상 유보금액

당기순이익에 대해서는 주주총회에서 그 귀속을 결정한다. 기업회계상 당기순이익과 세무회계상 과세소득 차이가 있고, 이 차이를 조정함으로써 법인법상 각 사업연도 소득을 계산한다. 세무조정을 하면서 그 귀속자와 소득 종류를 확정하는 세법상 절차를 소득처분이라 한다. 소득처분은 사외유출과 유보로 구분할 수 있다.

사외유출이란 익금산입 및 손금불산입의 세무조정액만큼 기업 외부로 유출된 소득처분을 말한다. 사외유출 금액은 해당 귀속자의 과세소득을 구성하여 그 귀속자에게 납세의무를 부여함으로써 종결된다. 반면, 사내유보 처분된 금액은 다음 사업연도 이후의 소득금액 계산에 영향을 미친다.

유보란 각 사업연도 소득금액에 가산 또는 차감하는 세무조정에 대한 소득처분이며, 회계상 자본보다 세무상 자본이 차이가 발생하는 소득처분이므로 비상장법인의 순자산가액을 계산함에 있

---

30. 국외재산 중 국외주식을 감정하여 평가(국내주식은 감정평가할 수 없다)할 수 있는지가 쟁점인데, 2022.2.15. 감정기관에 회계법인, 세무법인 등을 포함하는 것으로 상증령을 개정함으로 감정평가할 수도록 개정하였다. 이는 국내주식과 형평성 측면에서 맞지 않는다. 국내주식의 경우 자산을 감정평가할 수 있고, 순이익계산시 추정이익을 적용할 수 있는데, 국외주식은 평가자체를 감정평가할 수 있다.
31. 외국법인 주식을 상증법 제63조 규정에 따라 평가하는 경우, 최대주주등이 보유하는 비상장주식은 할증한 가액으로 평가한다(상속증여세과-2, 2014.1.6.).

어 법인법상 유보금액은 순자산가액에 가산 또는 차감하여야 한다.

다만, 상증법에 따라 평가하는 자산 및 부채의 유보금액은 상증법에 따라 평가하므로 법인 유보금액을 반영한 가액과 상관없으므로 순자산가액 계산시 법인법상 유보금액을 감안하지 않는다.

가) (+)로 유보된 금액의 경우 → 순자산 증가

(1) 자산 평가내용을 확인하여 상증법상 자산의 평가가 기준시가 등 장부상의 자산가액과 관련 없는 방법으로 이루어진 경우에는 이와 관련된 유보금액(예: 건설자금이자, 재고자산평가감, 감가상각충당금 한도초과액, 예금이자 미수수익 등)은 제외한다.

(2) 이연자산(사용수익기부자산은 제외) 및 환율 조정차는 자산으로 보지 않으므로 이와 관련된 유보금액도 제외한다.

(3) 대손충당금은 부채로 보지 않는 충당금이므로 순자산가액 계산시 부채에서 차감하며, 그에 따라 관련 유보금액(대손충당금 한도초과액)도 제외한다.

(4) 퇴직급여충당금 한도초과액 및 퇴직보험예치금의 신고조정

평가기준일 현재 재직하는 임원 또는 사용인 전원이 퇴직할 경우 퇴직급여로 지급되어야 할 총 추계액을 부채에 가산하고 있으므로, 퇴직급여충당금 한도초과액 및 퇴직보험예치금의 손금가산액(△유보)은 부채에 가감할 필요가 없다.

나) (−)로 유보된 금액의 경우 → 순자산 감소

(1) 조세특례제한법상 제 준비금은 순자산가액 계산시 부채로 보지 않으므로 손금가산 사항으로 유보처분된 금액은 모두 제외한다.

(2) 환율조정대도 부채로 보지 않으므로 유보금액 계산시 제외한다.

4) 기타

가) 평가기준일 현재 지급받을 권리가 확정된 가액

이 경우 지급받을 권리가 확정된 가액은 평가대상 법인의 재무상태표상에 계상되어 있지 아니한 것만 대상이 된다.

나) 영업권 평가액

2절, 16. 영업권의 평가 참조('순자산계산' 서식 '라'번 란 기재)

서식의 ⑥~⑦ 자산에서 제외하는 항목으로는 ⑤선급비용, 이연자산 등 ⑥증자일 전의 잉여금 유보액이 있다.

5) 선급비용, 이연자산 등

가) 선급비용

선급비용 중 평가기준일 현재 비용으로 확정된 분은 자산가액에서 제외한다. 장부상 계상되어 있는 선급비용 중 평가기준일 현재 비용으로 확정된 분(자산성이 없는 부분)에 한정하여 자산에서 차감하며, 순수한 선급비용(자산성이 있는 것)은 순자산가액에 포함된다.

상증규칙 제17조제3항제2호에 따라 해당 법인의 자산가액에서 차감하는 "선급비용"은 장부상 계상되어 있는 선급비용 중 기간경과 등으로 인하여 평가기준일 현재 비용으로 확정된 금액을 말한다(재삼46014-2524, 1998.12.26).

나) 무형고정자산

(1) 법인법상 무형고정자산 중 개발비(사용수익기부자산가액은 제외)

사용수익기부자산은 금전 이외의 자산을 기부한 후 그 자산을 사용하거나 그 자산으로부터 수익을 얻은 경우 해당 자산의 장부가치로 볼 수 있으므로 자산가액 계산시 제외하지 아니한다.

(2) 외화환산차

법인령 제76조에 따른 외화자산 · 부채의 원화기장액과 사업연도 종료일 현재 환율에 따라서 평가한 금액과의 차액인 외화환산차는 이를 자산에 포함하지 아니한다. 이는 비상장주식 평가시 외화자산과 외화부채를 평가기준일 현재 기준환율 또는 재정환율에 의해 평가한 가액을 해당 외화자산과 외화부채의 가액으로 보기 때문이다.

(3) 이연법인세차

이연법인세차란 기업회계상으로는 아직 당기순이익에 가산되지 아니하였으나 법인법에 따라 사업연도 중 익금 가산되어 해당 연도의 법인세를 상대적으로 많이 납부한 부분으로 추후 기업회계상 당기순이익에 가산되는 사업연도에는 법인세를 상대적으로 적게 납부할 수 있는 효과가 있으므로, 이를 재무상태표 투자자산 중 이연법인세차 계정과목으로 회계처리하도록 기업회계기준에서 규정하고 있으므로 비상장주식 평가시 해당법인 자산에서 제외하는 것이다.

6) 증자일 전의 잉여금 유보액

증자일 전의 잉여금 유보액을 신입주주 또는 신입사원에게 분배하지 아니한다는 조건으로 증자한 경우 신입주주 또는 신입사원 출자지분을 평가함에 있어 "순자산가액"에는 신입사원 또는 신입주주에게 분배하지 않기로 한 잉여금에 상당하는 금액은 포함하지 아니한다(상증통칙 63-

55…6).

7) 재무상태표상 부채액

평가기준일 현재 재무상태표상 부채총액을 기준으로 작성하며, 그 부채총액은 평가기준일 현재 확정된 부채 등의 가액으로 한다.

부채에 가산하는 항목으로는 ⑨ 법인세, ⑩ 농어촌특별세, ⑪ 주민세, ⑫ 배당금 · 상여금, ⑬ 퇴직급여 추계액, ⑭ 기타 금액이 있다.

8) 평가기준일까지 발생된 소득에 대한 법인세액

평가기준일까지 납부할 세액에서 재무상태표상(가결산한 것) 미지급법인세를 뺀 금액을 말한다. 이 경우 법인세액 등은 평가기준일 현재 납세의무가 확정된 것과 평가기준일이 속하는 사업년도 개시일부터 평가기준일까지 발생한 소득에 대한 법인세액 등을 말한다(서면4팀-498, 2008.2.28.).

비상장주식 평가를 순자산가액으로 계산할 때 평가기준일까지 발생된 소득에 대한 법인세액은 당해 법인의 부채에 가산하는 것으로, 평가기준일 이전 사업연도에 대한 자산누락등으로 인하여 법인세가 경정되는 경우 자산누락금액 및 법인세 추징세액은 각각 자산과 부채에 포함된다(재삼46014-1165, 1999.6.15.).

평가기준일까지 발생된 소득에 대한 법인세액등은 당해법인의 부채에 가산한다. 이 경우 당해 법인세액등은 원천징수 · 기납부세액 또는 감면세액등을 감안하여 계산한 납부 예정 세액을 말한다(재삼46014-210, 1998.2.5.).

9) 농어촌특별세

법인세액 감면액에 부과되는 농어촌특별세액

10) 지방소득세

법인지방소득세액

11) 배당금 · 상여금

평가기준일 현재 이익의 처분으로 확정된 배당금 · 상여금 및 기타 지급의무가 확정된 금액을 말하고, 배당금과 상여금은 평가기준일 현재 확정되었는지 여부에 따라 다음과 같이 구분된다(상증통칙 63-55-8). 즉 배당기준일 현재 생존하고 있던 주주가 주주총회에서 잉여금처분 결의가 있기 전에 사망하였는지, 잉여금 처분결의일 이후에 사망하였는지 여부에 따라 부채 인정 여부를 판단한다.

구분	잉여금 처분결의일	
	상속개시일 전	상속개시일 후
배당 · 상여금	상속세 과세가액 산입	상속세 과세가액 불산입
비상장주식 평가시 미지급 배당 · 상여금	부채로 인정(차감)	부채로 인정하지 않음

12) 퇴직급여추계액

퇴직금추계액은 평가기준일 현재 재직하는 임원 또는 사용인 전원이 퇴직할 경우 퇴직급여로 지급되어야 할 금액을 말하며, 퇴직금추계액은 법인장부에 계상하였는지 여부에 관계없이 적용하는 것이다(재산46014-1654, 1997.7.4.).

퇴직급여추계액을 재무상태표에 계상하므로 기존 퇴직급여충당금, 단체퇴직보험금은 이중 계상을 방지하기 위하여 부채에서 차감한다.

주주총회 결의를 거친 임원퇴직금 지급규정이 없이는 이사에 대한 퇴직급여 지급의무가 구체적으로 발생하였다고 볼 수 없으므로 그 퇴직급여 추계액을 부채에 가산할 수 없다(서울고법2016누47729, 2016.11.9., 요지).

13) 기타

(가) 충당금 중 평가기준일 현재 비용으로 확정된 것

충당금의 경우는 부채로 확정된 것이 아니므로 부채에서 차감하나, 평가기준일 현재 비용으로 확정된 경우에는 해당 금액을 부채에 포함한다.

(나) 가수금

비상장법인 부채 중 주주 및 임원 등으로부터의 가수금 또는 주주, 임원, 종업원 단기채무 계정과목이 있는 경우 그 부채의 변제의무를 해당 법인이 갖고 있다면 가수금 등을 부채에 포함한다(재산세과46014-815, 1996.3.28.).[32]

(다) 퇴직수당, 공로금

해당 법인 종사자의 사망에 따라 그 상속인에게 지급할 것이 확정된 기타 이에 준하는 금액은 부채에 포함한다.

(라)보증채무

보증채무는 채무로 공제하지 아니하나, 주채무자가 변제불능 상태이고 주채무자에게 구상권을 행사할 수 없는 경우에는 부채에 포함한다.

(마) 보험업을 영위하는 법인의 책임준비금과 비상위험준비금

보험업을 영위하는 비상장법인을 평가하는 경우에는 책임준비금과 비상위험준비금으로서 법인령 제57조제3항에 따른 범위 내의 것은 부채로 인정한다(상증규칙 제17조의2제4호).

(바) 출자전환채무

「채무자회생 및 파산에 관한 법률」에 따른 회생계획인가내역에 따라 향후 출자전환 예정인 조정대상채무를 출자전환채무로 회계 처리한 경우 조정대상채무는 부채에 해당한다(서면2015법령해석재산-2404 〔법령해석과-3690〕, 2016.11.16.).

부채에서 차감하는 항목으로는 ⑮ 제준비금, ⑯ 제충당금, ⑰ 기타가 있다.

14) 제준비금

조특법 및 기타법률에 따른 제준비금(중소기업투자준비금, 연구 및 인력개발준비금, 해외시장개척준비금, 수출손실준비금, 증권거래준비금 등)은 부채에서 제외한다.다만, 위 13)에서 말하는 보험업을 영위하는 법인관련 준비금은 부채로 인정한다.

순자산가치는 법인이 청산될 것을 가정하는 이른바 청산가치에 의한 평가를 전제로 하고 있다(대법원94누16243, 1996.2.15.). 그러므로 순자산가액에서 공제하는 부채는 평가기준일 현재 평가대상법인이 지급 또는 변제하여야 할 채무를 뜻한다. 그런데 준비금은 세법에서 인정하는 것이지만 일정 기간 경과 후에 환입하거나 또는 발생된 손금과의 상계처리 등을 예정한 것이어서 이를 순자산가치 계산시 부채에서 제외한다.

---

32. 피상속인이 대표이사로 있는 법인의 장부상 계상되어 있는 피상속인 명의 가수금채권에 대하여 당해 채권이 재산적 가치가 있는 사실상의 채권에 해당하는지 여부에 대하여는 당해 법인의 장부상 계상되어 있는 피상속인 명의의 가수금 존재여부 및 당해 가수금 회수사실 여부 등을 구체적으로 조사하여 판단한다(재재산46014-5, 1998.1.6.).

15) 제충당금

평가기준일 현재 비용으로 확정된 충당금을 제외한 제충당금(퇴직급여충당금, 단체퇴직급여충당금, 대손충당금 등)은 부채에서 뺀다.

16) 기타

(가) 외화환산대

법인령 제76조에 따른 외화자산 · 부채의 원화기장액과 사업연도 종료일 현재의 환율에 따라서 평가한 금액과의 차액인 외화환산대는 이를 부채에 포함시키지 않는다. 이는 평가기준일 현재 기준환율 또는 재정환율에 따라서 평가한 가액을 부채 가액으로 하기 때문이다.

(나) 이연법인세대

이연법인세대란 기업회계상 아직 비용으로 처리되지 않았으나 법인법에 따라 해당 사업연도 중 손금 가산되어 법인세를 상대적으로 적게 납부한 부분이며, 추후 회계상 비용 처리하는 사업연도에는 법인세를 상대적으로 많이 납부하게 되는 효과가 있으므로 이를 기업회계기준에서는 이연법인세대라는 계정과목으로 처리하고 있다. 이와 같은 이연법인세대는 부채에서 뺀다.

(다) 상속개시 후 잉여금 처분이 확정된 경우

배당기준일 현재 생존하고 있던 주주가 주주총회에서 잉여금 처분결의가 있기 전 사망한 경우로서 상속개시 후 잉여금 처분이 확정된 경우에는 해당 배당금 및 상여금은 상속세 과세가액에 포함하지 않으며, 비상장주식 평가시 부채에 포함하지 않는다.

(라) 사채할인(할증)발행차금 및 장기 미지급이자

상증령 제55조에 따른 비상장법인의 순자산가액은 평가기준일 현재 확정된 부채 등을 기준으로 하여 계산하는 것으로, 사채할인(할증) 발행차금은 해당 법인의 부채에서 가감하지 아니하며, 전환사채 및 신주인수권부사채 권리자가 중도에 전환권 또는 신주인수권을 행사하지 않아 만기상환할 것을 가정하여 발행회사가 채권자에게 만기에 지급하는 이자비용을 장기미지급이자로 계상한 경우 해당 장기미지급이자는 부채에 가산하지 아니한다(서일46014-10359, 2001.10.26.).

[관련 질의회신 · 판례 등]

○ 조특법 이월과세액을 부채로 볼 수 있는지
(기재부) 순자산가액을 계산할 때 자산가액에서 차감하는 "부채"에 해당하지 아니함(기획재정부 재산세제과-498, 2018.6.14.).

(기재부) 순자산가액 계산시 조특법 제31조에 따른 사후관리 기간(5년)이 경과한 이월과세액을 법인 부채에 가산함(기획재정부 재산세제과-125, 2021.2.4.).

(심판원) 그 세액에 대한 납부의무자가 법인인지 아니면 개인인지 확정되지 아니한 상태에 있다가 사후관리 요건 위반 없이 그 기간이 종료됨과 동시에 그 세금의 납부의무가 법인으로 확정적으로 이전되는 바, 쟁점주식 증여일(평가기준일)에는 납부할 세액이 정해져 있을 뿐만 아니라 법인전환된 후 약 5년 3개월이 지난 2018.2.28.에 그 세액의 납부의무자가 OOO으로 확정된 시점이었던 점… (생략)… 이 건의 경우 쟁점이월과세액은 부채의 가산항목에 해당함(조심2019서4567, 2020.5.20.).

○ 평가기준일 회수 가능채권

그 채권의 가액은 평가기준일 당시 현황에 의하여 산정하는 것이 원칙이지만, 손실보상채권과 같이 평가기준일 당시에는 그 채권 액수가 구체적으로 확정되지 않았더라도 과세관청의 부과처분 이전에 그 채권액이 구체적으로 확정되어 당해 법인이 이를 수령하였다면 그 수령한 손실보상금액을 법인 자산에 포함하여 순자산가액을 산정할 수 있음(대법원2004두6211, 2006.7.13.).

○ 비상장주식을 보충적 평가시 '발전사업권'의 감정가액을 순자산가액에 합산하는지 여부

비상장주식의 순자산가액 계산시 장부에 계상되어 있지 않은 발전사업권에 대한 상증령 제49조제1항에 따른 감정가액이 있는 경우 해당 감정가액을 자산가액에 합산함(기획재정부 재산세제과-345, 2021.4.6.).

○ 신축 · 분양 중

(시가에 해당) 비상장법인의 순자산가치를 계산함에 있어 신축 · 분양 중인 건물과 부수토지의 분양가액이 시가에 해당하는 경우, 건물에 대한 분양가액 중 평가기준일까지의 작업진행률에 따라 계산한 금액을 그 건물가액으로 하고, 부수토지에 대한 분양가액을 토지가액으로 하며 익금에 산입한 분양수입금액 중 건물 및 부수토지에 상당하는 가액은 각각 부채에 가산함(재산세과-1899, 2008.7.25.).

(시가에 해당하지 않음) 비상장법인의 순자산가치를 계산함에 있어 신축 · 분양 중인 건물과 부수토지 분양가액이 시가에 해당하지 않는 경우 토지는 전체토지의 보충적평가액과 장부가액을 비교하여 큰 금액을 적용함(재산세과-715, 2009.11.12., 요지).

○ 선적립/후사용 및 선사용/후적립 포인트의 부채 및 자산 가산 여부

상증령 제55조제2항 규정에 의한 무형고정자산 · 준비금 · 충당금 등 기타 자산 및 부채 평가에 있어 카드회사의 선적립/후사용 포인트 제도의 충당부채 상당액은 상증규칙 제17조의2제3호에 따라 부채에 가산하여 계산하는 것에 해당하며, 선사용/후적립 포인트 제도 중 신용카드 미사용분은 같은 조 제1호의 규정에 의한 "자산에 가산하여 계산할 것"에 해당하지 아니함(기획재정부 재산세제과-607, 2010.6.29.).

---

33. 환원율은 '순손익액이 자본으로 환원하는 이자율'을 말하며, 업종 또는 기업 규모에 따라 달라야 하지만 상증법령에서는 일률적으로 정하고 있다.

34. 1주당 최근 3년간 순손익액의 가중평균액 계산시 순손익액 중 (-)가 발생한 사업연도가 있으면 해당 사업연도의 순손익액을 "0"으로 보지 않고 (-) 그대로 계산한다.

4. 순손익가치의 산정

$$1주당\ 순자산가치 = \frac{1주당\ 최근\ 3년간\ 순손익액의\ 가중평균액\ 또는\ 신용평가전문기관\ 등의\ 1주당\ 추정이익\ 평균가액}{손손익가치\ 환원율^{33}(10\%)}$$

○ 1주당 최근 3년간 순손익액의 가중평균액이 “0” 이하인 경우 “0”으로 한다.[34]

가. 순손익가치의 계산방법

비상장주식의 순손익가치는 그 주식이 갖는 미래의 기대수익을 추정한 다음 그 현재가치를 평가하는 방법으로 산정하는 것이 바람직하지만, 미래 기대수익을 정확히 예측하는 것은 매우 어려우므로 상증령에서는 과거 실적인 “1주당 최근 3년간 순손익액의 가중평균액”을 3년 만기 회사채 유통수익율을 반영한 이자율로 할인하는 방법으로 1주당 순손익가치를 산정하도록 규정하고 있다(대법원2011두9140, 2012.5.24.).

다만, 3년 기간 중 증자, 합병, 주요업종 변경 등의 사유가 있으면 신용평가전문기관, 회계법인, 세무법인의 추정이익에 따라 평가할 수 있다.

1) 1주당 최근 3년간의 순손익액의 가중평균액

$$\frac{(평가기준일\ 이전\ 1년이\ 되는\ 사업연도의\ 1주당\ 순손익액\times 3) + (평가기준일\ 이전\ 2년이\ 되는\ 사업연도의\ 1주당\ 순손익액\times 2) + (평가기준일\ 이전\ 3년이\ 되는\ 사업연도의\ 1주당\ 순손익액\times 1)}{6}$$

$$각\ 사업연도의\ 1주당\ 순손익액 = \frac{각\ 사업연도의\ 순손익액}{각\ 사업연도\ 종료일\ 현재\ 발행주식\ 총수}$$

1주당 순손익액은 각 사업연도별 순손익액을 사업연도말 발행주식 총수 또는 환산 주식수로 나누어 산정하되,각 사업연도별로 산정한 1주당 순손익액 중 (-)가 발생한 사업연도가 있는 경우 해당 사업연도의 순손익액을 “0”으로 보지 않고 (-) 그대로 계산한다(서일46014-11475, 2002.11.7.). 원 단위 미만 금액은 버린다(상증통칙 60-0-1).

1주당 최근 3년간 순손익액의 가중평균액이 음수(陰數)인 경우에는 영으로 한다(상증령 제56조제1항). 1주당 순손익가치가 영(0)으로 평가되는 경우에도 가중치 합계는 5로 한다(서면4팀-1351, 2004.8.27.).

예시

(문1) 평가기준일 2022.4.1., 순자산가치와 순손익액이 아래와 같을 때 1주당 평가액은? (부동산 과다 보유법인에 해당하지 않음)

○ 1주당 순자산가치 100,000원

○ 순손익액

- 2021년 속하는 사업연도의 1주당 순손익액 60,000원

- 2020년 속하는 사업연도의 1주당 순손익액 -30,000원

- 2019년 속하는 사업연도의 1주당 순손익액 30,000원

(답1) 1주당 순손익가치 25,000=(60,000×3)+(-30,000)×2+30,000) / 6

1주당 평가액 Max(23,000, 20,000×80%)=23,000

23,000=(20,000×2+25,000×3) / 5

(문2) 평가기준일 2022.4.1., 순자산가치와 순손익액이 아래와 같을 때 1주당 가치는? (부동산 과다보유법인에 해당하지 않음)

○ 1주당 순자산가치 100,000원

○ 순손익액

- 2021년 속하는 사업연도의 1주당 순손익액 40,000원

- 2020년 속하는 사업연도의 1주당 순손익액 -100,000원

- 2019년 속하는 사업연도의 1주당 순손익액 30,000원

(답2) 1주당 순손익가치 0=(40,000×3+-100,000×2+30,000) / 6

1주당 평가액 Max(40,000, 100,000×80%)=80,000

40,000=(100,000×2+0×3) / 5

2) 최근 3년간 사업연도의 판정

사업연도 종료일이 평가기준일이면 해당사업연도를 포함하여 최근 3년간을 계산한다.

35. 예를 들어 평가기준일 2021.12.31.이면 평가기준일 전 1년이 되는 사업연도는 2020.12.31.이 속하는 사업연도이고, 평가기준일 이전 1년이 되는 사업연도는 2021.1.1.이 속하는 사업연도이다.

〈가중평균액 계산 개정연혁〉

2001.12.31. 이후 상속 · 증여	2002.1.1. 이후 상속 · 증여
[(평가기준일 전 1년이 되는 사업연도의 1주당 순손익액×3)+(평가기준일 전 2년이 되는 사업연도의 1주당 순손익액×2)+(평가기준일 전 3년이 되는 사업연도의 1주당 순손익액×1)] / 6	[(평가기준일 이전 1년이 되는 사업연도[35]의 1주당 순손익액×3)+(평가기준일 이전 2년이 되는 사업연도의 1주당 순손익액×2)+(평가기준일 이전 3년이 되는 사업연도의 1주당 순손익액×1)] / 6

3) 사업개시 후 3년 미만 법인의 순손익가치 평가

2005.1.1. 이후 사업개시 후 3년 미만 비상장법인은 순자산가치로만 평가한다.[36]

4) 3년간의 사업연도 중 1년 미만의 사업연도가 있는 경우

1주당 최근 3년간 순손익액의 가중평균액을 계산할 때 사업연도가 1년 미만이면 1년으로 계산한 가액으로 한다(상증규칙 제17조의3제2항).

5) 3년간의 사업연도 중 사업연도를 변경한 경우

비상장법인의 "1주당 최근 3년간 순손익액의 가중평균액"은 평가기준일 이전 1년, 2년 및 3년이 되는 날이 속하는 사업연도의 1주당 순손익액을 기준으로 하여 계산한다(서면4팀-1991, 2006.6.27.).

예시

□ A법인은 비상장법인이며, 2022.6.30. 비상장주식을 평가하여야 함. A법인은 법인설립시 사업연도를 1.1.~12.31.로 적용하였다가 2021년부터 4.1.~3.31.로 사업연도를 변경하였다.

<A법인의 사업연도 변경현황>

1기: 2018.1.1.~2018.12.31.　　2기: 2019.1.1.~2019.12.31.

3기: 2020.1.1.~2020.12.31.　　4기: 2021.1.1.~2021.3.31.

5기: 2021.4.1.~2022.3.31.　　6기: 2022.4.1.~2022.3.31.

(문1) 평가기준일이 2022.6.30.인 경우 이전 3개 사업연도는?

(답1) 1차: 2021.7.1.이 속하는 사업연도 → 2021.4.1.~2022.3.31.

---

36. 2004.12.31. 이전에는 평가기준일 전 사업연도가 2개인 법인의 경우 "가중평균액"은 직전사업연도의 1주당 순손익액에 2를, 직전 전 사업연도의 1주당 순손익액에 1을 곱하여 계산한 금액의 합계액을 3으로 나누어 계산한다(구 상증통칙 63-56…13, 2019.12.23. 삭제).

2차: 2020.7.1.이 속하는 사업연도 → 2020.1.1.~2020.12.31.

3차: 2019.7.1.이 속하는 사업연도 → 2019.1.1.~2019.12.31.

(문2) 평가기준일이 2022.2.1.인 경우 이전 3개 사업연도는?

(답2) 1차: 2021.2.2.이 속하는 사업연도 → 2021.1.1.~2021.3.31.

2차: 2020.2.2.이 속하는 사업연도 → 2020.1.1.~2020.12.31.

3차: 2019.2.2.이 속하는 사업연도 → 2019.1.1.~2019.12.31.

→ 이 경우 1차는 3개월만 있는 사업연도이므로 연 환산: 순손익×12 / 3

6) 결산시기가 다른 법인이 합병 후 3년이 경과되기 전의 순손익가치 평가

가) 평가기준일 전 3년 이내에 합병한 비상장법인의 합병 전 1주당 순손익액은 합병법인과 피합병법인의 순손익액 합계액을 합병 후 발행주식 총수로 나누어 계산

이 경우 합병법인과 피합병법인의 순손익액은 각각 1년간의 순손익액을 기준으로 하되, 1년에 미달하는 사업연도 순손익액은 연으로 환산한 가액에 따른다(서면4팀-1071, 2004.7.13.).

나) 사업개시 후 3년 이상인 법인이 사업개시 후 3년 미만인 법인을 주식의 평가기준일이 속하는 사업연도 이전 사업연도에 흡수합병한 경우

합병법인의 3개 사업연도 중 피합병 법인의 사업연도가 없는 사업연도의 1주당 순손익액은 합병법인의 순손익액을 그 합병법인의 해당 사업연도말 발행주식 총수로 나누어 계산한 가액에 따른다(서일46014-945, 2007.3.21.).

다) 합병일이 속하는 피합병법인의 사업연도가 1년 미만인 경우

1년 미만인 사업연도의 순손익액은 연으로 환산한 가액에 의하나, 합병일이 속하는 피합병법인의 사업연도가 1년 미만으로 합병 후부터 피합병법인과 합병법인의 순손익액이 합산되어 계산되는 경우에는 연으로 환산하지 아니한다(서일46014-10352, 2001.10.24.).

7) 분할[37]한 경우 순손익가치 계산

가) 분할존속법인과 분할신설법인의 최근 3년간 순손익액이 각각 구분이 되는 경우

인적분할을 한 경우로 분할존속법인과 분할신설법인의 1주당 순손익가치를 상증령 제56조제1항제1호 규정에 의한 1주당 최근 3년간의 순손익액 가중평균액으로 계산할 때, 분할존속법인과

분할신설법인의 최근 3년간 순손익액이 각각 구분이 되는 경우, 그 구분된 손순익액을 기준으로 계산하며, 각 사업연도 종료일 현재의 발행주식총수는 분할 후 분할존속법인과 분할신설법인 주식수에 의한다(서면-273, 2007.1.19.).

나) 분할존속법인과 분할신설법인의 최근 3년간 순손익액이 각각 구분이 되지 않는 경우

인적분할로 인한 분할신설법인의 1주당 순손익가치를 산정함에 있어 분할법인의 분할 전 순손익액이 사업부문별로 구분되지 아니하는 경우에는 순자산가액비율로 안분계산한다(재정경제부 재산세제과-744, 2007.6.27.).

8) 개인이 법인전환한 경우

개인사업자가 법인으로 전환한 경우 개인사업자로서 영위한 기간의 소득금액은 "최근 3년간의 순 손익액"에 포함되지 아니한다(서면4팀-533, 2006.3.10.).

나. 순손익액의 계산(순손익액계산서 양식 참조)

순손익액 계산은 법인법 제14조에 따른 각사업연도소득에 상증령 제56조제4항제1호 가액을 가산하고, 제2호 가액을 차감하여 계산한다(상증령 제56조제3항)[38]

순손익액 계산시 각 사업연도 소득에서 차감하는 금액은 기업회계상 비용 산입대상으로 법인법상으로는 손금불산입 되는 항목들인 바, 상증법에서 주식 1주당 가액 평가시 해당 항목들을 차감하는 이유는 법인법상의 법인세 과세표준계산 손익과는 다르더라도 그 주식의 가치를 정확하게 평가하고자 함에 있다(국심2005서2606, 2005.11.24.).

---

37. 인적분할 또는 물적분할에 대해 과세관청의 해석 입장은 같다. 구분된 순손익액으로 하되, 구분되지 않으면 순자산가액비율로 안분한다. 물적분할에 의하여 신설된 분할신설법인의 사업영위기간은 분할 전 동일사업부문의 사업개시일부터 기산하며, 분할신설법인의 1주당 순손익가치를 산정함에 있어 분할존속법인과 분할신설법인의 최근 3년간 순손익액이 각각 구분이 되는 경우 그 구분된 순손익액을 기준으로 계산하나 분할법인의 분할 전 순손익액이 사업부문별로 구분되지 아니하는 경우에는 순자산가액비율로 안분계산한다(재산세과-498, 2009.10.20.).
38. 국세청은 예시규정으로 보고, 법원은 열거규정으로 본다.

〈각 사업연도 소득의 순손익액〉[39]

가산할 항목	차감할 항목
■국세 및 지방세 과오납 환급금이자 ■수입배당금 익금불산입금액 ■기부금한도초과액의 이월공제액 손금산입액 ■외화환산이익(법인세 계산시 해당이익을 반영하지 않은 경우) ■이월된 업무용승용차 관련 손금산입액	■벌금 · 과료 · 과태료 · 가산금 · 체납처분비 ■손금으로 인정되지 않는 공과금 ■업무와 관련없는 지출 ■각 세법상 징수불이행 납부세액 ■기부금 한도초과액 ■접대비 한도초과액 ■지급이자 손금불산입액 ■과다경비등 손금불산입액 ■법인세총결정세액(농어촌특별세 · 지방소득세포함) ■손금불산입한 외국법인세액 ■감가상각비 시인부족액 ■외화환산손실(법인세 계산시 해당 손실을 반영하지 않은 경우) ■징벌적 목적의 손해배상금 등에 대한 손금불산입액 ■업무용승용차 관련 손금불산입액

순손익액은 다음 쪽 서식에 따라서 산정하는 것이 편리하다. "비상장주식등 평가서 제6쪽 서식 7. 순손익액" 각 항목에 대하여 구체적으로 서술한다.

1) 각 사업연도 소득

기업회계상 당기순이익과 법인법상 계산한 소득금액과는 일치하지 않아, 기업회계상 당기순이익에 가산하거나 차감하여 각 사업연도소득을 계산한다. 각 사업연도소득이란 법인법 제14조에 따른 각 사업연도의 소득금액을 말한다. 법인법상 각 사업연도소득은 그 사업연도의 익금총액에서 손금총액을 공제한 금액으로 이월결손금을 공제하기 전의 금액을 말한다.

이 경우 익금이라 함은 자본 또는 출자 납입을 제외하고 해당법인의 순자산을 증가시키는 거래로 인하여 발생하는 수익 금액을 말하고, 손금이라 함은 자본 또는 지분 환급, 잉여금의 처분을 제외하고 해당법인의 순자산을 감소시키는 거래로 인하여 발생하는 손비의 금액을 말한다.

순손익액에 가산하는 항목으로는 기업회계에서는 법인 수익에 해당하나 세법에서는 그 목적상 익금 불산입한 항목이 해당되고, ② 국세 및 지방세 과오납에 대한 환급금이자, ③ 수입배당금 중 익금불산입한 금액, ④ 기부금 한도초과 이월액, 화폐성 외화자산 · 부채 평가손익, 업무용승용차 손금불산입액의 이월손금산입액이 있다.

39. 상증집행기준 63-56-1(1주당 최근 3년간의 순손익액 계산방법)

〈평가심의위원회 운영규정 별지 제4호 서식 부표3〉 (2018.04.25. 개정)

(제6쪽)

7. 순손익액				
평가기준일 1년, 2년, 3년이 되는 사업연도				
① 각 사업연도 소득금액				
소득에 가산할 금액	② 국세, 지방세 과오납에 대한 환급금이자			
	③ 수입배당금 중 익금불산입한 금액			
	④ 기부금의 손금산입한도액 초과금액의 이월손금 산입액 외			
가. 소계(①+②+③+④)				
소득에서 공제할 금액	⑤ 벌금, 과료, 과태료 가산금과 체납처분비			
	⑥ 손금 용인되지 않는 공과금			
	⑦ 업무에 관련 없는 지출			
	⑧ 각 세법에 규정하는 징수불이행 납부세액			
	⑨ 기부금 한도초과액			
	⑩ 접대비 한도초과액			
	⑪ 과다경비등의 손금불산입액			
	⑫ 지급이자의 손금불산입액			
	⑬ 감가상각비(시행령 제56조 제4항 라목)			
	⑭ 법인세 총결정세액			
	⑮ 농어촌특별세 총결정세액			
	⑯ 지방소득세 총결정세액			
나. 소계(⑤ ~ ⑯)				
다. 순손익액(가-)				
라. 유상증자 · 감자시 반영액				
마. 순손익액(다±라)				
바. 사업연도말 주식수 또는 환산주식수				
사. 주당순손익액 (마÷바)		⑰	⑱	⑲
아. 가중평균액 {(⑰×3+⑱×2+⑲)/6 }				
자. 기획재정부령이 정하는 율				
차. 최근 3년간 순손익액의 가중평균액에 의한 1주당 가액 (아÷자)				

2) 각 사업연도 소득에 가산할 금액

가) 국세 및 지방세의 과오납금에 대한 환급금이자

법인법 제18조제4호에 따른 국세 · 지방세 과오납에 대한 환급금 이자로 각사업연도소득금액 계산상 익금에 산입하지 아니한 금액을 말한다.

나) 수입배당금 중 익금불산입된 금액

법인법 제18조의2(내국법인 수입배당금액의 익금불산입)와 법인법 제18조의3(지주회사 수입배당금액의 익금불산입)에 따른 수입배당금 중 익금불산입액은 소득에 가산한다.

(1) 내국법인의 수입배당금 중 익금불산입한 금액

내국법인이 출자한 다른 내국법인으로부터 받는 수입배당금 중 이중과세를 방지하기 위하여 익금불산입한 금액을 소득금액에 가산한다.

비상장법인의 순손익가치를 계산할 때 법인법 제18조의2와 제18조의3에 따른 수입배당금액 중 익금불산입액을 각 사업연도의 소득금액에 가산하도록 한 상증령(2004.2.31, 대통령령 제18627호로 개정된 것) 제56조제3항제1호의 개정규정은 상증령 부칙 제2조에 따라 2005.1.1. 이후 상속이 개시되거나 증여하는 분부터 적용한다(서면 4팀-737, 2005.5.11).

(2) 지주회사가 자회사로부터 받은 배당금 중 익금불산입된 금액

지주회사가 자회사로부터 받은 수입배당금에 대한 법인세 과세는 이중과세문제가 발생하므로 이를 조정하기 위하여 지주회사가 일정요건을 갖춘 자회사로부터 받은 수입배당금은 일정률에 상당하는 금액을 익금불산입하고 있으나, 비상장주식 평가시에는 소득금액에 가산한다.

다) 기부금 한도초과 이월액

(1) 기부금[40] 손금산입한도초과 금액 중 이월손금산입액

법인법 제24조제5항에 따라 손금에 산입하지 아니한 기부금의 손금산입한도초과금액은 해당 사업연도의 다음 사업연도 개시일부터 5년 이내에 종료하는 각 사업연도에 이월하여 손금에 산입하도록 하고 있다. 다만, 이월된 각 사업연도에 있어 손금산입한도액에 미달하는 경우는 그 미달 금액 범위 내에서 손금산입한다. 이월하여 손금산입된 그 한도초과 금액은 각 사업연도 순손익액 계산시 소득에 가산한다. 이는 기부금이 지출된 사업연도의 순손익액 계산시 기부금 한도초과액

40. 2021.2.17. 법인령 개정하면 "법정기부금 · 지정기부금" 명칭을 기부금으로 개정하였다.

(아래 10)은 각 사업연도 소득에서 이미 차감되었으므로 이중으로 소득금액에서 차감되는 경우를 방지하기 위함이다.

(2) 특례지정기부금 손금산입한도초과액의 이월 손금산입액(2011.6.30. 이전, 2011.7.1. 이후 법정기부금에 통합됨)

특례지정기부금 손금산입한도초과액의 이월 손금산입액은 손금산입된 연도의 소득에 가산한다. 상증령 제56조제1항제1호에 따라 1주당 최근 3년간 순손익액의 가중평균액을 계산함에 있어 조특법 제73조제1항 · 제2항에 따른 기부금 한도초과액은 각 사업연도의 소득금액에서 차감하며, 조특법 제73조제4항에 따라 손금에 산입된 금액은 해당 손금 산입된 사업연도의 소득금액에 가산한다(상증령 제56조제4항제1호다목[41]). 즉, 특례지정기부금 손금산입한도초과액의 이월손금산입액은 손금산입된 연도의 소득에 가산한다.

라) 2019.2.12. 이후 상속증여분 평가시부터 화폐성 외화자산 · 부채 평가 손익

화폐성외화자산 · 부채 또는 통화선도 등을 매매기준율등으로 평가하지 않은 경우 해당 화폐성외화자산등에 대하여 해당 사업연도 종료일 현재의 매매기준율등으로 평가하여 발생한 이익은 소득에 가산한다.

마) 2020.2.11. 이후 상속 · 증여분을 평가하는 분부터 업무용승용차 관련비용

법인법 제27조의2제3항, 제4항은 업무용승용차 관련비용에 대해 일정금액을 초과하는 경우에는 해당 사업연도의 손금에 산입하지 아니하고 이월하여 손금에 산입하도록 규정하고 있다. 이와 같이 업무용승용차 관련비용을 이월하여 손금산입한 금액은 각 사업연도 순손익액 계산시 소득에 가산한다.

2020.2.10. 이전에 대해서는 종전 규정에 따른다(상증령 부칙(대통령령 제30391호, 2020.2.11.) 제18조).

> 순손익액에 차감하는 항목으로는 기업회계에서는 법인의 손금에 해당하나 세법에서는 그 목적상 손금불산입한 항목으로서 법인세 과세소득과 영구적 차이가 발생하는 것이 해당되며, ⑤ 벌금, 과료, 과태료, 가산금 및 강제징수비, ⑥ 손금 용인되지 않는 공과금, ⑦ 업무와 관련없는 지출, ⑧ 각 세법에서 정한 징수불이행 납부세액 ⑨ 기부금 한도초과액 ⑩ 접대비 한도초과액 ⑪ 과다경비 손금불산입액 ⑫ 지급이자 손금불산입액 ⑬ 감가상각비(상증령 제56조제4항라목), 화폐성외화자산 · 부채 평가손실(법인세 계산시 반영하지 않은 경우), 징벌적 목적의 손해배상금, 업무용승용차 관련 손금불산입액 ⑭ 법인세 등이 있다.

---

41. 2008.2.22. 신설되었으며 신설 전에는 같은 뜻의 해석이 있었다(서면4팀-2471, 2006.7.26.).

3) 각 사업연도 소득에 차감할 금액

가) 벌금 · 과료 · 과태료 · 가산금 및 강제징수비

법인법 제21조제3호[42]에 따른 벌금 · 과료 · 과태료 · 가산금 및 강제징수비로 각 사업연도 소득금액 계산상 손금에 산입하지 아니한 금액은 순손익액 계산시 소득에서 공제한다.

나) 손금으로 용인되지 않는 공과금

법인법 제21조제4호[43]에 규정된 공과금 이외의 공과금[44]으로 각 사업연도 소득금액 계산상 손금에 산입하지 아니한 금액을 말한다. 독점규제 및 공정거래에 관한 법률에 따라 공정거래위원회에서 부과하는 법령에 따른 의무불이행 또는 금지, 제한 등의 위반에 대한 제재로 부과되는 과징금은 상증법에 따른 비상장주식의 순손익가치 계산시 각 사업연도 소득금액에서 차감할 벌금, 과료 등에 포함된다(서면2팀-2681, 2004.12.20.).

다) 업무와 관련없는 지출

법인법 제27조[45]에 따라서 법인이 각 사업연도에 지출한 경비 중 법인 업무와 직접 관련이 없다고 인정되는 다음 자산을 취득 · 관리함으로써 발생되는 유지비, 수선비 및 이에 관련되는 비용은 각 사업연도소득금액 계산상 손금에 산입하지 아니하나, 순손익액 계산에 있어서는 소득에서 공제한다.

(1) 업무무관 부동산: 업무에 직접 사용하지 않는 부동산
(2) 업무무관 동산: 서화 · 골동품 및 업무에 직접 사용하지 않는 자동차 · 선박 및 항공기
(3) 해당 법인이 직접 사용하지 아니하고 다른 주주 등이 주로 사용하고 있는 장소 · 건축물 · 물건 등의 유지, 관리비 및 사용료 등
(4) 주주, 출연자인 임원 또는 그 친족이 사용하고 있는 사택의 유지 관리비 등
(5) 업무와 관련 없는 자산을 취득하기 위하여 지출한 자금의 차입과 관련된 비용

---

42. 법인법 제21조(세금과 공과금의 손금불산입) 3.벌금, 과료(통고처분에 따른 벌금 또는 과료에 상당하는 금액을 포함한다), 과태료(과료와 과태금을 포함한다), 가산금 및 강제징수비
43. 4. 법령에 따라 의무적으로 납부하는 것이 아닌 공과금
44. 국기법 제2조(정의) 8."공과금"이라 함은 「국세징수법」에 규정하는 강제징수의 예에 의하여 징수할 수 있는 채권 중 국세 · 관세 · 임시수입부가세 및 지방세와 이에 관계되는 가산금 및 강제징수비 이외의 것을 말한다.
45. 법인법 제27조【업무와 관련 없는 비용의 손금불산입】 내국법인이 각 사업연도에 지출한 비용 중 다음 각 호의 금액은 해당 사업연도의 소득금액 계산에 있어서 이를 손금에 산입하지 아니한다.
    1. 해당 법인의 업무와 직접 관련이 없다고 인정되는 자산으로서 대통령령이 정하는 자산을 취득 · 관리함으로써 생기는 비용 등 대통령령이 정하는 금액
    2. 제1호 외에 그 법인의 업무와 직접 관련이 없다고 인정되는 지출금액으로서 대통령령이 정하는 것

라) 징수불이행 납부세액

각 세법에 규정하는 의무불이행으로 인하여 납부하였거나 납부하여야 할 세액(가산세 포함)으로 각 사업연도 소득금액 계산상 손금에 산입하지 않은 금액은 소득에서 공제한다.

"각 세법에서 규정하는 징수불이행으로 납부하였거나 납부할 세액"이라 함은 법인법 제21조 제1호[46] 규정에 의한 "각 세법에 규정하는 의무 불이행으로 인하여 납부하였거나 납부하여야 할 세액(가산세포함)"으로 각 사업연도소득금액 계산상 손금에 산입하지 아니한 금액을 말하며, 이 경우 의무불이행에는 법인령 제21조[47] 규정에 의하여 간접국세의 징수불이행 · 납부불이행과 기타의 의무불이행의 경우를 포함한다(서면4팀-684, 2007.2.22.).

마) 기부금 한도초과액

법인법 제24조에 따른 기부금 한도초과액 및 비지정기부금(소득금액조정합계표에 계산되어 비지정기부금으로 손금불산입된 금액)은 소득에서 공제한다. 조특법(법률 제10406호로 개정되기 전의 것을 말한다) 제73조제3항에 따라 기부금 손금산입 한도를 넘어 손금에 산입하지 아니한 금액은 각 사업연도 소득에서 차감한다.[48]

바) 접대비 한도초과액

법인법 제25조에 따른 접대비 한도초과액과 조특법 제136조에 따른 소비성서비스업 등의 접대비 한도초과액은 소득에서 공제한다.

사) 과다경비 손금불산입액

법인법 제26조에 따른 인건비, 복리후생비, 여비 및 교육훈련비, 보험 사업을 영위하는 법인사업비, 법인이 해당 법인외의 자와 동일한 조직 또는 사업 등을 공동으로 운영하거나 영위함에 따라 발생되거나 지출된 손비 중 과다하거나 부당하다고 인정되는 금액으로 각사업연도소득금액 계산상 손금불산입된 금액은 소득에서 공제한다.

아) 지급이자 손금불산입액

법인법 제28조에 따른 지급이자로 각 사업연도 소득금액 계산상 손금에 산입하지 아니한 아래

---

46. 법인법 제21조(세금과 공과금의 손금불산입) 다음 각 호의 제세공과금은 내국법인의 각 사업연도의 소득금액 계산에 있어서 이를 손금에 산입하지 아니한다.
    1. 각 사업연도에 납부하였거나 납부할 법인세(제57조에 따른 외국법인세액을 포함) 또는 소득할 주민세와 각 세법에 규정된 의무불이행으로 인하여 납부하였거나 납부할 세액(가산세를 포함한다) 및 부가가치세의 매입세액(부가가치세가 면제되거나 기타 대통령령이 정하는 경우의 세액을 제외한다)
47. 법인령 제21조(의무불이행의 범위) 법 제21조제1호에 따른 의무불이행에는 간접국세의 징수불이행 · 납부불이행과 기타의 의무불이행의 경우를 포함한다.
48. 2008.2.22. 신설되었으며 신설 전에는 같은 뜻의 해석이 있었다(서면4팀-2471, 2006.7.26.)

금액은 소득에서 공제한다.

(1) 채권자가 불분명한 사채의 이자
(2) 채권, 증권의 이자, 할인액 또는 차익 중 그 지급받은 자가 불분명한 채권, 증권의 이자, 할인액 또는 차익
(3) 건설자금에 충당하는 차입금의 이자
(4) 업무무관자산 등 관련한 지급이자 등
(5) 국조법 제22조(종전 국조법 제14조)에 따라 배당으로 간주된 이자

국제조세조정에 관한 법률 제14조에 따라 배당으로 간주된 이자의 손금불산입 금액은 순손익 계산시 소득에서 뺀다(법규과-640, 2014.6.24.).

자) 감가상각비 시인부족액

2014.2.21. 이후 평가부터는 감가상각비 시인부족액을 공제한다. 이는 기업의 실질가치를 평가하기 위해 실제 계상여부와 관계없이 세법상 감가상각비를 반영하도록 명확히 하였다(상증령 제56조제4항제2호라목).

차) 2019.2.12. 이후 상속증여분 평가시부터 화폐성 외화자산 · 부채 평가 손익

화폐성외화자산 · 부채 또는 통화선도 등을 매매기준율등으로 평가하지 않은 경우 해당 화폐성외화자산등에 대하여 해당 사업연도 종료일 현재의 매매기준율등으로 평가하여 발생한 손실은 소득에서 뺀다.

카) 2020.2.11. 이후 상속 · 증여분 평가분부터 징벌적 목적의 손해배상금 등에 대한 손금불산입액

법인법 제21조의2에 따른 징벌적 목적의 손해배상금 등에 대한 손금불산입액은 순손익계산시 소득에서 뺀다.

타) 2020.2.11. 이후 상속 · 증여분을 평가하는 분부터 업무용 승용차 관련 손금불산입액

법인법 제27조의2에 손금에 산입되지 아니한 금액은 소득에서 뺀다. 2020.2.10. 이전에 대해서는 종전 규정에 따른다(상증령 부칙(대통령령 제30391호, 2020.2.11.) 제18조).

파) 법인세 등

해당 사업연도의 법인세액(특별부가세 포함), 법인세액 감면액 또는 과세표준에 부과되는 농어촌특별세액 및 지방소득세액은 소득에서 뺀다.

2011.1.1. 이후 법인법 제57조에 따른 외국법인세액으로 손금에 산입되지 아니한 세액도 뺀다. 이 경우 차감할 법인세액 등은 법인법에 따라 각 사업연도의 소득에 대하여 납부하였거나 납부하여야 할 법인세 총결정세액을 말한다. 법인세 경정시 총 결정세액은 법인세 산출세액에서 공제 감면세액을 차감하고, 가산세를 가산한 총 결정세액으로 한다(재삼46014-2519, 1994.9.27.).

이월결손금이 있는 경우에는 이월결손금을 차감하기 전의 소득에 대한 법인세액 상당액을 말하며, 이에 따라 감면세액이 있는 경우에는 그 감면세액을 차감 후의 법인세액 등을 말한다.

쟁점

비상장주식 순손익가치 계산시 이월결손금을 반영하여 법인세를 계산해야 하는가

비상장주식의 보충적 평가방법은 ① 가중평균 ② 순자산가치x80% 중 큰 가액으로 평가하고 가중평균은 순자산가치와 순손익가치를 이용하여 계산한다. 순자산가치는 평가기준일 기업의 '청산가치'를 전제한 주식 발행법인의 '자산가치'이며, 순손익가치는 주식발행법인을 '계속기업'이라고 가정하여 과거의 수익추세가 장래에도 지속될 것을 전제한 개념이다. 다만 도래하지 아니한 기간의 수익력을 측정하기 어렵기 때문에 평가기준일과 가까운 과거 3년간의 수익력을 바탕으로 장래 주식가치를 평가하는 것이다.

순손익가치는 최근 3년간의 순익액 가중평균액을 순손익가치환원율(10%)로 나누어 계산하는데, 순손익액은 각 사업연도 소득에서 상증령 제56조제4항제1호 금액을 더하고, 제2호 금액(법인세 등)을 빼서 계산한다. 이 경우, 각 사업연도 소득이란 법인세법 제14조에 따른 것으로, 이월결손금을 반영하기 전의 소득이다.

그렇다면 각 사업연도 소득에서 차감하는 법인세는 이월결손금을 반영하여 계산한 법인세일까? 아니면 이월결손금을 반영하지 않은 법인세일까?

여기에 대해 국세청은 각 사업연도소득에서 차감하는 법인세액은 이월결손금을 공제하기 전 「법인세법」제14조 규정에 의한 각 사업연도 소득금액에 대하여 납부하였거나 납부하여야 할 법인세 총결정세액을 말한다고 보았으며(법규과-309, 2014.4.4.), 또, 법인세가 부과제척기간이 경과되어 법인세를 경정되지 못한 경우라도 순손익액 계산시에는 경정되어야 할 손익이 반영된 순손익액을 적용한다고 보았다(법규과-1366, 2012.11.20.). 즉 차감하는 법인세는 법인세법에 따른 법인세가 아니라, 상증법에 따라 재구성된 법인세라는 뜻이다.

이와 관련하여 대법원 판결은 없으며, 1심에서는 각 사업연도 소득에서 '이월결손금'을 공제한 과세표준을 기초로 산정한 법인세액으로 보았으나(의정부지법2018구합-12881, 2018.12.11.), 2심에서는 '당해 사업연도의 법인세액'을 이월결손금이 반영되지 아니한 법인세액으로 보았다(서울고법2019누30920, 2019.10.2.).

정리하면, 비상장주식의 보충적 평가시 순손익액을 계산할 때 각 사업연도 소득과 법인세는 이월결손금을 반영하지 않는 것이 국세청의 입장이다.

다. 총 발행주식수 계산

주당 최근 3년간의 순손익액의 가중평균액을 계산함에 있어 각 사업연도의 주식수는 각 사업연도 종료일 현재의 발행주식 총수에 따른다. 주식 소각 또는 자본 감소를 위하여 취득한 자기주식은 발행주식총수에서 제외하며, 일시적으로 보유한 후 처분할 자기주식은 발행주식 총수에 포함한다(제도46014-10291, 2001.3.28.).

평가기준일이 속하는 사업연도 전 3년 이내에 증자 또는 감자한 사실이 있는 경우, 증자 또는 감자 전의 각 사업연도 종료일 현재의 발행주식 총수는 환산한 주식수에 따른다.

1) 환산주식수의 계산

가) 증자의 경우 환산주식수(무상증자는 2001.1.1. 이후부터, 유상증자는 2011.7.25. 이후부터 적용)

$$\text{증자 전(前) 각 사업연도말 주식수} \times \frac{\text{증자 직전 사업연도말 주식수+증자 주식수}}{\text{증자 직전 사업연도말 주식수}}$$

나) 감자[49]의 경우 환산주식수(무상감자는 2001.1.1. 이후부터, 유상감자는 2011.7.25. 이후부터 적용)

$$\text{감자 전 각 사업연도말 주식수} \times \frac{\text{감자 직전 사업연도말 주식수 - 감자 주식수}}{\text{감자 직전 사업연도말 주식수}}$$

2011.7.25. 이후 상속 · 증여분부터는 평가기준일이 속하는 사업연도 전 3년 이내에 유상증자 및 유상감자가 있는 경우에도 각 사업연도 종료일 현재 총 발행주식수를 환산하여 적용하고 이 경우 유상증자 · 감자에 따른 희석효과를 각 사업연도 순손익액에 반영하도록 개정하였다.

또한, 최근 3년간 해당 법인의 1주당 액면가액을 변경함으로써 총 발행주식수가 달라진 경우에는 최종 사업연도의 총 발행주식수를 기준으로 1주당 순손익액을 계산한다.

이 경우 "평가기준일이 속하는 사업연도 전 3년 이내에 무상증자 또는 무상감자를 한 사실이 있는 경우"란 평가기준일이 속하는 사업연도 중에 무상증자 또는 무상감자를 하여 평가기준일 현재 주식수가 증가하거나 감소한 경우도 포함된다(재경부재산46014-44, 2002.2.22, 재산세과-172, 2012.5.8.).

---

49. 주식배당이 있는 경우에도 무상증자와 같이 주식수를 환산한다(서일46014-10141, 2002.1.31.).
50. 세법해석정비

요지	유지사례	삭제사례
2011.7.25. 법령개정 전 상속 · 증여재산에 대한 유상증자 희석효과 반영	기획재정부 재산세제과-395, 2018.4.30.	기획재정부 재산세제과-277, 2015.4.3. 기준2014법령해석재산-21273, 2015.5.4. 재산세과-495, 2011.10.19. 법규과-877, 2012.8.7.

쟁점

희석효과 적용시기에 대한 논란

상장법인은 유상증자시 권리락을 통해 주식가치가 하락하게 되지만, 비상장법인은 이에 대한 규정이 없어 순자산가치(주금납입)와 발행주식총수 증가로 반영하여 계산하였다. 2011.7.25. 상증령을 개정하면서 유상증자시 희석효과를 반영하여 순손익가치를 계산하도록 개정하였다. 개정시 부칙에는 소급적용하지 않도록 하였다.

2011.7.25. 개정 전에도 법원(대법원2011두31523, 2013.11.14.)과 심판원(조심2008서4077, 2009.12.28.)에서는 희석효과를 반영해야 한다고 보았다.

2011.7.25. 개정후 상증법령 개정 전에도 희석효과를 반영할 수 있는지에 대해 기재부는 반영할 수 없다는 취지의 회신을 하였다가(기획재정부 재산세제과-277, 2015.4.3.), 2018.4.30.에는 희석효과를 반영하는 것으로 해석을 변경하였다. 한편 바뀐 해석의 변경 시기는 해석변경 이후 결정 · 경정분부터(결정 · 경정으로 이미 확정된 경우는 제외) 적용하는 것으로 회신하였다.

○ 기획재정부 재산세제과-395, 2018.4.30.
(질의내용)
○ 《질의1》 법령개정 전 상속 · 증여재산에 대한 유상증자 희석효과 반영여부
(제1안) 희석효과를 반영함
(제2안) 희석효과를 반영하지 않음
○ 《질의2》 (희석효과 반영할 경우) 기재부 해석 변경에 따른 적용시기
(제1안) 해석변경 이후 결정 · 경정분부터 적용(결정 · 경정으로 이미 확정된 경우는 제외)
(제2안) 법령개정 전 상속 · 증여분에 소급하여 적용
○ 《질의3》 (희석효과 반영할 경우) 희석효과 반영방법
(제1안) 유상증자 시 증자 후 1주당 주식가치 산정방법을 준용하여 적용
* (증자 전 순손익가치+유상증자액)/(증자전 주식수+유상증자 주식수)
(제2안) 개정법령의 반영방법을 준용하여 적용
* 유상증자분 손익액 증가분(=유상증자액×손손익가치환원율(10%)) 반영
* 주식수: 사업연도 발행주식총수를 증자비율대로 환산한 주식수
(회신) 질의1, 질의2, 질의3은 각각 1안이 타당합니다.

한편, 2011.7.25. 개정 이후 법원은 희석효과를 소급적용할 수 없다고 보았다. 조세법규는 요건사실이 발생한 당시의 것이 적용되어야 하고 그 이후에 신설 내지 개정된 조세법규의 소급적용은 허용되지 아니하므로, 개정 상증령 제56조제3항, 제5항은 제1명의신탁에 소급하여 적용할 수 없어 상증법이 마련한 보충적 방법에 해당되지 아니하므로 피고의 주장은 이유 없다(서울고법2016누54123(2019.7.5.)-대법원2019두48059(2019.11.14. 심불)).

[관련 질의회신 · 판례 등]

○ 2011.7.24. 이전 평가기준일 전에 유상증자등이 있는 경우(기재부 재산세제과-395, 2018.4.30.)[50]
질의1) 법령개정 전 상속 · 증여재산에 대한 유상증자 희석효과 반영여부: 희석효과 반영함.
질의2) (희석효과 반영할 경우) 기재부 해석 변경에 따른 적용시기: 해석변경 이후 결정 · 경정분부터 적용 (결정 · 경정으로 이미 확정된 경우는 제외)

질의3) (희석효과 반영할 경우) 희석효과 반영방법: 유상증자시 증자 후 1주당 주식가치 산정방법 준용하여 적용
* (증자 전 순손익가치+유상증자액) / (증자전 주식수+유상증자 주식수)
(대법원) 유상증자 규모와 신주발행가액 등을 고려할 때 이 사건 유상증자 후에도 이 사건 회사 주식의 1주당 순손익액이 종전과 동일하게 유지된다고 보기 어려움(대법원2011두31253, 2013.11.14.).

2) 환산에 따른 희석효과 순손익액 반영

1주당 순손익가치 계산시 유상증자 · 감자의 경우 주식수 환산은 위 1)과 같이 무상증자 · 감자의 경우와 동일한 방법으로 환산하고, 순손익액 계산은 자본금 변동이 없는 무상증자 · 감자와 달리 유상증자 · 감자에 따른 자본금의 추가 납입 등이 발생하므로 각 사업연도 순손익액에 유상증자 · 감자에 따른 효과를 반영한다.

순손익액 계산시 유상증자 · 감자 효과 반영방법 = 각 사업연도 순손익액 ± (유상증자 · 감자금액 × 순손익가치환원율 10%)

사업연도 중에 유상 증 · 감자가 있는 경우에는 유상 증 · 감자전까지의 기간만 반영하도록 월할계산한다.

〈순손익가치 환원율 개정연혁〉

1991.1.1.~2000.4.2.	2000.4.3. 이후
연 15%	연 10%(국세청 고시⇒기재부 고시⇒상증규칙 제17조)

예시 1

□ 평가기준일이 속하는 사업연도 전 유상증자시
○ 평가기준일(2022.7.30.) 현재 1주당 순자산가치: 20,000원
○ 평가기준일 현재 발행주식 총수: 200,000주
○ 주식평가일(2022년)이 속하는 사업연도 전(2021.6.30)에 유상증자 실시
- 2021.6.30. 주식 10만주를 액면가(5,000원)로 발행, 주금납입액: 5억원
○ 유상증자 전 발행주식 총수: 100,000주
○ 희석효과가 반영된 각 사업연도 순손익액=각 사업연도 순손익액+(주금납입액×순손익가치환원율(10%))

- 각 사업연도 중 유상증자가 있는 경우는 증자일까지의 기간 월할 계산

  100,000,000+(500,000,000×10%)=150,000,000

○ 유상증자시 각사업연도말 주식수 환산

  100,000×(100,000+100,000)/100,000=200,000주

(단위: 원, 주)

구분		유상증자가 있는 경우		
		2011.7.24. 이전	2011.7.25. 이후	
1년 전	순손익액	100,000,000	(환산)	125,000,000
				1억+[(5억×10%)×6 / 12][1]
	주식수	100,000	(환산)	200,000
	1주당 순손익액	1,000		625
2년 전	순손익액	200,000,000	(환산)	250,000,000
				2억+(5억×10%)
	주식수	100,000	(환산)	200,000
	1주당 순손익액	2,000		1,250
3년 전	순손익액	300,000,000	(환산)	350,000,000
				3억+(5억×10%)
	주식수	100,000	(환산)	200,000
	1주당 순손익액	3,000		1,750
3년간 순손익액의 가중평균액[2]		1,666		1,020
1주당 순손익가치[3]		16,660		10,200
1주당 순자산가치		20,000		20,000
1주당 가치		17,996		14,120
총 발행주식수		200,000		200,000
총 주식가치		3,599,200,000		2,824,000,000

1) 유상증자(유상감자)를 한 사업연도의 1년 전 순손익액은 사업연도 개시일부터 유상증자(유상감자) 한날까지의 기간에 대해 월할로 계산

2) [(1년 전 1주당손익액×3)+(2년 전 1주당손익액×2)+(3년 전 1주당손익액×1)]÷6

3) 1주당 순손익가치÷10%(순손익가치환원율)

예시 2

□ 평가기준일이 속하는 사업연도 전 유상증자시

○ 평가기준일(2022.7.30.) 현재 1주당 순자산가치: 20,000원

○ 평가기준일 현재 발행주식 총수: 200,000주

○ 주식평가일(2022년)이 속하는 사업연도 전(2021.6.30)에 유상증자 실시

- 2021.6.30. 주식 10만주를 액면가(5,000원)로 발행, 주금납입액: 5억원

○ 유상증자 전 발행주식 총수: 100,000주

○ 희석효과가 반영된 각 사업연도 순손익액=각 사업연도 순손익액+(주금납입액×순손익가치환원율(10%))

100,000,000+(500,000,000×10%×6월/12월)=125,000,000

○ 유상증자시 각사업연도말 주식수 환산

100,000×(100,000+100,000)/100,000=200,000주

구분		유상증자가 있는 경우		
		2011.7.24. 이전	2011.7.25. 이후	
1년 전	순손익액	100,000,000	(환산)	150,000,000
				1억+[(5억×10%)]
	주식수	100,000	(환산)[1]	200,000
	1주당 순손익액	1,000		750
2년 전	순손익액	200,000,000	(환산)	250,000,000
				2억+(5억×10%)
	주식수	100,000	(환산)	200,000
	1주당 순손익액	2,000		1,250
3년 전	순손익액	300,000,000	(환산)	350,000,000
				3억+(5억×10%)
	주식수	100,000	(환산)	200,000
	1주당 순손익액	3,000		1,750
3년간 순손익액의 가중평균액		1,666		1,083
1주당 순손익가치		16,660		10,830
1주당 순자산가치		20,000		20,000
1주당 가치		17,996		14,498
총 발행주식수		200,000		200,000
총 주식가치		3,599,200,000		2,899,600,000

1) 주식수 환산=증자 전 각사업연도말 주식수×[(증자직전 사업연도말 주식수+증자주식수)/증자직전 사업연도말 주식수]

[관련 질의회신 · 판례 등]

○ 우선주

(상환우선주) 순손익가치 및 순자산가치를 계산할 때 발행주식총수에는 상환우선주도 포함함(서면4팀-1894, 2004.11.23.).

(전환우선주) 순손익가치 및 순자산가치를 계산할 때 전환우선주는 발행주식총수에 포함함(상속증여세과-231, 2014.7.3.).

라. 1주당 추정이익에 따른 순손익가치의 계산

최근 3년간 순손익액이 비정상적으로 증가하는 등 "기획재정부령으로 정하는 경우"(상증규칙 제17조의3제1항)에 해당하고, 둘 이상의 신용평가회사, 「공인회계사법」에 따른 회계법인 또는 「세무사법」에 따른 세무법인(2011.1.1.부터)이 산출한 1주당 추정이익의 평균가액을 신고기한까지 신고하는 등의 아래 4가지 요건을 모두 갖춘 경우에는 그 1주당 추정이익의 평균가액으로 순손익가치를 산정할 수 있다(상증령 제56조제2항).

1주당 추정이익 평균가액을 적용하기 위해서는 아래 요건을 모두 충족하여야 한다. 요건을 모두 갖춘 경우에는 1주당 추정이익의 평균가액으로 할 수 있다(기준2019법령해석재산-0618, 2021.2.19.).

1) 일시적이고 우발적인 사건으로 해당 법인의 최근 3년간 순손익액이 증가하는 등 기획재정부령으로 정하는 경우에 해당할 것

기획재정부령으로 정하는 경우는 아래와 같다.

가) 기업회계기준상의 자산수증이익 · 채무면제이익 · 보험차익 · 재해손실(이하 "자산수증이익 등"이라 함)의 합계액에 대한 최근 3년간 가중평균액이 법인세 차감전 손익에서 자산수증이익 등을 뺀 금액에 대한 최근 3년간 가중평균액의 50퍼센트를 초과하는 경우

나) 평가기준일 전 3년이 되는 날이 속하는 사업연도 개시일부터 평가기준일까지의 기간 중 합병 · 분할(2015.3.12. 이전에는 합병 · 분할 · 증자 · 감자)을 하였거나 주요업종이 바뀐 경우

다) 상증법 제38조에 따른 증여받은 이익을 산정하기 위하여 합병당사법인의 주식가액을 산정하는 경우

라) 최근 3개 사업연도 중 1년 이상 휴업한 사실이 있는 경우

마) 기업회계기준상 유가증권 · 유형자산의 처분손익과 특별손익의 합계액에 대한 최근 3년간 가중평균액이 법인세 차감 전 손익에 대한 최근 3년간 가중평균액의 50퍼센트를 초과하는 경우

바) 주요 업종(해당 법인이 영위하는 사업 중 직접 사용하는 유형고정자산의 가액이 가장 큰 업종)에 있어서 정상적인 매출발생기간이 3년 미만인 경우

사) 위 가) 내지 바)와 유사한 경우로 기획재정부장관이 정하여 고시하는 사유에 해당하는 경우[51]

---

51. 2022.2월 현재 기획재정부장관이 고시한 사유는 없다.

2) 상속세 과세표준 신고기한 및 증여세 과세표준 신고기한까지 1주당 추정이익의 평균가액을 신고할 것

3) 1주당 추정이익의 산정기준일과 평가서작성일이 해당 과세표준 신고기한 이내일 것[52]

4) 1주당 추정이익의 산정기준일과 상속개시일 또는 증여일이 같은 연도에 속할 것[53]

2014.2.21. 평가부터 중 "불합리"를 삭제하였다. 이는 불합리를 요건으로 보는 대법원 판례(대법원2011두23306, 2012.6.14.)에 따라 이를 보완한 것이다.

〈추정이익 개정연혁〉

2014.2.20. 이전	2014.2.21. 이후 평가부터
□ 1주당 최근 순손익액을 추정이익으로 계산할 수 있는 경우	□ 추정이익으로 계산할 수 있는 요건 보완
① (요건): (1)+(2)+(3)+(4)	① (요건): (1)+(2)+(3)+(4)
(1) 원칙적 방법 적용이 불합리한 경우로 일정한 사유 발생	(1) 일시적 손익 발생 등 일정한 사유가 발생할 것
(2) 과세신고기한까지 신고	(2) (좌 동)
(3) 산정기준일과 평가서 작성일이 과표신고기한 이내	(3) (좌 동)
(4) 산정기준일과 평가기준일이 같은 연도	(4) (좌 동)
② (방법): 신용평가전문기관등이 산출한 추정이익	② (방법): (좌 동)

〈추정이익 적용요건 개정연혁〉

2015.3.12. 이전	2015.3.13. 이후
○ 다음에 해당하는 사유로 일시적 우발적인 사건으로 가중평균액으로 평가하는 경우	○ 다음에 해당하는 사유
① 특별손익이 경상손익의 최근 3년간 가중평균액의 50퍼센트 초과	① (좌동)
② 합병, 분할, 증자, 감자	② 합병, 분할
③ 합병당사법인의 주식가액	③ (좌동)
④ 1년 이상 휴업	④ (좌동)
⑤ 유가증권 · 유형자산 처분손익과 특별손익이 50% 초과	⑤ (좌동)
⑥ 정상적인 매출 3년 미만	⑥ (좌동)

52. 예를 들어 평가기준일이 6.1.인데 산정기준일이 5.31.인 경우 배제하는 것이 합리적인가?
53. 연도가 같아야 할 합리적인 이유가 있는지 의문이다. 연도가 아니라 사업연도가 보다 합리적이다.

쟁점

추정이익 적용요건

순손익가치는 평가대상법인을 계속기업으로 전제하여 장래 초과수익력을 측정하는 것이지만, 미래수익을 측정하기 어려우므로 해당 법인의 과거 수익흐름을 기준으로 순손익가치를 계산한다. 3년 기간 동안 합병 · 분할 등 사유가 있는 경우 신용평가기기관 등의 추정이익으로 평가할 수 있다.

이 경우 추정이익을 적용하기 위해서는 4가지 요건을 충족해야 한다. ① 일시적 손익 발생 등 일정한 사유가 발생할 것, ② 과세신고기한까지 신고, ③ 산정기준일과 평가서 작성일이 과표신고기한 이내, ④ 산정기준일과 평가기준일이 같은 연도이어야 한다.

그러면 이러한 요건을 충족하지 못한 경우, 예를 들면 일시적 손익 발생 요건 등이 발생하여 증여세 신고기한이 지나 추정이익으로 순손익가치를 계산한 경우 어떻게 될까? 이에 대해 국세청과 기획재정부는 위 요건을 반드시 충족하여야 한다고 본다. 일시우발적 사건으로 해당 법인의 최근 3년간 순손익액이 비정상적으로 증가하는 등의 경우에는 상증령 제56조 제1항제2호에 따른 가액으로 할 수 있으나 상증법 제67조에 따른 상속세 과세표준신고 기한 내에 신고하지 아니한 경우에는 해당 가액으로 할 수 없다(기획재정부 재산세제과-278, 2015.4.3.).

하지만 법원은 추정이익을 신고기한 이내에 신고하지 않았더라도 순손익가치를 산정할 수 있다고 보고 있다. 일시우발적 사건에 의하여 최근 3년간 순손익액이 비정상적으로 증가하는 등의 사유로 순손익가치를 최근 3년간 순손익액 가중평균액으로 평가하는 것이 불합리하다고 인정되는 이상 추정이익 평균가액 산정 요건을 갖추지 못하였더라도 최근 3년간 순손익액의 가중평균액으로 평가하는 것은 위법하다(대법원2011두9140, 2012.5.24.).

이러한 판결 이후 상증법령을 개정하여 '불합리'를 삭제하고, 사유에서 '일시우발적'을 삭제하였다. 이러한 개정 후에도 대법원은 종전 입장을 유지할 것으로 보인다. 재산평가를 바라보는 대법원의 태도는 객관적이고 합리적인 방법으로 평가하자는 것이기 때문에 상증령을 개정하였더라도 여전히 불합리하다면 합리적인 방법으로 평가하는 것이 타당하기 때문이다.

[관련 질의회신 · 판례 등]

○ 비상장 분할신설법인의 주식 평가방법

사업영위 기간이 3년 이상인 비상장법인이 평가기준일 전 3년이 되는 날이 속하는 사업연도 개시일부터 평가기준일까지의 기간 중에 법인법 제46조제1항에 따른 인적분할을 한 경우로서 분할 신설법인의 주식을 평가하는 경우 3년간 순손익액의 가중평균액과 추정이익 평균가액 중에서 선택하여 해당 법인의 1주당 순손익가치를 평가할 수 있음. 귀 질의의 경우 분할 신설법인이 부동산 임대사업을 영위하는 법인인 경우로 평가기준일 현재 일부 임대사업용 건물이 신축 중에 있거나 또는 평가기준일 이전에 임대사업용 건물을 신축한 사실이 있는 경우에도 동일하게 평가함(서면4팀-1473, 2008.6.20.).

○ 사업개시 후 3년 미만의 법인

폐업신고 후 3년여 만에 사업을 재개한 법인이 "사업개시 후 3년 미만의 법인"에 해당하는지 여부는 사업재개 후 최초로 재화 또는 용역의 공급을 개시한 날을 기준으로 판단함(서면4팀-3092, 2007.10.26.).

○ 특별손익의 가중평균액

기업회계기준상 특별손익의 최근 3년간 가중평균액이 경상손익의 최근 3년간 가중평균액의 50퍼센트를 초과하는지 여부는 절댓값을 기준으로 판단함(서면4팀-4182, 2006.12.27.).

○ 추정이익의 적용(2014.2.21. 상증령 제56조제1항, 제2항 개정 전)-법원

일시우발적 사건에 의하여 최근 3년간 순손익액이 비정상적으로 증가하는 등의 사유로 최근 3년간 순손익액의 가중평균액으로 순손익가치를 평가하는 것이 불합리하다고 인정되는 이상, 추정이익 평균가액 산정 요건을 갖추지 못하였더라도 최근 3년간 순손익액의 가중평균액으로 평가하는 것은 위법함(대법원2011두23306, 2012.06.14. 등[54]).

○ 추정이익의 적용-과세관청

(국세청) 추정이익의 평균액으로 평가하는 사유가 발생하였다는 사유만으로 납세자가 신고한 최근 3년간 순손익액의 가중평균액을 부인할 수 없음(법규과-1165, 2013.10.24., 기준2016법령해석재산-0290, 2017.3.16.).

(기재부) 일시우발적 사건으로 해당 법인의 최근 3년간 순손익액이 비정상적으로 증가하는 등의 경우에는 상증령 제56조제1항제2호에 따른 가액으로 할 수 있으나 같은 법 제67조에 따른 상속세 과세표준신고의 기한내에 신고하지 아니한 경우에는 해당 가액으로 할 수 없는 것(기획재정부 재산세제과- 278, 2015.4.3.).

(기재부) 국고보조금 순익금산입액의 최근 3년간 가중평균액이 법인세 차감 전 손익에 대한 최근 3년간 가중평균액의 50%를 초과하는 경우는 구 상증령(2007.2.28., 대통령령 제19899호로 개정되기 전의 것) 제56조제1항 본문에 따른 1주당 최근 3년간 순손익액의 가중평균액을 같은 항 제2호에 따른 1주당 추정이익의 평균가액으로 할 수 있는 경우에 해당하지 않음(기획재정부 재산세제과-240, 2016.4.1.).

○ 추정이익의 적용(2014.2.21. 상증령 제56조제1항, 제2항 개정 후)

(심판원) 상증법상 비상장주식 평가시 1주당 순손익가치를 추정이익 평균액으로 하기 위해서는 법령에서 정한 4가지 요건을 모두 충족하여야 함(조심2020인2511, 2020.12.14., 요지).

○ 시행세칙 개정 전의 추정이익 산정방법

1주당 추정이익을 「증권의 발행 및 공시 등에 관한 규정 시행세칙」(금융위원장이 2012.12.5. 개정하기 전의 것) 제6조제3항에 따른 주당추정이익 산정방법에 따라 산정하는 경우 상증규칙 제17조의3제4항이 적용됨(서면법규과-1022, 2013.9.16.).

○ 조특법 제85조의7에 따른 익금불산입액의 순자산가액 및 순손익액 가감 여부

조특법 제85조의7의 특례를 적용받아 익금에 산입하지 않은 금액은 상증령 제55조에 따른 순자산가액 계산시 가감하지 않으며, 상증령 제56조에 따른 순손익액 계산시 양도일이 속한 사업연도의 법인법 제14조에 따른 각 사업연도소득에도 가감하지 않음(서면2016법령해석재산-4000, 2021.2.9.).

○ 전기오류수정손실

구 상증령 제54조제1항, 제56조제1항, 제3항의 입법취지가 평가일 이전 최근 3년간 기업이 산출한 순손익액의 가중평균액을 기준으로 평가일 현재의 주식가치를 정확히 파악하려는 데 있는 점 등에 비

54. 대법원2006두16434, 2008.12.11., 대법원 2010두26988, 2012.4.26., 대법원2011두9140, 2012.5.24.

추어보면 구 상증령 제56조제3항이 정한 각 사업연도소득을 산정하기 위하여 당해 사업연도가 아닌 그 이전 사업연도의 퇴직급여충당금 과소계상액까지 손금에 산입할 수는 없음(대법원2005두15311, 2007.11.29.).

○ 차감과 가산항목 계상여부
구 상증령 제56조제4항 전문이 법인법 제14조 규정에 따른 각 사업연도 소득에 대하여 가감 조정을 거치도록 한 취지는 결국 기업회계상으로는 비용산입 대상이지만 법인법상 손금불산입되는 항목의 경우 순손익 계산시 차감하도록 함으로써 그 주식의 가치를 정확하게 평가하고자 함에 있다. 따라서 이 사건 회사가 퇴직급여충당금을 사전에 결산서에 반영하였는지 여부 또는 법인법상으로 손금불산입되는지 여부에 따라 '순손익액' 산정에 있어서 '퇴직급여충당금' 항목의 차감 여부가 달라진다고 볼 수 없음(서울고법2019누36287, 2019.10.24.).

○ 중단사업으로 분류된 유형자산처분손익의 추정이익 적용 여부
기업회계기준에 따라 중단된 사업과 관련된 유형자산처분손익을 중단사업손익으로 분류한 경우에도 해당 중단사업손익은 「상속세 및 증여세법 시행규칙」 제17조의3제1항제6호에서 규정하는 기업회계기준상 유형자산 처분손익에 해당함(서면2021자본거래-5221 [자본거래관리과-588], 2021.12.15.).

5. 평가심의위원회를 통한 평가

상증법령의 비상장주식에 대한 보충적 평가방법은 다양하지 않다. 대부분 비상장주식은 시장성 부족으로 거래 시가를 확인하여 평가하는 것이 쉽지 않아 보충적 평가방법이 주로 이용되는데, 보충적 평가방법은 법적 안정성 등을 고려하여 순자산가치와 순손익가치에 의하도록 획일적으로 규정하고 있으므로 개별회사의 구체적인 특성이 반영될 수 없다. 그래서 기업 실질가치에 비하여 과대 또는 과소하게 평가될 수 있다.

이에 2005.1.1. 이후 상속이 개시되거나 증여하는 분부터 평가법인과 유사상장법인을 비교하여 주식을 평가하도록 훈령을 두어 운영하였다. 비상장 중소기업의 주식 중 보충적 평가가액이 해당 중소기업과 업종, 규모 등이 유사[55]한 상장법인의 주가에 비해 불합리한 경우에는 납세자가 국세청에 설치된 재산평가심의위원회에 그 비상장주식의 평가를 신청할 수 있다. 하지만 상장법인수가 적고 유사상장법인 요건을 충족하기 어려워 활용하는 데 한계가 있었다.

2017.7.1. 이후 상속증여부터 재산평가심의위원회 심의대상에 현금흐름할인법 등 합리적 평가액 및 평가방법을 확대하였다. 상증법령에서는 납세자가 다음 각 호의 어느 하나에 해당하는 방법으로 평가한 평가가액을 첨부하여 제49조의2제1항에 따른 평가심의위원회에 비상장주식등의 평가가액 및 평가방법에 대한 심의를 신청하는 경우에는 평가심의위원회가 심의하여 제시하는 평가가액에 의하거나 그 위원회가 제시하는 평가방법 등을 고려하여 계산한 평가가액으로 할 수 있다고 규정하면서(상증령 제54조제6항), 납세자가 평가한 가액이 보충적 평가방법에 따른 주식평가액의 100분의 70에서 100분의 130까지의 범위 안의 가액인 경우로 한정한다고 규정하고

있다.

한편, 평가심의위원회 운영규정 제13조(비상장주식에 대한 평가신청)제1항제2호에서는 보충적 평가방법에 따른 주식평가액이 불합리하다고 인정할 수 있는 근거자료와 해당 평가업무에 적용한 평가방법을 제출하도록 규정하고 있다(상증령 제49조의2 제5항).

현금흐름할인법 등 다양한 평가방법으로 평가하는 것은 납세자 권리보호 및 과세형평성 제고하기 위함인데, 보충적 평가방법에 따른 주식평가액이 불합리하다고 인정할 수 있는 근거자료를 제출해야 하는 것은 제도 취지에 맞지 않고, 국세청은 보다 위원회를 유연하게 운영[56]할 필요가 있다.[57]

---

55. 평가심의위원회 운영규정 제19조(유사상장법인의 요건) ①유사상장법인은 평가기준일 현재 다음 각 호의 요건에 모두 해당하는 유가증권시장 상장법인 및 코스닥시장 상장법인이어야 한다.
   1. 일반기준
      가. 삭제
      나. 상장일부터 6개월이 경과할 것
      다. 최근 2년간의 감사의견이 적정의견에 해당할 것
      라. 최근 2년간 경영에 중대한 영향을 미칠 수 있는 합병, 영업의 양수도, 분할 등이 없을 것
      마. 최근 2년간 기업회계기준 위배로 인한 조치를 받은 사실이 없을 것
      바. 최근 6개월 이내에 관리종목으로 지정된 사실이 없을 것
      사. 제22조에 따른 1주당 경상이익, 1주당 순자산가액이 양수일 것
   2. 업종기준
   「소득세법 시행령」 제145조제1항에 따라 국세청장이 결정하는 기준경비율 · 단순경비율의 업종분류를 기준으로 하여 평가대상 비상장 기업과 같은 중분류 이내에 해당하는 업종을 영위하되, 도 · 소매 및 소비자용품 수리업의 경우에는 소분류 이내에 해당하는 업종을 영위할 것. 이 경우 해당 비상장 기업 및 유사상장법인이 2이상의 업종을 영위하는 경우에는 매출의 비중이 가장 높은 업종을 주업종으로 한다.
   3. 규모기준
      가. 유사상장법인의 총자산가액이 평가대상 비상장 기업의 총자산가액의 5배를 초과하지 않을 것
      나. 유사상장법인의 매출액이 평가대상 비상장 기업의 매출액의 5배를 초과하지 않을 것
56. "세법대로 비상장주식 평가했는데 민 · 형사 책임을? 2년간 심의실적 3건", 일간NTN, 2019.7.22.
57. "비상장주식 평가, 실질 반영할 수 있게 제도 유연화 해야", 일간NTN, 2019.7.9.

제5절 최대주주등의 주식 할증평가

ㅇ 할증평가율

구분	2019.12.31. 이전		2020.1.1. 이후부터
	중소기업	비중소기업	비중소기업
지분율 50% 이하	10%	20%	20%
지분율 50% 초과	15%	30%	

– 중소기업은 2005.1.1.부터 할증평가를 면제한다.

ㅇ 지분율 계산

– 자기주식 제외, 평가기준일 전 1년 이내에 양도, 증여한 주식 합산

ㅇ 지분율 적용

– 최대주주등에 해당되면 자기 지분율에 관계없이 모두 동일한 할증률 적용

1. 할증평가를 하는 경우

가. 할증 이유

최대주주등의 주식이 상속 또는 증여한 경우 그 가치에 할증하여 평가한다(상증법 제63조제3항). 현재는 해당규정에 대해 아래와 같이 보았다. 상법상의 주식회사는 권리의무의 주체가 될 수 있는 영리사단법인이므로 비록 주주 출자에 의하여 성립되었더라도 회사 구성원인 주주와 회사는 별개 주체이다. 또한 오늘날 주식회사를 구성하는 주주는 불확정적인 다수이고 개성이 희박해지는 반면 전문 지식과 경험을 갖춘 경영인 그룹이 등장하여 회사를 실질적으로 경영함으로 소유와 경영의 분리 현상이 나타나고 있다. 그러나 특정 주주가 발행주식총수 중 과반수 이상을 소유하는 등의 경우 그 주주는 특히 주주 의결권을 통한 이사회 지배를 통하여 회사에 대한 지배권을 갖게 되는바, 여기서 등장하는 개념이 바로 지배주주 회사지배권이다.

지배주주의 회사지배권이란 특정 주주가 보유하는, 이사 선임을 통하여 경영진에 영향력을 행사하거나 또는 주주총회에서의 직접결의에 의하여 회사 기본정책을 결정할 수 있는 힘을 말한다. 지배주주는 자신이 소유하는 주식을 통하여 이런 회사지배권을 보유하고 있으므로, 다른 주식과 달리 지배주주가 소유한 주식은 회사의 지배가치라는 별도의 경제적 가치를 지니게 되는바, 지배주식 양도시에는 그 주식이 포함하는 이와 같은 별도의 가치가 인정되어 단순한 단위거래 주식가액의 합계액보다 높은 가액에 거래되는 것이 현실이다. 대법원도 이 같은 점에 주목하여 회사 발행주식을 회사 경영권과 함께 양도하는 경우 그 거래가격은 주식만을 양도하는 경우의 객관적 교환가치를 반영하는 일반적인 시가로 볼 수는 없다고 일관되게 판시하고 있다(대법원88누9565,

1989.7.25.).

따라서 일반적으로 주식 등은 각 단위 주식 등이 나누어 갖는 주식회사 등의 자산가치와 수익가치를 표창하는 것에 불과하지만 최대주주등이 보유하는 주식 등은 그 가치에 더하여 당해 회사의 경영권 내지 지배권을 행사할 수 있는 특수한 가치, 이른바 '경영권(지배권) 프레미엄'을 지닌다. 이와 같은 회사 지배권이 정당한 조세부과를 받지 아니하고 낮은 액수의 세금만을 부담한 채 이전되는 것을 방지하기 위하여 적정한 과세를 위한 공정한 평가방법을 두고자 함이 이 사건 법률조항의 입법취지이다(헌재2002헌바65, 2003.1.30.).

한편 대법원은 "할증평가규정은 현실적으로 이전여부와는 무관"하다고 보았다. 비상장회사 지배주주가 소유하는 주식은 경영권과 관계가 있고 소액주주가 소유하는 주식에 비하여 양도성 등에 차이가 있어 거래현실상 일반적으로 그 가치가 높게 평가되는 점을 반영한 것이다. 그렇다고 해당 지배주주의 주식이 이전됨으로써 현실적으로 경영권 이전 결과가 발생하는지 여부에 따라 그 주식의 평가가 달라진다는 취지를 규정한 것은 아니다(대법원2001두8292, 2003.2.11. 참고).

나. 할증평가율과 할증대상

연도별 할증평가율은 아래와 같다.

구분	2000년 이후	2003년 이후		2020.1.1. 이후부터
		중소기업	비중소기업	비중소기업
지분율 50% 이하	20%	10%	20%	20%
지분율 50% 초과	30%	15%	30%	

1993.1.1. 이후 지배주주가 보유한 비상장주식에 대하여 10% 할증평가 규정을 신설하였고, 1997.1.1. 이후부터 상장법인과 협회등록법인도 할증평가 대상에 포함하였다. 2000.1.1. 이후에는 할증률을 최대주주등의 주식지분율에 따라 차등 적용하도록 하였고 2003.1.1. 이후에는 중소기업에 대해서는 50% 경감하도록 하였으며, 2005.1.1.부터 2019.12.31.까지 기간 중에 중소기업 주식을 상속 또는 증여하는 경우에는 할증평가를 면제하였으며(2019.12.31. 조특법 제101조를 삭제하고 상증법 제63조에 반영), 2020.1.1.부터는 중소기업 주식은 할증평가를 하지 않고, 비중소기업 주식을 평가하는 경우 최대주주 할증평가율은 20%로 단일화하였다.

이 경우 할증평가 배제 중소기업이란 중소기업기본법 제2조제3항에 따른 중소기업[58]을 말한다.

---

58. 조특령 제2조의 중소기업과 업종 등에서 차이가 있다.

〈중소기업의 범위 개정연혁〉

2009.2.3. 이전	2009.2.4. 이후[59]
소득령 제167조의8의 규정 준용 * 주식등의 양도일이 속하는 사업연도의 직전사업연도 종료일 현재 중소기업기본법 제2조에 따른 중소기업	중소기업기본법 제2조에 따른 중소기업

다. 최대주주등의 범위

"최대주주등"이란 주주 1인 및 그와 특수관계에 있는 주주(특수관계에 있는 주주그룹)가 평가기준일 현재 보유한 의결권 있는 주식등의 합계를 주주그룹별로 계산하여 해당 법인에서 보유 지분율이 가장 큰 주주그룹에 속하는 모든 주주를 말하는 바(상증령 제53조제4항), 다음 사항에 유의하여 최대주주등에 해당하는지 여부를 판단하여야 한다.

1) 연도별 최대주주등의 범위

2012.2.2. 이후 상속 · 증여분부터는 상증령 제19조제2항 각호를 삭제하고, 신설규정인 상증령 제12조의2(특수관계인의 범위, 현재 제2조의2)를 준용하여 주주 1인과 그의 특수관계인 모두를 "최대주주등"으로 명확히 하였다.

1997.1.1.~1999.12.31.	2000.1.1.~2012.2.1.	2012.2.2. 이후
주주1인과 특수관계에 있는 주주가 보유한 주식의 합계가 10% 이상인 경우로 해당 법인에서 가장 많은 경우의 해당 주주등	주주1인과 특수관계에 있는 주주가 보유한 주식의 합계가 해당 법인에서 가장 많은 경우의 해당 주주등	주주1인과 그의 특수관계인 보유주식을 합하여 그 보유주식의 합계가 가장 많은 경우의 해당 주주 1인과 그의 특수관계인 모두(명확화)

2) 평가기준일 현재 의결권이 제한되는 자기주식은 발행주식 총수에서 제외하고 최대주주등의 주식보유 지분율을 계산한다(서면4팀-3801, 2006.11.17.).

3) 2000.1.1. 이후부터 최대주주등이 평가기준일 이전 1년 이내에 양도하거나 증여한 주식을 합산하여 최대주주 지분율을 계산한다(상증령 제53조제5항).

59. 중소기업을 직전사업연도를 기준으로 판정하였으나, 당해 사업연도에 창업한 중소기업의 경우 중소기업 판정이 곤란하여 중소기업기본법 제2조 규정을 준용하여 당해 사업연도에 창업한 중소기업 등에 대해서도 적용되도록 함(2009년 국세청 개정세법해설).

최대주주등이 높은 할증률 적용을 피하기 위하여 일부 주식을 양도 또는 증여한 후 주식을 증여하는 경우를 방지하기 위함이다.

이 경우 합산 여부는 아래에 따라 구분하여 판단한다.

가) 최대주주가 특수관계자에게 양도, 증여한 주식은 합산하지 않는다.

최대주주등의 지분율은 주주1인 및 그와 특수관계자가 보유하는 주식을 합산하여 판단하므로 최대주주가 특수관계자에게 양도, 증여하더라도 결국 최대주주 지분율에 합산되기 때문이다.

나) 양도 · 양수한 주식이 있는 경우에는 순양도 주식수를 합산한다.

최대주주등이 해당 주식을 반복적으로 양도 · 양수한 경우에는 최대주주 판단기준일로부터 소급하여 1년 이내 기간 중에 최대주주가 양도한 주식에서 양수한 주식을 뺀 주식수(부수인 경우는 "0")를 판단기준일 현재 보유 주식수에 합산한다(서일46014-10377, 2001.10.31.).

다) 주식양도 후 최대주주등에서 제외된 자에게 양도한 주식은 합산하지 않는다.

최대주주등에 해당되던 주주 등이 특수관계 이외의 자에게 주식을 양도하여 최대주주등 판단기준일 현재 최대주주등에 해당되지 않는 경우에는 양도한 주식을 합산하지 않는다. 즉, 판단기준일 현재 보유하는 주식수에 따라 먼저 최대주주등을 판단한 후 그 최대주주등이 1년 이내 양도 · 증여한 주식수를 합하여 50% 초과여부를 판단한다.

4) 최대주주등에 해당되는 주주는 그의 지분율에 관계없이 모두 동일한 할증률을 적용하며, 최대주주등의 그룹이 둘 이상인 경우(즉, 지분율이 같은 경우)에는 그 모두를 최대주주등으로 보아 할증 평가한다.

〈최대주주등 할증평가 대상 개정연혁〉

1997년~1999년	2000년~2002년	2003.1.1. 이후
모든 법인의 최대주주 주식	모든 법인의 최대주주 주식 결손법인 할증제외	모든 법인의 최대주주 결손법인 등 할증제외

[관련 질의회신 · 판례 등]

○ 평가기준일 현재

"최대주주등"이라 함은 주주 1인과 상증령 제19조제2항 각 호의 1에서 규정한 특수관계에 있는 자가 보유하는 주식을 합하여 그 보유 주식수가 가장 많은 경우 그 주주 등을 말하며, 상증령 제53조제4항은 평가기준일 현재 최대주주등이 보유하는 주식등의 지분을 계산하는 경우에 적용됨(서면2팀-107,

2007.1.15.).

○ 비상장법인(A)이 다른 법인(B)의 최대주주로서 주식을 보유
비상장법인(A)이 다른 법인(B)의 최대주주로서 주식을 보유하는 경우에는 A법인 순자산가액 산정시 B 법인 주식을 할증 평가한 가액으로 하고, A법인 최대주주등에 대하여는 그 A법인 주식 평가액에 대하여 할증평가 규정을 적용함(재산세과-727, 2010.10.5.).

○ 합병당사법인의 합병직전 순자산가액을 평가
합병당사법인의 합병직전 순자산가액을 평가하는 경우에 합병당사법인이 보유하는 다른 법인의 주식가액에 대하여는 최대주주 할증평가 규정이 적용되며, 이 경우 그 다른 법인이 중소기업인 경우에는 할증평가 특례가 적용됨(재산세과-466, 2010.6.30).

2. 할증평가를 하지 않는 경우

최대주주 보유주식 할증평가는 증여자 또는 양도자 입장에서 경영권프리미엄을 보유하였다 하여 할증평가하는 것으로 ① 거래 시점에서, ② 주식을 이전하는 자를 기준으로, ③ 이전되는 주식이 "최대주주로서 보유하는 주식"이면 적용되는 것이다.

다만, 아래와 같이 경영권 프리미엄이 형성되어 있다고 보기 어렵거나 경영권 프리미엄이 반영된 거래가액을 시가로 인정하는 경우 등에는 할증평가를 하지 않도록 하고 있다(상증법 제63조제3항, 상증령 제53조제7항).

가. 할증평가 제외대상 주식

1) 순손익가치를 평가하는 직전 3개 사업연도의 소득이 계속하여 결손금이 있는 법인

외국 법인의 경우에는 당해 법인 소재지국 관련 조세법령에 따라 산출한 각 사업연도의 순손익액이 모두 결손인 법인 주식에 대하여 적용한다(서일46014-10195, 2003.2.20.).

2) 일괄하여 매각한 경우

가) 최대주주등이 특수관계 없는 자에게 매도한 가액이 시가로 인정된 경우 이는 상속일 전후 6개월(증여의 경우, 증여일 전 6개월, 후 3개월) 이내 최대주주등 주식 전부가 매각된 경우

이 경우, 상증령 제49조제1항제1호 규정에 적합한 경우에 한한다(상증령 제53조제7항제2호).

> ○ 상증령 제49조(평가의 원칙등) ① (생략)
> 1. 해당 재산에 대한 매매사실이 있는 경우에는 그 거래가액. 다만, 다음 각 목의 어느 하나에 해당하는 경우는 제외한다.
> 가. 특수관계인과의 거래 등으로 그 거래가액이 객관적으로 부당하다고 인정되는 경우
> 나. 거래된 비상장주식의 가액(액면가액의 합계액을 말한다)이 다음의 금액 중 적은 금액 미만인 경우(제49조의2제1항에 따른 평가심의위원회의 심의를 거쳐 그 거래가액이 거래의 관행상 정당한 사유가 있다고 인정되는 경우는 제외한다)
> 1) 액면가액의 합계액으로 계산한 해당 법인의 발행주식총액 또는 출자총액의 100분의 1에 해당하는 금액
> 2) 3억원

2020.2.11. 이후 증여받는 분을 평가하는 분부터 증여세 평가기간을 동일하게 조정[60]하였다.

나) 경정청구등의 특례

주식등을 할증평가하였으나 상속개시 후 1년이 되는 날까지 일괄하여 매각(피상속인 및 상속인과 상증령 제2조의2제1항제1호 관계에 있는 자에게 일괄하여 매각한 경우 제외)함으로써 최대주주등의 주식등에 해당되지 아니하는 경우(상증령 제81조제3항제2호)

> ○ 상증령 제2조의2(특수관계인의 범위) ① (생략)
> 1. 「국세기본법 시행령」 제1조의2제1항제1호부터 제4호까지의 어느 하나에 해당하는 자(이하 "친족"이라 한다) 및 직계비속의 배우자의 2촌 이내의 혈족과 그 배우자
> ○ 국기령 제1조의2(특수관계인의 범위) ① (생략)
> 1. 6촌 이내의 혈족
> 2. 4촌 이내의 인척
> 3. 배우자(사실상의 혼인관계에 있는 자를 포함한다)
> 4. 친생자로서 다른 사람에게 친양자 입양된 자 및 그 배우자 · 직계비속

3) 합병 · 증자 · 감자 · 현물출자 또는 전환사채의 증여이익을 계산하는 경우에는 주식 자체를 증여한 것이 아닌 간접이익의 증여이므로 할증평가에서 제외한다.

4) 2021.2.17. 이후 상속세과세표준신고 또는 증여세과세표준신고부터 다른 법인의 주식을 출자 · 보유하고 있는 경우 해당 주식(1차 출자 · 보유분도 할증평가에서 제외)

---

60. 증여일 전후 3개월⇒증여일 전 6개월, 후 3개월

<다른 법인의 주식을 보유한 경우 할증평가 개정연혁>

2021.2.16. 이전	2021.2.17. 이후 상속세과세표준신고 또는 증여세과세표준신고부터
평가대상인 주식등을 발행한 법인이 다른 법인(1차 출자법인)이 발행한 주식등을 보유하고 있고, 1차 출자법인이 또 다른 법인(2차 출자법인)이 발행한 주식등을 보유함으로써 1차 출자법인 및 2차 출자법인이 최대주주등에 해당하는 경우에 1차 출자법인 및 2차 출자법인의 주식등을 평가하는 경우	다른 법인의 주식을 출자 · 보유하고 있는 경우 해당 주식(1차 출자 · 보유분도 할증평가에서 제외)

5) 사업개시 3년 미만 법인으로서 영업이익이 모두 결손인 법인의 주식

사업초기에 결손이 발생하는 상태에서는 현실적으로 경영권 프리미엄이 형성되기 어려운 점을 감안하여 할증평가에서 제외한다.

6) 상속 · 증여세 신고기한 이내에 청산이 확정된 법인의 주식

7) 최대주주등 외의 자가 동일인 증여재산 합산과세기간인 10년 이내에 최대주주등이 보유한 주식을 상속 또는 증여받은 경우로서 상속 또는 증여로 인하여 최대주주등에 해당되지 아니하는 경우

이는 최대주주에 해당하지 않는 최대주주 외의 자 입장에서 보면 '경영권 프리미엄'이 존재한 주식을 상속, 증여받은 것으로 보기 어려우므로 할증평가에서 제외된다.

8) 2016.2.5. 이후 평가하는 분부터 주식등의 실제소유자와 명의자가 다른 경우로 상증법 제45조의2(명의신탁재산 증여의제)에 따라 해당 주식등을 명의자가 실제소유자로부터 증여받은 것으로 보는 경우

9) 2020.1.1. 이후 상속 · 증여받는 분을 평가하는 분부터 중소기업기본법 제2조에 따른 중소기업이 발행한 주식[61]

---

61. 2019.12.31. 이전에는 구 조특법 제101조에 따라 할증평가하지 않았다.

쟁점

2021.2.17. 이후 기한후신고시, 다른 법인을 보유한 법인 평가시 최대주주등 할증평가

최대주주가 보유한 주식을 상속하거나 증여한 경우에는 경영권등이 수반되어 있어 원래 평가하여야 할 가액보다 할증하여 평가한다. 하지만 결손법인 주식 등을 평가하는 경우에는 제외하고 있으며, 이러한 제외사유 중 하나로 평가법인이 다른 법인의 주식을 보유한 경우가 있다. 즉 평가법인이 다른 법인(1차 출자법인) 주식을 보유하고, 다른 법인이 또 다른 법인(2차 출자법인)의 주식을 보유한 경우에는 평가법인 주식과 1차 출자법인 주식까지만 할증한다는 뜻이다.

> (개정 전) 평가대상인 주식등을 발행한 법인이 다른 법인(이하 이 호에서 "1차 출자법인"이라 한다)이 발행한 주식등을 보유하고 있고, 1차 출자법인이 또 다른 법인(또 다른 법인이 1차 출자법인 외의 법인에 출자한 경우의 법인을 포함하며, 이하 이 호에서 "2차 출자법인"이라 한다)이 발행한 주식등을 보유함으로써 1차 출자법인 및 2차 출자법인이 최대주주등에 해당하는 경우에 1차 출자법인 및 2차 출자법인의 주식등을 평가하는 경우

이러한 규정을 개정하여 다른 법인의 주식을 보유하고 있어도 할증하지 않는 것으로 개정하였다.

> (개정 후) 평가대상인 주식등을 발행한 법인이 다른 법인이 발행한 주식등을 보유함으로써 그 다른 법인의 최대주주등에 해당하는 경우로서 그 다른 법인의 주식등을 평가하는 경우

관련 규정의 부칙은 "이 영 시행 이후 상속세과세표준신고 또는 증여세과세표준신고를 하는 경우부터 적용한다"이다.

그러면 상속세과세표준신고 또는 증여세과세표준신고에는 기한후신고가 포함될 수 있을까?

국기법 제2조 정의에서, 과세표준신고서는 국세의 과세표준과 국세 납부 또는 환급에 필요한 사항을 적은 신고서를 말한다고 규정하고 있고, 국세기본법 제45조의3제1항에서 법정신고기한까지 과세표준신고서를 제출하지 아니한 자는 관할 세무서장이 세법에 따라 해당 국세의 과세표준과 세액(이 법 및 세법에 따른 가산세를 포함한다. 이하 이 조에서 같다)을 결정하여 통지하기 전까지 기한후과세표준신고서를 제출할 수 있다고 규정하고 있다. 이러한 내용으로 보면, 상속세과세표준신고와 증여세과세표준신고에는 기한후신고가 포함될 수 있는 것처럼 보이지만, 현재 문언상으로는 기한후신고가 포함되지 않는 것으로 보인다.

상증령 제15조제21항에서 법 제18조제2항제1호에 따라 공제받으려는 자는 가업상속재산명세서 및 기획재정부령으로 정하는 가업상속 사실을 입증할 수 있는 서류를 제64조에 따른 상속세과세표준신고(이하 "상속세과세표준신고"라 한다)와 함께 납세지 관할 세무서장에게 제출하여야 한다고 규정하는데, '제64조에 따른 상속세과세표준신고'가 법정신고기한 내 상속세 신고를 의미하고, 상증령 제47조에서 제20조의 규정은 증여세에 관하여 이를 준용한다. 이 경우 제20조제2항 중 "상속세과세가액"은 "증여세과세가액"으로, "상속재산"은 "증여재산"으로 하고, 동조제3항중 "상속세과세표준신고"는 "제65조의 규정에 의한 신고"(이하 "증여세과세표준신고"라 한다)로 본다고 규정하는데, '제65조에 따른 증여세과세표준신고'가 법정신고기한 내 증여세 신고를 의미하므로 문언상은 기한후신고가 포함되지 않는다.

부칙에서 상속세과세표준신고 또는 증여세과세표준신고부터는 최대주주 할증평가 말고도 신탁이익을 받을 권리 평가에서도 같은 내용의 부칙을 사용하고 있다.

나. 비상장주식을 시가로 평가하는 경우

비상장주식을 시가(상증법 제60조제2항)로 평가하는 경우에는 할증평가 대상이 아니라고 대법원에 판결하였고(대법2005두7228, 2006.12.7.; 국심2007서747, 2008.6.2.), 2009.1.1. 이후 상속 또는 증여분부터는 비상장주식을 상증법 제60조제2항(매매가격 등)에 따라 시가로 평가하더라도 할증평가 대상으로 포함시켰다(상증법 제63조제3항 개정).

다. 중소기업 최대주주등에 대한 할증평가 제외

경영권이 포함된 주식은 대기업이나 중소기업 모두 프리미엄이 부가되어 거래되나 기술력과 경쟁력이 있는 중소기업의 원할한 기업승계를 지원하고 기업 영속성을 유지시켜 경제에 활력을 불어넣기 위하여 2005.1.1.부터 2019.12.31.까지 한시적으로 할증평가를 제외하였다(구 조특법 제101조). 조특법 제101조(중소기업 최대주주등의 주식 할증평가 적용특례)는 2019.12.31. 조특법에서 삭제하고, 상증법 제63조제3항에 규정[62]하였다.

라. 양도소득세 · 법인세 부당행위 계산 규정 적용시

소득법상 부당행위 계산 규정을 적용할 때 시가는 상증법 제60조부터 제66조까지와 같은 법 시행령 제49조, 제50조부터 제52조까지, 제52조의2, 제53조부터 제58조까지, 제58조의2부터 제58조의4까지, 제59조부터 제63조까지의 규정을 준용하여 평가한 가액에 따른다. 이 경우 상증령 제49조제1항 본문 중 "평가기준일 전후 6개월(증여재산의 경우에는 평가기준일 전 6개월부터 평가기준일 후 3개월까지) 이내의 기간"은 "양도일 또는 취득일 전후 각 3월의 기간"으로 본다(소득령 제167조제5항). 따라서 중소기업 주식을 양도한 경우 양도소득세 계산시 할증평가가 배제된다.

법인세 부당행위계산 부인 규정을 적용할 때 2010.12.31. 이전은 중소기업 · 일반기업 모두 할증평가가 적용되었으나, 2011.1.1. 이후부터 중소기업 주식은 할증평가가 배제된다(법인령 제89조제2항제2호).

---

62. 조특법은 한시적 규정이고, 상증법은 한시적 규정이 아니다.

[관련 질의회신 · 판례 등]

○ 중소기업 판단 기준일

조특법 제101조에 따른 중소기업 최대주주등의 주식 할증평가 적용특례는 상증령 제53조제6항 및 소득령 제167조의8에 따라 주식등의 평가기준일이 속하는 사업연도의 직전사업연도 종료일 현재 중소기업기본법 제2조에 따른 중소기업에 해당하는 기업에 대하여 적용함(서면4팀-1398, 2008.6.11.).

⇒ 2009.2.4. 이후 상속 · 증여분부터는 "중소기업기본법 제2조에 따른 중소기업"으로 개정하여 해당사업연도에 창업한 중소기업도 할증평가 배제함

○ 저가 · 고가 양도에 따른 이익 및 비상장주식 순자산가액

저가 · 고가 양도에 따른 이익의 증여규정 및 비상장법인의 순자산가액 계산시 평가대상 법인의 최대주주로서 보유한 중소기업의 최대주주 보유주식에 대하여도 조특법 제101조 적용함(재재산-614, 2007.5.28.).

○ 외국법인의 주식

조특법 제101조에 따른 중소기업 최대주주등의 주식 할증평가 적용특례는 최대주주로서 보유하고 있는 외국법인의 주식에 대하여는 적용되지 아니함(서면4팀-2460, 2007.8.17., 재산세과-318, 2011.7.4.).

○ (2016.2.5. 상증령 개정 전) 명의신탁 증여의제로 증여세 부과시최대주주 할증평가 여부

(기재부) 명의신탁재산의 증여의제 규정을 적용할 때 해당 주식이 최대주주 주식에 해당하는 경우에는 최대주주 주식의 할증평가를 적용함(재재산46014-39, 2002.2.15.). 이 경우, 중소기업 최대주주의 명의신탁 주식에 대하여는 할증평가가 배제됨(조심2008중322, 2008.7.24.).

(법원) 2016.2.5. 개정된 상증령 시행 전에 해당 주식 가액을 평가하였다면 그 전의 법령에 따라 최대주주 할증가액이 가산된다고 보아야 함(대법원2017두48451, 2018.2.8.).

(헌재) 증여로 의제되는 명의신탁의 경우를 단순 증여로 취급하지 않는 것이 불합리하다고 볼 수 없음(헌재2017헌바260, 2019.11.28.).

○ 명의신탁 증여의제로 증여세 부과시최대주주 할증평가 여부(2016.2.5. 상증령 개정후 개정 전 최대주주 할증평가 여부)

2016.2.5. 대통령령 제26960호로 개정된 상속세 및 증여세법 시행령 제53조제6항제8호 규정은 2016.2.5. 이후 최초로 평가하여 결정 · 경정하는 분부터 적용함(기획재정부 재산세제과-8, 2017.1.6.).

○ 주식의 포괄적 교환

주식의 포괄적 교환절차에 따라 완전자회사가 되는 법인의 최대주주가 완전모회사가 되는 법인에 이전하는 주식 또는 완전모회사가 되는 법인의 순자산가치를 평가함에 있어 해당 법인이 보유하고 있는 완전자회사가 되는 법인의 주식에 대해서는 해당 할증평가 규정이 적용되나, 완전모회사가 되는 법인이 교환대가로 발행하는 신주에 대해서는 해당 규정이 적용되지 아니함(서면2014법령해석재산-20735, 2015.5.4.).

○ 포합주식(피합병법인이 보유한 합병법인의 주식)

피합병법인의 주주가 합병대가로 받는 합병법인 주식과 관련하여 피합병법인이 보유한 합병법인의 주식에 대하여는 상증법 제63조제3항 규정을 적용하지 않음(재경부재산-23, 2007.1.5.).

○ 최대주주등 외의 자가 주식을 증여받은 경우 주식 할증평가 제외여부

최대주주등이 보유하는 주식을 최대주주등 외의 자가 10년 기간 이내에 증여받은 경우로 그 증여로 인하여 수증자가 최대주주등에 해당되지 아니하는 경우에는 할증평가 규정을 적용하지 아니함(상속증여세과-628, 2013.12.20.).

○ 임원에게 교부하는 자기주식

최대주주등은 최대주주 또는 최대출자자 1인이 보유하고 있는 주식등을 발행한 법인의 주식등(자기주식 및 자기출자지분은 제외한다)을 보유한 자에 한정함(사전2021법령해석재산-0928 [법령해석과-4282], 2021.12.7.).

○ 우리사주조합

최대주주등이 주식을 상속 · 증여하면서 최대주주 할증 규정 적용 여부를 판단할 때 최대주주등의 주식등에 우리사주조합원이 우리사주조합을 통하여 보유하고 있는 지분을 포함하지 아니함(기획재정부 조세법령운용과-1072, 2021.12.15.).

제5장 저당권 등이 설정된 재산의 평가 특례

1. 평가 특례의 취지

상속 · 증여재산의 가액은 시가평가를 원칙으로 하되, 해당 재산 또는 동일 · 유사 재산 매매등 가액이 없는 경우에는 상증법 제61조부터 제65조에 따라 평가한다. 그러나 저당권 등이 설정된 재산에 대해서는 별도의 평가특례 규정을 두어 평가하고 있다(상증법 제66조).

담보채권액[1]을 기준으로 평가한 가액과 시가(또는 상증법 제61조부터 제65조에 따라 평가한 가액) 중 큰 금액을 해당 재산의 평가가액으로 하는 것이다. 이는 담보채권액이 시가와 '보충적 평가방법에 따른 가액' 사이에 있으므로, 보다 시가에 근접한 가액으로 과세하려는 데 목적이 있다. 예를 들면 부동산에 관하여 근저당권을 설정하는 경우 그 피담보채권액은 통상 그 부동산의 실제 가액 범위 내에서 결정된다고 볼 수 있어서 근저당권의 피담보채권액이 다른 방법으로 산정한 가액보다 클 때는 그 채권액을 실제가액으로 보는 것이 거래 실정에 부합한다고 일반적으로 여겨지기 때문이다(서울고법2016누45655(2017.4.28.)-대법원2017두31866(2017.4.28. 심불)). 또, "보충적 평가방법에 따른 가액"이 채무액보다 적은 경우 "보충적 평가방법에 따른 가액"으로 평가하면 해당 평가가액이 채무액보다 적어지는 문제[2] 등을 방지하기 위함이다.

이 경우, 저당권 등이 설정된 재산의 평가특례규정에서 "담보하는 채권액"이란 채권최고액이 아니라 평가기준일 현재 남아 있는 채권액 합계액을 말한다.

하지만 상증법 제66조는 항상 적용되는 것이 아니다. 상증법상 평가액은 시가를 초과할 수 없음이 본질적이고 내재적인 한계이기 때문에, 재산이 담보하는 채권액이 재산 시가보다 큰 경우에는 상증법 제66조를 적용할 수 없다(헌재2003헌바26, 2004.8.26.). 재산의 실제가액보다 큰 금액이 근저당권 설정된 경우에는 납세의무자가 그와 같은 사정을 입증하여야 한다(대법원97누1679, 2000.6.23.).

---

1. 채권액이라고 법령상 표현되어 있지만, 수증자 또는 상속인등 입장에서는 채무액이다.
2. "보충적 평가방법에 따른 평가액"이 채무액보다 적으면, 채무액과 "보충적 평가방법에 따른 평가액"의 차액만큼 증여자에게 증여된다. 예를 들면 평가액 4억원, 채무액 4억5천만원이면, 차액 5천만원은 수증자가 증여자에게 증여한 것이 된다.

[관련 질의회신 · 판례 등]

○ 상증법 제66조를 적용하지 않는 경우

(기재부) 증여시점에서 재산이 담보하는 채권액이 재산의 실제가액보다 크다는 사실을 납세자가 입증하는 경우에는 상증법 제66조에 따른 저당권 등이 설정된 재산에 대한 평가특례는 적용하지 않음(기획재정부 재산세제과-799, 2012.9.28.).

(대법원) 근저당권을 설정하는 경우 피담보채권최고액은 통상 재산의 실제가액 범위 내에서 결정되는 것으로 볼 수 있어서 근저당권 피담보채권최고액이 다른 방법으로 산정한 가액보다 클 때는 채권최고액을 실제가액으로 봄이 일반적으로 거래의 실정에 부합한다는 데 타당성의 근거가 있으므로 예외적으로 재산의 실제가액보다 큰 금액을 피담보채권최고액으로 하여 근저당권이 설정된 경우에는 납세의무자가 그와 같은 사정을 입증하여 위 규정의 적용으로부터 벗어날 수 있음(대법원91누2137, 1993.3.23., 대법원97누1679, 2000.6.23.).

2. 저당권 등이 설정된 재산의 평가방법

재산평가 = Max(①, ②)

① 평가기준일 현재의 해당 재산의 시가(또는 보충적 평가가액(상증법 제60조~제65조))

② 평가기준일 현재의 해당 재산이 담보하는 채권액 등의 합계액(상증법 제66조)

1) '저당권 등이 설정된 재산'

가) 저당권 또는 질권이 설정된 재산

나) 양도담보재산

다) 전세권 등기된 재산(임대보증금을 받고 임대한 재산 포함)

라) 위탁자 채무이행을 담보할 목적으로 일정 신탁계약을 체결한 재산

2) 해당 재산이 담보하는 채권액 등의 범위

구분	평가방법
저당권(공동저당권, 근저당권 제외)이 설정된 재산	해당 재산이 담보하는 채권액
공동 저당권이 설정된 재산	해당 재산이 담보하는 채권액을 공동 저당된 재산의 평가기준일 현재의 가액으로 안분
근저당권이 설정된 재산	해당 재산이 담보하는 채권액
질권이 설정된 재산 양도담보재산의 가액	해당 재산이 담보하는 채권액
전세권이 있는 재산	전세금(임대보증금 포함)
담보신탁이 설정된 재산	신탁계약 또는 수익증권에 따른 우선수익자인 채권자의 수익한도금액

가) 해당 재산에 설정된 "근저당의 채권최고액"이 "담보하는 채권액"보다 적은 경우에는 채권최고액으로 한다.

나) 해당 재산에 설정된 물적담보 외에 기획재정부령이 정하는 신용보증기관(법인령 제63조제1항 각 호 법인)의 보증이 있는 경우에는 "담보하는 채권액"에서 "해당 신용보증기관이 보증한 금액"을 뺀 가액으로 한다.

다) 동일한 재산이 다수의 채권(전세금채권과 임차보증금채권을 포함)의 담보로 되어 있는 경우는 그 재산이 담보하는 채권액의 합계액으로 한다.

라) 해당 근저당권이 설정된 재산이 공유물로서 공유자와 공동으로 그 재산을 담보로 제공한 경우에는 해당 재산이 담보하는 채권액 중 각 공유자의 지분비율에 상당하는 금액을 그 채권액으로 한다.

마) 평가할 재산과 그 외의 재산에 동일한 공동저당권 등이 설정되어 있거나 동일한 채무를 담보하기 위하여 양도 담보된 경우 평가할 재산이 담보하는 채권액은 전체 채권액을 평가할 재산과 그 외 재산 가액(평가기준일 현재 법에 따른 평가액을 말한다)으로 안분하여 계산한다.

[관련 질의회신 · 판례 등]

○ 전세금

저당권 등이 설정된 재산의 평가특례규정 적용시 채권액에는 등기되지 아니한 전세금채권을 포함함(기획재정부 재산세제과-1722, 2004.12.30.).

3. 저당권 등이 설정된 재산

상속 · 증여받은 재산 중 저당권 등이 설정된 재산에 해당하는지는 상속개시일 또는 증여일을 기준으로 판단한다. 따라서 평가기준일 전에 설정된 저당권 등이 평가기준일 현재에는 말소되었거나 아니면 평가기준일 후에 저당권 등이 설정된 경우에는 평가특례가 적용되지 아니한다.

[관련 질의회신 · 판례 등]

○ 증여일에 근저당권이 설정된 경우

(국세청) 동일자에 시차를 두고 증여등기를 먼저 접수한 후에 근저당권 설정한 경우에도 평가특례규정을 적용함(재산세과-1893, 2008.7.25.).

(법원) 당해 재산에 관하여 증여일 당일에 근저당권이 설정되었다면 다른 특별한 사정이 없는 한 이는 "저당권 또는 질권이 설정된 재산"에 해당함(대법원2013두1850, 2013.6.13.).

○ 상증법 제66조를 적용하지 않는 경우
(원인무효) 저당권 등이란 유효하게 설정된 저당권 등을 의미하고, 원인무효로 근저당권 설정등기가 말소되어야 할 재산은 담보로 제공된 재산이 아니므로 본 평가특례가 적용되지 아니함(대법원89누6457, 1990.1.25.).
(증여 후 근저당권 설정) 채권 · 채무관계의 변동없이 재산을 증여하기 전에 근저당권을 말소하고 재산을 증여한 후에 동일한 조건의 근저당권을 설정하여 사실상 증여일 현재 근저당권이 말소된 것으로 볼 수 없는 경우 근저당권이 설정된 재산으로 봄(서면4팀-1595, 2005.9.2.).

○ 공유재산
증여재산이 공유물로서 증여자 지분에는 근저당권이 설정되어 있지 않고 타인 지분에만 근저당권이 설정되어 있는 경우 해당 증여재산은 근저당권이 설정된 재산으로 보지 아니함(서면4팀-1618, 2004.10.13.).

○ 제3자의 채무 담보
평가대상 재산에 피상속인(증여자)이 아닌 제3자 채무를 담보하기 위하여 근저당권이 설정된 경우에도 근저당권이 설정된 재산으로 봄(재재산46014-207, 2001.8.21.).

4. 담보 유형별 평가방법

가. 저당권이 설정된 재산

저당권(공동저당권과 근저당권은 제외)이 설정된 재산의 평가는 해당재산 시가(또는 보충적 평가액)와 해당 재산이 담보하는 채권액과 비교하여 큰 금액으로 평가한다. 이 경우"저당권"이란 채무자 또는 제3자(물상보증인)가 채무의 담보로 제공한 부동산 기타의 목적물을 인도받지는 아니하고 채무 변제가 없는 경우에 우선변제를 받을 수 있는 담보 물권을 말한다(민법 제356조). 저당권은 당사자 사이의 저당권 설정계약을 통해 등기 · 등록함으로써 성립한다.

민법상 저당권의 목적물이 되는 재산으로는 부동산, 지상권 및 전세권, 입목, 어업권, 광업권, 등기된 선박, 자동차, 항공기, 건설기계, 공장재산 및 광업재단[3] 등이 있다.

나. 공동저당권이 설정된 재산

공동저당권이 설정된 재산은 해당 재산의 시가(또는 보충적 평가액)와 평가기준일 현재 해당 재산이 담보하는 채권액과 비교하여 큰 금액으로 평가한다. 공동저당권이란 동일한 채권을 담보하

3. 공장 및 광업재단 저당법

기 위하여 수개의 부동산에 설정된 저당권을 말하는데, 이 경우 평가할 재산이 담보하는 채권액은 해당 공동담보 재산들이 담보하는 전체 채권액에 대하여 평가할 재산과 그 외 담보재산 가액(평가기준일 현재 상증법상 평가액을 말함)을 기준으로 안분하여 계산하는 것이다.

다. 근저당권이 설정된 재산의 평가

근저당권이 설정된 재산은 해당 재산의 시가(또는 보충적 평가액)와 평가기준일 현재 해당 재산이 담보하는 채권액과 비교하여 큰 금액으로 평가한다. 근저당권이란 계속적인 거래관계로부터 발생하는 다수의 불특정채권을 장래 결산기에서 일정한 한도까지 담보하려는 저당권을 말한다. 즉, 저당권이 특정 채권을 담보하는 데 비하여 근저당권은 장래의 증감 변동하는 불특정의 채권을 일정 한도 내(채권최고액)까지 담보하는 차이가 있다. 이러한 근저당권도 등기 · 등록을 하여야만 성립한다.

근저당시 해당 재산이 담보하는 채권액은 다음과 같이 계산한다.

1) "근저당의 채권최고액"이 "담보하는 채권액"보다 적은 경우, 채권최고액을 "담보하는 채권액"으로 한다.
2) 해당 재산에 물적담보 외에 신용보증기관의 보증이 있는 경우는 담보하는 채권액에서 해당 신용보증기관이 보증한 금액을 차감하여 계산한다.
3) 동일한 채권을 담보하기 위하여 평가대상재산에 물적 담보가 설정된 것 외에 평가대상 자산의 담보력이 부족하여 타사로부터 담보 원용을 받은 경우에는 전체 채무액에서 담보 원용받은 금액으로 인하여 발생한 실채무액을 차감하여 계산한다(재재산46014-233, 2001.9.21.).
4) 근저당권이 설정된 부동산과 질권이 설정된 예금 · 무체재산권(영업권)이 공동으로 하나의 채권의 담보로 제공된 경우에는 부동산이 담보하는 채권액의 계산은 공동으로 담보된 전체 채권액에서 예금과 무체재산권을 평가기준일 현재의 잔액으로 평가하여 각각의 그 평가금액을 공제한 금액으로 계산한다(재재산-257, 2008.6.4).
5) 동일한 재산이 다수의 채권(전세금채권과 임차보증금채권 포함)의 담보로 되어있는 경우에는 그 재산이 담보하는 채권액의 합계액으로 한다.

라. 질권이 설정된 재산의 평가

질권이 설정된 재산의 평가는 해당 재산의 시가(또는 상증법 제61조부터 제65조에 따라 평가한 가액)와 평가기준일 현재 해당 재산이 담보하는 채권액과 비교하여 큰 금액으로 평가한다.

질권이란 채권자가 채권의 담보로 채무자 또는 제3자가 제공한 물건(재산권)을 점유하고 채무의 변제가 있을 때까지 유치함으로써 채무 변제를 간접적으로 강제하는 동시에 변제가 없는 때에는 그 목적물로 우선변제 받을 권리를 말한다. 민법에서는 질권을 동산 질권과 권리 질권으로 구별하고 있으며, 부동산 질권은 인정하지 않고 있다.

마. 양도담보된 재산의 평가

양도담보 재산의 평가는 해당 재산의 시가(또는 상증법 제61조부터 제65조에 따라 평가한 가액)와 평가기준일 현재 해당 재산이 담보하는 채권액과 비교하여 큰 금액으로 평가한다.

양도담보란 채권담보의 목적으로 물건의 소유권을 채권자에게 이전하고 채무자가 채무를 이행하지 않은 경우에는 그 목적물로 우선변제를 받고, 채무자가 채무를 이행한 경우에는 목적물의 소유권을 채무자에게 이전하는 것을 말한다.

바. 전세권이 등기된 재산의 평가

전세권이 등기된 재산의 평가는 해당 재산의 시가(또는 상증법 제61조부터 제65조에 따라 평가한 가액)와 평가기준일 현재 해당 재산에 대하여 등기된 전세금(임대보증금을 받고 임대한 경우에는 임대보증금)을 비교하여 큰 금액으로 평가한다(해당 재산이 담보하는 채권액 등에는 등기되지 아니한 전세금채권을 포함).

전세권은 전세금을 지급하고 타인의 부동산을 그 용도에 따라 사용 · 수익하는 용익물권이며, 전세권은 보통 부동산소유자와 전세권 취득자 사이의 설정계약과 등기에 따라서 설정 · 취득된다.

사. 담보신탁이 설정된 재산의 평가

2019.2.12. 상증령 제63조가 개정되어 신탁계약 또는 수익증권에 따른 우선수익자인 채권자의 수익한도금액이 원칙적인 시가 평가방법에 따른 가액보다 큰 경우에는 그 수익한도금액을 평가가액으로 하고, 재산을 위탁자의 채무이행을 담보하기 위해 수탁으로 운영하는 내용으로 체결되는 신탁계약을 피담보채권액 등을 기준으로 가액을 평가하는 담보신탁계약으로 한다.

예시

(문) 해당 재산의 매매등 가액 없는 주택을 증여받았다. 채무는 금융채무(저당권 설정)와 보증금 채무가 있으며, 보증금 채무만 수증자가 인수하였다. 이 주택의 재산평가액은?

- 개별주택공시가격: 3.5억원
- 근저당권 설정: 채권최고액 4억원, 평가기준일 현재 채무액 3억원
- 전세보증금 1억원

(답) 4억원

(∵) Max[공시가격 3.5억원, 담보채무액 4억원(채무액 3억원+전세보증금 1억원)]

쟁점

증여와 동시에 임대차계약한 경우

증여와 동시에 임대차계약을 한 경우 증여세 계산은 어떻게 할까? 임대차계약이 영향을 미치는 부분은 재산평가와 증여세 과세가액 계산시 채무를 공제할 수 있는지이다.

1. 재산평가

증여재산은 시가평가를 원칙으로 하되, 증여재산에 저당권등이 설정되어 있으면 저당권등 채권액 합계액과 시가와 비교하여 큰 가액으로 평가한다. 이 경우 저당권등에 임대보증금이 포함되어 있다.

그러면 증여와 동시에 임대차 계약을 한 경우 임대보증금을 포함하여 평가할까? 여기에 대해 명시적인 해석은 없지만 유사한 쟁점인 증여일 현재 근저당권이 설정된 경우에 대해서는 평가특례를 적용할 수 있다고 국세청과 법원은 보고 있다. 즉, 증여일 당일에 설정된 근저당권에 의하여 담보되는 채권액은 증여시점 시가를 정확히 반영할 가능성이 크므로 증여와 근저당 사이의 선후관계를 분명히 가려 증여 이전에 설정된 근저당권에 의해 담보되는 채권액만이 증여재산 시가를 반영하였다고 한정하지는 않기 때문이다(대법원2013두1850, 2013.6.13.).

2. 증여세 과세가액

증여세 과세가액은 증여재산에서 채무를 차감하여 계산하는데, 이때 채무는 증여재산에 담보되어야 하고 수증자가 인수한 채무이어야 한다. 담보에는 임대보증금을 포함한다.

증여와 동시에 임대차계약을 체결한 경우 채무로서 차감할 수 있을까? 증여세 과세가액은 증여일 현재 채무이어야 하므로 증여일 현재 채무가 아니라면 공제할 수 없다. 모가 자에게 증여하면서 모와 임대차계약을 한 경우에 대해 심판원은 증여재산인 쟁점주택에 기왕에 설정된 증여자의 채무가 아닐 뿐만 아니라 증여자가 종국적으로 부담할 채무에 해당하지 아니한다고 보았다(국심2005부2271, 2005.11.4.). 요약하면 증여와 동시에 임대차계약을 한 경우 증여세 과세가액에서는 채무를 공제하지 않지만, 재산평가시에는 반영될 수 있다.

제5편
부록

부록에서는 본편에서 다루지 못한, 실생활에서 빈번하게 발생하는 상속세 상담사례, 상속세 신고시 준비사항 등을 수록하였다. 상담사례의 자세한 법령 내용은 본편을 참고하기 바란다.

제1장 민법과 상속세

제1절 상속의 기본개념

1. 상속순위와 상속재산 분배

최근 몇 년간의 유동성 완화와 부동산 정책의 영향으로 전국 아파트 가격은 급등해왔다. 2021년 4월 뉴스기사에 따르면 서울 최저가 아파트도 5억원을 돌파하였다는 이야기를 볼 수 있는데, 이는 부동산 가격 상승으로 서울에 아파트 1채만 갖고 있더라도 상속세 과세 대상자가 된다는 뜻이다. 그래서 2021년부터 상속세가 얼마나 나올지, 사전에 절세할 방법은 없는지 문의가 많았다.

하지만 상속세 · 증여세 등 세금에만 관심이 있을 뿐, 상속재산을 어떻게 분배할 것인지와 재산을 일방적으로 분배할 경우 발생하는 문제점은 생각하지 않는다. 이를 이야기하는 이유는 상속과정에 있어 '재산분배'는 근본적이고 핵심적인 문제이고, 이를 잘 모르면 재산분쟁의 원인이 되기도 하기 때문이다. 또, 상속재산 분배(재산분할) 결과에 따라 세액 산정도 달라지기 때문에 상속재산 분배의 원리를 알고 있는 것은 매우 중요하다.

가. 상속의 순위

상속인이 될 수 있는 자는 배우자 · 직계비속 · 직계존속 · 형제자매 및 4촌 이내 방계혈족이다. 하지만 이들 모두가 동시에 상속인이 되는 것은 아니며 우선순위에 따라 결정된다.

상속은 다음 순위로 상속인을 정한다(민법 제1000조, 제1003조).

〈상속인의 순위〉

1순위	직계비속과 배우자	
2순위	직계존속과 배우자	1순위가 없는 경우에만 해당
3순위	형제자매	1, 2순위가 없는 경우에만 해당
4순위	4촌 이내의 방계혈족	1, 2, 3순위가 없는 경우에만 해당

피상속인의 배우자는 별도의 우선순위가 없으며, 직계비속 및 직계존속과 같은 순위로 공동상속인이 된다. 다만, 직계비속과 직계존속이 없는 때는 단독상속인으로서 우선순위를 가진다.

1) 제1순위: 직계비속

1순위 상속인은 자녀이다. 손자 · 손녀는 일반적으로 상속인에 해당하지 않는다. 민법에서는 1순위자는 직계비속이며, 여러 명일 경우 촌수가 같으면 직계비속들은 동일 순위 상속인이 되고, 촌수가 다르면 촌수가 가까운 직계비속이 먼저 상속인이 된다고 표현한다. 즉, 손자 · 손녀는 부모가 사망한 경우 상속인이 될 수 있다.

상담사례

혼인외출생자 및 양자

직계비속에는 법정 혼인에 따른 자녀는 당연하고 혼인외 출생자도 포함되며, 양자 및 친양자도 해당된다. 또한, 상속순위에 있어 이들 사이에는 순위 차이가 발생하지 않는다. 다만, 양자와 친양자는 상속인 여부에서 다소 차이가 있다.

민법에서 말하는 입양에는 2가지가 있다. 양자는 일반적인 입양으로 미성년이나 성년 여부에 관계없이 가능하며, 친부모 성을 그대로 유지한다. 반면, 친양자[1]는 미성년자인 경우에만 가능하며, 친양자 입양을 하는 경우 양부모의 성을 따라간다.

이 둘은 상속 문제에서 큰 차이가 있다. 양자는 친부모 및 양부모 양쪽에서 모두 상속받을 수 있지만, 친양자는 양부모의 상속만 가능할 뿐 친부모에게서 상속은 불가능하다.

상담사례

태아

민법은 태아도 상속인으로 인정하고 있다. 다만, 살아서 출생한 경우에만 해당하며, 유산으로 출생하지 못하게 되면 상속권이 사라진다.

A씨에게는 임신 중인 아내가 있다. 안타깝게도 A씨는 불의의 사고로 세상을 떠나게 되었다. 이때 상속인은 '임신 중 자녀'의 출생여부에 따라 다음과 같이 달라진다. 우선 임신 중 자녀가 출생한 경우, 상속인은 자녀 및 아내가 된다. 반면, 자녀가 중간에 유산되면 상속인은 아내 단독이 아닌, A씨의 부모와 아내가 된다. 1순위 상속인이던 자녀가 출생하지 못하게 되면서 원래 직계비속이 존재하지 않았던 것으로 보고, 2순위인 직계존속이 상속인에 참여하기 때문이다.

---

1. 친양자 입양은 가정법원의 허가를 받은 다음에야 법률상 친자관계가 인정된다.

2) 제2순위: 직계존속

1순위인 직계비속이 없을 때는 2순위 직계존속이 상속인이 된다. 직계존속에 시부모 및 장인 · 장모는 포함되지 않는다. 또한, 직계존속에 대해서는 대습상속이 인정되지 아니한다.

3) 배우자

사망자의 배우자는 1순위자 또는 2순위자와 함께 상속인이 된다. 자녀가 존재하면 자녀와 함께 상속인이 되며, 자녀가 존재하지 않으면 시부모 또는 장인 · 장모와 함께 상속인이 된다. 만약 1 · 2순위자가 없다면, 이때는 3순위자가 아닌 배우자 단독으로 상속인이 된다. 즉, 배우자는 1 · 2순위자와는 동등하며, 3순위자보다는 앞선다. 반면, 사실혼 관계는 상속인이 될 수 없다.

4) 제3순위: 형제 · 자매

피상속인의 직계비속, 직계존속, 배우자가 없을 때는 형제자매가 상속인이 된다. 형제자매의 수가 여러 명이면 동 순위로 상속인이 된다. 형제자매의 직계비속에게는 대습상속을 인정한다. 상속개시 당시 형제자매가 사망하거나 결격으로 상속할 수 없게 되면 그의 직계비속(예: 조카, 질녀)과 배우자가 사망자를 대신하여 대습상속한다.

5) 제4순위: 4촌 이내의 방계혈족

피상속인의 직계비속, 직계존속, 배우자 및 형제자매가 없는 경우에만 상속인이 된다. 3촌 이내 방계혈족에는 백부, 숙부, 고모, 외숙부와 이모 및 조카가 있고, 4촌이 되는 방계혈족으로는 종형제자매, 고종형제자매, 외종형제자매, 이종형제자매 등이 있다.

나. 대습상속제도

살아 있었다면 원래 상속인이 될 자가 사망한 경우, 그의 직계비속이나 배우자가 대신하여 사망자의 상속인 지위를 이어받는다. 이를 대습상속이라 한다.

대습상속은 1순위인 직계비속과 3순위인 형제자매가 상속을 받는 경우에만 적용된다. 2순위인 직계존속 상속의 경우에는 개념상 대습상속을 적용할 수가 없으며, 4순위 방계혈족은 대습상속을 인정하지 않는다.

대습상속이 이뤄지는 경우, 자녀 · 배우자 중 어느 한쪽이 없다면 한쪽만 대습상속인이 되며, 양쪽 모두가 존재하면 자녀 · 배우자 모두가 동시에 대습상속인이 된다. 대습상속인이 다수이면서 자녀 및 배우자의 상속지분을 결정하는 경우, 피대습상속인의 상속분 한도에서 법정상속분에 따라 상속지분을 정한다.

상담사례

상속인 중 일부가 사망한 경우 상속지분

조부모의 사망으로 상속이 발생하였고, 상속인에는 2명의 자녀 A · B가 있다. 이런 경우, 원래는 자녀 A · B에게 각각 1/2씩 법정상속지분이 있다. 이때 조부모의 사망시 A가 이미 사망한 상태였고 A에게는 배우자 B와 자녀 C가 있었다면, 그 배우자와 자녀가 대습상속인이 된다. 배우자 B와 자녀 C의 상속지분은 A의 상속지분한도 50%에서 각각 1:1.5의 법정지분으로 나누므로, 자녀 C는 20% 배우자 B는 30%의 상속지분을 갖게 된다.

2. 상속과 재산분할

〈상속방법 순서〉

1순위	지정분할 (유언)	단, 유언에 따라 재산을 받는 자 간 협의 존재시, 협의분할이 우선
2순위	협의분할	
3순위	법정분할	협의분할이 없는 경우

가. 1순위: 지정분할

상속재산 분할방법에는 3가지가 있다.

1) 유언에 따른 분할
2) 공동상속인의 협의에 따른 분할
3) 법에서 정한대로의 분할

피상속인은 유언에 따라 공동상속인 상속분을 지정할 수 있다. 유언은 상속재산 분할에 있어 어떤 방법보다 우선한다. 하지만 반드시 유언에 따라서만 재산이 분배되는 것은 아니다. 피상속인의 유언이 지나쳐 수인의 상속인 중 특정인에게만 상속재산 전부를 상속하게 하는 경우, 상속인 간 분쟁이 발생하는 상황 등은 사회적으로 바람직하지 아니하다는 이유로 민법에서는 유증을 받지 못한 상속인이라도 최소한으로 받을 수 있도록 유류분 제도를 두어 상속인을 보호하고 있다. 만약 피상속인이 유류분에 반하는 상속분을 지정하였을 경우 침해받은 유류분 권리자는 반환을 청구할 수 있다(민법 제1115조).

반면, 유언을 따르지 않고 재산을 분배할 수 있는 경우도 있다. 유언에 따라 재산을 받기로 한 상속인 모두가 협의를 통해 재산분배할 것을 동의하는 경우 가능하다.

나. 2순위: 협의분할

유언에 따른 상속의 경우를 제외하고는 상속인들은 언제든지 협의에 따라 상속재산을 분할할 수 있으며 협의에는 공동상속인 전원이 참가하여야 한다. 협의 시기에 관계없이 상속재산 분할은 상속 개시된 때로 소급하여 그 효력이 있다(민법 제1013조).

반면, 세금 산정에 있어서는 주의를 기울여야 한다. 민법에 따르면 상속재산분할은 언제든지 협의 가능하지만, 상증법에서는 상속개시 후 상속재산에 대하여 등기 · 등록 · 명의개서 등에 따라 각 상속인의 상속분이 확정되어 등기등이 된 경우 재차 재산분배가 발생할 때 증여세가 부과될 수 있다. 재협의에 따라 상속재산을 재분배하는 경우, 특정 상속인이 최초로 받은 상속분을 초과하여 받는 부분의 재산가액에 대해 증여받은 것으로 본다.

다. 3순위: 법정분할

법정 지분에 따라 상속지분을 결정하는 경우 1/n로 분할한다. 다만, 상속인에 배우자가 존재하는 경우 배우자에게 0.5의 지분을 추가한다.

예를 들어, 자녀 2명과 배우자 1명이 상속인이 된다면, 자녀 2명은 각각 1의 지분을, 배우자는 1.5의 지분을 갖는다. 즉, 자녀들은 1/3.5를 배우자는 1.5/3.5로 법정지분이 결정된다.

라. 유류분제도

〈유류분 비율〉

관계	유류분 비율
직계비속 / 배우자	법정상속분의 2분의 1
직계존속 / 형제자매	법정상속분의 3분의 1

원칙적으로 개인이 소유하고 있는 재산을 생전에 처분할 수도 있고, 사후에도 유언에 따라 자유롭게 처분할 수가 있다. 하지만 과거에는 대부분 재산을 장남에게 물려주는 관습이 있었고, 유산 상속에서 소외받는 차남 이하 아들 및 딸들을 보호하기 위하여 1977년 유류분 제도를 도입했다.

유류분 제도란 상속재산에 대하여 모든 상속인에게 법적으로 최소한의 보장을 정해놓은 제도이다. 유류분은 피상속인의 증여나 유증에 의해서도 침해되지 않으며, 피상속인이 유류분을 침해하는 증여나 유증을 하는 경우 유류분 권리자는 자기가 침해당한 부분에 대해 반환을 청구할 수 있다.

유류분 권리자는 반드시 상속인이어야 한다. 즉, 피상속인의 직계비속 · 배우자 · 직계존속 및 형제자매 중 상속인 지위를 지닌 순위자에게만 유류분 권리가 있으며, 태아도 살아 출생하면 직계비속으로서 유류분을 가진다. 대습상속인도 상속인이므로 유류분 반환청구가 가능하다.

반면, 상속권이 없는 경우 유류분 반환청구가 불가능하다. 상속포기자 및 상속결격사유자가 이에 해당한다.

유류분 비율 산정은 유언 등이 없었다면 받았어야 할 법정지분을 기준으로 산정하며 다음과 같다.

① 피상속인의 배우자 또는 직계비속: 법정상속분의 2분의 1

② 피상속인의 직계존속 또는 형제자매: 법정상속분의 3분의 1

3. 상속의 승인과 포기

상속이 발생했다고 해서, 반드시 상속을 받아야만 하는 것은 아니다. 상속을 받을지 말지를 선택할 수 있으며, 일부만 받을 수도 있다. 특히, 상속받을 재산이 없는 경우에는 상속승인 여부에 더욱 주의를 기울여야 한다. 자칫하면 채무만 승계하게 될 수 있기 때문이다. 상속이 발생하는 경우, 상속인은 단순승인 · 한정승인 · 상속포기 3가지를 선택할 수 있다.

가. 단순승인

단순승인은 상속인이 피상속인의 재산 및 부채 등을 제한없이 모두 승계하는 형태다. 재산을 모두 받는 것이 당연하고, 채무도 마찬가지로 모두 승계하여 상속재산으로 변제가 불가능하더라도 상속인의 고유재산으로 변제해야 한다. 변제가 되지 않으면 피상속인의 채권자는 상속인의 고유재산에 대하여도 강제집행을 할 수 있다.

단순승인은 민법에서 원칙적인 상속 형태로 보고 있다. 즉, 별도의 상속포기나 한정승인 의사를 법에서 정한 기한 내에 표시하지 않으면, 당연히 모두 승계된다고 간주한다는 것이다. 상속재산에 대한 매각 · 사용도 주의해야 한다. 상속포기 · 한정승인 의사를 적법하게 표시하였더라도, 상속재산에 대해 매각 · 소비 등을 한다면 단순승인한 것으로 보게 된다.

나. 한정승인

만약 피상속인에게 채무가 있는지 불분명하여 불안한 상황이라면 어떻게 해야 할까? 이때는 상속받은 재산 한도 내에서만 채무를 부담하겠다는 의사표시를 할 수 있다. 이를 한정승인이라 하며,

한정승인을 하려면 반드시 가정법원에서 심판을 받아야한다.

이때 주의할 사항은 '상속이 개시된 사실을 안 날'로부터 3개월 이내에 의사표시를 해야 한다는 것이다. '상속이 개시된 사실을 안 날'이란, 상속개시일(=사망일)이 아니다. 문구 그대로 사망한 사실에 대해 연락 등을 받아 상속인이 되었음을 안 날을 말하나, 이는 어디까지나 사실판단 사항으로 다툼의 여지가 있을 수 있다.

상담사례

나중에 숨겨진 채무가 있음을 안 경우

단순승인을 한 후 갑자기 숨겨진 채무가 나와 상속받은 재산보다 많다면 모두 갚아야 할까? 민법은 중대한 과실 없이 숨겨진 채무를 승계하게 되는 경우 한정승인으로 바꿀 수 있는 제도를 두고 있다. 이를 특별한정승인이라 한다.

특별한정승인을 하려면 숨겨져 있던 해당 채무가 있다는 사실을 안 날로부터 3개월 이내에 신청해야 한다. 다만, 채무의 존재 여부를 알지 못함에 중대한 과실이 있었는지 여부에는 마찬가지로 다툼이 있을 수 있으니 주의해야 한다.

상담사례

한정승인이 무조건 유리한 것인지?

상속인들은 고인의 경제활동 내용을 100% 알 수는 없으므로 숨겨진 채무에 대한 불안감이 있다. 이런 불안감에서 벗어날 수 있는 한정승인 신청을 하는 것이 유리해 보이는 이유다. 하지만 한정승인을 하게 되어도 단순히 상속재산 안에서 채무를 승계하는 것으로 끝나지 않는다. 그 이유는 다음과 같다.

한정승인을 신청하여 법원의 승인판결이 나면 다음 절차가 진행된다.

1) 우선 고인에게 얼마의 채권이 있는지를 채무자에게 통지해야 한다. 채무자를 정확히 알지 못한다면, 신문 등 매체를 통해 최소 2개월 이상 공고한다.

2) 이후, 공고기간이 지나면 채무액을 확정하고 고인의 재산을 채권자에게 분배하기 시작한다. 이때 부동산 등의 재산이 존재한다면 경매를 진행한다.

3) 이런 절차를 통해 채무가 정리된 후, 상속인은 잔여 재산을 상속받는다.

한정승인은 이런 경매 등의 과정에서 재산가치가 하락할 수 있기 때문에 주의해야 한다. 가령 20억의 상가가 있는 경우 기간을 두고 매수자를 물색한다면 20억에 매각할 수 있으나, 경매에 넘어간다면 15억 정도로 싸게 매각될 수 있다.

다. 상속포기

1) 민법상 상속포기의 효력

상속포기란 상속인 지위를 포기하여 재산에 대한 모든 권리 · 의무의 승계를 부인하는 단독 의사표시이다. 여러 명의 공동상속인이 있는 경우에도 상속포기를 할 수 있으며, 이 경우 모든 상속인이 동시에 포기를 해야 하는 것은 아니고 개별 상속인 단독으로도 포기가 가능하다.

상속을 포기하려는 자는 상속개시 있음을 안 날로부터 3개월 이내에 가정법원에 포기 신고를 해야 하며, 상속포기신고서만 제출하여 진행하면 된다.

상속 포기를 할 때는 포기의 소급효가 발생되어 포기자는 처음부터 상속인이 아니었던 것으로 되고 포기한 상속분은 다른 상속인의 상속분 비율로 귀속된다.

상담사례

상속포기가 있는 경우 후순위자의 유의사항

채무가 많아 1순위 상속자들이 모두 상속포기를 했다면 어떻게 될까? 이 경우, 1순위 상속자들의 상속포기로 2순위가 상속인이 된다. 즉, 생각하지도 못하다가 형제 · 자매 또는 친인척의 채무를 떠안을 수 있는 것이다. 이런 경우라면 2, 3, 4순위 상속자들도 마찬가지로 상속포기를 해야 한다.

태아가 있는 경우도 주의해야 한다. 남편의 채무가 많아 아내가 상속포기를 하였으나, 복중 태아의 상속포기를 잊는다면 복중 태아는 출생하자마자 채무를 모두 상속받는 일이 생길 수 있다.

2) 세법상 상속포기의 효력

원칙적으로 상속포기를 한 경우 상속인이 아니므로 상속세 납부의무가 없다. 다만 상증법에서는 상속포기한 상속인이라도 상속개시 전 10년 이내에 피상속인으로부터 증여받은 재산이 있거나 사용처 불분명으로 추정상속재산이 있는 경우 상속세 납부의무 및 연대납부가 있다.

3) 상속포기 취소 불가

원칙적으로 일단 상속의 승인이나 포기를 한 경우 3개월이 지나지 않았더라도 이를 취소할 수 없다. 이는 취소를 인정하면 이해관계인의 신뢰를 배반하는 것이 되어 그들에게 많은 피해를 줄 수 있기 때문이다.

다만 미성년자가 법정대리인의 동의 없이 그렇게 한 경우, 금치산자가 한 경우, 사기 · 강박에 따른 경우, 착오로 인한 경우에는 취소권자가 그 승인 또는 포기를 취소할 수 있다.

제2절 상속세의 과세구조

1. 상속세의 과세방법

상속세 과세 방법에는 이론적으로 크게 2가지 방법이 있다.

하나는 고인이 남겨준 유산 전체를 기준으로 계산하는 방법(유산세 과세방식)이고, 다른 하나는 상속인 각자가 개별적으로 취득한 유산을 기준으로 계산하는 방법이다. 우리나라의 경우는 고인이 남긴 유산 전체를 기준으로 누진세율의 상속세를 부과하고 있으며, 증여세의 경우 각자 개별적으로 증여받은 금액을 기준으로 부과하고 있다.

2. 상속세의 결정

가. 정부부과 과세대상

우리가 부담하는 세금은 크게 2가지 성격으로 구분할 수 있다. 하나는 납세자의 자진 신고로 세액이 확정되는 세목이고, 다른 하나는 정부의 부과로 세액이 확정되는 세목이다.

상속세는 납세자에게 신고의무를 부여하지만, 정부부과 세목이므로 최종적으로 정부 결정으로 세액이 확정된다. 즉, 신고금액 규모에 관계없이 정부는 상속세액을 확정하기 위하여 검토 절차를 거쳐야 한다.

나. 상속세 실지조사의 여부

1) 상속세 과세자료전의 검토

상속이 발생하면 과세관청은 피상속인 과세자료전의 작성 · 검토 · 분석에 들어간다. 과세자료전은 피상속인의 과거 소득신고자료, 자산처분내역 및 재산보유내역 등을 기준으로 작성되고, 상속발생 시 재산보유현황 및 증여현황 등을 종합적으로 검토하여 조사 여부를 결정한다.

2) 실지조사와 서면결정

상속세 과세자료전 분석이 끝나면 과세관청은 상속재산가액이 상속공제액에 미달하는 경우 단순히 서면결정으로 상속세액을 확정짓는다.

반면 그 외의 경우에는 신고여부에 관계없이 상속세 실지조사를 한다. 이때 상속세 납부세액이 적다고 조사하지 않는 경우는 없으며, 조사과정에서 증여 징후 등이 보이면 이에 대해 소명 또는 세무조사에 착수한다.

3. 가산세

가. 상속세 신고 여부 결정

상속가액이 상속공제액보다 커서 상속세가 발생하지 않는다면 굳이 시간과 비용을 들여가며 상속세 신고를 하지 않아도 된다.[2] 이는, 과세관청에서 과세자료전 조회 후, 서면결정으로 종결처리되기 때문이다. 하지만 과세관청 검토과정에서 상속세가 발생한다면 무신고 가산세(보통은 20%)와 납부지연가산세까지 부담하는 상황이 발생할 수 있어 주의해야 한다.

상속개시 당시 상속재산가액은 적으나 상속발생 전 10여 년간 생전에 증여한 재산이 있거나, 상속 발생 전 재산을 처분한 경우 등에 발생한다.

상담사례

상속재산이 적더라도 상속세 신고가 유리한 경우

일례로 다음과 같은 상황이 있었다.

어머니는 오래전 돌아가셨고, 아버지께서 이제 돌아가셔 상속이 발생하였다. 상속인은 아버지의 재산이 5억도 되지 않아 상속세 신고가 필요 없다고 판단하여 진행하지 않았다. 하지만 2년 뒤 상속인은 과세관청으로부터 상속세 결정통지서를 받았다. 약 3천만원이었는데, 알고 보니 과거 형제 및 배우자, 손자 · 손녀에게 증여한 금액이 있었던 것이다. 결국, 그 상속인은 상속세와 가산세 1천만원을 부담하게 되었다.

위 상황에서 만약 상속인이 상속세가 0원이라고 신고하였더라면, 추후 가산세가 부과되었더라도 20%가 아닌 10%만 부과되어 가산세 부담이 적었을 것이다. 물론 적법하게 신고를 잘 마쳤다면 아무 문제가 없었겠지만, 본인 판단에 상속세가 0원이더라도 다소 불안감이 있다면 세무대리인과 상담하거나 적어도 신고라도 해놓았다면 가산세를 줄일 수 있었다.

나. 가산세

가산세는 신고관련 가산세와 납부관련 가산세가 있다.

---

2. 상속재산이 부동산인 경우 상속재산 양도시 양도소득세가 발생하여 신고하는 것이 유리할 수 있다. 이러한 부분은 세무대리인과 상담하기를 권한다.

1) 신고관련 가산세

가) 무신고 가산세

상속인이 법정신고기한까지 상속세를 신고하지 아니한 경우 산출세액의 20%에 상당하는 금액을 가산세로 납부해야 한다. 만약 법에서 정하는 사기나 기타 부정한 행위로 상속세를 신고하지 아니한 경우에는 40%에 상당하는 금액을 가산세로 부과한다.

나) 과소신고 가산세

상속인이 법정신고기한까지 상속세를 신고한 경우로, 과세표준 또는 납부세액을 신고하여야 할 금액보다 적게 신고한 경우에는 추가로 납부해야 할 세액의 10%에 해당하는 금액을 가산세로 납부해야 한다. 다만, 법에서 정하는 사기나 기타 부정한 행위로 과소신고한 경우 무신고 가산세와 마찬가지로 과소신고된 부분에 대해 40%의 가산세를 부과한다.

2) 납부지연 가산세

신고 관련 가산세 외에도 상속인이 원래 납부하여야 할 금액을 신고 · 납부기한까지 납부하지 아니한 경우 과소납부된 금액에 대해 이자비용 성격의 납부지연 가산세를 징수한다. 과소 · 미달납부한 세액에 하루 0.022% 이자율로 부과하는데 연간 약 8%에 해당하는 금액으로 무시할 수 없는 이율이다.

만약 세액 추징이 발생하는 경우 보통 상속세 신고 후, 조사 및 추징까지 최소 1~2년가량이 걸린다는 점을 고려하면 신고 관련 가산세와 더불어 총 28~36% 가산세를 추가한다.

제3절 상속세의 신고 · 납부

1. 상속세의 신고의무자 및 납부의무

가. 상속세 신고의무자

상속세 신고는 납부의무가 있는 상속인 또는 수유자 중 한 사람이 신고하면 된다. 만약 특별연고자(상속인) 및 수유자가 영리법인이라면 상속세 신고의무는 없다. 다만, 그 영리법인의 주주등이 상속인과 그 직계비속인 경우에는 그 지분상당액을 상속인과 그 직계비속이 신고해야 할 의무가 있다.

상담사례

상속포기자도 신고의무가 있는 경우

상속포기자는 민법상으로는 상속인이 아니다. 하지만 상속포기자라 해도 사전증여재산[3]이 있는 경우 등에는 상증법상의 상속인으로 보아 상속세 납부의무 및 연대납부의무가 있다. 반면 상속개시 전 10년 이내 사전증여받은 재산, 유증 · 사인증여 등 받은 재산도 없고 추정상속재산도 없다면, 해당 상속포기자는 상속세 신고의무도 없고 납부의무가 없다.

나. 상속세의 신고 · 납부기한

〈상속세 신고 · 납부기한〉

구분	주소지	상속세 신고납부기한
피상속인 및 상속인	국내	상속개시일이 속하는 달의 말일부터 6개월
피상속인 또는 상속인 전원	국외	상속개시일이 속하는 달의 말일부터 9개월

상속인은 상속개시일(=사망일)이 속하는 달의 말일부터 6개월 이내 신고 및 납부를 해야 한다. 고인이 국외에 주소를 두었거나 상속인 전원이 외국에 주소를 두고 있는 경우에는 9개월 이내에 신고하여야 한다. 유언집행자 또는 상속재산관리인이 상속세 신고기한까지 지정 · 선임된 경우에는 사망일이 아닌 지정 · 선임되는 날부터 신고기한을 계산한다. 상속세 신고기한 이내에 상속인

3. 부록에서는 "피상속인이 생전에 증여한 재산"을 '사전증여'라고 표현하였다.

이 확정되지 않았더라도 상속세 신고는 위 신고기한 내에 하여야 한다.

만약 신고기한 이내에 상속세 전액 납부가 무리라면 분납이나 연부연납 등으로 납부기한을 늘려 납부를 진행할 수 있다.

다. 상속세의 납부의무

1) 일반적인 납부의무

납부할 상속세는 피상속인의 상속재산 전체에 대한 세금이지만 일반적으로 각 상속인 또는 수유자는 전체 상속세액 중 각자가 상속 지분율에 따라 상속세 납부 의무를 진다.

상담사례

상속지분에 따른 상속세 납부액 산정

상속세액이 1억원이고 2명의 자녀가 1/2씩 상속을 받았다면, 자녀 각각 5천만원씩 납부의무를 진다.

2) 연대납세의무

본인의 상속지분에 해당하는 금액만큼 상속세 납부의무를 지는 것이 일반적이나, 다른 상속인이 상속세를 납부하지 않는 경우 각 상속인 또는 수유자는 자신이 받았거나 받을 상속재산금액을 한도로 하여 연대 납세의무를 질 수도 있다. 다른 상속인의 상속세를 연대하여 납부하는 경우에는 대신 납부해준 상속인에게 연대 납부한 금액만큼의 구상권이 발생한다.

상담사례

연대납부를 하는 경우 증여세 발생 여부

상속세 연대납부 의무가 생겨 다른 상속인이 본래 부담할 상속세를 납부해주는 경우, 일반적으로 증여세를 과세하지 않는다. 다만, 자신이 받은 상속재산가액을 넘는 금액으로 대신 납부하게 되는 경우에는 연대납부의무를 초과한 것으로 증여세가 과세된다.

예를 들어 2명의 자녀가 각각 10억씩 상속받고 총 5억원의 상속세가 결정된 경우를 가정해보자. 이런 경우에는 원래 각자가 2.5억원씩 상속세를 부담해야 한다. 하지만 첫째가 동생의 2.5억원을 대납해준다면 이때는 증여세가 과세되지 않는다. 첫째는 자신이 받은 10억원의 상속재산 한도 내에서 동생이 부담할 상속세를 대납한 것이기 때문이다.

반면, 첫째가 1억, 둘째가 19억을 상속받은 경우 첫째가 상속세 5억원을 전액 부담했다면 증여세가 발생한다. 이때는 자신이 받은 상속재산가액 1억원을 넘어 첫째의 사적재산 4억원으로 상속세를 추가 부담한 것이므로 연대납세의무에 해당하지 않기 때문이다.

2. 납부기한의 연장과 물납

가. 상속세의 분납

상속세가 1,000만원을 초과한다면 납부할 금액의 일부를 분할 납부할 수 있다. 분납은 원래 납부기한으로부터 2개월 이내에 납부해야 한다.

상담사례

상속세액별 분납액 계산

가) 상속세가 2천만원 이하인 경우

상속세가 2천만원 이하인 경우 상속세 신고기한까지 1천만원을 납부하고 잔여액을 2개월 이내에 납부한다.

나) 상속세가 2천만원을 초과하는 경우

상속세가 2천만원을 초과하는 경우 각각 50%씩 분할하여 납부한다. 예를 들어 상속세가 1억원이라면 신고기한까지 5천만원을 납부하고 잔여액 5천만원을 2개월 이내에 납부하면 된다.

나. 연부연납

1) 연부연납 요건

신고기한까지 내야 하는 상속세 납부가 부담스럽다면 5년간 분할하여 납부하는 연부연납 제도를 이용할 수 있다. 연부연납은 다음 요건을 갖춘 경우에 신청할 수 있다.

① 납부할 상속세가 2천만원을 초과해야 한다.
② 세무서장에게 신청하여 승인을 받아야 한다.
③ 이연하고자 하는 상속세에 상응하는 납세담보를 제공해야 한다.

연부연납 신청시 최소 매회 1천만원 이상의 세액을 분납해야 하며, 최대 10년(2021년 이전에는 5년)에 나누어 분납할 수 있다. 연부연납이 이루어진다면 최초 상속세 신고시 1회분을 분납하게 되며, 이후 매 1년에 한 번씩 납부한다. 즉, 최대 11회에 걸쳐 연부연납을 할 수 있다.

상담사례

연부연납 세액의 계산

경우 1) 상속세 납부세액이 6천만원인 경우

상속세 납부세액이 6천만원인 경우 최대 5년까지 분납을 적용받을 수 있다. 이 경우 최초 상속세 신고시 1천만원을 납부하고, 이후 매 1년 뒤마다 1천만원씩 총 6회에 걸쳐 상속세를 연부연납할 수 있다. 이때 주의할 점은 5년 연부연납이라고 해서 매년 12,000,000만원씩 납부하는 것이 아니라, 최초 신고시 납부해야 할 1회분을 고려하여 1천만원씩 납부해야 한다는 사실이다.

경우 2) 상속세 납부세액이 3천만원인 경우

납부세액이 3천만원인 경우 최대 2년간 연부연납이 가능하다. 이는 최소 1천만원 이상을 납부해야 하기 때문이며, 최초 신고시 1천만원을 납부하고 이후 매 1년간 1천만원씩 최대 2년까지 연부연납을 해야 한다.

2) 연부연납시 이자비용

연부연납을 하는 경우 이연된 세액에 대해 이자를 납부해야 한다. 2022년 2월 현재 적용되는 이자율은 1.2%이다.

3) 연부연납의 납부

일반적으로 상속세 신고시 납부서를 본인이 직접 작성하여 납부하게 된다. 이런 이유로 매년 본인이 직접 납부서를 작성해 납부를 해야 하는지 걱정하는 상속인도 있다. 하지만 연부연납 신청하는 경우, 최초 신고시 1회분만 본인이 직접 납부서를 작성해 납부하고, 이후 분부터는 세무서에서 매년 안내문(고지서)을 발송하므로 걱정하지 않아도 된다.

4) 연부연납시 담보 제공

연부연납 신청시 일반적으로 세무서는 납세담보 제공을 요청한다. 납세담보는 금전, 부동산, 납세보증보험증권 및 보증인의 납세보증서 등을 담보로 제공할 수 있다.

5) 연부연납 허가의 취소

연부연납 허가를 받았다 하더라도 다음 사유에 해당하면 연부연납이 취소될 수 있다.
가) 연부연납세액을 납부기한까지 납부하지 않은 경우
나) 담보 변경 등 담보보전과 관련하여 세무서장의 명령을 따르지 않는 경우
연부연납이 취소되면 이연된 세액이 일시에 추징되는 등 불이익이 있을 수 있으니 주의한다.

다. 물납

물납이란 세금을 금전이 아닌 부동산 등 물건으로 대신 납부하는 것을 말한다. 국세 납부는 원칙적으로 금전으로 해야 한다. 다만, 상속재산은 부동산, 유가증권 등 현금이 아닌 물건인 경우가 대부분으로, 당장에 금전으로 상속세를 납부하기에는 곤란한 상황이 많기에 물납을 허용하는 것이다. 상속세 물납시 특정 요건을 갖춘 경우에만 물납이 가능하다.

1) 물납 요건

① 상속세 납부세액이 2천만원 초과할 것
② 상속세 납부세액이 상속재산가액 중 금융재산 가액을 초과할 것
③ 상속재산(사전증여재산 포함) 중 부동산과 유가증권을 1/2 초과할 것

2) 연부연납의 물납

연부연납을 신청한 경우 최초 1회분의 분납세액으로 물납대상을 한정한다. 연부연납 첫 회분 물납시 분납세액 납부기한 30일 전까지 납세지 관할세무서장에게 신청할 수 있다.

3) 물납에 충당할 수 있는 재산의 범위

가) 물납충당 가능 재산

물납에 충당할 수 있는 부동산 및 유가증권의 종류는 다음과 같다.
(1) 부동산: 국내 소재 부동산에 한하여 물납 충당 가능
(2) 유가증권
(가) 국채 · 공채 · 주권 및 내국법인이 발행한 채권 또는 증권
(나) 기타 아래의 유가증권

「자본시장과 금융투자업에 관한 법률」에 따른 신탁업자가 발행하는 수익증권, 집합투자증권, 종합금융회사가 발행하는 수익증권. 다만, 다음 어느 하나에 해당하는 유가증권은 물납할 수 없다.

① 한국거래소에 상장된 것. 다만, 최초로 한국거래소에 상장되어 처분이 제한된 일정의 경우 물납으로 충당 가능하다.

② 비상장주식. 이 경우, 상속세로서 그 밖의 다른 상속재산이 없거나 선순위 상속재산으로 상속세 물납을 충당하더라도 부족하다면 물납가능하다.

나) 물납 불가능 재산

일반적으로 물납이 가능한 자산이라도 특정 상황하에 놓여 물납이 불가능한 경우가 있다. 물납 신청을 받은 재산에 대한 관리 · 처분이 부적당하다고 인정되는 경우다. 그 대상은 상증령과 상증규칙에서 열거하고 있다.

상담사례

재산을 분할하여 물납하려는 경우

재산을 분할하거나 재산 분할을 전제로 하여 물납신청을 하는 경우, 물납 신청 재산 가액이 분할 전보다 감소되지 아니하는 경우에만 물납할 수 있다.

4) 물납 재산의 평가

물납에 충당할 부동산 및 유가증권의 수납가액은 원칙적으로 상속재산의 평가가액으로 한다. 상속재산 평가액에는 유사매매사례가, 감정평가액, 기준시가 등 여러 가지가 있으며, 법에서 정해진 순서대로 평가액을 산정한다.

상담사례

토지를 물납시 평가액 산정

상속인 A씨는 토지로만 10필지를 상속받아 상속세 2억원을 물납하려고 한다. 토지는 각 필지당 시세가 약 2억원 정도이며, 개별공시지가는 각 필지별 1억원이다. 이런 경우 단순히 토지를 물납한다면 A씨는 토지 필지당 시세가 2억원이지만 시세 4억원에 해당하는 2필지를 물납해야 한다. 토지를 상증법상으로 평가한다면 개별공시지가 1억원으로 평가되기 때문이다.

이런 경우 감정평가를 활용하는 것이 좋다. 상증법상 감정평가액은 개별공시지가보다 우선하여 평가기준으로 삼도록 규정되어 있기 때문이다. 즉, 감정평가를 한다면 상속인 A씨는 토지 1필지만 물납하면 된다.

5) 물납 가능 세액의 범위

물납은 다음 중 작은 금액까지만 납부할 수 있다.

상속세 물납한도=Min(①, ②) ① $\dfrac{\text{상속세}}{\text{납부세액}} \times \dfrac{\text{부동산 + 유가증권의 가액}}{\text{상속재산가액}}$ ② 상속세 납부세액 - 순금융재산가액 - 상장유가증권가액(처분제한 주식은 제외)

이는 금전을 받은 부분까지는 금전으로 징수하고, 그 외 부분만 물납을 받겠다는 의미다. 그러나 상속재산인 부동산 및 유가증권 중 납부세액 납부시 적합한 가액의 물건이 없을 때는 해당 납부세액을 초과하는 납부세액에 대하여도 물납을 허가할 수 있다.

6) 물납재산의 환급

물납한 재산을 다시 해당 물건으로 환급받을 수 있다. 이 경우는 상속세를 물납한 후 그 부과처분의 전부 또는 일부가 취소되거나 감액되는 경정결정에 따라 환급하는 경우로 다음 순서에 따라 해당 물납재산으로 환급이 가능하다.

① 납세자의 신청이 있으면 신청 순서에 따라 환급한다.
② 납세자의 신청이 없으면 상증령 제74조②항에서 규정한 물납충당 재산의 허가 순서 역순으로 환급한다.

3. 상속세 신고자료준비

가. 상속세 신고에 필요한 자료

아래 항목은 상속세 신고시 보편적으로 필요한 내역들이며, 그 외 본인 상황에 따라 더 있을 수 있다.

① 피상속인 인적사항내역(사망진단서, 주민등록등본, 가족관계증명서, 제적등본 등)
② 부동산 소유내역
③ 금융자산 보유내역(예금계좌, 연금계좌 및 보험금 내역 등)
④ 금융자산 거래내역

⑤ 기타자산 소유내역
⑥ 국세 및 지방세 미납세금 및 환급금 내역
⑦ 금융부채, 전세보증금(임대사업자의 경우) 및 그 밖의 부채내역

나. 상속세 필요자료의 수집

사망진단서, 가족관계증명서 및 신분증을 들고 관련 기관을 방문하면 상속세 신고와 관련해 필요한 자료를 수령할 수 있다.

1) 피상속인 인적사항

가족관계증명서 및 주민등록등본 등은 구청 및 주민센터를 방문하면 발급 가능하다.

2) 자산소유 내역(안심상속 원스톱서비스)

피상속인의 자산보유내역을 일일이 알기는 쉽지 않다. 정부에서는 상속세의 원활한 신고를 돕고자 피상속인의 자산보유내역을 정부24 사이트의 안심상속 원스톱서비스를 통해 제공하고 있다. 다만, 피상속인의 모든 자산보유내역을 제공하지는 않기 때문에 제공되는 자산 외 내역은 상속인이 직접 확인하여야 한다.

가) 안심상속 원스톱서비스의 개요

상속세의 원활한 신고를 돕고자 온라인 사이트에서 피상속인의 자산보유내역을 조회 및 제공하는 서비스로 개별기관을 일일이 방문하지 않고 한 번의 통합신청으로 우편 · 온라인 · 문자 등으로 내역을 받아볼 수 있다.

나) 신청방법

(1) 방문신청: 시, 구, 읍, 면, 동(주민센터)에 직접 방문하여 신청 가능하다.
(2) 온라인 신청: 정부24사이트(www.gov.kr)에서 신청 가능하다.

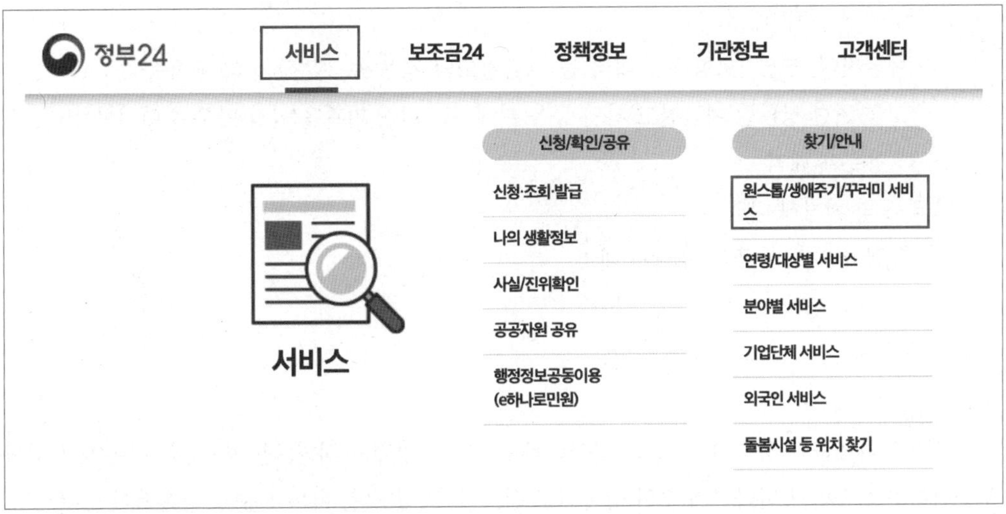

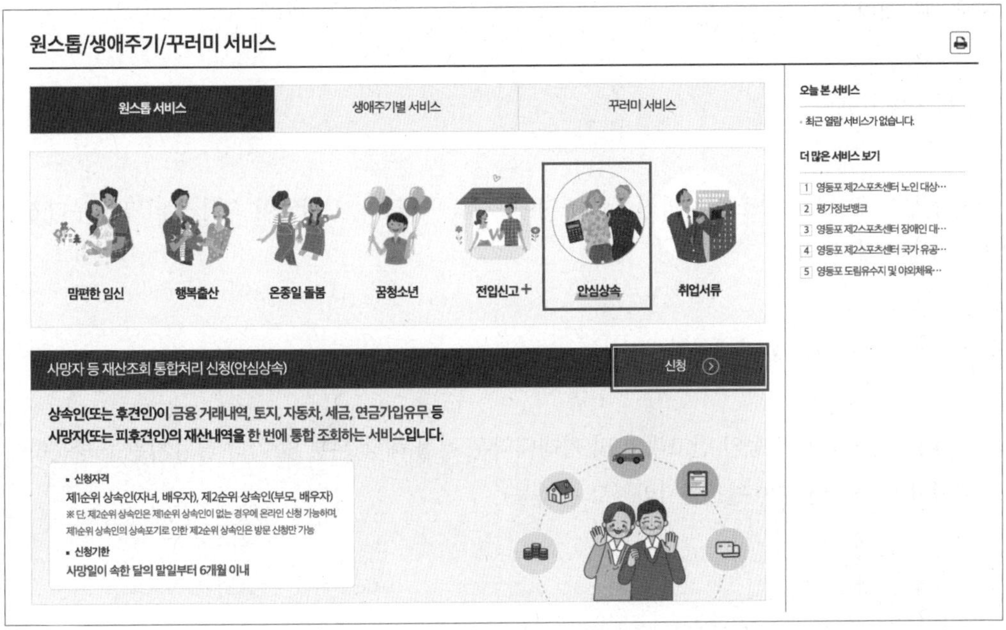

다) 제공하는 정보

안심상속 원스톱서비스에서는 다음의 자산 내역을 제공하며, 그 외의 자산이 있다면 상속인이 직접 조회해야 한다.

(1) 부동산 소유내역
- 건축물 및 토지 소유현황에 대해 제공한다.

(2) 자동차 소유내역

(3) 금융자산 · 부채내역

- 예금잔액, 연금, 보험가입 내역 등(예금잔고의 경우 보유은행 등의 내용을 알려주며, 신고를 위한 정확한 예금잔고 확인 등을 위해서는 관련 기관을 직접 방문 수령해야 한다.)
- 금융부채 내역

(4) 국세 및 지방세 내역

- 환급금, 미납세금 및 체납액 내역

라) 신청자격

피상속인의 1순위 상속인인 직계비속 및 배우자가 신청 가능하다. 만약 1순위 상속인이 없어 후순위자가 상속인이 된다면 후순위 상속인도 신청할 수 있으며, 이는 선순위 상속인이 없는 경우에만 가능하다.

마) 신청기한

안심상속 원스톱서비스는 사망신고와 동시에 조회 가능하며, 사망일이 속한 달의 말일부터 6개월까지 신청할 수 있다.

3) 금융자산 잔고 및 거래내역

보통예금, 증권계좌 등의 잔고내역 및 거래내역은 직접 해당 은행 및 기타 금융기관을 방문하여 수령해야 한다(안심상속 원스톱서비스로 불가능).

(1) 수령 사항

- 예금잔고증명서(사망일 기준으로 조회된 내역)
- 주식보유잔고내역(사망일 기준으로 조회된 내역)
- 10년간 게좌거래내역(사망일 기준으로 역산하여 10년)

(2) 수령방법

- 관련 기관에 직접 방문하여 수령
- 필요서류: 사망진단서, 가족관계증명서, 신분증

제2장 상속세액의 계산

〈상속세 세액계산구조〉

	상속재산	(본래의 상속재산: 상속 · 유증 · 사인증여)
(+)	간주 상속 재산	
(+)	추정 상속 재산	
=	총상속재산가액	
(-)	비과세재산가액	
(-)	과세가액불산입액	
(-)	과세가액공제액	(공과금, 장례비, 채무액)
(+)	사전증여재산가액	(상속개시 전 10년(5년) 이내의 증여한 재산)
=	상속세과세가액	
(-)	상속공제액 등	
(-)	감정평가수수료	
=	과세표준	
(×)	세율	(10%~50% 5단계 초과누진세율)
=	산출세액	
(-)	세액공제	
=	납부세액	

제1절 총상속재산가액

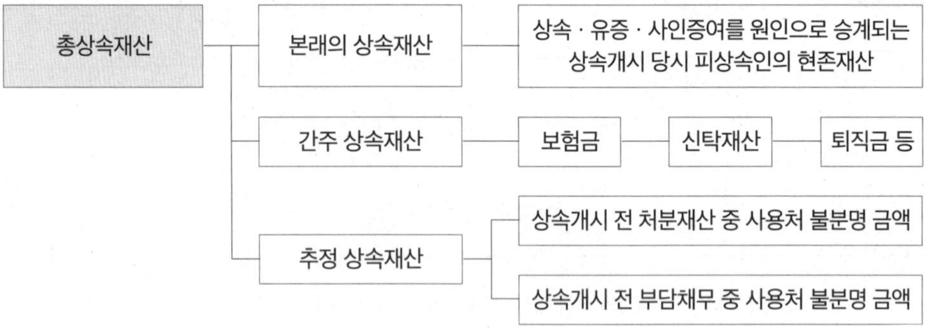

※ 사전증여재산의 경우, 총상속재산에 포함하지 않고 상속세 과세가액 산정시 가산한다.

상속세는 피상속인으로 받은 재산에 대해 세액을 산정하는 것으로, 여기서 피상속인으로 받은 재산이란 상속개시 이전까지 피상속인에게 귀속되어 있던 재산을 말한다.

피상속인으로부터 받은 재산에 대해서만 상속세를 부과할 수 있지만, '상증법의 상속세 과세대산 재산'은 본래의 상속재산, 간주상속재산 및 추정상속재산 3가지로 구분하여 총상속재산으로 분류하여 상속세를 과세하고 있다. 그 이유는 사실상 상속재산임에도 민법상 상속재산에서 제외되어 과세하지 못하는 경우가 없도록 조세평등주의를 실현하기 위함이다.

총상속재산 구성요소의 세부개념은 다음과 같다.

'본래의 상속재산'은 본래적 의미의 상속재산으로 상속, 유증, 사인증여, 유언대용신탁 등으로 인하여 상속인 또는 수유자가 취득하는 재산이며, 실제로 상속 시점에 피상속인에게 귀속되어 표면적으로 남아 있는 상속재산가액을 말한다.

'간주 상속재산'은 상속 · 유증 · 사인증여 · 유언대용신탁 등에 의하여 취득한 재산은 아니지만, 그 실질이 상속 등에 따른 재산 취득과 동일한 결과가 발생하므로 상증법상 상속재산으로 간주하는 재산을 말하며, 보험금 · 신탁재산 및 퇴직금 등이 있다.

'추정 상속재산'은 상속개시일 전에 피상속인이 처분한 재산 또는 부담한 채무로 일정금액을 초과하는 경우 그 용도가 객관적으로 명백히 밝혀지지 않았다면, 이를 상속인이 상속받은 것으로 추정한다. 즉, 상속이 발생하기 이전에 불분명하게 사라진 금액들을 상속인들이 받았다고 추정하고, 상속인들이 가져가지 않았다는 것을 입증하면 상속재산에서 제외하는 것이다.

1. 본래의 상속재산

본래의 상속재산은 상속개시 당시 피상속인이 현실적으로 소유하고 있는 현존하는 재산으로, 금전으로 환산할 수 있는 경제적 가치가 있는 물건과 재산적 가치가 있는 법률상 사실상의 권리를 의미한다. 다만 변호사, 공인회계사, 세무사 등 전문자격, 교수 자격 등과 같이 피상속인의 사망으로 인하여 소멸되는 일신에 전속하는 권리는 상속재산에 포함되지 아니한다.

상식적으로 판단할 때, 상속개시일 현재 피상속인에게 귀속되어 있는 모든 재산은 상속재산으로 생각할 수 있다. 하지만 관련 법률을 자세히 본다면 상속재산이 되기 위해서는 다음 요건을 충족해야 한다.

① 금전적으로 환산할 수 있는 경제적 · 재산적 가치가 있어야 한다.

② 피상속인이 현실적으로 소유하고 있어야 한다.

즉, 피상속인이 사실상 소유하는 재산이 아니거나, 재산적 가치가 없다면 상속세 과세가 되지 않는다. 이는 상속재산에 포함할지의 여부에서 실무적으로 중요한 판단 기준이 된다.

가. 상속재산의 가산여부 상담사례

상담사례

상속재산에 명의수탁받은 주식이 있는 경우

A씨는 사망 이전 친구로부터 회사경영상 필요에 의해 주식을 명의수탁받아 본인명의로 비상장주식을 보유하고 있었다. 하지만 해당 명의신탁주식이 정리되기 전에 A씨는 불의의 사고로 사망하였고, 해당 주식은 상속인들에게 넘어가게 된 상황이다.

결론적으로 말해 명의수탁받은 주식은 상속재산에 포함되지 않는다. A씨가 사망 이전 보유하던 명의신탁주식은 실질적으로 A의 소유재산이라고 볼 수 없기 때문이다. 대법원은 피상속인이 생전에 명의수탁받아 등기 등을 하여 둔 재산은 상속재산가액에 포함될 수 없다고 보았다(대법원 1997.11.14. 선고97누669).

상담사례

피상속인이 타인에게 명의신탁 해둔 주식이 있는 경우

반대로 타인에게 명의신탁해둔 주식이 있다면 이는 상속재산가액에 포함될까? 마찬가지 논리로 실질적으로 A씨가 현실적으로 소유하고 있는 주식이며, 상속인들이 반환받을 수 있는 주식이므로 이는 상속재산가액에 포함된다.

상담사례

피상속인의 명의신탁 여부를 소송으로 다투는 주식이 있는 경우

위 사례는 명의신탁주식의 소유권 여부가 명확한 경우이다. 하지만 명의신탁된 주식 반환 문제로 소송 중인 주식이라면 상속재산에 포함해야 할지 여부가 모호해진다. 세부적인 상황을 살펴보면 다음과 같다.

A씨는 사망 이전 친구 B에게 명의신탁한 주식 50,000주가 있다고 유언공정증서로 남겨두었다. 이에 유가족은 친구 B에게 주식 50,000주의 반환을 요청하였으나 친구 B는 이를 본인 소유의 주식임을 주장하며 거부하였고, 결국 유가족은 명의신탁주식 반환을 요청하는 소송을 진행했다. 하지만 소송이 장기화됨에 따라 유가족은 상속세 신고를 일단 먼저 해야 하는 상황에 이르렀고, 해당 명의신탁주식을 상속재산으로 보아야 할지를 고민하고 있다.

결론적으로 현재는 소유권 여부가 소송 중인 명의신탁주식 또한 상속재산에 포함된다고 본다. 소송 중인 권리는 별도의 평가방법이 규정되어 있고, 추후 소송에서 패소하는 경우 경정청구로 환급받으면 되기 때문이다.

나. 상속재산가치 산정기준 상담사례

상담사례

부동산 양도 계약 도중 사망한 경우 상속재산 평가

피상속인 A는 10억원에 아파트 매도 계약을 체결하고, 계약금 1억원과 중도금 4억원을 수령한 상황이다. 이처럼 부동산 양 · 수도 계약 도중 사망한 경우, 상속재산은 부동산인 아파트이며, 그 평가는 아파트 매매가격에서 수령한 대금을 차감한 금액으로 산정한다.

① 상속재산: 아파트 및 현금(계약금과 중도금)

② 상속재산의 평가

㉠ 아파트: 5억원(10억원-1억원-4억원)

㉡ 현금: 5억원(1억원+4억원)

즉, 상속재산가액 전체 총액은 아파트를 계약하기 전과 동일한 10억원으로 평가된다. 또한, 관련하여 발생하는 양도소득세는 상속인이 전액 부담한다.

상담사례

상속재산에 도로가 포함되어 있는 경우의 평가

상속재산에 도로가 포함되어 있는 경우는 그 재산가치 유무에 따라 평가한다. 재산가치가 있는 경우는 시가 또는 개별공시지가로 평가하고, 재산가치가 없는 것으로 인정되면 0원으로 평가하면 된다. 재산적 가치의 유무 판정은 사실관계를 보고 판단할 사항이며, 가치 유무 판정의 예시는 다음과 같다.

① 재산적 가치가 있다고 인정된 경우

- 주택재개발정비예정구역 내에 위치하고 있어, 향후 수용 등에 따른 보상이 예견되는 경우

② 재산적 가치가 없다고 인정되는 경우

- 해당 토지가 도로 등 외의 용도로는 사용할 수 없는 사실상 도로로, 상속인이 독점적 지배권을 행사할 수 없고 별도 보상 등도 없어 보이는 경우

재산적 가치가 없다고 판단된다면 해당 토지의 개별공시지가가 존재하더라도 재산가치를 0원으로 평가한다.

2. 간주상속재산

간주상속재산은 상속, 유증 또는 사인증여를 원인으로 취득하는 본래적 의미의 상속재산은 아니더라도 그 재산 취득사실의 결과로 상속 · 유증 등으로 취득하는 경우와 동일한 경제적 이익이 발생하기 때문에 조세회피방지, 실질과세, 과세형평을 위해 상속재산으로 보아 상속세를 과세하고 있다.

간주상속재산에는 보험계약에 의해 취득하는 "보험금", 신탁계약에 의하여 취득하는 "신탁재산" 및 "퇴직금 등"이 있다.

가. 보험금

피상속인의 사망을 원인으로 지급되는 보험금으로 수익자가 상속인으로 지정되어 있는 것은, 본래 상속인에게 귀속되고 피상속인에게 귀속되는 재산이 아니라는 이유로 원칙적으로 상속재산에 속하지 않는다. 그렇기에 세법에서는 보험금을 간주상속재산으로 별도 규정하여 상속세를 과세한다.

1) 상속재산으로 보는 보험금 요건(①+②+③ 전부 충족)

① 생명보험 또는 손해보험의 보험금일 것

② 피상속인의 사망을 원인으로 받는 것

③ 피상속인이 보험계약자가 된 보험계약에 의하여 지급받는 것. 이 경우 보험계약자가 피상속인이 아닌 경우에도 피상속인이 현실적으로 보험료를 납부하였다면 피상속인을 보험계약자로 본다. 이와 달리 상속인이 보험계약자이면서 상속인이 실질적으로 보험회사에 보험료를 납부한 부분은 상속재산에 해당되지 아니한다.

2) 상속재산으로 보는 보험금 계산

〈간주상속재산이 되는 보험금의 계산〉

지급받은 보험금의 총합계액	×	피상속인이 부담한 보험료의 금액 / 해당 보험계약에 따라 피상속인 사망시까지 불입된 보험료 총합계액

"피상속인이 부담한 보험료" 금액은 보험증권에 기재된 보험료 금액을 말하고, 피상속인이 부담한 보험료에는 보험계약에 의하여 피상속인이 지급받는 배당금 등으로 해당 보험료에 충당한 배당금 등이 포함된다.

상담사례

피상속인이 일부만 보험료를 납부한 경우 상속재산 계산

피상속인의 사망으로 받은 생명보험금이 1억원이고, 이때 총 불입보험료 2천만원 중 1천만원을 상속인이 납부한 상황이라면 상속재산에 가산하는 금액은 얼마가 될까?

이때는 피상속인이 2천만원 중 절반인 1천만원을 부담하였으므로, 생명보험금의 절반인 5천만원이 상속재산에 가산하는 간주상속재산이 된다.

나. 신탁재산

신탁재산의 경우 신탁법에 따라 위탁자가 수탁자와 재산 신탁계약을 체결하여 위탁자의 재산권을 수탁자의 명의로 신탁이전하고, 수탁자가 지정된 수익자를 위하여 그 재산권이나 이익을 관리·처분하도록 할 수 있다. 이 경우 수탁자는 그 재산에 대한 명목상 소유자에 불과하고, 신탁재산의 실질 소유자는 위탁자이므로 피상속인이 신탁하는 재산이나 피상속인이 신탁이익을 받을 권리를 소유한 경우에는 그 재산을 상속재산으로 본다.

상속재산으로 보는 신탁재산의 범위는 아래와 같다.

① 피상속인이 신탁한 재산: 신탁재산가액. 이 경우, 타인이 신탁이익 받을 권리를 소유한 경우에는 그 이익에 상당하는 가액은 증여세 과세대상이므로 제외
② 피상속인이 신탁이익의 수익자인 경우: 그 신탁이익을 받을 권리의 가액
③ 수익자연속신탁의 수익자가 사망함으로써 타인이 새로 신탁의 수익권을 취득하는 경우: 그 타인이 취득한 신탁이익을 받을 권리의 가액(사망한 수익자의 상속재산에 포함)

〈신탁의 이익을 받을 권리의 경우별 소유시기〉

구분	소유시기
① 수익자가 이익을 받기 전에 위탁자 사망시	위탁자 사망일
② 신탁계약상 지급 약정일까지 원본(수익)이 수익자에게 지급되지 아니한 경우	원본(수익)의 지급 약정일
③ 원본(수익)을 수회 분할 지급	해당 원본(수익) 최초 분할 지급일
④ 신탁계약 체결일에 원본(수익) 이익이 확정되지 않고, 분할 지급	해당 원본(수익) 실제 분할 지급일
⑤ 위탁자가 신탁재산을 실질적으로 지배 · 통제하는 경우(신탁계약 해지권, 수익자 지정 · 변경권, 신탁종료 후 잔여재산 귀속권을 위탁자 보유)	해당 원본(수익) 실제 분할 지급일

다. 퇴직금 등

피상속인에게 지급될 퇴직금 등은 피상속인의 사망으로 인하여 상속인 등 유족에게 지급되는 것으로, 유족에게 직접 수급권이 있는 권리로서 본래 상속재산에 포함되지 않는다. 그렇기에 간주상속재산으로 별도 설정하여 상속재산에 포함하는 것이다. 다만, 업무상 사망으로 인하여 근로기준법 등에 따라 지급되는 유족보상금 등은 상속재산으로 보지 아니한다.

상속재산으로 보는 퇴직금 등에서 "퇴직금 · 퇴직수당 · 공로금 · 연금 또는 그 밖의 이와 유사한 것"이란 퇴직급여지급규정 등에 따라 지급받는 금품과 피상속인이 근무한 사업과 유사한 사업에서 피상속인과 같은 지위에 있는 자가 받거나 받을 수 있다고 인정되는 금액을 감안하여 지급되는 것으로, 본래 피상속인이 사망하지 않았더라면 정상적으로 지급받을 수 있었던 것을 말한다.

「국민연금법」에 따라 지급되는 유족연금 또는 사망으로 인하여 지급되는 반환일시금 등은 상속재산으로 보는 퇴직금 등에 포함되지 않는다.

3. 추정상속재산

상속 개시 전, 피상속인의 재산을 처분하거나 예금을 인출 또는 채무를 부담한 경우 그 처분대금이나 인출된 예금, 대출금 등을 과세자료 노출이 쉽지 않은 현금 등 재산으로 전환해 신고시 누락하는 방법으로 상속세를 회피할 가능성이 있다.

이처럼 사망 전의 재산처분 등을 통한 현금화로 상속세 부담을 회피하는 변칙 상속행위를 방지하기 위하여, 피상속인이 상속개시 전 일정한 기간 내에 소유재산을 처분(예금인출 포함)하거나 채무를 부담해 그 금액이 법령에서 정한 일정금액 이상이 되면 해당 처분(인출) 가액이나 채무부담액에 대하여 상속인에게 그 사용처를 입증하도록 입증의무를 지우고 있다.

만약 상속인이 그 사용처를 입증하지 못한다면 이를 상속인이 피상속인 사망 전에 가져간 것으로 추정하여 상속재산에 가산하고 있다. 다만, 100% 입증한다는 것은 현실적으로 불가능하므로, 입증 불가능한 금액이 일정 기준 이상이 되는 경우에만 상속인이 현금으로 상속받은 것으로 추정하여 상속세 과세가액에 산입하고 있다.

사용내역을 밝혀야 하는 경우는 다음 4가지가 있다.

① 금융재산 인출액이 1년 이내 2억원 또는 2년 이내 5억원 이상인 경우
② 부동산 등 재산 처분액이 1년 이내 2억원 또는 2년 이내 5억원 이상인 경우
③ 부담한 채무의 합계액이 1년 이내 2억원 또는 2년 이내 5억원 이상인 경우
④ 피상속인이 국가, 지방자치단체 및 금융회사등이 아닌 자에 대하여 부담한 채무로 상속인이 변제할 의무가 없다고 추정되는 경우

추정상속재산은 상속세 신고시 상속세액 결정에 있어 실무적으로도 영향이 큰 부분으로, 실제로 유가족이 가져가지 않았음에도 그 입증을 하지 못하여 상속세가 부과될 수 있으니 주의해야 하는 부분이다.

가. 상속개시일 전 처분 · 인출한 재산의 상속추정

1) 처분재산 또는 인출금액 사용처 규명대상

피상속인이 재산을 처분하여 받은 그 처분대금 또는 피상속인 재산에서 인출한 그 금액이 각각 재산 종류별로 다음 금액에 해당하면 상속인은 구체적인 사용처를 밝혀야 한다.

① 상속개시일 전 1년 이내에 재산종류별로 계산하여 피상속인이 재산을 처분하여 받거나 피상속인의 재산에서 인출한 금액이 2억원 이상인 경우

② 상속개시일 전 2년 이내에 재산종류별로 계산하여 피상속인이 재산을 처분하여 받거나 피상속인의 재산에서 인출한 금액이 5억원 이상인 경우

2) 재산종류별로 일정기간 내 2억원 이상 또는 5억원 이상 계산

추정상속재산에 해당하는 사용처 규명대상인지를 판단할 때, 2억원 이상 또는 5억원 이상에 해당하는지 여부는 아래와 같이 각각 재산종류별로 구분하여 판단한다.

① 현금 · 예금 및 유가증권
② 부동산 및 부동산에 관한 권리
③ ① 및 ② 외의 기타재산

즉, ①+②+③ 합계액이 상속개시일 전 1년 이내에 3억원에 해당되더라도 ①이 1억원, ②가 1억원, ③이 1억원으로 구성된 경우라면 각각 재산종류별 가액이 2억원에 미달하여 모두 사용처 규명대상에 해당되지 아니하지만, ①이 3억원이고 ②와 ③이 각각 0원이라면 ①은 2억원 이상이므로 사용처 소명대상에 해당된다.

3) 상속개시일 전 1년(2년) 이내 기간의 판단

민법에 따라 기간을 일, 주, 월 또는 년으로 정한 때 초일은 산입하지 아니하고 기간 만료일을 계산한다. 즉, 상속개시일이 2022년 1월 10일이라면 사용처 소명대상기간 2년 이내 기간은, 상속개시일 당일을 제외한 2년 전인 2020년 1월 10일부터 2022년 1월 10일 사망시간 전까지가 된다.

4) 재산 처분가액과 예금 인출금액 계산방법

재산 처분금액 및 인출금액은 다음 구분에 따라 계산하고, 그 금액을 재산종류별로 구분하여 각각 합산한 금액으로 한다.

① 피상속인이 처분한 재산가액: 재산 처분가액 중 상속개시일 전 1년 또는 2년 이내에 실제 수입한 금액
② 피상속인이 인출한 금전 등 가액: 상속재산 중 상속개시일 전 1년 또는 2년 이내에 실제 인출한 금전 등을 기준으로 판단한다.

인출금액을 판단할 때, 피상속인의 A계좌에서 B계좌로 송금된 내역이 존재한다면 이때는 피상속인 계좌 간 송금으로 인출된 금액을 제외하고 판단하며, 실제 인출 금액은 아래와 같이 계산한다.

〈순인출금액의 계산〉

실제 인출한 금전등 가액(순인출금) = {상속개시일전 1년 또는 2년 이내에 인출한 금전의 합계액} — {해당 기간중 예입된 금전 등의 합계액 — 그 예입된 금전 등이 해당 통장 또는 위탁자계좌 등에서 인출한 금전이 아닌 것}

상담사례

인출금의 사용처 입증대상 여부 판단

피상속인 A씨는 상속개시 1년 4개월 전 본인의 보통예금계좌에서 주식투자를 위해 증권계좌로 10억원을 송금하였다. 만약 피상속인 A씨의 계좌에서 상속개시 전 2년 이내 기간에 출금된 총액이 14억원이라면 이는 사용처 입증대상일까?

사용처 입증대상 판단은 본인 계좌간 거래내역을 제외한 순 인출액을 기준으로 판단하므로, 이 경우 순 인출액은 14억원에서 10억원을 차감한 4억원으로 사용처 입증대상이 아니다.

나. 상속개시일 전 피상속인 부담채무의 상속추정

1) 상속인 변제 의무가 있는 채무

상속인이 변제할 의무가 있는 채무로 피상속인이 부담한 채무를 합친 금액이 상속개시일 전 1년 이내에 2억원 이상인 경우와 상속개시일 전 2년 이내에 5억원 이상인 경우에 한정하여 사용처 소명대상이 된다. 상속개시일 전 1년(2년) 이내에 부담한 채무가 2억원(5억원) 이상인지 여부는 피상속인이 부담한 채무의 합계액 기준으로 판단하며, 채무에는 미지급이자나 미지급 리스료 등은 포함하지 아니한다(서면4팀-1608, 2004.10.11.).

2) 상속인 변제 의무가 없는 채무

상속인이 변제할 의무가 없는 것으로 추정되는 경우에는 기간 및 금액에 관계없이 상속세 과세가액에 산입한다. 변제 의무가 없는 것으로 추정되는 경우는 채무부담계약서, 채권자확인서, 담보설정 및 이자지급에 관한 증빙 등에 따라 상속인이 실제로 부담하는 사실이 확인되지 아니하는 경우를 말한다.

다. 용도가 객관적으로 명백하지 않은 경우의 판단

피상속인이 재산을 처분하거나 채무를 부담한 경우로 그 사용 용도가 객관적으로 명백하지 아니한 경우란 다음 어느 하나에 해당할 때를 말한다.

① 피상속인이 재산을 처분하여 받은 금액이나 피상속인 재산에서 인출한 금전 등 또는 채무를 부담하고 받은 금액을 지출한 거래상대방(이하 "거래상대방")이 거래증빙 불비 등으로 확인되지 아니하는 경우
② 거래상대방이 금전 등의 수수사실을 부인하거나 거래상대방의 재산상태 등으로 보아 금전 등의 수수사실이 인정되지 아니하는 경우
③ 거래상대방이 피상속인과 특수관계인으로 사회통념상 지출사실이 인정되지 아니하는 경우
④ 피상속인이 재산을 처분하거나 채무를 부담하고 받은 금전 등으로 취득한 다른 재산이 확인되지 아니하는 경우
⑤ 피상속인의 연령 · 직업 · 경력 · 소득 및 재산상태 등으로 보아 지출사실이 인정되지 아니하는 경우

상담사례

추정상속재산과 사전증여재산의 판단

피상속인 A씨는 사망 6개월 전 자녀 4명에게 각각 5천만원씩 나누어 주었다. 상속인들은 상속세 신고를 하는 과정에서 피상속인 A씨의 금융계좌내역을 살펴보던 중, 상속인들이 6개월 전에 받은 2억원이 송금된 내역을 발견하고 별도의 거래내용이 기재되어 있지 않은 것을 보고 추정상속재산으로 산정하여 신고해야 할지 의문인 상태이다. 어떻게 신고를 해야 할까?

이런 경우는 상속인들이 사전 증여받은 금액이 분명하므로 용도가 입증되지 않은 불분명한 금액으로 여겨 추정상속재산으로 볼 것이 아니라, 사전증여재산으로 보아 상속과세가액에 합산해야 한다. 금융계좌 기재사항에 불분명하게 보이더라도 피상속인과 상속인 간의 송금기록만 대조한다면 바로 알 수 있으므로 과세관청에서 추후 상속세 결정시 해당 부분에 대해 사전증여재산으로 보아 과세할 것이다.

상담사례

병원비 사용을 위해 피상속인 계좌에서 인출한 경우

상속인 A씨는 오랜 기간 투병중인 아버지의 병원비 지급을 위해 본인 계좌로 송금한 후, 상속인 A씨의 계좌로 지급을 해왔다.

위와 같은 사례가 실제로 종종 존재한다. 이런 경우에는 상속인 A씨가 지급한 병원비 수납내역 및 아버지 계좌에서 이체한 송금내역을 증빙으로 준비하면 인출금액 입증시 사전증여재산이 아닌 병원비로 사용한 내역으로 입증할 수 있다.

라. 추정 상속재산가액과 상속추정의 배제

〈추정 상속재산가액의 계산〉

구분	입증 금액	추정상속금액
① 상속개시일 전 1(2)년 이내에 재산종류별로 계산하여 피상속인 재산을 처분하거나 인출한 금액이 2(5)억원 이상인 경우로 용도가 명확하지 않은 경우	처분 등 금액 - Min(처분 등 재산 × 20%, 2억원)	미입증금액 - Min(처분 등 재산 × 20%, 2억원)
②-1 (상속인이 변제할 의무가 있는 채무) 피상속인이 부담한 채무를 합친 금액이 상속개시일 전 1(2)년 이내에 2(5)억원 이상인 경우로 용도가 명확하지 않은 경우		
②-2 (국가 · 지자체 · 금융회사등이 아닌 자로부터 부담한 채무로 상속인이 변제할 의무가 없는 경우)	입증여부 무관	관련 채무액 전액 (기한, 금액 관계없음)

상담사례

자기계좌 간 송금액이 있는 경우 추정상속재산가액의 계산

피상속인 A씨는 상속개시 1년 4개월 전 본인의 보통예금계좌에서 주식투자를 위해 증권계좌로 10억원을 송금하였다. 이때 피상속인 A씨의 계좌에서 상속개시 전 2년 이내 기간 출금 총액이 15억원이고, 상속인들이 입증한 금액이 3억원이라면 추정상속가액은 다음과 같이 계산된다.

2억원(미입증금액)-1억원(처분인출금액 5억원×20%)=1억원

* 처분인출금액 5억원=15억원(출금총액)-10억원(증권계좌 송금액)

제2절 상속세 과세가액

〈상속세 과세가액의 계산〉

총상속재산가액	○ 본래의 상속재산(상속 · 유증 · 사인증여) ○ 간주 상속재산(보험금, 신탁재산, 퇴직금 등) ○ 추정 상속재산(상속개시 전 1년(2년) 내 처분 · 인출 · 채무부담액 중 용도 불분명한 재산가액)
(-) 비과세 상속재산	○ 전사자 등 비과세 ○ 국가 등에 유증 등 재산, 금양임야 등
(-) 과세가액 불산입재산	○ 공익법인등에 출연한 재산 ○ 공익신탁으로 공익법인등에 출연한 재산
(-) 공제금액	○ 공과금, 장례비, 채무 * 상속재산가액을 초과하는 경우 "0"으로 함
(+) 합산대상 증여재산가액	○ 상속개시 전 10년 이내에 피상속인이 상속인에게 증여한 재산가액 ○ 상속개시 전 5년 이내에 피상속인이 상속인이 아닌 자에게 증여한 재산가액
상속세 과세가액	

상속세 과세가액이란 과세대상이 되는 상속재산가액으로, 피상속인이 남겨둔 재산에서 국가 등에 기부한 재산, 타인에게 정산할 채무 및 특정 목적에 따라 비과세하는 부분을 제외하고 실질적으로 상속인들에게 귀속된 재산금액을 기준으로 과세하겠다는 뜻이 담겨 있다.

1. 비과세 상속재산

비과세되는 상속재산에는 다음 2가지가 있다.

① 상속세 비과세: 전사자 등에 대해 상속세 전액 비과세
② 비과세 상속재산: 금양임야 등 열거된 재산

전자는 피상속인의 사망원인에 따라 원천적으로 모든 상속재산에 대해 상속세를 과세하지 않는 것이고, 후자의 경우 상속세를 과세하는 것이 타당하지 않아 일정 요건을 갖춘 상속재산에 대해 과세를 하지 않는 것이다.

가. 전사자 등에 대한 상속세 비과세

전사(戰死)나 그 밖에 이에 준하는 사망 또는 전쟁이나 그 밖에 이에 준하는 공무의 수행 중 입

은 부상 또는 질병으로 인한 사망인 경우에는 상속세 과세가 타당하지 않다는 판단으로, 피상속인이 보유하고 있던 모든 재산에 대해 전액 비과세한다.

여기서 '전쟁이나 그밖에 이에 준하는 공무'란 사변 또는 이에 준하는 비상사태로 토벌 또는 경비 등 작전업무를 수행하는 것을 말하며, '전사에 준하는 사망'이란 '전쟁, 기타 이에 준하는 공무'로 인하여 사망한 것을 말한다.

전사 등에 해당하는지 여부는 전쟁 기타 이에 준하는 공무 수행 중 입은 부상 또는 질병이 사망의 직접적인 원인이 될 경우에만 동 규정 적용이 타당하다 할 것이므로 부상 또는 질병 정도와 투병 기간, 의사 발급 사망진단서상 사망원인 등 구체적인 사실에 따라 판단한다.

나. 비과세 상속재산

비과세 상속재산은 특정 재산은 상속세 과세가 타당하지 않기 때문에 비과세 항목으로 지정한 것으로, 특정 요건을 갖춘 경우에만 비과세 대상으로 판단한다. 비과세 항목은 다음과 같다.

① 피상속인이 국가 등에 유증등을 한 재산
② 피상속인이 정당에 유증등을 한 재산
③ 이재구호금품, 치료비, 불우이웃돕기를 한 재산
④ 상속인이 신고기한 내에 국가 등에 증여한 재산
⑤ 지정문화재, 금양임야 등의 비과세(다만, 금양임야와 묘토는 2억원 한도)
⑥ 족보와 제구(1천만원 한도)

상담사례

상속인이 정당에 상속재산을 출연하는 경우

상속인 A씨는 상속을 받고 상속재산 중 1억원을 정당에 출연하였다. 이때 정당에 출연한 1억원은 비과세 상속재산일까?

결론적으로 말하면 출연한 1억원은 비과세 상속재산이 아니므로 상속세가 과세된다. 이는 피상속인이 유증등에 의하여 출연한 것과는 달리, 상속인이 상속을 받은 후 출연한 것으로 비과세 대상으로 열거된 항목이 아니기 때문이다.

상담사례

상속인이 상속재산 외의 재산으로 국가 등에 증여하는 경우

상속인 A씨는 생전 아버지의 뜻에 따라 상속재산 중 20억원에 상당하는 토지를 고향에 있는 국 · 공립 학교에 증여할 계획이었다. 하지만 해당 토지는 미래의 투자가치가 있다고 보아, 토지 대신 본인이 보유하고 있던 시가 20억 상당의 상가건물을 대신 출연하고자 생각을 바꿨다. 이때 상가건물을 대신 출연하더라도 해당 토지를 비과세 항목으로 보아 토지가액 20억원을 상속세 과세가액에서 제외할 수 있을까?

결론적으로 상가로 대체하여 출연하는 경우, 토지 20억원을 비과세 항목으로 볼 수 없다. 비과세 상속재산은 상속받은 재산 중에서 신고기한 내에 국가 등에 증여한 경우에만 비과세로 보며, 다른 재산으로 대체 증여하는 경우에는 그렇지 않기 때문이다.

2. 과세가액 불산입재산

문화, 예술, 환경, 교육, 장학 등 공익사업은 국가 또는 지방자치단체 등에서 육성하여야 할 사업이나 예산 또는 행정력 등의 한계로 공익법인등이 이를 대신 수행하는 점 등을 고려하여, 공익법인등에 출연하는 재산에 대해서는 상속세 과세가액에서 불산입하는 조세지원제도를 시행하고 있다.

공익법인등에 출연하는 재산은 국가 등에 유증하는 재산과 유사하지만, 비과세 항목이 아닌 과세가액 불산입 항목으로 분류한다. 이는 공익법인등에 대한 상속세 면제제도를 악용하여 상속세를 면제받은 후에 그 출연재산을 출연자가 사용 · 수익하는 등 편법적인 상속 행위를 규제하고 사후관리를 하겠다는 의미를 담고 있다. 즉, 비과세가 아닌 일단 가산하지 않는 항목으로 제외하고, 위반 시에는 상속 · 증여세를 추징하거나 가산세를 부과하는 것이다.

과세가액 불산입항목에는 이런 것들이 있다.

① 공익법인등에 공익목적 출연재산

② 공익신탁재산

③ 우리사주조합원이 그 조합을 통하여 취득한 주식(2000.12.31. 이전 취득, 액면가액 5백만원 이하)

3. 상속재산가액에서 차감하는 공과금 등

〈상속재산가액에서 차감하는 공과금 등〉

거주자	공과금	• 상속개시일 현재 피상속인 납부 의무가 있는 것으로 상속인에게 승계된 조세 · 공공요금 기타 이와 유사한 것(한도 없음)
	장례비용	• 장례비용 총한도액 15백만원(①+②) ① 상속개시일부터 장례일까지 직접 소요된 장례비용(500만원 미만이면 500만원, 1천만원 초과시 1천만원) ② 봉안시설(자연장지 포함) 사용비용(공제한도액 5백만원)
	채무	• 상속개시 당시 피상속인이 부담하여야 할 확정된 채무로 공과금 이외의 모든 부채(한도 없음) • 피상속인이 상속개시 전 10년 이내에 상속인에게 진 증여채무와 상속개시 전 5년 이내에 상속인이 아닌 자에게 진 증여채무는 공제불가
	공과금, 장례비용, 채무 합계액이 상속재산가액을 초과하는 경우 초과액은 없는 것으로 본다.	
비거주자	• 해당 상속재산에 관한 공과금 • 해당 상속재산을 목적으로 하는 유치권 · 질권 · 전세권 · 임차권(사실상 임대차계약이 체결된 경우 포함) · 양도담보권 또는 저당권으로 담보된 채무 • 피상속인 사망 당시 국내에 사업장이 있는 경우로 비치 · 기장한 장부로 확인되는 사업상의 공과금 및 채무	

상속이 발생하는 경우 사망일 전 피상속인이 보유하고 있는 채무 등의 청산이 발생해야 한다. 결국 상속인들에게는 해당 부분만큼 제외한 몫이 돌아가게 되므로, 상속세는 해당 부분을 제외한 금액을 상속과세가액으로 산정하고 있다.

상속과세가액에서 차감하는 채무 및 공과금 등은 피상속인이 거주자인지 비거주자인지에 따라 다르며, 공제 항목은 다음과 같다.

① 피상속인이 거주자인 경우: 공과금, 장례비용, 채무

② 피상속인이 비거주자인 경우: 공과금, 채무

가. 공과금

1) 피상속인이 거주자인 경우

공과금은 본래 피상속인이 납부할 의무가 있는 것으로 상속이 개시되면 상속인에게 승계된다. 결국, 상속재산이 그만큼 줄어들게 되므로 아래에 해당하는 것을 상속재산가액에서 차감한다. 상속개시일 이후 상속인 귀책사유로 납부 또는 납부할 가산세, 가산금, 체납처분비, 벌금, 과료, 과태료 등은 공과금 등에 포함되지 아니한다.

① 국세, 관세, 임시수입부가세, 지방세
② 공공요금
③ 공과금: 국징법의 체납처분 사례에 따라 징수할 수 있는 조세 및 공공요금 외의 것
④ 피상속인이 당초 조세를 감면 · 비과세 받은 후 감면 · 비과세 요건을 충족하지 못해 조세가 경정 · 결정된 경우, 해당 경정 · 결정된 조세
⑤ 피상속인 사망 후에 피상속인이 대표이사로 재직하던 법인의 소득금액이 조사 · 결정됨에 따라 피상속인에게 상여로 처분된 소득에 대한 종합소득세 · 지방소득세 등

2) 피상속인이 비거주자인 경우

상속세가 부과되는 해당 상속재산에 대한 공과금과, 피상속인 사망 당시 국내에 사업장이 있는 경우 그 사업장에 갖춰 두고 기록한 장부에 의하여 확인되는 사업상 공과금을 공제한다.

> **상담사례**
>
> **재산세와 종합부동산세의 상속재산 차감 여부**
>
> 재산세와 종합부동산세의 경우 상속이 개시되는 시점에 바로 부과되지 않고 7월, 9월 또는 12월이 되어야 고지서가 발송된다. 하지만 재산세와 종합부동산세는 6월 1일에 보유하고 있는 자에게 부과하는 것으로 피상속인이 과세기준일 이후에 사망한 경우 상속재산의 가액에서 차감하는 공과금에 해당한다.

나. 장례비용

장례비용은 비록 상속개시 당시에 존재하는 채무는 아니나 사망시 수반되는 필연적인 비용으로 상속재산가액이 줄어든다는 점을 고려하여 상속재산가액에서 공제하고 있다. 다만, 비거주자 사망의 경우에는 장례비를 공제하지 않는다.

장례비는 다음 금액을 공제하며 한도가 존재한다.

〈공제하는 장례비용의 계산〉

> 장례비용 총한도액 15백만원(①+②)
>
> ① 상속개시일부터 장례일까지 직접 소요된 장례비용(500만원 미만인 경우 500만원, 1천만원을 초과하는 경우 1천만원)
>
> ②봉안시설(자연장지 포함) 사용비용(공제한도액 5백만원)

1) 장례비용의 범위

"장례비용"이란 시신 발굴 및 안치에 직접 소요되는 비용과 묘지구입비(공원묘지 사용료 포함), 비석, 상석 등 장례에 직접 소요된 제반비용을 말한다.

2) 공제금액(최소 5백만원 최대 15백만원 한도)

장례비용은 다음 각 호 구분에 따른 금액을 합한 금액으로 한다.

① 피상속인 사망일부터 장례일까지 장례에 직접 소요된 금액(봉안시설 사용에 소요된 금액 제외)
- 증빙에 따른 장례비 5백만원 미만시: 무조건 5백만원 공제
- 증빙에 따른 장례비 5백만원 이상: Min(증빙에 따른 장례비용, 1천만원)

② 봉안시설 및 자연장지의 사용에 소요된 금액(5백만원 한도로 공제)
- Min(증빙에 따른 봉안시설 및 자연장지비용, 5백만원)

〈경우별 장례비 공제금액의 비교〉

구분	장례비용	봉안시설 등 사용료	공제금액
①	4백만원	3백만원	8백만원
②	7백만원	6백만원	12백만원
③	1천 2백만원	3백만원	13백만원
④	1천 5백만원	7백만원	15백만원

상담사례

49제 사찰시주금의 장례비 공제여부

피상속인의 장례일(3일장)로부터 7일 경과 후 49제 사찰시주금으로 지급한 금액은 장례일까지 직접 소요된 금액으로 볼 수 없어 공제대상 장례비용이 아니다.

4. 채무

상속인은 사망과 동시에 피상속인의 적극적재산뿐만 아니라 소극적재산(부채)에 대하여도 포괄적으로 승계받기에 사실상 부채를 차감한 금액을 상속받는 것으로, 상속세 과세가액을 계

산할 때 승계받은 채무를 공제하는 것이다.

'채무'는 명칭여하에 관계없이 상속개시 당시 피상속인이 부담하여야 할 확정된 채무로 공과금 외의 모든 부채를 말하므로, 그 채무금액 크기에 관계없이 채무라는 사실만 입증되면 공제 대상이다.

채무는 그 금액의 크기와 관계없이 공제가 가능하므로 가공 또는 변칙적인 수단에 의해 상속세를 회피할 가능성이 많고, 사실관계 판단에 있어서도 납세자와의 분쟁 발생 소지가 가장 많은 공제 항목 중 하나다. 세법에서는 공제 가능한 채무의 입증방법 및 범위 등을 엄격히 규정하여 가공채무 발생을 방지하고 있다.

위장가공 채무를 악용하여 상속세를 포탈할 우려가 있기 때문에 증여채무 중에서 상속개시 전 10년 이내에 피상속인이 상속인에게 진 증여채무와 상속개시 전 5년 이내에 상속인 이외의 자에게 진 증여채무에 대해서는 채무 공제를 적용받을 수 없다. 따라서 상속개시일 전 일정기간(10년, 5년) 이내에 피상속인이 부담한 증여채무는 객관적 확인 여부에도 불구하고 채무로 공제가 불가하며, 일정기간 이전에 피상속인이 부담한 증여채무는 그 증여채무를 진 사실이 서면 등에 의해 객관적으로 확인되는 경우에만 채무로 인정받아 공제할 수 있다.

가. 공제 가능한 채무의 입증방법

상속재산 가액에서 차감하는 채무 금액은 상속개시 당시 피상속인의 채무로 상속인이 실제로 부담하는 사실이 다음 중 어느 하나의 방법에 따라 증명되는 채무를 말한다.

① 국가 · 지방자치단체 및 금융회사등에 대한 채무는 해당 기관에 대한 채무임을 확인할 수 있는 서류
② 국가 · 지방자치단체 및 금융회사등 이외의 자에 대한 채무는 채무부담계약서, 채권자확인서, 담보설정 및 이자지급에 관한 증빙 등에 따라 그 사실을 확인할 수 있는 서류

나. 증여계약과 관련된 채무의 공제여부

증여계약 후 증여자가 사망한 경우 상속재산과 채무 관련 조문을 같이 연결해서 보면, 아래와 같이 정리할 수 있다.

① 상속인과 상속개시일부터 10년 이내로 증여계약하고 증여자가 사망한 경우

상증법상 상속재산(상증법상 사인증여)이고, 사인증여이므로 상속세 납부의무는 수유자에게 있다. 채무공제는 되지 않으며 상속세가 과세되고, 사인증여는 상증법상 증여로 보지 않으므로 증여세가 부과되지 않는다.

② 상속인과 상속개시일부터 10년 전에 증여계약하고 증여자가 사망한 경우

상증법상 상속재산이고 상속세 납부의무는 상속인에게 있다. 채무공제는 가능하며 증여세가 부과된다.

〈증여계약 관련 공제여부〉

구분	상속재산	상속세 납부의무	채무	상속세	증여세
①	○(사인증여)	수유자	×	○	×
②	○(민법 상속)	상속인	○	×	○

다. 피상속인이 비거주자인 경우

아래 채무를 공제한다.

① 해당 상속재산을 목적으로 하는 유치권, 질권, 전세권, 임차권(사실상 임대차계약이 체결된 경우 포함), 양도담보권 · 저당권 또는 「동산 · 채권 등의 담보에 관한 법률」에 따른 담보권으로 담보된 채무

② 피상속인 사망 당시 국내에 사업장이 있는 경우로 그 사업장에 비치하고 기록한 장부에 따라 확인되는 사업상 채무

5. 합산대상 증여재산가액

상속세 과세가액 산정시 피상속인 생전에 상속개시 전 10년(5년) 이내에 증여된 재산을 합산한다. 장차 상속세 과세대상이 될 재산을 생전 증여를 통하여 누진세율에 따른 상속세 부담을 회피하려는 부당한 조세회피행위를 방지하고 조세평등원칙을 유지하기 위함이다.

이 경우, 증여시점에서 이미 납부한 증여세 상당액에 대해서는 상속세 산출세액에서 차감함으로써 증여세와 상속세의 이중과세를 방지하고 있다.

가. 합산대상 증여재산의 범위

상속개시일 전 10년 이내에 피상속인이 상속인에게 증여한 재산가액과 상속개시일 전 5년 이내에 피상속인이 상속인이 아닌 자에게 증여한 재산가액은 상속재산가액에 가산하여 상속세 과세가액을 계산한다.

다만, 조특법 제30조의5(창업자금에 대한 증여세 과세특례), 조특법 제30조의6(가업의 승계에 대한 증여세 과세특례)이 적용되는 증여재산은 합산기간에 관계없이 상속재산가액에 가산

하여 정상세율로 정산한다.

1) 수증받은 상속인과 상속인 외의 자 구분방법

수증자가 상속인인지, 상속인이 아닌지에 따라 가산하는 증여재산의 합산대상 기간이 각각 달라지므로 이 구분은 중요하다.

가) 상속인 여부 판단시점

상속세 과세가액에 합산하는 증여재산의 합산기간과 관련하여 상속인과 상속인 외의 자에 대한 구분은 상속개시일 현재를 기준으로 판단한다.

상담사례

대습상속이 있는 경우 합산대상 판단

피상속인 A의 손자 C는 상속개시 6년 전 조부인 피상속인 A로부터 2억원을 증여받았다. 다만, 조부가 고인이 된 시점에 아버지 B가 사망한 상태로 손자 C는 아버지를 대신하여 대습상속을 받아 상속인이 되었다. 이때 손자 C가 과거 6년 전 조부로부터 받은 2억원은 사전증여재산에 해당할까?

위와 같은 경우 2억원은 사전증여재산으로 상속세 과세가액에 합산되어야 한다. 그 이유는 합산되는 사전증여재산의 기간 여부 판단시, 상속개시일 현재를 기준으로 상속인 여부를 판단하기 때문이다. 즉, 손자 C는 상속개시일 현재 상속인이므로 10년 이내의 증여재산이 합산대상이 되어 2억원을 상속세 과세가액에 합산해야 한다.

상담사례

이혼한 경우 합산대상 판단

위 사례와 동일하게 배우자 D가 6년 전 남편으로부터 6억원을 증여받고 이혼한 상태라면 이는 사전증여 재산가액에 합산되지 않는다. 이는 상속개시일 현재는 이혼상태로 상속인이 아니기 때문이다.

나) 상속인과 상속인이 아닌 자의 구분

증여재산 합산시 상속인의 범위는 민법에 따른 선순위 상속인에 한정된다. 따라서 상속재산의 전부 또는 일부를 받은 자로서 민법 제1000조부터 제1003조까지에 따른 선순위 상속인이 있는 경우 후순위 상속인은 상속인이 아닌 자에 해당한다.

예를 들어 피상속인이 직계비속과 형제자매에게 증여한 재산이 있다면 민법 제1000조에 따른 제1순위 상속인인 '피상속인의 직계비속'의 증여분은 이들을 상속인으로 보아 상속개시 전

10년 이내 증여재산을 가산하고, 형제자매는 상속인 외의 자로 보기 때문에 5년 이내 증여받은 재산만 상속재산에 가산한다.

다) 상속포기자

상속인은 상속이 개시될 당시에 상속인 지위에 있었던 자를 가리키는 것으로, 상속이 개시된 후에 상속을 포기한 자도 상속인에 해당한다.

2) 증여재산의 합산기간 계산

기간계산 방법에 대하여는 상증법에서 정한 바가 없어 국세기본법 제4조에 따라 기산일 초일은 불산입하고 만료일을 포함한 기간 내에 이루어진 증여재산을 말한다.

예를 들어 상속개시일이 2022.1.3.인 경우 소급하여 10년이 되는 날은 2012.1.3.부터 2022.1.3. 사망시간 전까지 이루어진 증여재산까지를 말한다.

3) 가산하는 증여재산의 합산가액

가) 가산하는 가액은 당초 증여당시 기준으로 평가

상속재산의 가액에 가산하는 증여재산 가액은 상속개시일이 아닌 증여일 현재 시가에 따라 평가한다. 그러나 시가가 없는 경우에는 증여일 현재의 상증법 제61조부터 제65조까지 평가한 가액으로 한다.

상속세 과세가액에 가산하는 증여재산에 대하여 증여세가 부과되지 아니한 경우에는 해당 증여재산에 대한 증여세를 먼저 과세하고, 그 증여재산가액을 상속세 과세가액에 가산하여 상속세를 부과한다.

상담사례

가치상승이 예견될 때의 사전증여 vs 상속의 판단

투자자 A는 10억원 상당의 XX전자 상장주식을 보유하고 있으며, 이 주식이 2년 뒤 약 30억원이 될 것으로 예상하고 있다. A는 10년 이내 자녀들에게 상속이 이루어질 것으로 생각해 주식을 증여로 넘겨줄지, 상속으로 넘겨줄지를 고민하고 있다.

미래에 재산가치 상승이 예견된다면, 이를 사전에 증여하는 것이 유리하다. 10년 이내 상속이 이루어져 합산된다 하더라도, 위의 경우 증여당시 가액인 10억원으로 평가되어 합산되기 때문이다. 만약 다른 재산이 많아 상속세율이 50% 구간에서 발생한다면 20억원의 상속재산가액을 줄일 수 있어 10억원가량의 상속세를 줄일 수 있는 것이다.

나) 부담부 증여재산은 채무를 공제한 가액을 가산

증여자의 채무가 담보된 부동산을 증여받으면서 그 채무를 수증자가 부담하기로 약정하여 인수한 경우에는 그 증여재산가액에서 인수한 채무액을 공제한 가액을 증여세 과세가액으로 하므로 부담부 증여재산을 상속재산에 가산하는 경우에는 채무를 공제한 증여세 과세가액을 합산하는 것이다.

그러나 배우자 간 또는 직계존비속 간의 부담부 증여가액(상증법 제44조에 따라 배우자 또는 직계존비속에게 재산을 양도하여 증여로 추정되는 경우 포함)으로 수증자가 채무를 인수하지 않은 것으로 추정되는 경우에는 채무가액 공제 없이 모두 가산한다.

다) 제3자 채무가 담보된 재산을 증여하는 경우 전체가액 합산

제3자 채무 담보를 위해 제공된 재산을 증여받은 경우에는 부담부 증여가 아니므로 증여가액은 증여 당시의 그 재산가액 전액으로 한다.

이 경우 수증자가 해당 재산에 담보된 채무를 변제한 때는 그 채무상당액을 수증자가 채무자에게 증여한 것으로 본다. 다만, 담보된 채무를 수증자가 채무자를 대위하여 변제하고 채무자에게 구상권을 행사하는 경우에는 증여로 보지 아니한다.

라) 영리법인이 증여받아 주식가치가 상승하여 주주에게 증여세가 과세된 경우 상속세 과세가액 가산여부

피상속인과 특수관계에 있는 자가 출자한 영리법인에 부동산을 증여하여 해당 영리법인의 주식가치가 증가한 것에 대하여 해당 법인의 주주에게 증여세가 과세된 경우 해당 증여재산(주식가치 증가분)은 상속재산가액에 가산하는 대상에 해당한다.

나. 상속세 과세가액에 합산하지 않는 증여재산

〈상속세 과세가액에서 제외되는 증여재산〉

구분	재산종류
비과세	상증법 제46조 (비과세되는 증여재산)
과세가액 불산입재산	상증법 제48조①항 (공익법인등에 출연한 재산) 상증법 제52조 (공익신탁한 재산) 상증법 제52조의2①항 (장애인이 증여받은 재산)

[다음 쪽에 계속]

합산배제 증여재산	상증법 제31조①항 3호 (재산 취득 후 해당 재산의 가치가 증가하는 경우) 상증법 제40조①항 2호,3호 (전환사채 등의 주식전환 등에 따른 이익의 증여) 상증법 제41조의3 (주식등의 상장 등에 따른 이익의 증여) 상증법 제41조의5 (합병에 따른 상장 등 이익의 증여) 상증법 제42조의3 (재산 취득 후 재산가치 증가에 따른 이익의 증여) 상증법 제45조의2 (명의신탁재산의 증여의제) 상증법 제45조의3 (특수관계법인과의 거래를 통한 이익의 증여의제) 상증법 제45조의4 (특수관계법인으로부터 제공받은 사업기회로 발생한 이익의증여의제)
증여세 감면 등	조특법 제71조⑤항 (영농자녀가 증여받는 농지 등) * 구조감법 제57조③항, 제58조④항의 경우에도 합산하지 않음
기타	증여자인 피상속인보다 수증자인 상속인이 먼저 사망한 경우 그 상속인이 증여받은 재산 (재산상속46014-473, 2000.4.17.)
	증여자가 증여재산을 반환받고 사망한 경우 해당 증여재산이 상속재산에 포함된 경우 그 사전증여재산(재재산46014-284, 2000.10.5.)

제3절 상속세 과세표준과 상속공제

〈상속세 과세표준〉

구분	거주자	비거주자
과세표준	상속세 과세가액 - 상속공제 - 상속재산의 감정평가수수료	
상속공제	Min(공제의 합계, 공제적용 한도액)	Min(기초공제 2억원, 공제적용 한도액)

1. 상속세 과세표준의 계산

상속세 과세표준은 상속세 세율을 적용하여 세액을 산출하기 위한 기초가 되는 금액으로, 상속공제액과 그 외 상속재산에 대한 감정평가수수료를 차감하여 산정한다. 다만, 상속세 과세표준은 상속개시 당시 피상속인이 거주자(무제한 납세의무자)인지 비거주자(제한 납세의무자)인지에 따라 상속공제 금액에 차이가 있다.

가. 과세표준 계산

상속세 과세표준 = 상속세 과세가액 - 상속공제 - 상속재산의 감정평가수수료

과세표준 산정시 피상속인의 거주자 · 비거주자 여부에 따라 상속공제 적용이 달라진다. 피상속인이 비거주자인 경우 기초공제 2억원을 제외한 나머지 공제(배우자공제, 그 밖의 인적공제, 일괄공제, 가업 · 영농상속공제, 금융재산공제, 동거주택상속공제, 재해손실공제)에 대한 공제혜택을 받을 수 없다.

나. 상속재산의 감정평가수수료

상속세를 신고 · 납부하기 위하여 상속재산을 감정기관이 평가함에 따라 수수료를 지급한 경우 해당 수수료를 납세협력비용으로 보아 이를 과세표준에서 공제하여 납세자 세부담을 덜어주고 있다.

1) 공제대상 감정평가수수료

① 부동산에 대한 감정평가업자의 평가수수료(5백만원 한도)

② 비상장주식에 대한 신용평가전문기관의 평가수수료(평가대상 법인의 수 및 평가를 의뢰한 신용평가전문기관 수별로 각각 1천만원 한도)

③ 서화 · 골동품 등 유형재산에 대한 전문가 감정수수료(5백만원 한도)

2) 서류의 제출

감정평가수수료를 공제받고자 하는 자는 해당 수수료의 지급사실을 입증할 수 있는 서류를 상속세 과세표준 신고와 함께 납세지 관할세무서장에게 제출하여야 한다.

다. 상속세 과세최저한

상속세 과세표준이 50만원 미만이면 상속세를 부과하지 아니한다.

2. 상속공제

가업상속공제, 배우자상속공제, 일괄공제 등 다양한 상속공제 제도를 두고 있으며, 상속세 과세가액에서 공제되는 상속공제 금액은 공제한도액 범위 내에서만 인정된다. 피상속인이 비거주자인 경우 상속공제가 없었으나 2001.1.1. 이후 상속개시 분부터는 기초공제 2억원을 공제하고 있다.

〈상속공제〉

구분	상속공제
① 기초공제 (상증법 §18) (2억원) + (가업 · 영농 상속공제액)	○ 기초공제액: 2억원 ○ 가업상속공제액: 가업상속재산가액(200억~500억원 한도) ○ 영농상속공제액: 영농상속재산가액 (공제한도: 15억원)
② 그 밖의 인적공제(상증법 §20) ○ 자녀공제 ○ 미성년자공제 ○ 연로자공제 ○ 장애인공제	○ 자녀수×1인당 5천만원 - 자녀 · 미성년자 · 연로자 · 배우자공제와 중복공제가능 ○ 미성년자수×1천만원×19세까지의 잔여연수(자녀공제와 중복공제 가능) - 상속인(배우자제외) 및 동거가족 중 미성년자에 한함 ○ 연로자수×1인당 5천만원 - 상속인(배우자제외) 및 동거가족 중 65세 이상자에 한함 ○ 장애인수×1인당 1천만원×기대여명 연수 - 상속인(배우자 포함) 및 동거가족 중 장애인
③ 일괄공제 (상증법 §21)	○ Max [5억원, (기초공제 2억원+그 밖의 인적공제)] - 상속인이 배우자 단독인 경우 일괄공제 적용 안 됨 - 2020년부터 기한 후 신고시에도 일괄공제 선택 허용 - 신고기한 내 무신고한 경우: 일괄공제(5억원) 적용

[다음 쪽에 계속]

④ 배우자공제 (상증법 §19) * 신고기한 익일부터 9월까지 배우자 상속재산을분할등기 등을 해야 공제 가능 * 최소 5억원 공제됨	○ 배우자공제액=Max[Min(①, ②), 5억원)] ① 배우자가 실제 상속받은 가액 - 배우자 해당분 (= 본래 · 간주재산 - 비과세 - 채무 · 공과금) ② 공제한도액: Min(ⓐ, ⓑ) ⓐ (상속재산가액 × 배우자 법정상속분)-(합산대상 증여재산 중 배우자가 증여받은 재산의 과세표준) ⓑ 30억원 상속재산가액 = (본래 · 간주 · 추정상속재산)-(상속인이 아닌 수유자에게 유증 · 사인증여한 재산) + (상속인이 증여받은 합산대상 증여재산)-(비과세 · 과세가액 불산입 재산 + 공과금 · 채무)
⑤ 금융재산상속공제(상증법 §22) * 신고기한내 미신고한 차명 금융재산은 공제배제	○ 순금융재산가액(금융재산-금융채무)이 • 2천만원 초과시: Min[Max(2천만원, 순금융재산가액×20%), 2억원] • 2천만원 이하시: 순금융재산가액 전액
⑥ 재해손실공제(상증법 §23)	○ 신고기한 내 화재 · 자연재해 등으로 멸실 · 훼손시 그 손실가액
⑦ 동거주택상속공제(상증법 §23의2)	○ 주택가액(부수토지 포함)의 100%(6억원 한도)
⑧ 공제적용 종합한도액 (상증법 §24) = 상속세 과세가액 - [상속인이 아닌 자에게 유증 · 사인증여한 재산+상속인의 상속포기로 후순위 상속인이 받은 상속재산+상속재산에 가산된 증여재산가액(과세가액 5억원 초과시 적용, 증여재산공제 · 재해손실공제 차감)]	

가. 기초공제

거주자나 비거주자의 사망으로 상속이 개시되는 경우에는 상속세과세가액에서 2억원을 공제한다. 이를 기초공제라 한다. 피상속인이 비거주자인 경우에는 기초공제 2억원은 공제되지만, 다른 상속공제는 적용받을 수 없다.

나. 그 밖의 인적공제

구분	공제요건	공제액
자녀공제	피상속인의 자녀	1인당 5천만원
미성년자 공제	상속인(배우자 제외) 및 동거가족 중 미성년자	1인당 1천만원×19세가 될 때까지의 연수
연로자 공제	상속인(배우자 제외) 및 동거가족 중 65세 이상인 자	1인당 5천만원
장애인 공제	상속인(배우자 포함) 및 동거가족 중 장애인	1인당 1천만원×기대여명 연수

그 밖의 인적공제는 상속인 및 동거가족에 대하여 공제한다. 공제대상 상속인이 상속 포기 등으로 상속을 받지 아니하는 경우에도 공제를 적용한다. '공제대상 동거가족'은 상속개시일 현재 피상속인이 사실상 부양하고 있는 직계존비속(배우자의 직계존속을 포함) 및 형제자매를 말한다.

그 밖의 인적공제는 중복적용이 가능하다. 다만, 모든 항목에서 중복적용이 가능한 것은 아니며, 중복적용 가능 항목은 다음과 같다.

① (중복공제 가능) 자녀공제와 미성년자 공제
② (중복공제 가능) 장애인공제와 다른 인적공제(자녀, 미성년자, 연로자, 배우자)
③ (중복공제 불가)자녀공제와 연로자공제

다. 일괄공제

일괄공제는 일률적으로 5억원을 공제하는 것으로, 기초공제 2억원+그 밖의 인적공제액과 일괄공제 5억원 중 큰 것을 선택하여 적용한다. 다만, 상속세의 신고여부(기한후신고 포함)에 따라 둘 중 선택하여 적용할지 아니면 일괄공제만 적용할지의 차이는 있다.

1) 상속인 또는 수유자가 배우자 및 자녀, 형제자매 등인 경우

가) 상속세 신고기한 내 신고자 및 기한 후 신고자

거주자의 사망으로 상속이 개시되는 경우에 상속인이나 수유자는 기초공제 2억원과 그 밖의 인적공제액(자녀+미성년+연로자+장애인 공제) 합계액과 5억원 중 큰 금액을 공제받을 수 있다.

기한 후 신고의 경우 종전에는 일괄공제만 적용받을 수 있었으나, 2020.1.1. 이후 신고분부터는 기한 내 신고와 동일하게 선택 가능하다.

나) 상속세 신고기한 내 무신고자

상속세 과세표준 신고기한 내 신고가 없는 경우에는 5억원을 공제하고, 기초공제 2억원과 그 밖의 인적공제는 적용하지 아니한다.

2) 배우자가 단독으로 상속받은 경우

피상속인의 배우자가 단독으로 상속받는 경우에는 기초공제(2억원)와 그 밖의 인적공제 합계액으로만 공제한다. 즉, 신고여부와 관계없이 일괄공제(5억원)는 적용할 수 없다.

"피상속인의 배우자가 단독으로 상속받은 경우"란 피상속인의 배우자가 민법 제1003조에 따른 단독상속인이 되는 경우를 말한다.

상담사례

배우자가 단독으로 상속받는 경우 상속공제액

배우자가 단독으로 상속을 받는 경우와 자녀가 있는 경우를 비교하면 상속공제액에는 다음과 같은 차이가 있다. 다른 공제는 배제하고 배우자공제와 일괄공제 또는 그 밖의 인적공제만 고려하는 경우를 보자.

상속인이 '배우자와 자녀 1명'이면, 일괄공제 5억원에 배우자공제 5억원을 적용하여 최소 10억원의 재산을 상속받아도 상속세를 납부하지 않아도 된다.

반면, 상속인이 자녀가 없는 배우자라면 일괄공제 5억원을 공제받을 수 없다. 즉, 기초공제 2억원과 배우자공제 5억원을 합한 7억원만 공제받는 것으로, 10억의 재산을 상속받는다면 상속세가 부과될 수 있다.

라. 배우자 상속공제

피상속인이 거주자로서 상속개시일 현재 배우자가 있는 경우에는 배우자 상속공제가 적용되며, 여기서 '배우자'란 민법상 혼인으로 인정되는 혼인관계에 따른 배우자를 말한다.

배우자 상속공제는 최소 5억원을 공제해주고 있으며, 배우자가 법정지분에 따라 받을 수 있는 금액과 배우자가 실제로 받은 상속재산을 비교하여 적은 금액을 한도로 공제해주고 있으며 최대 30억까지 공제한다. 배우자가 상속 포기 등으로 상속을 받지 아니한 경우에도 상속공제를 받을 수 있으나 "공제적용의 한도" 규정이 적용된다.

〈배우자 상속공제액 계산〉

○ 배우자가 상속받은 재산을 분할하여 기한 내 신고한 경우

배우자 공제액=Min(배우자가 실제 상속받은 금액, 배우자 상속공제 한도액)

* 배우자 상속공제 한도액: Min(①, ②)

① (상속재산 가액×배우자 법정상속지분) - (상속재산에 가산한 증여재산가액 중 배우자에게 증여한 재산의 과세표준)

② 30억원

○ 배우자가 실제 상속받은 금액이 없거나 실제 상속받은 금액이 5억원 미만인 경우

배우자 공제액=5억원(상속세 신고여부와 관계없음)

다만, 5억원을 초과하여 배우자 상속공제를 받으려면 배우자가 상속받은 재산을 기한 내에 신고해야 한다.

배우자 상속공제액 적용시 유의사항은 아래와 같다.

① 배우자는 가족관계등록부에 등재된 배우자에 한하여 공제대상이 되며, 사실혼 관계에 있는 배우자는 배우자상속공제 적용대상이 아니다.

② 배우자 상속재산으로 신고한 재산 중 일부만 배우자 명의로 등기 · 등록한 경우에는 그 분할된 재산만 배우자가 실제 상속받은 재산으로 인정된다.

③ 배우자가 실제 상속받은 것으로 신고한 재산에 대하여 상속세 결정시, 상속개시일 현재로 평가한 가액에서 결정하면서 확인된 배우자가 승계한 채무 · 공과금 등을 차감하여 계산하므로 신고시 공제액보다 늘어나거나 줄어들 수도 있다.

④ 배우자 공제한도액 계산시 적용되는 '상속재산의 가액'에는 신고 누락한 재산을 포함하여 결정된 금액을 기준으로 계산한다.

⑤ 부부가 동일자에 사망한 경우 배우자 공제방법

- 동일자에 시차를 두고 사망한 경우
  - 선 사망자는 그의 상속재산에서 배우자 상속공제하여 상속세 계산
  - 후 사망자는 선 사망자의 상속재산 중 그의 법정상속분을 상속재산에 포함시키고, 배우자공제 배제, 단기재상속 세액공제함
- 동시 사망의 경우: 각자의 상속재산에서 배우자공제없이 상속세 계산

마. 금융재산 상속공제

〈금융재산 상속공제액 계산〉

○ 상속개시일 현재 순금융재산가액(금융재산-금융채무), 2억원 한도

- 신고기한까지 신고하지 아니한 타인명의 금융재산은 제외

순금융재산가액	금융재산 상속공제액
2,000만원 이하	해당 순금융재산가액 전액
2,000만원 초과~1억원 이하	2,000만원
1억원 초과~10억원 이하	해당 순금융재산가액×20%
10억원 초과	2억원

1) 순금융재산가액

"순금융재산가액"은 금융재산 가액에서 금융기관 등에 대한 채무임을 확인할 수 있는 서류에 의하여 입증된 금융채무를 차감한 가액으로 한다.

2) 적용시 유의사항

상속개시일 현재 조사 확인된 예금 상당액을 기준으로 적용한다.

예금상당액 = 상속개시일 현재 예금잔액 + 미수이자상당액 - 원천징수세액 상당액

바. 재해손실공제

재해손실공제 = 재해손실가액 - 그 손실가액에 대한 보험금 등의 수령 또는 구상권 등의 행사에 의하여 보전가능한 금액

피상속인이 거주자인 경우로 상속세 신고기한 이내에 화재 · 붕괴 · 폭발 · 환경오염 사고 및 자연재해 등 재난으로 인하여 상속재산이 멸실되거나 훼손된 경우 "재난으로 인하여 손실된 상속재산 가액"을 상속세 과세가액에서 공제한다. 재해손실공제를 받고자 하는 자는 재해손실공제신고서(상증규칙 별지 제6호 서식)에 해당 재난 사실을 입증하는 서류를 첨부하여 상속세 과세표준 신고와 함께 납세지 관할세무서장에게 제출하여야 한다.

사. 동거주택 상속공제

[주택가액(그 부수토지의 가액 포함) - 주택 및 주택부수토지에 담보된 피상속인의 채무] ×100% (공제한도액 6억원)

부동산 실거래가 신고 등으로 1세대 1주택 실수요자의 상속세 부담이 증가한 점을 감안하여 상속세 부담을 완화하기 위해 도입되어 2009.1.1. 이후 상속개시분부터 적용한다.

상속개시일에 따라 보유 · 동거 가능 여부, 상속인 범위 등이 차이가 있으므로 주의한다. 2020.1.1. 이후 상속부터 상속주택가액에서 그 주택에 담보된 채무를 차감하였으며, 공제금액은 차감한 금액의 100%(6억원 한도)이다. 2017년부터 2019년까지는 상속주택가액에서 그 주택에 담보된 채무를 차감하였으며, 공제금액은 차감한 금액의 80%(5억원 한도)이다.

아. 가업상속공제

가업상속공제는 가업의 원활한 승계를 지원하기 위하여 특정 요건을 갖춘 경우에 공제를 해주는 제도이다. 가업상속공제를 적용함에 있어 상속개시일에 따라 가업상속공제 요건, 공제금액 계산 및 공제한도 등에 차이가 있으므로 주의해야 한다.

〈가업상속공제의 요건〉

가업	계속 경영기업	○ 피상속인이 10년 이상 계속하여 경영한 기업
	중소기업	○ 상속개시일 속하는 과세기간 또는 사업연도 직전 과세기간 또는 사업연도말 현재 아래 요건을 모두 갖춘 기업 - 상증령 별표에 따른 업종을 주된 사업으로 영위 - 조특령 제2조제1항제1호, 제3호 요건(중소기업기본법상 매출액, 독립성 기준) 충족 - 자산총액 5천억원 미만
	중견기업	○ 상속개시일이 속하는 소득세 과세기간 또는 법인세 사업연도 직전 소득세 과세기간 또는 법인세 사업연도말 현재 아래 요건을 모두 갖춘 기업 - 상증령 별표에 따른 업종을 주된 사업으로 영위 - 조특령 제9조제4항제1호, 제3호 요건(중견기업 성장촉진 및 경쟁력 강화에 관한 특별법 시행령 제2조제2항의 독립성 기준) 충족 - 상속개시일 직전 3개 소득세 과세기간 또는 법인세 사업연도 매출액*의 평균금액이 3천억원 미만 * 기업회계기준에 따라 작성한 손익계산서상의 매출액
피상속인	주식보유기준	○ 피상속인을 포함한 최대주주등 지분 50%(상장법인은 30%) 이상을 10년 이상 계속하여 보유
	가업 영위기간[4] 중 대표이사재직요건 (3가지 중 1가지 충족)	○ 가업 영위기간의 50% 이상 재직
		○ 10년 이상의 기간(상속인이 피상속인의 대표이사등의 직을 승계한 날부터 상속개시일까지 계속 재직한 경우)
		○ 상속개시일부터 소급하여 10년 중 5년 이상 기간

[다음 쪽에 계속]

---

4. 2022.2.15부터 한국표준산업분류에 다른 대분류 내에서 업종을 변경하는 경우를 포함한다. 2022.2.14. 이전에 상속이 개시되는 경우의 가업영위기간에 대해서는 종전 규정을 적용한다(상증령 제32414호 부칙 제5조)

상속인	연령	○ 18세 이상
	가업종사	○ 상속개시일 전 2년 이상 가업 종사 <예외> 피상속인이 65세 이전 사망, 피상속인 천재지변 및 인재 등으로 사망 * 상속개시일 2년 전부터 가업에 종사한 경우로 병역·질병 등의 사유로 가업에 종사하지 못한 기간은 가업에 종사한 기간으로 봄
	취임기준	○ 신고기한까지 임원취임 및 신고기한부터 2년 이내 대표이사 취임
	납부능력	○ 2019.1.1.부터 시행가업이 중견기업에 해당시, 가업상속재산 외에 상속재산 가액이 해당 상속인이 상속세로 납부할 금액의 2배를 초과하지 않을 것
	배우자	○ 배우자 요건 충족시 상속인 요건 충족으로 봄

1) 가업상속공제 금액

거주자 사망으로 상속이 개시되는 경우로 피상속인과 상속인 요건 및 가업의 범위를 충족하는 경우 가업상속재산가액의 100% 금액(단, 피상속인의 가업 계속영위기간이 10년 이상 20년 미만이면 200억원, 20년 이상 30년 미만이면 300억원, 30년 이상이면 500억원 한도)을 공제한다.

2) 가업상속공제의 사후관리

사후관리기간: 7년 (2019.12.31. 이전 10년)

(가업종사) 해당 상속인이 가업에 종사

(지분유지) 해당 상속인의 지분이 감소하지 않아야 함

(가업유지 의무) 상속 후 7년간 가업용 자산의 20%(5년 이내는 10%) 이상 처분금지, 상속인 지분 등이 감소하지 않아야 함

(고용확대 의무) 상속 후 7년간 정규직 근로자 평균이 상속 전 근로자수의 1.0배 이상 또는 상속 후 7년간 총 급여액 전체평균이 기준총급여액 이상(7년 후)+각 사업연도말 정규직 근로자 평균인원이 기준연도의 80% 이상 또는 각 사업년도말 총급여액이 기준총급여액의 80% 이상(매년 판단)

2018.1.1. 이후부터는 사후관리 위반시 사유가 발생한 날이 속하는 달 말일부터 6개월 이내 신고 · 납부하여야 한다. 또한, 납세지 관할세무서장은 가업상속공제의 적정 여부와 사후관리 사항에 대하여 매년 관리하고 위반사항 발생시 당초 공제한 금액을 상속개시 당시 상속세 과세가액에 산입하여 상속세를 부과하여야 한다.

2020.1.1. 이후 사후관리 기간이 10년에서 7년으로 단축되었으며, 이 경우 2019.12.31. 이

전에 상속받은 경우에는 7년으로 적용되지 않는다.

자. 영농상속공제

영농은 한국표준산업분류에 따른 농업, 임업 및 어업을 주된 업종으로 영위하는 것을 말한다.

1) 영농(양축 · 영어 및 영림을 포함) 상속공제 금액

영농상속 재산가액으로 그 가액이 20억원을 초과하는 경우에는 20억원을 한도로 한다

2) 영농상속공제의 사후관리

영농(양축 · 영어 및 영림 포함) 상속공제를 받은 상속인이 상속개시일부터 5년 이내에 대통령령이 정하는 정당한 사유없이 영농에 사용하는 상속재산을 처분하거나 영농에 종사하지 않게 된 경우에는 공제받은 금액을 상속개시 당시 상속세 과세가액에 산입하여 상속세를 부과한다.

영농상속의 사후관리 기간 계산에 있어 정당한 사유로 인하여 직접 영농에 종사하지 못하게 된 기간은 제외한다. 영농상속 공제받은 재산을 상속개시일부터 5년 이내에 정당한 사유없이 처분함으로써 상속세를 추징하는 경우 신고 · 납부관련 가산세는 부과하지 아니한다.

2017.1.1. 이후 개시하는 과세기간 또는 사업연도분부터 사후관리 위반시 이자상당액을 부과한다.

2018.1.1. 이후부터는 사후관리 위반시 사유가 발생한 날이 속하는 달 말일부터 6개월 이내 신고 · 납부하여야 한다. 다만, 신고 · 납부 이전에 세무서장 등이 먼저 부과하는 경우는 제외한다.

결정한 상속세액 × 신고기한 다음날부터 해당사유발생일까지 일수 × 상속세 부과당시 국세환급가산금 이자율(연 1.2%) / 365

차. 상속공제 적용의 한도액

○ 상속공제 한도액=상속세 과세가액-①-②-③

① 선순위 상속인이 아닌 자에게 유증 등을 한 재산가액

② 선순위 상속인의 상속포기로 그다음 순위 상속인이 받은 상속재산가액

③ (상속세 과세가액이 5억원을 초과하는 경우에만) 상속세 과세가액에 가산한 증여재산가액

- 증여재산가액은 상속세 증여재산공제액과 재해손실공제액을 차감함
- 증여재산가액에는 창업자금 및 가업승계 주식등(조특법 제30조의5 및 제30조의6)은 불포함

상담사례

가업승계와 가업상속

편의상 조특법 제30조의5를 "가업승계"라고 부르고, 상증법 제18조를 "가업상속"이라고 부르자. 가업승계는 생전 증여이고, 5억원을 공제하며 10% 또는 20% 낮은 세율을 적용한다. 가업상속은 상속공제 중 하나이며, 500억원까지 공제 가능하다.

상속세와 증여세는 연관되어 있다. 상속세의 경우 누진세율 회피를 막기 위해 피상속인이 생전 증여했던 재산을 합하여 상속세를 계산한다. 이 경우 상속인에게 증여했던 재산은 10년을 기준으로 한다. 9년 전 증여했던 재산은 가산하지만, 11년 전에 증여했던 재산은 가산하지 않는다.

그런데 가업승계는 증여이지만, 10년 기준을 적용하지 않는다. 예를 들어 15년 전에 증여했던 재산도 상속세 과세가액에 가산하여 계산한다. 그래서 15년 전에 일반재산을 증여하는 것과, 가업승계로 증여하는 것은 증여세와 상속세가 다른 결과를 가져온다. 15년 전에 일반재산을 증여했다면 증여세만 부담하고 상속세를 부담하지 않는다.

하지만 일반재산이 아닌 가업승계로 증여하면 증여세도 부담하고 상속세도 부담하게 된다. 이 경우 가업승계한 것이 오히려 세금(증여세+상속세)을 더 부담하게 된다.[5]

15년 전에 증여했더라도 가업승계가 더 세금을 적게 부담하는 경우가 있다. 바로 가업승계에 대해 가업상속공제를 받는 경우이다. 상속공제는 상속재산을 대상으로 하지만, 가업의 경우에는 예외적으로 증여재산이나 상속공제를 적용한다.

예를 들어 증여재산 10억원, 상속재산 30억원(가정 상속시 일괄공제 적용, 가업승계 재산=가업상속재산가액, 신고세액공제 0)의 경우 납부할 세액은 아래와 같다.

---

5. 창업자금(조특법 제30조의5)의 경우도 마찬가지다. 고경희, 『2020 아는 만큼 돈 버는 상속 증여세 핵심절세 노하우』, 더존테크윌, p.263.

〈일반증여와 가업승계의 경우 세부담 비교〉

구분	증여시	10년 내 사망시	10년 후 사망시
가업승계 증여세 과세특례 적용시(①)	(10억원-5억원)×10%=50백만원	(40억원-15억원)×40%-1.6억원=840백만원 증여세액공제 50백만원 납부세액 790백만원	(40억원-15억원)×40%-1.6억원=840백만원 증여세액공제 50백만원 납부세액 790백만원
가업승계 증여세 과세특례 미적용시(②)	(10억원-5천만원)×30%-6천만원=225백만원	(40억원-5억원)×50%-4.6억원=1290백만원 증여세액공제 225백만원 납부세액 1065백만원	(30억원-5억원)×40%-1.6억원=840백만원 납부세액 840백만원
차이(①-②)	△175백만원	△275백만원	△50백만원

만약 가업상속공제를 적용받지 못한다면 가업승계를 하지 않는 것이 유리할 수 있다.[6] 아래의 경우에서 10년 후 사망시 가업승계 증여세 과세특례에 대해 가업상속을 적용받지 않는 경우라면 (40억원-5억원)×50%-4.6억원=1290백만원으로, 가업승계 증여세 과세특례 미적용시보다 450백만원을 더 부담하게 된다. 세금계산에서 절대적인 솔루션은 없다. 상황에 맞는 절세방법을 찾아야 한다.

6. 증여시점과 상속시점의 재산평가액이 달라지기 때문에 항상 유리하다고 할 수 없다.

제3장 사전증여와 상속의 비교

1. 사전증여와 상속세 산정의 관계

상속개시일 이전 10년(5년) 전 사전증여재산이 있을 경우, 상속이 발생하면 사전증여재산을 가산하여 상속세를 산정한다. 이후, 사전증여시 발생한 증여세를 차감한 후 상속세가 최종적으로 산정된다. 즉, 상속발생 이전 10년 이내에 증여하더라도 최종적으로 부담하는 세액에는 큰 차이가 발생하지 않는다는 것이다.

상담사례

상속개시 전 현금증여시 상속세 부담 비교

A에게는 10억원의 현금재산이 있으며, 추후 10년 이내 상속이 발생하는 경우 5명의 자녀에게 각각 2억원씩 상속할 생각이다. 다만, 상속공제액이 5억원밖에 되지 않는다는 판단에, 사전에 1억씩을 증여해줄 계획을 세웠다.

위와 같은 경우 사전 증여를 하는 경우와 일괄적으로 상속되는 경우를 비교해보면 다음과 같다. (단, 공제금액은 일괄공제 5억원만 적용되고, 그 외 상속공제 및 세액공제는 없는 것으로 가정한다.)

① 일괄적으로 상속되는 경우

⇒ (10억원(상속재산)-5억원(일괄공제))×20%-1천만원=**9천만원**

② 사전증여를 하는 경우

㉠ 사전증여시 증여세액

⇒ 1억원×10%×5명=5천만원

㉡ 상속이 발생하는 경우

⇒ {(5억원(상속재산)+5억원(사전증여)-5억원(일괄공제))×20%-1천만원}

-5천만원(증여세액공제)=4천만원

㉢ 총부담세액

⇒ 5천만원(증여세)+4천만원(상속세)=**9천만원**

즉, 사전증여를 하는 경우와 일괄적으로 상속되는 경우 세부담이 동일하다.

2. 사전증여시 세부담이 절감되는 경우

위와 같이, 단순히 상속발생 직전에 증여하는 것은 세부담에서 차이가 없다. 다만, 반드시 항상 동일한 것은 아니며 사전증여시 세부담이 절감되는 경우도 있다.

가. 상속개시 10년 전 증여를 하는 경우

위의 사례와 동일한 상황에서 상속발생 10년 이전에 증여하는 경우에는 상속세 세부담이 줄어들 수 있다.

① 일괄적으로 상속되는 경우
⇒ (10억원(상속재산)-5억원(일괄공제))×20%-1천만원=**9천만원**
② 사전증여를 하는 경우
㉠ 사전증여시 증여세액
⇒ 1억원×10%×5명=5천만원
㉡ 상속이 발생하는 경우
⇒ (5억원(상속재산)-5억원(일괄공제))×10%=0원
㉢ 총부담세액
⇒ 5천만원(증여세)+0(상속세)=**5천만원**

나. 자산가액 증가가 예견되는 경우

사전증여재산의 경우 상속이 개시되더라도 증여당시 가액으로 평가한다. 즉, 자산가치 증가가 예견된다면 증여재산이 합산되더라도 증여당시의 가액으로 합산되기 때문에 상속세의 절세가 가능하다.

다. 저가양도를 하는 경우

상담사례

1세대 1주택 고가주택의 경우
A씨는 10억원 상당의 주택에서 20년째 거주해왔다. 해당 주택에 근저당 등 부채는 전혀 없으며, 20년

간 오직 해당 주택만 보유하여 1세대1주택자로 살아온 상황이다. 해당 주택은 과거 2억원에 매입한 주택이다. 자녀는 현재 무주택자로 5억원의 전세보증금으로 독립하여 생계를 이어가는 상황이다.

이런 상황에서 단순 상속과 양도로 주택을 넘기는 경우를 비교하면 다음과 같다.

① 상속으로 아파트를 이전하는 경우

⇒ (10억원-5억원(일괄공제))×상속세율=**9천만원**

② 저가양도로 아파트를 이전하는 경우 (주택을 5억원에 양도하는 것으로 가정)

㉠ 양도소득세

⇒ 1세대1주택자 12억 미만의 주택으로 비과세

㉡ 증여세

⇒ [5억원-3억원(저가양도에 따른 공제)]×증여세율=3천만원

㉢ 상속세

⇒ [5억원(주택매각액)+2억원(사전증여가액)-5억원(일괄공제)]×상속세율 -3천만원(증여세액공제)=0원

㉣ 총부담세액

⇒ 0원(양도소득세)+3천만원(증여세)+0원(상속세)=**3천만원**

즉, 위의 사례의 경우 저가양도로 아파트를 사전에 이전해두는 경우, 증여세 3천만원만 부담하며 자산의 이전이 이루어질 수 있다.

3. 사전증여시 세부담이 가중되는 경우

가. 동거주택의 경우

상속공제에는 동거주택 공제가 존재한다. 동거주택 상속공제는 10년 이상 피상속인과 상속인이 1세대 1주택 상태로 생계를 같이하던 중 상속을 받는 경우에 적용된다. 만약 동거주택 상속공제가 적용되는 상황이라면 사전 증여가 오히려 불리해질 수 있다.

상담사례

자녀에게 같이 거주중이던 주택을 증여하려는 경우

A는 무주택자인 자녀와 함께 거주하다 자녀 명의로 주택을 마련해주고 싶어 증여를 하고자 증여세 문의를 하였다. A는 자녀와 함께 살고 있는 시가 12억원 상당의 아파트를 증여하고자 하는데, 이 경우 상속으로 받는 경우와 증여로 받는 경우를 비교하면 다음과 같다. (A에게 재산은 아파트 1채만 있는 것으로 가정한다.)

① 증여로 아파트를 이전하는 경우
㉠ 사전증여시 증여세액
⇒ (12억원(아파트시가)-5천만원(증여재산공제))×증여세율=3억원
㉡ 상속이 발생하는 경우
⇒ (12억원(사전증여재산)-5천만원(상속세액공제 한도액)×상속세율
-3억원(증여세액공제)=0원
㉢ 총부담세액
⇒ 3억원(증여세)+0원(상속세)=**3억원**
② 상속으로 아파트를 이전하는 경우
⇒ [12억-5억원(일괄공제)-6억원(동거주택공제)]×상속세율=**1천만원**

위와 같이 동거주택 상속공제가 적용되는 자산의 경우, 증여를 먼저 하는 경우 세부담이 크게 작용한다. 즉, 별도의 상속공제가 적용되는 자산은 사전증여가 불리함을 알 수 있다.

나. 세대를 건너뛴 증여를 하는 경우

상담사례

상속 이전 상속인 외의 자에게 증여하는 경우

일반적인 상속이 발생한다면 손자 또는 손녀에게 증여하는 경우, 상속인 외의 자에게 증여한 금액이 되어 5년 이내 증여재산만 합산대상이 된다. 이런 경우 상속재산가액이 적으면 사전증여가 오히려 불리해질 수 있다.

피상속인 A는 상속개시 전 보통예금 6억원을 갖고 있었다. 피상속인 A는 4명의 손자 · 손녀에게 각각 1억5천만원씩을 증여하였다. 이후 5년 이내에 상속이 발생하게 되었는데, 이때의 세액을 비교해보면 다

음과 같다. (다만, 비교를 위해 세대를 건너뛴 증여에 대한 할증은 고려하지 않는다.)

① 상속으로 이전하는 경우

⇒ (6억원-5억원(일괄공제))×상속세율=**1천만원**

② 증여로 이전한 경우

㉠ 사전증여시 증여세액

⇒ (1억5천만원-5천만원(증여재산공제))×증여세율×4명=4천만원

㉡ 상속이 발생하는 경우

⇒ 0원(상속재산)+6억원(사전증여재산)-2억원(상속공제한도)×상속세율
-4천만원(증여세액공제)=3천만원

㉢ 총부담세액

⇒ 4천만원(증여세)+3천만원(상속세)=**7천만원**

위와 같이 상속인이 아닌 자에게 증여하는 경우, 상속공제한도 적용이 줄어들어 오히려 세부담이 증가한다. 세대할증을 고려하지 않더라도 세부담은 증가한다. 즉, 이런 경우에는 단순히 상속이 된 후, 상속인인 부모가 다시 자녀에게 증여하는 것이 훨씬 유리하며, 보통 상속재산이 적은 경우에 종종 발생한다.

다. 부담부증여를 하는 경우

상담사례

다주택자가 부담부증여를 하는 경우

피상속인 A는 거주중인 주택과 임대주택(오피스텔)을 보유한 2주택자로, 종합부동산세가 부담되어 임대중인 오피스텔을 무주택자인 자녀에게 부담부증여 하려고 한다. 임대중인 오피스텔 가액은 3억원으로 2억원의 전세보증금이 있는 상황이며, 거주중인 주택은 시가 10억원 상당의 주택이다. 다만, 피상속인의 연령이 90세로 상속이 예견되는 상황이다. 오피스텔의 취득가액은 1억5천만원이며, 공동주택가격은 2억원으로 가정한다.

이런 상황에서 부담부증여를 하면 세부담이 커질 수 있다. 다주택자의 경우 취득세율이 12%에 해당하며, 다주택에 따른 양도소득세 중과세가 적용된다. 반면 상속하는 경우에는 단순상속 취득이기 때문에 양도소득세 중과세 및 취득세 중과세를 피할 수 있다. 이를 비교하면 다음과 같다.

① 상속으로 이전하는 경우

⇒ (13억원-2억원(보증금채무)-5억원(상속공제))×상속세율=**1억2천만원**

② 부담부증여로 이전한 경우

㉠ 부담부증여시 증여세액

⇒ [3억원-2억원(전세보증금)-5천만원(증여공제)]×증여세율=5백만원

㉡ 부담부증여시 양도소득세액

⇒ [2억원(전세보증금)+1억원(취득가액)]×양도소득세율(누진구간 55%)×1.1배(지방세)

=약 4천2백만원(지방세 포함)

㉢ 상속발생시 상속세액

⇒ [10억원(거주아파트)+1억원(부담부증여)-5억원(상속공제)]×상속세율

- 5백만원(증여세액공제)=1억1천5백만원

㉣ 총 부담세액

⇒ 5백만원(증여세액)+4천2백만원(양도소득세)+1억1천5백만원(상속세)=**1억6천2백만원**

위 사례의 경우 상속세액은 동일하게 발생하나 단순히 약간의 종합부동산세를 피하기 위해 사전증여를 하는 경우 불필요한 양도소득세를 부담하고, 취득세 또한 부담하게 된다. 이런 경우 오히려 상속 후 오피스텔을 상속인이 매각하는 것이 유리할 수 있다.

강정호

국세청에서 상속증여세 분야에서만 10년 이상 담당한 전문가를 찾기란 쉬운 일이 아니다. 국세청 근무 경력 중 14년을 상속증여세 업무(본청 8년, 세무서 2년, 상담센터 1년, 교육원 3년)를 담당하였다. 자료처리와 상속세 조사, 납세자 상담, 행정(훈령 및 지침, 전산화면 설계), 직원교육, 재산평가심의위원회, 상증법 해석, 상증법 개정건의 등 상속증여세와 관련된 국세청 대부분의 업무를 수행하였다. 지금은 국세공무원교육원에서 교수과 상증팀장으로 국세청 직원을 교육하고 있다.

학력

부천고등학교(18회)

국립세무대학(14회)

경력

(현) 국세공무원교육원 상증팀장

(전) 국세청 재산세과, 상속증여세과 근무

(전) 국세상담센터 근무

(전) 부천, 북인천, 서인천, 서대전, 서초세무서 재산세과 · 조사과 등 근무

강의

서울가정법원, 감사원, 재외동포를 위한 세금상식(태국, 일본)

책자

『상속세 및 증여세 실무해설』(2009, 2014 ~ 2017), 국세청

『상속세 및 증여세법』(2019 ~ 2022), 국세공무원교육원

『부동산과 세금』, 『세금절약가이드』, 『가업승계 지원제도 안내』 등

국세청 출간 책자 수정 및 집필

남성건

현재 세무법인 지오에서 대표세무사로 재직 중이며, 상속증여세 컨설팅 전문으로 활동하고 있다. 그 외 부동산 양도 및 법인·개인 고객 대상으로 세무회계 서비스 제공도 병행하고 있다.
한국 외국어대학교 무역학과를 졸업하고, 건국대학교 부동산대학원에서 건설개발을 전공하였다. MBN에서 부동산세법 전문 교수로 활동하였으며, 관악세무서 국세심사위원회 심사위원을 역임하였다. 서초세무서 납세자 권익존중위원회 위원 및 분당세무서 고충민원 심사위원을 역임하면서 납세자 권익보호를 위해 활동하기도 하였다. 그 외, 현재 사단법인 대한야구소프트볼협회 부회장으로 활동하며, 전국리틀야구대회 발전기금 후원 등 한국 야구 발전을 위해 노력하고 있다.

학력

한국외국어대학교 무역학과 졸업
건국대학교 부동산대학원 건설개발 24기 졸업

경력

(현) 세무법인지오 대표세무사
(현) (사)대한야구소프트볼협회 부회장
(전) MBN 부동산세법 전문교수
(전) 관악세무서 국세심사위원회 심사위원
(전) 서초세무서 납세자 권익존중위원회 위원
(전) 분당세무서 고충민원 심사위원
(전) 광주시 체육회 이사

하연준

경력

제48회 세무사시험 합격
(현) 세무법인 백두 파트너세무사
(현) 인천지방세무사회 감리위원
대통령후보 국가세제지원본부 부본부장
한국세무사회 조세제도연구위원회 위원
중부지방세무사회 감리위원
북인천세무서 국선세무대리인
계양구청 공유재산심의회 심의위원

2022 상속세 및 증여세법 | 쟁점과 해석

초판 1쇄 발행 2022년 3월 31일

지은이 | 강정호 남성건 하연준

펴낸이 | 김윤정
편집 | 오아영
마케팅 | 김지수

펴낸곳 | 글의온도
출판등록 | 2021년 1월 26일(제2021-000050호)
주소 | 서울시 종로구 삼봉로 81, 두산위브파빌리온 442호
전화 | 02-739-8950
팩스 | 02-739-8951
메일 | ondopubl@naver.com
인스타그램 | @ondopubl

ISBN 979-11-92005-14-0 (93320)